TESI GREGORIANA
Serie Filosofia

― 26 ―

STAMPA: Settembre 2006

presso la tipografia
"Giovanni Olivieri" di E. Montefoschi
ROMA • info@tipografiaolivieri.it

JOSÉ ANTÚNEZ CID

LA INTERSUBJETIVIDAD
EN XAVIER ZUBIRI

EDITRICE PONTIFICIA UNIVERSITÀ GREGORIANA
Roma 2006

Vidimus et approbamus ad normam Statutorum Universitatis

Romae, ex Pontificia Universitate Gregoriana
die 22 mensis maii anni 2002

Prof. R.P. Ramón Lucas Lucas, L.C.
Prof. Mons. Sante Babolin

ISBN 88-7839-076-3
© Iura editionis et versionis reservantur
PRINTED IN ITALY

GREGORIAN UNIVERSITY PRESS
Piazza della Pilotta, 35 - 00187 Rome, Italy

INTRODUCCIÓN

1. Objetivo y planteamiento general

La motivación fundamental de la disertación que está en sus manos responde a la necesidad de situar la persona como realidad central a la que se oriente la vida individual y social de nuestro mundo.

Vivimos un momento filosófico convulso, desorientador y simultáneamente muy rico. La vida de Occidente se mueve sin un horizonte antropológico que dé respuesta a las cuestiones fundamentales. Sin ser partidarios de ningún catastrofismo intelectual, sí que constatamos una sociedad sin ideologías y carente de pensamiento, mientras la filosofía yace dormida y moribunda.

El político vive pendiente de lo formalmente correcto y de lo que le hace ganar o perder imagen; en el caso de tener la suerte de encontrarnos con alguien honrado y serio su máxima preocupación suele ser la economía política, el bienestar de los que le han elegido. Por su parte, el intelectual tipo se acerca cada vez más al sofista capaz, como camaleón del pensamiento, de responder a las demandas del poder y la moda. Ha renunciado de antemano a la verdad llevado por el complejo antidogmatista, o ha sido formado y seducido por el atomismo del saber, vendiéndose al prestigio fácil y las exigencias de los medios.

Incluso algunos hombres teóricamente de fe se arrodillan ante la moda intelectual, acomplejados todavía por Galileo y errores del género, pero reconocer y aprender de los propios errores es muy distinto a renunciar a la propia misión adorando una ciencia de pretensiones decimonónicas ya inexistente, pero que pervive de puertas a dentro en sus mentes y en la masa educada bajo la tiranía del dios ciencia y el dios doctor.

Bajo estos movimientos de superficie opera el auténtico tirano de nuestro mundo, el dios *mamón*. Su poder de seducción siempre ha sido grande y sus agentes extremadamente astutos y activos. Para él la persona es un número, un infante de un ejército cuyos reclutas aumentan cada generación. Ejerce su tiranía hábilmente, casi pasa desapercibida pues son los mismos esclavos quienes asumen voluntariamente su control remoto: su dictadura es llamada libertad. *Mamón* se sirve de todos los medios a su alcance y en el campo de batalla actual se encuentra con la gran ventaja de la disolución del sujeto, de la caída de los mitos ilustrados, del miedo de los que conocen algo la verdad y de la ausencia de un pensamiento fuerte que grite en favor de la persona: el campo es suyo antes de entablar la lid. Temblores de pánico recorren el cuerpo de aquél que osa proferir la hermosa palabra: «alma», y escarba en sus recovecos neuronales mientras espía en sus oyentes sonrisas delatoras que le acusan de dualismo e incomprensión de la dignidad material de la persona. El término espíritu ya no es aceptado, ¿demasiado hegeliano?, ¿demasiado confesional?, ¿dualista? Parece reservado para las sectas y los que lo usan se ven obligados a adjetivarlo, «si no no me van a entender». Con la riqueza que encierra el vocativo «alma mía» con que se hablan los que se quieren. Por su lado *mamón* no tiene miedo de nada y es capaz de matar y de explotar, de hecho ha castrado a los que le siguen y, aún así, goza del aplauso generalizado. Nuestra sociedad posee la más triste posible hipocresía victoriana.

Este poder extiende sus tentáculos hacia los terrenos más sagrados. Dios no le importa, incluso le conviene que exista en sus siervos, eso sí silenciado en el ámbito de lo privado y sin autoridad en la vida real, hasta casi dar la razón al opio delatado por Marx cuya caída histórica le ha favorecido. No nos sorprende que arregle sus templos, financie sus servicios y quede a cenar con sus representantes, eso sí, con un fotógrafo que inmortalice la ocasión. Con sus asesores de imagen camufla de humanismo, de libertad y de social la destrucción de la persona que quiere nacer, incluso la crea para servirse de ella, y, prometiendo un futuro sin dolor y sin enfermedad, ilusiona a sus siervos hasta el punto de hacerlos capaces de inmolar sus propios retoños ante la nueva Astartés y de consagrar todo su esfuerzo a alcanzar una meta que en el fondo se reduce al interés de una industria farmacéutica. No se dan cuenta de dónde están, vivimos anestesiados. ¡Cuán parecido es un centro de enseñanza oficial a una sala preoperatoria!

Fruto de esta estructura encontramos una sociedad en que las relaciones interpersonales son mera carrera hacia el triunfo, intercambio de favores, pisotones y zancadillas. La más hermosa perla de la persona, el amor entre hombre y mujer, ha sido entregada a los cerdos. Las palabras no significan lo que son, ¿acaso se corresponde con la verdad lo que un joven corriente entiende por amor, libertad o relación íntima?

Eso sí, todos somos buenos y buscamos el interés común, pero que no vengan los del otro lado del estrecho.

Son muchos los que gritan, los que se oponen, igual que muchos los que se tapan los ojos o miran hacia otro lado. Se abren paso como pueden en la filosofía, son los rebeldes, los pensadores de la persona, los heterodoxos de la fenomenología y muchos intelectuales que a veces se pueden sentir solos y marginados, aislados en la refriega, pero que unidos son legión. Son muchos los que calladamente actúan en la prensa, en las escuelas, en las universidades, en los partidos políticos y los sindicatos. Son muchos los empujados por su fe a la rebelión, y la Iglesia grita con su fuerza y con la Fuerza del Otro. Es un milagro que quede energía para gritar mientras uno lucha contra *mamón* dentro de uno mismo. Pero es ahí, en cada persona, en cada sujeto concreto, donde se gana y se pierde la guerra.

Una batalla de esta guerra de diálogo y amor es la filosófica y en ella nos jugamos mucho. Aquí no vale quedarse en la superficie. Con este ejercicio académico buscamos un arma para este combate: Zubiri, con la esperanza de que no resulte pólvora mojada.

En su filosofía buscamos un fundamento antropológico y metafísico a la comunidad humana y sobretodo a las relaciones interpersonales. Sí, metafísico, ha leído bien, el combate sólo se puede combatir si uno está en suelo firme. Buscamos un fundamento capaz de sostener el desarrollo de las relaciones personales y sociales en toda su complejidad: jurídica, económica, pedagógica y familiar. Esta fundamentación requiere alcanzar el punto de fusión del núcleo constitutivo de la persona con la flexibilidad necesaria para evitar manipulaciones conceptistas y cosificadoras.

Los peligros proceden del individualismo — sea éste teorizado o no —, y de la disolución de la persona en una colectividad anónima o en la subjetividad conciencial. Una raíz más honda es la misma crisis de la razón moderna y la verdad. Si uno no permanece en guardia acabará entendiendo y viviendo las relaciones interhumanas como dominio, sea éste explícita voluntad de poder o inconsciente superficialidad en el reconocimiento del otro como persona.

El pensamiento de Zubiri alcanza en este punto una altura excepcional pues ha elaborado una filosofía de la intelección de carácter abierto y creador: el saber es liberación de verdad y encuentro, que realza la realidad personal en su raíz. Por eso nos acercamos a la persona y la alteridad de su mano. Su reflexión no es totalizante ni ha encontrado respuestas para todo, y tampoco está exento de problemas[1], pero si su noción de persona y de intersubjetividad resultan válidas, o si al menos se puede prolongar exitosamente en este campo su pensamiento, el viaje con Zubiri habrá merecido la pena.

Zubiri ha sido y es un autor controvertido y muchas veces incomprendido en su originalidad, pero a pesar de ello suscita amplio interés en el ámbito filosófico y teológico español[2]. Influye a través de investigaciones de licencia y doctorado siempre en aumento, influye por el numeroso conjunto de catedráticos habilitados con trabajos sobre Zubiri, influye a través del papel de sus discípulos en la opinión pública cuyos criterios son escuchados e incluso aplicados. Se descubre su balbuciente y creciente presencia en el ámbito teológico[3]. Gracias a la encomiable labor de la Fundación madrileña que lleva su nombre, con su cuidado en la publicación póstuma de sus cursos — aún inacabada — y sus actividades de investigación, y gracias a sus discípulos que prolongan su pensamiento en parcelas filosóficas que Zubiri no pudo abarcar en sus escritos, como la ética, la estética, la medicina, la literatura, la historia, la praxis y la educación, Zubiri sigue vivo[4]. El nuevo contexto de pensamiento débil ha posibilitado su contraste con la línea del pensamiento de Nietzsche[5], junto a interesantes aproximaciones que lo miden con dialógicos[6] y feministas[7].

---

[1] Me refiero tanto a los puramente filosóficos como a los que resultan del contraste de su pensamiento con los contenidos de la fe católica. Nuestro autor, hombre de profunda fe cristiana, ha desarrollado nociones y métodos que en su encuentro con el dogma pueden enriquecer y ayudar, pero también levantar cuestiones no fáciles. A algunos de estos haremos referencia al tratar temas como la muerte, el origen de la vida humana y la estructural dimensión moral de la persona.

[2] Se le considera el mayor filósofo español del s. XX. Cf. G. FERNÁNDEZ DE LA MORA, *Filósofos españoles del s.* XX, 216. «Desde Suárez, ¿ha habido entre nosotros un pensador que más resuelta y metódicamente haya buscado la autenticidad metafísica en el cultivo de la filosofía?». P. LAÍN ENTRALGO, «Xavier Zubiri en la historia», 33.

[3] Los estudios teológicos sobre Zubiri son más numerosos que los filosóficos aún cuando los textos teológicos publicados en vida de Zubiri son casi simbólicos.

[4] D. Gracia, I. Ellacuría s.j., Mª. Zambrano, P. Laín Entralgo, J.L. L. Aranguren, este último goza de honda influencia en la universidad española con la distinción entre moral como estructura y moral como contenido, que llega hasta A. Cortina (cf. J. MUGUERZA, «El lugar de Zubiri», 26).

[5] Lectura realizada desde la filosofía de la inteligencia de Zubiri por la relación entre la *voluntad de poder* y *la voluntad de verdad* zubiriana, viendo en la fuerza de imposición de la realidad una línea de continuidad con la *proto-fuerza* o *proto-voluntad* preconsciente de Schopenhauer y Nietzsche. Cf. J.F. PINO CANALES, *La intelec-*

Zubiri supo aprovechar muy bien las tradiciones que recibió en su momento histórico (Zaragüeta, Nöel, Ortega y Gasset, Husserl, Heidegger), compaginando su vocación de filósofo con el cultivo de lenguas orientales y una ciencia que empezaba a perder su seguridad auto-desmitificándose (Einstein, Planck, Schrödinger). Gracias a su esfuerzo y al de otros encontró en el ambiente intelectual de la madrileña Universidad Central la atmósfera necesaria para rendir sus talentos[8].

Hoy su influencia desborda las fronteras de España, es una filosofía con vocación universal que vive un momento de expansión. Nos encontramos con estudiosos en toda Europa y América, e incluso en Japón[9], que se aproximan a Zubiri con actitud discipular[10] o aplican su filosofía a la pedagogía[11], la filosofía social y de la historia[12], la ética[13], la teología y la filosofía de la liberación[14]; hasta el punto que no resulta fácil deslindar a veces entre Zubiri y las interpretaciones personales[15].

---

ción violenta, 10-11; Jesús Conill señala el paralelismo por el método que, como el aristotélico, es *fisicós* en contraposición a lógico. Ambos: a) superan el criticismo y el conceptismo mediante la genealogía y la *noología* respectivamente; b) se caracterizan por la defensa metafísica de lo individual; y c) subrayan el carácter violento *pre-racional* de la intelección con su *voluntad de poder* y su *voluntad de verdad,* y en consecuencia son paralelos en la concepción del lenguaje, que en Zubiri no sólo es expresivo sino que está dotado de carácter experienciador, potenciador de la creatividad y metafórico, como la genealogía de Nietzsche. Cf. J. CONILL, «Zubiri en el crepúsculo de la metafísica», 32-44.

[6] Cf. M. VILÁ PLADEVALL, *Las dimensiones de lo interhumano,* atenta a la relación de Zubiri con M. Buber y Lèvinas.

[7] Castilla sostiene desde la antropología zubiriana la diferenciación entre sexos de orden trascendental. Cf. B. CASTILLA, *Noción de persona.*

[8] Hablando de Ortega, Zubiri y él mismo, dice J. Marías: «el único lío que nos hemos hecho los tres es no saber ya si somos cada cuál de los otros dos discípulos o maestros. [...] Yo lo he tenido siempre muy claro. Hace muchos años escribí: "La fidelidad a un maestro, lo que podríamos llamar filiación legítima, no puede ser más que innovación. Por eso, la relación de un pensamiento con el de un maestro podría reducirse a esta fórmula, que es válida para la relación de cualquier filosofía con todo el pasado filosófico: inexplicable sin él, irreductible a él"». J. MARÍAS, «El joven Zubiri», 3.

[9] Cf. N. KINOSHITA, «El realismo radical de X. Zubiri. Su método y la formación de algunos conceptos fundamentales», 117-145.

[10] Fundaciones y seminarios en USA e Hispanoamérica

[11] F. NIÑO MESA, *Antropología Pedagógica,* Santa Fe de Bogotá 1998.

[12] El trabajo desarrollado en la UCA por I. Ellacuría, s.j.

[13] Cf. M. MANZANERA, «Fundamentación de la ética en la nostridad», 257-307.

[14] Cf. M.L. ROVALETTI, *Presentación,* 10 y J.A. ESTRADA, «La influencia de Zubiri en la Teología de la Liberación», 289.

[15] «Con Zubiri parece haber ocurrido algo similar a lo que aconteció con algunos

También están, ¿cómo no?, aquellos que interrogados por sus ideas polemizan[16], bienvenidos sean.

Su obra es ya accesible en las lenguas más universales. En Italia hay que destacar la labor del profesor A. Babolin[17] y del estudioso A. Savignano con A. Ferracuti[18] en Palermo. En el ámbito de lengua inglesa están los trabajos de R. S. Willis Jr.[19], A. R. Caponigri[20], Th. B. Fowler Jr. y su Fundación X. Zubiri de Norteamérica, que ya han traducido NHD[21] e IS[22]. También se han realizado versiones de menor entidad a las lenguas portuguesa y francesa[23], y por una errónea recepción inicial sólo se ha traducido al alemán su primera obra de madurez: SE[24].

---

teóricos del iluminismo, de cuya obra se han extraído derivaciones revolucionarias que escapan a la convicción íntima de sus propios elucubradores». H.E. BIAGINI, «Zubiri y América Latina», 20.

[16] L.P. WESSELL, *El realismo radical*, considera a Zubiri idealista por no lograr trascender del *de suyo* a la realidad.

[17] *X. Zubiri: Scritti Religiosi*, ed. A. Babolin, Padova 1976.

[18] *Il problema dell'uomo. Antropologia filosofica*, Col. Zubiri – Opere I, ed. A. Savignano, Palermo 1985, selección de artículos de antropología que no se corresponde con la obra póstuma *Sobre el hombre*; *Natura. Storia. Dio*, Col. Zubiri – Opere II, ed. G. Ferracuti, Palermo 1985; *Cinque lezioni di filosofia. Aristotele, Kant, Comte, Bergson, Husserl, Dilthey, Heidegger*, tr. G. Ferracuti, Palermo 1992. Lástima que este proyecto editorial haya quebrado.

[19] «Socrates and Greek Wisdom», tr. R.S. Willis, Jr., *The Thomist* (1944) 1-64, trad. de «Sócrates y la sabiduría griega», Madrid 1940.

[20] «The origin of man», tr. A.R. Caponigri, trad. de X. ZUBIRI, «El origen del hombre», *ROc (2ª ép.)* 2/17 (1964) 146-173, in *Spanish Philosophy. An Anthology*, Indiana 1967; y *On essence*, Washington 1980.

[21] *Nature, History, God*, tr. Th.B. Fowler Jr., Washington 1981.

[22] X. ZUBIRI, *Sentient intelligence*. Translated by Th. B. Fowler, Sc.D. The Xavier Zubiri Foundation of North America, Washington, DC 1999, 389 p.

[23] En portugués tenemos: «A nossa situação intelectual», tr. J. Fernández Tejada, in *Cadernos Académicos* 3 (1996), trad. de «Nuestra situación intelectual», in *Naturaleza, Historia, Dios*, Madrid 1944, 17-50. En francés nos encontramos con «Le problème de l'homme», in *Cahiers des Saisons «L'Espagne même»*, 20 (1960), trad. (fragmento) de «El problema del hombre», *Índice de Artes y Letras* 13/120 (1959) 3-4; «Notre attitude a l'égard du passé», tr. A. Guy – A. Erres, in *Le temps et la mort dans la philosophie espagnole contemporaine*, ed. G. Hans, Toulouse 1968, 28-48, trad. de «El acontecer humano. Grecia y la pervivencia del pasado filosófico», *Escorial* 23 (1942) 401-432; «Autour du problème de Dieu», tr. S. Révah, in *Recherches Philosophiques* (1935-36), trad. de «En torno al problema de Dios», *ROc* 149 (1935) 129-159. La primera traducción disgustó a Zubiri y por ello su versión al francés se frenó, hoy se ha recomenzado gracias a Secretan.

[24] *Von Wessen*, tr. H.G. Rötzer, München 1968.

Dentro de este rico pensamiento nuestro objetivo es el estudio de la noción de persona y su aplicación al ámbito de las relaciones interpersonales. Realizar esta tarea exige considerar toda la producción de Zubiri y solucionar un problema hermenéutico no pequeño. Es la cuestión del método, pero sólo del nuestro, pues Zubiri ya tiene el suyo.

2. Método, hermenéutica y límites de la investigación

Como vemos hoy nos encontramos en un momento favorable para leer a Zubiri sin etiquetas pues se ha ganado la perspectiva necesaria desde su obra terminada y cuando se le discute se dialoga en el contexto acertado. Además el material disponible posibilita un conocimiento meticuloso que exige análisis crítico y seria hermenéutica[25].

Tras la muerte de Zubiri encontramos dos obras claves: SE e IS; son las más maduras y en ellas se encuentran formuladas la noología y la reología que constituyen la clave de lectura del resto de sus textos si se quieren considerar a la altura de su último pensamiento: la filosofía de la realidad[26]. Esto implica una lectura interpretativa o elevadora de los textos anteriores a SE[27]. Ya durante su vida debido a su aislamiento[28] y a los largos silencios editoriales[29] la recepción acertada de sus escritos resultó difícil[30]; ahora, superado este riesgo, una lectura adecuada re-

---

[25] Cabria aborda esta cuestión de forma brillante en cf. Cap. I: *La obra de Zubiri y su problema hermenéutico*, in J.L. CABRIA, *Relación Teología – Filosofía*, 15-46; también cf. ID., «La cuestión hermenéutica de la obra de Xavier Zubiri (1898). Reflexiones en el centenario de su nacimiento», *Lum*. 47 (1998) 545-570 y «La obra de Xavier Zubiri (1898-1983) en el centenario de su nacimiento: contextualización y clasificación», *Burg*. 39 (1998) 429-480.

[26] «el horizonte en que Zubiri intenta situarse en tanto que filósofo no es el griego, pero tampoco es el cristiano, sino otro, aún no bien definido, decididamente posgriego y poscristiano». D. GRACIA, *Voluntad de verdad*, 15.

[27] Cf. A. PINTOR-RAMOS, *Realidad y verdad*, 10.

[28] Zubiri pasa gran parte de su vida fuera de las aulas y de los centros intelectuales, resultando controvertido hasta el punto de que la tesis de Ellacuría fue impugnada e incomprendida en los '60 en la Universidad Complutense de Madrid, era la primera tesis doctoral sobre Zubiri. Cf. H.E. BIAGINI, «Zubiri y América Latina», 20.

[29] Las largas distancias entre sus obras, periodos de 20 años, obligan a hacerse cargo en poco tiempo de una evolución conceptual y terminológica de lustros sólo conocida por el autor y los más cercanos a su círculo. Es más fácil leer SE conociendo IS, de otra forma puede inducir a una lectura escolasticista.

[30] La historia de los efectos de los escritos de Zubiri es compleja. Le han interpretado como un orteguiano, un existencialista de corte heideggeriano, un converso restaurador del tomismo en SE, un correlativista en la línea de A. Ruibal, un pensador cristiano preocupado fundamentalmente por abrir un camino filosófico hacia Dios

quiere una exégesis terminológica[31] y un conocimiento claro de la posición de Zubiri en cada momento. Esta tarea la realizamos en el cap. I donde mostramos las claves de cada periodo y contextualizamos cada obra. Pero junto a este problema hermenéutico interno que asumimos y que es común a cualquier pensador, pues todos son personas, todos crecen y evolucionan, encontramos una dificultad añadida.

La Fundación Zubiri de Madrid ha realizado un loable esfuerzo por dar a conocer sus cursos y escritos inacabados, vaya nuestro agradecimiento por delante. Son los póstumos de Zubiri que se vienen editando a un ritmo de volumen por año, si bien con IS y SE «el núcleo del pensamiento zubiriano queda totalmente concluido a plena satisfacción»[32]. Entre estos destacan los cursos que, desde el punto de vista hermenéutico, no ofrecen dificultad: tienen su fecha y transcriben, salvo detalles exigidos por el medio escrito, las lecciones grabadas o taquigrafiadas[33].

Sin embargo hay otros textos en que los editores han intentado un extraño experimento movidos por su fidelidad a Zubiri. Cogiendo proyectos e índices de libros programados por Zubiri han rellenado dichos esquemas con textos inéditos y fragmentos de cursos de diferentes épocas y con diversos niveles de acabado por parte del autor. ¿La meta?,

---

(cf. A. SAVIGNANO, «In memoriam», 409). Opiniones tan dispares no se fundan en el vacío, todas encuentran en lecturas transversales de su obra motivos de credibilidad, y no creo sea responsabilidad exclusiva del lector; si bien es cierto que el ambiente filosófico hispano no era idóneo tampoco creo que sea correcta la afirmación de que Zubiri sea «un astro sin atmósfera». Más bien habría que preguntarse si es culpa del astro o de la atmósfera. Cf. J. MUGUERZA, «El lugar de Zubiri», 22.

[31] Zubiri hace uso nuevo de términos clásicos y crea otros, algunos han alcanzado gran divulgación (religación). Por su método personal «la mayor parte de los conceptos básicos usados por Zubiri sólo tienen valor y significado dentro del sistema analítico en el que están y que el mismo sistema les da». J.F. PINO CANALES, La intelección violenta, 17-18.

[32] A. PINTOR-RAMOS, «X. Zubiri. In memoriam», 304.

[33] Los cursos de 1945-54 se conservan taquigrafiados y del periodo 1959-76 grabados. La cintas magnetofónicas están en proceso de restauración. Estos materiales son la base de las publicaciones póstumas, p.e. EDR y HV. Cf. CCZ 118. López Quintás habla de 20.000 folios de cursos taquigrafiados sólo hasta 1968 y de 2.000 del curso sobre el hombre que estaban siendo preparados para la imprenta (SH) (cf. A. LÓPEZ QUINTÁS, «Xavier Zubiri», 306). «Como es sabido, estos cursos no se publicaron en vida de Zubiri y son publicaciones póstumas, algo que no afecta ni a su valor ni a la seguridad de sus contenidos, pues algunas dudas razonables que pueden surgir son de índole redaccional o terminológica. Algún posible problema de interpretación que existe tampoco es exclusivo de estos escritos, sino que afecta a toda la obra zubiriana anterior a Inteligencia sentiente». A. PINTOR-RAMOS, «Zubiri: una filosofía de la religión cristiana», 373.

ofrecer un nuevo libro de Zubiri a la altura de su último pensamiento. ¿El resultado?, unas veces mejor y otras peor, incluso el mismo texto aparece varias veces en diferentes contextos y de forma fragmentaria. ¿El problema?, son textos importantes no disponibles sino bajo ese formato, no son una edición crítica y el editor, muy zubiriano siempre, se permite, por ser más zubiriano aún, modificar términos para poner el texto a la altura requerida. ¡Ah!, pero se reserva decirnos cuales son las palabras concretas que ha modificado y tenemos que fiarnos no ya de su buena voluntad y su zubirianismo, que consideramos fuera de dudas, sino de su capacidad redaccional y crítica, cosa harto más complicada. No es fácil escribir y menos ser fiel y modificar. El resultado salta a la vista, y si no pruebe quien quiera a leer de corrido SH, le desafío a permanecer ignaro del uso equívoco de términos de antropología y filosofía de la inteligencia incluso dentro de un mismo apartado. La devaluación del producto es excesiva.

Es de todos conocido el sistema metódico y escrupuloso de Zubiri a la hora de redactar hasta el más pequeño escrito que estuviese destinado a la imprenta. ¿Cómo considerar entonces estos textos teniendo en cuenta su acabamiento por parte del mismo Zubiri? Resulta necesario clarificar los criterios y el valor concedido a cada texto en la disertación, pues, siendo éste un trabajo que considera todo el *corpus* zubiriano, queremos que se vea desde que perspectiva se ha trabajado desde el inicio.

Sobre la esencia (1962) e *Inteligencia sentiente* (1980-83) constituyen la clave de bóveda que aclara y coloca en la perspectiva adecuada los demás escritos, la terminología acabada está en IS.

En IS[34] Zubiri analiza el inteligir humano concluyendo en la formulación de la filosofía como comunicación de realidad[35]. Se trata de un

---

[34] IS «representa una justificación de su modo de filosofar. Justificación en un doble sentido: en primer lugar, porque la misma puesta en marcha de su filosofía sobre el tema de la inteligencia y los logros obtenidos en el intento justifican de por sí este modo de filosofar y consecuentemente esa filosofía; en segundo lugar, porque análisis objetivo de lo que es el inteligir humano no sólo muestra los límites y los horizontes de ese inteligir, sino que señala el hilo conductor para filosofar al margen de los idealismos y de los empirismos» (I. ELLACURÍA, «*Inteligencia sentiente*», 37). Los libros de IS: «constituyen el canon hermenéutico de todos sus otros escritos, tanto los aparecidos antes de 1980 como de los póstumos que ya han comenzado a ver la luz» (D. GRACIA, *Voluntad de verdad*, vii). Porque IS «permite ordenar la investigación metafísica de Zubiri según los modos intelectivos descritos en aquélla» (J. VILLANUEVA, *Noología y reología*, 272-273).

[35] «el esquema más hondo de la filosofía zubiriana es un esquema comunicacional,

análisis de hechos al que se incorporan y del que se deducen con claridad conclusiones antropológicas[36]. IS desmonta la *teoría del conocimiento* de corte kantiano y propone como alternativa el estudio analítico de la *intelección humana*[37]: la noología. Desde ella se entiende la metafísica y la antropología.

SE ha de ser leído desde IS, pero sin SE la noología perdería su ubicación exacta[38], realidad e intelección son congéneres, por ello lo son también la noología y la reología, la gnoseología y la metafísica. SE e IS forman una unidad circular. Por ello SE sirve para interpretar los textos anteriores e iluminar IS. A SE le falta sólo la precisión terminológica alcanzada en el análisis del inteligir.

SE formula la reología[39] y concluye con el estudio de la Suidad, la persona como esencia abierta; por ello, además de clave interpretativa, es fuente fundamental para el estudio de la persona y la intersubjetividad. Zubiri desarrolla su noción de persona con las dos caras de la moneda: la reología de SE y la noología de IS. El resto de textos antropológicos han de insertarse en el tronco formado por SE e IS.

«Respectividad de lo real» (1979)[40] es un artículo central para comprender el núcleo constitutivo de la persona y la fundamentación de la

---

en el que la comunicación es presencia física. Es decir, actualidad de un término con otros». A. FERRAZ FAYÓS, «Sistematismo de la filosofía zubiriana», 69.

[36] Sin ser antropología metafísica. Cf. A. PINTOR-RAMOS, *Realidad y verdad*, 84.

[37] Zubiri rechaza la *Erkenntnistheorie* en cuanto *teoría* y en cuanto trata del *conocimiento*. Sin ser una réplica a la Crítica de Kant muestra una estructura similar. IRE dialoga con la *estética trascendental*. IL se corresponde con la primera parte de *la lógica trascendental* o *analítica trascendental*. IRA guarda simetría con la segunda parte de la *lógica trascendental*: la *dialéctica trascendental*. La conclusión general de IRA titulada «La unidad de la intelección» son el equivalente zubiriano de la *metodología trascendental*. Cf. D. GRACIA, «Xavier Zubiri», 371.

[38] Leída desde IS no sólo conserva toda su validez sino que viene potenciada y es necesaria como clave interpretativa (cf. A. FERRAZ FAYÓS, *Zubiri: el realismo radical*, 118). SE es clave de interpretación de todos los demás escritos. Cf. G. GÓMEZ CAMBRES, *La realidad personal*, 20 y 170. Disentimos de otro criterio de Cambres: la antropología es más comprensible desde los conceptos de SE, porque sin IS no se tiene la perspectiva zubiriana sobre el hombre. Cf. *Ibid.* 77. Gracia rechaza una interpretación que aísla las dos obras: interpretar SE como realismo ingenuo e IS como realismo crítico, se requiere la visión de conjunto de ambas obras. Cf. D. GRACIA, *Voluntad de verdad*, 123-124. SE e IS deben tomarse en esclarecimiento mutuo. Cf. A. PINTOR-RAMOS, *Realidad y verdad*, 54.

[39] El interlocutor de esta obra es Heidegger y también Husserl. Zubiri critica la substantivación heideggeriana del ser y muestra la ulterioridad del ser, superando el círculo del sentido. Cf. M. VILÁ PLADEVALL, *Las dimensiones de lo interhumano*, 60.

[40] Publicado en *Realitas* III-IV (1979) 13-43.

intersubjetividad. Es un texto maduro e iluminador de otros.

Naturaleza, Historia, Dios (1944), selección de artículos, contiene una primera filosofía personal y muestra una brillante estructura sistemática de conjunto[41] que refleja el nivel de pensamiento de 1942-44[42]: la filosofía del haber que intenta superar la ontología del ser de Heidegger[43]. Dentro del haber la persona aún se categoriza como sujeto subrayando su apertura[44]. Dentro de esta obra los tres artículos finales: IPD, EPD y SSDTP contienen datos de la antropología de Zubiri esenciales que han de ser elevados a la altura de IS y SE, pero que no son desarrollados después con la misma extensión. Aquí aparece la *agápê*, central para el estudio de la intersubjetividad. Las ideas esenciales de NHD se conservan en etapas sucesivas pero desarrolladas y reubicadas.

Siete ensayos de antropología filosófica (1982)[45] es una colección de artículos antropológicos editados por Marquínez Argote con la conformidad de Zubiri. Aunque haya que interpretarlos[46] la autorización de

---

[41] Usamos la edición de 1987⁹, recoge los añadidos de 1963 y el prólogo de 1980. Es un hecho constatable a pesar de la afirmación de Zubiri de que cada artículo «tiene su fecha precisa y es refiriéndose a ella como debe ser leído». DE in NHD 9. «El libro *Naturaleza, Historia, Dios*, publicado en 1944, enunció, en su mismo título, las dimensiones según las cuales se había constituido el ámbito en el que se movía la reflexión filosófica de su autor y en el que seguiría desarrollándose. La Naturaleza y Dios en los extremos del orden lineal establecido; la Historia o, lo que es lo mismo, el Hombre como eslabón intermedio y mediador. Tres dimensiones que configuran un ámbito filosófico unitario». A. FERRAZ FAYÓS, «Presentación», in ETM i.

[42] Una prueba de esta unidad la encontramos en la forma en que ha quedado incorporada en NHD el ensayo «Filosofía y metafísica», *CyR* 30 (1935) 7-60. Este ensayo fue concebido como el primer capítulo de la introducción a la edición en castellano de los escritos de Husserl, Scheler y Heidegger. Quedó en su momento inacabado. Ensayo que considera a estos tres filósofos no sólo coetáneos sino congéneres desde el modo fenomenológico de filosofar y su ir a la metafísica. En NHD este ensayo queda recogido fragmentado e incompleto (13-20 [excepto 2°§17, 18 y 1/2 20] es el capítulo «La filosofía y la justificación de su objeto», NHD 153-156; 22-60 [excepto §1°22 y § final 60] es «Qué es saber», NHD 59-87). El texto recogido incompleta y fragmentariamente pierde su intención original y queda situado en un proyecto más amplio. Cf. J.J. GARRIDO ZARAGOZÁ, «Origen, horizontes, significados y tareas», 207 nota 2.

[43] Esta posición es provisional, la rechaza en IL 349-350.

[44] Cf. NHD 436-437 EPD y P. CEREZO GALÁN, «Del sentido a la realidad», 231.

[45] «El origen del hombre» (1964), «El hombre realidad personal» (1963), «El problema del hombre» (1959), «El hombre y su cuerpo» (1973), «Notas sobre la inteligencia humana» (1967), «La dimensión histórica del ser humano» (1974) y «El problema teologal del hombre» (1975).

[46] Así es necesario partir de SE para comprender «La dimensión histórica del ser humano». Cf. G. GÓMEZ CAMBRES, *La realidad personal*, 170.

Zubiri poco antes de su muerte confiere un valor especial a su contenido. A la hora de estudiar la muerte, p. e., poseen un peso argumentativo fuerte.

Leemos los cursos publicados íntegros con los mismos criterios que NHD y otras producciones según la fecha en que fueron impartidos. Tras 5LF, el primero en ser publicado es EDR (1968, publicado en 1989) que supone la versión dinámica de SE. De él tomamos el estudio más consistente de la causalidad física y personal. ETM (1996) junto al curso sobre el espacio de 1973 (ETM 11-208) y el curso sobre el tiempo (ETM 209-330)[47], contiene la recopilación realizada por Ellacuría de los textos sobre la materia (ETM 333-699)[48]. Estos textos, aún con sus mezclas, son claros y homogéneos, los utilizamos de apoyo y punto de contraste en temas como el cuerpo, la suidad y la presencia personal.

El Hombre y Dios (1984), sobre la dimensión teologal de la persona, contiene un intento de antropología metafísica que quedará inconcluso por la muerte del autor. Sólo la primera parte ha sido plenamente concluida por Zubiri[49]. En HD Zubiri «tiene la originalidad y la profundidad de plantear el acceso del hombre a Dios desde el carácter procesual de la realidad personal»[50], superando el antropologismo y la naturalización[51]. Forma un todo con IS y SE[52], y contiene muchos datos antropológicos desde una perspectiva metafísica, de hecho la primera parte es una síntesis sobre la persona[53]. En esta obra se descubre el papel fun-

---

[47] La redacción como libro, en la que estaba trabajando Zubiri, fue abandonada en abril de 1970. La introducción y el primer capítulo aparecen en *Realitas* II.

[48] Incluye parte de EDR y GRH.

[49] Recoge una inquietud central de Zubiri: la religación. Está presente desde 1935 con EPD. El análisis de la dimensión teologal se conserva en NHD (1944) y en la edición de 1963 (fecha de SE) se completa con IPD que corrige equívocos de la recepción sin modificar el núcleo. La religación va madurando en muchos cursos (1965, 1968, 1971). La formulación definitiva se encuentra en el curso de la Universidad Gregoriana (1973). Posteriormente es tratado en 1975 «El problema teologal del hombre» y cursos *El problema filosófico de la historia de las religiones* y *El problema teologal del hombre: Cristianismo*, ya publicados. Cf. A. PINTOR-RAMOS, «Introducción», in J. SÁEZ CRUZ, *La accesibilidad de Dios*, 15-18.

[50] I. ELLACURÍA, «Aproximación», 979.

[51] «Dios sería *persona personans* y no *natura naturans* de modo que en la personalización de la personeidad humana es donde aparecía Dios como lo que es: persona que da vida». I. ELLACURÍA, «Aproximación», 979.

[52] Cf. A. PINTOR-RAMOS, «Dios y el problema», 119-120.

[53] Cf. HD 15-117. La exposición «más madura y sintética del pensamiento antropológico zubiriano». Cf. A. PINTOR-RAMOS, «Dios y el problema», 107.

dante de Dios en la persona humana[54]. En el terreno de la intersubjetividad encontramos el desarrollo final de la causalidad personal que permite situar los textos de NHD[55] y EDR. Contiene también el desarrollo de la mundanidad de Dios con la que Zubiri resuelve una de sus cruces trascendentales[56]. A pesar de su nivel de inacabado redaccional el pensamiento se corresponde con el último Zubiri, de ahí la importancia de esta fuente para nuestro estudio aún con las debidas precauciones críticas.

En relativa continuidad han aparecido dos póstumos: *El problema filosófico de la historia de las religiones* (1993) y *El problema teologal del hombre: Cristianismo* (1997). En estos textos Zubiri se sitúa en un interesante y sugestivo nivel epistemológico para estudiar el cristianismo: no son estudios puramente filosóficos ni usa una metodología teológica. Pintor-Ramos denomina este tipo de estudio como teologal: lectura metafísica de problemas teológicos sin hacer uso de lo formalmente revelado. El desarrollo del valor y riqueza de este *logos* teologal remite al problema del valor racional del acto de fe y su función en este tipo de discurso. Lo más próximo que encontramos es un estudio del Cristo de los filósofos desde una clave fenomenológica. Zubiri no hace aquí ni apologética ni teoría, son textos peculiares por su objeto formal[57] y además mezclan lecciones de distintos cursos, aunque muy próximos en las fechas y por ello sin problemática añadida. Sin entrar en la discusión sobre una filosofía teológica, una proto-teología filosófica o teología teologal, tomaremos elementos sueltos relacionados con nuestro tema, nos servirá para medir la noción

---

[54] Dios como problema está dado inevitablemente en la manera en que la persona humana es tal persona. Dios es necesario superogatoriamente para la construcción del Yo, pues el hombre para ser tal necesita un acceso a Dios. Cf. A. PINTOR-RAMOS, «Dios y el problema», 112; A. LÓPEZ QUINTÁS, «Significación actual del pensamiento zubiriano», 41 y J.L. CABRIA ORTEGA, *Relación Teología – Filosofía*, 274-276 notas 80-81.

[55] Cf. A. PINTOR-RAMOS, «Dios y el problema», 120.

[56] Cf. J. SÁEZ CRUZ, *La accesibilidad de Dios*, 267.

[57] Admitir la formalidad teologal implica rechazar una lectura de HD, PFHR y PTHC como tres círculos concéntricos y progresivos para concretar el hecho de la religación por la pérdida de verdad real en cada círculo, al convertirse el primero en sistema de referencia del siguiente, con lo que Zubiri no estaría de acuerdo. También exige no interpretarlos como tres vías distintas y relacionadas, Zubiri no distingue entre Dios de los filósofos y Dios de las religiones; ni una vía común desarrollada en tres aspectos. Cf. A. PINTOR-RAMOS, «Zubiri: una filosofía de la religión cristiana», 378-384.

de persona con la Teología y la Cristología, enriquecerá aspectos como la deiformidad en la que se concreta la deificación, así como elementos de la comunidad en la fe y la muerte.

Sobre el Hombre (1986) es el póstumo más complejo. Nos encontramos con una colección de textos de diversa procedencia (manuscritos y cursos orales) y de distintas fechas (desde 1953 a 1982 con cambios importantes de terminología) no acabados por Zubiri y situados dentro de un proyecto para el cuál elaboró un índice que el editor toma. Es una obra central para cualquier estudio de antropología zubiriana pues desarrolla puntos ausentes en otros textos aunque no logre una unidad absolutamente coherente[58]. Sin el menor deseo de restar mérito al trabajo de Ellacuría, el resultado de la opción metodológica complica al lector que es inducido a la confusión y a malentendidos importantes[59]. El valor crítico de SH es inferior al de resto de póstumos y siempre ha de ser interpretado desde SE e IS, tanto en cuestiones de terminología[60] como en la dilucidación del método usado por Zubiri en cada apartado, aunque este problema se extiende a otras obras[61].

Tras haber realizado una lectura continua del texto y haber compro-

---

[58] «En cambio, el también póstumo SH, a pesar de la riqueza descriptiva de sus análisis, no es una antropología completa y sistemática, aunque sea algo más que una colección de estudios parciales e independientes. Este aspecto del pensamiento zubiriano, por lo demás, se muestra muy fecundo en su aplicación a múltiples problemas» (A. PINTOR-RAMOS, *Realidad y verdad*, 85 nota 37).

[59] «El rompecabezas más desesperante para una investigación rigurosa del modo en que está editado este texto zubiriano es que constantemente se mezclan ideas genéricas de *realidad*, en contraposición vaga al llamado *mundo inteligible* (pienso que este sea el mundo de la etapa ontológica propio del ideísmo, pero resituado en su lugar dentro del esquema zubiriano), con transcripciones casi literales de *Inteligencia sentiente* que llevan a entenderla como la realidad originaria dada en aprehensión primordial». A. PINTOR-RAMOS, *Realidad y verdad*, 222.

[60] Ellacuría realiza cambios según la madurez de cada texto sin notificarlo y estos son insuficientes. Zubiri señalaba su acuerdo con el trabajo realizado. Cf. J. VILLANUEVA, *Noología y reología*, 29, nota 40.

[61] Zubiri realiza análisis de hechos, p. e. en el estudio de la socialidad (SH 223-233) que en otras páginas lo aborda como pura antropología (SH 187-221). Cf. M. VILÁ PLADEVALL, *Las dimensiones de lo interhumano*, 78 nota 10. El análisis y la teoría: «en la práctica totalidad de los temas que Zubiri ha estudiado, la realidad, la inteligencia, el hombre, Dios, están más o menos mezclados esos dos planos, que una exégesis cuidadosa debe distinguir, ya que tienen un valor de verdad claramente distinto. Sólo en una de sus obras, que no por azar es la última, Zubiri procuró deslindar nítidamente esos dos niveles, segregando del cuerpo de la obra todas las consideraciones relativas a lo que la realidad sea o pueda ser allende la aprehensión». D. GRACIA, *Voluntad de verdad*, 113.

bado estas dificultades hemos optado por descomponer el libro según las fechas de composición. Leído cada fragmento conforme a su fecha cobra una significación más rica e inteligible. Tomaremos, pues, cada curso como una unidad, reconstruyéndolo desde su fragmentación, y a éste aplicaremos los criterios hermenéuticos necesarios para ponerlo a la altura del pensamiento maduro de X. Zubiri[62]. Por ello, siempre que sea preciso, citamos el curso al que se corresponde el texto y no sólo la página de SH. Separadamente usaremos el esquema de SH para argumentar sobre la estructura de la antropología y el lugar que ocupa cada dimensión de la persona siempre en diálogo con el esquema de la primera parte de HD que sirve de foco hermenéutico[63].

Sobre el sentimiento y la volición (1992) recoge tres cursos: *Acerca de la voluntad* (1961), *El problema del mal* (1964) y *Reflexiones filosóficas sobre lo estético* (1975). Estos cursos resultan imprescindibles para abordar algunos aspectos de la antropología, como la dimensión sentimental de la persona, el querer y algunos aspectos de la moral y la intersubjetividad a través del estudio de las formas del mal. Si bien no ofrecen problema en cuanto a la datación e integridad su utilización «exige un trabajo que significa no sólo ni fundamentalmente una aclaración de esos escritos, sino una verdadera prolongación del pensamiento zubiriano por caminos que él nunca recorrió explícitamente»[64].

El resto de obras de Zubiri los tenemos en cuenta para cuestiones menores, como la dilucidación del origen de un término o puntos de diálogo con otros pensadores. Entre ellos encontramos *Primeros Escritos (1921-26)* [65], especialmente útil para el estudio de las intuiciones de Zubiri en sus primeros trabajos y su relación con la fenomenología[66], pues pone a disposición del gran público la tesina de licenciatura, su ejercicio de doctorado y otros artículos.

Los dos cursos de historia de la filosofía; *Cinco lecciones de filosofía* y *Los problemas fundamentales de la metafísica occidental*, permiten

---

[62] No basta aplicar la estructura APR – logos – razón como hace Brusa con el cap. VII sobre la dimensión moral. Cf. M. BRUSA, *L'etica in Xavier Zubiri*, 55s.

[63] Cf. A. PINTOR-RAMOS, «Dios y el problema», 121 nota 10.

[64] A. PINTOR-RAMOS, *Realidad y sentido*, 53.

[65] Publicado en 1999 contiene además de la tesina y tesis doctoral: «La crisis de la conciencia moderna» y «Filosofía del ejemplo», y recensiones a Landsberg y Brentano. Zubiri minusvaloraba lo anterior a SE.

[66] Hay «en ellos hallazgos de primer orden y en algunos casos un mayor poder de sugerencia que no son de ningún modo despreciables». I. ELLACURÍA, «Aproximación», 981 y cf. J. VILLANUEVA, *Noología y reología*, 47.

valorar el grado de dominio y el diálogo de Zubiri con sus fuentes, si bien presenta a los autores con un interés marcadamente polémico para resaltar su posición personal. *Sobre el problema de la filosofía*, es un instrumento interesante para comprender que es filosofía para Zubiri, su orden trascendental y dónde se ubica en relación con la historia de la filosofía con su pretensión de abrir un nuevo horizonte intelectual[67].

En 1999 ha sido publicado el curso *El hombre y la verdad (1966)* desarrollado entre SE (1962) e IS y permite estudiar la génesis de las categorías de IS[68]. Para nuestro trabajo es necesario pues trata puntos interesantes sobre la intersubjetividad y la comunión en la verdad. Otro tanto cabe decir del curso del mismo año *Sobre la realidad*[69] y de *El hombre: lo real y lo irreal*[70], de 1967. Incorporamos *a posteriori* notas del curso de 1974 *Tres dimensiones del ser humano: individual, social, histórica*[71]. Su contenido esencial coincide con los textos ya conocidos y analizados, nos sirve de refuerzo y matización en aspectos importantes de la disertación.

Estos son los textos que estudiamos para abordar la cuestión de la intersubjetividad. Todos ellos los interpretamos desde IS y SE pues pretendemos estudiar la persona y sus relaciones en el pensamiento definitivo de Zubiri. Para realizar este trabajo hemos analizado en un primer paso las categorías y problemas en su génesis zubiriana y en un segundo las hemos sistematizado[72]. Ésta es la parte menos creativa de la disertación, la segunda, que estudia la noción de persona y consiste sobretodo en análisis.

En la tercera intentamos extraer consecuencias y prolongar la antro-

---

[67] Ha sido publicado con partes inéditas en 1988 y recogido en *Sobre el problema de la filosofía y otros escritos* (1932-1944), Madrid 2002. Se trata de un ensayo de estilo heideggeriano en la forma y algunos aspectos del contenido. Según Zubiri en ese momento dominan dos interpretaciones de la filosofía: la reflexión crítica sobre el *factum* de la ciencia (neokantianos: Cohen, Natorp y Cassirer) y la reflexión sobre la nueva religiosidad (Dilthey y Misch). Para Zubiri ambas se quedan en la exterioridad y ve necesario elaborar una filosofía pura. Cf. J.J. GARRIDO ZARAGOZÁ, «Origen, horizontes, significados y tareas», 213 nota 21.

[68] Cf. J.A. NICOLÁS «Presentación», in HV v. Esta obra recoge el curso de 5 conferencias revisado por el mismo autor y corregido posteriormente por el editor: J. Antonio Nicolás. Se reestructura en un prólogo y tres apartados y se añaden las citas no explicitadas de Zubiri. Incluye un índice y esquemas elaborados por I. Ellacuría. Cf. *Ibid.* viii.

[69] *Sobre la realidad (1966)* se ha publicado en Madrid en el 2001. Completa a SE.

[70] Publicado en Madrid 2005. Introduce IS.

[71] *Tres dimensiones del ser humano: individual, social, histórica*, Madrid 2006.

[72] Seguimos el consejo de: cf. A. PINTOR-RAMOS, *Realidad y verdad*, 31.

pología de Zubiri en el campo intersubjetivo, esta peculiaridad metodológica hace que no se trate de un resumen o análisis sino de un desarrollo arriesgado, un esbozo, de lo que sería la relación interpersonal según Zubiri. Las herramientas necesarias las tenemos con SE, IS y HD[73]. Este movimiento corre por nuestra cuenta y riesgo. Tratamos de volcar el último Zubiri en los contenidos de obras anteriores para enriquecerlas y profundizarlas. No se trata de manipular textos sino de someterlos a un principio hermenéutico interno dimanado del conjunto de la obra.

3. Estructura de la disertación

Estas características de la obra de Zubiri exigen un estudio pormenorizado del desarrollo de su pensamiento que esclarezca los puntos definitorios de su posición personal definitiva y en el momento de la redacción de cada escrito. Con esta exigencia ineludible articulamos nuestro trabajo en tres bloques.

En la primera parte estudiamos las etapas del pensamiento de Zubiri para concluir con la caracterización de su antropología como personalista. Este estudio lo dividimos en dos pasos. El primero es la presentación de la evolución interna desde su formación neoescolástica hasta la formulación de la filosofía de la realidad, en la que se contextualiza cada escrito. El segundo paso analiza la antropología y filosofía del último Zubiri (noología y reología) descubriendo las claves por las que intrínsecamente es personalista. Con este primer bloque queda asentado el punto de vista adecuado y las categorías necesarias para el estudio estrictamente antropológico.

Como enfoque personal hemos querido resaltar la importancia de las fuentes escolásticas y aristotélicas, sin que esto suponga en ningún momento desarraigar a Zubiri de un modo fenomenológico de hacer filosofía. La presentación de Zubiri como personalista deja de ser una afirmación adjetiva, como está de moda, para convertirse en un rasgo demostrado y clarificador.

La segunda parte es esencialmente analítica. En ella presentamos la noción de persona elaborada por Zubiri conforme a los criterios herme-

---

[73] La *noología* es constitutiva de la *reología* y permite ordenar la investigación según esos modos de intelección. Cf. A. FERRAZ FAYÓS, *Zubiri: el realismo radical* 118, y J. VILLANUEVA, *Noología y reología*, 23. No se puede acceder a la metafísica ni a la antropología de Zubiri por una vía corta: directamente desde HD o desde SH. Es necesario pasar por su filosofía de la realidad y su filosofía de la inteligencia para evitar malas interpretaciones. Cf. A. PINTOR-RAMOS, «Dios y el problema», 111.

néuticos señalados. Consta de tres capítulos. El primer paso estudia el punto de partida y objeto formal de la antropología, a continuación analiza la función trascendental, herramienta filosófica fundamental, y por último presenta el orden trascendental dentro del cual se sitúa la persona. Con este fundamento procedemos al estudio talitativo de la realidad humana, tarea que ocupa el capítulo siguiente. En el tercer paso los datos obtenidos son llevados hasta el nivel trascendental donde aparece la noción más acabada y radical de persona: suidad trascendental, Zubiri descubre con su método propio que lo personal reside en el momento de realidad. Si se nos permite entablar un diálogo entre diversos siglos y métodos filosóficos podríamos decir que Zubiri logra un equilibrio entre Cayetano y Capreolo, pero más cerca del segundo.

De esta parte es especialmente nuestra la incorporación trascendental del sentimiento y la presentación de la dimensión moral, cuestión de importancia en los ambientes zubirianos españoles.

El último bloque estudia la intersubjetividad en tres niveles. En un primer capítulo volcamos sobre la interpersonalidad la noción de persona desde las estructuras humanas, analizamos la prioridad de los otros sobre el yo y estudiamos la caracterización de la constitutiva alteridad de la persona como nostreidad en diálogo con Ortega y Gasset. A continuación procedemos a la reconstrucción de una relación interpersonal hipotética entre un hombre y una mujer desde el nacimiento hasta la muerte. En este capítulo se estudian por exigencias internas el estatuto del embrión humano, el componente social de la moral con su fundamento objetivo y material, y la muerte dentro de un pensar la persona desde la unidad. Por último consideramos la relación interhumana desde su fundación en Dios y la relación con Él.

Este recorrido nos permite constatar que el pensamiento de Zubiri es estrictamente personalista y sirve para iluminar realidades de nuestra sociedad que están necesitadas de reflexión y radicación. Su amor a la verdad[74] le permite elaborar una noción de persona que fundamenta las relaciones interpersonales con riqueza y profundidad. Esperamos que el recorrido logre transmitir al lector al menos una parte de este tesoro.

---

[74] Es revelador de la actitud filosófica de Zubiri que en su primera obra (ETFJ) haya destacado la bancarrota de la cultura occidental, y en el comienzo de la segunda (NHD) haya subrayado enérgicamente que la crisis intelectual contemporánea procede de la voluntad humana de poseer verdades y no dejarse poseer por la verdad, este amor a la verdad resplandece en toda su producción. Cf. A. LÓPEZ QUINTÁS, «Significación actual del pensamiento zubiriano», 46.

PRIMERA PARTE

EL PERSONALISMO DE X. ZUBIRI

En esta primera parte estudiamos el contexto del filosofar de Zubiri, su desarrollo interno y caracterizamos su antropología como personalista en una importante primera aproximación.

Este objetivo lo alcanzamos mediante dos pasos.

En el cap. I nos introducimos en las etapas del pensamiento de Zubiri atentos a los hechos significativos de su biografía y a los pensadores con los que va dialogando. En este camino examinamos especialmente los puntos antropológicos y las consecuencias para la reflexión sobre la persona de su planteamiento global.

En el cap. II analizamos desde la filosofía madura de Zubiri el estatuto de la antropología y el modo de quedar la persona, lo que nos lleva a afirmar que la antropología en el marco de la noología y la reología de Zubiri es personalista. No la enraizamos en el movimiento personalista, sino que sólo mostramos en qué sentido su filosofar es intrínsecamente personalista, midiéndolo con otros personalismos. Este capítulo nos sirve para presentar la noología, la reología y la antropología que centran el objeto formal y el método de las dos partes posteriores, a la vez que introduce el problema de la intersubjetividad.

Capítulo I

Crecimiento intelectual y fuentes

Presentamos la maduración de la reflexión de Zubiri usando la clásica división en etapas, si bien entre todas hay profunda coherencia. Queremos realizar este importante paso conjugando dos polos: los hechos biográficos significativos[1] y el diálogo de Zubiri con las fuentes de su reflexión antropológica[2].

Este camino lo dividimos en cuatro pasos[3]. Comenzamos con su formación intelectual marcada por el neotomismo y el conocimiento de Ortega y Gasset estudiando sus primeros esbozos en compañía del primer Husserl con su objetivismo fenomenológico. Desde ahí lo acompañamos en su marcha con Heidegger, Ortega y Gasset y Aristóteles hacia el horizonte ontológico y la formulación de la filosofía del haber. Por último nos introducimos en su filosofía madura a través de dos

---

[1] En el momento de la redacción de este texto no existía una investigación histórica definitiva sobre Zubiri. Los datos más extensos eran las sugestivas líneas de la *Biografía de Xavier Zubiri*, realizado por su viuda, Carmen Castro, pero que no pretenden ser un relato histórico. Un artículo importante es: cf. A. PINTOR-RAMOS, «Los años de aprendizaje», 291-331. La biografía de C. Castro la citamos como CCZ. Estas son nuestras fuentes. En el momento de la preparación de esta edición acaba de publicarse el primer estudio biográfico serio: J. COROMINAS – J.A. VICENS, *Xavier Zubiri. La soledad sonora*, Madrid 2006, 920 p; realizado por los herederos intelectuales de I. Ellacuría. De él incorporamos la vivencia por Zubiri de su ordenación y secularización. A él remitimos para cualquier ampliación y contraste.

[2] «los filósofos son hombres que no están de acuerdo, pero que en el fondo se entienden entre sí. Y esta unidad extraña entre entenderse y no estar de acuerdo en nada es lo que, positivamente, constituye un conflicto». 5LF 275-276. Zubiri apenas cita, esto dificulta la investigación y ha originado lecturas parciales.

[3] Se podrían usar décadas: la etapa husserliana o fenomenológica de los años 20, la ontológica o heideggeriana de los años 30 y la metafísica o radical personal siguiente. Cf. G. MARQUÍNEZ ARGOTE, «Literatura y realidad: Zubiri y García Márquez», 124.

momentos, la maduración, donde su producción se centra en la persona, y el momento estrictamente metafísico donde formula la reología, la noología y comienza su antropología definitiva[4].

Este recorrido enriquece la perspectiva sobre todas las nociones de Zubiri y su esfuerzo terminológico, resultando imprescindible para entender sus escritos sobre la persona desde la hermenéutica adecuada[5].

Las fuentes que condicionan el punto de partida de Zubiri son dos, el

---

[4] Zubiri en «Dos etapas», prólogo a la edición inglesa de NHD, distingue una etapa ontológica de inspiración fenomenológica desde 1932 hasta 1944 (publica NHD) y otra metafísica centrada en SE y IS. De esta última dice: «Ya dentro de la fenomenología, Heidegger atisbó la diferencia entre las cosas y su ser. Con lo cual la metafísica quedaba para él fundada en la ontología. Mis reflexiones siguieron una vía opuesta: el ser se funda en la realidad. La metafísica es el fundamento de la ontología. Lo que la filosofía estudia no es ni la objetividad ni el ser, sino la realidad en cuanto tal. Desde 1944 mi reflexión constituye una nueva etapa: la etapa rigurosamente metafísica». NHD 15 DE.

[5] Zubiri realiza un esfuerzo prometeico por lograr la expresión ajustada a su revisión de la filosofía. Por ello ha tenido que elaborar una terminología y se descubre un progresivo aquilatar los términos hasta fijarlos. Esto obliga a prestar atención al uso de estos en cada etapa. Zubiri busca el rigor, pero en obediencia a la realidad su terminología goza también de gran flexibilidad. Crea vocablos inexistentes a partir de otros tradicionales para evitar confusiones con términos válidos pero marcados por determinadas tradiciones (caso de: *suidad*, personeidad, APR, reidad, reísmo, sustantividad, transcendentalidad, religación, respectividad). Recurre a la etimología como medio para romper la esclerosis del lenguaje recibido, no por erudición, es el caso de «verdad» en NHD para romper la concepción logicista tradicional y unificar en ella ser, seguridad y potencia. Además otorga carácter técnico a expresiones corrientes (*de suyo*, realidad, *en* realidad, en *la* realidad, personalidad, mí, me, etc.). Admira de Suárez la finura de se léxico, uno de los mayores tesoros filosóficos (cf. «Suárez», in NHD 161). Cf. P. LAÍN ENTRALGO: «Xavier Zubiri en la historia», 36; A. LÓPEZ QUINTÁS, «Xavier Zubiri. La inteligencia sentiente», 227; M. VILÁ PLADEVALL, *Las dimensiones de lo interhumano*, 185; G. MARQUÍNEZ ARGOTE, «Literatura y realidad en Xavier Zubiri y Gabriel García Márquez», 39 y F.A. SIMONPIETRI MONEFELDT, «Xavier Zubiri, filósofo de la realidad», 61.

Zubiri renuncia desde SE al estilo literario de NHD en favor de un discurso preciso y claro, denso y trabajado poco habitual en la filosofía española. Cf. A. PINTOR-RAMOS, «X. Zubiri. In memoriam», 300-301. Este estilo está todavía pendiente de estudio si exceptuamos: cf. P. LAÍN ENTRALGO, «El estilo literario de Zubiri», 11-16. Importa para la aproximación a la filosofía noológica desde la expresión lingüística en que se manifiesta. Cf. A. PINTOR-RAMOS, *Realidad y verdad*, 189). El resultado es un estilo «sobremanera ascético y severo porque desde el principio queda situado en un plano muy distinto al de la mera estética literaria» (A. LÓPEZ QUINTÁS, «Xavier Zubiri», 318). Este estilo provocó rechazos y malas interpretaciones (cf. A. PINTOR-RAMOS, *Realidad y verdad*, 186-187). Destaca el afán de Zubiri por darse a entender, así presenta, repite y resume adquiriendo sus obras una apariencia muy escolástica.

neotomismo de Lovaina en el que se forma y su aproximación a Husserl, que le acompañará siempre de modo que toda su obra «se inscribe en la corriente fenomenológica y permanece siempre en ella»[6]. La fidelidad a la fenomenología provoca desde dentro movimientos de superación[7], sin embargo creemos que conviene resaltar la impronta del realismo inmediato de su primera formación, sin ella no se entiende su evolución posterior.

Por ello subrayamos la deuda de Zubiri con la neoescolástica, sin confundir su noología ni su metafísica con una rama de la misma, especialmente por la perspectiva nueva con la que se afronta la IS, pero sólo desde ella, aún en contraste, se entiende la modificación del método fenomenológico que realiza[8]. Por ello nos detenemos interesadamente en sus primeros pasos.

El diálogo de Zubiri con la historia de la filosofía se concentra en una doble acusación: *logificación* de la inteligencia y *entificación* de la realidad, que conllevan la sustantivación del espacio, de la conciencia, del tiempo y del ser[9]. Desde el final de su filosofía donde formula la noología pretende situarse en un horizonte nuevo, la realidad, superador del horizonte del movimiento y de la nihilidad[10]. Por eso la presen-

---

[6] J. VILLANUEVA, *Noología y reología*, 99.

[7] «un proceso de evolución continua, que partiendo de la *conciencia* de Husserl, y por intermedio de la *comprensión* heideggeriana, desemboca en la *aprehensión* de Zubiri». D. GRACIA, *Voluntad de verdad*, 69. En paralelo va de la intencionalidad, por la develación a la mera actualidad. «La complessa evoluzione spirituale di X. Zubiri, che non è monolitica anche se coerente con un'ispirazione fondamentale». A. SAVIGNANO, «*In memoriam*», 409.

[8] Ellacuría señala que la neoescolástica es uno de los interlocutores de Zubiri del que le separa la esencial cuestión del método: mero análisis. Cf. I. ELLACURÍA, «Aproximación», 965 y 973-974. Si bien es cierto que Husserl es importantísimo, creemos necesario subrayar el realismo de Lovaina en el origen de sus intuiciones fundamentales.

[9] La logificación de la inteligencia consiste en identificarla con el juicio. Zubiri propugna que inteligir es actualizar en aprehensión sentiente, juzgar es una función ulterior. Paralelamente se considera el ser dado en el juicio como lo primario olvidando la realidad, entificándola. Cf. J. BAÑÓN, «Zubiri hoy: Tesis básicas», 78-79.

[10] Es el nuevo horizonte de la realidad, el horizonte de Zubiri será post-hegeliano, post-griego y post-cristiano. D. Gracia lo denomina horizonte de la *factualidad* humana. Horizonte es un término construido con Husserl y Heidegger, quienes a su vez lo toman de la filosofía diltheyana, sería una coordenada diacrónica para analizar los sistemas filosóficos según el modo de acercarse a la totalidad de lo real. Cf. J. SÁEZ CRUZ, *La accesibilidad de Dios*, 134 y 136. La idea de horizonte aparece en Husserl en *Ideas para una fenomenología pura* (1913) como categoría por la que el mundo adquiere sentido. Cf. D. GRACIA, *Voluntad de verdad*, 8.

tación de sus antecesores es interesada y remarca lo que separa[11]. Comencemos este interesante recorrido que nos llevará a descubrir la fundación de su metafísica y el ámbito personalista que instaura.

1. Realismo inmediato y objetivismo – fenomenológico (1913-31)

Cada etapa la abordamos en tres pasos: primero señalamos los datos biográficos relevantes, contextualizamos el ambiente intelectual y presentamos los escritos; en segundo lugar caracterizamos la posición de Zubiri; y, por último, anotamos algunos rasgos del diálogo de Zubiri con los pensadores más relevantes que aparecen en esa etapa, considerando su papel en el conjunto del pensamiento de Zubiri.

1.1 *Biografía, ambiente y obras*

1.1.1 Datos biográficos

Zubiri se formó en un ambiente católico[12] profundo y estudió con los Marianistas por amistades familiares[13] donde intimó con D. Juan Zaragüeta, sacerdote y filósofo neoescolástico doctorado en Lovaina con el Card. Mercier.

---

[11] Se podría aplicar parcialmente a Zubiri su crítica a Heidegger de querer ir al fondo de las filosofías en sentido destructivo creyéndose dispensado de decir real y efectivamente que pensaron esas filosofías. Cf. PFMO 39-40.

[12] Su formación cristiana cala hondo, mantiene siempre una fidelidad extraordinaria a la fe católica en dos vertientes. Tenía una religiosidad vivida. Aún se recuerda en la parroquia de Nª. Sra. de la Concepción, junto a su piso de Madrid, su participación asidua en la Santa Misa y sus amigos percibían una alta espiritualidad (cf. J. GARRIGUES, «Zubiri en la amistad», 116). Conocía profundamente los misterios de la fe; en una época difícil para la articulación entre fe y ciencia, irradia entre sus oyentes seguridad y soluciones de fe (cf. S. LISSARRAGUE, «El magisterio decisivo de Zubiri», 157). Siempre se adhirió al Magisterio (Cf. I. ELLACURÍA, «Aproximación», 968-969).

[13] Nació José Javier Zubiri Apalategui en San Sebastián (España), el 4 de diciembre de 1898. en el seno de una familia de origen navarro dedicada al comercio. Estudió allí en el colegio de Santa María. En la revista colegial, *La Aurora de la Vida*, estrena su pluma, «los tres artículos de bachiller en devenir esbozan algunos puntos clave de su atención como pensador: el hombre y su cuerpo, la teología teñida de filosofía y la ciencia, soñó con ser ingeniero en Zurich». CCZ 66-67. «Ligado a la familia de Zubiri por vínculos muy estrechos de paisanaje y amistad», J. ZARAGÜETA, «Zubiri, discípulo», 271. Siempre se glorió de su origen vasco y conoció perfectamente su lengua materna. Cf. I. ELLACURÍA, «Aproximación», 966 y A. PINTOR-RAMOS, «X. Zubiri. In memoriam», 299. Cf. J.L. ABELLÁN, *Historia crítica del pensamiento español*, 5/III 291-292. Si bien «jamás comulgó con ningún signo de nacionalismo excluyente». A. PINTOR-RAMOS, «Los años de aprendizaje», 95. Era un «vas-

D. Juan le encaminará en su primera formación[14]. Así desde 1915 le seguirá al seminario de Madrid donde es fiel discípulo suyo[15].

En 1919 simultanea la teología con los cursos de Filosofía de la Universidad Central, donde conoce a Ortega y Gasset[16].

En 1920, apadrinado por Zaragüeta, va a Lovaina para cursar la licenciatura en filosofía[17]. El 11 de noviembre de 1920 consigue el doctorado en Teología en Roma[18]. El 18 de diciembre es ordenado de subdiácono en Bruselas. El 24 de febrero de 1921 defiende su tesina sobre *La Objetividad en Husserl*, siguiendo de cerca las *Logische Untersuchungen*, fue dirigido por L. Nöel[19].

Dudas sobre Dios, el catolicismo y su vocación, sembradas por sus lecturas modernistas, atormentan su alma. Con sinceridad busca y se debate entre el estado de su razón, que aún no encuentra, y su sentimiento, sincero y que quiere creer. Por intervención de Zaragüeta decide continuar hasta ordenarse para, ya sacerdote, dedicarse a su vocación profunda: filosofar[20].

El desastre de Annual provoca una nueva leva. Para evitar el alistamiento, por su delicada salud, precipita su ordenación. Con el visto bueno de Mons. Leopoldo Eijo el 28 de agosto de 1921 recibe el diaconado en San Sebastián y el 21 de septiembre es ordenado de presbítero

---

co de tipo más bien menudo, siempre pulcramente vestido y con cierto aire severo, de hablar preciso, rápido, incisivo y cordialísimo, de risa franca y mirada honda». A. LÓPEZ QUINTÁS, «Xavier Zubiri», 306.

[14] Dentro del ambiente tomista. Cf. J. ZARAGÜETA, «Zubiri, discípulo», 271-272.

[15] En 1915 ingresa en el Seminario Conciliar de La Inmaculada y S. Dámaso de Madrid, habitando en una pensión de la calle de los Madrazos. Cf. CCZ 70. Abellán sostiene, equivocadamente, que entró en el seminario de Vitoria. Cf. J.L. ABELLÁN, *Historia crítica del pensamiento español*, 5/III 291-292. Zaragüeta lo tuvo como alumno tres cursos en los que Zubiri re-elaboró sus propios apuntes de clase. Cf. J. ZARAGÜETA, «Zubiri, discípulo», 272-274.

[16] J. ZARAGÜETA, «Zubiri, discípulo», 274.

[17] Creador del realismo inmediato. A su paso por París conoció a Bergson. En la primavera de ese curso va a Leipzig, donde visitó el instituto de psicología de Wundt.

[18] Cf. CCZ 73-74. Se trató de un pícaro examen conseguido aprovechando la existencia del *Studium Urbis* en el Vaticano (ficción jurídica sin instituciones ni administración como reivindicación contra el expolio de la Sapienza). La fecha del título es el 9 de noviembre de 1920 (expedido el 11). Cf. A. PINTOR-RAMOS, «Los años de aprendizaje», 317-318,

[19] CCZ 72.

[20] Zubiri comenta que nunca sintió más indiferencia que el día de su ordenación. Sobre el estado de su espíritu, sus debates, su rectitud de intención indudable, el ambiente, etc., merece la pena consultar J. COROMINAS – J.A. VICENS, *Xavier Zubiri. La soledad sonora*, 111-131.

en Pamplona, tras conseguir la dispensa pontificia de quince meses por edad. Celebró la primera Misa en San Sebastián con un acto socialmente relevante[21].

En el último trimestre de ese mismo año de 1921 defiende en Madrid la tesis doctoral *Ensayo de una teoría fenomenológica del juicio,* bajo la dirección de Ortega y Gasset en la Universidad Central. Es la primera tesis sobre Husserl que se realiza fuera de Alemania[22].

Con 27 años gana la cátedra de Historia de la filosofía en la Central, estrenándose como profesor en enero de 1927[23]. Tras impartir dos cursos pide la excedencia para una ampliación de estudios en Centro Europa movido por Ortega y Gasset[24] que le entregó la primera edición de *Sein und Zeit*[25].

En Freiburg (cursos 1928-29 y 1929-30) se matricula en los seminarios de Husserl, ya a punto de jubilarse, y de Heidegger. Trabaja en el grupo de heideggerianos. Marcha convencido de que Heidegger no publicaría la anunciada segunda parte de *Ser y Tiempo*[26].

---

[21] Su tío P. Francisco Apalategui s.j. y D. Juan Zaragüeta fueron los padrinos. Cf. G. MARQUÍNEZ ARGOTE «El joven Zubiri», 258. A este propósito comenta Carmen Castro que: «se ordenó no por decisión propia sino porque le ordenaron». Cf. CCZ 76-77. Más adelante obtendrá la reducción al estado laical y la nulidad.

[22] La ausencia de Ortega y Gasset en unas fechas concretas y el buen trabajo de Zubiri adelantan la defensa respecto al examen de Grado, que realizó posteriormente con, casualidades, A. Machado. Cf. CCZ 76. Ambos fueron dispensados de griego.

[23] 1926, debido a la muerte repentina de Adolfo Bonilla y San Martín (cf. CCZ 76 y 82). Como catedrático vive en la calle Hermosilla (cf. J. GARRIGUES, «Zubiri en la amistad», 113). El claustro estaba marcado por el despegar del movimiento orteguiano de la *Revista de Occidente* y el krausismo español gracias a la influencia de la *Institución Libre de Enseñanza*. El ambiente es de un rico y creciente intercambio cultural. En 1933 lo forman hombres de gran talla como Morente, Besteiro y Gaos. En un segundo plano y ascendiendo están los discípulos de Ortega y Gasset: Fernando Vela, Garagorri, Marías, Recasens Siches, María Zambrano y Manuel Granel (cf. G. GÓMEZ CAMBRES, *Presencia de Ortega*, 13).

[24] Así Ortega y Gasset desempeñó con Zubiri la función de resonador que éste le atribuye. Cf. X. ZUBIRI, «Ortega Maestro de filosofía», 6.

[25] Cf. D. GRACIA, *Voluntad de verdad,* 66. C. Castro añade motivos de salud. Cf. CCZ 83-84. Su situación no debía ser excesivamente cómoda al interrumpir su ministerio sacerdotal.

[26] Su viuda, con excesivo prurito de su esposo, sugiere que la conversación de Zubiri sería decisiva para el «giro» de Heidegger. Cf. CCZ 86. Zubiri se acerca a Heidegger como maestro, a pesar de ser ambos catedráticos. Ortega en cambio se acerca a Heidegger como a un colega y condiscípulo, originando una serie de influencias diversas en el modo y en el fondo.

Desde 1931 Zubiri vuelve al ser y descubre a Aristóteles gracias a Heidegger[27]. El curso 1930-31 está en Berlín, se encuentra con Einstein, Schrödinger y Planck, asiste a las primeras clases de N. Hartmann y conoce a Carmen, hija del historiador Américo Castro, con la que se casará[28].

1.1.2 Ambiente intelectual y social

El ambiente intelectual de su despertar filosófico consta de tres raíces que siguen este orden: realismo inmediato neoescolástico dominante en el seminario, en su admirado y seguido Zaragüeta y en Lovaina[29]; aproximación a la fenomenología a través de una lectura estudiantil como objeto de sus disertaciones hasta que llega el contacto directo del viaje a Freiburg[30]; y, tercera, el ambiente universitario creado por Ortega y Gasset y la Escuela de Madrid, un ambiente abierto y de búsqueda especialmente atento al desarrollo de la filosofía alemana[31]. Desde la

---

[27] Cf. J.L. ABELLÁN, *Historia crítica del pensamiento español*, 5/III 295.

[28] Cf. CCZ 89-90. El clima de entreguerras causó carencias alimenticias en la residencia que compartía con Einstein.

[29] Cf. J. VILLANUEVA, *Noología y reología*, 46. Nöel, moderador de Zubiri, sucedería a Deploige en la dirección del Instituto en 1927. Formado íntegramente por Mercier, fue profesor ordinario desde 1911 y llevó la dirección de la revista hasta su muerte. Planteó el problema crítico en la línea tomista completando y corrigiendo a Mercier. Su postura es inmediatista: Cuando yo conozco algo el término inmediatamente dado a la conciencia es el objeto real. No hay necesidad de algún otro proceso, sino solamente una conciencia plena de lo que yo conozco, que se obtiene por la reflexión sobre las verdades evidentes. El conocimiento no es simplemente de los fenómenos, sino de las cosas mismas cuya realidad capta nuestra inteligencia. Ello supone la presencia inmediata de los objetos a la experiencia sensible. Tanto en materia de inteligencia como de sensación el conocimiento inmediato es infalible. La reflexión crítica permite justificar todos los otros juicios ciertos, comparándolos a los objetos inmediatamente aprehendidos. En su obra *Le réalisme immédiat* (Lovaina 1938), desarrolla aún más su solución bajo esa apelación a un realismo inmediato que es similar al realismo crítico o reflexivo de Maritain y otros tomistas. Cf. T. URDANOZ, «Mons. Léon Nöel», 478-479.

[30] Cf. D. GRACIA, «Zubiri, Xavier», 1618.

[31] No se trata de *Escuela* en sentido fuerte, sino de ambiente filosófico. Participa ahí en la lucha de d. José (Ortega y Gasset) por europeizar España comenzando por la *reforma* de las cabezas. La escuela desborda el ámbito puramente universitario con las tertulias en la editorial Espasa-Calpe, los encuentros en la *Residencia de Estudiantes*, los paseos por la Castellana, los coloquios ante damas de la alta sociedad. Xavier se encuentra muy a gusto. Zubiri sirvió de puente a otros intelectuales como el mexicano, traductor de *Sein und Zeit* al castellano, José Gaos. Testigos de la activa participación de Zubiri son Ayala y Gaos (cf. F. AYALA, «M. García Morente, o el

neoescolástica accede a la fenomenología que asumirá como método para sus problemas.

El ambiente social y político se va exaltando en progresión geométrica hasta el advenimiento de la II República Española en 1931. Tanto en su familia como en el ambiente eclesiástico de sus estudios domina una fuerte vivencia religiosa, aún con todos sus defectos y carencias se trata de un clero que derramará su sangre por fidelidad a Cristo.

1.1.3 Obras

Tenemos los tres artículos infantiles publicados en la revista colegial *La aurora de la vida*[32], a los que sigue la tesina de Lovaina: *Le problème de l'objectivité d'après Ed. Husserl*: I *La logique pure* (1921) y la tesis madrileña *Ensayo de una teoría fenomenológica del juicio*, publicada en 1923[33]. Estos escritos merecen atención detallada ya que contienen en germen todo su pensamiento posterior[34].

La atribución a Zubiri de la «Crónica de la Semana Tomista» de 1925 es errónea, aunque seguramente participó en ella[35].

---

disloque», 534 y J. GAOS, *Confesiones profesionales*, 36-38). La *Escuela de Madrid* estaría integrada entre otros por A. Rodríguez Huéscar, J. Ferrater Mora, J.A. Maraval, L. Díez del Corral, A. G. Valdecasas, S. Lissarrague, P. Laín Entralgo y J.L. L. Aranguren.

[32] «La tuberculosis en la clase escolar» (1913), «El proceso de la volición según la doctrina de Santo Tomás de Aquino» y «La magia parda» (1914).

[33] La tesis es el segundo paso, tras la tesina, de un proyecto que quedará incompleto. La edición en la *Revista de Archivos Bibliotecas y Museos* (Madrid 1923) es una versión revisada y aumentada. Cf. A. PINTOR-RAMOS, *Génesis y formación*, 10. Siguiendo el estudio hecho por G. MARQUÍNEZ ARGOTE, «El joven Zubiri», 257-258, se ve que las diferencias son notables en lo que respecta a la fenomenología y la posible complementación de la fenomenología por la escolástica. También resalta que el cap. I: «El método fenomenológico» (Cf. ETFJ 40-50 = PE 117-131) es nuevo. Cf. M. VILÁ PLADEVALL, *Las dimensiones de lo interhumano*, 55 nota 113. Ya está disponible la edición crítica (incluyendo la tesina de modo bilingüe) *Primeros Escritos* (1921-26), editada por A. Pintor-Ramos, Madrid 1999.

[34] Cf. A. PINTOR-RAMOS, «Zubiri y la fenomenología», 389-565, J.J. GARRIDO, «El objetivismo fenomenológico», 367-405 y J. VILLANUEVA, *Noología y reología*, 47.

[35] «Crónica de la Semana Tomista», *CTom* 31 (1925) 426-431. Se trata de un resumen de la Semana Tomista en Madrid, celebrada del 7 al 14 de marzo de ese año. Contiene la conferencia de clausura de d. Juan Zaragüeta (ciencia, repensar el tomismo en actitud de apertura, etc.), una nota sobre la *Sociedad de Estudios Bíblicos* y sobre las homilías episcopales en la apertura y clausura. Este texto ha sido atribuido por J. Villanueva a Zubiri. Quizá porque era su mejor alumno realizase Zubiri éste. Pero Villanueva no cita ninguna fuente, ni ésta aparece en el original de la revista. Lo lógico es pensar que Zubiri escuchase las conferencias. No aparece en el original

Su primer artículo es «Crisis de la conciencia moderna» (1925), que después Zubiri rechaza por no estar de acuerdo con su posición juvenil que propugnaba una intelectualidad católica y clara afiliación a la corriente neoescolástica, aunque abierta a las tesis fenomenológicas[36]. Se inspira en S. Agustín y el Aquinate.

También en 1925 recensiona para la Revista de Occidente la obra de L. Landsberg, *La Edad Media y nosotros*. En ella asume tesis del ejemplarismo agustiniano en gnoseología y ética. Subraya el papel imprescindible de la revelación y de la historia cristiana como fuente de cultura aunque: «no nos puede salvar ningún retorno a la Edad Media, ninguna neomística ni neoescolástica»[37]. Es el primer desapego de su raíz.

En 1926 recensiona la *Psicología* de F. Brentano con motivo de su traducción, a quien califica de padre de toda la filosofía contemporánea por haber abierto el camino a la fenomenología[38]. De este año data el artículo «Filosofía del ejemplo» que trata de aplicar a la pedagogía intelectual los frutos del método fenomenológico y donde se resalta también la unión entre inteligencia y sentir[39].

1.2 *Posición personal: objetivismo fenomenológico*

La filosofía que profesa Zubiri en este periodo puede calificarse como *objetivismo fenomenológico*. Su intención fundamental es elaborar una filosofía objetivista capaz de superar los planteamientos subjetivistas[40] e idealistas y fundamentar los nuevos resultados de la ciencia. Parte del sólido bagaje realista de su formación con Zaragüeta y Nöel desde los que se aproxima al método fenomenológico[41]. Este realismo

---

ninguna firma de Zubiri. Al final tras la sección necrológica la única firma que aparece es la de Fr. Vidal Luis Gómara O.P. (p. 434).

[36] Cf. J.L. CABRIA, *Relación Teología – Filosofía*, 60-61.

[37] X. ZUBIRI, «Recensión a la Edad Media», 257 = PE 381.

[38] X. ZUBIRI, «Recensión a Psicología», 408 = PE 391.

[39] El objetivo de la educación es enseñar a descubrir el *sentido* de los hechos, la *esencia* del acontecimiento. Cf. X. ZUBIRI, «Filosofía del ejemplo», 294 = PE 367-368. Propugna un intuir intelectual que debe ser sensitivo – intelectivo, cf. PE 366.

[40] Zubiri constata el giro filosófico hacia la objetividad y las cosas mismas empujada por la ciencia e incluye en este movimiento en Alemania a Bolzano, Brentano, Twardwosky, Meinung, Husserl y Külpe, en el Reino Unido a B. Russell, en Francia a Cuturat y en Rusia a Losskij, la sociedad neorealista de América y en el campo de la ética la fenomenología de los valores de M. Scheler. El renacimiento de la metafísica es consecuencia inmediata del objetivismo. Cf. ETFJ 33-39 = PE 105-115.

[41] «Zubiri reelabora una síntesis completa de la filosofía neoescolástica [6 vol.],

inmediato le permite leer a Husserl descubriendo sus lagunas[42] y es fuente decisiva en la modificación de la fenomenología en noología a través de IS[43]. Zubiri intenta superar el psicologismo y resolver el problema crítico con una primera posición deudora de tomismo y fenomenología pero distanciada de ambas. Por ello investiga la conciencia y el juicio.

En la fenomenología Zubiri ve un método prometedor pero es consciente de las inequívocas tendencias idealistas presentes en Husserl, por tanto lo usa como mero instrumento[44]. Por ello asumiría una versión peculiar de la fenomenología, la objetivista. Se adhiere a la corriente que interpreta la fenomenología en sentido realista, siguiendo a los primeros discípulos de Husserl (Stein, Conrad-Marcius y Reinach) que ven la fenomenología como análisis de esencias y que por ello se separan de Husserl ante *Ideen*[45]. En 1921 Zubiri y Husserl siguen ya caminos inequívocamente distintos: el de Husserl conducirá a una filosofía trascendental, mientras que el de Zubiri llevará al problema de la verdadera realidad[46]. Con una fenomenología *purificada* logra superar el psicologismo que reduce el hombre a una parte del mundo[47] y rescata la persona.

---

que desde entonces se convierte en un elemento permanente con el que cuenta en su pensamiento y que dada su asimilación a través de toda una reelaboración personal, no necesitará ser revisada en adelante, si no en puntos concretos». Cf. A. PINTOR-RAMOS, «Los años de aprendizaje», 309.

[42] En su tesis sobre Husserl valora positivamente la neo-escolástica «cuyas ideas capitales van imponiéndose de hecho en los medios intelectuales hasta el presente más refractarios a ellas». ETFJ 39 = PE 115, párrafo añadido para la publicación.

[43] La influencia de Nöel merece ser seguida más allá del periodo lovaniense, pues las soluciones dadas por el realismo inmediato lo inclinarían hacia el realismo más de lo que se presume. Cf. J. VILLANUEVA, *Noología y reología*, 51.

[44] «Como se ve, aún quedan profundas huellas del subjetivismo en la obra de Husserl, que sólo pueden ser evitadas, a mi modo de ver, por una incorporación crítica de ciertas nociones escolástico – aristotélicas a la Filosofía contemporánea». ETFJ 38 en nota = PE 113, nota añadida en la publicación.

[45] Cf. J.J. GARRIDO ZARAGOZÁ, «El objetivismo fenomenológico», 377.

[46] Siendo adecuado el adjetivo *fenomenológico* que figura en el titulo de la tesis, es más correcto llamar *objetivismo* a este momento. La fenomenología tiene un valor puramente instrumental. Zubiri no duda en recurrir a otras fuentes de pensamiento cuando lo juzga conveniente. Cf. J.J. GARRIDO ZARAGOZÁ, «El objetivismo fenomenológico», 402 y A. PINTOR-RAMOS *Génesis y formación*, 56. No es una repetición literal del primer Husserl como sostiene: cf. A. SAVIGNANO, «*In memoriam*», 410.

[47] Cf. M. VILÁ PLADEVALL, *Las dimensiones de lo interhumano*, 44.

Posteriormente se abrirá más a la fenomenología, gracias al empuje orteguiano y su viaje alemán[48], despegándose formalmente de la neoescolástica. Nunca habrá una aceptación acrítica de doctrinas dadas[49], pero la formación primera fecunda todo su pensamiento posterior.

La filosofía es concebida como *reflexión* que coloca en nueva perspectiva el mundo entero, por tanto su objeto no se hace presente por la intuición o por la aprehensión sino que debe perseguirlo y retenerlo para conquistarlo a través del método reflexivo y trascendental[50]. Ya desde su tesis destaca la importancia de unir sensación e inteligir[51].

1.3 *Diálogo filosófico*

Los principales filósofos con los que Zubiri dialoga en este periodo desde su base neoescolástica son Husserl y Ortega y Gasset. Junto a ellos aparecen otras fuentes: S. Agustín, Boecio, Sto. Tomás de Aquino y Bergson. En este apartado veremos como el diálogo con estos autores se prolonga hasta la posición definitiva de Zubiri.

1.3.1 Husserl

Zubiri dialoga con Husserl[52] en tres acercamientos diversos.

a) Desde sus estudios Zubiri hace suyo el lema de la fenomenología: «He aquí la primera condición de la verdad: atenerse a las cosas mis-

---

[48] Desde 1935 Zubiri será estrictamente fenomenólogo en su método. Cf. D. GRACIA, *Voluntad de verdad*, 89. Más tarde vuelve a Husserl al tomar distancia de Heidegger. No es acertado reducir la lectura zubiriana de Husserl a la segunda que realiza a través de Heidegger como hace Cf. G. GÓMEZ CAMBRES, *La realidad personal*, 32-33.

[49] Por eso en contra de lo que piensa Cambres la secuencia Husserl, Heidegger, Zubiri no es sucesión porque en los dos saltos el problema radical cambia absolutamente. Cf. A. PINTOR-RAMOS, *Realidad y verdad*, 47 y 51.

[50] Cf. J.J. GARRIDO ZARAGOZÁ, «La filosofía como saber transcendental», 264-267.

[51] En ETFJ (117-124 y 129 = PE 230-240 y 246-247) se ve la intuición de la IS aunque formulada en términos estrictamente fenomenológicos. El resultado de la investigación entonces llevada a cabo por Zubiri es coherente con la reducción husserliana, la cual abstrae o pone entre paréntesis la existencia factual pero no el contenido esencial, ya sea éste de carácter sensible, ya sea de tipo intelectual. A este noema entero sensitivo – intelectivo debe corresponder una noesis adecuada: una noesis a la vez sensible e intelectual. Cf. J. VILLANUEVA, *Noología y reología*, 119.

[52] Para una profundización mayor sobre la relación entre Zubiri y Husserl remitimos a las dos recientes publicaciones de V.M. TIRADO, *Intencionalidad, actualidad y esencia: Husserl y Zubiri*, Salamanca 2002 y *Husserl et Zubiri, six études pour une controverse*, París 2005.

mas»[53] y parte de la posibilidad de un conocimiento inmediato de las cosas que mantendrá siempre[54]. En su investigación sobre Husserl se remonta a Brentano y de él toma el respeto por las cosas mismas, el interés por las ciencias, la equivalencia de los métodos filosófico y científico, cierta inspiración aristotélica y el convencimiento de que la filosofía cristiana es teológica y por ello impura. Pero al constatar la crisis de la filosofía frente a las ciencias Zubiri piensa que el problema no es sólo de método como pretendieron Husserl y Descartes, sino que reside en el mismo objeto de estudio[55]. Esta intuición le llevará a una búsqueda permanente del problema radical de la filosofía, hasta que lo encuentra en la realidad.

El primer contacto con Husserl es favorable aunque crítico por el germen idealista que entrevé en las *Investigaciones*. De este contacto toma el método del primer Husserl: la reducción existencial[56] que ya no abandona[57]. Así en su tesina intenta construir una teoría de la objetividad basada en el método de las *Logische Untersuchugen* pero rechazando ya el giro transcendental — también lo hacía Ortega y Gasset — de *Ideen*[58]. Sin embargo coherente con el método fenomenológico admite, sin renunciar a su realismo, cierta prioridad del mundo ideal.

En ETFJ el instrumento de análisis, el método y los conceptos utilizados son husserlianos, aunque contra el psicologismo también recurre a Meinung, Külpe, Buthler e incluso a los neokantianos[59]. Desde aquí Zubiri se opone a las teorías voluntaristas del juicio y señala la primacía de lo cognoscitivo[60], tema que mantiene en la madurez[61]. Sin embargo descubre fallos en la forma de concebir la intencionalidad y la conciencia que se harán más evidentes en años posteriores y que afectan a la misma forma de realizar la reducción[62].

---

[53] NHD 39, «Nuestra situación intelectual».
[54] Cf. J.J. Garrido Zaragozá, «El *objetivismo fenomenológico*», 380-381.
[55] Cf. NHD 145-147, «El saber filosófico y su historia».
[56] Cf. G. Gómez Cambres, *La realidad personal*, 35-36.
[57] Cf. D. Gracia, *Voluntad de verdad*, 88-89; J. Villanueva, *Noología y reología*, 73.
[58] La *reducción trascendental* supone aceptar el carácter absoluto de la conciencia y su condición de *a priori* constituyente de sentido, supone la *subjetividad trascendental* que condiciona el modo de presentación del objeto. Zubiri rechaza así también la interpretación de la intencionalidad de *Ideen* que aproxima la fenomenología al idealismo. Cf. J.J. Garrido Zaragozá, «El *objetivismo fenomenológico*», 375-376.
[59] Cf. J.J. Garrido Zaragozá, «El *objetivismo fenomenológico*», 374.
[60] Cf. A. Pintor-Ramos, *Realidad y sentido*, 43.
[61] Cf. SH 358 y 383 (los valores como derivados) e IL 111-112.
[62] Para el primer Husserl la conciencia tiene un ser propio que no queda afectada

b) El segundo contacto con Husserl es directo en los cursos de su viaje de 1928 y resulta muy negativo[63]. Su admiración por Heidegger acentúa el abandono de Husserl y se sitúa con los fenomenólogos heterodoxos en el rechazo de las *filosofías del sujeto*[64]. Igual que el realismo le ayudó a ser crítico en el primer contacto ahora le ayudan Ortega y Gasset y Heidegger para rechazar la fenomenología ortodoxa por perder la realidad[65].

c) Pero al descubrir la insuficiencia del *Dasein* se vuelve a Husserl de forma nueva, para esta vez alcanzar, tras fecundo diálogo, la crítica radical de su idealismo bajo la forma de conciencismo pues la intencionalidad es superada desde la radical actualidad de IS[66]. Descubre que el conciencismo, raíz del subjetivismo criticado en ETFJ, incluye también a Husserl[67]. Zubiri no se refiere en su crítica a la *epojé* trascendental ni a la genética, sino a la primera reducción fenomenológica; el Husserl presente y criticado ahora es el mismo que le sirvió para superar el psicologismo, es el primer Husserl[68].

Esta crítica se realiza desde la transformación de la fenomenología en noología por el análisis de la APR como acción[69]. Mientras para

---

por la reducción, un «residuo fenomenológico» que constituye la región original de ser. En cambio el mundo de las cosas se refiere a una conciencia de la que reciben el ser. Zubiri ve ahí la fragua del idealismo husserliano. El modo en que Husserl entiende la *reducción* deja una puerta abierta al subjetivismo que no dejó de ver, pues la *reducción* convierte a la fenomenología en «ciencia de la conciencia». A estas alturas Zubiri discrepa en la formulación de la *intencionalidad de la conciencia*, en la idea de *cosa* y en la de *filosofía*. Cf. J.J. GARRIDO ZARAGOZÁ, «La filosofía como saber transcendental», 262-263.

[63] En 1929 Husserl pronuncia en la Sorbona sus conferencias publicadas como *Meditaciones cartesianas*. Zubiri ya está lejos de ese desarrollo.

[64] Cf. V.M. TIRADO SAN JUAN, «Fenomenología y estructura», 101.

[65] Cf. J.E. RIVERA CRUCHAGA, «El origen de la filosofía en Xavier Zubiri», 582.

[66] SE 30-32 declarará la prioridad absoluta de lo real sobre lo ideal. Cf. J.J. GARRIDO ZARAGOZÁ, «El *objetivismo fenomenológico*», 401-402.

[67] En ETFJ 86 = PE 186 Zubiri ataca la substantivación de la conciencia desde Kant. No puede hablarse de *la* conciencia porque es una propiedad que poseen algunos actos del hombre, crítica que se agudiza con el tiempo. En 1953 Zubiri señala la insuficiencia de la intencionalidad como remisión a la realidad por la objetualidad, ésta deriva de la realidad física (cf. SH 648, *El problema del hombre*). «La *conciencia refleja*, por dondequiera que se la tome, presupone algo previo que es eso que hemos llamado la *propia reflexividad* de la inteligencia y del pensamiento inscrita en la mismidad» (HV 120). Ahora la conciencia del primer Husserl es incluida en la substantivación.

[68] A. PINTOR-RAMOS, *Realidad y verdad*, 325-326.

[69] La *noología* profundiza el enfoque fenomenológico en el análisis de los mo-

Husserl la intelección es hacer presente la cosa en la conciencia, para Zubiri es el mero actualizar lo real en IS. La unión entre noema y noesis no es intencional sino física. Acentuando el sentir en su unión con el inteligir se pasa del sentido al realismo[70] pues realidad e inteligencia son congéneres[71].

Husserl seguramente habría replicado al análisis de IS «condenándolo como una recaída en la conciencia natural y, por tanto, en la naturalización de la conciencia»[72]. Habría visto en Zubiri un realismo ingenuo y dogmático porque si se niega la *epojé* sólo queda, como residuo, la *Urdoxa* de la conciencia ejecutiva. Zubiri responde desde el «equívoco mortal» de confundir la cosa en cuanto real (APR) con la cosa como lo en sí real[73]; el plano de Zubiri es anterior y no trata del objeto fenomenológico.

---

mentos originarios del dinamismo intelectivo y descubre el momento del *poder de lo real* y el carácter noérgico de la intelección. Así se supera el círculo del sentido. Cf. J. CONILL SANCHO, «Zubiri en el crepúsculo de la metafísica», 39-40. La correlación noesis – noema pasa a ser una instancia secundaria, al estar intencional le precede el *estar físico*. Cf. C.A. JALIF DE BERTRANOU, «Husserl y Zubiri», 62. Lo primero es la tensión dinámica intelectiva que llama noergia y que funda la intencionalidad. Cf. G. GÓMEZ CAMBRES, *La inteligencia humana*, 59.
Zubiri recrimina haber olvidado el momento de impresión; incluso Husserl, para quien en la intuición originaria el objeto está presente *leibheftig*, olvida que es necesario estudiar las estructuras de la acción de impresión, no sólo lo inteligido. Cf. HV 140-142.

[70] «De aquí surgen las grandes diferencias que separan las posiciones de Zubiri de las de Husserl. Analizadas como fenómenos de la conciencia pura las cosas nos manifiestan su *sentido*; actualizadas en la intelección sentiente, descubren su *realidad*». D. GRACIA, *Voluntad de verdad*, 105. Reduce lo radical de Husserl y Heidegger a cosa sentido.

[71] «El noema y la noesis no son momentos intelectivos primarios. Lo radical es un *devenir de actualidad*». IRE 64.

[72] P. CEREZO GALÁN, «Del sentido a la realidad», 242. El no seguir a Husserl en el camino de la conciencia implicaría un realismo natural. Por eso se ha dicho que: «Zubiri nunca logró, en mi opinión, decir nada sobre el *de suyo* que transcendiera semánticamente lo *Zusammengehöriges* de la conciencia y del contenido o la aprehensión primordial y lo aprehendido suyo. Y aún no he leído a nadie que lo haya logrado». L.P. WESSELL, *El realismo radical*, 148 nota 40. Que Zubiri es realista es cierto, que conoce la fenomenología y el criticismo también, su realismo no es ingenuo pero su largo camino termina por afirmar como válida la actitud natural sin el sentido negativo de Husserl para la conciencia natural.

[73] Cf. IRE 147. «La conciencia natural se produce en un *Urfaktum*, del que no puede dar cuenta, porque es óntica, y no ontológica, es decir, porque está vertida o enajenada hacia las cosas, y no recogida en sí misma, al sentir-se a una con el sentir la realidad. Tan fuerte es el impulso ontológico con que la realidad nos lanza hacia sí,

La noología modifica seriamente las principales claves fenomenológicas, permitiendo sacar al sujeto del ámbito de la conciencia. Veamos algunas.

– La esencia. Esta superación implica un cambio radical en la consideración de la esencia. La noología exige una metafísica. En SE la esencia husserliana se reduce a cosa sentido y el ámbito de lo factual recupera el rigor filosófico desde el descubrimiento del carácter de autosuficiencia constitutiva de la esencia frente al mero hecho bruto o correlación entre conciencia y fenómeno[74]. Lo radical no son las esencias del mundo no natural alcanzadas por intuición eidética[75], sino las cosas individuales actualizadas en IS que descubren al hombre su *realidad*[76], relegada por Husserl al saber empírico de lo fáctico sin lograr nunca alcanzar su esencia real[77]. Un ejemplo del cambio de perspectiva sobre las esencias es la noción de espacio[78].

– El yo y la persona. Consecuencia de esta crítica radical es la reducción del yo al terreno de la personalidad donde además va antecedido por el *mí* y el *me* que remiten como previo y fundante al *mí mismo*, la sustantividad humana. Desde la deconstrucción de la fenomenología en noología con un nuevo realismo se reinstaura la antropología al abrirse el filosofar en estricta y exigida metafísica. El *Yo* y la *Suidad personal* son radicalmente distintos. La antropología ya no es un análisis de las condiciones de posibilidad de la aparición del fenómeno, sino metafísica antropológica fundada en el análisis de la IS. Mientras para Husserl el yo es el ámbito del fenómeno, polo noético de la intencionalidad[79],

---

hacia lo que la cosa es en realidad, que no se repara o advierte de ordinario en que aquello que nos lanza es el previo estar-en realidad. Lejos, pues, de una recaída en la conciencia natural, se trata de una retracción de ésta en el *a priori* real de su constitución». P. CEREZO GALÁN, «Del sentido a la realidad», 242-243.

[74] Por eso sustituye el término *fáctico* por *factual* destacando la constitución no contingente del *de suyo* como carácter último de las notas de la esencia. Cf. G. GÓMEZ CAMBRES, *Zubiri: el realismo transcendental*, 42-44 e ID. *La realidad personal*, 36 y 87.

[75] Cf. A. LÓPEZ QUINTÁS, «Xavier Zubiri», 322.

[76] Zubiri forja su *realidad* frente a la cosa sentido de la fenomenología, no contra la naturaleza de Aristóteles. Cf. SE 105.

[77] Para Zubiri la fenomenología de Husserl da dos modos de conciencia, uno según el darse al saber empírico y otro al absoluto, pero nunca alcanza la esencia real. Cf. G. GÓMEZ CAMBRES, *Presencia de Ortega*, 107-108.

[78] Para Husserl el espacio es imaginación, una cuasi-experiencia. Para Zubiri no es mera irrealidad sino libre creación agarrada a la realidad por su fundamento en el momento impresivo de realidad. Cf. ETM 59-61, ESP 1973.

[79] El yo de la fenomenología no es descriptivo, sino explicativo de los fenómenos

para Zubiri la *suidad* es la esencia constitutiva de la persona.

– La intersubjetividad. Esta diversa concepción de la persona elude el riesgo solipcista de Husserl que se aproxima al paradigma monadológico de Leibniz[80]. El yo y el tú no se resuelven por analogía ni en los desarrollos de Lipps[81] ni de Scheler[82], las realidades humanas se vinculan en el mundo real antes que psíquicamente. A diferencia de Husserl para Zubiri lo primario no es el *alter ego* sino *lo humano*[83] que descubre su fundamento en una alteridad radical constitutiva, por eso Zubiri describe la monadización desde mónadas constitutivamente abiertas a los demás[84].

– El lenguaje. La intersubjetividad implica un cambio en la tematización del lenguaje. Recurriendo a Aristóteles corrige a Husserl para quien la palabra sería la intención significativa cristalizada en un sistema fonético. Para Zubiri la *phoné semantiké* exige distinguir entre signo y expresión[85]. Las significaciones no hacen sonidos, sino que los sonidos tienen y adquieren carácter significativo, el signo antes que intencional es intentivo. El lenguaje se funda en el sistema expresivo[86].

– Dios. Si se evita el solipsismo el idealismo trascendental podía derivar en un ateísmo donde el ser personal vendría representado por los miembros de una comunidad de mónadas inmortales, capaces de tareas e ideales absolutos, donde Dios quedaría reducido a un ideal regulador intencionalmente constituido por los diversos *Yos* trascendentales[87]. Por la contrapuesta visión de la pasividad originaria y la alteridad de la impresión Zubiri abre la vía de la religación a la fundamentalidad que

---

en su aspecto subjetivo, es el nombre del sujeto hipotético. Cf. A. PINTOR-RAMOS, *Génesis y formación*, 69.

[80] Ni el yo ni el tú son mónadas. Cf. 3DSH 28. La mónada leibniana, como yo concreto o todo de las vivencias, habría sido creada por la mónada *absoluta*, con fuerza propia y autónoma para impulsar su propio dinamismo vivencial. Tendría incluso la capacidad de constituir un mundo teleológicamente ordenado y con sentido para toda la realidad. Cf. V.M. TIRADO SAN JUAN, «Fenomenología y estructura», 108.

[81] Zubiri sigue desde Lovaina las investigaciones de Lipps, critica su psicologismo y su estudio del carácter psíquico del cuerpo del otro desde la analogía. Para Zubiri Lipps es sensualista y abusa de la analogía. Esta crítica perdura en la madurez sobre la intersubjetividad. Cf. Th. LIPPS, *Psychologische Untersuchungen*, I, 697-712; usado por Zubiri en ETFJ 122-123 = PE 238.

[82] Cf. SH 229, *El problema del hombre*, 1953-54.

[83] Cf. SH 242, *El problema del hombre*, 1953-54.

[84] Cf. B. CASTILLA Y CORTÁZAR, *Noción de persona*, 209-211.

[85] Cf. SH 287-288, *El problema del hombre*, 1953-54.

[86] Cf. M. VILÁ PLADEVALL, *Las dimensiones de lo interhumano*, 177-178, 180.

[87] Cf. V.M. TIRADO SAN JUAN, «Fenomenología y estructura», 102.

supera la propensión a la cadena infinita de noemas y *yos* de Husserl[88], criticando el razonamiento falaz de las intencionalidades nulas.

– El mundo. La IS lleva a Zubiri a discutir desde la publicidad y el lenguaje la idea husserliana de mundo[89]. La publicidad es un carácter positivo de la realidad de las cosas en su verdad real[90], por ello el mundo humano no consiste en construcción ideal en la conciencia, sino que es carácter derivado de la realidad dada en verdad real que posibilita y se funda recíprocamente en su apropiación social[91]. Para Husserl el mundo humano era el horizonte de la intencionalidad de la conciencia, para Zubiri el mundo humano se funda en el mundo como respectividad: porque el hombre es mundanal puede apropiarse el mundo en bosquejo[92].

El método que usa Zubiri en estos diálogos es la descripción o análisis, muy fenomenológico al modo del primer Husserl, pero despojado de los prejuicios idealistas y tomando la acción de IS como fenómeno radical. Podemos decir con un juego de palabras que con el primer Husserl Zubiri desmonta el primer Husserl.

1.3.2 Ortega y Gasset

El contacto entre estos dos grandes pensadores es históricamente evidente[93]. Zubiri siempre consideró a Ortega como maestro y no sólo como profesor, su influencia se deja sentir más en el horizonte del filosofar que en los contenidos y su articulación[94]. El primer encuentro es

---

[88] Ya en la tesis está presente el intento de alcanzar el auténtico yo, el sujeto no es contenido de conciencia. «El yo así entendido es una realidad trascendente; su ser fenoménico es el del sujeto; esto es, así como toda conciencia es conciencia de algo, así toda conciencia es conciencia de alguien». ETFJ 87 = PE 188.

[89] Cf. SH 231-232, *El problema del hombre*, 1953-54.

[90] Cf. SH 240-241, *El problema del hombre*, 1953-54.

[91] Cf. M. VILÁ PLADEVALL, *Las dimensiones de lo interhumano*, 102.

[92] Cf. J. SÁEZ CRUZ, *La accesibilidad de Dios*, 142-143; y A. GONZÁLEZ: «La idea de mundo», 485-493.

[93] Si bien es cierto que «la relación intelectual entre Ortega y Gasset y Zubiri apenas ha merecido la atención de los historiadores del pensamiento español contemporáneo». J.J. GARRIDO ZARAGOZÁ, «Ortega y Gasset, maestro de Zubiri», 59.

[94] Zubiri en su homenaje a Ortega afirma su admiración, amistad y discipulado, situando a Ortega al lado de Husserl. Es el resonador, el sensibilizador y el generador intelectual de España. Ortega transmite a Zubiri el anhelo de la pura filosofía que le lleva al horizonte poscristiano. Cf. X. ZUBIRI, «Ortega, maestro de filosofía», 6; D. GRACIA, «Zubiri vuelve a la Universidad», 18; A. PINTOR-RAMOS, «El magisterio intelectual de Ortega», 67-69 e I. ELLACURÍA, «Aproximación», 965. «Cuando Zubiri

importante pero aún extrínseco, cuando Zubiri frecuenta sus cursos en la Central vive dentro de la neoescolástica y la rapidez con que presenta la tesis dan a entender que la orientación de Ortega y Gasset fue pequeña, da la impresión de tratarse de un trabajo ya hecho que es bien acogido, además la aproximación a Husserl es muy diversa entre ambos[95].

Su influencia crece posteriormente a través del ambiente universitario. Zubiri conoce sus cursos universitarios desde los años treinta pero sigue su propio camino dentro del ámbito orteguiano, pues la filosofía dentro de la concepción orteguiana es un sistema abierto[96]. Zubiri no es, por tanto, un continuador disciplente de Ortega y Gasset, pero desde su tesis el clima general que le situó en el *nivel* filosófico preciso para la realización de su pensamiento es el de la Escuela de Madrid[97]. Dentro de este ambiente Ortega y Gasset entrega *Sein und Zeit* (1927) a Zubiri y le encamina a Alemania (1928), gracias a éste Zubiri inicia

---

llamaba a Ortega mi maestro daba a esa palabra su significado pleno». J.J. GARRIDO ZARAGOZÁ, «Ortega y Gasset, maestro de Zubiri», 60. El hecho de que no se citen explícitamente sólo significa caminos diversos en un horizonte común. Cf. D. GRACIA, *Voluntad de verdad*, 52-53. Zubiri escribe sobre Ortega dos artículos, uno en 1936: «Ortega, maestro de filosofía» (*El sol*, con motivo de su 25 aniversario) y otro en 1955: «Ortega» (*ABC*, con motivo de la muerte de Ortega). Ortega aparece en la dedicatoria de su tesis ETFJ 7 = PE 71, en «Hegel y el problema de la filosofía» (1933 las dos grandes metáforas) y le cita dos veces, una en EPD donde afilia su idea de pecado histórico a Ortega (NHD 452) y otra en el prólogo a la *Historia de la Filosofía* de J. Marías, donde reconoce que debe mucho a Ortega. Cf. J.J. GARRIDO ZARAGOZÁ, «Ortega y Gasset, maestro de Zubiri», 61-70. Exagerando un tanto se ha dicho: «rinde el pensamiento de Ortega sus frutos más fecundos en Xavier Zubiri». N.R. ORRINGER, «El legado de Ortega al pensamiento español (1939-87)», 33.

[95] El tema de la tesis doctoral de Madrid y su enfoque se corresponde más con el enfoque de Lovaina y Nöel que con el enfoque orteguiano, Ortega conoció las *Investigaciones lógicas* e *Ideen* a través de fuentes indirectas como Natorp y critica a Husserl desde el carácter ejecutivo del yo. El acercamiento de Zubiri es directo. El objetivismo del primer Zubiri es distinto del objetivismo en Ortega. Cf. A. PINTOR-RAMOS, «El magisterio intelectual de Ortega», 71-76. En los textos de 1915-16 (desconocidos hasta 1979) Ortega superaría a Husserl con la ejecutividad y la vida que contrapone a la intencionalidad y al fenómeno.

[96] J.J. GARRIDO ZARAGOZÁ, «Ortega y Gasset, maestro de Zubiri», 69.

[97] «el magisterio intelectual de Ortega es la condición de posibilidad de la filosofía zubiriana y, en este sentido, su peso es más determinante de lo que se suele pensar; ahora bien, el metafísico de la razón vital e histórica no conduce mediante ninguna prolongación o derivación intrínseca al metafísico de la realidad y ambas posturas se mueven desde su mismo punto de partida en niveles heterogéneos e incompatibles». A. PINTOR-RAMOS, «El magisterio intelectual de Ortega», 56-60. y cf. J.L. ABELLÁN, *Historia crítica del pensamiento español*, 5/III, 284-305.

una búsqueda personal del ser y la metafísica, pero será la fascinación por Heidegger lo que más le aparte del camino orteguiano[98].

Es posible que Zubiri influyera sobre Ortega y Gasset en las nociones de *realidad radical* y la *realidad siendo* orteguianas[99], pero ya desde 1925 Ortega propugnaba una reelaboración de la doctrina del ser[100]. En metafísica hay una conexión indudable, a la vez que un salto propiciado por Heidegger. Entre la deuda con Ortega y su sistema propio Zubiri elabora la metafísica del haber, en íntima conexión con la razón vital[101], paso hacia la forja de la noología mediante el diálogo con Heidegger y la *ejecutividad*[102].

Con esta inspiración en Ortega, no dejan de observarse, salvando la estricta peculiaridad de cada filosofía, importantes paralelismos en temas y nociones. Las ideas de Ortega son acogidas y discutidas por

---

[98] En EPD (1953) rechaza la vida orteguiana y usa términos de Heidegger para llegar a Dios. Cf. A. PINTOR-RAMOS, «Dios y el problema», 108.

[99] Son ideas de 1938, quizá ambos sean deudores de Heidegger o su influencia llegue a Ortega por su discípulo. Cf. J. VILLANUEVA, *Noología y reología*, 341-342.

[100] A propósito de su empeño en renovar la filosofía del ser Ortega se quejó de la escasa atención que sus discípulos prestaron a su pensamiento. No sabemos si Ortega incluía aquí a Zubiri que cuando habla de la reforma de la idea del ser no alude a Ortega y Gasset sino a Heidegger. Quizá esto se deba al carácter de los escritos de Ortega. También es posible que Zubiri tuviera reservas con el pensamiento de Ortega y no juzgase oportuno enfrentarse. Pero el tema de la *reforma de la idea del ser*, central en la metafísica de Zubiri, se *inspira* en lo esencial en Ortega y Heidegger. Sin embargo los puntos de partida son diversos y las metas distintas. Cf. A. PINTOR-RAMOS, «El magisterio intelectual de Ortega», 70. Ortega en *La idea de principio en Leibniz* afirma que desde 1925 proyectaba una serie de publicaciones sobre el problema del ser, aconsejando a sus discípulos que hacia él organizaran sus programas. Resumía su proyecto en cuatro puntos: 1.– renovar desde sus raíces el problema tradicional del ser; 2.– con el método fenomenológico sólo en tanto significa un pensar sintético o intuitivo, y no solamente conceptual – abstracto como es el pensar lógico tradicional; 3.– integrando una dimensión de pensar sistemático que no posee; 4.– y para ello hay que partir de un fenómeno que sea él por sí sistema. Para Ortega este fenómeno sistemático es la vida humana. El proyecto orteguiano de reforma del ser con la ayuda del *organon* fenomenológico, es ligeramente anterior al propuesto por Heidegger en *Sein und Zeit* en 1927. Pero todos los textos orteguianos explícitos son posteriores a *Sein und Zeit*. Así su escrito sobre la diferencia fue publicado en 1930. Otro tanto pasa con sus cursos *Qué es filosofía* (1929-30) y *Unas lecciones de metafísica* (1930-32). Cf. J.J. GARRIDO ZARAGOZÁ, «Ortega y Gasset, maestro de Zubiri», 75-81 y cf. J. ORTEGA Y GASSET, *Qué es filosofía*, in OC VII, 394.

[101] Zubiri formula la metafísica del haber en NHD («El acontecer humano» 373 y EPD 428-429, 431, 436-445). Ortega formula una filosofía del *haber* en *Unas lecciones de metafísica* (OC XII, 103-104). Cf. A. PINTOR-RAMOS, *Realidad y verdad*, 63.

[102] Cf. G. GÓMEZ CAMBRES, *Presencia de Ortega*, 75.

Zubiri pero radicadas y estructuradas de modo esencialmente diverso. Veamos alguna de las ricas ideas que d. José sacó al mercado intelectual.

– El fenómeno radical para Ortega y Gasset es la vida humana. Desde la razón vital modifica la irracionalidad de la *Lebensphilosophie*, concibiendo la vida como drama en que el hombre dialoga con las cosas de su entorno. La vida queda como forma radical de la razón[103]. En la noción de vida ser y realidad se aúnan. El ser consiste en *ejecutividad* y al ser la *vida* la realidad radical: *vida es lo ejecutivo como tal*. La esencia de las cosas no consiste en ser en sí aparte de mí, sino que consiste y se agota en actuar sobre mí.

– Saber y razón. Con la razón vital Ortega y Gasset niega la noción husserliana de conciencia como forma general de la mente[104]. Lo que hay es la vida humana como *coexistencia* del yo con las cosas. Ortega sustituye el *ego cogito cogitatum* por el *yo soy yo y mi circunstancia*[105]. Si Zubiri lucha contra cuatro substantivizaciones, Ortega las denomina *monstruos filosóficos*[106], pero la realidad criticada es la misma.

La vida constituye un ámbito descriptivo previo al juicio, en el que la capital unidad entre sentir e inteligir está ya presente[107]. Sin embargo el estilo fenomenológico es más fuerte y duradero en Zubiri[108]. Para Zubiri definir el saber desde la vida es definir lo oscuro por lo todavía más oscuro y cree necesario radicalizar más, será su IS[109]. Sin embargo se puede relacionar el trato pre-cognoscitivo con las cosas de Ortega con lo que será la APR[110]. También en este ámbito hay comunidad en la oposición al idealismo: el pensar no pone una existencia sino una coexistencia en paralelo al yo, Zubiri lo describirá como co-actualidad. La forzosidad o poder de la verdad de Zubiri también aparece en

---

[103] J.J. GARRIDO ZARAGOZÁ, «Ortega y Gasset, maestro de Zubiri», 69.

[104] Ortega y Gasset afirma que la conciencia es la mayor enormidad que entre 1900 y 1925 se podía decir en filosofía. La conciencia no existe como fenómeno sino que es una hipótesis que hemos heredado de Descartes. Cf. J.J. GARRIDO ZARAGOZÁ, «El *objetivismo fenomenológico*», 397 y J. ORTEGA Y GASSET, *La idea de principio en Leibniz*, in OC VIII, 274-275.

[105] Cf. G. GÓMEZ CAMBRES, *Presencia de Ortega*, 105.

[106] J. BAÑÓN, «Zubiri hoy: Tesis básicas», 90.

[107] Cf. G. GÓMEZ CAMBRES, *Presencia de Ortega*, 27-28, sobre J. ORTEGA Y GASSET, *Qué es conocimiento*, 16, 112 y 115.

[108] Zubiri acepta más elementos husserlianos que Ortega. Cf. J.J. GARRIDO ZARAGOZÁ, «Ortega y Gasset, maestro de Zubiri», 74.

[109] Cf. J.L. ABELLÁN, *Historia crítica del pensamiento español*, 5/III 289.

[110] Cf. G. GÓMEZ CAMBRES, *Presencia de Ortega*, 83.

Ortega y Gasset como carácter ético de la verdad: las cosas son instancias, su presencia o actualidad es un instarnos a realizarnos en el proyecto vital[111].

Ambos autores señalan diversos niveles de saber pero Ortega y Gasset no sistematiza en que consiste el conocer prelógico, ni en qué consiste que la razón sea una búsqueda abierta hacia la esencia de las cosas[112]. También se puede descubrir un diálogo en la distancia entre las nociones zubirianas de campo y mundo y las orteguianas de circunstancia y mundo como perspectiva. La historicidad de la razón de Ortega no está lejos del intrínseco carácter histórico de la razón de Zubiri[113].

– *Naturaleza e Historia*. Integrar la historia en el ser es un desafío que asumen tanto Zubiri como Ortega[114]. Pero frente al riesgo de disolución implicado en el yo orteguiano, Zubiri no arriesga la pérdida de la persona en el decurso de la vida, nunca afirmará que el hombre no sea naturaleza. Zubiri integra en la persona la naturaleza y la historia ya en NHD[115]. La visión de Ortega y Gasset está lastrada por la oposición de la vida a la naturaleza. La vida es esencialmente histórica[116]. El hombre sólo tiene historia como la vida ya vivida (el pasado, objeto de la historiografía), pero su núcleo es tener que estar proyectando libre pero necesariamente: la vida humana es proyecto[117].

Ortega y Gasset y Zubiri usan un concepto de naturaleza distinto, Ortega una noción moderna muy próxima a la física newtoniana y Zubiri a la teoría de la relatividad[118]. Zubiri coloca la vida en un lugar deriva-

---

[111] Cf. G. GÓMEZ CAMBRES, *Presencia de Ortega*, 68.
[112] Pero las indicaciones de Ortega han señalado el camino a Zubiri. Cf. G. GÓMEZ CAMBRES, *Presencia de Ortega*, 85.
[113] Cf. G. GÓMEZ CAMBRES, *Presencia de Ortega*, 80.
[114] Cf. NHD 375-376, «El acontecer humano, Grecia y la pervivencia del pasado filosófico» y J.J. GARRIDO ZARAGOZÁ, «Ortega y Gasset, maestro de Zubiri», 82.
[115] «La misma realidad, que es Naturaleza, es Historia. Pero aquello por lo que es Naturaleza no es lo mismo que aquello por lo que es Historia. [...] El hombre está allende la naturaleza y la historia. Es una persona que hace su vida con su naturaleza. Y con su vida hace también su historia. Pero si el hombre está allende la historia, la naturaleza está aquende la historia. Entre su naturaleza y su existencia personal el hombre traza la trayectoria de su vida y de su historia». NHD 375, «El acontecer humano, Grecia y la pervivencia del pasado filosófico».
[116] Cf. G. MARQUÍNEZ ARGOTE, «Naturaleza e historia en Ortega y Zubiri», 169s.
[117] Cf. J. ORTEGA Y GASSET, *Qué es conocimiento*, 133.
[118] Se observa en *Historia como sistema* (publicado en 1935 en USA y en 1941 en España) de Ortega y en *La idea de naturaleza, la nueva física* (1934) de Zubiri. Cf. G. MARQUÍNEZ ARGOTE, «Naturaleza e historia en Ortega y Zubiri», 176.

do ya en *El problema del hombre* (1953-54)[119], dentro de la antropología no está en la *personeidad* sino en la *personalidad*[120]. Para Zubiri la vida llega siempre tarde, la esencia de la vida no es la biografía (Ortega y Gasset) sino que se funda en la *suidad* personal y por ello el proceso es inverso, sólo a partir de la vida es posible delinear un decurso biográfico[121]. Con la misma base critica la historicidad orteguiana y, consciente de los riesgos que comportaba el abandono de un suelo firme, busca una fundamentación metafísica de la realidad histórica[122].

Como consecuencia temas comunes tienen una relevancia diversa. La inquietud orteguiana y la zubiriana son radicalmente distintas[123] y el proyecto tiene un marco metafísico diferente. Las posibilidades de la sociedad son vistas en clave positiva por Zubiri mientras Ortega subraya los límites frustrantes para la libertad del yo[124]. Zubiri defiende la capacidad creadora de posibilidades del hombre concreto, autor auténtico de sucesos y eventos, gracias al apoyo en la metafísica[125]. La naturaleza emergente y la historia posibilitante son dos dinamismos formalmente distintos que operan en el hombre unitariamente.

Además, con la articulación entre personeidad y personalidad Zubiri logra conjugar aspectos de la vida que en Ortega y Gasset quedan algo desgajados como ciencia y técnica, educación y moral. Este problema de la personeidad permite que Zubiri señale en la moral de Ortega la *tentación* de disolver el *contenido* en la *estructura*[126]. A pesar de ciertas

---

[119] Apartado sobre el *Decurso Vital* en SH 545-676.

[120] Cf. G. GÓMEZ CAMBRES, *Presencia de Ortega*, 85-86.

[121] Cf. A. SAVIGNANO, «L'antropologia filosofica di Xavier Zubiri», 456. En IRA 36-38 se puede observar una crítica al raciovitalismo. Cf. A. PINTOR-RAMOS, «El magisterio intelectual de Ortega», 77-78.

[122] Ortega trata el tema en *Historia como sistema* y Zubiri en *El acontecer humano: Grecia y la pervivencia del pasado filosófico*, (publicado en 1942 y recogido en NHD 355-391). Este primer esbozo zubiriano de filosofía de la historia puede ser visto, por la proximidad de fechas, como una respuesta a la posición de Ortega. Cf. G. MARQUÍNEZ ARGOTE, «Naturaleza e historia en Ortega y Zubiri», 161 y J.J. GARRIDO ZARAGOZÁ, «Ortega y Gasset, maestro de Zubiri», 69.

[123] Cf. G. GÓMEZ CAMBRES, *Presencia de Ortega*, 51.

[124] Para Ortega y Gasset las posibilidades son ricas y creativas, pero son siempre limitadas, hay que elegir sólo una por ello limitan el área de mi vida. Este límite se debe sobretodo a la sociedad. Para Ortega el pasado es un mal necesario. Cf. G. MARQUÍNEZ ARGOTE, «Naturaleza e historia en Ortega y Zubiri», 167.

[125] Cf. G. MARQUÍNEZ ARGOTE, «Naturaleza e historia en Ortega y Zubiri», 172-173, 175.

[126] Cf. J.L. L. ARANGUREN, «Moral como estructura, como contenido y como actitud», 21-22.

lecturas excesivamente estructuralistas de la ética zubiriana Zubiri sienta desde la estructura antropológica las bases de un sano eudemonismo.

Hay también relación entre las ideas-creencia de Ortega y la mentalidad de Zubiri[127], como suelo de nuestra vida para asentar nuestras convicciones. Zubiri integra la mentalidad dentro de una sociedad desustantivada como momento de poder intersubjetivo con base en su teoría de la posibilitación[128].

Una raíz de la respectividad podría verse en la ontología abstracta y relacionista que señalan algunos en la etapa neokantiana de Ortega[129].

A pesar de estas diferencias en los textos de Zubiri de su etapa de maduración, donde concentra el pensamiento en la persona, aparecen de modo recurrente ideas de Ortega modificadas y radicadas de modo nuevo. Así los «Estudios sobre el amor»[130] tienen una gran coherencia con la antropología de Zubiri. La noción de la vida como vocación también está presente en Zubiri[131], así como también están emparentadas la compenetración o la concepción de la sociedad y la intersubjetividad[132]. A estos puntos haremos referencia pues enriquecen el personalismo de la antropología zubiriana y son una buena clave de lectura de Zubiri.

– *Dios*. En este tema las diferencias son irreconciliables; sin embargo, si Ortega y Gasset se hubiese decantado por Dios, hubiese desarrollado este punto de modo similar a Zubiri: un Dios para mí, intramundano[133], por su común inspiración cristiana[134].

---

[127] La dimensión intelectiva de la mentalidad como espíritu o idea se remonta al *Volkgeist* hegeliano y al alma de la nación de Wundt, reflejados en las creencias, ideas de ambiente o cosmovisión de Ortega y Gasset. El término mentalidad no será recogido en el Diccionario Francés de la Real Academia hasta 1939. Cf. G. MARQUÍNEZ ARGOTE, «Aportes de Zubiri al concepto de mentalidad», 29 y G. GÓMEZ CAMBRES, *Presencia de Ortega*, 69; el texto básico de Ortega es *Historia como sistema* in OC VII, 13-14.

[128] Cf. F. NIÑO MESA, «Para investigar las mentalidades», 54-55.

[129] Así J. FERRATER MORA, *Etapas de una Filosofía. Ortega y Gasset*, 56 y G. GÓMEZ CAMBRES, *Presencia de Ortega*, 64.

[130] J. ORTEGA Y GASSET, OC V, 551s

[131] Cf. J. ORTEGA Y GASSET, «Misión del bibliotecario», OC V, 210s.

[132] Cf. J. ORTEGA Y GASSET, «Pidiendo un Goethe desde dentro», OC IV, 395s y *El hombre y la gente*, OC VII, 69s, especialmente introducción y la «Meditación del saludo».

[133] Para Ortega Dios mismo si existiese, comenzaría existiendo para mí formando parte de mi vida. Es la tesis de la intramundanidad de Dios. Cf. J. ORTEGA Y GASSET, *Qué es conocimiento*, 53. Cf. G. GÓMEZ CAMBRES, *Presencia de Ortega*, 56.

[134] Cf. A. SAVIGNANO, «*In memoriam*», 411 nota 10.

1.3.3 S. Agustín

Hemos visto que Zubiri acude al ejemplarismo y nociones agustinianas en sus primeros artículos. A lo largo de toda su vida se constata la presencia de este cimiento de la cultura occidental. Zubiri lo sitúa dentro del horizonte nihilista, junto con Hegel, porque en el fondo éste es una confesión a lo S. Agustín y ambos no se entienden más que desde Dios[135]. Aprovechamos este primer contacto con el santo de Hipona para señalar algunos puntos que Zubiri discute con él.

Zubiri considera la noción de persona de S. Agustín «globalmente verdadera»[136] pero insuficiente. S. Agustín diferencia entre lo que el hombre tiene (las tres facultades de memoria, inteligencia y amor[137]) y lo que es, naturaleza y persona, situando el elemento personal en el yo como sujeto. Zubiri cree que o bien ese sujeto poseedor sería un sujeto huero[138], o bien queda sumergido en la naturaleza poseída perdiendo su carácter de persona. Zubiri apunta a un consistente previo que denominará sustantividad, en el caso del hombre personeidad.

Al lado de la noción agustiniana de persona Zubiri coloca a Boecio y Ricardo de S. Víctor[139], y se muestra en desacuerdo con la definición boeciana de persona como sustancia individual de naturaleza racional, juzgándola desde la sustantividad y la distinción entre personeidad[140] y personalidad de modo superficial[141]. La toma en el sentido categorial

---

[135] Cf. NHD 180, en «Hegel».

[136] SH 107, *Sobre la persona*, 1959.

[137] Cf. S. AGUSTÍN, *De Trin.* I, XV, 22.

[138] Esta crítica afecta también la noción cartesiana. «Mantenida con todo rigor la noción de la persona como un sujeto distinto realmente de su naturaleza, *tamquam res et res*, queda volatilizado el yo personal». SH 108, *Sobre la persona*, 1959.

[139] De hecho aparecen poco y el lugar más explícito es *Sobre la persona* (1959). Reduce la noción de Ricardo de S. Víctor a la de Boecio, creemos que inadecuadamente, pues no supone un mero cambio terminológico (cf. SH 120 y A. GONZÁLEZ, *La novedad teológica*, 15) sino un paso que recogerá el Aquinate para llegar al *actus essendi* como elemento personificador.

[140] «Es una falsa definición por dos razones. En primer lugar, porque es una definición en términos de sustancia y no de sustantividad. Y en segundo lugar, porque la inteligencia no tiene una función constitutiva de la subsistencia, sino que es una diferencia específica». SH 120, *Sobre la persona*, 1959. Para Zubiri «la inteligencia es un elemento formal de la subsistencia como propiedad transcendental de la realidad» (SH 120). Zubiri abandonará la terminología de subsistencia.

[141] No aparece una valoración positiva de las discusiones del s. V en la que se pone de relieve el carácter personalista de esa esencia constitutiva portadora del ser. Cf. M. ROMÁN PÉREZ, «La realidad personal del yo educable», 97 y 99). Zubiri no las desconoce pero quiere ir más allá de la subsistencia con la suidad. Realiza una lectura

que tiene en el mismo Boecio, pero no sigue la historia de su recepción y su trascendentalización posterior.

También acude a S. Agustín en el problema del mal. En este diálogo Zubiri critica la distinción entre mal físico y mal moral desde la búsqueda humana de la felicidad, la propia *perfectio* como horizonte para resolver las situaciones en las que se encuentra a lo largo de su vida. Zubiri cree necesario radicar el problema[142] y remite a la persona como *supra-estante*. Desde ahí la reducción del mal físico a privación resulta insuficiente ya que desde la idea divina donde está la perfección «el mal moral es idénticamente un mal físico, y el mal físico es idénticamente el mal moral»[143]. La solución zubiriana radica en la apropiación concediendo poder a una posibilidad mala para apoderarse de mí, así el hombre puede determinar el bien para él en su momento personal[144].

Para Zubiri la noción agustiniana del tiempo[145], colocada al lado de la memoria bergsoniana, no da cabida a la futurición. Su mérito reside en resaltar el carácter del momento de transición, pero éste ha de ser englobado además en la inquietud[146], por eso en el fondo substantiva el tiempo[147]. Zubiri sitúa el tiempo en la temporeidad del yo, el tiempo es de la persona, ésta no es tiempo[148].

En un tema esencial para la antropología y la religación como es la inquietud y la voz de la conciencia Zubiri remite al maestro de Hipona, viendo que tanto el imperativo categórico como la inquietud heideggeriana son menos radicales[149]. Sin embargo la inquietud zubiriana quiere ser más radical que la agustiniana ya que está en juego en cada acción la construcción de la unidad del hacer humano con vistas a la realiza-

---

interesada. Donde mejor se recoge su lectura de las nociones antropológicas es en PTHC (cf. 247-260) dentro de un contexto teológico y desde la suidad como categoría adquirida.

[142] «Pero no basta enunciar esto como mera constatación; es menester afirmar por qué esto tiene que ser radicalmente así». SH 391, *El problema del hombre*, 1953-54.

[143] SH 397, *El problema del hombre*, 1953-54.

[144] Cf. SH 395-397, *El problema del hombre*, 1953-54.

[145] «*distensio quædam animi*, una especie de distensión retinente que impide el naufragio en la nada de los momentos pasados». SH 623, *El problema del hombre*.

[146] Cf. SH 619, *El problema del hombre*, 1953-54.

[147] Cf. SH 628, *El problema del hombre*, 1953-54.

[148] La distensión agustiniana queda asumida pero en un lugar derivado. Lo temporal se funda en la *dis-tensidad*, unas notas que vienen después de otras. La distensión es un modo de extensidad trascendental. La dimensión tempórea del hombre queda asumida e injertada dentro de la forma de realidad que éste es. ETM 182-184 y 187, ESP 1973.

[149] Cf. J. SÁEZ CRUZ, *La accesibilidad de Dios*, 211.

ción personal como relativo ser absoluto. Para Zubiri la inquietud se muestra como voz de la conciencia que surge de la propia realidad y dicta con dominio y poder cual ha de ser la figura de cada uno[150]. S. Agustín también está presente cuando aborda la religación. Zubiri señala el problema de la vía de S. Agustín, (ahora colocado con Kant y Schleiermacher) por tomar sólo un aspecto de la persona y presuponer una teoría[151].

1.3.4 Sto. Tomás de Aquino

La formación de Zubiri se desarrolla en el ámbito de la neoescolástica y su contacto con la filosofía del Aquinate en la interpretación al uso[152] comienza desde muy pronto[153]. Vamos a realizar un diálogo artificial entre Sto. Tomás y Zubiri, prescindiendo de la primera recepción neoescolástica, que consideramos de interés para situar la noción de persona de Zubiri. Pues creemos que la filosofía de Zubiri es en el fondo lo más cercano a la noción de persona desde el *esse* como elemento personificador. La lectura zubiriana del Aquinate está marcada por el escolasticismo de Cayetano y por Suárez, piénsese en el gran Gredt, lástima que lecturas más acertadas como la de Báñez no tuviesen el eco necesario en la historia.

La noología de la APR se realiza como alternativa a la comprensión de Heidegger, pero puede colocarse, sin confundirlas como un *revival*, junto a la simple aprehensión de Sto. Tomás[154]. Desde ahí se descubre que la verdad real está muy cerca de la teoría de la verdad óntica. Pero frente a la verdad como *adecuación*[155], la verdad como actualización de la realidad subraya más el momento de realidad, es la misma realidad presente en la aprehensión la que se muestra como verdadera, el papel

---

[150] Cf. IRA 96-100.

[151] G. GÓMEZ CAMBRES, *Zubiri: el realismo transcendental*, 93.

[152] Es la segunda generación de Lovaina formada por D. Nys en cosmología; L. Nöel en psicología y lógica, M. de Wulf en historia y A.E. Michotte como profesor de fisiología psicológica. Cf. A. PINTOR-RAMOS, «Los años de aprendizaje», 313.

[153] En el colegio estudia el proceso de la volición de Sto. Tomás. No creemos que el testimonio de Zaragüeta sobre su conocimiento de la *Summa* a los dieciséis años deba entenderse literalmente. La obra conocida sería de Billuart. Cf. J. ZARAGÜETA, «Zubiri, discípulo», 271-272 y A. PINTOR-RAMOS, «Los años de aprendizaje», 298.

[154] Cf. D. GRACIA, «El enfoque zubiriano de la estética», 85-87.

[155] «conformidad o adecuación de la cosa y del entendimiento» (*De Ver.* q1. a1). La verdad real no es ni la verdad lógica ni la ontológica en oposición a Hartmann, la verdad no sólo es del conocimiento sino de la cosa. Cf. G. GÓMEZ CAMBRES, *La realidad personal*, 50-51 nota 81.

del sujeto intelectivo queda más relegado[156]. La verdad real zubiriana estaría a caballo entre la verdad óntica de Sto. Tomás y la verdad *de facto* en la adecuación.

Zubiri critica en su lectura de la inteligencia tomista la escisión del sentir, aún con toda la mediación de los sentidos internos y de la cogitativa, viendo que para Sto. Tomás: «Entender es formar conceptos; inteligir es formar conceptos de las cosas»[157]. Consecuentemente incluye al Aquinate en la logificación de la inteligencia y la entificación de la realidad[158]. No es cierto que lo primero que cae en el intelecto es el ser, el ente; pues la inteligencia es facultad de la realidad no del ser[159].

De aquí deriva su visión crítica del orden transcendental tomista como contracción del ser en la esencia[160]. Para Zubiri el ser está descolocado en los tomistas pues realmente es ulterior a la realidad[161]. Además — sostiene Zubiri — no hay contracción, ni participación, ni analogía del ser, la verdad es la contraria: cada cosa, por el mero hecho de ser, se expande en ser. Así justifica la parte de verdad de la infinitud extensiva del ser tomista. Esta consideración del ser trascendental como máxima extensión muestra su recepción concreta de la escolástica. Por último la concepción del ser para Zubiri es derivada, sólo se alcanza el ser por el ejercicio de la razón. Para Zubiri inteligir que ninguna cosa es *el* ser no pasaría de ser una constatación. Su concepción coloca la realidad como trascendental primero que se abre en la misma APR. La verdad real es activamente incoativa y abre el proceso mental de la metafísica del ser como algo posterior[162].

---

[156] Cf. J. MARTÍN CASTILLO, *Realidad y transcendentalidad*, 241.

[157] PFMO 83.

[158] Cf. PFMO 92 y 101. El problema del Aquinate se reduce al problema del ente en el horizonte de la nihilidad. Cf. PFMO 97-98.

[159] Cf. HD 33.

[160] «Y entonces, cada una de las cosas que percibe que son, representaría una especie de contracción a cosa determinada de eso que llamamos el ser sin más. El ser sin más estaría contraído, en este caso, a un vaso de agua; en otro caso en un par de gafas; en otro caso, en un bloque de papel, etc. De ahí, que ninguna de estas cosas constituirían la plenitud del ser y de la inteligencia humana, y en su virtud, nos forzarían a ir saltando de una cosa a otra, para lograr, sin conseguirlo nunca, esta plenitud». HV 66.

[161] Zubiri engloba en este punto toda la escolástica: «La filosofía clásica decía que realidad es el modo supremo de ser: sería el ser real, el *esse reale*. Pero no es así. No hay realidad porque haya ser, sino que hay ser porque hay realidad. Por tanto no hay *esse reale* sino *realitas in essendo, realidad siendo*. Por esto no puede hablarse del ser sustantivo de algo, porque el ser no tiene por sí sustantividad ninguna. No hay *ser sustantivo*, sino sólo *ser de lo sustantivo*». HD 54.

[162] Cf. HV 66-68.

Pensamos que una visión intensiva del ser de carácter no conceptivo, unido a un serio reconocimiento del tercer modo de abstracción, no sólo de grado sino esencial[163], junto a la unidad entre sentidos e inteligencia en la cogitativa[164] en Sto. Tomás escapan a esta crítica de Zubiri, interpretación de Sto. Tomás que, por otro lado, no parece conocer. En este caso el ser tomista y la realidad zubiriana muestran muchos paralelismos, si bien siempre dentro de la realidad zubiriana, a pesar de su reducción de la talidad se descubren caracteres que en el sistema tomista pertenecen a la esencia como coprincipio de cada realidad. La diversidad en el punto de partida exige formulaciones muy diversas aunque no necesariamente irreconciliables entre sí[165]. Un

---

[163] Zubiri entiende la tercera abstracción como un prescindir de toda cantidad (sensible e inteligible) que origina el *ens generale* máximamente abstracto, como principio más común y más vacío al mismo tiempo, interpretación que no consideramos acertada, y que quizá le venga de su gran conocimiento del magnífico metafísico granadino Suárez (Cf. PFMO 86-87). Zubiri no llegó a interpretar en plenitud la abstracción, sino que la entendió de forma precisiva, como elaboración de un concepto constructo por parte del *logos* o razón humana (Cf. J. CASADO, «El espacio pictórico: su construcción y variabilidad», 105). Piénsese en la abstracción metafísica según el intelecto agente o el posible, la material o formal que muy bien interpreta Cayetano. La metafísica tomista no busca el ente general por abstracción total, sino el ente por abstracción formal, el ente en cuanto ente considerando lo que lo actúa y determina. Cf. E. FORMENT, *Introducción a la metafísica*, 76-78.

[164] Si tomamos en serio el valor de la *ratio particularis* de la cogitativa del Aquinate, entendida no como mera síntesis sino como profunda unidad de sentir e inteligir, pensamos que no desmerece, aunque desde una filosofía diversa, de la coimplicación de la IS (Cf. J. VILLANUEVA, *Noología y reología*, 389). Es más, en el nivel de teoría explicativa la formulación tomista afina más, pues la IS de Zubiri, muy rica en cuanto hecho y punto de arranque en la descripción, pide ser profundizada a nivel teórico para dar cuenta de la irreductibilidad de sentir e inteligir en el seno de la unidad, tema que está lejos de ser logrado por Zubiri, que puede ser leído como un acto híbrido.

[165] Por esto Arellano distingue las críticas a Sto. Tomás de las del resto de la escolástica: «Los supuestos ontológicos de algunas direcciones escolásticas podrían ser identificados con cierta facilidad en esta descripción generalizada de la concepción *escolástica* que Zubiri tan sutil y profundamente analiza y supera por remisión a una teoría transcendental de lo real. Pero Santo Tomás de Aquino, por ejemplo, sólo lejana y confusamente reconocible en tal descripción; es, probablemente, ajeno a los supuestos ontológicos de la *escolástica* superada aquí; quizá próximo a algunas de las dilucidaciones metafísicas más importantes re-innovadas por Zubiri; y simplemente diferente en relación con importantes perspectivas adoptadas por el autor». J. ARELLANO, «La idea del orden transcendental», 29-83. Se podrían homologar los planos predicamental – transcendental como correlativos a los planos talitativo – transcendental y los grados de ser con los tipos de realidad zubirianos. Cf. B. CASTILLA Y CORTÁZAR, *Noción de persona*, 55, 292, 293 nota 118 y 296-297.

punto importante, que nosotros creemos imprescindible en la teoría metafísica de Zubiri, sería la recuperación de la analogía y la participación en una metafísica no esencialista, sin ellas su filosofía no elude el riesgo del monismo[166]. Creemos que en el nivel racional no basta sustituirla con la analéctica[167]. Otro tema abierto e interesante es qué analogía se requiere: una analogía personal o si bastan las clásicas[168].

Con esta clave de ser intensivo este texto no sería aplicable al *Ipsum Esse* del doctor Angélico: «Dios está allende el ser. Dio no tiene ser; ser sólo lo tienen las cosas mundanales, las cosas *ya* reales, *son* en el mundo. Como fundamento del poder de lo real, Dios sería formalmente realidad suprema, esto es, última, posibilitante y impelente»[169].

Zubiri entiende el ser tomista en clave de añadido a la esencia, de resultado fáctico de existencia. El *actus essendi* del Aquinate es para él un «acto del existente»[170] en el sentido de acto que realiza un existente, y en el mismo saco mete el existir como modo del existente de Duns Scoto[171]. Con ello Zubiri quiere remitir a un momento trascendental previo, no esencialista ni conceptista, y lo subraya con el *de suyo* y la realidad, reduciendo el ser a la existencia como perteneciente al momento del contenido, es decir, al plano talitativo[172]. La existencia y las notas van juntas, mientras que la distinción que importa está entre los momentos de contenido y realidad[173].

---

[166] No vemos, siguiendo la posición que se quiera, Cayetano, Suárez o la de Sto. Tomás con su primacía de la analogía de proporcionalidad propia respecto a la necesaria de atribución extrínseca forma de conjugar lo unidad y pluralidad, inmanencia y trascendencia. Cf. E. FORMENT, *Introducción a la metafísica*, 103-135.

[167] Los tipos de realidad de Zubiri serían el equivalente de la analogía. Aunque cada forma de realidad se agota en sí misma y no constituiría propiamente una escala. Cf. ETM 172-173, ESP 1973. La analogía metafísica no es un mero concepto abstracto como quiere mostrar la crítica zubiriana en NHD 438 (EPD) o como la lee Sáez al rechazarla por ser abstracción que olvida el momento físico. Cf. J. SÁEZ CRUZ, *La accesibilidad de Dios*, 109 y A. LÓPEZ QUINTÁS, «La experiencia filosófica», 452.

[168] Late en el fondo un problema real: la insuficiencia de la analogía de proporcionalidad incapaz de rendir en la persona la distinción *essentia – esse*. Zubiri permite apuntar a la necesidad de una *analogia personalis*. Cf. B. CASTILLA Y CORTÁZAR, *Noción de persona*, 64-65.

[169] HD 131.

[170] IRE 226.

[171] Zubiri acudirá a nociones de Scoto como la disyunción trascendental, ahora bien, siempre transformadas. Lo veremos al estudiar el orden trascendental.

[172] Cf. HD 38.

[173] RR 26: «Contenido y realidad se distinguen en cada cosa real».

La metafísica zubiriana por su método baja al plano de la esencia fundamental, lo que podría llamarse *essentia vel esse in actu*, mientras que la metafísica tomista desciende además hasta el fundamento de aquella y teoriza la *essentia ut potentia* y el *esse ut actus*[174]. Zubiri considera insuficiente cómo queda la relación entre la esencia universal y la realidad individual en Sto. Tomás con el constructo conceptual de la distinción de razón *cum fundamento in re*[175].

Estas discusiones nos serán útiles para entender el punto en el que Zubiri colocará el constitutivo formal de la persona: la Suidad trascendental. Que se podría traducir por el momento de *esse*, cercano a Capreolo[176].

> Subsistir es tener toda y sola la sustantividad de una realidad clausurada, de una realidad total, de una realidad que *se pertenece en propiedad*. Y, en esa realidad, consistencia y subsistencia son dos momentos de una sola realidad. Sería absurdo pretender que hay distinciones reales entre estas dos dimensiones de la realidad[177].

También desde aquí se entiende, como veremos al describir el orden trascendental de Zubiri, que éste considere que en el tomismo la inteligencia y la voluntad, y con ellos el *verum* y el *bonum*, quedan como momentos del modo de ser, talitativos, no como estrictos trascendentales[178].

Para Zubiri pasa desapercibido que el elemento personificador para Sto. Tomás es su *esse*, quizás porque este punto nodal se pierde muy pronto en discusiones de escuela que ven la persona como una mera diferencia de modo substancial[179]. Desde aquí el problema del alma, la

---

[174] En este sentido queda justificado quien defienda que la metafísica escolástica sondea fundamentos allende lo metafísico zubiriano. Cf. J. VILLANUEVA, *Noología y reología*, 249.

[175] La interpretación de la distinción entre esencia y existencia del Aquinate por la que se decantará Zubiri será de corte suareciano, ya que para él no es nada evidente que la existencia sea un momento realmente distinto de las notas. Cf. SE 184 e IRE 193.

[176] Cf. E. FORMENT, *Ser y persona*, 441. Desde la distinción real entre ser y esencia formulada por Capreolo y que se descubre como correcta interpretación de Tomás.

[177] SH 122, *Sobre la persona*, 1959.

[178] Cf. SE 423-424.

[179] Seguimos aquí la interpretación de Sto. Tomás de la escuela tomista de Barcelona. Frente a la recepción por Cayetano que sitúa el constitutivo formal de la persona en un último término o complemento de orden esencial añadido a la naturaleza individual y que sus continuadores expresaron con el término de Suárez de modo substancial se subraya la más acertada interpretación de Báñez del *esse* como acto primero y acto de los actos. El elemento personificador está en el esse y desde ahí ha de inter-

unidad del hombre, la inmortalidad, son leídos por Zubiri interesadamente. Otros puntos de diálogo entre Zubiri y Sto. Tomás son la prioridad de la inteligencia sobre la voluntad sin intelectualismo, o el estudio de los momentos de la volición y la libertad.

Desde su lectura del *esse* se entiende la crítica zubiriana de las vías para llegar a la existencia de Dios. Zubiri no critica su valor lógico sino su radicación en una teoría entificadora[180] fruto de su horizonte nihilista[181].

La fenomenología devenida en noología por el realismo de IS abre una vía a la consideración trascendental del constitutivo formal de la persona, ser realidad en autopropiedad, consideración que no se contradice con los logros de Sto. Tomás en otro sistema.

1.3.5 Bergson

Zubiri conoció a Bergson en París camino de Lovaina. Estudia y admira su obra y con él dialoga en temas antropológicos de su etapa de maduración[182]. Gracias a él percibe la necesidad de la vuelta a las cosas concretas alentada por el pragmatismo de la ciencia moderna[183]; pero sin dejarse subyugar por el neopositivismo que pronto critica[184].

---

pretarse la interna transformación trascendental que hace Sto. Tomás de la noción de Boecio al tomar la sustancia como primera, individual y concreta. Cf. STO. TOMÁS DE AQUÍNO, *S.Th.* I q29, a1, E. FORMENT, *Persona y modo Substancial*, 25-67 y B. CASTILLA Y CORTÁZAR, *Noción de persona*, 72-73.

[180] Cf. A. GONZÁLEZ, «Dios y la realidad del mal», 203.

[181] La teoría de la creación de los entes de Sto. Tomás es muy clara, pero es sólo teoría metafísica, no análisis reológico y desde ahí interpreta la causa creadora entitativamente, y, en consecuencia entifica a Dios pues en el horizonte de la creacionalidad se pierde el ver las cosas desde sí mismas (cf. PFMO 105). En PFMO 107 se cita un comentario de Cayetano a la Suma, un texto en que la *res* aparece como fundante del *ens*. Es una cita interesada (conexión *res-realitas*) pero puede sugerir cómo interpreta a Sto. Tomás de quien considera muy fiel intérprete a Cayetano.

[182] Zubiri sitúa al filósofo de Auteuil entre los exploradores de nuevos campos en el quehacer filosófico. Supone un aliciente para Zubiri en su defensa de la persona. Cf. A. LÓPEZ QUINTÁS, «Significación actual del pensamiento zubiriano», 41.

[183] Cf. D. GRACIA, *Voluntad de Verdad*, 28-29.

[184] El positivismo carece de fundamento. Cf. NHD 37s, «Nuestra situación intelectual» y J. VILLANUEVA, *Noología y reología*, 44. Usando a Bergson critica el pragmatismo: «El *homo sapiens* ha ido cediendo el puesto, cada vez más, al *homo faber*. De ahí la grave crisis que afecta a la idea misma del mundo y de la función rectora del hombre en su vida». NHD 54 en «Nuestra situación intelectual».

La idea central de Bergson desde sus primeros trabajos[185] es que en una nueva concepción del tiempo, entendido como duración interna inmediatamente captada por la conciencia, se encuentra la solución a muchos problemas de la filosofía del espíritu y a la libertad[186].

Para Bergson el tiempo real no es una realidad mensurable al estilo aristotélico y sólo se puede captar penetrando en el dominio de la vida interior del espíritu, centrada en lo individual concreto[187]. El ámbito de la vida interior es la conciencia — punto criticado por Zubiri —. El dato inmediato de la conciencia es la duración real en la que se manifiesta la estructura del yo, en la conciencia no se dan momentos externamente sucesivos sino interpenetrados en un desarrollo vivo. La duración justifica y acoge la libertad. Pero cada individuo puede huir de la libertad escondiéndose en la inteligencia espaciosa del mundo exterior, huyendo de sí mismo en la duración simbólica que busca el necesitarismo, la unión causal y legal de los acontecimientos.

Bergson propone en *Materia y Memoria* (1896) una superación del dualismo cartesiano. El cuerpo es centro de percepciones y de proyectos de acción movido por el espíritu o memoria desde una extensividad integradora de cuerpo y espíritu, de naturaleza y libertad. Esta reflexión debió llamar la atención de Zubiri.

La metafísica se constituye por la intuición que consiste en colocarse en el mismo discurrir de la *durée* para alcanzar la materia hacia abajo y la eternidad viviente hacia arriba[188]. Esta metafísica supera el conceptismo y consiste en tomar conciencia de la duración. Realiza una teoría del conocimiento solidaria de la teoría de la vida: la evolución creadora. El empuje del movimiento evolutivo es el *élan*, común a todo lo viviente, que explica tanto la evolución interna como la externa.

---

[185] *Essai sur les données immédiates de la conscience* y *Quid Aristoteles de loco senserit* (1889).
[186] Cf. P. PEÑALVER SIMÓ, «Bergson, Henri», 75.
[187] Influencia de la sensibilidad de Ravaisson.
[188] *Introducción a la metafísica* (1903). Traslada el evolucionismo de Spencer al ámbito del yo interior. Por una adaptación cada vez más exacta a las situaciones del existir concreto aparece la inteligencia y su evolución interna. De esta época son: *L'évolution créatrice* (1907), y *L'intuition philosophique* (1911). Son las obras publicadas cuando Zubiri se entrevista con él. Se ha señalado el parecido entre la articulación entre el sentiligir compacto y el racional de Zubiri con la doctrina bergsoniana de una metafísica positiva y un pensar racional que construye conclusiones posibles o hipotéticas. Cf. J. VILLANUEVA, *Noología y reología*, 258.

Zubiri dialoga con el *élan* en su teoría de la hominización y critica que sea un impulso indiferenciado[189]. Para Zubiri la evolución es choque de estructuras e integración de mutación[190], y supera el evolucionismo de Bergson por la contraposición al *élan* de la potencialidad[191].

La potencialidad acoge la dimensión creadora de la vida, pero matizando que no es inventiva sino potenciadora[192].

De Bergson también rechaza Zubiri la doble intencionalidad, espacial e interior, de la inteligencia[193], considera un error su forma de entender la afinidad entre espacio e inteligencia. Para Zubiri la inteligencia no tiene de suyo afinidad ninguna con los cuerpos; lo que tiene es el ámbito del *ex*, el ámbito de extensidad en que la inteligencia se constituye y se mueve. Y esta extensidad es el principio del espacio mismo en que los cuerpos existen y consisten. Zubiri da prioridad a la dimensión aprehensiva primordial frente a una inteligencia que se deja marcar por las formas externas. Zubiri también descubre un fondo dualista en el *homo faber* bergsoniano respecto al saber y hacer, contrario a la unidad de IS que se extiende a todos los campos de la razón, nunca fragmentada ni escindida[194].

Central en antropología es la inversión de la relación entre la persona y el decurso durativo. El inteligir es dueño de la duración por el carácter de *hyperkeimenon* del sujeto humano[195].

Por ello Bergson sustantiva el tiempo[196]. En este diálogo se gesta el carácter eminentemente positivo de la proyección y apropiación de posibilidades de Zubiri gracias a la recuperación de la dimensión de futurición de la inteligencia[197], ausente en Bergson. La vida y la *durée* no

---

[189] Cf. SE 261.

[190] Cf. EDR 150.

[191] «De unas potencialidades de realidad, y de unas potencialidades evolutivas, cosa completamente distinta a un *élan vital*». EDR 151.

[192] Cf. EDR 186-187.

[193] Cf. ETM 200, ESP 1973.

[194] Cf. SH 338-339, *El problema del hombre*, 1953-54.

[195] La inteligencia está incluida en la *durée* por ser un acto que yo ejecuto; pero no es un acto recluso sobre sí mismo, sino que está abierto a las cosas para aprender en ellas su realidad. La inteligencia no sólo va envuelta en el fluir, sino que está por encima de él, va viendo justamente la totalidad del fluir; no solamente fluye, sino que aprehende la fluencia y el fluir mismo en su totalidad, como un todo en hacia. Cf. HV 87.

[196] Cf. SH 631, *El problema del hombre*, 1953-54.

[197] Cf. HV 82. Integrando los logros de Bergson estudia la estructura de la proyección como fluencial, llegando a la estructura tempórea de la IS que va más allá de la memoria (Cf. SH 623, *El problema del hombre*, 1953-54).

fuerzan a pensar sino que la inteligencia fuerza a vivir pensando porque es sentiente, por lo que la razón es dis-currir[198].

Pero la *durée* le sirve para superar la *Zeitlichkeit* de Heidegger[199]. Zubiri coloca la duración fuera de la conciencia en el ámbito trascendental de la realidad[200].

En este diálogo con Bergson, detrás del cual se descubre la sombra de Ortega y Gasset, se reforma la noción de vida humana. La vida como transcurso es mero agrupamiento, mientras que en la vida el hombre se posee a sí mismo dinámica y transcurrentemente. Yo no soy mi vida, sino que mi vida es mi vida justo por el yo. Mi vida es la yoización de mi realidad, la personalización de mi personeidad. Zubiri muestra la prioridad de la dimensión transcendental de la persona. Vivir es poseerse, pertenecerse como realidad. Lo que en Ortega y Bergson flota en la fluencia se articula como personalidad, ámbito de inquietud en cada acción personal[201]. La dimensión de duración del *de suyo* funda la decurrencia[202]. Por ello la vida como *zoé* o como biografía, tanto en

---

[198] La inteligencia humana «no es discursiva porque razona sino que razona porque es discursiva». I. ELLACURÍA, «Apéndice. Esquema y Resumen», in HV 184-185.

[199] Aunque la *durée* sea insuficiente como indica Heidegger, la misma *durée* está en la base de la temporeidad, ésta no reposa sobre sí misma. Cf. HV 85-86. «La simple *durée* no es todo el tiempo. Pero la *durée* de una *inteligencia* es lo que constituye la temporeidad, en el sentido más radical y último del vocablo. La teoría de Bergson es insuficiente porque no tiene en cuenta el momento sentiente y vidente de la inteligencia; y la temporeidad de Heidegger es insuficiente porque reposa en sí misma sin estar fundada en la fluencia ideacional». HV 87. Una valoración positiva de la duración bergsoniana como tensión que *muerde* las cosas desde el pasado al presente la tenemos en EDR 290-291, en paralelismo con S. Agustín.

[200] Cf. SE 497-498. Desde esta concepción realista de duración se critica la noción de duración escolástica. Ha de considerarse la duración en su realidad, no en sus efectos: «quien fluye soy yo mismo, que no estoy en el fluir de la vida como mero soporte sobre el que la vida fluye. Las cosas pasan ante mí, que soy centro de la realidad, pero no el *fin* de las cosas, en sentido egológico, sino el *medio* en el cual todo acontece, pues el hombre es justamente el ser que no sólo está entre las cosas, sino que está — a la par y más allá — en realidad». A. LÓPEZ QUINTÁS, «Xavier Zubiri. La inteligencia sentiente», 247. Resumen del curso *El hombre lo real y lo irreal*.

[201] Cf. M. VILÁ PLADEVALL, *Las dimensiones de lo interhumano*, 100.

[202] «durar no es sencillamente retener el ser, pues la retinencia es algo consecutivo a la duración. Por tener estructura de ser duro se tiene dureza y retinencia vital. Esta pende de la sustantividad estructural de una realidad. La retinencia vital de la duración remite a una realidad más honda». A. LÓPEZ QUINTÁS, «Xavier Zubiri. La inteligencia sentiente», 243. Resumen del curso *El hombre lo real y lo irreal*.

Bergson como en Dilthey, olvidan el momento anterior del *autós*. Son sólo modos de ser del viviente, la vida siempre es mi vida[203].

La integración y superación de la *durée* en la duratividad trascendental del *de suyo*, acogiendo también la distensión agustiniana y la temporeidad heideggeriana están en la base de un posible fundamento de la inmortalidad de la persona poseedora de su misma realidad, cuando abordemos la muerte lo haremos desde el plano trascendental con esta noción de tiempo[204].

De la unidad lograda por Zubiri con la personalidad y el proyecto de apropiación de posibilidades se deduce la crítica de la doble moral, no hay contraposición entre moral de presión y moral de aspiración, son los dos ingredientes de toda moral[205]. La estructura de ideal o de obligación no son lo decisivo ni van contrapuestas, sino ligadas a la realidad en su contenido concreto. La argumentación de Zubiri liga contenido moral con momento de realidad, confirmación de un punto que tangencialmente nos irá saliendo a lo largo de la disertación, la moral de Zubiri incluye lo que en otras filosofías se denomina material[206].

Concluimos este diálogo Bergson – Zubiri señalando su comunión en la visión del sentimiento como plenitud de vida y de realidad. No es una cuestión puramente *sentimental*, en el sentimiento no se expresa sólo la subjetividad del que siente sino toda la realidad. En su obra *L'énergie spirituelle* «Bergson descubrió claramente el nexo que existe entre alegría y plenitud de vida: *La alegría anuncia siempre que la vida ha triunfado*»[207].

---

[203] Cf. A. LÓPEZ QUINTÁS, «Xavier Zubiri. La inteligencia sentiente», 244. Resumen del curso *El hombre lo real y lo irreal*.

[204] H. Bergson y W. James no dan cuenta de la dimensión estructural de la duración y dureza por retinencia que refiere a la realidad del *de suyo*. (Cf. SH 623, *El problema del hombre*, 1953-54). Tanto la temporeidad como perduración, el tiempo como fluencia y la duración como esfuerzo del ser que se repliega para ser sí mismo son modos de una unidad anterior de orden transcendental (Cf. EDR 300-301).

[205] «Solamente en tanto que tiene el coeficiente de realidad es posibilidad, y es apropiable solamente en tanto que apropia su contenido específico. No son dos fuentes de moral ni dos morales; son los dos ingredientes que constituyen la moral en cuanto tal». SH 378, *El problema del hombre*, 1953-54.

[206] Se trata de la unidad entre el nivel estructural o formal y el nivel de contenidos de la moral. Es la realidad en cuanto apropiable y en su contenido concreto y talitativo lo que constituye el fundamento del bien en general y del bien común. SH 386-387, *El problema del hombre*, 1953-54.

[207] A. LÓPEZ QUINTÁS, «El sentimiento estético», 145.

2. Etapa ontológica, Heidegger y Aristóteles (1932-44)

Hemos situado a Zubiri buscando la objetividad a través de una fenomenología purificada gracias a su base realista y la influencia de Ortega y Gasset, ahora este camino se abre a la reflexión sobre las cuestiones radicales de la filosofía de la mano de Heidegger, con él la persona va adquiriendo centralidad a la vez que empieza a surgir una metafísica nueva.

Marcado por su encuentro con Heidegger en el trienio alemán, abarca esta etapa desde su regreso y reincorporación universitaria hasta el abandono de las aulas (1942) y la publicación de NHD (1944)[208].

2.1 *Biografía, ambiente y obras*

2.1.1 Datos biográficos

Hasta 1935 desarrolla con normalidad los cursos universitarios y participa en la *Universidad Internacional de Verano* de Santander (1933-35). En 1936 se traslada a Roma para proseguir el proceso canónico de reducción al estado laical comenzado tras el fallecimiento de su madre. Una vez conseguido contrae matrimonio con C. Castro[209] en Santa María *in Traspontina*[210]. Aprovecha su estancia para estudiar lenguas orientales[211].

En Roma les sorprende el estallido de la Guerra Civil Española. Zubiri queda en una situación curiosa[212]: ante los católicos es un *ex-cura*, para los laicistas es un creyente que se ha casado por la Iglesia; no resultaba simpático a ninguno de los dos bandos.

Decide permanecer en la Italia musoliniana, pero denuncias les obligan a huir antes de fin de año. Se dirigen a París donde son acogidos por los Maritain[213] con los que permanecen hasta el fin de la guerra.

---

[208] Algunos autores sitúan aquí el trienio germánico, es indiferente por no escribir.

[209] Ya entonces Carmen deseaba recibir el bautismo, prudentemente Zubiri la hacía esperar hasta la resolución de su estado clerical, sin dispensa del celibato nunca se casaría y no quería condicionar a Carmen. La relación entre ambos era llevada con toda coherencia y prudencia. Zubiri, a pesar de la cerrazón del tribunal de Madrid permanece fiel a la madre Iglesia y está dispuesto a asumir todo lo que esto conlleve. Cf. J. COROMINAS – J.A. VICENS, *Xavier Zubiri. La soledad sonora*, 320-321 y 329s.

[210] Cf. CCZ 92-93.

[211] Se trata del prof. Deimel. Cf. M.L. ROVALETTI, «Presentación», 9.

[212] Cf. CCZ 99.

[213] Cf. CCZ 103. Era habitual pasar las tardes con Maritain.

CAP. I: CRECIMIENTO INTELECTUAL Y FUENTES

En el verano de 1939 regresa a Madrid e intenta incorporarse a su cátedra pero en diciembre es enviado a Barcelona[214]. En septiembre le presentaron a Laín Entralgo[215]. Al finalizar el curso 1941-42 abandona la Universidad de Barcelona por no encontrarse a gusto con la situación intelectual española. Su última lección es «Nuestra Situación Intelectual».

Regresa a Madrid[216], donde abandonado su ambiente universitario[217] comienza la odisea para sobrevivir y continuar su investigación sin trabajo en un país depauperado[218]. Sufre escasez económica, y por ello, junto con su esposa, se dedica a traducir[219]; animado por Laín publica NHD (1944).

2.1.2 El ambiente

En España son años de inestabilidad política, el advenimiento de la II República, las Cortes Constitucionales de 1931, y un ambiente que se va exaltando progresivamente en las masas urbanas hasta que desemboca en la guerra fratricida de 1936-39. Zubiri prefiere mantenerse al margen y no participa en actos políticos, viendo en el estallido de la

---

[214] Según algunos por causas políticas, según otros eclesiásticas. Se trasladaría de Madrid a Barcelona al acabar la Guerra porque d. Leopoldo Eijo y Garay le comunica que no puede desarrollar una actividad pública (docencia) en la diócesis donde había oficiado como sacerdote. Cf. J.L. ABELLÁN, *Historia crítica del pensamiento español*, 5/III 282. Esta hipótesis resulta menos creíble que la de motivos políticos ya que el proceso canónico era de nulidad, apenas había ejercido públicamente el ministerio, y aunque contase con recelos de la Curia, no había fundamento canónico para motivar un mandato del obispo en este sentido. Iba a Barcelona como decano pero no aceptó.

[215] Cf. CCZ 106. Joven admirador que será uno de sus discípulos con mayor influencia en la vida intelectual española. Cf. J.A. MAINETTI, «Evocando a Zubiri», 15. Así dice Laín: «siendo amigo fraterno y devoto seguidor intelectual de Xavier Zubiri». P. LAÍN ENTRALGO, «Xavier Zubiri en la historia», 29.

[216] Siempre rechazó un exilio voluntario. De ahí que algunos lo denominen exilio interior. A. PINTOR-RAMOS, «X. Zubiri. In memoriam», 301.

[217] «La guerra civil y, en su caso, las circunstancias de su vida privada, le desarraigaron del medio natural en que habría debido desenvolverse su actividad filosófica». J.L. ABELLÁN, *Historia crítica del pensamiento español*, 5/III 283.

[218] Consigue el aislamiento que necesita, decía «"me gustaría la radio — le oí decir un día — si ese aparato fuera capaz de producir el silencio" [...] él vive no sólo entre sus libros, sino con sus libros». J. GARRIGUES, «Zubiri en la amistad», 115.

[219] En las bibliografías de Zubiri se le atribuyen traducciones de autores espirituales, (también Lazcano). Hay que matizar que muchas fueron realizadas por Carmen, luego Zubiri revisaría algunas y las firmaría por el reconocimiento de su nombre. Cf. CCZ 94.

guerra una locura colectiva[220]. En las reuniones filosóficas de la Revista de Occidente se le percibe como embajador de Heidegger[221].

El ambiente intelectual que reinaba en el París de entreguerras es bien conocido y no es insignificante para Zubiri. Dentro del laicismo de la Sorbona y con la ruptura que suponía el estallido del gran Bergson, el acogedor centro intelectual del hogar de los Maritain, Círculo de Estudios Tomistas, vivo hasta que se vieron obligados a huir a América, constituyó el hábitat de Zubiri[222]. Allí cultiva la ciencia y las lenguas[223], este conocimiento de mentalidades no eurocentristas influye en sus análisis de la APR. También nvestiga la metafísica de la patrística griega.

En España se encuentra un ambiente ideológicamente exaltado. Ortega y Gasset continua su actividad docente pero Zubiri reduce al mínimo su participación en los círculos intelectuales.

2.1.3 Obras

En 1932 escribe «Goethe y la idea de Naturaleza». 1933 está marcado por la filosofía de la historia: En «Hegel y el problema metafísico» subraya la inspiración teológica de la filosofía occidental desde San Agustín. Ahonda esta idea en *Sobre el problema de la filosofía*, usando la categoría husserliana de horizonte y empieza a percibir los límites de Heidegger[224]. Son de este año: «Nota preliminar a un sermón del maestro Eckehart: "El retiro"» y la traducción de *Was ist Metaphysik?*[225]

---

[220] Fue invitado y rehusó. Cf. J. GARRIGUES, «Zubiri en la amistad», 113.

[221] Cf. J. GAOS, *Confesiones profesionales*, in OC XVIII, 61-65, 72.

[222] Tras la I Guerra Mundial Maritain «organiza el Círculo de Estudios Tomistas en su residencia de Meudon-Val Fleury. Por las reuniones de estudios de Meudon pasaron estudiantes y profesores, seglares y religiosos, filósofos profesionales, médicos, poetas y artistas de todo género, no faltando incrédulos, judíos y protestantes. Era uno de los centros intelectuales más brillantes en esa época de 1919-39 en que funcionó, realzado por eminentes figuras». T. URDANOZ, «Florecimiento del tomismo en el siglo XX. J. Maritain y E. Gilson», 420.

[223] Asiste a las clases de Luis De Broglie, Joliot-Curie y Cartan, completando sus conocimientos de matemáticas con La Vallèe-Possin, Lebesgue, Zermelo; física teórica con Planck y Schrödinger, biología con Van Gehuchten, Spemann y Goldschmidt. Conoce a los lingüistas Masignon y Benveniste. Maritain le puso en contacto con Dhorme, De Laporte, De Menasce o.p. y Labat, orientalistas (Cf. CCZ 100-101).

[224] Son SPF-I y SPF-II, en ROc (1933), corregidos y prolongados hacia 1942 constituyeron un proyecto de libro que ha sido publicado en 1988 (SPFp) en el estado que los dejó Zubiri, han sido incluidos en SPF.

[225] Trad. de M. HEIDEGGER, «¿Qué es metafísica?», CyR 6 (1933) 83-115.

1934 lo dedica a la traducción y prólogo de *La física del átomo. Iniciación de las nuevas teorías* de A. March. Escribe «Un problema de filosofía»[226] y traduce *Muerte y supervivencia* de M. Scheler.

En 1935 escribe una introducción a la fenomenología inspirada en Heidegger: «Filosofía y metafísica»[227]. Este proyecto, como SPFp, queda incompleto por dificultades de desarrollo interno: sospecha sobre la radicalidad del camino heideggeriano lo que le obliga a revisar el punto de partida de la ontología[228]. Un escrito central es el artículo «En torno al problema de Dios» que introduce la religación[229]. Además traduce y prologa *Fenomenología del Espíritu* de G.W.F. Hegel, *Disputaciones metafísicas sobre el concepto de ente* de F. Suárez y *La nueva mecánica ondulatoria* de E. Schrödinger.

Analiza y critica el proyecto de Wundt con su *Grundzüge der physiologischen Psychologie* durante dos lecciones tenidas en Barcelona[230].

En 1936, antes de partir dejó preparado «Ortega un maestro de filosofía». Ese año tradujo y prologó *El porvenir de la filosofía* de F. Brentano. En 1991 se publican las cartas al doctor Lluís Carreras i Mas.

En París da un curso sobre filosofía de la religión cuya síntesis fue publicada en 1937 con el título «Note sur la Philosophie de la Religion». También imparte el curso *Helenismo y cristianismo*, base de SSDTP, texto fundamental para nuestra tesis pues en él se desarrolla la noción de *agápê*[231]. Presenta allí una comunicación contra el dualismo

---

[226] Titulado originalmente *La nueva física*.
[227] Pasará recortado a NHD como *¿Qué es saber?*
[228] Cf. A. PINTOR-RAMOS, *Realidad y verdad*, 47.
[229] Por malas interpretaciones de EPD fue acusado de hereje y denunciado a la censura eclesiástica. Por ello realizó con placer el curso en nuestra universidad y aceptó el doctorado *Honoris Causa* en Teología de Deusto. Se le acusó de intuicionista, paradójicamente se vio un retorno al tomismo al interpretar la religación como la vía de la contingencia camuflada y se le confundió con un existencialista cristiano que corrige a Heidegger. Cf. A. PINTOR-RAMOS, «Dios y el problema», 109, ID., «Zubiri y su filosofía en la postguerra», 30-45 e ID., «X. Zubiri. In memoriam», 301-302. Lectura existencialista en: A. GONZÁLEZ ÁLVAREZ, *El tema de Dios*, 153-157, 173-183 y 230-236, otra lectura: T. URDANOZ, «Boletín de la filosofía existencial», 116-162 y nota en 400; ver también J.L. CABRIA ORTEGA, *Relación Teología – Filosofía*, 128 nota 34. El texto original ha sido publicado en SPF 215-242.
[230] El texto es: «¿Qué es Psicología», SPF 243-264, inédito hasta 2002. Zubiri conoció a Wundt en 1920.
[231] Recogido en NHD 455-542. Este texto surge del seminario en la iglesia del *Foyer* recogiendo sus lecciones de 1934 en la Central Cf. CCZ 102 e I. ELLACURÍA, «Presentación», in HD iii. Rematado para su inclusión en NHD.

cartesiano con motivo del III Centenario del *Discurso del método*[232].

También en 1937 preparó «Manuscritos latinos de la Biblioteca Nacional de París relativos a la filosofía española»[233] y la nota necrológica: «À la mémoire du P. Lagrange, O.P., docteur de la tradition biblique».

De 1940 son: prólogo y traducción de *Pensamientos* de B. Pascal y «Sócrates y la sabiduría griega»[234]. En 1941 escribe «Ciencia y realidad» y prologa a J. Marías su *Historia de la filosofía*. En 1942 publica su conferencia de despedida «Nuestra Situación Intelectual» y «El acontecer humano. Grecia y la pervivencia del pasado filosófico».

Dedica los dos años siguientes a preparar *Naturaleza, Historia, Dios* (1944)[235], su *bestseller* hasta hoy. Recoge los artículos que considera más acabados, algunos con serios retoques debido a la renuncia a la terminología fenomenológica[236] y el paso por la censura[237], es significativa la exclusión de SPF-I y II y de «Filosofía y metafísica» ya que constituían otro proyecto.

2.2 *Posición personal: ontología lanzada a la metafísica, el «haber»*

Zubiri vuelve de Alemania entusiasmado con Heidegger y aunque Husserl sigue siendo el maestro se compromete con el camino ontológico y metafísico[238]. Con esta inquietud planea obras, comienza a escri-

---

[232] «*Res cogitans*», texto para la Sorbona, original francés in SPF 337-345, trad. española in SPF 291-299.

[233] Original: «Manuscrits latins de la Bibliothèque Nacional relatifs à la philosophie espagnole», SPF 347-373, traducción póstuma en español, tr. G. Fernández de la Mora, in *REsp* 39 (1990) 19-36. Trabajo para obtener una beca estatal, fallida.

[234] Publicado en dos entregas en la revista *Escorial* y editado después unido.

[235] Zubiri excluye: «Goethe y la idea de naturaleza», «Sobre el problema de la filosofía», «Nota preliminar a un sermón del Maestro Eckehart, "El Retiro"», «Prólogo e introducción», in A. MARCH, *La física del átomo. Iniciación en las nuevas teorías*, «Filosofía y Metafísica», «Ortega, maestro de filosofía», «Note sur la philosophie de la religion», «À la mémoire du P. Lagrange O.P., docteur de la tradition biblique» y «Prólogo», in J. MARÍAS, *Historia de la Filosofía*. Cf. M. VILÁ PLADEVALL, *Las dimensiones de lo interhumano*, 56 y J.L. CABRIA ORTEGA, *Relación Teología – Filosofía*, 73.

[236] Hay una sistemática eliminación de las referencias explícitas a la terminología husserliana para favorecer sus propios desarrollos y luchar contra el idealismo en forma de ideísmo. Cf. A. PINTOR-RAMOS, *Realidad y verdad*, 48-51.

[237] La publicación fue retrasada un año. Zubiri tuvo que enfrentarse Dezinger en mano con los censores para obtener el *Nihil Obstat*. Cf. A. PINTOR-RAMOS, «Zubiri y su filosofía en la postguerra», 30 y CCZ 109-110

[238] Heidegger «le ayudó a situar en su lugar la decisiva aportación de Husserl».

bir pero no acaba nada, «va a paso de oruga»[239]. Son todo trabajos breves, pero si uno los sigue con atención descubre que la temática tiene unidad[240]: despertar ontológico. Fruto del despertar del ámbito del ser frente a la conciencia en «Filosofía y Metafísica» vuelve a descubrir la importancia del sentir humano[241].

Ahora se encuentra con cinco problemas: la necesidad de superar su objetivismo reconociéndose en deuda con Husserl; la filosofía como problema radical conservando de ETFJ la necesidad de la ciencia y de la metafísica[242]; por la nueva física debe elaborar una nueva noción de naturaleza; por el reflexionar orteguiano lucha por integrar la historicidad en la persona y con su fe personal necesita integrar la religión como dimensión ontológica del hombre[243].

Su objetivismo le exige desde dentro, para superar realmente el criticismo, el idealismo y el psicologismo, reelaborar el sistema inestable de la conciencia y de los juicios, dejando el conciencismo. Así «abandona el programa filosófico de descripción de los objetos conscientes como hilo conductor y lo substituye por la búsqueda de la estructura entitativa de las cosas como verdad de lo real»[244]. Sigue a Heidegger pero va dándose cuenta que en sus análisis hay puntos débiles que le llevan a cuestionarse los límites de la ontología[245]. Heidegger le lleva a profundizar Aristóteles.

La cuestión ontológica va siendo reemplazada por la filosofía del haber, descubriéndose cierta dualidad entre ontología y metafísica, entre ser y haber como intento de salir del círculo del sentido[246]. La metafísica del haber, dialogante con Ortega, muestra su caminar a tientas entre la fenomenología y la ontología intuyendo un campo más radical. Esta posición personal se expresa en NHD[247] donde el horizonte ya no es el

---

M. VILÁ PLADEVALL, *Las dimensiones de lo interhumano*, 48.
[239] J.J. GARRIDO ZARAGOZÁ, «Origen, horizontes, significados y tareas», 207.
[240] Cf. A. PINTOR-RAMOS, «X. Zubiri. In memoriam», 301.
[241] Cf. D. GRACIA, «Zubiri vuelve a la Universidad», 18.
[242] «el programa heideggeriano fue un acicate para intentar una reforma radical del concepto mismo de filosofía». A. PINTOR-RAMOS, «X. Zubiri. In memoriam», 300. Cf. M.J. ÁLVAREZ POLO, «Presupuestos fundamentales», 94.
[243] Cf. J.J. GARRIDO ZARAGOZÁ, «Origen, horizontes, significados y tareas», 209s.
[244] A. PINTOR-RAMOS, *Realidad y verdad*, 40.
[245] Cf. A. PINTOR-RAMOS, *Realidad y verdad*, 41 y 47.
[246] Cf. M. VILÁ PLADEVALL, *Las dimensiones de lo interhumano*, 56 nota 119.
[247] «no es el que sujeto exista y, *además* haya cosas, sino que ser sujeto *consiste* en estar abierto a las cosas. La exterioridad del mundo no es un simple *factum*, sino la *estructura ontológica* formal del sujeto humano». NHD 421, EPD.

ser como sentido sino el ser en cuanto haber o el haber realidad[248]. La filosofía del haber es provisional e insuficiente — se queda aún en el sentido[249] — pero le permite avanzar en la congeneridad de intelección y realidad camino de su solución final. Ahora la persona no es el *Dasein* sino parte central del todo ambital del haber. Comienza el giro metafísico. La superación del idealismo fenomenológico:

> le permite recuperar, a un nuevo nivel de radicalidad, la tradición metafísica escolástica, encerrada en mera ontología u ontoteología, como la ha llamado Heidegger. [...] Pero a su vez la superación del idealismo fenomenológico ha estado en gran parte posibilitada por el impulso que procede de la tradición metafísica, muy especialmente del aristotelismo[250].

Logro de la metafísica del haber es integrar el problema de Dios en la metafísica antropológica.

El haber se funda en el análisis de la verdad añadiendo la dimensión personalista, tomada del mundo semita, de fidelidad: el amen al lado del ser y de la *aletheia*[251]. Ya no es la verdad de los juicios o adecuación, ni el salto que supuso la develación[252]. Hay un ámbito previo y fundante que permite la verdad de la proposición y que va más acá del análisis heideggeriano[253], el encubrimiento del ser-verdad depende de

---

[248] «El entendimiento se mueve siempre en el *es*. Esto ha podido hacer pensar que el *es* es la forma primaria como el hombre entra en contacto con las cosas. Pero esto es excesivo. Al conocer, el hombre entiende lo que *hay*, y lo conoce como *siendo*. [...] El ser es siempre ser de lo que hay». NHD 436-437, EPD. Cf. P. CEREZO GALÁN, «Del sentido a la realidad», 231.

[249] No alcanza la realidad, verdadero transcendental, «el *haber* pertenece al orden del sentido y, por tanto, surge por referencia a la función que las cosas desempeñan en la vida humana», A. PINTOR-RAMOS, «Heidegger en la filosofía española», 182. Cf. B. CASTILLA Y CORTÁZAR, *Noción de persona*, 288.

[250] P. CEREZO GALÁN, «Del sentido a la realidad», 227.

[251] «Esta visión del mundo en clave personalista tiene su centro en la historia y rompe totalmente los esquemas naturalistas del pensamiento griego». A. PINTOR-RAMOS, *Realidad y verdad*, 46. Con la firmeza se separa tanto de Heidegger como de los realismos clásicos. Cf. ID., *Génesis y formación*, 10, de la misma opinión cf. J. VILLANUEVA, *Noología y reología*, 91.

[252] Zubiri debió asistir a la conferencia de Heidegger *De la esencia de la verdad* (1930 pero publicada en 1943), la esencia de la verdad es la verdad de la esencia, la verdad está en el sentido del ser que se dona, se de-vela, para darse en el *Dasein*. Zubiri lo critica en su madurez en SE 113-114.

[253] «Se dirá (Heidegger) que la verdad consiste en una desvelación — en un *Un-Verborgenheit* —. Y, precisamente, apela como testigo al propio Parménides, en que la diosa desvela, corre la cortina para enseñar al hombre la verdad. Sí, todo esto es verdad. No hay duda ninguna de que la verdad envuelve una desvelación. Ahora, el

que haya una actualización primera. La verdad «ni siquiera es, como pretende Heidegger, una mera desvelación. La verdad es primariamente la presentación de la realidad, la actualización»[254].

2.3 *Diálogo filosófico*

Ahora Zubiri, junto a Ortega y Gasset de quien ya hemos dicho lo necesario, dialoga especialmente con Heidegger y Aristóteles. Un feliz descubrimiento de su estancia en París y sus cursos en la Central son los Padres Griegos cuya concepción activista y tematización del amor marcarán el desarrollo de su metafísica. También en este periodo traduce a Suárez y estudia a Hegel. Veamos brevemente las ideas centrales.

2.3.1 Heidegger

Zubiri comprendió en su justo punto el cambio que suponía Heidegger respecto a Husserl, sin caer en la trampa de leerle como antropólogo o existencialista[255], y le acompañó en su camino para superar la subjetividad[256]; así usa sus términos en EPD para formular la religación. Pero pronto le abandona: la ruptura se expresa desde 1933[257], ayudado por Ortega y Gasset, y se formaliza en 1959 con *Sobre la persona*, es el momento en que hace expreso su proyecto de elaborar SE, pues la

---

problema es éste: el acto primario y formal de la inteligencia, ¿es desvelar o será al revés, que la inteligencia desvela la cosa precisamente por ser ella lo que es anteriormente al acto de desvelación? La cosa está desvelada en mi intelección; pero inteligir no consiste en desvelar». HV 28. Zubiri lo considera incompleto y unilateral. Cf. A. PINTOR-RAMOS, *Realidad y verdad*, 45. Comentando SPF II 97.

[254] PFMO 339. Este análisis de la verdad será afinado en IS, pero ya desde ahora conviene subrayar la insistencia zubiriana en que la actualidad no añade nada. X. Zubiri no nos dice el o los *porqués* de esta afirmación, él considera que está simplemente describiendo. La vinculación del hombre en IS con la realidad es un dato primario. Cf. D. GRACIA, «Zubiri, Xavier», 1619. En su etapa madura integra estos logros en las dimensiones de la realidad en cuanto *verdadea* en la intelección. En SE 127-131 son patentización, seguridad y constatación, y en IRE 239-240: totalidad, coherencia y duratividad.

[255] Heidegger contestó a las críticas de Binswanger diciendo que su ontología fundamental no era una antropología. Cf. M. VILÁ PLADEVALL, *Las dimensiones de lo interhumano*, 49. Cf. A. PINTOR-RAMOS, «El magisterio intelectual de Ortega», 77.

[256] Cf. A. PINTOR-RAMOS, *Realidad y verdad*, 71.

[257] En «Hegel y el problema metafísico» Zubiri usando la metáfora lumínica muestra que el problema real es encontrar el foco de la luz, no sólo descubrir dónde se nos manifiesta. La claridad sólo es la actualidad en el mundo como ámbito del ser, y remite a la realidad como fundante del ser en esa respectividad. Cf. A. FERRAZ FAYÓS, *Zubiri: el realismo radical*, 155-157.

antropología exige una metafísica de la que ella es sólo parte[258]. Esta superación viene propiciada desde su encuentro con Aristóteles y la metafísica de los padres griegos que hace propia[259].

Sin embargo la intensidad de este diálogo deja una huella profunda que se manifiesta en puntos nodales de la filosofía de Zubiri y resulta especialmente perceptible en su mentalidad relacional[260].

Ya hemos comentado el arranque de su separación desde la sensibilidad y la nueva dimensión de la verdad para superar la develación, por la que el hombre se encuentra inmediatamente con la realidad de las cosas[261], esta constatación se afina en la madurez en SE e IS, desde ahí vamos a ver la lectura zubiriana de Heidegger.

– Ser *versus* realidad, el Dasein como substantivación del ser. Desde la realidad descubierta por IS Zubiri muestra la falta de radicalidad de la diferencia ontológica y del *Dasein*. A pesar de que para él la persona es esencia abierta y realidad trascendental[262], seguir hasta el fondo a Heidegger implica descubrir que el *Dasein* puede ser reducido a realidad objetual[263], mientras que la persona exige realidad, no sólo sentido.

---

[258] De ahí el rechazo personal hacia su escrito inmediatamente anterior: *El hombre realidad personal*. Cf. J. VILLANUEVA, *Noología y reología*, 19-20.

[259] Cf. A. SAVIGNANO, «*In memoriam*», 413.

[260] La noción relacional de la realidad de Heidegger está presente en Zubiri. los términos de respectividad, ser común, esencia abierta, etc. de Zubiri pueden relacionarse con Heidegger cuyos conceptos fundamentales de *Ser y Tiempo* son relacionales (*Dasein, Sorge, Zuhandenheit, Geworfenheit, Umsicht, Welt, Befindlichkeit, Sein in der Welt, Angst*), tanto como el círculo de conceptos del *Spiegelspiel* como abierto, belleza, verdad, poesía. Ambos superan así el plano objetivista de raíz. Cf. A. LÓPEZ QUINTÁS, «La experiencia filosófica», 449-450.

[261] La verdad real de SE 117. Para Zubiri «los hechos muestran que la realidad es algo a lo que no hay que llegar, sino algo de lo que siempre se parte y de lo que nunca se sale». A. PINTOR-RAMOS, *Realidad y verdad*, 71.

[262] Cf. G. GÓMEZ CAMBRES, *La realidad personal*, 242.

[263] Así se ha dicho que «lo que se opone a la enigmática y dominante *realidad-fundamento* es la *realidad-objeto*. La realidad-objeto ha sido la única que ha reconocido el idealismo, esclavo del modo de presentación propia de la intelección visual: presencia de la realidad en y por sí misma. Impera entonces un interés talitativo científico, una *voluntad de verdad objetiva*, y el hombre emula así al *Dasein* heideggeriano: es el ente cuya esencia consiste en la comprensión del ser; en palabras de Zubiri, "el orto de la ciencia" (HD 251). Pero cuando la realidad se actualiza en la inteligencia como fundamento, y se hace justicia al carácter transcendental de lo real que acontece en nuestro ser personal, entonces impera en nosotros el más estricto interés personal, la voluntad es voluntad de ser personal, y así, *voluntad de verdad real*, en la medida en que la vida sólo es posible en todos los sentidos sobre la base de

La trascendentalidad del Dasein es insuficiente y casi ficticia pues el ser se reduce a dar sentido a los entes[264]. No basta la presencia del ser, hay algo más originario, el nuevo ámbito transcendental de la realidad. Es cierto que hay diferencia, entre las cosas y la persona, entre las cosas y el ser, así lo reconoce Zubiri[265] y lo radicaliza con la diferencia entre talidad y trascendental, entre esencia cerrada y abierta[266], pero no se reconoce esta diferencia si se la deja en el plano del ser como hace el método analítico de los existenciarios.

Heidegger se olvida del momento de realidad previo al *Zuhandensein*[267]. Zubiri no acusa a Heidegger de substantivizar lo real porque conciba la realidad como ente, sino porque hace de la realidad un momento del ser, y el ser es siempre ulterior a la realidad[268]. El *Sinn* y el *Dasein* no son lo radical, Heidegger descubre el *esse reale*, pero hay que ir al fondo: *realitas in essendo*. Para ello hay que descubrir que la persona no es comprensión del ser[269] sino impresión de realidad[270], el hombre es *animal de realidades*[271].

Esto exige construir una nueva metafísica con una nueva razón de ente y de persona. Con la APR Zubiri rompe la mutua pertenencia de hombre y ser, pues la apertura descubierta en la persona remite a la apertura radical de la realidad misma, incluso las esencias cerradas son en su realidad abiertas[272]. La respectividad no necesita del hombre para constituir los entes. La diferencia y el *Dasein* remiten a la realidad fundante como apertura trascendental. Así Zubiri reprocha a Heidegger haber considerado la comprensión del ser no sólo como el acto en el que el ser se muestra, sino como modo de lo que se muestra del ser.

---

la verdad real en que nos sitúa la inteligencia (cf. HD 104-110)». V.M. Tirado San Juan, «Fenomenología y estructura», 106.

[264] Cf. J. Martín Castillo, *Realidad y transcendentalidad*, 290.

[265] Zubiri ve que Heidegger supera la insuficiencia de la teoría de la vida como sentido proveniente de Dilthey, pues para él es la realidad personal la que da sentido a la vida. Pero no basta la *Ek-sistenz*. Cf. SH 548, *El problema del hombre*, 1953-54.

[266] Cf. SE 500-501, 517.

[267] Anterior al ser instrumental (donde queda Heidegger) descubre el momento de realidad: el instrumento no se agota en serlo, sino que comienza por ser realidad. Desde ahí recupera la técnica y el trabajo. Cf. SH 326-327, *El problema del hombre*, 1953-54.

[268] Cf. M.J. Álvarez Polo, «Presupuestos fundamentales», 95-97.

[269] Cf. SE 506.

[270] Cf. SE 452 y J. Villanueva, *Noología y reología*, 90-91.

[271] Cf. SE 452 y 507.

[272] Cf. IRA 17.

Con esto se hace de la posibilidad de la comprensión del ser, la posibilidad del ser mismo.

– *Sein in der Welt*. El ser en el mundo es radicalizado desde esta corrección. Sí, hay que superar el moderno esquema de oposición yo – mundo. Para esto no basta el mundo de lo cotidiano del Heidegger anterior al giro, es el ser con los otros en un mundo impropio. Zubiri eleva el mundo al plano trascendental, estar en el mundo es estar en la realidad, estar en la cosa, *in re*[273]. La persona y las cosas por el momento de realidad están abiertas constitutivamente a la realidad en cuanto tal. Son respectivas en la realidad y esto es apertura mundanal, mundo metafísico, comunión de realidad. La realidad misma es abierta y respectiva y por ello no hay nada aislado; esta apertura mundanal es anterior y fundante del mundo heideggeriano[274]: el mundo humano es insuficiente[275]. Con el mundo trascendental el ser de Heidegger queda colocado en un lugar aún posterior, ser es sólo, aunque nada menos, que «la actualidad de lo real como momento del mundo»[276]. El ser no es sólo en su darse, la realidad es *prius*[277].

– *Mitsein*. Zubiri usa el *ser-con*, pero al entrar en la metafísica estricta lo sustituye por «con» para expresar la dimensión intersubjetiva de la persona. Del mismo modo que el ser no es radical, el *con* se engarza en la realidad trascendental de la persona, formando parte esencial de la estructura de la sustantividad humana[278]. El contenido del *mitsein* heideggeriano es integrado en un salto de nivel.

– *Tiempo y ser para la muerte*. La anterioridad de la realidad sirve para revisar la *Zeitlichkeit* y la angustia ante la nada[279]. El Zubiri maduro pasa de un análisis modal de la historicidad, como es el heideggeriano, a un análisis estrictamente metafísico[280] que intenta la superación del problema de la finitud y del nihilismo[281]. Aunque al principio usa la *Zeitlichkeit*, después descubre que en Heidegger la temporeidad queda incluida dentro de los caracteres del ser[282], y que el ser se resuelve en

---

[273] Cf. J. Martín Castillo, *Realidad y transcendentalidad*, 273-275.
[274] Cf. J. Sáez Cruz, *La accesibilidad de Dios*, 116.
[275] Cf. SE 428.
[276] SE 434.
[277] Cf. A. López Quintás, «Xavier Zubiri», 328.
[278] Cf. B. Castilla y Cortázar, *Noción de persona*, 188-189.
[279] El horizonte teológico o nihilista está en *¿Qué es metafísica?* de Heidegger y en *L'Être et le Néant* de Sartre. Cf. PFMO 35.
[280] Cf. A. Pintor-Ramos, *Realidad y verdad*, 298.
[281] Cf. M. Torrevejano, «Significado de Zubiri en la metafísica», 81-82.
[282] Cf. M. Torrevejano, «Significado de Zubiri en la metafísica», 87.

tiempo: Heidegger corre el riesgo de conceder al tiempo realidad sustantiva[283].

Desde el horizonte de la realidad Zubiri dirá, con un complicado juego de palabras, que no es verdad que *yo soy tiempo*, sino que «yo soy tempóreo»[284]. Heidegger se queda en *lo que* el hombre hace, en las posibilidades, en la personalidad, sin llegar al sujeto que está *ante* el decurso de su vida previa y fundamentemente. El tiempo no es mera futurición[285], hay que considerar la línea del emplazamiento en la temporalidad[286]. Desde ahí el tiempo es mío. No es la *Sorge* la que fundamenta la temporalidad, sino que la temporalidad como inquietud funda el cuidado de mis posibilidades. Por eso la muerte no es la única y última posibilidad. Zubiri elabora su filosofía del proyecto desde una futurición que no es sólo precurrencia, sino que enlaza con la dimensión metafísica de la personeidad[287].

Desde la concepción del tiempo radicado en la sustantividad real, visto como emplazamiento y no como mera futurición, se refuta el *Ser para la muerte* y la *angustia*. Para Zubiri la muerte pertenece a la vida no porque ésta sea pura posibilidad, sino que porque la muerte pertenece intrínsecamente a la vida ésta es pura posibilidad, el orden de fundación es inverso[288]. En consecuencia Zubiri disiente de que la muerte como última posibilidad origine la existencia auténtica a través de la angustia. Así, frente al *man* inauténtico dota al *se* de carácter eminentemente positivo[289].

Pensamos que la crítica desde lo factual sólo tiene valor desde la trascendentalidad durativa de la persona y desde la religación a una realidad absoluta personal, si no se resuelve en Zubiri el tema de la

---

[283] Cf. SH 631, *El problema del hombre*, 1953-54.
[284] SH 628, *El problema del hombre*, 1953-54.
[285] Es una reducir el tiempo a pura proyección y posibilidad. Cf. SH 624.
[286] Cf. SH 620, *El problema del hombre*, 1953-54.
[287] Cf. SH 633, *El problema del hombre*, 1953-54.
[288] No basta un análisis vivencial de la muerte ya que no todos los hombres tienen una vivencia anticipada de la muerte, y porque además de futurición hay emplazamiento. Cf. SH 658-660, *El problema del hombre*, 1953-54.
[289] Consecuencia de la reformulación del mundo es el valor positivo que concentra Zubiri en su «se» en contraposición al «Man». El *se* es poder posibilitante del haber humano. Critica así la confusión heideggeriana del *se* con lo existencialmente impropio. El *se* impersonal no es de por sí impropio sino que la autenticidad radica en la forma personal de su apropiación por medio del proyecto. Cf. SH 320, *El problema del hombre*, 1953-54 y M. VILÁ PLADEVALL, *Las dimensiones de lo interhumano*, 197-198.

inmortalidad de la persona humana todo este análisis carece de sentido. Esta respuesta está ya esbozada en EPD: el hombre no es un ente arrojado en la *existencia*, sino que es un ente *implantado* en el *ser*[290]. La realidad aparece en Zubiri como la posibilidad de todas las posibilidades. Desde esa realidad la angustia se traduce en voz de la conciencia[291] radicada en la inquietud real de plenitud de personalidad, es la voz de la realidad.

2.3.2 Aristóteles

El contacto con Heidegger conduce a Zubiri al estudio de Aristóteles[292]; esto, unido al ambiente intelectual en España y el estilo de SE, provocó que se le etiquetase de aristotélico[293]. Hay un punto de verdad: el método de Zubiri se apega como el Estagirita a lo físico[294]. Lamentablemente la mala recepción de SE ha llevado por reacción, para subrayar el marco fenomenológico de la obra de Zubiri, a colocar el diálogo con Aristóteles y la Neoescolástica en un plano tan secundario que casi ha caído en el olvido, siendo una clave imprescindible en su superación del idealismo[295] y necesaria para comprender su antropología.

---

[290] Cf. V.M. TIRADO, «Fenomenología y estructura», 102-103.

[291] Cf. IRA 96-100.

[292] Cf. A. PINTOR-RAMOS, *Génesis y formación*, 58 y 60.

[293] Desde esta interpretación SE «es un duplicado de la teoría aristotélica. Y este duplicado no se opone a la teoría aristotélica haciéndola inadmisible, sino únicamente se le antepone como más radical y primario», Zubiri la considera insuficiente y «tratará de suplir esta insuficiencia buscando un nivel más profundo de realidad que el aristotélico, y toda su obra se desenvolverá como un diálogo implícito, y muy a menudo explícito, con Aristóteles, aunque sin rechazar fundamentalmente la línea y las posiciones del mismo». C. SOLAGUREN, «Estructura temático – metódica de la metafísica», 255-256 y 260.

[294] Aristóteles «nos interesa por que en él emergen, *desde las cosas* y no desde teorías ya hechas, los motivos esenciales de la primera filosofía madura que ha predeterminado, en gran parte, el curso ulterior del pensamiento humano». NHD 87, «¿Qué es saber?». «El problema metafísico que subyace a estos dos planteamientos [Zubiri y Aristóteles] no es otro que el de las relaciones entre la unidad y la multiplicidad de lo real. Como Aristóteles, Zubiri entiende lo real desde la unidad, individualidad y concreción de las cosas, pero para Zubiri las cosas no son unidades *gramaticales* sino estructuras. Zubiri parte de la cosa en su totalidad y no de las propiedades aisladas que emergen de ella». M.J. ÁLVAREZ POLO, «Presupuestos fundamentales», 100.

[295] «la superación del idealismo fenomenológico ha estado en gran parte posibilitada por el impulso que procede de la tradición metafísica, muy especialmente del aristotelismo». P. CEREZO GALÁN, «Del sentido a la realidad», 227.

Zubiri se sumerge en Aristóteles pues para él «los griegos somos nosotros»[296], ellos han configurado y configuran hoy nuestro modo de acercarnos a la realidad. Sin embargo en su obra escrita la lectura de Aristóteles adolece de parcialidad[297], es una interpretación desde el horizonte factual del horizonte del movimiento[298].

En *Filosofía y metafísica* (1935) al intentar definir el método fenomenológico y narrando su prehistoria Zubiri descubre el ámbito de la realidad gracias a Aristóteles con su estudio de la sensación[299]. Por eso se ve obligado a abandonar el proyecto heideggeriano[300]. En Aristóteles Zubiri descubre la pura filosofía, el formular una estricta metafísica de la realidad[301], pero que no logra eludir la entificación por su noción de evidencia intencional en el logos[302]. Al final a Aristóteles se le diluye

---

[296] NHD 362, «El acontecer humano». No acierta quien los estudie por arqueología intelectual o por clasicismo.

[297] Cambres ve esta parcialidad en la doctrina de la esencia en la que Zubiri sólo ve su carácter lógico, sin resaltar el carácter dinámico y constitutivo que tiene en Aristóteles; otro tanto ocurre con la especie. Cf. G. GÓMEZ CAMBRES, *La realidad personal*, 93-94 y 238. Inciarte considera insuficiente su valoración de la tradición y en concreto su lectura de Aristóteles. Cf. F. INCIARTE ARMIÑÁN, «Observaciones histórico – críticas», 184 y 188.

[298] «El mundo griego ha visto siempre la idea del ser, la idea de la diafanidad, desde el horizonte de la movilidad». PFMO 34.

[299] Respecto a IS, «la redacción de "Filosofía y Metafísica" (1935) no constituye el alumbramiento de esa noción sino uno de sus momentos de mayor afinamiento, gracias al encuentro con Aristóteles». Cf. J. VILLANUEVA, *Noología y reología*, 119. La idea estaba presente en ETFJ y «Filosofía del ejemplo».

[300] Cf. D. GRACIA, *Voluntad de Verdad*, 88-90 y J. VILLANUEVA, *Noología y reología*, 92.

[301] La genialidad de Aristóteles «ha estribado en no pretender que el objeto propio de la filosofía sea una zona especial de realidad como lo fue todavía para Platón: la filosofía ha de abarcar la realidad entera. [...] Es claro entonces que lo real en cuanto real constituirá el carácter de lo filosófico en cuanto filosófico». «La idea de filosofía en Aristóteles», in NHD 136-137. Zubiri valora muy positivamente los logros de Aristóteles que fue más radicalmente socrático que Platón: del bien hacer la vida platónico va a la experiencia de las cosas mismas *de suyo*. Cf. NHD 253-261, en «Sócrates y la sabiduría griega».

[302] Cf. SH 638, *El problema del hombre*, 1953-54. Así «toda la filosofía griega es ciertamente un pregunta acerca del ser; pero una pregunta acerca del ser en cuanto su verdad queda descubierta y explicitada en un *decir*, en un *saber* lo que la cosas es. Por el *lógos* nos sumimos explícitamente en la visión de lo que el universo verdaderamente es. Vivir en el seno de esta visión, participar de ella, es, decía Aristóteles, la forma suprema de la existencia humana». NHD 273, en «Hegel y el problema metafísico»,. «Pero ser sujeto de predicación no significa que en realidad tenga estructura

por completo la idea de lo que busca, no contesta nunca dónde está la realidad[303] porque, aunque le debe el redescubrimiento de la sensibilidad, no deja de escindir conocimiento sensible e intelectual[304].

Zubiri como buen fenomenólogo busca el *eidos* del aprehender, similar a la inducción esencial aristotélica. Al final lo encuentra en la IS en que la APR no son dos actos. Esta idea en el fondo es la introducción en la fenomenología de la sensibilidad de Aristóteles, «librándola» del residuo dualista de dos actos con un objeto, del que el Estagirita no se desprendió en su superación del dualismo de mundos platónico[305]. Zubiri hablará así de una sola facultad con dos potencias[306] y entenderá los sentidos como analizadores, interpretando el sentido común como sentido íntimo, no como síntesis[307]. Zubiri por usar la fenomenología concede unidad fuerte y metafísica a lo que aparece percibido unitariamente, pero «lo primero en el *ordo inventionis* no tiene por qué serlo en el *ordo realis*»[308].

Desde la realidad de IS Zubiri edifica un orden transcendental inseparable de la realidad. Ahí modifica la gradación en la participación dentro de una misma naturaleza con el concepto bergsoniano de unidad

---

subjetual y mucho menos aún que esa realidad subjetual sea lo que subyace al movimiento». PFMO 60-61.

[303] Cf. PFMO 63.

[304] Cf. PFMO 326-328 y G. GÓMEZ CAMBRES, *La inteligencia humana*, 89.

[305] La causa de la IS híbrida es el descubrir la sensibilidad aristotélica en 1935 e intentar introducirla en el conocimiento fenomenológico. Villanueva incluso sostiene que el análisis zubiriano de la sensibilidad y el inteligir, y la teoría aristotélica no son incompatibles, abordan idéntico problema y en la solución cambiaría sólo la terminología. Cf. J. VILLANUEVA, *Noología y reología*, 153 nota 160; 384 nota 101; 386 y B. CASTILLA Y CORTÁZAR, *Noción de persona*, 101.

[306] SH 35, *La realidad humana*, 1974.

[307] Cf. NHD 76 en «¿Qué es saber?»

[308] J. VILLANUEVA, *Noología y reología*, 184. Respondiendo a su presentación algo arbitraria, desde el aristotelismo se le podría preguntar: «¿por qué certificar que la existencia de las sendas formalidades del puro sentir y del puro inteligir disgrega la unidad del acto de sentiligir y nos arroja en el dualismo? ¿Acaso los sentidos externos no entregan sus resultados a los sentidos internos, o la aprehensión primordial no proporciona la materia de la campal, y ésta la de la racional; o la voluntad no quiere lo que le presenta la inteligencia, o la intelección práctica no se apoya en la decisión de la voluntad? Son interrogantes que el susodicho aristotélico plantea a los discípulos de Zubiri y de los que aguarda cumplida respuesta. Lo asombroso es que nuestro personaje no vacila en desmembrar en seis nuevos sentidos (cenestesia, *kinestesia*, etc.) la unidad de ese quinto sentido denominado por los clásicos «tacto», fundándose en la irreductibilidad de las cualidades sentidas. De forma que, al menos por una vez, el proceder aristotélico parece más zubiriano que el de Zubiri». *Ibid.* 185.

distendida, versión reformada de la comunicación aristotélica siempre que no se le reduzca a mero concepto[309].

El diálogo se hace especialmente intenso en la metafísica de la sustancia y la sustantividad. La sustancia, gran logro de Aristóteles[310], es sustituida por la sustantividad[311]. Para realizar este cambio reduce la sustancia primera a la segunda. Mientras en su primer estudio de Aristóteles entiende la sustancia en su sentido primario e individual en los textos polémicos se centra en la sustancia como sujeto, sentido derivado y realiza una interpretación platonizante de Aristóteles[312]. Aún así se puede ver el paralelismo entre la esencia aristotélica y la zubiriana, y situar la sustancia aristotélica dentro del cuadro noológico zubiriano[313].

Desde esta lectura de la sustancia como sujeto, que en el fondo introduce el subjetivismo fenomenológico en Aristóteles, Zubiri critica su aplicación a la persona por ser unívoca para cosas y personas rechazando la analogía[314]. Además, aún si fuese sujeto, por la apropiación «el sujeto no está en condición de substante, sino justamente al revés, de *supra-stante*: es dueño de su propiedad»[315], sustituye el *hypokeimenon* por el *hyperkeimenon*. Por ello es necesaria la sustantividad, única categoría que se ajusta a la persona. Sólo desde ella la diferencia entre las

---

[309] Cf. J. VILLANUEVA, *Noología y reología*, 208.

[310] Zubiri constata que la idea de la *ousía* como sustancia es específicamente aristotélica, Platón ya dijo que la realidad era *ousía*; decir que la substancia es *subjectum*, *hypokeimenon* es propio de Aristóteles. Cf. PFMO 59.

[311] Una crítica de la substancia desde la unicidad de la acción del viviente está en cf. SH 73, *La realidad humana*, 1974.

[312] Garrido y Villanueva señalan una mala lectura intencionada para desarrollar su crítica de modo plausible, confundiendo planos metafísico y químico. Gracia reconoce que en la década 1940-50 Zubiri tenía un concepto de sustantividad químico biológico y de sustancia más mineralógico. Cf. J. VILLANUEVA, *Noología y reología*, 373 nota 81. Zubiri interpreta en la primera etapa a Aristóteles acentuando la substancia primera concreta sustantiva, que existe *extra causas*, y tiene actualidad, realidad (NHD 120-126, «Ciencia y realidad» y NHD 254-255 «Sócrates y la sabiduría griega»). Sin embrago carga posteriormente la interpretación como sujeto (SE 75-93, 154, 164, 294, 347-350, 494, 512-514). Según Garrido esto sólo puede explicarse por la necesidad de diferenciar su propio pensamiento del de Aristóteles. Cf. J.J. GARRIDO ZARAGOZÁ, «Origen, horizontes, significados y tareas», 225-226.

[313] En la razón. Cf. J. VILLANUEVA, *Noología y reología*, 373.

[314] «dirán que los escolásticos dijeron que era *análoga*. Sí, con analogía lo resuelven todo. Pero, en fin, de hecho y efectivamente, mientras no se diga en que consiste esa analogía, la noción aristotélica del sujeto es aplicable a toda realidad substante. Así lo enunció Aristóteles». HV 108. De todos modos «el mundo griego jamás tuvo ni el vocablo ni la noción correspondiente a lo que es *persona*». PFMO 15.

[315] HV 108-109.

personas y las cosas superaría lo *talitativo*, donde se quedaría Aristóteles, llegando a una diferencia transcendental. Desde aquí Zubiri realiza una lectura *deletelior* de la unidad hilemórfica del hombre. Para Aristóteles el alma es la forma sustancial de los seres vivos: «ἡ ψυχή ἐστιν ἐντελέχεια ἡ πρώτη σώματος φυσικοῦ δυνάμει ζωὴν ἔχοντος»[316], y ahí Zubiri ve un dualismo larvado[317] que sustituye por un sistema único con dos subsistemas de notas en unidad de respectividad. Este sistema corre el riesgo de interpretarse, Laín Entralgo, como negación del espíritu poniendo en cuestión la inmortalidad.

De esta noción de supraestancia y de persona se deriva el cambio en la radicación de la socialidad que es sacada del nivel de naturaleza para referirla al trascendental de la mano del *con* heideggeriano. También implica un giro en la concepción de la dimensión moral, el fundamento remite no a una naturaleza sino a la necesidad originaria de apropiarse posibilidades[318]. Pensamos que la naturaleza aristotélica bien entendida no colisiona con la supraestancia, si bien la posición de Zubiri sirve para poner de relieve el carácter trascendental, real y personalista de la moral. No olvidemos que la noción de naturaleza de Zubiri es muy física, no lee en su justo ámbito la naturaleza y la esencia aristotélica, desde ahí tampoco habría inconvenientes para formular la ley natural según Zubiri.

Del diálogo con Aristóteles surge el peculiar *autós* y la suidad de Zubiri radicalizando en el plano trascendental lo que en el Estagirita era el movimiento vital fundado en el *autós*. Este *autós* le sirve para corregir la vida orteguiana, pero para Zubiri vivir es estar en acción radicalmente como sustantividad, no es un tipo especial de movimiento sino autoposesión en la realidad por retinencia. Critica la vida como automoción y *enérgeia* inmanente desde su propio concepto de acción[319].

De todos modos no creemos que la rica noción de acto y vida en Aristóteles pueda reducirse a la mismidad de Zubiri, el significado de

---

[316] *De Anima*, II, 1, 412a 27-28. «el alma es la entelequia primera de un cuerpo natural que en potencia tiene vida». Citamos por, ed. P. Siweck, PUG, Roma 1933, y la trad. española, tr. T. Calvo Martínez, Madrid 1978, 1994³, 168.

[317] Tampoco se entiende muy bien la diferencia con el hilemorfismo. ¿Porqué para Zubiri la división horizontal en subsistemas no rompe la unidad del ente humano, y sí lo haría la vertical o aristotélica? Cf. J. VILLANUEVA, *La dimensión individual del hombre*, 83, 92, 107 y 108.

[318] Lo moral queda radicado en el nivel de la sustantividad que se apropia posibilidades, en su estructura irremediablemente moral. Cf. SH 143, *Sobre la persona*, 1959. y SH 406-407, *El problema del hombre*, 1953-54.

[319] Cf. SH 551-552, *El problema del hombre*, 1953-54.

entelequia como acto fundamental de la vida del alma es fundamental, no es una mera energía operacional, ni la noción de alma algo puramente lógico[320], como tampoco lo es la especie[321]. Comparar estas nociones sería una tesis interesante, *enérgeia, entelechia,* su traducción latina y la teoría zubiriana dan de sobra para ello, pero no es nuestra tesis. Sólo señalamos que en el acto aristotélico puede descubrirse la riqueza activa que busca y expresa con claridad Zubiri, no creemos que Aristóteles se deje llevar por lo que Zubiri denomina estructura de movimiento inducida por la extensión, su movimiento vital no es el mero ejercicio de una fuerza[322]. No obstante aquí Zubiri usa el activismo logrado con su conocimiento de los padres griegos.

Otro punto en que Zubiri se sirve de Aristóteles es la elaboración de su noción de habitud y situación, desarrollo metafísico que parte de las categorías de *situs* y *habitus*[323]. También critica su noción de tiempo[324]. Dialoga en el tema de la técnica[325] y a la hora de fundar la causalidad

---

[320] Un auténtico Aristóteles se acerca mucho en la diferencia de las almas a la consideración físico – posicional exigida por Zubiri. La concepción aristotélica, conservada y elevada en la analogicidad del concepto escolástico de *vida,* fue conquistada sobre la idea de que en la relación de *más y menos* (o bien *antes y después, Efexes*) de las almas, no se trata de relación externa de diversas clases de almas a un género común, sino de la relación de las diferencias (*vegetare* — y no simplemente *vivere* — *sentire, intelligere*) dentro de un ser vivo (cf. *De anima,* II, 3; 414b, 28s). Es una nueva relación de inclusión, no se trata de *género* + *diferencia* (no es clase o especie lógica), sino de la última diferencia que incluye en sí al género analógicamente modificado y a las restantes diferencias. Aristóteles transforma la visión lógica en una visión predominantemente física. Cf. F. INCIARTE ARMIÑÁN, «Observaciones histórico – críticas», 211-212 y G. GÓMEZ CAMBRES, *La realidad personal,* 93-94.

[321] Aristóteles sigue la ruta de las diferencias físicas no la vía de los géneros y las especies. Los rasgos fundamentales de la *ousía* son de carácter sustantivo, no substancialista. Tendría razón Zubiri al criticar físicamente el ser, «ser es ser vivo», pero en Aristóteles tenemos también ser vivo como vivir, en sentido activo y no genérico. Donde sí superaría Zubiri a Aristóteles es en la individualidad (esencial) frente a la individuación. Sin embargo el diálogo entre individuación y especificación evidencia, hasta que punto Zubiri parte del problema tal como lo dejó Aristóteles. Cf. F. INCIARTE ARMIÑÁN, «Observaciones histórico – críticas», 213, 214 y 219-220.

[322] Cf. ETM 201-203, ESP 1973.

[323] Cf. SH 578, *El problema del hombre,* 1953-54.

[324] No basta la cronometría. Cf. SH 622 y 631, *El problema del hombre,* 1953-54.

[325] Critica la concepción de la técnica entre la *empeiria* y la *episteme*. No hay escisión en IS y por tanto tampoco entre *tecne* y *empeiria*. Hay experiencia del *por* como dependencia funcional. Para Zubiri Aristóteles disuelve el momento factitivo de la técnica al no incorporarlo al saber. Cf. SH 333-335, *El problema del hombre,* 1953-54.

interpersonal por la que Zubiri llega a un Dios personal, no el motor del Estagirita[326].

Una lectura profunda de Aristóteles no creemos que se oponga a Zubiri, es más puede completar como elaboración racional puntos débiles de la posición zubiriana, especialmente la analogía y la necesidad de articular la duplicidad de sentidos de la realidad como formalidad de la IS y la realidad trascendental sin extrinsecismos ni monismos.

2.3.3 Padres Griegos

El cristianismo introduce en el pensamiento griego la creación de la nada[327]. Ahora tener realidad no es formar parte del cosmos o existir. Se pasa del horizonte del movimiento en que la naturaleza es el conjunto de todas las cosas, entre ellas el hombre[328], como un brotar desde la Naturaleza, al horizonte nihilista. La creación provoca el replanteamiento del origen de la persona, y el cristianismo aporta desde la teología la metafísica del amor. En el horizonte teológico lo primero que se piensa de las cosas es que podrían no haber sido: ser es «*ser no-nada*»[329], «al considerar la novedad de la realidad personal, la filosofía tuvo que rehacer la idea de realidad desde un punto de vista subsistencial»[330].

Dentro del horizonte nihilista se mueve el mismo Zubiri en esta etapa ontológica. Se sirve del concepto de creación de los padres griegos: salir de la nada es salir del Padre para volver a través de las cosas a Él[331]. Luego lo modifica, desde el horizonte factual la creación es verdad de fe y la nihilidad es elemento teológico que hay que reemplazar filosóficamente por la caducidad talitativa que en función transcenden-

---

[326] En Zubiri Dios es causa, el momento absoluto que exige para su propia comprensión la variación del universo. No es un dios productor, sino un dios que hace que la Naturaleza produzca, idea que desdivinizada perdurará en los escritos de Zubiri para explicar la evolución y la aparición del hombre en el cosmos desde el concepto de *natura naturans*. Cf. NHD 270-271, en «Hegel y el problema metafísico».

[327] Zubiri no ve sincretismo en la helenización del cristianismo. La impotencia de la vía de la Naturaleza para responder al quién del hombre, que desemboca en vías muertas: epicureísmo, estoicismo y escepticismo, abre las puertas al personalismo cristiano. Cf. J.J. GARRIDO ZARAGOZÁ, «Origen, horizontes, significados y tareas», 230-231.

[328] Cf. NHD 270-271, en «Hegel y el problema metafísico».

[329] PFMO 76-77.

[330] M.L. ROVALETTI, «Filosofía y metafísica en X. Zubiri», 35.

[331] Cf. los artículos SPF y SSDTP.

tal es limitación transcendental[332]. Pero a pesar de estos cambios que se perciben especialmente en el estudio de la religación de EPD frente a ID y HD, hay elementos que perduran y sellan su metafísica.

La deificación de SSDTP como ontología sobrenatural[333] se integra como dimensión metafísica de deiformidad en la religación dentro de un ámbito de pura filosofía[334].

Otro elemento trascendental para la intersubjetividad es la metafísica de la *agápê*. En los Padres descubre Zubiri que *Agápê* no es una virtud de la voluntad, sino dimensión metafísica que afecta al ser en sí mismo con anterioridad a la diversificación de facultades. Los Padres dieron a la *agápê* una dimensión ontológica y real, superior al *érôs* de la filosofía griega[335]. Tanto *érôs* como *agápê* consisten en un salir fuera de sí, pero la *Agápê* es el amor personal «en que el amante no busca nada, sino que al afirmarse en su propia realidad sustantiva, la persona no se inclina por naturaleza, sino que se otorga por liberalidad»[336]. Se constata la instalación en la situación metafísica del amor como éxtasis. Este dinamismo constitutivo de la realidad personal Zubiri se lo apropia y modula dentro de su metafísica intramundana[337]. La *agápê* quedará como donación de sí personal dentro del dar de sí constitutivo de toda la realidad.

2.3.4 Hegel

Hegel, máximo representante del horizonte teológico es para Zubiri la madurez de Europa[338]. «Toda auténtica filosofía comienza hoy por ser una conversación con Hegel»[339]. Nos movemos dentro de su ontología del Estado, aunque sea en confrontación con su pensamiento.

---

[332] Cf. SE 463-464.
[333] Cf. NHD 528, SSDTP.
[334] Cf. J. SÁEZ CRUZ, *La accesibilidad de Dios*, 289 nota 4.
[335] Cf. NHD 464, SSDTP.
[336] Cf. NHD 465, SSDTP.
[337] «in sintonia con i Padri greci, Zubiri delinea un'originale concezione personalistica (che, in vero, mancha in Aristotele)». A. SAVIGNANO, «*In memoriam*», 413-414.
[338] Cf. PFMO 319. Zubiri lo coloca con S. Agustín, Hegel es en el fondo una confesión que es «la madurez de Europa. Sea cualquiera nuestra posición última frente a él, toda iniciación actual a la filosofía ha de consistir, en buena parte, en una *experiencia*, en una inquisición, de la situación en que Hegel nos ha dejado instalados». NHD 182, «Hegel». La teología y Kant recayeron en su espíritu en proporciones muy diversas con ventaja para la teología. Cf. PFMO 247.
[339] NHD 269, «Hegel y el problema metafísico».

Zubiri lo conoce a través de Heidegger[340] y en el diálogo con Hegel acentúa la falta de radicalidad del ámbito de la diferencia ontológica[341].

Hegel mira las cosas desde la unidad del todo, del ser y de la nada, desde la creación y el desarrollo de la Idea[342]. Toda metafísica ha de responder a la situación en que nos ha dejado Hegel y Zubiri parte con la sustitución de la abstracción por la APR, desde ahí supera el error de la razón hegeliana[343] que le lleva a ser el máximo representante del conceptismo[344].

Así el *logos* pronominal zubiriano se contrapone a la proposición lógica hegeliana[345]. El fundamento está en la sensibilidad y desde ella Zubiri se cuestiona la validez global del saber hegeliano[346]. Por este

---

[340] El influjo de Hegel data en torno a 1930, durante las lecciones de Heidegger en Friburgo. Además de *El concepto de experiencia en Hegel*, Heidegger desarrolló seminarios sobre la *Fenomenología del espíritu*. El primer estudio de Zubiri sobre Hegel: «Hegel y el problema metafísico» (1931) alude en su título a Heidegger que dos años antes había publicado *Kant und das Problem der Metaphysik*. Cf. R. FLÓREZ, «Metafísica y espíritu absoluto en Hegel», 23.

[341] Cf. NHD 286-287, «Hegel y el problema metafísico». Cf. IRA 168, critica a Hegel por cerrado, la realidad es abierta.

[342] En la *Aufgehoben* de Hegel el ser y la nada son dos abstracciones, lo único concreto es el devenir. El absoluto es el movimiento en que él mismo consiste. «Este hombre debió de vivir en un perpetuo festín porque en cada momento debía tener la íntima, la irrefragable fruición de inteligir y seguramente la tuvo; que se equivocase, es otra cuestión» (PFMO 289). Hay una inversión en paralelismo con la mirada unitaria y sistémica de Zubiri. Cf. A. PINTOR-RAMOS, *Realidad y verdad*, 135-136.

[343] Cf. IRA 67-68.

[344] Zubiri cita de Hegel *das begreiffendes Denken* (G. W. F. HEGEL, *Wissenschaft der Logik*, 23) el concebir como origen del pensar concipiente que produce el término objetivo, es el concepto objetivo. PFMO 258.

[345] Hegel se coloca de lleno en el predicado y trata de averiguar la constitución del sujeto por un movimiento interno de éste, es la vida del concepto. Por eso Hegel «se ve posibilitado, por un lado, y forzado, por otro, a incorporar a la ontología, a la doctrina del ὄν, el momento del λόγος» (PFMO 271). El movimiento interno del concepto, su mismidad, (bellota – arbusto – árbol) se traducen en Zubiri en la unidad sistémica de la esencia individual. Cf. PFMO 280-281. «Aristóteles definía al hombre diciendo: *Animal que tiene lógos, que tiene razón*. Pero tiene buen cuidado de decir que el hombre es *ousía*, cosa, y esto es lo que constituye el carácter decisivo del pensamiento griego. El *lógos* no es el ser del hombre, sino una propiedad esencial suya. Ha bastado llevar la idea del *lógos* a la concepción cartesiana del espíritu pensante para obtener toda la metafísica de Hegel». NHD 284, «Hegel y el problema metafísico».

[346] «¿Es sostenible esta situación filosófica? ¿Hasta qué punto constituye el saber verdadero el ser auténtico del hombre? En otros términos: ¿en qué estriba la unidad entre el ser, el espíritu y la verdad? Esta es la cuestión central que habría que plantear a Hegel». NHD 285, «Hegel y el problema metafísico».

nuevo radicar del inteligir se descubre que no son las cosas las que existen fuera del pensamiento, sino el pensamiento quien existe fuera de las cosas[347]. La dialéctica de Hegel queda reducida a un modo diferencial de presentación de lo real en el *logos* de Zubiri[348]. También contradice a Hegel el análisis zubiriano de la razón, pues la razón objetiva está pendiente de que las cosas se la den o se la quiten. La razón objetiva no es concepto; son las cosas dando razón al hombre. La verdad es encuentro y aún la razón metafísica y trascendental radica en la impresión de realidad[349].

La metafísica construida desde aquí es radicalmente superadora. Frente a un absoluto clausurado la realidad zubiriana es formalmente abierta[350], frente a un Espíritu Absoluto que se desarrolla por la conciencia, la razón zubiriana es obediente a la realidad y abierta[351].

Hay un punto de Hegel que toma Zubiri transformándolo: el espíritu objetivo[352]. De él realiza una detallada descripción[353]. El espíritu objetivo no es una forma de conciencia individual, sino que tiene una realidad objetiva superior cuya conciencia la tiene cada uno de los sujetos, no la tiene el espíritu objetivo mismo. Los individuos son el soporte del espíritu objetivo. Consiste en el espíritu absoluto sin el *para sí* y comenzando ya a manifestarse. El espíritu objetivo no está fuera de los individuos, pero no emerge de ellos, sino que ellos hacen aparecer *ad extra* dialécticamente el espíritu objetivo; los individuos son los accidentes del espíritu objetivo, que es lo sustancial. A Zubiri esto le parece terrible[354].

---

[347] Estas críticas de Zubiri son bastante recurrentes y tienen un *topos* común: aunque Hegel no parte del pensar, tampoco sale del puro pensar. Y si saliera ya no sería él, ya no estaría en su elemento del «saber absoluto». Cf. R. FLÓREZ, «Metafísica y espíritu absoluto en Hegel», 32.

[348] Cf. A. FERRAZ FAYÓS, *Zubiri: el realismo radical*, 59.

[349] Cf. PFMO 340-344.

[350] Cf. IRE 144, IRA 30.

[351] Cf. IRA 168.

[352] Cf. PFMO 308.

[353] Cf. PFMO 308-310.

[354] Las individualidades pertenecen a la historia en la medida en que encarnan el espíritu objetivo, no en el medida en que están dotadas de genialidad personal. El espíritu objetivo es pura y simplemente la manifestación — por alienación y por mediación — del espíritu absoluto en que Dios consiste. Es el espíritu universal (*Weltgeist*), es el concepto objetivo que Dios tiene de sí mismo. En la medida en que sufre determinaciones geográficas y temporales distintas, da lugar a lo que Hegel llama el *espíritu del pueblo* (*Volkgeist*): son determinaciones del espíritu objetivo.

La dialéctica del espíritu objetivo, en tanto que está realizado *ad extra* en cada uno de los individuos, hace que brote la forma objetiva del espíritu dentro de *cada cual*. Esta dialéctica constituye la historia. La estructura dialéctica del espíritu objetivo es historia (*Geschichte*). Historia es el proceso temporal del espíritu objetivo vaciada en tres grandes categorías: Variación (*Veränderung*), Rejuvenecimiento (*Verjüngung*) y Razón (*Vernunft*), razón histórica que es a un tiempo razón subjetiva y razón objetiva. La estructura formal de la historia es evolución (*Entwicklung*).

Contra esta visión determinista y clausurada construye Zubiri la noción de historia como apropiación de posibilidades abriéndola al protagonismo de la libertad humana: la historia es cuasi-creación[355]. Responde así a la *List der Vernunft*, el papel del individuo no es sólo la añagaza de la razón.

Con su crítica también responde al panteísmo hegeliano[356], esta respuesta es desarrollada en la religación de HD. Dios no es una proyección del hombre sino que el hombre es proyecto de Dios, invirtiendo a Feuerbach y a Hegel. También niega el devenir hegeliano en Dios, Dios es dinámico[357].

La verdad contenida en el espíritu objetivo es asumida en el *espíritu anónimo* o *se* de Zubiri, elaborado en diálogo con el *man* de Heidegger y *la gente* de Ortega y Gasset. Consiste en una fuente objetiva de conocimiento que está a la mano[358]. Zubiri desmitifica el Espíritu objetivo

---

[355] «¿Significa esto que la historia es la dialéctica de la virtualidad? Este es un grave problema que habría que plantear a Hegel: ¿y si la historia no fuese dialéctica de virtualidades y, por consiguiente de realidades, sino un sistema de creación y obturación de posibilidades? Entonces la historia seria otra cosa distinta, produciría justamente la posibilidad antes de la realidad, con lo cual seria una casi-creación». PFMO 312-313, cf. NHD 181 «Hegel» y 281 «Hegel y el problema metafísico».

[356] «En la medida en que no se considera más que la vertiente objetiva, la filosofía de Hegel no es panteísta. En la medida en que no se considera más que la vertiente subjetiva, la filosofía de Hegel tampoco sería en el rigor de los términos panteísta. Es panteísta en la medida en que se ve que lo objetivo es precisamente un producto racional del pensar subjetivo. En esto consiste el panteísmo de Hegel; es el panteísmo de la actividad racional. Esa actividad racional es justamente Dios; por eso, Dios es *fieri* y este *fieri* de Dios es un *autofieri*. Que sea *racional* es lo que define el idealismo de Hegel. Que sea toda la realidad, es lo que define el panteísmo de Hegel. La identidad entre idealismo y panteísmo es lo absoluto en Hegel. La historia entera es una autoconformación». PFMO 317-318.

[357] Cf. HD 168-169 y J. SÁEZ CRUZ, *La accesibilidad de Dios*, 218-219 nota 26, 282.

[358] «No solamente la verdad nos instala en el mundo [...] sino que además nos instala en algo distinto, que no es el espíritu de *cada cual* y tampoco es el Espíritu Obje-

de Hegel, el cuerpo social como forma de realidad es sólo un sistema de posibilidades que están en mí, nada sustantivo. También usa la categoría de mentalidad, provisional, para expresar su oposición a Hegel[359]: el Espíritu objetivo no es mente sino mentalidad, habitud común en el modo de enfrentarse con las cosas gracias a la *publicidad*[360]. Así defiende la persona individual frente al espíritu objetivo[361] y opone su posibilidad a la virtualidad hegeliana[362].

La añagaza de la razón, cambiado su hábitat metafísico, será utilizada para explicar la conservación de la especie y la providencia divina, siempre respetando la libertad[363] y la realidad personal, verdadero absoluto:

> el hombre en tanto que persona no puede formar parte de nada. Todo le puede afectar a su estar en realidad, pero el estar mismo en realidad no pertenece como ingrediente a ninguna cosa. El comienzo de la *Filosofía* de Hegel hablando de *das Ganze*, del *todo*, es falso tratándose de las personas en tanto que personas. Lo que constituye el carácter de persona es el no formar parte de nada, definirse frente a lo divino[364].

Pensando con Hegel Zubiri descubre insuficiente el ser heideggeriano, y pensando contra Hegel perfila algunas nociones claves de su metafísica y antropología que manifiesten una noción eminentemente personalista.

---

tivo; es una cosa distinta, es el *Espíritu Anónimo*. No hay nadie en la Tierra — hoy, por lo menos — capaz de albergar en su inteligencia la totalidad de los conocimientos que *se* poseen. ¿Quién es ese *se*? ¿El Espíritu Objetivo? No. El Espíritu Objetivo [...] no está poseyendo en acto esos conocimientos; sin embargo, *se* saben determinadas cosas; hay unas inmensas enciclopedias que pueden decírselo a uno, unas grandes bibliotecas, etc. Justo, esa es la forma del Espíritu Anónimo. Ahí el *se* — se sabe — no tiene el sentido del *se* referido al mundo, sino que tiene el sentido del *se* como anonimato». HV 148.

[359] Cf. SH 262, *El problema del hombre*, 1953-54.

[360] Tiene carácter impositivo, cuerpo pero no espíritu. Cf. SH 310-311, *El problema del hombre*, 1953-54; G. Marquínez Argote, «Aportes de Zubiri al concepto de mentalidad», 35-36 y B. Castilla y Cortázar, *Noción de persona*, 246 nota 144.

[361] Cf. PFMO 308.

[362] Cf. PFMO 313.

[363] Cf. PFMO 314 y SH 585, 588-589 y 601, *El problema del hombre*, 1953-54.

[364] SH 667 en *El problema del hombre*, 1953-54. La persona es absoluto relativo Cf. IRE 212-213.

2.3.5 Suárez

Con quien más dialoga Zubiri en su crítica de la doctrina del ente es con Suárez[365] y de hecho su lectura del Aquinate está marcada por el filósofo granadino. La escolástica suareciana le llega por dos líneas: su devoción por Brentano[366] y la influencia de Suárez en Wolff a través de Leibniz[367].

Siendo deudor de Suárez critica con su IS la escisión entre sentir e inteligir que en éste se da y que hace extensiva a toda la escolástica[368].

---

[365] Cf. C. BACIERO, «Inteligencia y realidad», 13. Zubiri afirma la centralidad de Suárez junto a Aristóteles, como primer ensayo de la metafísica como tratado autónomo, para él no se debe centrar la Escolástica en Tomás, es Suárez quien resulta «factor imprescindible para la intelección de la filosofía moderna».NHD 162,«Suárez».

[366] Zubiri en su tesina POaH 20 = PE 26, afirma el ser intencional de la conciencia apoyado en Brentano y cita *S.Th.* I, q79, a10, ad 3: *id quod apprehendit, ordinat ad aliquid aliud cognoscendum* [*vel operandum*, completamos la cita] buscando un apoyo tomista de la intencionalidad. Este texto es una respuesta *Ad* en la que el Angélico doctor usa terminología del Damasceno a cuyo texto responde. En ella el Aquinate muestra que la aprehensión, la intención o intelección de fines intelectual y práctica (*intentio*) y el raciocinio son actos de la facultad de la inteligencia. Sin embargo Zubiri descontextualiza la cita y aplica a cualquier acto intelectual que lo primero conocido es el concepto de la cosa (*id quod apprehendit est intentio*) y lo segundo la cosa misma, cuando Sto. Tomás, usando terminología ajena, simplemente afirma (respondiendo al segundo tipo de actos que le plantea el Damasceno) que el acto de conocimiento de los medios y de la intención es de naturaleza intelectual. Con esta cita recortada y malinterpretada Zubiri estaría mostrando según Villanueva su ubicación en la corriente suareciana a través de Brentano ya que distingue a continuación entre la intención formal y la objetiva, como intención y objeto (contenido conservado en ETFJ 82 = PE 180). Tampoco argumenta en ETFJ contra el idealismo con la oposición entre objeto físico y mental, sino con la oposición fenomenológica entre objeto mental respetado y objeto manipulado, identificando objeto físico con objeto mental respetado. De este modo rechaza el modelo *fabril* del conocer persuadido de que el fantasma sensible actúa en el inteligir como *materia prima* o *causa material*. Cf. ETFJ 104-111 = PE 212-222 y J. VILLANUEVA, *Noología y reología*, 67-68, 77, 88.

[367] Esta segunda línea se percibe a la hora de estudiar el orden transcendental en Leibniz, para quien éste es unidad y unicidad incluida en el orden de la razón. El orden transcendental se rige por la necesidad, la necesidad de la entidad como objetivamente posible y necesidad de racionalidad, formalmente constituido por la unidad en que la verdad racional consiste. Contra esta concepción *necesitarista* del orden transcendental acuña *factual*. De esta concepción de la necesidad conceptual se deriva la ontología de Wolff como ciencia de los primeros principios de la razón mostrando la influencia de Suárez en Wolff a través de Leibniz. Cf. PFMO 174.

[368] «No rechaza en bloque su concepción sobre la realidad. Más bien habría que decir que la acepta en bloque, pero cree que Suárez no ha llegado en su reflexión a la raíz última de las cosas. Todo lo que dice es verdad, pero no es la verdad primaria y

En la línea de Suárez está la crítica al *esse reale* con la *realitas in essendo* y la acuñación del término *de suyo* en relación al *ex se*[369]. Más cercano a Suárez que al Aquinate, aunque Zubiri critica a ambos, resulta también la formulación del *de suyo* como anterior a la existencia. Realidad es un modo de existir *de suyo*. De ahí que relativice hasta casi negarla — paralelamente a la lectura suareciana del tomismo — la distinción real entre esencia y existencia como momentos de la cosa[370].

Desde su intuición esencial fenomenológica critica al *Doctor Eximius* que remita el conocimiento de la esencia individual al angelical y no trate de dar una explicación mayor desde las capacidades del ser humano[371] y que el ente y sus modos queden reducidos al campo de lo talitativo perdiendo de vista la diferencia transcendental[372]. Esta crítica permite acercarse con mayor claridad al *de suyo* zubiriano en su carácter explicativo e intuitivo de la esencia, no teórico; también explica el porqué de la acusación de entificación y conceptismo a Suárez[373]. La deducción zubiriana de los trascendentales uno, verdad y bondad es una modificación desde el nuevo *de suyo* de las propiedades suarecianas[374].

Suárez sitúa el constitutivo formal de la persona como *modo sustancial*[375]. En el fondo intenta superar las deficiencias del *esse* de Cayeta-

---

radical; de ahí la ambigüedad que invade amplias zonas de su concepción sobre la realidad. No es derribar el edificio suareciano lo que Zubiri pretende con esta severa crítica, antes al contrario darle fundamentación, para que adquiera toda su verdadera grandeza y estabilidad». C. BACIERO, «Inteligencia y realidad», 19.

[369] Zubiri como traductor de las *Disputaciones de metafísica* siempre traduce el *ex se* por *de suyo*. Afirmado por A. Sánchez Pascual, en el Primer Congreso Internacional X. Zubiri del que no hay publicación, la noticia la tenemos por cf. J. VILLANUEVA, *Noología y reología*, 335 nota 29.

[370] Cf. IRE 193.

[371] Cf. SE 185.

[372] Cf. SE 386.

[373] Suárez y la Escolástica al abordar lo real por la vía de los conceptos, han identificado el ente, lo existente, con lo extraconceptual, y el ente de razón con lo intraconceptual o inexistente. Cf. C. BACIERO, «Inteligencia y realidad», 15.

[374] Es el paralelismo entre las tres propiedades de unidad, verdad y bondad del *Doctor Eximius* y los modos de realidad de X. Zubiri; aunque en el granadino remiten a la inteligencia y la voluntad del alma como modos de la realidad en la que se reducen en su unidad, y los transcendentales complejos respectivos a la inteligencia de Zubiri son modos de realidad del *de suyo*, jamás reducibles a un concepto objetivo del entendimiento. Cf. F. SUÁREZ, *Disputaciones metafísicas* III s 2, 3. y J. MARTÍN CASTILLO, *Realidad y transcendentalidad*, 232-233.

[375] Para Suárez el *esse* se identifica con el hecho de existir, no hay distinción entre la existencia y la esencia real. Lee a Sto. Tomás desde Cayetano y propone su propia solución. Cf. E. FORMENT, *Persona y Modo Substancial*, 14-18.

no sustituyéndolo con su modo substancial y reduciendo aquel a la esencia. La persona residiría en el modo substancial que se compone con la naturaleza. Zubiri incluye en su crítica a Suárez pues quiere ir más lejos con la suidad y la diferencia trascendental entre cosas y personas como tipo de realidad. La subsistencia aunque venga como modo no basta y es derivada de la suidad. Quizá de la lectura suareciana de la distinción tomista entre ser y esencia como cosas obtenga Zubiri los elementos que le inducen a descubrir dualismos en el hilemorfismo y en el tomismo.

Otras huellas más débiles de Suárez se descubren en la crítica del futurible y la unidad del orden trascendental como modulación[376].

3. Etapa de maduración (1945-62)

Hemos dejado a Zubiri superando el sentido del ser heideggeriano apoyado en Ortega y Gasset, Aristóteles y la escolástica. En ese esfuerzo se constata el fruto de su enfrentamiento con Hegel y la influencia de Suárez, a la vez que ha recibido un elemento fuerte con el activismo metafísico de los Padres. El resultado es una concentración de la reflexión en la realidad personal, ella le preocupa y en ella se pone en juego toda la filosofía, la ontología y el haber resultan insuficientes. Este momento de reflexión antropológica y metafísica escucha el despertar de los personalismos pero su pensamiento busca algo más sólido. Es la maduración desde la metafísica del haber y la ontología hacia la estricta metafísica. De NHD a SE la persona ocupa el centro y por ella Zubiri llega al horizonte factual.

3.1 *Biografía, ambiente y obras*

3.1.1 Biografía

En estos años de calma Zubiri logra, empujado por sus amigos[377], articular reflexión y sustento con los cursos privados. Comienzan estos en el edificio de «El Fénix» y participan personajes de la vida in-

---

[376] Entiende el futurible no como mero posible acaecible sino dentro de un proyecto de realización y apropiación de posibilidades. Cf. SH 612, *El problema del hombre, 1953-54*. Modulación que es reflejo de la noción de actuar divino *ad extra* y de Hegel. Cf. J. VILLANUEVA, *Noología y reología*, 354.

[377] La amistad es clave en la vida de Zubiri. Este es uno de sus rasgos personales, Zubiri era *amigo*. Se le recuerda alegre y sonriente, de espíritu acogedor, de gran bondad y sencillez. No cedió ante el orgullo del saber. Cf. M. CEREZALES, «Xavier», 37 y A. LÓPEZ QUINTÁS, «Xavier Zubiri», 307.

estos en el edificio de «El Fénix»[379] y participan personajes de la vida intelectual española unidos por amistad con los Zubiri, entre ellos Pedro Laín y Carlos Jiménez Díaz. Estos cursos no repercuten sólo en los participantes[380] sino en el desarrollo mismo del pensamiento de Zubiri[381].

Zubiri sólo viaja esporádicamente[382].

En 1947, con el apoyo de su amigo Juan Lladó y el Banco Urquijo, aparece la *Sociedad de Estudios y Publicaciones*, que financia los cursos y labor de Zubiri[383]. A partir del año 1952-53 se abren al público en general, incluyendo mujeres, como cursos de pago y sin coloquios, trasladándose a la *Cámara de Comercio*.

Zubiri realiza un paréntesis entre 1954 y 1959 por la gestación de SE[384], siguiendo con regularidad hasta 1976[385]. Entre estos cursos destacan los impartidos sobre el hombre[386].

---

[379] En Madrid en el cruce de la calle de «Alcalá» con la de «Caballero de Gracia».

[380] He aquí dos testimonios: «ayunos de toda institucionalización, y constituyen un hecho inédito en la vida española y aun fuera de ella [...] la puntual asistencia semanal a los cursos de Xavier Zubiri constituye para uno de los grupos españoles más vivos y actuantes una necesidad: la fuente misma de su más honda y pura vida intelectual» (E. GÓMEZ ARBOLEYA, «Los cursos de Zubiri», 121-122); y «lo que esa palabra nos trae es, en medio del rigor inflexible de los conceptos que en ella navegan, un mensaje auténtico que sitúa a nuestro espíritu en el trance de las profundas decisiones» (S. LISSARRAGUE, «El magisterio decisivo de Zubiri», 156-158).

[381] Su filosofía «se hace progresiva y lentamente a ritmo anual». J.L. CABRIA ORTEGA, *Relación Teología – Filosofía*, 23.

[382] Viaja a Estados Unidos en 1946 donde se encuentra con Ochoa, antes de que recibiese el Nobel. Pronuncia el 2 de octubre una conferencia en Princeton: «Le réel et les mathématiques: un problème de philosophie» en la «Class of 1879 Hall». Recordemos que J. Maritain había trabajado en esta universidad entre 1941-42, huyendo de Francia por temor a los nazis por el origen judío de su esposa. S. Ochoa le devolverá la visita en 1959 en su Seminario, poco después del Nobel. Cf. CCZ 113.

[383] Cf. CCZ 115 y D. GRACIA, «Zubiri, Xavier», 1617.

[384] Decidido a escribir un libro sobre el hombre abandonó los cursos orales durante cinco años, al cabo de los cuales dicta un curso sobre la persona, pero el libro no vio la luz. Cf. D. GRACIA, «Xavier Zubiri», 363.

[385] A excepción de los cursos 1960 y 1962 dedicados a ultimar SE. El listado de Lazcano contiene pequeños errores. R. LAZCANO, *Panorama bibliográfico*, 233-234. Son cursos de esta etapa: *Ciencia y realidad. Introducción al problema de la realidad*, 1945-46; *Tres definiciones clásicas del hombre*, 1946-47; *¿Qué son las ideas?*, 1947-48; *El problema de Dios* (33 lecciones), 1948-49; *Cuerpo y alma*, 1950-51; *La libertad*, 1951-52; *Filosofía primera*, 1952-53; *El problema del hombre*, 1953-54; *Sobre la persona*, 1959; *Acerca del mundo*, 1960; *Sobre la voluntad*, 1961 (SSV 15-193).

[386] Destacan: *Tres definiciones clásicas del hombre, Cuerpo y alma, La libertad, El problema del hombre* y *Sobre la persona*.

3.1.2 Ambiente

Zubiri se mantiene al margen de la vida pública tanto política como intelectual, aunque esté atento a la realidad que le circunda. Su reclusión en sus cursos ha suscitado especulaciones sobre su actitud ideológica[387]. En estos años la labor de *calentamiento* filosófico y cultural de Ortega alcanza frutos concretos: el Instituto de Humanidades[388].

3.1.3 Obras

Sólo contamos con dos escritos, uno de 1955, el artículo necrológico a la muerte de su maestro: «Ortega», y otro de 1959, «El problema del hombre», con origen en una lección del curso 1953-54 en la que se expone la noción de sustantividad aplicada al hombre y la distinción entre personeidad y personalidad.

Presentó la comunicación: «Las fuentes espirituales de la angustia y de la esperanza» para el encuentro de intelectuales cristianos de *Entretiens de Bayonne*. Se trata de un diálogo con Heidegger publicado póstumamente[389].

En esta época se gestan: «El origen del hombre», aparecido en 1964 y fruto de dos lecciones de 1949 sobre la evolución, donde perfila la idea del *Phylum*, y «El hombre, realidad personal», aparecido en 1963 con origen en el curso «Sobre la persona» en la lección del 16 de abril de 1959, parte del plano talitativo para alcanzar la sustantividad abierta.

3.2 *Posición personal. Por la persona hacia la metafísica*

En estos años de maduración en que aún no alcanza el nivel de acabado final de IS y SE el horizonte en que se mueve Zubiri es la realidad y ésta concretada en la persona[390]. Parecía que su meta era la elabora-

---

[387] La posición de Zubiri al margen de la universidad, como un exiliado interior, significativa o no, respecto al régimen político de Franco ha sido diversamente interpretada. Consúltese cf. G. FERNÁNDEZ DE LA MORA, «Zubiri, apolítico», 224-227 y A. PINTOR-RAMOS, «Zubiri y su filosofía en la postguerra», 5-55.

[388] «Ortega fundó en 1948, junto con Julián Marías, el *Instituto de Humanidades* en Madrid. Pero Ortega no limitó su campo de acción filosófica a la enseñanza en la Universidad. Su actividad, como todos sabemos, se extendió como conferenciante, escritor de libros y artículos periodísticos o de ensayos en revistas, traducciones etc. Labor que culminó con la fundación de la *Revista de Occidente*». G. GÓMEZ CAMBRES, *Presencia de Ortega*, 13.

[389] SSV 395-405, como epílogo al curso sobre la voluntad.

[390] Desde 1944 la inspiración básica consiste en ver que las cosas no son originariamente ni objetividades ni entidades; son algo mucho más modesto y también más

ción de un tratado sobre la persona.

Su pensamiento giraba alrededor de tres núcleos: atención filosófica a la ciencia, la noción de persona con atención especial a la unidad de cuerpo y alma, y la historia en relación con el *ser* y Dios[391]. En esta reflexión asienta la unidad estructural de cuerpo y alma, y la noción de persona en relación a los desarrollos de la biología, son las nociones de hiperformalización y cerebro exigitivo[392]. Junto a estos logros se debate con el problema radical de la filosofía, avanza en el estudio del sentir y lucha con la analogía[393].

El fruto es la superación de la metafísica del haber para, centrándose en la metafísica, alcanzar un realismo radical[394]. Su reflexión *de homine* le condujo a SE[395] por un movimiento internamente exigido, a su vez la nueva realidad en cuanto tal le permitirá responder a una de sus inquietudes dominantes: Dios[396].

Por eso el material de los cursos previos a SE «no lo consideró nunca definitivo, en última instancia porque siempre quedaba a las puertas del problema de la realidad en cuanto tal»[397]. Ya que lo que denominará *metafísica* sólo aflora de modo fragmentario en este momento.

3.3 *Diálogo filosófico. Kant*

En estos años continúa el diálogo de Zubiri con los autores anteriormente estudiados, recobrando vigor su conversación con Husserl, pero estos puntos ya los hemos visto. Ahora, cuando está naciendo el horizonte de la realidad y la mentalidad que engendra IS, no podemos dejar

---

rico: son realidad. Cf. A. PINTOR-RAMOS, *Realidad y verdad*, 52-54.

[391] Cf. E. GÓMEZ ARBOLEYA, «Los cursos de Zubiri», 128.

[392] Cf. E. GÓMEZ ARBOLEYA, «Los cursos de Zubiri», 131.

[393] Cf. E. GÓMEZ ARBOLEYA, «Los cursos de Zubiri», 134-135.

[394] «Frente a estas cuatro gigantescas sustantivaciones del espacio, del tiempo, de la conciencia y del ser, he intentado una idea de lo real anterior a aquéllas. Ha sido el tema de mi libro *Sobre la Esencia* (Madrid, 1962): la filosofía no es filosofía de la objetividad ni del ente, no es fenomenología ni ontología, sino que es filosofía de lo real en cuanto real, es metafísica. A su vez, la intelección no es conciencia, sino que es mera actualización de lo real en la inteligencia sentiente». DE in NHD 16.

[395] Cf. A. PINTOR-RAMOS, *Realidad y sentido*, 82; I. ELLACURÍA, «Presentación», in SH, xx. La acción humana es la raíz de la antropología, de la metafísica y de la *noología*, cf. A. GONZÁLEZ FERNÁNDEZ, *Un solo mundo*, 177-183 y J.L. CABRIA ORTEGA, *Relación Teología – Filosofía*, 105.

[396] Cf. J.L. CABRIA ORTEGA, *Relación Teología – Filosofía*, 105.

[397] A. PINTOR-RAMOS, *Realidad y verdad*, 53.

de lado la lectura zubiriana de Kant, que, por otro lado, no resulta irrelevante para la intersubjetividad, especialmente en la dimensión moral.

El realismo radical de Zubiri «se coloca en las antípodas de toda posición acrítica»[398], no ignora ingenuamente el pensar kantiano al que denomina «*razonismo*»[399]. Sin embargo por su radicación fenomenológica y neoescolástica la cuestión crítica queda cerrada ya en su tesis doctoral[400].

Zubiri descubre el problema kantiano en la distinción entre ser cosa y ser objeto, especialmente en su teoría de que las condiciones que las hacen posibles como cosas no son iguales a las condiciones que las hacen posibles como objetos. Esta posición es la que provoca el cambio del *subjectum* aristotélico al *objectum*, de modo que desde Kant lo único que merece el nombre de sujeto es el *subjectum* humano. Con esta mutación filosófica la palabra *subjectum* ha dejado de significar la realidad física del sujeto de todos los entes del universo para significar pura y simplemente el único, auténtico y real sujeto de la nueva filosofía. Así pasa a primer plano la *objetualidad*[401]. En el fondo lo objetivo no tiene más que un valor subjetivo y el gran problema consiste en pasar de lo subjetivo a lo real. En principio lo que *hay* tan solo sería la realidad de lo subjetivo[402]. Consecuencia grave de la constitución del sujeto transcendental[403] será la juridización de la noción de persona[404].

La solución, cómo no, Zubiri la encuentra en IS. Con la unidad de IS niega la síntesis kantiana categorial y fenoménica, la única dualidad que existe se refiere a los contenidos, al orden talitativo, no a la forma-

---

[398] J. BAÑÓN, «Zubiri hoy: Tesis básicas», 76. Cf. A. LÓPEZ QUINTÁS, «La experiencia filosófica», 541 y J. MARTÍN CASTILLO, *Realidad y transcendentalidad*, 130.

[399] PFMO 246.

[400] Cf. J.J. GARRIDO ZARAGOZÁ, «El *objetivismo fenomenológico*», 394. Se apoya en NHD 419-423, EPD e IRE 10-11 donde Zubiri subraya su repulsa a toda crítica del saber como fundamento de la reología. Sería un error el esfuerzo de justificar filosóficamente una supuesta ausencia de Kant en Zubiri tal como lo hacen I. Ellacuría y J. Monserrat.

[401] Cf. PFMO 192-193.

[402] Cf. HV 128-129.

[403] Zubiri coloca el origen del sujeto trascendental en la recuperación kantiana de la relación trascendental aplicada a la gnoseología. Cf. RR 21.

[404] Error ligado al que cometerá Hegel al substantivizar el objeto de la filosofía haciendo de él el todo de donde emergen dialécticamente y donde se mantienen, también dialécticamente, todos los demás objetos, aunque en sentido opuesto. Cf. NHD 150, «El saber filosófico y su historia».

lidad de realidad[405]. Otro problema que descubre en Kant es el dualismo de razones[406]. Zubiri coloca la razón en lugar derivado como modulación de la impresión: la razón zubiriana consiste en actualidad pensante de lo real. Sabedor del estricto valor racional de la razón práctica[407] y reconociendo el mérito kantiano de la corrección del error leibniano de la unidad lógico – real, Zubiri afirma que Kant se queda corto porque argumenta con la dualidad de dos razones incomunicadas en cuanto razones, mientras que no hay dos sino sólo desarrollos dentro de un movimiento nacido del hacia de la intelección sentiente[408].

Zubiri también critica desde IS las ideas de tiempo[409], espacio[410], realidad matemática[411] y la función de la imaginación transcendental[412], colocando en su sistema temporeidad, espaciosidad y construcción libre en la formalidad de realidad. Para Zubiri las categorías no son los géneros supremos del ente pero tampoco las formas del juicio: son líneas de

---

[405] Los sentidos son analizadores, no sintetizadores de la realidad. La impresión no sólo es afección sino que nos da la alteridad misma de realidad. Realidad no significa aquí cosa-en-sí en tanto que opuesta a fenómeno, como pretendía Kant, sino que significa un carácter intrínseco y elemental de todas las percepciones sensibles. Cf. PFMO 329-339 y 343.

[406] Cf. SH 404, *El problema del hombre*, 1953-54.

[407] Dice Zubiri: «se trata de una metafísica inmanente, entendida como la metafísica de algo que es inmanente y transcendente a un tiempo como es la persona; y, en segundo lugar, es una atingencia al orden transcendente mediante conceptos. Por consiguiente, cualesquiera que sean los recortes que estos conceptos merezcan, es algo rigurosamente inteligido. La metafísica de la razón práctica es todo menos un ciego sentimiento irracional». PFMO 236.

[408] Cf. IRA 77 y A. FERRAZ FAYÓS, *Zubiri: el realismo radical*, 85-86.

[409] Véase la crítica del tiempo como sucesión de estados interiores en HV 82-87.

[410] Zubiri distingue tres concepciones en la filosofía del espacio: 1.– Aristóteles, como topos ontológico, como lugar y como distancia; 2.– Descartes: como extensión, *res extensa*; 3.– Modernidad, como ordenación, con tres variantes: a) Leibniz como ordenación *a posteriori*, b) Newton orden físico *a priori* absoluto que se impone a las cosas, y c) Kant *a priori* pero no físico sino de la sensibilidad. Cf. ETM 201-203, ESP 1973. Y critica la tesis kantiana sobre el espacio — desde la creación de la topología por Leibniz Cf. PFMO 172 — ya que es una forma de intuición pura *a priori*, inaceptable porque la condición para la percepción de las cosas no es el espacio, y menos como *a priori* y en clave euclidiana, sino la espaciosidad, la extensión. La intuición se funda no en un preconocimiento, sino en la impresión misma posibilitada por la espaciosidad. Cf. ETM 195-196, ESP 1973.

[411] Contra la idea de Platón que sigue hasta Kant de que las realidades matemáticas son intermediario, *metaxú* entre las ideas puras y la realidad sensible, sostiene que son algo *muy real en un sentido eminente*. Cf. ETM 64-75, ESP 1973.

[412] En el *ficto* queda recogida la función esquematizadora que Kant concedía a la imaginación. Cf. A. PINTOR-RAMOS, *Realidad y verdad*, 157.

acusación en la dirección de la simple aprehensión hacia lo real: son valencias de la coincidencialidad de la verdad dual[413].

Asume Zubiri la crítica de Kant de la conceptuación del mundo, el alma y Dios por la filosofía clásica como entidades sin las cuales no sería posible aquello que nos está dado, crítica que ve «acerada e irrefutable»[414]. Sin embargo la idea de mundo kantiana es radicalmente diversa del cosmos y el mundo de Zubiri. No son ideas sino momentos de la respectividad talitativa o trascendental del *de suyo*, modificación realista del *en sí* kantiano[415], en el fondo más cercano al filosofar medieval que al kantiano.

Zubiri interpreta la causalidad kantiana como continuación de Hume e intenta superarla con su campal *funcionalidad de lo real*, realizando no una física de causas, sino de funciones. Sólo desde ahí se corregiría la noción de causa como *juicio sintético a priori* y posibilidad de un conocimiento objetivo[416]. Evita así la escisión entre la causalidad kantiana y la libertad. Con su nueva noción de función Zubiri articulará la causalidad personal.

La crítica a Kant va a la raíz y desde ella analiza su noción de persona. Si bien reconoce el mérito de sustituir la distinción cartesiana entre cosas extensas y pensantes por la diferencia entre personas y cosas[417], señala que al definir la persona por la vía de las acciones Kant establece una ruptura — animal y personas — donde sólo hay diferencia, aunque sea trascendental, y, además, la persona es anterior ontológicamente a los actos personales, lo que le lleva a ignorar dimensiones más radicales[418]. En Kant el hombre es libertad trascendental y por ello es persona, la libertad queda desvinculada del objeto de la voluntad y de la categoría de causa entendida en modo fisicista (escisión antropológica entre naturaleza y carácter personal). La voluntad es pura y simplemente el orden de lo debido[419].

---

[413] Cf. G. Gómez Cambres, *La inteligencia humana*, 96.
[414] PFMO 218.
[415] Aunque Zubiri usa puntos de los filósofos neokantianos de Marburgo y Baden, sobretodo la interpretación de la *cosa en sí* como la totalidad de los fenómenos (Cohen). Este contacto con el idealismo neokantiano es necesario para comprender la fenomenología y la idea de mundo en función transcendental zubiriana. Cf. A. Pintor-Ramos, *Génesis y formación*, 58-59.
[416] Cf. *KrV* A 80. B 106; IL 41.
[417] Cf. SH 103, *Sobre la persona*, 1959.
[418] Cf. SH 103-105, *Sobre la persona*, 1959.
[419] Para Kant la voluntad es el ámbito de lo que debe ser; no es nunca un objeto, algo que está definido por el orden de lo que *es*; de la voluntad como *organon* de la

En esta línea Kant es situado como paso insoslayable de la ruptura con la naturaleza, noción que debe ser reformulada no relegada. De Descartes a Kant, y especialmente de Kant a Schelling, se produce la contraposición del mundo de la naturaleza con el mundo del espíritu. Zubiri ve en Kant la razón del cúlmen de esta escisión en Hegel[420] que consuma una ruptura radical con nefastas consecuencias para la antropología.

La moral kantiana es criticada por Zubiri desde la apropiación de posibilidades y su naturalización mediante habitudes[421]. Se conjuga de modo personalista en la articulación de naturaleza y deber por medio de las categorías de personeidad y personalidad. La habitud se refiere a la definición de la propia realidad en cada uno de mis actos vitales. En el carácter de supraestancia de la persona está la raíz formal de lo moral, la persona es el núcleo que define lo moral en cuanto es mi propia realidad como posibilidad apropiable para mí mismo[422]. Desde ahí reformula el Imperativo Categórico que queda, aún con toda su fuerza, subordinado a la voz de la realidad. Contra la escisión kantiana entre deber y realidad, el imperativo moral consiste en conducirse radicalmente, en obediencia a la voz de la realidad como la realidad personal en que uno consiste[423].

Respecto a la realidad personal en cuanto personal y contando con la libertad Zubiri reelabora la idea eudemonista de *perfectio* como figura o carácter de la forma plenaria de realidad humana: «el hombre es una realidad que para poder ser realmente lo que es está antepuesta a sí misma en forma de ideal»[424]. «La moral zubiriana es abiertamente eudemonista en oposición diametral a la kantiana, en la que moralidad y felicidad están totalmente disociadas»[425].

El deber se funda en el bien y en el mal, entendidos sin biologicismos ni concepciones de naturaleza humana fisicistas. El bien está en la línea trascendental de la estructura real de la persona[426]. Zubiri no duda

---

moralidad no tenemos intuición, sólo tenemos el *factum* del imperativo. Por eso el uso trascendental de las categorías es no sólo perfectamente lícito, sino necesario en el orden de la libertad, de la libertad entendida como autodeterminación en el orden de la moral. Es el orto del orden de la razón práctica. Cf. PFMO 230-231.

[420] Cf. NHD 273-278 «Hegel y el problema metafísico».
[421] Cf. SH 355s y 407, *El problema del hombre*, 1953-54.
[422] Cf. SH 376, *El problema del hombre*, 1953-54.
[423] Cf. SH 360-361, *El problema del hombre*, 1953-54.
[424] SH 393, *El problema del hombre*, 1953-54.
[425] Cf. A. Ferraz Fayós, *Zubiri: El realismo radical*, 195.
[426] Cf. SH 364-365, *El problema del hombre*, 1953-54. Creemos que la lectura de

en afirmar que Kant identifica moralidad y deber. Pero:

¿Es esto verdad hablando rigurosamente? ¿El hombre es moral porque tiene deberes? ¿No será al revés, que es capaz de tener y tiene efectivamente deberes porque, antes de esos deberes, es una entidad moral?[427]

Zubiri responde desde la virtud y la apropiación física de propiedades como realidad fundante del deber. Lo moral no es deber-ser sino ser-debido[428].

Así la ética zubiriana resulta más próxima a una moral de la virtud de carácter prudencial, dentro de un orden transcendental que interpretamos personalista. La racionalidad práctica zubiriana se relaciona bien con la razón prudencial, esa razón sagaz que elige las posibilidades conducentes a la felicidad y se las apropia, generando una segunda naturaleza. Se trata de una moral de virtudes fundamentada en antropología metafísica. Para una ética deontológica la virtud consistiría en una disposición trabajosamente adquirida para cumplir el deber[429]. En Zubiri no hay imperativos categóricos porque el hombre no puede optar por no ser feliz, y porque la felicidad es autorrealización como proyecto, proyecto propio de una ética de la perfección[430].

Desde la apropiación de posibilidades Zubiri formula la esencia de la malicia: instauración de un maleficio en la propia vida dándole poder.

Gracia no es acertada ya que desplaza el fin o ideal de Zubiri: no hay bien moral sino en relación a la sustantividad humana radicalmente moral, (sentido de trascendental o formal, como realidad), a una clave kantiana de deber vacío o casi sustentado en el aire, si se nos permite la expresión. Gracia afirma que Zubiri usa el término formal aplicado a la ética en un sentido a la vez similar y diverso de Kant (universalidad como condición de moralidad) y de la lógica formal (sin contenidos). Sería similar por reflejar el carácter estructural en que coinciden todas las cosas reales independientemente de sus contenidos, pues todas se dan en formalidad de realidad. Sin embargo no dice en que difieren. Cf. D. GRACIA, «Introducción», in *Ética y Estética en Xavier Zubiri*, 15. Adelantamos que la formalidad de realidad es densidad entitativa y que implica contenido personal trascendental, el contenido no es sólo algo talitativo. Son dos sentidos diversos radicalmente.

[427] PFMO 230.

[428] «¿Quién no ve entonces que el deber está fundado sobre la moral, y no la moral sobre el deber? En el rigor de los términos la moral no es el dominio del *deber-ser*, sino que es el dominio del *ser-debido*, que es otra cosa; pero siempre dentro del ser». PFMO 230.

[429] Cf. A. CORTINA, «Éticas del deber y éticas de la felicidad», 58.

[430] Cf. A. CORTINA, «Éticas del deber y éticas de la felicidad», 60. Zubiri es netamente eudemonista, aunque su noción de «proyecto» no sea incompatible con toda ética kantiana sí lo es tal y como la juzga desde la inseparabilidad entre razón teórica y práctica, la relación entre realidad y moral, y la unidad entre realidad *sida* y *querida*.

El mal no forma parte de la naturaleza humana al modo kantiano, para Zubiri hay una decisión posterior a la naturaleza y no es algo venido con ella[431].

Zubiri acepta en su integridad las críticas de Kant a las vías de la existencia de Dios[432] pero también critica el Dios de la razón práctica por su punto de partida falso: se resuelve desde la contradicción entre la metafísica del transcendente y la metafísica de la razón pura, desde la contradicción imposible entre naturaleza y felicidad desde la razón práctica, y en última instancia «la metafísica transcendente de Kant es la metafísica transcendente de algo inmanente: la metafísica transcendente de la persona»[433]. Además parte de un aspecto parcial de la persona como es el hecho moral[434], Zubiri desarrolla su religación.

4. La realidad (1963-83)

Esta etapa, o segundo momento que distinguimos dentro de lo que Zubiri denominó etapa metafísica, ofrece tres puntos íntimamente conexos, la reología (SE), la noología (IS) y su realización noérgica en la persona y la religación (HD).

4.1 *Biografía, ambiente y obras*

Tras la larga y laboriosa preparación Zubiri acaba SE, este logro da otro aire y otro ritmo a su vida y producción.

4.1.1 Datos biográficos

La vida se desenvuelve con la normalidad buscada por Zubiri en su Seminario. En 1962 publica SE y se acelera su producción al contar con un apoyo sólido y publicado. Es el «tratado de metafísica general que Zubiri tuvo que escribir como fundamento de su antropología»[435]. Por esta obra aumenta su prestigio y adquiere relieve en el ambiente intelectual del momento.

---

[431] Kant presenta el mal radical como algo entretejido, innato a la naturaleza humana. Cf. J. MARTÍN CASTILLO, *Realidad y transcendentalidad*, 68-69. En referencia a *La religión dentro de los límites de la mera razón*, 72-81.

[432] Cf. PFMO 221 y A. PINTOR-RAMOS, «Zubiri: una filosofía de la religión cristiana», 380.

[433] PFMO 235.

[434] Cf. G. GÓMEZ CAMBRES, *Zubiri: el realismo transcendental*, 93.

[435] D. GRACIA, «Xavier Zubiri», 363. SE es fruto exigido por su reflexión sobre la persona. Cf. G. MARQUÍNEZ ARGOTE, «Zubiri visto desde Latinoamérica», 332.

La obra es reeditada y traducida con rapidez[436] y son casi incontables las recensiones y artículos de prensa que la analizan. Sin embargo SE tuvo una recepción tortuosa que provocó abandonos[437].

Continúa sus cursos con intensidad en el seno de la Sociedad[438], ahora aborda dimensiones de la persona y va acentuando la dimensión teologal y su realización en la historia de las religiones.

---

[436] Al año hay ya dos ediciones y es pronto traducido al alemán. «fue un suceso editorial fuera de serie». A. LÓPEZ QUINTÁS, «Xavier Zubiri», 317.

[437] Cf. A. PINTOR-RAMOS, «X. Zubiri. In memoriam», 302.

[438] *El problema del mal* (1964), Zubiri lo cree maduro. Cf. I. ELLACURÍA, «Presentación», in SH xii), está editado in SSV 195-320.

El problema filosófico de la historia de las religiones (1965), seis lecciones. Corregido y aumentado es publicado en 1993 acogiendo las lecciones de Barcelona: PFHR.

Sobre la realidad (1966), publicado como tal en el 2001, anteriormente hay una reseña en: M. RIAZA, *Aporía* 2 (1966) 265-269.

De 1967 son: *Reflexiones filosóficas sobre algunos problemas de teología* (10 lecciones) y *El hombre: lo real y lo irreal*. En estas seis sesiones Zubiri precisa su propia gnoseología, presupuesta en SE. El curso fue seguido asiduamente en la prensa. Cf. J. GIL-DELGADO, *ABC* (11-2-1967) 67-68, (18-2-1967) 71-72, (25-2-1967) 85, (4-3-1967) 75, (11-3-1967) 87 y (18-3-1967) 105; y A. LÓPEZ QUINTAS, *Informaciones*, días de 1967: 10 y 24 feb., 10 y 17 marzo, también en *Tercer Programa. Ensayos. Arte. Ciencia* 5 (1967) 57-80; y *Filosofía española contemporánea*, 240-256. Ha sido publicado póstumamente en 2005 con el mismo título, ed. J. Conill.

Estructura dinámica de la realidad (1968), dado en Madrid en respuesta a las críticas de excesiva rigidez y estatismo de SE. Publicado en 1989 como tal (EDR), una parte algo corregida ha sido incluida en ETM 41-204 (excepto 64-71) y 461-577.

El hombre y el problema de Dios (1968). Son seis lecciones que se internan en problemas teológicos. Hay noticias en A. LÓPEZ QUINTÁS, *Tercer Programa. Ensayos. Arte. Ciencia* 10 (1968) 103-116 y *Filosofía española contemporánea*, 256-266 y en J.E. RIVERA, *Dilemas. Revista de Ideas* 6 (1970) 18-23. C. Castro recuerda un resumen de dos conferencias ese mismo año en la *Cámara de Comercio* de Barcelona. CCZ 120-121.

Estructura de la metafísica (1969-70), preparatorio del siguiente, la primera parte histórica resume el segundo curso, la segunda amplía el último capítulo del segundo: El problema de la inteligencia. Cf. A. PINTOR-RAMOS, «Presentación», in PFMO, i.

Los problemas fundamentales de la metafísica occidental (1969-70) Este curso atestigua la progresiva acentuación de la *nous*; analiza la unidad profunda de las metafísicas de Aristóteles, Sto. Tomás, Descartes, Leibniz, Kant y Hegel articuladas en torno a la *nous* y el sentir; ha sido publicado en 1994 (PFMO) corregido y aumentado, Ellacuría lo llama «Orígenes de la metafísica occidental» y afirma que su autor lo consideraba texto de madurez, cf. I. ELLACURÍA, «Presentación», in SH xii y J.L. CABRIA ORTEGA, *Relación Teología – Filosofía*, 133.

Sistema de lo real en la filosofía moderna y *Sobre el tiempo* 1970, consideraba los dos como textos maduros, aunque no se mostraba satisfecho, el segundo reelaborado parcialmente originó «El concepto descriptivo del tiempo» publicado en *Realitas* II

CAP. I: CRECIMIENTO INTELECTUAL Y FUENTES 97

Además toca temas de filosofía de la ciencia, la inteligencia y la verdad, con los que se va fraguando IS. Imparte dos cursos breves en Barcelona[439]. Zubiri recibe numerosas visitas de personajes conocidos[440].

En 1968 la Sociedad de Estudios y Publicaciones le dedica un homenaje en conmemoración de sus 70 años[441] Dentro de esta Sociedad se crea un *Seminario de Teología* y en 1971 se establece el *Seminario Xavier Zubiri*, dedicado a su pensamiento y dirigido por él[442]. Dentro de él prosigue los cursos[443] hasta que en 1977 los suspende para la elaboración de IS al que llamaba «mi tríptico»[444].

(Cf. I. ELLACURÍA, «Aproximación», 980 e ID., «Presentación», in SH xii), ha sido publicado íntegramente en ETM 209-329. De aquí proceden, compiladas por Ellacuría, las voces de la *Gran Enciclopedia del Mundo* firmadas por Zubiri.

[439] *El problema de Dios en la historia de las religiones* (1965), disponemos de los ecos en la prensa: cf. M. VIGIL Y VÁZQUEZ, «El problema de Dios en la historia de las religiones. Dos conferencias del profesor Zubiri en Barcelona», *Ya* (16-11-1965). Ha sido integrado en la publicación del curso contemporáneo de Madrid: PFHR.
El hombre y la verdad (1966). Este curso ha sido publicado con modificaciones con el mismo título en 1999 (HV), son cinco lecciones dictadas en febrero y marzo, el texto revisado por el autor quedó inédito. La publicación consta de una introducción y tres capítulos según la estructura que otorgó el autor. Resúmenes anteriores los encontramos en: cf. A. LÓPEZ QUINTÁS, *Filosofía española contemporánea*, 230-239: Es el último y más claro anticipo de IS.

[440] Heissenberg, K. Rahner s.j., Boismard o.p. y León-Dufour s.j. Cf. CCZ 117.

[441] Cf. *Homenaje a Xavier Zubiri*, Madrid 1970.

[442] Cf. J.L. CABRIA ORTEGA, *Relación Teología – Filosofía*, 128. O. González de Cardedal dirigirá el *Seminario de Teología*.

[443] *El problema teologal del hombre: Dios, religión, cristianismo* (1971-72), son 26 lecciones, fue publicado en PTHC y completado con notas del curso teológico de 1967. Fragmentos de la primera y segunda parte aparecen también en PFHR junto a textos de los cursos de 1965 y 1968. Una versión de la primera parte, corregida a partir del de Roma, está recogida en HD. *El espacio* (1973) = ETM 11-205.
Tres dimensiones del ser humano: individual, social e histórica (1974) recogido sin conservar la unidad en SH. De aquí procede el artículo «La dimensión histórica del ser humano». Publicada la transcripción completa por Corominas en *Tres dimensiones del ser humano: individual, social, histórica*, Madrid 2006, incluyendo el artículo susodicho con pequeñas revisiones. Del año siguiente es *La concreción de la persona humana*. Son los capítulos 3B, 5B y 9 de SH. En SH no está conseguida la coherencia terminológica aunque agradecemos la transmisión de la estructura.
Reflexiones filosóficas sobre lo estético (1975) que estudia el sentir estético como tercera dimensión del hombre junto al inteligir y el querer, incluido en SSV 321-392.
La inteligencia humana (1976).

[444] Cf. CCZ 134. Pino utiliza esta expresión como clave de lectura no lineal de la obra. Cf. J.F. PINO CANALES, *La intelección violenta*, 13.

En 1973 viaja a Roma para impartir en nuestra universidad el curso: *El problema teologal del hombre: el hombre y Dios*, presentado por el P. Alfaro y siendo rector el P. Carrier[445]. En él desarrolla la religación y una importante síntesis de su antropología metafísica[446]. Vuelve a Italia en 1978 para participar en el III *Convegno* del *Centro Internazionale di Filosofia della Religione* en Perugia, invitado por su amigo y traductor A. Babolin. Durante este viaje mantendrá un coloquio en el Pontificio Colegio Español de S. José de Roma[447].

Recibe el doctorado en Teología *Honoris Causa* por la *Universidad de Deusto*[448] y el Premio a la Investigación *Ramón y Cajal*[449].

Muere en Madrid en septiembre de 1983, multiplicándose los elogios a través de las notas necrológicas[450].

4.1.2 Ambiente

Esta etapa está marcada por el *Seminario Zubiri*. En él y de forma dialogada Zubiri elabora sus últimas obras. Si bien España cambia durante estos años y mucho (reinstauración de la monarquía, democracia) el ambiente político apenas se deja sentir en su trabajo intelectual. Sus cursos trascienden su círculo por el eco que encuentran en la prensa cotidiana. La enfermedad mortal acelera el ansia por ir concluyendo sus proyectos.

---

[445] C. Castro destaca como motivo de la aceptación el agradecimiento de Zubiri al P. Arrupe por haberle confiado a I. Ellacuría. Cf. CCZ 121.

[446] Recogido casi íntegramente en el póstumo HD, Cabria destaca la exclusión de una de las 13 lecciones. Este curso fue seguido con expectación desde la prensa española, p.e.: J.M. JAVIERRE, *Ya* (29-11-1973) 7-8; P. LAÍN ENTRALGO, *Gaceta Ilustrada* (9-12-1973) 41 y A. JUBERA, *Mayéutica* 1 (1975) 45-57.

[447] De la cuál se guarda un grato recuerdo en la memoria, pero de la que no queda ningún material. La conversación duró más de tres horas. Cf. CCZ 134.

[448] En la recepción presentó: «Reflexiones teológicas sobre la Eucaristía», *EE* 56 (1981) 41-59, reeditado en PTHC 397-421. Fue otorgado el 1 de octubre de 1980 en Bilbao durante el centenario de su fundación en Oña (Burgos).

[449] 12 oct. 1982, también fue galardonado S. Ochoa. Cf. CCZ 143-145.

[450] Cf. p.e: J. AGUIRRE, «Recuerdo personal», *ABC* (22-9-1983) 46; J.L.L. ARANGUREN, «La muerte del maestro y el futuro de la metafísica», *El País* (23-9-1983) 30; C. BACIERO, «Zubiri, un colosal esfuerzo, un camino nuevo», *Ya* (25-9-1983) 38; I. ELLACURÍA, «Zubiri sigue vivo», *VN* 1396 (1-10-1983) 55; O. GONZÁLEZ DE CARDEDAL, «En su tarjeta de visita hubiera puesto *Doctor en Teología*», *Ya* (23-9-1983) 37 y S. OCHOA, «Xavier Zubiri: recuerdos y añoranzas», *ABC* (26-11-1983) 3.

4.1.3 Obras

En 1963 publica el curso *Cinco lecciones de filosofía*, obra que alcanzará una gran difusión y que todavía hoy sigue reeditándose[451]. En la quinta edición de NHD, añade IPD, para evitar malas interpretaciones de EPD. Colabora con la voz «Ochoa, Severo» en la *Gran Enciclopedia del Mundo*, de la editorial Durvan, Bilbao, completando su colaboración en 1964 con las voces «Zurvanismo» y «Transcendencia y física»[452]. De 1965 sólo hay prólogos y presentaciones[453].

En 1967, basado en el curso sobre la inteligencia de 1965, publica el valioso artículo — trata expresamente IS — «Notas sobre la inteligencia humana»[454]. De 1973 es «El hombre y su cuerpo», se trata de un texto clave para la posición respecto al tema alma y cuerpo en relación con la fe[455].

Dentro de la revista *Realitas* editada por su Seminario aparece en 1974 «La dimensión histórica del ser humano», en 1976 «El concepto descriptivo del tiempo» y en 1979 «Respectividad de lo real»[456].

Homenajea a K. Rahner con «El problema teologal del hombre» en 1975, una síntesis del curso romano[457]. Del mismo año es la *Antología de X. Zubiri*[458]. De 1978 se conserva una intervención aclaratoria en el congreso de Perugia[459] y la «Presentación» de *De anima* de F. Suárez.

---

[451] Trata la idea de filosofía en: Aristóteles, Kant, Comte, Bergson, Husserl, completado con dos referencias a Dilthey y Heidegger.

[452] Recoge la comunicación enviada al *Congreso para el Progreso de las Ciencias* celebrado en Sevilla en 1960 titulada «Sobre el fundamento radical del mundo físico». Cf. G. GÓMEZ CAMBRES, *Zubiri y Dios*, 111.

[453] Prólogo a la tesis doctoral de O. GONZÁLEZ DE CARDEDAL, *Misterio trinitario y existencia humana. Estudio histórico – teológico en torno a San Buenaventura*. También le prologará («A modo de salutación») en 1967 *Teología y Antropología. El hombre «imagen de Dios» en el pensamiento de Santo Tomás*; Presenta y concluye a S. OCHOA, *Base molecular de la expresión del mensaje genético*, 1967.

[454] *Asclepio* 18 (1967) 341-353.

[455] Cf. I. ELLACURÍA, «Presentación», in SH xvii-xviii.

[456] El artículo sobre «El espacio» aparecido en el volumen de 1974 no es de Zubiri, se trata de un resumen realizado por I. Ellacuría del curso. El texto íntegro del curso de 1973 se encuentra en ETM 11-205.

[457] in *Teología y mundo contemporáneo. Fs. K. Rahner*, Madrid 1975, 55-64 = 7EAF 175-187 = HD 369-383.

[458] X. ZUBIRI, «Antología de Xavier Zubiri», *La estafeta literaria* 569-570 (1975) 16-17. Número monográfico con breve selección de textos y artículos sobre Zubiri.

[459] X. ZUBIRI, «Intervención aclaratoria», in *Religione ed etica nel «Sacro» di R. Otto*, ed. U. Bianchi, Perugia 1980, 327s.

En 1980 aparece *Inteligencia y realidad*[460]. Redacta DE prólogo a la traducción inglesa de NHD[461] y otro a la tercera edición de 5LF[462]. «Reflexiones teológicas sobre la Eucaristía» (1981)[463], basado en una lección del curso de 1980-81, responde a la recepción del doctorado de Deusto y es el único texto teológico publicado en vida. En 1982 publica *Inteligencia y Logos*[464], segunda parte de IS. Además aparece una nota necrológica con motivo de la muerte de su amigo *Juan Lladó*[465], punto de referencia importante para la inmortalidad humana. Pronuncia la conferencia «¿Qué es investigar?» al recoger el premio «Ramón y Cajal». En 1983 logra dar a la imprenta la tercera parte de IS: IRA.

Antes de morir inicia la redacción de HD, aunque sólo concluye la primera parte y dicta «La génesis humana»[466].

4.2 *Posición personal: la realidad*

Zubiri formula en SE su reología, respondiendo a la insuficiencia de la ontología heideggeriana que se mueve todavía en un nivel lógico. El estudio de la realidad preontológica constituye la nueva metafísica a la que le ha conducido el estudio de la persona, era una inquietud de algún modo presente en ETFJ al desear llegar a las categorías explicativas[467]. En la realización de su metafísica dialoga con Husserl mediado por la superación de Heidegger. El gran paso que supuso SE para Zubiri no

---

[460] En un principio con el título genérico de IS, a partir de la edición de 1984³ se cita expresamente como IRE.

[461] Fue publicado primero como: «Un prólogo inédito de Zubiri», in *Ya* (16-12-1980) 33. Y rápidamente reeditado: *Cuadernos de Filosofía Latinoamericana* 17 (1983) 5-10 = *Franciscanum* (1984) 77-82 = *ROc* 32 (1984) 43-50 = NHD⁹, 9-17; y redactado para la trad. *Nature, History, God*, tr. Th. B. Fowler Jr., Washington 1981.

[462] Madrid 1980.

[463] *EE* 56 (1981) 41-59 = PTHC 397-421.

[464] Antes de esta obra el *logos* no está desarrollado, sólo aparece en SE (345-356, entre otras). Según D. Gracia (Cf. *Voluntad de verdad*, 195-196) el *logos* sólo se diferencia plenamente de la aprehensión primordial a partir de 1975. Hasta ese momento sería concepción intelectual, órgano intelectual, un poco más amplio que el *logos* predicativo, este a su vez se dividirá en simple aprehensión y afirmación. En cambio es anterior a la tercera parte de la trilogía el desarrollo conceptual de la razón (Cf. PFHR 279-306 y HD 222-296). Cf. J.L. CABRIA ORTEGA, *Relación Teología – Filosofía*, 175-176.

[465] *Ya* (4-8-1982) 9.

[466] Cf. CCZ 132 y 147. GRH forma el cap. VIII de SH (445-476) = ETM 579-610, en esta segunda edición queda mejor estructurado.

[467] Cf. ETFJ 133 = PE 252 y J.J. GARRIDO ZARAGOZÁ, «El *objetivismo fenomenológico*», 382.

fue percibido y se le recibió como aristotélico y concordista con la ciencia sobretodo por no estar desarrollada aún la noología[468].

SE se concentra en dos ideas íntimamente relacionadas: la realidad es anterior a cualquiera de las grandes substantivaciones clásicas; y la intelección es mera actualización de lo real en IS, es en el sentir donde tengo la experiencia originaria de las cosas[469]. Así procede al estudio de la esencia individual culminando con la *esencia abierta*: la persona.

En esta época domina la perspectiva metafísica que va derivando hacia la elaboración de la *noología*; pero sin perder la continuidad con los temas antropológicos; presentes incluso en los apéndices de IS. Con el instrumental filosófico logrado cobra cada vez mayor peso el tema de Dios y las religiones en clave metafísica[470]. A partir de RR se radicaliza la trascendentalidad de la realidad.

IS, desarrollo de la *noología* congénere y realista[471], constituye la plenitud de la madurez intelectual de Zubiri. La noología estudia la actualidad noérgica del inteligir y se sitúa en un plano más radical que la antigua metafísica de la inteligencia, que la moderna teoría del conocimiento y que la propia fenomenología[472]. Con la *noología* Zubiri cree que puede situarse en un nuevo plano del filosofar, poscristiano y

---

[468] P. e.: F. Montero Moliner y M. Legido. Solaguren lo compara con Aristóteles y le acusa de fisicismo, metafisicalismo y de fisicalista modalista por su concepción de IS. Cf. C. SOLAGUREN, «Estructura temático – metódica de la metafísica», 255-269 y J.L. ABELLÁN, *Historia crítica del pensamiento español*, 5/III, 300.

[469] En SE son numerosos los pasajes que se refieren a la intelección como el órgano conceptual con el que aprender la esencia individual. Cf. SE 58, 112-134, 345-356, 391-395, 413-417, 445-458, 506-507; J. ARELLANO, «La idea del orden transcendental», 35 y J. FERRER ARELLANO, «Unidad y respectividad en Zubiri», 100. Así «se consuman las dos grandes metamorfosis ya preludiadas en la etapa anterior: una primera es la metamorfosis epistemológica, el abandono de la idea de conciencia por la de intelección sentiente y otra la metafísica, el paso definitivo desde el ser a la realidad». D. GRACIA, *Voluntad de verdad*, 101-102, y cf. 90.

[470] Zubiri estudia de nuevo la religación (HD, PFHR, PTHC) en sintonía con algunos temas del Concilio Vaticano II. Cf. A. PINTOR-RAMOS, «Zubiri: una filosofía de la religión cristiana», 372-373.

[471] «Lo primario del conocimiento está en ser un modo de intelección. Por tanto, toda epistemología presupone una investigación de lo que estructural y formalmente sea la inteligencia, el *Nous*, un estudio de *noología*» (IRE 11). Respecto a la congeneridad Garrido se pregunta si la *nota* que engloba el predicado y el principio metafísico aristotélico no será en el fondo un realismo más exagerado que el aristotélico. Cf. M. GARRIDO, «Esencia y metafísica en X. Zubiri», 13-14.

[472] Cf. D. GRACIA, *Voluntad de Verdad*, 109. En las páginas siguientes (110-111) se encuentra un breve y enjundioso estudio histórico sobre el uso del término.

puramente filosófico que estudia la realidad desde la realidad misma[473]. La IS frente a la inteligencia concipiente[474] tiene por objeto primario, adecuado y formal la realidad dada por los sentidos *en* la inteligencia por actualidad[475]. La inteligencia concipiente (en la que los sentidos dan *a* la inteligencia) es el adversario del último Zubiri, que reinterpreta de modo personal todo el pasado filosófico[476].

La persona encuentra su máxima expresión filosófica como esencia abierta al verdadero trascendental: la realidad, no es el *Dasein* ontológico, sino esencia metafísica, Suidad, que descansa en la realidad y en Dios[477].

El pensamiento maduro de Zubiri consiste en lo más simple y a la vez más complejo: una filosofía de la realidad, fruto maduro de la semilla realista del inicio[478], o si se prefiere, para que no nos acusen de cómodas identificaciones, es la mariposa del gusano de la tesina.

Esta filosofía fuerte y abierta de la realidad se formula cuando está haciendo crisis el modelo de racionalidad de la modernidad ilustrada, arrastrando consigo la concepción de la persona y la fundación de toda organización social y política. Pensamos que Zubiri supone una posibilidad de lanzamiento filosófico y formulación racional con esperanzadoras promesas. Entre ellas está su noción de persona y el personalismo sostenido por el horizonte realista.

Sin embargo queremos poner dos cuestiones a la nueva filosofía pura de Zubiri y su horizonte de la realidad o factual.

---

[473] Cf. 5LF, «Prólogo a la tercera edición», ii-iii; PFMO 34-36, 74-77.

[474] El término concipiente es forjado en contraposición a IS. Cf. A. PINTOR-RAMOS, *Realidad y verdad,* 55 y 83.

[475] Esta actualidad inmediata tal como la formula Zubiri ha hecho que se pueda decir: «Por haber optado por la inmediatez, la fenomenología zubiriana se da la mano con el realismo inmediato auspiciado por Mons. Nöel. Pensamos, en efecto, que el realismo zubiriano tiende a ser demasiado inmediato y directo; queremos decir con esto que Zubiri parece atravesar con excesiva celeridad el puente que lleva hasta la orilla de la realidad» (J. VILLANUEVA, *Noología y reología,* 332). Esto explica que con SE se le tomase como realista ingenuo. Puede merecerle el título de *realismo radical,* pero también el de *realismo exagerado,* puesto que corre el peligro de asignar la etiqueta de realidad a aquello que en verdad no la merece. Incurriría entonces en un «hiperrealismo» de tipo idealista.

[476] Cf. J. BAÑÓN, «Zubiri hoy: Tesis básicas», 75.

[477] «la base dell'essere-nel-mondo si rinviene impostando il problema in modo più radicale e in una direzione opposta, che può essere così sintetizzata: attraverso l'intelligenza senziente l'uomo è aperto formalmente alla realtà, che è il vero trascendentale». A. SAVIGNANO, «*In memoriam*», 415.

[478] Cf. J.J. GARRIDO ZARAGOZÁ, «La filosofía como saber transcendental», 250.

La primera es radical y se refiere a la misma nihilidad ontológica que quiere superar, es un interrogante que la antropología de Zubiri plantea a su propia metafísica: Si en el horizonte factual de Zubiri la muerte supone la aniquilación de la persona, ¿no queda introducida por la puerta de atrás la nada antropológica y desde ella la nada metafísica? En ese caso tendría razón Heidegger, aún liberando el horizonte nihilista del existencialismo negativo y dramático. Si la respuesta a la inmortalidad de la persona viene sólo por la fe para desde ahí sustentar la realidad tendríamos un horizonte de realidad pero teológico. Esperamos a afrontar el tema de la muerte para medir este punto.

La segunda cuestión es más circunstancial. Atrae y resulta enriquecedor el modo de pensar de Zubiri desde la realidad, vemos la gran riqueza constructiva y sus enormes posibilidades de diálogo en un clima positivo con los nihilismos y los ateísmos. Es más, lo vemos necesario. Pero, sin entrar en la difunta discusión del siglo pasado entre Gilson, Nédoncelle o Maritain sobre la filosofía cristiana, si lo definitorio del horizonte teológico o nihilista es pensar la realidad desde la nada por la creación, si ésta es una verdad sólo alcanzable por la fe[479] aunque no irracional y si esta verdad es de hecho alcanzada y admitida con las categorías adecuadas ¿no viene exigido un nuevo horizonte cristiano, teológico o como se quiera denominar que incorpore realidad y nada desde la Realidad Amor del Fundamento? Este pensar no creemos que desmerezca de la filosofía ni de la realidad, es más, en cuanto la nada sea verdad adquirida exige una respuesta ineludible y también positiva por parte de la filosofía. Creemos que el mismo Zubiri en sus escritos teologales y teológicos esboza una respuesta de este tipo sin abandonar la realidad y la pura filosofía. Pasemos al diálogo filosófico de esta etapa.

4.3 *Diálogo filosófico*

En esta etapa Zubiri revisa su diálogo con sus principales compañeros de camino, es un trayecto que ya hemos mostrado. No vamos a repetir. Sólo queremos mostrar su parecido en algunos puntos con un desconocido filósofo español, sin más pretensión que catar en el ambiente la necesidad percibida de profundizar el *esse ad*, y mostrar cómo la filosofía de la realidad supera y dialoga con Nietzsche, aunque sea de modo implícito.

---

[479] A veces se presenta este hecho como una novedad, pero en este punto Zubiri nos cuenta lo que ya sabíamos todos, la verdad de la creación no es demostrable aunque no sea irracional e incluso sea razonable.

4.3.1 Amor Ruibal

Un rasgo esencial de la realidad de Zubiri es su intrínseca y trascendental respectividad, rasgo que se expande desde la noología al núcleo más íntimo de cada cosa en su momento trascendental. Esta noción radica el *esse ad*, el *pros tí*, en el nivel más hondo de lo real y sintoniza con un ambiente filosófico especialmente sensible al subrayado de esta dimensión de la realidad en el ámbito gnoseológico, antropológico y metafísico.

Dentro de este ambiente hay un precursor de Zubiri en España: Amor Ruibal[480]. Si bien no se puede establecer una conexión causal[481] entre él y Zubiri las intuiciones fundamentales son comunes[482], difiriendo radicalmente en el método y la terminología[483]. Se ha discutido la relación entre ambos sin concluir nada excepto las asombrosas coincidencias.

---

[480] 1869-1930, sacerdote nacido en S. Verísimo del Barro (Pontevedra), estudió las relaciones entre las ideas filosóficas y los dogmas de Iglesia católica a través de la historia, destacando los diversos modos como la dogmática ha moldeado la evolución del pensamiento filosófico. También toca temas como el panteísmo y la recíproca influencia de la filosofía en el desarrollo de los dogmas. Amor Ruibal fue teólogo, filósofo, canonista y filólogo. Partiendo de una formación escolástica ha legado un pensamiento original independiente. Fue Doctor en teología y licenciado en derecho en Santiago. Estudia en Roma filología en 1895-96. Enseñó teología, filología y derecho. Fue académico de la *Real Academia de Ciencias Morales y Políticas* y de la *R. A. Gallega* y de la *Reale Società degl'Intellettuali* (Roma – Catania), así como de la *Altorientalische Gesellschaft* de Berlín. Como filólogo publicó *Los problemas fundamentales de la filología comparada*, Santiago 1904, obra traducida al italiano, holandés y húngaro. En derecho sigue el modelo de los penalistas civiles, y realizó dos obras: *Esponsales y matrimonio* (1908) y *Derecho penal de la Iglesia Católica*, I-III. Su obra teológica comienza en 1901 con *Puntos fundamentales sobre la presciencia y cooperación divina*, aunque la obra central son los diez volúmenes de *Los problemas fundamentales de la filosofía y el dogma* (1900-45, del VII al X póstumos). Cf. J.M. DELGADO VARELA, «Amor Ruibal, Ángel», 114-115.

[481] La obra central de Amor Ruibal se encuentra en el Seminario X. Zubiri y éste la conoció. Cf. F. VÁZQUEZ FERNÁNDEZ, «Amor Ruibal, maestro de Zubiri», 110. A. ORTIZ-OSÉS, «El realismo filosófico español», 80-81, sugiere algún conocimiento. Zubiri siempre negó toda conexión y cualquier tipo de plagio o influencia mutua. En RR rechaza toda similitud entre respectividad y correlativismo. Cf. A. TORRES QUEIRUGA, *Noción, religación, transcendencia*, 152-254. «No se trata de una *huella borrada*». A. TORRES QUEIRUGA, «Zubiri–Amor Ruibal», 15 y cf. J VILLANUEVA, *Noología y reología*, 385. Quintás habla de trayectorias independientes con notables afinidades, caso sorprendente de congenialidad. Cf. A. LÓPEZ QUINTÁS, «Trabajo sobre Whitehead», 140.

[482] Cf. A. TORRES QUEIRUGA, «Zubiri–Amor Ruibal», 15.

[483] Cf. G. FERNÁNDEZ DE LA MORA *Filósofos españoles del s. XX*, y A. DEL TORO:

Amor parte de un diálogo superador con los clásicos[484] y se ha formado en la neoescolástica. Ve la necesidad de reformular la metafísica superando el problema crítico con una impostación prelógica de la unidad del hombre y la realidad ganada a través de la sensibilidad[485]. Formula el ámbito prelógico donde aparece lo nocional transcendental frente a lo puramente conceptual, campo de la inducción primaria sensible e intelectual. Es un ámbito ontognoseológico por correlacionismo que se impone de modo espontáneo y es previo a toda abstracción[486]. Desde ahí elabora una nueva noción de ser no conceptual: el ente-noción[487].

La noción de esencia de Amor Ruibal tiene ciertos paralelismos con la sustantividad pues es el núcleo constitutivo o centro dinámico, la to-

---

«Zubiri una metafísica como teoría de la ciencia», lo comparan con Amor Ruibal. Cf. también J. VILLANUEVA, *Noología y reología*, 11. Curiosamente hay otro paralelismo pues existe quien a ambos, superadores — al menos en intento — de Aristóteles no dejan de situarlos dentro del realismo del Estagirita. Cf. A. ORTIZ-OSÉS, «El realismo filosófico español», 77. Por su parte F. VÁZQUEZ FERNÁNDEZ, «Amor Ruibal, maestro de Zubiri», 110, llega a llamar a X. Zubiri «discípulo de tal calibre especulativo» con el que Amor Ruibal nunca pudo soñar.

[484] Superación de la substancia por la entidad substancial y la sustantividad. Vuelta crítica a Aristóteles, p. e.: como Zubiri, Amor critica la diferencia aristotélica entre naturaleza y técnica: revisa el hilemorfismo para acoger las cosas producidas en lo natural. Cf. G.R. ABELLA CHOUCIÑO, «Amor Ruibal y X. Zubiri», 174-180.

[485] «No pensamento ruibaliano a unidade entre o sentir e o pensar non só está claramente presente, senón que o está cunha sorprendente enerxía e viveza. Non alcanza, desde logo, a nitidez nin o sistematismo das fórmulas zubirianas, pero está totalmente aberta ó que nelas se di e poderíaas aceptar sen dificultade coma unha ulterior precisión e enriquecemento». A. TORRES QUEIRUGA, *Noción, religación, transcendencia*, 109. Se señala además el paralelismo entre las nociones ruibalianas de elaboración y deducción y el *Logos* y la Razón zubirianas. Cf. *Ibid.* 111. «Así cabe hacer de la sensación cualidad del espíritu sin sostener la tesis cartesiana y semiplatónica de inferencia de lo real; y puede igualmente sostenerse el conocimiento directo del mundo objetivo sin los intermedios y formas mixtas artificiales del aristotelismo». A. AMOR RUIBAL, *Los problemas fundamentales de la filosofía y del dogma*, VIII, n324.

[486] «estatuto propio que no sea confundible ni con lo alógico ni con lo antilógico, sino que sea valorado como una premisa necesaria de lo lógico». F. VÁZQUEZ FERNÁNDEZ, «Amor Ruibal, maestro de Zubiri», 110. Este conocimiento se caracteriza por ser progrediente y perfectible. Nunca se agota la contemplación de la esencia, bien por la vía del conocimiento entitativo en su dimensión extensiva como intensiva, bien por la vía del conocimiento de la actividad que desarrolla el todo individual. Se trata de una verdad abierta y limitada por la inabarcabilidad de los elementos basilares. Cf. G.R. ABELLA CHOUCIÑO, «Amor Ruibal y X. Zubiri», 131, 149-150 y 169, 180-181.

[487] Cf. F. VÁZQUEZ FERNÁNDEZ, «Amor Ruibal, maestro de Zubiri», 111.

talidad del ser se entiende como despliegue desde ese centro[488]. Pero mientras el ente nocional ruibaliano admite gradación de entes individuales originando un totalismo correlacional de entidades plurales, criticando también la logificación de la analogía y dando univocidad al ser nocional, para Zubiri es la totalidad, la *Natura naturans*, la que va produciendo sólo cuasi-individuos[489].

La noción más próxima a Zubiri es el correlacionismo entitativo[490]. Amor ve la esencia como sistema de elementos en relación[491], una relación que sitúa entre las cuatro propiedades trascendentales, constituyendo el ente por relatividad interna y substancial o también natural e interna relatividad[492]. Esta correlación tiende a un todo metafísico con unidad abierta a nuevos elementos. La respectividad se diferencia en que los elementos no están constituidos previamente a la relación.

Muy cercano al Cosmos y al Mundo (respectividad remitente) se encuentra la entidad colectiva de naturaleza de Amor Ruibal, que le lleva a un *sintetismo ontológico universal* coordinador de la pluralidad de entes[493]. En el correlacionismo ruibaliano el ente-noción está abierto a Dios desde su pluralidad de relaciones. La religación como respecti-

---

[488] Cf. G.R. Abella Choucĩno, «La sustantividad como unidad sistemática», 121. Esta autora señala el paralelismo entre la primacía que tanto Amor Ruibal como X. Zubiri conceden a la pluralidad de notas pensadas desde un todo unitario, con unidad sistemática o estructural y desde una clave relacional. Cf. G.R. Abella Choucĩno, «Amor Ruibal y X. Zubiri», 186-187; donde se sostiene la prioridad en ambos del sistema frente a los componentes, y se ven las notas o elementos basilares como despliegues de esa estructura primordial.

[489] Amor Ruibal sigue el esquema: accidentes, elementos determinantes, esencia metafísica con cierta proximidad al de Zubiri: notas accidentales, notas constitucionales, notas constitutivas. Cf. G.R. Abella Choucĩno, «La sustantividad como unidad sistemática», 125 y «Amor Ruibal y X. Zubiri», 188.

[490] Correlacionismo metafísico: la categoría de relación (o co-relación) caracteriza la realidad, constituida por relaciones y co-relaciones. Cf. J. Ferrater Mora, «Amor Ruibal, Ángel», 133. «se superpone con precisión milimétrica», A. Torres Queiruga, «Zubiri – Amor Ruibal», 14.

[491] El ente está compuesto de elementos basilares correlacionados intrínsecamente y su esencia es ante todo singularidad no individuación desde una especie previa. Cf. G.R. Abella Choucĩno, «Amor Ruibal y X. Zubiri», 172-173. Pero en Zubiri los términos de la respectividad no están constituidos de modo previo a la relación. Este punto lo olvida: Cf. A. Ortiz-Osés, «El realismo filosófico español», 83-85.

[492] Cf. J. Amor Ruibal, Los problemas fundamentales de la filosofía y del dogma, VIII, n305.

[493] Amor Ruibal contrapone relación transcendental y predicamental, similar a la contraposición entre respectividad y relación de Zubiri. Cf. A. Torres Queiruga, *Noción, religación, transcendencia*, 138s.

vidad constituyente del hombre expresa una intuición similar[494]. Sin embargo Amor admite una experiencia atemática de la divinidad ausente de Zubiri quien subraya que el hecho de la religación siempre se concreta en algún contenido[495].

Consecuentemente hay similitudes sorprendentes en la noción de especie[496], en la formulación de la unidad entre cuerpo y alma, aunque la precisión de Zubiri suele ser mayor. En ambos el hombre es concebido esencialmente como una ser *ad aliud*[497].

Los ruibalistas suelen señalar cierta inferioridad en la opción de Zubiri por el *de suyo* y por una realidad que es real aunque el hombre no la conozca y la integre. Frente a la esencia del ser-noción, donde cabe la riqueza que clásicamente recogía la analogía, Zubiri deja fuera del *de suyo* realidades reducidas a *cosas-sentido* y cuasi-sustantividades que gozan de entidad más rica en Amor Ruibal[498]. Quizás en este ámbito ambos necesiten complementarse. Pensamos que sin analogía real no se da cuenta de la riqueza de lo real, quizás Amor dé mayor cabida a las realidades no personales que Zubiri por su personalismo ve como enanas ontológicas con cierto riesgo de monismo, pero la realidad zubiriana nos parece más acertada que el ser nocional, más próximo al precipicio del idealismo.

4.3.2 Nietzsche

Zubiri funda un filosofar en la realidad, físico y pegado a la tierra y la concreta fuerza y riqueza de lo individual[499]. Su metafísica «¿No será una protesta contra la domesticación de una realidad que es, tal vez,

---

[494] Cf. G.R. ABELLA CHOUCIÑO, «La sustantividad como unidad sistemática», 143.

[495] Cf. A. TORRES QUEIRUGA, *Noción, religación, transcendencia*, 212-214. En este punto se critica a Zubiri desde Amor que realmente la religación arranque de un hecho incontrovertible. M. Cabada se muestra a favor de la crítica de Torres Queiruga a que Zubiri parta realmente de un hecho ya que no hay conocimiento sin interpretación previa Cf. M. CABADA CASTRO, «Recensión», de A. TORRES QUEIRUGA, *Noción, religación, transcendencia*, 251-252.

[496] Cf. A. TORRES QUEIRUGA, «Zubiri – Amor Ruibal», 15.

[497] Cf. F. VÁZQUEZ FERNÁNDEZ «Amor Ruibal, maestro de Zubiri», 111.

[498] Cf. A. TORRES QUEIRUGA, *Noción, religación, transcendencia*, 118 y 125.

[499] Hay cierto parentesco entre la genealogía y la *noología*, ambos sostienen la defensa del individual y resaltan el elemento de la voluntad, uno como voluntad de poder y otro como voluntad de verdad. Nietzsche y Zubiri coinciden en la defensa e irreductibilidad de lo individual a cualquier esquema, uno dándole el carácter de absoluto, otro sosteniendo la esencia individual. Cf. J. CONILL SANCHO, «Zubiri en el crepúsculo de la metafísica», 34-45.

más salvaje y rica que lo que nuestra razón había imaginado?»[500]. Con su metafísica de la realidad define un horizonte de pensamiento poscristiano, no nihilista[501], que supone una inversión desde sus mismos presupuestos al gran crítico y destructor de la modernidad. De hecho el pensamiento de Nietzsche está en Zubiri y Zubiri juega con él.

Ama la vida y la realidad tanto como él, lucha contra el filisteísmo hegeliano con más fuerza aún, pero su revisión de la filosofía construye un ámbito nuevo y positivo. La misma vuelta a la sensibilidad[502] como problema[503] le conduce a afirmar a Dios[504]. Sólo por Dios la persona es persona y puede realizarse, no hay otro *Übermensch* que el Yo con mayúsculas, y éste lo es en el absoluto divino. La misma fuerza de la realidad le lleva a acoger la esquirla de verdad de la voluntad de autenticidad y fundarla en el proyecto y en la voluntad de verdad[505] que no es sino voluntad de realidad[506]. El descubrir la realidad le lleva a concebir una moral lejos de toda insulsa moralina ya que el hombre se juega su propia realidad en cada acción[507].

Voluntad de poder es querer más realidad personal, es aumentar en

---

[500] J.F. PINO CANALES, *La intelección violenta*, 30.

[501] «Zubiri intenta, creo yo, reconducir la situación y experiencia nihilista de su tiempo [...] a la recuperación de la filosofía, en su dimensión de filosofía primera, es decir, de saber absolutamente libre de supuestos, i. e. de saber al que a su vez se remita, como a condición de posibilidad toda expresión de ser y de teoría». M. TORREVEJANO, «Significado de Zubiri en la metafísica», 82-83.

[502] «Por su análisis de la sensibilidad es capaz X. Zubiri de enfrentarse al reto de Nietzsche y crear una metafísica transformada a través de la fenomenología noológica». J. CONILL SANCHO, «Zubiri en el crepúsculo de la metafísica», 33.

[503] Cf. PTH 55 y D. GRACIA, «El tema de Dios», 62.

[504] Zubiri critica la historia pero no la destruye como Nietzsche cuya fobia antirreligiosa le hace ver en la muerte de Dios el preludio de todas las grandes transformaciones. Cf. F.W. NIETZSCHE, *La gaya ciencia*, in OC 343.

[505] «Pues bien, la voluntad de verdad consiste entonces en veracidad como opuesta a *engañosidad*. Es, en el fondo — solamente *en el fondo* — lo que Nietzsche entendía por voluntad de verdad (*Wille zur Wahrheit*): la veracidad (*Wahrhaftigkeit*) con los demás o consigo mismo. Este segundo sentido presupone el primero: evidentemente veracidad y engaño sólo son posibles dentro de lo que hemos llamado el ámbito de lo verdadero». HD 246.

[506] «verdad no significa ni lo verdadero ni lo que es de veras, sino algo mucho más modesto, pero más radical: la actualidad de lo real en la inteligencia. Es lo que tan repetidamente llamando verdad real. Lo *verdadero* y lo *de veras* se inscriben en la verdad real». HD 246 y cf. 106.

[507] Nietzsche denuncia todo código moral ya que el bien y el mal son arbitrarios Cf. F.W. NIETZSCHE, *Humano demasiado humano*, y *Voluntad de poder*.

esfuerzo la propia capacidad de amar[508]; hasta el mal de Nietzsche se supera con la metafísica zubiriana del mal[509].

Visto desde Nietzsche, Zubiri es la horma, el tendón de Aquiles por el que muerde el polvo la destrucción de la racionalidad moderna, donde Nietzsche acaba Zubiri empieza y construye recuperando una razón abierta y fuerte capaz de servir a la persona, una nueva lógica para la vida que surge del ámbito prelógico que muestra un dinamismo creativo y abierto[510] cuyo cúlmen es la persona protagonista de la Historia y del Cosmos.

Transición

Hemos acompañado a Zubiri en su inmersión en la realidad desde su despertar al filosofar en el realismo neoescolástico hasta alcanzar el horizonte de la realidad de la mano de Husserl, Ortega y Gasset y Heidegger.

A lo largo de este apasionante camino hay un rasgo que sobresale: La persona se convierte en centro de la reflexión y por ella se prospera y avanza. Quizás Zubiri se centró en ella por los problemas de su tiempo, por los gritos de los personalistas, por la puesta en crisis del sujeto por las ciencias, o quizás fue llevado ahí por el yo de Ortega y Gasset y el Dasein de Heidegger, que amenazaban algo que amaba.

---

[508] La voluntad «no solamente es una capacidad de resolver conflictos, los conflictos que las situaciones plantean. Por ahí empieza la voluntad, pero sigue al revés, con un movimiento ascensional que le lleva precisamente a crearse un ámbito propio, no solamente de cosas en que querer, sino a potenciar su propia capacidad de querer. Es lo que Nietzsche llamaba, en otro sentido, *der Wille zur Macht*, la voluntad de poder. El hombre no solamente quiere, tiene que querer y puede querer, sino que además quiere poder. Desde este punto de vista, el dominio de sí mismo no es habitud, es algo completamente distinto es *esfuerzo*». SSV 78, *Acerca de la voluntad*, 1961.

[509] Cf. SSV 198, *El problema del mal*, 1964 y A. GONZÁLEZ, «Dios y la realidad del mal», 186 y 201. «Piénsese en el caso de un Nietzsche que se pone frente a Dios. Es muy sencillo decir que Nietzsche quiere el mal por el mal. Pero esto no es verdad. Lo que quiere es, precisamente, ser anti-Dios, quiere el odio a Dios, porque él se siente por encima del bien y del mal, por encima de Dios. Ahora bien, sentirse uno a sí mismo como principio absoluto no es ningún mal, es la condición intrínseca de la personalidad humana. Lo que será malo es sentirse tan absoluto en sí mismo que lo sea por encima de la divinidad o de las demás cosas. En última instancia, nada es malicioso más que apoyado sobre algo que tiene un carácter que intrínsecamente no es malicioso». SSV 274, *El problema del mal*, 1964.

[510] El lenguaje de Zubiri permite ver que el mundo no está del todo configurado y que la realidad sigue *dando de sí*. Cf. A. LÓPEZ QUINTÁS, «Significación actual del pensamiento zubiriano», 53.

El motivo ahora nos da igual, el hecho es que por la persona se alcanza la noología y la reología y en ese contexto nos encontramos para realizar nuestro estudio de la intersubjetividad. ¿Es este contexto filosófico capaz de hacer justicia al hombre? ¿Qué rasgos lo definen? ¿Cómo debemos acercarnos a él? Este es el objeto del próximo capítulo.

Capítulo II

Antropología metafísica, un personalismo de la apertura

En este capítulo nos proponemos encuadrar la reflexión de Zubiri sobre la persona en el conjunto de su pensamiento y en relación con el resto de filosofías buscando la perspectiva que ayude a comprenderlo mejor. Creemos que la aproximación más rica consiste en descubrir el personalismo de su antropología y del conjunto de un pensamiento tan husserliano. Mostrar este rasgo implica resolver varios problemas.

En primer lugar mostramos en que sentido usamos el manido término de personalismo para luego buscarlo en Zubiri.

A continuación afrontamos una cuestión epistemológica: el estatuto de la antropología en relación a la noología. A Zubiri se le ha acusado de casi todo: escolasticista, idealista, realista ingenuo, existencialista, panteísta, etc. y entre estas acusaciones hay una que nos interesa especialmente: el antropologismo. Resolver esta cuestión que afecta a la globalidad de su quehacer intelectual es trascendental para encuadrar el tema del personalismo zubiriano. Al hacerlo presentamos la noología y la reología como núcleo del modo propio de hacer filosofía de Zubiri.

En tercer lugar concretamos, de modo casi enunciativo, algunos rasgos esenciales de su filosofía que muestran su personalismo. Este paso lo damos escalonadamente. Procedemos primero al estudio de su noología dónde encontramos una base de racionalidad personalista. Aprovechamos este momento para ofrecer un esquema general de IS que servirá de apoyo a lo largo de toda la investigación. El segundo escalón se centra en la reología y la antropología metafísica. Seleccionamos cuatro puntos en que se ve que Zubiri es personalista: la esencia abierta de SE, la historia de la Suidad, la causalidad personal y, por último, la interpersonalidad. En ese momento aprovechamos para explicar el porqué del término elegido como título de nuestra disertación:

intersubjetividad. Se podrían añadir más argumentos, de hecho algunos saldrán más adelante, pero no creemos sean necesarios en este punto de la disertación.

Concluimos críticamente recogiendo los frutos e indicando los puntos que consideramos problemáticos.

1. La inquietud personalista de Zubiri y los personalismos

Para analizar esta cuestión consideramos el personalismo como:

> toda doctrina que sostiene el valor superior de la persona frente al individuo, a la cosa, a lo impersonal. El personalismo se opone, pues, tanto al individualismo como al impersonalismo. Aplicado a Dios, el personalismo es la doctrina contraria al panteísmo[1] y al pampsiquismo[2].

El análisis de la noción de persona en la tradición muestra enorme diversidad conceptual y terminológica. Cada pensador profundiza el concepto de persona desde aspectos, intereses, épocas y contextos culturales diferentes. Sin embargo existe un substrato común que permite definir una tradición antropológica personalista.

Por eso a la hora de preguntarnos por el personalismo de Zubiri no lo reducimos a un producto del s. XX, ni lo identificamos con Mounier y su escuela. Los personalismos abarcan una amplia tradición antropológica, en la que se podrían incluir con sus matices una serie de grandes filósofos: Platón y Aristóteles, S. Agustín, Boecio y Sto. Tomás, Kant, Scheler y los modernos personalistas, Mounier, Lacroix, Nédoncelle, Guardini, Buber, Lèvinas, Coreth, Maritain, etc.[3] Las discrepancias entre los autores personalistas surgen cuando tratan de definir o sistematizar sus doctrinas.

Nos proponemos mostrar que la antropología de Zubiri es tan personalista como la de cualquiera de los autores citados, aunque no desarrolle puntos que otros tocan con mayor extensión. ¿Qué elementos nos

---

[1] Zubiri a veces ha sido acusado de panteísta, esto impediría la verificación del personalismo que nos proponemos. Sin embargo Sáez al poner de manifiesto la distinción entre mundanidad y mundo — con la que integra IS con SE —, volatilizaría cualquier sospecha residual de panteísmo. Cf. PINTOR-RAMOS, «Introducción», in J. SÁEZ CRUZ, *La accesibilidad de Dios*, 15-18. Con lupa se podría encontrar aún una pequeña brecha desde la respectividad, pero no creemos tenga mayor trascendencia, sería forzar demasiado los términos. Este punto nos saldrá al paso lateralmente en otros capítulos y en notas se dará cuenta de él.

[2] J. FERRATER MORA, *Diccionario de filosofía*, III, 2555.

[3] Cf. M. ROMÁN, «La realidad personal del yo educable», 96-97.

CAP. II: ANTROPOLOGÍA METAFÍSICA, UN PERSONALISMO 113

permiten descubrir este personalismo con notas dialógicas en Zubiri?, y ¿en qué niveles? La respuesta desde Zubiri no deja de sorprender.

Zubiri vive intensamente la crisis del sujeto y el giro antropológico, consciente de sus riesgos; también reacciona ante la aniquilación de la persona en filosofías idealistas y teorías sociológicas que absolutizan la sociedad. Por ello centra su reflexión en la realidad humana y está también atento al movimiento de *Esprit* y a la filosofía dialógica, aunque le insatisface su endeblez teórica que cree insuficiente para alcanzar el éxito[4].

Basta recorrer de un vistazo los títulos de sus cursos anteriores a SE para darse cuenta del volumen y profundidad que alcanza esta preocupación que llega a adquirir un carácter central en su investigación[5]. Pero no se debe sólo a motivos apologéticos pues la persona constituye una preocupación muy íntima en su reflexión como se ve en el lugar preponderante que la persona juega a lo largo de todas sus etapas, hasta en su última obra: HD[6].

Su reflexión está motivada por el deseo de encontrar el estatuto filosófico adecuado para la persona en su irreductibilidad a categorías cosistas e idealistas dentro de este horizonte problemático; hasta el punto de que con anterioridad a SE parecía que su filosofía iba encaminada hacia esa meta antropológica[7].

De hecho SE surge desde la búsqueda de una fundamentación de la esencia de la persona. Zubiri se ve desplazado desde su preocupación por la antropología a ocuparse de SE por una necesidad reflexiva intrínseca[8]. En el pensamiento maduro de Zubiri la preocupación por la realidad y por la realidad humana no son dos preocupaciones o direcciones distintas [9]. La persona provoca la apertura de la etapa metafísica[10]. El estudio de la persona le obliga a una radical revisión de la

---

[4] Cf. A. PINTOR-RAMOS, *Realidad y verdad*, 288 nota 52.

[5] La publicación póstuma de SH, en que Ellacuría recoge muchos materiales de esos cursos, es testigo del ingente esfuerzo de Zubiri desde 1953 hasta su muerte en 1983.

[6] Gracia cuenta que, apenas concluida IS, Zubiri se vuelca en la persona como apertura a Dios: «Inmediatamente después de aparecer *Inteligencia y razón* se puso a trabajar con ilusión en este libro. Día a día le vi bregando con su preocupación más íntima». D. GRACIA, «Xavier Zubiri», 372.

[7] Cf. A. FERRAZ FAYÓS, *Zubiri: el realismo radical*, 163. Sobre la publicación de SH.

[8] Se constata en el curso *Sobre la Persona* (1959), y en el escrito «El hombre realidad personal». Cf. J.L. CABRIA ORTEGA, *Relación Teología – Filosofía*, 104-105.

[9] Cf. I. ELLACURÍA, «Introducción crítica a la antropología», 98.

[10] En la *maduración* (1944-62 con SE) Zubiri analiza formas concretas de realidad

metafísica. Y además en SE la esencia abierta constituye el cúlmen de la investigación.

Su siguiente gran obra, IS, muestra también la centralidad de la persona humana por considerar la impresión de realidad en su aspecto de acción, acción que ejecuta el sujeto humano, y por ser un análisis que pretende sentar una base que posibilite la metafísica, también de la persona. Esto coloca a la persona en juego desde el principio, ella está en el centro de la reflexión al menos en una de sus dimensiones. ¿Si el punto de partida del análisis de IS es una acción de la persona no quedará toda la filosofía derivada antropologizada? También HD, en cuanto que afronta el problema de Dios desde una dimensión de la persona está centrada en este ámbito.

La preocupación por la persona y la novedad del planteamiento con que Zubiri aborda el problema de la esencia, del inteligir y de Dios ha provocado lecturas antropologistas de estas tres obras. Lo que en el autor era inquietud los estudiosos lo descubren como interno al método. Así se interpreta SE como elaborado desde una gnoseología antropologista, se realizan lecturas de IS como psicología, gnoseología y antropología de la inteligencia que derivan en la misma crítica[11]. Son discusiones similares a las acaecidas en torno a *Sein und Zeit* y su carácter antropológico. Surge la cuestión sobre el papel del inteligir y la persona en el orden interno de su reflexión. Este punto cuestiona la pretensión de Zubiri con su metafísica de la realidad y, lo que ahora nos atañe, puede dejar a la persona flotando sobre sí misma como un antropologismo más[12]. Resolver este punto implica clarificar la epistemología zubiriana.

---

y no se ocupa tanto de *la* realidad. Entre éstas domina la realidad humana que le condujo a la etapa propiamente metafísica. Cf. A. PINTOR-RAMOS, *Realidad y verdad*, 52-54.

[11] Cf. C. SOLAGUREN, «Estructura temático – metódica de la metafísica», 268.

[12] Gómez Cambres sostiene cierto antropologismo. El centro y punto de arranque de Zubiri sería la persona como encarnación central de la realidad. «Toda la filosofía se reduce una vez más a Antropología. El estudio del hombre conlleva un estudio sobre la realidad al ser él mismo una forma y modo de realidad. Por eso, según el pensar zubiriano, Metafísica, Antropología y Teoría de la Inteligencia forman un sola estructura en tres momentos» (G. GÓMEZ CAMBRES, *La inteligencia humana*, 180 y cf. 7 y 26). Postura que ha sido criticada por cf. A. PINTOR-RAMOS, *Realidad y verdad*, 85 notas 37 y 38).

2. Epistemología, antropología, noología y reología

La intuición central de Zubiri es la IS. En ella encuentra el apoyo para elaborar desde la raíz toda la filosofía, ante la crisis del pensamiento actual y la necesidad de volver a las cosas mismas. Sería el nuevo punto de partida válido universalmente, un hecho inconcuso accesible a cualquiera[13]. No se reduce a una cuestión de nuevo método como pretendieron Husserl y Descartes. Desde la IS intenta una nueva visión transcendental de la realidad en la que radicar la persona[14] aplicando su análisis de hechos.

Es la filosofía primera no como construcción racional sino como análisis de hechos, variante no subjetivista del método fenomenológico[15], cuya finalidad es distinguir entre las realidades que se exhiben por sí mismas y aquellas que requieren la mediación de otras, es la mera fenomenidad[16]. No es *epojé* sino descripción física[17] sin teoría del hecho de

---

[13] Con esto «Zubiri traslada la indagación fenomenológica desde la *conciencia* (Husserl), la *vida* (Ortega) y la *comprensión* (Heidegger) a la *aprehensión*, de tal manera que el objeto primario de la filosofía sea el análisis de la *aprehensión humana*». D. GRACIA, «Zubiri, Xavier», 1618. y cf. I. ELLACURÍA, «Aproximación», 973. APR es la intersección entre el hombre y la realidad que supera los criticismos.

[14] Intención presente ya en cf. NHD 145-147, «El saber filosófico y su historia». Si se niega la pretensión de realizar una proto-filosofía de la intelección, un nivel de análisis de hechos, no se percibe la originalidad de Zubiri en todos los temas. Para sus discípulos: «Zubiri es un autor *juvenil*, en el sentido de que sus tesis son tan novedosas y chocan tanto con la filosofía establecida, que sólo pueden entenderlo en toda su originalidad y sumirlo sin miedo a las consecuencias los verdaderamente jóvenes». D. GRACIA, «Zubiri vuelve a la Universidad», 20.

[15] No se presupone ni el sujeto ni los fenómenos que a éste se manifiestan. Usaría la reducción existencial, no la *epojé*. «A diferencia de la descripción fenomenológica que parte de una previa epojé y reduce el fenómeno a su carácter intencional, Zubiri intenta una suerte de descripción física y, si se quiere, de fenomenología física, no intencional, para la que lo excluido por la reducción de Husserl, esto es, el carácter de realidad del mundo natural, se convierte en el punto central de sus análisis descriptivos» (J. BAÑÓN, «Zubiri hoy: Tesis básicas», 92). Pretende situarse en un plano anterior, *más acá*, del fenómeno husserliano y del *Da-sein* heideggeriano. Por no usar la *epojé* Wessell opina que no es fenomenólogo, no suspendió la actitud natural y su método se asemejaría a la *factología* de los empiristas ingleses. Cf. L.P. WESSELL, *El realismo radical*, 64. Pero el explicar zubiriano se coloca dentro del describir fenomenológico. «No nos aparta del fenómeno y de la reidad específica, sino todo lo contrario: incrementa o plenifica "una inamisible y fontanalmente presente impresión de formalidad de realidad" (IRA 324)». J. VILLANUEVA, *Noología y reología*, 253.

[16] Cf. G. GÓMEZ CAMBRES, *La realidad personal*, 35-36.

[17] Método *fisicós* como el aristotélico y el de Nietzsche. Cf. J.E. CONILL SANCHO, «Zubiri en el crepúsculo de la metafísica», 34. Este camino físico concreto sería la

la intelección. Puede considerarse un desarrollo interno de la primera fenomenología[18].

Tomada la intelección en su pura fenomenidad — la acción humana de la aprehensión en sí misma, en su aprehender dinámico — el análisis descubre que es sentiligir y es respectividad de intelección y realidad, previa a la relación intencional. Inteligir es actualidad: la intelección humana es formalmente la mera actualización de lo real en la inteligencia sentiente[19]. El fruto de este análisis es la co-actualidad entre inteligir y realidad, realidad y entendimiento son congéneres, esto se expresa en el *de suyo* y en la formalidad de realidad dada. Sobre la verdad del carácter de puro análisis y de hecho de la IS descansa la valoración de toda su construcción posterior[20]. Encontramos aquí un primer «pero» a la pretensión zubiriana, pues el terreno de los hechos es móvil según las incorporaciones sociales e individuales de cada horizonte cultural[21].

---

raíz de los paralelismos con Nietzsche: 1.– ambos superan el criticismo y el conceptismo mediante la genealogía y la *noología*; 2.– defensa del individual; 3.– voluntad de poder y de verdad. Cf. *Ibid.* 42-44.

[18] Entendida no como unos contenidos concretos ni como un método apto para el análisis del sentido de las cosas «sino como ese *modo de filosofar* que inaugura Husserl, entonces hay que decir que Zubiri se identifica plenamente con él, que era en 1935 y ha seguido siendo después un estricto y fiel fenomenólogo. Su *idea de filosofía* es la fenomenológica. El problema de la filosofía lo encara y resuelve en el interior de la tradición fenomenológica». D. GRACIA, *Voluntad de verdad*, 89. Sería «la modificación más original que se ha realizado del método fenomenológico y el intento más riguroso de fundamentar un realismo metafísico, superador tanto del viejo realismo, clásicamente adjetivado de ingenuo, como del subjetivismo moderno, que Zubiri no tiene reparo en calificar también de ingenuo». ID., «*Prólogo*», in *Del sentido a la realidad*. Solapas.

[19] Cf. D. GRACIA, «Zubiri, Xavier», 1618-1619.

[20] «con el término *inteligencia sentiente* Zubiri quiere expresar un hecho originario e inconcuso y sostengo que eso es esencial a su proyecto filosófico. Pero el modo concreto en que Zubiri describió ese hecho se deslizaron componentes incompatibles con sus propias exigencias [...] Esto no afecta a la verdad del hecho mismo descrito». A. PINTOR-RAMOS, *Realidad y verdad*, 316. Afirma también la legitimidad de los medios explicativos, ya que pueden ser instrumentos aclaratorios que sobrepasan lo dado pero ayudan a la descripción sin comprometer los hechos mismos (*Ibid.* 318).

[21] Hay que estar de acuerdo con él o demostrar que es otra teoría con lo que podría ponerse en entredicho toda su obra. Lo que para uno pudo ser fruto de costosos raciocinios, para otro puede ser un hecho evidente. (p. e.: quietud del sol y giro de la tierra). Lo mismo ocurre en filosofía, para un griego materia y forma son fruto de raciocinios, mientras que para un medieval es un hecho. Para Zubiri la diferencia sustancia – accidentes y materia – forma es teoría. Por otro lado una formalidad invariable que se presenta con variados contenidos es para él un hecho, es el caso de la

En la intelección el análisis desglosa tres momentos internos indisolubles. El momento noético y el noemático dentro de un momento de unidad o noérgico. En esta cierta dualidad noemática – noológica no hay dualismo alguno, pues existe una unidad primaria, noérgica[22].

La noergia origina un nuevo tipo de realismo pos-crítico, pos-tomista, que algunos han denominado realismo transcendental, diverso del realismo crítico o de filosofías trascendentales contemporáneas, y que otros han preferido denominar realismo radical[23].

A partir de los dos momentos primarios el análisis se desglosa en dos ramas igualmente indisolubles: la *noología* en el aspecto noético y la *reología* en el noemático[24]. Entre ambas tan sólo la mirada del sujeto al describir distingue los dos modos de aproximación al *de suyo*. Noología y reología constituyen la filosofía primera sin que haya prioridad alguna entre ambas pues forman un círculo no vicioso[25].

APR y de la religación. Cf. J. VILLANUEVA, *Noología y reología*, 260-261 y J. SÁEZ CRUZ, *La accesibilidad de Dios*, 34.

Esta enmienda a la totalidad ha sido realizada por Wessell al señalar que es imposible la percepción de cualquier contenido en APR. Cf. L.P. WESSELL, *El realismo radical*, 153-187. Gracia apunta esta posibilidad en relación a la diferencia radical entre sentir e inteligir. Cf. D. GRACIA, *Voluntad de verdad*, 140. Pintor-Ramos pone el dedo en la llaga al afirmar que «cuando Zubiri toma como objeto de descripción la aprehensión primordial no puede hacerlo desde ella misma, sino a través de su distanciamiento en el *logos*; se trata pues de una descripción indirecta». Ver especialmente: cf. A. PINTOR-RAMOS, *Realidad y verdad*, 233.

[22] Podría utilizarse: «la terminología husserliana de la correlación noético noemática mientras se mantenga distancia respecto del contenido que les dio Husserl. No se trata aquí de la estructura de la intencionalidad de la conciencia sino de la noérgica co-actualidad». J.F. PINO CANALES, *La intelección violenta*, 19 nota 10.

[23] Noergia es la unidad de noesis y noema con la que Zubiri supera y radicaliza a escolásticos y fenomenólogos. Cf. J. VILLANUEVA, *Noología y reología*, 205.

[24] Así encontramos la *reología*, expuesta en su obra SE y una *noología*, expuesta en su tríptico IS. Los otros temas de la filosofía zubiriana, como la teoría del hombre o la doctrina de Dios aparecen como prolongaciones de ese núcleo básico. Toda metafísica supone implícitamente una *noología*, de la misma manera que toda *noología* comporta implícitamente una metafísica. La *noología* explicita las claves internas para diferenciar y evaluar los distintos grados de nuestro saber, incluido el saber metafísico que se desarrolla en SE. Cf. A. PINTOR-RAMOS, *Realidad y sentido*, 37-38.

[25] Cf. IRE 10. Zubiri abre IS negando cualquier prioridad de la metafísica sobre la *noología* o de ésta sobre aquélla, porque originariamente la realidad no significa una formalidad «en mí» ni tampoco «en sí». El ser está aprehendido perfectamente en la aprehensión intelectiva, ahora la determinación de la forma y modo de ser es trabajo de la razón. La *noología* y la *reología* forman un círculo no vicioso sino coherencial. Cf. A. FERRAZ FAYÓS, *Zubiri: el realismo radical*, 159. «Traduciendo sus palabras a lenguaje kantiano diremos que Zubiri no defiende una prioridad del problema Crítico

2.1 Noología

El análisis de la aprehensión de realidad como impresión sentiente centrando la mirada en la inteligencia es la *noología*, que se convierte «en la entrada más *natural* para marchar en la investigación según un orden que podríamos calificar sin reticencias como cartesiano»[26].

El análisis muestra la reidad de la intelección, el momento de realidad y de *prius* que abre el ámbito trascendental desde la misma APR. Esta reidad se corresponde reológicamente con la realidad, por ello Zubiri siente la trascendentalidad. Si se nos permite traducir a términos tomistas tendríamos que decir que la reidad noológica es cierta impresión del *actus essendi*, lo que la gnoseología escolástica descubriría desde la actualización de la esencia de la cosa por abstracción metafísica de su *esse* sostenida en intelección por un *esse* lógico, camino de realismo y de apertura a lo trascendental, Zubiri lo analiza en un ámbito previo en que el mismo *esse* no se perdería, es consecuencia de su método sensista y descriptivo.

Esta situación de la reidad puede leerse de modo idealista si el estudioso lleva el idealismo en su cabeza o si se cierra a la racionalidad posterior que deberá necesariamente dar cuenta del hecho originario, es decir, la reidad exige una teoría metafísica posterior, aquí no se está definiendo todavía la explicación, se está cimentando un realismo metafísico[27]. Este realismo muestra directamente la realidad mientras que el tomista accedería al *esse* oblicuamente.

La noología inicialmente es esencial apertura y asistematismo que se va configurando a sí misma. Sobre ella se elabora toda construcción posterior[28]. En la noología desarrollada Zubiri mezcla a veces discusión

---

sobre el Metafísico. Razón y realidad profunda forman en el sistema zubiriano una unidad estructural». G. GÓMEZ CAMBRES, *Zubiri: el realismo transcendental*, 150.

[26] A. FERRAZ FAYÓS, «Sistematismo de la filosofía zubiriana», 58.

[27] La reidad a la vez noológica y reológica expresa lo peculiar de Zubiri. Su ámbito descriptivo originario es fundamental y, a la vez, causa de posibles errores de conceptuación de su pensamiento. Pensamos que mientras se salve en la explicitación teórica la verticalidad trascendental no es problemática. Otro asunto sería dilucidar la verdad de la identidad entre ser sentido y ser trascendental en la razón, aunque la brecha de acceso a la reflexión estrictamente metafísica siempre está ahí, lo formule como lo formule cada sistema filosófico. Remitimos a la deducción del orden trascendental en p. 216.

[28] Zubiri en pasos posteriores usa el método de discusión y superación para ir elaborando su propio orden trascendental, determinando el carácter positivo deficiente en la idea contraria e integrándola en su sentido válido dentro de su posición personal. Cf. J. ARELLANO, «La idea de orden transcendental», 36-38. Por ello contradice e

y explicación, es lo que se denomina la vía larga[29]. Con la noología se rompen los moldes rígidos del pensamiento objetivista e idealista y se abre la razón a un pensar abierto. Implica una visión dimensional de la realidad, de dentro a fuera[30], hay que situarse en la impresión concreta de cada cosa, frente a la clásica metafísica de inhesión, de fuera a dentro[31]. López Quintás lo denomina pensar analéctico o genético y resultaría adecuado para el estudio de las realidades personales[32].

El análisis del inteligir conduce a una filosofía sistemática de la *apertura* que desemboca en una filosofía de la comunicación[33]. Zubiri se acerca a la realidad en apertura, como filósofo del problema más bien que del sistema[34], es hacer problema analítico del hecho dado.

La *noología*, como filosofía primera, sostiene y articula los posteriores desarrollos del *logos* y de la razón en su marcha hacia el *allende*, hacia el fondo y estructura esencial de la realidad. La *noología* determina un método para el resto de saberes articulado como conceptuación, estructura y experiencia[35]. El método se articula en tres momentos conforme a los momentos del sentiligir: noético, noemático y noérgico[36]. Está por ello en la base de la metafísica, de las ciencias y de cualquier tipo de racionalidad[37]. La noología sitúa a la filosofía en paridad y radicalidad con la racionalidad científica desde su abrirse en IS a la

---

integra datos tanto del idealismo, del criticismo y de la escolástica. Cf. G. GÓMEZ CAMBRES, *La realidad personal*, 101.

[29] El resultado es el mismo, pero más sinuoso y confuso el recorrido, mezclando con riesgo la explicación con el análisis. Cf. D. GRACIA, *Voluntad de verdad*, 129.

[30] Cf. SE 127.

[31] Cf. A. FERRAZ FAYÓS, *Zubiri: el realismo radical*, 125. Sería una inversión del mito de la caverna, ahora la luz surge desde la cosa misma. Cf. J. BAÑÓN, «Zubiri hoy: Tesis básicas», 105.

[32] «Zubiri piensa siempre *en suspensión* — como diría K. Jaspers [...] — Este modo de pensar implica un giro total respecto al pensamiento sometido al imperio de los esquemas mentales *sujeto – objeto, yo – ello, acción – pasión, dentro – fuera*...». A. LÓPEZ QUINTÁS, «Significación actual del pensamiento zubiriano», 42 y 47 y cf. ID., «La experiencia filosófica», 541.También se le domina método ambital y pluridimensional. Cf. G. GÓMEZ CAMBRES, *La realidad personal*, 20-21.

[33] Cf. A. LÓPEZ QUINTÁS, «Xavier Zubiri», 319-320 y nota 4.

[34] Cf. J. MUGUERZA, «El lugar de Zubiri», 31.

[35] Un buen resumen del método se encuentra en cf. J. SÁEZ CRUZ, *La accesibilidad de Dios*, 192-197.

[36] Cf. D. GRACIA, «Zubiri, Xavier», 1619 y «Xavier Zubiri (1898-1983)», 604.

[37] La APR es el acto radical y fundamental pero esto no implica que su filosofía sea una colección de aprehensiones. Cf. A. PINTOR-RAMOS, *Realidad y sentido*, 42.

realidad en plenitud[38]. También se radica filosóficamente la racionalidad poética o literaria como portadora de verdad[39]. El saber científico consistirá en buscar con un análisis de contenidos de tipo talitativo lo que es *tal* realidad dada en la impresión. La metafísica y la antropología filosófica son ciencias que con sus propios métodos racionales buscan la verdad allende la aprehensión, aunque sin salir de ella y su verdad[40].

2.2 *Reología*

La *reología* es el estudio analítico de la cara noemática del sentiligir. No supone salto ni ruptura, pues la filosofía de la realidad y la de la inteligencia son congéneres y están mutuamente implicadas[41]. En este sentido la *noología* es constitutiva de la *reología* y permite ordenar la investigación de Zubiri según los modos de intelección[42]. Zubiri siempre considera la realidad sin salir de la inteligencia que queda en el fondo pasando lo real a primer plano para ser estudiado en y por sí mismo[43].

En la reología surge la metafísica por el análisis transcendental, el estudio de la estructura trascendental de la realidad, la reidad, dada en la APR. Este momento reológico de la metafísica funda su concreción teórica ulterior al buscar qué es tal cosa dada en *la* realidad, la esencia metafísica (SE, sería su realización más lograda). El primer capítulo,

---

[38] «Si se hace filosofía *a medida*, como sugirió Bergson en el umbral de su obra *La pensée et le mouvant*, se advierte que el complejo de inferioridad de los filósofos respecto al rigor de la metodología científica procede de considerar como modélica la vertiente de lo real que estudia la ciencia. Hoy día comienza a abrirse paso la idea de que el conocimiento científico es exacto porque su objeto de conocimiento es más bien pobre; y la filosofía es ambigua porque su objeto de conocimiento presenta una gran riqueza», este sería el logro de Zubiri. A. LÓPEZ QUINTÁS, «Significación actual del pensamiento zubiriano», 53. La noología evita hacer de la filosofía un saber enciclopédico de tipo positivo, convertirla en una rama de las ciencias o en una mera filosofía de la ciencia o limitarla a una consideración formal. La filosofía primera tiene un carácter eminentemente crítico frente a las demás ciencias ya que pone de manifiesto los presupuestos y prejuicios que laten en ellas.

[39] Cf. IRA 127-133. Así «una novela, y quien dice novela dice teatro o poesía, puede decirnos más sobre la esencia humana que un sesudo tratado de antropología». J.F. PINO CANALES, *La intelección violenta*, 53.

[40] Cf. A. FERRAZ FAYÓS, *Zubiri: el realismo radical*, 119.

[41] Cf. J. SÁEZ CRUZ, *La accesibilidad de Dios*, 181.

[42] Cf. J. VILLANUEVA, *Noología y reología*, 23.

[43] Cf. A. FERRAZ FAYÓS, *Zubiri: el realismo radical*, 117.

como fundamento, de la metafísica es la reología. Es más, mirando desde fuera, la reología de la reidad es estricta metafísica[44].

Por ello la articulación racional de lo que se podrían llamar metafísicas segundas depende intrínsecamente de lo dado en la filosofía primera[45]. Pero, aunque la metafísica se desarrolle en diferentes niveles, consta de una unidad fundamental a partir del hecho primario de la formalidad de realidad de IS. De ahí que Zubiri prefiriese en DE el término metafísico a ontológico para designar su última etapa de pensamiento, no realiza un *logos* ulterior sobre lo real, sino un saber radicado en la originaria reidad. Metafísica es ahora el pensar de lo diáfano, el saber trascendental, derivado del carácter de realidad trascendental obtenido por puro análisis[46].

Del análisis de IS surge, pues, una nueva visión de la realidad, una nueva concepción del orden trascendental,

> El orden transcendental, que no es el de los conceptos, ni tan siquiera el de la inteligencia, sino el orden de las cosas reales actualizado en un una inteligencia, tiene una cierta autonomía: es la realidad en cuanto tal[47],

y una superación, desde dentro del mismo horizonte fenomenológico, de las posturas del primer Husserl y del Heidegger de la analítica existencial. Zubiri cree superar los límites del horizonte del movimiento de los griegos y del horizonte de la nihilidad, de la creación, de la filosofía impura o teológica que abarca hasta Hegel; superando la logificación de la inteligencia y la consecuente entificación de la realidad. Así Zubiri posibilita un cambio en la mirada hacia la realidad personal, nos

---

[44] La filosofía primera ocupa el lugar de la metafísica anterior a IS: «ir a lo diáfano es la marcha de la filosofía: es la marcha hacia lo transcendental, en el sentido referido. Y esto es la metafísica» (PFMO 21). Metafísica que logra construir desde la realidad que encuentra en el análisis de la aprehensión.

[45] Las características de la metafísica serían: 1.– acercarse a la realidad dada inmediatamente, 2.– atenerse a lo que de ella determina críticamente la ciencia, 3.– determinar el carácter esencial talitativo de las cosas reales, 4.– preguntar por la función transcendental de cada talidad, 5.– estudiar el orden y estructura transcendental de la realidad en cuanto tal, 6.– abriéndose desde este orden a realidades no accesibles al saber positivo. Cf. M.L. ROVALETTI, «Filosofía y metafísica en X. Zubiri», 33. Por ello el estudio talitativo positivo de la ciencia contribuirá a la antropología.

[46] «La filosofía es simplemente *saber transcendental*. No creo necesario insistir en que este adjetivo no envuelve la menor alusión a la terminología idealista» (NHD 51, «Nuestra situación intelectual»). Se trata de hacerse cuestión de todo de una forma distinta, transcendental, visión trans-mundana, que sepa orientar en el mundo y unificar sus sentidos (Cf. *Ibid.* 57).

[47] SR 202.

ayuda a mirar al hombre como persona y nos da los elementos necesarios para hacerlo con rigor[48].

Desde esta filosofía primera ¿cómo queda la antropología? Su objeto material es claro: el hombre, pero ¿y el formal?, ¿cuál es su método?, ¿en qué nivel de IS se mueve?, ¿no será la misma noología antropología y por ello todo el sistema de Zubiri un antropologismo?

2.3 *Antropología metafísica*

La antropología de Zubiri es estricta metafísica, sólo desde un punto de vista práctico es posible regionalizar el saber trascendental según los diferentes objetos de estudio[49], pero la óptica es siempre reológica: siempre domina sobre la particularidad del objeto el punto de vista metafísico, la realidad en cuanto realidad[50]. No hay una distinción de nivel radical entre filosofía primera y filosofía segunda. El discurso sobre el hombre es antropología metafísica. «La *Antropología filosófica* de Zubiri es una *Metafísica de la realidad humana*»[51].

Debido a la intrínseca unidad de noología y reología sin prioridades, los datos de antropología que derivan del análisis noológico de IS son a una datos para la filosofía primera, datos para una teoría del conocimiento y datos para la antropología metafísica, sin que haya antropologismo pues la realidad es el ámbito de reflexión originario. Cimentar

---

[48] Con un ejemplo artístico: «Mirar un Picasso no consiste principalmente en mirar un cuadro, sino en aprender a mirar de otro modo lo real mismo a lo que el cuadro apunta. Lo que nos ha cambiado las señoritas de Aviñón es la mirada». J.F. PINO CANALES, *La intelección violenta*, 75.

[49] «En la antropología zubiriana se hace presente toda la novedad de la metafísica de Zubiri; incluso debe considerarse propiamente como parte de esta metafísica en cuanto que en su pensamiento no hay división entre filosofía primera y filosofía segunda, aunque consideraciones de tipo formal — y los distintos modos o formas de realidad que exigen distinto tratamiento a pesar de su unidad física fundamental — obliguen a divisiones metodológicas». I. ELLACURÍA, «Aproximación», 980.

[50] D. Gracia reserva metafísica para el estudio de la realidad *allende* (en el nivel noológico de la razón) y usa el término filosofía primera para describir la realidad en la impresión, algo similar hace A. Pintor-Ramos En todo caso no hay oposición formal entre metafísica y filosofía primera, sino todo lo contrario ya que el núcleo formal es el estudio en cuanto forma de realidad. Cf. J. SÁEZ CRUZ, *La accesibilidad de Dios*, 73 nota 73.

[51] I. ELLACURÍA, «Introducción crítica a la antropología», 82. En la p. 100 abunda en esta idea y explicita que la antropología es metafísica por ser estudio físico aplicado a la realidad humana. No se trata de ontología de la persona en el sentido fenomenológico, existencialista o metafísico clásico — que se quedan en el estudio del sentido, del ser o de la sustancia —, ni de filosofía de la naturaleza humana.

en noología y reología la antropología es cimentar en la realidad, es más si se quiere fundar una noción acertada de persona no se podría hacer de otra forma[52]. En Zubiri «las estructuras específicas de la humanidad no son quienes conforman la actualidad de lo real [...] la realidad sólo es actual en el hombre, pero quien es actual *en* el hombre es *la* realidad misma»[53]. Filosofía primera y antropología son inseparables[54]. La IS es piedra angular de la antropología en el mismo sentido en que lo es de la metafísica[55].

Así la antropología comienza con el mismo análisis de IS y su reología. Desde este estudio de metafísica descriptiva se construirá el ulterior esquema racional por esbozos[56]. Por ello la antropología se articula según los niveles de análisis noológicos. Encontramos así una antropología primordial, o datos antropológicos de filosofía primera, noología y reología, que se desarrollan en continuidad por la reflexión teórica racional específicamente metafísica[57]. Un dato de este tipo tiene relieve

---

[52] La reflexión sobre la persona de HD «es una inmersión del hombre en la realidad en cuanto tal. Sólo por ello se es hombre». HD 382. Su visión del hombre no es antropologista, ni antropología psicológica o sociológica, sino rigurosamente metafísica. Cf. A. SAVIGNANO, «L'antropologia filosofica di Xavier Zubiri», 444.

[53] A. PINTOR-RAMOS, *Realidad y verdad*, 351.

[54] Sobre la inseparabilidad entre la antropología y la filosofía primera consúltese cf. I. ELLACURÍA, «La idea de filosofía», 461-523.

[55] Sólo si se admitiese una lectura idealista de Zubiri en el *de suyo* sería real la calificación de antropologismo. Eso sí, sería algo no querido, un fracaso en la misma pretensión del autor. Zubiri como fruto de su análisis del inteligir realiza los cambios metodológicos necesarios para lograr un nuevo horizonte puramente filosófico. Con la congénere a IS visión de la realidad, de la reidad, crea una filosofía de la comunicación y abre un nuevo orden trascendental que permite resolver algunas de las falsas aporías que la antropología nos ha legado. Cf. A. LÓPEZ QUINTÁS, «Significación actual del pensamiento zubiriano», 50.

[56] A veces Zubiri mezcla en sus escritos el análisis y teoría siendo difícil distinguir en qué nivel noológico se mueve. Así para describir IS en su etapa de madurez usa dos esquemas. Uno parte del sentir definido como formalidad estimúlica, que es teoría que sirve para mostrar la novedad biológica de la inteligencia. En esta vía larga o antropológica aparece el problema de unificar sin dualismos sentir e inteligir. (cf. SE 414, NIH in 7EA 112-113). El segundo esquema es noológico y parte del hecho del sentiligir humano (usado en HD, aunque aún mezcla). El punto de partida es el sentir como impresión que evita los riesgos dualistas. Cf. A. PINTOR-RAMOS, *Realidad y verdad*, 313-316. Nosotros tendremos en cuenta ambos enfoques.

[57] Milá niega, en oposición a Ellacuría con quien estamos de acuerdo, que la noología sea una primera parte de la antropología. Milá confunde que la filosofía primera contribuya de forma esencial a sentar las bases de la antropología con una pretensión, ausente en Ellacuría de situar toda la antropología en el espacio estricto de la filosofía primera. Cf. M. VILÁ PLADEVALL, *Las dimensiones de lo interhumano*, 61-62.

fundamental dentro del sistema zubiriano[58]. La base de la antropología coincide en consecuencia con la reología y la noología, concretada en SE, fuente imprescindible y en IS[59].

Si bien esto no tiene mayor trascendencia para los contenidos concretos de los temas que vamos a tratar, sí que lo tiene a la hora de evaluar el rango de verdad y la radicalidad de cada aserción. También permite valorar hasta que punto el nuevo hábitat filosófico que surge desde los análisis zubirianos es un hábitat capaz de reunir las condiciones de un pensamiento personalista dentro de su propio y peculiar sistematismo.

Será gracias a la radicación trascendental en la filosofía primera que Zubiri elabore una antropología no objetivista, no subjetivista, sino realista y correctora de los límites del pensamiento antropológico husserliano[60]. Por esta fuerte radicación en la metafísica esquiva el riesgo advertido por Foucault de *la muerte del hombre*[61] escondido en el giro antropológico[62].

Además el método noológico – reológico permite interpretar y prolongar el pensamiento de Zubiri a campos por el no abarcados o estudiados con anterioridad a SE e IS[63]. El desarrollo metafísico de la

---

[58] Conlleva discernir en los textos de Zubiri los puntos de apoyo más sólidos según su proximidad a IS o su mayor desarrollo explicativo. P. e.: los dos estudios de Zubiri sobre el signo como teoría metafísica en SH 275-301 (contexto de la expresión) y de filosofía primera en IRE 49-52. Cf. A. PINTOR-RAMOS, *Realidad y verdad*, 196-197.

[59] Cf. I. ELLACURÍA, «Introducción crítica a la antropología», 96.

[60] Zubiri descubre el fallo de Husserl en *Ideen* en un punto de partida equivocado: el análisis de realidades materiales, adoptando en consecuencia esquemas objetivistas: dentro – fuera, en mí – ante mí, inmanencia – trascendencia, causa – efecto; pero elaborando un método para temas no cósicos (persona, relaciones intersubjetivas, entorno). Cf. A. LÓPEZ QUINTÁS, «La experiencia filosófica», 447-448.

[61] «Foucault ha teorizado [...] sobre el porqué de la emergencia de la Antropología como analítica del hombre. Pero al advertir que la pregunta por el hombre [...] se proyecta como un efecto de la centralidad del yo de la representación, está advirtiendo del riesgo en que la propia antropología se encuentra una vez que el principio de la representación ha sido desenmascarado como una negatividad... El objeto hombre que emergió como su contrapartida fáctica se diluirá igualmente». M. VILÁ PLADEVALL, *Las dimensiones de lo interhumano*, 25-26 nota 4.

[62] Esta tentación antropologista la descubre en su temprano estudio sobre Descartes. Piensa que en éste la nihilidad coloca en primer plano, no ya la finitud del ente, sino la incertidumbre, y con ella la contingencia estructural del orden transcendental. La filosofía primera se convierte en una marcha desde la nada a Dios, llena de dudas y ansiosa de evidencias. En esta marcha se produce una opción de método: «A partir de este momento, la filosofía será vertiginosamente antropología transcendental y no teología». PFMO 150.

[63] Así Ellacuría, tras preguntarse si la obra de Zubiri permite abordar otros proble-

antropología integra desde su articulación en IS la aportación de las ciencias porque la realidad es indisociable del momento talitativo[64].

Como la antropología estudia la *reología* de la sustantividad humana y busca metafísicamente la esencia de la persona para en un tercer momento considerarla comprensivamente en la unidad noérgica de la que partía, consigue integrar en el nivel metafísico la naturaleza y la acción, lo constitutivo y lo operativo. Así el estudio de la personalidad es tan metafísico como el de la personeidad. Con esta nueva radicación Zubiri conjuga naturaleza e historia, existencia y ser, realidad y tiempo en la realidad por excelencia, la *suidad*, la *esencia abierta* que es la persona. Este carácter metafísico también se manifiesta en el objeto formal de HD, cumbre en que se articula su filosofía con el hecho de la religación; la persona aparece en el cúlmen del sistema y es clave para acceder al carácter personal de Dios[65], pero este acceso y estudio del hombre es estrictamente metafísico como lo es la antropología[66]. La antropología trascendental por ser trascendental conduce intrínsecamente a Dios persona personante de cada persona humana[67].

Conciliar sistema metafísico y personalismo lejos de ser una contradicción en los términos es el camino de una acertada categorización de la realidad personal[68]. Además la apertura a la realidad de la filosofía

---

mas, afirma que sí por personal experiencia. Él mismo intenta elaborar una filosofía de la historia desde Zubiri. Cf. I. ELLACURÍA, «Aproximación», 970-971.

[64] «Contra la divisoria [...] entre una Antropología filosófica y una Antropología científica sostiene nuestro autor un planteo estructuralmente unitario entre el ser y la realidad». H.E. BIAGINI, «Zubiri y América Latina», 21.

[65] Cf. A. PINTOR-RAMOS, «Dios y el problema», 119.

[66] Cf. HD 382. «Esto muestra claramente que la columna que vertebra esta compleja articulación es la dimensión metafísica abierta desde la religación [...] el estudio del hombre que exige Zubiri es su núcleo metafísico (persona) que no es accesible a un pensamiento descriptivo más débil, como se quiere dar a entender, pues su único resultado posible sería una metafísica y una teología igualmente débiles». A. PINTOR-RAMOS, «Zubiri: una filosofía de la religión cristiana», 384. La unidad sistemática de su producción prohíbe ver HD como pura investigación antropológica. Cf. A. FERRAZ FAYÓS, *Zubiri: el realismo radical*, 200-201. Tomando antropología en sentido restringido (antropologismo) Zubiri rechaza la calificación de vía antropológica para la religación: «Nada más lejos de la verdad». HD 129. «la religación no pertenece sólo al *haber* sino también al *ser* del hombre, es un problema ontológico». D. GRACIA, *Voluntad de verdad*, 95, al comentar EPD.

[67] Es la realidad en la persona la que abre el camino al fundamento como persona. Así «la doctrina del fundamento está hecha a partir de la presencia de ese fundamento en formas concretas y no desde la presencia de ese fundamento en estado puro». A. PINTOR-RAMOS, *Realidad y verdad*, 308.

[68] Sólo se entiende a Zubiri y su preocupación por la persona «nell'intento di pre-

primera muestra el sentido especialmente agudo de Zubiri para advertir la existencia de lo *originario*. Lo entitativamente nuevo y superior es puesto en su máximo relieve. Así Zubiri presta atención preferente a las realidades humanas y se hace cargo de su densidad entitativa frente a las cosas y seres vivos, acogiendo en toda su fuerza los aspectos de concreción e individualidad de cada persona[69]. Por ello su filosofía:

> Può essere definita come un *personalismo realista* incentrato sul dato evolutivo e sull'intelligenza senziente, che permettono di delineare la peculiare posizione dell'uomo nella realtà, alla quale è strutturalmente aperto ed al cui *potere* è inconcussamente *religato*[70].

Esta antropología es capaz de acoger las aportaciones del movimiento personalista e integrarlas en un esquema sistemático, *no sistematista*, que da cuenta del problema entero de la realidad. Los descubrimientos fenomenológicos y vivenciales de los personalistas, que les llevan a reconocer la grandeza de la persona propugnando la necesidad de estructuras ontológicas nuevas e irreductibles, pueden encontrar una matriz en Zubiri, pudiéndose conciliar y engarzar con él autores como Lèvinas[71], Buber o Marcel[72]. Se trata de un pensamiento capaz de fundamentar e impeler una praxis transformadora del individuo y de la sociedad[73]. El desarrollo de la disertación dará prueba de ello.

---

sentare un'antropologia filosofica privilegiando, pertanto, il punto di vista rigorosamente metafisico, al di là di ogni tentazione antropocentrica. L'uomo, infatti, è inserito nella realtà, anche se si configura quale animale personale strutturalmente libero e responsabile dei propri atti, dimensionalmente storico ed inconcussamente *religato* al *potere del reale*». A. SAVIGNANO, «L'antropologia filosofica di Xavier Zubiri», 439. Aunque centrado en la metafísica de la realidad su filosofía «e orientata verso rigorose basi antropologiche (anche se non antropocentriche), dal momento che l'essenza (= la realtà fisica individuale) e l'intelligenza senziente comportano necessariamente considerazioni fondativi circa la realtà umana, intesa come persona. Ora l'interesse per la posizione antropologica zubiriana è da ricercarsi nel tentativo di rendere ragione della complessità della natura umana, ma soprattutto nell'intento di delineare una concezione integrale della persona». A. SAVIGNANO, «*In memoriam*», 418-419.

[69] Cf. A. LÓPEZ QUINTÁS, «La experiencia filosófica», 451.

[70] A. SAVIGNANO, «L'antropologia filosofica di Xavier Zubiri», 463.

[71] Zubiri «reivindica no ya una alteridad radical sino también absoluta. La filosofía, cerrada desde los griegos en el dominio de lo mismo, tendría que abrirse a lo indominable, a lo *absolutamente otro*. Si para Lèvinas la filosofía tendría que ser un ininterrumpido viaje hacia *lo otro*, como Abraham, para Zubiri posiblemente se tratara de una vuelta a casa, como Ulises». J. BAÑÓN, «Zubiri hoy: Tesis básicas», 85.

[72] Cf. A. LÓPEZ QUINTÁS, «Significación actual del pensamiento zubiriano», 54 y B. CASTILLA Y CORTÁZAR, *Noción de persona*, 407 nota 117.

[73] Su realismo no hace renunciar a la utopía como alimento que nutre la esperanza

Por estar la persona henchida de realidad, metafísica y antropología se dan la mano con una unidad fuerte. El principio antrópico[74] en Zubiri tiene una parte de verdad, pero el *de suyo* y la reidad evitan el riesgo de construir un sistema antropologista. Aunque la inquisición de qué y quién es la persona es un supuesto anterior a la investigación de SE y de IS[75], el antropocentrismo de sus intereses le conduce a la elaboración de la *reología*, desde la que se posibilita la descripción de la realidad personal y el desarrollo de la teoría antropológica.

El lugar de la persona en el sistema metafísico no es presupuesto sino resultado de la verdad. Por eso el orden fundamentador del sistema zubiriano es claro y elude el *razonismo*[76] de Kant cuya filosofía transcendental es «la versión antropológica de la filosofía primera»[77]. Con esta

---

de los pobres y humillados. Cf. I. MURILLO, *Persona humana y realidad*, 12.

[74] Para evitar una lectura antropologista dice Pintor-Ramos: «Se dirá que de todos modos sólo el hombre hace filosofía y, por tanto, *la* realidad es siempre la forma concreta en que queda actualizada para el hombre; las necesidades e intereses de este instituirían una especie de principio *antrópico* que inevitablemente supondría una relativización antropológica de la filosofía; ello significaría que la antropología es el fundamento de toda la filosofía y, en última instancia, esta se resolvería en el modo antropológico de enfrentarse a lo real, con lo cual mi oposición a las lecturas antropológicas de la doctrina zubiriana de la inteligencia sería obstinada cortedad de miras. Nadie negará sensatamente que todo esto tiene una parte de verdad; sin embargo, en el caso de Zubiri necesita de matizaciones fundamentales. [...] al describir la inteligencia como *mera actualidad* de lo real, Zubiri está afirmando que es la realidad misma quien se hace presente en el hombre y lo hace como *de suyo*». A. PINTOR-RAMOS, *Realidad y verdad*, 351.

[75] Cf. G. GÓMEZ CAMBRES, *La realidad personal*, 18.

[76] Así describe Zubiri el antropologismo razonista de Kant: «El ente verdadero, fundamento y principio de toda la metafísica, es mi razón. Por esto la filosofía de Kant no es un racionalismo [...] Es un *razonismo*, es decir, es fundar toda la metafísica sobre el gozne de lo que es la razón. Por esto puede decir Kant, al final de la *Crítica de la Razón Pura*, que la Filosofía consta de tres cuestiones: ¿qué puedo conocer?, ¿qué debo hacer?, ¿qué me es dado esperar? Y estas tres cuestiones — nos dice en otro escrito — se reducen a una sola: ¿Qué es el hombre? Bien entendido, el hombre como razón, como sede de lo absoluto y de la inteligibilidad absoluta de todo. Nada es inteligible si no es en la forma de estar determinada su inteligibilidad por la razón. Por eso, en la filosofía de Kant culmina la egología transcendental de Descartes». PFMO 246.

[77] PFMO 246. «Las tres cuestiones de Zubiri (realidad, inteligencia, Dios) no coinciden con las kantianas ni por su tema ni por el modo de plantearlas. Pues la implicación del hombre en todas esas cuestiones no supone antropologización alguna, sino el principio de realización de cualquier antropología». I. MURILLO, *Persona humana y realidad*, 6.

nueva radicación abre las puertas al auténtico saber sobre el hombre disperso entre el exceso de informaciones parciales y atomistas[78].

En conclusión: *Por la IS la persona gravita en la realidad, y en el descentramiento del yo implicado se descubre fundada y vivificada por Dios, ahí — en la realidad y en Dios — encuentra su carácter absoluto y comunicativo superando el idealismo y el conciencismo.* Zubiri funda y hace una antropología estrictamente *metafísica*, «el hombre es humano justamente siendo algo formalmente fundado en la realidad»[79]. La filosofía de la realidad implica acoger desde ella misma a la persona, instituyendo un sano y necesario *prosopocentrismo*.

Superado el antropologismo y abierta metafísicamente la vía de afirmación de la persona nos queda por mostrar cómo su centralidad y peculiaridad se plasman en la noología, en la reología y en la antropología. Pasamos al análisis estrictamente filosófico estudiando los rasgos internos del sistema que desarrolla. Al hilo de esta argumentación encontraremos cosas ya dichas pero también novedades; p. e., la interpretación del término *suidad* y su evolución. Se descubre una metafísica cortada a medida para la persona desde la fidelidad a la realidad.

3. El personalismo en el mismo filosofar de Zubiri

Una posible adscripción de Zubiri al personalismo no se basa sólo en su inquietud intelectual por la persona y el importante fundamento metafísico que le proporciona. Hay elementos tanto en su noología como en su antropología en que la persona adquiere una peculiaridad única.

3.1 *Desde IS: Un espacio racional propio para la persona*

A continuación se consideran las categorías racionales que Zubiri considera apropiadas para la persona, espacio noológico importante para ajustar su posible personalismo. Zubiri crea una racionalidad propiamente personalista en el análisis noológico de la IS y en sus diversas modalizaciones en un doble sentido, por un lado abre la vía intelectiva adecuada para alcanzar la noción metafísica de persona y, por otro, acoge dentro de la racionalidad filosófica abierta y rigurosa espacios de conocimiento personal e interpersonal que normalmente quedan rele-

---

[78] Este empeño conecta con la queja de Heidegger en *Kant y el problema de la metafísica*: ninguna edad histórica ha sabido tantas cosas del hombre como la nuestra, pero ninguna supo menos qué y quién es el hombre. Cf. M. VILÁ PLADEVALL, *Las dimensiones de lo interhumano*, 39.

[79] HD 382.

gados fuera de la antropología, caso de la conformación y la compenetración.

Toda la filosofía de Zubiri es una defensa de la realidad en su mismo darse en co-actualidad en la IS, y en esta defensa la persona ocupa un puesto importante[80]: primero porque en ella se da el *de suyo*, y segundo porque la *noología* encuentra las categorías adecuadas para no perder la riqueza de la peculiar forma de realidad que es la persona.

Como primer paso ofrecemos un breve resumen de la estructura noológica de la intelección. En este recorrido subrayamos los momentos en que aparece la persona creando un espacio peculiar al que nos referimos como *pensar personalista*[81].

3.1.1 Impresión de realidad y APR

El punto de partida de la *noología* es la APR. Para Zubiri se trata de un hecho inconcuso y universal[82] sobre el que edifica todo el análisis de la IS, idea ya presente en estudios anteriores[83], pero que alcanza su máxima expresión en el tríptico IS. La idea matriz es que «el saber y la realidad son en su misma raíz estricta y rigurosamente congéneres»[84] y que «la intelección humana es formalmente mera actualización de lo real en la inteligencia sentiente»[85]. Es decir, la idea que se explicita en los minuciosos análisis del tríptico consiste en que el hombre siente la realidad en un solo acto, ni sintético ni compuesto[86]. La realidad se

---

[80] Quizá de este punto arranque el que por caminos distintos lleguen a conclusiones similares dos fenomenólogos como Lèvinas y X. Zubiri. Pintor-Ramos señala semejanzas llamativas entre ambos: 1.– el anticonciencismo heredado de Heidegger, 2.– la insuficiencia del ser y el retorno parcial a Husserl y 3.– buscar en la sensibilidad el lugar de un saber radical. Cf. A. PINTOR-RAMOS, *Realidad y verdad*, 333.

[81] Como referencia fundamental de esta exposición, además de los textos del mismo Zubiri en IS, tomamos los estudios de J.F. PINO CANALES, *La intelección violenta* y J.L. CABRIA ORTEGA, *Relación Teología – Filosofía*, 413-440.

[82] Cf. IRE 23.

[83] La idea de una IS está intuida en 1935 en al artículo «Filosofía y metafísica», se hace explícita en 1962 en SE, y es tratado de modo expreso en 1967 en NIH. Aparte están las referencias en cursos y escritos póstumos como PFMO 322-345, SH 22-41 (*La realidad humana*), PFHR 126-129 (el pensar religioso), HD 31-39, 222-266.

[84] IRE 10.

[85] IRE 13.

[86] «En realidad, se trata de una tautología, tal como puede percibirse ya en la descripción — en el fondo, tautológica — de la intelección como mera actualización de lo real en la inteligencia sentiente, sin embargo, a veces las tautologías tienen una gran capacidad clarificadora y lo que para ello se exige no es más que una cuidadosa explicación de los términos, explicación que a veces resulta ardua y complicada».

hace presente a la inteligencia en la impresión[87], y desde ese punto originario se ve lanzada hacia otros modos, re-actualizaciones — no actos necesariamente distintos — de intelección: *logos* y razón. Inteligir y sentir son dos momentos de un solo acto[88].

La sensibilidad está estructurada en tres momentos: suscitación, modificación tónica y respuesta[89], dentro del cual la impresión constituye el primer momento, estructurada en afección, alteridad y fuerza de imposición[90]. La fuerza desencadena todo el proceso de análisis del sentir que queda definitivamente marcado por el momento de alteridad[91]. La alteridad consta de dos aspectos: el quedar del contenido y el quedar como autónomo del sujeto como nota propia y real. Este segundo es la apertura a la realidad, el lanzamiento al ámbito de la transcendentalidad, pues en la autonomía de cada cosa sentida se muestra la misma reidad.

Este momento de formalidad habría sido olvidado por la filosofía. Mientras los seres vivos sienten con formalidad de estimulidad[92], el hombre siente la formalidad de realidad[93]. Esta es su fundamental habitud. Frente al puro sentir del animal se descubre el sentir intelectivo del hombre. Los tres momentos de la impresión quedarán afectados por la reidad.

A. Pintor-Ramos, *Realidad y sentido*, 37.

[87] Villanueva señala el parecido en la formulación de la unidad entre sentir e inteligir con el autor medieval Vital de Four. Radicaría en la similitud de los puntos de partida y modo de pensar, no por filiación intelectual directa, porque los dos miran el acto sentiligente desde el ámbito global sin partir de una teoría analítica previa. Cf. J. Villanueva, *Noología y reología*, 151-153.

[88] Cf. IRE 12. Las críticas a Zubiri surgen al plantear si es cierto que sea un hecho inconcuso o más bien una lectura ya teorizada desde elaboraciones previas presentes de forma más o menos inconsciente en la mente del autor. Pintor-Ramos piensa que sobre esta exigencia de un hecho originario previo a cualquier teorización descansa el poder de su filosofía posterior. Cf. A. Pintor-Ramos, *Realidad y Verdad*, 311.

[89] Cf. IRE 28-30.

[90] Cf. IRE 32-34.

[91] Quedar como algo otro, distinto del sujeto, como *prius*.

[92] Cf. IRE 48-53.

[93] Cf. IRE 54-67. «Por otro lado está la formalidad propiamente humana, formalidad de alteridad en la que lo otro es sentido como real, como *de suyo*, como independiente y formalmente anterior al sentir mismo. Sentir lo otro como *anterior* al sentir: eso es formalidad de realidad, Y cuando el sentir aprehende lo otro en formalidad de realidad, entonces tenemos justamente lo que Zubiri llama inteligir». J.F. Pino Canales, *La intelección violenta*, 21.

CAP. II: ANTROPOLOGÍA METAFÍSICA, UN PERSONALISMO 131

En la aprehensión intelectiva la nota impresa queda como algo cuyos caracteres le pertenecen en propio, como suyos en tanto que suyos. La aprehensión humana siente lo otro como lo que es *de suyo*, aprehendiendo su realidad como anterior al sujeto en el que se coactualiza[94]. El hombre en la impresión aprehende la realidad.

Esta realidad no es la realidad del *en sí* del realismo ingenuo o crítico, ni la *cosa-sentido* de la fenomenología[95], no se trata de entender la realidad como independencia objetiva — que también la tiene la estimulidad —, ni como existencia, ni como concepto. Zubiri se mueve en un ámbito anterior y descriptivo; se trata tan sólo de formalidad, de un modo de quedar la nota inmediatamente presente como *de suyo*.

La APR abre la brecha por la que penetrar en lo trascendental al mostrar la realidad en su doble aspecto de contenido y formalidad. La reidad permite contemplar la realidad no sólo en sí misma: como cosa dada, sino abriéndose camino *allende*, a *la* realidad en sí misma, y desde ella, en cuanto se prescinde del carácter de tal realidad concreta y se centra la atención en la inespecificidad de la formalidad se nos introduce en el ámbito transcendental. Comienza así un movimiento dentro de la realidad misma de lo real. La transcendentalidad es algo físico, real; es un carácter de la formalidad de la alteridad por reducción del contenido talitativo.

Este movimiento es propiciado por la *kinestesia*, uno de los sentidos que más resalta Zubiri. La *kinestesia* nos da la realidad en hacia, en presentación direccional. De este modo es lo real mismo lo que nos está realmente llevando *hacia* un allende lo percibido[96].

Es un más que hay en la aprehensión misma, que comunica por respectividad con toda la realidad, no como zona de cosas sino como formalidad. Es filosofía transcendental de comunicación. Cada aprehensión no supone un nuevo ámbito de transcendencia al inscribirse dentro de la misma formalidad; es la mismidad numérica de la reidad[97].

La reidad es apertura respectiva. Esta respectividad noológica tiene dos momentos, por un lado suifica: hace que cada cosa real sea *esta* cosa real, es *su* realidad; y por el otro mundifica: es realidad dentro del mundo, mundanal[98], está siendo en la respectividad de todo lo real.

---

[94] Cf. IRE 62.
[95] Cf. IRE 57-60.
[96] Cf. IRE 153.
[97] Cf. IRE 251-252.
[98] Cf. IRE 122.

Esto afecta a la impresión en sus tres momentos, pues, uno, hace que el hombre se sienta afectado realmente, aprehende realidades no estímulos; dos, el momento de alteridad hace que el contenido quede como algo en propio y *de suyo*, anterior a su estar presente en la actualidad de la aprehensión, instalando al hombre en la realidad aprehendida; tres, la fuerza de imposición es fuerza de realidad, es la realidad la que se impone, invirtiendo todo idealismo.

El hombre en su impresión aprehende la realidad y lo hace de modo primordial[99]: la realidad se aprehende directa, inmediata y unitariamente, en y por sí misma y solamente por ello[100]. El hombre queda implantado radicalmente en la realidad y desde esta implantación flexible podrá responder a cuestiones que no son capaces de ser explicadas desde esquemas logificantes[101].

Si formalmente toda la intelección humana es sentiente e impresión de realidad, modalmente la aprehensión se desglosa posteriormente — no temporalmente —: en la intelección de lo que es lo dado *en* realidad (logos) y en *la* realidad (razón). Éste es un segundo sentido, más técnico y particular de la APR, distinto de la impresión globalmente considerada descrita hasta ahora, pues tanto el *logos* y la razón quedan dentro de la impresión de realidad[102]. Ésta sería la actualidad primera, dentro de la cual se dan reactualizaciones de la realidad[103].

De aquí derivan también las diferentes versiones de la estructura del tríptico IS que se han dado, acerca de si su estructura es ternaria o binaria, y combinaciones diversas entre estos esquemas interpretativos[104]. Esto afecta al método mismo del filosofar zubiriano ya que su

---

[99] Cf. IRE 65, 275.

[100] Por eso la APR no es *noesis* sino *noergia*, no es relación sino respectividad en un mismo acto (*fieri in unum*) en que lo real se hace presente a la inteligencia y ésta está presente en la realidad. Es un *en* físico, natural y originario, es un *érgon* y no acción u obra, sino *poiesis* o poder manifestativo. Cf. P. CEREZO GALÁN, «Del sentido a la realidad», 237, comentando IRE 64.

[101] «Zubiri se opone expresamente al uso de todo esquema que por su carácter dualista pueda correr el riesgo de ser entendido como expresión de un ruptura entre el hombre y la realidad». A. LÓPEZ QUINTÁS, «Significación actual del pensamiento zubiriano», 46.

[102] Cf. IRE 266.

[103] Cf. IRE 278-279; IRA 328-329.

[104] Cabria clasifica los diferentes esquemas de lectura de IS, optando por uno de los bipartitos y por mantener la unidad de la impresión. Así tendríamos: 1) Tripartito A, que distingue entre APR, Logos, Razón; 2) Tripartito B: APR, Razón (Logos y razón como modalizaciones de la misma), Comprensión; 3) Bipartito subyacente a 1 APR frente a sus tres reactualizaciones: 1.– Logos, 2.– Razón,

centro, el análisis de hechos, abarcaría hasta el *logos*[105]; sin embargo es una ambigüedad no resuelta. Según se coloque la descripción incluyendo el *logos* o no cambia el desarrollo de la metodología moral. Nosotros tomamos el *logos* como momento descriptivo[106].

De la APR derivan dos actualizaciones ulteriores de lo real en lo que se refiere al modo concreto en que se actualiza lo real tanto como al ámbito de transcendentalidad, ya que lo real en respectividad es abierto a su contenido, a las otras cosas y a la pura realidad[107].

3.1.2 *Logos*

El *logos* actualiza lo que una cosa es respecto a otras realidades: «la intelección de una cosa como respectiva a otras cosas reales constituye la intelección de lo que la cosa real es *en realidad*»[108]. La reactualización del *logos* está fundada en la APR; sólo ella la hace posible y por ello el *logos* es esencialmente sentiente.

El *logos* viene determinado y exigido por la realidad dada en hacia de la *kinestesia*[109], del mismo modo que este lanzamiento en *hacia* será el que fundamente el paso del *logos* a la razón, a lo real como real[110].

3.– Entendimiento; y esquema 4) Bipartito primitivo (basado en SE y escritos anteriores) que une por un lado la APR y el *logos* que no irían más allá del análisis de hechos frente a la Razón que englobaría las modalizaciones posteriores. Cf. J.L. CABRIA ORTEGA, *Relación Teología – Filosofía* 407-413, ver también nota 62. Esto establece una discusión entre Pintor-Ramos y Pino Canales, cuya visión fundamentalmente estamos siguiendo. El punto clave es la importancia que se otorgue como criterio a la APR y al *logos* en su proximidad. No obstante su uso tanto dentro de la trilogía como en épocas anteriores no deja de ser ambiguo. Este tema importa por sus consecuencias para la epistemología de otras ciencias, como la antropología y la moral.

[105] Pintor-Ramos liga la concepción y evolución del *logos* del lenguaje con el intento de mantener el carácter simple de la APR. Una cosa es hablar nominalmente en modo recto, lo cuál no quiere decir que sea sin medio, y otra bien distinto el lenguaje en sentido oblicuo, como el que se usa en la trilogía IS, que es el que se da al entender una cosa a través de su modo de ser en el mundo. Así dentro del lenguaje tendríamos la predicación en sentido recto reducida a los nombres y frases nominales, como pertenecientes al ámbito mixto de la APR y del *logos*: preanunciado en SE como *logos* nominal constructo. Cf. A. PINTOR-RAMOS, *Realidad y verdad*, 222.

[106] También consideramos que la primera descripción de la impresión de realidad engloba las tres modalizaciones ulteriores (APR, *logos* y razón) y que finalmente se vuelve a la impresión con la comprensión.

[107] Cf. IRE 253-254.
[108] IRE 254.
[109] Cf. IRE 108; HD 35.
[110] Cf. IRE 278.

La apertura del *logos* hacia otras cosas aprehendidas constituye el *campo de realidad*: la cosa real aprehendida se encuentra en un campo de realidades. Este campo de realidad es un momento de la reidad. Así podemos definir el *logos* como la intelección de lo que lo real es en su realidad campal. Inteilge una cosa real entre otras cosas reales[111]. El fruto del *logos* es un enriquecimiento de la APR en la línea del contenido respecto a otras realidades y a las *cosas-sentido*, que por no ser *de suyo* no aparecen en la APR sino sólo a partir del campo.

Movimiento del *logos*. El *logos* comienza por tomar distancia[112] de la realidad aprehendida compactamente en su momento individual abriéndola al campo. En un segundo momento de retracción mediante las simples aprehensiones (perceptos, fictos y conceptos) propone lo que la realidad concreta *sería* en el campo. El contenido del *sería* es abstracto y libremente construido[113], es la vuelta por la irrealidad — siempre en referencia a lo real que no se pierde — para crear un principio de inteligibilidad de la cosa. Las simples aprehensiones determinan direccionalmente el contenido de las cosas inteligidas. Desde esta distancia del *sería* la inteligencia retorna con expectación a la realidad aprehendida para hacer surgir la afirmación de lo que es *en* realidad cada cosa[114]. De este modo el logos: «declara lo que algo es en realidad»[115]. La reversión concluye con la afirmación o juicio[116].

El juicio está determinado por el campo en el que se produce y que constituye el medio de la intelección lógica. Es el campo el que permite discernir objetivamente entre los muchos *serías* posibles. Cuando el campo no sólo permite o induce direccionalmente sino que exige un determinado *sería* se da la evidencia[117]. La verdad del *logos* es una verdad dual entre el *sería* libremente creado y la cosa real que le quita o da verdad.

Pero el *logos* no se queda en la facticidad de los hechos, por el hacia sentido en el aquende se ve lanzado a seguir en otra dirección, no en la del contenido, sino en la de la formalidad, la reidad. Es decir, el *logos* pone en funcionamiento la razón para ver lo que las cosas son no sólo

---

[111] Cf. IL 16.
[112] Cf. IL 84.
[113] Cf. IL 95.
[114] Cf. IL 106-107.
[115] IL 55.
[116] Cf. IL 110.
[117] Cf. IL 221.

en realidad sino en *la* realidad[118]. Así se pasa de la descripción y la afirmación al conocimiento y teoría racional. Se pone en *marcha* la razón.

3.1.3 La *razón*

La razón nunca arranca desde sí misma, sino que es lanzada desde el análisis de lo dado por la excedencia de realidad que sugiere la dirección concreta de la marcha racional:

> La sugerencia nunca fuerza de modo absoluto a tomar un único camino, sino que ofrece una pluralidad de posibilidades entre las cuales la razón ha de optar; si esta opción no es nunca una determinación, tampoco es arbitraria, pues lo dado actúa *como sistema de referencia* para la marcha[119].

Lo que sugiere la transcendentalidad es siempre algún tipo de fundamento para lo dado, pero el fundamento mismo ni está dado ni puede estarlo; es algo que la razón tiene que buscar, por lo cual es inquiriente; lo dado exige que la razón se distancie y se ponga en marcha hacia lo ignoto.

> Este paso no añade ningún contenido nuevo a la descripción de lo dado, sino que lo asume como rampa de lanzamiento de la marcha, apropiándoselo como un sistema de referencia que proporciona un canon conforme al cual podrá medirse la conquista de lo ulterior. Ahora se ve claro que el éxito de la búsqueda queda definitivamente condicionado por el sistema de referencia del cual se parta[120].

Merece la pena detenerse en este punto porque, independientemente del esquema de lectura de IS que se siga, situando el *logos* junto a la APR como análisis o junto a la razón como teoría, lo cierto es que impelido por el momento transcendental el inteligir no se lanza a un vacío de creación en la nada. Su libertad es limitada en cuanto está posibilitada por el mismo *logos*. La búsqueda en fundamentalidad está siempre lanzada, fundada y retorna en verificación a lo dado en el sistema de referencia. La transcendentalidad impele y lanza, pero su contenido no es indiferente. Transcendental no significa vacío o indeterminación. Esto repercute en la concreción del ideal de la persona y la formulación talitativa de la estructura moral. Desde este momento noológico se vincularía la antropología metafísica con la ética como constitutiva de su sistema de referencia, según nuestra interpretación. Por ello la ética no

---

[118] Cf. IRA 12.
[119] A. PINTOR-RAMOS, «Zubiri: una filosofía de la religión cristiana», 374.
[120] A. PINTOR-RAMOS, «Zubiri: una filosofía de la religión cristiana», 374.

sería pura formalidad sino que construye orientada por un sistema construido interdisciplinarmente con la antropología.

La razón es la intelección de lo real como momento del mundo, es decir, en cuanto el *hacia* abre cada cosa aprehendida como *de suyo* hacia la pura y simple realidad[121]. Consiste en «una marcha desde la realidad campal a la realidad mundanal. Esta marcha es irreductible al logos, [...es] un dinamismo que lleva del campo al mundo [...] hacia la pura y simple realidad»[122]. Se trata también, como en el *logos*, de un movimiento en la respectividad; pero ahora este movimiento no es hacia otra u otras realidades sino hacia la pura y simple realidad.

En la razón obtenemos la *mensura* de la realidad de la cosa real aprehendida. Tiene su origen en la APR a la que está siempre subordinada[123], por eso acontece también dentro de la realidad, es un movimiento dentro de la realidad ya dada de modo compacto en APR. El fundamento de esta marcha racional hacia algo más que la realidad individualmente considerada está en que «la cosa por ser real excede en cierto modo de sí misma»[124], excedencia que es ahora tematizada en la respectividad no interna, ni campal, sino en la respectividad con la realidad pura y simple, *simpliciter*[125], mundanal, ya dada en impresión.

Así la razón se pone en búsqueda como *intellectus quaerens*[126], en marcha, para inteligir lo que algo es en la unidad de respectividad del mundo. La razón busca realidad. Esta actividad de la razón recibe el nombre de pensar[127]. El objeto formal que busca el pensar es la *posibilidad*: lo que la realidad profunda de algo *podría ser*. Este pensar no es necesariamente teórico, puede ser también práctico[128].

«El pensar es ante todo *pensar hacia* lo *real allende*»[129]. Además es un pensar abierto por el carácter mismo de la inteligencia, es incoativo, nunca un punto de llegada cerrado. Por esto es vía y pueden darse pensares que desvíen de la realidad de las cosas. Por último es un pensar

---

[121] Cf. IRE 268-270.
[122] IRE 277-278.
[123] Cf. IRA 83.
[124] IRA 17.
[125] Cf. IRA 12.
[126] Cf. IRA 23.
[127] Cf. IRA 25, en el sentido de pesar y sopesar lo real dentro de la realidad.
[128] Cf. IRA 30, se piensa lo que se va a hacer, lo que se va a decir, etc.
[129] IRA 31. También cf. IRA 87. *Allende* tiene al menos tres sentidos: lo que está fuera del campo de la realidad, lo notificante y lo hacia dentro. Así el pensar será una actividad hacia fuera, o bien hacia lo notificante y una marcha hacia dentro. Cf. J.L. CABRIA ORTEGA, *Relación Teología – Filosofía*, 422, Cf. IRA 30-31.

CAP. II: ANTROPOLOGÍA METAFÍSICA, UN PERSONALISMO 137

activado por lo real aprehendido, son las cosas las que dan que pensar[130]. Lo inteligido por la APR y el *logos* como *dato-de* se presenta ahora como *dato-para* desplegar una búsqueda.

El carácter intelectivo del pensar es la razón. Este modo tiene tres momentos esenciales: intelección en *profundidad* (dentro de la realidad dada en APR se busca aquello que dejaría al contenido del aquende sin su realidad), *mensurante* (mide — la misma realidad es tomada ahora como principio o fundamento de medida — la cosa real en la respectividad mundanal según la forma y el modo de realidad, es la realidad-fundamento o principial. La realidad así tomada tiene el valor de canon) y en *búsqueda*[131]. Por ser búsqueda es inquiriente[132], es el lanzamiento, el surgir del problema[133]. Este inquirir tiene tres caracteres es dinámico, direccional y provisional[134]. Siempre los resultados pueden ser superados, en resumen:

> *la razón es la intelección en la que la realidad profunda está actualizada en modo problemático, y que por tanto nos lanza a inquirir principial y canónicamente, lo real en profundidad*[135].

Son las cosas las que dan o quitan la razón a este proceso racional. La razón no es algo que se tiene sino algo dado desde la apertura de la respectividad de las cosas[136]. Son las cosas las que originan la razón y dan que pensar. Por la razón buscamos, pues, la realidad fundamento, pero el contenido de ésta no está determinado, de ahí la libertad paradójica de la razón[137], el juego entre intelectionismo y voluntarismo que entra en la filosofía de Zubiri. La razón crea libremente — que no arbitrariamente pues debe ser conforme al principio y canon impuestos por la realidad[138] — el contenido fundamental de la realidad profunda. «La esencia de la razón es libertad. La realidad nos fuerza a ser libres»[139]. Entre las distintas direcciones sugeridas «la razón tiene que optar por

---

[130] Cf. IRA 34.
[131] Cf. IRA 41.
[132] Cf. IRA 60-61.
[133] X. Zubiri usa la etimología griega de *pro-ballo*, arrojar algo ante, y así expresa el descubrir el problematismo de la realidad en sí mismo. Cf. IRA 64.
[134] Cf. IRA 61-63.
[135] IRA 65. En cursiva en el original.
[136] Cf. IRA 71-72.
[137] Cf. IRA 107. Paradójicamente no está impuesta la estructura fundamental, sí está exigido que la tenga y haya que buscarla, pero no cuál sea en concreto.
[138] Cf. IRA 109.
[139] IRA 107.

una concreta que luego resultará, más o menos rica, pero en todo caso siempre será limitada respecto a la riqueza de lo real que busca»[140]. Libertad tiene aquí el sentido de liberación de verdad.

La libre creación racional se apoya en tres aspectos del campo: la experiencia de notas, la estructura y la constructividad, de modo que la razón es experiencia libre que dota a la realidad profunda de un contenido modélico; es sistematización libre que dota a la realidad profunda de una estructura básica y por la construcción libre se la dota de un contenido completamente creado a través de la modelización, homologación y postulación de notas[141].

Decíamos que el objeto formal del pensar racional es la posibilidad. La razón se mueve en lo real siempre y sólo como posible[142]. Es el ámbito del *podría ser*. Mientras el *sería* era realidad en retracción campal el podría ser es realidad en fundamentación. El número de posibilidades está posibilitado, incoado y limitado desde lo campal. La razón colige entre las diversas posibilidades las realizables y en un segundo momento explicativo las determina como sistema de implicaciones y coimplicaciones respectivas[143]. La realidad dada campalmente sugiere y obliga a la inteligencia racional a optar. Esta opción se hace conforme a una mentalidad: «figura concreta que la intelección adopta en su modo formal de estar lanzada a lo real, en el modo de lanzamiento en cuanto tal»[144]. Es un modo intrínseco y formal de habitud ante la realidad en hacia. La mentalidad no depende fundamentalmente de factores externos (culturales, sociológicos, históricos) sino que viene marcada fundamentalmente por el principio canónico y la sugerencia de las líneas de intelección desde el campo de realidad (mentalidad política, teológica, poética, etc.)[145].

Es aquí donde entra uno de los elementos más personalistas de la *noología* zubiriana, tanto a la hora de materializar una mentalidad cosista como otra personalista, el canon tomado del sistema de referencia que proporciona el *logos* desde la realidad campal determina modos de pensar que permiten sostener un ámbito propio para la persona.

Para Zubiri la realidad del campo no es sólo medio de intelección, sino que es también mensura, porque mide, porque determina lo que se

---

[140] Cf. A. PINTOR-RAMOS, «Zubiri: una filosofía de la religión cristiana», 375.
[141] Cf. IRA 132-133.
[142] Cf. IRA 139-140.
[143] Cf. IRA 144-146.
[144] IRA 152.
[145] Cf. IRA 155.

va a inteligir como pura realidad en la marcha de la razón. La misma realidad campal como principio mensurante, es el canon de realidad, y este canon ha sido durante muchos años el cuerpo, originando en la antropología cierto cosismo. Zubiri abriría las puertas desde su *noología* a un serio personalismo[146].

Zubiri menciona cómo no es lo mismo que en el canon tomado del campo de realidad éste sea meramente corpóreo o incluya a la persona[147], originando mentalidades y capacidades de pensar bien diversas[148]. Luego, entre paréntesis, en la razón el contenido tampoco es ajeno a lo obtenido en el logos, sírvanos esta línea para resaltar el cómo la antropología se engarzaría con la ética, p. e., no sólo en su describir la dimensión moral de la persona, sino en la misma constitución del canon del ideal de felicidad, la realidad de la persona en profundidad como canon y mensura de la verdad de cada ética.

La estructura formal de la razón es el conocimiento[149]. Conocer lo que es una cosa es inteligir su realidad profunda, como está actualizada en su fundamento propio y como está constituida en *la* realidad. La ciencia será uno de los tipos de conocimiento. Pero con el mismo estatuto racional habría otros, aquí situaríamos el personalismo en filosofía y la lucha contra la mentalidad cientista[150]. El conocimiento es la elaboración, más rica en cuanto al contenido, de la misma intelección originaria. El conocimiento no es el kantiano fundamento objetivo, ni la entidad inteligible platónica, ni la causalidad aristotélica, ni el absoluto hegeliano, sino que es conocimiento en profundidad del *allende* la realidad como realidad fundamento en toda la pluralidad de formas que éste puede tomar[151].

El conocer tiene una estructura formal constituida por tres momentos: objetualidad, método y encuentro verdadero.

---

[146] Esta idea de un canon personalista se insinúa en G. GÓMEZ CAMBRES, *Zubiri: el realismo transcendental*, 146. «la apertura de la realidad como canon hizo posible que no sólo hubiera cosas en el campo de las realidades, sino que también hubiera, como hemos indicado, personas». G. GÓMEZ CAMBRES, *La inteligencia humana*, 128.
[147] Cf. IRA 55-56.
[148] Cf. D. GRACIA, *Voluntad de verdad*, 153-154.
[149] Cf. IRA 157.
[150] Cf. IRA 171-173, 201.
[151] Cf. IRA 168-169.

a) *La objetualidad*

Consiste en proyectar lo real campalmente aprehendido sobre el fondo de la realidad profunda. Es convertir en objeto la realidad campal pasando en el modo de presentarse lo real de campalmente a mundanalmente. Con esto se da también una profundización en el *hacia* lo real. Según sea este cambio serán las índoles de los diversos tipos de conocimiento[152].

b) *El método*

Es la vía del conocimiento en cuanto tal[153]. El método se estructura en tres pasos: establecimiento de un sistema de referencia, esbozo de posibilidades y la intelección del fundamento posibilitante de lo real o experiencia[154].

+ El *sistema de referencia* es el punto de partida y sale de las cosas reales del campo de realidad, del logos[155]. Este sistema indica desde el *sería* del *logos* el *podría ser* de la razón, a su vez está movido por el *hacia* sentido presente en la actividad racional. Lo que hace es experienciar una dirección desde la realidad campalmente dada hacia lo que podría ser, ver si esa dirección es conveniente o no. De ahí el carácter creador y descubridor del conocimiento, desde su punto de partida referencial[156].

+ El *esbozo de posibilidades*[157] es «la conversión del campo en el sistema de referencia para la intelección de la posibilidad del fundamento»[158]. Es la unidad de lo que la cosa podría ser en su fondo real con su ser una posibilidad para la actividad intelectiva del conocer. Es paralelo, aunque diverso, a la sugerencia que surgía en el logos[159]. El

---

[152] Cf. IRA 201.
[153] Cf. IRA 203.
[154] Cf. IRA 222, 242.
[155] El sistema de referencia surge desde las cosas al sugerir el camino de su conocimiento. La intelección activada transforma ese ámbito de sugerencias en sistema, de modo que sugiere una vía pero oculta otras, y en cierto sentido violenta un poco la realidad. Cf. J.F. PINO CANALES, *La intelección violenta*, 56-57.
[156] Queremos de nuevo subrayar el carácter de sometimiento a la verdad encerrado en la noología. No hay pura creación desde una transcendentalidad huera, sino descubrimiento desde ella que llega hasta la formulación de la estructura de lo real en los diferentes ámbitos talitativos. Cf. IRA 215.
[157] A veces usó el término esquema que abandona por más problemático.
[158] IRA 219.
[159] Cf. IRA 220.

esbozo es una respuesta provisional a lo que *podría ser* el fundamento. El esbozo es una libre creación en distancia de la actividad racional, pero no se hace al azar; un esbozo sólo es viable si muestra rectitud, si incide en las características de lo dado que quedó como sistema de referencia[160]. El cómo se realiza el esbozo es problemático. Consiste en objetivar la realidad campal haciendo de ella un objeto real mundanal *fundamentable*: «constituye lo real sobre el fondo de su posibilidad»[161]. El contenido de esta posibilidad como fundamentable es fruto de una actividad creadora que se denomina *construcción*. Por eso el esbozo es siempre algo construido y simultáneamente limitado y abierto. Esto confiere al conocimiento carácter de marcada apertura ya en la determinación esbozada de la posibilidad.

En este punto se inserta la necesidad de la interdisciplinariedad. Así, del mismo modo que noología y *reología* se constituyen en sistema de referencia que determina el esbozo de la antropología, del mismo modo que la verdad talitativo-positiva de la ciencia enriquece el sistema de referencia y marca los esbozos de la antropología, toda la antropología de Zubiri no es neutral a la hora de determinar un esbozo ético concreto, pensamos que entra a formar parte con sus elementos transcendentales y talitativos del ideal eudemónico que la ética tendrá que concretar. La antropología metafísica sería mensura canónica de la verdad de la ética. Aquí radicaría la articulación antropología y moral, la antropología no se circunscribe a señalar la estructura formal de la dimensión moral sino que cuenta a la hora de determinar el contenido del ideal de la persona. También aquí el percibir en apertura la realidad personal permite e invita a realizar un esbozo metafísico de su esencia de carácter personalista.

+ El tercer momento estructural del método es la *experiencia*[162] o probación física de realidad, por él se da el acceso real y efectivo al fundamento mundanal de lo real[163]. En este momento se vuelve a la realidad desde el esbozo para ver si ésta lo aprueba o no — no se trata de la noción de demostración solamente aplicable a ciertas ciencias formales y de modo muy limitado —. Es paralelo al movimiento regresivo

---

[160] Cf. A. PINTOR-RAMOS, «Zubiri: una filosofía de la religión cristiana», 376.
[161] IRA 220.
[162] El concepto de experiencia se construye en discusión con la tradición filosófica para mostrar su originalidad (cf. IRA 223-228; HD 95, 156, 307-308). Cardona sugiere que el concepto de experiencia está relacionado con la espiritualidad ignaciana. Cf. A. CARDONA, «La historia: experiencia de realidad», 51-59.
[163] Cf. IRA 227.

del *logos* desde el *sería* irreal al *en* realidad para constatar la sugerencia. Ahora se trata de probación discernida de lo que podría ser según el esbozo de posibilidades con la realidad profunda. Es un momento de encuentro con lo real mundanal. Para ello se vuelve desde el mundo al campo sentido para que la realidad dé o quite razón al esbozo, esto se hace tras el giro por lo irreal esbozado: «inteligir lo sentido como momento del mundo a través del *podría ser* esbozado: he aquí la esencia de la experiencia»[164].

La experiencia o inserción del esbozo en la realidad profunda puede hacerse de diversos modos. Cada modo constituye un diverso tipo de método racional[165]. El modo de probación especifica la elección del sistema de referencia, de las categorías y determina el método para el conocimiento de un determinado ámbito de realidades. Otro tanto ocurre con el esbozo que puede hacerse de modos diversos: por conformidad, por contrariedad o por diversidad, bien sea esta diferencial o de superación[166]. En cada caso pueden darse por libre creación multitud de esbozos pero siempre hay un criterio que permite acercarse a un mayor o menor grado de certeza a partir del sistema de referencia[167].

Cuando el esbozo adquiere claridad y rotundidad suficiente tenemos la *obviedad*. Si esta obviedad no se produce nos encontramos en el camino de la viabilidad, en la vía dificultosa de experienciar que este esbozo concreto libremente creado es viable[168]. La viabilidad requiere continuar adelante con la experiencia, esta tiene cuatro modos fundamentales: experimentación, compenetración, comprobación y conformación[169].

Cabe también aquí resaltar, desde la creación libre y según el sistema de referencia que se haya tomado, que el modo de experiencia en X. Zubiri abre e integra un conocimiento no reductivo, cosista, positivista o historicista de las personas[170] abriendo la metafísica al estudio

---

[164] IRA 228.
[165] Cf. IRA 242.
[166] Cf. IRA 246.
[167] «en Zubiri los esbozos no resultan indiferentes para la verdad ni son todos iguales e intercambiables; por problemáticos que se quieran, son muchos los esbozos que proporcionan conocimientos seguros y el propio filósofo dice que la verificación del fundamento último de la realidad como Dios produce "certeza firme" (HD 218), lo cual no resulta fácil de comprender si el esbozo mismo no se desarrollase en el ámbito de la verdad». A. PINTOR-RAMOS, *Realidad y verdad*, 289.
[168] Cf. IRA 247.
[169] Cf. IRA 257.
[170] El que el método quede abierto a la realidad personal en su peculiaridad es algo

CAP. II: ANTROPOLOGÍA METAFÍSICA, UN PERSONALISMO

de aspectos de la persona reservados muchas veces para la psicología o lo que serían las relaciones públicas. Veámoslo desde los diferentes modos de experiencia y a qué realidades se aplican.

— El *experimento* consiste en forzar la realidad campal a mostrar su índole profunda ante el experienciador. Se puede experimentar con todo lo campal: cosas, seres vivos e incluso personas. La provocación del experimento es triple: de la realidad, desde el esbozo de posibilidades y como modo de intelección.

— La *compenetración* consiste en la «visión de lo real lograda *desde su propia interioridad*»[171]. Y es aplicable a las realidades vivas y sobre todo a las humanas. La condición es una instalación del experienciador en aquello con lo que se hace experiencia. A este tipo de experiencia corresponde el conocimiento de las personas y de las dimensiones individual, social e histórica del ser humano[172].

— La *comprobación* es válida para todas las realidades postuladas por sugerencia de la realidad campal, como la matemática y la realidad de la ficción, o realidad en ficción. Lo que se hace es postular un modo de realización del contenido de la realidad campal. Éste queda comprobado cuando convergen dos momentos: la verdad necesaria de la afirmación y la aprehensión de la realidad que se enuncia postuladamente. Así se comprueba la presencia misma de la realidad que ha sido aprehendida al hilo de la postulación, es verdad deducida.

— La *conformación* se refiere a la experiencia viable de la propia realidad humana en cuanto objeto de intelección racional, no en tanto que aprehendida primordial o campalmente. Es el conocimiento de lo que el hombre es como realidad mundanal: su forma de realidad que se concreta en el ser persona. Es la vía de acceso a la persona en cuanto tal a partir de la probación de mi propia realidad desde un esbozo de posibilidades de lo que soy en mi propia realidad[173]. El modo de experien-

---

propio de su carácter modalizado y su objetualidad. Se ha dicho en este sentido: «según cada categoría las cosas están presentes intelectiva-sentientemente en toda su variedad [...] el problema de los modos de experiencia se funda en el problema de la objetualidad, en el modo como el objeto queda resaltado sobre el fondo de la realidad profunda. Al ser varias las categorías de realidad también el objeto tiene carácter vario. Hay pues muchos modos de ser objeto. En su raíz misma, como decimos, el método está modalizado» (G. GÓMEZ CAMBRES, *La inteligencia humana*, 158). En consecuencia para la persona la objetualidad y la experienciación serán propias y peculiares.

[171] IRA 249.
[172] Cf. IRA 250-251.
[173] Cf. IRA 255-256.

ciar esta vía es tratar de conducirme desde lo más íntimo según lo esbozado, insertarme en las posibilidades que yo mismo he esbozado. Es el modo radical de experiencia de uno mismo, probación física de mi propia realidad, y está abierto a Dios y los demás.

c) *El encuentro verdadero*

Es el último momento estructural y consiste en la verdad racional[174]. Verdad es «el momento de la actualización de lo real en intelección sentiente en cuanto tal»[175], es la realidad que verdadea[176], da verdad a la intelección; pues la realidad es el fundamento de toda verdad[177]. La verdad añade a la realidad en la APR la ratificación: «*Ratificación* es la forma primaria y radical de la verdad de la intelección sentiente. Es lo que yo llamo *verdad real*»[178]. Sobre este modo primario de verdad se apoyarán los siguientes. Son los modos de verdad duales del *logos* y de la razón. Se denomina dual porque tiene forma de coincidencia entre la verdad real de la cosa y la intelección que se tiene de ella campal o mundanalmente.

La verdad lógica consiste en la coincidencia con las simples aprehensiones del *logos* (percepto, ficto, concepto). Lo real da en este caso autenticidad a lo aprehendido como simple aprehensión por la *autenticación*. En la afirmación lo real dicta su verdad en la conformación de lo afirmado con la realidad campal, es la *veridictancia*.

La verdad de la razón es la *verificación* — en sentido no restringido al terreno positivista —. Es el encuentro entre lo aprehendido campalmente y el esbozo libremente construido de posibilidades. Se verifica el esbozo de lo que podría ser. En la verificación — *verum facere*[179] — lo real verdadea el pensar, dando razón a la intelección inquiriente:

---

[174] Cf. IRA 172, 258.
[175] IRE 233.
[176] «Verdadear» es un neologismo que indica que el dar verdad viene desde la realidad de la APR. Cf. IRE 231; IL 255 y 315; IRA 259, 311.
[177] Cf. IRE 235.
[178] IRE 233.
[179] «Podría discutirse razonablemente si es un acierto el recurso a un término, al cual el positivismo lógico ha otorgado un sentido muy preciso para otra función distinta. Estamos viendo, sin embargo, que en Zubiri no es nada insólito el caso de un término al que se cambia su sentido habitual y, por lo demás, en el caso presente Zubiri podría reclamar a su favor la conformación etimológica del vocablo. A este respecto, basta sólo con notar que *agere* ha de entenderse no como actuación (IRA 264), sino como mera actualidad». A. PINTOR-RAMOS, *Realidad y verdad*, 291.

Verificar es encontrar lo real, es un cumplimiento de lo que hemos esbozado que lo real podría ser: en este encuentro y en este cumplimiento se hace actual (*facere*) lo real en la intelección (*verum*). Y en ello consiste la *verificación*. Y en este verdadear es en lo que consiste la verdad racional[180].

La verificación tiene un carácter exigitivo, es algo necesario porque responde a la exigencia de excedencia con que necesariamente queda dada toda realidad — es necesario que haya una verificación —, pero al mismo tiempo es algo dado como posible en principio — desde un sistema de referencia que lo posibilita y un esbozo adecuado —, y una verdad abierta y dinámica en cuanto se abre a otras intelecciones y ella misma está abierta a profundizaciones posteriores, deja la actualización intelectiva en estado inquiriente. Esto Zubiri lo denomina dialéctica de la razón[181], en sentido tensional y sentiente, no hegeliano. Verificar es «siempre y sólo *ir verificando*»[182].

La verificación reviste siempre un carácter provisional, de tanteo[183], casi nada es verificable en grado absoluto. Por eso existen grados de verificación. Así tenemos lo racional cuando el esbozo es adecuado y se da un cumplimiento pleno[184]:

> la verificación puede denominarse cumplimiento[185] de la exigencia dada; algo que no deja de recordar la verdad fenomenológica como plenificación (*Erfüllung*) de una intencionalidad, con la importante diferencia de que deberá substituirse *conciencia* por *realidad* y, en consecuencia, la verdad no será el cumplimiento de la exigencia por el esbozo, sino el cumplimiento del esbozo en la realidad sentida[186].

En cambio si la verificación es inadecuada y el cumplimiento no es pleno tenemos lo razonable, lo racional viable[187]. Puede darse que el esbozo creado sea inverificable, sea en su forma de refutable o experiencia negativa, sea como experiencia suspensiva: cuando al probar el esbozo se excluya lo esbozado o se reduzca éste a la sugerencia de la que salió[188]. Lo inverificable no constituye una puerta cerrada sino progreso al empujar la búsqueda de otros tipos de verificación.

---

[180] IRA 292.
[181] Cf. IRA 277.
[182] IRA 269.
[183] Cf. IRA 271.
[184] Cf. IRA 274.
[185] Cf. IRA 263.
[186] A. PINTOR-RAMOS, *Realidad y verdad*, 295.
[187] Cf. IRA 275; SE 132.
[188] Cf. IRA 275-277.

Por ser inquiriente, el cumplimiento no acalla el dinamismo intelectivo, sino que el esbozo se *está cumpliendo* en la realidad sentida.

Un ejemplo de verificación dinámica lo encontramos en el curso *El problema del hombre* cuando aborda el decurso vital de la persona[189]. Desde la perspectiva de IS este texto sería un esbozo, una constitución de un *podría ser*, una teoría de razón de lo que es el vivir humano, que por sucesivos esbozos llega hasta dar con lo que es la estructura honda de la vida[190]. De modo similar este sería el proceder racional de la antropología, siempre que los esbozos partan de un sistema de referencia personal.

La verdad racional es a una de índole lógica e histórica. Lógica en cuanto tiene un carácter de encuentro, histórica por su carácter de cumplimiento[191]. La verdad racional tiende desde la coincidencia a la plena adecuación pero sin alcanzarla, es algo abierto y puede darse conflicto entre vías igualmente rectas, sin que esto lleve a un relativismo[192].

3.1.4 Unidad de la IS y cierre circular: *saber*

Como colofón de este análisis de la estructura noológica resalta la profunda unidad de la intelección sentiente. No puede tomarse un paso aislado del resto[193]. Es la unidad impresiva la que confiere todo su valor al análisis estructural realizado. APR, *logos* y razón están en íntima unidad[194], unidad que hace a veces muy difícil ver en que momento noológico nos encontramos pues las fronteras son difíciles de trazar[195],

---

[189] Curso de 1953-54, recogido en SH 223-440 y 545-676, interesa la última parte.
[190] Préstese especial atención a SH 545, *El problema del hombre*.
[191] Cf. IRA 304-305.
[192] Cf. A. PINTOR-RAMOS, «Zubiri: una filosofía de la religión cristiana», 376-377.
[193] «La idea de aprehensión primordial no es fácil de comprender […] la determinación filosófica de lo que sea la aprehensión primordial sólo puede hacerse desde el análisis de la totalidad de los modos de intelección […] no podemos entender correctamente qué significa la aprehensión primordial sin saber qué es para Zubiri la razón. [… el] movimiento por el que desde la aprehensión primordial nos dirigimos hacia el logos y hacia la razón, y desde ellos volvemos a la aprehensión primordial determinándola como acto primordial de la inteligencia es lo que Zubiri mismo denomina «comprensión». La tesis zubiriana de que el acto elemental de la inteligencia es la aprehensión primordial es, por tanto, una tesis comprensiva en el estricto sentido de que incluye todos los modos ulteriores de intelección. No es por tanto el comienzo estricto de la trilogía, sino justamente al revés: su final». J. BAÑÓN, «Zubiri hoy: Tesis básicas», 79.
[194] Cf. IRA 319-320.
[195] Cf. J.L. CABRIA ORTEGA, *Relación Teología – Filosofía*, 402.

aunque la diferencia entre los modos de inteligir sea constitutiva del inteligir humano[196]. La unidad es estructural, cada modo se apoya en el anterior y lo incluye formalmente sin identificarse con él. Se trata pues de tres modalidades de la una y única intelección. Cada uno incoa el siguiente y despliega el precedente[197] de modo que se da un crecimiento y una maduración modal. Esta maduración no se desarrolla en la línea de la realidad percibida con toda su fuerza compacta en la APR, sino en la línea de la respectividad bien sea campal, bien sea mundanal. En este sentido *logos* y razón son una plenificación de la reidad dada en a la APR[198].

Esta unidad es tanto modal (unidad entre los diversos modos) como formal (toda la intelección en su conjunto queda modalizada por cada uno). La consecuencia es que el inteligir sentiente queda determinado en un nuevo estado. El acto intelectivo de la unidad de la intelección es la compresión (aprehender lo real desde lo que realmente es[199], es inteligir la estructura del *de suyo* como modo de realidad) y el nuevo modo de inteligir unitario es el entendimiento (inteligir algo real como realmente es[200], incluyendo tanto el realmente del *logos* como el de la razón para colmar la insuficiencia del contenido dado en el *de suyo*).

Esto nos deja en un estado retentivo de la realidad. Este estado es el saber intelectivo: el hombre «queda inamisiblemente retenido en y por la realidad: queda sabiendo de ella»[201]. Zubiri distingue tres tipos de saber: el saber primordial y radical en que la inteligencia queda retenida por la realidad misma de la APR: es el estar en la realidad; el saber del *logos* unido a la razón por el que se sabe lo que realmente es lo real: estar en lo que lo real es realmente; y el saber del entendimiento o comprensivo[202]: estar comprensivamente en la realidad[203].

---

[196] Cf. IRA 334.
[197] Cf. IRA 323.
[198] Cf. IRA 324.
[199] Cf. IRA 332.
[200] Cf. IRA 341.
[201] IRA 351.
[202] Cf. IRA 350.
[203] La *noología* «exige una alta tensión espiritual. Si esta tensión cede [...] da lugar a posiciones unilaterales: 1. Las entidades del entorno [...] son reducidas a "hechos", y éstos a "datos sensibles", perfectamente dominables, manipulables [...] Positivismo. 2. Este poder de predecir [...] tienta a identificar simplistamente la verdad y la eficacia. Es el riesgo en que cae el Pragmatismo. 3. [...] acercarnos a la realidad viene condicionado en principio por el dinamismo de las situaciones históricas, [...] a considerar la verdad como relativa [...] He aquí la tesis fundamental del Historicismo.

Este análisis noológico repercute en la antropología obligándola a partir del hecho radical y universal de la APR. Más adelante especificaremos cómo en la APR está actualizada la persona. El *logos* sentiente analiza esta realidad humana en sus diferentes aspectos y constata su problematicidad. La razón busca y propone vías y teorías ante estos problemas. Se busca la comprensión, el saber final sobre el hombre, integrando todos los pasos en la unidad de la impresión de realidad.

El hombre se conoce desde la APR como núcleo compacto en que se aprehende la persona como realidad. El hecho de la realidad humana primordialmente aprendida será madurado por el *logos* y la razón. En la realidad humana aparecen dimensiones susceptibles de un análisis inmediato[204]. Un ejemplo es la religación estudiada en HD; y que es presentada como hecho inconcuso desde la APR de la realidad humana[205].

En la modalización del *logos* se describen y analizan como hechos temas como la personalidad, las cosas sentido, el ideal[206] y lo que en algunos textos denomina Zubiri el *mí*. Serían las simples aprehensiones bien analizadas bien creadas como conceptos por X. Zubiri como vida, animal, sentir, intelección sentiente, cuerpo, psique, sustantividad psico-orgánica, *animal de realidades*, personeidad, personalidad, absoluto relativo, dimensiones interpersonales, agente, actor, autor, poder de lo real, voz de la conciencia... tomados como conceptos, como postulados *serías* de lo que la persona aprehendida de forma compacta *sería* en la realidad[207].

Con estos conceptos se construirían las afirmaciones o juicios de lo que la realidad humana es *en* realidad: el hombre tiene un sistema de notas según las cuales decimos que está vivo, es un animal que tiene IS,

---

Por el contrario, si el sujeto mantiene la tensión espiritual [...] el conocimiento humano adopta posiciones integradoras [...] se configura progresivamente en sistema, reflejo fiel del carácter relacional – sistemático (estructural, dirá Zubiri en Sobre la esencia) de la realidad misma. Para mantener dicha tensión espiritual en la búsqueda de la verdad, se requiere advertir que ésta es un «acuerdo» que el hombre debe conseguir no con entidades que le son en principio externas, extrañas, incluso tal vez hostiles, sino con entidades que forman el ámbito constitutivo de despliegue del ser humano». A. LÓPEZ QUINTAS, «La experiencia filosófica», 460.

[204] Cf. PTH 57 y HD 115s.

[205] Cf. PTH 58. Se llega a la religación no por teoría sino por análisis de hechos. Cf. HD 93, 128-129.

[206] De gran importancia para nuestra interpretación de la moral de Zubiri en sentido eudemónico y no formalista.

[207] Cf. J.L. CABRIA ORTEGA, *Relación Teología – Filosofía*, 417.

es una sustantividad psico-orgánica, es un *animal de realidades*, es un animal personal, es una persona con personeidad y personalidad, es un relativo absoluto, el ser del hombre es Yo, sus dimensiones interpersonales son individualidad socialidad e historicidad, es agente – actor – autor de sus acciones, consiste en religación al poder de la realidad, la realización del hombre es una experiencia teologal[208]. Son afirmaciones todavía pendientes de pensarse en el fondo de la realidad.

La modalización racional da con la esencia de la persona, la personeidad metafísica, su dimensión deiforme, la persona completa en el fondo de la realidad, lo que *sería* el *yo* sobre ese fondo actualizado mundanalmente, el ser de la persona. Paralelamente se da una APR del otro, en el *logos* dentro del campo de realidad como cosa sentido, como constructo, hasta la aparición por la alteridad del tú. Sin embargo es la razón la que abarca los campos antropológicos de la comunidad, el tú – yo, etc.[209].

Como conclusión de este apartado queremos destacar que la persona aprehendida primordialmente abre un campo de realidad personalista, en el que aparecen los otros y la propia realidad personal como punto de referencia ineludible e irreducible al pensar cosista. Es un campo abierto a la persona de forma esencial desde el hecho de la propia aprehensión de la realidad humana.

Que a nivel de *logos* el campo de realidad de comprensión de la realidad personal sea éste implica que para la razón el principio canónico y el sistema de referencia habrán de remarcar entre sus posibilidades y sugerencias las de carácter personalista.

Y no sólo esto, en la modalización racional, la marcha busca el fundamento de la propia realidad personal desde ese ámbito campal convertido en sistema de referencia. Es un pensar decididamente personalista. Desde ahí la construcción del esbozo, del podría ser, tenderá también a serlo. Igualmente el método en su momento de probación física de realidad, tanto para los demás (compenetración) como para uno mismo (conformación) está pidiendo un espacio racional, un modo de conocimiento propiamente personalista.

Nos parece suficientemente aclarado que la *noología* abre un espacio racional propio para la persona que como tal es desarrollado en la reología y la antropología de Zubiri.

---

[208] Cf. J.L. CABRIA ORTEGA, *Relación Teología – Filosofía*, 417-418.
[209] Cf. A. GONZÁLEZ, «Dios y la realidad del mal», 193. No siempre que Zubiri usa me, mi, yo puede establecerse un parangón con los modos de actualización noológica.

3.2 Desde la metafísica

En la metafísica Zubiri encuentra un diverso nivel ontológico para el Cosmos que para las personas, esta característica es reivindicada por todo pensamiento que se considere personalista. Heidegger en *Sein und Zeit* muestra que la analítica existenciaria del *Dasein* implica la preeminencia de la persona sobre todos los demás entes y se convierte en el criterio para construir una ontología fundamental. También Scheler habla de *Meta-antropología*, y el autor español L. Polo pide otro tanto en su *Antropología transcendental*[210]. Pensamos que la *noología* exige otro tanto en el trato reológico de la persona. Veamos como se articula en cuatro puntos: la tipicidad trascendental en SE, la evolución de la noción de Suidad, la causalidad personal y la interpersonalidad.

3.2.1 SE centrada en Esencia abierta

La primera obra capital y orgánica concluye con el estudio de la única *esencia abierta*, la humana; la única que, por añadidura, reúne las condiciones para ser considerada auténtica sustantividad frente al Cosmos[211].

En SE la persona constituye, además del motivo, el cúlmen de la *reología* en el avance noológico por determinar la esencia individual de la realidad. SE que se escribió en un intento de fundamentar metafísicamente la idea de persona «ve la realidad humana como forma suprema de realidad intramundana»[212].

---

[210] Cf. B. CASTILLA Y CORTÁZAR, *Noción de persona*, 368.

[211] Zubiri es un «filósofo profundamente preocupado por la persona, desde los inicios de su pensamiento, hasta el punto de que no es disparatado pensar que la peculiaridad metafísica de la persona como *esencia abierta* es el gran argumento contra el substancialismo metafísico tradicional. Sin embargo, desconfía de las filosofías llamadas *personalistas* por su frecuente endeblez teórica y una cierta precipitación, que no las convierten en las más aptas para la buscada defensa de los valores personales. Sin embargo, esto no impide que se pueda incluir también a Zubiri (al menos parcialmente) dentro del personalismo de nuestro tiempo, como aparece en A. MORATALLA, *Un humanismo del siglo XX: El personalismo*, 167-180». A. PINTOR-RAMOS, *Realidad y verdad*, 288 nota 52.

[212] I. ELLACURÍA, «Introducción crítica a la antropología», 75. Se puede ver repetidas veces esta afirmación, p. e. p. 96, 111. Para este autor en el pensamiento maduro de X. Zubiri la preocupación por la realidad y por la realidad humana no son dos preocupaciones o direcciones distintas (cf. *Ibid.* p. 98). Para hacer la *reología* no hay que acudir a filosofías segundas para revertir en la primera, lo que hay que hacer es volverse a la realidad como ella se muestra para descubrir su estructura. Este volverse a la realidad encuentra su máximo grado intramundano en la realidad humana.

Los lectores se esperaban un personalismo espiritualista a la moda, sin embargo Zubiri presenta paradójicamente una radicación *física*[213] que realza la esencia personal individual y concretamente realizada. Ese fisicismo causó estragos pues Zubiri fue tomado por materialista y cosificador de la esencia, de ahí en parte la complicada recepción que tuvo[214]. Sin embargo la *reología* de la esencia individual muestra la voluntad de Zubiri de consentir en la realidad tomándola en la máxima plenitud y reacciona contra las categorías objetivistas. Desde ahí se acoge y descubre la peculiaridad de la persona como esencia abierta.

Zubiri usa una concepción *física* de la esencia que se inspira más en los seres personales que en las entidades materiales o en los seres vivos[215]. Al subrayar el carácter físico se supera el esquema cognoscitivo husserliano de lo ideal frente a lo fáctico. Con ello se logra que la esencia aparezca en su carácter individual concreto, idóneo para expresar la riqueza de la persona, a la vez que supera la dificultad de reducir lo espiritual a lo cósico[216]. Las esencias se insertan en lo real factual en sentido fuerte, *a potiori*, originando un salto de nivel entre cosas y personas[217].

Así la persona como esencia abierta queda elevada respecto a la cerrada no sólo por un grado o por un modo de realidad sino por un tipo.

---

[213] Quintás sitúa a Zubiri junto a F. Ebner, Th. Haecker y G. Marcel en la denuncia del olvido de la dimensión personal y espiritual del hombre. Físico no se opone a metafísico. No es lo empírico formalmente considerado por las ciencias. Físico es un carácter metafísico, carácter físico de la realidad considerado en cuanto realidad. No lo usa como la ciencias físicas sino como la filosofía antigua: designa un modo de ser, un principio intrínseco de las cosas, abarca todo lo biológico y lo psíquico: pasiones, percepciones, sentimientos. El inteligir es también en este sentido físico. Físico es sinónimo de real. Cf. SE 11-13, en la larga «Nota general». Al usar el término físico no se contrapone «a espiritual, sino a meramente intencional, mero sentido, ideal, lógico, predicativo, etc. Lo que Zubiri trata es de evitar que se consume el proceso de volatilización del ser espiritual». A. LÓPEZ QUINTÁS, «Xavier Zubiri», 340.

[214] Por ello fueron defensivos los comentarios de López Quintás en reacción a la recensión de SE publicada en *La Estafeta Literaria* y realizada por P. Cepeda Calzada. Cf. A. LÓPEZ QUINTÁS, «Xavier Zubiri», 336.

[215] Cf. SE 211-248, sobre la esencia individual.

[216] «el análisis crítico de la objetividad debe ser precedido [...] por el estudio de ese género de entes que [...] suelo denominar superobjetivos, pues sólo de este modo se logra clarificar las categorías de inmediatez y profundidad necesarias [...] el acceso [a la realidad...] más que un envite, es un encuentro» (A. LÓPEZ QUINTÁS, «Xavier Zubiri», 334-335). Este autor conecta el *de suyo* por su carácter superobjetivo con el *Ur-sprung* de Jaspers.

[217] Cf. SE 499-507.

La persona exige abrir la misma tipicidad trascendental, el tipo de realidad es la máxima concreción posible del salto cualitativo entre ambos mundos, personal y material: «Esencia abierta y esencia cerrada son los dos tipos transcendentalmente distintos de toda esencia»[218]. Queda aquí recogida la diferencia ontológica fundamental.

Este salto permite establecer también para las realidades del nivel fáctico una riqueza de sentido reservada a lo ideal en Husserl. Por esta vía queda patente ante el filósofo la prevalencia del ser personal respecto al análisis estructural de las cosas, sin menoscabo del valor entitativo de estas; y se construye un sistema en que el analogado[219] principal es la persona ya que es el único ser que es individual y por ello estricta sustantividad[220].

La categorización de la esencia abierta descubre a la persona instalada en la verdad real y en encuentro con una realidad que es comunicación. En este estar en la realidad poseídos por la verdad se asienta la unidad de las tres notas operacionales del ser humano (inteligencia, voluntad y sentimiento), por integrar estas tres dimensiones desde la apertura se descubre también un auténtico personalismo en Zubiri[221].

3.2.2 La *suidad*: evolución de un término

Para Zubiri en la impresión de realidad lo que se nos da en un primer momento es *de suyo*. Es la realidad como siendo algo suyo, *prius* a la misma actualidad en que me encuentro con la cosa. En el *de suyo* se distinguen cuatro momentos: apertura, respectividad, *suidad*, y mundanidad, mutuamente implicados. Los cuatro son resultado — no en el sentido de efecto causal — de la *ex-tensión* del *de suyo*. Es decir, son la explicitación expansiva del *de suyo* aprehendido en la impresión de realidad. La mundanidad constituye la plenitud del dinamismo expansivo[222].

---

[218] SE 507.
[219] Usamos esta expresión sin compromisos, para Zubiri no hay *analogia entis*.
[220] Cf. SE 242 y A. LÓPEZ QUINTÁS, «Xavier Zubiri», 338.
[221] El personalismo subraya la necesidad de integrar estas tres dimensiones: «Llevando las cosas al límite podríamos decir con Jean Lacroix que "si se pudiera concebir una inteligencia sin afectividad, esta sería sólo la facultad de lo posible. De ahí que se precise el carácter de objetividad que reconocemos al sentimiento: mi afectividad es mi presencia en el mundo. Todo sentimiento es, por ello, sentimiento de lo real, sentimiento de presencia"(J. LACROIX, *Les sentiments et la vie morale*, 6)». E. LÓPEZ CASTELLÓN, «Para una psicología moral del sentimiento», 44-45.
[222] Cf. J. SÁEZ CRUZ, *La accesibilidad de Dios*, 111.

De esta forma aparece en la madurez la *suidad* como un momento trascendental del *de suyo*. Pero este término tiene su historia, una historia que consideramos relevante para mostrar el personalismo de Zubiri.

El origen de la *suidad* lo encontramos hacia 1959 en el esfuerzo por superar el substancialismo en *Sobre la Persona*[223]. Entonces Zubiri critica la teoría clásica de la sustancia y la subsistencia desde el momento de *suidad* del *de suyo*, como nuevo constitutivo formal de la *realidad personal* opuesto a la clásica individualidad. «Suidad es, pues, tener una estructura de clausura y de totalidad junto con una plena posesión de sí mismo en sentido de pertenecerse en el orden de la realidad»[224].

Zubiri expresa el *autós* con *suidad*, entendida como autopropiedad real y libre de tradiciones que lo comprometan, y concentra en esta expresión el momento último de subsistencia en el orden de la realidad en cuanto tal, lo característico de la esencia abierta que no puede no ser para sí[225]. De este modo reemplaza el término consistencia — dándole mayor profundidad — y mantiene la prioridad que le había dado siempre sobre la subsistencia — la consistencia funda la subsistencia[226], pues la «*persona* no es un carácter primariamente operativo, sino constitutivo»[227] —. Ahora con *suidad* se expresa mejor: no sólo hay consistencia y subsistencia sino que en el orden de la pertenencia se identifican como posidente y poseído esto «debe llamarse *autós*, es decir, *auto-propiedad*, suidad»[228]. La realidad personal en su elemento constitutivo se denomina técnicamente *suidad* por ser reduplicativamente en propiedad[229].

Sin embargo, de forma un tanto chocante, no usa esta expresión en SE, 1962. Ahí la esencia abierta se describe desde el *suyo* reduplicativamente abierto del *de suyo* que es la persona, *suyo* abierto talitativa y trascendentalmente. Parece que aún no está madura la incorporación

---

[223] Se trata del inédito, redactado como libro, que originó la composición de SE. Se encuentra en SH 103-151.

[224] SH 117, *Sobre la persona*, 1959. Siempre que el término no se deba a Ellacuría.

[225] Cf. SH 118, *Sobre la persona*, 1959.

[226] Cf. SH 130, *Sobre la persona*, 1959. Esto se mantiene en toda su filosofía, la persona no es un mero sujeto de actos, ni una nota o sistema de notas, sino que es la forma de la realidad humana en cuanto realidad. La realidad humana ejecute o no sus acciones es como realidad algo formalmente anterior a la ejecución.

[227] HRP in 7EA 77, 1959.

[228] SH 130, *Sobre la persona*, 1959.

[229] Cf. SH 110, *Sobre la persona*, 1959. El camino va desde la subjetualidad, por la personeidad hasta la *suidad*, que define la persona como realidad formalmente suya.

del término, aunque sí empiezan a desgajarse dos *suyos* que madurando originarán la definición de *suidad* como el *de suyo suyo*[230].

En el curso EDR, de 1968 se constata un progreso en la terminología de la dimensión constitutiva de la persona, su peculiar *de suyo*. Este avance consiste en ir designando la personeidad como *suidad*, eliminando paulatinamente también el término mismidad para designar la realidad personal y referirlo sólo a los niveles ontológicos inferiores[231]. Con esto la filogénesis de la esencia abierta queda planteada en estos términos:

> Esta personización, el ser persona, digo, consiste justamente en ser de suyo. Si se me permite el brutal vocablo *suidad* (para hacerme entender rápidamente), diré que el problema con que hay que enfrentarse es justamente con el de la transición dinámica y evolvente de la mismidad a la suidad. Es *el dinamismo de la suidad*[232].

Suidad es un momento transcendental del *de suyo*, la apertura del *de suyo* al propio contenido haciéndolo suyo, cuando la realidad «a fuerza de ser misma termina siendo *suya*. Es justamente la suidad de la persona»[233]. Con la esencia abierta «se inicia la suidad, la comunidad y la mundanidad de lo real»[234]. Luego por definición *suidad* es un término descriptivo reológico que se aplica sólo a la persona: «Es *la realidad, ella en sí misma, que se abre a sí misma en forma de suidad, es decir en forma de persona*»[235]. La suidad adquiere concreción al incluir de forma expresa la auto-apertura trascendental, no sólo la autopropiedad talitativa.

A través de esta categoría logra superar los límites del lenguaje logificante. *Suidad* también le sirve para estudiar el espacio. Hablando del espacio en el curso de 1973 dice que, además de la ocupación y la definición como modos de espacio, está la dimensión espacial presentada por trans-definición que tiene la inteligencia. Ésta libera de la definición misma con su función propia del *ex*. Así descubre una espaciosidad exclusiva de la *suidad*: la presentidad, caracterizada por la intimidad, denominada con los rasgos definitorios de la *suidad* (el *de suyo suyo*):

---

[230] Cf. SE 500-504.
[231] Cf. G. FERNÁNDEZ DE LA MORA, «Otro inédito de Zubiri», 70-71.
[232] EDR 209.
[233] EDR 325
[234] EDR 323.
[235] EDR 243.

la realidad humana, es tanto más presente en lo que no es ella (*ex*) cuanto más suya (*in*) es como realidad. Con ello el *intus* cobra un nuevo modo de realidad: es ser formalmente mi realidad en la realidad. Es más *intus* que la mera interiorización, porque es un *intus* que se plasma en un *ex* no por un vaciado, ni por interiorización, sino por ser *de suyo* suya[236],

y emplea el mismo término «suidad» para designar la persona según su espaciosidad, pues los tres modos de espaciosidad:

> Constituyen tres modos de realidad tres modos de ser de suyo: la internidad (si se permite la expresión, la dentridad), la interioridad, la suidad[237].

Entre estos tres modos de ser *de suyo*: internidad, interioridad, *suidad*; el último es el cúlmen, el reduplicativamente ser *de suyo* suyo, que se aplica a la persona humana en exclusiva.

Asistimos a la precisión de la terminología. El *de suyo* propio de toda realidad en cuanto realidad se concreta en la persona como el *de suyo suyo* que se define reológicamente con el término *suidad*. Se llega así a la formulación madura en que *suidad* recoge los diferentes aspectos de consistencia, autopropiedad reduplicativa, apertura intelectiva y forma de realidad transcendental de la persona. Persona es Suidad, suidad es Persona. *Suidad* es un término que surge para designar en exclusiva y desde la IS la realidad propia de la persona, su constitutivo formal. Así es usado en *La concreción de la persona humana* de 1975[238], en el mismo año en PTH: «Su carácter de realidad es *suidad*»[239] y en HD, con su antropología definitiva: la forma de realidad de la persona es *Suidad*[240].

Este término se cruza en parte de su significación con *personeidad*. Por eso compagina con *Suidad* el uso de *personeidad* en *La concreción de la persona humana*: «Personeidad es *suidad*»[241] y consiste en pertenecerse a sí mismo como realidad, ser realidad formalmente suya[242]. También en IRE[243] y en HD[244] se sigue usando personeidad para referirse al núcleo reológico.

---

[236] ETM 179, ESP 1973.
[237] ETM 179, ESP 1973.
[238] Cf. SH 154, *La concreción de la persona humana*, 1975.
[239] PTH in 7EA 178, 1975 y reeditado en 1982 con visto bueno de Zubiri.
[240] Cf. HD 48.
[241] SH 159, *La concreción de la persona humana*, 1975.
[242] Cf. SH 480, *La concreción de la persona humana*, 1975.
[243] Cf. IRE 273. La persona como momento mundanal es personeidad.
[244] HD 49: «al ser persona como forma de realidad le llamo personeidad».

El punto clave para nuestra argumentación lo encontramos en RR. Se trata de un texto de 1979 en el cual Zubiri critica el concepto de realidad supuesto en las filosofías de la relación — quizá en referencia a las tesis ruibalistas que por aquél entonces llegaron a sus oídos como acusación de no originalidad —[245]. Para realizar esta crítica usa la noción de respectividad, pero, decimos nosotros, ahora marcada por el rasgo personal de la realidad que vuelve sobre su realidad, realidad autorespectiva. La respectividad funda en el *de suyo* dado en IS la suidad. Este *de suyo* es llamado *suidad* y aplicado, *sin reservarlo a la persona*, a toda la realidad: «realidad es formalmente *suidad*»[246]. ¡Qué sorpresa para sus estudiosos!

En RR[247], como también ocurrirá en IRE, se radicaliza el momento transcendental del *de suyo* dado en impresión, Zubiri lo subraya ampliando la significación de *suidad*. La persona pasa a describirse como suidad reduplicativa y formal[248].

Así nos encontramos con que este nuevo significado amplio se usa en IRE[249], pero con que al mismo tiempo HD mantiene la terminología de EDR, identificando persona y *suidad*.

En RR se muestra que la formalidad de realidad es el trascendental primero. Es un momento física y numéricamente mismo para todo lo real. Aparece la reformulación de la función trascendental. La formalidad de realidad respecto al contenido la hace talidad, y circularmente la talidad en función trascendental determina el modo concreto de realidad[250]. Y como consecuencia de los diversos tipos de respectividad en nivel reológico estricto sólo habrá dos posibles *de suyo*, dos *suidades*. Se trata del Cosmos entendido como la totalidad de las cosas reales en que el sistema está concluso y es esencialmente cerrado y el *de suyo* personal, de carácter abierto por la intelección.

Ante este uso polivalente del término suidad se ha concluido que acaba siendo un término análogo[251]. Suidad se aplicaría estrictamente a

---

[245] No son tan lejanos como pretende Zubiri. Cf. nuestro apartado sobre Amor Ruibal en p. 104. Zubiri analiza los términos de esas filosofías para mostrar su origen en una inteligencia sensible y concipiente.

[246] RR 27.

[247] Especialmente cf. RR 25.

[248] El hombre es «formal y reduplicativa suidad real». IRE 212.

[249] Cf. IRE 121, describiendo los momentos de la reidad.

[250] Cf. RR 25-27.

[251] Éste es el intento de Castilla cuando Zubiri en RR 27-28 aplica *suidad* a todas las cosas en el Cosmos. No deja de señalar que el texto es en sí mismo desconcertante. Cf. B. CASTILLA Y CORTÁZAR, *Noción de persona*, 163-164.

las personas, en un segundo orden al Cosmos, y como analogado más débil a las cosas materiales, además de su uso como momento transcendental. Pero creemos que no soluciona la ambigüedad pues Zubiri rechaza la analogía y la califica de cómodo recurso. Tampoco nos parece suficiente la explicación de que *suidad* en sentido lato es toda realidad, refiriéndose a RR, y que en sentido estricto se aplica sólo a la *esencia abierta*[252].

Hay un nexo más estricto que pide una explicación, ya que *suidad* es una de las dimensiones transcendentales del *de suyo*. No basta limitarse a la mera constatación de un uso diverso.

Nuestra hipótesis consiste en subrayar que Zubiri proyecta sobre el Cosmos y el *de suyo* una categoría personal. Es decir, usa un término que había adquirido su última precisión en la conceptuación de la persona, y que como tal se usa posteriormente en HD, para poder describir reológicamente la totalidad de lo real. No se trata tanto de un retroceso, una imprecisión o una analogía como de una manifestación de su modo de pensar personalista. Por esta mentalidad recurre a una categoría metafísica adquirida en el análisis de la persona para aplicarla a la totalidad de la realidad e implicando la revisión trascendental de la respectividad como momento de la realidad en clave personalista.

Por eso en EDR es la persona la que trascendentaliza la realidad entera, o ésta la que se trascendentaliza en la persona. Creemos que la ampliación del término *suidad* desde la persona como *esencia abierta* a toda la realidad es una prueba del personalismo de Zubiri, ya que piensa las cosas desde las personas[253]. Esto explicaría la continuidad de pensamiento y la ampliación del término.

Después se sigue manteniendo un marcado corte personalista en el uso de este término. Además a la altura del último Zubiri sólo son suidades realmente existentes las personas e impropiamente el Cosmos[254], y estos se diferencian en el plano trascendental, precisamente en el carácter de apertura a la propia realidad que es característico de las personas y definitorio de la suidad. Sin embargo esta forma de pensar unida a la exclusión de la analogía metafísica origina serios problemas a la hora de categorizar las cosas con cierta tendencia al monismo. Creemos que Zubiri lo rechaza, pero su sistema está pidiendo en el nivel de

---

[252] Cf. A. PINTOR-RAMOS, *Zubiri* (1898-1983), 46.
[253] Sin ser explícita esta idea nos la ha sugerido la lectura de: Cf. J. MARTÍN CASTILLO, *Realidad y transcendentalidad*, 219.
[254] Cf. B. CASTILLA Y CORTÁZAR, *Noción de persona*, 332.

razón una revitalización o incluso refundación de la analogía metafísica. Sin ella la misma extensión trascendental queda coja[255].

Conociendo esta evolución de la suidad se pueden actualizar textos antropológicos anteriores, p. e. el artículo de 1959 «El problema del hombre»[256]. Se trata de un análisis descriptivo que llega hasta la persona partiendo de las vivencias y la personalidad. Así el Yo remite al mi, el *mi* remite por el *me* al mí mismo, el mí mismo no es identidad sino mismidad, y ésta se caracteriza por el momento de propiedad. Aparece aquí el problema de la insuficiencia terminológica pues *mismidad* es común a hombres y animales, no basta para expresar esa autopropiedad. Sin embargo, aunque todavía no esté elaborada la ligazón entre lo constitutivo y lo operativo (personalidad y personeidad) se descubren ya tres niveles: operativo, constitutivo y trascendental; estos aspectos del hombre se concretarán más tarde en términos como *animal de realidades, suidad* y persona[257]. Sólo apoyándose en el desarrollo posterior puede concluirse a partir de este texto como lo hace Cambres: «El hombre posee como forma de realidad la *suidad*, el ser suyo. Las cosas poseen la realidad pero no son formalmente *suyas*. La *suidad* constituye la razón formal de la *personeidad*»[258]. Esta afirmación presupone interpretar desde la última *reología*[259].

En conclusión, el término *suidad* aparece en el análisis de la persona y su peculiar *de suyo*, se concentra y afina paulatinamente en la misma persona adquiriendo para ella su plenitud de significado, útil para describir su núcleo constitutivo. En paso posterior se extiende al Cosmos y a lo real. Creemos que esto prueba un modo de pensar personalista.

3.2.3 EDR y HD: la causalidad personal

Abordamos ahora un tercer argumento metafísico, esta vez desde el punto de vista del dinamismo de la realidad.

Zubiri coincide con los personalistas en la necesidad de formular la causalidad de tal modo que dé cuenta de las peculiares relaciones interpersonales, p. e. con Nédoncelle y su reivindicación de una causalidad personal[260]. En este terreno su reología elabora paulatinamente un nue-

---

[255] Este problema se manifiesta en el Cosmos. Cf. p. 265.
[256] En este artículo aún no distingue X. Zubiri entre modo y forma de realidad. Distinción que trataremos más adelante dentro de la noción de persona.
[257] Provisionalmente y a falta de ulteriores precisiones.
[258] G. GÓMEZ CAMBRES, *La realidad personal*, 157-158.
[259] Relectura que no es avisada en muchos casos.
[260] Nédoncelle es el personalista que más ahonda en esta causalidad que denomina

vo concepto de funcionalidad abierto a la causalidad interpersonal que constituye otro argumento a favor del personalismo zubiriano. Zubiri «tiene en cuenta la realidad humana que está caracterizada metafísicamente por no ser un *qué* sino un *quién*. Y por ello forja una idea de la causalidad que se aplica al *quién* en cuanto *quién*»[261].

Zubiri sustituye la noción clásica de causalidad por *funcionalidad de lo real*. La inspiración le viene de la física contemporánea[262] y la fundamenta en el *entre* del *logos* como ámbito funcional de respectividad[263], sacando la causalidad del ámbito racional[264].

Esta sustitución no tiene un fundamento meramente negativo, pues no se trata sólo de una reacción contra la reducción de los cuatro géneros de causa a la sola causalidad eficiente y positiva que se ha dado en los últimos siglos[265]; tampoco se debe en exclusiva a la crítica

---

intersubjetiva, indicando su ausencia en el personalismo francés. Para él es la comunión en su versión dinámica bien sea con Dios o con los demás. Mounier la enuncia pero no la profundiza. Cf. M. NÉDONCELLE, *Personne humaine et nature*, 12 y 156s., e *Intersubjectivité et ontologie* 145-153; E. MOUNIER, *Traité du caractère*, 406-482, citados en J. PÉREZ-SOBA, *Amor es nombre de persona*, 20-21. Esta causalidad intersubjetiva está presente en Mounier en 1947, en Nédoncelle en *La reciprocidad* en 1942, y en los dos escritos citados de 1963 y 1974, este último con el desarrollo más amplio. Zubiri aborda el tema en EDR en 1968. Las perspectivas son diversas, pero se descubre una misma preocupación personalista. La causalidad personal también en Zubiri es la forma de dar de sí más acorde con la constitución de la persona: el amor.

[261] G. GÓMEZ CAMBRES, *La realidad personal*, 223.

[262] «la física actual se despreocupa totalmente del movimiento considerado como estado del móvil y lo único que le importa es la relación *funcional* de una realidad con otra». PFMO 85. Zubiri lo descubre en el cambio del determinismo al principio de indeterminación. Cf. NHD 333, «La idea de naturaleza: la nueva física» y V. ARRIBAS MONTES, «El tema de la ciencia», 21-22.

[263] Noológicamente la funcionalidad no es una relación de unas cosas con otras sino que es un carácter estructural del campo mismo en cuanto campo. Y unas cosas dependen de otras porque están incluidas intrínsecamente en el campo, que es constitutivamente funcional. El campo no es algo que envuelve a las cosas sino un ámbito de realidad que generan las cosas como realidades entre otras, por su respectividad. Cf. M.L. ROVALETTI, «Hombre y realidad», 73 nota 22.

[264] El cúlmen de la causalidad reducida y cosificante llega de la mano de Leibniz quien reduce la causalidad a razón suficiente. Es el colmo de haber inscrito el problema de la realidad dentro de la razón, y eso que aún distinguía entre *arkhé* y *aitía*. Para Zubiri lo primero no es el principio de razón suficiente, sino la aprehensión de realidad. Cf. HV 72-73.

[265] Zubiri tiene que superar la reducción de la causalidad a la eficiente, culminada en su versión lógica en Leibniz con la razón suficiente: «Y de hecho el sentido de la palabra causa ha sufrido una restricción importante en el curso de la historia, en la cual el concepto de causa material y formal, en tanto que causas, es más que discuti-

empirista del principio de causalidad[266]. La funcionalidad de lo real es un logro de su metafísica que llega a un concepto noológico que amplía la causalidad tradicional dando cabida en su irreductibilidad a la acción interpersonal. En esta *funcionalidad de lo real* entran tanto la causalidad eficiente o productora y la causalidad personal. La primera es propia de las esencias cerradas; mientras que la segunda de las esencias abiertas, de las personas[267].

Esta ampliación tiene dos planos.

Uno es el plano de la causalidad considerada en sí misma. Para Zubiri no bastan los cuatro géneros de causas, o cinco según la tradición que se siga, material, formal, final, eficiente y ejemplar, para dar cuenta de todos los fenómenos que hacen relación a este tema. Es el caso de la amistad, de la causación real que se da en la relación interpersonal y de la forma de causación de Dios en la constitución del propio Yo. Todos estos fenómenos le hacen ver la necesidad de ampliar la metafísica con otro género de causas, es lo que él denomina causalidad personal o interpersonal.

Otro plano lo constituye la fundamentalidad. Existe una experiencia fundante de la funcionalidad desde la respectividad que permite fundamentar la causalidad. Se trata de englobar las causas físicas normales dentro de una noción descriptiva más radical y también más amplia. Es la noción de *funcionalidad de lo real*, que fundará tanto una causalidad talitativa como una trascendental, material una y personal la otra.

La introducción de la causalidad personal es un argumento más a favor del carácter personalista del sistema zubiriano. Este concepto no aparece repentinamente por eso señalamos la evolución de esta noción.

1.– En un primer paso *se introduce el nuevo género* de causa personal dentro de la causación. En EDR, distinguiendo entre causalidad y

---

ble, y prácticamente ha desaparecido. La finalidad se estima que es una cosa propia y exclusiva de las acciones humanas. Y, por consiguiente, ha quedado reducido el problema de la causalidad al problema de la causa eficiente. Reducción lamentable, pero como quiera que sea, prejuzgada ya en la propia exposición del problema de la causalidad en Aristóteles». EDR 74. Aristóteles no diría expresamente qué es la causa como principio.

[266] Con Galileo la causa eficiente pasa del terreno de la causalidad al terreno de la ley de la expresión funcional. Esta causa es la criticada por Hume (cf. EDR 75-77). Su crítica es aceptada por Kant y llevada al terreno de los juicios sintéticos como condición *a priori* del conocimiento (cf. EDR 77-79). Este camino conduce a un determinismo físico que afecta a la sociología y la historia y que parte del efecto y no de la causa descrita, camino inverso al de Aristóteles (cf. EDR 80-81).

[267] Cf. G. GÓMEZ CAMBRES, *La realidad personal*, 245-246.

causa[268], define causalidad como funcionalidad. Dada una causación determinada, la causa ejerce una influencia sobre la realidad del efecto. La causalidad consiste, por parte de la causa, en la funcionalidad de la causa en cuanto real que influye en el efecto en cuanto real. Y, por parte del efecto, en su dependencia en cuanto real de la causa también como real. La causalidad tiene dos elementos: «la dependencia del efecto y la influencia de la causa como momento de la formalidad de lo real *qua* real»[269].

Pero causalidad, causa y efecto no agotan la *funcionalidad de lo real*. La causalidad es sólo un tipo de *funcionalidad*.

Según EDR la funcionalidad y la causalidad, lo subrayamos, se percibe inmediatamente[270]. En cambio no ocurre lo mismo con la causa, pues en la inmensa mayoría de los casos no se aprehende inmediatamente cuál es.

La causalidad como *funcionalidad de lo real* en cuanto real no es propia ni de la causa ni del efecto, sino que es la función o determinación unitaria y simultánea de la causa como causa y del efecto como efecto[271]. La realidad que es formalmente un *de suyo* da efectivamente de sí en la causalidad. «Este dar de sí en funcionalidad de lo real en tanto que real es justamente la causalidad»[272]. Concebida así la causalidad se constata que «la realidad es en sí misma activa: le basta su conexión con otra realidad para entrar en actividad. Es una especie de actuosidad»[273]. La actuosidad se funda en la respectividad y funda la actividad. Por ser actividad hay causalidad no al revés. En este sentido, como momento dinámico la causalidad es un constitutivo éxtasis[274], es la estructura del dar-de-sí en respectividad[275]. En la causalidad hay determinación, pero sin que haya determinismo[276].

Un *de suyo* es más causa en la medida en que es más extático. Por ello la causalidad de las acciones personales sobrepasa la causación

---

[268] Cf. EDR 89.
[269] EDR 85.
[270] Cf. EDR 317. Desde la intelección sentiente como impresión de realidad se superaría la crítica humeana y kantiana, la realidad abre el ámbito de condiciones reales donde está la funcionalidad en respecto al momento de realidad, no al talitativo. Cf. EDR 83-85.
[271] Cf. EDR 89 y 318.
[272] EDR 97.
[273] EDR 88.
[274] Cf. NHD 413-414, IPD.
[275] Cf. EDR 318.
[276] Cf. EDR 319.

física. No hay determinismo en la acción personal, se es tanto más causa cuanto más libre se es, si bien una vez ejecutadas se puede decir que están determinadas unívocamente; siempre los antecedentes personales están puestos por las personas mismas, de ahí que la persona sea libre: «la libertad es la forma suprema de causalidad, porque es la forma suprema del éxtasis»[277]. Se da una inversión en cuanto a la consideración clásica: cuanto más libre se es, más causa se es.

La causalidad personal tiene una fundamentación metafísica estricta, la misma que las causas materiales, y conserva su peculiaridad desde la excelencia de su éxtasis.

2.– En una radicalización *se introduce la diferencia trascendental* gracias a la precisión que adquiere en HD y en IS, donde se profundiza por su relevancia para la moral[278].

Repetidas veces describe ahora la causalidad como *la funcionalidad de lo real en cuanto real*. Incluso llega a calificarla como «noción estricta de causalidad»[279]. Pero al analizar más profundamente la acción de causar aclara que «funcionalidad no es sinónimo de causalidad. La causalidad no es sino un tipo *entre otros* de funcionalidad»[280], «y además sumamente problemático»[281].

La funcionalidad se sitúa noológicamente como un carácter dado y estructural del campo de realidad a nivel de *logos*, por eso se aprehende la *funcionalidad de lo real* en cuanto real y cada cosa por ser transcendentalmente abierta es campalmente funcional en *hacia*[282]. La *funcionalidad de lo real* no es mero fundamento de la causalidad y está dada sentientemente: es sentida, no inferida[283]; percibimos la funcionalidad campalmente pues en el logos sentimos el *por*[284].

Ahora Zubiri asimila la causalidad a la producción causal eficiente[285], moviéndose dentro del reduccionismo contemporáneo para des-

---

[277] EDR 319.
[278] Cf. A. PINTOR-RAMOS, «Dios y el problema», 120.
[279] HD 86.
[280] IL 39.
[281] IL 40. También cf. HD 26-27.
[282] Cf. IL 38; IRA 237.
[283] Cf. IL 39. La funcionalidad es «hecho de experiencia» inmediato. Cf. HD 86.
[284] «Todo lo real *por* ser campalmente real es real funcionalmente, *por* alguna realidad». IL 39. Nunca percibimos la causalidad o el influjo – producto de una cosa real sobre otra. Por esto no es posible refutar el ocasionalismo metafísico en el orden intramundano. Cf. IL 40 y J. SÁEZ CRUZ, *La accesibilidad de Dios*, 125 nota 14. El *por* remite también a la razón y es «funcionalidad mundanal». IRA 238.
[285] Cf. HD 27.

CAP. II: ANTROPOLOGÍA METAFÍSICA, UN PERSONALISMO 163

montarlo, de este modo la causalidad vista en el campo de realidad abierto desde la APR se reduce a un tipo entre otros de funcionalidad de la respectividad de lo real. Junto a él hay otros como la sucesión y la ley[286]. En el *logos* la causalidad no está dada. Así se radicaliza la posición sobre el conocimiento de la causalidad: somos capaces de aprehender la funcionalidad pero sin embargo somos incapaces con la causalidad, se aproxima a la postura de Hume, además la causa resulta problemática en cuanto necesita un contenido o nota para darse, pues sólo se tiene la funcionalidad en su momento de reidad: la causa productiva o no está dada o, por lo menos, puede no estar dada[287]. Pertenece al ámbito de la razón pues es algo inferido, no sentido y por tanto de nivel explicativo.

Desde esta noción de funcionalidad de la que deriva la conceptuación de causa se abren diversas fundamentaciones de la causalidad material, propia de las esencias cerradas, y la causalidad personal, propia de las esencias abiertas[288]. Ahora se separan desde un nivel noológico más radical. La producción remite a la talidad, la interpersonal es funcionalidad real en el orden de la realidad en cuanto personal, es una diferencia trascendental.

Se abre un campo no cosista para la consideración de realidades como el amor, el perdón, el arrepentimiento, la amistad, la ofensa, el mal social, etc. Esta noción acoge otro modo de funcionalidad más radical: el fundamento, Dios como fontanalidad. La causalidad personal se expresa en diversos dinamismos[289] y será en la comunión, entendida dinámicamente como funcionalidad de causalidad interpersonal (donación y entrega) donde alcance su máxima significación[290], resultando

---

[286] Cf. HD 27, 205-206; IRA 237.
[287] Cf. HD 119.
[288] Cf. J. SÁEZ CRUZ, *La accesibilidad de Dios*, 124-125.
[289] «En primer lugar, el aspecto de *ayuda*. En segundo lugar, la actuación bajo la forma de *educación*, en la que se transmite al nacido, ante todo, el sentido humano de las situaciones en las que está incurso y de las realidades con las que tienen que tratar; un niño sólo puede percibir al otro, al prójimo, porque esas otras realidades están envueltas dentro de lo que es previo a todas ellas, el mundo humano en el que a este niño se le ha enseñado a vivir. En un tercer nivel, nos encontramos con la *convivencia social*, la cual confiere modos de mentalidad. Y finalmente un cuarto tipo de influencia es la *compañía*». SH 139, *Sobre la persona*, 1959. Cf. 3DSH 45.
[290] Se concreta en compañía y fuerza de irradiación, ampliando la antigua ejemplaridad. Cf. SH 322, *El problema del hombre*, 1953-54. Es imprescindible en la constitución de mi realidad como un Yo. Cf. J. SÁEZ CRUZ, *La accesibilidad de Dios*, 304.

decisiva en todo el proceso de personalización[291].

Con la noción de funcionalidad aplicable unívocamente a la causalidad personal y a la material, pero que mantiene la diferencia trascendental Zubiri ha dado con una forma rigurosamente metafísica de causalidad personal, un dar de sí de la persona que es amor.

3.2.4 La intersubjetividad

Un último rasgo del pensamiento de Zubiri en que se descubre su personalismo consiste en su noción relacional de la persona y las relaciones interpersonales, consecuencia directa de su forma de acercarse al núcleo de lo real. Al descubrir el de suyo, la suidad y la sustantividad Zubiri supera las posiciones de Husserl y Heidegger: el yo ahora *se funda en la sustantividad* y no es un mero decurso fenomenológico de vivencias en el continuo temporal y la memoria. Su noción de persona se sitúa enfrente del idealismo y las filosofías del sujeto. En él se da un movimiento paralelo a la reacción del personalismo frente al marxismo y el existencialismo aunque dentro de la fenomenología y desde un campo más radical y menos intuitivo, fundamentado en la *noología* y la *reología*.

Con la nueva radicación de la sustantividad humana desaparecen los riesgos de solipsismo de los subjetivismos y se parte de una intersubjetividad que es un hecho radicado en las estructuras más íntimas de la persona. Terminológicamente esto se expresa en Zubiri con un desplazamiento de la subjetividad a favor de la sustantividad, nosotros usamos intersubjetividad en un sentido amplio, conscientes de este importante matiz de Zubiri, y que permite relacionarlo con otros autores[292].

---

[291] En este proyectar y optar que forma parte del dinamismo de la personalización están esencial y dinámicamente introducidos los demás por causalidad personal configurando mi intimidad. Cf. SH 567-568, *El problema del hombre*, 1953-54 y M. ROMÁN, «La realidad personal del yo educable», 101.

[292] No usamos subjetividad en el sentido de la fenomenología de la conciencia. Zubiri no elabora una filosofía del sujeto, de la conciencia, ni de la subjetividad trascendental. Por el contrario, critica el uso de este término aplicado a la esencia de la persona para poner distancia respecto de las filosofías que caen en la sustantivización de la conciencia o en la logificación de la inteligencia. Nosotros usamos intersubjetividad en referencia a la categoría zubiriana de persona en sus diversos esbozos racionales: sustantividad abierta, *suidad*, absoluto relativo, *animal de realidades*, supraestante, persona, personeidad y personalidad, realidad religada, agente – actor – autor, me – mi – Yo, etc. Con este término se puede relacionar la realidad personal zubiriana con pensamientos dialógicos, kantianos y sobretodo con los personalistas franceses. Éste es el sentido del título de nuestra disertación: «Intersubjetividad en X. Zubiri».

CAP. II: ANTROPOLOGÍA METAFÍSICA, UN PERSONALISMO 165

Como consecuencia de la noción de persona sustantiva y respectiva también en Zubiri la responsabilidad, como necesidad psicológica y moral de responder al otro, funda la subjetividad, y no a la inversa[293].

Por eso nos resultaría indiferente hablar de la inter-humanidad, de la dimensión interpersonal, de la inter-personalidad, de la intersuidad o de la inter – sustantividad – humana.

Para Zubiri la subjetividad es una estructura de la persona que deriva de la identidad gracias a la acción de IS, de-sustantiva el yo idealista. La autopresencia bajo la forma de un siempre el mismo, es lo que fundamenta mi identidad y con ella mi subjetividad. «La subjetividad del sujeto está fundada en la temporalidad de la realidad humana, en cuanto implica identidad» (SH 631. *El problema del hombre*, 1953-54). La identidad personal es el fundamento de la subjetividad por ello la subjetividad va articulada a la sustantividad y nunca le es superior. Cf. J. MARTÍN CASTILLO, *Realidad y transcendentalidad*, 215 nota 6 o en uno de sus discípulos: «la sustantividad es superior a la subjetualidad», P. LAÍN ENTRALGO, «Subjetualidad, subjetividad y enfermedad», 51.

La subjetividad como estructura de la persona tiene un fundamento noológico. Se funda en la reflexividad, ésta en la subjetualidad, y ésta en la verdad real (Cf. I. ELLACURÍA, «Apéndice. Esquema y Resumen», in HV 175). Para que sea posible esta vuelta reflexiva sobre sí es necesario que el sujeto esté ya de antemano cabe sí, no es la reflexión lógica. La persona en cuanto IS es afección de sí. «No se entra en sí mismo sino sintiéndose a sí mismo» (IRE 109). Este *sentir-se* no es un acto distinto al de sentir la realidad en APR. En la co-actualidad de la aprehensión la inteligencia se *co-siente* a sí misma.

Reduce a derivada la subjetividad husserliana, el yo radica en el mí. La *cum-sciencia* es un lugar secundario, aunque importante, en que Zubiri coloca la conciencia primordial de Husserl (cf. IRE 161). Si no se lograra su radicación anterior en IS se caería en el vacío. En la reflexión por sí misma no se puede alcanzar el origen radical de una conciencia constituyente, ya que ésta no puede cerrarse. Es una de las aporías al acto de reflexión suscitadas por Natorp (el proceso de vuelta sobre sí se hace imposible pues sería «un volver sobre mi propia vuelta» indefinidamente. Cf. IRE 158 y SE 378). No hay un ámbito de verdades absolutas inmanentes a la reflexión. El yo constituyente es reflexivamente inalcanzable, remite a un fundamento previo. Para Zubiri no hay que entrar en uno mismo; pues se está *en* mí originariamente desde la APR (cf. IRE 158). No hay «un yo puro que tenga o contenga, en el recinto de la conciencia, sus propias vivencias, sino, a la inversa, toda vivencia del sujeto está ya inscrita en el acto originario de sentir-se en co-actualización de lo real» (P. CEREZO GALÁN, «Del sentido a la realidad», 240). La intelección sentiente como mera actualización de lo real es la constitución misma de la subjetividad, es la apertura del ámbito del *mía* (cf. IRE 165). A este ámbito co-aprehendido abre el *hacia* modalizante de la APR.

El sentido vulgar de subjetivo como aquello que se opone a un conocimiento objetivo y adecuado a la realidad, o sinónimo de opinión personal, se articula desde esta subjetividad y su relación con la realidad en IS, es el tema del relativismo que se resuelve desde aquí.

[293] Cf. E. LÓPEZ CASTELLÓN, «Para una psicología moral del sentimiento», 47.

La *reología* antropológica plantea el tema de la intersubjetividad, sin que sea para él problemático como lo es para Husserl superar el solipsismo de la conciencia transcendental[294], en un nivel radical, en la constitución misma del núcleo de la persona, en la personeidad, desde la respectividad constitutiva y remitente. Es decir, para Zubiri los otros, el nosotros — aún no precisamos la terminología con exactitud porque lo haremos más adelante —, están situados reológicamente en un nivel previo al *yo* que se conjuga con la sustantividad en respectividad remitente.

Zubiri profundiza a su modo la verdad contenida en la intuición fenomenológica de E. Lèvinas: «la ética, aquí no viene a modo de suplemento de una base existencial previa; es en la ética, entendida como responsabilidad, donde se anuda el nudo mismo de lo subjetivo»[295].

Para Zubiri los demás no sólo son necesarios en el hombre desde un punto de vista diacrónico: para venir a la vida, sino que desde un punto de vista estructural, la *suidad* que el hombre es no está desvinculada de los demás. *A radice* la realidad humana está modificada internamente por su versión a los demás[296].

Por esta radicación de la intersubjetividad Zubiri es usado por E. Dussel para superar sus fuentes heideggerianas y buscar un fundamento realista para su filosofía de la liberación[297].

Se podría prolongar a Zubiri con M. Buber, para quien el principio dialógico es la única posibilidad de acceso al Ser, un entre muy próximo al entre campal de Zubiri[298], resultaría enriquecedor establecer un

---

[294] «El comienzo en la consciencia, conducido con rigor, contiene una seria amenaza de solipsismo. Husserl se preocupó con la intersubjetividad como con ningún otro tema. Todavía en las partes de su última obra *La Crisis de las ciencias europeas* que sólo han aparecido póstumamente aparece preocupado y en busca de la solución». J. GÓMEZ CAFFARENA, «Notas en torno al pensamiento personalista», 284.

[295] E. LÈVINAS, *Ética e infinito*, 89. Contra el existencialismo en perspectiva ética. También la ética zubirista habrá de centrarse en la persona, Absoluto antepuesto a uno mismo y abierto a los demás, lejos de toda totalidad absolutista y despersonalizadora.

[296] Cf. B. CASTILLA Y CORTÁZAR, *Noción de persona*, 200.

[297] Argote señala la coincidencia entre Zubiri y E. Dussel al basar lo *Otro* — la persona como lo realísimo — en el *prius* fundamental de la realidad. Sólo así deviene la persona más importante que el resto de cosas, pues será en relación a ese *Otro* que se conciban los entes instrumentales y objetuales. La persona es el otro realísimo más allá de toda comprensión. Subraya también el paralelismo con Lèvinas en el *otro* como lo real más allá del ser. Quizá por esto Dussel después de 1973 irá apartándose de Heidegger y acercándose a Zubiri y Lèvinas para fundamentar su pensamiento. Cf. G. MARQUÍNEZ ARGOTE, «Zubiri visto desde Latinoamérica», 325.

[298] Hay paralelismo con las teorías dimensionales no objetivas de Buber (y su cate-

diálogo entre ambos desde una mutua complementariedad[299]. Sin embargo en Zubiri no se encuentra un tratamiento sistemático y completamente desarrollado de la comunión de personas, nosotros intentaremos prolongarlo en la última parte de la disertación.

Conscientes de estas relaciones en los contenidos analizamos dos puntos de interés. En el primero subrayamos el carácter constitutivamente relacional de la persona desde la respectividad. En el segundo indicamos algunas notas importantes para la consideración personalista de nuestro autor en el campo de la intersubjetividad que se deducen del primero.

a) *Noción relacional de persona desde la respectividad*

Zubiri valora ya desde NHD la intersubjetividad, y desde ella se le abren las puertas al pensar metafísico:

> quien se ha sentido radicalmente solo, es quien tiene la capacidad de estar radicalmente acompañado. Al sentirme *solo*, me aparece la totalidad de cuanto hay, en tanto que me falta. En la verdadera soledad están los *otros* más presentes que nunca.
>
> La soledad de la existencia humana no significa romper amarras con el resto del universo y convertirse en un eremita intelectual o metafísico: la soledad de la existencia humana consiste en un sentirse solo, y, por ello, enfrentarse y encontrarse con el resto del universo entero[300].

Si ya el origen mismo del filosofar es visto como un posibilitar y un abrirse a la realidad radical de los otros veamos como se concreta en la noción de persona.

---

goría de *entre*), los espacios dimensionales de K. Heim, la condición atmosférica de los calores Le Senne, y las realidades de cuatro dimensiones (H. Conrad Martius). Cf. A. LÓPEZ QUINTÁS, «Xavier Zubiri», 333 nota 41.

[299] Señala Vilá que «Buber estudió en Universidades que también pisó y conoció Zubiri, y estamos seguros que Zubiri había leído a Buber y conocía intelectualmente su pensamiento y que estaba de acuerdo en muchas cosas de su filosofía» (M. VILÁ PLADEVALL, *Las dimensiones de lo interhumano*, 142).

[300] NHD 287, «Hegel y el problema metafísico». Este texto va precedido: «En genial visión, decía oscuramente Aristóteles que la filosofía surge de la melancolía; pero de una melancolía por exuberancia de salud *katà physin*, no de la melancolía enfermiza del bilioso *katà nóson*. Nace la filosofía de la melancolía, esto es, en el momento en que, en un modo radicalmente distinto al cartesiano, se siente el hombre solo en el universo. Mientras esa soledad significa, para Descartes, replegarse en sí mismo, y consiste, para Hegel, en no poder salir de sí, es la melancolía aristotélica justamente lo contrario». NHD 287. Cf. NHD 283-287.

Hay autores que han usado la relación para conceptuar la persona, como Buber y Lèvinas, pero esta conceptuación corre siempre el peligro de leerse como reformulación de la categoría clásica del accidente relación. Este problema lo intenta superar Zubiri elevando el accidente al orden transcendental desde su visión estructural de la realidad con el nombre de respectividad.

El término relación no es negado sino relegado a un puesto derivado[301]. La respectividad se sitúa en el orden constitutivo esencial de toda sustantividad, y pertenece al orden trascendental. Si se contempla la relación sólo desde el plano categorial pierde fuerza y, por otra parte, puede causar la apariencia de que hacer hincapié en la relación va en detrimento de la consistencia del individuo.

Pero esto no tiene porqué ser necesariamente así. Éste es el intento de X. Zubiri y de otros pensadores personalistas. La respectividad constitutiva y remitente a toda otra forma de realidad, especialmente en apertura al otro humano hacen de la filosofía de Zubiri una antropología del *con*.

> la relación aparece inseparablemente unida al ser. Aunque en el acto de ser no se pueda hablar de determinación, el *con* es algo que caracteriza el acto de ser del hombre y le distingue del acto de ser del Cosmos. Subsistencia y relación aparecen hermanadas en el nivel transcendental. Ahí la relación no es un accidente[302].

Se trata — usando una terminología que no emplearía Zubiri — de un relacionismo objetivo. X. Zubiri concibe las cosas y el ser humano como un haz de relaciones, relaciones co-constitutivas, ni derivadas ni surgiendo de una realidad previa ya dada. La esencia de la sustantividad radica en la respectividad constitutiva de sus notas.

Junto a la respectividad constitutiva las notas abren desde sí mismas una respectividad a otras realidades y a toda la realidad, es la respectividad remitente al Cosmos y al Mundo. Así resulta que las otras cosas, el Cosmos y las otras personas, están por respectividad constituyendo mi propia realidad aún antes de que yo sea consciente de ello. No se trata de un proceso existencial o vivencial sino de un momento ontológico en la constitución de la *suidad* que repercute tanto en la personeidad como en la personalidad. En consecuencia los otros están en mi vida y en mi constitución casi antes de que yo exista, no son un añadido

---

[301] Cf. todo el artículo RR.
[302] B. Castilla y Cortázar, *Noción de persona*, 375.

accidental a un sujeto constituido, sino que esencialmente forman parte de mí[303].

Lógicamente resulta incompatible con la *reología* todo sistema que aísle la persona en el individualismo o parta de una consideración de un sujeto al que se añaden *a posteriori* las relaciones con los demás.

Pero al mismo tiempo, por la respectividad constitutiva de las notas de la *suidad* humana, la persona tiene una dimensión individual irrepetible, y por tanto no hay prioridad de lo social ni de lo histórico sobre la persona. La persona está intrínsecamente abierta al otro desde sí misma, co-determinada por ella a nivel constitutivo y simultáneamente es irreducible a un número de la sociedad, siendo un constituyente irrepetible suyo. La riqueza de cada persona es intrínseca y previa a la socialización en que derivan las teorías inspiradas en Marx. Zubiri logra el equilibrio al conjugar respectividad constitutiva y respectividad remitente. La persona, *esta* persona, es un absoluto relativo inalienable[304].

b) *Intersubjetividad*

Profundicemos un poco en la realidad de la intersubjetividad. Un esbozo que realiza Zubiri para justificar racionalmente la dimensión intersubjetiva parte de la ciencia biológica y de sus datos genéticos y los eleva hasta sus consecuencias en la antropología metafísica. En esto consiste justamente la vía antropológica del *phylum*, elemento que resulta necesario tratar dentro de la antropología zubiriana. Pero a Zubiri no le convence del todo, ya que lo ve como un estrato inevitable[305]. Es necesario buscar un fundamento personalista que lo sobrepase dando cuenta al mismo tiempo de los hechos científicos. Se trata de un nivel más radical, de un esbozo racional a un tiempo superador e integrador del análisis talitativo – positivo. Esto no supone ningún desprecio de lo genético sino un cambio de óptica racional inspirado en otra de las sugerencias que surgen del campo de realidad[306].

Esta necesidad se refleja en otro campo de la antropología no menos curioso, la corporeidad. Esta dimensión de la persona se descubre hecha para la comunión, y desde ella queda manifiesto que el hombre está

---

[303] No sólo se trata del esquema filético multiplicativo de la especie.
[304] Estos rasgos se tocarán de forma más extensa en desarrollos posteriores.
[305] Cf. EDR 253.
[306] La sugerencia que toma Zubiri para la apertura intersubjetiva de la persona estaría más próximo a un modelo tomado del Dios Trino que a uno del mundo biológico Señala Castilla que como Sto. Tomás, Zubiri ve mayor similitud entre el hombre y Dios que entre los ángeles y éste.

por encima de la especie, mientras que el animal sólo tiene sentido dentro de ella y del Cosmos. Es necesario completar el esbozo filético con la dimensión corpórea de la intersubjetividad para ahondar más.

La meta a la que llega Zubiri descubre lo definitorio de la convivencia y de la intersubjetividad en la versión al otro desde la propia realidad *qua* realidad[307]. Se trata de un nosotros transcendental desde la respectividad sentiligente que eleva lo meramente filético a comunicación de realidad[308]. Se abren así las puertas a una filosofía de la intersubjetividad como comunicación radical de realidad interpersonal, ya que el hombre es *animal de realidades*. Esta comunicación de realidad es similar a la comunicación ontológica entre las personas de G. Marcel. Habría un *co-esse* auténtico, susceptible de análisis crítico y de racionalización noológica[309]. De este modo la persona en su consideración trascendental, en su más íntimo ser o realidad pide la pluralidad de realidades personales. Zubiri fundamenta la socialidad humana en la persona como realidad, no sólo en la naturaleza como el aristotelismo[310]. La comunión encuentra su fundamento en la apertura de la *suidad* y se concreta en una capacidad metafísica denominada habitud de alteridad.

Zubiri distingue dentro de las relaciones intersubjetivas entre la comunión y la sociedad que concretan la habitud de alteridad en dos modalizaciones. La comunión se dirige a los demás hombres en cuanto personas, concretar su papel y lugar es un paso de esta disertación, pero ya es signo de personalismo el distinguirla ontológicamente de la habitud de alteridad y de la socialidad.

Las consecuencias de esta nueva radicación no sólo subrayan el carácter personalista del pensamiento zubiriano sino que se desborda en campos como la ética, la organización social, la política, etc.; su influencia llegaría a todas las ciencias humanísticas, desde la pedagogía a la medicina. Son ámbitos de desarrollo de la filosofía zubiriana que actualmente se están explorando con mayor o menor éxito.

Zubiri señala como elementos constitutivos de la comunión la receptividad y la entrega. Al recibir se enriquece uno con lo que el otro en-

---

[307] Cf. EDR 253-254.
[308] Cf. B. CASTILLA Y CORTÁZAR, *Noción de persona*, 241.
[309] Castilla señala la relación entre X. Zubiri y G. Marcel en referencia a la obra *Position et approches concrètes du Mystère ontologique*, 82. Cf. B. CASTILLA Y CORTÁZAR, «Comunión de personas y dualidad», 167.
[310] La naturaleza en cuanto común, lo que fundaba la comunidad y la sociedad humana, mientras que la persona, en razón de su incomunicabilidad parecía tender sobre todo a la individualidad. Cf. B. CASTILLA Y CORTÁZAR, *Noción de persona*, 357-358.

trega y, al mismo tiempo, se fortalece y hace feliz al otro, ya que el aceptarlo es uno de los mayores dones que se le pueden hacer. Dentro de la comunión aparecen dimensiones intersubjetivas como el acoger — actitud activa — y la aceptación — creatividad activa —[311]. Son dimensiones dentro de una co-determinación en el nivel de comunicación ontológico personal. Esto lo vemos, p. e., expresado en el amor personal[312]. El objeto del amor (en su forma de *agápê*) es la realidad misma en cuanto tal del ser amado. La *agápê* no sólo es una dimensión ontológica antes que operativa del amante, sino que además — al ser pura efusión desde la persona — coincide con la misma persona y conduce a la compenetración. Para Zubiri la realidad de la persona es el amor y éste es metafísico[313].

Por estos rasgos que tan sólo hemos enunciado se ve que el contraste de la antropología de Zubiri con otras formas de pensamiento personalista no proporciona un saldo negativo. Precisamente desde el aspecto más conocido y estudiado de la obra zubiriana — su análisis del sentir inteligente — surge la formulación de una filosofía sistemática de la apertura. Este aspecto permite destacar como característica definitoria de su pensar el haber construido una filosofía de la comunicación. Ahora subrayamos que la centralidad de la persona lleva consigo otra característica esencial: la dimensión intersubjetiva.

Desde esta dimensión se puede afirmar, con mayor fuerza aún, que en nada desmerece del calificativo de personalista. Zubiri elabora una noción de persona, desde la realidad y para ella, profunda y atenta a los ámbitos concretos de su esencia y desarrollo descubriendo como elemento esencial la interpersonalidad.

4. Lenguaje, apertura y personalismo

Tras este recorrido por la filosofía de Zubiri en sus rasgos personalistas concluimos con tres puntos. Primero señalamos cómo estos logros exigen un cambio de lenguaje superador del positivismo y el cosismo y aperturante de un nuevo horizonte. Segundo, concentramos la persona en el rasgo de apertura y, tercero, medimos con el termómetro

---

[311] Cf. B. CASTILLA Y CORTÁZAR, «Comunión de personas y dualidad», 170-171.
[312] Cf. SSV 217.
[313] «La Metafísica es estudio de la realidad, y ésta se constituye merced a una forma misteriosa de gravitación que en el plano personal llamamos amor». A. LÓPEZ QUINTÁS, «Xavier Zubiri. La inteligencia sentiente», 212. Cf. B. CASTILLA Y CORTÁZAR, *Noción de persona*, 355.

de Mounier su pensar en primera aproximación ; en *primera aproximación* porque el movimiento se demuestra andando y creemos que lo enunciado ahora se ratifica con el desarrollo de la disertación.

En Zubiri la peculiaridad personalista del lenguaje filosófico sobre la persona, irreconciliable con una perspectiva centrada en las cosas materiales, se pone de manifiesto sobretodo al analizar la dimensión teologal del hombre, es decir, su dimensión profunda, su realidad en *la realidad*. En la medida que el análisis noológico antropológico se abre a la teología se «obliga al vigoroso pensamiento de Zubiri, elevado siempre *a conceptos metafísicos*, a desplegarse en las categorías personalistas radicales del Dios-con-nosotros»[314].

Se trata de una exigencia que empalma con los compromisos contraídos con otras ramas del saber, que — en círculo exigencial — piden un lenguaje personalista para dar cuenta de la realidad con la que el hombre se haya; comenzando consigo mismo, primera realidad con la que tiene que habérselas. De ahí la importancia de la condición ambital de todos sus conceptos y su trascendencia para la filosofía[315].

Esto supone oponerse de raíz a la positivización realizada en la modernidad por los diferentes saberes. Ésta consiste en tomar los hechos como lo que está ahí, y reducir toda ciencia a lo ahí fundado, comportando un proceso de nivelación de saberes. Ante esta tendencia Zubiri reaccionó muy temprano porque «no se repara en que tal vez no todos los objetos sean susceptibles de igual positivización»[316]. Esta lucha contra el cientismo — y al mismo tiempo a favor de la ciencia de la que era admirador y profundo conocedor — y la cosificación alcanza su meta con la elaboración plena de la *noología*.

Aplicar a la filosofía la inclusión de la persona desde la APR y el campo de realidad implica un cambio radical[317]. A lo largo de la

---

[314] P. LAÍN ENTRALGO, «Xavier Zubiri en la historia», 25.

[315] «El estudio de la condición ambital de los conceptos fundamentales en torno a los que gira el pensamiento de Zubiri posterior a *Naturaleza, Historia, Dios* constituye una clave para la comprender internamente la razón profunda de su actitud respecto a la principialidad de la esencia, la distinción entre realidad y ser, la teoría de la especiación y la evolución, la creación *ab intrinseco* del alma humana, el carácter personalista de la religación, la primordialidad de la verdad real, la intrínseca vinculación de sensibilidad e inteligencia». A. LÓPEZ QUINTÁS, «Xavier Zubiri. La inteligencia sentiente», 213.

[316] NHD 31. También cf. p. 41. «Nuestra situación intelectual».

[317] Respecto a la importancia de la inclusión de la persona en el campo de realidad se ha indicado la posible relación entre von Balthasar y su teoría de la verdad elabo-

CAP. II: ANTROPOLOGÍA METAFÍSICA, UN PERSONALISMO

historia de la filosofía se va ampliando la idea de realidad, pero esta ampliación conlleva una profundización en la misma forma de hacer filosofía.

Pero junto a este desarrollo que afecta a la amplitud de su campo, está el otro, mucho más oscuro, que afecta más bien al tipo de saber constitutivo de la filosofía. Es menester llamar la atención sobre ello, porque es cosa que casi siempre — y el casi lo pongo por prudencia — ha sido preterida: no solamente se han ampliado ante los ojos de los hombres las zonas de realidad, modificándose así el sentido que la realidad posee, sino que ha ido modificándose a un tiempo la estructura misma del saber filosófico en cuanto forma de saber. La *definición* de la filosofía por su contenido, es cosa distinta de su definición como forma de saber[318].

La introducción de la persona en los niveles fundamentales y últimos de la filosofía implica un modo de filosofar personalista irreductible a cualquier cosismo y una ampliación del horizonte. Lleva con éxito a una filosofía sistemática la intuición pascaliana. Para Zubiri los pensamientos de Pascal no han llegado a ser filosofía, pero son:

unos gigantescos esfuerzos por recibir original e indeformada, ante su mente, la realidad del mundo y de la vida humana. En Pascal se asiste, en parte, a uno de los pocos ensayos llevados a cabo para aprehender conceptos filosóficos adecuados a algunas de las más importantes dimensiones del hombre. Por ejemplo, su concepto, tan vago, es verdad, y, por tanto, tan mal entendido y mal usado, de *corazón*. No significa el ciego sentimiento, por oposición a la pura razón cartesiana, sino el conocimiento constitutivo del ser cotidiano y radical del hombre[319].

Zubiri empalma así con las formas de pensamiento del personalismo precisamente por el afán de acceder a lo real *qua* real[320]. Por eso se ve obligado a elaborar una terminología ni objetivista ni cosista, capaz de hacer justicia a la realidad personal en su riqueza. Este esfuerzo de plasmar la persona se palpa en la complejidad, reforma y progresión de los términos heredados de la tradición y en sus neologismos.

Este logro se puede articular en torno a las nociones de apertura y de respectividad. La apertura, noológica y reológica, marca el desarrollo de la antropología en sus dos niveles: talitativo y trascendental tanto

---

rada desde la libertad en estratos ontológicos con la de Zubiri y los campos de realidad. Cf. A. LÓPEZ QUINTÁS, «Xavier Zubiri», 331.
[318] NHD 131, «La idea de filosofía en Aristóteles».
[319] NHD 172, «Pascal».
[320] Cf. A. LÓPEZ QUINTÁS, «Xavier Zubiri», 333.

como en su desarrollo dinámico. La noción que constituye el centro de gravedad de este pensamiento como una filosofía de la comunicación y de la apertura es la respectividad en cuanto determina la apertura de la realidad en todos sus niveles.

En el terreno noológico, la noción central: IS, se asienta sobre la noción de co-actualidad entre lo real aprehendido en APR y la inteligencia en que se actualiza y a la que se le impone lo real como algo dado *prius* con su propia fuerza. Esta noción de mera actualidad es una forma de respectividad entre conocido y cognoscente, el inteligir y la realidad inteligida son congéneres sin ningún tipo de prioridad entre ambos, ya que no se trata de una relación sino de un darse noérgico en que los dos momentos quedan determinados en el mismo constituirse de la acción desde la respectividad. Con esta noción se radicaliza la noción clásica de verdad como adecuación con la noción primordial de verdad real[321]. Es una apertura constitutiva del mismo sentiligir.

En el nivel reológico es la respectividad la noción que está en la base de la sustantividad y la que establece la forma y modo de realidad en función trascendental. Las notas aprehendidas como *de suyo* son respectivas entre sí constituyendo los diversos niveles esenciables y esenciales del *de suyo*. Es la respectividad constituyente. Esta respectividad articula, en unidad fundante, los diferentes subsistemas de notas; en el hombre funda la unidad entre la psique y el organismo. También la respectividad hacia el resto de realidades y hacia *la* realidad establece la unidad respectiva transcendental del Mundo y talitativa del Cosmos. La respectividad remitente establece un universo de conexiones y funda toda relación y correlacionismo posterior.

En el caso del hombre se puede traducir su apertura radical en el concepto de *respectividad*, en el doble aspecto de constituyente y remitente. Es esta respectividad desde la IS la que determina al hombre como *suidad*. La *suidad* es el carácter que determina una esencia como abierta, lo cual, por una parte, marca su propio modo de constitución esencial y por otra establece su lugar propio dentro del conjunto del dinamismo de la realidad. Suidad es lo que hace que una realidad sea persona y, por tanto, todas las demás determinaciones personales emergen de esa *suidad* radical[322]. La transcendentalidad humana constituye al hombre como persona. El hombre es *suidad suya*.

---

[321] Esta noción no se aleja del *verum* transcendental tomista o verdad de la realidad, óntica u ontológica, aunque difiera radicalmente en el plano, en Tomás sería teoría, en Zubiri análisis de hechos.

[322] Cf. A. PINTOR-RAMOS, *Zubiri* (1898-1983), 47.

Así Zubiri consigue una concepción sólida del hombre, la necesaria para edificar un Humanismo auténtico, que engarza con su concepto sumamente aquilatado de lo real en metafísica rigurosa[323]. El hombre es una realidad abierta reduplicativamente gracias a su inteligencia. El hombre está abierto a la realidad y simultáneamente las cosas reales — en su momento de realidad — son apertura respectiva a la inteligencia humana[324].

Pero no sólo está la apertura a las cosas. Mientras los seres vivos son sistemas cerrados pues se hacen a sí mismos por lo que ya son como realidad, el hombre está abierto a toda realidad y además a su propia realidad. Por estar abierto a su propia realidad por la IS no sólo se hace a sí mismo sino que hace su realidad, esto es *realizarse*. Por eso Zubiri dice que el hombre es una sustantividad de tipo abierto en sentido estricto[325]. «Para Zubiri, ser hombre cabal es ser fiel a las implicaciones últimas de un hecho básico: la experiencia de irse realizando día a día como persona»[326]. La inteligencia posibilita que el hombre siga realizando su personalidad.

Por ser *esencia abierta* el hombre tiene que realizarse como sustantividad y este realizarse lo hace *con* los demás respecto a los que se encuentra esencialmente abierto. En esto consiste el dinamismo de la *suidad*, del que depende el dinamismo de la convivencia en sus dos aspectos fundamentales: la sociedad y la historia. Los demás hombres están vinculados a cada uno en forma de estricta convivencia[327].

Esta apertura de la persona tiene una estructura determinada en cada uno, distinta de la los demás. A esto lo llama Zubiri *figura*[328]. La apertura tiene figura porque está configurada por *este* organismo, *esta* inteligencia, *esta* voluntad y *este* sentimiento, que son coprincipios

---

[323] A propósito del logro metafísico dice López Quintás: «Zubiri instaura un discurso filosófico sobrio, implacablemente realista y, como tal, sorprendentemente fecundo y gozoso. La exultación festiva ante la realidad que inunda la obra maestra de Jorge Guillén *Cántico* impulsa cada una de las páginas de Zubiri. [...] A más de un siglo de su proclamación, el lema nietzscheano de "fidelidad a la tierra", es llevado a cumplimiento en la investigación filosófica de un pensador cristiano que ha logrado entender lo trascendente – religioso no como algo alejado del hombre, sino como algo tan íntimo como es el fundamento último de la propia existencia personal». A. LÓPEZ QUINTÁS, «Significación actual del pensamiento zubiriano», 54.
[324] Cf. G. GÓMEZ CAMBRES, *La inteligencia humana*, 44.
[325] Cf. A. FERRAZ FAYÓS, *Zubiri: el realismo radical*, 170.
[326] A. LÓPEZ QUINTÁS, «Significación actual del pensamiento zubiriano», 54.
[327] Cf. I. MURILLO, «Crítica a *Estructura Dinámica de la Realidad*», 272.
[328] Cf. SH 99, *La realidad humana*, 1974.

determinantes de la estructura de la sustantividad abierta. Siempre la apertura es *esta* apertura determinada. La persona tiene una figura abierta a la libre autoconfiguración porque es figura de un realizarse, de un *autós*[329].

Esto consiste en configurar la propia sustantividad abierta como absoluto[330] relativo, es realizar la *suidad* que somos. Es configurarse como absoluto porque al ser abierto está suelto, libre de toda determinación — *ab-suelto* = absoluto —; pero al mismo tiempo este absoluto es relativo, porque depende en la configuración de esa apertura de las demás realidades (cosas y personas). Es un absoluto cobrado en la realidad. Ser persona es ser sustantividad abierta, ser sustantividad abierta es ser *suidad*, ser *suidad* es ser absoluto relativo y esto es la persona[331].

Queda manifiesto que la noción de apertura, fundada en la respectividad, es central para entender la persona, su carácter irreductible y

---

[329] Cf. A. FERRAZ FAYÓS, *Zubiri: el realismo radical*, 172.

[330] En paralelismo con el personalismo se aplica el término absoluto a la persona para indicar que ninguna otra palabra, cualidad o estructura puede sustituir a la persona. La persona es un absoluto respecto a toda otra realidad material o social, jamás puede ser considerada como parte de un todo, sea éste la familia, la clase, el Estado, la nación o la humanidad. Cf. E. MOUNIER, *Manifeste au service du personnalisme*, 524. La defensa de la persona es un principio de discernimiento, no una ideología. Si la persona no es un absoluto queda alienada, reducida a un ámbito que no es el suyo. La persona es irreductible, nótese el paralelismo con cf. G. MARCEL, *Être et avoir*, 277.

[331] El tema del absoluto reviste especial importancia en Zubiri. Quizá en éste punto hace uso inconsciente de la analogía — a la que critica como logificadora — para hablar de Dios y construir el esbozo de su imagen — desde la persona humana, absoluto relativo — como la realidad absolutamente absoluta (cf. HD 171). Para Zubiri la *absolutividad* es el punto de encuentro entre Dios y el hombre. No se trata de idea o concepto, sino de definición nominal del Dios vida. Quizá este punto permita juzgar hasta que punto es posible prescindir de la analogía. Un estudio estricto mostraría si son válidas las formas clásicas de analogía de proporcionalidad y atribución; o si por el contrario es necesario y suficiente desarrollar el concepto zubiriano de elevación (*des-hegelianizado*). En el fondo se trataría de desarrollar una nueva analogía fuera de la analogía, capaz de mantenerse fuera del pensar de la inteligencia concipiente. De todos modos, y fuera como fuese, hay cierta ambigüedad en el uso zubiriano de «absoluto» entre Dios y el hombre, y hasta cierto punto no se diferencia entre absoluto y persona. Cf. J. SÁEZ CRUZ, *La accesibilidad de Dios*, 213-217, 309-311. Este uso del término absoluto es muy próximo al personalismo francés de Nédoncelle y Mounier — que fundamentado en última instancia en la tradición cristiana busca defender la persona (cf. E. MOUNIER, *Le personnalisme*, 12) — y no tanto a Blondel que se mueve dentro de la teoría del conocimiento, como los franceses busca ante todo evitar la disolución de la persona en el absoluto despersonalizado. Cf. M. NÉDONCELLE, «Maurice Blondel, et les équivoques du personnalisme», 126 y J. LACROIX, *Maurice Blondel. Sa vie, son œuvre*, 47.

absoluto, así como su vinculación radical con los demás. Es decir, nos encontramos con una antropología personalista centrada en la apertura en todos sus niveles, en ella penetraremos poco a poco.

Hemos concluido el primer punto de nuestra investigación, el carácter personalista de Zubiri. Este acercamiento nos ha situado ante los puntos clave de su reflexión y nos ha permitido un primer contacto con su antropología metafísica. Creemos que no cabe duda de que esta antropología es personalista, aunque queda apuntado el problema del punto de partida en cuanto hecho y la necesidad de la analogía para evitar que la visión de las cosas desde las personas incurra en monismo.

Concluimos, si se nos permite usar un termómetro filosófico, mostrando que Zubiri cumple las notas de la estructura del universo personal formuladas por E. Mounier[332].

1.– Para Zubiri la persona transciende la naturaleza, exige una nueva ontología y está abierta en su camino de personalización, aunque pueda darse un proceso de despersonalización.

2.– Comunicación superadora de todo individualismo atomista. La respectividad abre la realidad como comunicación y establece un *con* trascendental y constitutivo de la persona.

3.– Conversión íntima con un doble movimiento de recogimiento y exteriorización, que en Zubiri sería la intimidad y el lenguaje o expresión.

4.– Enfrentamiento o exposición por los cuales la persona puede protestar, elegir y conseguir la libertad. Para X. Zubiri la persona es libre necesariamente, tiene que auto-construirse en libertad creadora. Persona es libertad, es creadora y la misma esencia de la razón es libertad.

5.– Libertad condicionada irreductible a una cosa o puro surgir. En X. Zubiri es la dimensión relativa del ser absoluto de la persona, el ser

---

[332] Las notas del pensamiento de Mounier las hemos tomado de cf. J. FERRATER MORA, «Personalismo», in *Diccionario de Filosofía* III, 2555-2556. A lo largo de sus diversos escritos Mounier señala multitud de dimensiones dentro del término persona, que cambian según el momento en que redacta. Así en *Révolution personnaliste et communautaire* señala tres: vocación, encarnación y comunión. En *Le Manifeste* (1936) son cinco los aspectos fundamentales de la persona: *incarnation, vocation, dépassement, liberté, communion. Qu'est ce que le personnalisme?* concentra las dimensiones de la persona en tres: material, interior y trascendente. El estudio detallado de 1949 *Personnalisme*, enriquecido con los descubrimientos del *Traité du caractère* y de la *Introduction aux existentialismes* trata de los siete puntos que hemos seguido con anterioridad. Cf. N. BUPELE, *Personne et Culture*, 49. Todos ellos aparecen de una forma u otra dentro del pensamiento de Zubiri.

cobrado que no surge de la nada sino que se funda en la realidad, la libertad descansa en las estructuras desde su apertura.

6.– Dignidad eminente de la persona. En X. Zubiri está fuera de dudas, más cuando considera la esencia desde el punto de vista individual. Es cada persona un absoluto irrepetible irreducible al mundo material, un tipo trascendental superior y diverso.

7.– Compromiso que posibilita y hace posible la acción. En Zubiri la responsabilidad es tarea de autorrealización de la personalidad a lo largo del decurso vital. El proyecto está vinculado constitutivamente a la dimensión social y de comunión, la persona metafísicamente es amor, *agápê*.

Cumplido el objetivo de aproximarnos y centrar la antropología de Zubiri y su personalismo comenzamos la inmersión en la noción de persona que elabora nuestro filósofo.

SEGUNDA PARTE

LA NOCIÓN DE PERSONA DESDE LA APERTURA

Una vez encuadrado el tipo de filosofía con el que jugamos, vamos a sumergirnos en él. En esta parte presentamos la noción de persona centrándonos en la apertura como su rasgo sobresaliente. Así nos encontraremos capacitados para abordar la intersubjetividad (Parte III). Aunque hay numerosos estudios, ofrecemos una visión global que nos permite desarrollar la intersubjetividad y su nivel de radicación. Compañeros fundamentales en esta marcha en la realidad personal con Zubiri son: I. Ellacuría[1], B. Castilla y Cortázar[2] y M. Vilá Pladevall[3]. Ellos, sobretodo la segunda, nos han permitido auparnos a Zubiri y aventurar nuestra propia síntesis.

La estructura de esta parte se funda en la antropología zubiriana.

Comenzamos (cap. IV) mostrando el inicio noológico de la antropología y describiendo la función transcendental, necesaria para articular el estudio talitativo y transcendental de la persona.

Proseguimos (cap. V) con el estudio del plano talitativo. Los datos de las ciencias positivas[4] y saberes humanos sobre el hombre, junto a un primer acercamiento antropológico, nos presentan las notas de la persona como *de suyo*. Estos datos se incluyen en el campo de realidad descriptivo con el que juega la antropología, aunque sean elementos elaborados racionalmente con su propio método en otras ciencias. Con esta vuelta al *logos* se articula la interdisciplinariedad afinando la descripción y posibilitando un análisis acertado. Aparece aquí la persona como *animal de realidades*, con una apertura esencial que introduce en el orden transcendental.

El paso sucesivo (cap. VI) consiste en alcanzar la noción transcendental de persona mediante la función homónima. Ser persona es ser *suidad, de suyo suyo*, realidad reduplicativamente suya y abierta. La *suidad* presenta la persona como relativo absoluto con sus diferentes dimensiones transcendentales.

La antropología de Zubiri pide considerar el dinamismo de la persona, incluyendo su ser. Este estudio lo abordamos al hilo de la intersubjetividad.

En este recorrido la noción de persona lograda y su anclaje reológico confirman por activa y por pasiva el carácter personalista de la antropología de Zubiri.

---

[1] I. Ellacuría, «Introducción crítica a la antropología», 48-137.
[2] B. Castilla y Cortázar, *Noción de persona*.
[3] M. Vilá Pladevall, *Las dimensiones de lo interhumano*.
[4] Se denomina estudio positivo – talitativo, incluye la filogénesis y la ontogénesis de la persona. Cf. I. Ellacuría, «Introducción crítica a la antropología», 100-110.

Capítulo III

Punto de partida de la antropología y orden trascendental

La antropología metafísica tiene su punto de partida en la APR de la persona concreta. Es inseparable de la *noología*, pues en ella obtiene sus primeros y más irrefragables datos, pues sólo se arranca con verdad real desde el singular concreto y desde la impresión de realidad. Después marcha siguiendo el esquema noológico hasta alcanzar la esencia trascendental de la persona.

Además hacer antropología conlleva empezar haciendo *noología* porque los análisis noológicos coimplican una primera estructura reológica de la persona con un especial valor de verdad. Hacer *noología* es hacer antropología metafísica porque el análisis de la APR tiene implicaciones antropológicas. Entre antropología y noología no hay diferente objeto formal, sólo fijación de atención en el desarrollo racional posterior.

El análisis de hechos inconcusos y de la APR especifican el punto de partida de la antropología. Por ello comenzamos este capítulo concretando la antropología de la APR, lo continuamos atendiendo a su dimensión oblicua, la co-aprehensión de la persona, y lo concluimos con la función transcendental y el ámbito de la realidad que abre.

1. La estructura del inteligir y el método antropológico

Conforme a IS la antropología viene estructurada en su marcha en busca de la esencia del hombre por el análisis del inteligir en dos aspectos: su método racional y su engarce previo y fundante con la noología de la APR.

Primero. El método racional de la antropología es transcendental ya que busca la esencia de la persona en *la* realidad. En esta inquisición parte de las notas percibidas como *de suyo* en la impresión de realidad de una persona. Centra la atención en la realidad humana concreta y describe en el momento de *logos* el hombre aprehendido. Esta intelección campal lanza la razón a esbozar y probar la esencia transcendental. La inquisición racional del antropólogo se rige por el método determinado en la noología.

Al enfrentarnos sentiligentemente con el hombre aprehendido nos encontramos en un primer momento con la esencia humana con todas sus notas, propiedades y caracteres que se nos hacen presentes en su unidad, pero sólo como término de una función indicativa, deíctica. Es la aprehensión compacta y el viejo *logos* nominal constructo[1].

Desde la APR del hombre hay que seguir adelante, liberando la verdad que encierra lo aprehendido en el campo[2]. Esto corresponde al *logos* que reactualiza el *de suyo* humano. Se pasa desde la *reidad* en la impresión a la *reidad allende*[3] la impresión.

---

[1] Este primer paso es ya radicalmente diverso de la perspectiva husserliana. No se trata de encontrarnos con un contenido de conciencia, sino en APR, en unidad previa y fundante. Cf. SE 28 e I. ELLACURÍA, «Introducción crítica a la antropología», 55.

[2] Castilla usa una fórmula desafortunada ya que entiende el seguir más allá de la aprehensión como demostración de que las cosas existan fuera de ella, así lo señala contra Baciero. Opinamos que el plano del logos y de la razón no es salirse de lo aprehendido, no se trata de existencia exterior, se trata de liberar verdad, hay que cambiar el esquema. Baciero subraya más acertadamente el inteligir como mera actualización en que la realidad se da como *de suyo, en propio*, aunque no estamos de acuerdo con su parangón entre verdad real de Zubiri y verdad ontológica de la escolástica. Cf. B. CASTILLA Y CORTÁZAR, *Noción de persona*, 271 nota 52 y C. BACIERO, «Conceptuación metafísica del *de suyo*», 322-323.

[3] Este es un segundo sentido del término reidad. Tenemos la reidad que está en la APR (cf. IRE 57, donde se identifica reidad con la realidad en la inteligencia e IRE 173, donde sustituye realismo por reísmo desde la formalidad frente a la zona de cosas); y la realidad de las cosas en la metafísica, la realidad «como lo que son las cosas allende mi aprehensión» (D. GRACIA, *Voluntad de verdad*, 133).

Pero hay un sentido global: «Porque lo real es siempre y sólo lo que es *de suyo*. Lo real *allende* no es real por ser *allende*, sino que es real por ser *de suyo* algo *allende*. Allende no es sino un modo de realidad. Realidad, repito, es formalidad del *de suyo* sea *en* la impresión, sea *allende* la impresión. Lo impresivamente real y lo real allende coinciden, pues, en ser realidad del *de suyo*; esto es, coinciden en ser reales» (IRE 152). Por eso lo primario es la formalidad del *de suyo* que une ambos sentidos. (cf. IRE 174, 182-183). Zubiri se separa de los sentidos que en el lenguaje filosófico y en el vulgar ha tenido esta palabra (cf.: J. BAÑÓN, «Reidad y campo en Zubiri», 235-265).

Los dos usos se articulan como el *allende* racional y el *aquende* campal. «A mi modo de ver no se puede sostener zubirianamente la absoluta independencia del *allende* con respecto al *aquende*, porque el *allende* no es transcendente *a*, sino transcendente *en* la aprehensión» (G. MARQUÍNEZ ARGOTE, «Genealogía de la palabra rea-

Lo actualizado en la APR se abre en un campo de realidad dentro del cuál el antropólogo incorpora los estudios de las otras ciencias que tienen por objeto la realidad humana para constituir el sistema de referencia descriptivo sobre el que trabajará la razón[4]. En el carácter *físico* se unen las ciencias positivas y la antropología, p. e., la especie considerada por la biología y la metafísica son unívocamente especie; la esencia es la misma para la ciencia que para la filosofía, sólo cambia la estructura racional y el ámbito de la realidad en que ambos saberes proyectan la esencia singular aprehendida[5]. La verdad de la antropología será tanto más rica cuanto más verdad aporte lo talitativo-positivo.

La verdad toma su poder desde la instalación física en la misma realidad humana en su apertura a la reidad por la APR[6]. El recurso a lo *físico* concreto en el punto de partida, a lo empíricamente dado, es tan necesario para la biología como para la filosofía: no se puede partir de una noción abstracta de persona para desde ella edificar una antropología pues resultaría logificada. Sólo así la antropología estará críticamente fundada en las modulaciones intelectivas hacia el *allende* del hombre.

Por ello el antropólogo necesita encontrar un punto de partida sólido, un hecho sobre el que construir. La estructura de la esencia humana

---

lidad», 112 nota 37). Como resultado tenemos que «realidad no es sinónimo de cosa *en sí*, como defendió siempre la metafísica antigua y medieval, ni tampoco de cosa *en mí*, como pensó el subjetivismo moderno. Realidad es algo previo al en sí y al en mí, es *de suyo*, si se prefiere, *de sí*» (D. GRACIA, *Voluntad de verdad*, 139).

Las dos son auténtica realidad: la insuficiencia del contenido en APR lanza hacia la realidad *allende*. Es el hilo rojo que mantiene la unidad entre ambos sentidos. Cf. D. GRACIA, *Voluntad de verdad*, 152. Esta anfibología da pie a lecturas idealistas.

[4] Que la ciencia sea momento ineludible de la antropología no es cientismo. Es «una presencia cuyo aporte fundamental es ir poniendo ante los ojos de modo nuevo una realidad, que se presentará así con una verdad nueva. No se trata, por tanto, de erudición enciclopédica, sino de aunar todos los esfuerzos, vengan de donde vinieren». I. ELLACURÍA, «Introducción crítica a la antropología», 91.

[5] Cf. SE 292 y 298. Zubiri identifica esencia física y metafísica desde la IS. Sólo hay una esencia real. Rechaza el esencialismo abstracto de la inteligencia concipiente. Por eso nunca trata de la especie en sentido lógico, sino en un sentido muy apegado a las ciencias positivas, si bien se trata de un concepto de especie estrictamente filosófico pero no existe distinción entre especie *biológica* y *filosófica*. Cf. SE 244-245.

[6] La APR «es un acto mío, pero en ella aprehendo algo que se me impone, que se me hace presente físicamente — que se actualiza dice Zubiri —. Yo como aprehensor aprehendo algo que no genero yo mismo, algo que o con lo que me encuentro... y que, por tanto, ya era — no temporalmente, sino como fundamento — aún antes de la aprehensión. La formalidad de realidad es un *prius* de la cosa aprehendida respecto de su aprehensión». A. FERRAZ FAYÓS, «Realidad y ser según Zubiri», 75.

sería inalcanzable si no viniese dada desde la APR, pues: «De no tener ante los ojos la esencia misma, todas nuestras consideraciones correrían el riesgo de caer en el vacío, y, sobre todo, careceríamos de punto de referencia para fundamentarlas y discutirlas»[7].

Segundo. ¿Dónde aprehendemos la persona? La respuesta inmediata parece encontrarse en el tú. Sin embargo hay otro punto de partida más sólido: la misma IS con sus derivaciones reológicas sobre el hombre y la persona co-aprehendida en cada intelección, ya que el análisis de la APR muestra su presencia. Estos hechos intrínsecos a la IS son radicales y permiten fundar la antropología, la IS es hecho[8] y es imposible carecer de la co-aprehensión. Al mismo tiempo desde aquí se evita reducir la persona a una cosa entre otras dadas en el campo.

Esto une la antropología a la *noología* en un nivel primario. Por un lado tenemos que aparece una reología en concomitancia con el análisis de la IS, y ahora en el análisis de la APR aparece que en cada intelección y dentro de su momento primordial la persona se hace autopresente, este dato abre con fuerza el camino a la antropología. Por ello el estudio de la persona está ligado doblemente a la *noología*.

Nos centramos ahora en el primero de los dos aspectos: el antropólogo asume datos concomitantes a la noología, dejamos la co-aprehensión para el siguiente apartado.

La noología analiza el hecho de la APR en IS, descubriendo que no es trascendente sino transcendental[9], la reidad abre el ámbito trascendental mediante la atención[10].

---

[7] SE 15.

[8] «Para Zubiri (para mí la cuestión es algo menos clara) la inteligencia sentiente es un hecho, el hecho de la intelección humana, no una teoría». D. GRACIA, *Voluntad de verdad*, 135.

[9] «La genialidad de Zubiri no consiste en el obvio uso que todos hacemos de las palabras recibidas de la tradición, sino en haberle dado un nuevo significado a la palabra realidad. Esta, en Zubiri, no significa primariamente la existencia en sí de las cosas (realismo), ni la existencia objetiva o en mí de las mismas (idealismo); realidad significa primariamente la actualidad de las cosas y de mí mismo *aquende* la aprehensión como formalidad *de suyo*; alteridad real de tipo formal desde la cual se plantea la cuestión de qué sea la realidad como fundamento *allende* la aprehensión». G. MARQUÍNEZ ARGOTE, «Genealogía de la palabra *realidad*», 112.

[10] «Los saberes ulteriores no quedan escindidos del primordial aprehender, sino que, en continuidad estricta con él, quedan *solamente* marginados (cf. IRE 260). El *solamente* significa que nos *fijamos* tan solo en *su* realidad, y esa fijación consiste en ser atención. En la atención distingue Zubiri un momento de centración y un momento de precisión. Por el primer momento nos centramos en la cosa, por el segundo momento marginamos lo ulterior. Son dos momentos de un mismo acto. (arquero:

La APR muestra que el hombre es un ser abierto a la realidad desde la realidad en su primordial inteligir[11].

El análisis del proceso del sentir humano muestra además las tres notas características del hombre: inteligir sentiente, sentimiento afectante y volición tendente[12]. Zubiri dedica la mayor parte de su investigación a la primera, pero las tres van inscritas en la unidad de acción con que la persona tiene que habérselas con la realidad. La noología aporta así la caracterización de las notas esenciales de la persona.

Además la noología muestra la íntima unidad de estas notas. En el estudio del momento de suscitación, donde aparece el inteligir, la prioridad corresponde al momento de afección[13] que es quien concede unidad noérgica[14], con el poder de lo real que imprime, a todo el proceso: tanto intelectivo como en sus dimensiones sentimental y volitiva. Esta unidad noérgica del sentir implica las dimensiones volitiva, sentimental e intelectiva de la APR. No se trata de que exista una estructura paralela a la de la inteligencia con su modalización en una APR, un *logos* y una razón, en la voluntad y el sentimiento (no hay una volición ni un sentimiento primordial). Así la noología muestra la unidad profunda del hombre como *animal de realidades* en la articulación de inteligir sentiente, sentimiento afectante y voluntad tendente. En la noología el antropólogo obtiene el hilo conductor para describir e interpretar unita-

---

centra, precisa y dispara, llegamos a la atención desde el disparo no al revés) Atención, centración y precisión constituyen los momentos del acto constitutivo de la primordial aprehensión». J.F. PINO CANALES, *La intelección violenta*, 28-29.

[11] El término *real* aparece dos veces en la noción de inteligir que es *aprehender algo real como real*. El primer *real* designa el *objeto material* de la aprehensión, «objeto primario y adecuado» (IRE 83): aprehendemos *realidad*, no conceptos ni imaginaciones. El segundo *real* tiene dos funciones: 1.– Indica el «objeto formal propio» del inteligir (IRE 85), por oposición al puro sentir que aprehende lo real como estímulo. Intelección es «aprehensión de realidad» (IRE 54). 2.– Señala la índole estructural del acto de inteligir: estar «vertido» estructuralmente a lo real. Cf. J. SÁEZ CRUZ, *La accesibilidad de Dios*, 36. Cita impropiamente HD 67.

[12] Cf. J.F. PINO CANALES, *La intelección violenta*, 20.

[13] «El momento de afección, como *pathos* que es, viene suscitado por la fuerza de lo real. [...] es esa fuerza la que oponiéndose, constituye y mantiene la unidad primaria de la intelección y de lo inteligido, de la afección y de lo otro, del momento noético y del momento noemático en la unidad noérgica primordial. Aquí la fuerza [... es] lo que Zubiri llama poder, y que atañe al dominio del momento de realidad sobre su contenido talitativo, es dominio de la suidad de la intelección misma sobre su contenido». J.F. PINO CANALES, *La intelección violenta*, 22.

[14] Se trata de la unidad noológico – reológica en la noergia, o en terminología fenomenológica de unidad noético – noemática.

riamente lo que es la realidad humana vista desde su concreta talidad[15].

Esta unidad descubierta en el análisis noológico muestra que libertad, voluntad y sentimiento están en relación íntima y esto también es antropología. Una consecuencia que deriva de aquí, p. e., es la crítica de los existencialismos que substantivizan o absolutizan la libertad[16], pues la libertad se cimienta en la impresión y ésta es fundada y limitada en su apertura a multitud de posibilidades y ámbitos creativos. La libertad no reposa en el vacío o sobre sí misma.

Con los frutos de la noología, la antropología obtiene las notas de la realidad personal. Con ellas busca el modo y la forma de realidad de la sustantividad humana en el nivel de la razón mediante esbozos, la función trascendental se aplica a las notas humanas concretando la apertura del más de la reidad descubierto en la noología.

El antropólogo, una vez estudiado lo dado en APR y reactualizado en *logos*: el *de suyo* humano talitativamente conocido, mediante la función transcendental pasa a desentrañar la esencia. Se eleva dentro de la realidad desde el hombre como *animal de realidades* en el plano talitativo al hombre como *esencia abierta*, *suidad*, persona (personeidad y personalidad) hasta llegar a la persona como libertad, aparece el hombre como trascendentalmente abierto a su propia realidad. Así la noología abre el ámbito transcendental propio de la antropología. La noología lleva consigo una reología, que en un alto porcentaje es antropología.

2. La co-aprehensión de la persona y su tematización

Tras haber visto como la *noología* determina el método de la antropología y aporta datos desde el análisis mismo de la impresión de realidad concentramos el estudio en la co-aprehensión[17].

La misma acción del sentiligir es realidad en sí misma y como tal es susceptible de análisis. En la aprehensión de cualquier cosa en sus notas o estructuras se descubre un momento pre-racional de aprehensión de la propia realidad. La IS está abierta desde sí misma a sí misma. Esto es lo que denominamos co-aprehensión de la persona.

---

[15] Cf. I. ELLACURÍA, «Introducción crítica a la antropología», 95.

[16] Cf. SH 602, *El problema del hombre, 1953-54*; SSV 29 y A. PINTOR-RAMOS, *Realidad y sentido*, 48-51.

[17] En NHD Zubiri habla de la dimensión reflexiva como del *con-sentirse* de la mente. La ciencia de las cosas implica una conciencia del hombre, la mente se convierte en conciencia, prefigura sin precisión terminológica la co-aprehensión. Tampoco está todavía depurada la crítica del conciencismo. Cf. NHD 83, «¿Qué es saber?».

Esta apertura a la propia realidad sentiligente viene propiciada por la cenestesia, el analizador del sentir que conduce a la propia intimidad recubriendo todos los demás sentidos. La cenestesia, por ser el sentido de la orientación y del equilibrio, confiere al cognoscente carácter de punto central en la percepción de lo real. Esta condición de sujeto y centro de vivencias florece en una forma específica de comportamiento respecto a sí mismo: la reflexividad. Necesariamente el hombre se encuentra cenestésicamente lanzado hacia sí mismo. No es posible acto alguno de percepción sin que, de modo simultáneo, se sienta el hombre envuelto en ésta. Reflexión es aprehensión del mí, es entrar en mi propia intimidad[18].

HV conecta directamente entre la verdad real, verdad de la APR, y su correlato reológico: la reflexividad en sentido de coaprehensión:

> Es el segundo momento estructural que la verdad real [...] decanta en el hombre. La subjetualidad del hombre no es simplemente la de un *ego* central en sus vivencias, sino que es una subjetualidad dotada de una intrínseca reflexividad[19].

Se trata de una referencia al *noesis noeseos* de Aristóteles[20]. Sigue:

> Yo no puedo percibir las cosas que no he visto y que no percibiré nunca. Pero el yo *tiene que tener* un modo de ser tal, que sea *inexorablemente objeto para sí mismo*. Y esto es lo que rigurosamente hablando debe llamarse *reflexividad*. La mismidad del sujeto y del objeto en la intelección de sí mismo se funda en la reflexividad del sujeto[21].

Existe una dimensión co-aprehensiva previa al nivel racional que permite el acceso a la persona, es más, lo exige desde la misma situación en que el hombre queda ante la realidad. Así se puede concluir:

> El hombre que forja la teoría más abstracta y más alejada de su propia realidad, realiza un encuentro consigo mismo. Tomemos el razonamiento más complejo, analizado en el fondo; este hombre ha llegado a una conclusión. Pero en esa conclusión el hombre se encuentra a sí mismo[22].

Al inteligir una realidad, el hombre se *co-intelige* a sí mismo. Como el hombre, en virtud de su inteligencia, está abierto a toda realidad,

---

[18] Cf. G. GÓMEZ CAMBRES, *La inteligencia humana*, 31-32.
[19] HV 118.
[20] Cf. *Metafísica* XII, 1071 b, 20; 1072 a, 5; 1074 b, 15-35.
[21] HV 119. Aún no afina la terminología: yo, objeto, etc.; pero el sentido del texto es claro y el nivel pre-racional.
[22] HV 133.

todo encuentro con las cosas es encuentro consigo mismo[23]. Por la reflexividad encontramos la antropología dentro de la *noología*.

El ámbito medial, del *me* — muy próximo a la APR — como primordio de yo es el punto de articulación entre la co-aprehensión y el ulterior autoconocimiento del Yo.

Esta *reflexividad* no consiste, pues, en convertir el sujeto pensante en objeto del pensamiento. El sujeto se está presente a sí mismo, no de modo inmediato, pero tampoco del modo elaborado de la reflexión sobre un objeto, que en este caso sería uno mismo. No se trata de la explícita auto-reflexión, ni es una modalidad del método de la filosofía reflexiva. Ése movimiento intelectual sería posterior, mientras que esta reflexividad es pre-racional. La reflexión ulterior obedece a las pautas de la razón, como es el caso de Leibniz[24]. Si bien este autoconocimiento explícito viene exigido desde la misma dinámica de la *noología*, se trata de un momento derivado porque es un movimiento en el ser personal que revierte sobre la propia realidad: el movimiento del Yo sobre sí. El Yo es el ser de la realidad humana, como el ser se funda en la realidad por ser su respectividad mundanal, es ulterior a la APR.

Contra la sustantivación de la conciencia, el autoconocimiento se desplaza a la razón. Se denomina al autoconocimiento racional conformación[25]. Ésta encuentra su fundamento en la primordial co-aprehensión. La conciencia y la autoconciencia no son sustantividad, sino caracteres de actos concretos. En ellas la co-aprehensión se desarrolla en el nivel de la razón. Conformación[26] es la probación de realidad en que hago experiencia de mí mismo insertando un esbozo (irreal) de posibilidades de lo que soy en mi propia realidad, es conformación con el propio ideal. En la conformación aparece la concepción de la vida como vocación[27]. Esta experiencia de sí mismo en sentido estricto se mueve dentro del nivel noológico del conocimiento.

---

[23] Cf. A. LÓPEZ QUINTÁS, «Xavier Zubiri. La inteligencia sentiente», 237.

[24] Sobre Leibniz dice: «en virtud de la apercepción, al pensar en mí mismo y en mi propia razón, en el yo que es razón, estoy pensando en todo lo objetivamente posible; estoy pensando en el ser y en todas las verdades necesarias. El yo racional es, de esta suerte, la posibilidad misma del conocimiento del ser. Con ello, de nuevo aparece la posibilidad antes que la cosa real». PFMO 162. Véase también la crítica al cúlmen de la filosofía reflexiva de Hegel y del idealismo en NHD 72-73 «¿Qué es saber?».

[25] Zubiri desarrolla la conformación como autoconocimiento en IRA 254-257.

[26] Puede estar en el fondo de la noción de conformación la *experiencia* en los *Ejercicios* de S. Ignacio de Loyola.

[27] Cf. B. CASTILLA Y CORTÁZAR, *Noción de persona*, 182-183.

No se trata ciertamente de la mera aprehensión de mi realidad; esto acontece ya, según vimos, desde la intelección sentiente de carácter cenestésico. Tampoco se trata de una mera afirmación de lo que soy o no soy en realidad, esto es, no se trata de un mero juicio de intelección campal. Decir que lo que realmente soy en el campo de mis violentas reacciones, es tal vez ser un tímido, no es una intelección racional de lo que yo soy como realidad mundanal. Se trata, pues, no de una mera aprehensión de mi realidad ni de un juicio de lo que soy en realidad, sino que se trata de una intelección de lo que es mi realidad como forma de realidad, esto es, se trata de una intelección racional, de un conocimiento[28].

En el autoconocimiento se intelige la personeidad y la personalidad[29].

Entonces uno se hace cuestión para sí mismo. Para lograr este conocimiento se requiere un método por el cual «logro el discernimiento en mí mismo de unas modalidades de realidad a diferencia de otras»[30]. Esta vía es la probación física de mi realidad que procede por esbozos y no se identifica con una especie de relato o examen de uno mismo ya que procede por inserción en mi misma realidad desde sistemas de referencia concretos y que pueden ser diversos[31]. Todo sistema de referencia conduce a un esbozo de lo que *Yo* soy en el fondo. Tengo que llevar a cabo el conocimiento de mí mismo probando a insertar el esbozo realizado en mi propia realidad. De aquí deriva una dimensión ética de la conformación: para que haya auto-conocimiento real de mi Yo siempre he de tratar de conducirme íntimamente conforme a lo esbozado sobre mí. Si la inserción es positiva tenemos la conformación como experiencia de mí mismo. En Zubiri no hay un abstracto «conócete a ti mismo», sino que sólo puedo conocerme según un esbozo de mis propias posibilidades[32]. «Sólo el esbozo de lo que yo *podría ser* insertado en mí como conformación es lo que constituye la forma de conocerse a sí mismo»[33].

---

[28] IRA 254-255.
[29] Cf. IRA 255. La personalidad la tratamos más adelante. Bajo cierto aspecto la personalidad se articula con el campo lógico, la personeidad con la esencia racional.
[30] IRA 255-256.
[31] Esta diversidad se ve reflejada en las diferentes vías que tomaron Rousseau y S. Agustín a la hora de realizar su confesión. Para el primero el sistema de referencia es la naturaleza y encuentra el conocimiento de lo que yo soy naturalmente. Para el segundo el sistema de referencia es mi realidad profunda en relación con Dios, encuentra lo que Dios ha realizado en él y él en Dios, cf. IRA 256.
[32] Cf. G. GÓMEZ CAMBRES, *Zubiri: el realismo transcendental*, 158.
[33] IRA 257.

En conclusión: como lo propio de la realidad humana en cuanto *animal de realidades* por estar dotado de IS es estar realmente en situación real, este *realmente* incluye mi propia realidad, aprehendida oblicuamente. Por ello el hombre se enfrenta con las cosas reales en su situación, no con su situación[34]. De modo ineludible el hombre parte de una auto-aprehensión de su propia realidad ya que su IS es real y forma parte de la misma situación de realidad. Tematizar esta co-aprehensión es vía de acceso a la realidad humana. Esta vía coincide con el análisis noológico de IS que es siempre una IS concreta. En el análisis del hecho radical de la IS se descubre una auto-apertura a la propia realidad. La unidad sin identificación de la co-presencia o co-actualidad de la intelección sentiente es la base fáctica desde donde proceder con seguridad hacia las cosas que nos están presentes y hacia nosotros mismos que nos hacemos co-presentes en ellas[35]. La co-aprehensión nos será de especial utilidad a la hora de radicar la *nostreidad* en la persona, por su parte, la conformación no faltará en la dimensión moral, en la interpersonalidad y en la deiformidad.

3. El estudio talitativo y el plano transcendental

En la noología y la APR hemos encontrado el punto de partida de la antropología. Ahí la IS muestra un lanzamiento hacia lo trascendental. ¿En qué consiste? ¿Cómo se articula? Son cuestiones claves para alcanzar la noción de persona. Para responderlas procedemos en tres pasos. Primero veremos la noología y la reología de los planos talitativo y transcendental. Segundo, estudiamos la función transcendental y cómo articula ambos planos. Tercero, presentamos el orden trascendental de Zubiri con su estructura dimensional y sus rasgos fundamentales, aquí tocaremos un punto esencial: la respectividad.

3.1 *Planos talitativo y trascendental, noología y reología*

La impresión de realidad abre un doble campo. En ella se dan las cosas como *de suyo* en actualidad con sus contenidos concretos. Es lo que hace que esta cosa sea tal cosa concreta, con sus rasgos, características y notas[36]. Pero además en la impresión aparece la reidad, como *prius*

---

[34] Cf. SH 70. *La realidad humana*, 1974.
[35] Cf. A. FERRAZ FAYÓS, *Zubiri: el realismo radical*, 34.
[36] Lo real está presente en APR con carácter de alteridad. Hemos de recordar que aunque los términos *cosa* o *algo*, usados porque no hay otros, sugieran algo dotado de independencia de otras cosas y la noción aristotélica de *sustancia* — aquello caracte-

CAP. III: PUNTO DE PARTIDA DE LA ANTROPOLOGÍA   191

que se impone con el poder de lo real. Esta reidad hace que esta cosa no sólo sea tal, sino que sea real. En el primer caso lo que el hombre conoce es la talidad de la cosa, en el segundo la transcendentalidad de la misma, su realidad[37]. Ambos aspectos se distinguen dentro de una misma actualidad de IS, estudiar uno u otro es sólo concentración de la mirada del antropólogo que nunca debe olvidar su intrínseca unidad[38].

En consecuencia con su sensismo inteleccionista Zubiri afirma que lo transcendental es algo sentido gracias a la *kinestesia*[39]. La transcendentalidad es «el momento estructural según el cual algo transciende de sí mismo»[40]. No se trata de un *trans* conceptivo o fuera de la aprehensión, sería volver al problema idealismo – realismo.

Hay que distinguir entre el sentido metafísico y el gnoseológico de trascender. Filosóficamente son ámbitos diversos aunque indudablemente conexos, y pensamos que en Zubiri la cuestión crítica está resuelta *ab initio* en IS, el uso posterior de trascender, o *transcender* como le gusta decir, no debe situarse en el campo gnoseológico sino en el metafísico. La terminología y la historia de los efectos de largas polémicas pueden ocultar el verdadero punto nodal: el acceso a la realidad realmente en juego es el acceso al momento intensivo y de riqueza que constituye cuanto existe[41].

---

rizado por su radical independencia de todo lo demás, como sujeto o soporte de propiedades —, sin embargo para Zubiri lo real no es sujeto ni soporte, no es sustancia, no es cosa, sino sustantividad.

[37] Cf. SE 416, IRE 214. En SR, curso entre SE e IRE, usa la expresión de realidad *tal como es* y realidad *en tanto que es*. Cf. SR 201.

[38] «Zubiri hace una doble consideración metafísica de lo que es la realidad. Una consideración talitativa, con la que se acerca a la realidad en cuanto es tal realidad. Pero además — y en este *además* se esconde un gravísimo problema metafísico —, una consideración transcendental con la que se acerca a la realidad en cuanto realidad. La talidad incluye la realidad, y la realidad incluye la talidad, pero en le primer caso la consideración se centra — sólo se centra — en la talidad de la realidad, y en el segundo se centra en la realidad de la talidad». I. ELLACURÍA, «La idea de estructura», 123.

[39] «la fuerte impronta sensista del pensamiento zubiriano obliga a tomar en toda su plenitud unitaria los diversos sentires, sin amputaciones intelectualistas, y la transcendentalidad misma es un aspecto físicamente sentido fundamentalmente en el sentir cinestésico, gracias al cual toda realidad dada lo es como *realidad en hacia*». A. PINTOR-RAMOS, *Realidad y verdad*, 306. «Esta realidad se nos da en impresión. Por tanto, la realidad en impresión es lo transcendental. La transcendentalidad es, por ello, algo sentido». G. GÓMEZ CAMBRES, *La inteligencia humana*, 32.

[40] IRE 114.

[41] En este sentido tomamos la sugerencia de Ellacuría de ver entre lo talitativo y lo trascendental el reflejo zubiriano de la diferencia ontológica de Heidegger. En nuestra

La mera actualización en que consiste la IS libera el paso hacia la profundidad de la realidad y propicia la apertura de la reflexión metafísica. Lo propio de Zubiri es señalar que el ámbito trascendental está ya abierto en la impresión. En este sentido se descuelga de la cuestión crítica y se entiende el sentido hondo de que: «La impresión de realidad no es *impresión de lo transcendente*, sino *impresión transcendental*»[42].

Así, p. e., el orden trascendental no será zona de cosas o huera construcción formal sino momento real en el que se manifiesta la riqueza ontológica.

la transcendentalidad no es de carácter conceptivo, sino de carácter físico. Es un momento físico de las cosas reales en cuanto sentidas en impresión de realidad. No es algo físico al modo como lo es su contenido, pero es, sin embargo, algo físico: es lo físico de la formalidad, esto es, la física del *trans* en cuanto tal[43].

El momento de alteridad de la impresión de realidad es intrínseco y por ello *Trans* no significa estar fuera de la aprehensión. Transcendental es la realidad misma en la que se está por aprehensión pero rebasando el contenido determinado de ésta. Lo trascendental se manifiesta ya en el *prius* de la impresión de realidad[44]. Es «*trans* en las mismas cosas sensibles»[45].

«La dualidad noológica de *contenido* y *formalidad* como partes no independientes del momento de alteridad de la aprehensión, tiene como correlato metafísico la dualidad de *talidad* y *transcendentalidad*»[46].

---

opinión ésta se vería reflejada también en el salto de tipicidad trascendental entre la persona y el cosmos. Cf. I. ELLACURÍA, «La idea de estructura», 123.

[42] IRE 115. Esto matiza, sólo matiza, la interpretación realista de la aprehensión realizada por Baciero a la altura de SE, en que basándose en el momento de *prius* que remite al *de suyo* califica la aprehensión como acto trascendente: «La intelección, por su misma naturaleza, nos remite forzosamente al *de suyo* de la cosa, Y justamente por eso es por lo que podemos hablar de *acto trascendente*: la intelección es *transcendente*, porque es formalmente remitente». C. BACIERO, «Conceptuación metafísica del *de suyo*», 326. Es necesario para captar el sentido zubiriano del transcender dentro de la impresión y sin salir de ella leer SE desde IS. Cf. D. GRACIA, *Voluntad de verdad*, 194-203. Matizar trascendente con trascendental es importante para distinguirlo de ciertas formulaciones realistas, ahora bien, esto no quita realismo a Zubiri y a la verdad subrayada por Baciero con una terminología inacabada; dicho sin el complejo término «trascender»: Zubiri no es idealista en ningún sentido.

[43] IRE 123.
[44] Cf. ETM 153, ESP.
[45] B. CASTILLA Y CORTÁZAR, *Noción de persona*, 272.
[46] V.M. TIRADO SAN JUAN, «Fenomenología y estructura», 105.

Son dos momentos reológicos reales en las cosas: un momento de contenido o talitativo y un momento de reidad o transcendental:

> todo lo real, sea nota elemental o sistema sustantivo, tiene dos momentos. El momento de tener tales notas; es la talidad. Y el momento de tener forma y modo de realidad; es el momento que técnicamente llamaría transcendental, pero designando con este vocablo no un concepto sino un momento físico[47].

Como ambos momentos son dados inmediatamente en la APR nos encontramos con que no sólo se sienten cualidades diversas sino que la trascendentalidad misma es física, material[48] y algo sentido. Se abren dos órdenes: «El orden de la realidad en cuanto realidad es un *orden transcendental*, a diferencia del orden de la realidad en cuanto realidad *tal*, que es el *orden de la talidad*»[49].

El orden talitativo contempla el contenido de las cosas obtenido en la impresión. Es aquello por lo que algo es *tal* realidad en virtud de sus notas. Del estudio de esta talidad parte todo el análisis noológico posterior y no debe entenderse como algo separado de la realidad. El estudio del orden transcendental no se da separado, sino fundado en el previo de la talidad[50].

El momento de realidad en cuanto realidad es superior al de talidad, no hay esencialismo sino liberación de realidad. La realidad no es una última nota superior y general, es sin ruptura elevación/inmersión vertical de planos, por eso la realidad se descubre como universal físico y no conceptivo[51]. El punto de arranque de la comunicación de realidad está, cómo no, en lo sentido, en la *reidad* de la APR, el *trans* cinestésico abre una marcha hacia la transcendentalidad en *la* realidad y por ello la transcendentalidad «se extiende desde la formalidad de realidad de una cosa a la formalidad de realidad de toda otra cosa»[52]. Lo trascendental es común y universal por expansión y comunicación no por abstracción lógica. Estudiar este ámbito es tarea de la razón y noológicamente pertenece a la constitución misma de la metafísica. La noología

---

[47] HD 23.
[48] El orden trascendental será por ello material en cierto sentido. Cf. D. GRACIA, «El enfoque zubiriano de la estética», 89.
[49] SE 372.
[50] Cf. I. ELLACURÍA, «La idea de estructura», 126.
[51] Esta noción de trascendental se contrapone a la escotista, donde trascendental es concepto general de mínima comprensión y máxima extensión aplicable a todos los seres. Cf. B. CASTILLA Y CORTÁZAR, *Noción de persona*, 257.
[52] IRE 118.

determina el ámbito en el que marchará la metafísica y aporta su fundación y carácter real[53].

La realidad:

> está por encima no porque este carácter fuera una *tal* nota suprema (ya vimos que Aristóteles mostró definitivamente que esto es imposible), sino en el sentido de ser un carácter en que convienen formalmente todas las cosas y todas las notas, y hasta todas las últimas diferencias de todas las cosas, cualquiera que sea su talidad, es decir independientemente de ella[54].

Realidad es expansión comunicativa porque:

> es un momento físicamente abierto en sí mismo. Por esto la transcendentalidad no es un mero concepto común a todo lo real; transcendentalidad no es comunidad. Sino que se trata de un momento físico de comunicación[55].

Así Zubiri sustituye el *esse* de la tradición que está por encima de cualquier propiedad categorial por realidad[56].

Como se ve talidad y transcendentalidad están articulados: «Talidad no es simplemente contenido, sino contenido como momento aprehendido de algo real»[57], pues en las cosas reales «la formalidad de realidad determina el contenido, y según esta determinación el contenido cobra carácter de talidad»[58]. Por el otro lado, el contenido talitativo determina la formalidad de realidad a ser una forma y modo de realidad concretos[59].

---

[53] El tema es tratado en un apéndice de IRE: «Transcendentalidad y metafísica» (IRE 127-132), por ser metafísica y no pura descripción noológica no forma parte del discurso lineal de IS. La *metafísica* se ocupa de lo físico en *trans*. Cf. IRE 129. Éste es el sentido del *metá* de metafísica para Zubiri frente al post-físico de Andrónico de Rodas. También se opone al trascendente como separado de Platón en su perspectiva metafísica del Bien y las Ideas, y al mismo Aristóteles para quien la metafísica trataría de Dios en cuanto separado del mundo y partiendo desde la substancia. El mismo problema late en la concepción de la metafísica como lo *ultra-físico* de los medievales. Tampoco escaparía a esta crítica Kant porque el noúmeno sería lo ultra-físico, colocando lo propiamente metafísico fuera de lo fenoménico. Kant sólo consiguió la unidad del objeto del conocimiento pero sigue moviéndose en el dualismo inteligencia – sentidos, pues para entender lo físico en *trans* es necesario alcanzar la IS. Cf. IRE 127-129.
[54] SE 372.
[55] HD 23.
[56] Cf. 5LF 219. Lee así el carácter trascendental de la reducción de Husserl.
[57] RR 26.
[58] RR 31.
[59] Cf. RR 31 e I. ELLACURÍA, «Introducción crítica a la antropología», 124.

Así pues, forma y modo[60] siempre son momento físico de la realidad[61]. Hay co-determinación constructa de talidad y realidad: *realidad-de* un contenido es *contenido-de* una realidad. Aparece la función trascendental.

3.2 La función trascendental

La función transcendental sería la aportación más importante de la metafísica zubiriana ya que constituye la clave de bóveda que le confiere unidad[62], al permitir fundamentar el orden transcendental en el talitativo. Al no estar montado sobre sí mismo el orden transcendental puede la reología tener unidad sin constituir dos mundos irreconciliables, son diferentes pero no separados. Estamos en el auténtico nervio de la metafísica.

La función transcendental[63] consiste en que el contenido impreso como *de suyo* se transcendentaliza abriéndose a la realidad por el poder de la reidad. El fundamento de la función radica en que toda nota percibida tiene un contenido y además es *real*. La talidad está siempre específicamente determinada pero la reidad es inespecífica. Esta inespecificidad es una determinación negativa y provisional: es inespecífica porque no se da en ésta o aquella talidad, sino en toda talidad independientemente de su contenido. Pero la realidad es algo positivo que se da en todo y por tanto aquello en lo que todo se está moviendo: es la transcendentalidad. La realidad es transcendental. Desde esta función transcendental del contenido se constituye el orden de la realidad en cuanto realidad: el orden transcendental como un positivo *estar* o *realizarse*.

---

[60] X. Zubiri utiliza de forma algo confusa a lo largo de su obra los términos forma, modo, tipo y figura de realidad. Según madura su pensamiento se precisa. Pero no usa la distinción cuando la materia no lo requiere. Forma y modo de realidad es la determinación que el momento talificante ejerce sobre el de realidad. Los lugares más claros los encontramos en RR 31, IRE 210-212 y HD 22-23. Cf. B. CASTILLA Y CORTÁZAR, *Noción de persona*, 255-256.

[61] Cf. HD 23.

[62] Cf. J. BAÑÓN, «Reflexiones sobre la función transcendental», 287-312.

[63] Esta conceptuación de la función transcendental se desarrolla en paralelo a SE (cf. SE 455-457), pero aplicándolo a la sustantividad humana. La *función estructurante* de la esencia (cf. SE 92-93, 100, 211, y 456) es también doble: es función actuante — las notas son potencias, facultades o capacidades —; y es también función constitutiva o estructurante, — las notas no son potencias de actos, sino *principios estructurales* (cf. SH 92, *La realidad humana*, 1974), estos son los que determinarían la función transcendental de la talidad (cf. SH 90-95) —. Cf. J. SÁEZ CRUZ, *La accesibilidad de Dios*, 58 nota 8.

La función transcendental es una función con dos vertientes[64]: «Función talificante y función transcendental no son dos funciones sino dos momentos constitutivos de la unidad de la impresión de realidad»[65].La primera es «la función de constituir la sustantividad *tal como es*»[66]. La segunda es la *transcendental*, «la función de constituir la manera de ser *de suyo*, el carácter de realidad»[67]. Son los dos *momentos* de la sustantividad: tener *tal realidad* y el carácter de *realidad*[68].

Por un lado la realidad talifica el contenido haciéndolo ser tal: *función talificadora* o *talitativa*. Precisamente porque la aprehensión lo es *de realidad* el momento real de la aprehensión reifica el contenido haciendo que sea suyo, de esa realidad, talificándolo. ¿Qué significa esto? Que la reidad es la que otorga realidad concreta al sistema de notas. Sólo por la reidad, momento decisivo, una nota es realmente nota de la cosa haciéndola ser tal cosa, talificándola. Así la función reifica e individualiza, p. e., las notas adventicias de una cosa: La esencia aprehendida por ser individuo tiene individuidad, por la reidad sitúa trascendentalmente la *res* como individual y, en un segundo momento, reifica con esa individualidad las demás notas inesenciales que individualizan hasta la última concreción esa esencia[69]. La reidad revierte sobre el contenido haciéndolo *tal*. En las cosas reales «la formalidad de realidad determina el contenido, y según esta determinación el contenido cobra carácter de talidad»[70]. *Talificar* no es determinar un sujeto por una nota, sino que es conferir tal contenido a un sistema por ser *nota de*.

Por otro lado el *de suyo* lanza desde el contenido a la realidad: función transcendental[71].

---

[64] Cf. RR 27. Esta unidad a través de la función transcendental en sus dos caras sería una adquisición perfilada en la madurez. Cf. B. CASTILLA Y CORTÁZAR, *Noción de persona*, 319-321. Las notas o propiedades no sólo constituyen una realidad como tal realidad a diferencia de tales otras, sino que además constituyen a cada cosa como realidad *simpliciter*, al igual que toda otra realidad del universo. Así las notas realizan una función *quidditativa* o talitativa y simultáneamente una función transcendental, la constitución de lo real en cuanto real. Cf. A. DEL CAMPO, «La función transcendental», 141-142.
[65] IRE 125.
[66] SH 66, *La realidad humana*, 1974.
[67] SH 66, *La realidad humana*, 1974.
[68] Cf. SH 65, *La realidad humana*, 1974.
[69] Cf. SE 490.
[70] RR 31. Tanbién cf. G. GÓMEZ CAMBRES, *La realidad personal*, 84.
[71] Cf. IRE 124.

De este modo por la función transcendental se alcanza la sustantividad desde la percepción de las notas. Las cualidades están actualizadas en la aprehensión como constelaciones de notas. Nunca nos encontramos con notas meramente yuxtapuestas ni con un conjunto caótico o desordenado. Las notas forman una estructura que, en cuanto que está presente en la aprehensión, ni se superpone a las notas ni está al margen de ellas. Las notas están presentes estructuradamente, y entre la nota y la estructura no hay diferencia alguna sino el ser un momento diverso. Es posible que las constelaciones perceptivas que aparecen no se correspondan con nada *allende* la aprehensión. Sin embargo es un hecho que percibimos notas con una estructura constelacional. Esta estructura tiene como caracteres: independencia del aprehensor, unidad propia y sistemática. Esto es lo que se denomina *sustantividad* en tanto que tiene suficiencia en la aprehensión para ser real. Nuestra aprehensión actualiza las cosas como sustantivas. Trascendentalmente la estructura de lo real remite a la sustantividad como hecho percibido en nuestra aprehensión. Esta estructura de lo real como sustantividad nos instala en *la* realidad y constituye un orden transcendental histórico, mundano, tempóreo y material.

Por la función transcendental hay profunda unidad entre los planos talitativo y transcendental. En ella la reidad abre la cosa concreta desde su contenido a las otras realidades y a la realidad en cuanto tal. Entre el momento de talidad y el de transcendentalidad hay determinación funcional. El *de suyo* de cualquier cosa está en función del contenido con sus notas concretas. Simultáneamente, porque hay función transcendental, la realidad de las cosas es un momento suyo y no una estructura que flote por encima. No se puede hablar de lo transcendental independientemente del carácter talitativo de las cosas.

El *de suyo* de cada cosa está en función de su talidad, aunque no se reduzca a él, sino que en cuanto real sea *más* que su talidad. Este *más* no es un momento yuxtapuesto al contenido, sino que tiene primacía sobre él: es el poder de lo real. Así cada cosa actualiza no sólo *su* realidad, sino también *la* realidad[72].

---

[72] La realidad de cada cosa, su *de suyo*, es *más* que su contenido específicamente determinado, es algo que excede desde sí misma y se expande al igual que una luminaria expande la luz que de ella brota. En esta expansión se actualiza una gradación metafísica, del *más* de cada cosa concreta que hace de ella *su* realidad, pasamos a *más* realidad, a la apertura por la que cada cosa está abierta hacia otras. Por ser *su* realidad toda cosa está sumergiéndose en sí misma. Pero por ser *pura y simple realidad* está

Por eso diferentes propiedades talitativas no implican necesariamente distintos modos de realidad. Realidad y contenido están entrelazados en forma de estructura constructa. El contenido es *de-* una realidad y la realidad es *de-* un contenido. El *contenido-de* hace que la esencia sea *tal*: la esencia no es *tal* por tener notas constitutivas sino por el modo de tenerlas reificadas[73]. El contenido depende de las notas, pero que este contenido sea talificante, sea *contenido-de*, de modo que por él la esencia sea *tal* esencia depende de la unidad misma de la reidad, de la unión establecida gracias a la función transcendental

Así la función transcendental determina la forma y el modo de realidad. La *forma de realidad* es el resultado de las notas moduladas por la reidad. *El modo de realidad* depende de la forma y es el modo de implantación en la realidad, bien sea como persona, como viviente, como cosa. Son los distintos tipos de realidad de SE[74]. Según sea la forma de realidad el sistema de notas pertenece a la realidad de un modo propio[75]. Este modo de implantación en la realidad admite grados[76], no es que una cosa sea más real que otra o exista más o menos, sino que la realidad del *de suyo*, p. e., de un animal es mayor que la realidad de una piedra y menor que la de una persona. Zubiri denomina *tipo de realidad* a la distinción formal y de grado entre los modos de realidad según la consideración transcendental de cada esencia. Hay dos tipos: esencia cerrada (en rigor sólo el Cosmos), y las esencias abiertas (las personas). Además el contenido del *de suyo* determina en función transcendental unas propiedades[77] y una estructura transcendentales[78]: La transcendentalidad es dimensional[79].

Porque el momento de realidad del *de suyo* está por encima del momento de talidad en él comunican todas las cosas. Esto caracteriza el orden transcendental. Zubiri recoge la visión clásica de trascendental

---

expandiéndose desde sí misma hacia las demás. Cf. J. BAÑÓN, «Zubiri hoy: Tesis básicas», 100-103.

[73] Cf. G. GÓMEZ CAMBRES, *Zubiri: el realismo transcendental*, 41.
[74] Cf. SE 499-507, donde se estudia la tipicidad de la esencia.
[75] Cf. B. CASTILLA Y CORTÁZAR, *Noción de persona*, 255-256.
[76] Cf. EDR 200. Zubiri pone el siguiente ejemplo: «el *de suyo* de un chimpancé es mucho más rico y profundo que el *de suyo* de una ameba».
[77] Cf. SE 425.
[78] Cf. SE 455.
[79] «Dimensionalidad transcendental es la medida en que lo real es *de suyo* en tres dimensiones: *perfección* como determinación transcendental de la riqueza de lo real; *estabilidad* como función transcendental de la solidez; *duración* como función transcendental del estar siendo». G. GÓMEZ CAMBRES, *La realidad personal*, 118.

pero la modifica. Según él en la tradición se llama transcendental «aquello que constituye la *propiedad* en que todo coincide por el mero hecho de ser»[80].

Este modo peculiar de estar por encima de cualquier talidad en el sentido de convenir a todo sin ser una talidad más, es lo que la Escolástica llamó *transcender*. Es la transcendentalidad de lo real. El orden de la realidad en cuanto realidad es un orden transcendental, a diferencia del orden de la realidad *tal*, que es el orden de la talidad[81].

Gracias a la función transcendental se descubre la comunicación en la realidad, por ello la reología es una filosofía de la comunicación[82]. No se trata sólo de comunidad en algo como indicaría la metafísica tradicional, tal como es leída por Zubiri, sino que:

> Trátase de una comunidad meramente formal. La formalidad misma de realidad es constitutiva y formalmente *ex-tensión*. Por tanto no se trata de mera universalidad conceptual, sino de comunicación ex-tensiva real. El trans de la transcendentalidad es un *ex*, el *ex* de la formalidad de lo real[83].

Comunicación consiste en expansión desde la realidad de una cosa hacia su propio contenido y hacia la realidad de otras cosas[84]. La metafísica, como teoría racional, se encarga de ahondar en este ámbito.

A partir del orden talitativo u orden de los contenidos de las notas del *de suyo* — orden predicamental o categorial escolástico — se abre físicamente el orden transcendental. El contenido de las cosas determina, al ser aprehendidas como *de suyo*, que las cosas sean *reales*, es decir,

---

[80] 5LF 219.
[81] Cf. SE 424.
[82] Cada cosa está abierta desde *su* realidad a la realidad de las otras cosas en una misma apertura transcendental. La realidad no es participación, sino *comunicación*. Esto significa afirmar que se trata de algo abierto, que la realidad de cualquier cosa, aún siendo *suya*, está abierta a la realidad de cualquier otra cosa. No es explicación conceptual, sino análisis. Cf. J. BAÑÓN, «Zubiri hoy: Tesis básicas», 100-103.
[83] IRE 118.
[84] «Lo transcendental no es *lo común* a todos los entes u objetos (*koinonía*), como si éstos participaran de ese Ser allende (*trans*), ideal e idéntico. No es que las cosas reales participen de una especie de Realidad en sí perteneciente a un transmundo. Es justamente lo contrario: es la propia realidad que acontece concretamente en las cosas la que es transcendental, es decir, la que se desborda desde cada cosa y desde todas las cosas juntas que componen el mundo, transcendiéndolas, remitiendo a un *plus* de realidad inabarcable e inaprehensible. No se trata de transrealidad, sino de *realidad en trans*, expansión comunicativa de la realidad que late en cada cosa, de *la* realidad». V.M. TIRADO SAN JUAN, «Fenomenología y estructura», 105.

su carácter transcendental[85]. En la impresión de realidad se nos da ya lo transcendental y este momento de física instauración en la pura y simple realidad ya no se pierde pero su contenido se enriquece por el *logos* y la razón.

3.3 El orden trascendental[86]

La función transcendental nos introduce en el orden transcendental. Lo transcendental es orden, es decir, verdadera estructura interna de la realidad. No se trata pues de un montaje intelectual sino de algo *real* con su propia estructura[87]. El orden transcendental es el orden de las cosas reales en cuanto reales o *de suyo*[88], gracias a la función transcendental de la talidad. Antes de presentar el orden zubiriano veamos brevemente la lectura que realiza de la tradición recibida.

3.3.1 Lectura del orden trascendental en la historia de la filosofía.

En su reflexión sobre el orden trascendental Zubiri se sitúa en continuidad y ruptura con la tradición anterior, ya que recoge sus frutos y los interpreta desde su noción de realidad.

Fueron los griegos quienes descubrieron el orden transcendental[89], éste es su mérito, sin embargo para Zubiri «la propia filosofía griega

---

[85] Cf. IRE 125.

[86] El orden transcendental encuentra su mayor desarrollo en SE 417s. Pero no lo desarrolla sistemáticamente, en SE sólo aparece para tratar el carácter transcendental de la esencia. Indica que es una verdad de la escolástica y verdad fundamental, pero necesitada de mayor discusión (cf. SE 419). El orden transcendental consta de dos dimensiones: la estructura transcendental de cada cosa por sí misma y la determinada por la vinculación de cada cosa real con las demás (cf. SE 426). La novedad de Zubiri residiría en negar la transcendentalidad al ser, introducir el transcendental mundo, distinguir entre transcendentales simples y complejos y recoger de Scoto el término transcendental disyunto aunque en sentido diferente. Cf. B. CASTILLA Y CORTÁZAR, *Noción de persona*, 282-283.

[87] Cf. SE 417. Conserva lo *físico* de la reidad. Cf. HD 23. El orden transcendental «constituye, visto del único punto de vista realista posible, una dimensión efectiva de las cosas, ya que la dimensión transcendental de la realidad no es sino la función reificante que ejercen las talidades (las diferentes unidades constelacionales de notas) en las cosas sustantivas; función reificante por la que estas sustantividades adquieren — aparte de una cualificación determinada — la condición fundamental de realidades». A. LÓPEZ QUINTÁS, «La metafísica de X. Zubiri», 467.

[88] Cf. SE 424.

[89] Zubiri dialoga con Platón (Idea suprema del Bien) y con Aristóteles al afirmar que el ente no es un género porque asume todas las diferencias. Éste último sólo al-

(inclusive Aristóteles) carece de un concepto unitario del ser»[90], tampoco es unitaria su idea de lo que sea la realidad por razón de su ser. El mismo Aristóteles diluye el ser en la multiplicidad de sentidos, a pesar de la analogía, y pierde la realidad al no acogerla en plenitud con las nociones de forma e idea[91]. La realidad que Zubiri ha descubierto sobrepasa lo que el ser logra expresar.

La raíz del fracaso del ser en los griegos estaría en los dos modelos que utilizaron: las cosas y los seres vivos.

Del modelo cosista surge el acento en el estar ahí y concebir el ser como estabilidad. «Ser es sinónimo de estabilidad, y estabilidad sinónimo de inmovilidad»[92]. El cambio afectaría a las propiedades no al mismo ser. En este horizonte el movimiento es simple mutación desde una imperfección del sujeto subyacente al movimiento.

Del modelo del viviente surge, tanto en Platón como en Aristóteles, otro concepto de ser que provoca ambigüedad. Ahora es el movimiento el que tiene mutación porque en ella se expresa la expansión externa de un movimiento interno: el vivir. Ser es vivir como movimiento inmanente. «Aristóteles llama así al ser *enérgeia*, la operación sustantiva en que consiste el ser. En este sentido el ser sería tanto más perfecto cuanto más móvil, cuanto más operante»[93].

Estos dos modelos no bien articulados ocasionan:

---

canza la dimensión transcendental del ser estrictamente en relación con el entendimiento humano. Cf. J. DE GARAY, *Los sentidos de la forma en Aristóteles*, 340-342.

También conversa con los medievales que formularon el orden transcendental en cuanto tal, como diferente de las categorías y conveniencia en el ser (cf. SSV 378). El primero que formula explícitamente la cuestión es FELIPE EL CANCILLER en la *Summa de bono* (1236). Un texto central lo encontramos en STO. TOMÁS DE AQUINO, *De ver.* q1, a1, c. Donde tras afirmar que lo primero que concibe el entendimiento es el ente, al que no se puede añadir nada fuera de él, explica los modos de formar los conceptos: como modos especiales del ente — originando grados de entidad, modos de ser, obteniendo los géneros de las cosas, como la substancia — o «Alio modo ita quod modus expressus sit modus generaliter consequens omne ens; et hic modus dupliciter accipi potest: uno modo secundum quod consequitur omne ens in se; alio modo secundum quod consequitur ens in ordine ad aliud»; es el modo de los transcendentales, origina seis transcendentales: *esse*, *res*, *unum* (en la primera submodalidad), *aliquid*, *bonum* y *verum* (según el orden de unos a otros, y en referencia a las facultades humanas de la inteligencia y la voluntad, cognoscitiva y apetitiva).

[90] NHD 465, SSDTP.
[91] Cf. NHD 466, SSDTP.
[92] NHD 466, SSDTP.
[93] NHD 467, SSDTP.

el grave equívoco que encierra el vocablo aristotélico de *enérgeia* que los latinos vertieron por *acto*. Según se atienda a la primera o a la segunda concepción el sentido del acto varía radicalmente. En la primera, el acto significa *actualidad*: *es*, lo que efectivamente *está* siendo. En la segunda, acto significa *actividad*: es, lo que efectivamente está *siendo*. En tal caso el ser es *operación*. Y cuanto más perfecto es algo, más honda y fecunda es su actividad operante[94].

S. Buenaventura hereda su noción de ser del Pseudo-Dionisio, quien tomó el segundo sentido aristotélico al considerar el ser como *ex-tático*. El ser sería como un manantial que desde el fondo de un depósito lo llena y hace desbordar, y no el mero contenido del depósito[95].

Esta línea la descubre también Zubiri en la metafísica activista de los Padres griegos. La *dynamis* es virtuosidad, plenitud vital; hasta el punto de que, con los neoplatónicos parece que a veces hipostasían las potencias. De ahí el significado de *ousía*, *pégé*, *arkhé*, y que las *enérgeiai* sean la última expansión y expresión de la actividad en que el ser vivo consiste. Las potencias expresan esa perfección.

Toda esta metafísica es activista. Las potencias son manifestación de la esencia porque son la plenitud activa de su ser, y los actos son manifestaciones de la potencia por idéntica razón; los actos no son sino la ratificación de las potencias, ratificación o efusión de aquello en que el ser consiste. Por tanto, en la potencia y en los actos está presente el ser por modo de relucencia formal[96].

Zubiri se sitúa personalmente en esta línea: ser es primaria y radical operación activa y no mero acto de una potencia[97]. Las realidades son

---

[94] NHD 467, SSDTP.
[95] Cf. NHD 467-468, SSDTP.
[96] NHD 475, SSDTP.
[97] Explicamos un primer grupo de términos clave. Zubiri distingue entre acto, acción, actividad y las correspondientes actuidad y actualidad. El acto es relativo a una nota, acción a una facultad (simple o compuesta de diversas notas, y siempre en referencia a la sustantividad), y actividad como realidad sistemática y estructuralmente dinámica.
Acto no es la *acción* que realiza o ejecuta un ser (cf. SH 88, *La realidad humana*, 1974), Zubiri no respeta sistemáticamente esta distinción. La acción es «un sistema funcional de los actos» (EDR 232). Por esta distinción el acto de sentiligir es un momento primordial, no se puede aislar dentro del psiquismo como una acción primitiva y germinal, sino porque está en toda acción como su dimensión primordial.
La actividad hace referencia a todo el comportamiento del viviente, así el hombre posee una sola actividad unitariamente animal y personal; engloba el conjunto de actos y de acciones, sean estas procedentes de unas notas u otras o del sistema en

algo que se realiza más que cosas estables. La vida es expansión del ser. Consecuentemente la potencia no es carencia sino perfección y manifestación de la riqueza ontológica de un ser. La *dynamis* es «expresión analítica de la riqueza misma del ser vivo»[98]. La reología recoge el activismo de esta tradición metafísica.

Estas son las fuentes de la reflexión trascendental de Zubiri, expresas y profundas, sin embargo a medida que logra elaborar su propio sistema reológico simplifica, generaliza y lee en modo *deletelior* la filosofía del ser para manifestar la originalidad de su filosofía de la realidad[99].

Leyendo desde fuera y en clave de continuidad con la tradición se podría incluso sostener que lo que Zubiri hace es reemplazar el orden clásico de los transcendentales dando a la *res* la primacía radical sobre un *esse* des-transcendentalizado. La realidad sería el transcendental radical. Sin embargo la noción de realidad de Zubiri poco tiene que ver con la visión clásica de los transcendentales por su arranque noológico

---

cuanto tal. Goza de unicidad y es sistemática: son todas las notas las que están en actividad. La actividad no es un accidente del tipo de la acción aristotélica. La actividad es dinamismo en cuanto dinamismo. Desde este punto de vista los actos físicos y los actos psíquicos son momentos respectivos de una sola actividad, y ambos intervienen en la configuración de la personalidad (Cf. SH 480-482, *La concreción de la persona humana*, 1975).

Desde la unidad de la actividad del sistema, con toda su complejidad, con todos los actos como momentos especificantes, con todas las acciones concretas, se muestra que la apertura del sistema sustantivo humano es de todo él y no sólo de algunas de sus notas: el hombre es un sistema animalmente abierto. Es el *de* constructo y respectivo aplicado al dinamismo de la sustantividad, *de* que funda el carácter apertural del sistema entero (SH 74, *La realidad humana*, 1974) Por eso el inter-accionismo es insuficiente para explicar el sistema y su funcionamiento, sería más apropiado hablar de propagación de actividad (SH 78, *La realidad humana*, 1974).

Hay dos tipos: activa y pasiva. La *actividad pasiva* no es inactiva sino con una acción o actividad accional nula, es el caso del modo de actividad de la psique en el plasma germinal. Otro caso es el cerebro en la intelección, aunque ahora su propia acción (neuronal, cortical, etc.) es total pero se encuentra en pasividad en cuanto está dominada por la actividad accional psíquica. Se entrecruza aquí el dinamismo de la actividad con el tema de la dominancia, predominio o disponibilidad de unas notas y su propia actividad dentro de la única del sistema. Hay tres tipos de actividad pasiva: 1.– accionalidad, 2.– disponibilidad y 3.– pasividad, y tres tipos de actividad activa: 1.– renovación – creación – aniquilación, 2.– transformación *ex novo* y 3.– innovación por sistematización: evolución. Estos tipos de actividad juegan en el dinamismo de la evolución, de la mismidad y de la *suidad*. Más referencias en la nota 104, p. 205.

[98] NHD 469, SSDTP.
[99] Cf. B. CASTILLA Y CORTÁZAR, *Noción de persona*, 270. Para ampliar la historia de orden transcendental en relación con Zubiri cf. *Ibid.* 258-270.

que cambia radicalmente la perspectiva, no sólo del orden interno transcendental sino la misma conceptuación.

Sólo atendiendo a una interpretación concreta del orden trascendental tomista[100], la de Fabro[101], sería posible decir que hay logros paralelos por vías diversas. El diferente camino lleva a términos similares con significados opuestos, o significados paralelos expresados en términos distintos. Más que ordenar lo trascendental desde la *res*, lo que descubriría Zubiri en la realidad sería el ser intensivo, a la vez que interpreta el *esse* clásico como actualidad mundanal, muy próximo, con todos sus matices, a la existencia como resultado. Con esta clave el parangón se establecería por tanto entre *esse* tomista-fabriano y realidad zubiriana, entre existencia fabriana y ser zubiriano.

Tras este breve recorrido pasamos al estudio del orden trascendental zubiriano comenzando con sus momentos estructurales.

3.3.2 Momentos estructurales de la trascendentalidad

Zubiri descubre cuatro *momentos constitutivos* de la transcendentalidad: apertura, respectividad, *suidad* y mundanidad.

La formalidad de realidad tiene estos cuatro momentos estructurales: la

---

[100] Esta continuidad entre Zubiri y Sto. Tomás es sugerida por Castilla, quien afirma que «se podría decir que la consideración transcendental de la esencia que hace Zubiri en SE está en continuidad de uno de los posibles desarrollos abiertos por la concepción clásica». Si bien reconoce que en opinión de Zubiri ser y realidad no guardan el mismo orden que tradicionalmente y quizá no sean compatibles como transcendentales (B. CASTILLA Y CORTÁZAR, *Noción de persona*, 280).

Se basa en este texto del Aquinate: «Non autem invenitur aliquid affirmative dictum absolute quod possit accipi in omni ente, nisi essentia eius, secundum quam esse dicitur; et sic imponitur hoc nomen res, quod in hoc differt ab ente, secundum Avicennam in principio *Metaphys.*, quod ens sumitur ab actu essendi, sed nomen rei exprimit quidditatem sive essentiam entis» (STO. TOMÁS DE AQUINO, *De Ver.* q1, a1, c). La ruptura se ve en estas palabras de Zubiri: «La filosofía clásica ha entendido que aquello radical que constituye el carácter transcendental de todo, es justamente ser. Por razones que aquí no pudo exponer — las he expuesto muchas veces de palabra y por escrito — yo pienso exactamente lo contrario: el ser es pura y simplemente una actualidad ulterior a lo real. Aquello que constituye lo transcendental en cuanto tal es lo real en cuanto tal, la realidad en cuanto tal. El orden transcendental no es el orden del ser, sino el orden de la realidad en cuanto tal». SSV 378, RFSE 1975.

[101] En el contexto de la polémica con Gilson por diferenciar dos sentidos de ser en Sto. Tomás: existencia y *actus essendi*. Gilson piensa que el *esse* se expresa suficientemente en el juicio existencial, Fabro cree descubrir un acto intensivo como plenitud de perfección. Cf. E. GILSON, *El ser y los filósofos* y C. FABRO, *Participation et causalité selon St. Thomas d'Aquin*.

CAP. III: PUNTO DE PARTIDA DE LA ANTROPOLOGÍA   205

realidad, el *de suyo*, es un momento *abierto*, y por tanto abierto *respectivamente* hacia la *suidad*, y hacia la *mundanidad*. Los cuatro subrayados son los cuatro momentos estructurales de la formalidad de realidad. O dicho en sentido inverso (partiendo de la cosa real constituida), diremos que respectividad es formalmente la suidad y la mundanidad mismas, intrínseca y unitariamente tomadas[102].

Zubiri estudia estos cuatro momentos noológica y reológicamente[103]. Su trabajosa elaboración de la noción de actualidad[104], es elemento imprescindible para lograr esta profundización. Procedamos por pasos.

---

[102] RR 37.

[103] Se trata respectivamente de los textos: IRE 118-123 y RR 31-40.

[104] Esta nota continúa la 97 de la p. 202. El considerar el acto como acción ha provocado el problema de la conceptuación del inteligir humano como actuidad de una sustantividad, cerrándose a la actualidad, concepto radicalmente diverso del clásico latino que lo entendía como plenitud de ser o de esencia (cf. NHD 272, «Hegel y el problema metafísico»). Zubiri critica la *enérgeia* de Aristóteles porque une indiscerniblemente actualidad y actuidad. Zubiri entiende como *actualidad* la plenitud *hic et nunc* del individuo, fuera del conocimiento. Nosotros no creemos que en la gnoseología tomista la actualidad esté ausente.

La actualidad es respecto presencial de algo en algo (cf. PTHC 408, ésta referencia y las siguientes pertenecen a «Reflexiones filosóficas sobre la Eucaristía»). El estar presente es físico. Este término surge del análisis del inteligir, pero repercute en toda la *reología*, así resulta clave para entender el ser. Toda actualidad pende de la respectividad y es cierto tipo de dinamismo.

Hay diversos tipos de actualidad. Así, p. e., los virus, aparte de su actuidad, pueden estar en actualidad de diversas formas: 1.– actualidad respecto al conocimiento humano extrínseca al virus mismo, le es indiferente; 2.– actualidad consecutiva a la acción e intrínseca al virus, es su estar presente en tanto que actuante en el hombre, p. e. por una infección sea ésta conocida o no. En esta actualidad el virus sigue siendo el mismo pero no es lo mismo. Es el estar presente *desde* sí mismo. Esta actualidad intrínseca puede subdividirse en dos subtipos según se produzca: a) como resultado de un proceso de hacerse presente para estar presente y b) hacer presente sin que haya proceso, es el caso de Dios que podría hacerse presente sin modificación de propiedades. (cf. PTHC 409); 3.– actualidad intrínseca y formal, sin ningún hacer, pertenece formalmente a la realidad de lo que está presente. No pende de un hacer consecutivo sino del hacer constitutivo, es actualidad *en* su realidad, no *desde* su realidad. Dios, el ángel, el hombre y la roca gozan de este tipo de autopresencia. Esta actualidad admite un devenir. Esta actualidad es la que tiene Dios por razón de creación, es la actualidad más honda porque no pende de ningún hacer sino que pertenece formalmente a la realidad de lo que está presente, no es mero *desde*, sino estar presente *en* su realidad misma; es también el caso del hombre por su cuerpo (cf. PTHC 409). También sería el caso de la presencia eucarística y de la presencia de Dios en el justo.

La actualidad intelectiva es extrínseca y con ella Zubiri critica el quedarse sólo en la actuidad de la intelección (como teoría metafísica o psicológica, p. e.: el intelecto agente y actuante. Cf. *S.Th.* I, q79, a3) sin centrarse en la actualidad (intuición pre-

a) *Aproximación noológica*

Veámoslos siguiendo la clave de IS.

1.– «Apertura: he aquí el primer momento del *ex* de la transcendentalidad»[105]. La *apertura* es la constatación de que la reidad es abierta. Es abierta al menos a su contenido, y por ello es *más* que su contenido actual, lo transciende.

> Decir realidad es siempre dejar en suspenso una frase que por sí misma está pidiendo ser completada por *realidad de algo*. Lo real en cuanto real está abierto no en el sentido de que por sus propiedades toda cosa real actúe sobre las demás. No se trata de actuación sino de apertura de formalidad [...] No es apertura de lo real, sino apertura de la realidad[106].

Justo por esta apertura la reidad es la misma en distintas cosas. La multiplicidad se debe al contenido talitativo en la aprehensión, pues todas las cosas están inscritas en la misma reidad con mismidad numérica. Es un momento común. Por eso «si por cualquier razón el contenido de la cosa real se modifica, no por eso la cosa real se vuelve forzosamente otra realidad»[107]. La mismidad de la reidad no equivale a constancia perceptiva, la reidad está en el momento estricto del *de suyo*, por eso aunque cambie el contenido del *de suyo*, lo que es *de suyo*, no cam-

---

sente en NHD 80-81, «¿Qué es saber?»), la actuidad de la intelección se podrá dar o no pero no es lo esencial. Por ello considera que es urgente hacer una filosofía de la actualidad (IRE 140). La intelección es actualidad reduplicativa (SE 120 y 123), esto no implica dualidad como parece sugerir Cambres. Es cierto que en SE 117 se habla de cierta dualidad explicando que se trata de doble condición, diferenciable analíticamente, dentro de la misma cosa real actualizada; pero en ningún caso hay una dualidad de realidades formada por la inteligencia y las cosas. Zubiri supera la dualidad sujeto y objeto en la unidad de co-actualidad intelectiva: la actualidad común es la raíz misma de la subjetividad. Esta actualidad permite a Zubiri asumir la parte de verdad contenida en el *cogito* de Descartes, pues lo interpreta desde la actualidad del estar intelectivo como algo primario: estoy pensando frente a pienso, la actualidad frente a la actuidad (cf. PFMO 134). Actualidad no implica ninguna teoría, ningún compromiso respecto a la génesis del acto intelectivo, es un concepto que se vincula inmediatamente a una experiencia primordial. Es la idea presente en todos los grandes temas de Zubiri y uno de los rasgos sistematizadores de su noología (IRE 159-160). Cf. A. PINTOR-RAMOS, *Realidad y verdad*, 78 y 81; ID., *Realidad y sentido*, 41; ID., *Zubiri* (1898-1983), 32; F.J. VILLANUEVA, *La dimensión individual del hombre*, 79s., 120, 124 y 126; FERRAZ FAYÓS, «Sistematismo de la filosofía zubiriana», 57-58 y GÓMEZ CAMBRES, *La realidad personal*, 54 y 60, e ID., *La inteligencia humana*, 36.

[105] IRE 120.
[106] IRE 119-120.
[107] IRE 119.

bia el *de suyo* en cuanto tal. La misma reidad «en mismidad numérica, *reifica* cuanto adviene a su contenido»[108]. Así a veces la cosa es la misma aunque no sea lo mismo. Es un concepto de comunicación, no de comunidad conceptiva o de coincidencia o abstracción: «No es que el concepto de realidad sea *igual* en las distintas realidades, sino que se trata de una *mismidad numérica*. Cada nueva aprehensión de realidad se inscribe en la formalidad de realidad numéricamente la misma»[109].

2.– Por ser apertura la realidad lo es respectivamente a aquello a lo que está abierta: *respectividad*. La respectividad es constitución, por eso no supone ningún relato previamente constituido y se diferencia radicalmente de la relación. En primer lugar es respectividad a aquello que es *de suyo*. La realidad en cuanto realidad es en sí misma respectiva porque: «Ser real es más que ser esto o lo otro, pero es ser real sólo respectivamente a esto o lo otro. La apertura respectiva es transcendental»[110].

Esta respectividad constituyente excede del momento individual de la formalidad de realidad constituyendo un *campo de realidad*[111], por ello es *respectividad transcendental*[112] y «respectividad excedente»[113]. Es el campo que la cosa sentida abre desde sí misma. Por esto la respectividad funda la «comunicación ex-tensiva real»[114]. Esta apertura respectiva lo es hacia *más* que el momento individual por eso consiste en excedencia de sí hacia otras cosas sentidas[115]. Ahí es donde se funda la respectividad remitente y se abre el campo de la funcionalidad de la

---

[108] IRE 119.
[109] IRE 119.
[110] IRE 121.
[111] Cf. IRE 118-121, 196; IL 133.
[112] En este sentido la respectividad funda el orden transcendental. El *trans* de la transcendentalidad es un *ex* que expresa la expansión o *ex-cedencia* de la formalidad del *de suyo* desde sí misma (*ex*), en sus momentos transcendentales de apertura, respectividad, *suidad* y mundanidad.
[113] IRA 18. Podemos afirmar en reciprocidad que excedencia es respectividad o que respectividad es excedencia.
[114] IRE 118, cf. IRA 286. «La transcendentalidad es algo que se extiende desde la formalidad de realidad de una cosa a la formalidad de realidad de toda otra cosa. Transcendentalidad entonces no es comunidad, sino comunicación». IRE 118.
[115] Cf. J. SÁEZ CRUZ, *La accesibilidad de Dios*, 121-122. Desde este autor, aunque matizamos los términos, se observa el carácter no trascendental de la «respectividad interna» de SE 288 y EDR 57-58, ahí Zubiri habla de la respectividad entre notas; vista desde IS sería una respectividad talitativa pues la realidad de la nota sólo le viene por la respectividad trascendental en el *de suyo* del sistema. Ahora bien, esto no implica que se pueda hablar con propiedad de respectividad en ese otro nivel.

realidad donde se apoya la causalidad.

3.– El tercer momento es la *suidad*[116]. La respectividad lo es respecto de su contenido, por eso el contenido no es algo abstracto o ideal si no que es *de suyo, en propio*. La realidad es *suificante*, hace que el contenido sea suyo, de esta cosa.

> Al ser respectivamente abierta, la formalidad de realidad no sólo *reifica* el contenido sino que lo hace formalmente *suyo*. Es por así decirlo *suificante*. Antes de ser un momento del contenido, la suidad es un momento de la formalidad misma de realidad. Esta formalidad de realidad es, pues, lo que constituye la suidad en cuanto tal[117].

4.– Por último, la respectividad es también respectiva a toda otra realidad. Es abierta a ser un momento del mundo, un momento de *la* realidad. Mundo no es el conjunto de las cosas reales, pues supondría algo que *conjuntase* estas cosas, mientras que:

> Lo que conjunta es un momento físico de las cosas reales mismas. Y este momento es el momento de realidad pura y simple de cada una de ellas. El carácter de ser pura y simplemente real es lo que, al ser un carácter abierto, constituye formalmente esa unidad física que es el mundo: es la formalidad de realidad en cuanto abierta, en cuanto transciende de la cosa real y la constituye en momento de *la* realidad[118].

Realidad es mundo y esto es comunicación de realidad. Consecuentemente cada cosa es mundanal *de suyo*, aunque sólo existiese una cosa real sería constitutivamente mundanal. La reidad es *mundificante*.

b) *Aproximación reológica: Respectividad*

Centramos ahora la mirada en el momento de respectividad y formulamos su reología, es noción clave en todo el sistema zubiriano[119]. La respectividad eleva la relación tradicional al orden transcendental.

---

[116] Vemos desde la *noología* la ampliación a todo *de suyo* de la suidad.
[117] IRE 121.
[118] IRE 122.
[119] Se podría decir que todo el pensamiento zubiriano se resume y articula en torno a esta noción: tanto sentir e inteligir como psique y organismo son respectivos. También la actualidad entre objeto y sujeto cognoscente es un tipo de respectividad que le permite superar la polémica idealismo – realismo y desarrollar la *noología*. La respectividad caracteriza su trabajo como una filosofía de la apertura y de la comunicación. El orden transcendental se articula en torno a la respectividad. En cualquier terreno de la filosofía de X. Zubiri en que uno se adentre aparece antes o después la respectividad. Podría afirmarse que se trata de un *respectivismo*.

Esta noción sirve a Zubiri para su análisis de la actualidad de IS y, desde ahí, superar todo relacionismo y correlacionismo[120]. Zubiri la estudia en RR. Reológicamente la respectividad no es relación, ni predicamental, ni ontológica, ni transcendental; es previa y fundante de estas relaciones[121]. La relación es consecutiva a la realidad de las cosas, la respectividad es la apertura transcendental de la realidad en cuanto realidad. La respectividad une como momentos previos a su propia constitución dos relatos, es más, constituye los relatos antes de toda relación y fundamenta la posibilidad de toda relación posterior[122].

¿Cuál es la novedad que ve Zubiri en la respectividad? ¿Qué es lo que otros no han visto que a él le lleva a defender esta noción contra viento y marea?

Es lo que encierra esta frase: «El momento de realidad es, pues, respectividad constituyente, un momento formalmente abierto de realidad»[123].

Realidad es respectividad, con esta noción Zubiri estaría describiendo el mismo núcleo trascendental de la realidad; en terminología tomista equivaldría, salvadas las distancias, a caracterizar el mismo *esse* por inmersión en él; en este sentido la reología llegaría más lejos que la metafísica tradicional para la que el ser se descubre pero resulta indefinible. Creemos que la noción zubiriana no cae en ningún esencialismo y logra mostrar algo de la riqueza vislumbrada como inefable por la diferencia ontológica. La respectividad no es del ente, no es un *ad*

---

[120] Remitimos al apartado sobre A. Amor Ruibal en p. 104.

[121] Zubiri distingue al analizar los diferentes tipos de relación dados en la historia: 1.– La *habitud* en el enfrentamiento con las cosas propio de los seres vivos. 2.– La *relación*, *ad aliud*, basada en la alteridad de *res*, que se divide en: a) *categorial*: o momento de la alteridad de relatos, fundamentada en el *esse ad aliud*, y que es consecutiva a los relatos; b) *constitutiva*: o correlacionismo talitativo, en ésta el *esse ad* es *esse in* metafísicamente y tiene su correlato en otros campos como: subjetivo – objetivo en filosofía de la inteligencia, subjetivo en psicología y objetivo en el criticismo; c) *trascendental*, relación que prescinde de un relato, es la entidad relativa, no supone la alteridad; entre estas relaciones están las distinciones metafísicas clásicas como potencia – materia, etc. (cf. RR 14-22). 3.– Su Respectividad. Sobre sus antecedentes histórico – filosóficos cf. M.F. LACILLA RAMAS, *La respectividad en Zubiri*, 17-70.

[122] «según la filosofía de Zubiri en toda relación hay dos términos y una funcionalidad entre ellos. Por el contrario, en toda respectividad solamente hay un término: la formalidad de realidad, que es única y siempre es la misma e idéntica incluso numéricamente. Por tanto, la respectividad no es ni composición, ni determinación funcional, ni relación». J. SÁEZ CRUZ, *La accesibilidad de Dios*, 118.

[123] RR 37.

aliud, sino que el ser mismo es «ser *aliamente*»[124]. Estamos en el corazón de lo real.

Así respectividad se confunde en cierto sentido con la suidad a la que funda, pues consiste en: «Este ser *suyo* sin ser una propiedad de la cosa»[125]. Por ser respectivo a sí mismo lo real es suidad:

> La suidad ni consiste en oponerse a lo que no es suyo, ni se constituye como suya con vistas a las demás formas y modos de realidad. Ser *suyo* no consiste en no ser otro, sino que el no ser otro es consecuencia de ser suyo[126].

Suidad es reológicamente resultado de respectividad. Así: «La respectividad constituyente es constitutiva de la forma y el modo de realidad de una cosa»[127]. La *suidad* así entendida expresará perfectamente la irreductibilidad y profundidad de la persona humana[128].

La respectividad constituyente pertenece a cada cosa, es su corazón, la constituye y la sostiene en la realidad. Por la respectividad constituyente dentro de cada cosa real «su momento de realidad es reificante de cuanto adviene positiva o negativamente a su talidad; a pesar de las modificaciones en la talidad, la formalidad, pues, de realidad continúa siendo la misma»[129].

Precisamente por ser radicalmente *suya*, es decir, por ser *suidad radical*, la formalidad de realidad de una cosa puede remitir, y remite si de hecho hay más cosas reales, a la formalidad de *otra* cosa distinta[130]. La respectividad remitente remite desde ser suidad ya constituida por respectividad constituyente, la suidad radical (como momento interno, no hay dos suidades[131]). El equilibrio entre relacionismo metafísico radical e individualidad constitutiva son conjugados en respectivismo.

---

[124] RR 29, *aliter*.
[125] RR 28.
[126] RR 31.
[127] RR 38.
[128] La nostreidad hipótesis que estudiaremos se fundaría en la remisión respectiva dentro de la *suidad* humana.
[129] RR 37-38.
[130] Cf. RR 30.
[131] «El *no ser otro*, aquí es consecuencia del *ser suyo*. Por tanto, la suidad en la respectividad remitente es una suidad derivada y fundada en la suidad radical, es decir, en la respectividad y apertura. No se trata de *dos suidades*. Son simplemente dos perspectivas de la misma suidad. Una, en cuanto determinada por la respectividad constituyente como reposando en sí misma y sin referencia a nada extraño a ella misma. Otra, en cuanto dicha suidad remite o puede remitir a la suidad de otra cosa real».

CAP. III: PUNTO DE PARTIDA DE LA ANTROPOLOGÍA

Por fundar el *suyo* la respectividad refiere a otros modos y maneras de realidad, no a otras realidades ya constituidas; y desde aquí la respectividad constituyente funda la remitente[132]. La respectividad remitente aparece cuando en la apertura hay varias cosas, al menos como posibles, las cosas no *están* en respectividad sino que *son* respectivas:

> Porque cuando hay no sólo una cosa real, sino varias, entonces, puesto que en cada una de ellas el momento de realidad es formalmente abierto como realidad sin más, resulta que ese momento es el mismo en todas ellas. Esta mismidad está fundada en la apertura del momento de realidad, en su respectividad constituyente, [...] según la cual la realidad de cada una de las cosas reales está abierta a todas ellas[133].

La respectividad remitente es carácter transcendental de apertura de la realidad y funda la posible conexión de unas cosas con otras[134]. Muestra el dinamismo expansivo de la reidad, de la suidad, de la realidad.

> la respectividad remitente remite de la forma y modo de realidad de una cosa a las formas y modos de realidad de otras[135]. Pero esta remisión se funda en el carácter estructural del momento de realidad de cada cosa como realidad abierta sin más[136].

En ambos casos la suidad es «la realidad misma» en única e idéntica formalidad». J. SÁEZ CRUZ, *La accesibilidad de Dios*, 130.

[132] Subrayamos que en cualquier tipo de respectividad no se trata de una referencia de una *cosa real* a otra *cosa real*, sino respectividad como momento transcendental de la única formalidad del *de suyo*. La remisión de una forma y modo de realidad como *suya* a otras formas y modos de realidad se sitúa en el orden transcendental.

[133] RR 38.

[134] Expresa la fuerza de la verdad real y de la reidad en su dinamismo expansivo. Sería la *ananké* que subyace a la matemática egipcia y asirio babilónica, ausente del sistema de Euclides; equivale a la *moira* de la tragedia griega y el determinismo de la ciencia occidental. Cf. J. SÁEZ CRUZ, *La accesibilidad de Dios*, 86.

[135] En IRE 120 podría parecer que Zubiri llama relación a la referencia de una forma de realidad a otra forma de realidad. Pero esto es debido a que en ese momento está entendiendo la forma de realidad como una cosa ya constituida, es decir, en cuanto incluye cierto contenido y por oposición al momento transcendental de la formalidad de realidad. No porque «forma de realidad» sea momento en sí mismo talitativo y no transcendental. Podrá ser considerado en el orden talitativo o en el orden transcendental como toda esencia. Este pasaje conviene no sacarlo de su contexto. Zubiri no estudia aquí el tema de la respectividad con la profusión que ya lo hizo en RR. Por eso no le interesa mayores profundizaciones para no alargar el discurso en inútiles aclaraciones. Cf. J. SÁEZ CRUZ, *La accesibilidad de Dios*, 131 nota 19.

[136] RR 38.

Así: «La respectividad remite cada cosa real a otra»[137]. Esta remisión, afecta a lo real en sus dos momentos de talidad y de realidad. Su resultado es que toda cosa real está abierta hacia otras cosas reales, y cada forma y modo de realidad está abierto a otros modos y formas de realidad.

En el orden de la talidad constituye el Cosmos, es la totalidad de las cosas reales desde su talidad en respectividad mutua. Si consideramos la respectividad entre las cosas en razón de su mero carácter de realidad la totalidad constituye el mundo[138]. Mundo es aspecto transcendental propio de cada cosa real en y por sí misma, cada cosa es por sí mundana y determinante del mundo. La mundanidad articula la respectividad remitente y la constituyente. Es la mismidad del mundo, el que éste sea uno y único, aunque haya pluralidad de cosas diversas e incluso fuese posible una pluralidad de Cosmos[139].

Mundo añade a la respectividad una característica: «Mundo es más que comunidad: es unidad trascendental. Y esta unidad es respectiva en respectividad remitente»[140]; no se trata de comunidad conceptual, las cosas comunican entre sí, están comunicando de hecho, porque son

---

[137] HD 24.
[138] «Si una de tales sustantividades concretas es reemplazada por otra, varía el sistema cósmico; mientras que la sustitución de una sustantividad real por otra tan real como la primera no cambia el sistema mundanal: de suerte que pueden sucederse muchos Cosmos, pero hay un único Mundo. La importancia de estos asertos es debida a que Zubiri denomina *ser* a la respectividad transcendental». J. VILLANUEVA, *Noología y reología*, 276. Deberíamos matizar algo la afirmación de Villanueva. El ser más que respectividad es actualidad mundanal, si bien ésta se funda en la respectividad transcendental. No podemos saltarnos ese paso. Por otra parte y como indica el mismo Villanueva es posible encontrar en Zubiri referencia a otros mundos: el mundo racional, el mundo humano, el mundo de lo afirmado. Este tema es muy complicado de sistematizar con la obra publicada hasta ahora, esperamos la pronta edición de su curso sobre el mundo. Villanueva en base a SE 432 menciona el mundo racional, también con carácter transcendental, junto al trascendental complejo mundo. Cf. *Ibid.* 276 nota 11. Nosotros hablaremos algo del mundo de lo afirmado y del mundo humano.
[139] «la apertura de la realidad de cada cosa como real es mundo. Cada cosa real es constitutiva mundanidad. Aunque no hubiera más que una sola cosa, habría mundo. Porque el mundo está determinado por la realidad de cada cosa real. Entonces, cuando hay varias cosas, la respectividad remitente de una forma de realidad a otras confiere al mundo un matiz distinto: el mundo de las cosas reales es entonces idénticamente *el mismo*. Por tanto, si nos referimos al mundo, según este carácter, [...] en este aspecto mundo es la unidad de respectividad de todas las cosas reales en cuanto reales». RR 38.
[140] RR 40.

esencialmente comunicadas desde su momento de apertura en la reidad[141]. Visto desde la cosa implica que ésta considerada en su realidad propia, intrínseca y formalmente respectiva es constitutiva y formalmente un momento del mundo.

A la respectividad sólo cabría hacer una excepción y sólo en cierto sentido: Dios. La realidad divina es irrespectiva y no es constitutivo formal de la realidad de las cosas, aunque se acceda a él como transcendente *en* la realidad y en ese sentido Dios sea intramundano: «Dios es accesible en y por el mundo. La versión a Dios no es extra sino intramundana»[142]. La respectividad remitente en Dios, que es real, pide cierta *especialización vertical* para salvar su trascendencia, hay mundanidad de Dios pero sin ser mundano[143].

Buscando expresiones para traducir el logro de Zubiri tendríamos que decir, sin salirnos nunca del plano trascendental, que: realidad es su realidad, realidad es dinamismo, vida, posesión en realidad, «suidad transcendental»[144] y por ello comunicación. Y esto está encerrado en la insignificante reidad del sentiligir.

> todo lo real es intrínseca y formalmente respectivo a todo lo demás. Este *demás* son por lo pronto las otras cosas que constituyen el cosmos. Pero lo *demás* no son sólo las otras cosas sino que también y sobre todo el momento mismo de realidad, haya o no otras cosas reales. La realidad misma en cuanto tal es respectiva por que es en sí misma abierta: la impresión de realidad de muchas cosas unitariamente aprehendidas es física y numéricamente la misma. Por lo tanto el momento de realidad es en cada cosa real un momento abierto en sí mismo en cuanto realidad[145].

Resulta ahora obvio que respectividad sea radicalmente distinto de relación. Realidad es siempre respectividad y no relación. Realidad

---

[141] «la formalidad de realidad es inespecífica. No se agota nunca en el contenido, sino que se mantiene en mismidad numérica [...], y por eso aloja en sí todos los demás contenidos: todos son no sólo realidad, sino que todos tienen la misma formalidad de realidad, con una mismidad física y numéricamente idéntica». RR 26.

[142] HD 186. Así la presencia de Dios en las cosas es alterificante y en el mundo es fundamentante, Dios sólo es accesible en lo real mundanal. Por eso aunque sea irrespectivo se accede y está de hecho accedido gracias a la respectividad remitente. Por eso no es necesario huir de esta vida y de este mundo para encontrar a Dios. Cf. J. SÁEZ CRUZ, *La accesibilidad de Dios*, 270. La irrespectividad de Dios se matizará según avancemos en la superación de la disyunción.

[143] Cf. HD 177. Dios no está en la respectividad que abre la reidad intelectiva, pero en ella se abre la marcha que descubre su presencia mundificante de cada realidad.

[144] RR 29.

[145] HD 52-53.

incluye siempre la remisión de una forma y modo de realidad a otras formas y modos de realidad ambos en cuanto realidad; e incluye la respectividad remitente a toda forma de realidad, al mundo. Realidad por ser quien es constituye el universo comunicacional trascendental. Las cosas reales no empiezan por ser reales y entran después en conexión, sino que cada una en su realidad constitutiva es lo que es en función constitutiva con las demás.

La respectividad recoge también la aportación de la metafísica activista de los Padres Griegos. El carácter intensivo y comprensivo de esta noción se manifiesta en la dimensión dinámica de la respectividad[146]. Zubiri llega a hablar de *tensidad trascendental*[147]. Por esta dinamicidad la realidad, la respectividad, es éxtasis.

> cada sustantividad es dinámica, quiere esto decir que la respectividad misma, y la unidad que todas estas realidades sustantivas constituyen es una respectividad dinámica. Por tanto este mundo — eso es, la respectividad — esta unidad es quien *primo et per se* es dinámica[148].

Desde la remisión de unos modos y formas de realidad a otros se constata que existe una transcendentalidad dinámica[149]. No sólo hay un proceso evolutivo talitativo sino que unas tipos de realidad se encuentran transcendental y dinámicamente fundados en otros. Este dinamismo no es cambio[150], ni actuación de una potencia sino la actividad misma de la realidad por estar en respectividad. Los momentos de la estructura del *de suyo* son activos por sí mismos. «La dinamicidad no es consecutiva a la realidad como pueda serlo la acción o la operación, sino que es un momento constitutivo de ella, de su constitución formal en tanto que realidad»[151].

---

[146] Zubiri también lo denomina respectividad excedente. En ella se basa la *funcionalidad de lo real*. EDR estudia la respectividad dinámica sobre todo a partir de las notas talitativas. En IS y en HD se fundamenta sólo en la transcendentalidad del *de suyo*. GRH innova al aplicar el *dar de sí* de la realidad al *dar de sí* de la materia. Cf. J. Sáez Cruz, *La accesibilidad de Dios*, 116 y 126 nota 15.

[147] Respectividad en la acción de dar de sí Cf. ETM 139 y 181, ESP 1973.

[148] EDR 314.

[149] Cf. IRE 131-132. La dinamicidad de la realidad no consiste en ser actividad como la *vis* de Leibniz, (cf. EDR 61, 87, 315) sino que se funda en la *actuosidad* fundada a su vez en la respectividad transcendental tanto remitente como constituyente. (cf. EDR 98).

[150] Cambio es sólo uno de los tipos de dinamismo del Universo. Cf. EDR 62-63.

[151] HD 168.

Por tanto toda realidad *qua* realidad es de por sí dinámica[152].

El dinamismo de la realidad *qua* realidad se expresa en el fundar[153], y en la *funcionalidad de lo real* en cuanto real, es decir en respectividad, y este es el ámbito de la causalidad. Dentro de ésta se encuadrarán derivadamente las causas tradicionales y la causalidad personal: «causalidad es un constitutivo éxtasis precisamente porque es la estructura misma del dar de sí en respectividad»[154].

La dinamicidad que implica la respectividad se expresa como potencialidades estructurales de dar de sí, que Zubiri denominará *potentidad*[155], introduciendo el dinamismo en el nivel más íntimo de cada realidad. Este dar de sí por respectividad origina los demás dinamismos (el cambio, el proceso, la variación, la realización de posibilidades) que pertenecen a otro nivel reológico.

Desde la respectividad como constituyente, remitente y dinámica se comprende el estricto y literalista sentido en que Zubiri habla de *extructura* de la realidad, lejos de lo que se ha dado en llamar estructuralismo. Las cosas y el orden trascendental son estructura como manifestación dimensional del *ex* de la realidad en respectividad expansiva.

Antes de terminar señalamos que Zubiri abandona su primitiva *respectividad interna*, usada en SE y EDR para explicar el estado constructo, al creerla insuficiente porque supone la relativa escisión del cosmos en sustantividades independientes[156] y porque concierne sólo al contenido en el plano de lo talitativo, mientras que en rigor no hay sino la sustantividad del Cosmos. Las dificultades de considerar una respectividad de orden talitativo puro conducen a Zubiri a afrontar la respectividad sólo en el orden de la formalidad, conceptuando como relación

---

[152] Cf. EDR 87-88, 315; HD 168; SH 448-449, (GRH 1982-83). La misma materia da por su propia dinamicidad (por sí o por otro) la inteligencia.

[153] Cf. HD 311-312. Un modo de fundar es constituir la realidad por parte de Dios.

[154] EDR 318.

[155] Mejor que *potencialidades*, habría que decir *potentidad* de la realidad o *calidad de ser potente* (Cf. SH 449, GRH, 1982-83). Potentidad es poder dar de sí. Zubiri sostiene la necesidad de categorizar metafísicamente la potentidad, sin confundirla con la potencia aristotélica. Zubiri entiende la potencia activa aristotélica como un intermedio invariable entre el ente estructurado y la acción, mientras que la potencialidad es algo variable y directo Potencialidades y potentidad son de orden constitutivo, no meramente operativo. Aquí Zubiri respondería a la reflexividad dialéctica de Hegel. Cf. F.J. VILLANUEVA, *La dimensión individual del hombre*, 111 y J. SÁEZ CRUZ, *La accesibilidad de Dios*, 127.

[156] Para los animales no hay ni siquiera cosmos, tan sólo entorno o medio. Cf. I. ELLACURÍA, «La idea de estructura», 134.

toda referibilidad talitativa en cuanto talitativa, sea entre cosas o entre formas de realidad. La respectividad constitutiva de las notas-de la esencia pasa a constituyente o del *de suyo* y desaparece la interna[157].

3.3.3 Deducción de los transcendentales

Presentamos la deducción definitiva, tras el esbozo de NHD, vinculada estrechamente con los cuatro momentos trascendentales, partiendo de SE[158]. Para Zubiri sus trascendentales lo son en sentido formal (la realidad en cuanto realidad) a diferencia de los clásicos o materiales[159].

Los trascendentales pueden ser simples y complejos. Complejos son:

> aquellos transcendentales que competen formalmente a cada cosa real por el mero hecho de ser real, pero que expresan aquello que se sigue del puro carácter de realidad en orden a la multiplicidad de las cosas reales. En cambio, son transcendentales *simples* aquellos que expresan sin más la realidad en y por sí misma[160].

Si consideramos las cosas como siendo *de suyo* en y por sí mismas — la esencia por sí misma en función transcendental — obtenemos los transcendentales simples: realidad y unidad (*res* y *unum*).

Si las consideramos desde la respectividad de unas a otras — la esencia en su vinculación con todo lo real — nos encontramos con los transcendentales complejos: mundo[161], algo, verdadero y bueno.

Esta estructura transcendental, no lo olvidemos, está determinada por la talidad. Así «La función transcendental del *cosmos* en el orden de la realidad en cuanto tal es determinar un *mundo*»[162].

---

[157] Cf. J. Sáez Cruz, *La accesibilidad de Dios*, 143 nota 18. La respectividad interna de las notas-de no sería verdadera respectividad metafísica porque se refiere sólo al momento talitativo, así no es formalmente estado constructo. Cf. *Ibid.* 120.

[158] Dice Zubiri: «Estas cosas son *de suyo* en y por sí mismas; son los transcendentales simples (*res* y *unum*). Y son también *de suyo* respectivas; son los transcendentales complejos, bien disyuntos (*mundo*), bien conjuntos (*aliquid, verum, bonum*), de los cuales éstos se fundan en los disyuntos. Esta es la estructura transcendental de la realidad, una estructura determinada por la talidad en función transcendental. Esta estructura transcendental reposa, pues, sobre dos transcendentales primarios: realidad y mundo; transcendental simple aquél, transcendental complejo éste». SE 432.

[159] Cf. ETM 150s, ESP 1973.

[160] SE 429.

[161] Mundo asume ubicadas diversamente las aportaciones de Kant y Heidegger.

[162] G. Gómez Cambres, *La realidad personal*, 112 y cf. SE 428.

Entre todos los transcendentales hay dos que son primeros en su vía de deducción: en los simples el primero es la *realidad*[163] y entre los complejos el primero es el *mundo*.

El Mundo[164]:

no es la simple totalidad de cosas reales (eso también es el cosmos), sino la totalidad de las cosas reales por razón de su carácter de realidad, esto es, en cuanto reales: la respectividad como modo o carácter de realidad[165].

En la deducción de los complejos el *verum* y el *bonum*[166] se fundan a su vez en la función transcendental de la inteligencia humana desde su

---

[163] Es la realidad en cuanto formalidad y está forjado frente a la cosa sentido de la fenomenología, no frente a la naturaleza aristotélica. Cf. D. GRACIA, *Voluntad de verdad*, 199. También rompe aquí con el círculo del sentido de Heidegger dando cabida a las cosas físicas y a Dios en la reología (cf. A. PINTOR-RAMOS, «Heidegger en la filosofía española», 176-177).
Con la realidad considerada como transcendental Zubiri supera su filosofía del haber. En su pensamiento definitivo entiende por realidad «el que estas notas pertenezcan a la cosa *de suyo* [...] Pero para nosotros, hombres, ante todo el calor "es caliente". Sus caracteres le pertenecen *de suyo*. Y por esto al estar así aprehendido *de suyo* el calor tiene lo que llamaré la *formalidad de lo real*» (HD 18). «Realidad no significa aquí existencia, y mucho menos algo allende mi aprehensión, sino que es la formalidad según la cual eso que llamamos calor está aprehendido como algo *de suyo*, es decir, según la formalidad de realidad. La existencia misma pertenece al contenido de lo real y no a la formalidad de realidad» (HD 18).

[164] «Y digo que *mundo* es el primer transcendental complejo, el transcendental fundante de todos los demás transcendentales complejos: *aliquid, verum, bonum*. Los tres son complejos; expresan, en efecto, lo que es intrínsecamente el carácter de realidad de cada cosa como referibilidad a las demás. Y esta referencia no es sino la respectividad de lo real *qua* real, esto es, el mundo. Sólo porque una *res* en cuanto *res* es respectiva a las demás, puede ser y es un *aliud* respecto de ellas» (SE 429-430). Mundo se actualiza desde la aprehensión como la función transcendental del campo de realidad. El campo es el mundo sentido. Es constituido por la respectividad remitente de las cosas reales en cuanto reales y descansa en la mundanidad de cada realidad, «carácter transcendental propio de cada cosa real en y por sí misma» (RR 36). Así: «sólo porque cada cosa es mundanal, sólo por esto, puede haber mundo como unidad de respectividad de lo real en cuanto real» (RR 39). Un estudio genético del término cf. A. GONZÁLEZ, «La idea de mundo», 485-521.

[165] SE 427. «la unidad de respectividad de todo lo real, no según sus notas sino según su momento de realidad, es lo que constituye el mundo. Mundo no es el conjunto total de las cosas reales sino que es la unidad de respectividad de la realidad en cuanto realidad». HD 53.

[166] La verdad y el bien «envuelven una respectividad de la realidad inteligente y volente a la realidad inteligida y querida. Sólo porque la cosa real inteligente y volente está en el mundo de las demás cosas reales, sólo por esto es posible que haya intelección y volición y, por tanto, *verum* y *bonum* transcendentales». SE 430.

apertura a todo lo real en cuanto real. A éstos hay que añadir el *pulchrum*, transcendental que Zubiri introduce en RFSE[167].

Estos transcendentales — incluyendo el mundo — fueron calificados como disyuntos, con terminología tomada de Duns Scoto[168].

La disyunción trascendental aparece en el mundo por la necesidad de evitar el panteísmo manteniendo la trascendencia de Dios. En SE el mundo es considerado disyunto, frente al resto de trascendentales que son conjuntos. En ese momento Zubiri se aproxima a Dios desde la causalidad, y llega a El como realidad extramundanal desde su irrespectividad[169]; esto le obliga a sostener la disyunción mundanal – extramundanal para que el mundo no pierda su transcendentalidad[170].

---

[167] Cf. SSV 323-405, RFSE 1975.

[168] Así lo explicita el mismo Zubiri en SE 431. Duns Scoto distinguía entre las *passiones convertibiles simplices*, los transcendentales tradicionales, y las *passiones disjunctae*: necesario – posible, infinito – finito, etc. Para Duns Scoto ambas pasiones del ente son igualmente transcendentales porque no son determinaciones genéricas. La finitud no es un género cualquiera sino una modalidad. Por eso dice «utrumque membrum illius distincti est transcendens, quia neutrum determinat suum determinabile ad certum genus». *Com. Ox.*, I, d8, q3, a2, n19; t.I, 606. De estas parejas transcendentales un término es demostrable desde otro. Scoto usa esta vía para demostrar la existencia de Dios: «si alliquod ens est finitum, ergo aliquod ens est infinitum». *Com. Ox.* I, d39, a3, n13; t.I., 1214. Sin embargo la inferencia inversa no es posible. Las parejas constan de un término débil y uno fuerte. Puesto el débil se infiere el fuerte, pero no es verdadera la recíproca. Cf. E. GILSON, *Jean Duns Scot*, 97, 314 y 317. Ver la presentación que de este punto hace cf. B. CASTILLA Y CORTÁZAR, *Noción de persona*, 309-310 nota 166. Esta autora cita el *Opus Oxoniense*, en la versión consultada por nosotros (*Commentaria*) la primera vez donde ella pone *disjuncti* Scoto dice *distincti*.

[169] Dios es mundanal en cuanto realidad (pertenece al mundo), pero no lo es en una consideración talitativa, ahí Dios sería el irrespectivo extramundanal. Además esta introducción de Dios en SE dentro de la pretensión zubiriana de hacer una metafísica intramundana sin presuponer la existencia de Dios (cf. SE 430) ha sido criticada por ser una petición de principio. «No es lícito partir de Dios como realidad irrespectiva para elaborar el orden transcendental. A Dios como realidad irrespectiva habría que haber llegado». J. BAÑÓN, «Reflexiones sobre la función transcendental», 301.

[170] En SE dice: «*mundo* puede ser la designación de un carácter *disyunto*; no es una división de las cosas reales, sino aquel carácter según el cual la realidad en cuanto tal es forzosamente y por razón de la realidad, o bien respectiva (mundanal), o bien irrespectiva (extramundanal). Y esta forzosidad disyunta *qua* forzosidad es lo que pertenece a la realidad en cuanto tal; si la llamamos *mundo* es porque en este caso calificamos a la disyunción por su término más claro, y *quoad nos* el único inmediatamente innegable. Echando mano de una expresión que Scoto forjó para otras propiedades (Scoto nunca pensó en que *mundo* fuera transcendental), diré que mundo es un transcendental complejo, pero *transcendental disyunto*» (SE 431).

CAP. III: PUNTO DE PARTIDA DE LA ANTROPOLOGÍA 219

El par disyunto mundanal – extramundanal sería estrictamente transcendental ya que «una disyunción completa que concierne a lo real en cuanto tal es *eo ipso* una disyunción transcendental»[171]. El mundo como transcendental disyunto se mantiene hasta 1973 en el curso *Sobre el espacio*[172].

Pero a la altura de 1975 desaparece con la tematización de Dios como Persona absolutamente absoluta transcendente *en* la realidad y *en* el mundo, y, por tanto, intramundanal[173]. La disyunción resulta innecesaria pues no se llega a él por la causalidad[174].

Sin embargo, la disyunción, desplazada de ese ámbito, se aplica al *verum*[175] y al *bonum*[176] y al *pulchrum,* pero ahora desde la limitación de

---

[171] SE 431.

[172] Afirma en este curso: «No hay ninguna realidad que no sea, en tanto que realidad, respectiva a otra realidad. En la medida en que esto acontece, todas las realidades constituyen (por lo menos éste es el concepto al que yo me refiero con el vocablo) un Mundo. Toda realidad es constitutivamente mundanal, de una manera directa o disyuntiva. Dejando de lado esta disyunción, que sólo a Dios podría aplicarse, digo que toda realidad constituye esencialmente el Mundo». ETM 137, ESP 1973.

[173] Se trata de la vía de la religación: el hombre no tiene más remedio — al enfrentarse con el problema de la realidad — que plantearse el problema de Dios. En la marcha de la razón dentro de la realidad una forma coherente de dar contenido a la ultimidad es sostener la existencia de Dios, es decir que algo de lo que existe es o puede llamarse Dios (cf. HD 230). El orden es inverso al pensamiento causal de SE. Desde HD Dios es intramundano al ser transcendente en la realidad, y ya no será irrespectivo. Cf. A. PINTOR-RAMOS, «Dios y el problema», 113.

[174] También se debe a la profundización en IS, desde la APR deja de necesitar la causalidad para introducir a Dios abandonando la disyunción y la consideración de Dios como irrespectivo. Cf. J. BAÑÓN, «Reflexiones sobre la función transcendental», 302 y 307s. Esta solución es más congruente con el núcleo de la realidad como respectividad. A nuestro modo de ver habría que seguir afinando la posición de Zubiri diciendo que su respectividad con el mundo es transcendental y trascendente, diversa de la respectividad mundanal del resto de realidades. La cuestión no la creemos cerrada y desde aquí se podría trabajar para comprobar que realmente se supera el panteísmo y no sólo se opta contra él. El trabajo de Sáez no creemos que alcance la solución definitiva. Nos parece más sencillo argumentar desde la distinción Cosmos – Mundo y desde una posible tipificación de la respectividad remitente.

[175] Recordando la cara negativa de la existencia de realidades ininteligibles (para Aristóteles la materia prima, para S. Agustín la Trinidad) Zubiri afirma que éstas, lo irracional, tienen un lugar en el orden transcendental. Así existe la realidad falsa, p. e. el falso vino. Por eso concluye que el *falsum* «es otra disyunción innegable del *verum.* Lo irracional y lo *falsum* son momentos de la realidad; tan momentos de la realidad como el *verum*» (SSV 383, RFSE). El término fuerte de la disyunción sería la verdad.

[176] En RFSE aplica el mismo razonamiento usado con lo falso – verdadero al bien desde la negatividad del mal. Existen realidades inapetecibles en tanto que realidades,

lo real[177]. Desde la disyunción entre suficiencia y limitación se justifica que la realidad sea: bella o fea[178], buena o mala, verdadera o falsa, trascendentales.

Con la filosofía de la realidad plenamente desarrollada en IS, el orden transcendental queda modificado: desaparece la disyunción pues la caducidad de lo real no es un dato que se nos dé en la APR[179]. La disyunción no sería una consideración reológica, sino teoría metafísica secundaria de la realidad allende la aprehensión.

La disyunción transcendental es rescatada por algunos autores para aplicarla a la diferencia de género: varón – mujer; eso sí, liberándola del esquema negativo suficiencia – limitación[180]; en el contexto de una reflexión metafísica contemporánea que va ampliando y modificando el número y colocación de los trascendentales[181]. Con esto se eleva, pro-

---

además un acto de volición malo es una realidad real y efectiva en el mundo. Desde ahí se aplica la disyunción transcendental al mal aunque siempre haya que concebirse en función del bien, que sería el término fuerte.

[177] «Los transcendentales son disyuntos, precisa y formalmente porque lo son de una realidad transcendentalmente limitada en cuanto realidad; es la limitación transcendental de la realidad» (SSV 384 y cf. 388, RFSE). En el curso *Acerca de la voluntad* usa realidad disyunta – conyunta en sentido diverso, lo aplica sólo en un nivel antropológico para diferenciar al hombre del animal, ya que el hombre tiene que optar en disyunción — provocada por su ser sobre sí — con su volición. Cf. SSV 47 y 74.

[178] «yo creo que en el caso del *pulchrum*, no toda realidad es bella, en el sentido de que puede haber cosas feas y horrendas. Pero sí tiene que ser forzosamente o bien bello o bien horrendo, y por consiguiente el carácter de *pulchrum* es un ámbito que de una manera disyunta pero transcendental, es inexorablemente pertinente a la realidad» (SSV 381, RFSE). El dúo bilateral bello – feo se convierte con realidad.

[179] Cf. J. BAÑÓN, «Reflexiones sobre la función transcendental», 304.

[180] Nos referimos a la brillante obra: cf. B. CASTILLA Y CORTÁZAR, *Noción de persona*, especialmente las p. 318, 382-386, 422-425.

[181] El número de los transcendentales no ha alcanzado unanimidad. P. e.: algunos pensadores añaden alguno a los tradicionales. Hoy se señala y destaca la importancia de la belleza, del *pulchrum*, añadiéndolo al número de Sto. Tomás; otros añaden la misma *actividad* inspirándose en Sto. Tomás: cf. C. CARDONA, *Metafísica del bien y del mal*, 43; también se introduce la *diferencia* basándose en Aristóteles y en que al ser los transcendentales diversos entre sí debe existir una diferencia transcendental, cf. J. DE GARAY, *Diferencia y libertad*; Castilla indica una posible consideración del lenguaje como transcendental, Cf. B. CASTILLA Y CORTÁZAR, *Noción de persona*, 264. Aparte están los transcendentales antropológicos, uno ya señalado por Aristóteles al afirmar que «el alma es en cierto modo todas las cosas», ARISTÓTELES, *De anima*, III, 8, 431 b 21, y otros por Kant al hablar de la transcendentalidad del conocimiento humano (Cf. KANT, *KrV* A 12/B 25), del yo transcendental y de la libertad con carácter transcendental (sobre el método transcendental kantiano a diferencia de la demostración de Aristóteles y los silogismos de Wolf puede verse la descripción

longando a Zubiri, la feminidad y la masculinidad al plano transcendental: ser persona significa ser transcendental y positivamente varón o mujer, expresando mejor la riqueza de lo real. Sobre esta postura hablaremos al tratar de las relaciones interpersonales.

3.3.4 Apertura dinámica de la transcendentalidad

> Es la realidad misma como realidad la que desde la realidad de una cosa va abriéndose a otros tipos de realidad en cuanto realidad. Es la *transcendentalidad dinámica*, es el dinamismo transcendental de lo real[182].

El orden transcendental es intrínsecamente dinámico y abierto. Las propiedades trascendentales tienen una estructura evolutiva abierta en el orden transcendental mismo. El orden transcendental de Zubiri es, como en Heidegger, histórico, mundano y tempóreo[183].

Para Zubiri «el problema del devenir afecta primaria y radicalmente a la realidad. No afecta al ser»[184], por tanto no es un problema de sujeto o de sustancia, sino de sustantividad y de estructura constitutiva. Le afecta en su mismo corazón: «sólo en tanto que el devenir compete *de suyo* a la cosas (precisamente *de suyo* es aquello según lo cual decimos que son reales), sino en tanto que compete a la realidad, por aquello que la realidad es radicalmente, a saber: como estructura»[185].

Dinamismo es un *dar de sí* que no implica necesariamente cambio[186]. Este dinamismo no está mas allá de la aprehensión, sino que se actualiza en cualquier aprehensión. La inteligencia sólo actualiza y lo que actualiza es justo un *de suyo* que *da de sí*. Por eso las nuevas notas talitativas que se van presentando en las cosas reales cualifican de modo esencial su momento de realidad como dinámico. Esto refluye sobre el orden transcendental ya que «la transcendentalidad no podría darse sin

---

que hace el Zubiri en 5LF 85). Por otro lado están quienes opinan que sobra alguno de los clásicos. Así L. Polo piensa que sobran el *aliquid* y la *res*, por corresponderse entre sí sin conversión y por pertenecer el primero al orden del pensar objetivo. Cf. L. POLO, *El conocimiento habitual de los primeros principios*, 43.

[182] IRE 131.

[183] Cf. J. SÁEZ CRUZ, *La accesibilidad de Dios*, 59-60. Ver también la síntesis de D. GRACIA, *Voluntad de verdad*, 169-210, cap. V, centrado en el momento noemático de la aprehensión humana.

[184] EDR 30.

[185] EDR 39.

[186] Habrá menos cambio cuanto más dinámica sea, cuanto más rica sea la realidad que *da de sí*. Este dinamismo es máximo en la persona, p. e. en la creación por Dios y en el amor humano. Cf. EDR 62.

aquello de lo que es transcendental»[187]. La realidad es siempre *la misma* y nunca *lo mismo*. Incluso se descubre que es preciso que la realidad nunca sea *lo mismo* para que pueda ser siempre *la misma*.

Consecuentemente la estructura que es la realidad como esencia es una estructura constitutiva «cuyos momentos y cuyos ingredientes de constitución son activos y dinámicos por sí mismos»[188]. En las sustantividades cada nota es en su *quale* propio una acción absolutamente determinada, en virtud de la cual las notas son activas en sí mismas, lo son *por sí* mismas: no están estimuladas, excitadas por otras sustancias o por otras notas, y son activas *formalmente* porque la respectividad es intrínseca y formalmente accional. La realidad es *en sí* formalmente activa[189].

La suidad y el *de suyo* son formalmente *dar-de-sí*. En consecuencia la misma reidad es constitutiva y formalmente extensión. El *ex* de la extensión indica, en sus raíces filológicas, el *desde* de la transcendentalidad en difusividad de sí. Por tanto, y sin que esto consista en un juego de palabras: «El *trans* de la transcendentalidad es un *ex*, el *ex* de la formalidad de lo real»[190]. Es lo que ya afirmábamos al constatar como para Zubiri la transcendentalidad de la realidad es comunicación.

Por ello el mundo no *tiene*, ni *está en*, sino que *es* dinamismo[191].

El dinamismo trascendental lleva a Zubiri a formular un orden evolutivo interno de la realidad misma, independiente formalmente de la teoría de la evolución (talitativa) que otorga al orden trascendental carácter de sistema[192]. Es la evolución trascendental:

los distintos modos de realidad en cuanto tal van apareciendo no sólo su-

---

[187] IRE 125.
[188] EDR 327, como ya vimos al hablar de la respectividad.
[189] Cf. EDR 60.
[190] IRE 118.
[191] Cf. EDR 63-64. En este dinamismo hay grados, desde la acción – reacción de la materia de Newton (*Principia*) hasta el más alto que es el amor como donación
[192] «el orden trascendental no es ni propiedad ni una serie de propiedades o caracteres atribuibles a las cosas reales, sino que a mi modo de ver, es un sistema. Toda realidad en cuanto realidad, en cuanto es de suyo es respectiva; es, por tanto, una respectividad trascendental. Es lo que llamo sistema transcendental» (ETM 162). El sistema tiene tres caracteres estrictamente transcendentales: 1.– abierto como dar de sí en actividad; 2.– dinámico desde la unidad evolutiva de las cosas; 3.– dotado de unidad sistemática. En este sistema la primera y primaria forma de la transcendentalidad, su primer momento sistemático es el *ex-de* de la espaciosidad. De este modo hablar de sistema transcendental es lo mismo que hablar de respectividad transcendental y que de dinamismo transcendental. Cf. ETM 162-163, ESP 1973.

cesivamente sino fundados transcendental y dinámicamente los unos en los otros. Y esto no es sólo un hecho científico, sino algo primario y radical. Es la transcendentalidad dinámica[193].

A lo largo de la historia este dinamismo se ha desplegado en ocho estratos en que se ve la vida como una marcha desde la interiorización nuclear hasta la formalización creadora[194]. No se trata de grados en el sentido de una gradación establecida[195], sino que:

> se trata de una gradación dinámica, es decir: de un verdadero dinamismo metafísico en el orden de la realidad en cuanto realidad, en virtud de cual los llamados grados superiores en una o en otra forma están desgajados y son emergentes de grados inferiores[196].

Se descubre un *crescendo* de densidad ontológica, una sintropía ontológica, que culmina con la aparición de la persona, nuevo modo de realidad cuya densidad real es tal que supone establecer un nuevo tipo de realidad, es la aparición dinámica de la *esencia abierta*, como el de suyo abierto a su propia realidad y a toda realidad[197].

---

[193] IRE 132.

[194] Estos estratos son: 1.– la constitución de la materia viva; 2.– interiorización de la materia viva en el núcleo; 3.– paso del organismo monocelular a pluricelular. Aquí Zubiri critica al P. Teilhard: «sin duda es muy sencillo describir en términos grandiosos la marcha de la evolución según Teilhard de Chardin, como si efectivamente los individuos no tuvieran nada que hacer, sino formar parte de la especie. Siendo así que el hecho biológico radical de la constitución de un organismo pluricelular consiste justamente en disociar entre sí la suerte del individuo y la suerte de la especie» (EDR 179); 4.– meiosis y generación sexual; 5.– animalización por la aparición del psiquismo, es el paso de la mera susceptibilidad y de la sentiscencia al sentir (Cf. EDR 180); 6.– centralización de la vida animal; 7.– homeostasia o estabilización del medio interior que es «algo más que un equilibrio: es un *momento dinámico* de la actividad de los seres vivos» (EDR 181) y 8.– corticalización (dentro de ella se da a su vez un desarrollo dinámico por especificación y formalización que apunta al siguiente dinamismo: el de la *suidad*). Cf. EDR 202.

[195] La gradación de la realidad analizada por Zubiri se sitúa en el nivel de razón tomando como mensura canónica un modo o forma de realidad, que constituye sugerencias y esbozos de mensura en profundidad de lo real. Esta gradación descubierta es dinámica, se apoya en la intensidad talitativa diversa, pero es gradación de realidad formal. Esto no implica que una realidad sea más real que otra, sino que su riqueza intensiva es mayor o menor. Zubiri tenía miedo a la analogía y a la participación por considerarlos términos conceptivos y empobrecedores, por ello no cree que haya una gradación de ser, sino extensión de ámbitos y nuevos modos de realidad por *subtensión dinámica*. Cf. J. SÁEZ CRUZ, *La accesibilidad de Dios*, 99 nota 10.

[196] EDR 161.

[197] Cf. SE 499-500.

La realidad es dinamismo emergente[198] y por tanto hay que abandonar el esquema de Parménides. La realidad es *dinamismo transcendental*, se está haciendo en cada momento a sí misma, en un movimiento no fácil de distinguir de la creación. La realidad como *de suyo* que *da de sí* se describiría como autocreación: «como si la realidad tuviese en su interior un germen de autocreación que sería la base de su despliegue dinámico, de su *dar de sí de suyo*, por sí misma y desde sí misma»[199].

Cada dinamismo es un auténtico progreso intensivo en la realidad, así la realidad en la medida que va dando de sí cada vez más va siendo más realidad[200]. Hay enriquecimiento dinámico abierto del orden transcendental.

El sistema de lo trascendental es un sistema abierto no está concluso: «La realidad se va abriendo en cuanto realidad; y en este abrirse va cobrando propiedades nuevas y distintos modos de realidad»[201].

Por eso: «no sabemos ni podemos saber si está fijado o no el elenco de tipos de cosas reales; es decir, de lo que es realidad en cuanto realidad»[202].

3.3.5 El ser

Zubiri sitúa el ser en ulterioridad con la realidad. ¿Es trascendental? ¿Si el Yo es el ser de la persona, cómo lo hemos de entender? De la respuesta depende el punto antropológico de la personalidad.

El *esse* está dentro de la consideración transcendental, pero no es un transcendental porque no se convierte con lo real[203].

---

[198] Cf. EDR 156.
[199] J. BAÑÓN, «Zubiri hoy: Tesis básicas», 103.
[200] Cf. EDR 326.
[201] ETM 179-180, ESP.
[202] IRE 130-131. Hasta el momento presente «ha habido un progreso dinámico en lo real en cuanto real, porque ha habido un progreso en la instauración en la realidad. Ignoramos si este progreso dinámico no marchará todavía hacia adelante». IRE 215.
[203] Las opiniones sobre la transcendentalidad del ser son divergentes. Nosotros opinamos que para Zubiri el ser no tiene en sentido estricto carácter transcendental aunque se descubre y formula en este plano. En este punto estamos con Castilla para quien el ser no lo es. Apoyándose en SSV 378: «El orden transcendental no es el orden del ser, sino el orden de la realidad en cuanto tal», afirma que «Zubiri no solamente coloca a la realidad antes que al ser, sino que solamente confiere carácter transcendental a la realidad y no al ser» (Cf. B. CASTILLA Y CORTÁZAR, *Noción de persona*, 281). De la misma opinión es Rovaletti quien apoya su negativa en que al ser «no cabe aplicarle la forzosidad de la disyunción, sino en uno de sus miembros.

CAP. III: PUNTO DE PARTIDA DE LA ANTROPOLOGÍA 225

Es un acto ulterior a la realidad: su actualidad en el mundo[204].

Zubiri acusa a la escolástica de tomar el ser y la realidad como sinónimos[205], mientras que el ser tiene tres momentos estructurales:

«Actualidad, ulterioridad, oblicuidad: he aquí los tres momentos estructurales del ser»[206]. El ser nunca es sinónimo de la realidad[207].

Por ser actualidad mundanal, la forzosidad obliga a la cosa real a quedar actualizada o como ser o como sobre-ser» (Cf. M.L. ROVALETTI, *Esencia y realidad*, 83). Sin embargo la disyunción no es criterio definitivo.

Por otra parte Aísa le otorga auténtico carácter transcendental. Opina que lo transcendental no se reduce a lo que lo es por excelencia, así el ser «es transcendental, pero no es lo *primo et per se* transcendental, porque se funda, según Zubiri, en la realidad» (I. AÍSA, «*De la posibilidad de perspectivas*», 8). En el mismo artículo sitúa el *esse* a la misma altura que el *verum*: «El *esse* se funda en la realidad pero, a diferencia del *verum* (y del *bonum*) la realidad mundanal inexorablemente *es*, aunque no hubiera comprensión. El *esse* y el *verum* son actualidades: de la realidad en el mundo y de la realidad en la intelección, respectivamente. Sin embargo, así como lo real no puede no estar presente en el mundo, puede no estar presente en la intelección» (*Ibid.* 11).

Un texto clave de Zubiri, hablando en contraposición al ser de Heidegger, dice: «Esta unidad del ser podría llevar a pensar que lo transcendental es entonces el *ser* mismo. Es la tesis de Heidegger [...] Ahora nos basta con repetir que *ser* es un acto *ulterior* de lo real *qua* real; el ser se funda en la realidad. Y, por tanto, lo transcendental no es el *ser* sino la *realidad*» (SE 411-412). Parece pues clara la posición por parte del mismo autor.

[204] «La actualidad de lo real en el mundo es lo que a mi modo de ver constituye el ser. Ser no es lo mismo que realidad. Si consideramos las propiedades o notas que constituyen por ejemplo la plata, estas propiedades no son el ser de la plata sino la realidad argéntea misma, en su forma y modo de realidad. Y la forma y el modo de realidad no son el ser. Si la plata pudiera hablar diría: con todas estas propiedades reales, yo soy realmente así en el mundo. He aquí el ser: el *así en el mundo*». HD 53-54.

[205] Así afirma en SE: «Ante todo, *ens* y *res*. En rigor no son dos propiedades o atributos transcendentales, sino que para la escolástica son tan sólo dos *expresiones* de una sola cosa, del ente. *Ens* significa que la cosa *es*; y *res* significa *aquello* que la cosa es; es decir su ordenación al *esse*; sin esta ordenación al *esse* la cosa sería *nada*. Por tanto *ens* y *res* son perfectamente sinónimos y expresan con dos vocablos no una propiedad transcendental, sino lo transcendental mismo» (SE 418). Sin embargo — añadimos — que sean transcendentales y por tanto convertibles no significa que en su concepción original por parte de los autores escolásticos no haya entre estos ninguna distinción, esta diferencia viene del punto que se acentúe en la contemplación del orden transcendental, privilegiando uno u otro de los coprincipios de la realidad.

[206] IRE 224. También cf. IL 384-386 y 390.

[207] Se dice que son sinónimos. «¿Es esto exacto? Depende de la idea que se tenga de ser. Si ser es realidad y realidad es existencia, entonces la identidad formal entre *ens* y *res* es evidente. Pero ya hemos visto, primero, que realidad no es existencia ni actual ni aptitudinal, sino que formalmente es el *de suyo*; segundo, que no es lo mismo realidad y ser, sino que *ser* es un acto *ulterior* de lo real». SE 419-420.

El ser es *actualidad* en oposición al acto o actuidad propia de la realidad. Actualidad es *estar presente* subrayando el mero *estar*[208].

Este estar es estar presente actualmente en el mundo[209].

En segundo lugar es *ulterior* por la primacía noológica y reológica de la realidad. El ser lo es siempre de lo sustantivo, de lo real[210]; así Zubiri repite incontables veces que no hay *esse reale* sino *realitas in essendo*. La actualidad que la cosa real es en sí misma se proyecta en ser actualidad en el mundo: es reactualidad[211]. Lo real, ya actual por sí mismo, tiene una actualidad ulterior, superficial respecto a la reidad[212], en el mundo como momento suyo. Ulterior no significa posterioridad cronológica, sino en el orden de la fundamentación[213]. Al ser ulterior no se puede substantivar[214].

La ulterioridad caracteriza el ser como intrínsecamente *tempóreo*[215]: el estar con otras cosas es un estar dinámico y la forma de este dinamis-

---

[208] «Ser es ante todo *actualidad*. Ya vimos que actualidad es algo distinto de *actuidad*. Actual y actualidad es un *estar presente* no en cuanto presente, sino en cuanto estar. Es estar presente *desde sí mismo*, y no como mera denominación extrínseca. Es finalmente estar presente desde sí mismo *por ser real* y en tanto que real. En la unidad de estos tres momentos (estar, desde sí mismo, en tanto que real) consiste *la actualidad radical de lo real*». IRE 218.

[209] Entre las diversas actualidades posibles estar en el mundo es la principal por ser momento de la transcendentalidad. Una cosa es la realidad de la encina, es encina y basta, y otra su instauración en el mundo, su estar presente en él. «hay una actualidad que concierne no a las notas sino al momento de realidad de la cosa misma. Todo lo real meramente por ser real es intrínseca y formalmente respectivo, es decir está presente, es actual en el mundo. Es actual no sólo desde sí mismo, como lo es según sus notas, sino que es actual en sí mismo. Es actual no sólo intrínsecamente sino formalmente. Pues bien, esta actualidad de lo real en cuanto real es intrínseca y formalmente lo que constituye el *ser*. [...] La actualidad de lo real en tanto que real en el mundo es el ser; ser es estar presente en el mundo en cuanto estar». HD 26.

[210] «El ser es siempre de la realidad, y por tanto la presupone: es la *ulterioridad* del ser. Y esta ulterioridad es justo actualidad. Lo primero de las cosas no es ser entes, sino ser realidades». HD 26.

[211] Cf. SE 433.

[212] Cf. J. CERCÓS SOTO, «El problema del ser en Zubiri», 340.

[213] Cf. A. FERRAZ FAYÓS, «Realidad y ser según Zubiri», 93.

[214] Cf. SE 436.

[215] «el carácter esencial de la ulterioridad del ser es temporeidad. Lo real *es*. Esta actualidad consiste, en primer término, en que la cosa *ya-es* en el mundo; y en segundo término en que la cosa *aún-es* en el mundo. Por tanto, ser es siempre *ya-es-aún*: he aquí la temporeidad. No se trata de tres *fases* de un transcurso cronológico, sino de tres *facies* estructurales de la ulterioridad misma del ser. La unidad intrínseca de estas tres *facies* es lo que expresa el gerundio *estar siendo*. Etimológicamente es un participio de presente: es el estar presente actualmente en el mundo. Su expresión adverbial

CAP. III: PUNTO DE PARTIDA DE LA ANTROPOLOGÍA

mo es el tiempo[216]. Consecuentemente todo ser está inmerso en el tiempo. Invierte así el análisis de Heidegger que resolvía el ser en el tiempo, para Zubiri el tiempo se funda en la temporeidad del dinamismo del ser[217]. Aquí se puede ver reflejada la existencia como mero resultado de la realidad, el *esse* como última concreción de la esencia, de algunos escolásticos.

Por último el ser se caracteriza por ser aprehendido de modo oblicuo, frente al modo recto de la reidad[218]; el ser queda así marcado por la

---

es el *mientras*. Ser es siempre y sólo ser *mientras*» (IRE 221, cf. RR 42). El tiempo se funda en esta temporeidad. Por eso el tiempo está dentro de la dimensión dinámica de la actualidad del ser. Tiempo es estar fluyendo, dando de sí; por eso su esencia es el *siempre* frente al *mientras*, fundante de la temporeidad: «El *siempre* no es que siempre haya tiempo; esto es falso; sino que mientras la realidad está dando de sí, está siempre pasando, siempre viniendo (futuro), y siempre moviéndose en presente. La esencia del tiempo está justamente ese *siempre* de carácter gerundivo». EDR 299.

[216] Con esta noción Zubiri dialoga con muchas formulaciones históricas del tiempo. 1.- El tiempo como relación con el espacio: a) Escolástica: el tiempo como *quandocatio* y b) Kant: el tiempo es forma universal de la realidad física y psíquica que envuelve al espacio y sólo afecta a los fenómenos físicos. Para Zubiri también el tiempo transciende al espacio, pero no porque lo absorba sino porque el tiempo es una pura actualización. 2.- Tiempo reducido a uno de sus caracteres de ahora, antes o después: a) Aristóteles: el tiempo como *res fluens* fundada en la intrínseca mutabilidad del ahora. Falso porque el tiempo es del ser y no de la realidad, como muestran fenómenos como el esfuerzo, en que hay tiempo sin que haya cambio. b) Bergson y Agustín: el tiempo como *distensio animi* y *durée*, que coinciden en el fondo al centrarse en el pasado como pretensor que produce el presente, el tiempo sería la tensión que muerde en las cosas actualmente. Pero la tensión pertenece a la realidad humana y no es propiamente tiempo aunque lo fundamente, no responde sobre la estructura del tiempo. c) Heidegger: La esencia del tiempo sería la futurición y el proyectar, el futuro no es algo inexistente sino lo que está ya viniendo a existir (*Zu-kunft*). Insuficiente porque no fundamenta la necesidad humana inexorable de proyectar. El tiempo no funda el ser sino que el tiempo se funda en el ser. 3.- Hegel, el tiempo como síntesis pasado, presente y futuro: una especie de eternidad larvada. La unidad del tiempo no es la eternidad sino una unidad gerundiva que se manifiesta en el siempre en sentido zubiriano. Todas éstas concepciones tienen parte de verdad, pero ignoran en la base la distinción entre realidad y ser, se mueven en la entificación de la realidad. La justicia de la presentación zubiriana de cada noción requiere una investigación particular.

[217] «La temporeidad no es modo de realidad, sino modo de ser, modo de estar en el mundo. El ser, por tanto, no se funda en el tiempo, como piensa Heidegger, sino que el tiempo se funda en el ser. El carácter gerundial del ser no es un unidad temporal cursiva, sino algo puramente modal, previo por tanto a toda transcurrencia: es que el ser, en cuanto tal, es tempóreo». CDT 38.

[218] «Aprehendemos en modo recto lo real, y en modo oblicuo su actualidad mundanal. Precisamente por eso es tan difícil distinguir ser y realidad. La historia se encarga de poner de manifiesto esta dificultad» (IL 360). Esta oblicuidad es paralela a

oblicuidad. Dice Zubiri: «al inteligir lo real co-inteligimos, co-sentimos, lo real como siendo»[219].

El ser zubiriano difiere del *sein* de Heidegger, también criticado, y también es distinto del *esse* de Sto. Tomás; pensamos que entre Zubiri y Sto. Tomás cabría establecer un paralelismo, pasando por encima la lectura zubiriana del Aquinate, entre realidad – *actus essendi*, y talidad – esencia[220]. Sería articulable sin traicionar el pensamiento de Zubiri, pues como dice Ellacuría:

> la clásica disyunción de naturaleza e historia, esencia y existencia, sustancia y sujeto, ente y ser, estructura y vida, materia e historia, etc., quedan superadas desde este planteamiento estructuralmente unitario de realidad y ser, bajo el cual se cobijan todas las posibles disyunciones, por muy opuestas que sean, con tal de que sean reales y no puras especulaciones apriorísticas[221].

La distinción *actus essendi* – *essentia* es distinción de momentos reales. Pasamos a extraer algunas consecuencias para la antropología.

Reflexión crítica y transición

El camino recorrido con la función transcendental debe andarse con las notas de la realidad humana percibidas en el orden talitativo para llegar a su esencia transcendental: «el orden transcendental se descubre desde el orden talitativo [...] sólo por el camino de la realidad física y de la realidad biológica hay acceso a lo que es formalmente la realidad humana, que es, repitámoslo, formalmente física y biológica»[222].

---

lo que la filosofía clásica afirmaba sobre que el objeto propio de la inteligencia era la esencia de las cosas sensibles, mientras el *esse* como co-principio se conocía *en oblicuo*. Cf. B. CASTILLA Y CORTÁZAR, *Noción de persona*, 309.

[219] IL 356.

[220] Para ambos son momentos reales, coprincipios. Quedaría por analizar el nivel noológico en que se situarían. Por los rasgos descriptivos de la realidad en Zubiri ésta comprendería aspectos de la esencia tomista, pero sin esencialismos. Esta tesis es defendida por B. CASTILLA en el parágrafo «Realidad y existencia» de *Noción de persona*, 292-297. En la p. 302 afirma: «Teniendo en cuenta la metafísica de Zubiri la distinción tomista de *essentia* – *actus essendi*, en el fondo es la distinción que hace Zubiri entre los dos aspectos de la esencia: el momento talitativo y el transcendental, es decir la consideración de la esencia como contenido y como realidad». Argumenta también con la gradación de la realidad. Cf. *Ibid.* 54-55, 253 y 328-329). Nosotros añadiríamos el argumento del dinamismo, la suidad y la respectividad como momentos de la realidad, más cercanos al aspecto intensivo del *actus essendi*.

[221] I. ELLACURÍA, «Introducción crítica a la antropología», 93.

[222] I. ELLACURÍA, «Introducción crítica a la antropología», 87.

CAP. III: PUNTO DE PARTIDA DE LA ANTROPOLOGÍA

La antropología parte de lo talitativo, asumiendo los datos talitativo-positivos para pasar al estudio de la realidad humana en cuanto realidad, en su momento de reidad. En el plano talitativo la antropología estudia el hombre como *agente*, su naturaleza fisiológica, psicológica y sociológica; y en el plano transcendental se abre al hombre como *actor* de su vida, análisis de la vida humana en tanto que humana y de la historia, y el hombre como *autor* de su vida, aquí se alcanza la noción de persona.

Así, partiendo de la IS, se descubre que esta nota talitativa en función trascendental le hace persona, en ella radica la diferencia entre el hombre y las cosas, una diferencia que se sitúa en el orden transcendental, mostrando con esto su carácter personalista[223]. Por la inteligencia:

> el hombre no actúa solamente por esas propiedades que naturalmente tiene, sino que se comporta con su propio carácter de realidad. Por esta razón decimos que el hombre es persona [...] Ser *de suyo* y su modo de serlo está determinado por las propiedades talitativas. Esta determinación es la función trascendental[224].

Esta diferencia trascendental se descubre en el actuar, usando un ejemplo que pone el mismo Zubiri: mientras que a un atleta el modo de pertenencia de sus capacidades particulares no le dan un modo de realidad distinto al de los otros hombres pues todo queda en lo talitativo, sin embargo si que hay diferencia entre el hecho de caerse desde el alero de un edificio o tirarse para quitarse la vida. En el segundo caso, en el nivel talitativo el contenido de la acción es el mismo, pero existe una notable diferencia en el orden transcendental: el modo de comportarse el hombre consigo mismo en cuanto realidad[225]. La persona radica en lo trascendental.

En *La realidad humana* se asignan dos funciones estructurales a las notas de la sustantividad humana, una talitativa y otra transcendental:

> tienen así la doble función estructural de constituir talitativamente un sistema clausurado y de constituirlo transcendentalmente abierto a su propio carácter de realidad, un sistema transcendentalmente inconcluso[226].

Al situar el problema del hombre en el orden transcendental el hombre mismo se convierte en problema para sí, Zubiri lo denomina: «lo

---

[223] Cf. B. CASTILLA Y CORTÁZAR, *Noción de persona*, 252.
[224] ETM 176, ESP 1973.
[225] Cf. HD 48.
[226] SH 68, *La realidad humana*, 1974.

que va a ser de mí». Aparece el problema del ser del hombre, su actualidad en el mundo. En esta respectividad se juega dinámicamente la figura que va tomando. Se trata también de la ética, de lo el hombre tiene que ser.

La conexión entre la realidad y el ser del hombre en el plano transcendental es el punto desde el cual responder. La unitaria articulación entre realidad – ser en el plano transcendental permite superar el riesgo del existencialismo o vitalismo que reduce la antropología al estudio de las vivencias. También evita caer en el naturalismo o esencialismo que no articula los problemas concretos del hombre con la determinación de su esencia. Con la distinción y unión de ser y realidad logra articular historia y naturaleza, vida y esencia, individualidad y universal.

Con la función transcendental Zubiri alcanza una radicación personalista del hombre. Sin embargo, a pesar de que lo propio de esta función por su arranque desde las notas es conceder gran importancia a lo positivo que está en la base impresiva, es posible que desarrollos posteriores interpreten lo trascendental como vacío de contenido o como conceptual. Por eso subrayamos que formal y trascendental en Zubiri depende, sobrepasa y vuelve a lo talitativo. La reidad es formalidad, pero no mero vacío inespecífico. No vemos otra forma de entender a Zubiri que parangonándolo con el ser intensivo. La noología lleva a descubrir la realidad, su riqueza y sus grados que sobrepasan lo que en la escolástica se ha llamado existencia, esencia o propiedades. Al topar con la realidad en este sentido *físico* y casi intangible pensamos que Zubiri por un camino fenomenológico llega a lo que Fabro entiende por ser en Sto. Tomás, ahí alcanzado por otra vía[227].

Esto no es una cuestión baladí. En juego está el modo de entender lo formal en Zubiri, cuestión trascendente para la metodología de la ética, para la construcción del ideal de la persona, y para la relación interdisciplinar entre antropología y moral.

Desde la dificultad de aprehender lo inabarcable vemos el mérito de la función trascendental y su versatilidad para la persona, aún con la intrínseca dificultad de su comprensión y articulación.

Por otra parte subrayamos que lo talitativo del punto de partida no es la mera ciencia positiva. Esta enriquece y es necesaria, pero no tiene la exclusiva. Lo talitativo del hombre es susceptible de un análisis antropológico, no sólo científico.

---

[227] Para Zubiri la metafísica del Aquinate sería teoría metafísica, válida en su método, pero pendiente de radicación noológica.

A la hora de estudiar la deducción de los trascendentales se han obtenido elementos necesarios para el estudio antropológico. No obstante el valor de incorporar la respectividad como inmersión en la realidad y desde ella el mundo al primer rango ontológico, hay que señalar lo que nos parece un tardío descubrimiento. La mundanidad de Dios, que no su ser mundano, entendida desde una funcionalidad vertical llega tarde exigiendo piruetas analíticas y habiendo obligado entretanto a Zubiri a luchar con la disyunción transcendental. Su solución final con la *transcendencia en*, que logra una radicación noológica excelente, no tanto reológica, no dista mucho, sin embargo, del concepto de trascendencia de la escolástica, Sto. Tomás sostiene la presencia dinámica y transcendente de Dios en lo más íntimo de las criaturas con gran belleza[228].

Quizás los matices logrados compensen tan largo recorrido, pues entre otras cosas es capaz de articular la relación hombre y Dios en un horizonte de pensamiento no cristiano.

La superación de la caducidad por una positiva afirmación de la realidad de las cosas supone, al abrir un nuevo horizonte, situar la antropología frente a los nihilismos y frente a Dios en un diálogo de plenificación, no de dependencias limitadoras.

Con este bagaje nos introducimos en el plano talitativo estando atentos a la apertura que en este nivel tiene la sustantividad humana. Desde ahí abordaremos la forma y modo de realidad del hombre.

---

[228] Así en *S.Th*. I. q8. a1: «Deus est in omnibus rebus, non quidem sicut pars essentiae, vel sicut accidens, sed sicut agens adest (inest) ei in quod agit». En cuanto una realidad tiene ser, Dios está en ella, y como el ser es lo más íntimo «Deus sit in omnibus rebus, et intime». De esta trascendencia presente en la realidad por el esse se deriva la omnipresencia divina por esencia, presencia y poder. Cf. *S.Th*. I. q8. a2-3. En cualquier cosa que está en acto, y precisamente por ello, Dios está en ella de forma eminentísima. Cf. *Contra Gent.*, I, c. 28; S.Th. I. q12. a2 y *Sent*. dist. 2 q1. a3. c.

Capítulo IV

Apertura talitativa de la persona

Nos adentramos en el plano talitativo localizando dentro de lo que aprehendemos cuáles son las realidades personales para describir la talidad del hombre. Con este paso se obtienen los datos necesarios para constituir el sistema de referencia de la reflexión transcendental. A su vez sobre ésta se podrá considerar el momento dinámico y mundanal[1].

Para determinar cuáles son las personas Zubiri realiza una triple reducción descriptiva por círculos concéntricos, siguiendo la vía larga de comparar el hombre con la realidad más cercana: el animal. Caminando desde lo más visible la mirada se concentra en lo nuclear que nos es dado en la IS: la sustantividad humana. Este estudio talitativo nos lleva desde las *acciones* por las *habitudes* hasta la *estructura* del *de suyo*: la sustantividad humana en sus *notas*[2].

Los datos suministrados por las ciencias afinan la caracterización de la talidad. Con las notas[3] obtenidas se perfila la esencia del hombre tal

---

[1] Cf. HRP en 7EA 56s.

[2] Zubiri prefiere *notas* a *propiedades* porque excluye cualquier connotación sustancialista, y asume la perspectiva noológica del notificar en la inteligencia y no fuera de ella. «Es un vocablo más sencillo que el de propiedad, y tiene la doble ventaja de designar unitariamente dos momentos de la cosa. Por un lado la nota pertenece a la cosa; por otro, nos notifica lo que la cosa es según esa nota. Así el calor es una nota de la cosa y al mismo tiempo nos notifica lo que según esa nota es la cosa». HD 18.

[3] En NHD aparece el origen del término *nota* en la etimología de *gignóskein* frente a *syniénai*, el primero se refiere al saber adquirido en el trato con las cosas, el conocer su *eidos*, su figura, lo que ofrecen a la vista: «Va envuelto así en este modo de saber un modo de sentir, gracias al cual tenemos *noticia* de las cosas, en la acepción etimológica del vocablo latino, que posee la misma raíz que el griego: la visión de las *notas* del objeto. Por otro lado, la *notoriedad* que la nota lleva, pone a este modo de saber en íntima relación con la opinión pública, con la *dóxa*, transformándose así el *sentir*

como es aprehendida. Así se obtiene la apertura de la realidad humana desde los momentos de *nota* (diversa de la apertura trascendental que procede del momento del sistema *de*). Estas notas desempeñan la función talitativa de constituir la persona tal como es, e introducen por función trascendental la forma de realidad de la persona.

La noción de persona como *animal de realidades* y el descubrimiento de su esencia como constitutiva y reduplicativamente abierta es la conclusión del análisis talitativo. El hombre es sustantividad abierta, no *enclasada*, y por eso muestra una actividad abierta a su propio carácter de realidad que es realización y no mera actuación. La primera apertura del hombre es la autoapertura, no la alteridad, porque en su talidad el hombre es un sistema inconcluso cuya forma de realidad consiste en tener que hacerse en cuanto realidad[4]. Llegar a este umbral trascendental es la meta de este capítulo. Primero veamos la recepción zubiriana de la tradición antropológica.

1. Esbozos históricos fallidos acerca de la persona según Zubiri

El camino no es fácil y el mismo Zubiri se ha enfrentado con los numerosos esbozos que los filósofos han realizado intentado llegar a la persona. Antes de presentar el suyo señalemos cómo valora el trabajo intelectual de sus predecesores.

El criterio de discernimiento es su análisis de IS. Por ella tenemos el dato de que por sus notas el hombre se comporta respecto de las cosas y de sí mismo en cuanto realidades[5]. Luego veremos como llega a esto por la vía larga. En el hombre, por tanto, «realidad no es algo que no hace más que darse por supuesto, sino que es algo en vista de lo cual son ejecutadas las acciones»[6]. Por ahí llegará al *de suyo suyo*.

Desde ahí analiza el logro de los capadocios[7] — que muy pronto cayó en el olvido — al superar con la subsistencia la noción de sustancia. Sin embargo no llegaría al núcleo y es excesivamente deudor de la teología. La subsistencia no basta.

---

en *sentencia*. El segundo apunta más bien al poder que tiene el hombre de producir pensamientos, de emitir proposiciones y expresiones». NHD 95, «Ciencia y realidad».

[4] Cf. SH 66-68. *La realidad humana*, 1974.

[5] Zubiri expone el ejemplo de la caída de la piedra por la ley de la gravedad, una de sus propiedades y la caída de una persona, en que además de la propiedad, (ley de la gravedad) hay un comportamiento respecto a su propio carácter de realidad, puede haberse caído por azar, haberse suicidado o haber sido asesinado. Cf. HD 48.

[6] HD 48.

[7] Cf. en el primer capítulo sobre los Padres Griegos p. 78.

El logro de los capadocios se pierde en la definición de persona lógica y específica de Boecio[8], es recuperada por Sto. Tomás de Aquino[9], para luego volver a perderse en discusiones de Escuela.

Tampoco aquí se lograría dar con el núcleo constitutivo.

De Kant[10], valorando positivamente el que sustituyese la oposición de Descartes entre *res extensa – res cogitans* por la de cosas – personas, critica el reducir la persona a una perspectiva jurídica y moral: es la persona como *sui iuris*, como sujeto de un deber moral que dispone de sí misma. Zubiri reclama mayor radicalidad: se es *sui iuris* porque se es persona y no al revés, además la persona tiene notas en común con lo que Kant reduce al mundo de las cosas[11].

Al no satisfacerle los logros del pasado, que iremos mostrando en su raíz según nos salgan al paso, Zubiri intenta llegar a la noción transcendental de persona por dos caminos: la acción humana y la naturaleza frente al sujeto. Son dos esbozos negativos para delimitar al menos el ámbito en que se encuentra el núcleo transcendental de la persona.

La vía de la acción compara los actos del animal y del hombre. Se desglosa en dos: por los actos intelectivos y por la acción moral.

Entre las acciones del hombre descubre los actos personales, aquellos de los que el hombre es propiamente autor, que el animal no puede ejecutar y que implican la intelección y la voluntad. Ser persona consistiría en ser inteligente y volente, manifestando en lo operativo la irreductibilidad entre sentir e inteligir. Zubiri constata que, sin embargo, es complicado separar lo vegetativo – sensitivo de lo intelectivo, pues aunque hay acciones de puro sentir, todo lo intelectivo lo es sentientemente ya que la inteligencia sólo accede a la realidad impresivamente. Tanto es así que sentir e inteligir humano ejecutan un solo acto[12], y que en las facultades humanas no hay cesura entre vegetativo – sensitivo – intelectivo. Por tanto la acción sólo acerca al núcleo del problema[13].

---

[8] De la definición boeciana hablamos dentro del diálogo con S. Agustín cf. p. 48.

[9] Cf. el apartado sobre el Aquinate en p. 50.

[10] Sobre la crítica de Zubiri a Kant cf. 89.

[11] Cf. SH 103-104, *Sobre la persona*, 1959.

[12] Cf. NIH in 7EA 115.

[13] Hay otras filosofías, como la de K. Wojtyla, en que se considera la acción como vía adecuada para llegar a la esencia del ser personal. «la acción nos ofrece el mejor acceso para penetrar en la esencia intrínseca de la persona» (K. WOJTYLA, *Persona y Acción*, 12). Como para Zubiri es la persona la que se manifiesta en la voluntad y presupone una complejidad en la estructura de la persona. Voluntad radica en persona. «Sólo puede ser persona quien tenga posesión de sí mismo y sea, al mismo tiempo, su propia, única y exclusiva posesión» (*Ibid.* 126). Cf. B. CASTILLA Y CORTÁZAR,

La acción considerada moralmente manifiesta que no basta con ser moralmente responsable para ser persona. La persona está más en el yo que ejecuta el acto libre que en el mismo acto libre.

Se descubre así que la persona no está en poder ejecutar actos intelectivos o de voluntad, sino en que la inteligencia, la voluntad y la libertad sean del sujeto: «por mucho que se acentúe la diferencia entre los diversos tipos de actos humanos, es imposible mediante este solo análisis salir a flote en el problema de la persona»[14]. Se introduce la otra vía.

Ésta es la vía del yo del que el animal carece o del sujeto frente a la naturaleza. S. Agustín[15] probó esta vía, por eso afirma:

> Yo recuerdo, yo entiendo, yo amo por estas tres (facultades), aunque no soy ni memoria, ni inteligencia, ni amor, sino que las poseo (a saber, estas tres facultades). Esto puede decirlo cualquier persona que posea estas tres (facultades), pues ella (la persona) no es estas tres (facultades)[16].

Se trata de la diferencia entre lo que tengo y lo que soy, entre las facultades y el sujeto, entre la naturaleza y la persona. En S. Agustín el sujeto poseedor es un *ego*, un yo. Zubiri considera la idea de persona como un yo como el orto de la filosofía moderna. Así Descartes considerará que lo esencial del hombre consiste en ser un *ego*, pero añadiendo a S. Agustín que el yo es sujeto, un puro yo, no el sujeto psicobiológico, de modo que las estructuras pasan a ser meros instrumentos de la *res cogitans*[17].

Esta diferencia verdadera entre las facultades y el yo que las posee no sirve para explicar a fondo la persona, pues ésta se diluye al ahondar en la diferencia[18], bien porque al eliminar de ella las facultades queda un yo vacío, bien porque si no lo hago la identifico con la pura naturaleza[19].

Noción de persona, 149-150 y 156.

[14] SH 106, *Sobre la persona*, 1959.

[15] S. Agustín es interlocutor habitual de Zubiri, cf. p. 48.

[16] S. AGUSTÍN, *De Trin.*, I, XV, 22: «Ego per omnia illa tria memini, ego intelligo, ego diligo, qui nec memoria sum, nec intelligentia, nec dilectio, sed hæc habeo. Ista ergo dici possunt ab una persona, quæ habet hæc tria, non ipsa est tria». La traducción y los paréntesis son de Zubiri en SH 109.

[17] Cf. SH 107, *Sobre la persona*, 1959.

[18] «Mantenida con todo rigor la noción de la persona como un sujeto distinto realmente de su naturaleza, *tamquam res et res*, queda volatilizado el yo personal. Esto no puede ser. Es el yo personal quien ejecuta sus actos». SH 108, *Sobre la persona*.

[19] Cf. SH 109, *Sobre la persona*, 1959.

En conclusión, tanto la vía de la acción como la de la naturaleza – sujeto no conducen al núcleo del ser personal aunque delimitan el campo de la investigación para un esbozo posterior. Para lograrlo es necesario pasar del plano operativo al constitutivo, pues ya se apunta que persona es un carácter de la sustantividad corpóreo-anímica humana y sólo derivadamente de sus actos. El camino que va a seguir Zubiri busca por análisis lograr lo sustantivo de la persona en el nivel talitativo para luego proseguir. Veamos este paso.

2. Sustantividad humana: subsistemas y *animal de realidades*

Vamos a describir lo dado en la aprehensión que se tiene del hombre siguiendo la vía larga[20], para desde ahí estudiar los subsistemas de notas principales. Es el camino propio de Zubiri por lo talitativo hacia el constitutivo trascendental de la persona.

2.1 *Descripción de la sustantividad humana por la vía larga*

Desde lo aprehendido del hombre la descripción profundiza en las notas en tres estratos: acciones, habitudes y estructura sustantiva.

1.– Las *acciones* constituyen el primero, el más aprehensible por más externo. El esquema de las acciones es común para el hombre y el animal: suscitación – respuesta. Éste es el «primer estrato de la sustantividad del viviente. Es la unidad de la independencia y del control en la tensión que lleva a una respuesta adecuada»[21]. En cuanto seres vivos ambos son sustantividades con independencia respecto del medio y control específico sobre él. Ser viviente consiste en desarrollar una actividad de asunción de los elementos externos como piezas para la construcción de las propias estructuras, simultáneamente que, por los sistemas de defensa, movimiento, adaptación, etc., posee algún control.

El viviente se encuentra *entre* cosas internas y externas que lo mantienen en un estado de actividad constante en equilibrio dinámico con un tono vital determinado. El *entre* está determinado por dos caracteres: *locus* o instalación entre las cosas; y *situs*[22] o forma de estar colo-

---

[20] También se podría partir directamente del análisis de IS y sus consecuencias antropológicas evitando la inclusión del animal. Esta vía corta es más firme dentro del sistema zubiriano pues excluye los elementos referenciales del campo no procedentes del mero análisis de hechos. Sin embargo la vía larga resulta más enriquecedora para la antropología, coincidiendo en lo esencial.
[21] HRP in 7EA 59.
[22] Esta categoría es esencial en el tema de la vida, aunque no desempeñó ningún

cado *frente* a éstas.

Las cosas modifican el estado vital, por la suscitación rompen el equilibrio y mueven a ejecutar nuevas acciones. Entonces se modula el tono vital como tensión hacia una respuesta. La respuesta tiene dos momentos: recuperación del equilibrio y ampliación del área del curso vital. Vivir es crear no sólo mantenerse.

2.– La *habitud*[23] como modo de habérselas o enfrentarse con las cosas[24] constituye el segundo estrato. Cada viviente tiene una primaria. Habitud no es acción o comportamiento, sino lo que posibilita toda acción, o se tiene o no se tiene. Por la habitud las cosas y el viviente mismo quedan en un carácter primario interno que le afecta de raíz en todas sus dimensiones. En la habitud las cosas tan sólo «*quedan* en cierto *respecto* para el viviente. Este mero quedar es lo que llamamos actualización. Y el carácter de las cosas así actualizado en este respecto es lo que llamo *formalidad*»[25].

La habitud es exclusiva de los seres vivos pues el resto de las cosas tiene multitud de conexiones como la localización, la sucesión, la coexistencia, etc. y actúan entre sí por ellas, pero no es un enfrentamiento en sentido estricto pues no va más allá de las conexiones físico-químicas[26].

La habitud hace que las cosas constituyan un medio[27]. El medio tiene dos dimensiones: mero *entorno* (compuesto exclusivamente por las cosas que pueden actuar sobre el viviente) y el *respecto* en que quedan según la habitud propia. Este respecto funda la colocación y situación.

Habitud – respecto formal es el segundo estrato de la sustantividad del viviente, es «la independencia y el control, en la unidad de un modo primario y radical de habérselas con las cosas y consigo mismo, y del carácter formal que aquéllas y éste cobran para el viviente»[28].

La formalidad en que quedan las cosas determina tres habitudes radicales según tres modos de actualización: la formalidad de alimento conforma la habitud de nutrirse, la formalidad de estímulo la habitud de sentir y la formalidad de realidad el inteligir. Veamos las dos últimas.

---

lugar en la metafísica de Aristóteles. Cf. HRP en 7EA 58. El *situs* se funda en el *locus* de modo que un *locus* puede originar distintas situaciones.

[23] Estudia las habitudes detenidamente en SH 19-41, *La realidad humana*, 1974.
[24] Cf. RR 14.
[25] HRP in 7EA 60.
[26] Cf. RR 14-15.
[27] Cf. HRP in 7EA 60.
[28] HRP in 7EA 61.

a) El Sentir. El animal y el vegetal tienen como habitud radical la estimulación o susceptibilidad[29]. En el animal la estimulación se hace función diferenciada a través de células nerviosas especializadas que producen la liberación biológica del estímulo. Ésta constituye formalmente el sentir. La célula nerviosa desgaja, no crea, el sentir como una especialización de la susceptibilidad propia de toda célula[30]. El sentir se especializa gradualmente hasta constituir el sistema nervioso central mostrando una gradación de riqueza psíquica en los distintos sentidos de los animales y según sus diversos grados de formalización.

La formalización es aquella función en virtud de la cual las impresiones y los estímulos que llegan al *anima*, en su medio interno y externo, se articulan formando resortes de unidades autónomas frente a las cuales el animal se comporta unitariamente. Es una función fisiológica que depende de la estructura nerviosa, tanto en el orden receptor, en el efector, como en el tono vital y los estados en que queda el animal[31]. El cerebro es el órgano por excelencia de la formalización. Con la aparición del cerebro el sentir crea un nuevo modo de independencia respecto al medio: moverse entre signos objetivos y no sólo entre estímulos elementales. Pero por rica que sea la formalización, las respuestas del animal están siempre aseguradas por la conexión estímulos – respuestas: su vida está enclasada.

b) Sentiligir. En el hombre el cerebro está *hiperformalizado* y en consecuencia el elenco de respuestas ante el estímulo es indeterminado. Las estructuras somáticas no aseguran la respuesta adecuada provocando que el hombre como puro animal no resulte viable. Por ello:

> el hombre echa mano de una función completamente distinta de la del sentir: hacerse cargo de la situación estimulante como una situación y una estimulación *reales*. La estimulación ya no se agota en su mera afección al organismo, sino que independientemente de ella, posee una estructura *de suyo*: es realidad[32].

Es el orto del inteligir. Se constituye la inteligencia[33] como la habitud radical del hombre. La inteligencia sitúa físicamente en lo que las cosas

---

[29] Zubiri define en sus estudios filogenéticos una evolución desde la susceptibilidad, por la sentiscencia hasta el pleno desarrollo de la sensibilidad en la animalización. Cf. I. ELLACURÍA, «Introducción crítica a la antropología», 103.
[30] Cf. HRP in 7EA 63.
[31] Cf. HRP in 7EA 64-65.
[32] HRP in 7EA 66-67.
[33] Zubiri habla de inteligencia como acción que caracteriza una habitud no como facultad, el estudio de las facultades es algo posterior, teoría y no análisis descriptivo.

son realmente y su primera función es estrictamente biológica: excogitar la respuesta adecuada[34]. Pero esta modesta función sitúa en el piélago de la realidad sea cual fuere su contenido haciendo que la vida del hombre no sea enclasada «sino constitutivamente abierta»[35].

Inteligir y sentir son intrínsecamente uno[36]. El sentir humano no es puro sentir ya que tiene una versión al estímulo como realidad. Por eso «el sentir humano es un sentir ya intrínsecamente intelectivo»[37]. Hay un solo acto sentiente e inteligente, no es un proceso que comience por el sentir[38], ni dos actos que coincidan en un objeto[39]. De ahí que diga Zubiri que: «el sentir humano y la intelección no sean dos actos unméricamente distintos, cada uno completo en su orden, sino que constituyen dos momentos de un solo acto de aprehensión sentiente de lo real»[40]. Sentir e inteligir constituyen una sola estructura[41].

Aquí radica la unidad estructural de la sustantividad humana. La IS: «No es una cuestión de alcance meramente dialéctico, es algo, a mi modo de ver, decisivo en el problema del hombre entero»[42]. Por eso organismo y psique forman una unidad estructural y toda acción humana es simultáneamente psíquica y orgánica.

Todo NIH (7EA 101-115), lo usa en este sentido. El desarrollo de la inteligencia como facultad, por la función estructurante de la nota del inteligir, es muy interesante, pero nos llevaría lejos de nuestro objetivo.

[34] Es la misma estructura somática la que coloca al hombre en situación de tener que inteligir para asegurar su sustantividad. La IS «no aparece como realidad más que en el momento en que un animal hiperformalizado no puede subsistir sino haciéndose cargo de la realidad». EDR 213. La inteligencia estabiliza la especie.

[35] HRP in 7EA 67.

[36] No basta con abolir la dicotomía platonizante de dos mundos — sensible e inteligible — desde la unidad de objeto aristotélica. Es necesario acabar con los dualismos inteligible – sensible, inteligencia – sensibilidad, inteligir – sentir, ya que es originante de falsos problemas (como la inagotable polémica idealismo – realismo). Es necesario partir de la unidad radical noológica sentir-inteligir. Cf. A. FERRAZ FAYÓS, «Realidad y ser según Zubiri», 67.

[37] NIH in 7EA 112.

[38] A diferencia de la escolástica con su *nihil est in intellectu quod prius non fuerit in sensu*. Cf. B. CASTILLA Y CORTÁZAR, *Noción de persona*, 101.

[39] No basta la unidad de conocimiento lograda por Kant a través de la coincidencia entre los actos de la inteligencia y la sensibilidad; ni considerar dos actos que componen uno complejo de conciencia como la *sinnliche Vernunft* de Husserl o de Heidegger cuando explica a Kant. Los tres parten del supuesto dualista de que sentir es intuir e inteligir idear. Cf. NIH in 7EA 113.

[40] IRE 12.

[41] Cf. IRA 351.

[42] NIH in 7EA 115.

Esta unidad del sentiligir implica tres funciones del cerebro: 1. función exigitiva al colocar al hombre en la situación de tener que inteligir para sobrevivir, 2. posibilita la intelección y 3. perfila el tipo de intelección[43]. Consecuentemente todo lo biológico es mental y todo lo mental es biológico como el sentir es inteligente y la inteligencia sentiente[44].

La sensibilidad es lo principal y lo principial[45]. El hombre siente la realidad y por eso Zubiri califica su postura como *sensismo*[46]. Sentir no es suministrar datos a la intelección[47]; los sentidos aportan datos pero ya ahí está la realidad pues la inteligencia no puede sacárselo de la nada. *Dato* tiene dos sentidos: dato *para* un problema y dato *de* una realidad. El segundo es primario y radical. «La función de lo sensible no es plantear un problema a la inteligencia, sino ser la primaria vía de acceso a la realidad»[48]. Sensibilidad es «intuición en impresión»[49].

Lo intelectivo comienza ahí mismo, en la afección física de los sentidos[50], porque en ella está el momento de alteridad que nos presenta las notas de la cosa con la formalidad de realidad[51]; esta formalidad propia constituye la habitud radical humana. El hombre no siente sólo el contenido de la nota (este verde), sino que siente impresivamente la realidad de lo real[52]. La realidad es justo el respecto formal de la habitud. La formalidad de realidad es *prius* de la cosa respecto de su aprehensión[53]. Por esta formalidad hay fuerza de imposición, «la fuerza con la

---

[43] Cf. B. CASTILLA Y CORTÁZAR, *Noción de persona*, 87.
[44] Sentir no es el mero residuo hilético de la conciencia perceptiva de Husserl, o el *Faktum brutum* de Heidegger o lo meramente residual de Sartre. Cf. NIH in 7EA 102.
[45] Cf. B. CASTILLA Y CORTÁZAR, *Noción de persona*, 89.
[46] Cf. IRA 89.
[47] Sería la postura de Cohen.
[48] NIH in 7EA 103.
[49] NIH in 7EA 105. Zubiri radicaliza la presencia en carne y hueso (*leibhaftig*) de Husserl; «la aprehensión sensible consiste formalmente en ser aprehensión impresiva. He aquí lo formalmente constitutivo del sentir: *impresión*». IRE 31.
[50] Cf. NIH in 7EA 105.
[51] Cf. IRE 34-39.
[52] Así se critica el empirismo por la separación radical sentir – inteligir derivada de una inteligencia impasible y de lo sensible como mera afección subjetiva (cualidades secundarias). A criticar la noción empirista de impresión dedica el Apéndice V: «Realidad y cualidades sensibles» en IRE 171-188.
[53] «en la impresión humana el contenido nos afecta como algo que es propiedad suya, por así decirlo, propiedad de aquello que nos muestra la impresión; es, como suelo decir, algo *de suyo*, posee como caracteres propios suyos los contenidos de la impresión». NIH in 7EA 107. Cf. A. FERRAZ FAYÓS, «Realidad y ser según Zubiri», 75.

que lo sentido se impone al sentiente»[54], el poder de lo real[55]. La realidad se impone como verdad real en ratificación[56]. Por ello: «No poseemos la verdad real sino que la verdad real nos tiene poseídos por la fuerza de la realidad»[57].

La APR determina todo el proceso del sentir: suscitación, modificación tónica y respuesta[58]. Zubiri determina que el acto exclusivo, elemental y radical[59] de la inteligencia es la aprehensión de realidad[60]: en él surge la intelección en el animal humano[61] y sobre él se fundan los demás actos de la inteligencia como concebir, juzgar y proyectar. En todos estos actos aparece un momento de versión a la realidad por su fundación en la APR.

Pero además de ser uno, sentir e inteligir son *irreducibles*. La APR no sólo es el acto elemental de la inteligencia sino que es exclusivo suyo, no se da en la formalidad de estimulidad, en esto radica la absoluta novedad de la inteligencia. El hombre es un ser realista frente al animal que se queda — por muy sofisticado que sea su sistema perceptivo y por formalizado que esté — en un objetivista. Con la IS el medio pasa a ser mundo[62] en el cuál el hombre ejercita un control de cuasi-creación. La independencia se traduce en libertad porque el hombre no está constreñido por el contenido de las cosas a la hora de responder, sino que lo determinante es lo que quiera hacer de ellas y de sí mismo en la realidad.

Esta habitud da acceso a la estructura humana.

---

[54] IRE 282.
[55] Cf. HD 89-91.
[56] Es la *forzosidad*, en este elemento transcendental del *de suyo* se fundan diversas nociones aparecidas en la historia como la *moira* de la tragedia griega, la concepción de la fuerza como naturaleza, la fuerza física de la ciencia newtoniana o la ley de la ciencia moderna. Cf. IRE 197-198.
[57] IRE 242.
[58] Cf. IRE 39.
[59] «la aprehensión de realidad no es tan sólo lo que subyace elementalmente a todo acto intelectual ni es tan sólo una operación exclusiva de la inteligencia, sino que es el acto más radical de la misma». NIH in 7EA 111.
[60] Cf. IRE 76-78.
[61] Cf. NIH in 7EA 108-110.
[62] Cf. EDR 206. «El hombre está colocado *entre* las cosas. Solamente que las cosas en que está realmente colocado el hombre no le son presentes tan sólo en su talidad determinada, en tanto que estímulos, sino que le son presentes en tanto que realidad. Lo cual quiere decir que el hombre, a pesar de estar colocado *entre cosas*, donde está colocado, y a la vez instalado, es *en la realidad*.». EDR 221.

CAP. IV: APERTURA TALITATIVA DE LA PERSONA   243

3.– La estructura de la sustantividad[63] es el núcleo final de la descripción talitativa. La sustantividad se descubre como fundamento de las habitudes y acciones, aunque para conocer las estructuras y la esencia haya que partir de las acciones y habitudes. Al analizar la habitud se ve su emergencia de la estructura del viviente, de «la totalidad de los momentos constitutivos de una realidad en su precisa articulación, en unidad coherencial primaria»[64]. «En este último y definitivo estrato, la sustantividad es, pues, suficiencia constitutiva en orden a la independencia y al control»[65].

Esta noción estructural proviene del modo de quedar de las cosas en la IS como constelaciones de notas y se elabora frente a la sustancia aristotélica[66]. La sustantividad es descubierta en el mismo quedar la

---

[63] En la sustantividad rinde sus frutos el: «esfuerzo titánico de los capadocios para despojar al término hipóstasis de su carácter de puro *hypokeímenon*, de su carácter de *subjectum* y de sustancia, para acercarlo a lo que el sentido jurídico de los romanos había dado al término persona, a diferencia de la pura *res*, de la cosa». HD 323. Se ha llegado a sostener que la sustantividad es tal porque es «realidad sustentada por y en la Realidad Absoluta». (T. LEÓN, «Notas sobre la teología teologal», 10). Si bien esto es cierto, una vez recorrida la marcha de la razón en la dimensión teologal en una dirección concreta, no es el sentido primario o directo análisis de lo dado en APR.
[64] HRP in 7EA 61.
[65] HRP in 7EA 62.
[66] El concepto de sustantividad se alcanza en la crítica de la sustancia aristotélica. Proviene de una mentalidad marcada por la física de Einstein (momentual – campal – funcional), frente a la física clásica de la causalidad reflejada en la sustancia. Zubiri no rompe con la idea de sustancia de golpe, al principio la distingue de la sustantividad. En SE 158-160 admite el uso del término sustancia para designar cada uno de los elementos que componen las cosas, reservando sustantividad para la estructura compleja dotada de unidad, estructura cíclica y clausura. Podría darse el caso de una sustantividad simple en que sustancia y sustantividad coincidiesen (recubriesen un mismo área de realidad). La misma realidad sería bajo diversas perspectivas sustantividad y sustancia, porque es aprehendida tanto racional como primordialmente: el concepto de sustancia es físico-químico, y está ligado a la unidad de inherencia actualizada en la razón, frente a la unidad de coherencia de la sustantividad dada ya en APR o logos compacto; la distinción entre substancia y sustantividad es formal. En los últimos escritos vacía la noción de sustancia que incluso puede ser insustantiva, y le asocia la idea de sujeto y subjetualidad, por eso no lo usa (cf. SH 446-447, GRH 1982-83). Villanueva y Bañón sostienen que en el nivel de teoría racional sería admisible una sustancia zubiriana posterior a la sustantividad, aún después de esta evolución. La concepción de lo real como sustancia es una teoría metafísica posible y con su valencia real en este nivel. Cf. A. FERRAZ FAYÓS, *Zubiri: el realismo radical*, 134-135; J. VILLANUEVA, *Noología y reología*, 315; C. SOLAGUREN, «Estructura temático – métodica de la metafísica», 255-269; B. CASTILLA Y CORTÁZAR, *Noción de persona*, 107, 110-111; D. GRACIA, *Voluntad de verdad*, 196-197, 202-203, 209 e ID.,

cosa como *de suyo* en APR, y corresponde a la unidad coherencial primaria del sistema de notas, pues los momentos o partes de la estructura no tienen por sí sustantividad, sólo son unos *de* los otros. En la aprehensión se descubre que el «*de* transciende intrínseca y formalmente el contenido de la nota, haciendo de ella *nota*»[67]. La unidad del constructo es «*ex-structura, estructura*. Toda cosa real tiene así un *in*, la unidad primaria de su *de*, y un *ex*, las *notas-de*. El *ex* de aquél *in* es lo que formalmente constituye la estructura»[68]. Aparece la respectividad intrínseca anterior a toda relación que suponga la pre-existencia de correlatos.

Sustantividad es la suficiencia de un grupo de notas para constituir algo propio, con suficiencia constitucional; es el sistema mismo de notas, nada subyacente detrás. Cada nota es nota-de todas las demás, no nota-de un sustrato. En cada una de las notas está físicamente presente todo el sistema en cuanto es su unidad primaria.

> La unidad constitucional es, pues, unidad primaria cuyas distintas notas no son sino momentos concatenados, posicionalmente interdependientes en forma clausurada; es una unidad de sistema. Pues bien; este carácter constitucional es justo lo que llamamos *sustantividad*[69].

Para determinar la unidad primaria y las notas esenciales se parte de la esencia campal, en ella el *logos* diferencia entre cosas – sentido y cosas reales, y entre notas adventicias y constitucionales[70].

En la sustantividad aparece la diferencia esencial entre el hombre y el animal. Con la habitud intelectiva se obtiene una sustantividad radicalmente nueva: El hombre es la sustantividad que opera libremente en el mundo por estar constitutivamente abierto respecto de su propia sustantividad y respecto de las cosas. Esta apertura en la sustantividad tiene su origen en la inteligencia porque «en su acto de inteligir se enfren-

---

«Prólogo», in P. LAÍN ENTRALGO, *Cuerpo y Alma*, 24 y J. BAÑÓN, «Zubiri hoy: Tesis básicas», 100-103.

[67] SH 44, *La realidad humana*, 1974.
[68] SH 45, *La realidad humana*, 1974.
[69] SE 146.
[70] Las *adventicias* comparecen en una cosa por su enlace activo o pasivo, necesario o no con otra nota. Hay diferentes tipos de notas. Así «las notas permanentes zubirianas corresponderían, en la doctrina escolástica, a la sustancia y a los accidentes propios; en la biología, a una parte del fenotipo y del genotipo; en la química, a las propiedades no esterométricas. Zubiri las denomina también *notas necesarias*, porque no pueden faltar. Sus opuestas — las *notas contingentes* — comprenden algunas constitucionales y todas las adventicias». J. VILLANUEVA, *Noología y reología*, 311 y también cf. 291.

ta físicamente con las cosas como realidad y está sobre su propia realidad»[71]. Desde este punto de vista el hombre se define como *animal de realidades*.

> la inteligencia sentiente es la radical y última posibilidad de sustantividad que el hombre posee. Es la posibilidad *radical*, pues la inteligencia entra en juego cuando el resto del organismo no es suficiente. Es la posibilidad *última* de hecho y solamente de hecho. En su virtud decimos que el hombre es un *animal de realidades*[72].

El *me* expresa la nueva apertura a la realidad y a sí mismo como real[73].

Por esta auto-apertura la sustantividad humana está por encima de la substancialidad, es supraestancia (υπερκείμενον). Tiene que estar prefiriendo y apropiándose posibilidades como algo exigido desde su estructura sentiligente que lo coloca por encima de la situación: «la estructura de la inteligencia implica un *sobre sí*»[74]. El hombre no tiene más remedio que apropiarse posibilidades y que ser libre. Este *estar sobre sí* tiene prioridad ontológica sobre la actividad[75]. El individuo puede así determinar:

> por decisión algunas, no todas, de las propiedades que van a tener, no están *por bajo-de* de esas propiedades, sino justamente al revés *por encima-de* ellas. No son υπο-κείμενον, sub-stantes, sino υπερ-κείμενον super-stantes[76].

---

[71] SH 629, *El problema del hombre*, 1953-54.
[72] PH in 7EA 80.
[73] Es el *me* medial, p. e.: «he comprado una casa» y «*me* he comprado una casa». Cf. SSV 72s, *Acerca de la voluntad*, 1961. Así: «en todas las dimensiones de estos actos — por muy poco intelectuales que sean — va siempre envuelto un momento de realidad, que es lo que da al acto humano su carácter específicamente humano. Del perro se dice — por ejemplo — que está sediento, que siente sed, que tiene un dolor, que *le* duele una cosa. Esto es un error: el perro tiene sed, el perro tiene dolor, pero no tiene momento del *me* y del *se*, no *se* siente sediento, no *le* duele algo, etc. Solamente el hombre pude decir "*me* siento mal, *me* duele algo, *se* compra una cosa". El perro no. El perro tiene, efectivamente, estados de sed, tiene efectivamente estados de miedo y de dolor, tiene estados de necesidad — no hay duda ninguna —; pero le falta ese minúsculo factor del *se* y del *me*, que es lo que constituye lo específicamente humano. Ahora, el *me* y el *se* se refiere a mí, no por razón de mis estados, sino a mí en tanto que realidad [...]. Ese momento de realidad va envuelto en el más modesto de los actos humanos. Y por consiguiente va envuelto también en los actos de voluntad. [...] El hombre no solamente está atenido a la realidad, sino que además está henchido de realidad». HV 38-39.
[74] SH 636, *El problema del hombre*, 1953-54.
[75] Cf. SH 125, *Sobre la persona*, 1959 y SSV 71, *Acerca de la voluntad*, 1961.
[76] HRP in 7EA 70.

Estructuralmente, además de las notas emergentes de la sustantividad, el hombre tiene estas cualidades adquiridas por decisión[77]. Situado tendentemente hacia las cosas el hombre es llevado hacia ellas por un tipo especial de acto: el acto de ir hacia ellas en forma de pre-ferencia[78]. Con la volición la sustantividad humana articula las dimensiones ontológica y operativa. La sustantividad articula la *substancia* y la *supraestancia*[79], funda el ser sujeto-a y desde éste el ser sujeto-de[80].

En esta dinámica de apropiación y en respectividad con la propia sustantividad aparece el bien: «El hombre mira las cosas desde aquello que el hombre es entre ellas, y el haber propio de lo que es el hombre por sí mismo antes de que intelija las cosas, es el bien, *agathon*»[81].

Además de las notas emergentes y apropiadas la sustantividad humana tiene propiedades sistémicas[82], esta sería, p. e. la nota del sentiligir.

El resultado del análisis es la esencia individual y completa de este hombre concreto, se obtiene de Sócrates la socrateidad. La esencia sustantiva implica que la pérdida de una nota constitucional puede hacer desaparecer el sistema. La esencia constitucional incluye algunos accidentes aristotélicos como el *hic et nunc*, aunque excluye otros como la acción – pasión. El vehículo de expresión de la esencia constitucional es el *logos* nominal constructo[83]. El hombre tiene algo irreducti-

---

[77] «Hay propiedades del hombre que penden sencillamente de una decisión suya. Yo puedo tener vicios o virtudes, talentos o ciencia, o carecer de ellos [...] una vez que la voluntad las ha querido, afectan a mi sustantividad, pero el modo de afectar es distinto a aquel otro según el cual me afectan mis propias estructuras psicobiológicas». SSV 266, *El problema del mal*, 1964. La sustantividad humana tiene un área que excede enormemente del área de las sustancias componentes en cuanto sustancias. En efecto, además de las propiedades formales que emergen *naturalmente* de las sustancias que la componen la sustantividad humana tiene otras cuya raíz no es una *emergencia* sino una *apropiación*: la apropiación de posibilidades. Cf. SE 159-161.

[78] Cf. SSV 68, *Acerca de la voluntad*, 1961.
[79] Cf. HRP en 7EA 70.
[80] Cf. SE 160.
[81] SH 636, *El problema del hombre*, 1953-54.
[82] En los compuestos hay: propiedades *aditivas* que provienen de la mezcla por adición de sustancias y *sistémicas* que proceden no de una nota sino del sistema en sí. Aparecen por combinación funcional de sustancias. No se trata de originar una sustancia nueva, sino de combinarlas en forma distinta originando un sistema con propiedades peculiares derivadas de la colocación sistemática. Todos los seres vivos tienen propiedades sistémicas. La combinación funcional es un acoplamiento de sustancias en que todas se *co-determinan* mutuamente formando una estructura. Puede consultarse, cf. I. ELLACURÍA, «La idea de estructura», 86.
[83] Cf. J. VILLANUEVA, *Noología y reología*, 293, 296-297.

ble a la materia porque la inteligencia constituye un *novum* — que a veces provisionalmente llama alma — y que está en unidad coherencial con el resto de notas, como las diferentes sustancias que componen el organismo[84].

Tras el análisis, las notas del hombre se clasifican en tres grupos:

a) Notas que constituyen la vida como independencia y control del medio; el viviente actúa no sólo por las notas que posee sino también en orden al sistema que constituyen: «Se vive por y para ser sí mismo. Es decir, el viviente es un *sí mismo*, un *autós*»[85]. Vivir es autoposeerse. La noción de vida como *autós* muestra la limitación del *élan* vital[86], de la espontaneidad del vitalismo[87]; de Aristóteles (inmanencia e hilemorfismo)[88] y de la vida como identidad de Fichte[89] y Hegel[90] pues el *autós* es principio y no resultado, el viviente es realidad en vida.

b) Notas que lo hacen viviente *animal*: La vida desgaja el sentir y como animal en el hombre hay también formalidad de estimulidad[91].

c) Nota de la inteligencia: «inteligir consiste formalmente en aprehender las cosas como reales, esto es, *según son de suyo*; consiste en aprehender que sus caracteres pertenecen en propio a la cosa misma»[92].

---

[84] Cf. HRP in 7EA 72.
[85] HD 31. Cf. EDR 185-186.
[86] Sobre la tesis de Bergson afirma Zubiri que sí, que la vida tiene una dimensión de creación «pero creación en el sentido de innovación, no una *innovación* que consistiera en ser un *élan inventor*». EDR 186.
[87] Son las tesis de Stahl y Montpellier. Sin embargo para Zubiri toda acción vital está forzada y suscitada previamente en la respectividad del medio externo, el medio interno y por la interacción de los momentos estructurales del mismo viviente. Véase cf. EDR 187 y 195.
[88] No satisface a Zubiri la vida como acción inmanente, ya que en el *manere* entra como supuesto el mismo término de la actividad, y en el *in* queda indefinido. Habría que recurrir a las estructuras. Tampoco le basta la vida como forma sustancial. Critica a Maritain su creencia en la fácil demostrabilidad del hilemorfismo a nivel biológico, apoyado en los resultados provisionales de los experimentos de organización de Spemann, después contradichos por Goldschmidt. Tanto la tesis de la espontaneidad como la de la acción inmanente parten de un mismo supuesto: considerar cómo el movimiento pertenece al viviente, esta pregunta debe plantearse al revés. Cf. EDR 187-188, 190-191, 195-197.
[89] Zubiri se refiere a la concepción dinámica de la vida del yo como identidad del principio de la *Wissenschaftslehre*. Cf. EDR 191.
[90] Para Zubiri Hegel operaría con el *Selbst* como resultado del repliegue del ser sobre sí mismo, donde la mismidad estaría constituida por el auto-repliegue mismo. Cf. EDR 191-192.
[91] Cf. HD 32.
[92] HD 32-33.

La unidad intrínseca de vida, sentir e IS constituye la sustantividad humana. Zubiri las agrupa en dos subsistemas remarcando la unidad estructural.

> No se trata de dos sistemas *unificados*, sino de un *único* sistema, el sistema de la sustantividad humana, único que tiene estrictamente suficiencia constitucional. A los *subsistemas* les falta suficiencia constitucional. Estos subsistemas son dos: lo que llamamos *cuerpo* y lo que debe llamarse *psique*[93].

2.2 *El subsistema orgánico*

Este subsistema también es llamado *cuerpo*. Está formado por las notas físico-químicas, considerando su origen biológico[94]. Es estrictamente material pero sin que esto suponga ruptura con la psique, que en cierto sentido también lo es. Para Zubiri la materia es fuente rigurosa de innovación y por ello hay evolución[95].

Por ello elabora una nueva noción de materia no opuesta a espíritu. El concepto de materia no se reduce a la materia puramente mecánica, ni tan siquiera a la dotada de cualidades que usualmente llamamos propiedades físicas, como el peso, el calor, etc. Sino que la materia:

> es de extraordinaria riqueza, y puede en su momento llegar inclusive a vivir y sentir en sus formas filéticamente más distintas. Puede: es decir, no toda materia vive (hylozoísmo) y siente (pan-psiquismo). Pero por mera sistematización puede llegar a vivir y sentir. Cuando esto ocurre, la materia vive y siente exactamente al igual que pesa o calienta[96].

Esta materia será la que desde sí misma por la *natura naturans* constituirá la persona como rigurosa innovación metafísica por evolución.

> Este dar a la materia y a la condición material del hombre todo lo que es de la materia sin que ello implique reducir la realidad ni el hombre a límites estrictamente cerrados, es uno de los mayores logros[97].

El cuerpo es un tipo concreto suyo: materia corpórea. Esta noción encaja dentro del *materismo*[98]. Materia y cuerpo están en continuidad

---

[93] HD 39.
[94] «destácase la originalidad del tema del cuerpo en Zubiri, que no se reduce a la fenomenología corriente del cuerpo subjetivo o vivenciado, soslayándose la realidad del cuerpo como organismo». J.A. MAINETTI, «Evocando a Zubiri», 17.
[95] Cf. SH 53-56, *La realidad humana*, 1974.
[96] SH 454-455, GRH 1982-83.
[97] I. ELLACURÍA, «Aproximación», 976.
[98] Zubiri se autodefinía como *materista* para resaltar la importancia de la materia,

evolutiva. El materismo implica continuidad en la gradación desde la materia inerte a la vida más elevada. Así no hay salto entre materia y ser vivo[99]. Zubiri distingue dos tipos de materia: a) materia elemental; b) materia biológica con positiva actividad de conservación, dividida en: materia-viva y materia-organizada u organismo. Dentro de este último está el cuerpo humano. Cada nota tiene en el cuerpo un posición funcional por la que desempeña una función propia respecto a las demás. Las notas físico-químicas están organizadas y por ello constituyen un *organismo*. Organismo es, pues, una noción funcional[100].

El cuerpo humano desempeña tres funciones[101], que «se aplican al organismo tan sólo como momento material del sistema»[102].

a) Organizadora (u organismo), es la función (o momento) ejercida por la posición respectiva de cada nota en el sistema; determina, según la posición del subsistema en el sistema total de la sustantividad, un momento o carácter estructural del sistema por el que éste es organización. En virtud de esta función una alteración del subsistema orgánico puede alterar la sustantividad o causar la muerte[103]. La organización pertenece tanto al organismo como a la psique[104].

b) Como cada nota repercute sobre todas las demás, son interdependientes y se da un momento de *solidaridad*. En virtud del momento anterior el sistema psico-orgánico tiene una *compago*, una complexión, y cada nota repercute sobre las demás estructural y funcionalmente. Esta complexión determina en el sistema cierta solidez denominada momento de solidaridad. «Solidaridad es interdependencia de organización»[105]. El sistema es solidario por ser sistema, no al revés[106]. Zubiri

---

eso sí, evitando el materialismo: Materia tiene dos sentidos, no sólo «la materia *de que* están hechas las cosas sino la materia *en que* están hechas todas ellas. En este caso, evidentemente, esto no es materialismo; sería, si se me permite el vocablo materismo, que es cosa distinta». ETM 170, ESP 1973. En el nuevo concepto subyace la ruptura con la sustancia. Cf. A. FERRAZ FAYÓS, *Zubiri: el realismo radical*, 176-177.

[99] Consecuentemente no existe el alma animal como principio de vida.

[100] La noción de organismo como sistema de actividad, y no de reactividad es paralela al descubrimiento biológico de von Bertalanffy, por ello Zubiri usaría el término función en lugar de la clave biológica de propiedad. Cf. E.T. SEGURA, «Biología e inteligencia», 55.

[101] Cf. HC in 7EA 91s. En este contexto función y momento son equivalentes.

[102] Cf. SH 63, *La realidad humana*, 1974.

[103] Cf. HC in 7EA 96.

[104] Cf. HC in 7EA 92.

[105] HC in 7EA 92.

[106] Cf. HC in 7EA 93.

siempre mira desde la unidad fundante hacia fuera, dimensionalmente. La solidaridad se realiza en el organismo configurando al poner en juego las diversas cadenas de reacciones físico-químicas. Por esta función el organismo tiene figura dinámica[107].

c) Somática, es la más radical[108], por ella las notas organizadas y solidarias expresan la actualidad del hombre en el universo; hacen del cuerpo el principio del estar presente en el cosmos y en el mundo[109]. Aquí sólo nos interesa señalar su función talitativa, hace presente a la persona en el Cosmos, le da un lugar y una situación concreta.

Así: «La unidad intrínseca de estos tres momentos: organismo, solidaridad y actualidad es lo que constituye eso que llamamos cuerpo»[110]. El cuerpo es el momento de corporeidad de todo el sistema, es la actualidad de *presencialidad física*. El cuerpo será plenamente entendido en el plano trascendental.

Una diferencia talitativa fundamental del organismo es la sexualidad. Desde su función transcendental se podrán incluso sostener dos tipos trascendentales de persona[111], posibilitando en un segundo momento leer la talidad del cuerpo como expresión de la persona en su dimensión transcendental con sus consecuencias para la sexualidad, el feminismo y el amor esponsal entre otros campos.

2.3 *El subsistema psique*

Es el otro subsistema y es irreducible al organismo por las notas psíquicas. Pero, lo subraya siempre Zubiri, la psique también carece del momento de clausura cíclica. Del mismo modo que el organismo humano sin la psique no es viable, tampoco la psique sin el organismo[112].

---

[107] Cf. HC in 7EA 96.

[108] «Hay que entender al organismo desde la función organizadora del sistema y no al revés. La materia tiene en el sistema de la realidad humana una función de presencialidad, de actualidad física. Es lo que llamo *soma*. [...] hay que entender la corporalidad desde la corporeidad del sistema y no al revés». SH 64, *El problema del hombre*, 1953-54.

[109] Cf. B. Castilla y Cortázar, *Noción de persona*, 119.

[110] HD 40.

[111] Transcendental disyunto persona – varón y persona – mujer. Es la tesis de Castilla. Se apoya, además de en Zubiri, en K. Wojtyla y E. Lèvinas. Es cierto que Zubiri da pie a este tipo de consideración al hablar de la función del cuerpo desde el todo humano, aunque no hace referencia expresa a la diferencia sexual. Cf. B. Castilla y Cortázar, *Noción de persona*, 383-385.

[112] Cf. SH 57-59, *La realidad humana*, 1974.

CAP. IV: APERTURA TALITATIVA DE LA PERSONA 251

Zubiri prefiere *psique* a *espíritu* porque quiere salirse del dualismo materia – espíritu. Tampoco usa *alma*[113] por su sobrecarga de sentido sustancialista: «una entidad sustancial que habita *dentro* del cuerpo»[114].
La psique es liberada por la hiperformalización del cerebro[115]. Por ello la actividad cerebral modula intrínseca y formalmente la intelección[116]. En la ontogénesis humana la célula germinal produce somáticamente la psique[117], así como la materia da de sí la psique en filogénesis, por la acción creadora de la *naturaleza naturante*[118] que hace florecer naturalmente el inteligir, no sin cierto paralelismo con Teilhard de Chardin[119].
Pero hay innovación absoluta en la psique debida a la diferencia esencial entre sensibilidad e inteligencia. El hombre trasciende en lo orgánico lo puramente orgánico, en la animalidad la misma animalidad[120]. Zubiri, como M. Scheler, niega que haya filogenia de la intelección[121], auque la haya en la psique. Reidad es irreducible a estimulidad. La novedad de la intelección radica en ser actualidad[122], y se expresa

---

[113] Salvo de modo provisional y siempre matizando.
[114] HD 40. En este sentido se pronuncia Zubiri en ETM 424, *Sobre la materia*.
[115] Cf. SH 96 y 99, *La realidad humana*, 1974.
[116] Cf. IRE 97.
[117] La ontogénesis repite los pasos de la filogénesis, desde la célula germinal están todas las estructuras fundamentales, si bien sea *germinante*. La filogénesis es el dar de sí de la materia desde los átomos y moléculas por un proceso de estructuración la misma psique. Cf. I. ELLACURÍA, «Introducción crítica a la antropología», 101-102 y 105 y G. GÓMEZ CAMBRES, *La inteligencia humana*, 36;
[118] Este tema lo tratamos en el cap. VII en p. 595.
[119] Cuando Zubiri está en París ya Teilhard está en China para proseguir otros viajes. Esto dificulta establecer una conexión directa con las ideas de este pensador jesuita, aunque es probable que le llegasen de modo indirecto a través de otras amistades. De hecho nuestro autor hace referencia explícita a Teilhard, p. e. en EDR 179. Teilhard acepta de Bergson la idea de diluir cualquier dualismo entre materia y espíritu, pero rechaza las sendas evolutivas divergentes optando por la idea de convergencia. Para él el espíritu no sólo no es opuesto a la materia, sino que emerge de ella en una visión dinámica del mundo. Recordemos que este autor no publicó durante mucho tiempo aunque mantuvo una gran actividad productiva y corresponsal. Véase cf. F. COPLESTON, «Dos pensadores religiosos», 307-308.
[120] Cf. SH 59-60, *La realidad humana*, 1974.
[121] Cf. E.T. SEGURA, «Biología e inteligencia», 56.
[122] Con la noción de actualidad se critican tres filosofías de la inteligencia: 1.– la inteligencia como continente – contenido: ya que confunde externo y exterior, 2.– la que se centra en la *presencia pura* como actualización de lo exterior, sin darse cuenta que inteligencia es siempre *extimidad*, otra que yo, hay un momento de alteridad de la realidad pero como extimidad, no exterioridad, 3.– Bergson y la intelección desde la

con el verbo *estar* como noergia[123]. Es importante que en el análisis se hable de la inteligencia Καθ'ἐνέργειαν[124], independientemente de los mecanismos biológicos, psicológicos o evolutivos que la posibilitan[125].

Sólo después se puede considerar la facultad que esta nota determina, es el desarrollo teórico de la inteligencia como facultad[126]. Como facultad aúna los dos subsistemas tomados como potencias[127], es siempre activa[128] y necesita estar capacitada.

Desde la unidad de IS la noción de *animal de realidades* contradice la definición clásica de animal racional, pues aunque poseer inteligencia siga siendo la novedad determinante, la racionalidad no es ahora algo añadido al sentir, sino algo intrínsecamente unido y exigido por él[129]. En HV se subraya desde la inmediatez de la patentización que el hombre siente lo real en cuanto tal, anulando toda posibilidad de establecer un hiato entre la sensibilidad y la inteligencia[130]. Sólo se da oposición entre *puro sentir* y *sentir intelectivo* o humano. Por eso tiene como momento constitutivo de su animalidad la verdad:

> esta inteligencia posee en el orden de los actos ese acto primario y radical que llamamos la verdad. En su virtud, el animal de realidades es una realidad viva, cuya vida envuelve en el orden de los actos, como un momento intrínseco suyo, eso que llamamos la verdad[131].

---

afinidad espacial. Cf. ETM 199s, ESP 1973.

[123] «El estar que enuncia el carácter físico y no meramente intencional de la inteligencia en tanto que estar en la realidad, es también un estar que enuncia el carácter físico de tener que estar en inteligir. En el estar en la realidad y estar en el inteligir, el estar mismo expresa el carácter no noético sino noérgico de la inteligencia». SH 635, *El problema del hombre*, 1953-54. Cf. IRE 64-67.

[124] Cf. NIH in 7EA 101, IRE 20.

[125] Cf. A. PINTOR-RAMOS, *Realidad y verdad*, 71-72.

[126] La facultad es estudiada con las habitudes en SH 35-39, *La realidad humana*, 1974. Cf. A. FERRAZ FAYÓS, *Zubiri: el realismo radical*, 166.

[127] Las notas en función operativa y no estructural. Es teoría racional.

[128] Con resonancias del intelecto agente de Aristóteles, afirma Simonpietri: «A la inteligencia se le pone la realidad para que inteliga. La inteligencia siempre de por sí está en acto, está activa. La inteligencia no consiste en ponerse en acto porque ella siempre está en acto. Lo que necesita es lo que ella ha de inteligir; que se lo pongan o se lo presenten. La inteligencia es igual que el fuego: éste no necesita que le pongan a quemar, el fuego quema por sí sólo. Pues así mismo la inteligencia por sí misma inteligente». F. SIMONPIETRI MONEFELDT, «El acceso del hombre a la realidad», 124.

[129] Cf. A. FERRAZ FAYÓS, «Sistematismo de la filosofía zubiriana», 52.

[130] Cf. A. LÓPEZ QUINTÁS, «Xavier Zubiri. La inteligencia sentiente», 232.

[131] HV 106.

La inteligencia abre lo transcendental, «la inteligencia es un elemento formal de la subsistencia como propiedad trascendental de la realidad»[132].

2.4 *Unidad de la sustantividad humana*

Nos adentramos con este parágrafo en uno de los temas más discutidos e interesantes de la antropología[133]. La psique y el organismo han sido vistos en cuanto subsistemas que resumen lo esencial[134] de la sustantividad humana, queda ver el tipo de unidad entre ambos de modo detallado. Zubiri señaló ya en la etapa de NHD su concepción unitaria del hombre al afirmar que «yo soy un cuerpo personal, yo soy una persona corporal»[135], en la madurez su filosofar confirma esta noción.

La unidad es coherencial, no de inhesión, sino por respectividad constitutiva del sistema. En consecuencia el hombre no es psique *y* organismo, sino que la psique es siempre *psique-de* este organismo y el organismo siempre es constitutivamente *de* esta psique concreta. Dicho con otras palabras, la psique es en sí misma corpórea y el cuerpo es psíquico. El *de* de la psique y del organismo es numéricamente el mismo en unidad de respectividad sistemática. Es un *de* físico, que da unidad estructural al hombre como sustantividad[136].

---

[132] SH 120, *Sobre la persona*, 1959. Usa la terminología subsistencial que luego abandona. Realizando los cambios convenientes la verdad permanece: el papel trascendentalizador del subsistema psique.

[133] Un genio del medioevo decía: «Considera cuál te hizo: sin duda, según el cuerpo, una excelente criatura; pero según el alma, mucho más excelente aún, como señalada con la imagen del Criador, dotada de razón y capaz de la eterna bienaventuranza; según el uno y la otra juntamente, sin comparación más admirable, que todas las demás criaturas, pues cuerpo y alma están unidos entre sí con incomprensible artificio por la impenetrable sabiduría del Criador. Así, este don es tan grande como grande es el hombre». S. BERNARDO, «Sermón XIV sobre el salmo 90», 424.

[134] «Esto no agota, ciertamente, la sustantividad humana, pero sí es un momento esencial suyo la integridad de sus propiedades psicobiológicas y la integridad armónica de todas sus estructuras psicobiológicas. Esto no es toda la sustantividad humana, pero sin ello no habría tal sustantividad». SSV 257-258, *El problema del mal*, 1964.

[135] Palabras con las que critica el dualismo cartesiano y sus consecuencias en el inédito «*Res Cogitans*» recogido en SPF 298.

[136] «Toda nota es en la cosa una *nota-de*. ¿De qué? De todas las demás. La glucosa tiene una realidad propia, pero en cuanto está en mi organismo es *glucosa-de* este sistema que llamamos organismo. Este momento del *de* es un momento no conceptivo sino real [...] el *de* expresa la unidad de las notas. Y esta unidad es justo lo que constituye un sistema». HD 19-20.

Queda así rechazada la teoría hilemórfica[137], además la analítica zubiriana se confirmaría con los datos de la ciencia: las funciones biológicas no las tiene el organismo porque se las confiera la psique. Más aún, la ciencia parece indicar lo contrario especialmente en los primeros estadios de desarrollo del embrión humano. Ahí el sistema molecular va configurando la psique con la progresiva diferenciación biológica de las funciones vegetativas y sensitivas[138]. Es el organismo el que con su dominancia modula la psique en pasividad. Lo que existe no es una relación de acto – potencia, sino codeterminación mutua en unidad coherencial primaria, respectividad. La unidad de la pluralidad de notas no es aditiva sino intrínseca: es sistema[139]. Las notas se están reclamando mutuamente de modo preciso. No es unidad causal, ni instrumental, es unidad estructural.

Por el carácter cíclico de esta unidad hay coimplicación funcional entre las notas. Por eso la función de sentir implica todas las funciones y estructuras bioquímicas y biofísicas del organismo, sin ir adscrita concretamente a ninguna de ellas. Por eso también psique y cuerpo son co-extensivos esencialmente y determinan estados psicofísicos.

Así la *psyché* no es espíritu puro como la *res cogitans* de Descartes, sino que es exigencia entitativa de un cuerpo y su primer estado de animación se lo debe al cuerpo: el alma es corpórea desde sí misma[140], su corporeidad es de carácter estructural. Tampoco el cuerpo es una *res extensa*. Es materia perfectamente organizada y diferenciada, pero es organismo intrínsecamente abocado a la *mentalización*; por eso se confirma desde la unidad del sistema que sin inteligencia el organismo es biológicamente inviable y que el cuerpo es estructuralmente anímico. Así sería «falso decir que el hombre *es* cuerpo y alma, sino que es menester afirmar que el hombre *es* formalmente cuerpo y alma»[141].

Visto desde el *de*: cuerpo y psique son uno en el *de*. Desde el alma el *de* es corporeidad, desde el cuerpo el *de* es animidad[142]. El *de* es corpo-

---

[137] La unidad sustancial del alma o *psyché* como acto de la materia prima y del cuerpo es rechazada aún en su forma atenuada como restricción de la animación a las funciones vitales. «El *de* es una unidad de tipo metafísico superior, a mi modo de ver, al de la unidad de acto y potencia». HD 42.

[138] Cf. HRP in 7EA 72-73.

[139] Zubiri habla de las notas *por sí mismas* en cuanto a su función dentro del sistema, y *en sí mismas* en cuanto a su propio concepto objetivo. Cf. G. GÓMEZ CAMBRES, *Zubiri: el realismo transcendental*, 39.

[140] Cf. B. CASTILLA Y CORTÁZAR, *Noción de persona*, 123.

[141] G. GÓMEZ CAMBRES, *La inteligencia humana*, 19.

[142] «La psique no es sólo *de* el cuerpo, sino que es en sí misma corpórea, y el cuer-

reidad anímica. Cada subsistema es *del* otro[143]:

> Y en este *de* consiste no sólo la unidad radical de la sustantividad humana, sino también su propia mismidad, a lo largo de su vida entera, mismidad esencialmente distinta de un persistencia numérica de todas las notas, cosa perfectamente inexistente. El hombre es, pues, una sustantividad psico-orgánica[144].

Por eso las funciones del cuerpo son primariamente sistémicas. La línea: organización (*compago* o complexión) – solidaridad (solidez) – soma, concierne al todo psico-orgánico y se convierte en línea de configuración de la sustantividad[145]. Paralelamente la psique es definitoriamente espacio. Además de la forma en que el *intus* de cada realidad se plasma en *ex* como ocupación en cuanto realidad extensa, en el hombre su aspecto psíquico «no tiene realidad fuera e independientemente de su organismo»[146]. Lo psíquico no ocupa el organismo pero está definido de alguna forma por él, por el organismo se abre la interioridad personal:

> El espacio no es una delimitación externa, sino un momento constitutivo de la psique misma en cuanto tal; su espaciosidad no es un límite externo, es una espaciosidad constitutiva. La psique es psique-de este organismo, y en este *de* consiste la definitoriedad de la psique. Esta definitoriedad es un modo de ser *de suyo*: mi realidad es espaciosa, pero no por ser extensa, sino por estar parcialmente definida por el espacio[147].

El espacio de la psique es una positiva estructura de interiorización, es un modo de ser más *intus* que en las cosas. La realidad humana es, como tipo de espaciosidad, interioridad.

El hombre actúa con todos los subsistemas a la vez. La actividad es de la sustantividad y por ello «es *unitariamente* psico-orgánica en todos, *absolutamente* todos, sus actos»[148]. En la acción humana cada subsistema actúa sistemáticamente, aunque lo haga en virtud de sus propiedades, actúa como nota-de, de modo que su actuación es un momento de la actividad de todas las demás. En consecuencia sólo hay

---

po no sólo es *de* la psique, sino que es en sí mismo psíquico». ETM 596, *Sobre la materia*.
[143] Cf. I. ELLACURÍA, «Introducción crítica a la antropología», 114-115.
[144] HD 42.
[145] Cf. SH 61, *La realidad humana*, 1974.
[146] ETM 177, ESP 1973.
[147] ETM 177-178, ESP 1973.
[148] HD 43.

una actividad y no dos simultáneas[149]. Todo lo orgánico es psíquico y todo lo psíquico es orgánico[150] y por ello no hay actuación entre los dos subsistemas sino actuación de un estado psico-orgánico sobre otro estado psico-orgánico[151].

La actividad de la sustantividad tiene un alto grado de complejidad, cuando «pensamos» o «comemos» lo que hay es dominancia de una nota sobre otra, pero siempre es actividad de la sustantividad en cuanto tal. La respectividad entre los dos subsistemas se modula por dominancia. Dominancia es el predominio de unas notas sobre otras en la acción del sistema. Tiene dos momentos: es acción integral de todo el sistema de notas y el predominio de unas califica la actuación de las demás. Esto lo pueden hacer las notas por diferentes cauces: 1.– la polarización en una nota o subsistema, es lo que se denomina accionalidad; 2.– disponibilidad[152] y 3.– según el esquema: receptividad – pasividad[153], las notas actuarían receptivamente[154]. Por ello:

> hay tres modos de actividad: accionalidad, disponibilidad, pasividad. Su dominancia es variable. Por tanto, con diferencias de dominancia en el modo de actividad en cada instante suyo, en la sustantividad humana desde su nacimiento está en acción la integridad de sus notas psico-orgánicas según su posición, su complejidad y su actualidad[155].

Esta unidad fuerte y horizontal o estructural plantea dificultades para la vida tras la muerte[156]. Estas radican en la unidad de IS tal como la plantea la noología, p. e., a la hora de conjugar la novedad del inteligir con la unidad de IS[157]. En ambos casos Zubiri mantiene los dos polos

---

[149] «no hay sino una sola y misma actividad del sistema entero en todas y cada una de sus notas». SH 482, *La concreción de la persona humana*, 1975.

[150] Cf. HC in 7EA 98.

[151] Cf. HC in 7EA 98-99.

[152] Un ejemplo de disponibilidad lo encontramos en la forma en que la intelección dirige los procesos cerebrales, disponibles operativamente. Cf. SH 493, *La concreción de la persona humana*, 1975.

[153] La pasividad es una forma, la forma pasiva, de hacerse a sí mismo. Aplicado al plasma germinal implica que éste realiza por la psique acciones no abiertas pero sí aperturantes, su sistema está en proceso de inconclusión. Cf. SH 85-87, *La realidad humana*, 1974.

[154] Cf. SH 81-84, *La realidad humana*, 1974.

[155] SH 85, *La realidad humana*, 1974.

[156] Cf. nuestro apartado sobre la muerte en p. 575.

[157] Este problema lo señala Villanueva al ver que Zubiri «certifica que ambos modos de conocer "no se confunden ni tampoco se oponen" y que, si bien "constituyen una sola estructura", conservan "su esencial irreductibilidad" (cf. IRA 351). Pero no

en una tensa unidad sin eliminar toda ambigüedad. Pensamos que la verdad del hecho de IS no implica necesariamente una teoría explicativa estructuralista, es sostenible con toda su fuerza en una unidad coherencial vertical.

2.5 *El esquema filético: necesidad e insuficiencia*

X. Zubiri denomina esquema filético al subsistema de notas que posibilita la especiación por la esencia quidditativa, se trata de un nuevo nivel de profundización racional en la esencia de la sustantividad.

En SE obtiene la esencia constitutiva de la sustantividad desde las notas constitutivas[158]. Es una esencia individual y concreta[159] pues su análisis es un extracto factual y entitativamente individual de la sustantividad. Esta esencia es un momento interior de la sustantividad. Se trata de una esencia con carácter físico, materialidad e individualidad intrínsecas, pues supera el *logos* predicativo y quidditativo tradicional.

Cuando la esencia constitutiva de un individuo coincide con la de otros aparece el problema de la *quiddidad*, de la especie o *phylum*[160]. Resolverlo consiste en ver si la esencia humana es especificable y porqué hay rasgos esenciales comunes. El camino parte de los rasgos comunes que nos hacen pertenecer a una misma especie tomados en sentido físico, no lógico[161]. La especie no es la unidad ideal de *lo humano* (Husserl), ni un tipo de clase o especie conceptiva que se quede en el

---

ha indicado cuáles sean sus irreductibles formalidades; antes bien — como ya apuntamos — ha abolido una de ellas, desembocando en un único acto híbrido. Ahora bien, el cariz sentiente y por tanto, orgánico de todos los actos y potencias humanos trae consigo el riesgo de encadenar el acto y la potencia intelectiva humana a la materia de tal modo que se descompondrían con la corrupción corpórea». J. VILLANUEVA, *Noología y reología*, 192.

[158] Tras distinguir entre notas adventicias y constitucionales Zubiri cierra un nuevo círculo de reducción y discierne dentro de las constitucionales entre constitutivas y no constitutivas según sean infundadas o fundadas a su vez en otras notas. Cf. I. ELLACURÍA, «Introducción crítica a la antropología», 113-114.

[159] Cree necesario revisar la definición de esencia como diferencia por abstracta.

[160] *Phylum* es un momento tan físico y real dentro de la esencia constitutiva como la composición molecular. Sin él la esencia constitutiva no sería tal. Es la esencia filética o *quidditativa* del ser humano por la que está vertido a los demás. Cf. I. ELLACURÍA, «Introducción crítica a la antropología», 116.

[161] Para Zubiri toda realidad sustantiva tiene junto al momento de sustantividad el momento de subjetualidad en la línea de la concreción. Se trata de los cuatro rasgos del *este* sustantivo, donde prima la esencia del individuo sobre la especie conceptiva: unidad numeral, de constitución, concreción y realidad incomunicable. Cf. G. GÓMEZ CAMBRES, *La realidad personal*, 74.

quid genérico[162].

Así, dentro de la esencia constitutiva y como momento interno suyo, se distingue la esencia *quidditativa* formada por el conjunto de los rasgos comunes de los seres humanos. Estos rasgos constituyen un esquema con su unidad, la unidad filética.

Entre la unidad filética de la esencia quidditativa y la unidad física coherencial de la esencia constitutiva hay una mera distinción de razón, porque el esquema constitutivo no forma un sistema completo sino que es tan sólo el momento diferendo, desgajado como tal dentro del único sistema completo, de la esencia constitutiva[163].

Hay especie cuando se da multiplicación de esencias: cuando en el nivel constitutivo de la esencia del individuo se da una acción causal productiva intrínseca por la realidad sustantiva propia en la que el individuo[164] originante es paradigma que constituye el *phylum*. Entonces la esencia constitutiva es especiable. Por ello la teoría del *phylum* tiene una fuerte coherencia con el monogenismo[165], aunque resulta problemática a la hora de explicar ciertos pasos de la evolución.

---

[162] Zubiri también critica la definición de animal racional desde el *phylum*. El *phylum* se opone a la especie aristotélica en que se induce *a posteriori* desde lo físico.
La tradición definía el hombre desde el animal, estudiándolo con el afán de aclarar la naturaleza humana. Pintor-Ramos habla de la ingenuidad del abate de Condillac, cuando citando al biólogo Buffon decía: «Poco interés tendría saber lo que son los animales sino fuesen un medio para conocer mejor lo que somos nosotros» (*Traité des animaux*, in F.B. DE CONDILLAC, *Oeuvres complètes*, III, p. 331).
La expresión de Aristóteles *el animal que tiene logos* (*Eth. Nic.* I 8, 1098 a 4-8; *Pol.* 1, 1253 a 92, 1254 b 5) parece más bien una descripción y no tanto una definición esencial en consonancia con otros giros descriptivos como *animal político* (*Pol.* I 1, 1253 a2; III 4, 1278 b 20) o *animal capaz de elegir* (*Eth. Eud.* II 10, 1226 b 22). Fue el estoicismo quien le dio el alcance esencial con el que se incorpora al medioevo (cf. STO. TOMÁS DE AQUINO, *S.Th.* II-II, q34, a5). Los latinos tradujeron defectuosamente como *animal racional* el griego: *el animal que tiene logos*. Zubiri no trata de fundamentar lo propio del hombre partiendo del animal sino de justificar cómo el hombre con otros hombres es capaz de vivir su individualidad.
Cf. A. PINTOR-RAMOS, «Metafísica, historia y antropología», 22; I. ELLACURÍA, *Filosofía de la realidad histórica*, 147-166; J. VILLANUEVA, *Noología y reología*, 313 nota 104 y M. VILÁ PLADEVALL, *Las dimensiones de lo interhumano*, 33-34 nota 33.

[163] SE 315.

[164] El principio de individuación no es la materia: «es absolutamente quimérico el pretender invocar un llamado principio de individuación». 3DSH 21; «Es el individuo el que es uno en sí mismo, y al multiplicarse genéticamente, físicamente es el que crea la especie». G. GÓMEZ CAMBRES, *La realidad personal*, 75.

[165] La hipótesis del Adán ancestral o la Eva mitocondrial fortalece la unidad filo-

En las realidades intramundanas tenemos clases naturales correspondientes al reino mineral, donde no hay propiamente especie. En los seres vivos, cuasi-individuos, por la generación y originación podemos distinguir especies, esencias meta-especiables por evolución e inespeciables. Entre los hombres encontramos el único caso de una realidad con unidad filética que es estricta y rigurosa especificidad esencial. El subsistema de notas que hace posible esto como momento de la esencia es el esquema constitutivo[166].

La esencia constitutiva humana posee esta función especificante por el subsistema generador que posibilita la generación:

> A la esencia constitutiva de estas realidades le pertenece esencialmente *qua* constitutiva, su propia capacidad de replicación; no le es esencial replicarse, pero sí el poder replicarse. De suerte que sin este subsistema generador, la presunta esencia constitutiva no sería tal esencia constitutiva[167].

El *phylum* es un momento interno de la esencia quidditativa, es estrictamente individual y funda la universalidad y la versión a los otros, dando razón del porqué de las habitudes sociales que originan la comunidad y la comunión[168]. Por el *phylum* los demás están en cierto modo dentro de la esencia de cada individuo y sin ellos no existiría.

> En estas realidades, el individuo no podría tener realidad individual si no fuera generable. Y esta generabilidad es una versión de cada individuo a los demás, no a tales o cuales determinadamente, sino a los demás en cuanto meros otros. Por consiguiente, la versión a los demás, en cuanto otros, es aquí coesencial a la esencia individual misma. En estas realidades, pues, el individuo no tendría coherencia individual si no tuviera un respecto coherencial a los demás. [...] Esto es, la estructura de su coherencia individual es *eo ipso* el desgajamiento, la actualidad de los demás en cuanto otros dentro de cada individuo. En cierto modo, pues, cada individuo lleva esencialmente dentro de sí a los demás[169].

---

genética, y unida a los frutos del Proyecto Genoma Humano dan peso a la postura de Zubiri en la que el genoma determina la pertenencia a la especie. No obstante el poligenismo sería congruente aunque en menor grado, la unidad filética se explicaría desde el plano trascendental por la comunidad en la realidad. El *phylum* encuentra dificultad a la hora de dar cuenta del problema evolutivo de los antepasados comunes, como p. e. el del hombre y el mono. Cf. J. VILLANUEVA, *Noología y reología*, 313 nota 104 y M. MANZANERA, «Fundamentación de la ética en la nostridad», 288.

[166] Cf. SE 242.
[167] SE 317.
[168] Cf. B. CASTILLA Y CORTÁZAR, *Noción de persona*, 235-236.
[169] SE 318.

«La unidad coherencial tiene *desde sí misma* y esencialmente, en acto delimitado, su versión a los demás, y es, por tanto, esencialmente algo en sí, algo originado, y algo común»[170]. Estos «son los tres modos según los cuales los demás están dentro de cada esencia individual»[171]. He aquí los tres caracteres: 1.– «Cada esencia individual es, entonces, algo *en sí* respecto de los demás. Ser en sí, como contra-distinto a los otros»[172]; 2.– es algo *originado*, y 3.– es algo en *común* con los demás en cuanto tiene un esquema constitutivo recibido. Aquí radica la forzosidad de tener antepasados y la forzosa posibilidad de desecendencia.

Por tener este esquema constitutivo, delimitado en acto dentro de la propia esencia constitutiva, es por lo que cada esencia individual tiene su esquema constitutivo *recibido* y *común*. Los individuos ascendientes o descendientes esto es, la *ascendencia* y la *descendencia* en cuanto tales son posibles tan sólo fundadas en el carácter recibido y común del esquema constitutivo[173].

Los demás están en uno como distintos, compartiendo unos rasgos recibidos y transmisibles que son comunes a toda la especie. Por el esquema es social intrínseca y necesariamente, no sólo de hecho[174].

Este pertenecer a una misma especie es algo que el hombre comparte con todos los animales pues cada animal está vertido a los de su propio *phylum*, es una versión genética y biológica[175]. Sin embargo Zubiri distingue entre la unidad de clase de los seres inanimados, unidad filética en los vivientes y unidad específica en los hombres[176]: «En rigor, *sólo la especie humana es estrictamente especie*, porque el hombre es el único animal que posee estricta sustantividad individual»[177].

Sin embargo el esquema filético constatado a nivel talitativo no satisface[178], así Zubiri afirma: «Lo que pasa es que esto que le sucede como

---

[170] SE 320.
[171] B. Castilla y Cortázar, *Noción de persona*, 238.
[172] SE 319.
[173] SE 319.
[174] Cf. F. Niño Mesa, «Para investigar las mentalidades», 51.
[175] «Todo ser vivo está vertido, pues, desde sí mismo. Su carácter genético no le es adventicio, no es una relación extrínseca sino que le pertenece formalmente a sí mismo». EDR 253.
[176] Cf. G. Gómez Cambres, *La realidad personal*, 240.
[177] G. Gómez Cambres, *La realidad personal*, 93.
[178] Castilla sugiere que por esto en EDR Zubiri se refiere a los ángeles al hablar de la especie humana para subrayar que el *phylum* es obligado aunque insuficiente. Esta autora remite por contraposición a la imagen trinitaria de la comunión por generación y procedencia por lo que Sto. Tomás decía que *homo est de homine, sicut Deo de Deo* (cf. *S.Th.* I, q93, a3, c), por la generación el hombre es más imagen de Dios que los

animal no me sirve aquí para gran cosa, tan sólo me sirve para decir que es un estrato inevitable en el problema de la convivencia»[179].

El animal transmite la especie y sin embargo, a diferencia del hombre, no tiene convivencia formal ni se da cuenta de lo que transmite.

Además en el hombre, única sustantividad individual dentro del Cosmos, «los individuos, aunque sean de la misma especie, se diferencian esencialmente entre sí»[180]. En consecuencia hay también insuficiencia para dar cuenta de la intersubjetividad por el primado del individuo. Casi sería más adecuado sostener, una vez recorrido el camino completo hasta la *esencia abierta* transcendentalmente, que es la misma *esencia abierta* transcendentalmente la que se refleja genéticamente abriéndose en *phylum*.

Por otra parte, por la apertura a la realidad, la inteligencia transforma la estructura genética afín a los animales en algo humano, superior en categoría a la del resto de los vivientes del Cosmos. La IS influye sobre el esquema filético pidiendo una transcendencia de significado y una fundamentación más radical. La versión que el hombre:

> tiene hacia los demás — aquello que le constituye en ser *sí mismo*, y aquello por lo que tienen una esencia o una sustantividad que le ha sido comunicada, y que va a comunicar a los demás — es justamente una versión en forma de realidad, desde *sí* mismo, desde su propia realidad *qua* realidad. Y precisamente esto hace que los demás queden, en una o en otra forma, vinculados a cada uno de los hombres vivientes, en una forma que no es mera versión genética sino estricta *convivencia*. Y esta convivencia constituye no simplemente una multitud más o menos afín, vinculada por estructuras sentientes como el instinto, etc., sino que constituye esa peculiar unidad en la realidad que formalmente llamamos un *nosotros*[181].

Entre los hombres lo diverso de mí no consiste sólo en tener otros caracteres sino que es diversidad de realidad: es otra realidad[182]. Esta unidad de realidad es la que está llamada a constituir el nosotros.

Estos razonamientos apuntan la insuficiencia junto a la necesidad del *phylum* para la fundamentación de la intersubjetividad, orientando hacia una dimensión transcendental: la persona.

ángeles. Cf. B. Castilla y Cortázar, *Noción de persona*, 239 nota 133.
[179] EDR 253. Lo subraya Castilla: «Esta versión genética es esencial y constitutiva al problema de la versión a los demás. Pero no es suficiente para explicar el problema de la convivencia». B. Castilla y Cortázar, *Noción de persona*, 240.
[180] G. Gómez Cambres, *La realidad personal*, 88.
[181] EDR 253-254.
[182] Cf. G. Gómez Cambres, *La realidad personal*, 162.

Subrayamos que el estudio talitativo del *phylum* muestra que la socialidad radica en el nivel entitativo de la esencia quidditativa. Además la transmisión del esquema filético es canal básico de la impresión de lo humano que los otros realizan en cada individuo[183]. La socialidad surge de la realidad específica en un nivel constitutivo, aún cuando en cuanto sistema clausurado de notas se sea individual. Es el reflujo de la especie sobre la sustantividad haciéndolo individuo irrepetible[184].

> El hombre es individuo humano por llevar dentro de sí biológicamente y socialmente la referencia a otros miembros de su *phylum*. Por esto, toda autoposesión del hombre de su propia realidad, todo carácter personal transcurre en referencia a otros hombres[185].

Desde el *phylum* se manifiesta en primera aproximación el carácter constitutivo de la apertura a los otros. Así pues «el estudio talitativo de la realidad humana no queda encerrado en lo que es cada individuo sino que abarca también lo que es la realidad social del hombre»[186].

3. La apertura talitativa: el animal de realidades es esencia abierta

3.1 *La apertura desde la fundación descrita*

Porque desde las notas la que más caracteriza al hombre es la inteligencia que le instala en la realidad, Zubiri describe la esencia humana como *animal de realidades*: es sustantividad animal abierta a la *realidad*. Recorriendo ahora el camino en el orden de fundamentación (sentido inverso al anterior), el hombre es *animal de realidades* en el estrato de la sustantividad:

> He aquí la esencia de la realidad humana, la esencia de la sustantividad humana. El ámbito constitutivo del hombre es *realidad*: estamos en la realidad. Desde el punto de vista de sus notas, esto es, desde el punto de vista talitativo, el hombre es animal de realidades[187].

Entre todas las notas la que posibilita la sustantividad humana es la IS: el hombre se hace cargo de la situación como realidad «poniendo en juego su inteligencia sentiente»[188]. Queda abierto a la realidad.

---

[183] Cf. M. VILÁ PLADEVALL, *Las dimensiones de lo interhumano*, 107.
[184] Cf. SH 191s., *La concreción de la persona humana*, 1975.
[185] A. GONZÁLEZ, «El hombre en el horizonte de la praxis», 76-77.
[186] I. ELLACURÍA, «Introducción crítica a la antropología», 117.
[187] HD 46.
[188] PH in 7EA 80.

Por esta estructura su habitud radical es enfrentamiento con las cosas como realidades y consigo mismo como *estando en la realidad*, en aprehensión, volición y sentimiento.

No hay «una habitud superpuesta a los tres momentos de la sensibilidad y al estado sensible del animal, sino que lo estimulante se conserva intrínseca y formalmente en lo diferencialmente humano»[189]. El hombre por el sentir es constitutivamente animal y por la reidad queda instalado no sólo *entre* realidades sino *en* la realidad, es apertura transcendental[190].

En las acciones la reidad «constituye el ámbito mismo en que se despliegan todos los actos humanos»[191]. Los tres momentos del sentir (receptor, afección tónica y respuesta) quedan como «aprehensión de lo real, sentimiento de lo real, volición de lo real»[192]. Y recíprocamente las tres notas psíquicas quedan: «la inteligencia es en sí misma formal y constitutivamente *sentiente*, el sentimiento es en sí mismo formal y constitutivamente *afectante*, la voluntad es en sí misma formal y constitutivamente *tendente*»[193]. Los actos son abiertos y aperturantes.

Existe un dominio metafísico sobre los actos que modifican su subsistencia[194], el hombre se comporta en su actividad no sólo respecto a su propia talidad y la de las cosas entre las que está, sino que se comporta con el propio carácter de realidad que tiene la propia esencia. Es auto-apertura.

Esto es lo exclusivo de las esencias que son inteligentes y volentes. La inteligencia y la voluntad no están abiertas primariamente *porque* están referidas a cosas que no son ellas. A lo que primariamente están referidas, y en aquello en que consiste formalmente su apertura, es en estar referidas a su propio carácter de realidad[195].

El hombre es una esencia abierta ya que por ser *animal de realidades* está abierto, no enclasado[196]. La vida del hombre es una vida «constitu-

---

[189] SH 40, *La realidad humana*, 1974.
[190] «Lo transcendental es la unidad intrínseca y formal de aprehensibilidad, determinabilidad y atemperancia. Lo real es unitariamente aprehensible, determinable y atemperante. En la realidad humana se actualiza esta unidad transcendental». SH 40, *La realidad humana*, 1974.
[191] HD 45.
[192] HD 45.
[193] HD 46.
[194] Cf. SH 125, *Sobre la persona*, 1959.
[195] EDR 101.
[196] Cf. HRP in 7EA 66.

tivamente abierta»[197].

No está enclasada, pendiente de la cualidad de los estímulos sino que está, en principio por lo menos, abierta a la realidad de las cosas [...] abierta en primera línea a su propia realidad. No da sus respuestas únicamente en virtud de la talidad de las suscitaciones, sino que da esas respuestas haciéndose cargo de la realidad, y de lo que a él realmente le va a acontecer[198].

Esta dimensión de la apertura está exigida biológicamente y reside en la respuesta abierta ante los estímulos.

La sustantividad humana no se limita a ser algo *de suyo*, el carácter de realidad es vivido en las acciones que ejecuta, la realidad no es simplemente algo que está funcionando en la vida, sino que es algo para lo que la vida está funcionando[199]. Por esta apertura tiene que apropiarse posibilidades mostrando que el hombre es estructuralmente moral[200].

Por ser esencia constitutivamente abierta el hombre ante la situación está sobre-sí, definiendo necesariamente un sistema de posibilidades de realización, una figura haciéndose cargo de la realidad[201].

Hacerse cargo de la situación y dejar abierta la respuesta es libertad[202]. Por esta apertura «inteligencia y libertad se unen casi hasta no poder distinguirse»[203]. La vida del hombre por ser esencialmente abierta pide un proyecto[204].

La apertura decanta en la persona las dimensiones de inquietud y el tiempo[205], es formalmente moral y funda la libertad.

---

[197] HRP in 7EA 67.
[198] EDR 206.
[199] Cf. EDR 206-207.
[200] Cf. SH 343-345, *El problema del hombre*, 1953-54. Por su apertura en IS el hombre está: «ligado a su tendencia a conseguir la propia felicidad perfilando su figura de ser humano de modo per-fecto; ob-ligado a apropiarse las posibilidades que le ofrece el entorno. El hombre es, por su condición personal, un ser básicamente religado y ético, comprometido a crear ámbitos de acción». A. LÓPEZ QUINTÁS, «Significación actual del pensamiento zubiriano», 51.
[201] Cf. SH 421, *El problema del hombre*, 1953-54.
[202] «Esta determinación de un acto por razón de la realidad querida, es justamente lo que llamamos *libertad*» (HRP in 7EA 69), por ello opera libremente en el mundo.
[203] B. CASTILLA Y CORTÁZAR, *Noción de persona*, 131.
[204] «Toda vida es vida de un viviente en situación esencialmente abierta. Por eso el viviente está expuesto a la realidad, y expuesto a exponerse en cada una de las situaciones. Por eso la forma es la manera de definirse física y realmente en cada situación. Exige un proyecto. Un proyecto es un sistema de posibilidades operativas». SH 592, *El problema del hombre*, 1953-54.
[205] Para X. Zubiri: «El tiempo es la inquietud misma del mí» (SH 622). Es el tiempo mío, no el tiempo de las cosas, es tiempo en mi decurrencia: esto «implica no

La apertura es psicofísica a los demás y fundamenta el *con*. Como *animal de realidades* se halla «por la estructura psicofísica de su inteligencia sentiente, constitutivamente vertido a los demás. [...] Vertido a los demás el hombre vive con ellos. Es el problema de la convivencia»[206]. La apertura implica un *para* que se refleja en la apertura del cuerpo a la entrega en el amor sexual y a la vida.

3.2 *La esencia abierta ante la esencia cerrada*

Esta apertura de la sustantividad humana coloca al hombre frente a las esencias cerradas, aquellas que con suficiencia constitucional carecen de apertura a su propia realidad. Sustantividad plena sólo la tienen las personas y la totalidad del Cosmos[207].

En el orden de la simple materia, la sustantividad no compete en rigor a ninguna de las llamadas *cosas* materiales, sino al mundo material tomado en su integridad total, porque cada una de aquéllas, propiamente hablando, no es sino un mero fragmento de la sustantividad total[208].

Aunque habitualmente hablemos de las cosas materiales y de los seres vivos como sustantividades[209], entre lo material «en rigor no hay sino la sustantividad del cosmos»[210].

El resto de cosas se aproximan en mayor o menor grado a esta sustantividad. Las notas simples serían a modo de una sustantividad ele-

---

sólo su presencialidad a la decurrencia sino presencialidad ante la propia realidad decurrente. La presencialidad que constituye mi tiempo es la autopresencia en la decurrencia, la presencia de mí mismo ante mí mismo en el decurso. [...] La unidad de estos dos aspectos: estar presente y estarlo en decurrencia, es lo que traduce la expresión *estar sobre sí*» (SH 625). Es otra de las dimensiones de la supraestancia, el mismo fundamento de la dimensión moral. «El fundamento del tiempo está, por tanto, en la inteligencia como ingrediente real del hombre. [...] Esto es lo que constituye el *estar sobre sí*» (SH 629). Estos textos pertenecen a *El problema del hombre*, 1953-54.

[206] SH 245, *El problema del hombre*, 1953-54.
[207] Cf. SH 466, GRH. Cf. A. FERRAZ FAYÓS, *Zubiri: el realismo radical*, 140.
[208] SE 171.
[209] Así lo hace el mismo Zubiri en SE 238 y 240. También RR 27 y 33 hablan del color verde como contenido suficiente para ser *de suyo* una sustantividad elemental.
[210] RR 34. El Cosmos es respectividad remitente en lo talitativo, por eso no es un orden o τάξις de realidades o sustancias, del tipo de Aristóteles, sino la unidad primaria de todas éstas. La consideración de Aristóteles sería meramente por abstracción. Sólo el Cosmos tiene la unidad de sistema y es por tanto sustantividad y no está formado por sustancias independientes entre sí. Cf. SH 466, GRH 1982-83. También puede verse como las cosas, excepto el hombre, son mero fragmento en EDR 50, 90-91. Aquí resulta interesante: B. CASTILLA Y CORTÁZAR, *Noción de persona*, 382.

mental[211] y los sistemas complejos serían cuasi-sustantividad que formarían parte del sistema total[212]. Los seres vivos tienen un *primordium* de mismidad, pero se quedan en mero *primordium*, sin llegar a tener verdadera sustantividad[213]. Los seres vivos son más cercanos a la sustantividad que los planetas o realidades de gran tamaño por su mayor unidad, independencia y control del medio[214], pero son «mera modulación de esa estructura básica que es *la* vida»[215].

Por la respectividad talitativa el Cosmos sería la única esencia cerrada. Pero para Zubiri la individualidad es un momento esencial de la sustantividad[216]; y el Cosmos no tiene individualidad estricta porque aunque indiviso en sí por respectividad talitativa no es algo dividido de todo lo demás, pues carece de respectividad trascendental o constituyente. Zubiri inventa otra palabra para señalar este hecho, la unidad del cosmos es denominada «respectividad cósmica»[217]. Por eso Zubiri lo denomina «sustantividad tan sólo *única*»[218]. Por eso en el curso sobre el espacio se refiere al Cosmos sin hacer de él una magna cosa y usando palabras sencillas designa la totalidad de las cosas creadas por Dios[219]. Se trata de la visión campal de las cosas, el comprender la unidad del universo como una especie de campo dinámico y energético en que todo existe en y por respectividad al resto de cosas y al todo.

Individualidad estricta tan sólo la posee la sustantividad humana como fruto de la evolución. En el hombre, tercera zona del mundo material[220], por su inteligencia «asistimos a la constitución plenaria y formal de una estricta sustantividad individual: es la *"inteligización" de la*

---

[211] Ferraz no cree que existan sustantividades simples de una sola nota, en cambio Gracia y Villanueva sí, sobretodo de cara a considerar la sustantividad divina. En esta línea cf. J. VILLANUEVA, *Noología y reología*, 278 nota 18

[212] Cf. SE 147 y 156.

[213] Cf. EDR 201.

[214] Cf. SSV 232, *El problema del mal*, 1964.

[215] B. CASTILLA Y CORTÁZAR, *Noción de persona*, 140.

[216] Cf. SE 166.

[217] ETM 131, ESP 1973.

[218] SE 171, cf. SE 238.

[219] Cf. ETM 13, ESP 1973.

[220] En la evolución hacia la individualidad Zubiri distingue tres zonas materiales. La primera zona abarca desde los *singuli* de las partículas elementales hasta la estabilización de la materia (esbozo entre la singularidad y la sustantividad individual consistente en la unicidad de agregados de unidades singulares). La segunda zona abraza la vitalización de la materia estable: los seres vivos (a pesar de su relativa autonomía sólo son cuasi-individuales en gradación creciente según se progresa en la escala zoológica). Cf. SE 172 y 239-240.

animalidad»[221]. El hombre por su dimensión somática y por su intramundanidad sigue siendo en cierta medida — pero sólo en cierta medida — fragmento de la unidad primaria y radical del Cosmos[222]. Por poseerse en propiedad como realidad gracias a la IS, es «una estricta sustantividad individual»[223].

La *cierta* medida subraya que en cuanto persona el hombre no forma parte de nada[224], pues está enfrentado con *la* realidad: «el estar mismo en realidad no pertenece como ingrediente a ninguna cosa»[225]. El modo de instauración en la realidad del hombre es *absolutización*[226]. Estas nociones nos van introduciendo poco a poco en la consideración trascendental, pues en ella la diferencia queda manifestada plenamente.

Sólo el hombre tiene la unidad primaria y clausura total del sistema, que «son los dos caracteres positivos y reales que forman una sustantividad, la cual es *eo ipso* constitucionalmente y por sí misma, una individualidad»[227] y así sólo él tiene estrictamente esencia, y ésta abierta.

Artificiosamente el Cosmos tiene sustantividad[228] (única y no individual) y por tanto esencia, aunque radicalmente diversa de la humana: cerrada. La concepción del Cosmos como sustantividad pende de la respectividad talitativa de las cosas materiales, pero en el fondo pensamos que atribuirle sustantividad y esencia es sólo la teoría racional a la que se ve abocado Zubiri buscando la sustantividad de las cosas desde un concepto emanado de la noción de persona. Resulta así algo forzoso o artificial, aunque coherente. La radical diferencia entre persona y cosa se refleja en la carencia de individualidad del Cosmos muy lejos de la fuerza de la esencia abierta personal que se alcanza desde el análisis de la APR[229].

---

[221] SE 173.
[222] Cf. SH 466, GRH 1982-83 y ETM 422.
[223] SE 242.
[224] Cf. J. Sáez Cruz, *La accesibilidad de Dios*, 102.
[225] SH 667, *El problema del hombre*, 1953-54. Para Zubiri el sistema de Hegel es falso desde su principio en el *das Ganze*, no es aplicable a las personas, pues precisamente lo que las constituye en cuanto tales es el no formar parte de nada.
[226] Cf. IRE 213.
[227] SE 167.
[228] Castilla interpreta que Zubiri usa análogamente el término sustantividad. Ferraz piensa que se trata de una oscilación o ambigüedad terminológica y opina que las cosas materiales y seres vivos también serían sustantividades en sentido estricto Cf. B. Castilla y Cortázar, *Noción de persona*, 135 y 139 y A. Ferraz Fayós, *Zubiri: el realismo radical*, 138-140.
[229] Este punto es importante para la génesis humana y la *natura naturans*.

Estaríamos ante un límite del modo de pensar personalista opuesto a los propios del cosismo. Sea lo que fuere, la persona queda en este punto cómo la forma de realidad absoluta.

Sólo las personas y el Cosmos en cuanto sustantividades son sede plena de la causación[230]. La diferencia entre esencias abiertas y cerradas funda diferentes dinamismos causales. El hombre al actuar cuenta con su propio momento de realidad[231], mientras que las esencias cerradas se limitan a ser lo que son en sí y a estar en respectividad con otras esencias, una causa desde y con el *quién*, otra se queda siempre en el *qué*. Se abre un nuevo campo en el nivel accional. El Cosmos se llama naturaleza desde este dinamismo causal[232]. Veamos dos funcionalidades que hay en el Cosmos, el movimiento y, más importante, la producción.

— Movimiento. El Cosmos se encuentra en movimiento, siendo a su vez el origen del movimiento de las cosas[233]. El movimiento es una función de la respectividad talitativa que se funda en el espacio cósmico. El Cosmos expresa el *ex* en respectividad como espacio físico[234]. Zubiri considera el espacio en función trascendental de la respectividad del cosmos, en este sentido es denominado espacio trascendental o *espaciosidad* y consiste en ámbito funcional que funciona como principio estructural del movimiento[235].

Dentro del Cosmos pueden encontrarse regiones, es lo que Zubiri denomina la regionalización[236]. Hay una región especial que muestra un espacio propio del viviente. En relación al espacio, el hombre queda posicionado como microsistema transcendental en virtud de IS[237].

---

[230] Cf. EDR 90-91 y ETM 427-428.

[231] Cf. EDR 101.

[232] Naturaleza no es la φύσις griega, o principio intrínseco originador de cosas (Cf. SE 106), ni es la de Galileo (Cf. 5LF 60), ni el sistema de leyes naturales de Kant, ni el ser en sí de Hegel (Cf. NHD 276, «Hegel y el problema metafísico»).

[233] Cf. ETM 110 y 118, ESP 1973.

[234] Cf. ETM 146, ESP 1973.

[235] Cf. ETM 109-110. Por eso el espacio no es causa del movimiento sino ámbito de esta funcionalidad. El espacio está dotado de una estructura que une el elemento del lugar y el del tiempo (*topos* + *eón*).

[236] Cf. ETM 165.

[237] Cf. ETM 204. La trascendencia por la inteligencia de la espaciosidad y la extensidad, abre la construcción de ámbitos de libre creación, como son las ciencias, las cuales superan la extensión talitativa quedándose con la transcendentalidad de la extensidad — es el caso de la geometría y de las artes plásticas. Este sería el lugar del segundo grado de abstracción clásico.

— Producción. El Cosmos como naturaleza es la totalidad unida de las cosas reales (tanto artificiales como naturales) que actúan en virtud de las notas que tienen por lo que son *de suyo*. No es una magna cosa natural sino respectividad talitativa que por ser sede de causalidad es *natura naturans*, pero no como sujeto sino como estructura de respectividad activa en y por sí misma. Esta actividad es producción, como en la génesis de la persona[238].

Las cosas vistas desde el Cosmos dinámico son su proyección o expresión en exterioridad como notas-de la naturaleza naturada[239].

La causalidad efectora de la *natura naturans* se requiere, junto a la penúltima causalidad exigitiva de la hiperformalización, para concluir la evolución con la hominización. Esta evolución se funda en la evolución somática y psíquica del homínido[240], ahora bien la aparición de la inteligencia requiere una causación distinta del dinamismo determinado por las cosas (naturalezas naturadas) que están en la respectividad del Cosmos. Ya que: «Es absolutamente, esencialmente irreductible una inteligencia a los sentidos, no por razones de complicaciones somáticas sino por razones intrínsecas y formales»[241].

---

[238] Cf. SH 466-467, GRH 1982-83.
[239] Cf. J. SÁEZ CRUZ, *La accesibilidad de Dios*, 168-169.
[240] Zubiri distingue en el problemático momento de la hominización estratos estrictamente humanos y en evolución: 1.- arcantropo, 2.- pitecántropo y sinántropo, y 3.- paleantropos, 4.- por último estarían los neántropos u *homo sapiens*. Todos ellos son tipos intrínsecamente diferentes de hombres, cualitativamente distintos tanto por sus estructuras somáticas como psíquicas, pero hombres. Tienen una *forma animae* diversa. Cada estadio procede del anterior por vía de evolución. Zubiri distingue entre inteligencia y razón como modo de la inteligencia y así puede decir que todos los tipos de hombres son inteligentes pero con modo racional diverso. Cf. EDR 210-211.

La misma postura aparece en «El origen del hombre». (1964). Sostiene diversos tipos de hombres plenos concretados en diversos *phyla* humanos (cf. OH in 7EA 27s.). Todavía usa la causa exigitiva unida a la efectiva para explicar la hominización, idea que matizará en GRH, como veremos. No obstante las ideas centrales, continuidad sin cesura en el proceso evolutivo y radical novedad de la inteligencia, están fijadas.

En OH el papel del Cosmos aparece directamente aplicado a la acción creadora y a *Dios con voluntad de evolución genética*. Esta idea talitativamente es la *natura naturans* de GRH, sin embargo la respectividad trascendental remite a Dios como *persona personans*. En este plano es posible acudir a Dios sin saltos filosóficos, manteniendo el mismo contenido, y sin una petición de principio que podría aparecer en OH por acudir extrínsecamente a Dios.

[241] EDR 214.

Reflexión crítica y transición

Hemos estudiado la persona como *animal de realidades*, caracterizada por ser estricta sustantividad individual y *esencia abierta* ante todo a su propia realidad desde sus propias estructuras constitutivas talitativamente consideradas[242]: «La apertura humana es concreta, formal y primariamente sentiente, una apertura intelectiva de carácter impresivo»[243], y estructuralmente abierta en su historia y a los demás. La apertura es modificación estructural de estructuras, no es lo radical pues no reposa sobre sí como si las estructuras fuesen el precipitado existencial de lo que acontece en la vida[244]. Hay apertura, la persona es apertura, sí, pero y por estar fundada en estructuras respectivas.

Contamos con los elementos necesarios para elevar esta apertura a la reflexión transcendental, es el estudio de la *forma* y *modo*[245] de realidad trascendental que es la persona humana. La apertura «modifica justamente el carácter del *en sí* que tiene la realidad humana»[246], modifica sus propias estructuras constitutivas, haciendo que transcendentalmente sea un modo de realidad diverso de las cosas, se trata de descubrir que el *animal de realidades* es «animal personal»[247].

Sólo en éste nivel se encontrarán respuestas a algunos interrogantes que la talidad humana así vista plantea: evolución, creación, muerte, espiritualidad, unidad y dualismo humano, etc. El desarrollo posterior las irá solventando o agudizando.

---

[242] Cf. SH 87, *La realidad humana*, 1974.
[243] SE 507.
[244] Esta sería la pretensión de Heidegger (cf. EDR 101-102) y la raíz común a muchos subjetivismos. Cf. B. CASTILLA Y CORTÁZAR, *Noción de persona*, 133.
[245] Las notas determinan al sistema entero mismo en su forma de realidad (la vida frente a la piedra o un astro). Y según sea esta forma de realidad habrá diferentes modos de implantación en la realidad: modos de realidad (la persona, frente a una piedra o un perro). Son los momentos transcendentales físicos (forma y modo) que derivan del momento talitativo de tener tales notas. Cf. HD 22-23.
[246] EDR 207.
[247] SE 507.

CAPÍTULO V

Apertura transcendental de la persona

Una vez estudiada y analizada la realidad humana desde el punto de vista talitativo pasamos a su consideración transcendental. No se trata de una consideración abstracta o genérica. Nos seguimos moviendo en el mismo plano de concreción y fisicidad que hasta este momento. Lo peculiar de esta consideración reside en una centración noológica en un aspecto que desde la APR marca la consideración antropológica: el momento de realidad. Este momento abre la reflexión transcendental.

No se trata de abandonar lo aprehendido para abstraer, sino de movernos dentro de eso mismo aprehendido pero en su momento de realidad, dejando de lado, reduciendo — en la medida en que esto es posible — el plano de los contenidos. Y decimos en la medida en que esto es posible porque son los contenidos mismos los que nos están dados realmente y los que desde la sensibilidad *en hacia* nos sumergen en el plano transcendental. Se consigue la visión metafísica en la trascendentalidad, que deja ver la persona desde la realidad, momento dinámico y de riqueza de todo cuanto existe.

¿Qué ocurre con la persona vista desde esta noción de realidad como riqueza activa y dinámica?

Que se descubre que la razón formal de la persona reside en el momento de realidad en cuanto que realidad, frente al momento determinado por el contenido que hace que sea *tal*. Por eso en el nivel transcendental se da la diferencia radical entre cosas y personas[1]. De este modo encontramos la forma y el modo de realidad de la persona a partir de sus notas, pues en primer lugar:

---

[1] Cf. B. CASTILLA Y CORTÁZAR, *Noción de persona*, 252.

esas notas hacen del animal de realidades una forma de realidad y un modo de implantación en ésta. Y en segundo lugar esta realidad humana, según su forma y modo de realidad, es actual en el mundo, en la unidad respectiva de la realidad en cuanto tal; es decir, el hombre tiene un ser propio[2].

La forma de realidad es más que el contenido y compete al sistema entero de notas moduladas por el momento de realidad[3]. Es la talidad vista desde el nivel transcendental. El modo de realidad depende de la forma. Es el cómo un sistema pertenece a la realidad de un modo propio, el modo de implantación en la realidad[4]. Equivale a los tipos de realidad de SE[5].

En el capítulo precedente hemos estudiado la talidad de la realidad humana llegando a considerarlo en primera caracterización como *animal de realidades*. Desde ahí vimos su realidad de *esencia abierta* constitutivamente hacia sí misma y hacia los demás. Ahora vamos a ahondar en la visión transcendental de esta realidad hasta descubrir la forma y el modo de realidad del hombre.

En esta perspectiva trascendental Zubiri conquista la noción más honda de persona y articula sus dimensiones radicales, con ello se explicita la personalista diferencia absoluta respecto del mundo de las cosas. También en este nivel se descubre en la persona una apertura transcendental.

1. De la forma al modo de realidad humana: la persona

Animal de realidades es la noción operativa desde las notas de la sustantividad humana que forja la forma de realidad del hombre: *animal personal*. En el plano transcendental encontramos la respuesta al *en qué consiste ser persona*, es decir el *momento formalmente personal* de la realidad humana, sobrepasando el *qué* talitativo. Llegamos al hombre como *animal personal* descubriendo que el hombre no se agota en ser un sistema de notas, un *animal de realidades*, porque existe una estructura más radical por la que es precisamente eso: es *animal de realidades* porque es *persona*. Desde esta perspectiva es posible formular el *cómo* se es persona, es decir, la articulación entre el plano esencial y el existencial. En esta articulación se descubre que el modo

---
[2] HD 47.
[3] Cf. B. CASTILLA Y CORTÁZAR, *Noción de persona*, 256.
[4] Cf. HD 23.
[5] Cf. SE 499-507.

en que el animal personal está implantado es absoluto relativo, la persona como modo de realidad es absoluto relativo.

1.1 *Función transcendental y la apertura a la realidad de la persona*

El camino que hay que recorrer consiste en considerar la *función trascendental* del sistema de notas humano. El hombre tiene unas notas corporales y psíquicas que constituyen su sustantividad como *animal de realidades*. Es la talidad de la persona.

En el nivel talitativo estas notas están formado un sistema en respectividad con unidad sistemática. El sistema talitativo define la forma y el modo de realidad en función trascendental, pero además las notas, los subsistemas, pueden considerarse por sí mismos en función trascendental, sin perder la referencia de la unión sistemática.

> porque *realidad* es un carácter meramente transcendental, no sólo está implicado en todo momento talitativo, sino que, recíprocamente, la talidad *determina* (digámoslo así) *in re* las propiedades de lo real en cuanto real; esto es, sus propiedades transcendentales[6].

Así consideradas las notas definen unas propiedades trascendentales de la persona que están ausentes en las cosas, son los trascendentales antropológicos[7]. En una primera aproximación se descubren al menos la inteligencia, la libertad y el amor.

Estos transcendentales se caracterizan por la apertura, pues la inteligencia siempre hace referencia a lo conocido, la libertad es apertura a la acción libre y a aquel para el que se actúa y el amor siempre es un amor a alguien. El nivel transcendental de la persona hace referencia desde él mismo a una pluralidad de personas[8]. Desde aquí se apunta la fundación de la socialidad no sólo en la naturaleza sino en la persona formalmente considerada, integrando y superando la teoría del animal político de Aristóteles. Vayamos por pasos.

---

[6] SE 425.
[7] Esta noción es sistematizada por Castilla que distingue tres: inteligencia, libertad y amor. Nosotros los estudiaremos, pero en un orden distinto al propuesto por esta autora. Pospondremos los dos últimos hasta el final del capítulo, ya que en medio consideramos necesario analizar la forma de realidad del hombre, su ser y su Yo, y las dimensiones interindividuales, que están en el nivel transcendental, si bien no como propiedades sino como dimensiones. Nosotros también añadiremos algún trascendental antropológico. Cf. B. CASTILLA Y CORTÁZAR, *Noción de persona*, 340-356.
[8] Cf. B. CASTILLA Y CORTÁZAR, *Noción de persona*, 429.

Consideremos cada nota del *animal de realidades* en función transcendental. Dentro del sistema de la sustantividad cada nota desempeña la función de constituir la sustantividad tal como es, en el hombre como esencia talitativamente abierta (función talitativa) y la función transcendental de constituir la manera de ser *de suyo*, el carácter de realidad[9]: la personeidad y el absoluto relativo.

La función talitativa tiene un doble aspecto. En primer lugar están las notas como potencias de actos, cada nota determina su actividad[10] propia dentro del conjunto sistemático, es el terreno de la dominancia entre los actos de cada nota dentro de una misma acción de la sustantividad. En segundo lugar, más decisivo, cada nota es principio del *de* del constructo. Por esta razón cada nota o subsistema concreta los momentos estructurales de posición, complexión y actualidad de la sustantividad[11]. Esta estructura de las notas constituye la apertura de la sustantividad que fundamenta el ulterior carácter abierto de sus actos y acciones[12]. La acción es abierta porque la estructura es abierta y esta apertura tiene su propia estructura determinada por las notas en cuanto principios.

En el momento del *de* de la talidad surge la función transcendental de las notas:

> es precisamente la cuestión no de las potencias, sino la cuestión de los principios estructurales de la apertura de la sustantividad a su propia realidad. Es la función principial de la talidad de las notas como determinante de su función transcendental en su figura propia[13].

Estudiamos ahora las notas como principios determinantes que en esta función transcendental configura la estructura de la apertura de la realidad humana. Comenzamos por la psique.

---

[9] Cf. SH 90, *La realidad humana*, 1974.

[10] La actividad es una y única y pertenece al sistema. La actividad está compuesta de acciones. La acción pertenece al sistema sustantivo. Frente a la actividad y la acción está el acto: lo que cada nota aporta a la acción del sistema. Cada acto no es acción sino momento especificante de la acción. Los actos frente a las acciones son propios de cada nota o grupo de notas, cada acción consta de unicidad pero envuelve los actos propios de cada nota, las acciones son diversas dentro de la actividad de la sustantividad pero los actos siempre son los mismos, cada acto de cada nota es siempre igual y combinados de forma distinta originan diversas acciones, el decurso de las acciones constituye el comportamiento. Cf. SH 88-89, *La realidad humana*, 1974.

[11] Cf. SH 91, *La realidad humana*, 1974.

[12] Cf. SH 91-92, *La realidad humana*, 1974.

[13] SH 92, *La realidad humana*, 1974.

1.1.1 Psique y apertura

Para Zubiri lo transcendental es constitutivamente apertura[14] y la apertura transcendental humana depende íntimamente de la inteligencia desde el subsistema psíquico en su nivel reológico. Dentro del psiquismo prima en sus investigaciones la dimensión intelectiva, no porque minusvalore las otras, sino porque precisamente a través del inteligir el hombre se abre a la realidad en cuanto tal, a la transcendentalidad.

Estudiaremos dentro de la psique la intelección, el sentimiento y la volición, estas dos últimas con más cuidado pues no contamos con un desarrollo pormenorizado como el ofrecido sobre la intelección en IS. Aunque las tres son notas constitutivas de la psique[15] la intelección determina todas las demás estructuras humanas[16].

a) *Intelección*

«La inteligencia, que es una nota esencial, tiene una función transcendental exclusiva de ella»[17]. Por la inteligencia la persona se autoposee reduplicativamente como realidad y es transcendentalmente suidad. La inteligencia es elemento formal de la *subsistencia*[18], en «formal» está la inteligencia como propiedad transcendental de la realidad humana.

Al considerar la inteligencia como transcendental se supera la noción de Boecio: «sustancia individual de naturaleza racional»[19], en que, según Zubiri, la inteligencia sólo juega el papel de diferencia específica[20].

---

[14] Cf. IL 335 al hablar de la apertura en el ámbito de la verdad.

[15] No hay síntesis de acciones concurrentes, ni interdependencia de facultades, sino una acción en unidad en la cual entran como momentos especificantes: la intelección, el sentimiento y la volición. Cf. SH 17, *La realidad humana*, 1974. Es necesario considerar la apertura a la realidad en las tres facultades o momentos del psiquismo. Cf. SH 537, *La concreción de la persona humana*, 1975. Así el sentimiento no es potencia, es un momento, el segundo, de la acción única del viviente humano. Cf. SH 72, *La realidad humana*, 1974.

[16] En esto consiste el inteleccionismo que Zubiri inventa en contraposición al intelectualismo de una inteligencia concipiente. Cf. IRE 284.

[17] SE 501.

[18] Zubiri abandonará el término subsistencia para distanciarse de la tradición y de los Padres Griegos, pero mantiene el contenido que actualizado desde IS hemos expresado. Castilla piensa que el significado no cambia ya que Zubiri reconoce en el hombre la subsistencia, aunque tener la realidad en propiedad es más que subsistir. Cf. B. CASTILLA, *Noción de persona*, 160 nota 31.

[19] BOECIO, *Liber de persona et duabus naturis*, PL 64, 1343.

[20] Cf. SH 120, *Sobre la persona*, 1959.

La diferencia entre animal y hombre por la intelección es «transcendental y no sólo talitativa»[21]. Por la apertura a la reidad de la IS[22] se hace necesaria una sustantividad metafísica que considere la inteligencia en el nivel transcendental. Persona es noción que describe esta instalación trascendental.

Consecuentemente no habrá realidad intelectiva que no sea *eo ipso* personal[23].

La inteligencia en cuanto que hace al hombre *esencia abierta* radicalmente a su propia realidad funda la *suidad* y la personeidad de la realidad humana. Las esencias abiertas:

> no son *en sí* y *nada más*, sino que en su manera misma de ser en sí son abiertas a su carácter de realidad *qua* realidad, y por tanto son abiertas, en principio, a todo lo real en cuanto tal. Son, no hay la menor duda, las esencias inteligentes y volentes[24].

Se establece una reciprocidad descriptiva: la esencia intelectiva es transcendentalmente abierta y toda *esencia abierta* ha de ser intelectiva[25]. Son esencias abiertas a la realidad en toda su amplitud y a su misma realidad personal. Por eso el hombre se comporta respecto a su propio carácter de realidad y se pertenece a sí mismo peculiarmente[26].

Por esta reduplicativa y trascendental apertura la inteligencia «es la estructura radical que el hombre posee»[27] y gracias a ella subsiste[28]. En este sentido persona e inteligencia son dos modos de decir lo mismo, se convierten: es el carácter transcendental de la inteligencia. Por la inteligencia el hombre es una realidad dividida de todo lo demás, indivisa en sí misma y perteneciente en propiedad a sí misma. Por la autoapertura del cointeligirse el pertenecerse en propiedad consiste estrictamente en que «se posee a sí mismo como realidad»[29], es autoposesión trascendental.

---

[21] SE 501.

[22] La apertura, *Erschlossenheit*, no descansa sobre sí misma o sobre la heideggeriana comprensión del ser, *Seinverständnis*, sino sobre el más modesto y radical acto de inteligencia sentiente. Cf. SR 195

[23] Cf. SH 121, *Sobre la persona*, 1959.

[24] SE 500.

[25] Cf. SE 500-501.

[26] Cf. SE 503.

[27] SH 117-118, *Sobre la persona*, 1959.

[28] «Aquello por lo que se subsiste es formalmente la inteligencia». SH 117, *Sobre la persona*, 1959.

[29] SH 118, *Sobre la persona*, 1959.

CAP. V: APERTURA TRANSCENDENTAL DE LA PERSONA

Ya Aristóteles subrayó carácter transcendental de la inteligencia; Zubiri va más lejos pues únicamente el ser personal por ser inteligente forma un todo clausurado y total, es la única realidad cuya esencia se posee a sí misma como *esencia abierta*[30]. Se descubre que el núcleo constitutivo de la persona es la inteligencia; aún en términos de subsistencia, la inteligencia no confiere al subsistente:

> un carácter especial, que daría paso a los subsistentes intelectivos, sino que la inteligencia es un elemento formal de la subsistencia como propiedad transcendental de la realidad. Si no es intelectiva, no hay ninguna realidad que transcendentalmente pueda tener unidad subsistente[31].

La inteligencia determina y configura un nuevo *tipo de realidad*[32]; el único *de suyo* hablando trascendentalmente, estableciendo un abismo ontológico entre las cosas y las personas. «Entre esencia abierta y esencia cerrada hay una diferencia de orden estrictamente transcendental»[33].

La apertura de la inteligencia reconfigura la estructura del animal de realidades provocando que la realidad humana sea estructuralmente abierta, no sólo abierto en un subsistema talitativo:

> en esta esencia abierta la apertura es una *modificación* de las estructuras que en sí posee el sujeto humano, la realidad humana. La realidad humana es algo en sí, que en sí misma es abierta. Donde la apertura, por consiguiente, representa y constituye *un modo del en sí*[34].

Dicho en IL, el hombre:

> no sólo es animal cuya vida es abierta, sino que es antes que nada el animal intelectivamente actualizante de la apertura misma de lo real como real. Sólo por eso es abierta su vida. [...] al surgir de una inteligencia sentiente, lo real mismo está abierto, pero es otro tipo de realidad en cuanto realidad[35].

De este modo la nota talitativa de la inteligencia por su peculiar función transcendental queda constituida en propiedad transcendental de la persona creando una nueva tipicidad transcendental: «el hombre, en

---

[30] «La realidad dotada de inteligencia es la única realidad que, como tipo de realidad, es perfectamente subsistente, porque es la única que cumple la triple condición de ser clausurada, de ser total, y de ser una esencia que se posee a sí misma en forma de esencia abierta». SH 120, *Sobre la persona*, 1959.

[31] SH 120, *Sobre la persona*, 1959.

[32] «La inteligencia es una propiedad que se refiere no sólo al qué, sino que se refiere al tipo mismo de realidad». SH 120, *Sobre la persona*, 1959.

[33] SR 201.

[34] EDR 208. Terminológicamente *en sí* equivaldría al *de suyo*.

[35] IL 336.

virtud de la inteligencia, es un *modo* de realidad, evidentemente, como puede serlo un orangután o un chimpancé. En virtud de una nota que es suya, la inteligencia, se constituye un tipo de realidad»[36].

Por la inteligencia, la *esencia abierta* en función transcendental constituye un nuevo tipo de realidad por el cual la realidad *simpliciter* y *qua tale* entra realmente en sí misma y se abre a sí misma[37]. Abierta a todo lo real por estar abierta a sí misma es autopropiedad[38], y por serlo es persona. Persona es tipo de realidad.

Si establecemos un parangón — con las licencias debidas — con la teoría del *esse* tomista, nos encontramos con que el constitutivo formal de la persona se encontraría en el mismo *actus essendi* del hombre. No es cuestión de propiedades o de esencia sino del mismo ser[39]. Desde la inteligencia se descubriría la necesidad de afirmar una apertura en el *esse* mismo. Que el hombre es inteligente implica que su *actus essendi* es de una intensidad tal que se posee a sí mismo en apertura y por ello está abierto a toda la realidad. Desde esta clave resuena una cuasi-divinización del hombre, el *ens* que tiene su *esse* en propiedad sería filosóficamente mucho más próximo al *Ipsum esse per se subsistens* que al ser de las cosas. Visto desde Dios es la forma de afirmar que la persona humana es reflejo de la riqueza de las personas divinas, que la posición del hombre en la realidad es una donación de ser por parte de Dios que confía al hombre su propio ser en propiedad. De ahí que se radicalice la libertad y la responsabilidad. Por otro lado esto implica también el riesgo de absolutización del hombre. En otros puntos de la presente disertación se ve que Zubiri evita este riesgo.

b) *Sentimiento*

Estudiamos ahora el sentimiento, una de las notas de la sustantividad humana englobables en el subsistema psíquico, que determina en función transcendental, en cuanto que es co-principio del *de* estructural de la sustantividad, la apertura de toda la sustantividad humana a la reali-

---

[36] EDR 220 y cf. SE 501.

[37] Cf. EDR 220-221.

[38] Sobre la autopropiedad cf. p. 311. Cf. la evolución de «*suidad*» en p. 152.

[39] No es nuestra intención interpretar la noología como teoría tomista, ni revivir viejas confusiones, pero pensamos que este ejemplo es útil para mostrar las virtualidades del pensar de Zubiri. Tampoco queremos entrar en la consabida cuestión escolástica del constitutivo formal de la persona, pero caer en la cuenta de la profundidad de esa discusión ayuda a percibir la lectura *deletelior* que realiza Zubiri de la escolástica.

dad en cuanto tal[40]. Como toda nota psíquica envuelve en sí el momento de realidad y por tanto lanza la apertura a lo transcendental[41].

Dentro del proceso de la acción humana, el primer momento de suscitación se corresponde con la impresión de realidad — intelección —. El segundo es la modificación tónica, ahí la impresión de realidad, por la unidad del sentir, determina con su propia formalidad los afectos, el momento tónico del hombre[42]. Lo que para el animal es la afección tónica por la impresión de estimulidad, por la IS y su formalidad de realidad se convierte en el hombre en sentimiento afectante.

La modificación de los afectos animales por la impresión de realidad es lo que constituye el *sentimiento*. Sentimiento es afecto de lo real. No es algo meramente *subjetivo* como suele decirse. Todo sentimiento presenta la realidad en cuanto tonificante como realidad. El sentimiento es en sí mismo un modo de versión a la realidad[43].

La reidad trueca intrínsecamente la modificación tónica del esquema accional en sentimiento de realidad, conservando lo animal pero suspendiendo lo estimúlico[44]. Ahora,

me siento de una manera o de otra en la realidad. La afección tónica se torna en manera de sentirme como realidad en la realidad: es el *sentimiento*. No es lo mismo afección que *sentimiento*. Sólo hay sentimiento cuando el afecto envuelve formalmente el momento de realidad[45].

---

[40] Zubiri denomina el sentimiento como nota-de y co-principio determinante de la apertura de la sustantividad humana, p. e., en SH 95, *La realidad humana*, 1974. Usaba todavía la terminología de facultad.

[41] Cf. SH 457, GRH 1982-83.

[42] Cf. IRE 283. Zubiri usa *afectos* en relación al sentimiento para distinguirlo de la afección como impresión de realidad que corresponde al primer momento del sentir.

[43] IRE 283.

[44] Cf. SH 38, *La realidad humana*, 1974.

[45] HD 45. Este texto repite las ideas, con casi las mismas palabras, del curso *La concreción de la persona humana* (1975): «No *estoy* afectado por un estímulo sino que *me* siento realmente afectado, esto es *me* siento afectado en mi realidad por la realidad. La afección tónica es ahora manera de sentirme como realidad, y por tanto la manera de sentirla afectantemente. Esto ya no es sentir tónico. Es otra cosa, es *sentimiento*. Todo sentimiento tiene un intrínseco y formal momento de realidad por el que no es mera afección estimúlica sino afección de realidad. No es, pues, lo mismo afección y afecto que sentimiento. Sólo hay sentimiento cuando el afecto envuelve un momento de realidad, cuando es, valga la redundancia, sentimiento de realidad». SH 478-479.

Sólo porque hay APR el segundo momento de la sensibilidad humana es sentimiento[46]. Por la reidad y la unidad del sentiligir el sentimiento deviene afectante en la unidad de los tres momentos de la acción del viviente humano[47]. Ahora el hombre *se* siente afectado en su realidad y en su estar en la realidad, ya no es pura afección como en la estimulidad del animal. Por eso todo sentimiento tiene un momento intrínseco y formal de realidad, y por eso sentimiento es *atemperamiento* a la realidad: estar atemperado de una cierta manera a la realidad[48]. Dicho con otras palabras: «El tono vital elevado al orden de lo real es justamente el sentimiento»[49].

En el hombre no hay, pues, sentimientos superiores frente a inferiores o animales, hay sentimientos afectantes.

El sentimiento puede considerarse también como facultad, no sólo desde la acción. En esta aproximación vemos que, en paralelo con el sentiligir, el sentimiento afectante:

> es una sola facultad, constitutivamente compuesta por dos potencias: sentimiento y estimulación tónica animal. En todo sentimiento, pues, hay también dos momentos: un momento específico, aquello que es el *contenido* de la atemperación, y un momento inespecífico de realidad atemperante. Se está atemperado por lo real de la estimulación tónica[50].

Por ese momento de realidad hay una doble transcendentalidad en el sentimiento, la transcendencia desde lo estimulante tónico a su realidad estimulante, y la que va desde la realidad tonificante al campo entero de lo real. Por tanto: «La realidad es transcendental no sólo como aprehensible y como determinable, sino también como atemperante»[51].

El sentimiento como facultad nos permite sentirnos alegres, tristes, compasivos, enamorados, etc. Pero juega también un papel como principio estructural: es lo que hace de la sustantividad humana algo atemperable en su realidad, una realidad tonificante.

En relación con la apertura de la intelección sentiente que fuerza al hombre a optar en su volición, ahora se ve que la inconclusión no es sólo un tener que adquirir y adquirir efectivamente una manera de rea-

---

[46] Cf. IRE 283.
[47] Cf. IRE 284.
[48] Cf. SH 16, *La realidad humana*, 1974. La misma idea involucrando toda la acción personal y subrayando la unidad en cuanto marcada por la formalidad de realidad aparece en el mismo curso en SH 69.
[49] SH 469, GRH 1982-83.
[50] SH 39, *La realidad humana*, 1974.
[51] SH 39, *La realidad humana*, 1974.

lidad entre varias posibles, sino un modo de no encontrarse a la intemperie. «La función transcendental del sentimiento es por esto hacer de la sustantividad, de la realidad humana, algo temperamental como realidad. El sentimiento es *principio temperamental* de inconclusión»[52]. El sentimiento figura la estructura de la apertura de la persona como temperamental.

Por eso la realidad trascendental se abre y configura también desde el sentimiento. Desde la acción del sentir humano, que incluye la animalidad, se afirma que:

> el animal humano está instalado no sólo *entre* realidades, sino *en* la realidad, en lo transcendental. Lo transcendental es la unidad intrínseca y formal de aprehensibilidad, determinabilidad y atemperancia. [...] En la realidad humana se actualiza esta unidad transcendental[53].

Alguna de estas ideas ya aparecían en el curso *Acerca de la voluntad* de 1961, aunque desde una posición menos afinada[54]. Allí indica que por *ser sentimiento de la realidad en cuanto tal* su causa no está en la volición, con la cual le une un gran parentesco, sino en el objeto mismo: el determinante del sentimiento es la cosa real en tanto que real[55]. Por la misma razón el animal no tiene sentimientos, «la dimensión sentimental es exclusivamente inherente al hombre»[56]. Así:

> Estar triste no es simplemente tener una determinada tonalidad vital, o una tonalidad psicológica. El que está triste se siente él *realmente* triste, por causa de una realidad conocida o desconocida que, en cuanto tal, es precisamente causa de su tristeza[57].

En consecuencia el mundo personal es el mundo de los sentimientos.

En el curso *Reflexiones filosóficas sobre lo estético*[58] de 1975 Zubiri sigue dos caminos para determinar que es el sentimiento humano: el genético y el formal. Ahí tras deslindar negativamente las dos aproxi-

---

[52] SH 94, *La realidad humana*, 1974.
[53] SH 40, *La realidad humana*, 1974.
[54] En este curso (SSV 15-193) todavía coloca la fruición en la voluntad, cambiará en RFSE (1975), y liga el sentimiento al estado de afección tendencial. En su filosofía madura se desliga de la tendencia como resultado y se encuadra en del segundo momento del sentir, no como el fruto de toda ella. Un ejemplo de esta consideración inmadura está en cf. SSV 66.
[55] Cf. SSV 68, *Acerca de la voluntad*, 1961.
[56] SSV 67, *Acerca de la voluntad*, 1961.
[57] SSV 67, *Acerca de la voluntad*, 1961.
[58] Recogido en SSV 321-392.

maciones históricas que se han hecho al sentimiento — como pasiones de las tendencias en la filosofía clásica[59] y como estado subjetivo en la filosofía del XVIII y especialmente en Kant[60] —propone su consideración del sentimiento como segundo momento del sentir humano en su habitud fundamental de enfrentamiento con la realidad.

La vía genética es paralela al estudio del surgir de la intelección con su momento formal de realidad. El estímulo suscitador llega un momento en que exige por hiperformalización la inteligencia como un estar en la realidad y en el mundo, y ya no como una simple situación estimúlica. Paralelamente a este proceso — que ya hemos considerado al hablar de la psique talitativamente — el sentimiento como modificación tónica del estado del viviente, en el caso del hombre y por ser *animal de realidades*, concierne al modo propio de sentirme en la realidad[61]. Lo definitorio del sentimiento frente a la pura afección animal es el momento de realidad, que asume lo animal transcendiéndolo:

---

[59] Para ésta — desde Platón hasta el s. XVIII —, siempre según X. Zubiri, los sentimientos no constituyen un grupo aparte junto a la inteligencia y el apetito. Esta visión ha analizado, en la Escolástica, al detalle las pasiones, y de modo racionalista ha sido expuesto por Espinoza dentro de su Ética. El apetito en el que está el sentimiento se caracteriza por el objeto de la tendencia y es bidimensional, va hacia lo bueno y huye de lo malo. Los apetitos son clasificados según la tendencia a la que conciernen. Así, primero, en cuanto van al objeto proporcionado tenemos los apetitos concupiscibles que originan los sentimientos de amor y de odio junto a otros derivados: alegría – tristeza, deseo – fuga; y, segundo, en cuanto a la dificultad en lograr su objeto tenemos los irascibles: esperanza – desesperación, audacia – temor, y la ira (sin contrario). En estos sentimientos hay dos ámbitos esencialmente distintos, aunque se interrelacionen: los apetitos sensibles o inferiores (animales) y los superiores o racionales: la voluntad, a la cual nunca llaman pasión. De esta concepción Zubiri critica tres puntos: 1.– Insuficiencia en caracterizar el sentimiento porque tienda a un objeto real y no imaginario o fingido, se requiere la filosofía de la realidad; 2.– Los dos tipos de apetitos animales y racional son en realidad dos momentos del único sentimiento formalmente humano (unidad de lo animal y lo racional zubiriana como fondo de esta crítica); y 3.– No todo sentimiento deriva de una tendencia. Este tercer punto varía su posición un tanto respecto al curso de 1961, *Acerca de la voluntad*. Cf. SSV 328-331.

[60] Zubiri atribuye esta tematización del sentimiento a Schulze, Mendelsohn, Tetens y a la *Crítica del juicio* de Kant. Se caracteriza por definir el sentimiento como un estado subjetivo íntimo. Nuestro autor detecta varias dificultades: 1.– el concepto de intimidad que subyace es un núcleo oculto e inalcanzable, contrapuesto a la realista intimidad zubiriana que incluye todo lo que es mío por autopropiedad aunque sea lo más exterior, la intimidad es momento de la *suidad*, en estos autores se mezcla lo íntimo con lo meramente interno; y 2.– es necesario distinguir entre subjetivo (depende de mis disposiciones) y subjetual (ser propio de un sujeto), hay sentimientos sólo subjetuales. Cf. SSV 331-332.

[61] Cf. SSV 333-334.

El hombre tiene sentimientos por su modo de estar animalmente en la realidad. Lo cual quiere decir, no que el hombre tenga afecciones tónicas, sino que esas afecciones tónicas lo son de la realidad considerada como tonificante. Y en esa unidad es en la que consiste el sentimiento humano[62].

Por eso, el hombre al ser animal de *realidades* tiene sentimientos y al ser *animal* de realidades estos son *afectantes*. El fruto de la vía genética (casi asimilable a talitativa) es la constatación del momento de realidad como definitorio del sentimiento. Desde aquí parte la vía formal de aproximación al sentimiento.

Formalmente la realidad funciona en el sentimiento como un tono, por esto el sentimiento es estar atemperado a la realidad[63], donde atemperado se toma en su sentido literal de acomodar una cosa a otra[64]. El sentimiento es el modo de estar acomodado tónicamente a la realidad[65].

De esta consideración formal se deriva que el sentimiento no pueda ser considerado como algo meramente subjetivo[66]. Es cierto que todo sentimiento es mío, en el sentido de subjetual, pero también es cierto que envuelve esencialmente la referencia a la realidad que en ese acto de sentimiento nos está presente[67]. La trabazón entre los dos sustantivos implicados en «sentimiento *de* realidad» es genitiva, no es mero nexo causal ni intencional. La realidad es *de* el sentimiento como lo es *de* la inteligencia y *de* la voluntad[68]. La realidad como momento respectivo entre el hombre sentimental y ella misma es constitutiva por sí misma del sentimiento, aunque pueda generar estados tónicos o de ánimo diversos en sujetos distintos aún llevando un mismo contenido talitativo[69]. Ése es otro tema. Es la realidad la que es respecto al hombre

---

[62] SSV 334.
[63] «la esencia formal del sentimiento es ser atemperamiento a la realidad». SSV 335.
[64] Cf. SSV 335. Recurre a una acepción que da el *Diccionario* de la Real Academia Española: Atemperar: Moderar. Templar. Acomodar una cosa con otra.
[65] «en el hombre, la función del tono vital no es únicamente ser una modificación estimúlica de su propio estado, sino que es una manera de estar en lo real, acomodado a lo real. La acomodación tónica a lo real es, justamente, la esencia formal de un sentimiento». SSV 353, RFSE 1975.
[66] «Todos los sentimientos nos presentan facetas de la realidad, no solamente estados míos». SSV 342.
[67] Cf. SSV 336.
[68] Cf. SSV 335-336.
[69] «Hay alegrías que nada tienen de fruición porque no colaboran al desarrollo personal de quien las experimenta y la realidad personal depotenciada no se actualiza en el sentimiento de forma entusiasmante sino deprimente. Por el contrario, ciertos mo-

entristeciente, alegre, etc.: es realidad atemperante, pues en todo sentimiento es momento común, comunicativo y expansivo, no generalizante.

En este momento del *de*[70] de la realidad respecto al sentimiento reside la no subjetividad[71] de éste, se trata de una actualización de la realidad misma respecto del animal sentimental como realidad atemperante[72]. Es el *de suyo* actualizado en su estar como *atemperante*. Formalmente el sentimiento es «el *estar en la actualidad atemperante de lo real*. Todo sentimiento es un modo de actualidad de lo real»[73].

Zubiri reduce los sentimientos desde el punto de vista de la realidad atemperante a dos: fruición o gusto y disgusto; son los modos fundamentales en que se expresan todos los demás sentimientos: amor, odio, alegría, compasión, etc.[74]. El sentimiento transcendentalmente es gusto o fruición y disgusto o no-fruición[75].

La realidad queda definida con otro modo de actualización[76] respecto del hombre, junto — y esencialmente distinto — al intelectivo y voli-

---

mentos de dolor, que parecen provocar sentimientos de tristeza, pueden suscitar una profunda alegría». A. LÓPEZ QUINTÁS, «El sentimiento estético», 144.

[70] «El sentimiento es atemperamiento a la realidad, a una realidad que ciertamente es *del* sentimiento y está presente a él». SSV 336. «Es también realidad del sentimiento. Lo mismo que el sentimiento es sentimiento – de – la – realidad». A. LÓPEZ QUINTÁS, «El sentimiento estético», 144).

[71] Zubiri rechaza la propensión a considerar los sentimientos como *subjetivos*. Cf. A. LÓPEZ QUINTÁS, «El sentimiento estético», 143.

[72] Cf. SSV 339-340. Es necesario introducir en la reflexión filosófica la dimensión de la realidad como *atemperante* en el mismo rango que la realidad como verdad y como bien. Es la apertura por la función transcendental del momento sentimental de la sensibilidad humana a la consideración del transcendental *pulchrum*.

[73] SSV 340.

[74] Así se puede estar fruitivamente en la tristeza (cf. SSV 340). Estos tipos son talitativos. Así está la manzana que produce fruición por sus cualidades: sabor, color, forma de sentarme en la digestión (cf. SSV 345); o la forma de gozar de lo real del científico ante un descubrimiento (cf. SSV 349).

[75] «Fruición y disgusto son dos cualidades que tiene todo sentimiento en tanto que atemperamiento a la realidad». SSV 344. Se puede aplicar aquí la disyunción en la línea del *pulchrum*. La fruición en la realidad en 1975 es el carácter transcendental del sentimiento, a diferencia del curso anterior, *Acerca de la voluntad*, donde define el estado de quiescencia y equilibrio vital al que se llega tras el proceso de la sensibilidad. Este proceso englobaría la intelección, el sentimiento y la volición, y no se concretaría sólo en el sentimiento. También en ese curso definió la voluntad como amor fruente de lo real como real (cf. SSV 42). Hay una evolución en la adscripción de la fruición en la línea: sensibilidad – voluntad – sentimiento.

[76] Actualidad de lo real en fruición. Cf. SSV 350.

tivo: «esta cualidad intrínseca de la realidad es lo que yo llamaría temperie»[77]. Por este carácter de la realidad el hombre es el único animal que necesita determinarse a la intemperie, al raso de la realidad[78].

Sería una falacia ver en el sentimiento una vía de acceso a algo que nunca nos permitirían la razón y la voluntad[79], esta sería la raíz del *sentimentalismo* en su acepción vulgar, no es sino una actualización diversa de la misma realidad respecto de la persona. Aquí se podría buscar la raíz común a sentir, sensible, sentimiento y sentido intelectual[80].

En cuanto que uno puede tener fruición o disgusto de una cosa no sólo por sus cualidades talitativas sino meramente porque esa cosa es real, se descubre la dimensión radical del sentimiento: todo sentimiento por su momento de realidad es un sentimiento estético. Se trata de la dimensión estética de todo sentimiento[81].

Por eso el sentimiento estético no es un sentimiento más junto al sentimiento moral, los sociales, los religiosos, etc., «no podemos hablar de *sentimiento estético* sino de *lo estético de todo sentimiento*»[82].

El adjetivo estético en esta afirmación sólo remarca algo que es propio de cada uno de los múltiples y numerosos actos de sentimiento. Sentimiento estético es la fruición en algo real simplemente porque es real. Es la dimensión transcendental del sentimiento por el momento de inespecificidad de realidad de la actualidad sentimental de la cosa real respecto de esta facultad. En este sentido «tomando, como debe tomarse, hablando con rigor, la dimensión de *actualidad* del sentimiento, entonces no hay sino *un* sentimiento estético»[83].

---

[77] SSV 341. La realidad «es actualizada formalmente como temperie» (SSV 342). Y más adelante: «presenta un modo de actualidad de la realidad en el enfrentamiento atemperante con ella» (SSV 343). Por eso adjetiva a la realidad en cuanto tal como realidad *fruitiva* (SSV 344) y realidad *complaciente* (SSV 345). También en RFSE afirma: «la realidad misma, en su carácter de actualidad, de *actualitas rei*, no es la misma en los tres casos. En el caso de la inteligencia, la realidad tiene este carácter que llamamos la verdad real. En el caso de la voluntad, tiene este carácter que llamamos el *bonum* y el bien. En el caso del sentimiento, la realidad tiene el carácter que constituye el *pulchrum*, el pulcro, una cosa bella. La verdad, la belleza y el bien son, en este sentido, los tres modos intrínsecos como la realidad efectivamente está actualizada en el hombre». SSV 356.
[78] Cf. SSV 342.
[79] Cf. E. LÓPEZ CASTELLÓN, «Para una psicología moral del sentimiento», 31.
[80] Cf. A. LÓPEZ QUINTÁS, «Xavier Zubiri. La inteligencia sentiente», 203.
[81] Cf. SSV 347.
[82] Cf. A. LÓPEZ QUINTÁS, «El sentimiento estético», 146.
[83] SSV 346.

Se trata de una dimensión constitutiva de todo sentimiento, una dimensión que podríamos denominar transcendental ya que es momento real de todo sentimiento, la fruición de lo real como real[84]. Desde esta noción descriptivamente alcanzada del sentimiento estético se concibe la Estética como rama del saber cuyo objeto es esta dimensión de la realidad en su respectividad con el hombre corrigiendo a Hegel y a Kant en su concepción de la belleza y el arte[85]. Zubiri:

> con su análisis rigurosamente metafísico y un tanto abstracto del sentimiento estético, nos ayuda a estudiar de modo flexible y muy realista a la vez las cuestiones más hondas de la estética[86].

En el sentimiento estético la realidad se actualiza como bella respecto de la persona. Por el momento de realidad la belleza es algo intrínseco como actualidad a las cosas mismas. Las cosas son bellas en sí mismas. La belleza no es una cualidad o nota añadida a la cosa real que provoca el sentimiento, sino que es un modo de actualización por el que se hace presente desde sí misma como real ante el hombre. La belleza no es un valor, ni una cualidad, no es un pegote añadido a la esencia talitativa de la cosa, sino mera actualidad[87]. Esta belleza en las cosas tiene tres estratos según se considere la fruición:

— por la fruición de las cosas *en su realidad* tenemos la *hermosura*,
— por la fruición *por su realidad* tenemos la *belleza*, y

---

[84] Basamos esta afirmación en la lógica interna del discurso zubiriano. De la consideración del momento de realidad en cuanto realidad derivan, en respectividad con las tres dimensiones constitutivas y radicales del hombre (inteligencia, voluntad y sentimiento) los tres transcendentales o maneras como la realidad está presente al hombre: *verum, bonum* y *pulchrum*. Cf. SSV 354-355.

[85] La estética es una ciencia que no debe convertir el sentimiento en estado, evitando el subjetivismo del sentimiento y corrigiendo la definición de Arte dada por Hegel como expresión de la vida del Espíritu. El Arte: «No es una expresión de la vida del espíritu, sino de la manera como en esa vida se hace actual lo real; es una expresión de lo actual de la realidad misma». A. LÓPEZ QUINTÁS, «El sentimiento estético», 146. El momento subjetivo y subjetual es secundario. La cosa real no es causa ni relato intencional del sentimiento sino co-actual en éste. La actualidad no sólo es algo que viene intrínsecamente dado en el sentimiento sino que pertenece formalmente a su constitución. De ahí que: «La Lógica, la Ética y el Arte son *tres expresiones de la actualidad primaria de la realidad* en la inteligencia, en la voluntad y en el sentimiento temperante del hombre». SSV 351. Zubiri se opone parcialmente a la noción de belleza kantiana comolo *ohne Interesse* (cf. I. KANT, *Kritik der Urteilskraft*, I,1,1,1,§2, in SSV 355), ya que el desinterés debe caracterizarse positivamente y no sólo negativamente desde la actualidad de lo real. Cf. SSV 348-351.

[86] A. LÓPEZ QUINTÁS, «El sentimiento estético», 162.
[87] Cf. SSV 356-358.

— por la fruición *en cuanto realidad* tenemos el *pulchrum*.
Digamos alguna palabra sobre cada uno de los estratos.

El *primero* y más accesible al sentido común es el de hermosura. En él tenemos lo que la filosofía clásica conceptuó como *morfé* o forma (realidad) que es *tó kalón*, lo que tiene *eú-morfé* o es *formosus*. Es la consideración de la belleza desde un canon[88]. En él consideramos la fruición estética de algo *en su realidad*, en cuanto bella o fea (en sentido de *foedus*, fétido, hediondo, *puant*, repugnante). Tenemos las cosas bellas por oposición a las feas, donde bello se identifica con perfecto o conforme a un canon. Es el terreno de máximo relativismo de la belleza, pues depende de la variabilidad del canon, de sus circunstancias históricas, mentalidad, gustos, etc.[89]. El dualismo bello – feo es esencial en este estrato.

La fruición de una cosa *por ser real* constituye el *segundo nivel*. Aquí cabe la *beauté de la pourriture*[90]: hasta lo más horrendo por ser real puede convertirse en objeto estético. Este estrato «anula, por absorción y por elevación, la diferencia constitutiva del primer estrato»[91] entre bello – feo. En este nivel todo puede ser bello y todo puede ser feo, lo horrendo en el primer estrato puede en éste ser bello. El término elegido por Zubiri para designar lo bello en este estrato es la belleza.

Un *tercer estrato* está constituido por lo denominado estrictamente *pulchrum*[92]. Es el nivel estrictamente transcendental en el que — en el nivel de este curso RFSE — se da una disyunción forzosa (transcendental) en la línea del atemperamiento a la realidad. Es el nivel del momento inespecífico de realidad de la cosa aprehendida. El sentimiento como fruición de la realidad no recae solamente sobre unas cosas *en su realidad* y sobre las cosas *por ser reales*; recae también sobre el ámbito mismo de realidad en cuanto tal, en cuanto realidad atemperante para el hombre que tónicamente se encuentra acomodado a ella[93]. Este ámbito es el del *pulchrum*. En este ámbito cada una de las cosas reales me lleva a algo mucho más amplio que todas ellas, que es el ámbito de realidad. En este estrato el *pulchrum* se encuentra en las cosas bellas y fuera de ellas no tiene realidad alguna, pero no se identifica

---

[88] Cita a Polícleto, la proporción áurea y divina del Renacimiento. Cf. SSV 360.
[89] Cf. SSV 359-360.
[90] Cf. SSV 361.
[91] SSV 362.
[92] Cf. SSV 367.
[93] Cf. SSV 366.

con ellas porque el *pulchrum* de cada cosa bella remite a todas las demás cosas bellas[94].

Hay una especie de trascendencia del ámbito de la realidad y del ámbito del *pulchrum* respecto de las cosas reales y de las cosas bellas. Se trata de una transcendencia *en*[95]. El ámbito de realidad es el ámbito de trascendencia en las cosas bellas, reales y concretas[96]. La belleza transcendental se da, a la altura de 1975, desde la limitación de la realidad actualizada en la fruición.

Noológicamente cada estrato se puede poner en paralelo con uno de los niveles de la intelección. Zubiri recorre en RFSE el camino inverso al de IS. Así la fruición de la cosa *en cuanto realidad* se sitúa en correspondencia con la actualización de la realidad en la APR. La fruición de las cosas por ser reales podría corresponderse con el terreno del *logos* y la intelección en realidad, en el campo de realidad. Por último, la fruición en su realidad, según un canon se correspondería con la intelección en la realidad, en el mundo, con el nivel racional[97].

Nuestro filósofo aborda la cuestión de la unidad de los tres niveles de análisis del sentimiento. Al hacerlo rebate tres posturas históricas:

1.- la postura de Platón y Hegel según la cuál se partiría del estrato superior, del ámbito de la belleza y de la realidad, del τό καλόν, para descender por proyección y división a los dos primeros, en esta visión se substantivaría la belleza en su ámbito de realidad y por eso es rechazada[98];

2.- la posición de la Escolástica derivada del ser de Aristóteles, que aplicaría la contracción del ser a la belleza. Ésta se contraería en las cosas bellas. Zubiri rechaza esta forma de unidad ya que está marcada por el carácter conceptivo del ser[99]; y

3.- tampoco le satisface de verdad la posición que considera los estratos como manifestaciones uno de otros. Se trataría de unidad de ma-

---

[94] Cf. SSV 367.
[95] Cf. SSV 368.
[96] Cf. A. LÓPEZ QUINTÁS, «El sentimiento estético», 148.
[97] Cf. D. GRACIA, nota del editor en SSV 362-363. Sería el esquema de una *noología* del sentimiento. No obstante este paralelismo, a la altura de 1975 Zubiri no diferenciaba nítidamente APR y logos. Por ello sería posible considerar la fruición de las cosas en su realidad en paralelo con la razón, mientras que los otros dos momentos de la fruición podrían corresponderse con los momentos específico (fruición de las cosas *por ser reales*) e inespecífico (fruición de las cosas *en cuanto realidad*) de la realidad en la aprehensión. Esta división se concretaría en *logos* – APR.
[98] Cf. SSV 370.
[99] Cf. SSV 370-371.

nifestación, y estaría latente en S. Agustín y Heidegger. La razón es que la manifestación depende de la presencia y ésta de la radical actualidad, y los tres estratos de la fruición son de distinta dimensión de actualidad[100].

La unidad consiste en tres caracteres de la actualización de lo bello:

1.– unidad expansiva: cada estrato es expansión del anterior, no contracción. Se da un movimiento ascensional en el carácter mismo de la realidad y en su actualidad. La mayor actualidad es la del tercero: en cuanto realidad, la intensión de realidad en APR es la mayor posible, aunque en el orden de los contenidos los otros dos consignan mayor expresividad[101];

2.– unidad abierta: que afecta a todos los estratos, incluso en el nivel de APR la realidad en su propio carácter de realidad está abierta a nuevas formas de realidad, apertura que va unida al desarrollo del hombre tanto personal como a lo largo de la historia[102];

3.– cada uno de los estratos representa una actualización superior del anterior y a su vez el anterior es expresión del último[103].

Elevando el discurso zubiriano al nivel de IS diríamos que la máxima actualidad está en la fruición primordial de realidad, frente a la mínima actualidad de la fruición racional — si se nos permite la expresión —; eso sí, conservando siempre lo de un estrato en el siguiente: es ese estar sentimentalmente en la realidad; y a la vez el primer estrato (la fruición racional de la hermosura) es expresión del segundo (la fruición campal de la belleza), que a su vez expresa la belleza de la fruición primordial.

Esta unidad tiene una estructura que deriva de la materia, forma primaria y primera de actualización, desde su ser un *ex de*, espaciosidad[104]. La materia funda todos los estratos de lo estético dando actualidad, no se limita a ser soporte, vehículo o manifestación, es algo más radical: actualidad que causa expresión:

> desde el punto de vista de la unidad estructural de los estratos, cada estrato *se funda* en una actualidad primaria, que es la materia; se *expande* en actualidades superiores, que no están separadas de ella sino que están trascendiendo en ella; y esta expansión revierte sobre cada uno de los estratos

---

[100] Cf. SSV 371.
[101] Cf. SSV 371-372.
[102] Cf. SSV 372-373.
[103] Cf. SSV 373.
[104] Cf. SSV 374-376. La función de actualidad de la materia la desarrollamos al hablar de la función somática del cuerpo humano.

en una forma concreta que es *la expresión*. En esto consiste, a mi modo de ver, toda la estructura interna del *pulchrum* en cuanto tal[105].

Este *pulchrum* de la fruición tiene un carácter transcendental. En RFSE aparece fundado en la línea de la disyunción forzosa entre bello y feo[106]. Esta disyunción se funda en la limitación de la realidad[107]. Sobre este tema y su lectura desde IS, donde se ve como inexistente una limitación dada en APR, remitimos al apartado en que abordamos el orden transcendental[108].

Ahora nos interesa señalar, aunque no tengamos un término adecuado para ello ni Zubiri lo exprese nunca en sus escritos, la posibilidad de considerar desde la función transcendental del sentimiento, abrir al hombre a la realidad sentimentalmente, lo estético como un carácter transcendental no sólo de la realidad en cuanto realidad, sino en cierto sentido convertible también con la persona.

Después de lo que llevamos dicho no hay ninguna dificultad en definir al hombre — prolongamos nosotros el discurso zubiriano — como *animal estético o sentimental*, término que nunca será aplicable a un animal o ser inanimado. En este sentido radical de sentimiento podemos decir que ser persona y ser sentimental son términos convertibles y que, igual que desde la inteligencia se ha señalado un sentido en que inteligencia y persona se identifican: inteligencia es un transcendental antropológico — siguiendo entonces a Castilla —, y otro tanto ocurrirá con la libertad[109], *también sentimiento, proponemos nosotros, es un transcendental antropológico*[110]. Persona y esteta se convierten.

En la persona hay una apertura sentimental a la realidad, al mundo y a cada cosa como bello (una de las dimensiones transcendentales que

---

[105] SSV 377.

[106] «no toda realidad es bella, en el sentido de que puede haber cosas feas y horrendas. Pero sí tiene que ser forzosamente o bien bello o bien horrendo, y por consiguiente el carácter de *pulchrum* es un ámbito que de una manera disyunta pero transcendental, es inexorablemente pertinente a la realidad». SSV 381.

[107] Cf. SSV 383 y 388. Encontramos expresiones de la limitación de la realidad en cuanto realidad. En esta fase del curso Zubiri reformula el orden de los transcendentales complejos derivados del mundo en respectividad con el hombre, calificándolos de complejos y disyuntos Cf. SSV 378-391. Sobre esta cuestión ya hemos tratado.

[108] Cf. p. 200.

[109] En la p. 402 se estudia el trascendental libertad.

[110] Podrían considerarse desde Zubiri cinco transcendentales antropológicos: tres expresamente sostenidos por él de modo disperso en sus obras: libertad, inteligencia y amor; otro deducido por nosotros en este momento: sentimiento; y otro sería el disyunto propuesto por B. Castilla varón – mujer o la diferencia de género.

constituyen el mundo) y una apertura a la propia realidad como hermosa, bella y pulcra. Esta auto-apertura se manifiesta ya en el *me* como manifestación del modo de sentirme afectado por la realidad en mi realidad desde el orto de la inteligencia, desde la constitución del medio en mundo. Es el sentimiento como modo de sentirme como realidad y sentirla afectatemente[111]. Desde esa apertura sentimental podemos afirmar que sentir belleza y ser persona se identifican. Es una diferencia de orden transcendental entre el mundo de las cosas y el mundo de las personas. Diferencia o transcendental antropológico que merecería la pena profundizar y desarrollar, pero este trabajo de actualización y desarrollo del pensamiento de Zubiri nos apartaría de nuestro objeto.

Éste es el momento de subrayar la máxima belleza o pulcritud, por usar el término de raíz más próxima al transcendental *pulchrum*, de la realidad personal en cuanto en ella la realidad no sólo es *de suyo* sino *de suyo* suya. En cuanto que la persona intensivamente es el máximo de realidad, en el nivel de fruición real la persona es la cosa más hermosa y digna de fruición — en su sentido más noble y elevado — del Cosmos y del mundo. Es así como veríamos en Zubiri un exponente correcto y elevado de la humanización del sentimiento[112].

Y esto lo consideramos aplicable a cualquier persona, a todas y cada una: la pulcritud transcendental de cada persona en su nivel de personeidad y gradualmente expreso en su nivel de personalidad. La belleza personal es independiente, aunque relacionada, de sus cualidades. La belleza y el transcendental sentimental de la realidad personal en sí misma sería una vía de acceso a la dignidad, estudio y ética de las relaciones interpersonales[113]. Aunque esta belleza ontológica pueda ser compatible con la fealdad en el primer estrato o incluso en el segundo.

En el fondo este transcendental expresa en la persona su dignidad e irrepetibilidad en una vía muy concorde con el sentir del pensamiento contemporáneo y que podría— en una línea de desarrollo zubiriana — fructificar abundantemente, incluso a la hora de abordar el problema de

---

[111] Cf. SH 478, *La concreción de la persona humana*, 1975.

[112] Cf. E. LÓPEZ CASTELLÓN, «Para una psicología moral del sentimiento», 26.

[113] «el concepto zubiriano de habitud, en el sentido ahora de modo de ser que incluye en sí, constitutivamente, la referencia a otros, revela su particular virtualidad para el planteamiento ético. Porque la realidad que se ofrece a la inteligencia inter-relacionada con el sentimiento es la realidad del otro a quien considero susceptible de experimentar sentimientos de dolor y de alegría como los míos y de observarme y valorarme como yo hago con relación a él». E. LÓPEZ CASTELLÓN, «Para una psicología moral del sentimiento», 46.

Dios filosófica y teológicamente. Algunos de estos frutos los intentaremos entresacar a la hora del estudio de la dinámica de la relación interpersonal y de la relación del hombre y Dios.

Resumimos parafraseando a López Quintás: frente a todo individualismo reduccionista, Zubiri subraya un camino que conduce a la apertura a la realidad pulcra del otro ya que toda realidad es respectiva, tanto más cuanto más alta es su solidez entitativa. El sentimiento no debe entenderse como una efusividad psíquica pasajera, desconectada de la realidad, sino como *atemperamiento a la realidad*. La fruición no es suscitada sólo por las cualidades de cada realidad sino por la realidad que presenta tales cualidades, pocas realidades portan más realidad que la persona[114].

Zubiri vincula el amor y la realidad del ser amado[115], paralelamente está la fruición en la persona encontrada y la realidad bella *a radice* de dicha persona. Gozar del otro es afirmar su realidad, gozar no de él sino con él en la realidad. Esto no es ajeno a un replanteamiento de la meta del arte, plasmar realidades ambitales que constituyan un verdadero *entorno* del ser humano, entorno en que el otro con su belleza debe estar presente.

c) *Volición*

X. Zubiri prima en su estudio de la psique a la nota intelectual. Entre otras cosas «Como lo volente está fundado (sea cualquiera el modo como se entiende esta fundamentación) en la nota de inteligencia, podemos limitarnos a ésta última y hablar sin más de la esencia intelectiva o inteligente»[116]. Sin contradecir su inteleccionismo sostiene en el curso de 1961 cierta centralidad de la voluntad en perspectiva antropológica. Voluntad es tener que habérselas con las cosas en tanto que realidad y: «mientras la inteligencia en cierto modo no hace sino abrir el panorama dentro del cual va a existir el hombre, la voluntad toca un punto más radical. Porque en él es donde la voluntad dice *yo quiero*, soy yo quien quiere»[117].

Vamos a intentar realizar una reconstrucción con la clave de IS[118] de

---

[114] Cf. A. LÓPEZ QUINTÁS, «El sentimiento estético», 154.
[115] Cf. SSV 217s.
[116] SE 500.
[117] SSV 22, *Acerca de la voluntad*, 1961.
[118] Salvo los textos que comentamos a continuación en IS la volición sólo aparece como ámbito de libertad del conocimiento. IS no trata explícitamente la apropiación, sólo habla de la voluntad de verdad en la opción en la aplicación de esbozos optativos

la nota de la volición y su función transcendental con los abundantes materiales que tenemos sin un último acabamiento[119].

En IRE la volición sólo aparece en una consideración final, cuando en el cap. X aborda la determinación desde la intelección de los otros dos momentos del proceso sentiente en cuanto tal: la modificación tónica y la respuesta. IS sigue el orden que hemos preferido en nuestra exposición: anteponer el sentimiento a la voluntad, inverso al usado en escritos anteriores por su ligazón con la visión escolástica de la fruición como fruto de la volición. Prefiere al final un orden adecuado al sentir tanto estimúlico como real: suscitación, modificación tónica y respuesta.

Así, en el sentir humano:

> la respuesta es determinación en la realidad: es la volición. Cuando las tendencias sentientes nos descubren la realidad como determinable, determinanda y determinada, entonces la respuesta es *voluntad*[120].

Así pues, volición es «tendencia determinante en lo real»[121] y es voluntad tendente gracias a la APR y la unidad del sentir[122]; es determinación en la realidad actualizada en cuanto realidad[123]. Lo que determina esta determinación es mi propia realidad humana en la realidad como determinable, determinanda y determinada[124].

> La volición es formalmente determinación en la realidad de mi realidad humana; por tanto como determinable y determinanda en la realidad, es otro modo de versión a la realidad[125].

---

respecto de Dios. Cf. J.L. CABRIA ORTEGA, *Relación Teología – Filosofía*, 472-473. La lectura desde la *noología* de los cursos anteriores es defendida por cf. D. GRACIA, «Presentación», in SSV 12-13. Nuestro criterio consiste en leer desde la *noología* los textos anteriores. Así se supera el escollo de la volición como fruición (curso 1961) término que vimos acabar en el sentimiento.

[119] Las fuentes del estudio son el curso de 1961 *Acerca de la voluntad*, (SSV 15-193) y fragmentos sueltos recogidos en SH, las claves interpretativas están en HD, (parte I) última obra acabada por Zubiri.

[120] IRE 283.
[121] IRE 283.
[122] Cf. IRE 284. El mismo esquema de unidad en el sentir en HD 46.
[123] Cf. J. SÁEZ CRUZ, *La accesibilidad de Dios*, 200.
[124] Cf. IRE 283. Cf. SH 457, GRH, 1982-83.
[125] SH 457. El momento de realidad de la volición está expresado en clave de fruición en *El problema del hombre*, 1953-54: El hombre quiere, tiene fruición o volición en una cosa en razón de algo que en ella transciende de ella misma, transciende el contenido y que pende de la autoposesión de la realidad en cuanto realidad misma.

Zubiri centra la volición como nota dentro del psiquismo humano desde la intelección sentiente[126]. Por ser de realidad: «La tendencia y el apetito ceden el paso a la *volición*. La volición tiene esencialmente un momento de realidad: se quiere un modo de estar en la realidad»[127]. Así todo el proceso del sentir deviene humano, se torna proceso de *realización*: aprehensión de lo real, sentimiento de lo real, volición de lo real[128]. Dicho con terminología más antigua — aún usando la fruición como componente de la volición —:

> La realidad se actualiza en la inteligencia, que consiste en estar en la realidad; de ahí que la intelección implique una autoposesión de mí mismo en mi estar en la realidad. Por su parte, la volición le da al hombre la posesión de su propia realidad fruente. En ambos casos estamos ante la posesión real y efectiva de la sustantividad en la realidad y como forma de realidad[129].

La volición queda así caracterizada desde la formalidad de realidad, no basta una aproximación al fenómeno volitivo que parta de sus atributos (fuerza de voluntad y capacidad de querer), o del sujeto volente (Kant) o del objeto querido (Escolástica). El acto de querer en tanto que acto de querer se descubre en su radicalidad desde la reidad[130]. Es ahí

Cf. SH 370-371. También esta formalidad de realidad es el punto de arranque para determinar la voluntad en tanto que voluntad en *Acerca de la voluntad* (1961) para reaccionar contra el estudio de la voluntad en exclusiva desde la clave moral o la psicología. Cf. SSV 17-19 y 22.

[126] La voluntad es una nota no se puede identificar el problema de la voluntad con el del hombre. Reducir la persona a la voluntad es el error de Kant, pero la independencia subsistencial — personeidad o *suidad* — es anterior. Cf. SSV 23, *Acerca de la voluntad*, 1961.

[127] HD 45. Ya en SH 37-38 (*La realidad humana*, 1974) se sostiene que la raíz de la volición está en la formalidad o habérselas con las cosas como realidad. Al querer *tal* cosa la volición está abierta al ámbito de todo lo querible, al ámbito de la realidad. La volición participa de la apertura estructural del sistema sustantivo. Cf. *Ibid.* SH 72s.

[128] Esta idea de HD se formula en *La realidad humana* (1974), donde además incluye dentro de la volición la indiferencia y la involuntariedad, en contra de una conceptuación moralista. Cf. SH 16-17.

[129] SH 573, *El problema del hombre*, 1953-54.

[130] Cf. SSV 21-24, *Acerca de la voluntad*, 1961. Zubiri centra el modo de estudiar la voluntad. De la radicalización de la voluntad en la reidad resulta la insuficiencia de tres posturas históricas:

1.- la voluntad como apetito racional opuesto a lo irracional (Aristóteles, Platón, Escolástica), que es insuficiente porque el apetito no es tan amplio como el ente y porque hay fenómenos volitivos independientes del apetito, por racional que éste sea. Recurre para criticar a ARISTÓTELES, *Eth. Nic.*, I, c1, 1094 a3 y su deseo natural del bien, a DUNS SCOTO, *Quaestiones quodlibetales*, q16, n50, donde se sostiene la posi-

cuando la tensión responsiva de la tendencia se convierte en pretensión ante la realidad, y la persona pasa a ser directora de su acción como preferente, suspendiendo no sólo la estimulidad sino también la imposición concreta de la realidad[131]. Es el orto de la temporalidad y de la realidad como posibilidad. Es dentro de la posibilidad que se sitúa el origen del bien concreto para el hombre. Desde ahí Zubiri formula la *voluntas ut natura* de modo muye cercano a Scoto:

> la propensión al bien plenario que la voluntad innegablemente tiene, no la tiene en acto, ni tan siquiera como acto tendencial, sino que la adquiere en un primario ejercicio de ese mismo acto. Es decir, la propensión al bien plenario tiene un origen empírico, no es innata[132].

Las consecuencias de esta tesis fruto de su análisis del objeto de la volición para la elaboración de una moral concreta y fundamental desde la perspectiva zubiriana no son pequeñas, apuntan a la distinción entre la moral formal o estructura moral de la persona y la dificultad para pasar a los imperativos morales concretos pero desde una clave diversa de la tomista, ahora bien, siempre dentro de un esquema eudemonista en el que el hombre lo que busca es la figura plenaria de su realidad, pero ahora realidad es algo abierto, es formalidad aunque no desligada de la talidad. En este nexo estará el problema de un ética inspirada en Zubiri. En el fondo el mismo problema aparece dentro de la moral de Santo Tomás a la hora de ver el papel de la razón en la determinación intrínseca de la ley natural. Para Zubiri adquiere valor de bien actual entre los posibles el que la voluntad decide en la preferencia, sólo ése es bien real — subráyese este matiz frente a la visión más intelectualista tomista —, ser bien no es causa es resultado[133].

La razón formal de la volición por un bien concreto está en el momento de realidad de ésta. «El amor, en tanto que amor, y formalmente,

---

bilidad de querer como acto propio, aunque haya una necesidad natural en el caso de Dios (quiere libremente su vida). Pone el ejemplo de la caída libremente querida por el hombre y la piedra que cae con necesidad natural. Cf. SSV 26-29, *Acerca de la voluntad*, 1961. Ver la nota del editor y también SSV 53-54;

2.- la voluntad como determinación en oposición a lo prevolitivo, Scoto es ahora criticado por parcial ya que para Zubiri hay volición sin decisión. Cf. SSV 29-31;

3.- la voluntad como actividad opuesta a lo involuntario y espontáneo por la futurición. Resulta insuficiente porque no basta la duración, es necesario el emplazamiento. Cf. SSV 31-34.

[131] Cf. SSV 35-36, *Acerca de la voluntad*, 1961.
[132] SSV 39, *Acerca de la voluntad*, 1961.
[133] Cf. SSV 41, *Acerca de la voluntad*, 1961.

no va más que a la realidad en tanto que realidad»[134]. La volición aúna (el *querer* de 1961) el amor y la elección, decisión o preferencia; es acto activo, es un acto de ser querido, va a la realidad y la hace querida; eso sí, este acto conserva dentro de sí el momento tendente, el momento de deseo[135]. Esta conservación se explica por la sub-tensión dinámica con sus dos momentos de conservación y elevación que pone al hombre en la necesidad de optar[136]. La volición se despliega en actividad como expansión dinámica del querer. La volición es acto apetente, determinante y activo que recae sobre la realidad en cuanto tal, es muestra de la supraestancia del hombre sobre las tendencias por la preferencia; la persona al querer mira a lo real respecto a su realización y es la persona la que depone su realización en una concreta posibilidad.

Esta volición es concreta y propia de cada *esencia abierta* o persona que tiene su propia capacidad de querer contra distinta de la de los demás por el distinto juego que dan las notas tendenciales y la nota volitiva en el sistema que ella es[137]. El mismo cuerpo modela la capacidad de querer de cada individuo. Zubiri describe el proceso volitivo en ocho etapas, en este proceso la volición tiene dos modos: actual y habitual[138].

En cada volición concreta según las propias capacidades, estoy queriendo mi realidad y en ella la verdad y la ultimidad.

En HD, al hablar del problematismo de la fundamentalidad (nivel noológico de la razón), Zubiri llega desde la inquietud por la felicidad a la constitutiva inquietud del hombre: la persona es en sí misma inquietud[139]. Esta inquietud se manifiesta de diversas formas, una de ellas es la angustia, otra la preocupación y otra la ocupación[140]. La inquietud surge de uno mismo en el hecho de tener que cobrar en cada acción el propio ser relativo absoluto. La contrapartida de la inquietud constitutiva es la voz de la conciencia, no se trata simplemente de la conciencia del deber ni de la psicología profunda sino de algo más radical: el fondo de mi carácter absoluto de ser realidad que remite como dictado inapelable y de modo notificante a la forma de realidad[141]. En esta voz clama e impele físicamente hacia el poder de lo

---

[134] SSV 42, *Acerca de la voluntad*, 1961.
[135] Cf. SSV 44-45, *Acerca de la voluntad*, 1961.
[136] Cf. SSV 57, *Acerca de la voluntad*, 1961.
[137] Cf. SSV 55, *Acerca de la voluntad*, 1961.
[138] Cf. SSV 66, *Acerca de la voluntad*, 1961.
[139] Cf. HD 100.
[140] Cf. HD 100-101.
[141] Cf. HD 102-104.

CAP. V: APERTURA TRANSCENDENTAL DE LA PERSONA

real como enigma, hacia el problematismo de la fundamentalidad. Pues bien, la inquietud y la voz de la conciencia remiten a un tercer momento de ese problematismo: la volición sentiente. «El hombre se encuentra, pues, inexorablemente lanzado a tener que determinar la forma de realidad que ha de adoptar»[142]. En este caso el término de la volición se presenta no como objeto o cosa sino como estar fundamentando nuestra realidad relativamente absoluta. A la volición se le presenta la realidad fundamento actualizada como puro fundamentar[143]. La volición de la realidad fundamento es adopción de una posibilidad: apropiación. Y esta volición de forma de realidad consiste en tener actualizada la realidad fundamentante: no es simple voluntad de vivir sino voluntad de realidad personal:

> Abarca mi realidad personal por entero[144]. Trátase, pues, primariamente no de vivir sino de ser real. Es *voluntad de realidad*. Esta realidad está actualizada en mi intelección, y en cuanto actualizada en ella es justo lo que llamamos verdad. La voluntad de realidad es *voluntad de verdad*[145].

En esta voluntad estoy determinando mi propia figura de realidad, en la volición entran intrínsecamente todas las dimensiones de la persona: «el hombre interviene ante sus propias tendencias, ordenándolas, determinándolas»[146].

Este querer en la realidad la propia realidad se manifiesta como voluntad de verdad en su triple dimensión de ostensiva, de fidelidad y de efectividad. Este es el modo en que la volición entra en juego en la experiencia teologal ante el problematismo de la fundamentalidad. Y éste es el lugar en el que se muestra como la volición es «última y radicalmente la determinación de una posibilidad como mi modo de ser. Aquello sobre lo que formalmente recae toda volición en cuanto volición, son las posibilidades, y quererlas es apropiárselas»[147].

La apropiación envuelve y supera la distinción entre fines y medios. El ámbito de posibilidades tiene una forzosidad para el sujeto, esto le lleva a la opción que se realiza mediante la apropiación. En cada apropiación va envuelta la dimensión por la que quiero por la voluntad de

---

[142] HD 104.
[143] Cf. HD 105.
[144] En terminología de 1961 Zubiri decía que la misma persona se depone en la volición en una realidad en la que se va a realizar, auto-deponerse es consecuencia de supraestante. Cf. SSV 71.
[145] HD 106.
[146] J. MARTÍN CASTILLO, *Realidad y transcendentalidad*, 197.
[147] HD 243.

verdad real mi ser relativamente absoluto viviendo desde la realidad y fundado en ella. En esta voluntad de verdad real el hombre determina su ser personal y surge la entrega a la realidad fundamento como una opción posible[148].

En el caso de llegar por el esbozo de la razón a un Dios personal, opción que X. Zubiri considera la más razonable, la volición deviene «voluntad de asentar la verdad real de mi persona en la verdad real de la persona de Dios, transcendente en las cosas todas y en mi propia persona»[149]. Esta voluntad se concreta en la fe. En ella la volición tiene dos caras «toda apropiación es entrega y toda entrega es apropiación»[150]: el sujeto se apropia por la volición de la posibilidad fundamentante y se entrega a sí misma como objeto querido a ser de un modo mejor que de otro. Son dos caras de un mismo acto de volición. Es así como en la religación el hombre tiene que optar con su volición. Optar no es sólo elegir lo determinado de una acción sino que es adoptar una forma de realidad en la acción que se ha elegido[151]. Toda la persona entra en juego a la hora de ejercitar la volición.

> Los actos de volición son siempre actos de elección. Pero en toda elección se opta por la forma de realidad que quiero ser: la opción no es un acto más de elección, sino la dimensión de toda elección. Así habría que hablar no de opción de la voluntad sino de *lo optativo de la voluntad* en toda elección: es la *voluntad optativa*[152].

Por la volición determino última y radicalmente una posibilidad como modo de mi ser[153]. Apropiarse posibilidades es optar por una de ellas para hacer de esa posibilidad la forma de mi realidad. Esta es la función transcendental de la nota voluntad: ser principio determinante de manera de realidad, la persona determina por ella misma su manera de realidad[154]. Así la nota de la voluntad en cuanto principio determina la sustantividad humana a realizarse[155].

---

[148] Cf. HD 290.
[149] HD 295.
[150] HD 297.
[151] Cf. HD 374.
[152] SSV 348, in RFSE de 1975.
[153] Cf. HD 243. En 1974 (*La realidad humana*) X. Zubiri señala como la nota volitiva del subsistema psique determina talitativamente la apertura de la sustantividad a elegir sus respuestas. Esta apertura talitativa determina que el hombre sea un tipo de realidad que debe determinar por sí mismo su manera de realidad. Cf. SH 93-94.
[154] Cf. SH 94, *La realidad humana*, 1974.
[155] Cf. SH 94, *La realidad humana*, 1974.

CAP. V: APERTURA TRANSCENDENTAL DE LA PERSONA

Las posibilidades se convierten en realidad actual no sólo porque se actúan unas potencias (Aristóteles), sino por apropiación de esbozos. Tanto en la creación de esbozos por libre construcción, como en la realización de los mismos en las diversas formas de fundamentación (experiencia libre, estructura básica y construcción libre) interviene la voluntad con sus opciones[156]. El ámbito de posibilidades de intelección es al mismo tiempo ámbito de volición, por eso toda apropiación de posibilidades es una opción y la esencia de la razón es la libertad[157].

En esta vía hacia lo que el hombre determina que sea su forma de realidad, la volición tiene dos momentos. Uno, talitativo: lo que quiere la voluntad es siempre una forma determinada de realidad. Otro, transcendental: últimamente, la voluntad quiere afianzarse en *la* realidad[158]. Dicho de otro modo: el hombre quiere por su voluntad ser persona formal y reduplicativamente suya, ser *suidad* real, afirmarse como ser relativamente absoluto[159]. Es lo que en escritos anteriores afirmaba al decir que: «No es verdad que el hombre decide por lo mejor [talitativo], sino que decide qué es lo mejor»[160], dota de contenido concreto a su querer radical, que es querer de realidad aquí y ahora, deponiendo su opción, es elección. Con una afirmación del curso de 1953-54, perfectamente retomable desde HD, afirma Zubiri:

> Por las dos vías, la del enfrentamiento con las cosas como realidad y la del comportamiento con ellas, nos encontramos abocados a lo que el hombre quiere ser efectivamente. Lo que en ambos casos hace el hombre es poseerse poseyendo la realidad en ese su estar sobre sí[161].

En la opción por una posibilidad de ser relativamente absoluto, el hombre se enfrenta con su fundamento, dado problemáticamente *en hacia* como poder de lo real, y al cual está lanzado para buscar cómo se articulan unitariamente *su* forma concreta de ser real con *la* realidad. Es el *enigma* de la realidad. En todas y cada una de las opciones el hombre se enfrenta con la ultimidad de lo real, y por tanto, con el poder de lo

---

[156] Cf. IRA 105-133.
[157] Cf. IRA 107.
[158] En *El problema del hombre* (1953-54 cf. SH 572-573), afirma que al querer una cosa se está co-queriendo la realidad en toda su plenitud. Subraya dos sentidos del querer que van unidos en el acto: querer como amor y como preferir; amor es fruición y complacencia, preferir es optar. Esta distinción será conservada superando el escolasticismo en el esquema que seguimos.
[159] Cf. HD 289. Dios es el fundamento de la destinación a ser absoluto.
[160] SH 600, *El problema del hombre*, 1953-54.
[161] Cf. SH 641, *El problema del hombre*, 1953-54.

real como último, posibilitante e impelente, que le hace ser su propia realidad personal[162]. Así, en cada opción el hombre incoa o reactualiza la marcha hacia su propio fundamento. Esta es la esencia de la religación[163]. Que se apoya en que lo que el hombre busca en ese estar sobre sí a través de la volición es su propia plenitud, su realidad[164]; esta plenitud es la que inspira en última instancia todo proyecto, cada acción y opción de la persona[165].

El hombre tiene que bosquejar el modo de estar en la realidad con cada cosa y por ello tiene que optar dentro del ámbito de la realidad, «aquello que la voluntad quiere es siempre y sólo un modo de estar en la realidad, es decir, un modo mío de ser real en la realidad»[166]. La tendencia por su inconclusión queda suspendida: la *ferencia* se torna *pre-ferencia*; ahora el hombre va por delante de sus impulsos como supraestancia. El hombre se ve abocado a optar, es la esencia de la volición. La opción como actividad es considerada como acto, como determinación y como apropiación[167].

---

[162] Cf. PTH 58; HD 115.
[163] Cf. J. SÁEZ CRUZ, *La accesibilidad de Dios*, 200-201.
[164] J.M. MARTÍNEZ DE ILARDUIA, «La fruición en Zubiri», 143.
[165] Cf. SH 399 y 603, *El problema del hombre*, 1953-54.
[166] Cf. SH 479, *La concreción de la persona humana*, 1975.
[167] En 1959 el esquema del querer involucra tres momentos paralelos a los que exponemos como maduros, aunque con insalvables diferencias: la voluntad como tendente (recogiendo el sentido clásico de apetito racional), como determinación (casi coincidente) y como complacencia y fruición (momento que luego traslada al sentimiento). Cf. SH 142, *Sobre la persona*, 1959.
  También entonces, (mantenido en *Acerca de la voluntad*) sostiene un proceso volitivo en ocho momentos frente al que considera artificioso y concipiente de la escolástica y Billuart (cf. C.R. BILLUART, *Summa S. Thomae hodiernis academiorum moribus accommodata*. Zubiri habla en su curso de 1961 de catorce momentos, cuando el análisis tomista consta en realidad de doce. Cf. SSV 60, nota del editor). Estos ocho momentos son:
  1.– la capacidad de movilizarse a querer o *patía*, variable según las personas;
  2.– alerta o advertencia de la bondad o maldad de lo propuesto por las tendencias;
  3.– previa disposición optimista o pesimista;
  4.– momento de expectación;
  5.– momento de urgencia vital de tener que decidir (los hay apresurados o los que dilatan la decisión interminablemente);
  6.– capacidad de decidir, variable según cada individuo: arrojo, remisión;
  7.– firmeza en lo decidido, están las personas volubles y volentes, entra en juego todo el sistema sustantivo;
  8.– complacencia o satisfacción, que se concreta en cada persona de diversos modos: los capaces de gozar de lo pequeño, los fáciles de contentar, los insatisfechos.

Esta opción como acto es psico-orgánico o volitivo-cerebral: la voluntad quiere cerebralmente[168] y quiere como fuerza de determinación[169].

Pero además de ser un acto ejecutado de una nota en el sistema para constituir la acción de éste, la volición se debe considerar como determinación de aquello que queremos ser. Esta determinación se da dentro del campo abierto por los impulsos sobre los que la preferencia ejerce control (como controla las opciones anteriores y las posibilidades de ser realmente). Este control se extiende al orden transcendental pues se ejercita sobre la realidad sea cual sea, es decir, sobre el mundo o la realidad en cuanto inespecífica. En virtud de este control el hombre es *suidad* que se pertenece relativa pero absolutamente en el ámbito de la realidad: por la opción controlo el modo de ser persona[170]: soy realmente absoluto.

Además la opción tiene una tercera dimensión: la incorporación de lo querido, de la posibilidad preferida, por apropiación[171]; consiste en la naturalización de la posibilidad apropiada que nos hace ser como hemos querido ser. Esta incorporación es integración, no consiste en mera adición de propiedades a mi realidad *sida* desde mi realidad querida, sino una ampliación de mi realidad *sida* misma; es un modo de ser real que constituye una configuración nueva de las propiedades naturales, es integración personal que configura el sistema sustantivo entero[172].

Una de las formas de querer es amar. En el amor la volición es éxtasis, salir de sí; no se limita a buscarse a sí mismo, sino que, por su personal riqueza, desborda de sí y se dona al otro.

Aunque Zubiri no lo haya desarrollado de modo pormenorizado en sus análisis desde la estructura del querer se descubre el amor como un nuevo transcendental antropológico. La persona es la única capaz de amar a otra en donación y la persona es el tipo de realidad mínimo digno de ser amado. Amar es una actividad exclusiva del *animal-*

En este curso aborda la incorporación de lo querido en clave de habitud como momento de la personalidad. Este punto fue radicalizado: la voluntad reconfigura la sustantividad. Cf. SH 147s.

[168] Pone el ejemplo del brazo movido: «Yo no muevo el brazo ni *por* mi voluntad ni *con* mi voluntad, sino que lo muevo *voluntariamente* [...] es fuerza que *transcurre* en el cerebro mismo». SH 535, *La concreción de la persona humana*, 1975.

[169] Cf. SH 533-537, *La concreción de la persona humana*, 1975.

[170] Cf. SH 537-539, *La concreción de la persona humana*, 1975.

[171] La apropiación de posibilidades está presente desde los primeros análisis. Cf. SH 373, *El problema del hombre*, 1953-54.

[172] Cf. SH 540-542, *La concreción de la persona humana*, 1975.

de realidades. Así como hay un sentido en que la libertad y la inteligencia se convierten con la persona, hay un sentido radical en que la volición de amor se confunde con la persona[173].

Zubiri recoge la transcendentalidad ontológica del amor de los Padres Griegos, sin reducirla a lo piadoso o místico, pues los conceptos que usan — como *agápê* — gozan de riguroso carácter metafísico[174].

En el caso de la volición personal por excelencia, el amor, los padres griegos supieron superar la visión latina que se quedaba en la consideración moral y situaba el amor como una virtud entre los hábitos de la persona. Para el pensamiento cristiano oriental el amor radica en la estructura del ser, se trata de tomarse en serio la afirmación de que Dios es amor en su sentido metafísico más fuerte.

Zubiri distingue dentro de la consideración de los padres griegos dos formas de tematizar el amor: como *érôs* y como *agápê*. Ambos coinciden en sacar al amante de sí para desear algo de lo que carece. La diferencia entre ambos radica en que con el *érôs* el amante se busca a sí mismo, mientras que con la *agápê* se dona liberal y gratuitamente, «es una *donación* de sí mismo; es la efusión consecutiva a la plenitud del ser que ya se es. Si el amante sale de sí, no es para buscar algo, sino por efusión de su propia superabundancia»[175]. En la *agápê* se va al amado en cuanto tal.

En la Edad Media Ricardo de San Víctor y Alejandro de Hales distinguieron del mismo modo entre *érôs* y *agápê*. El primero es el amor natural, tendencia que inclina a todo ser hacia los actos para los que está capacitado. En la *agápê* el amante no busca nada, no se inclina por naturaleza, sino que se otorga liberalmente[176].

En SSDTP se indica que ambos modos de amar pertenecen a la estructura metafísica de la persona: «estamos ya previamente instalados en la situación metafísica del amor»[177]. Este amor ontológico adquiere en la *agápê* la forma de donación y desde ella incluye una apertura a

---

[173] Cf. B. CASTILLA Y CORTÁZAR, *Noción de persona*, 355. En p. 356 afirma desde la *agápê*: «La persona, además, considerada desde la apertura, es apertura a otra persona, porque la persona misma es la única realidad de la suficiente entidad ontológica como para merecer la donación de otra persona».

[174] Cf. NHD 458, SSDTP. En este artículo no se distingue aún entre realidad y ser, etapa de maduración. El sentido que apuntan desde IS es el más radical: la realidad.

[175] NHD 464, SSDTP.

[176] Cf. B. CASTILLA Y CORTÁZAR, *Noción de persona*, 354.

[177] NHD 465, SSDTP.

los demás y a Dios[178], es interpersonal y pide ir hacia otro que también sea persona[179].

El amor recae formalmente sobre la realidad de lo amado, no sobre sus valores o cualidades[180], aunque estos sean el camino para llegar a amar su realidad. El amor «recae sobre la persona real en cuanto real, aunque haya perdido muchas de las cualidades que condujeron al amor. Los valores son una *ratio cognoscendi* del amor, pero no *su ratio essendi*»[181].

El amor como *agápê* es metafísico, es efusión de la propia realidad y conduce a la compenetración[182], a la comunión de personas[183], donde mejor se conoce a una persona. El amor puede llegar a una conformación con la realidad amada, es la experiencia más adecuada para lo religioso[184], en ésta se expresa más hondamente la realidad del amor. Pensamos que la *agápê* debe llegar noológicamente hasta la conformación y no sólo — aunque sea mucho — hasta la compenetración[185].

Desde la volición se puede acceder a la libertad como transcendental antropológico, pero preferimos dejar su estudio para cuando contemos con el desarrollo completo de la *suidad* personal y del yo humano.

---

[178] «Es la donación, la *agápê* que nos lleva a Dios y a los demás hombres». NHD 478, SSDTP.
[179] Castilla reconoce aquí la formulación zubiriana de la estructura del pensamiento dialógico. Cf. B. CASTILLA Y CORTÁZAR, *Noción de persona*, 356.
[180] Cf. SSV 217.
[181] SSV 217.
[182] Compenetración es el modo de probación propio de las realidades vivas y humanas, esta forma de experiencia racional se extiende a todas las dimensiones de la realidad humana como son la social, la histórica y la religiosa. Hay comunicación de acciones no de realidad. Cf. G. GÓMEZ CAMBRES, *La inteligencia humana*, 160-161 y J. SÁEZ CRUZ, *La accesibilidad de Dios*, 220.
[183] Por el momento nos quedamos con el enunciado al que nos conduce el estudio de la volición en su nivel transcendental. Más adelante la veremos desde la socialidad y desde el punto de vista dinámico e intersubjetivo.
[184] Cf. A. PINTOR-RAMOS, «Zubiri: una filosofía de la religión cristiana», 396-397.
[185] Disentimos aquí del estupendo estudio de Castilla y que usamos como referencia importante en este capítulo, ya que se queda en la compenetración. Creemos noológicamente más radical y adecuado llegar a la conformación con el amado, que sin duda no contradice la fenomenología del amor interpersonal, sino que la expresa y manifiesta, ya que el amor tiende a identificar a los amantes, a conformarlos unos a otros, aún con su irrenunciable individualidad y su núcleo incomunicable. El amante auténtico va conformando su personalidad de acuerdo con la realidad de la otra persona. Incluir la conformación es más enriquecedor.

1.1.2 El organismo en función transcendental: el *soma* como apertura

Una vez estudiada cada una de las notas de la psique en función transcendental nos centramos en el subsistema orgánico, normalmente denominado organismo, que desde su función sistémica última es *soma*. Recordamos que el organismo «es un subsistema de notas físico-químicas en la sustantividad humana»[186] al que falta la clausura para ser propiamente sustantividad. Es *de* la psique como la psique es *de* el cuerpo[187]. El organismo desempeña trascendentalmente dos funciones, la función somática considerada desde el estar en la realidad; y la función exigencial y configuradora de la apertura trascendental del sistema, considerada desde la actividad del viviente.

a) *Función somática*

El subsistema orgánico, organismo físico-químico, es «el fundamento material de los tres momentos estructurales de la sustantividad humana»[188]. Ya vimos en la talidad las funciones o momentos estructurales de organización y de solidaridad.

Junto a estos dos momentos del sistema, ordenadamente fundados el segundo en el primero, aparece el tercero: la actualidad o presencialidad física[189]. Este tercer momento de la sustantividad se funda en los anteriores y talitativos que tomados a una son la *organización solidaria*. Esta función de actualidad en la realidad es función trascendental del subsistema en el sistema y se llama función somática.

La función somática deriva de la materia y no es exclusiva del organismo humano. La materia da la primera actualidad a toda realidad mundanal de forma primaria, funda la espaciosidad y, de este modo, es principio fundamental en el sentimiento y también en el campo estético para la expresión[190]. Pero siempre en respectividad a la persona. Así el

---

[186] HC in 7EA 95. «El momento físico-químico de esta sustantividad no es, como suele decirse, *materia* ni siquiera *cuerpo* (cosas ambas asaz vagas), sino que es precisa y formalmente *organismo*, esto es, una especie de subsistema parcial del sistema total». SH 48, *La concreción de la persona humana*, 1975.
[187] El *de* de la psique y el organismo tiene carácter real.
[188] HC in 7EA 95.
[189] Físico tiene sentido de *real*.
[190] Cf. SSV 374-377, RFSE 1975. Así «todos los planos de lo estético — que son modos de actualización — se fundan en la materia. Cuanto el artista y el literato imaginan en su mente debe ser expresado para que haya una obra artística o literaria. Lo que expresa y da actualidad a la belleza artística y literaria es la materia». A. LÓPEZ QUINTÁS, «El sentimiento estético», 150.

CAP. V: APERTURA TRANSCENDENTAL DE LA PERSONA 305

cuerpo de los seres no inteligentes, como sistema de notas dado de sí por la materia, sólo es principio de actualidad en el Cosmos[191]. Sólo el Cosmos, en cuanto única estricta sustantividad cerrada, tendría actualidad mundanal o transcendental por encima de la talitativa.

Por el momento de presencia el sistema toma cuerpo en el mundo. Tomar cuerpo significa tener actualidad. Este tercer momento del sistema se denomina *corporeidad*. Se trata del «momento de presencialidad física de mi sustantividad psico-orgánica en la realidad»[192]. Quien se hace presente en el mundo es el sistema en cuanto tal, él toma cuerpo, es corporeidad o *soma*[193]. Así se distingue la corporalidad y la corporeidad, como el subsistema talitativo se distingue de un momento estructural del sistema en función transcendental.

En este sentido nuevo la persona entera es cuerpo, corporeidad o somática. Cada persona es su cuerpo de realidad. Por su corporeidad, la sustantividad humana tiene cuerpo en la realidad, cada hombre es un *cuerpo de realidad* porque *está aquí* en la realidad; «cada hombre es así el *lugar de la realidad*»[194]. Corporeidad:

> no significa aquí un carácter abstracto de algo que fuera cuerpo sino que es el abstracto de *corpóreo*. Y corpóreo es un carácter de la realidad humana entera, del sistema psico-orgánico entero. El organismo físico-químico hace *desde sí mismo* formal y constitutivamente corpóreo al sistema entero, esto es, es corporeidad *de* la psique. Y la psique, desde sí misma es formal y constitutivamente corpórea, esto es, es corporeidad *de* su organismo físico-químico. La corporeidad, pues, es un momento estructural de la sustantividad entera[195].

La corporeidad cualifica la sustantividad definiendo el campo constitucional de su realidad actual[196].

En la madurez esta unidad trascendental corpo-anímica se acentúa y el carácter funcional somático adquiere total prioridad sobre el estudio del subsistema corpóreo[197]. La corporeidad afecta al sistema hasta el

---

[191] Cf. ETM 615 y 619, *Sobre la materia*.
[192] HC in 7EA 93.
[193] Cf. HD 40.
[194] SH 79, *La realidad humana*, 1974.
[195] HC in 7EA 93.
[196] Cf. HC in 7EA 93-94.
[197] Zubiri modula el concepto de *corporeidad*. «En 1963, en su obra "El hombre, realidad personal" nos decía que el hombre es una sustantividad *corpóreo animica*. Allí, corpóreo es un subsistema de la sustantividad humana y equivale a las notas físico químicas. En el estudio de 1973: "El hombre y su cuerpo", la corporeidad es un

punto de poder afirmar que: «La psique separada — de existir, cosa que nuestro filósofo no admite — sería cuerpo»[198]. Este matiz será clave para interpretar más adelante la muerte y el estatuto antropológico del embrión humano.

Recíprocamente la función somática revierte en el organismo. Así el organismo es cuerpo o *soma* por ser fundamento material de la corporeidad del sistema[199]. Por esto Zubiri llega a distinguir entre materia orgánica y materia somática[200], entre lo estrictamente organismo y lo rigurosamente cuerpo. Siempre hay que entender la corporalidad de la materia desde la corporeidad del sistema[201].

Por eso el cuerpo como *soma* «es la *persona expresa*»[202], lo cual abre en lo físico-químico una vía de acceso fundamental a la intimidad del todo de la persona ya que por su corporeidad la persona es constitutivamente exteriorizante[203]. La fisonomía es un aspecto de esta expresión[204]. La expresión y la fisonomía, desde el ángulo del sistema, pertenecen al todo psico-orgánico. En una segunda actualidad se ve que el cuerpo en relación al ser como actualidad es también espejo del yo, mi cuerpo es yo mismo: la función somática es también función del yo[205]. Con la función somática se acentúa que el hombre no sólo tiene cuerpo, sino que es su cuerpo, es *suyo* en sentido radical[206].

La colocación de la corporeidad como dimensión personal de la sustantividad implica una valoración personalista del cuerpo humano: no

---

carácter de la sustantividad total, que no es otra cosa sino el aspecto de presencialidad del sistema sustantivo. Zubiri es consciente de la ambigüedad del concepto de corporeidad y prefiere llamar *organismo* a lo que entendemos vulgarmente por *cuerpo*». G. GÓMEZ CAMBRES, *La realidad personal*, 154.

[198] J. VILLANUEVA, *La dimensión individual del hombre*, 77. Los ángeles serían cuerpo y materia, paralelo al clásico: el espíritu está donde desarrolla su acción. Cf. *Ibid.* 78.

[199] Cf. HC in 7EA 96-97.

[200] Cf. HC in 7EA 97. Sin embargo no se trata estrictamente de dos materias realmente distintas sino de dos funciones diversas de la misma materia. Cf. SH 64, *La realidad humana*, 1974. En los textos recopilados sobre la materia por Ellacuría expresa la misma idea en sentido inverso: «La materia estructural [organismo] es aquello en que tiene o toma cuerpo la actualidad de la esencia, es decir, es materia somática». ETM 397, *Sobre la materia*.

[201] Cf. SH 64, *La realidad humana*, 1974.

[202] SH 62, *La realidad humana*, 1974.

[203] Cf. SH 278, *El problema del hombre*, 1953-54.

[204] Cf. SH 63, *La realidad humana*, 1974.

[205] Cf. J. VILLANUEVA, *La dimensión individual del hombre*. 77.

[206] Cf. ETM 632 y 667, *Sobre la materia*. El cuerpo es *su* cuerpo en el animal.

es reducible a corporalidad; paralelamente la sexualidad no es reducible a genitalidad. En esta línea el pensamiento de Zubiri — junto a Ortega y Gasset y Lèvinas[207] — serviría de apoyo en la defensa de la dimensión corporal que intenta desarrollar el pensamiento cristiano dentro de una sociedad que desgaja cada vez más cuerpo y persona, convirtiéndolo en mero instrumento, en cosa cerrada sobre sí misma. El uso de biotecnologías, tema tan candente, es otro terreno susceptible de enriquecerse con esta noción de un cuerpo que es persona y manifestación de su dignidad[208].

b) *Función configuradora de la apertura transcendental*

Además de la función somática hay otra función transcendental del subsistema físico-químico considerándolo desde el punto de vista de la actividad del sistema. Junto a la función actuante que talitativamente le incumbe, su función potencial de cara a los actos que le son peculiares en sus notas, «el organismo tiene carácter talitativo principial: hacer orgánicamente que la sustantividad exija hacerse cargo de la realidad de la situación para realizarse»[209].

Es la exigencia de una inconclusión en orden a la realidad y por esto el organismo es, «en función transcendental, el principio exigencial de

---

[207] E. Lèvinas habla de cuerpo y rostro, Ortega y Gasset hablaba del extracuerpo y del intracuerpo. Cf. P. LAÍN ENTRALGO, *El cuerpo humano*, 247-280.

[208] Grygiel ha realizado un duro diagnóstico de nuestra sociedad convertida en una masa de individuos. La causa está en actuar sólo con criterios técnicos (p. e.: la economía y la política). Es necesario pensar el cuerpo. Hoy día la única que defiende el cuerpo es la Iglesia y, al defender el cuerpo, defiende a la persona humana. Platón, en *El Simposio*, cuando habla de cómo el hombre es liberado de las opiniones, dice que todo comienza con el encuentro de la belleza del cuerpo, después se procede hasta llegar a Dios. Esta experiencia primordial del cuerpo es la base de la cultura europea. Se comienza con la antigua Grecia hasta llegar al misterio de la Encarnación: aquí el cuerpo ha sido exaltado. En el cuerpo tiene lugar la historia del amor y del gran trabajo de Dios. Cf. Platón, *El Banquete*. Los interrogantes éticos y morales no son más que una consecuencia que emana de esta visión antropológica. La diferencia sexual crea el espacio para la confianza total entre una persona y otra. Quien tiene miedo de entregarse totalmente al otro tiene miedo de la sexualidad y, por tanto, abusa de ella, deformándose a sí mismo. Ésta constituye un inicio para descubrir la diferencia última y fundamental: la diferencia entre Dios y la criatura. Si no se cae en la desesperación de una vida separada de los demás y del Otro. Tampoco se puede desde la biotecnología manipular la vida humana, la consecuencia de una visión deforme del cuerpo es saltarse los derechos fundamentales y reducir el hombre a mero objeto de experimentación. Cf. «Entrevista con Stanislaw Grygiel», n. ZS99083101.

[209] SH 93, *La realidad humana*, 1974.

la inconclusión, de la apertura. El organismo es en la sustantividad *principio de ser realizanda*»[210]. Exige la entrada de la inteligencia como un hacerse cargo de la realidad, determinando transcendentalmente la apertura de toda la sustantividad a lo real[211]. Es así como la función transcendental del organismo determina exigencialmente, desde su ser principio de ser *realizanda*, la apertura principial de la inteligencia.

A su vez ésta en función transcendental es principio de realizabilidad. «Hace que la sustantividad, ya realizanda (por el organismo), sea algo realizable en el campo de la realidad»[212]. Por la voluntad en función transcendental tenemos el principio determinante de manera de realidad[213]. Está determinada a realizarse. Y por último la función transcendental del sentimiento es hacer de la sustantividad humana algo temperamental como realidad, es principio temperamental de inconclusión y por él se encuentra temperamentalmente realizada[214].

Este es el modo en que las notas psíquicas y el subsistema orgánico determinan transcendentalmente la estructura de la apertura humana y le otorgan una figura concreta en cada caso[215]. En esta figura las cuatro notas analizadas (tres del subsistema psíquico, y el organismo en general) son co-principios, es decir están determinando en mutua respectividad la apertura transcendental de la realidad humana; cada nota como principio determina a las demás y determina el *de* mismo del sistema sustantivo[216].

Así la figura adquiere una concreción en su realizarse desde estos principios. La apertura a la propia figura de realidad resulta ser auto-configurante, la figura de la apertura es ser auto – configuración –

---

[210] SH 93, *La realidad humana*, 1974.
[211] Zubiri explica la exigencialidad desde la nota sistema nervioso en cuanto nota del sistema. Sólo así puede exigir. La exigencialidad es propia del sistema sustantivo, las notas aisladas pueden ser potencia, pero no exigir. Este es un matiz adquirido arduamente para definir la hominización. El sistema nervioso como principio determina la estructura entera de la sustantividad en forma exigencial. Es este sistema sustantivo el que exige el hacerse cargo de la situación real, pero no es el sistema nervioso como potencia. Exigencia significa: 1.– que algo no puede seguir siendo lo que por sí mismo es si no es en función de algo distinto; 2.– se da algo que positivamente determina la entrada en función de aquel otro algo; y 3.– que la entrada en función de este otro algo determina el funcionamiento del primer algo en su función propia. Cf. SH 95-96, *La realidad humana*, 1974.
[212] SH 93, *La realidad humana*, 1974.
[213] Cf. SH 94, *La realidad humana*, 1974.
[214] Cf. SH 94-95, *La realidad humana*, 1974.
[215] Cf. SH 98, *La realidad humana*, 1974.
[216] Cf. SH 98-99, *La realidad humana*, 1974.

concreta, es la configuración de un *autós*[217]. Se abre paso a la estructura trascendental del *autós* como fundamento de cada figura concreta que tome en la realidad la realidad humana. Este *autós* nos conduce a la *forma de realidad* transcendental de la persona humana, es el tema de la personeidad y de la suidad. La personeidad funda la concreción en apertura de la personalidad.

La estructura de notas en función transcendental «determina transcendentalmente no sólo el carácter de realidad y su figura concreta, sino que determina también la forma de realidad»[218].

Analizaremos transcendentalmente esta forma de realidad viendo la articulación entre la apertura transcendental de la persona y su apertura dinámica desde las diversas figuras que, a causa de sus diferentes notas, toma la personalidad.

Pero antes hagamos un *excursus*[219] sobre la consideración del cuerpo humano en perspectiva noológica. Para ello veamos como considera la fenomenología el cuerpo humano.

La metodología de Husserl con la que está emparentada la zubiriana, se aproxima en el tema de cuerpo desde su distinción sujeto – mundo más que a un idealismo a un inmenso espiritualismo Para la fenomenología husserliana toda realidad o lo es para el espíritu o es ella misma espíritu. El cuerpo es considerado en este trasfondo como un noema. En él hay que distinguir dos consideraciones posibles: el *Körper* y el *Leib*. El primero es el cuerpo propio como organismo natural que pertenece al mundo natural, es objeto de mis percepciones como cualquier cosa del mundo externo. El segundo considera el cuerpo en cuanto órgano que tiene el yo para percibir las cosas; es a la par percibido y percipiente, el órgano de las cinestesias.

En el *Leib* se encuentra la encrucijada ontológica entre la subjetividad y el mundo. Se trata pues de un noema especial, muy originario, perteneciente a los niveles básicos de la vida intencional del yo, y por ello colaborador no sólo de la constitución del mundo sino también del propio yo. Para Husserl el yo es siempre anterior al cuerpo, por privilegiado que esté este noema entre los demás.

Sin embargo la postura de Zubiri en este sentido es contraria a la de Husserl. Ya hemos visto desde la consideración reológica cómo el cuerpo es metafísicamente *co-principio* constitutivo de la sustantividad,

---
[217] Cf. SH 100-101, *La realidad humana*, 1974.
[218] SH 102, *La realidad humana*, 1974.
[219] Fundamos este *excursus* en el estudio Cf. V.M. TIRADO SAN JUAN, «La encarnación del yo», especialmente p. 226-227, 232-236 y 249.

base a su vez de lo que más adelante estudiaremos como *yo* en cuanto actualidad de la *suidad* humana en el mundo o ser del hombre. En esta consideración hemos visto como el cuerpo en función transcendental postula, exige, la intelección, la psique, la entrada en juego del otro co-principio estructural. Es el fruto del análisis de la realidad natural (*sida*, dirá Zubiri en otras ocasiones). El cuerpo es reológicamente considerado algo co-esencial a la psique y fundamento del yo humano, no un noema por radical que sea de éste, ya que es esencial para la constitución de la personeidad. Cuerpo y personeidad son recíprocamente no independientes. Es la consecuencia de la prioridad de la unidad sistemática sobre los co-principios, lo que hace del momento material (corporalidad) base y expresión de toda la corporeidad del sistema que la persona es, hasta convertirlo en transcendental para la apertura a la realidad y al mundo, a su actualidad en él (función somática). Así aprehender al otro no será simple aprehensión parificadora, mero acto intencional del perceptor, sino que el cuerpo de la persona es por sí mismo expresivo. El cuerpo actualiza la realidad de los propios actos intelectivos, la autoconciencia, es expresivo y exteriorizante. De ahí derivará la posibilidad del hecho de mi inserción en un mundo intersubjetivamente constituido, al mismo tiempo que se convierte en pórtico de entrada en lo absoluto.

Desde al análisis noológico de IS el camino de Zubiri no estudia las diferentes dimensiones del cuerpo sino éste tal y como se nos da en nuestros propios actos intelectivos. En el análisis del inteligir Zubiri llega a la formulación del principio de actualidad, de la intelección como un estar en la realidad. «En la intelección me *está* presente algo de lo que yo *estoy* dándome cuenta»[220]. En el estar de la intelección hay tres elementos que confluyen: el contenido que se actualiza o queda (diferentes datos en los sentidos incluyendo los cenestésicos); el quedar mismo del contenido o la mera actualidad en formalidad de realidad; y por último el sujeto co-actual y co-actualizado.

El quedar mismo es anterior a la constitución del yo o sujeto en sentido filosófico habitual. Es el primordio del yo de la tradición moderna, pero ahora es visto no como principio del inteligir sino como germinante desde los actos mismos de intelección. Este sujeto se sustenta en las estructuras materiales del cuerpo, en los sentires – intelectivos. En la co-actualidad de la formalidad de realidad «el cuerpo se percibe a sí mismo como formando parte del campo perceptivo: es a una órgano de

---

[220] IRE 22.

actualización del mundo y mundo actualizado»[221]. Está dentro, aunque no sea él el único co-actualizado en ese *sentirme* en la realidad. El sentirme incluye el elemento intelectivo y a una el elemento sensitivo en una unidad de acción respectiva. En este sentiligir el cuerpo es frontera, y es a la vez zona del mundo de los contenidos, esencialmente cercana al sentiligir mismo, y es órgano de la apertura transcendental a la realidad. En este sentido, por la unidad del sentiligir el cuerpo no es mero noema, hay una radicalización de la intuición husserliana del *Leib* que introduce el cuerpo en lo fundante del yo, en lo que sería estrictamente noesis, es el fruto de la noergia noológica zubiriana.

Tras este *excursus* continuamos nuestra exposición con la concreción del *autós* en una forma de realidad que es *suidad* o personeidad.

1.2 *Personeidad y suidad. Relativo absoluto*

Llegamos así al núcleo de la esencia del animal personal. Es lo que Zubiri denomina personeidad o *suidad*. Desde la insuficiencia de la vía de las acciones y de la vía del sujeto – naturaleza Zubiri opina que la realidad humana no es un simple sistema de notas que *de suyo* la constituyen sino que además es la realidad que le es propia en cuanto realidad. Es el *de suyo* que es *suyo*. «La persona no es el sujeto de actos, ni una nota o sistema de notas, sino que es la forma de la realidad humana en cuanto realidad: ejecute o no sus acciones, la realidad humana es como realidad algo formalmente anterior a la ejecución»[222].

Desde 1959 Zubiri afirma que «*persona* no es un carácter primariamente operativo, sino constitutivo»[223]. A este carácter de la persona lo denomina *suidad* y *personeidad*. Persona es «el carácter transcendental de la esencia abierta»[224]. La persona puede ser sujeto pero lo es porque ya es persona, y no al revés:

> suele decirse que la razón formal de la persona es la subsistencia. Pero yo no lo creo: la persona es subsistente ciertamente, pero lo es porque es suya. La *suidad* es la raíz y el carácter formal de la *personeidad* en cuanto tal[225].

Antes de redactar esta primera parte de HD escribía: «Suidad es, pues, tener una estructura de clausura y de totalidad junto con una plena posesión de sí mismo en sentido de pertenecerse en el orden de la

---

[221] V.M. Tirado San Juan, «La encarnación del yo», 249.
[222] B. Castilla y Cortázar, *Noción de persona*, 153.
[223] HRP in 7EA 77.
[224] SR 209.
[225] HD 49.

realidad»[226]. La autopropiedad que tiene de su realidad la persona es más profunda que la subsistencia. Lo específico de la persona es ser una realidad *formalmente suya*, lo que consiste en ser reduplicativamente en propiedad[227]. Es *reduplicativamente* en propiedad porque a lo que es común a toda forma de vida (autoposesión) y a todas las cosas (*de suyo* poseen sus notas) hay que añadir que la persona se posee con mayor profundidad: lo suyo no es sólo sus propiedades o su vida, sino su propia realidad. Esto deriva de la IS.

Este carácter autoposesivo se manifiesta especialmente al estudiar la diferencia interpersonal. La distinción yo – tú – él no es numérica, en ella cada individuo es insustituible porque cada persona «encierra en sí el carácter de un mí»[228].

Ser persona es «ser efectivamente mío. Ser una realidad sustantiva que es propiedad de sí misma»[229]. Persona consiste en ser mío. La clásica acentuación del sujeto como lo característico de la persona se queda en la *talidad*, es cierto que la persona se pertenece a sí misma bajo la forma de sujeto, pero no porque en ello esté la esencia metafísica transcendental de la persona[230].

Este carácter de propiedad no es simplemente un carácter moral, no se trata únicamente de que tenga dominio y sea dueño de sus actos. Se trata de una propiedad en sentido constitutivo. «Yo soy mi propia realidad»[231], y precisamente por tengo capacidad de decidir. La recíproca es falsa. El hecho de que una realidad pueda decidir libremente entre sus actos no le confiere el carácter de persona, si esa voluntad no le perteneciera en propiedad. Es la versión zubiriana del *agere sequitur esse*: el obrar sigue a la realidad[232].

En cambio, en el orden de las cosas sólo el Cosmos tiene sustantividad. El momento de realidad de las cosas y seres vivos pertenece al Cosmos del que forman parte (en cierto modo *participan*). Son absolutamente diversos del hombre.

---

[226] SH 117, *Sobre la persona*, 1959.
[227] Cf. SH 110, *Sobre la persona*, 1959.
[228] SH 111-110, *Sobre la persona*, 1959.
[229] SH 111, *Sobre la persona*, 1959.
[230] Cf. SR 209.
[231] SH 111, *Sobre la persona*, 1959.
[232] La realidad constituida actúa como un todo. Hay actualidad de la unidad en sus notas y suficiencia constitucional. Diversa de la suficiencia de la subjetualidad (Aristóteles) y de la capacidad para existir (escolásticos). Cf. G. GÓMEZ CAMBRES, *La realidad personal*, 72.

CAP. V: APERTURA TRANSCENDENTAL DE LA PERSONA   313

La pertenencia del momento de realidad a la sustantividad humana es incluso más profunda que el sentido último que dieron los teólogos a la persona al atribuirle subsistencia[233]; ya que las cosas, como las personas, también son subsistentes. Dicho con terminología escolástica sería destacar vivamente que la persona se distingue de las cosas en que tiene en propiedad el propio *actus essendi*. La persona tiene en propiedad la realidad que le hace subsistir. «La subsistencia es la consecuencia de la suidad»[234].

En SSV, en su curso sobre el mal de 1964, Zubiri insiste en la centralidad de la autopropiedad real como característica definitoria de la *suidad* y de la persona, la sustantividad humana. Así, hablando de la condición de bien y mal de las *cosas-sentido* en respectividad con la sustantividad humana como condición de sí misma, afirma que si consideramos sólo desde el punto de vista operativo o *condicional* la sustantividad humana, ésta no se identifica con lo que llamamos persona humana, tesis de Kant, sino que lo que la persona:

agrega a lo que la realidad del hombre es de suyo, es simplemente el poseerse a sí misma, el ser suya. Pero el bien y el mal están constituidos por su referencia o por su respectividad a lo que el hombre es de suyo, no simplemente a la dimensión en virtud de la cual el hombre es persona, es decir, se pertenece a sí mismo [voluntad pura y personalización][235].

Ésta es la diferencia radical que separa al hombre de cualquier otra forma de realidad: carácter de propiedad de su propia realidad por la IS en sentido constitutivo. Por este carácter tengo capacidad de decidir. Lo dicho es sinónimo de decir que el hombre se pertenece de modo plenario. Esto, a diferencia de las cosas y de otras filosofías del hombre:

no significa que yo tenga la propiedad de conocerme a mí mismo — esto sería la reflexividad — sino que por ser propiedad significa que me pertenezco de un modo plenario [...]. Me pertenezco a mí mismo por razón constitutiva de tal modo que el momento de ser *perteneciente a* forma uno de los caracteres esenciales y formales de mi realidad en cuanto tal. Y en este sentido, el pertenecerme, el ser propiedad, es un momento formal y positivo de mi realidad. Y precisamente por serlo soy persona[236].

Esta es la formulación madura de una idea ya presente en su primera etapa, como vemos en este texto de NHD:

---

[233] Cf. B. Castilla y Cortázar, *Noción de persona*, 155.
[234] PTHC 275.
[235] SSV 254, *El problema del mal*, 1964.
[236] SH 111-112, *Sobre la persona*, 1959.

Tratándose del supuesto humano, este *ser suyo* es algo *toto caelo*, distinto a la manera como un atributo es propiedad de la sustancia. El *ser suyo* del hombre es algo que, en cierto modo, está en sus manos, dispone de él. El hombre asiste al transcurso de todo, aún de su propia vida, y su persona *es* allende el pasar y el quedar[237].

A causa de este ser *de suyo suyo* el hombre puede modificar el *ser suyo*. Puede arrepentirse convirtiendo su ser en otro, puede perdonar, etc., por eso continúa Zubiri el texto anterior diciendo: «Ninguno de estos *fenómenos* se refiere a la vida en cuanto tal, sino a la persona. Mientras la vida transcurre y pasa, el hombre *es* lo que le queda *de suyo*, después que le ha pasado todo lo que le tiene que pasar»[238].

Esta primacía del momento constitutivo de la autopropiedad es percibido y aplicado a los campos más diversos de la antropología. Así en el tema de la voluntad se ve que lo que hace que el hombre sea personal es que la voluntad le pertenezca en propiedad. En el análisis de la volición la frase «yo quiero» se puede pronunciar de dos maneras. Una consistiría en subrayar el *quiero*: «Yo *quiero*», a diferencia de yo como, ando o hablo. En este caso *quiero* significa *lo que* hace ese Yo. Otra consistiría en subrayar el mismo *Yo* y decir «*soy yo* quien quiere». Sólo en este caso se subraya el carácter personal. Ahora bien, en el *yo soy quien quiero*, queda bien claro que el quiero es algo que formará parte de ese yo, pero sin afectar a su constitución.

> La condición necesaria y suficiente para que la voluntad exprese el carácter de propiedad del sujeto que quiere, es que la voluntad que quiere sea efectivamente suya. ¡Ah!, entonces sí. Si la voluntad es mía, cuanto decido con mi voluntad es mío y afecta a mi persona. Si no, no. Puede decirse que esto es algo más que una hipótesis; desde luego. [...] La voluntad concierne a algo de lo que es el hombre. No concierne [...] al carácter de independencia subsistencial que tiene el hombre en tanto que persona[239].

La persona radica pues en una forma especial de ser *de suyo* que consiste en ser *suya*. Sólo la realidad humana y las esencias abiertas son *suyas* además de ser *de suyo*[240]. Esto se debe a su estar en realidad sentiligentemente, es la función transcendental de la inteligencia.

La inteligencia es «la estructura radical que el hombre posee, en virtud de la cual se enfrenta [...] con el resto de la realidad y hasta con su

---

[237] NHD 447, EPD.
[238] NHD 447, EPD.
[239] SSV 23. *Acerca de la voluntad*, 1961.
[240] Cf. EDR 207.

propia realidad»[241]. El hombre al inteligir una cosa, cointelige forzosamente su propia realidad.

Por eso es persona a diferencia del animal, porque es realidad que está instaurada en la realidad. El hombre por estar colocado en la realidad:

> He aquí algo completamente distinto y nuevo. Por eso poseerse no significa simplemente continuar siendo el mismo, que es lo que le acontece al animal, sino que poseerse es *ser su propia realidad*. La realidad humana es *eo ipso* persona. Persona es justamente ser *suyo*. No es simplemente ser *de suyo*[242].

Por esto en el nivel transcendental en cierto sentido inteligencia y persona son lo mismo[243]. Es una de las consecuencias de la hiperformalización. Suidad:

> el conservarse y el afirmarse como suidad, es la manera peculiar de poseerse de aquello en que consiste ser persona. De ahí que se podría decir, y hay que decir, que la realidad en la escala zoológica, al hacerse hiperformalizada, se hace hipermisma. Y este *hiper* significa en este caso hacerse suya. Es el paso por hipermismidad de la mismidad a la suidad en que la persona consiste. La mismidad pasa a suidad[244].

Persona es suidad y ésta es el poseerse en su propio y formal carácter de realidad, consiste en su propio *ser suyo*[245]. Esta idea es reafirmada en PTH: «el hombre no sólo tiene realidad, sino que es una realidad formalmente *suya*, en tanto que realidad. Su carácter de realidad es *suidad*. Es lo que a mi modo de ver constituye la razón formal de la persona»[246].

Si la forma que la talidad determina por la función talificante es el hombre como *animal de realidades*, por ser *suidad*, la forma de realidad trascendental es ser persona, ser *suidad*, ser *esencia abierta*. Es la función transcendental sobre la talidad humana. Esta forma de realidad supone una ruptura de nivel en el orden de la realidad con el resto de modos o cuasi-modos de realidad inferiores (seres inanimados, vida, cosas) que pertenecen al tipo de realidad de las esencias cerradas, originando un nuevo tipo de realidad, este tipo es la *esencia abierta*. Esta

---

[241] SH 117-118, *Sobre la persona*, 1959.
[242] EDR 222.
[243] Cf. B. CASTILLA Y CORTÁZAR, *Noción de persona*, 160.
[244] EDR 222.
[245] Cf. SE 504.
[246] HD 373.

diferencia no sólo de orden talitativo, ni de forma de realidad, ni sólo de modo de realidad, sino de *tipo* de realidad, es la diferencia *más* radical entre las cosas y las personas, y pertenece al orden transcendental.

> Las diferencias talitativas entre el animal humano y los demás animales son importantes y constatables, pero la diferencia fundamental sólo se percibe desde una consideración estrictamente transcendental. El hombre es, en efecto, otro tipo de realidad[247].

Esto en un nivel noológico implica la necesidad de cambiar el esquema de pensamiento, el sistema racional de mensura de lo real que tradicionalmente en la historia de la filosofía han sido las cosas medidas como cuerpos para dar cabida a las personas. Y eso a pesar del avance que supuso la introducción por parte del cristianismo de la noción de persona la cual en el pensamiento griego era considerada desde una mentalidad cosista, mentalidad que no se superó del todo[248]. Este abrir el sistema de referencia para dar cabida al pensar desde la persona es lo que pide en Zubiri un cambio de mentalidad, la mentalidad personalista, Zubiri abre la razón a la persona para desde ahí repensar toda la realidad[249].

Queda así asentado que en el nivel constitutivo transcendental de la realidad el hombre, *animal de realidades*, es persona; y es persona porque es personeidad y *suidad*, realidad en autopropiedad formalmente suya por ser *esencia abierta*. Esta es la forma de realidad de la persona. Zubiri mide la Suidad con la teología trinitaria en paralelo a la teoría clásica del Ser pero ahora en el horizonte de la realidad, esta aplicación no resulta inadecuada sino enriquecedora, ahora bien no la creemos exenta de dificultades prácticas y necesitada de ulteriores análisis por parte del zubirismo[250].

---

[247] I. ELLACURÍA, «Introducción crítica a la antropología», 117.

[248] En RFSE (1975, cf. SSV 372) constata que a Aristóteles no se le ocurriría nunca apelar a la realidad en cuanto tal en su dimensión personal. Esto sólo ocurre con la llegada del cristianismo.

[249] Cf. IRA 55-57. En estas páginas Zubiri describe como se amplia el espectro de realidad del sistema de referencia en la historia del pensamiento desde un sistema constituido por los cuerpos a otro formado por las cosas, hasta llegar al salto que exige un cambio en el mismo modo de conceptuar toda la realidad con la introducción del modo de realidad personal. La misma constatación estaba ya presente en el curso *Sobre la realidad.* Cf. SR 214-215.

[250] Así Zubiri expresa la Trinidad como única realidad y tres Suidades. El Verbo encarnado es una única Suidad en paralelo a la teoría clásica de la donación del *esse*. Esta terminología permite situar en primer plano la riqueza transcendental de la reali-

CAP. V: APERTURA TRANSCENDENTAL DE LA PERSONA

Por ser Suidad el hombre está implantado en la realidad de un modo determinado, tiene un carácter muy concreto: «Su modo de implantación en la realidad no es formar parte de ella sino ser suyo como realidad frente a toda realidad»[251]. La persona es un «absoluto relativo»[252] porque es suyo frente a cualquier realidad posible (ab-soluto) cobrándose en la misma realidad (relativo). La persona es una realidad absoluta y sagrada.

Dejamos para más adelante el estudio de la articulación entre el ser *a radice* persona y el desarrollo biográfico: la personalidad[253].

Antes demos un paso más directamente relacionado con nuestro tema y analicemos como esta *suidad* en que consiste la persona es intrínsecamente apertura a los demás. Es en parte el desarrollo transcendental de lo que apuntamos en su momento al hablar del *phylum*. Una vez dado este paso abordaremos el tema de la personalidad y el modo de ser del hombre.

---

dad, sin embargo en la práctica debe medirse con tradiciones muy hechas y asentadas en seculares discusiones que deberían rehacerse desde la antropología de Zubiri, tarea por hacer. Un inconveniente práctico reside en fórmulas que formalmente son correctas dentro del horizonte de Zubiri, pero que materialmente se prestan a confusión fuera de su filosofía. Así afirma de modo absolutamente ortodoxo Zubiri que en la Trinidad «no son tres personas realmente distintas; esto sería un triteísmo» (PTHC 272). Hay otras muy sugestivas pero siempre necesitadas de su contexto nativo para no caer en una contradicción sobre la noción de hombre. Como a la naturaleza humana de Cristo su suidad le viene del Verbo, en este caso «el hombre no se pertenece a sí mismo. No en el sentido de ser obediente ni de ser santo ni de ser justo, sino metafísicamente. Carece por sí mimo de suidad, y ésta le viene dada toda entera de la suidad en que consiste la procesión generante y eterna del Verbo. Ya no se pertenece» (PTHC 275). Dentro del esquema zubiriano no suponen un problema, pero a nivel divulgativo son expresiones cuanto menos *chocantes*, y a nivel teológico necesitan de un estudio pormenorizado y una medición con toda la *Historia de los dogmas* que permita comprobar realmente su capacidad. No creemos, a pesar de su dedicación, los zubiristas por su número y la amplitud de campos a tocar tenga hoy por hoy la capacidad de enriquecer la teología con todos los matices y la fuerza de Zubiri. Esperemos que crezcan. De hecho el nivel trascendental del constitutivo formal de la persona alcanzado por Zubiri de entrada parte en posición ventajosa.

[251] HD 51.
[252] HD 52.
[253] Es *personeidad* en cuanto esencia abierta a su propia realidad y la de los demás; y *personalidad* en cuanto abierta a la figura que cobra con sus actos. Cf. SR 214-215.

1.3 *El con de la suidad. La suidad intrínsecamente respectiva y abierta*

Para X. Zubiri toda realidad está por respectividad constitutivamente en conexión con otras realidades. Es la respectividad remitente de cada realidad la que constituye el fundamento de toda relación metafísicamente posterior, sean éstas: relación entitativa, correlación, relación accidental. No cabe concebir, en la filosofía de nuestro autor, un universo de individualidades aisladas. Las cosas, sean del tipo que sean están por su momento de realidad y desde sí mismas en respectividad unas con otras, respectividad que afecta a su misma constitución en cuanto realidad individual. Esta respectividad es el fundamento de la constitución del Cosmos en el plano talitativo y del mundo en el transcendental. La *suidad* humana no escapa a este tipo de vinculación con el resto de realidades. Estas realidades abarcan tanto las cosas y los seres vivos como otras personas. Es la apertura intrínseca de la *suidad* a las otras cosas.

Las cosas del Cosmos no son realidades aisladas porque forman fragmentos respectivos del todo que éste constituye. La *suidad* personal, si bien en cierto sentido es un todo aislado e indiviso, es también constitutivamente comunicación y apertura[254], en virtud de la respectividad que forma parte de su estructura interna.

Esta apertura respectiva del hombre a las cosas, y especialmente a otras personas o suidades, se expresa con la preposición *con*. El *con* «forma parte de la estructura interna de la sustantividad del hombre, marcando no sólo sus dimensiones talitativas sino también transcendentales»[255].

De este modo existe en la persona una estructura constitutiva que marca una apertura a los demás con los que comunica en el *mí mimo*, más allá del plano operativo. En la persona «no es un sí mismo tan sólo respecto de la realidad en cuanto tal, sino un sí mismo respecto de los demás hombres»[256].

La persona no es un mónada completa que *a posteriori* se comunica con los demás. Está internamente modalizada por la respectividad intrínseca del *sí mismo* para comunicar con los demás. El hombre lleva en su estructura interna a los demás dentro de sí. Los demás no sólo le son necesarios diacrónicamente para venir a la vida (como vimos al hablar del *phylum*), sino que lo son constitutivamente en el plano trans-

---

[254] Cf. B. CASTILLA Y CORTÁZAR, *Noción de persona*, 187.
[255] B. CASTILLA Y CORTÁZAR, *Noción de persona*, 197.
[256] EDR 251.

cendental. Desde su raíz la persona está internamente modificada por su versión a los demás. En cierta medida los demás son yo mismo: en *mí mismo* están los demás. Zubiri llama *mí mismo* al núcleo de la personeidad y la *suidad*. Cada hombre:

> tiene en sí mismo, en su propio *sí mismo*, y por *razón de sí mismo*, algo que concierne a los demás hombres. Y este *algo* es un momento estructural de *mí mismo*. Aquí los demás no funcionan como algo con que hago mi vida, sino como algo que en alguna medida soy yo mismo. Y sólo porque esto es así *a radice*, sólo por esto puede el hombre después hacer su vida *con* los demás hombres. El mí mismo *desde* el cual hago mi vida es estructuralmente y formalmente un mí mismo respecto de los demás[257].

Por eso prosigue manifestando que se trata de un *con* de nivel estructural, más profundo que la relación y que el dinamismo vital:

> Los demás hombres, antes que realidades con las que hago mi vida, son realidades con las que estoy en *convivencia*. Y sólo en esta convivencia soy mí mismo en forma concreta. El mí mismo es un mí mismo en convivencia. Y este *mí mismo* es aquel *desde* el cual hago mi vida[258].

Desde aquí queda claro que:

> La convivencia no es simplemente una *interacción*. La interacción sería, en definitiva, algo si no extrínseco por lo menos sí consecutivo a cada uno de los entes que reaccionan entre sí; [...] Evidentemente no es el caso. La convivencia pertenece a la estructura de cada uno de los hombres. Es decir, el hombre convive esencialmente[259].

Los demás están presentes en el nivel de *suidad* y personeidad. No son algo con lo cual hago meramente mi vida, algo situado en el nivel de la personalidad y de la operación. Están en mí los otros antes y más profundamente que cuando vivo mi propia vida. Esta profundidad no se da en igual medida en la respectividad con las otras cosas.

El camino que sigue Zubiri para llegar a esta afirmación es un fino análisis del *con* desde su nivel más superficial y operativo, hasta este *con* radical y estructural anclado en el *sí mismo*. Este análisis conduce a este esbozo de estructura esencial respectiva a los demás. Esta respectividad es fundamento de lo que nosotros denominaremos nostreidad, y también de lo que estudiaremos como habitud entitativa de alteridad[260].

---

[257] EDR 251.
[258] EDR 251-252.
[259] EDR 252.
[260] Cf. cap. VI en p. 427.

En su primer percatarse de la estructura fundamental del *con* Zubiri usa el término de Heidegger: *Mitsein*[261], ser-con, junto a una consideración del mundo exterior como estructura formal del sujeto humano y no como mero hecho — son categorías provisionales de su metafísica del haber[262] —. En este sentido afirma refiriéndose al ser — realidad en su filosofía madura — del hombre con las cosas (englobando cosas, vivientes y personas):

> el ser del sujeto *consiste formalmente*, en una de sus dimensiones, en estar *abierto* a las cosas. Entonces, no es que el sujeto exista y *además* haya cosas, sino que ser sujeto *consiste* en estar *abierto* a las cosas. La exterioridad del mundo no es un simple *factum*, sino la *estructura ontológica* formal de sujeto humano. En su virtud, podría haber cosas sin hombres, pero no hombres sin cosas, y ello [...] porque sería una especie de *contra-ser* o contra-existencia humana. La existencia de un mundo exterior no es algo que le adviene al hombre desde fuera; al revés: le viene desde sí mismo. [...] lo que el sujeto *pone* con ésta su *apertura* es precisamente la apertura y por tanto, la *exterioridad*, por la cual es posible que haya cosas *externas* al sujeto y *entren* (*sic veniat verbo*) en él. Esta posición es el ser mismo del hombre. Sin cosas, pues, el hombre no sería nada[263].

El hombre se encuentra y se pone en apertura ante las cosas. De ahí deriva que, ya en aquel entonces, vea la compañía de las cosas, el *con*, como uno de los caracteres ontológicos de la persona.

> Esa unidad, radical e incomunicable, que es la persona, se realiza a sí misma mediante la complejidad del vivir. Y vivir es vivir con las cosas, con los demás y con nosotros mismos, en cuanto vivientes. Este *con* [...] es uno de los caracteres ontológicos formales de la persona humana en cuanto tal, y, en su virtud, la vida de todo ser humano es, constitutivamente, *personal*[264].

Por eso para el hombre: «existir es existir *con* — con cosas, con otros, con nosotros mismos —. Este *con* pertenece al ser mismo del

---

[261] Se trata del cap. IV de *Sein und Zeit*, titulado «El *ser en el mundo* como *ser-con y ser sí mismo*. El *uno*» y especialmente del parágrafo 26: «El *ser ahí con* de los otros y el cotidiano *ser con*». Cf. M. HEIDEGGER, *Ser y tiempo*, 126-147.

[262] Se muestra también su progresivo distanciamiento de Heidegger a medida que madura su *reología* y sustituye el ser con la realidad. Así en los escritos maduros (EDR), manteniendo la idea central, elimina la expresión ser-con y la sustituye por la expresión a secas: *con*. Con ella designa la estructura de apertura fundamental de la sustantividad humana. Cf. B. CASTILLA Y CORTÁZAR, *Noción de persona*, 189.

[263] NHD 421, EPD.

[264] NHD 426, EPD.

CAP. V: APERTURA TRANSCENDENTAL DE LA PERSONA

hombre: no es un añadido suyo. En la existencia va envuelto todo lo demás en esta peculiar forma del *con*»[265].

Este *con* se descubre primeramente en la estructura de la vida, en el plano operativo, más superficial que el nivel esencial de la razón (llegaría hasta la constitución misma de la sustantividad). Así, desde el nivel operativo de la vida, afirma en EDR:

> El hombre ejecuta los actos de su vida con las cosas, con los demás hombres y consigo mismo. Este *con* (*con* las cosas, *con* los demás hombres, *con*-migo mismo) no es un añadido, una relación extrínseca que se añade al hombre en el ejercicio de su vida. Esto sería absolutamente quimérico. Es algo mucho más radical. El *con* es un momento formal de la misma vida, y por tanto de la sustantividad humana en su dinamismo vital[266].

Y realiza un interesante parangón que relaciona el *con* con el *sí mismo*:

> De la misma manera que la respectividad no es un añadido relacional a cada una de las cosas que están en respectividad, sino que es la estructura interna, intrínseca y formal de cada una de las sustantividades, análogamente el momento de *con* es un momento intrínseco y formal a la estructura de la vida, y por tanto del dinamismo humano en cuanto tal[267].

En este primer estrato del análisis, en que ya se apunta a la esencia de la sustantividad, nos movemos aún en el campo de lo operativo. El *con* se muestra noológicamente en el campo de realidad, en el nivel del logos, es el terreno del sentido. Es aquí donde entra en juego la diferencia entre la cosa-realidad y la cosa-sentido. La cosa-realidad es la que se nos presenta meramente actualizada en la inteligencia como lo que es *de suyo* en sus propiedades reales, son las cosas en su nuda realidad. La cosa-sentido añade una nueva respectividad, es la actualización no sólo de sus propiedades reales, sino la actualización respecto a los actos vitales que el hombre va ejercer con ellas. Son cosas cuya respectividad es el *sentido* que tienen para la vida[268]. Entre ambos tipos de cosas hay diferencia y relación de fundamentación[269].

---

[265] NHD 429, EPD.
[266] EDR 225.
[267] EDR 225.
[268] Cf. SSV 229, *El problema del mal*, 1964.
[269] Por eso a la cosa-realidad le trae sin cuidado adquirir un sentido: «Que una oquedad de una montaña sea una caverna y habitación de un hombre, le tiene sin cuidado al fenómeno geológico» (EDR 228). La diferencia entre ambas se descubre noológicamente. La IS percibe la nuda realidad, sólo de modo ulterior capta el sentido de esa realidad. Cf. EDR 226-227.

El sentido que tienen las cosas en el campo de realidad que se abre en la inteligencia humana se puede considerar desde el lado que da a las cosas mismas y desde el lado que da al hombre para el cual las cosas tienen sentido.

En el respecto humano las cosas adquieren sentido para la vida del hombre convirtiéndose en instancias y recursos, son ellas las que le urgen, le obligan a hacerse cargo de las situaciones, a decidir, y son con las que cuenta para realizarse:

> *En primer lugar* son, tienen por lo pronto carácter de *instancias*. Le urgen, el hombre no puede dejar de ejecutar un acto vital. Y, en *segundo lugar*, no solamente no puede dejar de ejecutar un acto vital sino que en una u otra forma tiene que ejecutarlo recurriendo a esas cosas y a sí mismo a modo de *recursos*. Recurso-instancia es la primera estructura formal del sentido en cuanto tal[270].

Como este *con* con el que el hombre hace su vida no es una relación añadida sino un momento intrínseco, formal y constitutivo de ésta, el sentido se constituye como tal sentido para el hombre sobre la base de «ser un constructo de la nuda realidad con la vida del hombre. El sentido es el constructo de la realidad con la vida humana»[271].

Desde el lado de las cosas, de la nuda realidad, Zubiri descubre que el sentido no abandona la cosa-realidad ya que está constitutivamente edificado sobre las propiedades[272]. Son las propiedades reales las que tienen mayor o menor capacidad para constituir a la cosa en algo con sentido para el hombre. Condición es el término elegido para designar la capacidad que tiene la realidad de constituirse en sentido, de modo que «El sentido se funda constitutivamente en la condición»[273]. Condición es algo que pertenece de modo constructo a las cosas:

> condición es la capacidad de la realidad para quedar constituida en sentido. Sin hombre no habría sentido; pero tampoco lo habría sin la condición de la realidad. La cosa-sentido se funda en la cosa-realidad; y este fundamento es justo la condición[274].

---

[270] EDR 226.
[271] EDR 228.
[272] No se puede hacer una puerta de humo. No todas las cosas poseen la misma capacidad para tener un sentido determinado. A pesar de ser el sentido completamente independiente de la nuda realidad, sin embargo es la realidad la que tiene ese sentido o no lo tiene. Cf. EDR 228.
[273] EDR 228.
[274] SSV 231, *El problema del mal*, 1964.

CAP. V: APERTURA TRANSCENDENTAL DE LA PERSONA

Pero además sobre las cosas como recursos se edifican las posibilidades, ya que con un mismo recurso el hombre puede realizar acciones muy diferentes: «Las distintas acciones que se podrían ejecutar con las cosas-sentido que nos rodean en cada situación es, por lo pronto, lo que llamamos *posibilidad*»[275].

Una de las características de la posibilidad es la pluralidad. La palabra posibilidad ordinariamente se utiliza en plural, porque aunque no hubiera más que una posibilidad en una situación concreta uno podría optar, al menos, por aceptarla o rechazarla[276].

Posibilidad es siempre hacer tal cosa en tanto que real, no sólo en cuanto que tal, por eso la posibilidad es algo exclusivo del hombre pues no la tienen los animales[277]. Posibilidad se opone a potencia aristotélica en la misma medida en que Zubiri distingue acto de acción[278]. La acción es un sistema funcional dinámico de actos. Y la posibilidad es posibilidad de acción no de mera actuación. Además las acciones pertenecen a la sustantividad entera, es todo el hombre el que entra en juego estructural y sistemáticamente en cada acción. En cambio en los actos pueden entrar alguna de sus facultades solas. Las facultades naturales entran en la acción como dotes[279]. Dotes y recursos son el sistema completo con el que el hombre cuenta en su dinamismo vital.

Así se constituye el estado constructo de la vida: «La unidad que hay en la vida *con* las demás cosas, *con* los demás hombres y *con*-migo mismo»[280], según el cual las cosas, los hombres y mi realidad tienen *sentido* para mi vida. Sentido que se funda en la *condición*, y por el que las cosas-sentido forman posibilidades. Por eso en el plano vital:

---

[275] EDR 229.
[276] B. CASTILLA Y CORTÁZAR, *Noción de persona*, 194.
[277] Pues: «Las posibilidades entran en el orden de la realidad, no se quedan únicamente en el orden talitativo», B. CASTILLA Y CORTÁZAR, *Noción de persona*, 196.
[278] Aristóteles usó el término potencia en dos sentidos. Uno es la potencia activa como capacidad de actuar sobre otro en tanto que otro. Otro es la potencia como realidad que está sólo potencialmente contenida en otra (bellota – encina). Ninguno resulta satisfactorio para explicar la posibilidad, ya que se ésta se mueve en el ámbito de la acción no del acto. Cf. EDR 230-232.
[279] «Recursos, *en primer lugar*, de cosas. Y, *en segundo lugar*, repito, para las acciones: el sujeto las ejecuta, el hombre las ejecuta *desde sí mismo*. Esto quiere decir que su propia naturaleza interviene como recurso de unas posibilidades en forma muy determinada. Su naturaleza no es un sistema de datos naturales que posee sino que es algo distinto: es un sistema de *dotes* con que cuenta». EDR 233.
[280] EDR 248.

las acciones requieren *posibilidades* que se van forjando en el curso de la vida. Estas posibilidades nos descubren las cosas como instancias para forjar, para elaborar nuestra personalidad, y como *recursos* de los cuales disponemos justamente para hacer nuestra personalidad[281].

Como podemos observar el plano de la vida se mueve en el nivel de la personalidad, éste es descubierto en esta descripción concreta antes que el nivel radical de la sustantividad esencial, sobre el que hablaremos en apartados posteriores. Sin embargo ya se ve aquí que el *con*, el ir acompañado en la vida de cosas, es algo que pertenece intrínsecamente a la sustantividad en cuanto dinámica, se trata del dinamismo de la posibilitación y de la apropiación del que también nos ocuparemos.

Como las posibilidades entran en el orden de lo real en cuanto tal se descubre que el *con* del que estamos siguiendo la descripción ha de pertenecer no sólo a la estructura humana en cuanto talidad sino que también le pertenece en el nivel transcendental, esto es, pertenece a la estructura de la sustantividad humana en cuanto realidad. Es lo que apuntábamos al principio del recorrido al citar el texto de NHD: el *con* forma parte de la estructura ontológica formal del sujeto humano[282]. Este paso se apoya también en otro pilar: el hombre realiza sus acciones *desde* sí mismo. Así el *con* no sólo será parte estructural de la sustantividad como vida, sino de la esencia misma de la realidad humana. El *desde* «no es una relación extrínseca a mí mismo; tampoco es un momento estructural de mi sustantividad como vida. Es algo mucho más hondo, es un momento estructural del *mí mismo* en cuanto tal»[283]. Afecta pues no sólo a la vida, al nivel que estudiaremos como personalidad, sino a la estructura de la sustantividad humana.

Suidad es por tanto algo abierto, algo *con* estructuralmente, que desde sí funda el constructo posterior — metafísicamente hablando — de la vida y las cosas, los demás y yo mismo. La *suidad* es pues estrictamente apertura y respectividad fundante de la vida como apertura a realizarse con las cosas, los demás y con uno mismo. Queda mostrado así el camino por el que Zubiri llega a lo que definíamos al principio de este apartado.

Pasemos ahora a analizar otra dimensión de la persona que ya nos ha salido al paso en este recién acabado análisis del *con*: la personalidad, el ser del hombre y su modo y, desde ahí, su apertura al mundo. En

---

[281] EDR 248-249.
[282] Cf. NHD 421, EPD.
[283] EDR 226.

pasos posteriores veremos como esa apertura se manifiesta dinámicamente y como tiene una vertiente que apunta a la fundamentalidad.

2. El modo de ser del hombre: apertura al mundo y subjetividad

Nos adentramos ahora en otra de las dimensiones que nos abre la consideración transcendental respecto al mundo. Si hasta ahora hemos considerado el momento de actuidad, de realidad física en sentido constitutivo y operativo; a partir de este momento nos introducimos en el ámbito de la realización temporal de la *suidad* y el campo derivado del ser, de la actualidad de la persona en el mundo, el modo de ser del hombre, su Yo. Del ser humano y no de la realidad humana es de lo que vamos a tratar: «El Yo es el acto de afirmarse como absoluto. Es mi reactualización como realidad absoluta frente a todo»[284].

2.1 *Personalidad*: Apertura a la propia realización. Suidad campal

Para Zubiri personeidad y *suidad* designan los elementos constitutivos de la persona antes de cualquier apropiación de posibilidades. Así:

> el oligofrénico es persona; el concebido, antes de nacer es persona. Son tan personas como cualquiera de nosotros. En este sentido, la palabra persona […] significa un carácter de sus estructuras, y como tal es un punto de partida[285].

Es imposible que tenga personalidad quien no es estructuralmente persona. Sin embargo «no deja de ser persona porque ésta hubiera dejado de tener tales o cuales vicisitudes y haya tenido otras distintas»[286]. Estas vicisitudes conforman la personalidad. Reológicamente la estructura subjetual y la personalidad se fundan en la personeidad[287].

Personalidad es la configuración de la figura de realidad que el hombre hace en su decurso vital mediante sus acciones, apropiaciones y decisiones, es el momento de concreción de la personeidad. Desde el origen se es personeidad, y se sigue siendo personeidad a lo largo de toda la vida, siempre se es el mismo. Pero al mismo tiempo, durante la vida — desde el estado embrionario hasta la muerte —, se va modulando la personalidad: nunca se es lo mismo pues se va cobrando una figura concreta. Personalidad y personeidad son dos aspectos *inseparables*

---

[284] 3DSH 9
[285] SH 113, *Sobre la persona*, 1959.
[286] SH 113, *Sobre la persona*, 1959.
[287] Cf. HD 48-49.

de una única realidad que se desarrolla en el tiempo, «no se trata de dos estratos sino de dos momentos de una realidad única: de la concreta persona humana»[288] que articulan en nivel transcendental el aspecto constitutivo y el operativo.

No es un estudio psicológico o psiquiátrico de la *personalidad*[289], la personalidad es metafísica: es la figura propia del ser de la persona,

> pero de mi ser como revirtiendo efectivamente sobre las estructuras esenciales de quien es acto segundo. La esencia abierta es persona, por consiguiente incluye en una forma o en otra forma ese momento de acto segundo de reversión por identidad al acto primero: la personalidad en tanto que precisamente es el acto segundo, el acto íntimo de la persona, de la personeidad en acto primero[290].

Por esto poseerse no consiste simplemente en continuar siendo el mismo no siendo nunca lo mismo, sino que es continuar siendo persona configurándose nuevamente como personalidad en cada instante. «La persona no puede ser lo que es [...] más que personalizándose, es decir, dando de sí mismo como persona algo que es una personalidad»[291]. Por ello el dinamismo de la suidad es el dinamismo de la personalización. En este sentido la personalidad es a una concreción de la personeidad y del ser de la persona, del yo.

Por ser personeidad el hombre transciende sus actos y desarrolla respecto de ellos una triple función: agente, autor y actor[292]. Primero, es agente natural de ellos por las dotes que tiene en común con otros seres vivos. Segundo, y a diferencia del animal, es autor de sus actos cuando opta por unos actos u otros, por una manera de ser u otra. Tercero, es actor de sus actos en cuanto está inscrito en una trama de la realidad de la que no es dueño. Es el papel que le ha tocado vivir al encontrarse

---

[288] HD 51.
[289] Las modulaciones concretas que la personeidad va adquiriendo durante su vida, la personalidad no está constituida formalmente por caracteres psíquicos y orgánicos en cuanto tales, sino en cuanto *determinan y modulan* la personeidad. Cf. HD 50 y B. CASTILLA Y CORTÁZAR, *Noción de persona*, 167.
[290] EDR 224-225.
[291] EDR 225.
[292] A estas tres dimensiones de la personalidad se corresponden tomadas unilateralmente, diversas posiciones filosóficas: 1.- naturalismo, centrada en la persona como mero agente, 2.- idealismo y su opuesto existencialismo centrado en el hombre como mero autor, 3.- escepticismo (tomado etimológicamente de espectacular) con dos tipos: diletantismo y comprensionismo, tomado del hombre como actor. Cf. SH 591, *El problema del hombre*, 1953-54.

CAP. V: APERTURA TRANSCENDENTAL DE LA PERSONA 327

ante unas determinadas circunstancias históricas, sociales e internas que le vienen dadas[293]. Visto desde las tres articulaciones de la temporalidad humana[294] estas tres funciones quedan así:

> Respecto al tiempo como mera *duración* sucesiva — articulada en un *antes, ahora* y *después* —, el hombre actúa como *agente natural* de acciones diversas, realizadas mediante el simple ejercicio de las potencias y facultades, respecto al tiempo como *futurización* — articulado en *presente, pasado* y *futuro* —, el hombre elabora en el presente proyectos de futuro a base de las posibilidades que le ofrece el pasado, y se convierte así en *autor biográfico*, y, a veces, *histórico*. Respecto al tiempo como *emplazamiento*, el hombre es un *actor personal* que juega su papel existencial y asume la muerte a la que se ve abocado[295].

Estas tres funciones de la actividad humana no se identifican ni son independientes, tienen la misma articulación que la temporeidad: «La unidad de agente, autor y actor en el tiempo es la unidad de duración, futurización y emplazamiento»[296]. Por ellos se realiza la trama *transindividual* de destinación[297].

Los actos en su triple dimensión surgen unitariamente de la persona, ahora bien, en cuanto tal «la personeidad no es principio de operación en sentido de ser agente, pues para ser agente no es necesario ser persona, pero si lo es en cuanto autor y como actor»[298].

Los actos ejecutados refiguran la propia realidad de la intimidad, la *forma animi*[299], y por ello la multiplicidad de actos debe considerarse de forma unitaria. Así se forja cada uno su persona: «Personalidad no es sin más un conjunto de actos, sino es la cualidad que esos actos imprimen a la realidad de un ejecutor»[300]. Esto se debe a que el hombre no solo ejecuta los actos, sino que se los apropia[301]. La personalidad se

---

[293] Cf. SH 125-126, *Sobre la persona*, 1959.
[294] Cf. SH 632, *El problema del hombre*, 1953-54. Cf. relación a Bergson en p. 55.
[295] A. LÓPEZ QUINTÁS, «La realidad humana», 443-444. La primera estructura «se funda en la duración y está montada sobre el carácter del ritmo vital, en que se denuncia el hombre como agente de la continuidad de sus actos. Por la futurización el hombre está en el tiempo como autor de su propia interna temporalidad. Como emplazamiento el hombre está en el tiempo como actor de la vida que le han señalado, del tiempo que le han fijado». SH 616, *El problema del hombre*, 1953-54.
[296] SH 616, *El problema del hombre*, 1953-54.
[297] Cf. SH 593, *El problema del hombre*, 1953-54.
[298] B. CASTILLA Y CORTÁZAR, *Noción de persona*, 168.
[299] Cf. SH 136-137, *Sobre la persona*, 1959.
[300] SH 113, *Sobre la persona*, 1959.
[301] Cf. SH 127, *Sobre la persona*, 1959.

caracteriza por tener cierta estabilidad y continuidad. Además la personalidad califica intrínseca y formalmente al que la posee, otorgándole junto a una biografía una *forma mentis*. Es el modo en que la persona está abierta por la personalidad a su propia realización, otra dimensión de la apertura transcendental. La personalidad es el punto de llegada progresivo del desarrollo vital.

Visto desde el punto de vista noológico la personalidad reside en el *logos* de la subjetividad en su aparecer campal[302], variable y mudable:

> mi realidad (toda realidad humana) tiene una actualización campal. Es lo que constituye lo que en última instancia se llama la personalidad de cada cual. La personalidad es un modo de actualidad de mi propia realidad en el campo de las demás realidades y de mi propia realidad. Y por esto, la personalidad tiene inexorablemente las inevitables vicisitudes del campo de realidad[303];

junto a la personeidad, esencia constitutiva a la que se llega por esbozo en el nivel de la razón, mi realidad: «tiene también una actualidad mundanal, yo soy persona, es decir personeidad, y como pura y simple realidad, mi realidad no es personalidad. […] Como momento mundanal, yo soy persona, es decir *personeidad*»[304].

2.2 *El Yo o la concreción de la persona humana*

Una vez estudiados la forma y el modo de realidad del hombre (la *suidad* o personeidad como absoluto relativo) y tras haber visto su apertura constitutiva a la propia realidad, a los otros y a la propia realización en el tiempo por la personalidad, hay que considerar la actualidad de la persona en el mundo: el ser del hombre, su yo[305], noción

---

[302] Cf. IRE 272-273. En *noología* «Personalidad es la cualificación campal de la personeidad». IRE 273. La personalidad es la actualización campal de mi realidad y me – mi – yo son los tres modos de actualizarla en progresiva radicalidad. En el campo aparecen las demás cosas y los demás que modulan la personeidad con distintas configuraciones mediante la realización. También las *cosas-sentido* pertenecen a la actualización campal de lo que yo soy como realidad como momentos constructos de cada cosa con mi vida, ahí entran los demás. Cf. J. SÁEZ CRUZ, *La accesibilidad de Dios*, 97-98.

[303] IRE 273.

[304] IRE 273.

[305] Seguimos el trazado de HD 47: las notas hacen del animal de realidades una forma de realidad y un modo de implantación en ésta y, además, esta realidad humana, según su forma y modo de realidad, es actual en el mundo, el hombre tiene un ser propio.

metafísica muy próxima al concepto de *haecceitas*[306] y que determina la realidad humana siendo.

Para acceder a esta actualidad mundanal Zubiri describe las formas constitutivas y dinámicas de la suidad[307]. Por ellas se configura la intimidad y «no sólo soy *mío*, sino que hago de mí lo que quiero ser»[308], según los grados de apropiación de las cosas y de las circunstancias. Con ellas se muestra la conjunción entre el *esse sicut agere* con el *agere sequitur esse*. El hombre no modifica su personeidad[309], no construye su mí[310], sino la forma que va a tener ese mí: prospectivamente es lo que va a ser de mí. Mediante la acción vital se concreta al máximo la suidad: Ser me – mi – yo es ser realidad propia reduplicativa y personalmente.

---

[306] Cf. B. J. DUNS SCOTO, *Rep. Par.* 1.II, d12, q6 n13. Para Scoto la última individualidad se adquiere por la *ultima actualitas formae* que da la *ultima realitas entis*. Cf. E. GILSON, *Jean Duns Scot*, 464-466. Salvando la realidad zubiriana de la persona su Yo mismo es muy próximo nocionalmente. No se puede entender la sustancia en su ser sino cuando es *ésta*. La actualidad en el mundo del yo sería la última concreción de la persona. Su existir o estar actualmente en él.

[307] Cf. EDR 222s.

[308] SH 160, *La concreción de la persona humana*, 1975.

[309] La estructura del Yo se constituye desde la autoapertura a través de propiedades apropiadas y gracias a los rasgos naturales de la personeidad, por eso nunca cambia la raíz. Cf. SH 480-481, *La concreción de la persona humana*, 1975. «Es cierto que todo argumento es *mi* argumento. Pero si se pretende que a fuerza de concretar el argumento se obtiene el *mí* por una especie de vuelta de la vida sobre sí misma, pretenderíamos algo quimérico. Al contrario, porque el hombre es radicalmente ya en el primero de sus actos vitales un *mí*, el argumento, la forma en que el mí está expuesto en cada situación a una forma distinta, es parte intrínseca de mi propia vida, es el argumento de mi vida. De ahí le viene su sentido a la unidad de la vida y no de la unidad del argumento. El sentido último y radical le viene a la vida de la mismidad con que se va definiendo la sustantividad a lo largo de sus situaciones vitales. La vida es una porque la sustantividad es siempre la misma sin ser nunca lo mismo». SH 584, *El problema del hombre*, 1953-54.

[310] Zubiri en algunos textos usa el mí unido al mí mismo en sentido de personeidad, es un uso diverso del mí como forma de la personalidad. Este mí sustantivo en forma prospectiva y en forma presente es un presupuesto de lo que yo voy a hacer con él. Lo que consigo es la figura del mí, la figura de la subsistencia, y ahí es donde se encuadra el problema metafísico de la libertad. Cf. SH 106 y 151-152, *Sobre la persona*, 1959. Por eso «la persona no es primariamente un Yo. Más profundo que ese carácter de oposición al objeto o de contradistinción comunicativa con los otros sujetos o de reafirmación propia frente al todo de la realidad, está ese poseerse en propio formalmente en tanto que realidad. El yo se funda en el carácter de persona, que le compete a la realidad humana». I. ELLACURÍA, «Introducción crítica a la antropología», 123-124.

Este ser de la persona se percibe en los tres niveles de IS pues el *ser* es sentido[311] por estar aprehendido oblicuamente en APR[312]. Así se actualizan las diferentes subjetividades: de primera persona del singular (me – mi – yo)[313], de nosotros, del tú y de ellos. Esta actualización viene seguida de la evidencia medial del *logos*[314] que señala más expresamente a la reidad del otro en el *entre*, aprehendiendo[315] el propio ser *desde* los demás; y, por último, se actualiza su forma de realidad en la razón. Como reactualización de la propia realidad en el *entre* del campo

---

[311] Contrasta con Parménides para quien el ser es sólo inteligido, «por su ulterioridad el ser es co-sentido. Por ello el *estar* se inteligue en modo recto y el *siendo* en modo oblicuo». Zubiri sustituye el ser copulativo por el ser de lo afirmado en el logos. No se trata del ser sustantivo y copulativo clásicos, sino que son respectivamente: «lo expreso oblicuamente en la aprehensión primordial de realidad y lo expreso de lo que la cosa es en realidad». G. GÓMEZ CAMBRES, *La inteligencia humana*, 106 y 108.

[312] De la sublimación de la oblicuidad del ser, sustantivo o afirmado, derivaría la entificación; que olvida la primordial realidad. Cf. A. PINTOR-RAMOS, *Génesis y formación*, 126-127.

[313] No estamos de acuerdo en dos puntos con G. GÓMEZ CAMBRES:
En primer lugar en *La inteligencia humana*, 20-21 al utilizar el camino fenomenológico de Zubiri en PH y HD 56-64 — de la personalidad a la personeidad: Partiendo del Yo de la personalidad opuesto al tú y al él somos remitidos al plano vivencial del mí con su momento de mismidad, para desde ahí alcanzar el *me* como estrato más profundo de la vivencia en el que se nos muestra por análisis la instancia última de la estructura física de la realidad, encontrando la noción de persona — no recoge toda la riqueza del me, el mi y el yo como actualizaciones del ser de la persona, quedándose exclusivamente al análisis vivencial, sin llegar al reológico.
En segundo lugar cuando este autor se pregunta por el carácter constitutivo de la persona en *Zubiri: el realismo transcendental*, 64-66, cree encontrarlo en la diferencia entre lo operativo y lo constitutivo formulado por Zubiri como forma de realidad. Nosotros pensamos que no es tan sencillo. Es cierto que la razón encuentra el fundamento último en la personeidad (realidad frente a ser de la personalidad) pero creemos que en *reología* la actualización mundanal es una estructura necesaria y fundamental. Sin personalidad no hay persona como tampoco la hay sin personeidad. Lo operativo entra en lo constitutivo de la persona. No tiene sentido preguntarse en este plano por el *minimum* personal. De ahí que Zubiri busque la personalidad en el embrión humano y hable de personalidad pasiva. Personalidad es a una realidad y ser y por tanto estructura reológica imprescindible, otra cosa es que sea indiferente tener ésta u otra.

[314] El *logos* extrae del campo logrado mediante la APR un predicado y lo eleva. El sujeto es visto desde el predicado no al revés como en la escolástica. El inteligir lógico es un aprehender del *desde* y denotativo. Desde la reidad del sujeto se avanza hasta aprehender la reidad del predicado. Este es un ver mediato, una videncia – desde (ex-videncia = evidencia). Es una actualización medial: entre las cosas desde ellas. Cf. J. VILLANUEVA, *Noología y reología*, 231-232.

[315] Simple aprehensión del *logos*.

y en el mundo, la intimidad[316] va a ser el ámbito en que surge y se desarrolla la personalidad. Por ello el ámbito de la intimidad es el ámbito del me, del mí y del yo[317]; y también será el ámbito de la intersubjetividad. El encuentro medial con los otros viene propiciado por el original *me*.

La primera forma de hacerse a sí mismo es el *me*. Hay quien está más o menos sobre sí, como la voluntad tiene distintas capacidades de querer. El me es la forma primaria y radical de estar sobre sí, del υπερκείμενον, en la capacidad de salir de sí al menos se ha salido del *mero estar*[318].

> encontrándose la persona humana simplemente con una cosa o con varias, esta persona no solamente está rodeada de unas cosas que le suscitan de una cierta manera, sino que tiene ese pequeño coeficiente del que carece el animal, que es el *me*. *Se* siente bien, *se* siente mal; es la forma del *me*: él personalmente[319].

Muchas lenguas, p. e. el griego, iranio y sánscrito, lo expresan en forma medial, pero el castellano lo traduce con el *me*. El *me* representa «la forma medial, que es la primaria y radical con que el hombre es formalmente suyo en los actos de su vida»[320]. El *me* no es:

> ninguna abstracta estructura metafísica: es lo que hacemos todos cuando, a lo mejor, en una visita vemos a una persona a quien se le pregunta algo, y que ésta empieza a tomar toda clase de cautelas: he aquí un hombre que está sobre sí[321].

La persona primero es *me*[322]. En el acto del *me* sus contenidos concretos[323] cobran un carácter especial por ser momentos suyos: son vi-

---

[316] «El *mí* no es un sujeto, sino el carácter de intimidad que tiene todo cuanto personalmente compete al hombre. [...] por razón de la intimidad, eso que llamamos yo, mí, me, es algo que está *sobre sí*, que está por encima de sus actos». SH 133-134, *Sobre la persona*, 1959.
[317] Ámbito de vibración de participación de lo real o, según los antiguos, el fondo abisal del alma Cf. A. LÓPEZ QUINTÁS, «La experiencia filosófica», 467-468.
[318] Cf. SSV 72-74, *Acerca de la voluntad*, 1961.
[319] EDR 222-223.
[320] EDR 223. «Esta reactualización sobre mí mismo, es lo que expresa en su forma medial el *me*, y por consiguiente el *mí*: me encuentro con las cosas». SH 665, *El problema del hombre*, 1953-54. Cosas engloba indiferenciadamente personas y cosas.
[321] SSV 72, *Acerca de la voluntad*, 1961.
[322] El hombre no solamente siente unas cosas, sino que *se* siente de una manera o de otra. Es la primera forma en que «se va actualizando a lo largo de todos los mo-

vencia[324]. La vivencia del *me* es vivencia de la independencia en respectividad de las cosas y personas[325]. El *me* posibilita la realidad de *mi* mundo, del mundo público o para cualquiera y del mundo, pues en el *me* la vivencia no es sólo vivencia de esta realidad sino vivencia del mundo primordial[326].

Con el pronombre mí se expresa el siguiente grado en el proceso de personalización, es la segunda forma dinámica de la *suidad*. Esto ocurre cuando se organiza su mundo talitativo y «el hombre se siente él centro de ellas. Justamente entonces ese *me* se torna en algo distinto, que es un *mi*, constitutivamente apoyado en un *me*»[327].

La tercera forma, apoyada en las dos anteriores es el *Yo*. Este aparece: «Cuando esas cosas no solamente son esas cosas reales, sino que el hombre se enfrenta con las cosas reales en tanto que realidades en el todo de la realidad, entonces cobra el carácter de un *Yo*»[328]. El Yo sólo es posible y lo es exigitivamente, desde el *mí*[329].

Cada forma supone la anterior, hay correlación y orden de fundamentación: «Cada uno de los momentos subtiende dinámicamente al término posterior»[330]. Hay un momento en que el *me* no puede sentirse *me* sino sabiéndose *mí*. Y el *mí* en cierto momento no puede ser *mí* sino subtendiéndose en forma de *yo*.

La forma radical es el *me*, no el *yo*. El hombre nunca está ausente de ese *me*, y será más *me* cuanto más indistinto e inexistente sea para sí mismo el hombre y cuanto más distinto sea de la realidad en la que está absorto. Cuando el hombre queda no absorto en la realidad aparece esa

---

mentos de su existencia como un *me*, en primera persona, o como un *se*, en tercera». HV 114.

[323] P. e.: Los actos son: me siento bien, me siento mal, me siento alegre. Sus contenidos: el alegre, el triste, el bien y el mal.

[324] «Es la verdad real de mi realidad propia. [...] Solamente donde hay verdad real, hay la posibilidad [...] de un sujeto propio con unas vivencias determinadas». HV 115-116.

[325] Cf. SH 570-571, *El problema del hombre*, 1953-54.

[326] Cf. SH 571, *El problema del hombre*, 1953-54.

[327] EDR 223. «Y otra cosa completamente distinta es aquello que propiamente es mío. Es el *mi*. Sobre el *me* — en tanto que *me* encuentro — se actualiza en mí algo que puede ser *mi*; por ejemplo, el placer de escribir, o el gusto de estar aquí. En esto sí que no solamente *me* siento de una manera o de otra, sino que es *mí*, es *mi* placer». HV 114.

[328] EDR 223.

[329] Sólo «en cuanto que algo es mío, puede el hombre realizar ese último matiz del acto de poseerse a sí mismo como realidad, que es justamente el *yo*». HV 114.

[330] EDR 223.

especie de fuero interno que es el *mí*. El *yo* aparece cuando ese *mí* se enfrenta con el todo de la realidad. Es la apertura del hombre a *la* realidad en cuanto tal desde la propia realidad.

Por eso cada forma conserva la anterior o anteriores:

> En cierto modo, *yo me* estoy siendo como *mí*. El *mí*, el *me* y el *yo*, se encuentran estructuralmente fundados, y en su unidad constituyen la actualización del subsistente como acto. Y en esa actualización respecto de su contenido, el subsistente está por encima de él[331].

Así la *suidad* va cobrando personalidad: el *me* absorto en la acción, el *mí* no absorto, y el *yo* frente al todo de la realidad[332]. Las tres formas tienen unidad primaria y radical, pero de acto segundo, ya que:

> es la *reactualización de mi propia realidad*, en tanto que mía, en cada uno de los actos que como realidad ejecuto en mi vida. Y esta reactualización es el *ser de la realidad sustantiva*. Este ser, expresado en el me, en el mí, y en el yo no es mi realidad, sino la actualidad de mi realidad en cada uno de los actos de mi vida[333].

El *me – mí – yo* configura la intimidad: como acto primero la persona es *suidad*, como acto segundo «esa reactualización consiste en afirmarse ejecutivamente en tanto que idéntica a sí misma, y eso es precisamente lo que llamamos *intimidad*»[334].

Ni la intimidad, ni el *yo*, ni el *mí*, ni el *me* son *sujeto*, rebatiendo a Husserl[335], son predicado. La intimidad presente en el *mí*:

> Es un carácter que transciende a todo, tanto al sujeto a quien le duele como al dolor que le duele, como al modo como el dolor le duele. Lo que ocurre es que como ese dolor puede desaparecer, nos fijamos en el sujeto que permanece[336].

Por eso es posible el error de las filosofías del sujeto. Gramatical y filosóficamente se llega al Yo como predicado: la realidad humana siendo es el hombre siendo Yo[337], lo relativamente absoluto es Yo, el

---

[331] SH 125, *Sobre la persona*, 1959.
[332] Cf. J. CERCÓS SOTO, «El asunto del yo», 380.
[333] EDR 223-224.
[334] SH 133, *Sobre la persona*, 1959.
[335] *Yo* no consiste en ser sujeto metafísico ni sujeto lógico, sino predicado. Da la vuelta analíticamente al idealismo; no es el Yo quien pone el Ser sino que el Yo está puesto por la realidad: «Es mi propia realidad sustantiva la que pone (si de posición se quiere hablar) la actualidad mundanal de mi persona, la que pone el Yo». HD 59.
[336] SH 133, *Sobre la persona*, 1959.
[337] Cf. A. FERRAZ FAYÓS, *Zubiri: el realismo radical*, 185-186.

ser de lo relativamente absoluto es Yo: «Yo no es sujeto de sus actos; utilizando aunque sea indebidamente estas frases predicativas diré más bien que Yo no es sujeto sino predicado: esta realidad soy Yo. Es lo que expresamos cuando decimos "Yo mismo"»[338]. La esencia del *Yo* no es ser sujeto, ni de atribución, ni de ejecución de actos, ni metafísico, ni lógico[339]. El Yo es la verdad real de mi realidad sustantiva[340] que configuro acrescentemente gracias al momento somático.

Tampoco es *conciencia*, no consiste la intimidad en un darme cuenta. «Como los actos intelectuales son también *míos*, se cree que la conciencia es lo que define el *mí*. Pero es al revés»[341]. Además la intimidad no es el *subconsciente* ni ningún núcleo oculto, inconsciente, inexpresable o secreto. Hasta lo más visible puede formar parte de la intimidad, ya que ésta no es «algo ininvestigable, a donde solamente pudiera llegar el psicoanalista»[342]. El color de la cara, el tono de la voz, el pelo, todo forma parte de la intimidad porque es mío: es mi color, mi cara, mi expresión.

Así pues la intimidad, pertenece al sobre sí, se sea o no dueño en la práctica pues no es mero dominio o control, sino que señala que lo que el hombre hace es real, *física y reduplicativamente* propiedad suya: le pertenece en propiedad como intimidad[343]. Es cuestión de reactualización: «Por eso la vivencia de la intimidad es más que un hecho psíquico: es una vivencia estrictamente metafísica: la vivencia de la propia pertenencia en que consiste la intimidad»[344].

En el hacer su ser a través de su actividad la *suidad* no se escinde de la realidad. Este ser: «No es un ser independizado de la realidad. El ser de la realidad sustantiva consiste en revertir por identidad a la realidad de quien es acto segundo»[345]. Así el hombre, por interiorización transcendental en realidad, tiene intimidad y no sólo la mismidad e interioridad animal (a la que se reduce su vida: ser el mismo no siendo nunca lo mismo), pues en la mismidad del hombre interviene el momento de *suidad*. Así cada acto va configurando de manera modal la figura de su

---

[338] HD 56.
[339] «La esencia del Yo no es ser *sujeto* sino ser actualidad en el mundo». SH 163, *La concreción de la persona humana*, 1975.
[340] Cf. PTHC 269.
[341] SH 133, *Sobre la persona*, 1959.
[342] SH 134, *Sobre la persona*, 1959.
[343] Cf. SH 134, *Sobre la persona*, 1959.
[344] B. CASTILLA Y CORTÁZAR, *Noción de persona*, 175.
[345] EDR 224.

propio ser de lo sustantivo. El ser de lo sustantivo es justamente el *yo*[346]. De este modo el yo como ser de la *suidad* es el rasgo más acabado y definido de la personalidad. Esto acaece cuando el ser humano se afirma en su realidad propia en cuanto propia frente a *toda realidad*. Es la constitución de lo que el hombre es (ser) en el seno de la realidad.

> Si la encina hablara diría: «Estoy instaurada en la realidad como encina». Es lo que hace el hombre cuando dice: «Yo estoy instaurado como realidad personal en el mundo». Por refluencia, en el caso del hombre su realidad personal se convierte en *yo*. El *yo* no es la realidad de la persona, sino su ser. Esta frase no dice solamente «yo soy esto o lo otro», sino dice «esto o lo otro es lo que soy yo». En esta frase *yo* desempeña una función estrictamente enfática: soy yo quien es esto o lo otro. Esto acontece no porque el hombre sea capaz de decirlo, sino que por el contrario es capaz de decirlo porque en última instancia es así. El *yo* es la refluencia de la pura y simple realidad en la realidad personal instaurada en aquélla[347].

Veamos ahora cuál es la estructura formal del yo y sus momentos estructurales[348]: gerundial, absoluto relativo, yo mismo, yoización, reflexividad y dinámico.

El yo es gerundial. Ser es la actualidad de lo real en el mundo. El ser constituye el ámbito del *estar*, es el estar presente en cuanto estar, la mera actualidad. Este estar presente es *realitas in essendo*. Es gerundial: siendo. El ser del hombre consiste en su actualidad mundanal, en su presencia en el mundo. Es el modo en que la persona (personeidad y personalidad conjuntamente, ya que se la considera como ya modalmente configurada)[349] está siendo en el mundo.

El carácter gerundial del yo se percibe también desde la noología: La apertura *hacia* el mundo fundada en la *kinestesia* como momento constitutivo de la realidad del inteligir, reviste un carácter de *trans* expansivo, esta expansión tiene diversas direcciones[350] y, dentro de la intimi-

---

[346] Cf. EDR 224.
[347] IRE 220.
[348] También se podrían ordenar los momentos del yo como: aperturalidad, modalidad, flexividad y figuralidad. Cf. J. CERCÓS SOTO, «El asunto del yo», 353-390.
[349] Cf. HD 59.
[350] P. e.: en dirección de la interioridad, estructuración como lo interno, lo interior y lo íntimo; en dirección de la cosa la expansión tiene la forma de lo esenciable, lo esenciado y la esencia (estructura de SE desde IS); en la exterioridad lo real se articularía como lo externo, lo exterior y lo éxtimo; en lo temporal la expansión se realizaría desde el presente abriéndose hacia el pasado y hacia el futuro; el espacio se abriría expandiéndose como centro, periferia y horizonte; intelectivamente la expansión en cuanto actualidad adquiere los caracteres de campo – mundo y de aquende y

dad en la dirección del Yo, el *hacia* hace que mi realidad se expanda como me – mi – yo, es mi realidad abriéndose esforzada y físicamente, se trata de realidad dinámica[351] que se expresa mejor conjugando el gerundio: más que en un estático «soy» mi actualidad mundanal consiste en una esforzada afirmación y ganancia dinámica de mi personalidad: estoy «siendo».

El yo es relativo absoluto ya que es el modo de ser de una suidad cuyo modo de realidad es relativamente absoluto. Este carácter absoluto de la personeidad se refleja en el *siendo* aún en las formas más modestas de enfrentamiento con lo real debido a su enfrentamiento sentiligente con las cosas en cuanto realidades: el siendo reafirma y recobra la ab-solución en que la personeidad consiste frente al mundo.

Por eso el *me* ya «es una actualización de mi realidad respecto de toda la realidad en cuanto tal: es un modo de actualización mundanal de mi realidad personal»[352]. Es la apertura formal al mundo y a la propia realidad aunque en forma medial: primera, vaga, pero real apertura y actualización. *Me* es el primer modo de la subjetividad que se reactualiza ante el proto-mundo[353]. El *me* bifurca la fluencia de actos humanos en dos sectores: lo propio y lo ajeno[354]. Lo ajeno es el fundamento de la alteridad[355] y del contenido de la vivencia[356]. En el *mí* esta apertura del ser del hombre como absoluta se expresa más explícitamente y con mayor radicalidad en el mundo sentido o campo de realidad. Esto alcanza su plenitud y explicitación máxima en el *Yo*, que es «la máxima manera de determinarse mundanalmente mi ser relativamente absolu-

---

allende, y en cuanto modo intelectivo, se articula como aprehensión primordial, *logos* y razón; teologalmente iría por la vía de la deidad, la divinidad y Dios.

[351] Por eso «intelección es siempre dirección y dirección dinámica. Si en algún momento hubiese representación, ésta no sería sino el momento provisionalmente detenido y destinado a desaparecer». J.F. PINO CANALES, *La intelección violenta*, 25.

[352] HD 57.

[353] Origen aprehensivo del mundo tematizado en la razón.

[354] P. e.: yo *me* encuentro, en este momento, muy bien en esta mesa, pero evidentemente, esa mesa no *me* pertenece.

[355] Este ser del hombre consiste en «el mero reactualizarme, en tanto que realidad sustantiva, en cada uno de los actos que componen mi fluencia. De ahí que el modo como mi propia fluencia, por ser inteligencia sentiente, está formando la textura de mi vida, consiste en que las cosas son lo no-propio, a diferencia de eso que llamamos el yo, el *mí* o el *me*, que es lo propio». HV 115.

[356] La vivencia en *noología* queda desplazada de la posición originaria de la fenomenología.

to»[357]. Es absoluto porque se coloca a sí mismo como suelto, como distinto realmente de todo lo demás.

El yo determina el *Yo mismo*, es la unidad entre realidad y ser humano. La *suidad* pone la actualidad mundanal de la persona: pone el *Yo*. El *Yo* está puesto en *la* realidad por la realidad sustantiva que soy. «La realidad humana *siendo* es el hombre siendo Yo»[358]. El *Yo* es derivado de la realidad y a su vez refluye en un segundo movimiento sobre la propia realidad para constituir la unidad entre ser y realidad que Zubiri denomina *Yo mismo*. La realidad humana se reafirma en su ser como intimidad de forma exigida; está obligado a la ejecución de su ser, a la personalización. Pero, por refluencia, esta personalización absorbe las mismas estructuras en una mismidad: el *Yo mismo*. Así se clausura el movimiento antropológico de unidad entre personeidad y personalidad, entre ser y realidad redefiniendo el acabamiento de la intimidad y las formas dinámicas de la personalidad. Este Yo mismo o realidad humana siendo sería la modificación zubiriana del primer Yo de Ortega y Gasset dotado ahora de radicación metafísica y con una unidad fuerte y organizada entre persona y personalidad[359].

En consecuencia ser Yo es yoizar y mi vida consiste en la *yoización* de mi realidad colocándome metafísicamente en inquietud. En palabras de Ellacuría:

> este transcurso es vida sólo porque en él se da posesión de sí mismo. Yo no soy mi vida, sino que *mi vida* es justamente *mi vida* por serlo de esa realidad, que es ante todo personeidad y que se reactualiza como ab-soluta en forma de Yo. Yo no soy mi vida, sino que mi vida es la yoización de mi realidad, la personalización de mi personeidad, el efectivo autoposeerse de aquella realidad que es *de suyo* suya. En esta personalización, en esta constitución de mi propia figura de ser, va en juego lo que va a ser de mí, lo cual plantea el carácter metafísico de mi constitutiva inquietud. Junto a la intimidad metafísica, que remite mi ser a mi realidad, está la inquietud

---

[357] HD 57.
[358] HD 59.
[359] La conocida sentencia antropológica de Ortega «Yo soy yo y mi circunstancia» puede verse recogida en la antropología de Zubiri en claro diálogo e intento de radicación metafísica. El Yo primero de Ortega sería el Yo mismo de Zubiri. el segundo yo, el de mi vida como soledad sería la suidad o personeidad, y el yo de mi se correspondería con el yo como actualización mundanal de Zubiri. Ortega denomina mundo a la circunstancia en ciertos contextos, también desde ahí pueden establecerse paralelismos entre el mundo de Zubiri y la circunstancia orteguiana. Este fecundo diálogo sin embargo se realiza desde formas radicalmente distintas de acercarse al fondo de la realidad. Cf. J. ORTEGA Y GASSET, *El hombre y la gente*.

metafísica de mi realidad que ha de configurar lo que va a ser de ella, su propio ser en la vida que transcurre[360].

Es la versión zubiriana de la angustia de Heidegger desdramatizada y colocada en el quicio de la articulación entre la realidad y el ser del hombre en su nivel transcendental. Lo que la vida tiene de humana es la *yoización* de todos sus procesos[361]. Yoizar es, por apropiación, hacer mío lo que vivo, de modo que eso refluye en mi realidad y su actualización mundanal[362].

El Yo no es conciencia ni sujeto pero está dado en reflexividad y es mi verdad real. Además mi Yo es auto-conocido mediante la reflexión en la conformación como forma de experiencia que se apoya a su vez en la co-aprehensión primordial de la propia realidad. En la conformación el Yo es conocido envolviendo toda la realidad personal: personeidad y personalidad en intimidad. El hombre actualiza su realidad formulando su ser según los tres momentos noológicos del conocimiento de sí mismo. Así el *me* es la actualización que adquiere la propia realidad según aparece en APR. El *mi* actualiza en *logos* la personalidad como mía, las cosas-sentido y el ideal. El Yo es la reactualización final de la personeidad deiforme alcanzada en la razón[363]. Por la prioridad genética del *me* sobre el *mi* se pone en contacto el plano vivencial de la reflexividad (mi campal) con su fundamento real en la personeidad (me)[364]. La fenomenología no alcanzaría el ámbito radical del *me* por carecer de IS. El me como radical reflexividad desde la IS es la respuesta a la reducción del Yo transcendental de la fenomenología.

Por la transcurrencia y la temporeidad el Yo no sólo expresa el dinamismo de la suidad sino que crece. El dinamismo de la *suidad* es «dinamismo de la personalización»[365] y consiste en continuar siendo persona configurándose nuevamente como personalidad en cada instante. La personalización consiste en posibilitación. Este dinamismo impli-

---

[360] I. ELLACURÍA, «Introducción crítica a la antropología», 130.

[361] Cf. G. GÓMEZ CAMBRES, *Zubiri: el realismo transcendental*, 70.

[362] «El yo no es contraposición, sino el acto segundo de mi propia realidad sustantiva. Las cosas son lo *no-propio*, son ellas *de suyo*, otras que yo». HV 115.

[363] Cf. A. GONZÁLEZ FERNÁNDEZ, «Dios y la realidad del mal», 193.

[364] Zubiri constata que el *mi* de Dilthey es ambiguo por quedarse en lo vivencial, al vivenciar me vivencio, esa dimensión reflexiva del *mi* reclama un paso más hasta la estructura del *me* medial. El *me* expresaría lo que la vivencia tiene de realidad, el *mi* la actualidad vivencial. Cf. SH 549-559, *El problema del hombre*, 1953-54.

[365] EDR 225. Descansa en la estructura de *con* y *desde*. Cf. EDR 226.

ca la apertura causal a la propia personalidad[366] en la que el Yo absorbe su mismidad biológica. Va reconfigurándose «mediante un proyecto que opera por apropiación y por apoderamiento de posibilidades»[367]. El dinamismo de configuración del Yo implica una radical innovación: la libertad, pues el hombre comienza por determinar él mismo las posibilidades que se van a poner en acto y produce la posibilidad de realidad. La posibilitación no es un paso de la potencia al acto, sino que «es la constitución activa de la posibilidad en cuanto tal»[368]. «Libertad es radical innovación: radical, porque recae sobre la posición misma de la posibilidad. Y por esto en cierto modo puede llamársele *cuasi-creación*»[369]. El dinamismo de la suidad es personalización y apunta la libertad.

Con esta caracterización se ve cómo el yo zubiriano en cuanto derivado de la personeidad deshincha, siguiendo la llamada orteguiana, el yo idealista al obtener un estatuto metafísico adecuado y derivado[370].

Zubiri usará el Yo para expresar la unión hipostática, la autoconciencia de Jesús y su filiación divina. En Cristo habría un solo Yo que se va haciendo progresivamente como me, mi, Yo[371]. Un Yo que como el de

---

[366] Cf. EDR 233. La apertura causal a la propia personalidad se articula en dos dimensiones: 1.– la dimensión que da a las cosas mismas: el poder (en el sentido de *Macht* frente a *Kraft*) como dominancia de lo real en tanto que real, y que muestra al hombre movido en última instancia por el poder último de lo real en tanto que real; y 2.– la dimensión que da al hombre mismo: es la apropiación como dinamismo, que convierte el hecho en suceso o evento. Cf. EDR 233-237.

[367] La persona necesariamente ha de girar por la irrealidad para ser *suidad*. La dinámica de la *suidad* es la dinámica del proyecto, ya que toda posibilidad es un proyecto incoado. Dentro de la dimensión histórica de la persona el evento pasado queda constituido en recurso para el presente. Cf. EDR 237-240.

[368] EDR 242.

[369] EDR 250.

[370] Para Ortega y Gasset el yo idealista se traga el mundo exterior y se ha hinchado ingurgitando el universo, el yo idealista es un tumor: «El error fue hacer que el yo se tragase el mundo, en vez de dejarlos a ambos inseparables, inmediatos y juntos, mas por lo mismo distintos» (J. ORTEGA Y GASSET ¿*Qué es filosofía?*, OC VII, 402). Por eso descentraliza el yo: Yo y mi circunstancia formamos parte de mi vida, el yo sólo es ingrediente de mi vida (Cf. *Unas lecciones de metafísica*, OC V, 78). El yo no tiene naturaleza sino historia (cf. *Historia como sistema*). J. Marías recoge la aportación de Ortega y Gasset acentuando el yo ejecutante que es más que el yo circunstancial. Cf. J. MARÍAS, *Antropología Metafísica*, 43-44 y 59. Cf. J. CERCÓS SOTO, «El asunto del yo», 353-390.

[371] Zubiri articula el crecimiento en la conciencia de Jesús con estas tres formas de experienciar la propia suidad y hace referencia al *Grundbefindlichkeit* de Rahner como encontrarse radical en el Padre, radicalizándolo en el me. Cf. PTHC 284-285 y

cualquier ser humano es cobrado[372]. Se trata de un único Yo teándrico[373], pues es verdad real, reactualización, de una realidad divina y humana, como Hijo de Dios e hijo de María: es una figura a un tiempo humana y divina. El Yo de Cristo es el signo y acceso por su carácter locuente hacia su única Suidad divina[374]. La antropología de Zubiri muestra su capacidad de medirse con los problemas teológicos sin desventajas[375].

Pasamos a analizar las dimensiones de apertura de la persona incluyendo tanto la *suidad* como su actualidad mundanal (personalidad y su yo) nos movemos en la plena concreción de la persona, la realidad humana siendo o, también, el Yo mismo o persona yoizada.

3. Dimensiones de la persona desde su apertura

Hasta ahora hemos analizado diversos aspectos y los fundamentos de la apertura de la persona humana. Este análisis lo hemos realizado en dos apartados, en uno analizamos la forma y el modo de realidad humana y en otro su modo de ser: el Yo, concluyendo con la unidad del Yo mismo o la realidad humana siendo. En ambas dimensiones hemos encontrado la apertura de la esencia personal en función transcendental y cómo ésta se manifiesta en el mundo como un Yo abierto a sí mismo y a los demás.

En este apartado, continuando en la perspectiva transcendental, vamos a concretar algunas dimensiones de esta apertura. En primer lugar estudiaremos las dimensiones interpersonales del Yo mismo: individualidad, socialidad e historicidad. Desde ahí daremos un primer salto a la dimensión de ultimidad de lo real, para ver la apertura a la realidad y desde ella anunciar la peculiar relacionalidad de la persona con Dios. Es la dimensión fundamental, en cuanto fundamentante, de la apertura de la persona. Por último analizaremos la apertura moral y la libertad como trascendental antropológico.

K. Rahner, «Dogmatische Erwägungen über das Wissen und Selbstbewußtsein Christi», 222-245.

[372] «El Yo de Cristo es un Yo cobrado». PTHC 268.

[373] Hay distinción pero no separación en la figura. Cf. PTHC 268.

[374] Cf. PTHC 270s.

[375] Sin embargo queda mucho trabajo por hacer pues la finura de las discusiones teológicas exige mucho a un pensamiento nuevo.

3.1 *La versión a los otros: dimensiones interindividuales*:

Hemos visto el carácter absoluto del ser de la persona respecto de *la* realidad cobrado en su Yo. Por estar este Yo determinado frente al mundo, también lo está respecto de los otros seres absolutos que existen en su entorno: «Mi persona está determinada respecto de la realidad en cuanto tal, y co-determinada por tanto respecto de otras personas»[376].

Como vimos en el análisis talitativo las personas no forman un mero conjunto, sino que constituyen una auténtica especie en virtud del esquema filético y, por lo tanto, quedan talitativamente colocadas unas respecto de otras en diversidad. Esto confiere un peculiar carácter al entorno personal que no es mera yuxtaposición, unidad de clase o multiplicidad de unidades. El hombre transmite por multiplicación genética un esquema de generador a engendrado físicamente determinado y que forma parte de su esencia constitutiva. Por él cada persona lleva dentro de sí a los otros, desde mí mismo:

> estoy esquemáticamente vertido a los demás. *Desde mí mismo*: los demás no son una adición a mi propia realidad, sino algo que está produciéndose filéticamente desde la unidad esquemática en que yo consisto[377].

Por este hecho, necesario e insuficiente en antropología, el hombre no co-existe simplemente de hecho con los demás, sino que tiene una co-existencia filética. El ser del hombre en cuanto realidad filéticamente constituida no puede entenderse sin el ser de los demás que ya forman parte de él: «A mi realidad no se le *añaden* los otros, sino justamente al revés: los otros se le pueden añadir precisamente porque mi realidad en cuanto tal está abriendo el campo del otro en tanto que otra persona»[378].

En la actualización mundanal reobra en función transcendental el esquema filético, ya que en «cada animal personal, precisamente por serlo, reobra lo que son los caracteres filéticos»[379]. Por esta razón la versión de cada persona a otras personas no sólo sale de cada mí mismo, sino que «es un momento constitutivo de mí mismo, me constituye»[380].

---

[376] SH 187, *La concreción de la persona humana*, 1975.
[377] 3DSH 15.
[378] 3DSH 15.
[379] SH 188, *La concreción de la persona humana*, 1975.
[380] 3DSH 15.

Esta refluencia de la realidad filéticamente constituida sobre el ser de la persona determina tres dimensiones estructurales del Yo: la individual, la social y la histórica, dimensiones que: «En rigor son solamente *dimensiones interpersonales*. Estas dimensiones están determinadas, pues, por la refluencia esquemática de los *otros* sobre mi realidad»[381]. Son dimensiones estructurales de la persona yoizada y las tres son interpersonales porque surgen desde el *entre* otras personas del mismo *phylum*[382]. Son dimensiones interpersonales del Yo mismo no formalmente constitutivas sino sólo en respectividad.

La versión filética determina que el dinamismo de personalización de la suidad por especiada sea intrínsecamente convivencia.

En esa peculiaridad de lo humano consiste el *dinamismo de la suidad*, del que depende el *dinamismo de la convivencia* en sus dos aspectos fundamentales: la sociedad y la historia[383].

Por la convivencia el hombre queda marcado como individuo frente a los otros y constituye sus dimensiones social e histórica. Son dimensiones que penden intrínsecamente de la referencia a los otros. «Esta versión que yo llevo desde mí mismo a los demás es lo que va a determinar las dimensiones del ser humano»[384]. El concepto de dimensión en Zubiri tiene un significado preciso[385]: «esta codeterminación es justo

---

[381] HD 62.
[382] Cf. B. CASTILLA Y CORTÁZAR, *Noción de persona*, 180-181.
[383] I. MURILLO, «Crítica a *Estructura Dinámica de la Realidad*», 272.
[384] G. GÓMEZ CAMBRES, *La realidad personal*, 161.
[385] X. Zubiri define así dimensión: «La unidad del sistema, decía, es su *de*. Es lo primario de una cosa real, lo que constituye su *interioridad* por así decirlo, su *in*. Pero entonces las distintas notas son la proyección *ad extra*, su *ex*; son la proyección del *in* según el *ex*. Esta proyección es justo lo que llamo *dimensión*: es la proyección de todo el *in* en el *ex*. Esta proyección puede tener distintos modos. Cada uno de ellos es una dimensión. Los llamo así porque en cada uno de ellos se mide la unidad total del sistema. Las dimensiones son dimensiones de la suficiencia constitucional, son dimensiones de la sustantividad» (HD 22).

El origen de la noción metafísica de dimensión lo encuentra en la matemática, en la dimensión del espacio topológico que supera el espacio métrico (cf. ETM 51, ESP). Se trata de una visión de dentro a fuera de toda la realidad (cf. SE 127) frente a la clásica de fuera a dentro, como inhesión y, que es aplicable a la realidad humana. La dimensión y el modo se oponen al tipo y la especie de Aristóteles, subrayando que no rompen la unidad esencial.

Zubiri configura las dimensiones en su filosofía para su análisis de la verdad. Según se siga una vía reológica o noológica varía el descubrimiento de éstas. Así puede partirse de la distinción entre realidad y ser o de la distinción entre logos y APR. Según estos puntos de partida cabría diferenciar las dimensiones de la realidad desde la

lo que llamo *dimensión*: mide, con el respecto a los demás, mi modo de ser absoluto»[386].

Las tres dimensiones — individual (cadacual), comunal (sociedad) e histórica (etáneo) — que determina la refluencia del esquema filético en el Yo son congéneres e independientes[387]. El Yo es un yo cadacualizado, un yo comunal y un yo etáneo, esa es la forma de cobrar su ser relativamente absoluto. Comencemos su estudio.

3.1.1 Individualidad

En el inédito *Sobre la concreción de la persona humana*[388] se afirma:

> la primera dimensión estructural de la personalidad humana es *su dimensión individual*. Es la concreción de la persona por razón de la individualidad de sus notas y del sistema sustantivo que constituyen. El animal de realidades es *animal individual*[389].

En este breve enunciado aparece ya la raíz de esa concreción individual de la personalidad humana: la previa y fundante individualidad de sus notas y del sistema sustantivo; aunque nunca podamos estar seguros de haber llegado a la última individualidad constitutiva de una realidad nos movemos en la *noología* zubiriana de la esencia individual[390]. Es

---

verdad real (cf. SE 127-131) o llegar a las dimensiones de la verdad desde las propias de la realidad (IRE). Otro camino cercano al noológico es el que sigue HD 247. Dimensión es el modo en que se manifiesta el *de suyo* al actualizarse en una nota o grupo de notas, o lo que es equivalente, la expresión concreta de la realidad en tanto que está reificando los contenidos notados, que a su vez es sinónimo de la exteriorización de la estructura de lo real (cf. IRE 205).
  Las dimensiones lo son de la realidad y la realidad misma es dimensional. Las tres dimensiones de la realidad se actualizan en APR y se ratifican en la línea: dimensión real – verdad real – modos de ratificación: la *totalidad* es en verdad real *riqueza* que queda ratificada como *manifestación*; la *coherencia* es el *qué* ratificado en *firmeza*; la *duratividad* es *estabilidad* ratificado como *constatación*. Estas tres dimensiones fundamentales de la verdad y de la realidad se van explicitando en otras muchas. Es el caso que ahora nos ocupa. Cf. A. FERRAZ FAYÓS, *Zubiri: el realismo radical*, 125; J. VILLANUEVA, *Noología y reología*, 277 nota 14; A. PINTOR-RAMOS, *Realidad y verdad*, 308-309.
[386] DHSH in 7EA 123.
[387] Cf. 3DSH 103-104
[388] 1975. Inédito recogido en SH: p. 47-51, 152-221 y 477-544.
[389] SH 189.
[390] Se expresa en el *logos* proposicional que llega a la esencia concreta e individual. «gracias a la proposición esencial se puede conocer intelectualmente la realidad individual, a pesar de que no la podemos definir. Por esto es por lo que Zubiri no

decir, es algo dado ya desde el plano talitativo que se descubre afectando a la esencia en cuanto que es auténticamente individual y que reobrará en su actualización mundanal, en el hombre en su personalidad.

El *animal de realidades* es individual ante todo, y en un primer sentido, por ser realidad, ya que toda realidad, por serlo y en cuanto tal, es individual no sólo en sí misma sino por sí misma[391].

La individualidad del hombre es de las más elevadas dentro de los diferentes tipos de realidad, no es la singularidad numeral sino una individualidad internamente cualificada a nivel constitucional[392]. Como ya pensaba poco antes de redactar SE — todavía haciendo uso de la clave de subsistencia referida a la persona —, sólo en el hombre se da esta estricta individualidad metafísica y esencial.

No hay individualidad en el conjunto del universo físico, ni siquiera él tomado como un todo. Las cosas son singularidades pero no individuales, hasta el ser vivo forma parte de su medio, no son ni siquiera *otros*. El hombre es la única subsistencia real y auténtica. En el mundo físico más que individualidades hay singularidades[393].

Se trata de la primacía de lo individual por su sistemática constitución, aunque se dé articulada con la unidad también sistemática del mundo. Esta unidad no es meramente conjuntual y se obtiene ya desde el carácter campal de la intelección, en el logos[394].

Pero no se trata sólo de la individualidad estricta del nivel constitutivo de la esencia: individualidad propia de lo real en cuanto real. Hay algo más. Dicho con terminología más madura Zubiri afirma:

> no es un *uno*[395], sino un *cuál*. La diferencia entre los hombres no es meramente numeral sino de *quale*. Esta cualificación no es algo que sobreviene

---

acepta que sólo sea inteligible lo universal». G. GÓMEZ CAMBRES, *La realidad personal*, 97.

[391] Cf. SH 189, 3DSH 20-21 y también SE 137-141.
[392] Cf. SH 190, *La concreción de la persona humana*, 1975.
[393] Cf. SH 118-119, *Sobre la persona*, 1959.
[394] Cf. A. FERRAZ FAYÓS, *Zubiri: el realismo radical*, 132.
[395] A propósito del *uno* transcendental, muy ligado a lo que será la noción de persona, algunos constatan en la *reología* la permanencia de lo negativo de la noción de *incomunicabilidad* escolástica en el *unum* zubiriano a pesar de sus intentos de superarlo (cf. SE 484). Otros intérpretes reducen el fracaso de la superación al plano talitativo, en el trascendental *unum* es ser suyo positivamente uno. «En este sentido no pensamos que Zubiri supere lo negativo de la indivisión del *unum* escolástico, sino en su visión de la realidad como *estructura transcendental*, aquí lo talitativo está dentro de esta unidad individual transcendental» (J. MARTÍN CASTILLO, *Realidad y transcendentalidad*, 298). Por nuestra parte creemos que la caracterización metafísica de la

a la unidad singular sino que es un momento primaria y formalmente constitutivo de la individualidad[396].

Así, Zubiri busca un sentido más restringido dentro de esta individualidad derivada de la nuda realidad sustantiva, busca: «algo que no es propio de toda realidad, sino tan sólo del animal humano»[397]. La mera individuación es algo común con el mundo de las cosas[398]. En la persona la individualidad coincide con la *suidad*, consiste en la personeidad porque ser suyo es la forma suprema de ser individuo. Esto es algo más estricto y exclusivo de la forma de realidad personal. Es la individualidad propia de la realidad personal en cuanto personal, propia de toda persona. Como algunos autores señalan se trata de la unidad máxima cumplida en el hombre. Él tiene estricta individualidad frente a la unidad numeral de las cosas materiales, o la unidad interna de los seres vivos. Por eso el hombre es uno y único[399]. Esto también se ha formulado distinguiendo entre la *individuidad* y la individualidad que origina ésta en la *suidad*[400].

Sin embargo aún queda por descubrir un tercer sentido más restringido todavía de individualidad, ya que tanto el que deriva de la nuda realidad, como el derivado de la *suidad* son sentidos que no son nada distinto de la cosa real en cuanto real, nada tienen que ver con que haya o no otros individuos.

---

individualidad está estrictamente ligada a la unidad talitativa y por tanto su intento de caracterizar positivamente la unidad y la individualidad está logrado en ambos planos. Desde la función transcendental no cabe afirmar que sí en un nivel y que no en otro. Otra cuestión sería estar de acuerdo o no con el conjunto de su *reología* y con su punto de partida.

[396] SH 190, *La concreción de la persona humana*, 1975.
[397] SH 190, *La concreción de la persona humana*, 1975.
[398] En este sentido Zubiri habla de individuación y apunta a la individualidad estricta y trascendental, he aquí un texto anterior: «La individuación no es nunca concreción. Es algo más radical. [...] la individualidad pertenece con todos sus principios individuantes al orden del qué. En cambio la subsistencia pertenece al orden del quién». SH 116, *Sobre la persona*, 1959.
[399] Cf. A. FERRAZ FAYÓS, *Zubiri: el realismo radical*, 138. Este sentido de único aún está necesitado de una ulterior concreción en el nivel de la personalidad, cosa que olvida Ferraz, para fundar del todo la irrepetibilidad de la persona humana concreta.
[400] «Tenemos, por lo tanto, que en un individuo (=realidad) hay dos momentos: individuidad e individualidad. Este segundo se lleva a cabo no sólo por el primero, sino porque el primero es el *de suyo* y en cuanto tal es *suyo*. El primero es la esencia, lo *de suyo*, lo real que de suyo individualiza». J. MARTÍN CASTILLO, *Realidad y transcendentalidad*, 300.

Este tercer sentido deriva de la acción esencial del *phylum*. Por él el *animal de realidades* es individual no por ser real sino porque «su realidad se opone a otras realidades pero dentro de la misma especie»[401]. En este tercer sentido, fundado reológicamente en los dos anteriores:

> La individualidad envuelve intrínseca y formalmente la referencia a otros individuos, y no a otros individuos cualesquiera sino a otros individuos de la misma especie. [...] no es individual frente a un perro, sino tan sólo frente a otro hombre[402].

El hombre pertenece *de suyo* a un *phylum*, es filético *de suyo*. El esquema filético es un momento real de la *suidad*, de mi forma de realidad humana, de mi esencia constitutiva. Como señalamos en su momento lleva dentro de sí a otros esquematizables; es lo que técnicamente Zubiri llama diversidad, que consiste en la diferencia por el reflujo de lo esquemático sobre cada uno de los miembros del *phylum*. Por ello «en esta su intrínseca diversidad consiste su referencia a los otros. Cada hombre es *a una* diverso en sí y respecto de los demás»[403] y por ello el hombre es irrepetible. Así: «la diversidad individual determina en el Yo esa dimensión según la cual el *Yo* es un *yo* respecto de un *tú*, de un *él o ellos*, etc. El Yo tiene esa dimensión de ser *yo* que llamamos *ser-cada-cual*: la *cada-cualidad* del Yo»[404]. Se trata de la refluencia del *phylum* en cuanto pluralizante. Es la máxima concreción de la persona humana en respectividad con los otros absolutos relativos de su entorno filético:

> Cada hombre tiene matices propios en todas sus notas tanto orgánicas como psíquicas, tanto naturales como apropiadas. No todos sienten igual sus placeres y sus dolores, no todos tienen idénticos impulsos y apetencias, ni tienen la misma capacidad intelectual ni volitiva ni sentimental; no todos se apropian igual sus notas, etc. Cada cual tiene su propio grado y modo de salud y de enfermedad. Tiene su carácter y temperamento propios. Tiene su propia *forma mentis* que puede expresarse en una mentalidad propia[405].

Así se constata que: «No hay, en el rigor de los términos, dos hombres que sean exactamente iguales, y, por tanto, no puede haber dos aprehensiones intelectivas, ni dos sentimientos, ni dos voliciones cua-

---

[401] SH 190, *La concreción de la persona humana*, 1975, y cf. 3DSH 23 (1974).
[402] SH 191, *La concreción de la persona humana*, 1975.
[403] SH 191-192, *La concreción de la persona humana*, 1975.
[404] DHSH in 7EA 123. Artículo de 1974 publicado por vez primera en *Realitas* I. Citamos por su edición en 7EA (1982), autorizada expresamente por el autor poco antes de su fallecimiento lo que revaloriza el texto en relación con IS.
[405] SH 192, *La concreción de la persona humana*, 1975.

litativamente idénticas en los hombres»[406]. De este modo Zubiri llega a afirmar en RFSE: «Se dirá: bueno, pero es que una realidad que para unos es entristeciente, para otros puede ser alegre. Ciertamente, pero ¿dónde está dicho que la realidad no sea realidad si no es la misma para todos?»[407].

La individualidad en este estricto y tercer sentido pertenece como diversidad a la realidad sustantiva, al uno psico-orgánico, y en la medida que esta realidad se reactualiza en el mundo la diversidad constitutiva y estricta determina el ser del hombre. Esto se denomina individualidad diferencial: «La individualidad (diferencial) es la determinación del ser humano por la diversidad filética, específica»[408]. Esta individualidad no es un momento estructural del ser, deriva de la realidad, pero le pertenece intrínsecamente, es dimensión estructural suya. «Ser es ante todo *ser individuo*»[409]. Es la dimensión de la individualidad determinando la personalidad en actualización concreta.

Por esta individualidad diferencial mi figura de ser ab-soluto también lo es, la individualidad es una de las dimensiones según las cuales cada uno es absoluto. El ser específicamente individual radica pues en el ser, que es la personalidad, englobando los caracteres naturales y los apropiados reactualizados frente al mundo, frente a toda realidad[410].

De este modo el Yo — englobando en reactualización la forma, el modo de realidad y el modo de ser — es determinado desde el esquema replicativo no sólo respecto a la realidad, sino respecto de otros relativamente absolutos[411]. Cada dimensión abierta por codeterminación admite grados y por tanto puedo ser más o menos individual (como también comunal y acrescente). Es una dimensión funcional en cuánto está codeterminada en mi ser por el ser de los demás, y es — como lo son las otras dos que vamos a analizar a continuación — estructural ya que en cada dimensión está todo el ser pero determinado[412]. Como hemos indicado aquí individual es distinto de individual por esencia, por *de suyo* o individualidad de *suidad*. Ahora se es individual como este individuo diverso de otros individuos de la misma especie.

---

[406] J. CASADO, «El espacio pictórico: su construcción y variabilidad», 101.
[407] SSV 337, RFSE 1975.
[408] SH 192, *La concreción de la persona humana*, 1975.
[409] SH 192, *La concreción de la persona humana*, 1975.
[410] Cf. SH 192-193, *La concreción de la persona humana*, 1975.
[411] Cf. HD 62; DHSH in 7EA 123.
[412] Cf. SH 213-214, *La concreción de la persona humana*, 1975.

Por esta dimensión el Yo — global — está codeterminado por el Yo de las otras personas, se co-limitan y, así, el Yo tiene una dimensión por la cuál es un *yo*[413] respecto de un *tú*, de un *él*[414]. Por eso: «Tú no es otro Yo, sino otra manera de ser Yo, a saber, serlo respecto de mí. [...] el tú, en una u otra forma, pertenece justamente a mi Yo»[415].

En la individualidad, en su constitución, están el tú y el él. Es una apertura en cierto sentido pasiva y de gran transcendencia. Esto nos va ya conduciendo a otra de las dimensiones interindividuales del Yo, su socialidad.

3.1.2 Socialidad: ser-común, convivencia y habitud de alteridad. Sociedad y comunidad

La dimensión social del *yo* surge también por refluencia filética. Por el *phylum*, además de manifestarse el ser de la persona en una dimensión individual estricta como diversidad intraespecífica, queda la realidad de cada hombre vertida en *con-vivencia*. Es el carácter continuante del *phylum* refluyendo sobre la persona y su ser[416]. Se trata de una:

> diversidad en la que cada uno está como afirmándose en su diversidad frente a los demás. Esto es, es una diversidad en la que cada uno está positivamente vertido a los demás. [...] se constituyen [...] en versión mutua[417].

Versión radicalmente distinta de la agrupación animal[418] ya que «el animal humano está vertido a los demás no sólo por ser diversos en sus notas, sino por ser *realmente* diversos en sus notas *reales*»[419]. Se trata de una versión al otro hombre *qua* real[420]. Es el origen de la sociedad, es la convivencia *real*. En esta sociedad se convive no sólo por la realidad *sida* o por los caracteres naturales de la personeidad, sino en

---

[413] Zubiri suele usar en HD *yo*, con minúscula, para designar la dimensión interpersonal del Yo cadacualizado.
[414] Cf. A. FERRAZ FAYÓS, *Zubiri: el realismo radical*, 187-190.
[415] 3DSH 28.
[416] Cf. DHSH in 7EA 123.
[417] SH 193, *La concreción de la persona humana*, 1975.
[418] La convivencia social es un fenómeno estrictamente interhumano e *intrahumano*, un animal doméstico, p. e., sólo está analógicamente en convivencia con las personas por *incorporación*. La pseudo-convivencia entre animales sería *apersonal*. Cf. SH 194 y 195, *La concreción de la persona humana*, 1975.
[419] SH 194, *La concreción de la persona humana*, 1975.
[420] Cf. SH 195, *La concreción de la persona humana*, 1975.

virtud de los caracteres apropiados, naturalizados, es decir, de la personalidad[421].

En el curso *El problema del hombre* (1953-54) describía esta convivencia diciendo que:

> por el mero hecho de hacer *cada cual* la vida con los demás hombres nos encontramos, en primer lugar, con que mi situación, que ellos me crean es, por lo pronto, una *co-situación*. Una co-situación que, en términos generales y sin compromiso ulterior, podemos llamar de simple *convivencia*[422].

Ya entonces constataba que los demás hombres intervienen «constitutivamente en mi vida»[423]. Es a la altura de 1974-75 cuando esta influencia constitutiva queda esencialmente formulada en el ser comunal fundado talitativamente en el carácter filético. No es una abstracción sino máxima concreción: «Yo no estoy vertido a *los* hombres, sino a *estas* personas, a *estos* hombres que nos rodean»[424]. «La convivencia no es Colaboración, no es Estatuto, no es Comprensión: es co-realidad constitutiva»[425]. En el curso EDR (1968), afirma que esta versión desde la realidad propia a la realidad de los demás constituye la unidad del nosotros[426].

Esta convivencia puede ser versión al otro en tanto que otro, se trata del ámbito del *se* impersonal, es, en un sentido más restringido, la sociedad (o lo que en otras partes, en sentido lato denomina también comunidad)[427]; pero también puede ser versión al otro en tanto que per-

---

[421] Cf. SH 195, *La concreción de la persona humana*, 1975. El incluir intrínsecamente los rasgos apropiados es la razón más evidente de las diferencias interculturales y la diversidad concreta entre diferentes tipos de sociedad humana.

[422] SH 223-224.

[423] SH 223 (1953-54). Adquisición mantenida en 1974, los demás hombres están ya metidos en mi vida, hay una única co-situación. Cf. 3DSH 43.

[424] 3DSH 41. Hoy, por la globalización, cabría hablar de que *estos* equivale a *los*.

[425] 3DSH 51. Frase que resume la crítica a las teorías del pacto y de la presión.

[426] «la versión que el hombre tiene hacia los demás — aquello que le constituye en ser *sí mismo*, y aquello por lo que tiene una esencia o una sustantividad que le ha sido comunicada, y va a comunicar a los demás — es justamente una versión en forma de realidad, desde sí mismo, desde su propia realidad *qua realidad*. Y precisamente esto hace que los demás queden en una o en otra forma, vinculados a cada uno de los hombres vivientes, en una forma que no es mera versión genética sino estricta *convivencia*. Y esta convivencia constituye no simplemente una multitud más o menos afín, vinculada por estructuras sentientes como el instinto, etc., sino que constituye esa peculiar unidad en la realidad que formalmente llamamos un *nosotros*». EDR 253-254.

[427] La sociedad es constitutivamente impersonal y tiene como rasgos derivados: instituciones, organización, modos de funcionamiento. Cf. SH 195, *La concreción de*

sona, aparece entonces la comunicación personal, la comunión de personas (o comunidad en sentido estricto), en la comunión es donde cada uno queda afectado por la realidad personal de los demás, es la habitud de alteridad personal.

La sociedad o comunidad no es una realidad sustantiva como pretendieron Hegel y Durkheim, ni resultado de la imitación[428], es algo más que una relación[429]. En EDR afirma que la sociedad es una estructura no sustantiva que entra como momento constitutivo en los individuos:

> Como sustantividad, la sociedad no tiene sustantividad plena: es tan sólo un momento de la sustantividad de los individuos. Y como la sustantividad de los individuos es una estructura, hay que decir que la sociedad consiste en un momento estructural de los individuos entre sí[430].

Visto dinámicamente el fundamento de la sociedad es la convivencia, resultado del dinamismo de la despersonalización que caracteriza la versión a los otros en cuanto que otros. Esta versión es una habitud de alteridad que es sede de poder[431]. La idea básica de la sociedad como versión a los otros desde lo impersonal se mantiene hasta IRE:

> la posible unidad de los hombres tiene un carácter completamente distinto al de una integración. Los hombres pueden estar vertidos a los demás de un modo que pertenece solamente a los hombres, a saber, de un modo *im-personal*. Las demás realidades no son impersonales, sino *a-personales*. Sólo las personas pueden ser impersonales. Y, por esto, mientras la unidad de las demás cosas, por ser apersonales, es integración, la unidad de los hombres

---

la persona humana, 1975.

[428] Sólo se imita lo que ya es previamente social. La tesis de Tarde incluiría una petición de principio. Cf. EDR 254.

[429] «La sociedad no es una especie de sustantividad, y menos una especie de sustancia. Todas estas concepciones a lo Hegel y a lo Durkheim en una o en otra forma consideran a la sociedad un poco como una especie de gran sustancia humana de orden, de carácter más o menos colectivo. Ahora bien, esto es completamente falso. Si bien es verdad que la sociedad es irreductible a una mera relación entre individuos, en forma individual o interindividual, no es menos falso pretender hacer de la sociedad algo que tiene sustantividad plena». EDR 254-255. La respuesta más acabada la encontramos en 1975 con el ser-común.

[430] EDR 255.

[431] «como momento estructural y habitudinario de mi propia sustantividad la socialidad ejerce un tipo de influencia sobre mí que es justamente un poder. De esa manera se constituye el poder de eso que llamamos *nosotros*, desde el *punto de vista talitativo*. [...] en *función transcendental* esto significa que se constituye talitativamente una comunidad». EDR 256.

es primeramente *sociedad*: es la unidad con los otros hombres impersonalmente tomados; esto es, tomados en tanto que meros otros[432].

La comunión como forma de unidad estaba ya presente en el curso de 1953-54: «Como personas, los individuos no se organizan, se compenetran: ya no es mera comunidad sino *comunión*»[433]. Esta compenetración se constituye en la línea de la distancia y la proximidad. Comunión es versión a los otros en cuanto que realidades personales, es el dominio de lo personal frente a lo impersonal, de lo cuál no se da por separado. La compenetración se establece en la línea del nosotros donde se da la escisión entre el yo y el tú[434]. Bien sea de forma positiva o negativa. En esta línea queda fuertemente marcada la opacidad radical de cada uno, su riqueza inviolable, respecto de los demás[435]. En la comunión cada persona es insustituible[436].

La socialidad — tanto en la sociedad como en la comunión — tiene una estructura tripartita: versión – comunidad – habitud (*héxis* de alteridad personal). Y por esta dimensión el Yo no sólo es individual sino comunal, determinando que mi modo de ser relativamente absoluto sea un estar siendo comunalmente absoluto[437].

La socialidad deriva y *al mismo tiempo constituye* el ser personal, no es un añadido extrínseco: «la socialidad no es una relación externa que modifica a un hombre ya constituido en su *plena* realidad, sino que la realidad sólo es *plena* por envolver ya su radical socialidad»[438]. Por ello el hombre es *animal social*[439], en un sentido más radical que Aristóteles o que el ser social por naturaleza de la escolástica. La socialidad compete al hombre *de suyo* en su realidad psico-orgánica y determina una dimensión del ser de la persona: ser común porque lleva consigo a las demás personas.

Ser común significa que la comunidad previa al Yo pertenece a mi realidad a la vez que por ser comunal el Yo constituye esa comunidad. Es lo que profundizaremos al hablar de la nostreidad:

---

[432] IRE 213-214.
[433] SH 269, *El problema del hombre*, 1953-54.
[434] Cf. SH 270, *El problema del hombre*, 1953-54.
[435] Cf. SH 273-274, *El problema del hombre*, 1953-54.
[436] Cf. 3DSH 59 (1974).
[437] Cf. SH 196, *La concreción de la persona humana*, 1975; 3DSH 64 (1974) y A. FERRAZ FAYÓS, *Zubiri: el realismo radical*, 190.
[438] SH 196, *La concreción de la persona humana*, 1975.
[439] Cf. SH 197, *La concreción de la persona humana*, 1975.

Ser común no significa que yo *soy* algo que vive en *comunidad*. Porque hay una *comunidad* previa que pertenece a mi realidad, a mi actividad psicoorgánica; de ahí que el ser común en cuanto ser es algo *comunal* determinado por esta actividad, anteriormente a la constitución de una comunidad[440].

En la persona hay una comunidad (la segunda del párrafo trascrito) que es fundamento de la comunidad (la primera y la última que aparecen en este párrafo) y fundamento de la comunalidad del ser. Esa comunidad o forma de estar realmente los otros en mí (incluyendo tanto en tanto que otros como en tanto que personas) nos permitirá hablar de nostreidad.

Este ser comunal es algo distinto de la efectiva y vivencial comunicación entre las personas. La comunicación es algo posterior, en el sentido de fundado[441]. «Comunidad [en sentido efectivo y derivado] y comunicación son dos propiedades, por así decirlo, del ser, pero presuponen en el ser mismo un carácter intrínseco y formal por el que puede y tiene que tener estas propiedades»[442]. Por ello común no es comunidad ni comunicación sino dimensión del mismo ser en cuanto tal. Haciendo un juego de palabras para evitar la visión escolástica de la participación y la visión conceptiva del ser afirma Zubiri que no es verdad que el *ser es común*, sino que *ser es ser-común*[443]. Sin la comunalidad no habría persona, como dice Castilla:

> El hombre por definición no puede ser una realidad aislada. El mí mismo, desde el principio, desde su realidad más íntima, es un mí mismo en convivencia. Su realidad tiene una profunda respectividad que comunica con los demás hombres[444].

En palabras de EDR, cada hombre:

> tiene en sí mismo, en su propio *sí mismo*, y *por razón de sí mismo*, algo que concierne a los demás hombres. Y este *algo* es un momento estructural del *mí mismo*. Aquí los demás no funcionan como algo con que hago mi vida, sino como algo que en alguna medida soy yo mismo. Y sólo porque esto es así *a radice* sólo por esto puede el hombre después hacer su vida *con* los demás hombres. El mí mismo *desde* el cual hago mi vida es estructural y formalmente un mí mismo respecto de los demás[445].

---

[440] SH 197, *La concreción de la persona humana*, 1975.
[441] Cf. SH 197, *La concreción de la persona humana*, 1975.
[442] SH 197, *La concreción de la persona humana*, 1975.
[443] Cf. SH 198, *La concreción de la persona humana*, 1975.
[444] B. Castilla y Cortázar, *Noción de persona*, 205.
[445] EDR 251.

Este ser-común es co-dimensional con la individualidad: ni la individualidad ni la socialidad tienen preponderancia. Salva la incomunicabilidad de la persona, su estricta realidad individual; aunque la vida de los demás forme parte de la mía de modo que los demás están en mí: «por mucho que se afirme esta verdad, sin embargo es claro que yo no soy los demás. Mi vida es la mía, y no es la de los demás; mi autoposesión es la mía y, en manera alguna, la autoposesión de los demás»[446].

Diversidad individual y comunalidad van ligadas: «No sólo soy absolutamente diverso sino que soy inexorablemente diverso pero también comunalmente»[447]. La comunalidad del yo no es tener algo en común con otros, sino tener en el modo de ser una dimensión formalmente común con el ser de los demás, haya o no comunicación[448].

Así pues el ser del hombre desde su realidad sustantiva es ser-común. Este es el fundamento de la anterioridad reológica del nosotros sobre el tú y el yo. A su vez el nosotros se fundamenta en esta dimensión estructural del yo: la comunalidad del ser. El Yo es ser compartido antes de la constitución de las relaciones interpersonales y de la sociedad[449].

Así se llega a un modo de ser actual en el mundo marcado por la apertura intrínseca y efectiva a los otros, apertura que determina en mi yo un momento de comunalidad, que es el modo de ser de la realidad personal en el mundo, mundo de personas. Es decir la forma que tiene la apertura es comunal, no sólo su contenido o destino, los demás están en esa forma[450].

Una vez estudiada esta segunda dimensión interindividual de la persona yoizada, que origina impersonalmente la sociedad y por compenetración la comunión interpersonal, nos queda por considerar, y lo haremos brevemente, la dimensión histórica, que también hunde sus raíces en la reversión del esquema filético sobre el individuo.

---

[446] SH 224-225, *El problema del hombre*, 1953-54.
[447] G. GÓMEZ CAMBRES, *La realidad personal*, 163. Casi literalmente también in G. GÓMEZ CAMBRES, *Zubiri: el realismo transcendental*, 72-73.
[448] Cf. 3DSH 67.
[449] «Esta estructura de convivencia hace que yo me realice en sociedad no solamente como un *yo* frente a otro que es *tú*, sino que en la medida en que yo convivo como realidad con otras personas quiere decirse que mi *yo* de algún modo es compartido. Mi yo compartido es lo que constituye formalmente la comunalidad. El ser del hombre, su *Yo*, no es sólo diverso, individual, sino también comunal, compartido». G. GÓMEZ CAMBRES, «Prólogo», in CCZ 33.
[450] Cf. 3DSH 68.

3.1.3 Historicidad

Esta tercera dimensión en que queda co-determinado filéticamente el hombre y que ya preocupó desde muy temprano a X. Zubiri[451] se debe al carácter prospectivo genético del *phylum*[452]:

> no sólo en el sentido de que cada hombre puede tener de hecho descendientes (cosa perfectamente trivial), sino en el sentido de que no el individuo, sino su propio *phylum* es lo que es formalmente prospectivo: cada hombre es prospectivo porque pertenece a un *phylum* que en tanto que *phylum* es constitutivamente prospectivo. Es una refluencia radical y constitutivamente genética: es lo que se llama *historia*[453].

Esta historia revierte sobre las otras dos dimensiones del Yo dando a la diversidad y a la convivencia el carácter de históricas. Es la historia como dimensión de la realidad y del ser del hombre. La historia como movimiento es procesual (este momento procede-de un momento que procede-a en dinámica de apoyo y no de mera sucesión)[454].

En el hombre, apoyado — aunque no de modo suficiente — en la transmisión genética de las notas psicofísicas, se da una transmisión no genética de formas de estar en la realidad, modos de optar por figuras concretas de realidad para que el hombre pueda afirmarse dentro del todo de lo real[455]. Es la dimensión optativa de la historia. En ella se funda la entrega, la *paradosis*, la *traditio*: es la tradición como constitutiva de la dimensión histórica del *animal de realidades*. Las formas de estar en la realidad se entregan no genéticamente sino en tradición. La realidad humana está abierta a recibir esta entrega de modos de estar en la realidad[456]. Es una manifestación más de la apertura de la *suidad*.

La historia es así transmisión tradente vehiculada genéticamente. La historia no es natural, esto sería para Zubiri una contradicción en los términos. El hombre es natural e histórico en mutua e interna articulación; de modo que no existe la historia natural, a la que faltaría el momento formal de realidad. La historia tampoco es una prolongación de

---

[451] Así apuntaba que la historia: «No es una simple *ciencia*, sino que existe una *realidad* histórica. La historicidad es, en efecto, una dimensión de este ente real que se llama hombre». NHD 141, «El saber filosófico y su historia».
[452] Cf. DHSH in 7EA 123.
[453] DHSH in 7EA 123-124.
[454] Cf. DHSH in 7EA 124-125.
[455] Cf. DHSH in 7EA 125-127 y 3DSH 89.
[456] Cf. DHSH in 7EA 128.

la evolución[457] ya que la evolución procede por mutación mientras la historia lo hace por invención de modos de estar en la realidad, tienen mecanismos formales radicalmente diversos[458].

La historia se funda en la tradición y ésta tiene tres momentos estructurales[459] paralelos a los del *phylum* y cuya unidad intrínseca constituye la esencia de la tradición: 1.– momento constituyente, por el que al hombre al nacer se le instala en una forma de estar en la realidad; 2.– momento continuante, montado sobre el anterior, es continuación de lo que le ha sido entregado por los progenitores, repetición (negativa o positiva) que siempre es novedad, innovación, pues se trata de tradición de un modo de estar en la realidad asumido por una acción de una realidad nueva. En este punto residiría el problema de delimitar lo esencial y lo accidental de la tradición; y 3.– momento progrediente, el hombre apoyado sobre lo recibido en tradición vive optando por formas de realidad, tiene que seguir optando ante las nuevas situaciones reales que se le presentan, cambiando el contenido posible de lo que es la tradición para sus propios sucesores. La vida es por este tercer momento esencialmente *tradenda*.

Veamos ahora quién es el sujeto de la tradición:

> El sujeto de esta tradición no son propiamente los diversos miembros del *phylum*, tomados cada cual en y por sí mismo, sino que el sujeto de la tradición es la unidad de totalidad de esos miembros en cuanto unidad esquemáticamente constituida[460].

En rigor sólo hay historia cuando la tradición tiene por sujeto a una comunidad. La tradición afecta a los individuos pero sólo por el hecho de pertenecer al *phylum*. Hay dos modos de afectar al individuo la refluencia filética: modo personal y modo impersonal o por despersonalización que modulan la historicidad:

1.– Por el primero tenemos la biografía personal, es la vida del animal humano que en cuanto decurrente está marcada por el modo humano de autoposesión y afirmación como absoluto relativo: «esta decurrencia, en cuanto modo de poseerse como absoluto, es la esencia de la

---

[457] Zubiri critica la postura de Teilhard de Chardin por aceptar esta posición sin previa discusión. La evolución sería un factor, incluso importante, pero sólo factor, dentro de la historia a la hora de determinar modos de estar en la realidad. Cf. DHSH in 7EA 129-130.

[458] Hay una exposición amplia en DHSH in 7EA 127-130 y un resumen en cf. SH 202, *La concreción de la persona humana*, 1975.

[459] Cf. DHSH in 7EA 130-133.

[460] SH 203, *La concreción de la persona humana*, 1975.

biografía»[461]. Es la vida personal la que al ser decurrente se constituye en biográfica. La biografía en sentido reológico no es una mera colección de contenidos de actos sucesivos, eso es tan sólo lo que Zubiri denomina el argumento de la vida. La tradición es un momento esencial de la biografía, es lo filético absorbido en lo personal, en la persona humana en cuanto persona.

2.– Por el segundo tenemos la historia en sentido modal, bien sea social o biográfica. Este modo de afectar la tradición al individuo se tiene por el personal despersonalizar la acción humana considerando sólo el *opus operatum*. Es similar a lo impersonal de la comunidad de la dimensión social sólo que ahora se deja en suspenso el carácter personal en vez de por la vía de la alteridad por la consideración exclusiva de la cualidad de la persona. Ahora — a diferencia de la biografía personal — considero la acción no como *suya* (ejecutada personalmente) sino reducida a *de la* persona (esta reducción no se identifica con el aspecto público de la acción, también las acciones más íntimas pueden ser reducidas en este sentido). Dentro de este modo de afectar la tradición al individuo en cuanto social despersonalizado tenemos dos ramas de la historia modal: la historia social y la historia biográfica, lo que vulgarmente suele denominarse biografía[462].

Ambos modos (1 y 2) son dimensionalmente historia, aunque modalmente historia en sentido estricto lo es sólo el segundo:

> dimensionalmente, la biografía personal es tan historia como la historia social y la biográfica. Recíprocamente, biografía personal e historia son los dos modos de la unidad dimensional de la tradición, es decir, de la esencia dimensional de la historia[463].

Dejando de lado las diferencias modales de la historia y tomando ésta como dimensión de la realidad humana su esencia consiste en que «*Historia es entrega de realidad*»[464] y ésta es algo necesario y constitu-

---

[461] DHSH in 7EA 134.
[462] Cf. DHSH in 7EA 135-140.
[463] DHSH in 7EA 141.
[464] DHSH in 7EA 144. Zubiri indica tres nociones falsas de historia: 1.– Reducción a una serie de vicisitudes que acaecen a una realidad ya constituida: «es inexorablemente necesario que le tienen que pasar vicisitudes, unas u otras, pero algunas. ¿Por qué? Por la constitución misma del hombre. Con lo cual, la historia no es una vicisitud, sino un momento constitutivo de la realidad humana» (DHSH in 7EA 142). 2.– Identificación de historia y testimonio, historiografía. El testimonio es el medio de conocimiento de la historia y es testimonio precisa y formalmente por entregar; hay testimonio porque hay tradición (cf. DHSH in 7EA 142-143 y SH 205-206). 3.– La

tivo de la realidad humana, ya que «el hombre sólo es realidad sustantiva si en ella se incluye ya la historicidad, porque no es realidad sustantiva sin ser esquema prospectivo, es decir, sin ser en sí misma transmisión tradente»[465].

Esta entrega de formas de estar en la realidad se funda en la capacitación a través de la apropiación de posibilidades[466], por las que el individuo va adquiriendo unas dotes para optar por una figura de realidad dentro de su ámbito de decisión. Estas opciones constituyen el proyecto, proyecto construido dentro de unas posibilidades (unas dadas por la realidad *sida*, otras casi inmediatas, otras inventadas como cuasi-creación desde la nuda realidad de las cosas). Así la persona realiza posibilidades entregadas o inventadas (sucesos) y la historia se constituye como «*suceso de los modos de estar en realidad*»[467]. No es simplemente un proceso de producción y/o destrucción de realidades y de modos de estar en realidad sino que es un proceso de posibilitación de modos de estar en la realidad. La posibilidad conserva el pasado y progresa hacia el futuro, evita la fractura que produciría el entender la historia como mera sucesión de formas de estar en la realidad. Historia es proceso de realización de posibilidades[468].

---

historia como transmisión de sentido: «Es falso que lo que distingue lo *optativo* de lo *natural* sea el momento de *sentido*. No. La opción no recae sobre el sentido tenido, sino sobre un modo de estar en la realidad» (DHSH in 7EA 144).

[465] DHSH in 7EA 142.

[466] Apropiar consiste en naturalizar una posibilidad y hacerlo realmente, no es un fenómeno meramente intencional. Zubiri distingue la consideración de la acción de la persona como hecho (mera actuación de las potencias de su sustantividad) y el suceso (el hecho en tanto que realiza posibilidades y es realización de un proyecto): «entre hecho y suceso hay una diferencia no meramente conceptual, sino *física*. La apropiación es lo que constituye una acción en suceso» (DHSH in 7EA 147).

[467] DHSH in 7EA 147.

[468] Con esta noción Zubiri se enfrenta a Comte y a Hegel. Contra Comte, que definió la historia como sociología dinámica, afirma que no basta el estudio del dinamismo de las formas de estar en la realidad y en la convivencia; es necesario ir a la raíz que posibilita ese dinamismo que es el dinamismo de la posibilitación. Cf. DHSH in 7EA 148. Contra Hegel, que piensa la historia como perteneciente al espíritu objetivo, es decir reducida al ámbito de las instituciones sociales, sostiene Zubiri que lo objetivo de Hegel, lo social suyo, es sólo una parte de la historia modal (que incluiría además la historia biográfica) y que además está la consideración dimensional de la historia que incluye junto a esos dos modos la biografía personal. Historia como dimensión es tanto la historia impersonal (social y biográfica) como la personal (biografía personal). Cf. DHSH in 7EA 148-149.

Una vez vista la noción de historia es necesario ver cómo afecta al individuo concreto en su realidad y en su ser: es el tema del individuo histórico. «El hombre es animal histórico *de suyo*»[469].

La historia no es sólo una propiedad de la realidad humana, sino una dimensión estructural de esta realidad según la cual lo que es histórico no es sólo el sujeto, el hombre real, sino su formalidad misma de realidad. La realidad humana es histórica en cuanto realidad[470].

Y por ser histórica la realidad misma del hombre y afirmarse esta realidad como algo absoluto en su Yo, «resulta que el ser de esa realidad, el Yo, es absoluto, pero lo es de una manera también histórica»[471], el ser del hombre tiene también una dimensión histórica.

Veamos porqué y cómo es la realidad humana histórica para luego ver cómo lo es el Yo y en qué sentido.

La refluencia filética afecta a la realidad sustantiva humana a través del proceso de capacitación. La historia en cuanto dimensión de la realidad humana es proceso de capacitación y este proceso es metafísico[472]. La historia produce en el individuo capacidades, algo más radical que las posibilidades y las disposiciones. Esta capacitación es lo que funda la historia como proceso de posibilitación tradente[473]. La capacitación es para formas de estar en la realidad[474].

---

[469] SH 203, *La concreción de la persona humana*, 1975.
[470] SH 204, *La concreción de la persona humana*, 1975.
[471] DHSH in 7EA 150.
[472] Capacidad es un tercer sentido estrictamente metafísico a añadir a la *dynamis* griega. Junto a la consideración de la *dynamis* como opuesta a acto o *enérgeia* de los griegos y la versión latina de la *potentia seu facultas* — ya insuficiente pues según Zubiri hay potencias que no son facultades como la inteligencia sin el sentir o viceversa y por tanto hay que distinguir entre potencia y facultad — es necesario añadir la capacidad. «No toda facultad está posibilitada para todos los actos que le son propios en cuanto facultad» (DHSH in 7EA 156), la facultad necesita estar positivamente posibilitada para realizar actos *hic et nunc*. La posibilitación se funda en las potencias y facultades. Con las mismas facultades y potencias el hombre puede tener diversas dotes; tanto en las dotes innatas de la morfogénesis psico-orgánica: una inteligencia, una voluntad, pueden estar mejor o peor dotadas, como en las dotes naturalizadas. Esta naturalización puede ser de dos tipos: apropiación por el uso de las potencias y facultades, tenemos la dote como disposición, son las dotes operativas; y las dotes constitutivas, que conciernen no al ejercicio sino a la cualidad misma de su propia realidad en cuanto principio de posibilitación. Estas dotes es lo que se llama capacidad: «es la potencia y la facultad en cuanto principio más o menos rico de posibilitación» (DHSH in 7EA 159 y cf. *Ibid.* 153-160).
[473] Con la historia como capacitación Zubiri muestra la insuficiencia de la historia como proceso de maduración humano. La historia no añade madurez sino capacidad,

Desde la historicidad constitutiva de la realidad humana se descubren cuatro rasgos[475]: 1.– La historia tiene un carácter cíclico: es la implicación cíclica de persona e historia. La persona con sus capacidades accede a unas posibilidades, las cuales una vez apropiadas se naturalizan en las potencias y facultades, con lo cual cambian las capacidades. Con estas nuevas capacidades, las personas se abren a un nuevo ámbito de posibilidades. Es el ciclo capacidad posibilidad capacitación, la historia como proceso. 2.– La historia es proceso real de actualización, no es manifestación de algo precontenido en la persona. «La realidad de la historia consiste en ser actualización procesual de las posibles actualidades de la nuda realidad»[476]. Es un proceso de sucesos. 3.– El hombre por ser IS está metafísicamente abierto al proceso histórico. «Ésta es la raíz metafísica de la historia: la esencia sentientemente abierta. Recíprocamente, la historia es apertura: es una dimensión de la apertura metafísica de la sustantividad humana a su propia actualidad por capacitación»[477]. 4.– Por la historia el hombre produce antes que sus actos sus propias capacidades, la historia es así cuasi-creación.

Un aspecto a añadir: Lo que la tradición transmite en la historia es la mentalidad, la *forma mentis*; hace que el *animal de realidades* tenga una precisa forma real propia que le hace ver la realidad de determinada manera. La tradición en la historia conforma la sustantividad humana[478]. El hombre se posee a sí mismo, es *suidad*, es el *de suyo suyo* según una tradición que le llega en la historia.

Veamos ahora la actualización en el Yo de la dimensión histórica de la persona; es un estudio que pertenece a la *reología* — en el nivel

---

igualmente maduros somos nosotros que un hombre del s. XIII (cf. DHSH in 7EA 150-151). También supera la historia como develación de lo que el hombre podría hacer. Critica a Hegel y su ver la develación de la historia como un despliegue dialéctico de la razón lógica para la constitución del espíritu objetivo; y critica a Dilthey en su razón histórica al concebir la historia como un despliegue unitario de los estados de espíritu en su contextura de sentido vivido, como razón que comprende lo que ocurre en la vida mediante la interpretación. Ambos, Hegel y Dilthey fallarían porque: 1.– no conceptúan qué es develación ni qué es el hombre como desvelable y desvelando, no explican la develación histórica en sí misma; y 2.– no explican qué es eso que está en el hombre velado antes de su develación histórica, acabarían en una petición de principio. Cf. DHSH in 7EA 151-153.

[474] Cf. DHSH in 7EA 160-162.
[475] Cf. DHSH in 7EA 162-164.
[476] DHSH in 7EA 163.
[477] DHSH in 7EA 163-164.
[478] Cf. SH 208, *La concreción de la persona humana*, 1975.

noológico de razón — partiendo de la realidad de esta dimensión, nos movemos pues en el mismo nivel noológico que al estudiar lo que las cosas son en *la* realidad pero mirando ahora el ser o reactualización de esta realidad. Afirma Zubiri:

> El Yo es histórico, porque es el acto según el cual la realidad sustantiva se afirma como absoluta en el todo de la realidad, y la realidad sustantiva humana es específicamente prospectiva, es histórica. Y lo es desde sí misma; es constitutivamente prospectiva, es histórica *de suyo*. Es la refluencia histórica de los demás en la constitución de la realidad de cada individuo[479].

El Yo, por tanto, tiene también carácter histórico.

Al afirmarse frente al todo de la realidad el Yo lo hace de modo concreto, lo hace en un concreto *ser así*. Este modo concreto significa que el Yo está en la realidad según sus capacidades: «La realidad sustantiva humana no es absoluta en abstracto, sino que es una *capacidad de ser absoluta*. El Yo es un acto de mi intrínseca *capacidad de lo absoluto*»[480]. Es la historia como proceso de capacitación la que confiere al Yo la capacitación de ser absoluto relativo.

Como esta capacitación se haya posicionada respecto de las posibilidades anteriores y apoyada en ellas, ocupa un lugar muy determinado y acotado en el proceso; a esto Zubiri lo denomina *altura procesual*. En cuanto este proceso determina la manera de ser del Yo, la altura procesual constituye la *altura de los tiempos*[481]. De modo que: «La altura de los tiempos es el carácter temporal del Yo determinado por la altura procesual de la realidad humana»[482]. El tiempo del ser humano es un modo del Yo. Este tiempo es diverso de la temporeidad — ya la hemos estudiado en otro lugar — de la realidad humana:

> El tiempo como sucesión, duración y proyección pertenece a la *realidad* humana. Pero el tiempo del *ser* humano, del Yo, no es ni sucesión ni duración ni proyección, sino que sucesión, duración y proyección determinan en el acto de ser Yo una figura que yo llamo *figura temporal* del Yo[483].

Esta figura no es producida, esto sólo pertenece al ámbito transcendental de la realidad, sino determinada. El tiempo como figura es una configuración temporal intrínsecamente cualificada en cada instante del

---

[479] DHSH in 7EA 164.
[480] DHSH in 7EA 166.
[481] Cf. DHSH in 7EA 166.
[482] DHSH in 7EA 167.
[483] DHSH in 7EA 167.

CAP. V: APERTURA TRANSCENDENTAL DE LA PERSONA   361

transcurso. El tiempo mismo es figura del Yo, no se trata sólo de que el tiempo determine una figura concreta del Yo, sino que la figura es temporal, metafísicamente hablando, en cada instante.

La altura procesual determina en la realidad humana la edad, es la refluencia de la altura procesual sobre la realidad humana. Se trata de la edad histórica, diversa de la edad mental o la edad biológica, y que es rigurosamente metafísica como cualidad, dirá X. Zubiri, ya que la historia es un determinante físico de la realidad humana. Pues bien, esta edad de la realidad se reafirma en el ser del hombre, en su Yo, como momento intrínseco suyo, como modo del Yo. Tenemos así la figura de la edad en el Yo, que — señala X. Zubiri — no debe entenderse como que la figura tiene edad, pues ésta sólo es propia de la realidad. En palabras del mismo autor cada hombre:

> por razón de su *realidad histórica*, tiene *edad*; en cambio, el ser humano, el Yo, como determinado por la edad es *etáneo*. [...] Etaneidad es la dimensión radical histórica del Yo. La etaneidad es un momento intrínseco de la figura temporal del Yo: es la última concreción histórica de él[484].

De ahí que para que dos hombres sean coetáneos sea necesario que estén a una misma altura procesual[485]. La etaneidad es el ser metafísico de la historia, la actualidad histórica del ser humano. No es propiedad metafísica del Yo, sino tan sólo lo que mide históricamente el modo como el Yo es absoluto, es por tanto dimensión. Tampoco es la etaneidad la estructura formal del Yo[486].

---

[484] DHSH in 7EA 169.
[485] En *La concreción de la persona humana*, 1975 (SH 210) habla menos matizadamente de la coetaneidad como modo de refluencia de la prospección filética sobre cada uno de los miembros del *phylum* que participan de una misma tradición o pertenecen a una misma comunidad.
[486] Cf. DHSH in 7EA 170-172. Zubiri niega que la etaneidad sea la estructura formal del Yo en réplica a la visión hegeliana. Para Hegel la historia consiste en dialéctica del espíritu que lleva desde el espíritu subjetivo individual al espíritu objetivo. Para él el espíritu subjetivo es momento que desaparece, como también lo hace el espíritu objetivo como estadio hacia el absoluto. Para Hegel la historia es la imagen procesual de la eternidad (muy platónico según Zubiri). Sin embargo para Zubiri los individuos no forman parte de la historia sino que están incursos en ella; y tampoco la historia es estadio o imagen de la eternidad ya que la historia no es transcurso sino figura temporal. El mismo Yo, no sólo la sustantividad real, sino su actualidad en el ser, está allende su dimensión etánea. Así frente a Hegel: 1.- la historia no es ni objetiva ni objetivada sino impersonal; 2.- la historia ha de tomarse en su sentido dimensional que es esencialmente personal; 3.- la historia es dimensionalmente proceso de capacitación; 4.- la historia no es un proceso de devenir de propiedades sino de actualidades, de

La forma del ser de la realidad sustantiva determinada por la coetaneidad es un modo de ser *ad-crescente*[487]. Es un *ir-siendo*. El *ad* hace referencia al elemento constitutivo de la realidad humana por el que ésta está asentada sobre la tradición y desde ahí revierte en actualidad en el ser del Yo. El *crescere* significa que el ser es *ser-crecida*[488], Yo soy algo que no sólo voy siendo sino que estoy surgiendo de mí mismo. El ser del hombre es sólo *ser-acrescente*. Es otro modo de subrayar la actualización del proceso de realización en su actualización en el terreno del ser. La personalidad del hombre es pues acrescente y esta crecida apunta hacia el absoluto.

De la consideración de la historicidad realizada por nuestro autor sacamos otro rasgo de su pensar personalista. Es la persona individual y social la que determina y es protagonista de la historia siendo esencialmente histórica, bien consideremos la historia como dimensión, bien nos centremos en la historia modal. Esta idea aparece muy clara en el siguiente párrafo que consideramos merece la pena transcribir íntegro por su centralidad:

> Aún considerada sólo modalmente, no es lo general lo que mueve la historia, sino lo *personal* reducido a impersonal, a ser sólo *de la persona*, que es cosa distinta. La historia, en cuanto proceso modalmente propio, no es sino eso: *reducción*. La historia modal no es generalidad sino impersonalidad. La historia modal no está por encima de los individuos como una generalidad suya, sino por bajo de ellos como resultado de una despersonalización; es impersonal. No es una potenciación del espíritu. Por esto, la historia no va hacia el espíritu absoluto, sino justamente al revés, va a conformar dimensionalmente las personas en forma de capacitación en orden a ser absolutas. De ahí que dimensionalmente no es la historia la que recuerda al individuo, sino que es la persona individual la que recuerda la historia. Y la recuerda de una manera precisa: como dimensión del modo de ser absoluta la persona. Dimensionalmente, la historia es refluencia dimensional prospectiva. No es la persona para la historia, sino la historia para la persona. La historia es la que es absorbida en y por la persona; no es la persona absorbida por la historia[489].

Esta nítida afirmación de la supremacía reológica de la persona sobre la historia resulta espléndida a la hora de confrontar numerosas co-

---

figuras del Yo; 5.– la historia no es constitutivo formal del Yo sino dimensión de su carácter prospectivo.
[487] Cf. SH 211, *La concreción de la persona humana*, 1975.
[488] Cf. SH 212-213, *La concreción de la persona humana*, 1975.
[489] DHSH in 7EA 171.

CAP. V: APERTURA TRANSCENDENTAL DE LA PERSONA 363

rrientes de pensamiento contemporáneo derivadas del hegelianismo o del historicismo que reducen la persona a historia, la eliminan o mecen a merced de instancias que la disuelven o la privan de su última y radical dignidad, ignorando su carácter de auténtico protagonista y responsable del progreso de la humanidad.

Contemplada la historicidad desde la vertiente dinámica de la realidad se confirma la riqueza personalista. Talitativamente el *dinamismo de la historia* (actualidad de las posibilidades del cuerpo social) es dinamismo de comunización apoyado en lo que Zubiri denomina nuestro mundo[490] que coloca al hombre en un concreto y dinámico estar ahí.

> El carácter árquico, el carácter de suerte y el carácter de destino son las tres dimensiones dinámicas en que consiste el estar ahí, del τόπος en que consiste el mundo en cuanto tal. La topicidad del mundo es árquica, es de τύχη, tujánica — si se quiere — y es de μοῖρα[491].

El dinamismo de nuestro mundo es el *dinamismo de la incorporación*. Lo quiera o no *cada cual* se está incorporando al momento de su historia. Por él la persona queda inmersa en una tradición desde la que aspira y realiza su proyecto, con una aspiración que incluye a los demás y es por ello con-spiración[492].

Así la historia como dinamismo de nuestro mundo es fruto de la comunidad, producto de la sociedad, frente a Hegel que vería la comunidad como resultado. Su sujeto es la sociedad como cuerpo. La historia queda absolutamente desustantivada:

> Y por esto el dinamismo histórico ni es fluencia[493] ni es desarrollo[494] ni es

---

[490] *Nuestro mundo* tiene tres rasgos: 1.– es la realidad de un τόπος que sirve de *arkhé*, de principio al cual se refiere cada uno en cada una de las acciones de su vida; 2.– es una realidad con la que el hombre se encuentra, que depende de la suerte, con carácter de τύχη, de azar, tiene un carácter tujánico; 3.– sin absorber la persona el cuerpo social tiene el carácter de μοῖρα, de destino, de determinar — sin determinismo absoluto — lo que el hombre va a poder hacer y dar de sí en un nuestro mundo.

[491] EDR 263.

[492] La incorporación se constituye por tres momentos: 1.– inmersión en la tradición; 2.– aspiración, en sentido etimológico, es decir, por apropiación el hombre aspira unas posibilidades y rechaza otras dentro del cuerpo social; no hace referencia al uso común de las aspiraciones que un individuo pueda tener en la vida; y 3.– momento de *cons-piración*, es el momento de *con* de la aspiración. Cf. EDR 264-266.

[493] Fluencia es algo aplicable sólo a la vida del individuo, no existe un *élan* vital de una conciencia colectiva. Cf. EDR 267.

[494] Zubiri niega la tesis de Hegel de la historia como desarrollo dialéctico del espíritu y niega el símil con el desarrollo biológico de potencias, la historia se funda en posibilidades no en potencias. Cf. EDR 267-268.

evolución[495]. Es algo distinto: es pura y simplemente *transcurso*. Es un transcurso en el que transcurren precisamente las posibilidades, unas ampliadas, otras reducidas; unas anuladas, otras cambiadas[496].

La historia transcurre como desrealización, ya que el hombre se incorpora despersonalizadamente a la historia mediante la tradición de un sistema de posibilidades. Merced a este dinamismo la sociedad toma carácter de instancia y recurso para la acción de cada individuo. Está a su servicio, es subsidiaria metafísicamente suya.

En consideración transcendental este dinamismo de la historia es «*dinamismo de mundificación*»[497]. No es sólo la talificación de tal historia determinada sino que afecta a la respectividad de lo real en tanto que real ya que el dinamismo de la historia es dinamismo de la realidad. Por ello el dinamismo del cuerpo social es transcendentalmente dinamismo del mundo en sentido transcendental, es dinamismo de mundificación. La persona no forma parte de la historia sino que está en la historia, ya que sólo entra en ella en cuanto despersonalizada. La persona estando en el mundo no forma parte de él como un estadio individual a superar[498].

Este rasgo derivado de la concepción de la historia muestra una vez más, ahora desde el punto de vista dinámico, el personalismo expreso en la filosofía de nuestro autor. Esta mundificación se realiza gracias a y en las personas concretas con su libertad:

> Lo que pasa es que ese carácter respectivo del mundo, en su dinamismo y en su actividad propiamente mundana en cuanto tal, no transparece y funciona como tal sino justamente en las personas humanas. En las personas humanas, la mundificación significa que el mundo es formal y reduplicativamente mundo. Es decir, lo que de una manera directa y puramente material era ya, antes de que hubiera historia. Es la mundificación en cada persona. Y en este sentido es la mundificación de la suidad. En esto, y sólo en esto, es donde acontece esa metafísica de la mundanización en que consiste la historia[499].

Piénsese aquí lo que sería la globalización en función personalista.

---

[495] La evolución se funda en el ámbito genético, la historia nunca es continuación del proceso evolutivo, aunque su origen sea un fruto de la evolución. Cf. EDR 268.

[496] EDR 269.

[497] EDR 272.

[498] De nuevo lucha con la visión hegeliana. La historia no es realidad última del espíritu sino realidad penúltima; y no del espíritu absoluto de Hegel sino del espíritu personal de cada uno. Cf. EDR 272-273.

[499] EDR 274.

Después de cuanto hemos dicho, hasta cierto punto podríamos afirmar que el animal personal es animal histórico por estar abierto a la realidad en su decurso y que en este sentido la historicidad es una dimensión transcendental de la persona, otro transcendental antropológico ya que sólo la realidad humana es histórica y toda realidad humana es histórica dimensionalmente. Esto supondría ampliar lo ya dicho, y aún por decir, sobre los transcendentales antropológicos. Pero como apenas toca Zubiri este tema desde el punto de vista en el que nos estamos situando sólo dejamos la puerta abierta a esta posible consideración de la historia como uno más de los transcendentales antropológicos.

Además la historicidad es una dimensión de la persona que afecta noológicamente a la razón que es para X. Zubiri intrínsecamente histórica, como subraya Gómez Cambres:

> la historicidad de la verdad racional no es un modo de actividad sino de actualidad. Que la verdad racional sea histórica consiste en que la actualización misma de lo real en la intelección es actualidad cumplida. Esta historicidad de la verdad racional consiste en un modo de constitución de la actualidad de lo real. Es una actualidad posibilitada, cumplida[500].

La verdad racional es histórica intrínsecamente, no sólo por la provisionalidad de los resultados. La misma razón por la que esta verdad es lógica la hace histórica, su historicidad pertenece formalmente a la verificación. Esta historicidad no resta verdad, contra la suposición del pensamiento concipiente. Es la solución que articula Zubiri frente al historicismo, sin compartir con él nada[501], pues sus presupuestos eran de mera oposición y de conceder sólo verdad al decurso histórico frente a la inmutabilidad del pensamiento lógico[502]. Para Zubiri: «No hay oposición ninguna, en absoluto, entre una verdad lógica y una verdad histórica, porque la lógica y la histórica no son dos clases de verdades,

---

[500] G. GÓMEZ CAMBRES, *La inteligencia humana*, 173.
[501] Ya desde muy temprano consideraba el historicismo como uno de los más graves problemas del pensamiento del s. XX. «Cada época, cada pueblo, tiene su sistema de valores, su diverso modo de entender el universo — más valioso en unos que en otros — pero reflejo siempre de una situación histórica, sin que ninguno tenga derecho a arrogarse el carácter de único y absoluto. Es el *historicismo*, aliado fácil de pragmatismo. Positivismo, pragmatismo e historicismo son las tres grandes desviaciones a que en una u otra forma se halla expuesta la verdad». NHD 43-44, «Nuestra situación intelectual».
[502] Cf. A. PINTOR-RAMOS, *Realidad y verdad*, 297.

sino dos correlatos de la verdad de razón»[503]. Ahondar en esta dimensión de la razón no es objeto de nuestro estudio antropológico, baste pues con constatarlo y subrayar como la estructura del sentiligir muestra en su intimidad esta dimensión radical de la realidad humana y de su ser.

Hemos estudiado tres dimensiones del Yo, no tres elementos constitutivos suyos, el Yo es lo que se explaya en tres co-dimensiones, es el Yo el que tiene dimensiones, el Yo de la persona es anterior y fundante del yo individual, del yo comunal y del yo histórico o etáneo[504]. No son pues meras propiedades del Yo ni elementos constitutivos suyos. Son dimensiones estructurales factuales del ser del hombre por la respectividad con el todo de la realidad, y esto implica que estas dimensiones son funcionales, están *co-determinadas* con el ser de los demás.

Estas tres dimensiones funcionales del ser admiten grados, tienen un sentido y una dirección que no está unívocamente determinado (puede darse progreso y o regresión) y además su valor está concretamente acotado por la convivencia (tanto en su dimensión individual: grados de diversidad entre hombres según la proximidad; como en la comunal: diversos círculos de convivencia y comunalidad, se pertenece siempre a una sociedad muy precisa; como en la acrescencia, la altura de los tiempos es concreta según mi situación en una comunidad, puede haber sincrónicamente diversas alturas de los tiempos, aunque cada vez menos por tenderse a la aldea global)[505].

Este Yo es la afirmación en re-actualidad de mi realidad personal frente a toda la realidad, es el ser relativamente absoluto. Llega pues el momento de dar un salto y bosquejar brevemente la dimensión de fundamentalidad de la apertura. Esto nos lleva a introducir el tema de la religación y la apertura a Dios. Es el objeto del apartado siguiente.

3.2 *Dimensión de fundamentalidad de la apertura: religación y Dios*

Entre las dimensiones en que se manifiesta la apertura radical que es la persona humana *desde* sus estructuras más profundas abordamos ahora la de la fundamentalidad. Es el conocido tema de la religación y que en su concreción interpersonal abordaremos en otro apartado[506]. El

---

[503] HV 102.
[504] Cf. DHSH in 7EA 174.
[505] Cf. SH 214-221, *La concreción de la persona humana*, 1975.
[506] La relación entre el hombre y Dios será tratada bajo la perspectiva de su concreción intersubjetiva en el último capítulo, cf. p. 621s. En él no realizaremos un

objetivo que nos proponemos ahora consiste en mostrar el modo en que surge esta dimensión como manifestación radical de la apertura humana. Es más, desde la razón descubriremos que esta apertura es la que constituye al hombre como es. Pintor-Ramos resume así el itinerario intelectual del análisis zubiriano desde la apertura de la persona hasta la religación al poder de lo real:

> Precisamente el problema de Dios, o Dios como problema, es algo que está dado inevitablemente en la manera en que la persona humana es tal persona […] Esto es así porque la persona humana es una forma de realidad constitutivamente abierta que tiene que hacer su Yo desde la realidad en la que es persona; en una de sus dimensiones, esa realidad se manifiesta como un poder que aparece como el fundamento último, posibilitante e impelente para la vida del hombre. La realidad personal no es sólo una realidad *de suyo* como cualquiera otra realidad, sino que además es una realidad *suya*, lo cual hace que en este sentido sea una realidad absoluta. Pero la persona no hace su ser desde sí misma, sino desde la realidad que funda ese ser y, en este sentido, es una realidad relativa. En una palabra, la persona humana es una realidad *relativamente absoluta* y, por ello, religada indisolublemente al poder de lo real. Zubiri reitera una y otra vez que esto es un hecho; como tal hecho, se puede y se debe describir o analizar, pero lo que no se puede es probar la existencia de esa realidad, pues en ella estamos ya siempre. Esa realidad a la que estamos religados en su verdad intrínseca (*verdad real*) está dada como algo que, aún constituyéndonos, desborda las cosas reales y las personas concretas en que se hace presente; se muestra — dice Zubiri — como realidad *en hacia* y ese modo de darse pone en marcha un proceso intelectivo que tiene por meta establecer algún término de ese *hacia*. No existe más realidad que la presente en los contenidos de las cosas reales concretas, pero en esas mismas cosas la realidad es dada como algo transcendental respecto a sus contenidos contingentes[507].

Es una apertura que arranca del hecho de la IS, de una de las dimensiones constitutivas de la verdad real dada en APR: la dimensión de poder. El hombre en respectividad, en actualidad con la realidad, capta la dimensión de poder, de imposición, que la realidad tiene; es una verdad que en cierto sentido le fuerza. Es, pues, desde la apertura radical y originaria de la reidad de donde arranca la vía de la religación con el poder de lo real.

---

análisis de la religación, tema sobre el que hay buenos estudios. Ahora nos limitamos a subrayar la raíz en la apertura de la persona humana.
[507] A. PINTOR-RAMOS, «Dios y el problema», 112.

es la misma realidad la que me impele tanto a esbozar mi sistema de posibilidades cuanto a optar por aquella forma de realidad que determino sea mi forma de realización personal. Este es el dominio o poder de la realidad en cuanto realidad en la constitución de mi Yo. Así se da en mí esta *paradoja de la realidad*: la realidad que me *hace* ser es lo más *otro* que yo, me hace *mi realidad* siendo entonces lo más *mío*. La realidad por su poder fundamenta mi Yo haciéndome absoluto. Es el problema de la fundamentación, que Zubiri denomina *fundamentalidad* de la persona en el poder de lo real, que me arrastra físicamente hacia la realización de mi Yo[508].

El hombre busca porque ya está de alguna forma instalado en aquello que busca. El hombre, por ser inteligente, *está en realidad*, y es la fuerza misma de la realidad la que le insta a buscar una forma de unión más perfecta con ella y con su fundamento último. Es esa dimensión de poder recubierta cenestésicamente por el *hacia* la que lanza al hombre en su apertura al todo de *la* realidad. Dimensión de la reidad que estará presente en todas sus acciones como fondo último del que proviene su propia posibilidad de autorrealizarse.

Así la religación es:

> la inexorable remisión del hombre hacia el todo de la realidad como ultimidad fundamentante. La religación no es el acto de ninguna facultad, sino que es la actitud radical que en todos sus actos personales toma la persona, precisamente por ser persona. El ser subsistente en sí mismo, que es la persona humana, es un absoluto finito. Y el carácter de la actitud como absoluto finito es precisamente la religación[509].

La apertura a la realidad en cuanto poder fundamentante implica que:

> Esta religación, por tanto, no es una función entre mil otras de la vida humana, sino que es su dimensión radical en la acepción más estricta del vocablo: es, en efecto, la raíz de que *cada cual* llegue a ser física y realmente no sólo un Yo sino *su* Yo. Así, religado al poder de lo real, el hombre en cada uno de sus más modestos actos no sólo va elaborando la figura de su Yo, sino que va elaborándola tomando posición, en una u otra forma, frente a la fundamentalidad que le hace ser[510].

Y esto es así porque el hombre es una:

> realidad personal cuya vida consiste en autoposeerse en la realización de su propia personalidad, en la configuración de su Yo como actualidad munda-

---

[508] J. Sáez Cruz, *La accesibilidad de Dios*, 208.
[509] SH 151, *Sobre la persona*, 1959.
[510] HD 115.

nal de su realidad relativamente absoluta. Esta vida se realiza por estar la persona, en cuanto persona, religada al poder de lo real como fundamento que la hace ser. La *religación* es una dimensión no de la naturaleza como tal naturaleza, sino de la naturaleza en cuanto personizada[511].

Con la religación el hombre queda situado, posicionado, ante el problema de lo real, ante el enigma mismo de la realidad que se le impone y le posibilita su propia realidad. En consecuencia el tema de Dios, Dios como problema, no es una cuestión teórica a dilucidar por expertos filósofos y teólogos, sino una cuestión que envuelve a la persona concreta; es un problema personal ineludible al que cada uno debe responder, y de hecho está ya respondiendo, con las acciones de su vida.

Como el hombre como persona está abierto a la realidad en cuanto tal, su personalidad consiste en dibujar de una manera concreta, dentro de un sistema de posibilidades, su personeidad como algo en sí mismo frente al todo de la realidad. Ahora bien,

> esto es lo que en otra terminología he llamado la *ultimidad de lo real*, y precisamente esta estructura ya no es estructura de obligación. El hombre está finalmente obligado a sí mismo, pero en su obligación no hace sino realizar una ligadura mucho más honda y radical, aquella que toca lo más radical y hondo de su personalidad, que es precisamente la religación de ultimidad[512].

Así pues desde la auto-apertura y desde la apertura a la realidad en cuanto tal aparece la religación como actitud última y radical para fundar la posibilidad de que el absoluto relativo en que el hombre consiste se pueda realizar plenamente como personalidad. «La religación afecta al todo de la realidad humana, desde los más modestos caracteres físicos hasta los más elevados rasgos mentales: la religación es un hecho total. Además, es la raíz misma de la realidad personal»[513]. En la religación el hombre se encuentra viniendo de Dios, es un giro radical en el método noológico, un *de* invertido, de proveniencia[514].

El contenido que el hombre por libre creación puede dar a esta dimensión de apertura a la fundamentalidad de la que no puede escapar

---

[511] HD 115.
[512] SH 432-433, *El problema del hombre*, 1953-54.
[513] A. FERRAZ FAYÓS, *Zubiri: el realismo radical*, 205.
[514] Parece que Zubiri sigue el método fenomenológico al hablar de la religación, pero en cambio invierte la relación, igual que la conciencia tiene siempre un correlato intencional *de* que es el objeto, en la religación su correlato es el objeto de la deidad, pero es un *de* invertido, de procedencia, en la religación venimos de la deidad. Cf. R. GUTIÉRREZ SÁENZ, «La religión como estructura humana», 249.

abarca una amplio espectro de esbozos: religiones, ateísmo, agnosticismo, etc.[515]. Nadie puede dejar de preguntarse seriamente por el fundamento último del poder que le impulsa a su propia configuración personal, nadie — ni el creyente ni el incrédulo — está eximido de plantearse el problema de Dios. Sin embargo el propio X. Zubiri cree que el esbozo, a probar por conformación, más adecuado sería el de un Dios personal, dicho con palabras de Pintor-Ramos:

> El desarrollo de esa marcha de la razón permite demostrar que un modo razonable — el más razonable — de dotar con un contenido la dimensión fundamental de toda realidad es entendiéndola como *Dios transcendente en las cosas reales*. Esta es la *vía de la religación* que, por tanto, no intenta demostrar la *existencia* de Dios, sino que algo de lo que sin duda existe debe entenderse como Dios[516]. Del modo en que Dios se ha manifestado en tanto que poder último de lo real, surgirá que es una Persona concreta *absolutamente absoluta* y transcendente al contenido de cada cosa real concreta, pero transcendente *en* la realidad de esas cosas mismas[517].

El camino recorrido por nuestro autor para terminar con estas formulaciones tan nítidas ha sido largo y costoso. La idea madre la encontramos ya en el controvertido artículo, recogido en NHD, «En torno al problema de Dios»[518].

---

[515] Zubiri critica las vías clásicas de la teodicea en el punto de partida: no es hecho sino teoría; y en el punto de llegada: es sólo un concepto, no un Dios vivo y personal, es una realidad-objeto. Zubiri considera su propia posición como la más razonable pero caben otras posturas igualmente razonables para el problema con total voluntad de verdad y honestidad. Éstas ya no son fruto de la frivolidad o de la soberbia de la vida como en su escrito de 1935. La obra de Zubiri es, dentro del teísmo filosófico, la que toma más en serio el ateísmo como opción razonable, aunque no le parezca la más razonable entre las posibles. Puede que el hombre, a pesar de todo el esfuerzo de su razón, no llegue a ninguna solución concreta del problema y el fundamento de lo real se le aparezca como no-cognoscible: agnosticismo. Puede que el hombre llegue a una indiferenciación total de las determinaciones posibles del absoluto, perdido en medio de los contrastes que le lanza el enigmatismo de lo real: indiferentismo. Y puede que el hombre termine por concebir el poder de lo real como un hecho, como la pura facticidad de las determinaciones concretas y nada más: el ateísmo propiamente dicho. A. PINTOR-RAMOS, «Dios y el problema», 113-114.

[516] Cf. HD 230.

[517] A. PINTOR-RAMOS, «Dios y el problema», 113.

[518] NHD 417-454, se trata de un artículo compuesto originariamente entre diciembre de 1935 y marzo de 1936. Presenta por vez primera el concepto de religación como la última raíz filosófica tanto de la posibilidad de la religión — filosofía de la religión — como de una reflexión sobre la revelación — teología — Cf. EPD in NHD 430, 431, 445 y 452. Cf. J.L. CABRIA ORTEGA, *Relación Teología – Filosofía*, 66-67.

CAP. V: APERTURA TRANSCENDENTAL DE LA PERSONA

El origen está en la observación del ser humano y en la descripción de la situación en que se encuentra con las estructuras que sustentan dichas situaciones. Ahí descubre nuestro pensador que el hombre tiene que hacerse *entre* y *con* las cosas, pero que sin embargo no es de éstas de donde procede el impulso, la fuerza para vivir, ya que éstas tan sólo ofrecen estímulos y posibilidades. Debe haber algo anterior en lo que se apoye para existir. «El hombre no sólo tiene que hacer su ser con las cosas, sino que, para ello, se encuentra apoyado *a tergo* en algo, de donde le viene la vida»[519]. El hombre — es una constatación común con el existencialismo del momento aunque abierta en su búsqueda metafísica a un fundamento — se encuentra con que tiene que hacerse y autodefinirse[520]. Zubiri busca la raíz de este hacerse, el hombre:

> Necesita la fuerza de estar haciéndose. Necesita que le hagan hacerse a sí mismo. Su nihilidad ontológica es radical; no sólo no es nada sin cosas y sin hacer algo con ellas, sino que, por sí solo, no tiene fuerza para estar haciéndose, para llegar a ser[521].

La vía de Zubiri busca y descubre que: «Además de cosas *hay* también lo que hace que haya»[522]. Zubiri denomina religación en ese momento al vínculo ontológico entre el ser humano y lo que le apoya y fundamenta, de modo que en ella «nos hallamos vinculados a algo que no es extrínseco, sino que, *previamente, nos hace ser*»[523]. Más que un punto de llegada es un punto de partida, en la religación descubrimos que venimos en nuestra nihilidad y finitud de un *de*. Se trata de un intrínseco venir o ser-desde, no de algo consecutivo sino constitutivo de la persona: «En la apertura que es la religación, el hombre *está puesto* en la existencia, implantado en el ser [...] y puesto en él como viniendo *desde*»[524]. Esta dimensión de la religación no pertenece a la naturaleza del hombre sino a su persona, a su naturaleza personalizada[525].

---

[519] EPD in NHD 427.
[520] Es lo opuesto a Sartre. «El hombre, tal como lo concibe el existencialista, si no es definible, es porque empieza por ser nada. Sólo será definible después, y será tal y como se haya hecho. Así pues no hay naturaleza humana, porque no hay Dios para concebirla [...] El hombre no es otra cosa que lo que él se hace. Este es el primer principio del existencialismo». J.P. SARTRE, *El existencialismo es un humanismo*, 16. Cf. B. CASTILLA Y CORTÁZAR, *Noción de persona*, 201.
[521] EPD in NHD 428.
[522] EPD in NHD 428. Texto de la filosofía del haber. Actualizado es válido.
[523] EPD in NHD 428.
[524] EPD in NHD 433.
[525] Cf. NHD 430, EPD. HD lo concreta en la misma personeidad.

Están ya dados en aquel entonces los toques fundamentales de la idea central, sólo le falta su articulación con la filosofía noológica y reológica madura y quizá con el desarrollo pleno de su antropología[526]. Esto implicará algún cambio de matiz, pero en lo esencial está ya formulado lo principal. Este desarrollo concreto del tema de la religación se realiza en tres etapas:

> Según el propio autor el tema de Dios ha pasado por dos etapas conceptuales distintas (una, descubrimiento del problema de Dios en la estructura humana: la religación; y dos, desarrollo conceptual de la religación). La segunda etapa se desdobla a su vez en dos momentos distintos y sucesivos (uno, sistematización completa y amplia del problema de Dios y más en particular el de la religación; y dos, desarrollo conceptual de la religación como momento estructural del hombre: la dimensión teologal del hombre). Estas tres fases del despliegue del problema (problema de Dios, religación, dimensión teologal) se corresponden respectivamente con tres fechas distintas: 1935-36, 1963, 1975 y con tres escritos sobre Dios: *En torno al problema de Dios, Introducción al problema de Dios, El problema teologal del hombre*[527].

Así la elaboración última la encontramos — es lo que hemos expuesto anteriormente — en HD. Es la dimensión teologal del hombre, de la persona en su totalidad fundamental. En ella queda fijada la terminología hasta entonces sólo dibujada y algo variable[528].

---

[526] Quizás por este motivo no faltaron críticas a sus primeras formulaciones de la religación. Por ejemplo se dijo que no resulta clara la diferencia entre Dios y deidad y su relación: «parola quest'ultima che desta molti sospetti. D'altra parte non ci sembrano ancora chiari i rapporti tra l'uomo e Dio, né definita la struttura metafisica dell'uomo stesso; il concetto di religazione non risulta articolato in tutta la sua portata». M.F. SCIACCA, «Saverio Zubiri e l'uomo come *unidad radical*», 660-661.
[527] J.L. CABRIA ORTEGA, *Relación Teología – Filosofía*, 155.
[528] Al desaparecer a partir de IPD (1963) la nihilidad ontológica, sustituida por la caducidad talitativa (cf. SE 463-473), se acentúa la religación como *apoderamiento por el poder de lo real* más que como *deidad*. Los tres elementos de la deidad: ultimidad, posibilidad e imposición, pasan a denominarse: ultimidad, posibilidad e impelencia; la religión pasa de florescencia a plasmación de la religación; la presencia personal o interpersonal de Dios en el fondo del hombre pasa a considerarse como tensión personal, interpersonal o tensión teologal. Otro cambio de matiz lo podemos ver en el inédito *Sobre la persona* de 1959, ahí la religación aparece como *actitud* (*héxis*) metafísica irreductible con la que el hombre se encuentra implantado radicalmente en sí mismo como forma de realidad y vinculado de manera positiva a la fundamentalidad (ya el ámbito remisorio de la ultimidad de lo real desde la posibilidad); el hombre es absoluto finito pero está aún en germen HD: la religación con fundamento en la personeidad, aquí está todavía en la personalidad. Cf. SH 151. Esta evolución conceptual

El hombre descubre el hecho de estar religado con el poder último y posibilitante de la realidad; es la religación como dimensión transcendental a la que deberá dotar de un contenido concreto; la religación es previa a la apertura intelectiva de las vías racionales tradicionales de acceso a Dios, es un hecho inconcuso de apertura al fundamento[529].

La búsqueda del contenido de la religación implica un desarrollo complejo del saber teologal, a caballo entre la teología y la filosofía, es lo que nuestro filósofo desarrolla en PFHR:

> Puesto que el hombre tiene que construir su vida — su Yo — a la luz de la realidad religante, todo aquello con lo que el hombre tenga que hacer su vida, quedará igualmente determinado por el poder de lo real — la deidad — que lo religa. Pues bien, como el hombre está *vertido* a las cosas, a los demás hombres y a sí mismo, resulta que una explicitación de la religación en que el hombre consiste, ha de llevar consigo una visión de las cosas (mundología), de los demás (eclesiología)[530] y de la figura última que se irá alcanzando de sí mismo (escatología); a ello se une una *teología como saber de la deidad y la divinidad*[531].

Por el momento no nos interesa entrar más en estas dimensiones que nos apartarían del objeto de nuestra disertación. Baste con constatar que el problema de Dios no es algo meramente teórico junto a otros problemas que podría el hombre plantearse o no, sino que es más bien «la dimensión del problematismo último con la que a todo hombre se le presenta la realidad en que está, vista como fundamento último de su ser y de todas las cosas reales»[532]. Es una apertura necesaria que planta al hombre en esencial inquietud y búsqueda, búsqueda que se concreta en la religión — incluyendo la no-religión como forma negativa de ésta —, ya que, como dice López Quintás resumiendo un curso de

---

es paralela a la del concepto de creación. Al inicio es verdad filosófica (cf. SPF I y II; y en SSDTP), crear *ex nihilo* consiste en salir del Padre para volver a Él a través de las cosas. Después se alcanza por fe. Cf. J.L. CABRIA ORTEGA, *Relación Teología – Filosofía*, 251-253.

[529] El problema no es lógico. «¿Y si no fuera así? ¿Y si tuviéramos un acceso intelectual, y por tanto filosófico, previo a todo proceso lógico del tipo discursivo? ¿No puede suceder que, del mismo modo que la realidad exterior no es un *añadido* al ser del hombre, sino un constitutivo formal suyo, Dios no sea algo extrínseco al hombre y a lo que hay que acceder mediante un discurso lógico, sino un constitutivo formal suyo?». D. GRACIA, «El tema de Dios», 71.

[530] Eclesiología sería la visión desde Dios de las relaciones interhumanas. Cf. J.L. CABRIA ORTEGA, *Relación Teología – Filosofía*, 490.

[531] J.L. CABRIA ORTEGA, *Relación Teología – Filosofía*, 262.

[532] A. PINTOR-RAMOS, «Dios y el problema», 113.

X. Zubiri: «En la religión estamos remitidos a Dios, pero en forma de problema. Es problema no de fe[533], sino de realidad, y está inscrito en todo acto vital»[534].

Las religiones en lo que tienen de religioso son un esbozo concreto de la divinidad, esbozo que se plasma en una doctrina de la integridad de lo real. También por ello cada religión contará con tres dimensiones que plasmen a su vez las dimensiones de la realidad humana: individual, social-comunal y etánea[535]. En esas dimensiones de la religión se dará la probación del esbozo de Dios en la fe y la entrega como experiencia íntima de Dios en la constitución del Yo concreto de cada individuo[536]. Desde ella se verán las cosas como vehículos o sedes de la deidad y el hombre como experiencia de Dios[537]. Es la tarea del inteligir en su modo racional [538].

Éste será el camino último para discernir entre las diferentes religiones en su concreción histórica y no caer en un relativismo religioso[539], y también servirá para justificar racionalmente (por experiencia en sentido zubiriano) la menor razonabilidad teórica y práctica de la opción por el ateísmo o el agnosticismo[540]. En el fondo el problema de la ver-

---

[533] Fe es usada aquí en sentido teológico, no en el específico y complejo zubiriano.

[534] A. LÓPEZ QUINTÁS, «Xavier Zubiri. La inteligencia sentiente», 258.

[535] «Tal experiencia, no se olvide, no sólo es individual, sino social e histórica». Cf. A. FERRAZ FAYÓS, *Zubiri: el realismo radical*, 221.

[536] «La intelección de Dios no es en forma de demostración sino procesual. El hombre encuentra a Dios, no reflexionando sobre el mundo cósmico, ni sobre sus fenómenos mentales, sino haciéndose persona». G. GÓMEZ CAMBRES, *Zubiri: el realismo transcendental*, 94.

[537] Cf. J.L. CABRIA ORTEGA, *Relación Teología – Filosofía*, 483-486.

[538] El ámbito del problema de la religión es competencia de la razón: «La verdad de la religión, por tanto, es su racionalidad, pero ello no significa reducir la religión racionalidad, sino hacer ver que la religión es un cumplimiento de la exigencia última de transcendentalidad y ese cumplimiento es razonable». A. PINTOR-RAMOS, «Zubiri: una filosofía de la religión cristiana», 374-375.

[539] Aunar razón y vida es un planteamiento fuerte, y así lo hace Zubiri: «el enfoque de la religión inevitablemente tendrá que centrarse en la verdad de la religión en tanto que plasmadora del fundamento. A nuestra época de *pensamiento débil* este enfoque le parecerá tan desmesurado como presuntuoso; la filosofía hoy parece sonrojarse si habla de la verdad, tiene miedo a recaer con ello en dogmatismos y absolutismos de la razón». A. PINTOR-RAMOS, «Zubiri: una filosofía de la religión cristiana», 370.

[540] «*Razonable* quiere decir, sin duda, que no atenta contra las reglas lógicas con que opera la racionalidad misma; pero quiere decir sobre todo que esa comprensión *encuentra* el término que se buscaba y que se muestra conforme con las exigencias que emanan de la realidad que puso en marcha la razón». A. PINTOR-RAMOS, «Dios y el problema», 115. Se prueba en las consecuencias indirectas. porque no hay aprehen-

dad de una religión remite a una experiencia racional aunque no racionalista. Una experiencia teórico práctica que incluye como dimensiones intrínsecas las intransferibles entrega a Dios, a los demás y la relación interpersonal, que son elementos de discernimiento; en el fondo el criterio mismo es el hacerse persona. Para X. Zubiri la religión en la que esta experiencia se da mejor es el cristianismo[541].

La religación nos muestra que: «El hombre es formal y constitutivamente experiencia de Dios. Y esta experiencia de Dios es la experiencia radical y formal de la propia realidad humana»[542]. Por tanto la marcha real y física hacia Dios no es sólo una intelección verdadera[543], sino

---

sión primordial del fundamento: La vía de la religación teísta valdrá más no por ser más razonable, sino porque en la probación de ese fundamento se enriquece más nuestra experiencia y se explicita en mayor grado la verdad originaria.

[541] Para Pintor-Ramos la filosofía de la religión zubiriana no está elaborada desde la fe para luego exigir un reconocimiento de valor racional y excluiría también el *cristianismo filosófico* (originalidad cristiana reducida a lo que la racionalidad podría asumir). Matizamos que si bien Zubiri quiere y hace pura filosofía, sin embargo hay que conceder la importancia que tiene a su ser creyente católico en el movimiento interno de su pensar, conforme a las posturas de Savignano y Babolin. Cf. A. BABOLIN, «La teoria filosofica della religazione di Xavier Zubiri, come momento negativo dell'alienazione»; «Il pensiero religioso di Xavier Zubiri»; «La filosofia della religione secondo Xavier Zubiri»; «La filosofia della religione di Xavier Zubiri»; A. SAVIGNANO, «*In memoriam*»; «La dimensione teologale dell'uomo e la teologia fondamentale in Xavier Zubiri»; y A. PINTOR-RAMOS, «Zubiri: una filosofía de la religión cristiana», 370.

[542] D. GRACIA, «El tema de Dios», 77.

[543] La religación que es vía pre-racional o supra-racional ha sufrido numerosas mal interpretaciones. En parte por los límites de la formulación anterior a HD. Así A. González lee la religación en clave existencialista y Hellín cree que es una prueba de corte escolástico. Sciacca señala que no es clara la diferencia entre Dios y deidad (riesgo de panteísmo), así como tampoco le parece definida la relación entre el hombre y Dios por la misma estructura del hombre. M. Cruz se queda con la coincidencia del ateísmo y del teísmo en la dimensión teologal aunque diverjan en el modo de entender la ultimidad. Martínez Santamarta la coloca como una prueba más de la existencia de Dios. Micheletti señala una aporía ya que Zubiri pone el problema de Dios en unos criterios de inteligibilidad que condicionan la solución (deidad), aunque podría darse que la circularidad no sea vista como defecto sino como positiva característica interna de la cuestión. Otros valoran la originalidad quizá se centren demasiado en la religación como el motivo vital de todo su pensamiento. La verdad es que sólo a partir de HD está desarrollado el espacio conceptual adecuado que permite a Zubiri escapar de estas críticas. Cf. A. GONZÁLEZ ÁLVAREZ, *El tema de Dios en la filosofía existencial*, 172-183, 230-236, 251-254; J. HELLÍN, «Recensión» a NHD; M.F. SCIACCA, «Saverio Zubiri e l'uomo come *unidad radical*», 660-661; M. CRUZ HERNÁNDEZ, «El hombre religado a Dios», 236; C. MARTÍNEZ SANTAMARTA, «El acceso del hom-

que es una realización experiencial de la propia realidad humana en Dios[544].

El giro metodológico llevado a cabo por Zubiri resalta de modo especial en su estudio del proceso que lleva al hombre a Dios. No es un proceso meramente especulativo sino *experiencial*, no meramente irracional sentimental sino *intelectual*, porque la experiencia que lo hace posible es una experiencia de realidad, y para Zubiri ser inteligente equivale a *estar en realidad*[545].

En la experiencia lo que hago es hacer mía la realidad-fundamento en virtud de una apropiación, así dicho fundamento llega a constituir mi Yo: Es la «fundamentalidad mía»[546] o «fundamentalidad de mi vida»[547] o lo que podríamos denominar *fundamentalidad de mi ser*, refiriéndonos en este caso a la presencia de la realidad-fundamento en cuanto *presencia-para* mí.

El hombre al hacer su Yo con las cosas reales en cuanto reales, está haciendo su Yo en Dios (ultimidad), con Dios (posibilitación) y por Dios (impelencia). Este *hacer* transcurre en una tensión dinámica o teologal entre Dios y el hombre. La dominancia del poder de lo real se concreta en «el carácter pre-tensor de Dios»[548]. Y la inquietud del hombre por su ser absoluto es la «expresión humana y vivida de la unidad tensiva entre el hombre y Dios»[549]. El hombre no sólo viene de Dios

---

bre a Dios en Xavier Zubiri», 361-382 y *El hombre y Dios en Xavier Zubiri*; M. MICHELETTI, «La struttura del problema di Dio», 98 y A. SAVIGNANO, «*In memoriam*», 424-425.

[544] Cf. PTH 61.

[545] A. LÓPEZ QUINTÁS, «Significación actual del pensamiento zubiriano», 51. La experiencia teologal se desglosa progresivamente en: 1) *Experiencia de la crisis del hombre actual*, por haber intentado *poseer verdades* en vez de *dejarse poseer por la verdad*. 2) Experiencia de *instalación en lo real*: adoptar una actitud de participación, no de dominio, en lo real, descubriendo que no está *arrojado* sino *instalado* en la realidad. 3) *Experiencia de la vida personal* por asunción de posibilidades que dinamiza al hombre y aviva su conciencia de ser libre en vinculación a todo lo que le *rodea*. 4) *Experiencia de la deidad, o religación*. Al realizarse como persona mediante la asunción de las posibilidades o *poderes* el hombre experimenta el poder de *la* realidad, que no se impone al hombre. Éste puede reconocerlo o dejarlo de lado (*ateísmo*). 5) *Experiencia de Dios*: descubrir que el modo peculiar de ser *absoluto* sólo puede tener su fundamento último en una realidad *absolutamente absoluta*. Esta realidad es *personal y* se hace experiencia de *Dios en nosotros*.

[546] HD 251.
[547] HD 282.
[548] HD 362.
[549] HD 363.

(acceso incoado), sino que «el hombre va a Dios y lo encuentra haciéndose persona»[550] (acceso plenario)[551].

Teniendo en cuenta lo que implica ser persona y realizarse como tal, lo difícil *no es descubrir a Dios sino encubrirlo*. Para acceder a Dios, el hombre no necesita salir de sí, perderse, alienarse o renunciar a su voluntad de llegar a la plenitud. Debe, por el contrario, elevarse a su más alta cota de realización personal mediante una forma de diálogo comprometido con las realidades de su entorno. Al hilo de su realización como persona, Dios se le aparece al hombre como el fundamento del fundamento de su vida personal. Zubiri se apoya en la *vida personal* del hombre y en la experiencia que éste hace de la realidad y del poder de la misma, no en los seres infrahumanos o en vías racionales como las cosmológicas.

El camino abierto por Zubiri responde a los radicales planteamientos de Nietzsche[552].

En resumidas cuentas el hombre no busca a Dios por una decisión de la voluntad, ni por un sentimiento de deber, ni por una añoranza sentimental, sino por algo más radical: porque *necesita el poder de lo real para realizarse como persona*. La marcha hacia Dios no es puramente especulativa sino experiencial. Se apoya constantemente en el hecho de hallarse el hombre instalado en la realidad[553]. Zubiri vincula la vida personal del hombre y la vida personal de Dios. Esta vinculación no amengua un ápice la trascendencia de Dios en las cosas; pone al hombre en realidad y en verdad, lo eleva a su cota más alta, y resuelve por

---

[550] HD 364.

[551] Cf. J. SÁEZ CRUZ, *La accesibilidad de Dios*, 226.

[552] Por ser un hecho la religación supera la crítica nietzscheana. «Por esto sería erróneo decir que Zubiri prueba filosóficamente la existencia de Dios. Más justo es afirmar que analiza filosóficamente la experiencia de Dios. Esta distinción, que puede parecer una sutileza, establece, a mi entender, la única alternativa válida desde que Nietzsche pronunció su "¡Dios ha muerto!" y, clausurando la era del *conceptismo*, abrió las puertas de una nueva época histórica, la del *nihilismo*». D. GRACIA, «El tema de Dios», 78.

[553] «Por eso la obra de Zubiri comienza precisando que el hombre es persona porque *está en realidad* y culmina con el estudio del hombre como *experiencia de Dios*. La y que vincula, en el título del libro de Zubiri, al hombre y a Dios no es meramente copulativa; alude a una forma muy honda de integración, tan honda que parece que se roza o incluso se traspasa el umbral del panteísmo. Éste, sin embargo, queda alejado radicalmente cuando no se confunde la elevada *unidad de integración* con la banal *unidad de fusión*». A. LÓPEZ QUINTÁS, «Significación actual del pensamiento zubiriano», 52.

elevación la grave crisis del humanismo contemporáneo[554]. Es así como Zubiri tiene:

> La originalidad y la profundidad de plantear el acceso del hombre a Dios desde el carácter procesual de la realidad personal, lo cual le lleva a superar tanto las antropologizaciones del problema de Dios como en el otro extremo el de su naturalización. Aunque no usó expresamente esta terminología Dios sería *persona personans* y no *natura naturans* de modo que en la personalización de la personeidad humana es donde aparecía Dios como lo que es: persona que da vida[555].

Esta es la apertura del hombre a Dios, dimensión teologal esencial y culminante de la antropología metafísica zubiriana. En el hombre descubrimos una dimensión que de hecho envuelve constitutiva y formalmente un enfrentamiento inexorable con la ultimidad de lo real. Habrá que dilucidar si esa ultimidad de lo real se concreta o fundamenta en una forma determinada, pero es desde el inicio el ámbito de la manifestación mundanal de Dios, lo que Zubiri denomina la *deidad*. Esta experiencia de la deidad es llamada experiencia teologal. De ahí que como en la realidad humana descubrimos una dimensión que de hecho envuelve constitutiva y formalmente un enfrentamiento inexorable con la ultimidad de lo real, con la deidad, esta dimensión es la dimensión teologal del hombre[556].

Podemos afirmar que en Zubiri el problema de Dios pertenece «formal y constitutivamente a la constitución de mi propia persona en tanto que tiene que hacerse inexorablemente su propia realidad, su propia *figura de ser* absoluto *con* las cosas estando *en* la realidad»[557]; el problema de Dios pertenece, pues, a la estructura de la realidad personal[558]: es una dimensión constitutiva. Zubiri como dimensión teologal que: «es lo que envuelve la versión al problema de Dios»[559].

Podemos analizar ahora otra dimensión de la persona: la moral.

---

[554] Cf. A. LÓPEZ QUINTÁS, «Significación actual del pensamiento zubiriano», 52.
[555] I. ELLACURÍA, «Aproximación», 979.
[556] Cf. D. GRACIA, «El tema de Dios», 73.
[557] HD 110.
[558] Cf. J.L. CABRIA ORTEGA, *Relación Teología – Filosofía*, 443.
[559] HD 108.

3.3 Dimensión moral: la vida como autorrealización, la auto-apertura de la suidad

A propósito de esta dimensión dice Zubiri:

> se trata de que el hombre, *él*, físicamente, tiene como uno de sus caracteres, como uno de sus ingredientes constitutivos, lo moral; de que el hombre, como realidad física, es constitutivamente moral, y de que lo moral es físico a su modo[560].

Ya vimos en su momento la estructura definitiva de la volición dentro del pensamiento zubiriano en su perspectiva transcendental. Esta nota que es la volición dentro del subsistema psique determina una dimensión constitutiva de la persona humana que es la dimensión moral. Como esta dimensión integra la dinámica de la apropiación y la intrínseca socialidad e historicidad de la persona nos encontramos ahora en el momento apropiado para estudiarla con más detenimiento. Ahora bien, todo lo que vamos a decir a propósito de esta dimensión debe entenderse en relación con los apartados anteriores con los que se encuentra estrechamente vinculada ya que ésta es la arquitectura que se descubre en el esquema que el mismo X. Zubiri determinó para su tratado de antropología, según el cual se han ordenado los textos de SH en su publicación póstuma. En esta obra se estudia la dimensión moral tras la social ya que:

> la dimensión estructural social de la vida humana precede, en la arquitectónica zubiriana, a la consideración moral de esa estructura [... por] la importancia determinante de la estructura social humana, pues el carácter moral del hombre lo es de una realidad constitutivamente social[561].

X. Zubiri desarrolla una moral fundamental, o dimensión moral antropológica de raigambre *eudaimonista*. La explicación más amplia la encontramos dentro del curso de 1953-54 *El problema del hombre*, en el apartado: *El hombre, realidad moral*[562], se trata de un texto anterior a SE en el que la volición aún es estudiada desde la clave de la fruición, si bien sus contenidos son actualizables y legibles desde IS. Esto es algo de lo que intentaremos, sin seguir el discurso lineal de nuestro pensador en ese curso, en el presente apartado.

---

[560] SH 366, *El problema del hombre*, 1953-54.
[561] M. VILÁ PLADEVALL, *Las dimensiones de lo interhumano*, 19.
[562] SH 343-440.

Zubiri desarrolla una moral que sirve para superar las éticas de raíz kantiana decantadas en los modelos intersubjetivos (según Manzanera derivados en una ética *light* y de normalidad estadística) con su realismo crítico fundamentado en la realidad objetiva. A esta moral se han señalado unos límites que algunos autores intentan superar desde la *nostrificación*. Así se ha dicho que: «A pesar de este valioso intento, la moral zubiriana se mueve predominantemente dentro del marco de la realidad intrasubjetiva, sin atreverse a enfrentar la realidad histórica, muchas veces conflictiva y sangrante»[563]. Pienso que la estructura de la antropología zubiriana y el intento de esta tesis por situar la nostreidad como categoría antropológica dentro de una fundamentación personalista de la intersubjetividad rebaten cualquier crítica en esta línea.

Pensamos que la dificultad mayor que se puede encontrar en Zubiri está en la articulación de la estructura moral del hombre con la ética concreta y la dilucidación de sus contenidos. Es en este terreno, que X. Zubiri dejó en gran medida abierto, en el que se han dado intentos de aproximación entre las éticas de raigambre kantiana y el pensamiento zubiriano. El problema lo podemos observar en el siguiente texto de Zubiri que podría leerse bajo una clave que discerniría dentro de la ética concreta unos principios formales y una dotación de contenido, mientras que lo que Zubiri está intentando es radicar la moral como estructura humana en la realidad de la persona sin romper — recuérdese la función transcendental con sus dos caras — con la realidad concreta y su contenido. Otra cuestión es que el mismo Zubiri no desarrollase un ética concreta y sólo estudiase la dimensión moral desde la antropología. Dice Zubiri comentando a propósito de Leibniz que él:

> Dios se sometería inexorablemente al principio de lo mejor, lo cual no es verdad ni tan siquiera en el caso de la voluntad humana. Contra lo que se dice, la voluntad humana no se decide por lo mejor — no digamos ya en sentido moral, sino aquí y ahora —, sino que el *fiat* de la voluntad humana consiste precisamente en que declara lo mejor aquello que en efecto está queriendo; lo demás es un racionalismo que no puede aplicarse ni al hombre ni a Dios[564].

Parecería para el lector proveniente de la tradición kantiana o de la tomista que nuestro filósofo está defendiendo un voluntarismo, en el fondo una moral en que el contenido es libremente determinado y cuya moralidad depende a lo sumo de la estructura formal del discurso ético.

---

[563] M. MANZANERA, «Fundamentación de la ética en la nostridad», 258; cf. *Ibid.* 273.
[564] PFMO 176.

Sin embargo, aunque es obvio que aquí nos encontramos ante un rechazo formal del racionalismo moral, no es ésta sin matices la postura de X. Zubiri. Esto nos sirve para plantearnos el siguiente interrogante: ¿qué es moral para X. Zubiri?

La respuesta apunta a un sentido de lo moral más radical y básico del que normalmente consideran las diversas éticas, es un ámbito prenormativo, previo a la concreción de la distinción entre el bien y el mal, es el ámbito de la estructura dimensional de la persona como moral; dicho con palabras de Aranguren:

> el hombre es estructuralmente moral, no hay en él, en tanto que hombre, un estadio *premoral*. Y a lo que él se dedicó, en tanto que filósofo, es al estudio estructural y no al normativo de lo que habitualmente se entiende por ética. Su pensamiento se mueve por encima o previamente al de la ética normativa, de la cual nos da estrictamente el marco dentro del cual ha de ser situada: ética es para él [...] el logro de la *sustantividad humana integral y plenaria*[565].

El pensamiento de X. Zubiri se encuadraría pues dentro de la antropología como búsqueda de la plenitud de la personeidad a lo largo de su devenir, en su concreción en la personalidad. La sustantividad humana y su bien no hace referencia a lo puramente biológico, si bien lo incluiría. La estructura moral del hombre es la articulación entre personeidad y personalidad. También el maleficio encuentra ahí su sentido ante Dios, en cuanto fuerza que posibilita al hombre a tomar conciencia de su ser dueño de sí por auto-apropiación[566]. Es, pues, en el proceso de autoposesión donde se inscribe lo moral, como lo que el hombre tiene que justificar. Lo que el hombre justifica ahí es la figura de su personeidad, su personalidad. Es el ámbito radical de lo moral[567].

La personalidad se realiza por apropiación de posibilidades, ésta es la actualización mediante las dotes y los recursos como suyo propio de una posibilidad entre las muchas que surgen de la nuda realidad en respectividad con la sustantividad humana. Esa apropiación reconfigura la sustantividad y su actualización mundanal. Por ello, en un nivel que éticamente podríamos denominar protomoral en el sentido de fuente de la ética concreta: «La apropiación es constitutivamente la forma más radical y elemental de la moral. Lo bueno supone en este sentido lo

---

[565] J.L. L. ARANGUREN, «Moral como estructura», 22.
[566] Cf. A. GONZÁLEZ FERNÁNDEZ, «Dios y la realidad del mal», 209-210.
[567] Cf. G. GÓMEZ CAMBRES, *Zubiri: el realismo transcendental*, 78-79.

moral, y lo moral lo modula y determina»[568]. Por ello afirma X. Zubiri que estar en buena forma moral no es ninguna metáfora. En este nivel, en la configuración de la intimidad hay una unidad radical de la figura «en la que no se estratifica ni se superponen el aspecto moral y el aspecto psicofísico, sino que realmente el aspecto psicofísico desgaja el moral, y el moral revierte y configura el aspecto psicofísico»[569].

Esto no implica un egoísmo metafísico moral en la concepción zubiriana, sino esa dimensión *egotista* — que tan bien supo resaltar Unamuno — que tiene toda moral. El hombre actúa en orden a su propia sustantividad, pero en ella están ya los demás en el sentido que hemos estudiado. Así como lo es el bien, el mal en su realidad profunda no es respectividad a la personalidad sino condición en respectividad a la personeidad, a las notas constitutivas de la sustantividad humana en cuanto momento del mundo. Dicho con un giro que evite el riesgo del *egoísmo*: no todo es querido *para* la propia sustantividad, sino que todo es amado *en* la sustantividad humana en cuanto que ésta es el *medio*, el ámbito del que surge el sistema de referencia de todo bien[570]. La ética concreta es quien debe determinar el *carácter* de la sustantividad humana integral y plenaria, la figura moral del ser del hombre desde la felicidad y la libertad[571].

La realidad del hombre resuena en su interior como voz de la misma realidad. Es la inquietud del hombre que para continuar siendo el mismo no puede continuar siendo lo mismo, y que se ve abocado a optar y en el fondo a encararse inquietamente con el todo de la realidad, con el mundo, para poder reafirmar su ser relativamente absoluto.

> Esta inquietud que emerge del interior del hombre no puede *acallarse*; es una *voz* que le orienta en la realidad, lo que Zubiri, utilizando de nuevo los recursos de nuestro idioma, llama *la voz de la conciencia*. Generalmente se le da un sentido moral. Pero su sentido primario, dice Zubiri, es rigurosamente metafísico, tanto que de él pende el posterior sentido moral. La voz

---

[568] SH 144, *Sobre la persona*, 1959.
[569] SH 144, *Sobre la persona*, 1959.
[570] Cf. A. GONZÁLEZ FERNÁNDEZ, «Dios y la realidad del mal», 195.
[571] Cf. SSV 253-254, *El problema del mal*, 1964. En Zubiri se da un desplazamiento de acento desde la felicidad como determinante del carácter moral del ser humano hacia la libertad, aunque ésta nunca queda edificada en el vacío, como veremos en el apartado siguiente. Así en 1954 el bien es la felicidad (cf. SH 380s, *El problema del hombre*) y en 1964 el acento está en la libertad (cf. SSV 297, *El problema del mal*).

CAP. V: APERTURA TRANSCENDENTAL DE LA PERSONA 383

de la conciencia es la que dicta el atenimiento a la realidad. La conciencia me dicta en forma de voz cómo tengo que atenerme a la realidad[572].

El análisis zubiriano de la dimensión moral de la persona arranca de la consideración de la sustantividad como supraestante, hecho que coloca a la persona en toda situación en la necesidad de decidir apropiándose alguna de las posibilidades que se le presentan mediante su IS.

> La realidad sustantiva cuyo carácter *físico* es tener necesariamente propiedades por apropiación, es justo lo que yo entiendo por realidad moral. Lo moral en el sentido usual de bienes, valores y deberes, sólo es posible en una realidad que es constitutivamente moral en el sentido expuesto. Lo moral es a su modo algo también *físico*[573].

Mientras que el animal responde a los estímulos de modo adecuado por ajustamiento innato, el hombre tiene que justificar sus actos[574], pues aunque conserve lo animal esto no le resulta suficiente por la reidad de su inteligir sentiente[575]. Lo moral radica pues en la apropiación.

Para Zubiri lo que realizamos mediante nuestras voliciones es algo constitutivo del mismo querer. El hombre no tiene mas remedio que querer, tiene que hacerse cargo de las situaciones reales y de las cosas enfrentándose a ellas como realidades. Ahora bien, querer no es crear ni inventar, sino asumir las posibilidades que ofrece la realidad[576].

Frente al puro hecho o actualización de una potencia X. Zubiri denomina a la apropiación suceso y evento. En la apropiación, mediante el giro por lo irreal, el hombre hace suya una posibilidad, entre las que no hay ninguna que no presuponga y no esté montada sobre una realidad.

> Y en el hacer suya una posibilidad y desechar otras existe una elección más o menos libre; y en esta elección y como resultado de ella, la posibilidad apropiada se apodera justamente del hombre. Hay un apoderamiento en virtud del cual la actualización de esas posibilidades no es un simple *hecho* como actualidad de una potencia, sino una actualización de unas posibilidades, a saber *un suceso o un evento*[577].

---

[572] D. GRACIA, «El tema de Dios», 72.
[573] SH 345, *El problema del hombre*, 1953-54.
[574] La volición — fruición en terminología de los '50 — por ser realización, es exclusiva de la persona, no se da en el animal. Cf. A. FERRAZ FAYÓS, *Zubiri: el realismo radical*, 192.
[575] Cf. SH 343-345, *El problema del hombre*, 1953-54.
[576] A. HORTAL, «El realismo moral», 78.
[577] EDR 249.

La posibilidad apropiada pasa de ser un posible a ejercer un poder en el sujeto apropiante:

> Las posibilidades no están sino ofrecidas al hombre. Solamente cuando el hombre las acepta — y en eso consiste la apropiación — es cuando a la posibilidad se le da ese carácter, no de una fuerza física ni de algo que sea puramente ofrecimiento, sino estricto poder. *Kraft* se convierte en *Macht*. Solamente hay poder cuando hay posibilidad decidida. Por esto lo que positivamente constituye el término objetivo de un acto de voluntad es conferir poder a algo. Aquello que yo quiero se apodera de mí[578].

En el hombre por la hiperformalización queda indeterminada la figura del ajustamiento[579] que se da automáticamente en el animal, por complejo que sea su sistema de respuesta. El hombre se ve obligado a dar un giro por la irrealidad, por las posibilidades reales en cuanto tales, irreales en cuanto no realizadas, para poder concluir con éxito su sentir procesual. Sus acciones son intrínsecamente *justificandas*[580]. Esta dimensión transciende el carácter específico del acto, del mismo modo que la realidad transciende sin estar separada las cosas aprehendidas. Por ello al hombre se le pueden pedir cuentas de sus acciones, no sólo explicarlas. Es el caso del suicidio al que tantas veces recurre Zubiri. Una cosa es describirlo o explicarlo, y otra cosa dar cuenta del porqué humano de esa acción. Entre las posibilidades irreales el hombre opta por una que adquiere el rasgo de ser realmente posibilitante, es la preferencia: dar razón de la razón[581]. Esta razón se apoya en la tendencia inconclusa que hace que las posibilidades sean deseables escalonadamente, es la fuerza que justifica la acción, pero sin arrastrar, sino dentro de un sistema de referencia abierto por la cosa misma en cuanto preferible[582].

---

[578] SH 315-316, *El problema del hombre*, 1953-54.
[579] Cf. SH 347, *El problema del hombre*, 1953-54.
[580] Cf. SH 348, *El problema del hombre*, 1953-54.
[581] Cf. SH 351, *El problema del hombre*, 1953-54.
[582] X. Zubiri rebate que este sistema de referencia para la preferencia sea: 1.– la idea de hombre recibida de la sociedad (positivismo), es el peso real aunque limitado en su verdad de la presión social, pero el hombre puede volverse contra la sociedad, la idea social de hombre define la normalidad no la preferibilidad; 2.– un imperativo incondicional y categórico (el deber de Kant), insuficiente a) porque el imperativo llega tarde porque se mueve al nivel del juicio y la opción volitiva elemental es anterior a éste, b) porque separa como mundos incomunicados el deber ser y el ser y c) porque no hay ecuación perfecta entre deber y moral, hay ámbitos morales donde no rige el deber; 3.– los valores (Scheler) que también son insuficientes porque se mueven en el mundo de lo objetivo y penden por lo tanto de algo previo, un sujeto

CAP. V: APERTURA TRANSCENDENTAL DE LA PERSONA

Como acabamos de ver el hombre, a diferencia del animal, no se limita a ajustar con justeza su organismo al medio ambiente sino que entre la realidad externa y su propia realidad, el hombre interpone inexorablemente una posibilidad que establece el tipo de ajustamiento; es decir, hace la justeza, y al hacerla tiene que justificarla (*iustifacere*). Es la justificación. La justificación no es sólo la dependencia del ajustamiento respecto de una posibilidad, sino que implica la preferencia de una posibilidad entre otras. Esta preferencia se inscribe en el carácter con que las posibilidades mismas solicitan al hombre en virtud de su interna cualidad. Esta cualidad transciende del contenido de la posibilidad concreta[583]. La posibilidad siempre se presenta como buena o como mala, con lo que la justificación pende del bien. Y esas acciones, que así están justificadas, no lo están precisamente por razón de su contenido sino por lo que tienen de acción vital, por lo que tienen de autoposesión. Es decir, porque en ellas se dibuja la figura con que el hombre perfila su propia personalidad dentro de su realidad de persona. La justificación, el carácter de bueno o de malo, es formalmente algo que afecta a la vida en cuanto vida, a la figura misma de la personalidad. Es el problema mismo de la realidad moral[584].

Lo que se justifica no son sólo las acciones sino la personalidad tomada dentro del todo del decurso vital. Es la personalidad justificanda en cada acto vital. El carácter justificando por razón de una bondad, compete a la realidad *qua* realidad de la propia persona humana. Por eso: «La realidad humana es una realidad moral»[585].

Porque el hombre es realidad moral es por lo que tiene que haber bien y mal, no al revés. La dimensión moral del hombre funda la distinción entre el bien y el mal, es la línea previa sobre la que se sustentan[586]. Podríamos establecer un paralelismo afirmando que lo que aquí trata de sostener Zubiri es lo que actualmente entenderíamos como un no-fisicismo del bien y del mal; y su construcción en relación a la estructura misma del hombre, lugar donde se constituye el objeto pro-

---

que es el que acota el carácter modal que tienen las cosas como objetividad, en el fondo las cosas son valiosas porque son validas para una realidad que es la realidad del hombre: la realidad como bien es la fuente del valor. La preferencia pues remite al problema de la bondad tanto de las cosas como de la realidad humana. Cf. SH 354-359, *El problema del hombre*, 1953-54.

[583] El hecho de que en el análisis zubiriano lo moral esté constituido por apropiación libre (por volición compleja) y no por el contenido podría ponerse en equivalencia con la clásica distinción entre el acto humano y acto del hombre, el elemento apropiador sería el punto de discernimiento.

[584] SH 361-362, *El problema del hombre*, 1953-54.
[585] SH 361, *El problema del hombre*, 1953-54.
[586] Cf. SH 364-365, *El problema del hombre*, 1953-54.

piamente moral, sólo que Zubiri llega a esta conclusión con otra terminología a través del profuso análisis fenomenológico del hecho moral.

La realidad moral del hombre se concreta en la estructura formal de la volición simple, que a través de las posibilidades que aúnan lo que clásicamente se distinguió como medios y fines, origina siempre en las voliciones complejas un proceso de apropiación de posibilidades: es la unidad del acto de volición y de la realidad moral. Se trata de realización de la figura de la personeidad, lo cual se da no por el contenido de las propiedades o valores que me apropio sino por el que esa propiedad o valor sea mía por apropiación. La apropiación de posibilidades constituye la habitud de la persona respecto de sí mismo: es tomar mi realidad propia como algo que reduplicativamente me apropio. En el fondo de toda posibilidad está mi propia realidad como apropiable para mí mismo. La forma en que esto se da determina el carácter[587] moral de la persona[588].

> Acabamos de ver que el hombre como animal de realidad es animal moral porque, como inteligencia sentiente, tiene que poseerse a sí mismo desde unas posibilidades que le da la realidad, y a esta posesión llamamos fruición. Segundo, lo que caracteriza formalmente la fruición es la posesión de realidad como posibilidad de ser en realidad en ésta o en otra figura mía. Tercero, que la moral está en el carácter apropiado de esta posibilidad. Aquí se hace jugar, por tanto, la realidad como realidad, al hombre como realidad, y unas posibilidades que al hombre le ofrece la realidad para ser él realmente lo que tiene que ser. Esto plantea de manera ineludible la cuestión de en qué medida y en qué forma se entreveran realidades, posibilidades y apropiaciones en la definición misma del carácter moral del hombre.

---

[587] Junto al carácter moral determinado por la apropiación Zubiri distingue los usos y costumbres. Éstas sólo llegan a ser tales cuando el hombre se las apropia, si no en sentido estricto no le incumben. Aprovecha este punto de su análisis para señalar la insuficiencia de los dos tipos de moral de Bergson. La moral de aspiración adolece la falta de la definición de la voluntad en términos morales. La moral de presión falta del paso previo por lo apropiable y apropiado. Para Zubiri: «Lo que llama Bergson aspiración es ese coeficiente inexorable de transcendencia que tiene lo real de un vaso de agua respecto de las propiedades del vaso de agua, y lo que tiene de presión es el contenido de ese vaso, o de las cosas que los demás hombres me imponen. Solamente en tanto que tiene el coeficiente de realidad es posibilidad, y es apropiable solamente en tanto que apropia su contenido específico. No son dos fuentes de moral ni dos morales; son los dos ingredientes que constituyen la moral en cuanto tal». SH 378, *El problema del hombre*, 1953-54.

[588] Cf. SH 375-377, *El problema del hombre*, 1953-54.

CAP. V: APERTURA TRANSCENDENTAL DE LA PERSONA 387

Es decir, más allá de la moral de la realidad humana, se plantea el problema de la realidad de esa moral[589].

En el tema moral lo que hay que justificar no es tanto la figura de ser adquirida con una acción concreta sino el modo cómo esa figura abierta afecta a la persona[590]. En el carácter, más que en la figura de ser, más que en el Yo, entra en juego un revertir objetivo con la personeidad y la personalidad tomados a una. Es esta la razón por la que la dimensión moral del hombre es anterior a la cuestión del bien concreto, es un problema de carácter físico por el que el *animal de realidades* es un animal moral que ha de realizarse.

Por ello desde este punto de vista, sin olvidar el carácter de fundamento en la realidad de las posibilidades, el bien tiene su razón formal en la apropiación: «la realidad en tanto que apropiable por el hombre, eso es lo que constituye formalmente el bien»[591]. Es un carácter derivado de la respectividad en la apropiación que «hace que esa realidad cobre un carácter de actualización irreductible al de su mera realidad»[592]. Por eso el bien es siempre bien humano. Por razón de su dimensión de realidad la cosa en cuanto se ofrece como posibilidad apropiable nos abre al bien en general, por razón de su contenido concreto y determinado nos abre al problema del bien particular[593]. Zubiri se distancia aquí tanto de la posición clásica aristotélica[594] como de Scheler[595].

---

[589] SH 380, *El problema del hombre*, 1953-54.
[590] Cf. SH 378, *El problema del hombre*, 1953-54. Dice textualmente: «Cuando se habla de la persona como sujeto de justificación, no se trata de la figura que el hombre ha definido en un acto suyo; se trata del modo como esa figura abierta afecta a la persona, a saber, el carácter». El carácter añade un elemento nuevo al ser humano, en la dimensión moral en cuanto justificación de la persona hay una reversión a toda su realidad concreta como persona que es el punto de referencia de lo moral.
[591] SH 381, *El problema del hombre*, 1953-54.
[592] SH 382, *El problema del hombre*, 1953-54.
[593] Cf. SH 385, *El problema del hombre*, 1953-54.
[594] Para Aristóteles bueno es lo que todos desean, Zubiri considera esta definición no primaria por faltarle el elemento formal volitivo de definición de la propia realidad en la realidad de la cosa como posibilidad apropiable. Cf. SH 382-383, *El problema del hombre*, 1953-54.
[595] La posición de los valores en Scheler es rechazada por *no suficientemente radical*. Para Zubiri el valor pende del bien y éste pende de la formalidad de realidad. «La realidad no es meramente un soporte físico de unas cualidades irreales llamadas valores, sino que es su fuente real y efectiva por razón de las propiedades que tiene». SH 383, *El problema del hombre*, 1953-54.

El bien tiene otra cara, la cara vista desde el hombre que en cuanto está sobre sí tiene un contenido precisamente en ese modo de estar sobre sí[596], es decir reduplicativamente. Se trata de la figura que el hombre proyecta de sí mismo como apropiable, para poder poseerse a sí mismo en la acción en cuanto moral. Es el ver el *yo mismo* como el bien radical de la persona, que mueve y marca el carácter de bien y posibilidad que las cosas en cuanto realidades ofrecen. Esta autoproyección incluye el momento de reidad y concreta antropológicamente el bien en general — la realidad en cuanto tal — como el mismo hombre en tanto que es realizable como *animal de realidades*[597].

De este modo el hombre en cada situación de decisión tiene que determinar el modo en que es efectivamente hombre (no el ser hombre que ya lo es, no se trata de una autoconstrucción desde el vacío). Esto es lo que X. Zubiri denomina perfección acudiendo a su sentido etimológico de determinar lo que uno hace, una perfección, y que en su forma plenaria coincide con lo que los griegos llamaron *eudaimon* y los latinos *beatitudo*: felicidad[598]. Desde esta óptica al hombre no le queda más remedio que buscar su felicidad, es un *animal beatificable* inexorablemente.

El problema está ahora en concretar esta felicidad en cada acción. Zubiri lo resuelve afirmando que: «Sólo hay felicidad si lo definitorio de un acto es capaz de ser elevado a definitivo»[599]. La felicidad es el bien formalmente último del hombre, la posibilidad de las posibilidades. La felicidad es a la vez irreal, en cuanto contenido aún no realizado y real en cuanto posibilidad realizable, la conjunción de estos dos aspectos es denominada por X. Zubiri *ideal*[600].

---

[596] Cf. SH 387, *El problema del hombre*, 1953-54.

[597] Cf. SH 389, *El problema del hombre*, 1953-54. En esta misma página afirma X. Zubiri: «Eso que llamamos el bien en general es la formalidad que tiene la realidad en general en tanto en cuanto es la definición misma de las posibilidades que el hombre tiene en tanto que realidad».

[598] Cf. SH 390-391, *El problema del hombre*, 1953-54.

[599] SH 392-393, *El problema del hombre*, 1953-54.

[600] Al hablar de la felicidad como ideal, Zubiri critica expresamente la posición kantiana frente al eudemonismo. No se trata, en primer lugar, de que el hombre esté polarizado hacia un ideal, sino de que de hecho la persona para poder ser lo que realmente es está antepuesta ante sí misma como ideal, para ser real la persona necesita ser ideal. Frente a Kant, hay moralidad tanto en cuanto hay felicidad. La felicidad es la forma en que el hombre se antepone a sí mismo y se apropia de ella *velis nolis*; y es en sí misma moral. Cf. SH 393-395, *El problema del hombre*, 1953-54.

CAP. V: APERTURA TRANSCENDENTAL DE LA PERSONA 389

Lo bueno es lo apropiable como apropiable, y lo que hace que lo apropiable sea apropiable es la posibilidad de la felicidad. Ahora bien, la felicidad no es una posibilidad posible, sino una posibilidad apropiada. Es la posibilidad de todas las posibilidades; es estar abierto en la línea humana a la perfección de su propia realidad en cuanto tal. La felicidad es en sí misma moral, porque está ya apropiada[601].

En definitiva como posibilidad apropiada que es de la realidad en cuanto tal, la felicidad tiene un poder absoluto del que derivará el poder de cualquier otra posibilidad. El que esta felicidad abra indiscriminadamente el campo de lo realizable no implica relativismo: «Con esto no se afirma que la persona humana sea sin más la fuente del bien, ni que haya un *relativismo* moral. La apelación a la realidad supera ese doble escollo sin caer por eso en un moralismo ideal»[602].

Para diferenciar el bien del mal, el ser feliz del ser infeliz, el problema queda circunscrito a la referencia al bien supremo del hombre: la felicidad; en relación a ella las cosas y la propia realidad humana toman su signo positivo o negativo. El bien y el mal toman el rasgo de beneficio y maleficio en respectividad con la felicidad y el poder que la apropiación entrega a la posibilidad realizada como posibilitante. En relación con esas felicidad entendida así sigue aún en pie el problema de la determinación concreta de los diversos bienes con los que uno construye su figura moral, este problema es tratado por X. Zubiri dentro del orbe del deber: la determinación de los bienes dentro del bien.

Estar sobre sí es estar abierto a la posibilidad y, por consiguiente, pendiente de una apropiación; ahí está el *carácter moral*. En que la propiedad sea apropiable, está el *carácter de bien*. Y en el que sea apropianda está su *carácter de deber*. Por esto, deber es la forma con que las posibilidades determinan el bien[603].

El carácter de apropianda pende del poder concreto de una posibilidad entre otras para realizar la felicidad ya previamente apropiada como posibilidad ideal[604]. Este carácter del deber pende pues de la realidad de la posibilidad en respectividad moral. No es un deber radical-

---

[601] SH 401, *El problema del hombre*, 1953-54.
[602] SH 401, nota del autor, *El problema del hombre*, 1953-54.
[603] SH 409, *El problema del hombre*, 1953-54.
[604] En la determinación del carácter de apropianda de una posibilidad, de la concreción del deber Zubiri rechaza el hedonismo y el utilitarismo que radican el deber en la complacencia, tanto como el divorcio entre razón teorética y práctica (ciertas lecturas de Kant). Cf. SH 402-405, *El problema del hombre*, 1953-54.

mente separado como pura norma de la realidad[605], sino un deber que pende de la apertura a toda realidad de la misma realidad humana.

Porque el hombre se encuentra inexorablemente en condiciones de ser feliz en cada una de sus situaciones, la felicidad es una posibilidad ya radicalmente apropiada y por ello el hombre está ligado constitutivamente en cada situación a ser feliz. Esta vinculación tiene estructura de obligación: es la forma del poder de las posibilidades en orden a la felicidad. Por ello el hombre es *realidad debitoria*. El deber es así algo intrínseco, no mera imposición externa, el deber es una realidad plural a concretar en cada caso por la razón, pero no de una razón puramente teorética sino de una IS y posidente[606]. El hombre por el deber se constituye en responsable de su figura moral de cara a su felicidad, con el problema práctico de conjugar la captación más clara de la figura de las cosas desde las que se es feliz que la más difícil de la figura de la propia felicidad, es el margen para la concreción individual de los diferentes grados de responsabilidad y tipos de caracteres morales. Como cada acción es definitoria de la figura no existen en concreto situaciones morales indefinidas.

El último paso en el estudio desarrollado por X. Zubiri en 1953-54 es la forma concreta de la moral desde la dimensión social e histórica. El fundamento de la concreción de la moral es el carácter abierto de la realidad humana, en su ser realidad final y personeidad religada. Esta concreción expresa la perfección de que es capaz aquello que real y efectivamente es la naturaleza humana. Con esta dimensión *sida*, se articula el intrínseco carácter social e histórico de la persona.

En el individuo la moral no comienza con el uso de razón sino con el primer acto de IS[607], es decir con la apropiación. La conciencia moral surge con la razón cuando la persona es capaz de ver el porqué algo es apropiando. Entonces aparece la verdad moral y se puede hablar de un sujeto de responsabilidad, no como carácter formal de la moralidad (Kant) sino como condición de ésta. Con la responsabilidad vienen la virtud y el vicio como las habitudes de realidad moral[608]: es la configu-

---

[605] Rebate de nuevo las posiciones de Kant. Cf. SH 409-410, *El problema del hombre*, 1953-54.

[606] Con esta caracterización de la razón concretizante de los deberes Zubiri quiere recoger lo positivo de las intuiciones de Brentano, Scheler y la parte de verdad de los que acuden a los sentimientos morales para evitar un intelectualismo moral. Cf. SH 412-413, *El problema del hombre*, 1953-54.

[607] Cf. SH 436, *El problema del hombre*, 1953-54.

[608] Tendríamos así que añadir una habitud más a las señaladas, p. e., por López

ración física y moral a un tiempo del carácter moral de la propia realidad por la apropiación de unas determinadas posibilidades con mayor o menor responsabilidad.

Queda en pie el tema de cómo se llena de contenidos cada acción moral desde la estructura que X. Zubiri nos ha presentado. Dejamos esta discusión para más adelante, introduciéndola dentro del problema entre la ética formal y la ética de contenidos, o entre moral como estructura y moral como contenido.

Con este engarce entre la realidad inespecífica y la realidad concreta que nos instala en ella también en el campo moral queda articulado el paso fundamentante de la persona al deber, de la *reología* a la ética. Paso en el que X. Zubiri supera la falacia naturalista[609], aparte de que su aplicación sobre otros sistemas como el tomista sea más que discutible. Sin embargo el salto que denuncia esta falacia sí se daría — y más conforme lo destaca el mismo X. Zubiri — en la concepción kantiana. La falacia naturalista afecta a la naturaleza tal como la concibe Kant y no a la naturaleza racional personal clásica y su propio orden de objetividad, y menos aún a la concepción zubiriana[610].

Veamos ahora como no es compatible el pensamiento zubiriano con una división radical entre la estructura moral de la persona y la ética o moral como contenido. Ésta es una de las consecuencias que en el ambiente del pensamiento ético español actual no dejará de ser llamativa. Son muchos los que fundan su ética en X. Zubiri e interpretan la distinción zubiriana entre dimensión moral y ética para construir su propio sistema. Así tenemos a quien ha sido maestro, y sigue siéndolo aún, de

---

Castellón, la habitud moral. Este autor distinguía: «primariamente la habitud de la que habla Zubiri es versión a la realidad como tal, secundariamente cabría distinguir la habitud social que sería versión a los otros y la versión psicológica que representaría la forma de habérnoslas con nosotros mismos». E. LÓPEZ CASTELLÓN, «Para una psicología moral del sentimiento», 30. En sentido zubiriano podrían seguirse añadiendo diferentes habitudes en la persona más o menos transcendentales. Cf. SH 439, *El problema del hombre*, 1953-54.

[609] A la falacia que consiste en definir lo que por su propia naturaleza es indefinible la llamó Moore *naturalista*. La cometen las éticas naturalistas, que identifican la bondad moral con otras cualidades naturales, y las éticas metafísicas, que la identifican con propiedades morales; ambas se incapacitarían para lograr el verdadero propósito de la ética como tarea científica. Es más habitual entender por *falacia naturalista* aquella en que se incurre al pretender deducir conclusiones prácticas — normativas o valorativas — a partir de premisas que contienen sólo informaciones de hechos. Cf. G. GUTIÉRREZ, «De la naturaleza a la realidad», 67.

[610] Cf. E. LÓPEZ CASTELLÓN, «Para una psicología moral del sentimiento», 32.

muchos moralistas en España, J. L. L. Aranguren, quien confiesa deber su postura personal a X. Zubiri, como lo afirma explícitamente en el prólogo de su archireeditado manual de ética confesando que sus fuentes de inspiración han sido: Aristóteles, Santo Tomás y Zubiri[611]. En otro escrito este mismo autor afirma que el hombre:

> Hará su vida bien o mal, y en esto consistió el *genus moris* de los escolásticos, la vida como quehacer personal previo a su especificación como moralmente bueno (*honestum*) o moralmente malo (*inhonestum*). La distinción zubiriana se encuentra ya, por tanto, en la escolástica, pero más bien implícitamente, sin desarrollar. Su conversión en tema filosófico central, *moral como estructura*, según él lo denominó, *protomoral*, como la ha llamado Diego Gracia, ha sido obra de Zubiri[612].

En el campo de la bioética es D. Gracia, discípulo directo de Zubiri, quien denomina al campo estructural de lo moral ética formal de bienes, como en el terreno estético habla de estética formal de lo bello, en referencia al plano transcendental en que se sitúa Zubiri[613].

Sin embargo esta distinción terminológica no está exenta, a nuestro humilde entender, de un intento de aproximación y diálogo con las éticas del discurso de inspiración kantiana. Opinamos que con estos cambios de terminología se puede crear confusión con corrientes de pensamiento de matriz diversa y no conciliables con el pensamiento de nuestro autor.

Lo peculiar de la ética kantiana está en partir de un *Faktum* (*moral* en Kant, *neutro* en la ética del discurso) para tratar de descubrir las condiciones de racionalidad de ese hecho desde la reflexión trascendental, que servirán en la praxis de orientación para la acción (sin admitir una ley natural)[614]. El primer nivel de reflexión sería, pues, protomoral o de moral como estructura. Aparte de la cuestión que nos

---

[611] Cf. J.L. L. ARANGUREN, *Ética*, 161 = OC 164-165. En lo que se refiere a sus fuentes zubirianas depende más de los cursos que de lo impreso, cursos que ahora estamos viendo progresivamente publicados. Reconoce una influencia indirecta a través de Laín Entralgo, discípulo de Zubiri, con su obra *La espera y la esperanza*.

[612] J.L. ARANGUREN, «Moral como estructura, como contenido y como actitud», 21.

[613] Cf. D. GRACIA, «El enfoque zubiriano de la estética», 89.

[614] Sería interesante formular la ley natural desde una perspectiva zubiriana, desarrollo que él mismo no hace y nosotros no podemos realizar en este momento, pero que no dejaría de tener muchos paralelos a la interpretación de la ley natural desde la inteligencia como principio normativo en Sto. Tomás, algo totalmente alejado del biologicismo y el fisicismo, pero que integra todas las dimensiones de la persona. Remitimos al *corolario* del cap. VII en p. 542.

CAP. V: APERTURA TRANSCENDENTAL DE LA PERSONA 393

hacemos de que ese nivel transcendental sea realmente neutro — pues supone una antropología y una metafísica de base — no es identificable con el análisis realizado por X. Zubiri de la dimensión moral del hombre; a pesar de que coincida con éste, aunque ahora como *a priori*, en una universalidad implícita en el nivel protomoral[615]. El nivel transcendental en X. Zubiri es otra cosa, depende radicalmente de la talidad de la sustantividad humana mediante la función transcendental, y la sustantividad humana no es una estructura huera, vacía, es una realidad bien concreta de notas con unidad sistemática clausurada, abierta a su propia realización, pero dependiente estructuralmente de la realidad ya *sida*, de la personeidad. Subyace en el fondo el choque rotundo entre la concepción zubiriana de persona y la kantiana.

Para Kant el hombre es voluntad, Zubiri critica esta postura del filósofo prusiano, y describe así su arranque de la moral y de su concepción de la voluntad:

> Esto significa — volviendo a la terminología kantiana — que se considera al hombre en su voluntad como *cosa en sí*, no como fenómeno que aparece en el tiempo y en el espacio. Como cosa en sí, esta determinación consiste en que por su finalidad es absoluta; la voluntad recibe su carácter de voluntad y de organon de la moralidad precisamente de esa propia determinación. Es decir, la determinación absoluta, la finalidad absoluta, es una determinación que podemos considerar pura, que constituye la voluntad moral en sí misma en tanto que moral. Eso es lo que Kant llama *la autonomía*. No que la voluntad se dicte a sí misma su moral, cosa que no le pasó nunca por la cabeza a Kant, sino que, desde el punto de vista de la moralidad de la voluntad, es la moralidad de la voluntad la que constituye la voluntad misma. Para Kant, la voluntad no es una facultad psicológica, sino que es primaria y formalmente la determinación moral del hombre. Es, por consiguiente, una finalidad absoluta; es una voluntad que se está determinando a sí misma, en tanto que finalidad absoluta[616].

Para X. Zubiri:

> la primera y principal característica de la persona [...] es ser *realidad en propiedad*. [...] la diferencia radical que separa a la realidad humana de cualquier otra forma de realidad es justamente el *carácter de propiedad de su propia realidad*[617].

---

[615] Cf. A. CORTINA, «Éticas del deber y éticas de la felicidad», 56-57.
[616] PFMO 227-228.
[617] B. CASTILLA Y CORTÁZAR, *Noción de persona*, 156.

Por ello podemos completar la anterior cita de X. Zubiri con esta otra en relación con la objetividad del orden moral y la noción de sustantividad humana, la sustantividad humana como condición de sí misma:

> no es idéntica a lo que llamamos persona humana. Ésta fue la tesis de Kant: pensar que no hay más bien ni mal que el de una persona, es decir, de una pura voluntad. Esto es insostenible. Aparte de la idea que Kant tuviera de la persona, que aquí es accesoria para el problema, lo que la persona agrega a lo que hasta aquí hemos dicho no es que las cosas sean de buena o mala condición, sino que ese bien y mal sea *mío*. ¡Ah!, ésta es otra historia. Porque para ser mío, tienen que empezar por ser bien y mal, lo que quiere decir que, anteriormente a toda consideración de persona, las cosas-sentido tienen condición de buenas y malas respecto de la sustantividad humana. Lo que la persona agrega a lo que la realidad del hombre es de suyo, es simplemente el poseerse a sí misma, el ser suya. Pero el bien y el mal están constituidos por su referencia o por su respectividad a lo que el hombre es de suyo, no simplemente a la dimensión en virtud de la cual el hombre es persona, es decir, se pertenece a sí mismo. Lo único que la persona agrega es que el bien y el mal son *mi* bien y *mi* mal, pero no constituye el bien y el mal que son míos[618].

Si a esto añadimos lo que nos ha salido al paso al describir la noción de moral en párrafos anteriores vemos que en su misma raíz son posiciones que encuadran éticas irreconciliables; aunque sus logros concretos puedan compaginarse e integrarse parcialmente, nunca son subsumibles. Además Zubiri arranca de otra noción de transcendencia. Realidad y transcendencia no es una masa distinta de las cosas. La moral se inscribe en que la acción del hombre es esencialmente *justificanda* ya que desde su noción de IS el hombre es enfrentamiento con las cosas por su carácter de realidad, y justo por eso la justificación trasciende el contenido específico pero sin estar desligado de él; es decir, es transcendental, pero en sentido diverso del kantiano[619]. De ahí que para Zubiri una cosa sea el estudio de la estructura moral del hombre y que:

> Cosa muy distinta será el determinar en concreto, y por tanto empíricamente, materialmente, qué es o quién es un ser humano. la tarea de la razón consistirá, a partir de esos cánones formales, imperativos y categóricos, en esbozar el contenido material de los deberes morales y contrastarlos con la realidad en forma de experiencia moral[620].

---

[618] SSV 253-254, *El problema del mal*, 1964.
[619] Cf. SH 348-349, *El problema del hombre*, 1953-54.
[620] D. Gracia, «Introducción», in *Ética y Estética en Xavier Zubiri*, 17.

Esta es tarea de una razón que pende en su verdad de la verdad real y de la verdad campal, verdad indisolublemente vinculada en transcendencia a los contenidos concretos en los que nos viene actualizada. Es tarea de la razón elaborar con este fundamento el contenido de la ética ya que:

> lo real en profundidad puede crearse de diversos modos. De forma análoga al *logos* que discriminaba la unidad de la cosa real según sus dimensiones esenciales, así la razón dotará de contenido a la esencia de la cosa siguiendo esas mismas dimensiones[621].

En la razón la apertura del contenido fundamentante fundamenta el contenido de lo inteligido campalmente, y deja abierto el contenido de lo fundamentado mismo[622]. Esta tarea debe concretar el contenido de la perfección que el hombre quiere en cada una de sus acciones ya que *la realidad de la perfección es algo constitutivamente indeterminado*; y por tanto la persona se encuentra en incertidumbre por estar abandonado a la condición de tener que *determinar por tanteo* el tipo de perfección que le es accesible dentro de la sociedad y de la historia, precisamente por ser *esencia abierta*[623].

La moral derivada del análisis zubiriano es una moral eudemonista[624] y en ese sentido contrapuesta a las éticas formales. La tarea de la razón es pasar de lo bueno y bello para mí a lo bueno y bello para todos, o en sí, aunque no lo vaya nunca a conseguir del todo, y esté instalado en una cierta provisionalidad. Es desde la razón que la realidad y el ser humano se convierten en principios de deber objetivo[625]. Sólo en este sentido se puede hablar de que la moral zubiriana sea deontologista, ya que el deber pertenece a la protomoral, y queda enraizado en la estructura antropológica y real, es la inevitable obligación a la realidad. Pero

---

[621] J.F. Pino Canales, *La intelección violenta*, 52-53.
[622] Cf. G. Gómez Cambres, *La inteligencia humana*, 135.
[623] Cf. SH 433, *El problema del hombre*, 1953-54.
[624] La moral de Zubiri es interpretada en sentido *eudaimonista* por su categorización de la libertad. «La eudaimonía aristotélica era un realista vivir bien y actuar bien. Para el utilitarismo, y para la mentalidad de la sociedad de bienestar, ya no hay modo de diferenciar entre ser feliz y sentirse feliz: *esse est percipi*. Las éticas deontológicas de la modernidad hacen de la conciencia moral, de la razón y de la libertad las claves del ser moral. Pero ser libre es, para esta éticas, pensarse como libre, vivirse bajo la idea de libertad. [...] pocos sitios hay más peligrosos para el idealismo que el ámbito moral». A. Hortal, «El realismo moral», 73 y cf. G. Gómez Cambres, *Zubiri: el realismo transcendental*, 81.
[625] Cf. D. Gracia, «Introducción», in *Ética y Estética en Xavier Zubiri*, 16.

es un deber distinto del de las éticas kantianas, en ellas el deber se da por necesidad imperado por la razón si quiere ser racional, mientras en Zubiri necesariamente tiene que querer ser feliz, y necesariamente tiene que apropiarse de posibilidades, pero no que cumplir un deber concreto[626].

Además «En contraposición diametral a la ética kantiana, en la que moralidad y felicidad están disociadas, la moral zubiriana recupera la orientación básica de la ética aristotélica, poniendo a la felicidad como categoría central»[627]. La moral zubiriana supera los modelos éticos subjetivos e intersubjetivos al plantear su fundamentación en la misma estructura del hombre, inexorablemente orientada a la perfección o felicidad.

Sin embargo el pensamiento zubiriano adolece de una limitación, ya que no llega a determinar la felicidad como realidad objetiva. Si bien contrasta la felicidad con la desgracia y el bien con el mal, la filosofía zubiriana no define cuál sea el contenido de la *perfectio*, la felicidad, como realidad ideal y bien último del hombre. Para X. Zubiri la felicidad es algo constitutivamente indeterminado por la necesidad intrínseca del hombre de estar abierto en su inteligencia a cualquier forma de lo real. Con esto pretende respetar los diversos modelos éticos, propios de las diferentes culturas[628].

Pero junto a eso debe recordarse que en la razón «la cosa misma en su estructura retinente es la que determina la forma en que la oquedad

---

[626] Cf. A. CORTINA, «Éticas del deber y éticas de la felicidad», 59.

[627] M. MANZANERA, «Fundamentación de la ética en la nostridad», 270 y también cf. A. FERRAZ, *El realismo radical*, 195.

[628] M. MANZANERA, «Fundamentación de la ética en la nostridad», 271-272. «Juzgamos que Zubiri confunde la interpretación subjetiva de la felicidad, que obviamente es diversa según las culturas y las personas, con la realidad objetiva de felicidad. De esta manera, sin pretenderlo, abre la puerta a un cierto relativismo moral» (*Ibid.* 292). Nosotros pensamos que el determinar la felicidad desde la personeidad y dotar de contenido desde la razón es abrir el problema de los imperativos de último nivel, el tema concreto y difícil de la moral en su concreción, como lo es también para la ética escolástica. En cuanto al problema obvio de la concreción de la felicidad, como el problema del bien en general creemos que la solución se encuentra en la medida que se entienda desde una clave de riqueza entitativa, volviendo al parangón que tantas veces nos ha salido al paso, se soluciona y llena de contenido concreto en la medida en que se entienda en paralelo con la noción intensiva de acto de ser de Fabro. No obstante comprendemos lo problemático del tema, la apertura de la razón es algo intrínseco al método ético pero esta apertura de la razón no la desvincula de la realidad que es la que da y quita la razón.

ha de ser colmada»[629]. Se trata de la estructura misma de la oquedad: cosa real – exigencialidad de realización – evidencia. No hay pues subjetivismo ni relativismo ético. Como ya sugeríamos anteriormente, al citar el curso sobre el mal, el bien y el mal *no son relativos sino respectivos* al hombre[630]; y esto implica cierto tipo de objetividad: dependen de la índole de la vida humana y de la condición que ante ella adquiere la nuda realidad.

Zubiri entiende por personalidad el «modo de actualidad de mi propia realidad en el campo de las demás realidades y de mi propia realidad»[631], definiendo la cosa-sentido como «momento constructo de la actualidad campal en que mi personalidad consiste»[632]. Por eso aunque en cierta medida la condición buena o mala de las cosas dependería de esta personalidad — tal vez no sólo de sus juicios, pero sí de la estructura humana de intelecciones, voliciones y sentimientos que constituye la personalidad (el hombre tiene personalidad en cuanto que tiene actualidad de la propia realidad en un campo) — sin embargo, además el hombre es una sustantividad real entre otras sustantividades en el mundo. Por eso:

> El bien preferido y el mal evitado en el campo de realidad tienen su fundamento último en un bien y un mal que se refieren a la realidad humana en cuanto momento del mundo. Lo contrario sería pensar [...] que no hay más bien y mal que el de una persona (en sentido kantiano) [...] de una pura voluntad. Esto es insostenible, anteriormente a toda consideración de la persona, las cosas-sentido tienen condición de buenas y de malas respecto de la sustantividad humana[633].

Al considerar el mal dentro de la reflexión de X. Zubiri vemos con mayor claridad el punto de arranque objetivo que luego encuadrará la reflexión ética. Nuestro autor se muestra contrario a la solución dada por S. Agustín al problema del mal y del maniqueísmo negando la realidad física del mal, para nuestro autor el mal moral es mal físico[634]. El mal no es limitación aunque sea ésta la que posibilita que haya males para el hombre[635]. Si bien en cierto momento de su pensamiento se da una disyunción transcendental — con primacía del bien — entre bien y

---

[629] G. GÓMEZ CAMBRES, *La inteligencia humana*, 84.
[630] Cf. SSV 225, *El problema del mal*, 1964.
[631] IRE 273.
[632] IRE 273.
[633] A. GONZÁLEZ FERNÁNDEZ, «Dios y la realidad del mal», 193.
[634] Cf. SH 397, *El problema del hombre*, 1953-54.
[635] Cf. A. GONZÁLEZ FERNÁNDEZ, «Dios y la realidad del mal», 200.

mal, en el pensamiento acabado de Zubiri: «La oposición entre el bien y el mal no es en cuanto carácter transcendental, porque el mal no es carácter, sino en cuanto condición en el *sentido* que las cosas tienen ante el hombre»[636]. Así en su madurez define el maleficio (acción mala del hombre) como presencia privativa de lo que tendríamos que ser por nuestra integridad psico-biológica[637]. El elemento objetivo de lo moral queda consecuentemente definido desde el ámbito del *logos* en las *cosas-sentido*[638]. La originalidad del problema del mal en Zubiri reside en el enfoque desde la respectividad con la sustantividad humana, no desde la ontología ni desde la teodicea[639]. Esto adquiere mayor peso aún si consideramos que el maleficio pertenece a la moral como estructura[640].

Podemos ahora pasar a considerar algunas consecuencias de lo ya afirmado para la moral interpersonal y social en la que el otro como absoluto no pierde nunca su valor.

Como decíamos al principio de este apartado la dimensión moral sigue en el esquema antropológico de Zubiri a la dimensión social del hombre. Si esto es así la estructura moral tiene en su misma base e intrínsecamente una clara apertura a los otros en cuanto otros y en cuanto personas. Se trataría de la fundamentación antropológica de la ética interpersonal y social.

---

[636] J. MARTÍN CASTILLO, *Realidad y transcendentalidad*, 259.

[637] Cf. SSV 261, *El problema del mal*, 1964. Se observa en este terreno cierta evolución aunque no es significativa para nuestro propósito. Varios años antes, en su curso *Sobre el problema del hombre*, 1953-54, al hablar de la realidad moral, Zubiri apuntaba que el maleficio no consiste en la ausencia de una rectitud, sino en la positiva presencia de una aversión. Cf. MARTÍN CASTILLO, *Realidad y transcendentalidad*, 162 nota 27.

[638] Sin embargo queda todavía cierta puerta abierta al relativismo en las *cosas-sentido*, puerta de la que no parece darse cuenta Martín Castillo al afirmar claramente que siendo objetivo desde la realidad el fundamento de la cosa-sentido, aún: «De esta manera, una realidad que para uno es positiva, para otro puede recibir un sentido negativo; luego el hombre en cuanto cuasi creador puede crear males o bienes, pues los aplica en el sentido que tienen las cosas». J. MARTÍN CASTILLO, *Realidad y transcendentalidad*, 199. También sería interesante constatar la trabazón insoluble entre lo objetivo del mal – bien físico – moral y la sustantividad humana cuando Zubiri afirma que cada hombre en cuanto individuo nace con un «*desorden* constitutivo de sus tendencias» (SSV 123). El mal: «Por tanto es algo que le es connatural. en este sentido, si el hombre cede en el acto de volición a este desorden y lo acepta, tendríamos que ver hasta qué punto el hombre es responsable de sus actos». J. MARTÍN CASTILLO, *Realidad y transcendentalidad*, 196. Decimos nosotros que sin objetividad antropológica esto es ininteligible.

[639] Cf. A. GONZÁLEZ FERNÁNDEZ, «Dios y la realidad del mal», 87.

[640] Cf. J.L. L. ARANGUREN, «Moral como estructura, como contenido», 23.

CAP. V: APERTURA TRANSCENDENTAL DE LA PERSONA 399

Recordemos que el fundamento de la socialidad en el nivel de la vida y la acción se basa, como lo moral, en la apropiación: «la manera positiva como la vida de los demás afecta a mi propia vida en tanto que propia, es justamente la *apropiación*. Solamente en la medida en que el hombre esté apropiándose la vida de los demás, cada uno es *cada cual*»[641]. Y esto conservando el elemento de incomunicabilidad, el santuario personal del otro:

> la vida de los demás en toda su plenitud, es decir, en la forma de autoposesión y autoconfiguración, es radicalmente inapropiable. Por mucho que yo me sienta identificado con la vida de los demás, jamás me apropiaré de la vida del otro[642].

El modo de esta apropiación de los demás es explicado por Zubiri así:

> la alteridad como fuente de vida propia no es otra cosa sino las otras vidas, las vidas de los otros, en tanto que me permiten hacer mi propia vida; es decir, en cuanto son *posibilidades* mías. La apropiación consiste formalmente en que hago de la vida de los demás una posibilidad de mi propia vida. Yo no me apropio la realidad de la vida de otros. tampoco me limito a la mera configuración, sino que esa configuración, en tanto que está impresa en mí por las vidas de los otros, hace que las vidas de los otros se constituyan en posibilidad de mi propia vida. La apropiación recae formalmente sobre las posibilidades que me otorgan las vidas de los demás. No es un caso de potencias sino de posibilidades. [...] Esta apropiación de posibilidades es inexorable. El hombre no puede no estar en alteridad. El hombre nos aparece en constitutiva alteridad por necesidad interna de su propia naturaleza[643].

Desde aquí se entiende que la interpersonalidad, aún como forma de funcionalidad y causalidad sea el ámbito nativo de la moral. «Lo moral pertenece a este orden de causalidad [interpersonal], más bien propio de una naturaleza personizada»[644]. Es el fruto de la esencial respectividad entre los seres absolutos relativos. También esto implica desde la dimensión social el carácter moral del respeto y el fundamento de la amistad:

> cada cual es cada cual [...] no obsta, sino al revés implica que formalmente cada cual esté referido a los demás, porque de lo contrario no habría nadie respecto de quien ser cada cual. Esto no es una sutileza conceptual; en ello

---

[641] SH 305, *El problema del hombre*, 1953-54.
[642] SH 305, *El problema del hombre*, 1953-54.
[643] SH 306, *El problema del hombre*, 1953-54.
[644] J. SÁEZ CRUZ, *La accesibilidad de Dios*, 258, nota 10. Cf. HD 205-208.

se plasman dimensiones muy profundas de lo que suele llamarse la realidad social, por ejemplo, la amistad, el respeto moral por las personas[645].

Esta articulación entre lo individual estricto y lo social no deja de ofrecer un buen fundamento para el principio de subsidiariedad y la defensa absoluta de la realidad personal. La realidad moral que el hombre es, es social e histórica en su concreción (no en su estructura) porque el sistema de posibilidades que constituye el cuerpo social en cuanto apropiando constituye su realidad moral. En este sentido la nostreidad y la dimensión social constituyen la moral y por ello derivadamente vemos que «el individuo no se saca la moral de su cabeza, sino que se la dan hecha los demás»[646].

Los niños, al aprehender a hablar, no sólo captan el significado de las palabras, sino que, también y simultáneamente, reciben conceptos y categorías con una determinada orientación ética, que obviamente puede ser distinta de la practicada en otra cultura[647].

Y también es cierta la afirmación recíproca ya que por la alteridad y la habitud «no solamente la sociedad constituye la moral, sino que la moral también constituye la sociedad»[648]. Esta integración entre moral, historia y sociedad no implica relativismo ni historicismo ya que lo que puede cambiar es el ideal de hombre, de *perfectio*, pero la estructura de la sustantividad humana fundamento de lo que hay que autorrealizar no cambia[649]. Cambia lo que el hombre puede dar de sí.

Zubiri armonizaría las actuales éticas de la solicitud y éticas de la justicia: afectividad y particularismo junto a universalidad e imparcialidad:

Huelga decir que todas estas teorías adolecen de la parcialidad que supone no considerar que la vida moral se agota en el desarrollo de las capacidades racionales necesarias para emitir juicios imparciales y de la sensibilidad requerida para responder a las necesidades de otros o de ambas cosas a la vez según las circunstancias[650].

El pensamiento de X. Zubiri funda sólidamente en la realidad humana sustantiva la moral y supera así todo riesgo de situacionismo

---

[645] SH 245, *El problema del hombre*, 1953-54.
[646] SH 423, *El problema del hombre*, 1953-54.
[647] Cf. M. MANZANERA, «Fundamentación de la ética en la nostridad», 264.
[648] SH 428, *El problema del hombre*, 1953-54.
[649] Cf. SH 429, *El problema del hombre*, 1953-54.
[650] E. LÓPEZ CASTELLÓN, «Para una psicología moral del sentimiento», 35-37.

— que hundiría sus raíces en el nominalismo individualista —dando cabida a la pluralidad y la diversidad moral social e histórica.

También la ética zubiriana superaría los límites de la ética del discurso de Apel que según Manzanera serían: 1.– no saber que cultura tendrá preponderancia; 2.– el problema de que es manipulable el discurso por los más fuertes, discriminando minorías; 3.– no entran en la moral los débiles: enfermos, discapacitados, no-nacidos; 4.– aún en una comunidad ideal de comunicación, no hay garantía de que una norma consensuada tenga validez objetiva, carece de fundamentación en la realidad[651]. El fundamento antropológico de la ética en la dimensión moral, y del bien en la sustantividad humana exigen un marco ético desde Zubiri mucho más maximalista.

Otra de las consecuencias importantes que se derivan de la visión de lo moral como estructura, como dimensión de la persona, para nuestro mundo tecnificado y especializado es la indisociabilidad entre moral y técnica. Dentro del planteamiento de X. Zubiri no cabría una técnica fría y neutra que no estuviese sujeta a justificación moral, que no fuese justificanda. Progreso humano y técnico son temas que van de la mano y necesitan de la reflexión y el caminar concreto de lo ético y moral que necesariamente se va a ir dibujando en ellos, aunque pudieran pretender una pragmatismo amoral estarían con ello decidiendo una determinada figura moral de la persona. El pensamiento zubiriano muestra aquí una de sus ricas posibilidades de desarrollo y radicación para otras ramas del saber humano:

> Si el hombre es un animal moral por la capacidad que tiene de apropiarse posibilidades, y es la técnica precisamente el medio capaz de ayudar al animal de posibilidades a hacer su vida, ya que nos apropiamos de posibilidades mediante el saber hacer técnico, entonces es razonable la unidad radical entre la técnica y lo moral, que toda actividad humana, desde la más sencilla a la más sofisticada actividad técnica, tiene carácter moral. Tengamos en cuenta que en la persona no se dan actividades neutras, sino que la práctica humana, sea del tipo que sea, está siempre intrínsecamente sujeta a una consideración moral, porque el hombre puede y debe justificar su hacer y sus apropiaciones[652].

Esto no supone en ningún caso la negación de la autonomía y método propio de cada saber. En el fondo es la primacía de la persona, de su felicidad y perfección la que orienta y se hace presente en concreto en

---

[651] Cf. M. MANZANERA, «Fundamentación de la ética en la nostridad», 265.
[652] M. VILÁ PLADEVALL, *Las dimensiones de lo interhumano*, 209.

cualquiera de los terrenos a donde alcanza la actividad del hombre. Y esta consideración tiene su fundamento en la raíz misma de la acción humana, no sólo en un razonamiento consecuencialista o de implicación mutua. El economista no puede limitar sus intervenciones sólo a cuestiones técnicas dado que muchas de sus decisiones tendrán consecuencias sociales muy amplias pero además su mismo hacer económico es en sí mismo moral. Esta radicación de la moral puede ser una contribución filosófica para la Doctrina Social de la Iglesia en su intento de ofrecer un horizonte de reflexión capaz de provocar un cambio en las mismas categorías de pensamiento sobre la teoría económica. Así se evitaría en la práctica el error de la teoría económica de reducir al hombre a un mero agente económico, sin tomar en cuenta las otras dimensiones de su naturaleza.

Supondría una relectura de la economía y de la técnica en sus diferentes campos (energético, ecológico, biológico, genético, etc.) en que se sustituiría en el fondo el concepto de individuo por el de persona, logrando de este modo superar el individualismo vigente con el concepto personalista del hombre.

La antropología minimalista del *hombre económico* presente en buena parte de la teoría económica y social actual debe ser enriquecida y lo es de hecho desde la filosofía de X. Zubiri por el concepto de persona, que por una parte opta y es un individuo y por otra tiene una dimensión social y una apertura hacia el bien común.

Una vez estudiada la dimensión moral de la persona y su apertura a todos los ámbitos de acción del hombre desde la radical apertura que el hombre es a su forma misma de realidad vamos a detenernos en la tematización de la libertad, este punto tan ligado a la moral como estructura nos servirá para descubrir una vez más el personalismo de Zubiri y uno de los aspectos transcendentales de la persona.

3.4 *La persona como libertad*

Para X. Zubiri el significado más profundo de la libertad es tener en propiedad su propio ser, su propia realidad. Libertad coincide en este sentido con persona. Nuestro autor distingue diferentes aspectos en la libertad, y los caracteriza mediante el uso de preposiciones. Veamos entre ellos cuál es el transcendental y más radical, aquél que se identifica con la persona.

En primer lugar tenemos la *libertad de*, también denominada en escritos anteriores a su plena madurez como *liberación*:

Libertad es en un primer sentido *libertad de*. El hombre puede ser libre, se siente libre, es libre en la medida en que está libre de determinadas coacciones, de determinados impulsos, del peso de una tradición que no es reflexiva sino recibida rutinariamente, etc. Liberarse de esto en una u otra medida es lo propio de un aspecto de la libertad, que es la *libertad de*[653].

El segundo aspecto de la libertad es la *libertad para*: El hombre,

> está libre de todo esto, tiene libertad en el sentido de liberación, ¿para qué? Justamente, para ser sí mismo. Es la *libertad para*. El hombre no solamente está liberado de las cosas, sino que es inexorablemente *libre para*. Libre para ser justamente una forma de realidad frente a toda otra realidad[654].

Además está el aspecto más radical y último de la libertad. La libertad *de* y *para* afectan al modo del ejercicio de ésta. El tercer sentido es la libertad como constitución y Zubiri la denomina *libertad en*, este sentido ha sido estudiado sólo muy recientemente[655], la define así: «Hay una cosa previa que es ser libre, anteriormente a todo ejercicio de libertad. Es justamente *libertad en*. El hombre es libre *en* la realidad en cuanto tal. Por ser justamente de aquella condición en virtud de la cual yo soy mío, me pertenezco a mí mismo y no a otra realidad»[656].

Se trata de buscar si en el orden de la realidad, del ser — dirá usando una terminología aún imprecisa en SSV —, la persona es efectivamente libre sea cual sea el alcance de la distinción entre ente y ser[657]. Así Zubiri constata que estos tres aspectos de la libertad están graduados desde la operatividad al plano estructural entitativo:

> Pero, sobre todo, como el *de* y el *para* no son sino dos modos de ser, nos encontramos con una libertad *en* aquello que es el hombre mismo, y por lo que el hombre ejecuta real y efectivamente su acto libre. No solamente es libertad de y libertad para, sino libertad–de–la–ejecución–de un acto[658].

En el tercer sentido, *libertad en*, libertad se convierte con persona: «La libertad en este sentido es o puede ser idéntica a la persona, no lo es en los dos primeros, pero sí lo es radical y eminentemente en este tercero. Es *ser libre*»[659].

---

[653] HD 329.
[654] HD 329-330.
[655] Cf. I.E. TRÍO, *La libertad en Xavier Zubiri*, 59-60.
[656] HD 330.
[657] Cf. SSV 92, *Acerca de la voluntad*, 1961.
[658] SSV 92, *Acerca de la voluntad*, 1961.
[659] HD 330. Ilarduia realiza un estudio más matizado de la libertad, aunque esencialmente coincidente, en el acto de querer (esencia de la volición) que relaciona la

En consecuencia, en este aspecto de la libertad está la raíz del ser relativamente absoluto, y también consecuentemente la experiencia radical de Dios. Esta experiencia no es otra cosa que la experiencia de ser libre en la realidad, hasta el punto que: «Ser libre es la manera finita, concreta, de ser Dios: ser libre animalmente»[660]. En este sentido Ferraz sostiene que la experiencia de hacernos personas es la experiencia de lo absoluto. En el constituirnos como *yo* tenemos y somos la experiencia de Dios, por eso Dios no es objeto ni estado, sino que es experiencia de la propia libertad de ejercicio *de* y *para*, pero fundada en la libertad *en* la realidad, en Dios[661].

Así pues la libertad, como la inteligencia y la persona son elementos constitutivos de la realidad humana en su nivel transcendental. Son términos que en el hombre concreto se identifican[662], pero que se distinguen nominalmente porque en el plano operativo tienen diverso

---

libertad con la fruición, la voluntad y el sentimiento. Según SH y la producción anterior a 1975, se distingue entre el momento tendente (en unidad con la inteligencia y el sentimiento) y el momento de determinación libre (carácter modal de algunos actos). La libertad se estructura: libertad-de es el dominio sobre las tendencias (en SSV la libertad-de es *de otro modo de ser*, y en este sentido sería más radical que la libertad-para que aparece en SH); libertad-para: más radical que la anterior consiste en el dominio sobre mi propia figura de realidad (cf. SSV 89-92); y la libertad-en la realidad, consistente en aquello que es el hombre mismo y que, por lo tanto, se identifica con la realidad personal misma en que el hombre consiste como sustantividad propia. Este es el sentido en que el hombre es libertad (cf. SSV 92). Habría junto al análisis estático un proceso dinámico de naturalización de la libertad por el crecimiento en posibilidades de ser libre en la personalización (cf. SSV 145-149). Relacionado con esta libertad el momento de fruición constituiría la esencia de la volición, así ocurre en *Acerca de la volición*, sin embargo a partir de RFSE (1975) la esencia de la volición es la opción. Cf. J.M. MARTÍNEZ DE ILARDUIA, «La fruición en Zubiri», 138-142.

[660] HD 330. Comenta J. Sáez: «la posesión absoluta del hombre no es simplemente, contra la opinión de Nietzsche, *libertad de*, ni *libertad para*, sino algo más radical: libertad en la realidad *en* cuanto tal. Es, por lo tanto, la libertad radical: la libertad en la realidad, salida de Dios, donación de Dios y constituida formalmente *en* Él. Por esto, es muy profundo el significado de esta tesis de Zubiri: "La experiencia radical de Dios es la experiencia del ser libre *en* la realidad" (HD 330)». J. SÁEZ CRUZ, *La accesibilidad de Dios*, 290 nota 5.

[661] Cf. A. FERRAZ FAYÓS, *Zubiri: el realismo radical*, 224.

[662] Así lo afirma Gómez Cambres tras distinguir los tipos de libertad de Zubiri en libertad de ejercicio (*de*, como libertad de coacción y *para*, como libertad para ser sí mismo) y libertad radical o *en*, por la que yo soy mío. Como consecuencia afirma que la última: «en este sentido la libertad es igual a la persona». G. GÓMEZ CAMBRES, *La realidad personal*, 232.

sentido el inteligir y el querer. La *libertad en* sería un transcendental antropológico[663].

Continuando con nuestro autor nos queda destacar algunas cosas.

En primer lugar el aspecto dinámico de la libertad. En la personalización se da un crecimiento o decrecimiento de la libertad. Es la consideración de la libertad en el proceso vital. Ahí la libertad es «el último rasgo modal que va configurando el último aspecto de la intimidad personal, en la que el hombre va desplegando y construyendo su propia personalidad»[664]. Ésta es la libertad comprometida y la libertad incorporada más que la libertad de los actos concretos, se trata de la libertad del curso de la vida[665].

En este decurso se da una estructura que Zubiri define como gerundial: lo que va *siendo de mí,*

> estructura que se desprende del verse el hombre abocado a definirse en una situación por la decisión de un proyecto que tiene que ejecutar. El triple momento implicado en ello de decisión, proyecto y ejecución plantea tres graves problemas. El primero, el problema de la estructura decisional de la vida: es el tema de la libertad. El segundo, el del decurso en forma de proyecto: es el tema de la temporalidad. El tercero, el de la ejecución: es el tema de la realización del proyecto. Libertad, temporalidad y realización son los tres grandes temas que explicitan la estructura del decurso vital. Su unidad radical expresa el todo de la vida decurrente[666].

Se trata del papel de la libertad en el decurso vital como primer tema que explicita la estructura del decurso. En este autorrealizarse «No es verdad que el hombre decide por lo mejor, sino que decide qué es lo mejor»[667]. Esto no implica — como ya hemos visto — que la dotación de contenido a *lo mejor* sea independiente de una verdad objetiva. Este decidir lo mejor se basa en que el hombre queda abierto realmente a su situación y en ella a sí mismo. Limitando y posibilitando — incluso exigiendo — esta libertad, no sólo están las tendencias profundas que

---

[663] Cf. B. Castilla y Cortázar, *Noción de persona*, 351-352. Aquí se ve el abismo entre la persona y las cosas. La libertad sería según la concepción de Zubiri una de las propiedades transcendentales que no tienen las cosas, del mismo modo que la inteligencia tiene carácter transcendental y derivadamente la voluntad y el sentimiento. La libertad no es algo superpuesto para dominar lo natural, sino que es exigido (biológicamente) por la inconclusión de los instintos para subsistir. Cf. *Ibid.* 340.

[664] SH 149, *Sobre la persona*, 1959.
[665] Cf. SH 149-150, *Sobre la persona*, 1959.
[666] SH 593, *El problema del hombre*, 1953-54.
[667] SH 600, *El problema del hombre*, 1953-54.

son el mecanismo de los deseos y que influyen en la libertad, sino que lo ya apropiado, la libertad adquirida va determinando la concreción posterior de esa libertad.

Hay además en la fuente de esos deseos mucho que depende de la libertad. La libertad no es sólo la libertad de decidir un acto ahora, sino la libertad con que el hombre va construyendo su propio modo de ser natural [sustantivo, personeidad]. No hay puro estado de libertad. En el carácter [personalidad] de un hombre está impresa la huella formal de su propia libertad ya ejercida[668].

La libertad es, pues, algo limitado desde su origen en la realidad humana y acotado posteriormente por el mismo curso de los acontecimientos y las propias decisiones personales. La libertad no sólo es algo transcendental cobrado (el relativo del ser relativamente absoluto del hombre), sino cobrado en un ámbito de posibilidades que al mismo tiempo que posibilitan acotan la misma libertad en su ejercicio y mi ser. Es el carácter dinámico de la libertad; que a su vez en su análisis es una vía de acceso al núcleo de la libertad como *libertad en*, ya que la consideración del dinamismo en función transcendental constituye el orden transcendental[669].

En este sentido dinámico la libertad es vista por Zubiri como capacidad de innovación, como cuasi-creación. Así lo dice en EDR:

la configuración de una persona, de un ser de lo sustantivo en forma de yo, en forma de una personalidad, es algo que representa una rigurosa *innovación*. Esa innovación es la libertad. El acto de libertad es una innovación. Innovación porque no simplemente es un acto que antes no existía — esto acontece en todos los órdenes del Universo — sino porque es un acto que antes no acontecía, porque antes de acontecer han sido determinadas por el hombre mismo las posibilidades para que acontezca. Libertad es radical innovación: radical porque recae sobre la posición misma de la posibilidad. Y por esto en cierto modo puede llamársele *cuasi-creación*[670].

El hombre comienza a poner la posibilidad de la realidad a realizar antes que la misma realidad. En eso se parece la libertad — entreverado con el momento de análisis noológico que luego veremos — a la Creación. Es esto lo propio de la dinámica del proyecto[671].

---

[668] SH 600, *El problema del hombre*, 1953-54.
[669] Cf. EDR 245, 324.
[670] EDR 250.
[671] Cf. EDR 239.

CAP. V: APERTURA TRANSCENDENTAL DE LA PERSONA

En segundo lugar, y junto a la consideración dinámica de la libertad queremos señalar su arranque en las estructuras biológicas de la realidad humana. Es una libertad originada talitativamente por la inconclusión de las tendencias. Son éstas las que exigen la libertad. Por tanto la libertad no reposa sobre sí misma. Por lo pronto,

> la libertad no está montada sobre sí misma. No es que las tendencias humanas dejen un margen dentro del cual puede jugar la libertad. Es algo más que eso. Pero lo más grave y decisivo es que las tendencias exigen precisamente que haya libertad, y lo exigen por la inconclusión, por la que nos colocan *velis nolis*, inexorablemente, en situación de libertad[672].

En cierto sentido la libertad es el equivalente de la inespecificidad cerebral en el dinamismo intelectual. Sin libertad la sustantividad humana no sería biológicamente viable. Pero esta libertad no es ilimitada, sino que además por el decurso en el que se inscribe tiene: perfil, área, nivel y grado[673]. Se debe evitar el riesgo de substantivizar la libertad (riesgo común a la conciencia, el espacio y el ser), ya que «la libertad no es una cosa ni una facultad, es un carácter modal que tienen en ciertas dimensiones la actividad del hombre. No existen actos de libertad, sino actos libres»[674]. Por encontrarse el hombre en situación abierta se enfrenta con las cosas como realidad, a este enfrentamiento corresponde un modo abierto de habérselas con ellas. Libertad e inteligencia son también congéneres desde el punto de vista dinámico y operativo.

En tercer lugar, y derivado en el acceso analítico realizado por Zubiri desde las acciones humanas, queremos ver como aparece la libertad desde el punto de vista noológico. Formulado desde la *noología*, el principio posibilitante de la libertad se ancla en la misma APR, justo en la distinción entre el momento talitativo y el de realidad. Esta constatación sigue correlacionadamente al orden del análisis o descubrimiento de la hiperformalización y la correlativa IS. Esta raíz noológica ha sido descrita del modo siguiente por Pintor-Ramos:

> la libertad es necesaria y posible porque se da un hiato entre la realidad aprehendida y los contenidos limitados en que aparece, es decir, porque la inteligencia es sentiente; en una impresión no intelectiva de las cosas la libertad no tendría sentido y en una hipotética intelección pura tampoco tendría cabida este momento negativo, por lo que sólo dentro de una inteligen-

---

[672] SH 145, *Sobre la persona*, 1959.
[673] Cf. SH 145-147, *Sobre la persona*, 1959.
[674] SH 602, *El problema del hombre*, 1953-54.

cia sentiente tiene sentido hablar de «la finitud, la grandeza y la tragedia de la libertad humana»[675].

En el mismo plano noológico descubriríamos que la *libertad para* o positiva se apoya en el *hacia* campal que fuerza a la inteligencia a realizar una opción libre para proseguir adelante en su marcha. Esto es lo que Zubiri denomina cuasi-creación[676], y que constituye una crítica de la libertad leída como mera indeterminación o espontaneidad. La «indeterminación es la situación de libertad, pero no es la libertad. La libertad no está en la indeterminación sino en la manera en que yo me determino»[677]. Noológicamente la libertad es apropiación de lo irreal posible en posibilidad apropiada. Esta libertad comienza a darse ya en el nivel del logos[678] y caracteriza a la razón como esencialmente libre[679].

---

[675] A. PINTOR-RAMOS, *Realidad y verdad*, 263. La cita de Zubiri corresponde a SH 145, *Sobre la persona*, 1959.

[676] Cf. SH 604, *El problema del hombre*, 1953-54.

[677] SH 601-602, *El problema del hombre*, 1953-54.

[678] La libertad se manifiesta noológicamente ya en el *logos*. Cf. IL 223-224: «la oquedad, el momento de irrealidad que la fuerza de realidad abre con el fin de inteligir lo que lo real compactamente aprehendido es *en realidad*, es ámbito de libertad. Una libertad *entre* espada y pared, pero libertad. Recordemos que el logos antes que ser representación es direccionalidad, pues bien, el sentido que tome esa direccionalidad en la línea de la simples aprehensiones previas y en la línea de la afirmación es relativamente libre. Digo relativamente porque el logos está siempre determinado por las simples aprehensiones a las que puede recurrir y por la cosa que tiene ante los ojos. La libertad lógica se mueve solamente entre esas dos aprehensiones». J.F. PINO CANALES, *La intelección violenta*, 46. Subrayamos que libertad y verdad objetiva — en el sentido vulgar de objetivo — están íntimamente unidos ya en este nivel.

[679] La razón es libertad de *liberación* desde el ámbito de la fuerza de imposición de lo real (cf. IRA 107). La razón «nos fuerza a ser libres para *inventar* la esencia fundamental de lo real. Recordemos que *inventar* tiene en castellano el doble sentido de encontrar y de crear. Pero una razón libre — que no arbitraria — no puede tener otro sentido sino el de liberar. [...] Libera su realidad y se libera en su realidad. Lo histórico de la razón consiste en la apropiación de las posibilidades del esbozo, pues bien, esa apropiación consiste precisamente en liberar esas posibilidades realizándolas arriesgadamente: es la paradoja de la razón. De este modo la esencia de la razón no sería solamente libertad, sino actualizándose como liberación. Liberación como *verum – facere*, como verificación que se va indefinidamente haciendo». J.F. PINO CANALES, *La intelección violenta*, 62. Subrayamos que la libertad esencial de la razón no es absolutamente absoluta, sino que está acotada y lanzada desde un sistema de referencia, anclado a su vez en una realidad desde un contenido dado en APR. Es decir libertad y verdad objetiva en la razón deben conjugarse en equilibrio, la libertad de la razón es liberación de verdad.

CAP. V: APERTURA TRANSCENDENTAL DE LA PERSONA 409

Sin embargo y por la trabazón entre contenido y reidad, entre talidad y realidad, entre APR, *logos* y razón, creemos que no es posible en Zubiri separar la libertad de la verdad, lo cual si ocurriese haría imposible fundamentar los derechos de la persona sobre una base racional y traería graves consecuencias para la formulación de los contenidos de una ética, aunque no serían tantos a la hora de formular la constitutiva dimensión estructural moral del hombre, lo que se denomina — a veces de modo un tanto confuso[680] — moral como estructura.

Además, *en cuarto lugar*, los otros — después de los apartados anteriores — entran en juego con esta libertad en los dos niveles de naturaleza y carácter, de personeidad y personalidad. De ahí que:

> Como capacidad de innovación, y como aspecto constitutivo de la persona, la libertad se puede caracterizar también como capacidad de relacionarse con otro, es decir, como apertura. Decir libertad es decir algo más que libertad. La elección no agota la libertad. Hay más libertad que esa. La libertad, como la inteligencia, y como el amor [...], quiere decir dirección hacia otro, que también es persona. Es, ni más ni menos que la estructura dialógica de la que han hablado siempre los personalistas[681].

En *quinto y último lugar* queremos señalar la génesis de los sentidos de la libertad en el pensamiento de Zubiri. Ya en EPD distingue diversos sentidos a la hora de entender la libertad[682]. En ese artículo utiliza una terminología diferente. Así distingue entre el uso de la libertad en la vida, que permite calificar los actos como libres o no libres y otro sentido, la libertad como liberación, es un sentido en que la existencia humana es libertad, existir consiste en liberarse de las cosas y por ese liberarse poder volverse hacia ellas para entenderlas o modificarlas[683]. Ya en ese momento de su pensar, y expresándolo aún con la clave del ser descubre Zubiri el sentido constitutivo de la libertad: «de la radical *constitución* de un ente cuyo ser es libertad. El hombre está implantado en el ser. Y esta implantación que le constituye en el *ser* le constituye en ser *libre*»[684].

Este último sentido lo descubre de la mano de su investigación sobre la religación. En aquella época de su pensamiento religación implica

---

[680] Esta confusión o ambigüedad se hace evidente si se tiene por referencia, en lugar del esquema zubiriano de la antropología, el subyacente a las éticas derivadas de Kant. Remitimos al estudio que poco antes hemos realizado de la dimensión moral.
[681] B. CASTILLA Y CORTÁZAR, *Noción de persona*, 349.
[682] Cf. NHD 445, EPD.
[683] Cf. NHD 445, EPD.
[684] EPD in NHD 446.

una unión con algo que le implanta y sostiene en la vida. En la misma religación no hay libertad como uso ni como liberación, pero en ella se da la constitución misma de la persona y es esta religación la que hace ser libre al hombre[685].

> Como uso de la libertad, la libertad es algo interior de la vida; como liberación, es el acontecimiento radical de la vida, es el principio de la existencia, en el sentido de transcendencia y de vida; como constitución libre la libertad es la implantación del hombre en el ser como persona, y se constituye allí donde se constituye la persona, en la religación. La libertad sólo es posible como libertad *para*, no sólo como libertad *de*, y, en este sentido, sólo es posible como religación[686].

Obsérvese como luego cambiará el orden de fundamentación entre la libertad como uso, la *libertad para* posterior, y la libertad como liberación, *libertad de* en su pensamiento maduro, mientras que lo que ahora denomina libertad para pasará a considerarse como libertad en la realidad (engloba ahora con la preposición *de* la libertad como uso y liberación, a los que en su pensamiento definitivo distingue como libertad *para* y *de*). No obstante las ideas centrales están ya formuladas a la espera de ser perfiladas por la filosofía de la realidad de IS.

Una última observación — y aquí es donde se ve el contraste del pensamiento de Zubiri con existencialismos nihilistas o en los cuales la libertad se autofunda, o con la libertad ontológica del último Pareyson — es que la libertad es originada, recibida, fundada, no sólo en la naturaleza que la exige o pide, sino en Dios entendido en esa época como *ens fundamentale*, no como fundamento extrínseco sino interno que hace al hombre ser libre en todas sus dimensiones y sentidos[687]. Este ser recibido que hace que el hombre esté suelto de las cosas es lo que se expresa ya esta etapa como *relativo ser absoluto*. Este *ens fundamentale* en el pensamiento de IS deviene la realidad en su dimensión de ultimidad, es el ser libre en la realidad. Desde ahí que en una visión antropológica Dios no pueda verse como rival o límite de la propia libertad sino como potenciador y hacedor de ésta misma. Otro tanto cabe decir de la realidad tomada en cuanto realidad.

---

[685] Cf. B. CASTILLA Y CORTÁZAR, *Noción de persona*, 346.
[686] EPD in NHD 446.
[687] Cf. NHD 447, EPD. Desde ahí Zubiri afirmará el cómo Dios hace posible no sólo la libertad sino la posibilidad misma de que el hombre sea esencialmente contra-ser, esto es le da la posibilidad de ser-contra sí misma, de esclavizarse.

Una vez estudiada esta dimensión de la apertura humana, que en el caso de la libertad alcanza a ser un transcendental antropológico estamos listos para abordar algunos aspectos de la interpersonalidad.

Reflexión crítica y transición

En este apasionante recorrido por la noción trascendental de persona hemos logrado alcanzar el modo de realidad humana, lo que en otro sistema de pensamiento sería el constitutivo de la persona. Para Zubiri éste consiste en que la persona es autopropiedad trascendental: Suidad. Es la realidad que se posee en cuanto que realidad. A veces los tecnicismos, los largos análisis, el esfuerzo por evitar confusiones con otras posiciones, pueden hacer perder de vista el núcleo vivo y la estupenda riqueza encerrada en esta noción y con estas palabras.

Si podemos ver en el orden trascendental de Zubiri un descubrimiento de la profundidad y riqueza de la realidad en continuo esfuerzo por evitar el esencialismo, el cosismo y el conceptualismo, la persona abierta trascendentalmente culmina este descubrimiento y lo modifica desde su instituir una nueva tipicidad trascendental.

Intentando, permitiéndonos cierta licencia filosófica, traducir la postura de Zubiri a los términos de una importante discusión interna al tomismo, habríamos de subrayar que definir el constitutivo formal de la persona por el acto de ser es la concepción más próxima a la Suidad. Pensamos que Zubiri alcanza el momento de realidad personal con su noología y antropología esquivando riesgos y dificultades de las discusiones escolásticas, mostrando aquí las posibilidades de su nuevo filosofar. Muestra el núcleo personal con un discurso capaz de reflejar la riqueza interior, la novedad absoluta y la apertura desbordante y efusiva de realidad en que la persona consiste.

El camino del éxito arranca de su análisis del sentiligir y de su realismo noológico. La apertura trascendental de la más modesta intelección abre la vía para remontarse a las más altas cumbres de la realidad personal.

Esta apertura, modesta al inicio, se despliega en los trascendentales antropológicos. Así inteligencia, amor, libertad, esteta, son propiedades de la persona que en el orden trascendental muestran su posición única en el universo, su irreductibilidad absoluta.

Además Zubiri logra integrar en esta noción de persona todos los aspectos, aún los más intrascendentes, con brillante articulación y respondiendo a muchos reduccionismos que la filosofía ha operado en la persona: el racionalismo, el idealismo, el naturalismo, el existencialismo, la fenomenología, etc. Las esquirlas de verdad que estas reflexiones aportan son asumidas y sus desviaciones corregidas en el nuevo horizonte personalista.

La apertura trascendental configura la constitutiva apertura a los demás desde las notas más materiales de la persona. Aquí Zubiri logra fundar la socialidad, corregir posturas de los padres de la sociología, y sobretodo abrir posibilidades que enriquecen la consideración del amor y la comunión.

Su visión logra aunar sin confusión en nivel el metafísico de la persona lo operativo y lo constitutivo desde el dinamismo de la realidad como personeidad y personalidad. El ser, desplazado (aquí podríamos situar el ámbito de la existencia de los existencialismos y de los tomistas que diferencian entre *actus essendi* y existencia) aparece como ámbito metafísico que armoniza los multiples niveles de la persona.

En nuestro recorrido, junto a la esencial apertura a los demás y la noción de persona hemos subrayado en diversos momentos el carácter personalista de la concepción zubiriana. Esta nota de su modo de filosofar nos ha aparecido sobretodo a la hora de ver que la diferencia entre cosas y personas está situada en el nivel de los tipos de realidad, el más alto y profundo dentro de la *reología* transcendental zubiriana.

Junto a este rasgo personalista del universo personal frente al mundo de las cosas hemos visto que la apertura humana por serlo a su propia realidad lo es para toda la realidad y, desde ahí, hacia la realidad por eminencia y más adecuada a esta respectividad: otros seres personales. Es la expresión sistemática y madura dentro de la *reología* zubiriana en que encajan las intuiciones y formulaciones de los pensadores dialógicos, obteniendo así su lugar la intersubjetividad personalista dentro de un sistema abierto que da cuenta de la riqueza de lo real en su intrínseco dinamismo.

Esto permite a su vez buscar y encontrar el fundamento de la socialidad de la persona humana no sólo en el nivel de la naturaleza talitativamente considerado (el *phylum* zubiriano o sus paralelos filosóficos, para Zubiri deficientes, que encuentran en la naturaleza común el núcleo fundante de la sociedad o de la referencialidad a los otros personales), sino en el nivel más hondo de la realidad, el mismo núcleo constitutivo transcendental de la persona. El ser personal por serlo es apertura al otro transcendental. La naturaleza expresa esta realidad radical y es vía de acceso fenomenológico, noológico, para descubrirlo, pero no es su raíz última.

CAP. V: APERTURA TRANSCENDENTAL DE LA PERSONA 413

Es así como se confirma una de las hipótesis que lanzamos a la hora de juzgar el pensamiento de X. Zubiri como personalista, y es así como se exige un desarrollo nuevo, mucho más rico y productivo a la hora de fundar otros importantes saberes humanísticos como la ética con sus relaciones (temas como la justicia, el amor, la familia, las instituciones sociales, el principio de subsidiariedad y un largo etc.), la sociología fundamental y las ciencias sociales en general (pedagogía, política, deontologías, etc.).

En nuestra opinión Zubiri logra dar un salto cualitativo a la hora de defender lo nuclear de la persona y a la hora de conjugar lo más incomunicable de su ser y lo más relacional — respectivo diría él — de su realidad. La individualidad, sin perder nada, se abre y fundamenta la relación interpersonal.

Este logro lo consigue X. Zubiri instaurando la filosofía en un horizonte nuevo, superador de aquellos en que se ha estado moviendo la filosofía desde sus orígenes. Precisamente en diálogo con el horizonte de la movilidad, en que los griegos elaboraron pura filosofía, y con el horizonte de la creación o cristiano elabora Zubiri su noción de persona. Pero esta elaboración le lleva a intentar radicar su filosofía en un análisis de la realidad humana que no parta de las cosas y del movimiento por un lado, y que por otro supere e integre la noción de persona elaborada en el ámbito teológico. El fruto es el largo desarrollo que acabamos de exponer: una noción de persona analíticamente construida y que tomando e inspirándose en lo mejor de la tradición del horizonte cristiano, tanto clásico (S. Agustín, Boecio, Sto. Tomás, Suárez) como moderno (Scoto, Descartes, Kant, Husserl, Scheler, Heidegger, el idealismo alemán, especialmente Hegel), alcanza una descripción reológica de la persona que no parte en su fundamentación de ningún presupuesto ideológico ni teológico. La noción transcendental de persona como cúlmen de este camino instaura la antropología en un horizonte poscristiano y posmoderno capaz de responder a las exigencias del pensamiento actual.

Es así como se descubre el carácter transcendental de la inteligencia, del sentimiento y de la dimensión moral de la persona. También de este modo se definen transcendentales antropológicos la libertad y el amor, igual que se abren nuevas perspectivas para la consideración en profundidad del problema del género. Queda enriquecido el pensamiento actual con una reflexión capaz de dar cabida en plenitud a la persona.

Junto a estos rasgos transcendentales queremos subrayar la apertura que define la persona a todos los niveles. Una apertura radical y constitutiva a toda realidad y que se funda en la autoapertura por el sentiligir humano. Esta apertura determinará el modo personal de quedar vertido a los otros.

Este modo de fundar la intersubjetividad es otro de los éxitos del pensamiento zubiriano. La interpersonalidad es un dato descubierto en el orden talitativo y que pasa por su fundación en el *phylum*, pero que remite a una dimensión transcendental de la apertura, el *con*. El *con* se manifiesta en el nivel operativo de la realidad humana, pero tiene su concreción transcendental en el ser comunal apoyado a su vez en una realidad que es constitutivamente realidad-con.

Esta fundación de la intersubjetividad nos permite descubrir un modo de presencia de los demás en uno mismo previo a la monadización del yo. Se trata de una presencia real fundada talitativamente en el esquema filético y transcendentalmente en la respectividad remitente, presencia que determina el ser del hombre como común, la comunalidad del ser. Esta presencia previa al yo y que lo posibilita como tal es también previa y posibilitante de la constitución de un nosotros a través del encuentro del yo y del tú. Nostreidad es el término que hemos elegido para subrayar este fundamento personalista de la intersubjetividad superador e integrador de los que buscan su apoyo sólo en la naturaleza social del hombre, y sostén para aquellos pensadores dialógicos que carecen de un sistema en el que insertar sus descubrimientos.

A su vez esta raíz intersubjetiva permite una nueva visión de la socialidad humana y una nueva radicación de la misma. Otro tanto podemos decir de la visión de la historia. X. Zubiri logra una fundamentación de la sociedad y de las relaciones interpersonales en que la persona queda por encima del mundo y de la naturaleza, por encima de la sociedad y de la historia.

Otra consecuencia, ahora desde la estructura de la antropología zubiriana, es la dimensión esencialmente social e interpersonal de la apertura del hombre en su dimensión de realidad moral. Para Zubiri no hay moral que no sea desde su misma raíz algo esencialmente referido a los demás porque la moral está arquitectónicamente determinada por la socialidad humana. Será éste un elemento que utilizaremos para completar las argumentaciones al uso a la hora de discutir la legitimidad del aborto en los primeros estadios del embrión por parte de moralistas inspirados en Zubiri.

Un punto importante que ha salido a lo largo de este análisis es la consideración del cuerpo y su función dentro del sistema sustantivo humano, así como su función transcendental. Además de conferir al cuerpo un lugar reológicamente irreemplazable Zubiri le confiere en su función somática el ser principio de actualidad, de presencialidad física en la realidad. Por tanto el cuerpo jugará desde ahí un papel único en las relaciones interpersonales, así como exigirá un tratamiento y una dignidad que pocas filosofías suelen concederle. La distinción entre corporalidad y corporeidad es de gran riqueza e importancia.

Tampoco queremos olvidarnos de subrayar el carácter dinámico y activista de la persona, como realidad que sale de sí en éxtasis de plenitud de realidad. Este dinamismo permite tematizar el amor y la relación interpersonal en una nueva perspectiva.

Como último rasgo positivo del recorrido realizado queremos indicar la importancia y lugar que ocupa la relación de la persona humana con el Dios personal y personificador. Esta relación no constituye un nosotros en el orden del yo y del tú, sino un nosotros fundamentador del propio yo en el orden de la ultimidad de lo real a través de una causalidad estrictamente interpersonal y transcendente *en*.

No obstante todos estos puntos positivos que hemos recogido, siguiendo una reconstrucción o elevación en lo que ha sido necesario a su filosofía de IS, hemos de señalar algunos interrogantes que nos quedan en el aire, son la sombra que permite destacar la figura, que le da relieve, pero que no por ello deja de ser obscura. Algunos de ellos serán abordados en la parte siguiente, otros los dejamos ahí, entre puntos suspensivos, para que el lector pueda comprobar los límites que intuimos en el pensamiento de nuestro autor.

En primer lugar nos surge el interrogante de la compatibilidad de la unidad corpóreo-anímica que el hombre es tal y como es sostenida por nuestro autor con el dogma católico. Formulado en términos que no rebasen la filosofía se trataría de ver si la inmortalidad del hombre, cuyas pruebas racionales existen, cabe dentro de la antropología zubiriana. A esta cuestión intentaremos dar respuesta en un posterior apartado sobre la muerte, si bien adelantamos que Zubiri se decanta por una filosofía resurreccional que acude a la fe como elemento garante de la vida tras la muerte, aunque en periodos no últimos de su pensamiento se puede argumentar a favor de la inmortalidad filosófica; también desde la transcendentalidad de la persona cabe explorar nuevas vías.

En segundo lugar, y también derivado de la forma de unidad de la sustantividad humana nos encontramos con cierta ambigüedad a la hora de establecer el estatuto antropológico del embrión humano desde la concepción. Si bien Zubiri se inclina desde sus datos y forma de pensar por la existencia *ab origine* de la personeidad y una personalidad en pasividad, usando su método noológico racional se puede — de hecho se ha realizado por parte de algunos bioéticos — sostener una especie de teoría de la animación retardada o de la constitución de la persona en estadios avanzados del feto humano. A este interrogante intentaremos responder tanto desde un punto de vista antropológico noológico como desde una ética marcadamente intersubjetiva. Zubiri en sus escritos es concepcionista, yendo más allá de lo que la misma Iglesia se atreve a afirmar con certeza.

En tercer y último lugar nos planteamos el problema de la relación entre la estructura moral y sus contenidos, el problema del subjetivismo y relativismo moral consiguiente a la apertura e indefinición del ideal de la persona, del contenido concreto de la felicidad. Algo hemos dicho ya sobre este punto al hablar de la autoapertura de la persona en su dimensión moral pero todavía nos queda por concretar como escapa nuestro autor del relativismo que considera explícitamente contradictorio con su posicionamiento.

En estos tres interrogantes se pone en cuestión la validez de la misma antropología zubiriana para un pensamiento crítico y global. De la respuesta que se les dé dependerá que su filosofía sobre el hombre pueda ser asumida globalmente, deba ser corregida parcialmente, o sólo se puedan tomar retales sueltos de sus aportaciones. Esperamos que la siguiente parte dé sobrada solución a estas cuestiones. Ya que contamos con los elementos necesarios, pasamos al estudio directo de la intersubjetividad en el pensamiento del filósofo donostiarra.

# TERCERA PARTE

INTERSUBJETIVIDAD DE LA PERSONA

Introducción

Contamos con el armazón necesario para afrontar la interpersonalidad en Zubiri. Retomamos la motivación última de esta investigación: responder a la cuestión del nosotros, de la persona en su abrirse en la línea yo – tú, soslayando los peligros del individualismo contemporáneo y las formas socializantes que disuelven el sujeto en la masa. Zubiri permite fundamentar el orden social en una noción de persona que implica superar la ideología individualista y posesiva de la modernidad, siendo por ello «uno de los filósofos posmodernos por excelencia»[1].

Una observación previa al estudio de la posición de Zubiri constata el carácter problemático de la intersubjetividad para muchos sistemas, hasta el punto de constituir un calvario donde probar su capacidad responsiva. El hombre además de hacer su vida con cosas la hace con otros hombres. «El mero hecho de enunciar tan simplemente este hecho, denuncia la dificultad y la especificidad radical del problema que plantea»[2]. Los filósofos contemporáneos chocan en diversos niveles con la justificación de la alteridad y el encuentro interhumano debido a sus puntos de arranque.

En primer lugar encontramos los *individualismos*. Bajo esta etiqueta Zubiri introduciría las antropologías que parten de la constitución individual del sujeto humano y se plantean la intersubjetividad como una relación posterior de encuentro con el otro. Integraría este grupo el *zoon politikon* de Platón y Aristóteles; también englobaría la filosofía escolástica por concebir el hombre como sustancia individual unificado con sus congéneres por la esencia — entendida como especie conceptiva[3] — de modo que la unidad radicaría en la conjugación de las actividades individuales para lograr un resultado común. «La forma específica de esa unidad de los muchos sería una co-operación»[4].

La interpersonalidad se categoriza como relación accidental añadida a la sustancia mediante una actividad coincidente. Es la concepción

---

[1] H.E. Biagini, «Zubiri y América Latina», 21.
[2] SH 223, *El problema del hombre*, 1953-54.
[3] Cf. SH 225, *El problema del hombre*, 1953-54.
[4] SH 226, *El problema del hombre*, 1953-54.

medieval del *socius*. Esta relación puede ser natural y necesaria, construir un orden social y una moral; pero el individualismo, aún poseyendo el elemento verdadero de la incomunicabilidad de la persona, está en la raíz del concepto de alteridad, cercenando una verdad de la persona que sobrepasa la unidad de cooperación.

También son individualistas las teorías ilustradas por entender la interpersonalidad como nexo. La unidad sería un pacto entre sustancias plenas y suficientes que potencia y consolida las capacidades de los individuos (Rousseau y el contrato social) o que protege al individuo ante la concurrencia y agresión en que incurren los hombres (Hobbes con su *homo homini lupus*)[5]. La intersubjetividad radical es un equilibrio entre individuos. Para Zubiri el nexo reposa sobre tres supuestos falsos: «uno, la idea de que lo natural son los individuos; dos, la idea de que el nexo es siempre una conexión entre individuos; tres, la idea de que esa unión es obra de una razón y de una voluntad»[6]. Para que pueda haber unión «el hombre se encuentra ya en unidad primaria con ellos»[7]. El pacto no es el fenómeno radical porque hay una unidad estructural anterior a la adición e interacción. El nexo no es establecido por el propio hombre ya que previamente «los demás hombres han intervenido en su vida como exigencia natural y normal»[8]. Lo social es principio y no resultado.

La postura de Durkheim tampoco supera el individualismo pues, aunque entiende el nexo como unidad y no mera unión[9], se queda en una colaboración, inspirada en las cuasi-sociedades animales. La co-laboración no es principial, la convergencia es resultado; el hombre es capaz no sólo de trabajar *por* sino de hacerlo *para* porque hay una raíz intersubjetiva anterior[10]. No basta sostener una unidad social supraindividual que haga individuo a cada persona[11].

Todos los individualismos, con su parcial verdad, llegan tarde pues el nexo es anterior y no consiste en un añadido *a posteriori*, aun radicado en la naturaleza. Para captar lo estrictamente personal hay que remontarse a la respectividad trascendental concretada en habitud de alteridad.

---

[5] Cf. SH 247-248, *El problema del hombre*, 1953-54.
[6] SH 248, *El problema del hombre*, 1953-54.
[7] SH 250, *El problema del hombre*, 1953-54.
[8] M. Vilá Pladevall, *Las dimensiones de lo interhumano*, 112.
[9] No es lo mismo unión que unidad, en no percibir esto radicó la discusión nestoriana sobre la unidad de las naturalezas en Cristo. Cf. SH 250.
[10] Cf. SH 251-252, *El problema del hombre*, 1953-54.
[11] Cf. SH 227, *El problema del hombre*, 1953-54.

INTRODUCCIÓN

Por nuestra parte pensamos que Sto. Tomás no es incompatible con Zubiri. Plantear adecuadamente la intersubjetividad en el tomismo exige superar la lectura *deletelior* de Zubiri. Así L. Ricard[12] propone desde el realismo moderado[13] un concepto de esencia y especie que despliega las posibilidades de la intersubjetividad, su relación ontológica muestra puntos de contacto con la concepción zubiriana, aunque sin alcanzar la precisión de la respectividad y requiriendo un cambio de método y sistema trascendental.

Ricard integra los dos logros principales del existencialismo y la filosofía dialógica: la originalidad radical de los modos de ser y aparecer de la reciprocidad de las conciencias y el papel de las relaciones interhumanas en la constitución ontológica de la interioridad individual[14]. Estos no son ajenos a la filosofía tomista desde una especificación del acto de conocimiento del otro[15], que implica en el plano del ser tomista — la realidad en Zubiri — que la relación interpersonal sea específicamente distinta de la relación con el mundo[16]. Esto replantea el estatuto metafísico de la relación. La relación en el *esse* al ser de las personas reviste un valor ontológico distinto de la ligazón con el universo infrahumano.

Ontológicamente, ¿es un accidente o una estructura constituyente de la esencia? Ricard demuestra que para el tomismo sería lo segundo[17] concordando con el existencialismo en que «la socialité humaine se présente comme une des structures constitutives de l'ipséité»[18].

Estudia la resonancia interna del ente singular para descubrir en él un principio actual de universalidad[19]. Para ello se centra, como Zubiri en

---

[12] Profesor en Vals-piès-le Puy. Cf. L. RICARD, «La relation à autrui», 554-561.

[13] El realismo moderado expuesto por Ricard es afín con Zubiri ya que corta el paso a todo conceptualismo. Cf. A. LÓPEZ QUINTÁS, *Pensadores cristianos contemporáneos*, 345. El realismo moderado exige que «l'universalité du concept (*modus quo*) soit elle aussi inscrite *non formaliter, sed fundamentaliter* dans l'être singulier». Cf. L. RICARD, «La relation à autrui», 557. Ahí fundamenta la primacía del singular sobre el universal, de la sustancia segunda sobre la primera. No basta que el fundamento ontológico concierna a *id quod affirmatur*, y no el *modus quo affirmatur*, como si la universalidad se hallase sólo en el espíritu.

[14] En referencia a J.P. SARTRE, *L'Être et le Néant*, 291-292. La intersubjetividad «est une des constituantes ontologiques de l'intériorité elle-même». L. RICARD, «La relation à autrui», 554.

[15] También sería abordable desde el conocimiento por connaturalidad y el angélico.

[16] Cf. L. RICARD, «La relation à autrui», 555.

[17] Cf. L. RICARD, «La relation à autrui», 555.

[18] Cf. L. RICARD, «La relation à autrui», 554.

[19] Sin que la especie tenga existencia separada. Cf. A. LÓPEZ QUINTÁS, *Pensado-*

el *phylum*, en las implicaciones de la tendencia a la generación, fenómeno que se basa en una estructura ontológica del individuo, según la cual:

> nulle forme individuelle n'existe si ce n'est dans un contexte de participation ontologique à la totalité de l'espèce. [...] chaque membre de l'espèce est en lui-même, de manière constitutive, relation transcendantale au devenir de l'espèce entière, à la multiplicité des individus en qui elle s'actue[20].

El movimiento histórico de la especie en sus miembros es la manifestación actualizante y actualizada de la vinculación ontológica radical: relación necesaria y constitutiva que cada individuo sostiene con todos los de su especie[21]. La relación de individuos y especie no se define como *realización* del universal en los singulares, sino como universalidad dinámica relacional por participación[22]. Es una concepción similar a la zubiriana aunque difiere por usar la participación, noción clave en el sistema transcendental tomista que Zubiri sustituye por expansión, un *trans* que es un *ex*[23].

En las personas su peculiar autonomía ontológica no modifica la universalidad relacional de participación en la especie. Al contrario:

> la personne humaine singulière est, elle aussi, ontologiquement universelle, d'une universalité relationnelle fondamentale, et cela en vertu de son intériorité même. Antérieurement à toute communication interpersonnelle vécue, fondant cette communication, il y a, *in actu primo*, une immanence relationnelle de toutes les personnes entre elles[24].

Esta conclusión tomista converge con lo que definimos como nostreidad.

La postura de Zubiri es diferente, pero con la adecuada hermenéutica[25] no resulta incompatible y no calificaría a Ricard de individualista, aunque quizá sí diría tratarse de una teoría no fundada en hechos[26]. La

---

res cristianos contemporáneos, 346-347.

[20] L. RICARD, «La relation à autrui», 558.

[21] La unidad específica es expresión de la universalidad relacional por la que cada individuo participa en la totalidad del devenir.

[22] Cf. L. RICARD, «La relation à autrui», 559.

[23] Ricard subraya cómo se ha acusado la noción aristotélica de especie, y también la tomista, de excesivo realismo, visión opuesta a la simplificación logicista que cree descubrir Zubiri. Cf. L. RICARD, «La relation à autrui», 559.

[24] L. RICARD, «La relation à autrui», 561.

[25] Una vez más nos referimos al ser como acto intensivo explicado por Fabro.

[26] Se trataría del enfoque metodológico propio de X. Zubiri: la *noología*.

teoría de la persona como *esencia abierta*[27] tiene gran proximidad con la primacía otorgada a la persona por Ricard. El fundamento de la intersubjetividad en Zubiri es más personalista por partir de una *reología* ya personalista.

Tras este *excursus*, proseguimos con los *solipsismos* que aparecen desde Descartes: acentuar desde una inteligencia concipiente la razón como carácter definitorio de la persona origina una noción de hombre aislado. Esto ocurre al concebir la persona como un Yo antepuesto a las notas estructurales. Desde Descartes se encierra la persona en el ámbito de la conciencia pues la razón, aún capaz de todo, es siempre mi razón, mi *cogito*. ¿Cómo salto desde mi *ego* al tú? ¿Qué tipo de unidad se puede establecer entre las distintas conciencias? Este interrogante gravita sobre el mismo Descartes, Kant, Husserl y gran parte de su escuela, así como en las diferentes formas del idealismo[28]. El problema de conectar mónadas surge con más violencia que en los individualismos. Las filosofías del Yo si no dejan la persona aislada del mundo y de los otros, pueden paradójicamente eliminar el yo absorbido por el Espíritu Absoluto.

Es un problema radicado en la gnoseología. Para Zubiri sólo habrá salida si se encuentra una IS y con ello se inteligiza el *logos* y se desentifica la realidad. Todo lo demás son parches que sólo resuelven parcialmente la cuestión.

En Husserl comunicar el yo transcendental, polo noético, con los demás no queda resuelto, es la cuestión de la analogía del *alter ego*:

> Por desplazamientos sucesivos, el problema del yo y del tú revierte, para Husserl, en un problema de alteridad, y el problema de la alteridad es un problema de analogía. ¿En qué se funda esta analogía, en qué se funda el que haya otros yos análogos al mío?[29]

Los intentos de Lipps y Scheler no logran superar este escollo. Lipps busca el fundamento de la analogía en la semejanza descubierta en la constitución física como una proyección en los demás de nuestro propio cuerpo. Scheler le critica que no podemos proyectar la propia imagen morfológica ya que no se adquiere hasta una edad avanzada. Para Sche-

---

[27] Cf. SE 507.
[28] Hablando de la intersubjetividad en Fichte, partiendo del yo puro y transcendental: «No se veía cómo ese yo, cuya función única era oponerse, ser el polo de referencia de la oposición respecto de un no-yo, podría ser un yo plural, podía estar pluralizado». SH 231, *El problema del hombre*, 1953-54.
[29] SH 229, *El problema del hombre*, 1953-54.

ler la solución reside en la simpatía. El hombre tiene en su propia realidad una especie de órgano comunicante: el *sympathein*, el *con-sentir* o la compasión que sintoniza con los estados de otra persona y que arrastra hacia los demás por un acto primario.

Frente a ambos Husserl sostiene que antes de la comunicación y de la proyección exterior los hombres se encuentran en el mundo en el que existen. Sería el fenómeno primordial donde radicaría la intersubjetividad. Este mundo es primariamente *meine eigen Welt* pero al mismo tiempo es un mundo *für jedermann*. El ser para cualquiera del mundo no descubre un *otro* determinado, pero funda la versión hacia otros posibles *egos*[30]. Así «Husserl ha creído resolver uno de los más graves rompecabezas que tiene a sus espaldas la filosofía de Fichte y de todo el idealismo alemán»[31], pues este carácter *für jedermann* del mundo es inmediato e irreducible.

Esta solución no convence a Zubiri que se pregunta: «¿No será que el mundo es para cualquiera porque todos han intentado apropiárselo? ¿Qué es antes: el mundo para cualquiera respecto de los demás, o los demás como condición del mundo para cualquiera?»[32] El carácter de apertura del mundo no es algo primario y este paso no está justificado por Husserl. Además Husserl no diferencia entre el *alter ego* como *otro-como-yo* o como lo contrario: radicalmente *otro-que-yo*. Por último la intersubjetividad no se resuelve en el ámbito de la vivencia en el mundo pues es posible seguir reduciendo. ¿Es posible que la alteridad no tenga más fuente que la vivencial, la manera como yo vivo determinadas realidades en el mundo? El mero hecho de poder plantearse esta cuestión muestra la insuficiencia del análisis husserliano remitiendo a la cuestión de la *publicidad* y su fundamento en la realidad[33].

En esta línea encontramos la hermenéutica de raigambre fenomenológica y el individualismo atomista de la posmodernidad con el problema de la universalidad de la verdad y el diálogo.

La solución pasa por descubrir y estudiar el carácter sentiente de la inteligencia. Esta es la vía para integrar los logros parciales del principio dialógico (Buber) y del carácter absoluto del otro (Lèvinas) en una

---

[30] Al sujeto noético le es esencial existir noéticamente en un mundo. Al mundo le es esencial noéticamente ser un mundo para cualquiera. Por tanto al hombre le es esencial estar abierto a otros posibles egos. Cf. SH 230, *El problema del hombre*, 1953-54.
[31] SH 231, *El problema del hombre*, 1953-54.
[32] SH 231, *El problema del hombre*, 1953-54.
[33] Cf. SH 232-233, *El problema del hombre*, 1953-54.

sólida matriz. Creemos que Zubiri logra dar este paso antropológico en su respuesta a la unidad interpersonal creando el ámbito metafísico necesario para acoger la reclamación personalista[34]. Zubiri integraría la aportación del movimiento dialógico, la verdad de la naturaleza social del hombre y las teorías del pacto, respondiendo al solipsismo del Yo transcendental. Para Zubiri *el otro* se hace presente desde la habitud de alteridad social y desde la comunión. Estas habitudes radican en los niveles estructurales de la dimensión social, incrustada a su vez en la esencia desde su radical apertura respectiva[35].

La intersubjetividad en Zubiri no es problemática sino hecho radical: el otro está en mí en el nivel esencial, en el nivel de habitudes y en el nivel vivencial. La intersubjetividad envuelve la funcionalidad de la causalidad personal antes de que la realidad se constituya en sentido[36].

Además la intersubjetividad está dada en APR. En la impresión se abre un campo que está funcionalmente abierto en y por los otros. Se trata de un nivel noológico primario que la razón profundizará. En el *logos* el otro-persona abre un medio[37] de intelección que funda una mentalidad personalista. Ese medio de *lo humano* y lo personal, constitutivo de la nostreidad, posibilita el encuentro interpersonal al modalizar la forma de aprehender las realidades. Quién lo posibilita es la IS al hacer de su sistema una filosofía del encuentro[38].

La IS está en vinculación activo – receptiva con la mentalidad de cada época y entorno, con lo otros en cuanto otros y en cuanto personas, implicando una unidad ambital y plural más intensa y valiosa que la unidad de identificación[39]. Zubiri logra acoger al otro en la plenitud de su realidad personal al abrirse a la realidad en toda su riqueza. Así responde al cómo comprender el dolor ajeno, la muerte de otro y un amplio campo de cuestiones interpersonales. Por eso otros pensadores

---

[34] Los personalistas «convienen en afirmar que lo que así se describe no son sólo vivencias, sino que se trata de algo con un hondo fundamento ontológico». B. CASTILLA Y CORTÁZAR, «Comunión de personas y dualidad», 168.

[35] «La persona umana è strutturalmente aperta alle cose ed agli altri uomini». A. SAVIGNANO, «*In memoriam*», 420.

[36] «Las personas se hallan funcionalmente vinculadas como realidades personales, y esta su vinculación no consiste en *sentido*». IRA 339.

[37] Está en la medialidad, tercer momento estructural del *logos*. Es el campo como medio de intelección. Cf. G. GÓMEZ CAMBRES, *La inteligencia humana*, 60. Se trata del medio personal junto al social, al religioso, al científico, etc.

[38] Cf. A. LÓPEZ QUINTÁS, «La experiencia filosófica», 453.

[39] Cf. A. LÓPEZ QUINTÁS, «La experiencia filosófica», 457.

toman elementos de su pensamiento para enriquecer los más diversos campos. Este es el caso, p. e., de algunos teólogos de la liberación[40].

En esta última parte de la investigación hacemos de la intersubjetividad dada en impresión y abierta como medio en el *logos* un problema para la razón para radicarla y profundizarla estudiando su *reología* y *noología*. Nuestro camino racional responde a tres cuestiones.

Primero (cap. VI) abordamos la intersubjetividad en el nivel estructural, intentando presentar qué son los otros, cómo aparecen en mi vida y qué estatuto tienen en la persona: la nostreidad.

En segundo lugar (cap. VII) prolongamos y completamos con un método personal fiel a Zubiri el dinamismo intersubjetivo en su devenir vivencial desde su origen hasta la muerte.

Finalmente estudiamos la intersubjetividad entre el hombre y Dios, atendiendo a su repercusión en las demás relaciones (cap. VIII).

Prestaremos especial atención a las consecuencias éticas de lo estudiado en diálogo con discípulos de Zubiri según nos salgan al paso. Con esto habremos concluido nuestra investigación. Comencemos.

---

[40] Dice Estrada: «Esta es, a mi juicio, la aportación decisiva de Zubiri a algunas de las corrientes de la teología de la liberación. El enfrentamiento con la realidad pasa por atender a los sujetos más deshumanizados y empobrecidos de nuestras sociedades y desde ahí hay que hacer la crítica a la sociedad». J.A. ESTRADA, «La influencia de Zubiri en la Teología de la Liberación», 296.

CAPÍTULO VI

Nostreidad. Nosotros. Tú – yo

La intersubjetividad es un hecho que encuentra en Zubiri una radicación personalista desde la que se funda y desarrolla la sociedad y las diferentes relaciones interpersonales. En este capítulo aplicamos la noción de persona al fenómeno intersubjetivo ya que del modo de realidad humana «pende nuestra manera de estar entre las cosas y entre las demás personas»[1], nuestra organización social y nuestra historia.

La intersubjetividad articula la apertura de la persona en su respectividad a otras personas desde las tres estructuras psíquicas: intelección, sentimiento y volición. Entre estas reviste especial importancia la intelección ya que la modernidad ha colocado el yo conciencial en el centro epistemológico, reduciendo muchas realidades humanas al terreno fáctico de las cosas y provocando un extrañamiento de lo más cercano, de modo que se «toma conciencia del otro, como alguien otro, extraño»[2].

Zubiri supera el *yoísmo* antropocentrista y con su antropología logra en la era de la crisis del sujeto, sin disolverlo, una noción no sustancialista[3] abierta y fundadora de la alteridad, en la que los demás son parte de uno mismo. Vamos a jugar con los datos obtenidos en la exposición de la parte anterior intentando arañar en lo más hondo de la intersubjetividad en Zubiri. En este diálogo con Zubiri vamos a dar tres pasos. En primer lugar profundizamos en la ligazón de unas personas con otras en su fundamentación desde la constitución trascendental de la persona, aquí proponemos la «nostreidad» como término más apto para expresar los logros de Zubiri, en su cercanía y diferencia con Ortega y Gasset y

---

[1] X. ZUBIRI, «¿Qué es investigar?», 9.
[2] M. VILÁ PLADEVALL, *Las dimensiones de lo interhumano*, 25.
[3] Cf. J.A. NICOLÁS, «Presentación», in HV vii-viii.

su genialidad de la *nostridad* y el *nostrismo*[4]. A continuación estudiamos los diferentes «nosotros» y su funcionalidad a través del *se*, la mentalidad y la acción lingüística. Por último afrontamos el «tú» desde la corporeidad y las tres notas psíquicas. Nos movemos siempre en el plano de la antropología de la socialidad, no en la sociología ni en el ámbito intermedio entre antropología y sociología orteguiana que sostiene Marías[5].

Con la *nostreidad* proyectamos sobre Zubiri el término orteguiano *nostridad* mostrando como esta dimensión concreta de la apertura humana (altruismo) explicada por Ortega quedaría asumida en la antropología de Zubiri y radicada en la constitución de la persona, en su versión a los demás permitiendo sostener una estructura familiar y comunional de la persona en el nivel trascendental[6]. Esto se logra desde

---

[4] «La palabra vivi*mos* en su *mos* expresa muy bien esta nueva realidad que es la relación "nosotros": *unus et alter,* yo y el otro juntos hacemos algo y al hacerlo nos somos. Si al estar abierto al otro he llamado altruismo, este sernos mutuamente deberá llamarse *nostrismo* o *nostridad*» (J. ORTEGA Y GASSET, *El hombre y la gente*, OC VII, 152) Para Ortega la nostridad es primera realidad social y forma concreta de relación del uno al otro. En la nostridad el otro es tercera persona desde la que por aproximación, semejanza e intimidad surge el TÚ cuando ese otro llega a ser próximo único (*Ibid.* 152-153).

[5] Para este discípulo de Ortega entre la analítica de la vida humana (yo) y el conocimiento del Yo concreto y circunstancial, según Ortega, es necesario un campo intermedio que denomina «*estructura empírica* de la vida humana», y a su estudio consagra su obra sobre la estructura social. Pensamos que desde Zubiri este tipo de estudio sería epistemológicamente estricta antropología. Cf. J. MARÍAS, *La estructura social*.

[6] En *El hombre y la gente*, Ortega estudia la socialidad de la persona partiendo desde el fenómeno de la vida humana. Muestra como fenómeno segundo de la vida, que es soledad, la convivencia y por ella accede a la caracterización de la apertura interhumana a los otros como altruismo (mera modificación de *alter* sin connotación valorativa). Ortega escinde el estudio de la persona desde la vida en dos yos. Uno el radical que es soledad, el yo de mi vida más cercano al yo genérico de Kant y las filosofías del yo, y otro el yo circunstancial y concreto, el yo que responde al quién. Este Yo práctico y determinado (yo y mi circunstancia) incluye el nosotros, la nostridad y el tú. Sólo llega a ser tal Yo determinado por el tú desde la nostridad, de modo que es *alter tu,* invirtiendo — como recoge Zubiri— el *alter ego* de Husserl y marchando más acá del Otro como hombre abstracto. Toda esta antropología de la intersubjetividad está en Zubiri pero modificada desde su noción de Suidad de modo que el primer yo de Ortega es ya en Zubiri un yo-con-nosotros-y-tú gracias a la suidad y la respectividad. La dimensión interpersonal no es algo que adviene al yo para ser Yo sino algo intrínseco y que por eso le ha de advenir. Esto lo expresamos con la nostreidad. Cf. J. ORTEGA Y GASSET, *El hombre y la gente*, OC VII, 99-100. 105. 149-150. 195-196.

la radicación del Yo y el yo de Ortega como unidad reversiva entre la Suidad y su yo en el Yo mismo o la realidad humana siendo, la persona. La intersubjetividad orteguiana fundada en su fenomenología de la vida humana y la convivencia es asumida por Zubiri y radicada en la estructura constitutiva de la persona como un *con* trascendental y familiar, creemos que este *con* trascendental llega más hondo que la convivencia orteguiana. Este estudio nos permitirá desarrollar la relación interpersonal del siguiente capítulo, a la vez que muestra de forma radical el personalismo de la antropología de Zubiri.

1. Nostreidad y comunalidad

Zubiri al estudiar la refluencia filética sobre el Yo llega a la dimensión social de la persona y descubre una estructura tripartita de la socialidad. Esta estructura es común tanto a la comunión como a la sociedad y consiste en la línea: versión, convivencia o comunidad y habitud de alteridad personal, de mayor a menor hondura metafísica[7]. Esta estructura se engloba en el ser-común. La comunalidad del ser de la persona, el Yo compartido, es el lugar radical desde el que se articula la intersubjetividad. Zubiri no distingue explícitamente en la comunalidad el carácter personal o impersonal, aunque sí la sitúa como dimensión estrictamente interpersonal[8].

Proponemos en este apartado que la dimensión comunal de la persona yoizada se puede denominar «nostreidad». Su concreción siempre origina un nosotros de comunión o social, por ello el nombre le cuadra con justeza, pero además creemos que en fidelidad al hacer filosófico de Zubiri el pre-nosotros de la comunalidad es comunional vamos a ver porqué.

Esta prolongación interpretativa de Zubiri es enteramente nuestra y por ello discutible en todos los sentidos. Es la forma que consideramos más ajustada, de modo que si se no se admite al menos queda explíci-

---

[7] «La sustantividad humana no está constituida por esta monadización, pero la forma como interviene su versión a los demás es el ser *cada cual* [...]. Como animal de realidades, el hombre se halla, no por un acto de percepción intelectual, sino por la estructura psicofísica de su inteligencia sentiente, constitutivamente vertido a los demás. [...]. Vertido a los demás el hombre vive con ellos. Es el problema de la convivencia». SH 245, *El problema del hombre*, 1953-54. Luego la convivencia funda la habitud.

[8] Zubiri no aclara como es la función transcendental en la habitud que da lugar a la comunión y su estudio se centra en la socialidad que funda la sociedad. Cf. B. CASTILLA Y CORTÁZAR, *Noción de persona*, 386-387.

tamente afirmado por Zubiri la comunalidad fundante del nosotros. Desde ahí se pueden seguir los apartados siguientes, aunque con menos riqueza.

1.1 Del «con» trascendental a la nostreidad

El fundamento de la intersubjetividad lo encontramos talitativamente en el esquema filético, vía de acceso a la versión trascendental interpersonal. Este momento de la esencia constitutiva individual de cada persona es el fundamento físico y biológico de la comunión de personas.

Desde este dato talitativo la reflexión trascendental alcanza una dimensión de la personeidad: la persona es esencialmente *con* otras personas. Para Zubiri el *con* es un constitutivo formal del hombre no sólo natural[9]: Ser persona consiste en serlo *con*. El *con* trascendental expresa la respectividad remitente[10] del momento personal de suidad como una respectividad vertida esencialmente a otros que son personas, a un posible tú. La persona en su núcleo constitutivo integra el *esse ad* como un hacia otra/s persona/s dentro de un ámbito trascendental que es comunicación[11].

Como remitente es dimensión de la respectividad constitutiva de la persona y se trata de una versión trascendental a los demás previa a la constitución de los relatos. Los otros no están metidos en mi vida sólo talitativamente por el esquema filético, sino que por esta concreción de la respectividad como *con*, en la misma constitución de la *suidad* están los demás como versión trascendental, las demás personas son en este sentido a modo de elementos respectivos de mí mismo en el orden trascendental, sin versión personal a ellos no soy suidad[12]. No son meras cosas necesarias para desarrollar mi vida sino realidad personal

---

[9] Cf. HD 138.
[10] Cf. RR 38.
[11] En la realidad *cada ente está en comunidad*, en una articulación definible como intimidad, originación, y comunicación. «En esta articulación entre *intimidad, originación y comunicación* estriba la estructura metafísica última del ser. El ser es el ser de *sí mismo*, el ser *recibido* y el ser *en común*». NHD 475, SSDTP, concepto claro pero sin terminología realista definitiva. Por eso la transcendentalidad tiene carácter de comunicación de cada cosa real respecto a otra: comunicación respectiva, que es esencialmente apertura. Desde la estructura de la comunicación se ha sugerido enriquecer la reflexión sobre la Santísima Trinidad. Cf. T. LEÓN, «Notas sobre la teología teologal», 9.
[12] La respectividad subyace a la habitud de alteridad y desde 1953 Zubiri sólo utiliza el término *respecto* para referirse a la alteridad.

constitutivamente mía[13]. El *mí mismo* desde el cual hago mi vida es estructuralmente un *mí mismo* respecto a los demás[14].

Así el *esse ad* otra persona constituye el mismo núcleo de la realidad personal en su nivel transcendental. Esta respectividad funda el infinito campo de las relaciones interpersonales abriendo la antropología a la consideración de toda la realidad ambital humana. Esta versión personal trascendental configura también la respectividad humana de las demás cosas creando un mundo humano y personalista, p. e.: el valor de cada cosa es relacional, no relativo, a la persona[15]. También en este nivel se descubre desde el *con* trascendental a Dios que es realidad fundamento en un *con* muy preciso con la persona humana, de modo que el *con* de la vida y del Yo también requieren de Dios[16].

En virtud de este hecho lo social no es resultado, sino principio. El *con* trascendental incorpora a los demás en la propia suidad y funda el *con* de nivel vivencial o comunidad, y desde ahí las diferentes habitudes de alteridad personal. De ahí que la cuestión del diálogo, de la ética dialógica, de la comunicación, del lenguaje y de la sociedad sean posteriores.

El esquema filético talitativo y el *con* trascendental refluyen en el ser y determinan la dimensión comunal del Yo. La propia subjetividad de cada uno es esencialmente compartida. La respectividad interpersonal está actualizada en el ser mundanal como raíz del ser – común fundando la versión que origina la estructura de la socialidad, que vuelve como dimensión sobre la persona yoizada.

Zubiri sólo enuncia el hecho del ser-común y lo engloba en la socialidad abierta a sociedad y comunión. Pero siguiendo su forma de razonar pensamos que se puede avanzar un poco más.

---

[13] «Los demás son algo más que cosas. Los demás están presentes en cada persona, antes y más profundamente que al vivir la propia vida. Están presentes al nivel de personeidad, no sólo de personalidad. Por tanto, hay una dimensión en la que los demás hombres no desempeñan la función de ser algo *con* lo que *cada cual* hace su vida». B. CASTILLA Y CORTÁZAR, *Noción de persona*, 198.

[14] Cf. EDR 251.

[15] Las cosas «se presentan ellas mismas como valiosas. El valor es visto, así, de forma relacional, no relativista. El temor al relativismo frenó durante siglos la investigación del carácter relacional de los fenómenos que integran la vida humana. El valor se alumbra en la relación de una realidad con un sujeto, pero no es producido por éste. No es, por tanto, relativo al sujeto. Éste colabora a su alumbramiento, pero no es su dueño». A. LÓPEZ QUINTÁS, «El sentimiento estético», 161.

[16] Cf. J. SÁEZ CRUZ, *La accesibilidad de Dios*, 230.

El arranque de la dimensión comunal está en el esquema filético. Y este esquema filético no es una realidad huera, sino concretamente determinada como versión a otras personas determinadas[17]. No se trata de un esquema lógico, conceptista de especie, sino de un momento real físico que vierte a quien constituye por presencia en corporeidad al hijo/a y a la madre/padre.

Zubiri apunta: «El *otro* es esquemáticamente no tan sólo otro animal de realidades, otra persona, sino algo corpóreamente presente a mí»[18]. De ahí sigue Zubiri por la función trascendental somática del esquema hasta la versión a otros absolutos relativos frente a los cuales afirmo mi absoluto. Pero eso ya está en la frase anterior como persona, como animal de realidades y parece sugerir más. Pensamos que en el corpóreamente hay algo más que no es desarrollado explícitamente por Zubiri. Ya es mucho lo logrado, es lo que hemos hecho hasta ahora: decir que la versión a los demás por IS es versión a otro en cuanto persona real y absoluta, aún se puede enunciar un rasgo más concreto de la versión personal.

El esquema filético tiene un aspecto anterior indicado por Zubiri: «me afecta como esquema de otro organismo psico-orgánico, el organismo psico-orgánico del generado», es el aspecto talitativo de la constitución del hijo que revierte sobre el padre. Sobre este momento talitativo se trascendentaliza hacia el otro persona absoluta presente corpóreamente respecto a mí. Este dato orgánico trascendentalizado sería una respectividad familiar, es el esquema de mi padre y de mi madre, de mi hijo o de mi hija. Los otros presentes y respectivos desde la función organizadora del esquema filético que reobran sobre la suidad son un nosotros familiar, no una abstracta humanidad genética global.

---

[17] Como vimos, Zubiri subraya en SE el carácter de apertura a los *otros* en el respecto coherencial hablando del *phylum*. Creemos que nuestra hipótesis no contradice el subrayado de SE sobre una apertura y presencia de *otros* sin concreción. La esencia constitutiva de la persona causa una unidad consigo, unidad de originación y algo común. Aunque tener *tales* ascendientes y descendientes no sea esencial al *phylum* — el que yo tenga tal padre, tal madre, o tal hijo o tal hija — creemos que sí se puede sostener la necesidad de un padre y una madre y de un posible hijo o hija *transcendental*, en el sentido de no estar determinado que mi hijo haya de ser tal. Es sostenible desde nuestro punto de vista una estructura familiar como momento esencial de la persona. La concreción *talitativa* la da la vida y la historia. En el caso de la ascendencia la concreción es más evidente. En el fondo interpretamos que Zubiri en el momento filético de la esencia constitutiva de SE está subrayando la unidad específica sin por ello cerrar este desarrollo. Cf. SE 318-320.

[18] HD 61-62.

En consecuencia la apertura interpersonal constitutiva del Yo es una apertura en el ámbito familiar que en función trascendental implica que la versión fundamental de la persona, raíz de la socialidad, es *versión comunional familiar* y por tanto la primaria socialidad y el ser-común del Yo es originariamente tendente a la comunión en el ámbito del nosotros familiar. Las personas que en forma de versión revierten en la constitución de mi yo son el nosotros familiar aunque en forma preexpresa que habrá de desarrollarse como comunidad familiar y habitud de comunión. La versión desde el nosotros familiar caracteriza a la comunidad y a la *héxis* que funda y determinan que la comunalidad originaria sea comunional.

Desde este movimiento metafísico creemos que el nombre apropiado para esta dimensión comunal de la persona es *nostreidad*, pues no se trata de una referencia vacía a cualquier persona, sino de la actualización mundanal de una estructura filética que talitativamente hace referencia, tanto retrospectivamente como prospectivamente, a la familia como primer nosotros en el que va incluida la primera persona dentro de un plural de personas (al menos el padre y la madre); y también es así en el nivel trascendental: son padre y madre en cuanto personas y realidades. Por lo demás la primera concreción de la comunidad y habitud de alteridad, su primera actualización mundanal, es la comunión familiar, un nosotros muy concreto. El *con* pide una realización personal plena en comunión familiar.

El ser-común del Yo tiene, pues, la figura de un pre-nosotros lanzado hacia la comunión familiar y abierto a la sociedad. Esto implica reconocer que, si bien la apertura del *con* trascendental no se encierra en la propia familia, sí la incluye positivamente y con prioridad sobre la apertura en despersonalización a la sociedad, aunque en la práctica vivencial pueda saltarse y no realizarse.

La nostreidad fundaría el nosotros de comunión y el nosotros social determinando un movimiento antropológico tendente a la comunidad en cuanto personal y que se desarrolla como *héxis* personalista tanto en su concreción en habitud de alteridad en la sociedad como en la comunión. Esto funda la prioridad de la familia sobre la sociedad o el estado y esboza la vía de realización de un mundo estrictamente personalista. Sería muy interesante el estudio de la familia desde el plano talitativo y su función trascendental, como nosotros. La socialidad desde el hecho de la versión familiar es nostreidad.

1.2 La nostreidad y el Yo

El ser-común es nostreidad fundante del nosotros de comunión y del nosotros social y es dimensión del Yo. Ahora bien, ¿qué es anterior ese Yo o su nostreidad? ¿Es el Yo quien como tal entra en relación para constituir los nosotros, o la nostreidad se descubre como previa al yo?

La relación es circular y co-determinada: respectiva, del mismo modo que el Yo mismo por la versión en respectividad interpersonal es *a una* individual (yo de cada cual ante el tú y el él) y social (yo comunal). El Yo sólo es Yo en nostreidad.

En este sentido la nostreidad en su expresar la interpersonalidad constitutiva es previa a la formulación expresa del Yo individual y a la socialidad plenamente desarrollada. La situamos como actualización del primer momento de la estructura: la versión que determina la convivencia o comunidad y la habitud. La comunalidad de la persona tiene como rasgo característico la nostreidad.

1.3 La apertura indiferenciada del me

Estudiamos anteriormente las tres formas dinámicas de la personalidad. La última era el *Yo*, pero éste radica en algo mucho más humilde: el *me*. Pues bien, en el *me* ya están presentes los demás de forma indiferenciada.

El acercamiento noológico por la dimensión de reflexividad[19] de toda intelección en su fundamento en la APR[20], muestra que la forma medial

---

[19] La reflexividad posibilita el propio conocimiento y su desarrollo en los tres modos de la intelección. El conocimiento de quien soy se articularía así:
1.– En APR por la cenestesia se me da la aprehensión de mi realidad.
2.– En el juicio afirmo lo que realmente soy en un campo, personalidad.
3.– En la razón intelijo mi forma de realidad; se desdobla en dos:
a) intelijo el modo de realidad: soy persona
b) intelijo el modo del modo de realidad: personalidad en profundidad.
Esta última lleva a la experiencia de uno mismo por conformación.

[20] Reflexividad es momento estructural de la verdad real. Cf. HV 118. Zubiri reduce la reflexión de su juventud a la reflexividad. «El acto con que se hace patente el objeto de la filosofía no es una aprehensión, ni una intuición, sino una *reflexión* [... que] consiste en una serie de actos por los que se coloca en nueva perspectiva el mundo entero». NHD 149-150, «El saber filosófico y su historia». Tras la etapa objetivista radicará la reflexión en la aprehensión, superando el método reflexivo, pero ya aquí se descubre esa violencia sobre el objeto que perdura en IS. Difiere del ideal de filosofía de Husserl (saber de esencias) y de Hegel (sustantiva el objeto). Dentro del método reflexivo nace el análisis de hechos. Cf. J.J. GARRIDO ZARAGOZÁ, «La filosofía como saber transcendental», 264 y 267. La dimensión reflexiva será siempre un elemento

de supraestancia, el *me* co-actualizado[21], contiene una esencial apertura campal que incluye a los demás.

Por la cenestesia[22] toda intelección es también intelección de la propia intimidad[23], por ella el hombre gana altura dentro de la fluencia de sus actos intelectivos sintiéndose a sí mismo reactualizado como realidad en cualquier intelección[24]. Por otro lado el sentir *kinestésico*[25]

---

esencial del sentiligir pero transformada: «La idea de este *cogito me cogitare* llega hasta nuestros días espléndidamente, en su último representante, Husserl. [...] no se resuelve nada con hacer, como hizo Husserl en sus escritos aún no publicados (por lo menos, no se resuelve de una manera suficiente), con decir que en la intencionalidad de la conciencia hay intencionalidades *nulas* [...] La reflexividad añade la *mismidad*. No se trata, pues, de que no le añada nada. La *conciencia refleja*, por dondequiera que se la tome, presupone algo previo que es eso que hemos llamado la *propia reflexividad* de la inteligencia y del pensamiento inscrita en la mismidad». HV 120.

[21] Para algunos intérpretes sería precipitado afirmar que esta presencia se da de forma expresa en el nivel de aprehensión, por su formalidad inespecífica y compacta; sin embargo creemos demostrado que en APR están de algún modo los demás, luego vendrá la marcha de la razón. Para Pintor-Ramos por la co-actualización la forma de realidad humana sería actualizada en el campo (como parecen exigir los problemas del sentido y la significación). Implícita o explícitamente debe actualizarse en respectividad campal la realidad humana. Nosotros en el campo vemos también a los demás Cf. A. PINTOR-RAMOS, *Realidad y verdad*, 208-209. La co-aprehensión también abre la marcha en la dimensión teologal de la persona. Así lo usa Cabria en contra de lo sostenido por Pintor-Ramos. «En el inédito *La realidad humana* de 1974, Zubiri afirma que el hombre es aprehendido no sólo como objeto dentro de una situación, sino que es algo co-aprehendido y, por tanto, no es cuestión el que la realidad humana se aprehenda: está siempre *co-aprehendida*. Por ello, es además un punto de partida que no necesita justificación ni requiere otro tipo de probación». J.L. CABRIA ORTEGA, *Relación Teología – Filosofía*, 393.

[22] La reflexividad es necesaria por la cenestesia (cf. HV 121). Cenestesia es el sentido de la orientación y equilibrio, la sensibilidad interna o visceral, que confiere al *ego* carácter de centro en la percepción. El estudio de la sensibilidad quizá sea uno de los puntos más débiles de IS por su excesiva dependencia de la ciencia de la época. Además el papel de los clásicos sentidos internos no queda suficientemente cubierto por la cenestesia y la kinestesia. En el nivel de razón la elaboración del fantasma, o como se le estudie en otras gnoseologías, pide algo más que explique el hecho de la unión entre sentir e inteligir manteniendo su irreductibilidad. El hecho de IS es innegable pero su explicación tras la analítica pide profundizar en una teoría vertical.

[23] Es un estar en el *dentro* del mí. «Reflexión es entrar dentro de mi intimidad». G. GÓMEZ CAMBRES, *La inteligencia humana*, 32.

[24] Se co-intelige. Cf. SH 70; IRA 254-255; PFHR 30, 63s. Convertir el sujeto pensante en objeto es ulterior. El sujeto se está presente a sí mismo con más fuerza que con la precaria mediatez del tenerse como objeto. La conciencia deriva del fundante habitar en la verdad real.

[25] La *kinestesia* marca el darse de la realidad en *hacia* por los sentidos muscular,

coloca la persona ante el campo de realidad y, al recubrir a la *cenestesia*, abre la reflexividad y su intimidad a los otros presentes en el campo respectivo[26]. La intimidad queda *a radice* envuelta en alteridad.

De este modo la cenestesia y la kinestesia confieren a la personalidad un doble carácter egocéntrico: las cosas aparecen como lo *no-propio*, fuera de la intimidad, y la propia realidad personal se instala como centro de la realidad. Se trata de la *egoidad* y la centralidad del *ego* en el campo de percepción[27]. Esto explica que el tú aparezca marcado de *egotismo*.

Pero es un egotismo que incluye indiferenciadamente la comunalidad manifestada en apertura y lanzamiento a un campo donde está mi persona en el centro pero llevando consigo a los demás. Aquí se articularían la tendencia al egoísmo y el altruismo dentro de la intimidad.

1.4 Nostreidad, lo humano y otreidad. Algunos rasgos

Una vez justificada la antropología de la nostreidad mostramos su versatilidad para dar cuenta de parte del ámbito zubiriano de *lo humano*, justificamos su nombre frente a los usados por otros autores y enumeramos algunas características.

La nostreidad expresa la apertura a los demás en cuanto personas como estructura constitutiva de la persona[28]. Es el modo actualizado en que en el *mí mismo* están *los demás*, o lo que es lo mismo, la forma en que los demás son *yo mismo*. La nostreidad da cuenta de que en el Yo mismo hay algo que es respectivo a los demás y que se sitúa en un nivel constitutivo:

---

articular y tendinoso. Lo real se presenta *direccionalmente*. No significa *hacia la realidad*, como si estuviéramos fuera de ella, sino realidad sentida en *hacia*. El *hacia* no es un canal por donde vaya a transcurrir la fuerza de lo real, sino más bien la fuerza de un río que va abriendo violentamente su propio cauce. «Apertura es un irse abriendo. Se trata de una apertura constituyente y no previamente constituida, por eso Zubiri la conceptúa como respectiva». J.F. PINO CANALES, *La intelección violenta*, 23-24. El abrirse es trascendental y aplicable a las realidades personales. Cf. HV 116.

[26] Cf. J. SÁEZ CRUZ, *La accesibilidad de Dios*, 46-47.
[27] Cf. HV 116.
[28] Castilla compara el *con* de Zubiri con el de Polo. L. Polo no logra la profundidad de Zubiri en la transcendentalidad de la versión a los demás. El *con* en Polo queda fuera de la persona, es algo a lo que se remite. Zubiri en cambio lo introduce en la estructura más profunda de la persona. Según Castilla el estatuto ontológico de esta respectividad a los otros es una habitud entitativa o radical. Nosotros desde nuestra tesis de la nostreidad pensamos que es algo más próximo a la *realitas* misma, al *esse* clásico, un *esse ad*. Cf. B. CASTILLA Y CORTÁZAR, *Noción de persona*, 377.

Cada hombre tiene en sí mismo, en su propio *sí mismo*, y *por razón* de *sí mismo*, algo que concierne a los demás hombres. Y este *algo* es un momento estructural de *mí mismo*. Aquí los demás hombres no funcionan como algo con que hago mi vida, sino como algo que en alguna medida soy yo mismo[29].

La nostreidad explicitaría esta afirmación:

y sólo porque esto es así *a radice*, sólo por esto puede el hombre después hacer su vida *con* los demás hombres. El mí mismo *desde* el cual hago mi vida es estructural y formalmente un mí mismo respecto de los demás[30].

En el espacio de la nostreidad, horizonte de *lo humano*: «Los demás vienen a mí y yo voy a los demás»[31], pues «es una estructura constitutiva de *lo humano*, inmanente y transcendente a la vez en mi vida»[32].

La nostreidad es actualización de la conexión comunicativa interpersonal de realidad en respectividad dinámica que talitativamente se encuentra en *quiddidad*. Que los demás entren en mi Yo como nostreidad no implica monismo sino realidad compartida y comunalidad. Cada uno es un de suyo propio y como tal percibe, en un proceso de personalización, a los demás; pero los descubre al mismo tiempo formando parte de uno mismo. Hay equilibrio y mutua implicación entre individualidad y comunalidad, entre yo y nostreidad, sin que haya un único Yo universal[33].

---

[29] EDR 251. El «propio sí mismo» incluye reversión en intimidad.
[30] EDR 251.
[31] SH 239, *El problema del hombre*, 1953-54.
[32] SH 240, *El problema del hombre*, 1953-54.
[33] Esta sería la conceptuación derivada de un *de suyo* monista. Así lo descubre Wessel: «Pero Zubiri no pudo, en efecto, aislar nada en absoluto en cuanto absoluto; es decir, el *de suyo*. Por eso, el nominalismo pluralista de Zubiri se convierte de vez en cuando en un nominalismo monista, especialmente en EDR». Sin embargo Zubiri alcanza el *de suyo* en un sentido contrario: desde la insuficiencia de la vida como fenómeno radical, integrada por el yo y su circunstancia, pues la vida consiste en aquello que actualiza lo que no es mío ni puede serlo jamás. La nostreidad articula sin monismos el de suyo de lo otro con la intimidad, reflejando la unidad articulada de IS. Es el mismo problema que aparece con la dualidad cuerpo – alma y la muerte. No hay monismo ni dualismo mientras mantengamos la diferencia real metafísica entre talidad y transcendentalidad. Sólo si el pensamiento de Zubiri fuese plano estaríamos ante la noche en que todos los gatos son pardos. Zubiri afirma netamente la diferencia entre uno mismo y los otros en ESP desde la interioridad de la suidad que posibilita la constitución de lo *éxtimo* como espacio en que se da la realidad absolutamente otra. L.P. WESSELL, *El realismo radical*, 228 y cf. ETM 187 y 198; J. BAÑÓN, «Zubiri hoy: Tesis básicas», 97 y B. CASTILLA Y CORTÁZAR, *Noción de persona*, 325s.

La nostreidad sería la repuesta zubiriana a un tema que ha rondado mucho el pensamiento contemporáneo europeo y especialmente el español desde Ortega y Gasset y la problematización de la sociología a principios del s. XX. En este pre-nosotros se concreta la solución a las vueltas de Unamuno con sus yos[34] y una respuesta radicalmente metafísica a la sociología orteguiana del nostrismo y de *la gente*[35], pensamiento que es interlocutor directo por precedencia y temática de las reflexiones de Zubiri.

Además la respuesta de Zubiri a la cuestión sociológica con la presencia previa de la sociedad en el individuo en un mismo nivel consti-

---

[34] Nos referimos a la lucha agónica entre la pluralidad de yos que co-existen en el yo propio. El sujeto no es un sujeto sustantivo y armónico, sino fenomenológico y descriptivo, un yo múltiple, o una mismidad poblada de plurales yos, contradictorios entre sí. La disertación de Unamuno es de corte existencialista y asistemática. Un ejemplo se puede ver en su *nivola S. Manuel Bueno Mártir*. En ella todos los personajes son en el fondo distintos yos de una única persona, el mismo Unamuno en su angustia existencial. Este yo plural es desbordado por los demás, algo que parece resonar también en Zubiri, p. e. en: Cf. SH 238-239, *El problema del hombre*, 1953-54. Laín Entralgo estudia en su *Teoría del otro* a Unamuno asociándolo con Lipps y Dilthey dentro de los pensadores que conciben al otro como una invención del yo. Las formulaciones de Unamuno son más existencialistas y menos afinadas.

[35] Ortega, desde una perspectiva sociológica — aunque no exenta de intención antropológico metafísica — habla dentro del ámbito de la convivencia del sujeto impersonal que «es *todos* y es *nadie*». Ahí sitúa el ámbito del *se* y de los *usos* como algo ininteligible en oposición a Durkheim. Sin embargo, a diferencia de Zubiri, para Ortega este hecho se sitúa en un nivel derivado (relaciones interindividuales) respecto del fenómeno radical que es la vida. En otros puntos maestro y discípulo coinciden, como es la necesidad de no sustantivar la conciencia y la sociedad. Cf. J. ORTEGA Y GASSET, *El hombre y la gente*, OC VII, 73-78. La cita textual es de la p. 76. Los textos se corresponden con lecciones ya preparadas en 1935, aunque como texto impreso sólo ha visto la luz póstumamente en 1957. Otro punto de contacto entre ambos lo encontramos en esta afirmación de Ortega y Gasset: «queramos o no, en el fondo de cada hombre palpita un sentimiento de forzosa solidaridad con los demás, como una vaga conciencia de identidad esencial que no sentimos hacia una planta o un peñasco» (ID., *El genio de la guerra*, OC II, 202). Este sentimiento es reflejo de un estrato profundo del individuo: «*antes de que cada uno de nosotros cayese en la cuenta de sí mismo*, había tenido ya la experiencia básica de que hay los que no son "yo", los Otros» (ID., *El hombre y la gente*, OC VII, 150) Esta presencia *a nativitate* del otro es el *altruismo*. La influencia de Ortega sobre Zubiri es aún más patente en la distinción entre la gente y el prójimo, según el otro aparezca en sociedad o en convivencia. Sin embargo la sociedad contiene en Ortega y Gasset cierto elemento negativo, de falsificación de lo personal, próximo a la inautenticidad latente en el *man*, que sin embargo está ausente de la sociedad de Zubiri (la despersonalización incluye un momento personalista).

tutivo, sin sustantivar la sociedad ni la conciencia colectiva, no ha encontrado grandes desarrollos en los discípulos de Zubiri. Sólo nos encontramos con el trabajo de Laín Entralgo sobre la teoría del otro[36], en el cual aún no se han recibido los desarrollos más explícitos del pensamiento de Zubiri al respecto.

Hemos preferido denominar a esta realidad antropológica *nostreidad* para diferenciarla de la *nostridad* de Ortega y Gasset en el nivel metafísico de radicación y frente a otros autores que desde diversas antropologías usan el término *otreidad*. Pensamos que desde los análisis zubirianos que llevamos realizados es más ajustada nuestra opción, pues el ámbito previo al yo personal no es un neutro *se* impersonal[37] u otreidad, sino un concreto referirse y actualizarse la realidad personal con los que están entreverados con uno mismo. No se trata de un *los otros* en tercera persona que se interrelacionan en mi constitución; sino más bien de un plural concreto y próximo de realidades personales que gravitan en torno al centro de mi persona. Si este conjunto fuese expresado en castellano utilizaríamos la palabra nosotros (conjunto de personas en las que yo voy incluido). Como nos referimos a una categoría pre-expresa, no es un tú con un yo sino el previo ámbito intersubjetivo en el que surgen estos y constituyen el nosotros, creemos que el título más acertado es su derivado abstracto: nostreidad.

Otros argumentos a favor de nuestro término son: 1.– una hipotética otreidad estaría compuesta por otros que son el primer nosotros: la familia, yo y la madre, otreidad renunciaría a una parte fundamental del dato obtenido aunque en una de las fases, como veremos, de monadización del yo y el tú haya un momento en que la nostreidad sea próxima a la otreidad; 2.– conviene por la refluencia de la actualización de los demás en mí hacia ellos mismos un término que signifique la inclusión de la primera persona del plural; 3.– el camino que conduce al otro en cuanto que otro (*otreidad*) es la vía de la cadacualidad y de la individualidad, y ésta no es anterior a la vía de la comunidad — el camino del *alter* radical pasa por el nosotros, y sobre todo por un posible tú — por tanto nostreidad recoge mejor el matiz personalista del pensamiento zubiriano; 4.– por último, *otreidad* sería distinguible de la nostreidad y

---

[36] Estudio histórico-sistemático que no incluye un apartado sobre Zubiri, aunque sea deudor suyo. Cf. P. LAÍN ENTRALGO, *Teoría y realidad del otro*, 1961.

[37] A parte de conllevar el riesgo de una calificación negativa y no personalista, en Zubiri el se es siempre derivado del me. Sus análisis, por método, parten de la primera persona, la única concreta y accesible en este estadio antropológico. Sólo en sus diálogos con el *man* de Heidegger, usa con asiduidad el *se*.

aplicable de modo diferenciado al ámbito de la sociedad de producción, de los usos sociales o al espíritu objetivo, creando más ambigüedad.

Con la nostreidad respondemos a la cuestión social afirmando que en la persona individualidad y socialidad van de la mano. No hay una sin otra. Ambas tienen su arranque en el orden talitativo (suficiencia constitucional y esquema filético), y en el transcendental (respectividad constitutiva y remitente[38]); si bien en la concreción de la persona la nostreidad goza de cierta prioridad sobre la individualidad concretada. Se explica así de modo nuevo y personalista la tesis clásica y naturalista del *zóon politikón*[39].

La nostreidad permite mantener la riqueza ganada en el desarrollo de la historia de la filosofía y responder a los contractualismos e interrelacionismos. Así la socialidad sigue siendo constitutiva de la persona pues es un modo de ser *previo* a cualquier acción o relación social: la socialidad no es fruto de la convivencia efectiva, sino que esta última es consecuencia de la realidad originaria de aquella. Se manifiesta en la estructura vivencial del *con*[40], pero sin quedarse en él, ya que se articula con la misma raíz de la individualidad por la que los demás son irreducibles a cosas con las que hago mi vida: personeidad[41].

La nostreidad refleja la anterioridad[42] de los demás respecto del yo. Son ellos quienes crean mi situación y la determinan como conviven-

---

[38] Recuérdese que respectividad es aquel carácter en virtud del cual ninguna cosa empieza por ser ella lo que es y luego se pone en relación con otras, sino justamente al revés: lo que cada cosa es, es constitutivamente función de las demás. Toda realidad es constitutivamente respectiva. La respectividad «*in re* no es nada distinto de la cosa misma» (EDR 56), es un «carácter físico» (EDR 59), de modo que ninguna cosa (personas y cosas) «es lo que es más que referida a las demás» (EDR 59).

[39] Cf. *Eth. Nic.*, IX, 9. Esta apertura a los otros es *constitutiva y fundamental*, integrante de la esencia humana. Sin ella no hay hombre. Aristóteles lo expresó con acierto: «el que no puede vivir en comunidad, o no necesita nada por su propia autosuficiencia [...], o es una bestia o un dios» (*Pol.*, 1253ª).

[40] El *con* vivencial se queda en la personalidad. Sin embargo los demás están en la estructura del sí mismo, en la personeidad, la *suidad*.

[41] «Los demás son algo más que cosas. Los demás están presentes en cada persona, antes y más profundamente que al vivir la propia vida. Están presentes al nivel de personeidad». B. CASTILLA Y CORTÁZAR, *Noción de persona*, 198-199.

[42] Zubiri realizaría una *noología* de la nostreidad, no le basta con la fenomenología de la alteridad, que se quedaría en el plano de la vivencia. Antes de que se tenga la vivencia de los otros, los otros han intervenido ya en mi vida: «los hombres estamos vertidos a los demás, y son los demás hombres los que, en una o en otra forma, se han entreverado, y han intervenido, en mi vida. De aquí es de donde hay que partir». SH 234, *El problema del hombre*, 1953-54.

cia, de modo que deviene co-situación; posibilitando que las vidas de los demás formen parte de mi vida[43] y que la vida sea esencialmente convivencia. Los otros están en mí configurándome desde su mismo ser viva suidad[44]. El encuentro no viene de uno viene de los demás. El mí mismo desde el principio y lo más íntimo es en convivencia[45].

La anterioridad de la venida de los demás se confirma en la socorrencia: «Por ser inteligencia sentiente, el hombre está constitutivamente abierto a las cosas; por sentir precisamente la necesidad de socorro, el hombre está constitutivamente abierto al otro»[46]. Por ella vemos que el nosotros familiar, en nostreidad, imprime su figura en el mí, consecuentemente el yo es determinado por la nostreidad.

Por eso el vínculo primario abierto a toda posterior concreción social[47] es la nostreidad, la vinculación real «a la realidad de lo humano en tanto que humano»[48]; a diferencia de la concreción de la respectividad con otras cosas físicas. En estas el vínculo correspondiente en el nivel de *lo humano* constituye la morada. La nostreidad desborda en mi realidad mi propia realidad, acoge lo humano que viene de fuera y posibilita un mundo humano y un Yo[49].

---

[43] «Por su convivencia, los demás hombres me afectan en una dimensión más radical que las cosas físicas. Mi vida misma, mi propia autodefinición y autoposesión, es una autoposesión en forma positivamente conviviente. Es decir, de mi vida, en uno o en otro sentido, forma parte formal la vida de los demás. De suerte que en mí mismo en cierto modo están ya los demás». SH 224, *El problema del hombre*, 1953-54.

[44] «los demás hombres no son simplemente *otras* cosas sino que constituye ese dominio especial de los *otros*. Estos otros afectan no sólo a la situación que me crean, sino además a la índole misma de la manera como están efectivamente en mi propia realidad». SH 223-224, *El problema del hombre*, 1953-54.

[45] B. CASTILLA Y CORTÁZAR, *Noción de persona*, 205-209.

[46] La vida no es sólo decurrencia e intercurrencia, sino socorrencia. SH 235-236, *El problema del hombre*, 1953-54.

[47] «el niño se encuentra en su propia realidad con que *lo humano*, que no procede de él mismo se encuentra ya incrustado y plasmado en su propia realidad. El término formal de ese hacerse cargo no son los demás hombres, es algo mucho más elemental. Es lo que de momento estoy llamando lo humano que hay en mí y transciende de mí». SH 252-253, *El problema del hombre*, 1953-54.

[48] «La vinculación primera y formal del hombre a la realidad de lo humano en tanto que humano y en tanto que real, es el fenómeno radical de la unidad del hombre con los demás. El hombre es de suyo *vinculable* y *vinculado*. Pero el vínculo efectivo no está dado por sí mismo sino por los demás». SH 254, *El problema del hombre*, 1953-54.

[49] Con esto responde a la teoría de Scheler de la simpatía y al mundo humano previo, se trataría de un proto-mundo o mundo primordial humano. Cf. SH 238-239, *El problema del hombre*, 1953-54.

La nostreidad se sitúa en la intimidad. Los demás, los otros y el tú son íntimos a la persona. En la nostreidad se encajaría la concepción zubiriana del espacio humano[50]. Da cuenta del porqué la vida de cada cual se desarrolla *entre* y *con* los demás, pues en este sentido, vivo *en* los demás. Este *en* determina la unidad de todos las personas del universo. Esta estructura es neutra en cuanto al contenido moral concreto: puedo vivir en los demás de forma egoísta o entregada, pero siempre será un *en* que determina la conjugación recíproca del para mí y el para los demás[51]. Para querer a los demás los tengo que querer en mí mismo, aunque no para mí mismo. La constitutiva *realitas ad* o respectiva se concreta con los matices de la nostreidad en un *esse ad nos*.

La nostreidad determina la publicidad de las cosas como un positivo ser de las cosas mío y también de los demás, sin el carácter limitativo de Husserl como mero para cualquiera[52]. Al fundar la publicidad serviría en la fundamentación de la solidaridad y de la justicia social. La nostreidad ilumina las cosas sentido y el Cosmos constituyéndolo en morada de un nosotros llamado a ser universal.

La nostreidad posibilita el desarrollo de la personalidad expresando la respectividad en su referencia las demás personas:

> El hombre no hace su personalidad desentendiéndose de todo lo demás, porque su respectividad la actualiza en su contacto con las cosas que le crean una situación, frente a la cual el hombre se define en forma de autoposesión. De ahí que en su propia realidad esté la referencia a las cosas y a las personas, en las que el hombre ha constituido su personalidad, las cosas y las personas en cuanto están implicadas en mi propia definición[53].

La nostreidad posibilita la actualización de la vida de los demás como posibilidades en mi vida, y funda, desde su constituir el yo, la incrustación de los demás como poderes en mí[54]. Por eso está en la base

---

[50] Distingue la externidad frente a la exterioridad. Esta distinción es importante para comprender el espacio humano, o lo que podríamos llamar el espacio subjetivo o de la intimidad. Zubiri se rebela contra esta confusión provocada por inducciones teóricas. Cf. ETM 202, ESP.

[51] «La vida de cada cual entre los demás no oscila forzosamente en el dualismo de vivir para los demás o vivir para sí mismo. Este planteamiento es secundario, asunto de moral, porque radicalmente por mucho que uno viva para sí mismo está viviendo para otros, y recíprocamente el desvivirse por los otros es una manera de vivir para sí». SH 322, *El problema del hombre*, 1953-54.

[52] Cf. SH 240-241, *El problema del hombre*, 1953-54.

[53] SH 667-668, *El problema del hombre*, 1953-54.

[54] Cf. SH 315-316, *El problema del hombre*, 1953-54.

del nexo social y su concreción como habitud en su doble aspecto de tradición y de funcionalidad, con su fuerza de imposición y arrastre[55]. Justifica y articula la influencia del medio social en el yo con su función posibilitadora y estabilizadora[56], tanto en el dinamismo de la intelección como en la apropiación de posibilidades[57]. Funda el poder de arrastre de lo social. De este modo la nostreidad es el camino por el que los diversos nosotros «entran» en el yo. Recíprocamente, por articular el poder en la habitud de alteridad, desempeña un papel constitutivo de toda concreción posterior de la interpersonalidad, ya que los nosotros talitativos en cuanto poderosos constituyen en función transcendental la comunidad en la realidad y ésta es la base de la comunión y de la sociedad[58]. Así la nostreidad articula la efectividad de la causalidad interpersonal tanto en su nivel comunional como social.

Desde la nostreidad se entendería la teoría de la nostrificación de Manzanera como movimiento ético universalizante. Esta nostrificación consiste en la construcción de la nostridad que es:

> querencia antropológica, biológica, metafísica y ética, que impulsa al hombre a la *nostrificación* histórica, es decir a la constitución de los nosotros particulares, no excluyentes, a nivel familiar, social, cultural y político, que convergen hacia el nosotros universal teologal[59].

Como la nostridad de Manzanera la nostreidad conjuga el polo comunal y el egotista[60]. Como la versión a los otros es versión en nostreidad, la comunalidad es de un nosotros y la socialidad es nostrificante. La *héxis* de alteridad se descubre como *héxis* comunional de nosotros.

---

[55] Cf. SH 260, 263, 268-269, 311s., *El problema del hombre*, 1953-54.

[56] Cf. IL 75-76. En el medio social (lógico) se posibilita la verdad, es medio: atmósfera, no velo. Así tenemos esta función en el medio gremial, el religioso, etc.

[57] Cf. B. CASTILLA Y CORTÁZAR, *Noción de persona*, 245.

[58] «la socialidad ejerce un tipo de influencia sobre mí que es justamente un poder. De esta manera se constituye el poder de eso que llamamos *nosotros*, desde el *punto de vista talitativo*. Ahora bien, *en función transcendental* esto significa que se constituye talitativamente una comunidad. ¿Una comunidad en qué? En la realidad. Es decir, en definitiva *en función transcendental nos encontramos aquí con que la realidad se ha hecho algo común*». EDR 256-257.

[59] M. MANZANERA, «Fundamentación de la ética en la nostridad», 302.

[60] Aunque el yo tiene una referencia fundante en la nostreidad sigue estando kinestésicamente marcado por la egoidad. El equilibrio entre los polos individualista y socialista del yo permiten que hagamos nuestra una de las características de la ética de de Manzanera: La *nostridad* «no desconoce la egoidad, sino que la admite como una tendencia básica, que es asumida dialécticamente a través de la alteridad en la nostridad». M. MANZANERA, «Fundamentación de la ética en la nostridad», 289.

La nostreidad en la versión es previa y fundante de la habitud social[61]. No se trata de un fundamento noético sino de una dimensión física y real que funda la co-situación en que se actualiza el Yo[62]. Por este momento el Yo queda expuesto y necesitado de los demás. Esta afirmación se mueve en un plano próximo a la alteridad radical de Lèvinas[63], pero desde una óptica diversa. La actualización del ser personal como un Yo relativamente absoluto incluye la nostreidad y el ámbito de *lo humano* y de *los demás*, como condición posibilitante del mismo yo. Mientras que la alteridad radical de Lèvinas se sitúa en la línea preontológica de lo carencial, la comunalidad es plenitud desbordante y dinámica que sale al encuentro del otro y lo encuentra ya venido. Yo no necesito al otro por mi limitación, indigencia o fragilidad, la persona es amor en éxtasis que lleva en sí al tú y lo necesita en dinamismo de crecida.

2. Nosotros: sociedad y comunión, origen del Tú – yo

La comunalidad (versión, comunidad, habitud) se realiza en dos tipos de nosotros: la sociedad y la comunión. Estos nosotros posibilitan el tú y el yo y son el objeto de este apartado. En primer lugar los estudiamos en sí mismos y su abrir el tú-yo, y en un segundo momento describimos su poder a través de tres estructuras: el *se* en publicidad, la mentalidad y el lenguaje.

2.1 *El nosotros social*

El estudio del fenómeno social tiene raíces muy antiguas y ya Schleiermacher al enfrentarse con él distinguió entre comunidad y sociedad[64]. En el fenómeno social se constató el problema de distinguir

---

[61] Cf. SH 259. El hábito entitativo escolástico. Cf. IRE 96. La facultad sería otro grado dentro de la escala de habitudes, otra habitud sería la potencia. Cf. F.J. VILLANUEVA, *La dimensión individual del hombre*, 36 y 37.

[62] Cf. SH 223s, *El problema del hombre*, 1953-54.

[63] Hay una «relación anterior al entendimiento de una vocación» que precede al entendimiento, al develamiento y a la verdad. Ahí el otro está ya bajo mi responsabilidad. Es apertura nueva más allá de la del cosmos (tercera analogía de la *Crítica de la razón pura* de Kant) y de la apertura de la existencia de Heidegger como éxtasis, no es el ser ni la conciencia sino la «desnudez de una piel expuesta a la herida y al ultraje». El yo es vulnerabilidad y por eso hay una misericordia previa al *para* como compromiso. E. LÈVINAS, *Humanismo del Otro hombre*, 87 y 88.

[64] El sentido en que usa estos términos es inverso a Zubiri como reconoce él mismo al remontar la distinción comunidad – sociedad a Schleiermacher y su canoniza-

entre lo individual y lo social. De ahí se pasó a considerar el par comunidad y sociedad, intentando responder a los diferentes ámbitos interpersonales en que se realiza la persona. Pero en las respuestas que se daban y recibió Zubiri late un dualismo que le repugna. Se trata de la escisión entre individuo y sociedad que está en contradicción evidente con sus análisis antropológicos[65]. Para Zubiri los otros están en mí, no hay problema de conexión sino concretización de una comunalidad originaria. Por ello el problema de los diferentes nosotros y sus modos de concreción es desplazado a un ámbito superador del maniqueísmo de las teorías sociológicas al uso, ahora la prioridad corresponde al par privado y público, estando ambos dentro del terreno de lo común.

Zubiri continúa y da forma dentro de su sistema a las tesis de Ortega y Gasset (el prójimo y la gente). Coincide con él en su crítica de Durkheim y de Weber. Durkheim distinguía lo social de lo común como dos estratos creadores de dos concreciones: la sociedad del *socius*, y la comunidad de la *koinonía*; pero no logró formular adecuadamente el fenómeno al moverse en la oposición individual – social, sin descubrir que «*lo social aparece, no como se ha creído hasta aquí y era demasiado obvio, oponiéndolo a lo individual, sino por contraste con lo inter-individual*»[66]. La auténtica oposición es relación inter-individual – relación social, moviéndose y fundándose ambas en la socialidad. Zubiri lo expresa en terminología de privado y común. Para Zubiri lo descubierto en la nostreidad se concretaría en que al movernos en el plano de la comunidad descubrimos que el *con* fundante de la convivencia es previo al plano de la sociedad. Es el plano en el que el yo y el tú están en una previa relación recíproca y supraindividual base de toda relación comunitaria[67]. Hay sociedad porque hay comunidad, comunidad en la realidad, comunidad en el ser del Yo[68]. Por eso es posible la

---

ción en Tönnies. Cf. SH 227-228, *El problema del hombre*, 1953-54.

[65] Baste pensar en la nostreidad, en la habitud de alteridad, en la socialidad que nos muestran una sustantividad abierta y originada en respectividad con los otros.

[66] J. ORTEGA Y GASSET, *El hombre y la gente*, OC VII, 203. Dentro de la *Meditación del saludo*. Durkheim vislumbró la idea pero se le escapó a la hora de conceptuarla.

[67] Véase el paralelismo entre esa cita de Ortega y ésta de Zubiri: «tendría que haberse dicho que la modificación de lo que antes se llamaba individuo frente a lo social no es la de ser individuo, sino la de ser *privado* frente a lo *común*». SH 228, *El problema del hombre*, 1953-54.

[68] Supera el relacionismo. El ser como parecer y relación interindividual, ya desde Protágoras, sería la base de la convivencia. Zubiri lo radica más hondo, pues el ser y su verdad es aún individualista. Cf. NHD 231-232, «Sócrates y la sabiduría griega».

unidad social en sus distintas dimensiones[69], porque la suidad con su habitud de alteridad muestra que la persona está en convivencia originaria.

Pensamos que Zubiri llega en el fundamento de la socialidad más lejos que Ortega y Gasset. Para éste la relación con el otro se manifiesta en dos ámbitos. De estos uno es más próximo al fenómeno radical de la vida, se trata de la convivencia en la que el otro aparece como el prójimo en el ámbito de lo interpersonal. El otro ámbito está más alejado, se da con una falsificación de lo personal y es la sociedad, ahí la forma que toma el otro es la gente. Si bien Ortega y Gasset sitúa el problema en su raíz: lo colectivo frente a lo interpersonal y no frente a lo individual, no va a la raíz. En cambio Zubiri con la apertura personal y la comunalidad se remonta en sus análisis a un punto más profundo, dando fundamento al logro orteguiano y superando su visión negativa, o al menos limitativa, de la sociedad.

Sobre la comunidad originaria son posibles dos actualizaciones de lo social según la persona esté vertida formalmente a los otros en tanto que otros o en tanto que personas: sociedad y comunión.

La sociedad se caracteriza por: «El estar afectado en mi realidad por el otro en tanto que otro, es la *funcionalidad social*»[70]. La versión a los demás está despersonalizada[71]. La suidad personal se actualiza respecto a una alteridad meramente plural, los otros hombres en tanto que hombres. Al actualizarse así la persona adquiere a una el carácter de individualidad del yo y el carácter de colectividad de los demás[72]. El fruto consiste en un nosotros despersonalizado, una primera concreción de la nostreidad. Esta actualización en despersonalización es paralela al momento de desrealización que descubre la *noología*.

La despersonalización no tiene ninguna connotación negativa, es un tipo de intersubjetividad necesaria y válida en su ámbito. Difiere en este punto de la inautenticidad de Heidegger. Además el desenlace al que lleva la sociedad es la posibilitación de formas más ricas de comunión interpersonal, sin ella la intersubjetividad no se desarrollaría plenamente.

---

[69] Serían: 1) lo social, 2) las instituciones, 3) los usos y 4) los sentimientos sociales. Cf. M. VILÁ PLADEVALL, *Las dimensiones de lo interhumano*, 82-83.

[70] SH 268, *El problema del hombre*, 1953-54.

[71] «el dinamismo de la personalización envuelve paradójicamente el dinamismo de la despersonalización. [...] La socialidad en cuanto tal envuelve a los otros precisamente en tanto que otros, es decir, en forma despersonalizada». EDR 256.

[72] Cf. SH 269, *El problema del hombre*, 1953-54.

En consecuencia se formula una nueva posición sobre el ser y la naturaleza de la sociedad. La sociedad no es una sustancia sino una estructura de habitud[73] y no una estructura autónoma, sino un momento estructural de los individuos que los enlaza entre sí[74]. Los individuos son el sustrato de la sociedad, pero lo social es una unidad de vinculación, habitud[75], de los hombres como forma de realidad. Ahí cada suidad interviene desde la cadacualidad propia, esa es la manifestación de su irrepetibilidad, pero no es una combinación de sustancias independientes[76].

La habitud se manifiesta en el haber social de los contenidos de la tradición y la mentalidad, y en el poder que da a lo social sobre el individuo, demostrando que la presión social es derivada y no originante[77]. A esta dimensión de poder del nosotros sobre el yo se la debe categorizar como *arrastre*[78], consistente en la consideración funcional de la alteridad[79]. El haber humano es el ámbito del *se* y la reformulación del

---

[73] «Mi realidad en tanto que realidad, es la que está afectada por los demás hombres en tanto que realidad. Esto es lo que confiere carácter físico y real a la sociedad sin darle el carácter de sustancia». SH 259, *El problema del hombre*, 1953-54.

[74] Cf. EDR 255.

[75] El vínculo se inscribe entitativamente en la categoría de habitud. Evita la sustantivación de Durkheim (realismo social), y el carácter resultante y operativo de Tarde (imitación). Tampoco acierta Hobbes al fundamentar la sociedad en el uso de razón que es un uso posterior de la inteligencia, y que por eso mismo no puede fundar el nexo, también usa este argumento contra Hegel. Cf. SH 249-250, 259 y 263, *El problema del hombre*, 1953-54 y M. VILÁ PLADEVALL, *Las dimensiones de lo interhumano*, 117-118.

[76] «La asimilación de los hombres que forman sociedad con los individuos naturales sustantes es una radical falsedad. Intervienen no como individuos sustantes y sustantivos, sino modalizados en tanto que cada cual. Pero si intervienen como cada cual, en el cada cual está la referencia a los demás; es decir. se ha supuesto ya subrepticiamente el fenómeno social que se trata de explicar». SH 249-250, *El problema del hombre*, 1953-54.

[77] «Sobre ese haber humano, el hombre se encuentra en la condición de estar circundado y circunscrito por él. En este sentido, consecutivamente a ese haber que es humano (y que no es el otro hombre en cuanto otro), ese haber tiene sobre el hombre un *poder*, que como tal puede presionar a los individuos». SH 260, *El problema del hombre*, 1953-54.

[78] La sociedad no es un superhombre y por eso no arrastra en el contenido sino a través de la socialidad, tanto en el conformarse como en el rebelarse. El arrastre «*es la imposición de la alteridad en tanto que alteridad*». SH 311, *El problema del hombre*, 1953-54.

[79] La habitud de alteridad en relación al habiente «es la *funcionalidad social*». SH 268, *El problema del hombre*, 1953-54.

man[80]; deudora de las reflexiones orteguianas. El arrastre explica fenómenos como la organización, la pluralidad (comunidad), la colectividad (solidaridad) y la institución[81].

La sociedad reviste el carácter de un cuerpo, cuerpo social, en el que el hombre puede más de lo que podría con su solo cuerpo[82]. La sociedad colabora a realizar el carácter de perfectividad de la persona humana, aunque las acciones son siempre de cada sustantividad[83]. Cada individuo aporta su propia riqueza al cuerpo social constituyendo un sistema de posibilidades en el que los otros se dan como tales al yo. Los otros son un sistema de posibilidades finito e inexorable. El otro es el que viene a encontrar a quién necesita esa posibilidades[84], quien lleva la iniciativa. El hombre define su cadacualidad por referencia a ese sistema acotado de posibilidades, son posibilidades con las cuales no puedo no contar: «Lo social, los otros, constituyen la definición de la alteridad como un sistema de posibilidades. Y en este sentido debe decirse estrictamente que los demás forman *cuerpo social* para mí»[85]. La sociedad es sujeto de la mentalidad.

2.2 *El nosotros comunional*

La segunda forma de actualización de la nostreidad es la comunión. Se trata de la vía de la compenetración que me lleva a la individualidad y personalidad última y concreta de cada persona. Esta comunión se da

---

[80] El talante positivo del *se* consiste en el haber de la tradición y la mentalidad, rellena así el *man* como medianía e inautenticidad. Cf. SH 319s., *El problema del hombre*, 1953-54.

[81] La funcionalidad de la alteridad en la línea de la persona es la fuerza de compenetración que origina la comunión (familia).

[82] Noción tomada del subsistema orgánico como sistema de posibilidades en tanto solidarias. En la sociedad hay corporeidad: la actualidad por la que me encuentro incorporado al cuerpo social. El paralelismo se prolonga en los rasgos de estabilización y liberación de posibilidades. Cf. SH 309, *El problema del hombre*, 1953-54 y M. Vilá Pladevall, *Las dimensiones de lo interhumano*, 193. En 3DSH 55 (1974) dice: «convivencia es justamente corporeidad social. Convivir es que mi vida tome cuerpo en la vida de los demás. Tomar cuerpo es constituir mi realidad en co-principio con otros».

[83] «no es que la colectividad ejecute actos; los actos los ejecuta cada uno de los individuos. Lo que pasa es que los individuos los ejecutan colectivamente. En forma modal es como la colectividad actúa en la *héxis* de alteridad». SH 310, *El problema del hombre*, 1953-54.

[84] Confluyen en igualdad la necesidad de ayuda y enriquecimiento desde los otros.

[85] SH 307-308, *El problema del hombre*, 1953-54.

en la familia, la amistad y el matrimonio, en los círculos interpersonales íntimos.

En la comunión de personas no se trata simplemente de que haya muchos hombres en forma de colectividad; es decir, no se trata de que sean meros *cada cual*, sino de un nosotros, tú y yo. En el tú y en el yo no se expresa únicamente lo que hay en la colectividad, a saber, otros como yo, sino otros que yo, la opacidad radical de cada uno respecto de los demás[86].

Genéticamente los otros me socializan y me personalizan. Sin embargo la dinámica evolutiva del niño muestra que la primera forma de actualización de la comunidad en aparecer es la comunión, no la sociedad; si bien — tampoco queremos ser más rigurosos que Zubiri — en sus análisis suele anteponer la sociedad. Creemos que esto es debido a su método. Los estudios recogidos en SH sobre este punto penetran por análisis de hechos desde lo más externo a lo más profundo y esencial, en ese sentido la esfera más visible y amplia del fenómeno social es la sociedad, una segunda más profunda sería la comunión y la tercera, radical y esencial en la persona yoizada, sería la habitud de alteridad y la comunalidad.

Además el orden de este análisis coincide, seguramente de modo no intencionado, con el orden del momento de irrealidad del inteligir (despersonalización) y su precedencia sobre la compenetración (personalización). De haber sido intencionado — aún no había elaborado IS — chocaría con el hecho de la fundación de la sociedad en la comunión.

Con todo podemos sostener al menos la prioridad reológica de la comunión sobre la sociedad. Es en la comunión donde se aprende a ser sociable. La familia, forma de comunión, es escuela o célula de sociedad. Por la comunión entro en sociedad[87]. En este sentido la comunión es raíz de la sociedad, al mismo tiempo que la sociedad posibilita otras comuniones ulteriormente. Se trata de una sociedad despersonalizada, pero no antipersonal. Además sería imposible desarrollar en una sola vida todas las relaciones interpersonales en la forma de comunión[88].

No obstante la sociedad despersonalizada que muestra Zubiri es una sociedad personalista tanto por su origen como por su desarrollo y meta[89].

---

[86] SH 274, *El problema del hombre*, 1953-54.
[87] He aquí un punto de partida para el estudio de las relaciones familia – estado.
[88] Cf. F. NIÑO MESA, «Para investigar las mentalidades», 56.
[89] J.L.L. Aranguren, inspirado por Zubiri, distingue entre *alteridad* (relaciones interpersonales persona a persona) y *aliedad* (relaciones de la persona respecto de una

En la comunión por compenetración vivimos el nosotros pleno y personal, se realiza nuestra personalidad. Sin este nosotros no habría Yo.

2.3 Del nosotros al Tú – yo. Con Dios hace «su» Yo

En este apartado nos proponemos estudiar la relación del yo con el tú y el nosotros[90]. ¿Qué orden constitutivo hay entre estos pronombres? ¿Cuál es el ámbito en el que aparecen? ¿Cómo se articulan?

El Yo y el Tú surgen congéneremente en la línea del nosotros, línea de la distancia y la proximidad por distanciación, pues: «Las personas empiezan por ser nuestros próximos, nuestros *prójimos*»[91]. La interpersonalidad originaba en la realidad humana siendo la dimensión individual, el yo como cada cual. Esta individualidad interpersonal se desarrolla y concreta a través de los dos tipos de nosotros originando la mera alteridad, la otra persona en cuanto que otra o tú como mero otro y la personal afirmación del tú y del yo. En nuestra opinión por esto Zubiri afirma que las relaciones yo – tú «precipitadamente suelen llamarse inter-individuales»[92], porque previamente al tú y al yo está ese medio unitivo y posibilitador que sería el nosotros.

Se podría formular noológicamente diciendo que el nosotros es realidad lógica[93] de la que surge el encuentro racional del tú y el yo. El no-

---

colectividad). Pensamos que esta distinción no recoge toda la riqueza zubiriana, mucho más radical, a la vez que los términos resultan inadecuados. Por un lado la *aliedad* contiene un marcado carácter alienante y negativo que Zubiri no ve y que no existe en el nivel reológico salvo en concreciones vivenciales negativas. Por otro lado la alteridad es insuficiente para mostrar la riqueza personalista.

[90] Zubiri no da un sentido técnico al nosotros, de hecho lo usa para referirse a la sociedad o a la comunión indistintamente, tanto como nosotros talitativo como trascendental. En las citas entiéndase en el sentido adecuado por el contexto.

[91] SH 270, *El problema del hombre*, 1953-54. En cierta medida el nosotros es la revitalización de hecho de las categorías de *situs* y *locus* pues los nosotros son tres ubicaciones de la suidad en el respecto interpersonal. El análisis del ente humano desde las categorías de *situs* y *locus* se encuentra en SH 11, *La realidad humana*, 1974. Zubiri considera claves para la antropología el lugar cósmico del hombre y la consideración de éste como microcosmos; son centrales para entender la interioridad, la intimidad, la alteridad y la trascendencia que centran el problema de la intersubjetividad. Cf. X. ZUBIRI, «Palabras en la inauguración del nuevo *auditórium* del Banco Urquijo», 1. Son todos temas relacionados con el *situs* y el *locus* de la persona.

[92] SH 228, *El problema del hombre*, 1953-54.

[93] Medio es la realidad en el Logos. La distancia entre inteligencia y realidad no es puente, ambos están en el medio del campo, la coincidencia de la verdad dual es intrínseca a los dos. Cf. G. GÓMEZ CAMBRES, *La inteligencia humana*, 94. Paralelamente el nosotros sería campo.

sotros funda y posibilita la plenitud del ser personal propio y ajeno. En un segundo movimiento el yo y el tú enriquecerán este mismo nosotros con esbozos y realizaciones sucesivos. Queremos subrayar la importancia que tiene para la antropología la anterioridad del nosotros sobre el tú y el yo. El Yo surge por la relación interpersonal en la que el mí se descentraliza y aparece el tú desde el nosotros para congéneremente constituirse el yo. Zubiri enlaza los pronombres personales en la posición: nosotros, tú y yo[94]. El nosotros aparece en la dinámica de la comunión y en la dinámica de la despersonalización y ejerce un poder real sobre las personas para constituir la realidad en algo trascendentalmente público[95].

En la peculiar proximidad personal del ámbito de la familia está el personal nosotros donde la suidad se actualiza como un yo pleno gracias a la experiencia por compenetración: «Ahí sí que está en su lugar la *familia* como ámbito de proximidad de personas compenetradas, sobre el cual se va inscribiendo a lo largo del tiempo, de un modo positivo y negativo, la impresión de la realidad de las personas»[96].

El yo y el tú aparecen como escisión de un todo previo, el nosotros familiar[97]: «la escisión entre el yo y el tú se da dentro de la línea del nosotros; de un nosotros entendido como una distanciación compenetrante y no como una diferenciación monádica»[98]. Zubiri aboca a la tesis de G. Marcel de que no es legítimo afirmar prioridad del acto por medio del cual el yo se constituye como un sí mismo sobre el acto por medio del cual se afirma la realidad del otro[99].

Veamos el origen del tú como auténtico *alter* personal en la vida.

---

[94] Este es el orden que usa Zubiri en diversas ocasiones. Cf. p. e. SH 274, *El problema del hombre*, 1953-54.

[95] La habitud de la socialidad es sede del poder de la influencia que el nosotros talitativo ejerce sobre la sustantividad. En función transcendental constituye la comunidad de realidad: la realidad se hace algo común o pública. Cf. EDR 256-257; B. CASTILLA Y CORTÁZAR, *Noción de persona*, 221-222 y M. VILÁ PLADEVALL, *Las dimensiones de lo interhumano*, 139.

[96] SH 270, *El problema del hombre*, 1953-54.

[97] Nótese la contraposición con la soledad originaria del yo y el no-yo de Fichte, aunque se deduzca trascendentalmente el tú su lugar en él es derivado (mientras existe el yo hay espacio para el ser del tú). Para Zubiri el tú es condición del yo y congénere con él desde una nostreidad originaria, algo *toto coelo* diverso del no-yo, que no encierra ninguna alteridad personal. Cf. M. NÉDONCELLE, *La reciprocidad de las conciencias*, 46-47 y FICHTE, *Zweite Einleitung in die Wissenschaftslehre*, III, 86

[98] SH 270, *El problema del hombre*, 1953-54.

[99] Cf. J. FERRATER MORA, «Otro», in *Diccionario de Filosofía* III, 2466.

Hay un proceso vivencial que posibilita la aparición del Yo[100]. El origen de la alteridad es el *Alter* que es mío, del que por acotamiento, revirtiendo la semejanza recibida a los otros surge la alteridad mínima: los otros del mí. De ella y por monadización surgen los otros como yo. Aunque todavía estos otros no son irreductibles, forman un ámbito confuso de alteridad.

La yoización comienza con una fase de autoafirmación en el niño previa a la constitución del mundo[101]. Después viene el aprendizaje como movimiento que configura: 1.– la organización del campo perceptivo; 2.– las habilidades motoras que posibilitan la expresión; y 3).– la capacidad de orientar el empuje vital. El niño no recorre solo este camino pues cuenta con la cooperación de los demás en forma de educación[102]. Lo que el niño ha recibido de los demás revierte sobre ellos sin salir del niño. Zubiri sólo habla de semejanza en la vinculación primaria niño – madre, pero hay estricta interacción ya que cada uno sale enriquecido por un bien propio y a la vez del otro[103].

En este proceso comienzan a aparecer los otros pues se va configurando un núcleo de realidades acotadas frente a las demás cosas, que responden con gestos a los gestos que yo hago. «Estas otras cosas no son *alter*, no son otras en la plenitud del vocablo. Tan no son otras que son *mi* padre, *mi* madre, otros que son *míos*: es el *minimum* de alteridad»[104]. En este momento del desarrollo el niño no tiene el *otro-del-yo*, sino el *otro-del-mí*. Ahí se descubre el mundo humano constituido por los demás y que es *morada*. El mundo como morada sería la actualización en el *se* de la verdad como casa originaria[105].

Poco a poco se va *complicando* la percepción de *los otros que son míos*[106]. El mí se torna en yo, y entonces, los demás son *otros como yo*. Nos encontramos con una analogía entre el yo y los otros, pero no directa sino por acotamiento dentro de un estructura anterior (aquí habría un momento de cierta otreidad o confusa alteridad). Avanzamos hacia

---

[100] Zubiri integra las aportaciones de Scheler y la superación de la analogía de *egos* realizada por Husserl. Cf. SH 228s y M. VILÁ PLADEVALL, *Las dimensiones de lo interhumano*, 84-87.
[101] Se tipifica fenomenológicamente como vuelta a la madre.
[102] Cf. SH 565-566, *El problema del hombre*, 1953-54.
[103] Cf. M. VILÁ PLADEVALL, *Las dimensiones de lo interhumano*, 104.
[104] SH 242, *El problema del hombre*, 1953-54.
[105] El mundo humano es fundamento previo al encuentro con los otros. Puede consultarse cf. 3DSH 43.
[106] Cf. SH 243s, *El problema del hombre*, 1953-54.

la alteridad radical o monadización del *ego*. Así surge el *alter como otro ego que el ego mío*[107]. Posteriormente y con esfuerzo obtengo la alteridad radical: son otros que yo, es el *cada cual*. Es el hacerme otro por y para los demás; y gracias a ellos, ya que: «en tanto el poder de los demás le fuerza a uno a ser cada cual, y le permite ser cada cual, es una posibilidad incoada por los demás»[108]. El ser *cada cual* está determinado positivamente por el poder posibilitante en que le sumerge la habitud de alteridad.

Esta monadización, en oposición al reflejo intermonádico leibniano[109], implica que los demás están en mí y que el yo lo es siempre en referencia al menos a un posible tú[110]. Para que el niño diga tú y diga yo es necesario que haya actualizado previamente el *me* y las realidades personales de su espacio comunicativo como suyas (mí egotista). Es precisamente en el abrirse al mundo transcendental desde donde descubre la alteridad radical, y en ella el tú. Lo único que hay de mónada en la persona es el carácter de alteridad como alteridad, que como tal es un poder posibilitante de la propia realidad. La alteridad es un modo real y positivo en que cada persona existe referida a la otra[111].

El yo y tú procedentes de la cadacualidad son irreductibles e inalienables, son otros «en cuya interna estructura no me es dado entrar»[112].

---

[107] Zubiri está corrigiendo el análisis de Husserl, éste no diferenciaría el nivel de la cadacualidad. No obstante la superación más radical de la fenomenología la encontramos en IS como ya la hemos expuesto. Podemos establecer un paralelismo entre este proceso de aparición de la intersubjetividad y del yo con la comunidad (cf. SH 269 y 274): los otros-como-yo caracterizarían la colectividad; Otros-que-yo, la sociedad y, finalmente, el yo – tú personal la comunión, aunque sólo en el nivel de noción, no de fundamentación ni de profundidad.

[108] SH 319, *El problema del hombre*, 1953-54.

[109] «Leibniz pensó que cada mónada refleja desde su punto de vista el resto de las mónadas, y que el carácter monádico está en la reclusión. Pero yo considero que el carácter monádico es todo lo contrario». SH 322-323, *El problema del hombre*, 1953-54.

[110] Se trata de: «Una alteridad que no se deja a las espaldas y fuera de sí los demás. Esa alteridad es el modo cada cual. En ella está la versión hacia los demás en su radical alteridad. Cada cual es cada cual, en lo que no tenemos un mero ego, sino un yo referido a un posible tú. Esta es la triple y invariable estructura de la alteridad del *alter*: no como ego, sino como *alter* que es mío; el *alter* como ego; y el alter como otro ego que el ego mío. La realidad propia ha terminado por ser la realidad de cada cual. Esta es la estructura de la monadización como individualidad y como *cadacualidad*». SH 243, *El problema del hombre*, 1953-54.

[111] No es la alteridad sustancial aristotélica, y que se prolongó en la Edad Media. Cf. SH 243.

[112] SH 243, *El problema del hombre*, 1953-54.

«Yo – tú – él son intrínseca y formalmente irreductibles»[113]. Hay una barrera metafísica gracias a la alteridad radical que me mantiene ante el otro como ante un misterio. Siempre será inapropiable e irreducible en su radicalidad la realidad del otro y por tanto su vida[114]. Este es el modo en que se actualiza en el plano del ser la individualidad metafísica: la inalienabilidad del yo, del tú y del él radica en el mí[115], en la personeidad. Aquí se encontraría un buen fundamento para una fenomenología y una ontología del respeto, de la paciencia, de la escucha. Sería interesante explorar con el nuevo método zubiriano esos campos. Desde la reología de la yoización se descubre también que la intersubjetividad y la comunicación intelectual son algo interno al individuo pues los demás en su respectividad están en mí exigiendo la intersubjetividad desde su posibilitar la propia subjetividad.

Sólo desde el nosotros familiar es posible la formulación del Yo y el encuentro[116] con el tú. Este encuentro implica lanzarse a una búsqueda del tú, y por tanto un ponerme en marcha y estar a la espera de que la realidad del otro se me dé[117]. El encuentro interpersonal posibilita toda la riqueza reactualizada del Yo. El encuentro con el tú hace el Yo. Se potencia así la capacidad personalizadora y la plenificación del ser del hombre. En el nosotros se advierte la posibilidad de que lo distinto llegue a ser íntimo y ofrezca así al hombre posibilidades de juego que despliegan un horizonte de creatividad y de sentido insospechado[118]. En

---

[113] SH 110, *Sobre la persona*, 1959.

[114] «La vida de cada cual es radicalmente inalienable». SH 302, *El problema del hombre*, 1953-54.

[115] «Y lo son porque cada uno de los tres encierra en sí el carácter de un *mí*. En este momento del mí se encuentra la primera respuesta a la cuestión de qué es ser persona». SH 110-111, *Sobre la persona*, 1959.

[116] Se trata del nivel noológico de la razón, donde verdad es «un encuentro en el que el hombre trata de encontrar las cosas por un camino que se ha trazado para ir hacia ellas. Un camino en tanteo y en esfuerzo». HV 70. El encuentro no es posible más que de modo indiferenciado en la verdad real y en la verdad adecuada y dual del Logos, sólo hay encuentro estricto en la verdad de la razón, que es verdad en profundidad e intimidad. El encuentro supone siempre una dualidad entre búsqueda y buscado. En este punto compartimos la crítica de Pintor-Ramos a Cambres: Por eso no puede usarse el encuentro para intelecciones primordiales como hace Cambres en *La realidad personal* (48-50, 61, 65, 67) y en *La inteligencia humana* (39-45). Cf. A. PINTOR-RAMOS, *Realidad y verdad*, 72 nota 23.

[117] Por la dimensión noemática del sentiligir, en términos de HV: «Pero dándose en mi razón, la verdad que tiene es, sin embargo, *de la* cosa. Es la verdad de mi encuentro con las cosas». HV 71.

[118] Parafraseamos una nota aplicada a toda la antropología zubiriana. Cf. A. LÓPEZ

el nosotros se abre el mundo personalista. Al encontrarse con el tú como plenitud de realidad y de ser personal resulta obvio que no se puede cosificar el mundo de las personas porque son irreductibles a otro tipo de cosas[119].

Entre las consecuencias que implica este papel del nosotros y del yo para la antropología destaca la conceptuación de la vida como un todo relacional en el que la comprensión e interacción con los demás conlleva comprometer la propia vida. Los demás no son algo ajeno y distante, son relevantes en lo más íntimo del ser personal y por tanto, aunque la fórmula suene un tanto egotística, los demás son esenciales en la conformación de mi vida y es antihumano el querer mantenerse al margen de la vida de los demás. Un sistema de vida individualista es incompatible con esta antropología. A esto se refiere Zubiri al criticar la escisión de la vida científica de la vida ordinaria[120] y la reducción de la teoría a especulación porque «está a dos dedos del escepticismo»[121]. Teoría y praxis están intrínsecamente vinculadas entre sí y con la realización personal.

QUINTÁS, «Significación actual del pensamiento zubiriano», 44.

[119] Cf. IRA 56-57 en el tema de la ampliación mental del orden transcendental en la historia de la filosofía. En el caso del hombre la nota con mayores consecuencias en la función transcendental es la inteligencia, por ella el mundo de las personas es un tipo diferente de realidad que transforma la metafísica. Desde la razón como búsqueda y libre creación se renueva la mentalidad que se acerca a la realidad con los prejuicios sustancialistas para *atrapar* la realidad. Para Zubiri cosa en sentido estricto es la cosa material, inanimada o viviente, por oposición a la *persona*, que tiene un modo de ser *no-cósico* (cf. IRA 19). En la razón y en la actualización del Yo, se distingue radicalmente lo real como *cosa* de lo real como *persona*, que es irreductible a la realidad natural. Aparece una nueva mensura de lo real — ya no es la «cosa», ni en cuanto materia sin vida (cuando se ha dado por *científico* que toda la realidad es corpórea), ni en cuánto espíritu (p. e. en las culturas animistas) —. Ahora la realidad misma es el único canon para mensurar lo real en cuanto real (cf. IRA 44-60) y ahí entra la persona. Esto apoya lo dicho en la primera parte sobre el personalismo realista. Cf. B. CASTILLA Y CORTÁZAR, *Noción de persona*, 334; M.J. ÁLVAREZ POLO, «Presupuestos fundamentales», 103 y J. SÁEZ CRUZ, *La accesibilidad de Dios*, 106

[120] «Desde hace ochenta años vivimos en un incremento progresivo de comprensión, lo cual sería maravilloso si no se redujera a ser pura comprensión. Uno se pregunta si la vida que comprende, y que no pretende sino comprender, no será vida sin comprensión. En todo caso uno piensa que, bajo esa forma de pura comprensión de las demás vidas, no late una conformación de la propia vida, que quiere mantenerse al margen de las vidas de los demás». SH 590, *El problema del hombre*, 1953-54.

[121] SH 590, *El problema del hombre*, 1953-54.

Junto al surgir del Tú – yo en el nosotros familiar se da la mera alteridad despersonalizada del nosotros de la sociedad. A diferencia del tú personal que se escinde de la comunión ahora el resultado queda despersonalizado, reducido a impersonal, mero individuo. Ahora «la escisión entre los individuos se da dentro de la colectividad»[122]. Se trata de otra concreción del yo cadacualizado de la dimensión individual de la persona en la reversión de la socialidad. Es la línea de la alteridad social, de la constitución de la sociedad y del encuentro con los otros en cuanto que otros. A diferencia de la monadización nos encontramos en el terreno de la funcionalidad de la pluralidad, no se trata sólo de la cadacualidad respectiva de unos con otros. La sociedad no connota ninguna apreciación negativa.

El tú impersonal sigue un proceso paralelo al comunional. La comunidad social:

> empieza por ser una pluralidad mía; pero después aparece una pluralidad en la que queda neutralizado mi propio carácter central: soy un ego como los demás, y los demás como yo; se adquiere a una el carácter de individualidad del ego y el carácter de *colectividad* de los demás; sólo dentro de la colectividad es posible una relación interindividual como sólo en este sentido puede el individuo constituir una colectividad[123].

En la colectividad social el yo y el tú desarrollan una dimensión de la habitud de la alteridad imprescindible: la solidaridad como concreción de la funcionalidad respectiva interpersonal abierta universalmente:

> Aquí la *héxis* adquiere un carácter especial: uno depende del otro; es la idea de *solidaridad* [...] orlada por el conjunto de hombres que no forman parte de ella, que son los demás. Las colectividades flotan en el ámbito de lo innominado de los demás[124].

La función social se concreta en comunidad, colectividad e institución[125].

Ambos caminos son personalistas, van ligados y fundamentados en la nostreidad y son el modo en que la personalidad[126] va configurando el Yo, «*Yo* es pleno control y dominio del propio ser»[127], capacitándole

---

[122] SH 270, *El problema del hombre*, 1953-54.
[123] SH 269, *El problema del hombre*, 1953-54.
[124] SH 269, *El problema del hombre*, 1953-54.
[125] Cf. SH 269, 272-273, *El problema del hombre*, 1953-54.
[126] «Personalidad es así un modo de ser, es la figura de lo que la realidad humana va haciendo de sí misma a lo largo de la vida». SH 113, *Sobre la persona*, 1959.
[127] A. PINTOR-RAMOS, *Zubiri* (1898-1983), 48.

para darse a los demás. Difiere en esto del personalismo comunitarista de Maritain[128]. En Zubiri la individualidad comunional y la social no se oponen, se complementan, ambas son necesarias aunque una funde la otra: las dos descansan en el constitutivo personal de la suidad[129].

Por ambas concreciones de la cadacualidad se descubre que la persona no puede ser persona a solas, sino que para lograrlo necesita originariamente serlo *con y entre personas*. Para Zubiri el tú y el yo son complejos e implicados, nacen y se posibilitan el uno en referencia al otro. Constata desde sus análisis, aunque con menos explicitud, la afirmación de Buber de que las dos palabras claves y primarias que todo hombre pronuncia no son palabras simples, sino binariamente compuestas: el *Yo – Tú* de la relación interpersonal y el *Yo – Ello* de la relación persona-mundo[130]. La visión positiva de la sociedad que propone Zubiri implica incluirla en el *Yo – Tú* de Buber junto a la comunión. Para Zubiri no hay auténtica sociedad sin las dos concreciones de la comunalidad del Yo, si no le faltaría la integridad y no sería humana, en cada sociedad puede haber diversas dominancias entre comunión y sociedad[131].

Jamás puede decirse *yo* en soledad, ya que todo *yo* pronunciado contiene ineludiblemente el otro elemento del par: o el *tú* de otro *yo* o el *ello* del mundo. Como en Buber también para Zubiri únicamente del *tú* recibo mi *yo*. No se trata de descubrir la novedad y riqueza del tú actualizado ante mí, sino que desde el *tú* se me imprime, actualizo y recibo la novedad de mi *yo*. Así para Zubiri el tú no surge como un *alter ego*, por analogía. Si el yo en Zubiri es *predicado en estar*, podríamos añadir además que el yo es otro tú, un *alter tu*, dando la vuelta a todos los pensamientos yoístas del racionalismo, pasando por el idealismo y

---

[128] Cf. J. MARITAIN, *La persona y el bien común* y *La defensa de la persona humana*.

[129] Maritain distingue como opuestos individuo y persona, esta distinción está en la base de su teoría social y política como un personalismo. Pensamos que Zubiri consigue más frutos dando anterioridad a la personeidad sobre la que se desarrolla tanto la individualidad despersonalizada como el tú personal. En el fondo el logro zubiriano es mayor por alcanzar el elemento personificador en el momento de realidad, mientras Maritain se sitúa en una interpretación cayetanista del *esse*. Son filosofías distintas pero en este terreno interpersonal se ve la importancia del logro zubiriano de la Suidad. Sobre la teoría de la persona de Maritain cf. E. FORMENT, *Persona y modo substancial*, 18.

[130] El texto es bien conocido, pues abre su obra clave. Cf. M. BUBER, *Yo y Tú*, 7.

[131] Cf. SH 270 y 274, *El problema del hombre*, 1953-54.

la fenomenología, hasta que surge el pensar personalista y dialógico[132]. Creemos que recoge el descubrimiento del *Para Sí* de Sartre superándolo[133], aunque no sea un interlocutor directo. Estamos ante un fuerte fundamento del amor como *agápê* y entrega en comunión.

Este surgir del Tú y el Yo no queda completo sino hacemos referencia a Dios. El Yo se predica como «ser relativamente absoluto»[134] pero no sólo se mide dimensionalmente con otros relativamente absolutos sino con el absolutamente Absoluto que posibilita e impele a «que cada cual llegue a ser física y realmente no sólo *un* Yo sino *su* Yo»[135]. Ser plenamente Yo pasa por el nosotros, por el tú y pasa necesariamente por Dios. Sólo respecto a Él el Yo del hombre llega a ser *su* Yo. El Yo es siempre «algo cobrado»[136]. «Absoluto porque es *suyo*; relativo porque es *cobrado*»[137] frente a los demás, frente a la realidad y frente a Dios. El hombre constituye su Yo religado al poder de lo real, en versión constitutiva desde Dios[138].

Todo el decurso de la vida consiste en la actividad de configuración rasgo a rasgo de este Yo y la experiencia radical de la persona al construir la figura de su Yo es la probación física del poder de lo real en la religación[139]. Ya en la afirmación del Yo en interpersonalidad está dándose la religación y se está siendo y haciendo experiencia de Dios. Dios es necesario fundamentemente para la plenitud de la persona. La ultimidad

---

[132] Recuérdese la crítica a la noción de persona como yo consciente en Descartes y Husserl. La nostreidad es el principio que permite superar el razonamiento analógico por el cuál la existencia del otro se me presenta a través de un juicio de la razón (cf. E. HUSSERL, *Meditaciones cartesianas*, V, § 55). Si el racionalismo supuso centrar la realidad del mundo en torno al yo invirtiendo los cosmocentrismos, la fenomenología personalista, algunos existencialismos y la filosofía dialógica muestran que este yo gravita y gira en torno al tú. Zubiri lo descubre en su IS al compensar el egotismo de la cenestesia con la apertura de la *kinestesia*.

[133] Aquí topamos con el problema del egotismo y de la conflictividad intersubjetiva. Sartre constata que *ser para otro* está implicado en el *Pour Soi* (bien como meramente incluido, como objetivado o como objetivante), pero de modo esencialmente conflictivo. La nostreidad implica una respectividad no sólo necesaria, sino positiva y posibilitante del Yo. El otro no es un rival, es compañero. También Dios en la religación se descubre no como antagonista sino como posibilitante. Cf. J. FERRATER MORA, «Otro», in *Diccionario de Filosofía* III, 2466.

[134] HD 56.
[135] HD 115.
[136] HD 137.
[137] NHD 447, EPD.
[138] Cf. J. SÁEZ CRUZ, *La accesibilidad de Dios*, 250.
[139] Cf. HD 139.

muestra un ámbito interpersonal constitutivo de la persona como don y llamada cuya realización es sólo posible en un ámbito interpersonal teándrico, manifestación del *con* en la ultimidad como un *con* Dios[140].

No sólo Dios no estorba al hombre, sino que es necesitado radicalmente desde la misma antropología para la plenitud de la personalidad y para el fundamento de la constitución de la sociedad.

2.4 *Publicidad*

Hasta ahora hemos considerado los nosotros en su constitución y su funcionalidad para la concreción del Tú y el Yo. Queda otro aspecto importante que interrelaciona todo cuanto hemos estudiado, es el haber o contenido de los diversos nosotros, el contenido de la comunalidad de la persona y de la nostreidad[141]. Este haber tiene un poder que arrastra en su articulación desde la sociedad y la comunión como habitud a través de la comunalidad *dominando* a la persona. Se trata de un dominio real, posibilitador y personalista pero que puede degenerar y convertirse en manipulador y esclavista. Es el terreno del *se* impersonal donde Zubiri colocaría los *usos* de José Ortega y Gasset y donde está el espíritu anónimo rescatado del Espíritu Objetivo de Hegel.

Vamos a exponerlo siguiendo un texto sugestivo de Zubiri que se aparta de los comúnmente seguidos: HV. Aquí el *se* es expuesto partiendo de IS y articulado con la publicidad y la verdad. Esta opción tiene el inconveniente de no tratarse de un texto acabado[142], pero sus contenidos son de la etapa madura de Zubiri[143], se encuadra dentro de

---

[140] Se superan los pensamientos que marginan el elemento teologal o que, desde la sospecha, consideran a Dios como rival o proyección alienante de la persona en su camino de madurez y autonomía.

[141] La ἕξις, entitativa, es el nexo social y el vínculo de la convivencia. Su raíz es la alteridad: la cadacualidad como versión a los otros. Desde esa alteridad a *otros en cuanto otros* el contenido de la ἕξις es el haber humano compuesto por la tradición y la mentalidad. La mentalidad es el momento formal y también es funcionalidad social, considerando la alteridad en cuanto es del habiente como *otro en tanto otro*: hombres, comunidad, solidaridad, colectividad, instituciones, personas, nosotros, tú, yo, compenetración. La alteridad como funcionalidad interpersonal es extensible a las tres líneas y determina las formas en que el *cadacual* queda vinculado en la habitud. Por otro lado desde la habitud de alteridad surgen las posibilidades *sociales*, que son puestas en marcha por el medio estructural de la expresión, que hace del *con* formalmente una convivencia. Cf. SH 272 y 275, *El problema del hombre*, 1953-54.

[142] En la práctica lo único que habría que modificar son los términos noológicos adecuándolos a la trilogía IS, términos que en este punto no resultan trascendentales.

[143] Se trata de uno de los cursos 1966.

su idea madre de IS y permite un acercamiento muy sugerente para nuestro mundo. Esta fuente la completamos con otros textos antropológicos en la medida que resulta ilustrativo.

Para Zubiri la intelección[144] es la estructura dominante de la esencia personal[145], de modo que la verdad decanta estructuras antropológicas que unifican «esencialmente al hombre y a la verdad»[146]. El que las cosas den razón significa que la razón que ellas nos dan va configurando el modo de ser del hombre. Se puede hablar en sentido fuerte de la dimensión antropológica de la verdad por su carácter constituyente de la personalidad pues la verdad determina el yo[147]. Las estructuras que la verdad determina en la persona son: en cuanto la verdad es *acto* (subjetualidad, reflexividad y subjetividad)[148] y en cuanto a su momento de *poder* (publicidad, instalación, configuración y posibilitación).

Nos centramos en la publicidad que es la estructura de poder más radical y más relacionada con la intersubjetividad. Zubiri describe que hay un «carácter constitutivamente *público* de la verdad»[149]. Este carácter no coincide con el publicismo (verdad publicada), ni con que haya muchas inteligencias que la estén conociendo de hecho, sino que con-

---

[144] «es un *estar* en que yo estoy *con* la cosa y *en* la cosa, y en el que la cosa está, a su vez, *quedando* en la intelección». S. BRUSSINO, «Una aproximación al realismo», 21-29.

[145] Es el *inteleccionismo*. Ya en ETFJ se opone a las teorías voluntaristas del juicio, manteniendo en adelante la primacía de lo cognoscitivo. No hay voluntarismo pero tampoco intelectualismo, pues voluntad e inteligencia están en respectividad. La intelección no es causa de la volición pues ambas se articulan como el momento de apertura y el de clausura del proceso sentiente, la intelección se limita a posibilitar la elección presentando de forma intrínseca opciones. La *voluntad de verdad* expresa este equilibrio con cierto paralelismo con Sto. Tomás. Cf. A. PINTOR-RAMOS, *Realidad y sentido*, 43 y J.M. MARTÍNEZ DE ILARDUIA, «La fruición en Zubiri», 145-146.

[146] I. ELLACURÍA, «Apéndice. Esquema y Resumen», in HV 186.

[147] Esto no es óbice para que la persona construya dimensiones de la realidad en cuanto verdadera. Hay equilibrio entre ser poseídos por la verdad y libre creación.

[148] De estas nos centraremos en la reflexividad pues si en ella están los otros también estarán en la subjetividad por ella fundada. Mediante la reflexividad se conjugan la subjetualidad (casi personeidad) con la subjetividad (casi personalidad) tanto ontológica como gnoseológica (verdad y subjetivismo). En el curso HV Zubiri muestra que verdad y subjetividad pueden ser vinculadas sin abocar al subjetivismo. Cf. A. LÓPEZ QUINTÁS, «Xavier Zubiri. La inteligencia sentiente», 236. Pensamos que el uso que hacemos del curso HV está a la altura de IS y en él encontramos datos para nuestro tema sólo implícitos en su tríptico.

[149] HV 142. Cuando un hombre intelige una verdad y aunque él sea el único que ha logrado ese descubrimiento «cualquier otra inteligencia, puesta en condiciones debidas, lo inteligiría también».

siste en que la verdad es intrínsecamente inteligible por muchos. Por ello, la forma primaria y radical de encuentro intersubjetivo hay que buscarla en la verdad, no en el intercambio de opiniones[150].

Como la publicidad tiene una dimensión estrictamente individual por el acto de IS, en el más modesto de los actos intelectivos el ser humano está ya, más o menos difusamente, vertido a los demás. La verdad es lugar de encuentro y ámbito de comunicación interpersonal, en ella la persona está vertida a los demás.

Esta versión intersubjetiva en la verdad implica un movimiento interindividual recíproco de creación de habitudes en la verdad y la realidad[151], pues la verdad es tanto del sujeto como de la realidad. En virtud de este intercambio el carácter público se convierte en realidad pública admitida por todas las inteligencias afectadas por esa habitud. El lenguaje expresa el paso de la publicidad de la realidad a realidad pública, quedando esencialmente conectada la palabra con la verdad y la realidad. El lugar de nuestra cita con los demás es la verdad y ésta está en la realidad.

La publicidad genera estructuras de apoderamiento individual y colectivo del hombre por la verdad. Además de ser de la cosa, la verdad está dominando el acto del hombre. Este dominio es un poder que en ejercicio recibe el nombre de apoderamiento[152]. La verdad se apodera de cada inteligencia individual y domina también el espíritu anónimo, el *se*, pues «se apodera de esa forma de coexistencia de las inteligencias que da lugar al mundo social y al llamado Espíritu Objetivo»[153]. Así cada hombre en cuanto ejecuta actos de inteligir está ya apoderado en su dimensión individual por la forma social a través de la verdad.

Este apoderamiento social *instala* en lo que está establecido, en este sentido la verdad constituye para el hombre «un οἶκός, una casa»[154] en la que la intelección funciona entre familiaridades y queda instalada en la realidad como una inteligencia que es indisolublemente de *cada cual*

---

[150] Es necesario pero ulterior, sólo fructifica fundado en comunicación de verdad.

[151] La versión tiene: «la afección que pueda recibir de los demás, en forma de ἕξις o de habitud; y tiene, en segundo lugar, la posibilidad de imprimir sus rasgos determinados sobre otra inteligencia, produciendo en ella una ἕξις y habitud». HV 143.

[152] La verdad real por ser impresión constituye un momento de *sentido* que va a estar presente en el resto de la vida del sujeto. Este momento de sentido, de impuesto como *prius*, funda su condición de dominio sobre el sujeto. Por el poder, *Macht*, de la verdad el hombre está pendiente de la realidad de las cosas.

[153] HV 145.

[154] HV 146.

y unida con los demás. Este hogar es intersubjetividad posibilitante del yo pleno y *cadacualizado*. El οἶκός remarca el aspecto positivo del *se*, en que lo propio y lo común se entrelazan[155].

El hogar-verdad lo construye cada persona, pues constituye el precipitado noético de cada uno de los actos intelectivos de sus habitantes, en los cuales han depuesto en forma de *héxis* sus *noemata* propios. Mejorar el mundo en la verdad es responsabilidad de todos y cada uno, pues la riqueza de las ideas personales y esquirlas de verdad alcanzadas por cada uno determinan los principios de intelección y comunicación de la sociedad[156]. Se constituye así la inteligencia como tópico, el mundo humano, que es topicidad constitutiva de los esbozos con los que, cerrando el círculo, cada hombre y mujer se acercan a la realidad[157].

El hogar-verdad constituye «lo humano *que me viene de fuera*»[158], que no es cuestión de vivencia[159] sino de realidad: el descubrimiento de un mundo humano anterior en el que físicamente estamos instalados antes de decir yo. Por la publicidad de la verdad la intersubjetividad es anterior a la constitución del individuo y sus relaciones vivenciales. El niño se da cuenta de algo previamente actualizado. Esta alteridad depuesta originaria e indiferenciada está configurando cada realidad humana, Zubiri según el contexto le otorga diversos nombres: dimensión humana de la vida, pura humanidad, los demás, la propia realidad que desborda la realidad mía. La verdad del *se* constituye así la humanidad: «El dato primario de lo social no son las mónadas (yo, el otro) sino *lo humano*»[160]. Esta alteridad se apodera de uno en publicidad para instalarlo, configurarlo y posibilitarlo.

---

[155] «Heráclito nos decía que cada uno de los hombres dormidos tiene su mundo propio (ἴδιον); y que, en cambio, los hombres despiertos tienen un mismo mundo: κοινόν, un mundo común. Y justamente el sujeto de ese mundo es lo que expresa el *se*». HV 147.

[156] «lo típico de esos νοήματα, de esos pensamientos propios es, en primer lugar, que *están ahí*; son τόποι. Efectivamente, están ahí y uno echa mano de ellos, Pero, en una forma especial están ahí *gravitando* sobre la inteligencia, constituyendo precisamente la norma de su intelección ulterior; es decir, tienen carácter de principios, ἀϱχαί». HV 147.

[157] Con este análisis de la dimensión intersubjetiva del inteligir se supera el solipsismo de Husserl. Ferraz reconoce la legitimidad de la pregunta por un posible solipsismo en Zubiri, aunque él mismo no responde pensamos que con lo dicho queda resuelto. Cf. A. FERRAZ FAYÓS, «Sistematismo de la filosofía zubiriana», 65.

[158] SH 238, *La concreción de la persona humana*, 1975.

[159] Vivencia sería el mero descubrir al otro por afinidad simpática. Crítica de Scheler por insuficiente radicación. Cf. SH 238.

[160] SH 239, *La concreción de la persona humana*, 1975.

Así los diversos nosotros constituyen un hogar de verdad que enriquece a cada persona en su realización como realidad humana siendo. La persona por su comunalidad y por ser IS se encuentra instalada, configurada y posibilitada por el dinamismo de la verdad. La publicidad de la verdad articula la tradición.

La forma en que el nosotros determina el horizonte de posibilidades en el que la persona se va a mover es la tradición. La tradición es la forma de transmisión vía generacional de un sistema de posibilidades. Se apoya sobre un rasgo que comparten la verdad y la razón: ambas son intrínsecamente históricas[161]. Por la tradición mis posibilidades de alcanzar verdad son unas u otras, mayores o menores.

La tradición es el modo en que se constituye formalmente la historicidad[162], al posibilitar que cada generación desde sí y por sí misma alumbre la verdad y realice nuevas verdades. Por la tradición se posibilita la historia, no como destrucción o creación de realidades sino como «el alumbramiento o la obturación de posibilidades»[163], historia no es lo que pasa sino lo que queda.

A la mayéutica platónica del *Teeteto* le faltaría para ser tradición el transmitir ese sistema:

> Hacerle, efectivamente, que llegue a la verdad, desde las posibilidades mismas que va confiriendo a su espíritu la posesión de la verdad por parte del padre; una transmisión de posibilidades que está fundada precisamente en el carácter público de la verdad[164].

La publicidad de la verdad funda la tradición, y ésta a su vez determina la intrínseca capacidad de la persona de vivir en la verdad. En este movimiento encontramos dos veces a los otros: la primera vez en el carácter público de la verdad, la segunda en aquellos que me entregan las posibilidades.

Los diversos nosotros determinan un sistema a transmitir como posibilitación[165], se configura un movimiento que entrega verdad, instala en ella y configura la mente de cada persona. El sujeto de la tradición es el

---

[161] La historicidad de la verdad no implica en Zubiri relativismo historicista.
[162] «la tradición no estaría tanto en la verdad transmitida cuanto en aquello que hace la generación número uno sobre la generación número dos, para que ésta alumbre *desde sí misma* la verdad en cuestión». HV 156-157.
[163] HV 158.
[164] HV 159.
[165] Tradición no es tradicionalismo. En este sentido entiende la Tradición de la Iglesia. es el caso del alumbramiento por tradición del dogma de la Inmaculada Concepción. Cf. HV 156.

nosotros de la sociedad y de la comunión. El primero se concreta en el *se*, en lo que Zubiri denomina espíritu anónimo como asunción de lo válido del Espíritu Objetivo[166]. La verdad nos instala en él. El *se* sabe «la verdad de que puede echarse mano cuando interesa o importa saber lo que se sabe, la verdad nos tiene instalados»[167].

2.5 *Mentalidad*

La forma en que la tradición condiciona y posibilita el conocimiento de cada persona es la mentalidad[168]. La podemos estudiar tanto noológica como reológicamente. El sujeto de la mentalidad es la sociedad[169], el nosotros social, pero su concreción y primera transmisión se da a través de los círculos de comunión. La mentalidad es poderosa para determinar al sujeto en su camino vital en la verdad[170].

En *noología* la mentalidad es lo concreto de la razón[171], entre la sugerencia y el esbozo no hay un salto en el vacío, por el contrario la razón es cualificada intrínsecamente en una dirección concreta del fundamento sugerida por las notas del hacia campal. Es ahí donde aparece la mentalidad como los diversos tipos de racionalidad y está afectada por los demás por tradición[172]. En IRA se distinguen dos caminos por

---

[166] En ciertos casos usa Espíritu Objetivo para referirse al contenido publicitado del *se*. Cf. HV 148.

[167] HV 148.

[168] Zubiri usa el término mentalidad ya en SPF-II 92, en el año 1933 para afirmar el encuentro no sincretista entre las mentalidad judía y la griega; más tarde aparece en «Sócrates y la sabiduría griega» (1940). La mentalidad configura la experiencia y la situación (cf. NHD 191-192). Después se hace recurrente en sus escritos. El origen es francés (estancia en Lovaina y París), y lo debió tomar de L. Lévy-Bruhl en *La mentalité primitive* de 1922. Después lo hace propio modificando el contenido. Puede verse G. MARQUÍNEZ ARGOTE, «Aportes de Zubiri al concepto de mentalidad», 30-31.

[169] La sociedad en cuanto sujeto de la mentalidad: 1.– tiene consistencia de cuerpo de posibilidades; 2.– cuerpo con consistencia y exterioridad frente a la vida personal; 3.– el cuerpo social en su carácter estructural dinámico desborda y se impone (no necesariamente) a los individuos; 4.– la vinculación no engulle la realidad personal; 5.– el cuerpo social está vertebrado por su elemento intelectivo: mentalidad; 6.– la mentalidad no es consciente, es *in* y *supra* consciente a la vez. Cf. F. NIÑO MESA, «Para investigar las mentalidades», 57-58.

[170] «El "se" es el carácter de poder, el carácter dominante y poderoso que tiene el haber humano. [...] El *se* como impersonal y no como impropio es lo que constituye el poder de la tradición y el poder de la mentalidad». SH 320, *El problema del hombre*, 1953-54.

[171] Cf. IRA 150.

[172] Cf. SH 265-266, *El problema del hombre*, 1953-54.

los que la razón se concreta en su último despliegue haciendo surgir dos tipos de mentalidad[173]: concreción por motivos externos[174] o internos, por la misma estructura de la razón en cuanto tal[175].

La presencia de los demás en la figura sociológica de la razón es evidente. Es un fenómeno fácil de percibir. Pero además el nosotros está modulando la mentalidad interna en su racionalidad del mismo modo que existen mentalidades críticas, analíticas, dominantes, liberadoras[176].

La mentalidad marca el camino del esbozo hacia la realidad profunda y está condicionada desde el *se*. La mentalidad parasita todo nuestro modo de acercarnos y percibir las cosas y a los demás[177]. Es ahí donde se fraguan los mitos y teorías, donde se abonan las ideologías[178]. Desde el horizonte factual de Zubiri se puede reconocer una mentalidad personalista, en la medida que es capaz de acoger y buscar el fondo de las realidades personales, tanto en la reflexión explícita como en la orientación vital, aunque sea inconsciente.

La mentalidad es el modo según el cuál los demás están presentes dentro de mí articulando y posibilitando mi habitud radical: mi habérmelas con las cosas, y por tanto mi modo de habérmelas con los demás.

Ahora bien, la mentalidad siempre está abierta a ser reinventada por el individuo (razón es libertad) y por ello es dinamismo de posibilitación no de obturación[179]. El yo en cuanto creativo entra a formar parte activa en el desarrollo de la mentalidad siendo protagonista en la diná-

---

[173] Cf. IRA 153.

[174] Consideración de la mentalidad en referencia a los contenidos culturales y métodos de trabajo, se trata de la mentalidad sociológica o *forma mentis*. Pertenece a la sociología del conocimiento. Estos motivos pueden ser: psicológicos, sociales, étnicos, etc. P. e. cf. SH 263-265.

[175] Su estudio pertenece a la filosofía de la inteligencia. Zubiri enumera la mentalidad teorética, la científica, la filosófica, la teológica, la poética y la política, aunque puede haber muchas más. Cf. A. PINTOR-RAMOS, *Realidad y verdad*, 265.

[176] Así lo deduce cf. F. NIÑO MESA, «Para investigar las mentalidades», 59-61.

[177] No estamos de acuerdo con que esta afirmación sea «excesivamente racionalista», como ha dicho Niño, por el contrario refleja bien el realismo propio de Zubiri. Cf. F. NIÑO MESA, «Para investigar las mentalidades», 62.

[178] Niño entiende la ideología desde la mentalidad. Se puede usar este concepto, aunque convendría depurarlo pues ideología es un término muy marcado. Según aparece aquí no conlleva ningún rasgo manipulador. Cf. F. NIÑO MESA, «Para investigar las mentalidades», 70.

[179] Subraya Cambres que entre las posibilidades la razón no sólo puede optar entre las dadas sino inventar otras nuevas. Sin embargo no precisa lo suficiente al quedarse con los términos de menos peso de Zubiri como mente y *forma mentis*. Cf. G. GÓMEZ CAMBRES, *La inteligencia humana*, 141 y *Zubiri: el realismo transcendental*, 151.

mica del cambio social. Un ejemplo en Filosofía es el mismo abrir horizontes de Zubiri. Concretemos un poco más el porqué.

El canon que rige la marcha de la razón surge del campo abierto en el Logos, y en el campo aparecen los demás que van a ser afirmados como otros absolutos relativos a los que estoy vertido y que son parte de mí. La situación, el medio natural, en que se sentilige es una situación *entre* personas que están en mí, salvo que se corrompiese por un esquema cosista fuerte, la intelección por sí misma tiende desde el *logos* al personalismo. Por ser comunional el ámbito familiar la inteligencia debe mover la razón al reconocimiento de la persona del otro[180].

Además de que el canon, que usa la razón en su búsqueda del quién, arranque de un campo personalista, la mentalidad que rige el pensamiento de Zubiri también es personalista tanto en la figura sociológica[181] como en la noológica.

La búsqueda racional zubiriana se concreta en una mentalidad cuyo canon libremente configurado está modulado con la presencia radical de los otros en cuanto personas irreductibles y originariamente respectivas entre sí[182]. Un estudio de la realidad humana que dejase fuera este

---

[180] «dentro de este ámbito de verdad se sigue la dominancia de la cosa real al exigir una determinada dirección [...] la verdad como valencia se funda en la verdad como ámbito». G. GÓMEZ CAMBRES, *La inteligencia humana*, 98. El ámbito y su verdad son personalistas. Esta tendencia es doble. 1.– El campo se abre desde mi realidad en respectividad. Y mi realidad co-aprehendida en cualquier impresión de realidad es personal. El campo de intelección está modalizado originariamente en sentido personalista. 2.– Entre las realidades que componen la situación encontramos originariamente la realidad de los otros que vitalmente se va desarrollando en intelección pero que configura en clave interpersonal mi intelección más primaria. Los otros configuran el campo como esa realidad respecto de la cual ve la luz mi inteligir. Sólo desde ahí se configura el mundo. El ámbito primero de verdad es personalista.

[181] Que lo es en el modo de tratar la realidad personal desde sus preocupaciones antropológicas y el horizonte de la realidad resulta evidente después de lo que llevamos estudiado. Es todo un esfuerzo intelectual por abrirse en categorías no cosificadoras de la realidad personal. Además la interpersonalidad no es ajena a esta mentalidad. El hecho social, las relaciones básicas que configuran la persona denotan una mentalidad ambital y abierta al encuentro con el tú.

[182] Sería la actualización desde IS de una afirmación de NHD aplicable a la persona: «no puede ser descubierto sino en aquel contacto íntimo con las cosas que llamamos *mens*, *nous*. Pero la *mens* no se limita a ver lo que la cosa es de veras. Comienza por *hacerla* visible. Quién no esté dotado de sensibilidad para hacerse amigos y ver en los demás algo más que semejantes, compañeros, o socios, no puede ver *un* amigo. Sólo quien posee aquella sensibilidad puede descubrir en tal persona determinada *al* amigo, o a quien *no lo es* sino que es un simple *otro*». NHD 70, «¿Qué es saber?».

encuadre implicaría una reducción[183] o una transferencia invasora a campos que no le competen[184]. Es más la mentalidad que provoca su apertura al horizonte nihilista creemos que simultáneamente le lleva a una sana mentalidad personalista en las metafísicas regionales. En estas se puede constatar la prevalencia de cánones respectivistas, aperturistas y personales, que sin traicionar su pretensión intramundana, precisamente por serlo, son personalistas. La mente de Zubiri es personalista en este sentido[185].

Incluso se puede afirmar que el orden transcendental zubiriano es personalista por esta mentalidad. Son las cosas y los otros quienes nos arrastran a su propia transcendentalidad[186] y la persona intersubjetiva está ahí. La diafanidad de la persona impregna toda la visión zubiriana de la filosofía. Lo real no se reduce a lo cósico y material, el arraigo zubiriano en lo real va a sus relaciones con el entorno y ahí está la realidad canónica por excelencia, una persona que es un yo compartido.

La persona por la mentalidad se acerca a las cosas y a los demás, acogerla, construirla, modificarla es la responsabilidad de cada uno.

El *se*, la publicidad, la tradición y la mentalidad se articulan con una acción humana muy interesante, el lenguaje.

---

[183] Aplicamos las siguientes palabras a la persona: «Pero la inercia de quedarnos en unos determinados perceptos, fictos y conceptos, o en unos juicios que ahora ya podemos llamar sin más pre-juicios y que la rutina se ha ido encargando de fijar, muchísimas veces nos hace dormitar en la ilusión de que percepción, ficción y conceptuación y juicio envuelven lo real de hecho. Es el peso de lo antiguo que, en frase de Zubiri, sigue lastrando a todo logos desde el más incauto percepto hasta el juicio más sofisticado». J.F. PINO CANALES, *La intelección violenta*, 48.

[184] P. e.: cientismo, autonomismo ético respecto la antropología, economicismo.

[185] El sentido de lo que busca depende del horizonte previo en que se mueve la totalidad de la mente. Este horizonte es la realidad que culmina en la persona. Cf. NHD 116, «Ciencia y realidad».

[186] «La unidad intrínseca entre la inteligencia y las cosas es la propia diafanidad, la propia transcendentalidad. En tanto en cuanto las cosas no solamente toleran, sino que importan y arrastran hacia su transcendentalidad, constituyen precisamente el orbe de la inteligencia». PFMO 28-29.

2.6 El lenguaje en el conocimiento interpersonal

Zubiri estudia el lenguaje en una perspectiva metafísica[187]. Sus estudios al respecto se producen en dos momentos con ligeros cambios, pero que no afectan al núcleo fundamental[188]. Nos encontramos en primer lugar con los textos de SH, correspondientes a los años 50, donde prima el esquema exteriorización – signo o expresión – significación y su contexto es el estudio de la dimensión social. Por otra parte en IS, años 80, el esquema usado es signo – señal – significación y la perspectiva es más radical[189]. En ambos esquemas Zubiri apunta una visión reológica del lenguaje que desborda los límites del contexto en que aparece. El lenguaje afecta tanto a la dimensión individual, social e histórica de la persona[190]. Es a la vez factor de socialización y de individualización de la persona. Por ello decimos que es constitutivo del yo y expresión del nosotros y de la nostreidad. El lenguaje es concreción del ámbito social como ámbito lingüístico[191].

---

[187] No estamos de acuerdo con que «lo novedoso de Zubiri es que utiliza el lenguaje para el análisis de la convivencia con los demás». Zubiri se sitúa en una clave reológica radical y además el uso del lenguaje para el análisis de la convivencia no es originario suyo. M. VILÁ PLADEVALL, *Las dimensiones de lo interhumano*, 177.

[188] El lenguaje, sin ser nunca dominante, está presente a lo largo de todo el desarrollo del pensamiento zubiriano. El lugar más extenso es SH 275-301 en el contexto de la convivencia analizada desde la expresión. Varía según la inspiración básica de cada etapa. Encontramos dos constantes: 1.— los problemas del lenguaje se centran en la significación y 2.— esta significación se explica en referencia a las cosas significadas. Cf. A. PINTOR-RAMOS, *Realidad y verdad*, 189.

[189] Entre las diferencias de estos estudios podría indicarse el tratamiento casi equívoco de la señal y del signo. En IS las señales son más complejas que los signos, cf. IRE 49-50. En SH 282-284 las señales de IS son denominadas signos y son algo exclusivo del hombre cf. SH 291, 284. En IRE tanto el animal como el hombre tienen señales, aunque de carácter distinto cf. IRE 50. Lo que en SH se llama expresión en IS se llama signo. No se trata de dos esquemas equivalentes e intercambiables. No es nuestro objetivo entrar al fondo de la filosofía del lenguaje de Zubiri. Cf. M. VILÁ PLADEVALL, *Las dimensiones de lo interhumano*, 160-162.

[190] Por ello «tratar el lenguaje dentro de la dimensión social del hombre, como hacía Zubiri en 1953-54, es un enfoque parcial y sería preferible hablar de un medio lingüístico, que afectaría por igual a las dimensiones individual, social e histórica del hombre, el único *animal locuaz (Zóon lógon ekhon)*». A. PINTOR-RAMOS, *Realidad y verdad*, 210.

[191] Cf. IL 75-76. Ampliamos la noción de ámbito de lo social a lo lingüístico, creemos que sin traicionar a Zubiri y apoyándonos en Pintor-Ramos.

La estructura formal del *con*[192] de la persona es de hecho *expresión*[193]. Esta dimensión esencial del animal de realidades permite definir la persona como la realidad locuaz y ver el lenguaje como concreción de su estructura respectiva radical, concreción en la que aparecen conjuntamente la co-fundamentalidad de la individualidad y la socialidad.

En el lenguaje se refleja la apertura respectiva de la realidad. Este nuevo factor introduce múltiples problemas en su consideración, pero así aparece el carácter supraindividual del lenguaje pues, si es cierto que sólo existen realidades individuales, toda realidad excede su momento individual constituyendo la comunicación de realidad[194]. En este sentido se ha de invertir el camino lógico ordinario, no somos sociales porque somos lingüísticos sino que somos lingüísticos porque radicalmente comunicamos en la realidad, la realidad es comunicación[195]. El lenguaje es consecuencia exigida de la realidad que el hombre es. Es dentro de este ámbito en el que se nombran las cosas y aparecen las formas expresas de comunicación. Así: «Los individuos se entienden en un lenguaje común cuyo horizonte de referencia es ese ámbito de comunicación de cosas reales, incluso cuando se habla de individualidades y se aportan todos los matices particulares que se quiera al sistema lingüístico»[196].

El nombrar las cosas dentro de la experiencia de realidad acaece de modo indirecto y en referencia a la posición que la inteligencia tiene en el campo de realidad. Estas posiciones resultan muy variadas y cada inteligencia *apela* a otras para comunicarles indirectamente su experiencia, lo cual genera múltiples equívocos y hace imposible el ideal de una comunicación perfecta. Nos encontramos ante la formulación zubiriana de la incomunicabilidad última de la experiencia y ante un posible fundamento antropológico de la interpretación y la hermenéutica. Sin embargo el punto de partida es la comunicación real y dada. La intersubjetividad lingüística no es problemática[197], como no lo es la

---

[192] El *con* es momento estructural de la suidad, no un añadido. Cf. EDR 225.
[193] Cf. VILÁ PLADEVALL, *Las dimensiones de lo interhumano*, 155.
[194] Cf. IRE 118.
[195] Esto no sería óbice para acceder a la realidad social de la persona y a su núcleo más radical desde el lenguaje tomado como fenómeno sobre el que realizar un análisis noológico. De hecho esta vía es la que parece seguir SH donde el lenguaje es acceso al ámbito supraindividual y su forma de conceptuarse.
[196] A. PINTOR-RAMOS, *Realidad y verdad*, 210.
[197] Muchas filosofías encuentran en el lenguaje «un punto de partida capaz de

reológica y la noológica. La intersubjetividad es realidad fundante y, por ello, la monadización y la subjetividad, el yo y el tú en su comunicarse, son cuestiones ulteriores.

Ya tenemos el lugar que ocupa el lenguaje y su articulación en intersubjetividad. Ahora subrayamos su función intersubjetiva, que refleja los ámbitos analizados de la nostreidad, el nosotros, el tú y el yo.

La función del lenguaje consiste en fijar y sedimentar supraindividualmente las experiencias de la realidad y en transmitirlas de unos a otros. Es el ámbito que posibilita la aprehensión de realidad[198] concretando la presencia de los otros en mí, quienes modulan mi campo de aprehensión y posibilitan y limitan mi mentalidad. El lenguaje concreto es posibilitante y limitante de mi inserción en la respectividad social y de mi actualización mundanal como un Yo. Es algo que me viene dado y que yo a mi vez enriquezco y modifico.

El lenguaje sedimentado en la historia conforma una mentalidad supraindividual que orienta nuestro modo de inteligir la realidad y se inserta como mediador dentro de la distancia ganada por las intelecciones ulteriores; esa mentalidad posibilita y limita nuestra experiencia de lo real y está objetivada en el lenguaje: «la estructura del lenguaje deja traslucir siempre, en algún modo, unas ciertas estructuras conceptuales propias de la mentalidad»[199]. Todo lenguaje encierra una manera de ver el mundo e influye de modo decisivo en el modo de concretar la intelección, aunque sin determinismo absoluto.

Desde aquí queda patente el volumen gigantesco de experiencias de realidad que recibimos a través del lenguaje y aparece la complejidad de los problemas de interpretación, pero su resolución última remite siempre a las cosas reales y sus notas. El problema del sentido es ulterior al de la significación real, en este sentido nos encontramos con una posición superadora *a radice* de la fenomenología del lenguaje y de muchas corrientes analíticas[200].

---

evitar la difícil alternativa entre individualidad o comunidad humanas; en Zubiri el problema se resuelve en la originaria comunicación transcendental de la realidad, por lo que, en sentido estricto, no existe un problema de *intersubjetividad*». A. PINTOR-RAMOS, *Realidad y verdad*, 210.

[198] La APR es primordial estructuralmente, de hecho quizá no se dé pura, es base y a la vez accedida en *logos* y razón. Cf. A. PINTOR-RAMOS, *Realidad y verdad*, 211.

[199] SE 345-346.

[200] «Queda claro que la filosofía de Zubiri no puede calificarse como una filosofía del sentido [...] esto significa el más radical distanciamiento respecto a las filosofías de raigambre fenomenológica». A. PINTOR-RAMOS, *Realidad y verdad*, 211.

2.6.1 El lenguaje como expresión

Una vez comparados y completados entre sí los esquemas de los años 50 y 80, nos encontramos con que el nivel reológico en que aparece el lenguaje es la expresión. Este punto es detalladamente estudiado en SH. Desde la expresión se muestra el carácter físico de esta estructura antropológica que posibilita y hace efectiva la habitud de alteridad. La persona abierta radicalmente lo está en expresión y queda expresivamente configurado por los demás[201].

La expresión en su carácter físico manifiesta que el lenguaje no es un fenómeno primariamente intencional o noético[202], acto de noesis o del *logos* sino que radicalmente es noérgico[203]. Por ella la vivencia queda constituida en convivencia formal.

La expresión encuentra su fundamento en la corporeidad[204], antes estudiada, que incluye a los demás en respectividad; por la corporeidad, en orden de fundamentación reológica, la mera exteriorización deviene expresión hacia un, al menos posible, tú.

Esta dimensión es esencial en la persona, no es algo añadido por una ulterior relación con los demás, sino que la persona es intrínsecamente expresiva de sí misma en la comunicación originaria de la realidad[205]. Correspondientemente el Yo de la persona es un yo expresivo. Por eso el hombre no sólo es expresante, sino que tiene la dimensión real de ser expresivo y él mismo va envuelto en la expresión[206].

---

[201] La expresión «Es por lo pronto exteriorización. Si el hombre en su realidad monádica estuviera radicalmente recluso en sí mismo, no habría expresión. Pero en ese caso tampoco los demás hubieran intervenido en mi vida; es decir no habría habitud». SH 276, *El problema del hombre*, 1953-54.

[202] «no es un fenómeno intencional; es una estructura real y física de mi vinculación a los demás». SH 281, *El problema del hombre*, 1953-54.

[203] «La expresión no queda vinculada primaria ni exclusivamente al *logos*; por consiguiente, en lo que tiene de inteligencia, la expresión no es algo que afecta a la inteligencia como *noesis*, sino como *ergon*, es un fenómeno de *noergia*». SH 282. Reposa sobre la noergia de IS: «Cuanto pueda haber en el inteligir de intencional y noético está montado sobre este primer acto intelectivo de carácter físico, no noético, sino noérgico de estar en inteligir». SH 292.

[204] Cf. M. VILÁ PLADEVALL, *Las dimensiones de lo interhumano*, 157.

[205] La expresión me manifiesta, pero es mía, inajenable, es mi realidad en su quedar manifiesto, y por eso no sale de mi intimidad. Cf. SH 279, *El problema del hombre*.

[206] Cf. SH 281, *El problema del hombre*, 1953-54. Lo expreso es la realidad misma de la persona, la persona expresa, *in modo recto* a lo que remite la expresión es la realidad manifiesta, no a lo manifestado. Hay comunicación de realidad personal, no mero sentido. Cf. SH 280.

Por ello el lugar que ocupan los otros en la constitución del lenguaje no es posterior y resultante. Por ser la realidad personal respectiva la expresividad es siempre co-expresión[207] de los demás[208]. Son los demás quienes hacen de mi exteriorización expresión y hacen que mi más íntima expresión sea coexpresiva de la realidad de los demás y de las otras cosas. Los demás han expresado su realidad sobre mí y la han incrustado en la vida mía [209].

En el nivel vivencial esto se manifiesta en la misma forma de aprender la fonación por parte del niño[210]. Son los demás quienes me enseñan a expresarme desde lo más temprano y profundo de mi realidad.

Los otros están en la forma de expresarme. Formulo los juicios sobre mi ser y realidad gracias a los demás. El lenguaje constituye el ámbito en el que los demás determinan mi ser intelectivo. Sobre el lenguaje descansa la realización de la habitud de alteridad y gracias a él es convivencia. Así la expresión y la alteridad posibilitan el modo concreto según el cual se posee efectivamente cada uno por razón de la sociedad en que está conviviendo[211].

Como lo expreso es la persona misma en apertura portadora de los demás y como aprehensible para los demás, la expresión envía-a y fundamenta la comunicación misma como realidad interpersonal. Desde esta fundamentación se percibe la dignidad y cuidado que merece la palabra, pues la palabra lleva dentro la persona misma que en ella se expresa. Este realismo transcendental del lenguaje invita a cuidar la riqueza atesorada en la palabra, aún en el mero y primario nombrar. Desde él se puede comprender la importancia de la sinceridad, del lenguaje amoroso, elaborar una fenomenología y teoría de la estética lite-

---

[207] «Para que haya expresión es necesario que funcione la habitud de alteridad respecto de otro. Sólo cuando hay un *otro*, real o imaginario, la exteriorización en forma de realidad es formalmente expresión. [...] La expresión es la habitud de alteridad en cuanto realidad que va modulando la realidad de mi exteriorización vertida a otros». SH 278, *El problema del hombre*, 1953-54.

[208] También las cosas y los otros vivientes no intelectuales son co-expresados por mí. Sólo en esa medida entran a formar parte de la sociedad humana. Cf. SH 281.

[209] «los demás no sólo constituyen la raíz de que haya expresión, sino que son quienes me enseñan a expresarme [...] porque previamente ellos han expresado su realidad sobre mí y la han incrustado en mi vida». SH 279, *El problema del hombre*, 1953-54.

[210] Los demás nos enseñan los movimientos de la fonación. La habitud de alteridad viene expresada en movimientos de fonación. «Es la física de la alteridad expresada en fonaciones». SH 289, *El problema del hombre*, 1953-54.

[211] Cf. SH 302, *El problema del hombre*, 1953-54.

raria, obtener conclusiones para una deontología de los medios de comunicación, elaborar una ética positiva y constructiva del diálogo y un largo etc.

2.6.2 Lenguaje y *logos*

Hasta ahora nos hemos centrado en el nacimiento del lenguaje en su fundamentación noérgica y en el terreno del mero nombrar. Queremos en este apartado subrayar algunos rasgos de importancia de la relación entre lenguaje y *logos*.

El lenguaje constituye el ámbito social en el que el individuo se expresa y se constituye en alteridad con los demás. Este ámbito colorea el campo de cualquier aprehensión. En la filosofía de X. Zubiri no hay escisión entre los diferentes niveles del sentiligir. La *aprehensión primordial* implica *logos* y éste exige *razón* para revertir sobre el momento originario. Pues bien, si ya en el mero expresarse de la realidad personal aparece su realismo lingüístico, toda articulación posterior en juicios, afirmaciones o diálogos implica, como base impelente, ese realismo[212]. La persona expresa está en su palabra y en sus frases. Al devenir la expresión lenguaje tenemos la expresión lógica de la impresión de realidad. En ella, en nivel más claro pero menos intenso, está presente la realidad personal. Nos encontramos ante el signo, la expresión en un sistema que es radicalmente hacia: *logos*[213].

Quizá fue el estudio del lenguaje realizado en SH el que permitió a nuestro autor descubrir el ámbito del *logos*[214], pero aunque su análisis no esté a la altura de las analíticas actuales[215], la fundación del *logos* en la aprehensión ofrece una posibilidad de fundamentación y solución a las filosofías hermenéuticas, el giro lingüístico obtendría en la *noología*

---

[212] Juzgar es un modo, y no el primario, de inteligir pues pende de la APR. Para los que consideran el lenguaje como la nota esencial del hombre frente al animal, la idea de IS parecerá un regreso a lo irracional. Ortega y Gasset solía decir que más acá de lo que podemos decir con el lenguaje está el orangután que todos llevamos dentro. Bajo esta concepción subyace un dualismo. El lenguaje es específicamente humano porque es expresión de la impresión de realidad. Porque inteligimos sentientemente tenemos por necesidad que expresar las cosas. Hay que articular la aprehensión pre-lingüística con la lingüística como realidad interior a la inteligencia para no caer en el irracionalismo. Cf. J. BAÑÓN, «Zubiri hoy: Tesis básicas», 80-81.

[213] El signo es la expresión en sistema hacia, en intento real. Cf. SH 283-284.

[214] En SH nos encontramos con una formulación en clave de *eidos*, con el sería y la posibilidad muy cercana a IL 95. Esta dimensión del lenguaje sería el campo donde radicaría el hallazgo del *Logos*. Cf. SH 294-295.

[215] Éste es un punto débil al hablar del lenguaje mental. Cf. SH 298.

un apoyo para encauzar sus logros y lograr superar el círculo vicioso del sentido, vacío de realidad e incapaz de una verdad fuerte[216].

Además la filosofía del lenguaje de Zubiri logra esquivar el gran riesgo del pensamiento: sustantivar el ser, entificar la realidad y logificar la inteligencia. El lenguaje como noergia y ámbito interpersonal respectivo implica la nueva noción de sentiligencia y el rescate de la realidad transcendental, viéndose enriquecido por la presencia personalista de la realidad.

En conclusión, la articulación del lenguaje en el *logos* abre, en primer lugar, un amplio campo para la hermenéutica y la interpretación, pero la referencia de ésta será siempre la realidad fundante y originariamente actualizada en aprehensión. «*El lenguaje es el órgano fonético que significa, consigna y expresa la habitud de alteridad en forma de realidad*»[217]. El lenguaje es portador de realidad y de realidad personal. No cabe, salvo como desviación, un eterno círculo de sentido. Esta desviación recibiría el nombre de sofismo[218].

En segundo lugar, el *logos* nos muestra un nuevo ámbito de actualidad de la realidad personal y de toda realidad en la persona. Se trata del ámbito del ser de lo afirmado. Este mundo lingüístico y lógico no es estudiado con detalle por nuestro autor, pero el ser de la realidad en el lenguaje es mera actualidad lingüística del *de suyo*[219]. La primera función del lenguaje es comunicar verdad de realidad o realidad en verdad[220]. Trasladado esto al ámbito intersubjetivo nos permite afirmar

---

[216] «De ahí el círculo vicioso del giro lingüístico. Pretender eliminar la sustantivación metafísica sin una nueva idea de la inteligencia es una tarea imposible precisamente porque se parte ya de una inteligencia sustantivizada, esto es, autonomizada, logificada». El peligro del lenguaje es la sustantivación, dotar de subsistencia metafísica a lo nombrado por los sustantivos lingüísticos. En Zubiri el lenguaje pende de la inteligencia y desde ahí, con IS, puede también realizarse la crítica de la entificación de la realidad. J. BAÑÓN, «Zubiri hoy: Tesis básicas», 83.

[217] SH 299, *El problema del hombre*, 1953-54. Cursiva en el original.

[218] Este riesgo, muy frecuente en nuestro tiempo, se da cuando el decir se independiza del pensar y pierde el centro de las cosas, pues el *logos* queda suelto y libre, cuando la palabra se desvincula de la realidad Cf. NHD 240, «Sócrates y la sabiduría griega».

[219] Cf. G. GÓMEZ CAMBRES, *La inteligencia humana*, 113.

[220] En la relación lenguaje – ser para SH la significación remite *in recto* al ser de la cosa y el signo a la cosa misma. Es la intencionalidad. El *logos* sería lenguaje del ser. La nota de los editores sobre los interrogantes de Zubiri y el sentido del ser en este texto, no me parece acertada. Es cierto que Zubiri no está desarrollado el tema del ser en toda su madurez; pero también se puede decir que si por *cosa* pongo *realidad* el paralelismo con IS es sostenible. Sin embargo para el editor ser es lo talitativo, noso-

que el lenguaje es primariamente vínculo de comunión interpersonal, constituyente de la propia subjetividad y posibilitante de la realización de cada individuo. Su función fundamental no es transmitir conocimientos o compartir belleza, sino que es dialógica: establecer cauces efectivos de comunicación personal en la realidad. Aquí reside la grandeza de la palabra.

Esta segunda conclusión en torno al ser de lo afirmado puede colocarse junto a la dimensión de publicidad de la verdad. El lenguaje es el cauce que manifiesta y encauza antropológicamente la publicidad de la realidad. El nuevo mundo que se abre en el lenguaje es un mundo para todos, una realidad para enriquecimiento de todos y cada uno en la verdad. Desde esta relación cabrían desarrollos posteriores que nos lleven a formular principios éticos de la comunicación, de la condivisión del saber, del derecho fundamental a la cultura y la información veraz. Nos conformamos con enunciar la cuestión.

No queremos acabar este apartado sin subrayar de nuevo que el lenguaje remite y parte del ámbito fundante de la realidad, que es su referencia directa y la que le otorga su valor, así como el lenguaje, visto *a posteriori*, desde el todo social, forma un todo intersubjetivo, límite posibilitante del desarrollo del propio individuo. Sólo lingüísticamente se vehicula el conocimiento lógico y racional del otro y de la sociedad, pero esa vehiculación nunca pierde la realidad personal que va expresa en él. Cada idioma[221] concreta este ámbito intersubjetivo de posibilidades de acercarse a la realidad del otro y comunicar con ella.

2.6.3 Papel del lenguaje en las relaciones interpersonales

Sintetizando los frutos de este recorrido podemos afirmar que: El lenguaje es implantado en cada individuo por los demás, antes de que pueda decir tú o pueda decir yo[222]. Es elemento en que se manifiesta y actúa la dimensión antropológica de la nostreidad. Esta actuación es algo físico y real que posibilita el despliegue o actualización de la persona en su personalización hasta ser un Yo.

---

tros sostenemos la transcendentalidad de realidad presente ya en el lenguaje. Cf. SH 292-293, *El problema del hombre*, 1953-54.

[221] El idioma es el lenguaje como el manifiesto del ser en el que «va expreso el modo de ser real y efectivo de la agrupación humana que se sirve de ese lenguaje». SH 299. Se trata de un modo de ser colectivo, es el lenguaje como haber, reflejo de la nostreidad.

[222] Cf. SH 283, *El problema del hombre*, 1953-54.

Junto a esta primera dimensión intersubjetiva nos encontramos con que el lenguaje vehicula el *se* de la sociedad, es el lenguaje como haber social que a la vez limita y capacita la actualización con los demás y las demás cosas. El lenguaje hace progresar la tradición y la mentalidad. Por esta dimensión impersonal, que no apersonal, la persona se socializa y reactualiza su respectividad con los demás, con el mundo y consigo mismo. El lenguaje articula la convivencia[223].

Por último el lenguaje se caracteriza por ser co-expresivo, en cuanto tal no hay un decir que se encuentra con el decir de otros, sino que esencialmente el decir lógico de la persona es dialogal[224]. Siempre, aún en los monólogos más cerrados, hay un tú al menos implícito, aunque sea el mismo yo en segunda o tercera persona. El momento del diálogo es co-radical con el *logos*. El *logos* zubiriano es dialógico.

Desde aquí se puede captar la importancia de la escucha del otro en clave de donación y respectividad de entrega personal. Entonces el hablar es fruto del escuchar y a su vez invita a una escucha más honda. Así es como llega a ser posible esa comunión mutua por la cual dos personas se compenetran íntimamente y pueden compartir los niveles más profundos y misteriosos de su realidad. Cuando escuchamos dejamos a un lado nuestro propio mundo vivencial, a fin de adentrarnos en el del otro. Nos ponemos en su lugar. El escuchar exige la entrega de mí mismo en el simple hecho de recibir el don del otro. Un auténtico vaciamiento personal es parte integrante de la escucha. Se trata de ser yo mismo en función del otro. Escuchar es necesariamente tener fe en el otro. La escucha no apunta a captar algo. Se escucha a Alguien sin que haya necesidad de una razón o propósito aparte de la persona misma a la que escuchamos. El lenguaje como expresión y signo remite por significación en intento real al otro[225].

Con esta concepción del lenguaje se confirma que el *yo* sólo lo es respecto de un tú, gracias a la nostreidad, lo que posibilita la constitución de cualquier nosotros y de la misma sociedad. La verdad de los otros configura mi propia inteligencia, mi realidad y se apodera de

---

[223] «Por el lenguaje sobre todo la vivencia es *con*-vivencia». SH 299.

[224] Todo lenguaje, como toda expresión, es coexpresivo no sólo es un *legein*, sino constitutivamente diálogo. Cf. SH 293-294, *El problema del hombre*, 1953-54.

[225] Zubiri echa mano de la religión para clarificar: un signo religioso para una persona que sólo se informa sin pertenecer a esa religión, tiene un valor sigNitivo; en cambio, para el que pertenece a esa religión tiene carácter de signo y de expresión: «desencadena el conjunto de vida religiosa que va expresada en aquella realidad». SH 286 y cf. M. VILÁ PLADEVALL, *Las dimensiones de lo interhumano*, 164.

mí[226]. La verdad del otro me da mi verdad. Sólo en la medida en que por el lenguaje descubro la realidad del otro y su verdad alcanzo la mía. Esto requiere un momento experiencial, cierta connaturalidad[227] que podemos llamar personalista. Esa verdad personal configura a su vez el ámbito del *se*[228].

3. Tú

Hemos estudiado la estructura intersubjetiva de la persona en su raíz mostrando el origen del tú, ahora abordamos la interacción con ese tú desde las notas de la persona: corporeidad y las tres notas psíquicas.

Para Zubiri la racionalidad se caracteriza por ser búsqueda, apertura creadora de caminos adecuados para acoger la riqueza de la realidad hasta llegar a comprenderla aunque lo logrado sólo sean esquirlas de saber. La inteligencia humana — y la persona con ella — se va abriendo camino por un tanteo en tensión dinámica hacia el encuentro con las cosas, se va abriendo esforzadamente camino hacia ellas. Para Zubiri esto no es ninguna metáfora.

Zubiri no propone un método de cómo interrelacionarse. No se trata de eso. Se trata de algo más. No nos movemos en el nivel de los métodos que la mente humana inventa para entender un objeto determinado[229]. Queremos decir que comprender y saber es intrínseca y literalmente método, que razón es método. Y método es camino y marcha vital real.

> Se trata justamente del hecho primario y radical de que la inteligencia humana, para ser comprensora, es decir, la razón en su marcha hacia las cosas, tiene que abrirse justamente un camino determinado para ir hacia ellas[230].

---

[226] Se trata del segundo momento del apoderamiento. La verdad configura al hombre por impresión. Cf. HV 149.

[227] Usa el ejemplo teológico de la *connaturalitas quaedam cum divinis* que según Sto. Tomás requiere el teólogo, sin ella no habría Teología. Es el momento experiencial y en esa experiencia la inteligencia se halla configurada, adquiere la figura misma de la verdad. Cf. HV 150.

[228] El hombre adquiere la figura de la verdad, la *forma mentis* que puede tener distintos niveles, desde la vulgar deformación profesional hasta cosas más hondas. En HV la verdad configura a) la mente individual, y b) el espíritu anónimo. Cf. HV 151.

[229] Serían los diferentes métodos según los objetos formales de cada ciencia: Sociología, Historia, Matemáticas, Física, Biología, etc.

[230] HV 76.

Inteligir y comprender la realidad personal y la intersubjetividad es una situación real y no lógica, es decir: física, ontológica y metafísica de la propia inteligencia, en virtud de la cual, por su propia índole, no puede menos de trazar el camino — un *odos* — que le lleve a las otras cosas y a las otras personas, a los demás. Este camino es comprometido para el propio yo a la vez que es algo a realizar vitalmente. El análisis que realizamos no agota ni encasilla la intersubjetividad, por el contrario se abre a una marcha inagotable y vivida. El conocer personalista de Zubiri se suma a la búsqueda existencial y práctica de otros pensadores estableciendo un mínimo para acoger la verdad y la realidad del tú[231].

3.1 *Tu cuerpo*

En su momento estudiamos los rasgos de la corporeidad humana[232]. Ha llegado el momento de ponerlos en juego de cara a la intersubjetividad. Recordemos los rasgos esenciales: estamos hablando de corporeidad, no de la corporalidad. Es decir hacemos referencia al cuerpo como al momento de corporeidad de todo el sistema en virtud de la función somática. Es una de las consecuencias de la unidad psico-orgánica.

Pues bien, en virtud de la función somática del subsistema orgánico, y ya que las notas especifican definitoriamente, no definitivamente, la presencialidad (no sólo la posicionalidad y el complexo), nos encontramos con que a través de este subsistema en función trascendental queda definido el ámbito de actualidad de la suidad[233]. Sería la formulación zubiriana del aforismo «la cara es el espejo del alma». Por esta función el cuerpo es «la posibilidad de que sea Yo»[234].

Como el conocimiento de la realidad del otro comienza a través del encuentro con él cuando es actual a mi conocimiento, esto tan solo es posible por la corporeidad. El cuerpo es la vía de acceso a la persona del otro[235]. Todo lo que se aprehende ha de ser corpóreo. Al contactar

---

[231] Pensamos, p. e., en el pensador español C. Díaz y su deseo de huir de todo sistematismo que pueda encorsetar la persona y las realidades intersubjetivas, elaborando sus obras con intencionada asistematicidad y clave lingüística provocativa.

[232] Cf. cap. V p. 304.

[233] Cf. SH 80, *La realidad humana*, 1974.

[234] PTHC 229.

[235] Prescindimos, por ser ajeno a nuestro interés, de otro desarrollo posible. Se trataría de realizar una *noología* del cuerpo vivido. Nos quedamos con lo que sirve a nuestro propósito: la consideración reológica del cuerpo en el contexto de la expresión y acercamiento interpersonal.

con el otro mediante su cuerpo se actualiza toda la riqueza talitativa de éste (hermoso, alto, bajo, feo, proporcionado...), es el conocimiento del otro en cuanto organismo. Pero simultáneamente se actualiza su estar siendo transcendental, es el cuerpo transcendental, el soma[236].

Con esto no sólo queremos recoger la formulación antropológica de una obviedad, sólo conozco a quien tengo próximo, sino subrayar la importancia que el cuerpo, la dimensión material de la persona reviste en la intersubjetividad. Es consecuencia del materismo y de la IS de Zubiri y pensamos que el desarrollo de una *noología* del cuerpo es tarea necesaria en nuestros días[237]. El cuerpo «es la *persona expresa*»[238]. Precisamente por su forma de corporeidad es por lo que la persona es constitutivamente exteriorizante[239].

Junto a la corporeidad se requiere la proximidad, el contacto personal. Es la función del espacio como mediatización para posibilitar la comunicación. El espacio no sólo no separa sino que une[240]. Nos encontramos así con espacios de comunicación interpersonal mediante la actualización corpórea: la familia, el matrimonio, los colegas, etc.

En estos espacios la persona no permanece aislada sino que realiza su sentiligir. Va hacia los otros próximos y este ir es un ir tanteando, ir trazando un camino. Caminar hacia las demás personas no es algo neu-

---

[236] Cf. D. GRACIA «Prólogo», in P. LAÍN ENTRALGO, *Cuerpo y Alma*, 20-21.

[237] Hay pensamientos que estudian esta realidad, como Merlau-Ponty; sin embargo bajo la apariencia de pensamientos muy *corporales* el mundo actual idealiza la persona y la dualiza en maniqueísmos camuflados de monismos, olvidando la consideración personalista del cuerpo.

El cuerpo ha sido reducido en la práctica, en parte debido al cientismo, a cosa, a instrumento, aunque a veces devengue en objeto de culto casi idolátrico. Brutal paradoja, por un lado nos encontramos con que el cuerpo es hoy una realidad absolutizada pero en separación radical de la persona. Creemos que este movimiento es consecuencia de una crisis personalista de la sociedad actual en su valoración de la realidad humana. Al vivir como si la persona valiese lo que representa su cuerpo el mundo actual reduce la persona a materia cósica, algo que se refleja en otros campos, revistiéndose de filantropía, como es la experimentación sobre realidades humanas despojadas de su real denominación por términos eufemísticos, como materia de laboratorio, células, que hacen olvidar lo que hay realmente.

Esta cultura se queda en la mera corporalidad, quizás porque el cuerpo sea el punto de contacto más próximo de la persona con las cosas; se refleja aquí el materialismo antropológico contemporáneo. Sostenemos desde este estudio que la antropología zubiriana ofrece elementos para situar la corporeidad en su propio campo personal.

[238] SH 62, *La realidad humana*, 1974.

[239] Cf. SH 277-278, *El problema del hombre*, 1953-54.

[240] Mediante el espacio se realiza el recorte del aislamiento. El espacio como autonomización crea la posibilidad de la interiorización. Cf. ETM 167-168, ESP.

tro, la persona se encuentra con un inteligir recubierto del hacia cenestésico y en tensión dinámica que le pide el despliegue de un esfuerzo por inteligir más y mejor la realidad actualizada en ese ámbito comunicativo[241]. No se conforma, por posición natural, con el mero encuentro superficial, estoy impelido hacia la profundidad del otro personal manifiesto en su cuerpo. La corporeidad me remite hacia lo íntimo del otro[242], hacia su sí mismo y su actualización mundanal, su yo.

Precisamente es el espacio comunicativo el que transforma la exteriorización en expresión porque para que haya expresión es necesario que funcione la habitud de alteridad respecto de otro[243], y ésta se actualiza en la proximidad. La expresión es de uno, pero constitutivamente vertido a otros en habitud de alteridad.

Porque hay un otro presente, se puede hablar de que la expresión va modulando la realidad de mi exteriorización[244]. Aquí radica la diferencia entre el encuentro con cosas y el encuentro con personas. Hay una novedad que afecta al propio individuo, su actualidad presencial es ahora expresión. Por ella se actualiza en la realidad la socialidad de la persona, se realiza la *héxis* de alteridad. Por tanto sólo se puede hablar de habitud de alteridad en cuanto «la sustantividad de quien esa habitud es *habitus* es constitutivamente una sustantividad en forma de corporeidad»[245].

Cuerpo, espacio y habitud de alteridad permiten la expresión, y ésta establece que haya convivencia. Gracias a la expresión el mero *con* incoado en el individuo se realiza y concreta positivamente en algo esencialmente vivencial, co-vivencial.

Así queda caracterizada la socialidad en su dimensión de expresión como «una estructura real y física de mi vinculación a los demás, la habitud de alteridad que como realidad modula y exterioriza físicamente mi sustantividad»[246]. Expresión, en profundidad, no es un fenómeno intencional ni tampoco lingüístico; por ello no es algo que pueda

---

[241] No es lo mismo tantear entre piedras que entre personas, hay matices. Puede consultarse cf. HV 65.

[242] En este sentido, a la altura de NHD afirmaba Zubiri en diálogo con Descartes: «La interioridad, entre otras cosas, que mi cuerpo me confiere no es sino el lugar en el que yo inscribo, entre otras cosas, mi intimidad», «*Res Cogitans*», in SPF 298.

[243] «Sólo cuando hay un *otro* [...] la exteriorización en forma de realidad es formalmente expresión», SH 278, *El problema del hombre*, 1953-54.

[244] Por llevar dentro del mí mismo a los demás no se queda en mera exteriorización, que también la tiene una montaña. Cf. EDR 251.

[245] SH 278, *El problema del hombre*, 1953-54.

[246] SH 281, *El problema del hombre*, 1953-54.

afectar a la inteligencia como noesis, sino como *ergon*, es un fenómeno de noergia[247].

En el conocimiento del otro se integra la constitutiva nostreidad de la persona, la corporeidad y la proximidad para convertir el espacio comunicativo en ámbito creativo de expresiones en el que es posible conocer al otro, la manifestación de mí mismo y el intercambio personal.

En la expresión se funda el lenguaje, poco más adelante lo trataremos, pero partiendo en nuestro discurso del modo que lo hemos hecho creemos que se manifiesta mejor que el lenguaje corporal, la presencia física del otro y sus modos concretos, los gestos, las miradas, el vestido, etc., encuentran en Zubiri un lugar antropológico privilegiado que permitiría su fundamentación metafísica y el estudio fenomenológico de estos modos en relación con la realidad personal. La persona se muestra en todo lo que le rodea, y este es un campo espléndido para personalizar el mundo, para abordar temas como el pudor, la modestia, la belleza, la provocación, que comienzan a ser antropológica y culturalmente relevantes y urgentes. Todo ello manifiesta al tú y permite su conocimiento.

Pasemos a ver, sentado el principio del proceso, como se actualiza el otro como un tú personal en la razón.

3.2 *Te conozco*

El otro me está presente y yo estoy presente al otro a través de la mutua actualización propiciada por corporeidad. Esta presencia recíproca en el orden reológico lleva consigo todo un movimiento del sentiligir. Las dos realidades personales (partiendo de la relación intersubjetiva más simple) son Suidad y por ello están abocadas a un movimiento racional de escucha y donación.

El movimiento de búsqueda trata de encontrar la verdad real y profunda de lo actualizado. Por ser lo actualizado Suidad, mi tanteo y curso racional deberá ir al quién. Es cierto que el proceso de este conocimiento puede quedar interrumpido, crear esbozos erróneos e inadecuados o reducir la realidad del otro a un qué apersonal, o conformarse con un periférico trato impersonal. Sin embargo el movimiento sentiligente espontáneo tiende dinámicamente a experimentar la realidad profunda del otro, a descubrir, dentro de los límites del misterio de la individualidad radical, quién es aquel que está conmigo. Este rasgo personalista del conocimiento interpersonal se concreta en Zubiri en la

---

[247] Cf. M. VILÁ PLADEVALL, *Las dimensiones de lo interhumano*, 156-157.

necesidad interna de la razón de experimentar la realidad profunda del otro. En esta experimentación es siempre la realidad del otro la que me da o quita verdad. Nos encontramos ante una formulación del encuentro interpersonal que por naturaleza se abre y apunta a las dimensiones más personalistas.

Esta dimensión personalista se acentúa si la colocamos al lado de la visión zubiriana de la esencia individual de la suidad[248] y la estricta cadacualidad del Yo. El: «No hay otro igual a nadie», cobra nuevo vigor. Es consecuencia obvia del análisis realizado que cada persona (en su personeidad y personalidad) es única, irrepetible y concreta desde su originación y por la libertad en su realización. No cabe, pues, un conocimiento pautado de la realidad del prójimo. Sí podemos hablar de un dinamismo de IS personalista[249], pero cada caso, cada relación, cada encuentro yo –tú, es por su misma índole una realidad única y peculiar.

Zubiri afirma la necesidad del encuentro interpersonal para la plena cualificación del Yo: «Solamente la inmersión real y positiva en el otro en tanto que otro, es decir en alteridad, es lo que confiere al cada su cualidad interna»[250]. La actualidad plena en la alteridad se adquiere en la intelección racional. Pero esta no surge en el vacío. Procede de un movimiento interno que parte de la aprehensión del otro actualizado por su corporeidad[251].

Por la actualización del otro presente corpóreamente se abre un campo intelectivo. Es un campo que se abre desde y en mí, pues toda cosa

---

[248] En Zubiri no hay individuación sino especiación. No nos referimos sólo a la individuación como estudio del qué talitativo, sino a la estricta incomunicabilidad de la persona en el orden del quién. Un esbozo de esta cuestión lo encontramos en SH 116, *Sobre la persona*, 1959.

[249] Es lo que hemos realizado con la anterior investigación de la intersubjetividad. Pero se trata de un sistema desistematizador. El fruto del análisis de la realidad personal descubre unos mínimos antropológicos de la relación interpersonal pero no somete ni fuerza la desbordante riqueza y creatividad de la concreción de la relación en cada caso. Zubiri despliega el ámbito personalista que posibilita encuentros estrictamente personales. Coincide en esto con uno de los rasgos anti-sistema de los personalismos en su rebelión contra la cosificación.

[250] SH 305, *El problema del hombre*, 1953-54.

[251] Seguimos en esta introducción al tú en la razón un método peculiar. Traducimos el análisis del campo noológico a la persona, donde en *noología* Zubiri utiliza cosa en sentido amplio (no excluyente de las personas), nosotros concretamos *otra* realidad personal. Esto no contradice el espíritu de la *noología*, es más, creemos lo desarrolla coherentemente. Como referencia usamos la síntesis del campo realizada por: J. SÁEZ CRUZ, *La accesibilidad de Dios*, 122.

determina un campo, y a la vez es determinado por aquel que tengo ante mí[252]. Este campo me es dado en impresión[253]. El campo tiene una estructura que implica dos aspectos: es un *entre*[254] de unas cosas *hacia* otras, de unas personas hacia otras; y en él se da la *funcionalidad de lo real*, es momento del *por*. Sería la formulación noológica del *entre* de Buber[255].

Del mismo modo que lo real está dado *hacia* las otras cosas reales respecto de las cuales cada una es lo que es, cuando lo que me impresiona es el otro tengo un *entre personal*. La persona en impresión constituye una realidad personal hacia otra, en apertura transcendental sentiente y constitutiva de este *entre* peculiar que es ámbito de realidad personal.

Dentro de este ámbito se irán incluyendo por ensanchamiento todos los demás, pues aunque sean múltiples las cosas reales aprehendidas *entre* otras, el campo de realidad es siempre uno y el mismo. De ahí la importancia que para el conocimiento del tú tengan las primeras experiencias, especialmente la familiar y la materna. Además el campo determinado por la realidad de cada cosa real, determina a su vez a cada cosa como *entre* otras. Así según sea el entre personal primario será determinada mi persona como realidad entre otras.

El *entre* determina también el estar en función de las demás cosas, sólo en función de las otras cosas se es real, y la forma de ser personal será real sólo respecto de otras personas[256].

---

[252] El uso que hacemos ahora de términos como en mí, ante mí, etc., no implican ninguna connotación respecto al realismo o al inmanentismo. Tómeselos como formas de expresión matizadas por el análisis del sentiligir.

[253] La respectividad es formalmente constituyente del momento según el cual toda cosa determina un campo y está en él, siendo así campal. El campo es *más* que cada cosa real, pero es *más* en las cosas. El campo de realidad no es formalmente transcendental es la respectividad de lo real en cuanto sentida que abre la campalidad como transcendentalidad de la realidad. Cf. IL 20, 27-28 y 31.

[254] Este entre tiene tres funciones: constitutiva, intelectiva o distintiva por distanciación y actualizante. Cf. IL 364.

[255] Sirva de ejemplo su formulación para definir las esferas en relación a la teofanía: «Y la teofanía deviene cada vez *más cercana*, se acerca cada vez más a la esfera existente entre los seres: se acerca al reino que se esconde en nuestro centro, en el *entre*». M. BUBER, *Yo y Tú*, 89-90.

[256] El *estar en función de* otras cosas puede actualizarse o no. Pero a nosotros nos interesa no los modos de actualización de esta *funcionalidad de lo real*, sino la actuidad del *estar en función de*, es decir, la funcionalidad radical implicada en la campalidad de la cosa. Nos interesa la *ratio essendi* de la funcionalidad, no su *ratio actualitatis*. Cf. IL 364 e IRA 230.

En el entre personal surge el tú veamos sus condiciones de posibilidad y la experiencia por compenetración.

3.2.1 Condiciones de posibilidad de encuentro con el tú

El hombre está radicalmente abierto, antes del establecimiento de la interrelación efectiva, a un posible tú. Ahora bien, puede darse que ese tú no aparezca (caso de un niño – lobo), y si no comparece lo más probable es que no se actualice el yo. También puede ocurrir que la actualidad del tú en mi yo sea parcial o reductora, sin que deje mostrarse la verdad real del otro, por haberse educado en una mentalidad cosista, materialista, o consumista. Sería una carencia esencial, pues la deficiencia en la formalización de la respectividad con el tú no es indiferente a la realidad del mí mismo[257].

Ante estas situaciones conviene destacar las condiciones que hacen posible un auténtico encuentro con el tú. En primer lugar debo encontrar al tú en la intimidad, si lo busco fuera de mí lo único que voy a encontrar son cosas, o tús reducidos a cosas[258]. Desde la interioridad es posible abrir un *entre* personal posibilitador del encuentro y la compenetración. En segundo lugar he de abrir, por mis esbozos, el espacio necesario para que mi razón funcione con una mentalidad personalista capaz de acoger y adecuarse a la realidad personal del otro. Sólo así habrá encuentro con el tú en toda su fuerza real y su ser personal podrá irme comunicando su riqueza.

Pero estamos aún al principio de un camino. El tú del encuentro es una realidad humana que posee una personalidad única y singular, y que — como cada uno — está llamado a realizarse según un modo de ser particularísimo. Esta personalidad del tú es compleja y vital: todos tenemos nuestras virtudes, nuestros defectos y nuestra historia diferente de la de los demás. El tú muestra la riqueza insondable de la persona,

---

[257] No carecen de interés los desarrollos de la *Teoría del Otro* de Laín-Entralgo, que categoriza la relación con el otro como encuentro, inspirándose en Zubiri. Tras estudiar los supuestos que posibilitan el encuentro (psicológicos, históricos, etc.) describe sus formas concretas. Ahí conceptúa la existencia solitaria y el encuentro sólo visual como formas deficientes.

[258] La situación de encuentro es cosituación porque las dos realidades que se encuentran son suidades. Cosituación implica apertura en intimidad. Sólo si se reconoce la peculiaridad personal del tú se queda en situación de encuentro por la conjunción de la propia apertura modulada en hacia otra persona y la capacidad y reclamo de ésta de interpelar como persona desde su ser suidad. El fundamento lo encontramos formulado en SH 110s., *Sobre la persona*, 1959.

pues, aún cuando haya personas que han vivido siempre en la misma familia o en el mismo ambiente cultural, social y religioso, nunca se dan dos individuos que no hayan tenido en sus vidas experiencias únicas. Este tú se alcanza en la razón. Como consecuencia todo encuentro interpersonal para que sea auténtico ha de basarse en el reconocimiento de que todos y cada uno de nosotros somos fundamentalmente diferentes, personas distintas.

En una relación interpersonal seria se comienza con la admisión de que no es posible comprenderse totalmente el uno al otro, somos irreductibles, absolutos relativos respectivamente[259]. Por eso al pronunciar el tú se es consciente de que incluso en una relación profunda, prolongada y entrañable, una persona jamás podrá abarcar plenamente el aspecto de intimidad y misterio de la otra, más si se considera su relación con Dios[260].

Por eso, al descubrir que el tú hace mi yo y es otro yo, cuanto más unidas están dos personas que se quieren, más claramente se va perfilando y desarrollando en cada una de ellas su propia identidad. El amor que une desde esa radical apertura, es una amor que diferencia y potencia lo personal del otro: al mismo tiempo que une va suscitando en los dos, en reciprocidad, el máximo despliegue de la realidad y ser del otro. La relación tú – yo plenifica la personalidad.

Siendo indudable este relativo absoluto mutuamente cobrado de mi realidad y mi ser respecto del tú, en consecuencia, en mi conocimiento del tú se sabe que ni te comprenderé ni puedo comprenderte plenamente. Y en realidad tampoco yo mismo puedo llegar a penetrarme del todo[261].

Al ocurrir un encuentro entre dos personas se produce una confrontación de dos mundos íntimos. Nos hallamos ante un mundo particular, dinámico y personal que se alza frente al nuestro. No hay una oposición directa, pero por el mero hecho de no ser yo el otro, su mundo no es exactamente el mío. La verdad del tú, la verdad de la relación intersubjetiva, en la medida limitada y abierta en que es alcanzable lo es por

---

[259] Cf. G. GÓMEZ CAMBRES, *Zubiri: el realismo transcendental*, 87.

[260] Sería interesante comparar la filosofía teologal de Zubiri con el Tú infinito, la persona Absoluta de Buber (Cf. M. BUBER, *Yo y Tú*, 61. 100-102) en las que el Tú eterno asume y potencia todas las relaciones de las otras esferas.

[261] No cabe cuestionarse por subrayar el Absoluto Relativo de la persona desde la alteridad radical el cómo podemos unirnos o cómo llegamos a penetrar el mundo vivencial del otro, pues de antemano nos hemos encontrado con que los demás son *yo mismo*. Penetrar en la intimidad es la experiencia por conformación.

486   PARTE III: INTERSUBJETIVIDAD DE LA PERSONA

la compenetración. Veamos en qué consiste esta experiencia por la que la actualización del tú deviene auténtico encuentro.

3.2.2 La experiencia por compenetración y la comprensión

La compenetración es la vía para responder a la cuestión: «¿Quién eres tú?» Dentro de la *noología*[262] se trata de uno de los cuatro modos de experiencia[263] para la probación física de realidad en la razón, el modo de experiencia adecuado a las realidades personales[264]. Es la marcha de la razón en la comprensión del tú.

Tras la actualización campal del *logos*, en la búsqueda de la verdad profunda, la razón inventa un esbozo de posibilidades siguiendo las sugerencias que lo real le ha proporcionado a través del esquema de referencia. Es el giro creador y fantástico por la irrealidad. Aplicándolo al tú, mi razón esboza una respuesta a la pregunta por el quién del tú.

Para hallar la verdad ese esbozo de posibilidades inventado ha de someterse a la prueba física de su validez y, recíprocamente, la cosa real ha de someterse al esbozo. El esbozo racional sobre quien pienso que eres tú ha de ser probado, a la vez que el tú ha de someterse al esbozo para ver si se adecua con él y le da razón[265].

Zubiri lo denomina experiencia. Es la vuelta de lo encontrado – creado en el mundo al campo de cosas reales. La experiencia es un encuentro, pero un encuentro conflictivo de mutuo sometimiento. De dar y de quitar. Se trata de que el tú actualizado en el mundo y esbozado por mí otorgue su realidad a lo que yo encuentro en él. Es así como alcanzo el tú real[266].

---

[262] La experiencia se encuadra dentro de la *noología* no es estrictamente filosofía primera. Cf. A. PINTOR-RAMOS, *Realidad y verdad*, 278.

[263] La experiencia está en relación simultánea con las maneras de construir los esbozos y con las diversas formas de realidad actualizadas. Una formulación anterior a IS la encontramos en el curso madrileño impartido en 1967 sobre *Lo real y lo irreal*, hablando de la recurrencia. «Hay otro modo de experiencia distinto de la percepción. Esta es la probación de una recurrencia en orden a percatarse de la mismidad de un objeto. Se dirige, pues, al quién». En el mismo curso se apunta otro la experiencia fantástica o creadora, que pasará en IS a ocupar un lugar dentro de todos los modos de experiencia. El curso es accesible en su resumen en: A. LÓPEZ QUINTÁS, «Xavier Zubiri. La inteligencia sentiente», 255.

[264] Junto a esta experiencia estarían el experimento, la prueba y la conformidad, respectivamente adecuadas para las realidades físicas, matemáticas y morales.

[265] La prueba viene exigida coercitivamente por la misma fuerza de lo real. Cf. J.F. PINO CANALES, *La intelección violenta*, 58.

[266] La experiencia lo es formalmente de la mismidad, se alcanza la realidad experi-

El esbozo está permanentemente en riesgo de que lo real se resista a sometérsele, de que le niegue la razón. Yo puedo esbozar un tú inexacto o inapropiado. Y aún en el caso de que lo real, el tú con el que me estoy encontrando, dé la razón al esbozo que he creado, esa razón será siempre provisional, no porque sea falsa mi imagen del tú, sino porque mi esbozo nunca puede estar seguro de contener las últimas notas esenciales de una cosa real y por tanto mucho menos de la concreción del tú, en el cuál permanece cerrado un santuario misterioso.

La intelección en razón esboza en profundidad la esencia de una cosa, las dimensiones de una persona, la peculiaridad de un tú. Pero profundidad no es sin más ultimidad, al esbozar en profundidad el tú la razón sigue abierta a la dimensión de ultimidad que encierra, a la presencia deiformante que en él hay por la dimensión teologal. Así no habrá esbozo serio sin incluir algún tipo de respuesta a la ultimidad del tú y la propia, aunque cualquier esbozo del tú estará implicando alguna más o menos expresa.

Otro límite del conocimiento del tú aparece en el mismo esbozo, pues la razón al crearlo ha elegido una dirección determinada entre otras posibles y, por tanto, ha prescindido de otras vías de búsqueda y respuesta. Por verdaderos que sean los hallazgos de la razón son siempre parciales. Por la apertura estructural de la razón hay una dimensión de expectativa ante la novedad aún por descubrir en el tú. Desde este momento del conocer experiencial podemos deducir la invalidez racional de procesos como el etiquetamiento en el ámbito de la intersubjetividad, a la vez que se abre una puerta a la esperanza en lo que el otro en verdad pueda ser, evitando el cosismo de los prejuicios y las opiniones cerradas respecto al otro.

Para Zubiri la experiencia que produce el encuentro se modaliza según los tipos de realidad[267]. Resulta magnífico, aunque su límite noológico quede señalado arriba, que la relación interpersonal goce de un modo de experiencia radicalmente diverso de los propios de las cosas y

---

mentada, el tú puro y duro del otro. Así aparece en *Lo real y lo irreal*: «verdadera presentación de la cosa en su mismidad», A. LÓPEZ QUINTÁS, «Xavier Zubiri. La inteligencia sentiente», 252.

[267] A los cuatro modos de experiencia se añade lo obvio: «lo esbozado y lo real parecen salir sin más al encuentro. De todas formas advierte Zubiri que lo obvio sólo se actualiza como obvio cuando se ha puesto en cuestión precisamente su obviedad», la relación personal se mueve más bien en lo dificultoso. J.F. PINO CANALES, *La intelección violenta*, 59.

las realidades matemáticas[268]. Se abre un espacio adecuado, ni racionalista ni cosista, que es fruto de la ampliación del horizonte a la realidad y en consecuencia a la misma persona. Podríamos decir que nos encontramos con un ámbito personalista de razonamiento. Esto, además de acoger a la persona en su riqueza real, permite encuadrar filosóficamente cuestiones antropológicas derivadas, aunque no por ello carentes de importancia.

Según este estar intelectual no se puede juzgar con el mismo patrón racional la realidad personal que la de una cosa, una relación amorosa que un accidente metafísico. Se abre un nuevo campo en la teoría del conocimiento que no encasilla la persona en categorías propias de otras realidades. Además la compenetración es aplicable a las realidades existenciales de la vida cotidiana que de otro modo quedarían fuera y serían sólo susceptibles de una aproximación fenomenológica.

La conveniencia que dimana de la realidad personal para ser probada en compenetración no es óbice para que el esbozo de su conocimiento se realice con otro modo distinto. Así podemos experimentar con la realidad humana en el campo de la medicina con el modo propio de las cosas. Sin embargo sería erróneo considerar que con esta aproximación se alcanza un conocimiento profundo de la persona y que la realidad personal ha de someterse sólo a ese estudio[269].

Que el conocimiento propio e interpersonal exija una consideración racional propia que obliga a repensar la epistemología, es un hecho que exige formular una interdisciplinariedad adecuada entre antropología, ética y ciencia. Dicho con terminología zubiriana: la realidad que me den las personas, su verdad racional, por reflexión filosófica, por compenetración y conformación condiciona — y no creo estar cayendo en una aporía moralista[270] — la creación de esbozos científicos que

---

[268] Señalamos aquí que la compenetración como modo de experiencia no está reñida con el rechazo por Buber de la experiencia como concerniente al tú. Pensamos que cuando dice: «– Así pues ¿qué experiencia hay del Tú? – Ninguna. Pues no se le experimenta» (M. BUBER, *Yo y Tú*, 13), rechaza lo mismo que Zubiri: acercarse a lo interpersonal con medios inadecuados.

[269] Imaginemos que el sujeto cree que la manipulación experimental es el modo para llegar a la realidad más plena del otro. Si experimento consiste en *forzar* lo real a mostrar su realidad, nos encontraríamos en un mundo intersubjetivamente inviable.

[270] No pensamos que haya falacia naturalista en el salto entre el deber ser y el ser. El hombre es en su realidad esencialmente moral. El razonamiento que acusa de naturalismo o fisicismo a las éticas teleológicas y eudamonistas encierra un sofisma. Excluye que para sus criticados la realidad humana es considerada precisamente desde su dimensión moral y racional para fundamentar las decisiones. Pensamos que sólo

afectan a la realidad humana, en el sentido de encauzar y ser canon p. e. de los límites de la experimentación. No significa, obviamente, que el cirujano opere angustiado porque en sus manos tiene un hermano, ni que el ingeniero genético utilice la compenetración para descodificar el ADN, cada ciencia tiene su método; pero el ámbito de su saber y el campo de trabajo se encuentra iluminado por la realidad personal con sus exigencias éticas y antropológicas.

Recíprocamente los logros de la ciencia serán sistema de referencia (datos talitativos normalmente) para los esbozos de la antropología. Zubiri no desarrolla esta temática expresamente, pero la cuestión es importante, nos hayamos con lo que en terminología habitual es la aproximación interdisciplinar a la realidad humana, que lleva dentro temas graves como es la relación ciencia – ética, temas de bioética, política y antropología, naturaleza y técnica, fe y razón.

Desde la obra impresa de nuestro autor hemos de decir que tan verdad racional (tan abierta, tan provisional si se quiere, tan histórica, pero tan verdad) es la obtenida por la ciencia como la obtenida por la filosofía. El diálogo, la admisión de lo real dado por cada camino es imprescindible. No hay, pues, lugar para el cientismo positivista ni para endiosamientos falsos de saberes peculiares[271], que conducen a una manipulación negativa de la realidad y a un empobrecimiento del ámbito interpersonal. La razón zubiriana exige un camino compartido y enriquecedor en su marcha hacia la verdad desde los distintos saberes. Lógicamente la *noología* y la *reología* tienen su lugar preponderante en el método zubiriano, y desde ahí la verdad alumbrada en antropología primera desempeña un papel orientador de la ciencia positiva, sin quitarla autonomía ninguna y abierta al recíproco enriquecimiento.

Los problemas surgen siempre en las cuestiones límites. Dos de ellos alcanzan cierta relevancia en Zubiri: el origen de la vida y el aborto por un lado, y la muerte por otro. Pero hay otros muchos que dependen de la articulación entre los modos de experiencia, como pueden ser los transplantes de órganos, la experimentación humana, la explotación de las personas desde una determinada razón económica y un largo etcétera. A todos ellos puede llevar luz el planteamiento de Zubiri.

---

una ética con fundamentación antropológica (ética material por tanto, y de primera persona) es capaz de dar respuesta al hecho moral. Veremos como esto se concreta en Zubiri a propósito de la prolongación de su pensamiento por D. Gracia.

[271] Quedaría así superado uno de los desafíos planteados en «Nuestra situación intelectual».

El modo de experiencia propio de las realidades personales es la compenetración. El experimento siempre va de fuera a dentro. En cambio la compenetración pretende ir de dentro a fuera. Se trata de que la cosa nos muestre su propia índole interna; implica, pues, que el esbozo creado *penetre* en la interioridad de lo real[272]. La compenetración conlleva más violencia que el mero experimento pues implica al experimentador mismo. En el conocimiento del otro yo no soy un testigo frío y externo. Mi Yo está en juego cuando me encuentro con el tú. Es parte de mí. Sería muy sencillo deducir de aquí rasgos positivos para las relaciones interpersonales, p. e., no cabe una mirada extraña al otro, pues me miro a mí. No hay neutralidad en las relaciones interpersonales, la verdad del encuentro personal es una verdad en que el yo está comprometido personalmente, hay un nexo noológico entre teoría y praxis.

También como modo de conocimiento racional de uno mismo tenemos la conformación. Consiste en la experiencia de la propia realidad. Es la conformación que voy haciendo con el esbozo de posibilidades que he *inventado* para conocer mi propia realidad. Conocerse a sí mismo, dice Zubiri, es probarse en conformación. Es una auténtica probación física de realidad en la que me someto a un determinado esbozo de mis posibilidades. No me conozco cuando me aprehendo primordialmente, ni siquiera cuando me distingo de los otros; me conozco cuando me *pruebo*, cuando hago experiencia del proyecto de lo que puedo ser. No estamos, pues, en los primeros niveles noológicos anteriormente estudiados, ahora Zubiri nos coloca en el terreno del autoconocimiento personal y concreto de mi persona integral (personeidad con personalidad), es el saber quién soy y como soy, y esto es libertad y posibilidad, proyecto en el tiempo. Dentro de este experimentarme por conformación entran los demás en cuanto no son excluibles de mi proyecto a conformar.

Tanto en la compenetración como en la conformación existe el mismo peligro que en otras experiencias, no sólo el riesgo de que el esbozo no se cumpla, cosa que a veces sucede, sino el sometimiento constante a la prueba de las posibilidades que se abre en todas direcciones. Por ello «El binomio conocer – sufrir pertenece, como lo sintieron los griegos, a la esencia de la intelección»[273].

---

[272] Zubiri pone el caso de Israel y su Dios. Sólo compenetrándonos con el pueblo de Israel podemos comprender a su Dios por lo que Dios hizo con él.
[273] J.F. PINO CANALES, *La intelección violenta*, 59.

La compenetración es forma de conocimiento del tú, de las otras personas y para Zubiri de conocimiento personal y trato con Dios[274]. ¿En qué consiste exactamente la compenetración? En la compenetración se ha de compartir la misma realidad o al menos una realidad común sólo a las personas que participan en dicha comunión[275]. De nuevo nos aparece la proximidad de Zubiri con el *entre* de Buber: «Cuando yo y otros *nos pasamos el uno al otro*... queda un resto, un como lugar donde las almas cesan y el mundo no ha comenzado todavía, y este resto es lo esencial»[276]. Tan es así que se puede incluso pensar en esta categoría de entre y de compenetración para asomarnos en el interior del Misterio Trinitario[277].

La compenetración es un proceso vital, no sólo un conocimiento frío y racional. Por la compenetración se desarrolla y perfecciona la comunión, dentro de la cuál están situadas la ayuda, la educación, la convivencia social y la compañía[278].

No es necesariamente algo positivo, la compenetración entre los hombres puede tener una forma negativa[279]. Puede conducir al fracaso, al dolor. Es una realidad abierta.

El encuentro zubiriano integra la reciprocidad en dar y aceptar Buber. De ahí se deriva que la vida de una persona sin compenetración con alguien carece de sentido[280]. Esto no es sólo una afirmación teórica, Zubiri lo que más valoraba en la vida era la amistad. El desarrollo del encuentro por compenetración es el objeto del próximo capítulo, donde prolongamos el pensamiento de Zubiri.

Antes de concluir el tratamiento del tú en la compenetración queremos subrayar dos cosas. En primer lugar, el dar cabida dentro de la

---

[274] «la experiencia de conformación es más propia de las realidades morales, y la de compenetración de las religiosas. De donde se deduce que la experiencia de Dios, de existir ha de ser experiencia de compenetración. Para que pueda darse la compenetración es preciso que están presentes dos personas. Y el problema es si Dios se hace presente en el mundo. Zubiri piensa que sí». D. GRACIA, «Zubiri, Xavier», 1621.
[275] Cf. B. CASTILLA Y CORTÁZAR, «Comunión de personas y dualidad», 167.
[276] M. BUBER, *¿Qué es el Hombre?* FCE, México 1949 (hebreo 1ª 1942), 148.
[277] Zubiri hace referencia al término teológico *perikhóresis* en IRA 249-250.
[278] Cf. SH 139, *Sobre la persona*, 1959.
[279] Cf. SH 270, *El problema del hombre*, 1953-54.
[280] Cf. M. BUBER, *Yo y Tú*, 98 reciprocidad y mutualidad. Castilla hace una referencia inexacta a las p. 101-102, con las que concluye la obra en castellano. En ellas sólo se hace referencia al ser inargumentable de la mutualidad entre Dios y el hombre, para nada aparece la reciprocidad interpersonal humana. Cf. B. CASTILLA Y CORTÁZAR, «Comunión de personas y dualidad», 168-169.

razón a la compenetración introduce una mentalidad personalista, la persona amplía el horizonte del pensar. En segundo lugar, la identificación entre razón y libertad por el giro en la irrealidad abre el pensar sobre la persona al ámbito creativo de lo fantástico e imaginativo[281], con lo que se permite enriquecer la experiencia interpersonal con un horizonte de creatividad y personalismo asombroso, más en una sociedad en que el peso de las modas, clichés y de lo políticamente correcto cobra cada vez más peso[282].

Como plenitud del inteligir, la razón vuelve sobre la aprehensión originando la máxima *comprensión* de la realidad. Este momento final engloba las tres dimensiones que hasta ahora hemos considerado: APR, *logos* y razón. Constituye la tabla que cierra el tríptico de IS[283]. Aplicando al tú la dinámica de la comprensión vemos que al buscar quién eres tú e irlo verificando por compenetración, mi vida compenetrada con el tú vuelve sobre la realidad originariamente aprehendida, sobre ese tú espontáneamente actualizado. Ahí el tú es reactualizado como lo que realmente es, su dignidad, su personalidad, su donación, etc. Es el momento en que aparece el estado del saber. Al compenetrarme con el tú lo comprendo en mí y esto me lleva a saberlo. No está de más terminar recordando una etimología del término saber, conocer el tú, después de todo el camino, es saborear en respeto y plenitud humana la realidad personal del otro.

3.3 *Te gozo: el sentimiento*

Aunque Zubiri se centra en la IS, para él la unidad del sentir es «primaria y radical»[284]. Desde esta unidad, la intelección determina, sin superposición ninguna, el carácter intelectivo de todo el proceso. La estructura de la intelección «absorbe y contiene formalmente la estructura misma del sentir animal»[285]. La modificación tónica y la respuesta efectora devienen sentimiento de la realidad y voluntad de realidad.

---

[281] Así quedan los antiguos sentidos internos: imaginación y fantasía.
[282] Estos fenómenos se explican por el *arrastre* que ya hemos estudiado.
[283] «Este cerrarse del logos y de la razón sobre lo primordialmente aprehendido constituye una nueva reactualización que tiene también su concepto propio: es la comprensión en el que actualizamos lo real como lo que realmente es. Esta última actualización será la que nos instale en el estado que se llama saber». J.F. PINO CANALES, *La intelección violenta*, 15.
[284] IRE 284.
[285] IRE 284. En el «*animal de realidades*: su intelección es sentiente, su sentimiento es afectante, su volición es tendente». IRE 284.

El hombre tiene, pues, por el *orto* de la intelección sentimiento, de modo que se siente afectado en su realidad y en su forma de estar en la realidad, el sentimiento es atemperamiento con la realidad. «Sentimiento es afecto de lo real. No es algo meramente *subjetivo* como suele decirse. Todo sentimiento presenta la realidad en cuanto tonificante como realidad. El sentimiento es en sí mismo un modo de versión a la realidad»[286].

Estudiamos ahora cómo el sentimiento afectante de la realidad muestra la realidad de los otros y caracteriza mi vida.

El sentimiento revierte sobre la intelección de modo que en el plano de las realidades personales el conocimiento se dobla en re-conocimiento; se requiere una aceptación de la elevada densidad entitativa de aquellos objetos conocidos que no son meros objetos. De ahí que jueguen un papel importante «en el conocimiento de las realidades personales y culturales el amor y el sentimiento, entendido éste de modo rigurosamente espiritual, no meramente vital»[287].

El hombre es trascendentalmente esteta, animal de sentimiento estético de realidad y en este sentimiento se abre afectivamente a la realidad de los otros y viceversa, los otros son afectados por mi realidad sentimentalmente. Esta dimensión intersubjetiva es coesencial.

3.3.1 El sentimiento humano como apertura a la realidad bella

El sentimiento tiene un vector transcendental: es sentimiento de la realidad. Contiene la bipolaridad del genitivo: es del sujeto y es coactualmente de la realidad en cuanto realidad que se me ha dado en impresión[288]. El sentimiento de la realidad es denominado estético.

Por ello todo sentimiento tiene una componente estética[289]. El sentimiento estético no es un sentimiento más junto al sentimiento moral, los sentimientos sociales, los religiosos, etc. Es la dimensión de actualidad de lo real propia de todo sentimiento. «Si nos expresamos con propiedad no podemos hablar de *sentimiento estético* sino de *lo estético de todo sentimiento*»[290]. En el sentimiento la persona se abre a la realidad que se dona en cuanto que bella[291].

---

[286] IRE 283.
[287] A. LÓPEZ QUINTÁS, «La experiencia filosófica», 453-454.
[288] Es realidad del sentimiento, igual que el sentimiento es sentimiento de la realidad. Cf. SSV 337.
[289] Cf. SSV 347.
[290] A. LÓPEZ QUINTÁS, «El sentimiento estético», 146.
[291] Lo bello en APR es neutro, es en el *logos* donde se dualiza en contenidos bellos

El sentimiento es atemperamiento a la realidad, la realidad es del sentimiento y está presente en él[292], del mismo modo que la realidad es de la inteligencia. No puede decirse que el sentimiento *intienda* la realidad, se dirija a ella, ni que sea causado por la realidad. Es el sentimiento de la realidad en plan genitivo. Es la realidad misma la que es entristeciente, la que es alegre, la que puede ser amable, antipática, odiosa. No se trata sólo de que la realidad pueda suscitar en mí sentimientos de un tipo o de otro. La realidad misma se nos presenta y actualiza como atemperante. Los sentimientos son estados de atemperamiento a la realidad[293].

Este vector de realidad pone de relieve que la verdadera fruición no es producida por estímulos gratificantes, sino por una realidad que se actualiza en el sentimiento. No consiste en una cuestión puramente *sentimental*, propia sola del sentimiento humano. En el sentimiento no se expresa sólo la subjetividad del que siente sino toda la realidad. Se trata de poner en juego la totalidad de la propia realidad en el ámbito de respectividad de la realidad misma[294]. El sentimiento más pleno es el más real y trascendente, plenifica más la propia realidad en su profundidad.

Así, en tú que se me da, la prioridad sentimental corresponde a su dimensión de riqueza entitativa y personal, es atemperación con otra realidad personal en cuanto personal, estableciendo un nivel estético profundo y más pleno que el que se puede obtener con la fruición de otras realidades, nivel cualitativamente irreductible[295].

---

y feos; la razón artística elabora las cosas hermosas o deformes. Desde el sentimiento como disgusto (modo negativo) Martín intenta acceder a la formalidad del mal pues el sentimiento descansa en la realidad, pero no estamos de acuerdo con su vía pues la distinción entre fruición y disgusto es talitativa y está en el *logos*, no se da en la APR, y por tanto no es formalidad trascendental. Cf. J. MARTÍN CASTILLO, *Realidad y transcendentalidad*, 163 y D. GRACIA, «El enfoque zubiriano de la estética», 90.

[292] Cf. SSV 336.

[293] Cf. A. LÓPEZ QUINTÁS, «El sentimiento estético», 144.

[294] La estética zubiriana se relaciona con Bergson y su obra *L'énergie spirituelle*: «Bergson descubrió claramente el nexo que existe entre alegría y plenitud de vida: "La alegría anuncia siempre que la vida ha triunfado". Los sentimientos no son nunca meramente subjetivos; son de la realidad, que es actual en todos ellos: la realidad es complaciente o es disgustante». A. LÓPEZ QUINTÁS, «El sentimiento estético», 145.

[295] Para hacer esta afirmación tenemos en mente el paralelismo ya comentado entre la realidad zubiriana y el orden transcendental de la interpretación fabriana de Sto. Tomás.

3.3.2 Aproximación estética al otro
desde los modos de actualización sentimental

Nos hemos situado así ante el goce estético máximo y no manipulador de la realidad de la persona. Ahora bien esto se da de diferentes modos.

Ya en el *me* encuentro una manifestación del modo de sentirme afectado por la realidad en mi realidad desde el *orto* de la inteligencia, desde la constitución del medio en mundo. Es el sentimiento como modo de sentirme como realidad y sentirla afectantemente[296]. Hay pues un sentimiento estético respecto a mi realidad aún no plenamente actualizada.

Este nivel primario marca el ámbito de cumplimiento de toda fruición estética ulterior en relación con la verdad real de lo que soy. La actualización de la realidad atemperante en el sentimiento produce gusto — fruición — o bien disgusto. Por eso se distinguen niveles de profundidad hasta llegar a lo más hondo.

Así vemos que hay alegrías que nada tienen de fruición porque no colaboran al desarrollo personal de quien las experimenta y la realidad personal queda castrada en sus posibilidades, esa alegría no se actualiza en el sentimiento de forma entusiasmante sino deprimente. Desde ahí se puede ver la paradoja de ciertos momentos vitales como el dolor, que parecen provocar sentimientos de tristeza, y sin embargo pueden suscitar una profunda felicidad si uno los vive con elevación de espíritu y les confiere todo su sentido[297]. El sentimiento es de realidad y la riqueza de realidad encerrada en cada contenido talitativo es lo decisivo, no la superficialidad de la apariencia vivencial.

Aplicándolo al nivel intersubjetivo resulta obvio que la auténtica fruición en la relación con los demás no reside en el goce pasajero, en una relación superficial, sino que remite a un ámbito de comunión y comunicación de realidad profundo y personalista. Ese será el ámbito de la amistad, del matrimonio, del noviazgo, de la vida de familia, terrenos donde el atemperamiento con la realidad producirá ese sentimiento de plenitud vital aún en medio de las mayores tormentas.

---

[296] Cf. SH 478, *La concreción de la persona humana*, 1975.
[297] Cf. A. LÓPEZ QUINTÁS, «El sentimiento estético», 144.

3.3.3 El tú como realidad estética en el nivel de la realidad: cuerpo y psique

En consecuencia cuando una persona pronuncia el tú y entra en comunión con ella se produce un sentimiento de amor, amistad, etc., que encierra un nivel de riqueza entitativa único e irrepetible.

Si el camino para llegar a esa comunión puede comenzar por el contacto físico, por la atracción de una belleza corpórea o de unas cualidades, la realidad estética más bella y el sentimiento más profundo se dan sólo en la medida en que haya y se llegue a una auténtica comunicación de realidad.

Zubiri pone el ejemplo de la complacencia del padre en el hijo en tanto que hijo, plano talitativo — aunque profundo, pues podría quedarse en un ámbito más externo como las cualidades de obediencia, inteligencia, cariño, etc. — y la posibilidad de trascender al nivel de la complacencia en la realidad misma del hijo, ahí aparece una forma de sentimiento y amor más radical[298].

Ante la realidad del otro la forma más grande de fruición es la fruición en la pura realidad del otro, lo que en un lenguaje no técnico equivale a decir: «¡Qué bueno que existas!». Llegado este momento la persona se pone a la escucha y se atempera con una realidad de forma desinteresada abriéndose a su donación y dignidad intocable. Este sentimiento es el que puede mover la volición a un auténtico compromiso que envuelva toda la propia realidad y a realizar un auténtico proyecto de autorrealización mediante la creación de nuevos ámbitos de comunión. Saliéndonos un poco de nuestro discurso, imagínese el sentimiento estético de la relación interpersonal con la realidad fundamentante, con Dios.

La consideración del sentimiento estético unida a la habitud de alteridad y la radicación constitutiva de la referencia a otros encierra ricas virtualidades para el planteamiento ético. La realidad que se ofrece a la inteligencia interrelacionada con el sentimiento es la realidad del otro a quien considero susceptible de experimentar sentimientos de dolor y de alegría como los míos y de observarme y valorarme como yo hago con relación a él[299]. Las consecuencias prácticas de este planteamiento resultan evidentes.

En conclusión Zubiri concibe relacionalmente el sentimiento. El sentimiento es afectante, pende de una afección, no surge en la *interio-*

---

[298] Cf. SSV 345, RFSE 1975.
[299] Cf. E. López Castellón, «Para una psicología moral del sentimiento», 46.

ridad de un sujeto desvinculado de la realidad, no es un fenómeno meramente subjetivo. Mas tampoco es objetivo, porque viene a ser la actualización de la realidad atemperante en el sujeto[300]. El sentimiento es apertura en actualidad a la realidad. Yo siento gusto por determinado tipo de belleza; lo que se actualiza en mi gusto pertenece a la belleza de las cosas. De ahí la consideración del tú personal, su afectar al yo y su tender a llenar por la plenitud de su realidad de relativo absoluto. El tú necesariamente me afecta y provoca un modo de atemperarme con él. Este modo pide acogida y goce interpersonal, aunque el tú puede reducirse a mera «delicia para los sentidos»[301].

El tú y el nosotros es lugar privilegiado de la experiencia estética como gozo o sensible – espiritual de toda la persona y lo es en respectividad[302]. El conocimiento del tú personal pone en movimiento el segundo momento del proceso del sentir humano en vistas a la plenitud de la realidad propia y ajena, momento que implica la apetitividad y el querer. Cobijado en el tú de la intemperie de la realidad surge la posibilidad del amor.

3.4 *Te quiero: la volición, amor y entrega*

Al estudiar la nota de la volición vimos que en la persona el tercer momento del proceso del sentir, la respuesta efectora, remitía a un nuevo transcendental antropológico: Persona y Amor se convierten. El querer del hombre desde su estructural dimensión moral es exigido en la optatividad de la vida desde las mismas estructuras de la persona abriéndose en la dinámica de la apropiación de posibilidades[303].

Antes de continuar con el desarrollo de la volición en el campo de la intersubjetividad recordamos algunas de las adquisiciones de aquel análisis. La volición se decanta como voluntad de realidad personal expresada como voluntad de verdad. Esta voluntad de verdad implica una dinámica de entrega a la realidad fundamento. La entrega auténtica constituye la esencia del amor como forma de la voluntad. El amor

---

[300] Cf. SSV 356, RFSE 1975.

[301] Esencia del sentimiento según E. Delacroix. Cf. A. LÓPEZ QUINTÁS, «El sentimiento estético», 161-162.

[302] Para Zubiri toda realidad es respectiva en grado tanto mayor cuanto más alto sea su rango ontológico; por ello el sentimiento no debe entenderse como efusividad psíquica pasajera, sino como *atemperamiento a la realidad*. Cf. A. LÓPEZ QUINTÁS, «El sentimiento estético», 154.

[303] Entonces explicamos el esquema final que coloca la volición tras el sentimiento, aclarando la ambivalencia del término fruición.

siempre implica un movimiento de éxtasis, de salida de sí. En esta salida de sí uno puede buscarse a sí mismo, lo que Zubiri denomina *érôs*, o buscar a los demás, la *agápê*. Este último es la forma más personal y plena de amor, más conforme con la verdad de lo que la persona es en la realidad. También mostramos como en nuestra interpretación de Zubiri el amor – *agápê* se realiza por compenetración, pero debe llegar a una auténtica conformación.

3.4.1 Apertura de la voluntad a la realidad. El ámbito de lo querible

La persona humana tiene que querer, está hecha de tal modo que sin amar no puede subsistir. Esto deriva de la intelección de realidad que hace trascender el dinamismo animal. El hombre es una realidad amante y amante de realidad y realidades necesariamente. Es la realidad relativamente absoluta que no puede no amar.

Por su respectividad originaria la persona es originada en un ámbito de amor, sea este más o menos pleno y humano. Por la nostreidad los otros están en uno mismo no sólo a través de la estructura del inteligir y afectando mis sentimientos, sino queriendo en una forma u otra mi realidad, aunque puedan reducirla a cosa sentido. El ámbito de actualización del yo es ámbito transcendental de amor, se concrete este en desamor o en entrega, constituido por la respectividad con los demás.

Por su intrínseca constitución lo que la persona quiere es la realidad[304] y la plenitud de su propia realidad[305]. El amor se mueve en el terreno de las realidades, de ahí que una cosa sea tanto más querible cuanto mayor sea su rango intensivo de realidad y plenifique mi realidad, me ayude a cobrar mi ser relativamente absoluto. Así el campo de lo querible abarca *in extenso* todo lo real, e intensivamente algo es amable en la medida en que es real.

---

[304] La voluntad tendente quiere dentro del ámbito de lo querible, que no es otro que el campo total de realidad. Cf. SH 38, *La realidad humana*, 1974.

[305] Zubiri se muestra contrario a la sustantivación y absolutización de la libertad (SH 602 y SSV 29s.). Recordamos que hay un desplazamiento en lo moral desde la primacía de la felicidad — en 1954 (cf. SH 380s.) la plenitud del hombre es el bien y el ideal — hacia la libertad — en los años 60 (cf. SSV 297) — pero sin llegar al extremo de absolutizarla. Siempre hay un referente de realidad que no es absolutamente disociable de lo talitativo. En esta evolución el mal en su realidad profunda pasa de respectividad a la personalidad a condición en respectividad a la personeidad. Cf. A. GONZÁLEZ FERNÁNDEZ, «Dios y la realidad del mal», 195.

Las realidades entran en la volición por el inteligir[306], en él se me da su realidad, por ello el conocimiento me lleva al amor. Este conocimiento me presenta los diversos de suyos con su realidad propia dentro del ámbito de la realidad. Ese momento de *prius* que hay en toda intelección implica una exigencia por parte de cada realidad de ser reconocida en su peculiaridad. De ahí que las cosas sean dignas de amor personal en la medida que son reales y dicen algo cara a la persona y su realización[307], punto de referencia final del amor. Por ello realidad es bien transcendental, *bonum* transcendental[308], que capacita la constitución de las diversas realidades en condición de buenas para mí[309].

Entre las cosas nos encontramos con otras personas, de suyos estrictos. En este encuentro se da una exigencia de absoluto. El otro persona es un relativo absoluto y en cuanto tal la forma de quererlo, su exigencia y mi necesidad de amor hacia él, claman por un querer con forma de *agápê*.

La volición se concreta en habitudes y estas están mediadas por la mentalidad a la hora de percibir la realidad en profundidad de las cosas con las que convive la persona y por la percepción de la posibilidad en relación con la propia realización[310]. De ahí que quepan grados de amor, equivocaciones, desviaciones o exageraciones en el amor, así como una diversa capacitación concreta para amar. Todas ellas son posibles en cuanto que el momento de realidad está presente en todo el proceso permitiendo y exigiendo la opción de apropiación[311]. Así una realidad que talitativamente se me presenta de *tal* modo puede ser inteligida racionalmente como portando un nivel de realidad que a la

---

[306] La voluntad tiene tres momentos: apetencia racional, determinación, y amor de complacencia o fruición. En los tres es tendente como la inteligencia es sentiente. Cf. SH 142, *Sobre la persona*, 1959.

[307] La persona está lanzada a tener que optar debido a la verdad real, tiene que abrir *en hacia* un ámbito de esbozos, posibilidades y direcciones para su realización. Cf. J. SÁEZ CRUZ, *La accesibilidad de Dios*, 199.

[308] «El bien es carácter trascendental de lo real, lo cuál no se dice del mal, pues el mal sólo se le concede la dimensión de *condición*». J. MARTÍN CASTILLO, *Realidad y transcendentalidad*, 255.

[309] Cf. SSV 231.

[310] «Lo primario es la realidad, pero el objeto formal de la volición lo dan las posibilidades o condiciones». J. MARTÍN CASTILLO, *Realidad y transcendentalidad*, 201.

[311] El fundamento noológico último se encuentra en la esencia del proyecto. Este parte del esbozo desde unas posibilidades irreales. La pura posibilidad es la forma radical y primaria de la irrealidad por lo que toca al querer. La irrealidad es forma de realidad, no ausencia. Cf. SH 141-142, *Sobre la persona*, 1959.

postre frustre mis expectativas o, por el contrario, las sorprenda. De ahí la necesidad de cuidar la verdad en todos los momentos del vivir y la necesidad de una pedagogía del amor, la sociedad debe educar para amar en forma personalista.

A su vez una determinada mentalidad puede capacitar o impedir la percepción de ámbitos de realidad necesarios para la realización personal. Ejemplificando, una persona con una mentalidad técnica a ultranza puede verse incapacitada para amar la naturaleza y tomar decisiones ecológicas, o una persona con una mentalidad cosista estar ciega para el reconocimiento de otras personas y así ser incapaz de abrirse al don del otro y utilizar de este modo a los demás como medios en las voliciones complejas[312].

Si bien todo esto es posible y explicable en la filosofía zubiriana hemos de decir que la dinámica inherente a la estructura de la persona tenderá a abrirse a la realidad fundamento y a las realidades de los otros. El no llegar o el desviarse son eso en sentido estricto, desviaciones[313] o frustraciones de lo que la persona es. La realidad impele y se apodera de la persona. Lo importante es ser fieles y dóciles a este dinamismo veritativo y realizador.

3.4.2 La esencia del querer. Querer al otro en cuanto persona

La esencia del querer es entrega en la realidad. Esto implica donación y reconocimiento en respectividad, reciprocidad. Ante la realidad del otro que aparece en mi realidad y en mi vida la dinámica de proximidad va exigiendo un reconocimiento de su propio ser personal como relativo absoluto: reconocer en el otro su Persona.

Querer al otro implica quererlo en cuanto persona[314]. De esa realidad originaria surge la consideración del bien absoluto que el otro es tras-

---

[312] Según Pintor-Ramos no hay volición primordial, sino dimensiones volitiva, sentimental e intelectiva de la APR. Lo primordial que determina todo el proceso es la impresión de realidad. Ilarduia sostiene lo contrario en paralelismo con IS, primordial sería la volición simple frente a la volición compleja con sus tipos de volición reflexiva (juicio de valor) y propositiva (discernimiento de medios). Cf. SH 368; A. PINTOR-RAMOS, *Realidad y sentido*, 48-51 y J.M. MARTÍNEZ DE ILARDUIA, «La fruición en Zubiri», 142.

[313] Señalamos cierto paralelismo del inteleccionismo con la influencia de la voluntad en el inteligir, sin perder la primacía de la inteligencia, en Sto. Tomás sostenida por C. CARDONA, *Metafísica de la opción intelectual*.

[314] En su estudio sobre el bien y el mal vincula certeramente el amor y la realidad del ser amado. Cf. SSV 217s.

cendentalmente, bien al que se subordina el bien común. El bien que es la persona se concreta vivencialmente como deseable y realizable. Es algo más que un valor[315] absoluto pues mueve de por sí a su búsqueda y consecución.

Sin embargo este reconocimiento no es algo dado primariamente. Hay muchos factores que pueden enturbiar su conocimiento y mover a formas de volición indignas de la realidad personal. Si la persona como absoluto relativo exige para Zubiri tratarla siempre como fin y nunca como medio, la dinámica de la apropiación de posibilidades[316] engloba ambas opciones de forma abierta por la libertad de la razón[317]. El sujeto del amor puede colocar al otro personal como un simple medio en el camino hacia otra realidad que se le presenta como la posibilidad a apropiarse. Los ejemplos vivenciales de esta realidad son muchos y evidentes[318], la justificación antropológica por parte de X. Zubiri es la que estamos exponiendo.

Esto se da cuando el poder de la realidad percibida como fin oculta por una vía u otra el poder de la realidad personal con la que me encuentro. Ese poder otorgado a una posibilidad[319] concreta sobre otras pende de factores no deliberados (mentalidad en la que uno ha sido educado, estado de las habitudes del sujeto, p. e.) pero también pende del ideal de persona que uno se haya trazado, del propio proyecto de realidad para cobrar el propio ser relativo absoluto. En este segundo aspecto la libertad esencial a la razón juega un papel determinante. Nos encontramos ante lo que sería una ceguera voluntaria, al menos

---

[315] Para Zubiri valor es distinto de bien, entre otras cosas, porque este segundo engloba una dimensión de apetitibilidad. Cf. SH 142, *Sobre la persona*, 1959.

[316] Posibilidad engloba los clásicos fines y medios. Cf. SH 143, *Sobre la persona*, 1959.

[317] IS abre el enclasamiento del medio mediante su vuelta por la irrealidad, surge la posibilidad. Cf. SH 347, *El problema del hombre*, 1953-54.

[318] Aquí entra tanto el considerar a la otra persona como un medio, un peldaño, algo manipulable, una cosa para mi disfrute, como el quererla sólo por alguna cualidad, su riqueza, su poder, su belleza física, su simpatía, etc. La realidad personal exige ser querida en cuanto tal realidad con absolutez. Sería la formulación del consabido amar por lo que se es y no por lo que se tiene.

[319] La posibilidad adquiere un poder diverso de lo posible como factible (poder es facultad) y de lo potencial (poder es potencia). En la posibilidad el poder es posibilitante para mi realidad. Esta es una realidad relacional. La posibilidad *apropianda* tiene fuerza con poder, no es *Kraft* sino *Macht*. Cambres lo explica apoyado en las dotes, pero el concepto de dotes, cambia y es prescindible en el análisis de la apropiación. Cf. SH 315s., *El problema del hombre*, 1953-54. y G. GÓMEZ CAMBRES, *La realidad personal*, 180. Sobre el sentido del poder cf. SR 180 s.

parcialmente. La única forma de compensar este desvío será cuando la realidad misma me quite o dé razón. Cuando el proyecto realizado me muestre un Yo disminuido y evidencie las ocasiones desaprovechadas. La realidad es testaruda y la realidad de los demás es algo esencial a mi propia realidad, su reducción existencial implicará una reducción en el propio ser.

Lógicamente esto no exige que todos los niveles de relación con los otros lleguen a un grado perfecto de comunión y conformación. Una sociedad así sería utópica e irrealizable. Pero sí que requiere una consideración de la relación social impersonal como no apersonal; es decir, el tratar a los otros como colectivo, como cada cuales, omite la proximidad sin omitir la personalidad. Zubiri es claro en este punto, lo impersonal del *se*, de la sociedad, no es inautenticidad o alienación, es forma personal concreta de vivir la relación. Como consecuencia la sociedad está llamada a ir constituyendo entornos y ámbitos en los que la realización de comunión y conformación, es decir de respeto y trato personal sean cada vez mayores y más ricos. De ahí también la falta de verdad de los sistemas sociales en que la persona se reduce a mero número, objeto, consumidor, contribuyente o votante. Cabría desde la concepción zubiriana formular y fundamentar de un modo personalista el principio de subsidiariedad del estado respecto de la persona y de la familia. La sociedad es función de la comunión y de la persona, no al revés. No hay razón de estado por encima de la persona. El absoluto es la persona individual y concreta, no la sociedad. El estado debe desarrollar una función posibilitadora del amor interpersonal, con lo que la persona en comunión queda en el centro del sistema.

Una sociedad construida de espaldas al amor es inhumana. Entre realidades humanas se exige amor y «el amar es una actividad exclusivamente personal»[320]. Como amar es una actividad de carácter transcendental la sociedad ha de enriquecer sus fundamentos concretos históricos y reflexivos en relación con una seria filosofía de la persona, una filosofía del derecho y una teoría social que estén abiertas a este relativo absoluto. El camino realizado en la civilización occidental para el reconocimiento de los derechos humanos, la globalización de la defensa de la paz y de la infancia, de la justicia, son positivos, aunque el camino que queda por recorrer es largo y sólo será viable en la medida en que la mentalidad que vaya impregnando la cultura sea una mentalidad auténticamente personalista. Sólo así se evitará el riesgo de

---

[320] B. Castilla y Cortázar, *Noción de persona*, 352.

deponer amor en algo que no es persona, absolutizándolo de forma idolátrica, y el riesgo de negar el amor a la persona que fundamenta la sociedad en que vive y se realiza.

No hay mayor esclavitud, por lo que toca al proceso de realización personal, que aquella que priva a la persona de la posibilidad de amar y de encontrarse también con el absolutamente Absoluto. Esclavitudes de esta índole son muchas y fuertes en nuestro mundo occidental[321]. El personalismo zubiriano muestra la exigencia de verdad y realidad que debe impeler un dinamismo social personalizador. Para Zubiri vivir es irse poseyendo como realidad, conformarse como realidad. Es autodefinición, no mera autoafirmación[322], autodefinición que se realiza mediante el querer: conformarse con una determinada forma de realidad[323]. Es el otro quien me define, y sólo en la medida en que ame seré autodefinido como persona.

3.4.3 El otro como posibilidad de mi vida: egoísmo no egoístico

¿Cómo quiero a los demás? Si necesariamente busco mi propia realización ¿el amor no sería una falacia encubridora de un egoísmo metafísico? Resuelta esta aporía, ¿qué significa apropiarme de su realidad?

Estos son algunos interrogantes que nos surgen tras el estudio realizado y creemos que desde el pensamiento zubiriano es posible responder.

En primer lugar; es cierto que el dinamismo de la apropiación de posibilidades me lleva en el encuentro con el otro a descubrirlo como una posibilidad para mi propia realización: viendo que es apropiable por el libre querer lo tomo como apropiando. En el dinamismo de la volición se busca el propio *bonum*, lo que va a ser de mí[324]. Lo querido en la volición se naturaliza como *héxis*, siendo así como la naturaleza incorpora lo que había dado de sí como libertad[325].

---

[321] Baste pensar en la incapacidad para amar y comprometerse en que crece gran parte del mundo rico y consumista, en la ceguera materialista que reduce el otro a objeto.

[322] Opuesto, pues, a todos los pensamientos prometeicos y cualquier forma de absolutismo y tiranía, tanto en el ámbito social como en el interpersonal.

[323] Cf. SH 575-576, *El problema del hombre*, 1953-54.

[324] El carácter moral del hombre consiste en apropiarse de lo apropiando con vistas al propio bien. Cf. SSV 264 y A. GONZÁLEZ FERNÁNDEZ, «Dios y la realidad del mal», 196 nota 48.

[325] Cf. SH 149, *Sobre la persona*, 1959.

¿Los demás son apropiados y se reducen a formar parte de mi naturaleza? Evidentemente: no. Zubiri responde desde el estudio del *cada cual*. Preguntarnos en qué consiste ser *cada cual*, equivale a preguntarnos cómo mi vida está cualificada en mi propia realidad por las vidas de los demás. «La manera positiva como la vida de los demás afecta a mi propia vida en tanto que propia, es justamente la *apropiación*»[326]. Pero la vida de los demás en su plenitud es algo radicalmente inapropiable, desaparecería el otro. Tampoco es simplemente la configuración que los demás me imponen. Lo que me apropio del otro es la alteridad: «la alteridad como fuente de vida propia no es otra cosa sino las otras vidas, las vidas de los otros, en tanto que me permiten hacer mi propia vida; es decir, en cuanto son *posibilidades* mías»[327].

> Yo no me apropio la realidad de la vida de los otros. Tampoco me limito a la mera configuración, sino que esa configuración, en tanto que está impresa en mi por las vidas de los otros, hace que las vidas de los otros se constituyan en posibilidades de mi propia vida [...] No es un caso de potencias sino de posibilidades[328].

No todo es querido *para* la propia sustantividad, sino que todo es amado en ella como *medio*. La realidad humana es el ámbito, el sistema de referencia de todo bien. Corresponde a la ética determinar el *carácter* de la sustantividad humana integral y plenaria[329] que guíe la conducta humana.

Ahora bien el propio bien lleva consigo a los demás (nostreidad), no es algo que remita a un yo cerrado sino a una apertura en respectividad. Por esta apertura la felicidad es intrínsecamente un problema porque el hombre está abierto en su inteligencia a cualquier forma de lo real[330]. Pero sea cual sea el contenido que se descubra como más personal ineludiblemente debe incorporar a los demás.

Toda posibilidad apropiada en cuanto referida a la felicidad tiene un poder que deriva del poder absoluto, la realidad en sentido trascendental. Conceder por apropiación poder al tú, en el que late la realidad absoluta de Dios, es la forma de llenar la indeterminación[331] constitutiva del bien en su doble vertiente: La indeterminación en tanto posibilidad

---

[326] SH 305, *El problema del hombre*, 1953-54.
[327] SH 306, *El problema del hombre*, 1953-54.
[328] SH 306, *El problema del hombre*, 1953-54.
[329] Cf. SSV 253-254.
[330] Cf. SH 401, *El problema del hombre*, 1953-54.
[331] Cf. SH 404, *El problema del hombre*, 1953-54.

apropiable y en tanto la propia realidad del hombre apropiada. Pues queriendo el tú concreto quiero la posibilidad de mi propia realidad en otro que es absoluto capaz de plenificarme.

El necesario giro por uno mismo como medio en que se quiere cualquier realidad, es un giro que incluye la primera persona del plural, nos hayamos ante lo que podemos denominar una antropología y una moral egoística no egoísta; pues al querer en mí en ese mí se están queriendo en alguna forma los demás. La libertad y el amor como transcendentales que son se refieren a una pluralidad de personas[332]. La persona exige un ámbito transcendental de nosotros, una especie de *nosotros transcendental*.

El mismo Zubiri remarca que el amor no consiste tanto en adueñarse como en aceptar la donación de los otros, que son quienes salen al encuentro de mi necesidad de ayuda: Las posibilidades «se constituyen siempre y sólo en un respecto, a saber, con vistas a algo. Y en este sentido, lo propio y formal de una posibilidad es la realidad ofrecida en oblación»[333].

Es la realidad quien se dona y en el otro se dona como relativo absoluto. En el fondo, en cada volición y apropiación se obláciona la realidad en cuanto tal. En la búsqueda de la auto-satisfacción como realidad «al enfrentarse consigo mismo como cosa real, el hombre se está enfrentando con el campo entero de lo real»[334]. Y es la realidad de donde toma su poder cada posibilidad. En cada querer el hombre está poniendo en juego toda la realidad, su relación con el absoluto. Uno puede aceptar o rechazar el contenido del poder, pero no puede dejar de definirse ante él, no puede existir sin él[335]. El poder del otro y de los demás, efectuante y activo refleja el poder transcendental[336]. Al querer al otro en su propia realidad e incluirlo sin reduccionismos en mi proyecto vital estoy queriendo de un modo concreto la posibilidad radical

---

[332] «Estos transcendentales antropológicos está caracterizados por la apertura: la inteligencia hace referencia a lo conocido, la libertad hace referencia a la acción libre y, sobre todo, a aquel para el que se actúa, el amor es siempre un amor a alguien. Por eso el nivel transcendental parece hacer referencia desde él mismo a una pluralidad de personas». B. CASTILLA Y CORTÁZAR, *Noción de persona*, 429.

[333] SH 315, *El problema del hombre*, 1953-54.

[334] SH 39, *La realidad humana*, 1974. Es la doble dimensión de la trascendencia: estoy en mi real estado de satisfacción y lo estoy mediante un estar en realidad.

[335] Cf. SH 317, *El problema del hombre*, 1953-54.

[336] La socialidad agrega al contenido ya dado el poder de la posibilidad. Cf. SH 317, *El problema del hombre*, 1953-54.

y última de mi vida. En el tú personal está *la* realidad[337], y así se convierte en deidad, en epifanía del absoluto fundamentante de mi realidad. En la medida en que pierda esto de vista al querer cualquier realidad, incluso la personal, puedo *idolatrar* por olvidar la dimensión de relativo, de cobrado, que tiene toda realidad humana. El otro obtiene su poder sobre mí desde la realidad, sin coartar mi libertad.

Recogiendo las palabras de Zubiri en el epitafio a su amigo Lladó: «La fusión de lo que se hace arranca de la bondad que *se es*. Y a esto es justamente a lo que se llama amor»[338], la persona quiere por y en ella misma, y ahí está el nosotros. La persona es altruista y comunicativa, sin los demás, sin amor, no es feliz. En la medida en que se es más uno mismo hay más amor. Por ello la intimidad facilita el descubrimiento y desarrollo de nuestro potencial creativo: nuestros talentos, habilidades y dotes. Pero también nos confronta con la ineludible verdad de nuestra propia debilidad, que seguimos acarreando a pesar de nuestros mayores esfuerzos y buenas intenciones. Intimidad y autorrealización no implican una fijación narcisista del yo. La comunión con nuestro yo impulsa a la comunión con los demás y con Dios. En el amor real a uno mismo están esencialmente los demás. Es lo opuesto al egocentrismo. Por ello nuestra capacidad de amar está enormemente relacionada con nuestra capacidad de amarnos a nosotros mismos: sería esta una aproximación filosófica a la frase de Jesús: ama a tu prójimo como a ti mismo.

Reflexión crítica y transición

En este capítulo hemos estudiado la intersubjetividad de la persona desde la comunalidad, pasando por el nosotros hasta alcanzar el tú y ver la relación desde la dinámica de sus notas.

---

[337] Esta presencia se hace evidente desde la verdad como poder. Ya en la impresión está ese momento de poder como momento constitutivo. El poder de lo real es congénere al *de suyo*. La nuda realidad, la fuerza de realidad y el poder de lo real son tres momentos que competen a toda impresión de realidad. Este poder es el mismo que da unidad noérgica al inteligir, al momento noético y al momento noemático. No es sólo fuerza de imposición venida desde *fuera*, sino que es poder que atañe al dominio del momento de realidad sobre su contenido talitativo, es dominio de la *suidad* de la intelección misma sobre su contenido. Cada carácter de la verdad toca tangencialmente a los otros y es susceptible de diversos desarrollos por dominancia sobre los demás. Cf. J. SÁEZ CRUZ, *La accesibilidad de Dios*, 90. y J.F. PINO CANALES, *La intelección violenta*, 22.

[338] D. GRACIA, «Xavier Zubiri», 373.

El primer logro ha sido la caracterización de la socialidad como nostreidad con un dinamismo interno de comunión. La nostreidad, englobante de la primera persona y de la pluralidad, expresa la presencia de los demás en uno mismo en clave personalista.

Desde ahí nos hemos acercado a la comunión y a la sociedad descubriendo el papel del nosotros en la persona, y nos hemos enriquecido y alegrado de la visión positiva y personalista de la sociedad humana. Esta visión posibilitadora nos ha permitido formular el contenido de la alteridad en el *se* como intrínsecamente fundado en la verdad y abierto en tradición y mentalidad. En ellas la persona es centro, canon y horizonte. El lenguaje articula estos factores mostrando su ligazón con la verdad y la persona.

Otro fruto de la investigación es el descubrimiento del tú como congénere al yo desde el nosotros familiar. El orden antropológico de los pronombres personales sería nosotros, tú – yo. También se descubre el nosotros impersonal de la sociedad como derivado, dependiente y constituido desde el nosotros comunional, pero necesario y personalista.

Hemos constatado la unidad de la versión real al otro en el dinamismo sentiente: desde la intelección, el sentimiento y la volición expresada en la *agápê*. En ese dinamismo la persona lo que encuentra, recibe y da es realidad personal dentro de su movimiento de autorrealización esencialmente vertido a la comunión.

En estos aspectos aparece la referencia interpersonal a la Realidad Fundamentante. Sólo en ella el Yo se hace *su* Yo, en el sentimiento se refleja la realidad y en ella late Dios, al querer en mi realidad la realidad de otro se apunta al querer y ser querido por Dios. Esta presencia tangencial y abrumadora la estudiaremos en el último capítulo.

También hemos apuntado la posibilidad de desarrollar la antropología de Zubiri hacia la sociedad, el principio de subsidiariedad, la familia, la ciencia, la ecología, etc. Estos puntos quedan más patentes en la reconstrucción de la relación interpersonal que proponemos en el capítulo siguiente.

CAPÍTULO VII

Dinamismo de la relación interpersonal

Son muchos y diversos los escritos de X. Zubiri que tratan aspectos de las relaciones interpersonales según van saliendo al paso en sus análisis antropológicos, en su búsqueda de la esencia de lo social, e incluso en sus estudios más estrictamente noológicos. Sin embargo no nos encontramos con un desarrollo articulado y pormenorizado de la relación entre dos personas. El objetivo que nos proponemos en el siguiente capítulo es reconstruirla desde el nivel de IS tomando para ello elementos que aparecen diseminados en todos sus escritos, aquí está el riesgo personalmente asumido y la originalidad peculiar de los siguientes párrafos. Por ello nos vemos obligados a pedir un cambio de perspectiva. No hacemos aquí análisis ni valoración crítica de la obra de Zubiri, sino que intentamos extraer consecuencias y desarrollos sistemáticos de su pensamiento antropológico. Creemos que el resultado es coherente con el pensamiento de nuestro autor, aunque mucho más discutible que lo analizado en apartados anteriores. Juzgue el lector por sí mismo.

1. El decurso vital del hombre y el Yo como proyecto

La persona abierta, por IS, a sí misma y a la realidad y entrelazada constitutivamente en respectividad con los otros se ve abocada a vivir su vida como la tarea de la autoposesión personal del relativo absoluto que es, al ser *hyperkeymenon* es moral constitutivamente: la persona es libertad. El hombre tiene que cobrar su ser. De ahí que el hombre — y ese es justamente el sentido y decurso de su vida — tenga que ir configurando su propio ser sustantivo, y lo va configurando en cada uno de los instantes de su vida. Del nacimiento a la muerte con todas las vicisitudes psicosomáticas que el hombre tenga, los cambios de la persona coinciden formalmente con las configuraciones del ser en la medida en que el yo reabsorba esas variaciones dentro de su propia vida[1].

La persona está abierta en el tiempo[2], por la duración, a su propia realización. La duración de mi vida toma por el proyecto la forma de decisión[3]. Decisión y proyección constituyen la autoposesión como decurso. El decurso vital del hombre tiene la forma de argumento. El argumento es continuidad conexa de acciones, concatenación de proyectos, trama transindividual de destinación, y en él la vida es ejecución de la continuidad durativa (el hombre como *agente* de sus acciones), decisión de proyectos (el hombre como *autor* de sus acciones), y aceptación del curso destinacional (el hombre como *actor* de la vida). «Ejecución, decisión y aceptación son los tres momentos de la autoposesión. En la vida así entendida está en juego lo que está siendo de mí, la construcción de mi personalidad»[4].

Así, dentro de lo que podríamos llamar la fidelidad ontológica fundamental[5], la persona se ha de realizar como tal, esto lo hace mediante

---

[1] Cf. EDR 28.

[2] El tiempo no es algo separado de las cosas, sino tan solo un momento de ellas y, en consecuencia, las cosas no están en el tiempo sino que son temporales y. por ello, cualifican el tiempo. El tiempo así cualificado se llama *unidad estructural del tiempo*. Las unidades estructurales son cuatro: el tiempo como *mensura* (propio de las cosas físicas), el tiempo como *edad* (propio de los seres vivos), el tiempo como *duración* (propio de los seres vivos dotados de psiquismo) y el tiempo como *acontecer* (propio del hombre). Cf. CDT 35-37 y J.J. GARRIDO ZARAGOZÁ, «El *objetivismo fenomenológico*», 367-368 nota 3. En palabras de Zubiri: «La vida del hombre en esta su totalidad tiene un momento esencial constitutivo: es proyecto. Pues bien, el proyecto cualifica a su tiempo con una cualidad propia: es el tiempo como *acontecer*. He aquí las cuatro unidades estructurales del tiempo, las cuatro cualidades del tiempo mismo: mensura, edad, duración, acontecer. Queda el problema de qué es el tiempo en sí mismo. Es el concepto modal del tiempo que llamo temporeidad. [...] el acontecer puede ser biográfico, social, histórico». DE in NHD 12-13.

[3] Dice Zubiri: «la forma cursiva de la vida no es ni pura duración ni pura proyección. La unidad de ambas es el decurso. El decurso es la forma de la autoposesión. Le pertenece intrínsecamente al viviente y se presenta como argumento. Argumento, porque como dice su raíz *arguor* (ser brillante, lucir), es aquello en que brilla, definiéndose física y realmente, la mismidad de viviente. Pero la unidad radical de la vida le viene del carácter de autoposesión». SH 592-593, *El problema del hombre*, 1953-54.

[4] SH 593, *El problema del hombre*, 1953-54.

[5] Esta sería la posesión de la mismidad (o sustantitividad) como fundamento de toda posibilidad. Esta fidelidad ontológica se expresa en la esencia de la temporeidad humana: el siempre. «Si hay que expresar en términos temporales la unidad del autopresente con su decurrencia, diré no que el autopresente está contemplando su propio decurso, sino que está *incurso* en él, y en él es autopresente. No está autopresente

un proyecto de posibilidades y la creación de posibilidades operativas[6]. Es así como se es siempre el mismo sin ser nunca lo mismo. Es la conjugación de la mismidad con la personalidad en el tiempo, un segundo sentido de mismidad vivencial que se articula con la mismidad ontológica. Es la persona la que decide que va a ser de ella, quien elabora el proyecto con su razón pasando por la fantasía[7], pero sin perder el momento de realidad. Y «la decisión consiste en dar vigencia al deseo previo con vistas a una nueva forma de mismidad»[8].

La libertad por encontrarse en realidad es libertad comprometida consigo misma (no podemos concebir un atomismo decisional) y con la naturaleza (sustantividad)[9]. La persona se realiza por la naturalización de la libertad a través de la incorporación.

En este proyecto que el hombre va haciendo entra en juego una opción fundamental de vida con las posibilidades que le son otorgadas y las que él mismo crea, un ideal de persona; pero no en el sentido de una intención a conseguir en un futuro lejano sino como la verdad de mi persona que está en juego en cada una de mis acciones en la realidad y, consecuentemente, en cada acción de trato con el prójimo[10]. Esta

---

como a la deriva en el decurso, sino que está autopresente de una vez por todas. Esto es lo que etimológicamente significa la palabra *semper*, siempre. [...] El siempre es la unidad de la decurrencia con la autopresencia. La esencia formal del tiempo es el siempre así entendido. Por ser siempre el autopresente es el mismo sin ser nunca lo mismo. [...] Por razón del siempre, la propia realidad es la misma realidad, es mismidad. Cuando se dice mí-mismo hay una doble dimensión: la dimensión más radical de mi propia realidad, y la dimensión de la realidad mía que se conserva siempre idéntica, de modo que el mí-mismo significa el mismo mí. La mismidad en este segundo sentido es posible por el tiempo. La realidad propia en tanto que misma en el tiempo es el-mismo. Siempre el-mismo [...]. Recíprocamente es lo que hace posible que todas las acciones que constituyen la vida, constituyan una misma vida, la vida del mí-mismo». SH 626-627, *El problema del hombre*, 1953-54.

[6] Cf. SH 581, *El problema del hombre*, 1953-54.
[7] Cf. SH 656, *El problema del hombre*, 1953-54.
[8] SH 605, *El problema del hombre*, 1953-54. Entiéndase por nueva forma de mismidad la personeidad reconfigurada con la fluctación de la personalidad, es la mismidad vital y decurrente.
[9] Esta es la forma de articular sustantividad y libertad. Por ser el hombre autor «la vida en su decurso es una sola cosa: creación natural de la mismidad». Por la incorporación la personalidad pasa a personeidad. «En resumen: el hombre, como agente de los actos que ejecuta, está dotado de una naturaleza, de la que emergen radical y básicamente esos actos. Pero como autor de decisiones que son suyas, el hombre es libertad. La vida es a la vez naturaleza y liberalidad; *a la vez*, he aquí la cuestión». SH 606, *El problema del hombre*, 1953-54.
[10] En este sentido podemos aplicar la afirmación de Cambres a todas las relaciones

conceptuación de la libertad y la opción permiten situar el pensamiento zubiriano dentro del realismo moral. Desde este proyecto radical y unitario es desde donde se puede concebir la importancia y naturaleza de las decisiones personales de entrega y matrimonio. Son opciones de vida, que no suponen un accidente externo a la persona, sino que ponen en juego todo lo que ella es, su fidelidad ontológica y vivencial. Esta fidelidad se expresa en la intimidad[11]. Los demás forman parte en la realización de mi intimidad metafísica[12], no sólo de mi intimidad psicológica, que es ulterior[13].

La persona en la consecución de su Yo debe acoger la realidad en referencia a su realidad íntima, conjugarla en el tiempo y jugar su respectividad con los demás, pues su vida es esencialmente convivencia. Si en el nivel reológico fundamental la persona es nostreidad y apertura al tú, en la realización de su Yo, en su proyecto vital, los demás juegan un rol definitivo con importancia fundamental, la concreción de la respectividad interpersonal en relaciones vividas. Si la persona quiere ser fiel a sí misma debe ser fiel a los demás en su proyecto y realización. Es así

---

personales: «si el problema del hombre es problema de realización, entonces cualquier momento donde entre en juego la realidad tiene que darse un problema de realización». No hay acciones indiferentes. G. GÓMEZ CAMBRES, *La inteligencia humana*, 186.

[11] Por ser sobre-sí la persona es agente, actor, autor en intimidad. Sobre-sí no significa ser dueño sino reduplicativamente en propiedad, como intimidad. Cf. SH 134, *Sobre la persona*, 1959.

[12] La intimidad no es cuestion de conciencia ni de sujeto, es una vivencia metafísica, es la vivencia del carácer consistente y subsistente de la persona. En esto consiste el Yo, el mí o el me. Por eso al actuar, cada acto es mío, por eso no sólo repercute como reacción externa sino que modifica, revierte, la figura de mi propia intimidad. Cf. SH 135-136, *Sobre la persona*, 1959. Estamos con Castilla en que la vivencia de la intimidad no es algo meramente de conciencia, es una vivencia metafísica, la vivencia de la propia pertenencia en que consiste la intimidad. Cf. B. CASTILLA Y CORTÁZAR, *Noción de persona*, 175. También concibe así la intimidad zubiriana Quintás partiendo de la IS desde el tacto. Para Zubiri la vista = con-tacto. El tacto es el sentido que más certeramente nos da la realidad de algo. La intelección es un ver – palpando. Así florece esa forma de inmediatez a distancia de perspectiva que llamamos intimidad, intimidad radical de y con las cosas. Este íntimo es lo que llamaron los antiguos el fondo abisal del alma. Es ámbito de vibración de participación real. Cf. A. LÓPEZ QUINTÁS, «La experiencia filosófica», 467.

[13] Los demás van entrando en la intimidad metafísica y en la psicológica también después del nacimiento, a través de: ayuda, educación (sentido humano de la situación), convivencia social (modos de mentalidad) y compañía (base de la comunión). Ayuda y educación son más tarde eliminados del discurso zubiriano. Cf. SH 139, *Sobre la persona*, 1959.

cómo aparece un mundo humano[14].

En conclusión, la dimensión creativa del proyecto vital unida a la respuesta a la realidad transcendental que se es y a la que se orienta la autorealización permiten intuir en qué sentido la historia de cada persona es esencialmente vocación, llamada a la realidad desde la realidad para ser relativamente absoluto con los demás.

2. De la *agápê* a la entrega

En los apartados primeros de esta investigación vimos que la noción de creación de los padres griegos está en la base de la noción zubiriana de creación, persona, religación y amor. Con la ayuda de estos pensadores cristianos y su crear el término de persona se aproxima X. Zubiri a las dimensiones últimas de la antropología[15].

De ellos toma la noción de Dios amor que crea de la nada, que hace salir de sí para que retornen a él todas las cosas[16]. También se inspira en ellos la noción de nihilidad que domina su etapa ontológica y la conceptuación de la religación a la realidad como deidad.

Sobretodo se nota su inspiración en la noción de causalidad, al acentuar la causa formal, como presencia *ad extra* de la causa en el efecto, como re-producción formal por libre proyección.

Es así como llega a tematizar el amor como *agápê*. Pero estas adquisiciones se modifican y profundizan desde el cambio del horizonte de la nihilidad por el de la realidad[17].

Esto implica abandonar la noción de creación *ex nihilo* como algo alcanzable filosóficamente. Se trata ahora de la fundación de la realidad en la realidad. La nihilidad es sustituida por la caducidad talitativa que en función transcendental es limitación transcendental[18]. Como conse-

---

[14] Esta acepción de mundo como mundo humano no es desarrollada por Zubiri, aunque sí usada como sinónimo de *lo humano*, la enuncia en NHD al afirmar que el hombre a diferencia del animal no sólo tienen ambiente sino propósitos y proyectos. Su mundo humano es el sitema total de estos proyectos. Es cierto que el mundo como transcendental complejo es algo necesariamente humano, el único animal transcendental. Nosotros creemos que esta realidad transcendental se percibe en lo categorial, en lo talitativo como un mundo concreto en que las relaciones personales y con las cosas deben revestir un sentido interpersonal. La cita de NHD a consultar es: NHD 34, «Nuestra situación intelectual».

[15] El pensamiento teológico griego encierra tesoros no sólo para la misma teología sino para la filosofía. Cf. NHD 459, SSDTP.

[16] Así se observa en SPF-I y II y en SSDTP en NHD 492-503.

[17] Este abandono de la nihilidad es constatable en IPD (1963).

[18] Cf. SE 463-473.

cuencia la religación es radicalizada como apoderamiento por el poder de lo real.

La consecuencia para el amor consiste en radicalizar su esencia agápica como una donación de sí, una expresión del dinamismo de la realidad personal en su dar de sí. Por ser esto el amor divino y humano, la vida del hombre es concebida como cuasi-creación de posibilidades de realidad, y no mera y nuda realidad[19].

2.1 La formulación de NHD en SSDTP

Zubiri trata de recuperar algunos rasgos del pensamiento metafísico de la teología griega. Así entre las primeras cosas que constata es la importancia del amor[20], que para los griegos es «el fondo metafísico de toda actividad»[21], más que el acento latino y agustiniano puesto en la aspiración del alma con sede en la voluntad.

La esencia divina para los griegos es amor como efusión de sí mismo. Dios se proyecta amorosamente por tres vías metafísicas, hacia su vida misma personal (procesiones), exteriormente hacia el mundo (creación) y se da a sí mismo a su creación para deificarla. El ser mismo de Dios es amor, no como rasgo moral sino metafísico[22]: «la *agápê* no es una virtud de una facultad especial, la voluntad, sino una dimensión metafísica de la realidad, que afecta al ser por sí mismo, anteriormente a toda especificación en facultades»[23].

A diferencia del *érôs* en la *agápê*:

> el amante va también fuera de sí, pero no sacado, sino liberalmente donado, es una *donación* de sí mismo; es la efusión consecutiva a la plenitud del ser

---

[19] Cf. J. SÁEZ CRUZ, *La accesibilidad de Dios*, 281.

[20] La profundización de Zubiri en la *agápê* es paralela a la discusión planteada por Nygren (cf. A. NYGREN, *Erôs et Agapé*). Se ha utilizado la división Eros – ágape para caracterizar la peculiaridad el amor cristiano. Sin embargo, y estamos de acuerdo con ello, para Zubiri hay continuidad tanto entre deseo y amor interpersonal, como entre amor humano y amor cristiano, que es el mismo alimentado desde la gracia. No hay dualismo de amores. En este mismo sentido Lèvinas usaría Eros. Dentro de este capítulo integramos citas de personalistas (sobretodo Lèvinas y Nédoncelle) para mostrar la riqueza de Zubiri, sin más compromisos. También introducimos referencias a Ortega mostrando raíces y puntos de contacto.

[21] NHD 458. En cierta medida puede considerarse que su obra EDR aplica la misma idea a todo su sistema. La actividad fundamental es el dinamismo de dar de sí y en esto consiste el amor. El motor de la vida y del cosmos sería el amor transcendental. Eso sí con ciertas diferencias respecto al pensamiento griego.

[22] Cf. NHD 463.

[23] NHD 464.

que ya se es. Si el amante sale de sí, no es para buscar algo, sino por efusión de su propia sobreabundancia[24].

Ahora el amante no se busca a sí mismo ontológicamente sino que va al amado en cuanto tal. Los latinos de inspiración helénica[25] lo formularon con la diferencia entre el amor natural (tendencia que inclina hacia aquello para lo que se está capacitado) y el amor personal, que se otorga por liberalidad afirmando al amante en su propia realidad sustantiva.

Haciendo suya esta visión teológica con repercusiones filosóficas afirma nuestro autor que nos hayamos instalados en «la situación metafísica del amor»[26], de ella emanará la virtud de la caridad.

Este amor metafísico se relaciona con la noción de realidad con que los griegos leyeron la Revelación. El ser, la energía aristotélica, debe entenderse no como realidad estática, como actualidad, sino como fuente de actividad, «las cosas son más que *realidades*, son algo que *se realiza*»[27]. La medida del amor será la medida de la riqueza de ser y de vida de cada realidad.

Desde esta clave metafísica se reformula el principio de causalidad, con Alejandro de Hales, sostiene Zubiri que: «La esencia de la causalidad es bondad [...]: en la causa, porque es su propia perfección interna; en la actividad causal porque despliega su perfección; en el efecto, porque la reproduce»[28]. Bondad, unidad y verdad van de la mano en una metafísica activista del ser.

La unidad como actividad se manifiesta en una triple articulación entre intimidad, originación y comunicación con todos los individuos de la misma especie[29]. Es así como descubre que el ser es últimamente ser de sí mismo, ser recibido y ser común.

Dentro de esta metafísica se descubre una inversión copernicana en la concepción de la persona. Su referente ya no es una agregación de perfección a las cosas materiales. Se mira a la fontanalidad del ser personal para explicar la relación auténtica entre el qué que soy y el quién que soy, entre naturaleza y persona. La «persona no es un complemento de la naturaleza sino un principio para la subsistencia de ésta»[30]. El

---

[24] NHD 464.
[25] Zubiri se refiere a Ricardo de San Víctor y Alejandro de Hales.
[26] NHD 465.
[27] NHD 468.
[28] NHD 473.
[29] Cf. NHD 474-475.
[30] NHD 477.

núcleo esencial de la persona es la relación de origen (más tarde esto podrá explicarse con la respectividad), la persona tiene naturaleza porque la necesita para subsistir[31], no soy persona porque tenga esta determinada naturaleza. Esta inversión metafísica y antropológica, de origen en un redescubrimiento del orden transcendental, ya la hemos puesto de relieve a la hora de sostener el personalismo del pensamiento zubiriano.

Desde ahí aparece la noción metafísica de intimidad como lo más hondo e interior de la persona, que esencialmente está referido a alguien de quien se recibe la existencia y a alguien con quien compartirla:

> La persona está esencial, constitutiva y formalmente referida a Dios y a los demás hombres. Comprendemos ahora que el *érôs* de la naturaleza reviste un carácter nuevo. La efusión y expansión del ser personal no es como la tensión natural del *érôs*: se expande y difunde por la perfección personal de lo que ya se es. Es la donación, la *agápê* que nos lleva a Dios y a los demás hombres[32].

El amor personal surge en un nuevo nivel ontológico, mejor, el amor como *agápê* hace surgir las realidades personales. La realidad se abre a un nuevo nivel transcendental. Esto, entre otras muchas consecuencias, implica invertir la noción de *éxtasis* como estaticismo para concebirlo como riqueza desbordante y efusiva de realidad. El amor es constitutivamente éxtasis.

El ser espiritual del hombre es llamada a ser de la nada por parte de Dios, pero no es una llamada como la de las cosas materiales,

> es una *vocación*. Aquí lo llamado no sólo *es llamado*, sino que *consiste en ser llamado*; de suerte que su ser pende de su *vocación divina*. El espíritu no sólo *tiene* destinación, y no sólo tiene vocación, sino que *es* formal y constitutivamente un ente vocacional[33].

Ser persona y ser vocación son equivalentes. Ya veremos cómo se integra esto dentro del sistema mundanal poscristiano de la filosofía madura de X. Zubiri.

Pero además en esta concepción la persona, imagen de Dios, es difusión y efusión; la persona humana tiene el amor de *agápê*. Desde ahí el

---

[31] Explícitamente remite a S. Juan Damasceno y a Ricardo de San Víctor con su distinción entre *sistencia* (naturaleza) y su *ex* de procedencia, la existencia (persona o ser personal). Cf. NHD 477-478.
[32] NHD 478.
[33] NHD 500.

hombre crea en torno suyo ámbitos en que el otro se convierte en prójimo. La persona humana es creadora de «projimidad»[34]. Por ello la forma primaria de sociedad es la sociedad personal. La sociedad en sentido más amplio y vulgar deriva de esta sociedad originaria y se subordina a ella. Las personas «son amor en sentido estricto»[35]. El amor es un transcendental humano.

Estos contenidos esenciales que descubrió durante la Guerra Civil Española en sus cursos en el *Foyer* de París no dejan de tener resonancias orteguianas.

Para Ortega y Gasset en el deseo (por *érôs*) el hombre es pasivo y centro de gravitación, mientras que «en el amor todo es actividad [...] En el acto amoroso, la persona sale fuera de sí»[36]. En el amor es el amante quien gravita hacia lo amado, a diferencia del deseo en que la cosa amada está en función del amante. «Amar es vivificación perenne, creación y conservación *intencional* de lo amado»[37].

Esta noción perdura radicalizada en su sistema definitivo. Veámoslo.

2.2 *Actualización desde la madurez del sistema zubiriano*

Ni que decir tiene que todas estas adquisiciones son asumidas en la madurez. La concepción de la realidad como sustantividad y respectividad esencialmente dinámicas, la realidad que está dando de sí, integra la metafísica del amor y de la persona pero desarraigándolas de su origen teológico, del horizonte cristiano de la nihilidad, para radicarlo en el ámbito transcendental de la realidad, de la nueva visión física de la realidad como expansión; la metafísica del amor resulta asequible independientemente de la revelación. En este ámbito el acceso humano a Dios adquiere nuevas posibilidades racionales respecto de la clásica

---

[34] NHD 502.
[35] NHD 502.
[36] J. ORTEGA Y GASSET, *Estudios sobre el amor*, «Facciones del amor», OC V, 554. Para Ortega, tras la flecha incitante del objeto del que brota el amor, el amor va del amante a lo amado en dirección centrífuga, consiste en un estar emigrando virtualmente, es una fluencia continua, un chorro de materia anímica. Estas son las tres facciones del amor, comunes con el odio. Pero a diferencia de éste el amor une mientras que el odio es «absoluto no estar con lo odiado». Cf. *Ibid.* 556-559. Ortega estudia el amor como el sentimiento más alto tras el sentimiento metafísico del Universo. Zubiri radicaliza en su reología con la identidad persona y amor. Los textos de Ortega son de 1927 y 1928, publicados como libro en alemán en 1933 y en castellano en 1941.
[37] J. ORTEGA Y GASSET, *Estudios sobre el amor*, «Facciones del amor», OC V, 559.

teología natural aunque desde una óptica diversa en la que la creación pasa a ser una verdad sólo cognoscible por la fe.

La sustantividad se caracteriza por ser dinámica como dar de sí esencialmente. Esto es máximo en el caso de la suidad, única sustantividad finita estricta. La realidad es por sí misma activa. Es un dar de sí. Es un devenir. Pero devenir no es cambiar. El devenir vital no es formalmente un cambio sino un dar de sí. Para X. Zubiri en la vida se cambia primero para ser el mismo, aunque nunca se sea lo mismo; segundo, para ser más sí mismo, y tercero, cuando se ha dado todo, cuando la vida es tan perfecta que ya no cabe dar más de sí, en orden a sí mismo, le cabe, por lo menos al hombre, una posibilidad superior: la de darse entero a otro, y devenir en otro, por ejemplo en el fenómeno del amor[38]. En EDR el amor:

> Es un dinamismo. Pero quien deviene no es uno *en sí mismo*, sino uno *en otro*. El *en otro*: es ahí donde está el devenir, y no en uno mismo. Tanto menos si aplicamos este devenir, esta noción de dar de sí, al amor divino. Y si precisamente se ha dicho que, y con razón, en la Metafísica medieval, que el amor va disparado no a las cualidades del amado sino a la realidad física de éste, es precisamente por eso, porque el amor consiste en un devenir, en un dar de sí, realmente, en la realidad efectiva de otro. Es algo que no podría acontecer si el devenir fuese formalmente cambio[39].

La iniciativa del amor corresponde al amante, es primeramente un donarse. Este donarse implica la propia realidad en cuanto ya no puede dar cosas sino darse a sí mismo desde el dinamismo de la realidad. No se puede, pues, conseguir el amor de alguien, es don gratuito desde su propia intimidad. Además desde aquí se colige que la única realidad digna de ser amada, merecedora y exigente de *agápê* es la persona. Sólo el otro puede constituirse en sentido, en cuanto relativo absoluto, para llenar la vida de otra persona. El otro es el único que tiene la capacidad de constituirse en sentido global y por tanto tiene la condición[40] de amable.

El amor personal, ya descubierto como transcendental antropológico, «siempre es dirección hacia otro que también es persona»[41]. La perso-

---

[38] Cf. EDR 188.
[39] EDR 62-63.
[40] Condición es la capacidad que tiene la realidad para estar constituida en *sentido*. (cf. EDR 228). La condición pertenece en forma constructa a las cosas, son las cosas las que quedan en una condición determinada cuando el hombre quiere ejecutar determinadas acciones en su vida. Cf. B. CASTILLA Y CORTÁZAR, *Noción de persona*, 193.
[41] M. VILÁ PLADEVALL, *Las dimensiones de lo interhumano*, 153.

na, considerada desde la apertura, es apertura a otra persona, porque la persona misma es la única realidad de la suficiente entidad ontológica como para merecer la donación de otra persona[42].

¿Por qué el amor personal es entrega y donación? ¿En qué consiste la entrega desde las nociones antropológicas zubirianas? El amor es entrega porque toda volición lo es de mi ser absoluto, es voluntad de ser Yo. Esto implica ser voluntad de verdad real, radical y unitariamente voluntad de ser y de vivir. Voluntad de verdad real implica intelección de realidad como sentido o como fundamento, y esto es intrínseca y formalmente trazar un ámbito de posibilidad de vivir con ese sentido o con ese fundamento, es ámbito de opción. Esta se concreta en apropiación optativa, «en lo que formalmente consiste la entrega en cuanto tal. Entregarse a algo es apropiarse optativamente ese algo como posibilidad de mí mismo. En esencia, volición es entrega»[43]. En el otro depongo lo que va a ser de mí, me entrego en sus manos, mi Yo es suyo y por él.

Por eso resulta inhumano entregarse a las cosas[44], sería tomar algo material y reductivo como afirmación de mi ser, sólo en la entrega personal puede la persona encontrar la realización y actualización de su ser absoluto, bien sea entrega a Dios como realidad fundamentante, bien sea a otras personas. Sin eso nunca llegará el yo a ser un Yo.

Formulado con un bello juego de palabras afirma Zubiri:

> toda apropiación es entrega y toda entrega es apropiación. La volición, por un lado es la persona como *sujeto* de la apropiación de la posibilidad; es por otro, el *objeto* mismo que es querido, pues es la entrega de la persona a ser de un modo más bien que de otro[45].

La persona es idénticamente sujeto y objeto de la volición. Sólo habrá plenitud, por tanto en la medida en que lo querido sea persona. La posibilidad de querer otras cosas queda así mediatizada y ordenada de cara a lo personal, lo demás es querible en relación esencial con la verdad real que la persona es: «El hombre, en las cosas, se entrega a lo transcendente en ellas»[46].

---

[42] Cf. B. Castilla y Cortázar, *Noción de persona*, 356.
[43] HD 290.
[44] Lo decimos en sentido absoluto y último de la vida. En cierta medida en cada volición la persona se está queriendo y entregando de un modo concreto. Zubiri pone el ejemplo de yo que opta por pasear, en esa volición yo me estoy realizando como persona, se entrega como persona a ser personalmente un Yo paseante. Cf. HD 297.
[45] HD 297.
[46] HD 198.

Esta forma de entrega en unidad de sujeto y objeto no debe confundirse con una identidad formalista al estilo de Kant, no es que la persona consista en autonomía y autodeterminación, «sino que es la realidad ya personal en suidad la que se entrega en apropiación optativa»[47]. La entrega es de la persona con todos los caracteres que ya posee. «No es un Yo que quiere, sino que aquél que quiere soy Yo»[48].

El ser plenario de la persona, el Yo, se logra en virtud de la *agápê*. Por eso explicita personalistamente nuestro autor que la entrega es: «un ir desde nosotros mismos hacia otra persona dándonos a ella»[49]. Es actitud y acción positiva[50].

Una valoración personalista del trabajo, de la justicia social, una vivencia personal del propio esfuerzo humano — sin entrar en consideraciones espirituales que se derivarían sin dificultad — una actitud de amor y contemplación de la ecología, de los objetos cotidianos, de los detalles, son consecuencias evidentes del personalismo y la entrega de la persona cuando quiere las cosas con un verdadero sentido humano de la realidad.

Desde estas afirmaciones podemos también dictar el principio de reciprocidad, aunque Zubiri no lo haga explícitamente. El otro pide ser entendido en estricta *comunicabilidad*, en *dialogicidad*, sin quedarse en la simple manifestación exterior. La intimidad exige no sólo ser vertida hacia fuera, sino ser recibida en el adentro del otro ser a quien se manifiesta; la manifestación y donación de la propia intimidad reclama otro capaz de hacerla interiormente suya, un tú que comulgue esencialmente con el propio yo. En este sentido comparte X. Zubiri lo que el existencialismo y la filosofía personalista han mostrado, no basta con decir que el hombre *co-existe* y que su existir es inconcebible sin tal coexistir — su ser es un ser en el mundo, en relación existencial con otros seres —, sino que *con-vive comunionalmente*, — coexiste con otros seres con los que comulga esencialmente — y que tal convivir es inseparable de su vivir.

Con un ser inanimado co-existo, pero en una relación unilateral: la piedra existe para mí, pero no yo para ella. Con un ser animado, la relación es ya bilateral — él existe para mí y yo existo para él —: con-vivimos, pero en un vivir desigual por la diferencia de nivel ontológico. Sólo con otro hombre la relación, además de bilateral, posee

---

[47] HD 297-298.
[48] HD 298.
[49] HD 211.
[50] Cf. HD 197-198.

reciprocidad: con él *con-vivo comunionalmente*, y tal convivencia la experimentamos ambos como *ineludible*: de la identidad esencial nace forzosamente una solidaridad existencial de ida y vuelta. La noción del auténtico *amor sui* exige el tú, una voluntad más o menos explícita de comunión[51]. El yo implica trascendentalmente el tú que le hace ser.

3. La fe como forma de causalidad interpersonal

La revolución metafísica operada por nuestro autor implica la revisión de la causalidad. Para él ésta es la funcionalidad de lo real en cuanto real. «Y esto abre el campo a muchos tipos de estricta causación que sólo muy forzadamente, y de una manera deficiente, entrarían en las cuatro causas de Aristóteles»[52]. La causalidad no se circunscribe al terreno cósico y talitativo (metafísica clásica y científica). Hay una causalidad irreductible que no existe en el reino de la naturaleza. Se trata de una causación «entre *quienes* son las personas»[53]. Encontramos las mil y una relaciones interpersonales: estar con un amigo, la influencia del cariño. En estos casos la causación no se da en virtud de *lo que* es el otro (el amigo, el amor, sus cualidades...) sino por ser él *quien* es. La causación depende trascendentalemte del quien, de la personeidad junto con su personalidad en respectividad conmigo, no descansa sobre sus dotes y cualidades, sobre su naturaleza. En este orden trascendental es «tanto más causa cuanto más libre es»[54]. Dentro de este ámbito de causación entran la comunión interpersonal y lo moral por ser momentos de la personalidad. La causalidad moral es un caso de la causalidad personal por no residir en la nuda realidad sustantiva del hombre sino en su naturaleza personizada, en su quien[55].

Dentro de las formas múltiples de causalidad interpersonal está la fe. La fe ocupa un papel central ya que es la forma en que se concreta existencialmente la entrega a la verdad personal y a la vez la entrega es la esencia de toda volición auténticamente personal.

¿Qué entiende Zubiri por fe? La esencia formal de la fe es «la entrega a una realidad personal en cuanto verdad personal real, esto es, en

---

[51] Se recogería así otra de las aportaciones del personalismo. P. e.: «Quererse a sí mismo, es querer al menos obscuramente un tú». M. NÉDONCELLE, *La reciprocidad de las conciencias*, 72. El hombre no se realiza en soledad.
[52] HD 206.
[53] HD 206.
[54] SR 189. Zubiri pone el ejemplo paradigmático de Dios: absolutamente libre de crear pero que no puede no ser libre de crear.
[55] Cf. HD 206-207.

cuanto manifiesta, fiel y irrefragablemente efectiva»[56]. La verdad personal real no se reduce a la dimensión cognoscitiva[57], a manifiesto enunciativo: «La fe recae sobre lo verdadero, pero no es mero asentimiento: es entrega»[58]. Para la fe es coesencial que la persona a quien se entrega sea una persona con cuya fidelidad se pueda contar.

> Creer en una persona, tener fe en ella, es entregarse a ella en esta su verdad personal real, y no en la verdad de lo que comunica. La fe en lo que la persona comunica sólo es posible fundada en la fe como entrega a la persona en cuanto verdadera[59].

La adhesión personal es la primera dimensión de la fe. Esta adhesión funda el asentimiento a lo que enuncia y manifiesta la otra persona. Sin embargo esto no es fe ciega sino personal. La otra persona me mueve porque me inspira fe. Por la adhesión «la persona del que se adhiere cobra en alguna manera las propiedades (digámoslo así) de la verdad personal de aquél a quien se adhiere»[60]. Se incrementa la propia verdad personal.

La fe en el otro persona tiene el carácter de certeza firme. La persona a la que amo se convierte para mí en una *seguridad personal*. La seguridad me manifiesta la dimensión durativa, de estado, de la fe. Esta fe se constituye desde el mundo humano, desde la tradición. Son ellos, el *se*, los que posibilitan mi fe, esto influye desivamente, aunque no exigi-

---

[56] HD 215.
[57] Para Zubiri la fe es una acto de entrega frente a la realidad, no primaria ni exclusivamente teológico, es acto integral del hombre. No cabe una fe ciega o fe del carbonero, no hay separación entre fe e inteligencia, en consecuencia no hay separación entre el Dios de los filósofos y el de la fe (cf. Pascal). Cf. A. PINTOR-RAMOS, «Dios y el problema», 117.
[58] HD 217.
[59] HD 215. Así otorga unidad originaria a la distinción de la teología entre la *fides qua* y la *fides quæ*, desde el fundamento personalista, partiendo desde el terreno puramente antropológico. Retoma aquí el *credere Deo* y el *credere in Deum* de S. Agustín. Cf. HD 213. Esta citación es usada de modo equívoco por Vilá, tomando sólo el *credere Deo*. Esta autora dice: «La fe es la entrega a una persona, a una realidad personal. La fe sería la entrega a una persona en cuanto comunica una verdad, portadora de verdad. En el caso de la fe divina, la fe sería creer lo que Dios comunica. "La entrega de la fe consistiría como decía San Agustín en un *credere Deo*, en un creer a Dios"». Sin embargo Zubiri en el párrafo siguiente estudia el *credere in Deum*, su lectura de S. Agustín es más completa de lo que da a entender esta autora. Cf. M. VILÁ PLADEVALL, *Las dimensiones de lo interhumano*, 251.
[60] HD 218.

tivamente, tanto en mi forma de relacionarme con los demás como en la fe en la divinidad.

Una tercera dimensión de la fe es su carácter activo, su positivo ir desde nosotros mismos hacia la otra persona. La entrega es donación. La persona a quien se la otorgamos no es ajena naturalmente a nuestra donación. Pero su función no es una moción de *arrastre*, «sino una moción de mera *atracción*, incluyendo en este concepto todas las variadas formas con que una persona puede requerirnos sin forzarnos: solicitación, insinuación, sugerencia, etc.»[61]. A cada uno toca aceptar o no la atracción que provoca la donación del otro. Si uno lo acepta hace suya esa atracción, opta y se entrega. Por ello «la fe es una entrega opcional a una persona en cuanto verdadera»[62]. Opción que implica a toda la realidad de la persona.

La entrega que es fe puede realizarse de diversos modos. Aplicando lo que afirma Zubiri sobre la fe en Dios[63] al ámbito interpersonal, pues es el presupuesto del que parte, descubrimos que:

> Hay personas prontas y personas tardas en entregarse. Personas muy precipitadas a tener fe. Hay otras que no lo son. Hay quienes tienen una entrega ilustrada. Hay quien tiene una fe fuerte, y hay quien tiene una fe débil. Son distintos modos de entrega. Y en estos distintos modos de entrega es como acontece precisamente la entrega de mi persona concreta a la realidad personal[64].

La fe es algo personal y la persona es algo intransferible, es *mi* persona. La fe es personal tanto a nivel de *personeidad* como de *personalidad*. Por abarcar toda la persona la fe es concreta[65], Zubiri desarrolla las tres dimensiones de la concreción de la fe según las tres dimensiones de la persona: individual, social e histórica; pero sólo lo hace en el terreno de la religión, de esos textos los apoyos para un desarrollo sólo antropológico sólo nos permitirían apuntar generalidades.

Así vemos como en la fe se concreta la entrega a la realidad personal del otro que se me manifiesta de modo atractivo con la donación de su amor. La fe es forma privilegiada de la causalidad personal y está presente articulando la concreción de las demás relaciones personales

---

[61] HD 220.
[62] HD 221.
[63] La fe como entrega a una realidad personal, en el caso de Dios, es entrega al fondo de mi persona sin salir de ella en la forma de causalidad personal. Cf. G. GÓMEZ CAMBRES, *La realidad personal*, 224-225.
[64] HD 303.
[65] Cf. G. GÓMEZ CAMBRES, *La realidad personal*, 226.

hondas como la amistad, el matrimonio, la familia, el servicio. Veamos algunas de estas.

4. Formas de relación interpersonal

La persona es realidad con la tarea irrenunciable de construirse. En este proceso de personalización se realiza la actualización del ser del hombre. La personeidad como consistencia permanece, al ser perfecta; pero la personalidad es modificable al ser perfectiva. En este sentido, el hombre se convierte en proyecto libre de sí mismo y es arquitecto de su propio destino. Se toma en sus manos y puede moldear su propia personalidad. Y en este proceso deja de ser teoría para convertirse en tarea existencial. Se encuentra con la dialéctica de su propio existir en la condición humana para llegar a ser. Tiene en sus manos la libertad de ser así o de otro modo. Puede y debe desarrollar su propia naturaleza como principio activo. Debe recorrer el camino de su personalización. Y esta tarea está marcada necesariamente por los demás en las diferentes etapas de maduración que hay en la vida.

La personalización reúne las características de activa, perfectiva, libre, abierta, humanista, histórica y prospectiva, auténtica o coherente[66].

La constitución de la personalidad con la influencia interpersonal se concreta en cuatro etapas: ayuda, educación, convivencia social y compañía. Así la originaria tensión de ser debe transformarse en pretensión y la ferencia en preferencia[67]. El hombre elige una cosa en lugar de otra proyectando, y de este modo realiza su proyecto personal. Pero, además, como ser sensitivo y perfectible no tiene más remedio que proyectar. Y proyecta anticipando. Y esta anticipación es un querer, como forma de elección entre varias posibilidades. La personalidad como modo de ser se convierte en un modo de estar en la realidad[68]. Este modo de estar está determinado por los demás.

4.1 *La ayuda y el socorro*

La primera forma en que los demás intervienen en la personalización y en que se comienza a desarrollar la fe personal es a través de la relación de ayuda ante la necesidad de socorro del recién nacido. Tras la fase vital en estado fetal en que su personalidad está en pasividad viene

---

[66] Cf. M. ROMÁN, «La realidad personal del yo educable», 112.
[67] Cf. SH 140, *Sobre la persona*, 1959.
[68] Cf. M. ROMÁN, «La realidad personal del yo educable», 101.

el nacimiento. La nueva situación cambia la forma inicial de la socorrencia física materna.

El nacer supone la desvinculación de la madre y la viculación al mundo primero de los padres, es la primera concreción vivencial de la nostreidad. Ese mundo dado al bebé es la base que irá haciendo suya, mundo suyo[69]. El alumbramiento es la segunda fase de la vida que nos lleva al mundo, la independencia se convierte en separación, esta dilata el medio enormemente y coloca en la intemperie, los impulsos toman carácter de indigencia, la estructural nostreidad de la persona toma carácter de petición de ayuda[70]. Los demás con su mundo son la luz que se me da.

No debemos olvidar que la ayuda y el socorro social también se dan en el embrión, lo nuevo es la situación en que se le da el primordio de mundo a través de la familia. La novedad está en el estado, el recién nacido además de sus propiedades, cuenta ahora con nuevos recursos y un primordio pasivo, dado, incrustado por cariño, de sistema de posibilidades[71].

En esta etapa se manifiesta la iniciativa de los demás del entorno familiar, a la hora de constituir y determinar la primera personalidad de la persona.

4.2 *La educación*

En seguida la ayuda se transforma en educación. La causalidad personal se concreta dentro de la comunidad social en educación y oficio. La educación transmite el sentido humano de las situaciones en que está inmerso y las realidades con las cuales tiene que tratar[72]. Aquí la causalidad personal y el ámbito de fe humana concreta la funcionalidad de los demás respecto de uno mismo. El poder de los demás será el que enriquezca a la persona de modo que revierta esa funcionalidad del yo entre los demás en forma de *oficio*. Tanto la educación como el oficio se desarrollan y apoyan en un ámbito de fe constituido por la comunidad familiar, el primer ámbito de comunión, que es caracterizado por la *compañía*. La compañía es el «poder de las demás personas con quienes convive»[73]. La compañía se actúa como irradiación, constituyendo

---

[69] Cf. SH 555, *El problema del hombre*, 1953-54.
[70] Cf. SH 560-561, *El problema del hombre*, 1953-54.
[71] Cf. SH 642-643, *El problema del hombre*, 1953-54.
[72] M. ROMÁN, «La realidad personal del yo educable», 101.
[73] SH 322, *El problema del hombre*, 1953-54.

«uno de los casos en los cuales una cierta causalidad ejemplar cobra carácter físico»[74]. Aquí la persona no vive en un dualismo maniqueo entre el para sí y para los demás, es un ámbito de comunión, es un *en*. Los vínculos de filiación, de familia, de amistad infantil son reológicamente relaciones[75] con esta forma de causalidad personal.

El fin de la educación es la perfección de la persona, su posibilitación y capacitación para ser en plenitud. Esto supone desarrollar las potencialidades humanas para que el hombre consiga el desarrollo de su naturaleza como personeidad y personalidad. Sólo así será, en términos clásicos, *totaliter factum*[76]. Los demás posibilitan y marcan los primeros desarrollos de la personalidad con dominancia sobre la opción libre de la persona que irá asumiendo protagonismo paulatinamente.

La familia es el: «el ámbito de proximidad de personas compenetradas, sobre el cual se va inscribiendo a lo largo del tiempo, de un modo positivo y negativo, la impresión de la realidad de las personas»[77]. Es dentro de este nosotros donde surge la escisión entre el yo y el tú.

4.3 *La amistad*

Con la modulación del propio yo en las etapas anteriores aparece la posibilidad de la amistad. Considera Zubiri que es «la amistad lo más necesario de la vida»[78]. La amistad es ámbito y tarea donde se activa la fe personal a través de los rasgos descritos anteriormente. En la amistad encuentro un tú que realiza para mí de forma explícita la segunda dimensión de la verdad real.

La verdad no solamente nos presenta algo que es de una manera cualquiera, sino que presenta también un cierto carácter en virtud del cual aquello que nos es presente en el acto intelectivo es aquello en lo cual podemos tener un punto de apoyo y una cierta seguridad, por efí-

---

[74] SH 322, *El problema del hombre*, 1953-54.
[75] Cf. SH 321, *El problema del hombre*, 1953-54.
[76] Cf. M. ROMÁN, «La realidad personal del yo educable», 115. Este autor cree que hay una integración en la antropología zubiriana de las principales aportaciones de la psicología humanista y personalista: Allport, Lerch, Rogers, Maslow, Frankl, para concluir que los fines de la educación son la perfección, la formación de hábitos y la felicidad – alegría. También cabe señalar cierto paralelismo entre el mí y el yo zubiriano y el desarrollo gradual del *self*, de la mismidad fluida y congruente del yo y del mí de Rogers como diferenciación del campo conceptual total. Cf. C. ROGERS, *El proceso de convertirse en persona*, 422.
[77] SH 270, *El problema del hombre*, 1953-54.
[78] CCZ 64.

mera que sea. Es lo que, por ejemplo, las lenguas semíticas — y algunas lenguas indoeuropeas, el latín o el griego — han expresado en una forma distinta:

> El hebreo, por ejemplo, del verbo אמן (*aman*), viene la palabra אמת (*emet*), que significa verdad, pero el verbo אמן (*aman*), significa «tener confianza o seguridad». De ahí la palabra *Amén*: «así sea». Es amigo verdadero aquél en quien yo puedo fiar, en quien puedo tener confianza y seguridad. Es una piedra verdadera aquella que si me apoyo en ella, no se me derrumba, etc... Es la dimensión de confianza o de seguridad de la cosa[79].

En la amistad se da la experiencia del tú por compenetración[80], ésta no es exclusiva de la unión sexual, en el fondo lo que se comparte no es la vida sin más, caso del matrimonio[81], sino la realidad personal, el sí mismo[82]. La amistad encuentra su primer ámbito en los tús que surgen del nosotros familiar. De ahí la importancia de la relación paterno – filial y de la fraternidad como banco de crecimiento de la auténtica amistad, meta de las relaciones en esos niveles y que servirán como posibilitación y enriquecimiento para la comunidad social.

La amistad es el horizonte de las relaciones intrafamiliares. Además es primigenia forma de comunión que fundamenta la vivencia de la indisolubilidad del amor en el tiempo, de la fidelidad a que está llamada la persona. También desde la amistad, con un referente transcendente se entiende la posibilidad de la vida célibe, como entrega a Dios y como servicio a los prójimos. La amistad se caracteriza por ser fundante del propio yo, de ahí que conocer profundamente a un amigo no sea cuestión de necesidad científica, sino de conocer su vida como manifestación de su realidad profunda[83]. La amistad remite a la intimidad del tú. La amistad crea, produce nuevos ámbitos, riqueza personal, algo nuevo donde previamente no existía nada, entiéndase dentro del ámbito interhumano. De hecho Zubiri parte de la causalidad personal en su dimensión creadora para llegar a Dios como personal y fundamentante[84].

---

[79] HV 36.
[80] Cf. SH 270, *El problema del hombre*, 1953-54.
[81] «Una de las posibles comuniones entre varón y mujer es precisamente la comunión de personas que se establece en el matrimonio». B. CASTILLA Y CORTÁZAR, «Comunión de personas y dualidad», 164.
[82] Cf. B. CASTILLA Y CORTÁZAR, *Noción de persona*, 389-390.
[83] G. GÓMEZ CAMBRES, *La inteligencia humana*, 145.
[84] Con esto nos encontramos en uno de los dilemas del sistema zubiriano. Explícitamente nuestro filósofo intenta eludir la noción de analogía innecesaria según él dentro del pensar respectivista y expansivo, sin embargo, y ahí corresponde al estu-

La otra cara de la amistad es que la necesaria interpenetración personal o compenetración que deriva desde el ámbito familiar (amistad, relación sexual), pueden tener un modo aversivo o positivo[85], la libertad del individuo a la hora de elegir, de optar por un compromiso vital con un tú o no hacerlo es decisiva. Es la dimensión de entrega y la posibilidad del rechazo. La cadacualidad que surge desde la familia, manifestación de la unicidad de cada persona, está en la base de estas relaciones. De ahí surge el respeto moral, lo social, aunque no llegue a plasmarse en amistad[86].

Por la amistad se entra en un nuevo ámbito de sentiligir la realidad del otro, que por incluir la dimensión reflexiva implica la solidaridad, la conmiseración[87]. Es una realidad en experiencia que abre nuevos ámbitos de vivencia personal. Es saber de las cosas como son por dentro:

> quien *conoce* a un amigo, *sabe quién* es él, mejor que cualquier biógrafo suyo. Es un saber que toca a lo íntimo de cada cosa; no es la percepción de cada uno de sus caracteres, ni su suma o adición, sino algo que nos instala

---

dioso juzgar, en su obra hay cierta analogía ente Dios fundamento y los fundamentos cósmicos, ambos fundamentan pero no unívocamente. Lo mismo cabe decir respecto de la analogía de la causalidad personal creadora como sistema de referencia tomado desde las interacciones humanas para llegar a Dios absoluta realidad y a la fundamentación absoluta o *creación*, sin caer en vías antropomórficas desde la inteligencia y la voluntad. Cf. J. SÁEZ CRUZ, La accesibilidad de Dios, 311-312. La cuestión que queda pendiente desde aquí, consiste en la viabilidad de un sistema sin la noción de analogía, o si por el contrario ésta es necesaria para dar cuenta de la realidad. desde ahí cabría preguntarse otro tanto respecto a la noción transcendental de la participación. Si respondemos que las dos analogías indicadas en Zubiri son intranscendentes, por colarse de refilón en estudios no directos, la respuesta a la cuestión es afirmativa, de hecho el sistema zubiriano sería un sistema no analógico y no participativo. Sin embargo nosotros nos inclinamos por lo contrario. Analogía y participación no entrarían en lo que podrían considerarse nociones logificadas o entificadas, de hecho las nociones de expansión e intensidad de realidad, podrían leerse como intentos de formular esas dos realidades filosóficas liberadas del conceptismo.

[85] Cf. SH 270, *El problema del hombre*, 1953-54.

[86] Dice Zubiri que «cada cual es cada cual. Esto no obsta, sino al revés implica que formalmente cada cual esté referido a los demás, porque de lo contrario no habría nadie respecto de quien ser cada cual. Esto no es una sutileza conceptual; en ello se plasman dimensiones muy profundas de lo que suele llamarse la realidad social por ejemplo, la amistad, el respeto moral por las personas». SH 246, *El problema del hombre*, 1953-54.

[87] Así encontramos implícita esta dimensión ya en NHD cuando afirma: «La realidad es un carácter de las cosas difícil de expresar. Sólo quien ha *estado* enfermo, o quien *conoce* a un amigo, *siente* la enfermedad y *siente* la amistad. [...] En todo sentir, el hombre *se siente* a sí mismo». NHD 74-75, «¿Qué es saber?».

en lo que ella verdadera e íntimamente es, *una* cosa que *es* de veras, tal o cual, y no simplemente, lo *parece*. Una especie de sentido del ser. No es, pues, un acto místico o trascendente: todo comportamiento con las cosas lleva en sí la posibilidad de esta *experiencia*. Y sólo eso es lo que llamamos *saber* lo que una cosa es [...] y no tan sólo a lo que parece[88].

Este conocimiento plasma lo que la Biblia denomina corazón. Con ello está dando cabida filosófica plena al ámbito interpersonal dentro de la racionalidad humana, la amistad queda así mostrada en su grandeza y profundidad, categorizada sin rigidez, en un pensar personalista, y rescatada del riesgo de reducir este tipo de realidades a sentimentalismo.

4.4 *El amor esponsal: carácter irreductible de la diferencia sexual*

El amor esponsal, que se expresa en y constituye por su fidelidad y exigencia propia el matrimonio, es la relación de fe y entrega básica. La esponsalidad como forma de compenetración básica articula todas las demás: materno filial, paterno filial, fraternidad, amistad, y amor conyugal[89]. De ahí que hasta las relaciones con Dios y el celibato tengan cierta dimensión esponsal, justificado ahora antropológicamente.

La relación esponsal tiene un componente biológico y una realidad personal. Después de cuanto llevamos dicho creemos que la prioridad absoluta corresponde a la dimensión personal de la que la relación sexual es expresión y manifestación. De ahí que la separación de la sexualidad biológica del amor esponsal interpersonal sea una aberración.

Con ciertos límites podría afirmarse desde el pensamiento zubiriano que el tener un cuerpo masculino o femenino (incluyendo en esto la psicología y la afectividad) es consecuencia de la realidad personal que soy. Porque soy varón mi cuerpo es así. Lógicamente esta consideración filosófica no contradice el hecho biológico. La respectividad cuerpo – psique va en paralelo. Con ella sólo queremos afirmar que no hay una determinación biológica de la sexualidad aislada de la realidad personal, la dimensión biológica, que puede ser causa, origen o lo que se quiera, en el todo personal es expresión del modo de autoposesión masculino o femenino. Así afirma Zubiri que siendo la célula germinal sexuada por los cromosomas:

---

[88] NHD 63-64, «¿Qué es saber?». Se trata de un formulación que anticipa la experiencia por compenetración. Se sitúa dentro del contexto de la búsqueda de una lógica de los principios frente a una lógica de los razonamientos, búsqueda que termina en el hallazgo de la IS y la lucha contra la logificación.

[89] Cf. B. CASTILLA Y CORTÁZAR, «Comunión de personas y dualidad», 173.

por elevación se torna en nota psíquica: es la sexualidad humana, la sexualidad como forma de realidad, a diferencia de la sexualidad animal, es una forma de versión a la realidad[90].

Considerado desde otro ángulo estaríamos casi afirmando que la sexualidad es de orden transcendental y sus manifestaciones categoriales serían consecuentes con lo que esta realidad es. Sostiene Castilla que:

> Si cada persona humana es una forma de realidad que tiene una autopropiedad o autoposesión, y hay diversos modos de autoposeerse y de abrirse a los demás como ocurre en el caso de la sexualidad, se podría decir que el dimorfismo sexual establece dos modos de autoposesión[91].

Para esta autora la diferencia entre ellas sería de carácter relacional. Se trataría de una relación constitutiva en la que se tiene en cuenta solamente el *esse-ad*[92]. La sexualidad humana, en su dimensión más profunda, sería una relación constitutiva y complementaria, que diferenciaría internamente el *esse* personal, dando lugar a dos personas distintas.

La condición sexuada humana configuraría, pues, al varón y a la mujer como personas diferentes[93]. Para Castilla, sin traicionar a Zubiri, la masculinidad y feminidad son habitudes de la comunión apoyadas ontológicamente en una disyunción transcendental[94].

Nosotros pensamos que hay una gran parte de verdad en esta afirmación y que su fundamentación en Zubiri no está desprovista de razón, sin embargo no creemos que sea necesario introducir la diferencia de género en el orden transcendental. Bastaría considerarlo como lo hace Millán Puelles. Este autor interpreta el transcendental disyunto desde Aristóteles y Porfirio para aplicarlo al género. Es cierto que es algo propio, convertible, pero no transcendental porque es diferente de la esencia.

---

[90] SH 471, GRH.
[91] B. Castilla y Cortázar, *Noción de persona*, 402.
[92] Cf. RR 14-22.
[93] Cf. B. Castilla y Cortázar, «Comunión de personas y dualidad», 178-179. Ambas personas se diferenciarían por la dirección relacional: el varón modula el *esse* con la preposición desde (*esse-ex*), y la mujer con la preposición en (*esse-in*), remite a Lévinas y su categorización del amor. Cf. B. Castilla y Cortázar, *Noción de persona*, 406.
[94] Serían dos modos de realidad en un tipo desde la respectividad transcendental, disyunción en el modo de ser persona. Cf. B. Castilla y Cortázar, *Noción de persona*, 426. Esta diferencia implicaría la posibilidad de distinguir dos mundos según la diferencia de género.

El transcendental disyunto persona – sexuada resuelve las dos cuestiones en juego: necesidad de una profundidad ontológica de la sexualidad e igualdad en la dignidad de la realidad personal. Pero también es cierto que genera otra serie de problemas. La igualdad queda en un nivel demasiado abstracto y la comunión, aún contando con la recíproca versión respectiva, presenta más problematicidad de la necesaria. Pensamos que la asunción de la propia realidad sexuada en profundidad desde el Yo como proyecto unida a una positiva valoración de la corporalidad, explica suficientemente la diferencia de género sin necesidad de establecer una diferencia dentro de la misma suidad humana. No obstante no creemos cerrada la cuestión.

Lo indudable es que la persona, varón y mujer, se ordenan mutuamente a una relación personal de entrega y fe de la que la corporalidad es expresión y vía de acceso. El horizonte de esta relación es la fundación de la familia. Esta no es un accidente biológico sino una realidad personal, del orden del *bios* frente a la *zoe*[95]. El matrimonio como expresión del amor esponsal recoge las dimensiones de la fe estudiadas anteriormente. Resultaría interesante la fundamentación de los bienes del matrimonio, la indisolubilidad y la apertura a la vida desde Zubiri.

En este punto queremos subrayar como en el querer al otro en su realidad de varón o de mujer va incluido el querer su realidad de posible padre y posible madre. Al optar por el otro como la compañía de mi vida ambos se dan mutuamente una posibilidad que solos no tienen. Varón y mujer se hacen uno en la posibilidad que se brindan el uno al otro para poder engendrar una nueva persona. La descendencia no es desde aquí algo accesorio, sino una posibilidad esencial a la entrega hacia el otro y un quererse a sí mismo como padre o madre con su cónyuge. El yo se hará Yo paterno o materno. El otro me ofrece al atraerme, al donarse, la posibilidad de ser padre, de ser familia, de ser comunión; si ante este ofrecimiento la persona dice sí libremente se lo apropia[96]. Al hacer esto otorga un poder a esa concreta posibilidad, la hace posibilitante y con ello ella se apodera de él. En la realidad del otro que se me ofrece como condición está entregada mi realidad como padre o como madre. También de ahí que un tú personal sea lo único digno de amor.

En esta misma perspectiva querer al otro esponsalmente implica quererlo desde su intimidad, y en esta está Dios como la realidad

---

[95] Cf. SH 546, *El problema del hombre*, 1953-54.
[96] Cf. SSV 272.

fundamentante y posibilitante. No desarrollamos más esta vía pues implica una opción por llenar de contenido la realidad última, ya lo haremos más adelante, sin embargo no queremos dejar de plantear el interrogante ¿qué sentido tiene el amor esponsal cerrado a una respuesta personal ante la ultimidad? Creemos que la respuesta negativa a la concreción de la religación en un Dios personal no es neutra en el pensamiento de Zubiri de cara al amor marital. Aquí nos encontramos con otro terreno amplio e importante en nuestros días donde el pensamiento de Zubiri podría ser muy enriquecedor. La misma diferencia de género puede ayudar a su vez a entender el salto entre Dios y los seres humanos.

Desde esta perspectiva del amor esponsal total el cuerpo es exaltado y valorado en toda su riqueza personal. La diferencia sexual crea espacio para una tarea común y una entrega total entre una persona y otra. La corporalidad pide a la persona vivir su cuerpo desde una dimensión personalista[97]. La antropología de Zubiri implica intrínsecamente una visión del cuerpo humano personalista, esto es realista sin caer en un fisicismo, y física sin caer en un ciencismo.

4.5 *La solidaridad*

Poco más arriba indicábamos como surgía en la amistad la solidaridad. Entonces empleamos el término en un sentido fuerte. Ahora queremos mostrar cómo surge y en qué consiste la solidaridad en el ámbito social.

En la comunidad social la persona está afectada por los demás hombres en tanto que pluralmente distintos, hay un nivel de despersonalización. Es en la sociedad donde la persona alcanza la vivencia de lo que podríamos llamar relativización del yo o humildad antropológica. La sociedad «empieza por ser una pluralidad mía; pero después aparece una pluralidad en la que queda neutralizado mi propio carácter central: soy un ego como los demás, y los demás como yo»[98]. La persona adquiere a una el carácter de individualidad del ego y el carácter de colectividad de los demás. La colectividad posibilita el surgir de multitud de relaciones interindividuales de muy diverso tipo y nivel personal, así

---

[97] El acto conyugal manifiesta así la plena donación. En él se vive la verdad de cada uno en entrega. Esta verdad es verdad de un cuerpo. De ahí que la verdad biológica en función transcendental implique una apertura a la generación de una nueva persona.

[98] SH 269, *El problema del hombre*, 1953-54.

como capacita al individuo recíprocamente para constituir colectividad al enriquecer su propio ser personal.

En la comunidad social la habitud de alteridad, «la *héxis* adquiere un carácter especial: uno depende del otro; es la idea de *solidaridad* [...] orlada por el conjunto de hombres que no forman parte de ella, que son los demás. Las colectividades flotan en el ámbito innominado de los demás»[99]. Hay en ella un carácter positivo de integración: dependencia y servicio, que modula la propia personalidad.

El hombre forma esa realidad social, que no es sustantividad pero que es cuerpo, presencialidad, y en la que él está inmerso positivamente para recibir y para dar, aunque la experiencia del otro no sea compenetración ni alcance en todos los casos el nivel de comunión.

En la sociedad el hombre desarrolla solidariamente el servicio. Tratando de la diferencia entre la *sociedad animal*[100] y la humana sostiene Zubiri que mientras en los animales nunca se da el *trabajo para*, sino sólo como iendo a lo suyo, en el hombre hay formas de colaboración «en que uno no trabaja solamente *por* que le sale de dentro sino que trabaja precisamente *para* los demás»[101]. La persona se realiza como un *esse-per*.

Esta realidad solidaria se fundamenta en la nostreidad y en el ámbito del nosotros familiar. Además refleja esa entrega a la que está llamada la persona desde su realidad más honda. El *ser-con*, la nostreidad, la antropología de la socialidad están siempre en la base de la solidaridad ética[102].

El trabajo para, en colaboración, da un nuevo sentido a la actividad humana y lo reviste de un rasgo personal. En una sociedad donde priva el *homo œconomicus* y el individualismo este rasgo de la persona es de vital importancia. El mismo trabajo recibe una valoración distinta, no es un medio sin más, no es cosa ajena, alienada, como carga para sobrevivir, tampoco es un fin en sí mismo; por el contrario en él se está dando la persona, el Yo se personaliza en un trabajo para los demás. El trabajo, además de su valor intrínseco y social, es realización de la dimensión altruista de la persona.

No compartimos la crítica a Zubiri realizada por Villanueva desde el sentiligir, quien piensa que la *noología* zubiriana implica un atomismo

---

[99] SH 269, *El problema del hombre*, 1953-54.
[100] Ésta sólo tiene un sentido analógico, no estricto para nuestro filósofo.
[101] SH 252, *El problema del hombre*, 1953-54.
[102] Cf. J.L. LORDA, *Antropología*, 168-185.

interpersonal[103]. Tampoco consideramos acertada la visión de Zubiri que realiza Manzanera, aunque más adelante mostraremos sus logros personales, al afirmar que éste no acoge la interpelación del otro y la realidad histórica concreta[104]. Si bien es cierto que Zubiri no desarrolla sistemáticamente este tema, es igualmente verdadero que su pensamiento implica comunión, solidaridad y compromiso social activo.

Desde la solidaridad, donde se da esta peculiar causalidad interpersonal, se puede alumbrar un sentido positivo de la globalización en la que estamos inmersos que partiría y finalizaría en la persona. Es cierto que para Zubiri cada colectividad forma un grupo respecto al cual los otros son un demás débil y lejano, sin embargo la dinámica interna de su antropología es capaz de acoger y fundamentar la nueva sociedad global.

Veamos ahora el reverso tenebroso de la causalidad personal. Para ello nos enfrentamos con el mal en sus diversas formas.

4.6 *Formas negativas*

X. Zubiri estudia el problema del mal metafísicamente, situando el problema más radicalmente que los estudios de carácter moral y antropológico de filósofos como Kant, Schopenhauer y Nietzsche[105]. De la consideración metafísica deriva la antropológica: el mal de la persona y la interacción maligna física e intencional entre las personas. Los textos

---

[103] Critica la imposibilidad noológica de sentir con, de ser solidario. En el fondo está poniendo entre interrogantes la misma posibilidad de la interpersonalidad. «Existe, no obstante, el riesgo de que al subrayar tanto el inteligir vivido se llegue a concluir que el entender no vivido no sea en absoluto inteligir. Ahora bien, de esta manera se dificulta el comprender innumerables elementos integrantes de nuestra vida, por ejemplo, el dolor ajeno y la muerte del otro. Para facilitarlo, se puede sostener que las formalidades del inteligir un dolor propio y uno ajeno son idénticas, a saber, que constituyen la esencia desprovista de todos los rasgos individuantes que le hacen ser este dolor mío o tuyo (el dolor pensado no duele); pero que se trata, a la par, de una misma esencia universal que posee una flexión hacia este y aquel dolor concreto. Puede variar la inclinación, pero esto es secundario. Para Zubiri por el contrario, parece ser lo principal». J. VILLANUEVA, *Noología y reología*, 175-176. Desde nuestro análisis noológico de la nostreidad creemos que la base queda refutada, por otro lado lo puesto de relieve en la amistad y en este apartado rebaten lo concreto de la afirmación con palabras explícitas de Zubiri a entender desde el nuevo ámbito racional de experiencia por compenetración.

[104] Manzanera critica desde Dussel a Apel y Zubiri. A Zubiri en el sentido arriba señalado y más adelante al mismo Dussel por centrarse sólo en la exterioridad. Cf. M. MANZANERA, «Fundamentación de la ética en la nostridad», 273.

[105] Cf. SSV 197-199.

los encontramos en el curso de 1964 *El problema del mal*[106]; se trata de un estudio que se dirige a *lo humano* en el mal desde toda la fuerza metafísica[107].

No nos proponemos hacer un planteamiento ético, Zubiri tampoco lo hace, sino ver como la causalidad personal tiene una versión oscura, igual que ante la interpelación de la entrega del otro uno puede reaccionar aversivamente, también puede interpelar negativamente e interactuar del mismo modo. Veamos en qué consiste la concreción negativa de la causalidad interpersonal y para ello comencemos viendo que es el mal.

La solución que Zubiri da al problema del mal se sitúa en la clásica línea agustiniana de la privación, sin embargo se trata de un privación peculiar que caracteriza a la voluntad como positivamente mala. El mal se da en la línea del bien, esta línea está en la respectividad de las sustantividades con la sustantividad humana en su carácter reduplicativo. La nuda realidad es ajena a la línea bien – mal[108]. Son las realidades en respectividad[109] con la estimación de la sustantividad humana[110]

---

[106] Este curso es contemporáneo de la redacción de la voz «Zurvanismo» para la GEM, artículo del cual es un desarrollo. Cf. SSV 195-320.

[107] En el estudio se distinguen dos líneas.Una originariamente zubiriana, que integra voluntad de permisividad en la de beneplácito en el problema de Dios y el mal, y otra menos elaborada (segunda parte) que mantiene muy fuerte aún la terminología escolástica. Cf. A. TORRES QUEIRUGA, «La metafísica del mal en Zubiri», 165 y el artículo entero. Para lo que interesa aquí la solución de la causa última del mal no resulta transcendente.

[108] Así el mal es una condición de la realidad, no es propiedad o cualidad de las cosas en su nuda realidad. Cf. SSV 237.

[109] Hay respectividad no relativismo. La condición es un tipo de respectividad. La inteligencia es respectiva a las cosas, aunque éstas no sean correspectivas (las cosas no son respectivas como actualizantes del intelecto, es respectividad unidireccional). En la inteligencia se actualizan cosas sentido, respecto a sus actos vitales. Tenemos así junto a la respectividad de mera actualización la respectividad de sentido (Cf. SSV 227-231). El hombre es constituyente del sentido en cuanto tal, pero el sentido es constitutivamente de la cosa, pues es ella la que queda: «la cosa real queda en sentido precisamente por su carácter real y por las propiedades que realmente posee» (SSV 231). Condición es respectividad de sentido. Sólo se da en la sustantividad humana por actuar para su sustantividad y en vistas a ella.

[110] Por eso podemos decir, usando el mundo como complejo de respectividad, que el mal no está en la transcendentalidad del carácter de la *res*, sino en la transcendentalidad de la operatividad de la función transcendental del cosmos y el mundo que para Zubiri no son distintos en este contexto. Cf. J. MARTÍN CASTILLO, *Realidad y transcendentalidad*, 270-271.

quienes quedan con una peculiar condición[111] de bien o de mal. Tanto el uno como el otro hacen relación a la plenaria sustantividad que es el medio en que el hombre quiere, pero la condición es de la realidad, no es algo meramente subjetivo. Lo estimando es la realidad[112]. El bien descansa en la realidad como condición y es previo y fundante del valor, hace que la realidad sea valiosa[113]. Por eso usa el gerundio estimanda: «El bien es formalmente la realidad en su real condición de estimanda»[114].

El mal aparece cuando la condición de una cosa o persona ocasiona disformidad en la sustantividad humana, la disgrega, le priva de su plenitud. El mal es realidad en condición en respectividad con la sustantividad humana en su acto de estimación volitiva. «Bueno y malo no son ni simples cosas ni meros valores. Son algo más que valores: son con-

---

[111] En 1962, en SE 197, Zubiri presentó un tipo de condición que llamó *condición metafísica*. Este tipo de condición se entiende como algo intrínseco a la constitución de la realidad. Dos años más tarde, en este curso, la condición es entendida desde la realidad, pero como una mera capacidad de las cosas para ser constituidas en sentido en la vida del hombre. No debemos confundir los dos tipos de condición. Si tomásemos aquí la condición como aparece en SE nos llevaría a pensar que el mal es algo intrínseco a la realidad, tesis de Kant, quien concibe el mal como algo connatural al hombre, posición que es explícitamente rechazada en este curso.

[112] La realidad es insuficiente pero necesaria para que haya valor. Para X. Zubiri: «*Por* ser como son, es por lo que tienen el valor que tienen. Lo cual significa que la cosa no *tiene* valor, sino que *es* valiosa. Y esto es lo esencial. El valor nunca es un sustantivo, sino un adjetivo: es siempre y sólo valor de algo. Es este algo quien *es* formalmente valioso por su misma realidad» (SSV 214). Además el valor requiere la formalidad de realidad. Tras la intelección de la nuda realidad, por el acto segundo de estimación «la realidad queda en algo que llamaría *condición*» (SSV 218) condición de *estimanda*, hay objetividad, «Yo la hago quedar, pero es ella la que queda» (SSV 219), hay una estructura, una jerarquía de la condición. La estimación recae sobre la realidad, no sobre su apariencia objetiva.

[113] Criticando a Scheler, pero manteniendo sus principios de irreductibilidad entre: valor y realidad e inteligir y estimar, Zubiri muestra en su análisis que la realidad es independiente del valor pero «el valor depende de la realidad» (SSV 212). Critica de Scheler la conciencia estimativa cuyo noema es el valor (cf. SSV 204-210). Su teoría de los valores es en el fondo «un ingente platonismo de la conciencia» (SSV 214). Esta distinción es similar a la alcanzada por Moore, Ross, Husserl e Ingarden: dos tipos de propiedades muy diferentes tenidas por las cosas que abocan a dos tipos de predicados: los intrínsecos, descriptivos o constitutivos, remitentes a la identidad misma de la cosa que los tiene; y los no-intrínsecos, no-descriptivos o consecutivos, que sin aludir a la esencia constitutiva dependen esencialmente de los predicados intrínsecos. Para Zubiri la relación entre un valor y la cosa que lo ostenta es intrínseca, no extrínseca. Cf. J.M. PALACIOS, «Zubiri ante el problema del valor», 130-131.

[114] SSV 222.

diciones de lo real [...] hay realidades que realmente son de buena o de mala condición»[115]. El mal es cualidad de la condición de lo real. «Todo bien y todo mal es bien o mal *para alguien*»[116]. El mal es cualidad de un tipo de condición de la realidad.

Este es el fondo metafísico y real del mal:

> Como el bien y el mal son cualidades de la condición real de las cosas, es menester afirmar enérgicamente que hay cosas de buena y de mala condición, esto es, hay cosas que en su capacidad real de quedar constituidas en estimación son unas buenas y otras malas. Y precisamente porque la condición a que no estamos refiriendo, es una capacidad real, bien y mal en cuanto condición de lo real son también realidades[117].

Así el mal es real pero no es sustantividad ni una mera respectividad de limitación[118]. El mal no es sustancia, ni privación, ni sentido sino condición.

Por ser suyo reduplicativamente, suidad, para el hombre la propia sustantividad queda en condición. Esta es la última en la línea de su pura realidad sustantiva. «El bien del hombre es justamente la plenitud formal e integral de su sustantividad»[119]. Por eso amo todo en mi sustantividad como medio. Pero sea cual sea el carácter de ese bien plenario[120], siempre es necesaria esta concepción de bienes. Las cosas son buenas en cuanto promueven el *bonum* humano. El otro me promociona. El mal es un defecto en el sentido, en la condición[121]. Por eso el mal no causa cosas que sean malas, sino que causa que yo haga las cosas mal: *Non malum sed male*[122].

Así nos encontramos con diversos tipos de promoción metafísica al mal, a la disformidad.

---

[115] SSV 223.
[116] SSV 225.
[117] SSV 234.
[118] Zubiri refuta la concepción del mal como sustantividad del maniqueísmo (cf. SSV 237-240), y del mazdeísmo – zurvanismo (SSV 240-243); también a Plotino que lo concebiría como principio sustancial: la materia como no ser (cf. SSV 243-245), lectura no demasiado matizada con la que estamos en desacuerdo. Tampoco el mal es respectividad como limitación en el sentido de Leibniz (cf. SSV 249-250). Sin limitación no habría mal, es su posibilidad pero nada más. Hay indiferencia en la condición, en las cosas sentido, al menos en algunas (cf. SSV 251-252).
[119] SSV 252.
[120] Determinarlo considera Zubiri que es tarea de la ética.
[121] Cf. SSV 255.
[122] En este punto se manifiesta deudor de S. Agustín: la causalidad del mal es deficiente no eficiente.

Veamos en primer lugar dos de carácter individual.

En primer lugar tenemos el *maleficio*. Es el mal considerando la sustantividad como una cosa entre otras por sus notas físico-psíquicas[123]. Maleficio es «lo que promueve la desintegración o la disarmonía de mi sustantividad en el orden psicobiológico»[124]. El otro persona puede también aparecer como maleficio o como beneficio, en este nivel hacer mía la desgracia de otro es un maleficio. El hombre puede tener conciencia del maleficio o no, así en dos maleficios objetivos como el tabaco y el dolor, en uno no hay conciencia mientras que en el otro sí.

En el maleficio hay cierta relatividad pues: «Todo pende, en última instancia, de la idea que se tenga de la sustantividad humana. En la sustantividad humana hay una relatividad por lo que respecta a sus propios factores psicobiológicos»[125].

En segundo lugar nos encontramos con la *malicia*. Es el mal respecto al momento de mi sustantividad como inteligencia y voluntad, pero no en su carácter psíquico sino en el intencional. Por ellas el hombre está abierto a todo y a sí mismo, es una apertura física real y reduplicativa pues me veo con ellos en cuanto reales y en cuanto intencionales[126]. La bondad es la bondad objetiva de la propia sustantividad en orden intencional hacia sí misma. Es lo que hago de mí, mi realidad querida, y esto «no es una realidad arbitraria, precisamente porque hay un orden objetivo»[127], en este sentido el hombre es moral. La condición en que quedo para mi mismo intencionalmente es el bien moral[128]. Ahora no sólo es bueno o malo el objeto sino la propia volición. Porque el hombre es

---

[123] Zubiri está hablando del mal físico humano, el mal físico le parece insuficiente, aquí hay peligro de nominalismo, pero tiene también ventajas para hablar del sufrimiento de los inocentes y de la ecología. Cf. A. TORRES QUEIRUGA, «La metafísica del mal en Zubiri», 163. Maleficio no es idéntico a puro mal físico, pues no es separable de la dimensión moral del hombre, pues lo físico y psíquico no son independientes de la estructura moral. Cf. SH 396s.

[124] SSV 258.

[125] SSV 261. Zubiri pone el ejemplo mismo del dolor que provoca el dentista, puede ser beneficio o maleficio según se considere el bien plenario en una perspectiva momentánea o a largo plazo.

[126] Cf. SSV 263.

[127] SSV 264.

[128] La sustantividad humana y su bien no hace referencia a lo puramente biológico, si bien lo incluiría. La estructrura moral del hombre es la articulación entre personeidad y personalidad. Desde este nivel el maleficio puede encontrar su sentido ante Dios, en cuanto fuerza que posibilita al hombre a tomar conciencia de su ser dueño de sí por auto-apropiación y a encajar el maleficio dentro de un proyecto más alto y grande. Cf. A. GONZÁLEZ FERNÁNDEZ, «Dios y la realidad del mal», 209-210.

moral hay bien moral. El mal ahora es disconformidad con el *bonum* concreto elegido[129].

La posibilidad de que la volición tenga una condición buena o mala se funda, precisa y formalmente, en su carácter intencional. Querer es poner mi propia condición. Y precisamente por eso, es bonica o malicia la condición en que yo me pongo a mí mismo en y por mi propia volición[130].

Malicia es «una instauración del mal como poder en y por un acto de mi voluntad, en virtud del cual la voluntad queda en condición intrínsecamente mala»[131]. Aunque el hombre no lo sienta, la malicia envuelve en sí una interna disensión y discordia. La discordia que consiste en que, efectivamente, yo hago un acto de volición malo por la fuerza que me da la propia sustantividad, considerada como un *bonum* mío, siendo así que el acto de volición mala «consiste precisamente en atentar contra ese mismo *bonum* del que recibo la fuerza para ser malicioso»[132]. Así el hombre se hace malo a sí mismo[133]. Desde aquí podemos encontrar un línea de argumentación para sostener que, aunque Zubiri no la desarrolle, su antropología implica no sólo una ética de bienes, sino que esta no es formal sino material. Lo cual no quita para que quien quiera pueda desarrollar por su cuenta un esbozo de ética formal de bienes[134].

Una vez vista la esencia del mal en sus dimensiones individuales llega el momento de ver como éste se da en la intersubjetividad. Ahí nos encontramos con otras dos formas de mal. Procedamos por pasos.

---

[129] «Las posibilidades son una promoción, que naturalmente está al arbitrio de mi voluntad, que decide precisamente su adecuación o inadecuación con el *bonum* que tiene que regular mi realidad moral como aceptadora o rechazadora de posibilidades». SSV 267.

[130] SSV 268.

[131] SSV 275.

[132] SSV 277. Es la soberbia, la voluntad se quiere instalada por encima del bien moral de sí misma. La raíz última de la malicia es la ὕβρις.

[133] «La opción nunca es algo meramente intencional. Si opto por una mala acción, mi opción es mala no sólo porque es malo el término hacia el cual he optado, sino también porque me ha hecho malo en mi propia realidad al haberme apropiado la posibilidad de la mala acción. Toda opción tiene un momento *físico* de apropiación». DHSH in 7EA 147.

[134] Es el caso de D. Gracia. A propósito de la ética que deriva de la antropología de Zubiri remitimos al próximo corolario en p. 542.

4.6.1 Malignidad

Hasta aquí el autor ha tratado el problema en el orden individual. Pero lo dicho se encuadra desde el comienzo en una visión abarcadora del orden social. Anteriormente se ha abordado *la razón biográfica del mal*, ahora vemos su *razón histórica*. Nos topamos con el mal como onda sinusoidal con sus ascensos y descensos y su vector de propagación «determinado por el bien objetivo y real de las sustantividades humanas»[135]. Este análisis está marcado por una ligera tendencia voluntarista[136].

Con el término malignidad se define el mal en la relación interindividual explícitamente intencional. La voluntad puede producir en uno mismo o en otro males[137]. Malignidad consiste en producir un maleficio al otro, o bien, y más grave aún, hacer que otra voluntad sea maliciosa. Es la perversión del amor, inducir a otro a que ejecute un acto de mala volición. En este caso las atracciones que ofrezco son *incitación*. Cuando uno obra así: «yo no solamente soy malicioso, sino que soy maligno; es decir, soy el malo»[138]. La unidad de dos voliciones en una malignidad es justamente una actuación por *inspiración*. No es difícil imaginar ejemplos concretos de incitación, la perversión antropológica de la atracción, reduciendo la amistad a complicidad, la sexualidad a uso del otro, el amor a componenda.

El acto de instalar el mal implica la alteridad. La posibilidad de la malignidad descansa en la posibilidad de encuentro con el otro, que como hemos visto es algo real y necesario ya que cada persona posee en sí misma las posibilidades de encontrar a otro[139].

La malignidad sitúa el maleficio y la malicia en una perspectiva interpersonal, el poder del mal además de instaurado es ahora inspirado[140]. El mal por objetivación de lo querido se convertirá en un momento del mundo social en cuanto sistema de tópicos, que también tiene carácter histórico. Con esto nos introducimos en la *maldad*.

---

[135] SSV 311.

[136] «El voluntarismo asoma aún tímidamente con un *tal vez* referido a un posible *concepto innato* o a una *enseñanza irrefragable*. Pero a estas alturas se niega a entrar es esas *complicaciones*, para entregarse a su consideración genuina». A. TORRES QUEIRUGA, «La metafísica del mal en Zubiri», 173.

[137] Cf. SSV 277.

[138] SSV 278.

[139] Cf. G. SUÁREZ MEDINA, *Xavier Zubiri: socialidad de la realidad personal*, 79-81.

[140] Cf. A. GONZÁLEZ FERNÁNDEZ, «Dios y la realidad del mal», 196-197.

4.6.2 Maldad

Con el término maldad Zubiri estudia el mal en la realidad social, lo que la malignidad instaura en la sociedad se concreta en ciertas cualidades del *se*, del espíritu objetivado. De esta manera las malas voliciones y la inspiración del mal toma cuerpo e influye en toda la historia y en las personas de una determinada sociedad. El mal está de este modo en el sistema de principios tópicos del mundo de una sociedad con ese peculiar poder que apela a lo que va a ser querido e inteligido por la voluntad. Esta sería la versión zubiriana de las *estructuras de pecado*.

No se trata de una visión conjunta de todos los males. «Se trata de la totalidad de cada *sentido* malo; esta totalidad es objetivada en una especie de *espíritu* que se constituye en principio tópico»[141].

Los tipos de la mala condición no sólo se implican, sino que se propagan y se desarrollan de modo progresivo hasta el punto de que el mal se convierte, sin ser sustantividad ni nota real, en una especie de *objetividad poderosa*. Esto es la maldad que envuelve la interacción del hombre con las cosas y con los demás hombres en la sociedad. Hay cierta *especie* de transcendentalidad en el mal. No afirmamos que el mal sea transcendente, sino que el crecimiento progresivo de un tipo de mal a otro nos lleva a plantearnos dicha propagación, crecimiento o comunicación[142].

Esta es la trascendencia del querer personal y la importancia de la sociedad a la hora de posibilitar el querer de un individuo. Las estructuras de una sociedad pueden llevar, inspirar e incitar al mal. Desde esta categoría antropológica se podrían estudiar fenómenos de cada sociedad en su forma de capacitar a sus miembros para descubrir una vivencia realizadora de la sexualidad, de su dimensión laboral, de su servicio...; o fenómenos sociales como la moda, el racismo, etc.; también se podría aplicar teológicamente la dinámica tópica del mal a la explicación del Pecado original[143].

---

[141] J. Martín Castillo, *Realidad y transcendentalidad*, 282-283.
[142] Cf. J. Martín Castillo, *Realidad y transcendentalidad*, 64.
[143] Sólo a modo de esbozo podría formularse que el primer pecado establece un horizonte nuevo con referente de pecado dentro del cual, por tradición vehiculada generacionalmente, queda establecida cada persona al ser concebida. Esta hipótesis debería estudiarse al detalle desde el punto de vista dogmático con toda la problemática de las teorías sociológicas. Cada persona realizaría la naturalización de la dimensión social y la mentalidad en su maldad. En el curso de 1971, la tesis de Zubiri sobre el pecado original no sería una herencia biológica remitida a una primera

La maldad, en el *se*, ejerce un poder sobre cada sujeto. Pero su poder se detiene ante la libertad de cada uno[144]. De ahí que el protagonista de la Historia y de su progreso es también la persona.

Desde un punto de vista antropológico el sentido del mal en la historia[145] consistiría en «permitir una conciencia más plena cada vez de lo que puede ser su sustantividad como realidad moral, en una experiencia histórica»[146]. Este sería también el sentido de la maldad ante Dios.

Corolario: El personalismo de Zubiri implica una ética material de bienes

La actualidad de este tema engarza con la peculiaridad del momento ético presente y las importantes cuestiones bioéticas en discusión. En el ámbito de lengua castellana el diálogo ético y el desarrollo de las discusiones tienen una fuerte impronta zubiriana gracias a la presencia de sistemas éticos inspirados en nuestro autor. Al tratar el problema del mal Zubiri ha acentuado ya la libertad como clave de la volición desgajándose de la tradición de la *voluntas ut natura*. Es un pensamiento acabado en el que aparecen los datos más interesantes para afrontar los rasgos de la formulación de una ética desde su filosofía. Además estos rasgos están íntimamente relacionados con la intersubjetividad. Éste es, por tanto, un lugar apropiado para profundizar en las consecuencias de la dimensión moral de la persona en relación con la ética concreta.

D. Gracia, gran discípulo de X. Zubiri[147], supone un intento peculiar de prolongación de su pensamiento en el terreno ético, se trata de una

---

pareja o grupo humano sino la universalización de la aversión a Dios por este sistema. Cf. A. GONZÁLEZ FERNÁNDEZ, «Dios y la realidad del mal», 175-184 y 216.

[144] Cf. SSV 283.

[145] Cf. SSV 311.

[146] A. GONZÁLEZ FERNÁNDEZ, «Dios y la realidad del mal», 212-213.

[147] Es titular de la cátedra de Historia de la Medicina y Director del Master en Bioética de la Universidad Complutense de Madrid, miembro del CSIC, de la Real Academia Nacional de Medicina y Presidente de la Fundación Zubiri. Además se confiesa hombre creyente y colabora activamente en la vida de la Iglesia Católica. Se inscribiría dentro de la segunda generación de discípulos de X. Zubiri según su teoría de las tres generaciones: 1.– Generación de NHD: P. Laín, J.L. L. Aranguren, C. Castro; 2.– generación de SE: cuando Zubiri es visto como escolástico, es foco de interés clerical y eclesiástico, y el zubirismo se convierte en un gueto ultra defensivo. Es el momento de Ignacio Ellacuría; 3.– generación de IS a partir de los '80 (cf. D. GRACIA, «Prólogo», in P. LAÍN ENTRALGO, *Sobre la amistad*, Madrid 1986, 13-14). Posee una doble formación: además de la filosófica está la médico científica en la que es discípulo y sucesor de Laín Entralgo.

CAP. VII: DINAMISMO DE LA RELACIÓN

de las figuras del panorama español que cuenta con gran difusión en el ámbito de lengua castellana. Gracia reformula toda la moral en clave bioética, que define como ética formal de bienes[148]. Nosotros, respetando la teoría ética de este caballero, pensamos que de la *noología* zubiriana y de su antropología deriva una ética eudemonista de carácter material. Rechazando de antemano cualquier crítica de falacia naturalista, y sin complejos ante la necesidad de un diálogo con la éticas anglosajonas de corte formal y dialógico, así como las kantianas — mezcla de Kant y Zubiri creemos es el resultado del trabajo de D. Gracia — pensamos que la antropología es fuente de la ética y que sin esta premisa no se pueden entender muchas de las afirmaciones de Zubiri que llevamos recogidas. Profundicemos este argumento.

Desde IS es posible proponer para la ética un método racional propio con su fase de libre creación de esbozos cuya razón le será dada desde la experiencia moral. Para X. Zubiri el esbozo y la libre creación se

---

[148] Busca una tercera legitimación de la ética tras la *legitimación liberal*, con la tabla de los derechos civiles y políticos contra el absolutismo, y la *legitimación social* con los derechos económicos sociales y culturales que ha originado las democracias sociales. Hace falta la nueva para los derechos intergeneracionales y ecológicos. La bioética consta de dos ramas: médica y ecológica. (cf. ID., «El reto de la bioética», 469). Propone una *ética formal de bienes* racional, plural y universal fundada en X. Zubiri, desde la línea: «aprehensión de la realidad en la que se nos actualiza el bien primordial, lo que lleva al *logos* a estimar las cosas, a preferirlas, y a valorarlas como buenas o malas. A partir de ahí la razón elaborará luego la moral normativa» (ID., *Fundamentos* 368). Así seguiría el movimiento: suidad – dimensión moral – religación – obligación – bien. El bien es transcendental: «las cosas son bienes para el hombre y la realidad es bien en tanto que es bien para el hombre. Por tanto la bondad no es una idea platónica, ni una realidad en sí, sino un carácter formal de la realidad: la condición en que quedan las cosas reales, por el mero hecho de ser reales, respecto del hombre» (*Ibid.* 371). Zubiri «ha posibilitado la fundamentación de la ética y de su principio de universalización de un modo formal, y a la vez completamente distinto del kantiano» (ID., *Procedimientos de decisión* 132). Desde ahí reformula el imperativo categórico: «obra de tal manera que te apropies las posibilidades mejores, en orden al logro de tu felicidad y perfección» (ID., *Fundamentos* 489). Al necesitar una escala de bienes y valores para no caer en el subjetivismo crea un esbozo que excluye optativamente la ética material porque implicaría un no al pluralismo — prejuicio para nosotros —. Esta opción le lleva a dar un salto desde una ética de primera persona a otra de tercera. Se sitúa así en medio entre la ética del deber y la de la virtud con un aristotelismo consecuencialista. A. Cortina critica que la protomoral sólo puede decir que «no puedo tratar a las personas como cosas», con Zubiri no se podría construir un sistema formalista. El principio de apropiarme lo mejor no será nunca un imperativo porque no puedo optar, es necesario; y porque coincide con la prudencia (cf. A. CORTINA, *Ética sin moral*, 71).

apoyan en el sistema de referencia procedente del momento lógico. En este momento está el momento transcendental (reidad) con fuerza prioritaria, pero éste no implica una negación de contenidos talitativos, aunque estos tengan que confrontarse experiencialmente. Admitiendo esto, por supuesto que es posible formular una serie de principios formales para desde ahí construir una ética. Sin embargo no menos cierto es que la *noología* zubiriana lleva consigo una serie de contenidos antropológicos que él considera fruto de análisis y que son sistema de referencia para constituir el esbozo. La noción transcendental de persona como relativo absoluto, la sustantividad humana en su integridad respectiva de notas, la socialidad, los transcendentales antropológicos de libertad, amor y verdad, la religación y su concreción, la corporalidad, no creemos que sean considerados por Zubiri como mera teoría racional hipotética sino como fruto de análisis y como no exentos de contenido.

Tanto el nivel transcendental como el talitativo son diversos pero van de la mano en función transcendental. Además destacamos que en el curso *Sobre el mal* la distinción cosmos – mundo (talitativo – transcendental) es relegada, pues a la hora de determinar lo malo, lo que no es la figura plenaria del hombre, y lo bueno: «son bienes y males no sólo del mundo sino del cosmos [...] es la respectividad de las cosas reales tanto por sus propiedades reales como por su carácter de realidad»[149].

Son estos datos antropológicos, más o menos próximos a la *noología* primera, fundamento del contenido transcendental y talitativo de lo que es el ser plenario de la persona. Lógicamente los primeros principios son más genéricos, pero no por ello son abstracciones vacías de contenido o mera formalidad. Están más cercanos al nivel de realidad y por ello su fuerza es mayor, absoluta si se quiere, pero esto no es formalismo, es transcendentalidad que habrá de concretarse en el hecho moral concreto, en la experiencia. No podemos imaginar una ética formal que contradiga por libre creación estos contenidos antropológicos y resulte justificada. Para Zubiri una ética sin contenidos materiales, formal, puede explicarse racionalmente como fenómeno, como puede analizarse el mal o un ente de razón, puede entenderse, pero no la compartiría[150].

---

[149] SSV 227.

[150] La propuesta de Corominas de una ética primera zubiriana que escape a la falacia naturalista, y que requiere una ética racional posterior nos parece más acertada que la de Gracia, siempre y cuando el vínculo persona y contenido concreto sea fuerte y no un vector vacío. Cf. J. COROMINAS, *Ética primera*, 349-355.

Es cierto que existen diversas formas de entender la plenitud de la persona, pero aquí no cabe relativismo, en su discernimiento entra el mismo Zubiri cuando estudia la persona, antropología y ética van de la mano. Creemos que un posible riesgo consiste en reducir el formal zubiriano, que nosotros interpretamos en transcendental real, con el de corte kantiano y dialógico, *a priori*, y en el fondo logicista.

Que la racionalidad ética tenga su propio estatuto científico, sus reglas racionales propias, su formalidad peculiar, es algo evidente, pero esto se da en cualquier sistema ético sea cual sea su peculiar concreción. Lo decisivo está en el papel que se conceda a la antropología en la construcción del esbozo racional ético. Pensamos que aunque Zubiri mismo no construya una ética sí que tiene en mente que la ética no es ciencia independiente de la antropología. Por otro lado las repetidas ocasiones en que explícitamente deja para la ética la solución del contenido de problemas sobre la forma plenaria de la realidad humana no significa que ésta sea independiente, sino que su desarrollo está por hacer con sus propias peculiaridades.

Por otra parte tampoco sería acertado identificar lo que Zubiri sí estudia, la dimensión moral de la persona, con un sistema referencial formal óntico formal, preético normativo, escindido de lo categorial. La formulación antropológica del hecho debitorio, de la realidad moral de la persona, no implica una exclusiva fundamentación ética en este hecho, sino que quiere justificar la necesidad de la ética misma[151]. El resto de dimensiones de la persona se tendrán que articular con este hecho y con la dinámica de apropiación y el proyecto personal. Considerar la dimensión moral aislada es bueno para profundizar en ella como ineludible a la persona, pero la ética no se relaciona sólo con una antropología parcial, esta afirmación nunca aparece en Zubiri. El análisis noológico de IS implica en su volver sobre sí mismo una noción de persona muy concreta y no aislable del resto de racionalidades particulares. Además la experiencia de verdad que implica la ética será de carácter eminentemente práctico y vivencial: de carácter antropológico. De ahí que Zubiri pueda rechazar el relativismo con la misma fuerza con que afirma la verdad, con toda su historicidad y libertad.

---

[151] Este es el sentido de expresiones como: «La moralidad no está fundada sobre el bien sino que, al revés, es el bien el que está fundado sobre el carácter moral de una realidad. Sólo en tanto en cuanto hay una esencia abierta que es intrínsecamente moral en el sentido de que no puede tener la figura de su ser más que apropiándose posibilidades, sólo en esa medida cabe hablar de un *bonum* en el usual sentido moral del vocablo». SR 232-233. Nótese que el mismo Zubiri distingue dos sentidos de moral.

Algo parecido ocurre con el principio racional de la ley natural en la moral de Sto. Tomás cuando la misma razón humana entra dentro del objeto de la moral con su limitación y dinámica propias. Exponemos brevemente la racionalidad de la ley natural en el Aquinate para que se vea su parecido con la formulación de la racionalidad en X. Zubiri y quizás desde ahí se pueda entender su peculiar postura al descubrir un mismo problema desde un sistema distinto.

Sto. Tomás usa un concepto analógico de ley: «Quaedam rationis ordinatio ad bonum commune, ab eo qui curam communitatis habet promulgata»[152], en el que el analogado principal es la ley eterna, de la que participan todas las demás leyes en la medida que son leyes. Es precisamente una perspectiva inversa a la dominante hoy en que ley se entiende principalmente como ley positiva humana; lo cual ha llevado en algunos casos a planteamientos que harían imposible hoy – si se fuese coherente – la realidad de unos juicios como los acaecidos tras la II Guerra Mundial en Nüremberg.

Para Sto. Tomás «lex quaedam regula est et mensura actuum quam inducitur aliquis ad agendum, vel ab agendum retrahitur: dicitur enim lex a *ligando*; quia obligat ad agendum»[153]. Esta noción usa la etimología común en su época: ley viene de unir, de ligar la acción humana y en ese sentido *obliga* en una dirección la actuación humana. Lo mismo que hace X. Zubiri al hablar de la obligación y la religación. Ésta es la opinión de Casiodoro que se refleja también en S. Alberto Magno y S. Buenaventura. La medida primera será la ley eterna que en Dios se identifica con su sabiduría creadora y providente, y que es participada de diferentes modos según las criaturas: ley física, ley biológica (natural animal), y ley natural en el hombre[154].

Pero Sto. Tomás introduce el espíritu nuevo del Estagirita en el pensamiento moral y jurídico de su tiempo. Si hasta el tiempo de Sto. Tomás se habían usado las categorías de ley natural aportadas por los neoplatónicos y estoicos — origen de la división entre *ius naturalis* y *ius gentium* —, manteniendo la terminología antigua Tomás unificará y vitalizará con la visión aristotélica la noción de ley y de ley humana arrancando de su visión metafísica del hombre[155]. La ley natural, que es «participatio legis aeternae in rationalis creatura»[156] se caracteriza por

---

[152] *S.Th.* I-II q90, a4.
[153] *S.Th.* I-II q90, a1.
[154] Cf. *S.Th.* I-II q93, a1.
[155] Cf. J.M. AUBERT, *Loi de Dieu Lois des Hommes*.
[156] *S.Th.* I-II q91, a2.

el principio formal del que surge. Si ley es principalmente el plan de Dios, su sabiduría, la forma de participar el hombre en esta ley eterna es a través de la razón natural: «lumen rationis naturalis, quo discernimus quid sit bonum et malum, quod pertinet ad naturalem legem, nihil aliud sit quam impressio divini luminis in nobis»[157]. Sto. Tomás reservará la distinción entre *ius naturalis* y *gentium* para los campos materiales de aplicación de la ley natural.

En este terreno del principio formal se plasma su aristotelismo, y radica la novedad que aporta al pensamiento por dos motivos. Por un lado supone la desacralización del derecho creando un ámbito fundado en Dios — promulgador de la ley natural pero según el ser de la criatura humana — capaz de superar el positivismo, en que había derivado el pensamiento de su época, gracias a la internación de la ley en la naturaleza racional del hombre. Al mismo tiempo esta peculiar participación de la ley eterna a través de la ley natural se encuadra en una clave personalista pues hace referencia al ser del hombre — dimensión antropológica en su realidad más honda —, a su forma de conocer — dimensión gnoseológica — y a su dimensión teónoma. Es una participación en la que el hombre participa de la medida y regulación de Dios de forma activa regulando y midiendo sus actos[158] a través de la razón que ordena a la voluntad[159], y abierta a los demás seres: «Inter cetera autem rationalis creatura excellentori quodam modo divinae providentiae subiacet, inquantum et ipsa fit providentiae particeps, sibi ipsi et aliis providens»[160]; y esto conforme a su último fin — desde éste, y por la epistemología realista, queda guardada la objetividad de la ley —.

Será en la ley natural donde se fundamenten las otras leyes quedando subordinadas y encuadradas dentro de la dinámica personalista. Es una noción que presupone la libertad pues la ley natural tiene una *vis directiva* — interesante sería comentar esta ley natural como proyecto — que no impone necesidad física sino una necesidad moral al servicio de la persona y del bien común. La ley queda así interiorizada en la dinámica y estructura del obrar humano y no debe entenderse como ley biológica, pues desde la razón alimenta el hábito de la sindéresis que

---

[157] *S.Th.* I-II q91, a2.
[158] «Ergo substantiae intellectuales gubernantur quasi propter se». *Contra Gent.* Lib III e 112.
[159] Reflejo de la ley eterna para el hombre, S.Th. I-II q19, a4: «Lumen rationis quod in nobis est, intantum potest nobis obstendere bona, et nostram voluntatem regulare, inquantum est lumen vultus tui» — de Dios —.
[160] *S.Th.* I-II q91, a2.

ilumina el juicio práctico inmediato al obrar de la conciencia, y tampoco como ley impuesta desde fuera, extrinsecismo o heteronomía, sino desde el mismo ser del hombre[161].

Paralelamente se pueden conjugar en Zubiri racionalidad abierta y libre con un referente natural, en este caso personal: la sustantividad humana reduplicativamente suya en la estimación. Es posible la discusión entre éticas sobre el contenido y concreción de la realidad plenaria de la persona, pero siempre hay un referente real: la sustantividad personal con su reduplicativa intelección, y esto es ya contenido concreto repleto de implicaciones. Desde ahí, creemos, hay que entender que el bien de la cosa es la conformidad con el *bonum* humano[162] y éste incluye su IS. Cuando Zubiri afirma que *yo no elijo lo que me parece mejor sino que mi decisión la pone como lo mejor aquí y ahora* hay que entenderlo a la luz de lo dicho: La volición puede oponerse a lo que la antropología muestra como mejor poniendo como mejor lo que en realidad no lo realiza plenamente. Es la dimensión de primado de la voluntad en el actuar moral. Si no se encontrara un referente objetivo en la antropología nos encontraríamos con un absurdo relativismo o un reduccionismo de la bondad moral: ¿es la bondad mera coherencia con el proyecto? De aquí a una formulación desacertada de la opción fundamental hay sólo un paso.

Razonando al absurdo nos encontraríamos con que reducir la ética a formalidad racional en Zubiri desemboca en una petición de principio para afirmaciones del tipo:

> nada es malicioso más que apoyado sobre algo que tiene un carácter que intrínsecamente no es malicioso. La malicia no consiste en que yo quiera el mal por el mal, sino en que quiera un objeto que tiene un aspecto bueno, a pesar de que tiene otros suficientemente conocidos como malos; es anteponer lo que yo quiero a lo que es; es estar por encima de un bien[163],

o en la nota de SSV: «Habría que introducir la idea de un bien *objetivo*, y no sólo lo que cada ética cree que es bien. En tal caso, la bondad y la maldad tienen carácter determinable objetivamente»[164], aunque el editor reduzca el comentario interpretando hacia el mal tópico no sólo objetivado sino objetivo. La misma petición de principio nos saldría al paso para entender la volición como bonicia o malicia, aunque no tanto

---

[161] Recuérdese el debate moral de la autonomía teónoma.
[162] Cf. SSV 253.
[163] SSV 274, cuando habla contra Nietzsche.
[164] SSV 281-282.

para el maleficio psíquico. En el tema de la malignidad el caso es más obvio ya que sin esta objetividad que permite el acuerdo intersubjetivo no cabría ni pensarla.

Otro argumento lo encontramos en la aparentemente paradójica eliminación de la persona del referente moral plenario. Para Zubiri lo que la persona añade es que ese bien y mal sean míos, el bien y mal, dice, es anterior al momento personal[165]. Aquí, situándose en el plano vivencial de la suidad, lo que quiere destacar es la objetividad moral, ésta no depende de que lo haga o no mío, personal, no es este momento el decisivo para la valencia bien - mal: la apropiación por la persona no constituye el bien y el mal; sino que estos descansan sobre la sustantividad que constitutivamente es apertura. Desde ahí entendemos que:

> los cambios en la idea de la perfectividad humana no son verdaderas adiciones *ex aequo* a lo que sería el hombre abstractamente considerado, sino justamente al revés: no son otra cosa sino el hacer ver en cada situación concreta las posibilidades que efectivamente y fecundamente dimanan de esa condición unitaria y radical por la que el hombre es una sustantividad abierta[166].

En resumidas cuentas nuestra interpretación de Zubiri en este punto consiste en entender que la ética, exigida por la dimensión moral, es material de bienes, eudemónica. Eso sí con un especial lanzamiento a la elaboración de la racionalidad propia y con un fuerte carácter personalista ya que el sentiligir forma parte esencial como objeto y sujeto ético a un mismo tiempo. Desde aquí sería interesante un estudio que reformulase la ley natural en clave zubiriana.

Por otro lado Zubiri pide y abre, desde IS, un camino metódico para elaborar una ética que ayude en los procedimientos de decisión e ilumine la vida concreta de cada momento, camino que pienso hay que seguir trabajando y promoviendo aún por vías nuevas a las propuestas por grandes moralistas como Aranguren y Gracia.

5. Desarrollo dinámico del amor según una inspiración zubiriana

5.1 *Peculiaridad y método de este apartado*

Una vez vista la causalidad interpersonal y su funcionamiento en la vertiente negativa vamos a colocar los datos estudiados en orden cronológico de lo que sería la vivencia tipo del amor personal en el caso de

---

[165] Cf. SSV 253-254.
[166] SH 431, *El problema del hombre*, 1953-54.

una relación que concluya en el matrimonio. Queremos de este modo mostrar el valor del análisis zubiriano en su aplicación a un caso concreto, quizá el caso humano por excelencia. Este desarrollo es personal, supone un intento libre, un esbozo particular, donde poner en juego los frutos del trabajo realizado. El valor de este esbozo queda al discernimiento del lector y de la experiencia personal.

5.2 *Marco del amor interpersonal: familia*

La posibilidad de amar y descubrir un tú al que entregarse y que a su vez se entregue al yo depende del ámbito de comunión en que cada persona se haya formado. La vivencia familiar, su peculiar nosotros donde la persona aprende a ser yo ante un tú es la escuela de amor y entrega fundamental, al mismo tiempo que el lugar donde la persona es posibilitada y habituada a amar. Además ese nosotros será referente esencial del esbozo de proyecto de vida que la persona tenga en el futuro. Es la educación desde el nosotros y para el nosotros. Un nosotros que potencia y posibilita el propio yo.

El ambiente familiar es la primera vivencia de la línea de distanciación de los otros en cuanto personas. En ella, tras ver a las otras personas que empiezan por ser nuestros prójimos, se inscribirán el resto de relaciones y conocimiento de los demás: «Ahí sí que está en su lugar la *familia* como ámbito de proximidad de personas compenetradas, sobre el cual se va inscribiendo a lo largo del tiempo, de un modo positivo y negativo, la impresión de la realidad de las personas»[167].

Es el ámbito en que la persona aprende a compenetrarse con otros por lo que son realmente y no por lo que tienen ni por sus cualidades. Gracias a ella cuando tratamos a una persona, si verdaderamente la consideramos como tal, la actualizaremos en nuestra intelección como ella es, pues si la conformamos con nuestros esquemas o intereses, ya no es ella[168].

Ahí se aprende cómo al estrechar la relación con otra persona y enseguida descubrir afinidades y semejanzas mutuas es posible vivir un nosotros que no lleve a la absorción del individuo. Se aprende a vivir con los aspectos complementarios y unitivos de las diferencias reales, y así no deslizarse hacia una absorción mutua con perjuicio de la identidad individual. El yo se descentraliza y se evita el riesgo de ver exage-

---

[167] SH 270, *El problema del hombre*, 1953-54.
[168] Cf. G. GÓMEZ CAMBRES, «Prólogo», in CCZ 14.

radamente al otro como una extensión del propio yo, sin pretender que sienta, piense y reaccione tal y como uno mismo lo haría.

5.3 *Vocación*

Con las posibilidades que la persona adquiere en la familia y con las que se introduce en la comunidad social lo que tiene que realizar es su Yo, lo que va a ser de él. Cobrar el ser relativamente absoluto implica desde el mismo sujeto algo que es más que un acto tras otro, es actitud[169]. Paralelamente, desde la realidad de la vida, de los actos que la persona realiza, implica que todo acto, no por su finalidad sino por su carácter físico, está ordenado *velis nolis* a configurar el ser, el Yo. «De ahí que la vida entera del hombre tenga carácter *misivo*»[170]. No se trata de la misión que el hombre tenga en la vida, es algo más radical: «no es que la vida tenga misión, sino que es constitutivamente misión»[171]. Por eso la vida no es acaso, *factum*, es la misión fáctica de ser.

La vocación humana, filosóficamente considerada[172], el advertir que la existencia humana posee *carácter misivo*, es decir, que la vida del hombre, más que *tener misión* aquella que — bien o mal — cada uno ha de cumplir en su tránsito por el mundo, *es misión*, consiste en haber sido enviado a la existencia por el algo o el alguien[173] que, desde lo más íntimo de sí, desde el fondo mismo de su propia realidad, constantemente le impulsa a vivir[174]. En última instancia el Yo – misión remite a Dios por religación. Este es el fundamento metafísico de la vocación.

La persona es misión de un Yo, pero existencialmente puede vivirse de espaldas a este carácter intrínseco de la vida. La articulación entre las cosas futuras y el pensar ese mismo futuro implica resolver cada situación como una renuncia ordenada a vivir, entregarse y modelar la figura de Yo que se ha proyectado ser. Este proyecto implica un riesgo de deformidad respecto al absoluto que pretendo. Por eso es muy fácil

---

[169] Cf. PFHR 36-37. Actitud es la versión del Yo que va a cobrar cierta forma en los actos que va a ejecutar.
[170] PFHR 37.
[171] PFHR 37.
[172] Sobre esta vocación radical se articularía la vocación sobrenatural que es estricta llamada universal de Dios a la vida sobrenatural. Cf. HPFR 349 y 353.
[173] Creemos que desde esta concepción de la vocación se refuerza la solución teísta de la *Natura Naturans* en forma de un Dios personal que actuaría a través de la sustantividad Cosmos. Cf. en este cap. la nota 401 en p. 608.
[174] Cf. P. LAÍN ENTRALGO, «Xavier Zubiri en la historia», 36.

que la mayoría de la gente viva como vocación sólo un trozo de su vida[175].

Ortega y Gasset decía que al entender la vocación como «programa íntegro e individual de existencia [...] nuestro yo es nuestra vocación»[176], de la fidelidad a la vocación depende la autenticidad de la vida. Cambiando la radicación metafísica esta idea está presente en Zubiri.

Sin embargo constitutivamente el hombre está inquieto. Esta inquietud que emerge del interior del hombre no puede *acallarse*; es una *voz* que le orienta en la realidad, lo que Zubiri, llama *la voz de la conciencia*. Para concretar y vivir el carácter vocacional de la vida el Yo se encuentra con la metafísica[177] *voz de la conciencia* que le dicta el atenimiento a la realidad, así la deformidad es más difícil y la respuesta a la inquietud ontológica más sencilla. Esta voz tiene carácter de dictado, brota de la realidad misma como fundamento de la deidad, aunque sin mostrarse, tan solo resuena ese Dios que «está agitándose en el seno del espíritu humano»[178].

La vocación se concreta en que el hombre es actor de sus acciones, no mero agente[179]. Esto implica una limitación, una circunscripción a vivir la vida que le ha caído en suerte. El hombre vive en el perfil de un contexto trazado. Es el cuadro que le da la familia y la sociedad y que le posibilita ejecutar sus acciones como agente. Así la vocación se redefine como un contexto vital. Entonces «a la vez que agente de su vida, es actor de su propia vida. La persona es en cierto modo el gran personaje de su vida»[180].

---

[175] Cf. SH 657, *El problema del hombre*, 1953-54.
[176] J. ORTEGA Y GASSET, *Pidiendo un Goethe desde dentro*, OC IV, 401. También en esta obra reivindica su precedencia sobre Heidegger en ciertos puntos, como la futurición y la inquietud (cf. *Ibid.* 403-404), estas ideas tamizadas engrosan la antropología de Zubiri.
[177] El sentido primario de la voz de la conciencia es rigurosamente metafísico, tanto que de él pende el posterior sentido moral. La voz de la conciencia es la que dicta el atenimiento a la realidad. La conciencia me dicta en forma de voz cómo tengo que atenerme a la realidad. Cf. D. GRACIA, «El tema de Dios», 72.
[178] PFHR 65.
[179] Ortega señala, tras separar la vocación de las dotes personales, de la necesidad de encajar las circunstancias en el «destino exclusivo» de cada uno, tenemos que «realizar *nuestro personaje*». J. ORTEGA Y GASSET, *Pidiendo un Goethe desde dentro*, OC IV, 415.
[180] HD 77.

En ese cuadro la persona tiene un margen en que es autor, en que la realidad es opcional y puede elegir su forma de realidad. Es su personal respuesta a esa llamada a ser, ahí el hombre es autor de su propia vida[181]. La vocación posibilitada y recibida desemboca en opción. «Lo radical en el hombre es siempre opción»[182]. Opción no es inclinación o tendencia sino acto de nuestra realidad en cuanto personal. Ante la llamada y atracción a ser somos libres. La libertad «consiste en que somos nosotros quienes determinamos hacer nuestra esta atracción»[183]. La responsabilidad creativa de responder y vivir la propia vocación corresponde a cada persona.

Llamados a ser Yo, las personas se encuentran vocacionalmente dirigidas con los elementos que configuran su contexto vital[184]. Sólo en la medida en que la opción lleve a lograr esa figura plenaria se irá realizando. En el fondo de cada opción y cada acción está la divinidad, la realidad fundamentante. Cuando la persona explicita esta dimensión de su vivir como misivo y real podrá amar y entregarse de modo más eficaz y acertado viendo en las demás cosas y personas al absolutamente Absoluto. Desde ahí se abre a la realidad propia de los otros personales de modo más pleno y real.

5.4 *Enamorarse de la realidad del otro*

Vocacionada y posibilitada la persona se encuentra con otro que está vertido a la realidad de forma opuesta y complementaria por la sexualidad. Otra persona distinta en sus notas físicas y psíquicas, distinta incluso en su forma de realidad[185]. Este otro puede ofrecerse a través de su corporalidad en su realidad y comenzar una relación de amistad. Pero su realidad implica su ser femenino o masculino, distinto del propio y ahí aparece una nueva dimensión, querer al otro puede implicar quererle con esa dimensión sexuada en respectividad con la propia.

---

[181] Cf. HD 78.
[182] HD 220.
[183] HD 221.
[184] Ortega habla de la misión personal, de «Esta llamada que hacia un tipo de vida sentimos, esta voz o grito imperativo que asciende de nuestro más radical fondo, es la vocación». J. ORTEGA Y GASSET, *Misión del bibliotecario*, OC V, 212. La vocación aparece perfilada desde el contorno social como una figura de vida y un modo de ser concreto. La misión personal deviene necesidad social y se convierte en misión profesional u oficio. Cf. *Ibid.* 212-216.
[185] Cf. SH 471, GRH.

Surge el horizonte de un proyecto de vida en común compartiendo a todos los niveles la dimensión sexual mutuamente ordenada.

El comienzo de esta relación comienza con la atracción, pues «las posibilidades no solamente están ofrecidas en frío, sino que son más o menos atractivas»[186]. El otro ejerce una forma de poder a la que uno puede consentir. Este poder puede ser tal que quedemos retenidos en el otro aprehendido hasta la absorción de toda la atención[187].

Esto ocurre ante la impresión de la realidad del otro, pues «las impresiones no son algo meramente subjetivo, sino verdaderos ámbitos de presencia en que aparecen las cosas a plena luz»[188]. Esta impresión se puede basar en la preferencia como complacencia que responde a lo que a simple vista atrae de la cosa querida, sus cualidades[189]; pues para que alguien sea querido tiene que hacerse presente al amante por algunas de sus propiedades reales[190]. Las primeras impresiones en el trato con una persona pueden ser decisivas a la hora de abrir o cerrar posibles desarrollos[191].

Sin embargo para que surja el enamoramiento y no un simple atontamiento superficial[192] es necesario transcender de lo talitativo a la rea-

---

[186] SSV 275.

[187] «La fuerza de lo real primordialmente aprehendido nos retiene en una gama de violencia que va desde la indiferencia, pasando por la detención y llegando hasta la absorta cautivada». J.F. PINO CANALES, *La intelección violenta*, 30. En el espléndido lenguaje de Ortega: «El *enamoramiento* es, por lo pronto, un fenómeno de la atención». En los conocidos pasajes de J. ORTEGA Y GASSET, *Estudios sobre el amor*, «El amor en Stendhal», OC V, 577.

[188] A. LÓPEZ QUINTÁS, «La experiencia filosófica», 473-474.

[189] Decía Ortega que: «Enamorarse es, por lo pronto, sentirse encantado por algo [...] y algo sólo puede encantar si es o parece ser perfección». Constata el autor que el amor busca la excelencia. J. ORTEGA Y GASSET, *Estudios sobre el amor*, «El amor en Stendhal», OC V, 571.

[190] Cf. SSV 217: «El amor recae formalmente sobre la realidad misma de lo amado y no sobre sus valores. El amante no se enamora de las cualidades de una persona, sino de la realidad misma de ésta. Es cierto que casi nadie llegaría a amar a una persona sino por la vía de sus valores. Pero esta estimación de sus valores no es sino la vía que conduce al amor, no es el amor mismo; el amor, cuando existe, recae sobre la persona real en cuanto real, aunque haya perdido muchas de las cualidades que condujeron al amor. Los valores son una *ratio cognoscendi* del amor, pero no su *ratio essendi*».

[191] Cf. SSV 206. Sin saber porqué hay personas que de entrada resultan simpáticas o antipáticas.

[192] Ortega lo llama: «un estado inferior del espíritu, una especie de imbecilidad transitoria». J. ORTEGA Y GASSET, *Estudios sobre el amor*, «El amor en Stendhal», OC V, 581.

lidad del otro, pues el amante se enamora de la persona, no de sus cualidades[193]. De este modo la complacencia en la volición es algo secundario. Lo primordial es el carácter formal de la realidad, en la cual se sitúa el sujeto que quiere. Lo fundamental en el querer es el ser real de lo querido[194]. Que haya estimación hacia una persona descansa sobre la condición de estimanda de su realidad[195]. El primordio de amor, el gusto o fruición irá llevando a un mayor conocimiento y a la capacidad de descubrir cualidades en la otra persona. El amor es descubridor desde la connaturalidad que crea[196].

5.4.1 La belleza camino de conocimiento.
El cuerpo. El tú como fruición

Se conoce el otro a través de su presencia corporal[197], de sus valores y cualidades que resultan más o menos atractivos. En esa figura del otro complementario se da su propia realidad[198]. En la belleza exterior, física o psíquica, del amado el sentir del enamorado queda recubierto por un movimiento de *hacia* que le lanza en una triple dirección: 1.- hacia dentro de la realidad del amado, a su intimidad; 2.- hacia la misma realidad que se manifiesta y 3.- hacia el resto de cosas que se empiezan a ver apoyado en el otro, una nueva visión del mundo humano[199].

Se manifiesta así el carácter de la figura, conjunto de rasgos sensibles concretos, como imagen metasensible pues en los rasgos (desde una sonrisa o una caricia) vibra y se hace presente expresivamente una realidad de orden superior[200]. «Precisamente por el cuerpo estamos abiertos a los demás»[201], es el cuerpo como momento de realidad, que se

---

[193] Cf. J. Martín Castillo, *Realidad y transcendentalidad*, 182-183.
[194] Cf. SH 572-573.
[195] Cf. SSV 221.
[196] Cf. SSV 217.
[197] Por su corporeidad es por lo que la persona es constitutivamente exteriorizante. Cf. SH 278, *El problema del hombre*, 1953-54.
[198] El sentir: «Nos presenta, pues, inmediatamente la figura de una cosa. Sí; pero no solamente la figura, sino que nos presenta la *cosa real* figurada, como co-presente en la figura misma que tenemos delante. Si yo veo este vaso de agua, no solamente veo la figura del vaso de agua, sino que veo el vaso de agua que tengo delante de mí, de mis propios ojos». HV 57-58.
[199] Aplicamos aquí las dimensiones de la figura recubierta por el *hacia* tal y como está formulada en HV 64.
[200] Cf. A. López Quintás, «El sentimiento estético», 160.
[201] PTHC 209. Cf. *Ibid.* 227.

impone al Yo, quien le posibilita ser Yo[202].

La dimensión erótica o el amor sexual en sentido plenamente humano son algo grande y hermoso que desplaza «la pura impureza»[203] o el instinto de conservación rebajados y que no coopera al perfeccionamiento de la persona. Cada persona es para Zubiri trascendentalmente esteta, realiza y tiende en su dimensión más honda a dejarse conmover y atemperarse con lo trascendentalmente más hermoso por su riqueza de realidad, mermar este trascendental antropológico es posible pero inhumano al mismo tiempo.

Esa realidad se ofrece como posibilidad con un carácter deseable por la propia tendencia, que tiene un doble componente, el específico y el transcendental[204]. Así el otro puede llegar a atraer como lugar en el que se goza de la misma realidad, del mismo ser real y de este modo tener desde él fruición del resto del ámbito del *pulchrum*[205]. Visto teologalmente se encuentra aquí un reflejo de la presencia de la Realidad Fundamento en el cuerpo del tú y en el propio[206].

5.4.2 El tú como mi verdad, mi posibilidad

Ante el tú que se ofrece como posibilidad el yo, constitutivamente referido a un posible tú[207], puede optar por hacerlo suyo, entregarse en fe a la verdad del tú. Así el otro pasa a ser la posibilidad de la vida del yo, parte fundamental como absoluto que es de la propia figura de realidad[208].

Alcanzada con fe la verdad del tú que hago mi verdad, esa verdad se apodera del yo. La verdad del tú ejerce un dominio sobre el yo como

---

[202] Cf. PTHC 229. La persona no se hace presente a través del cuerpo sino que por su cuerpo está ya presente, el hombre no tiene cuerpo sino que es corpóreo. Véase cf. *Ibid.* 409.

[203] Expresión usada por J. ORTEGA Y GASSET, *Estudios sobre el amor*, «El amor en Stendhal», OC V, 572.

[204] Cf. SH 352-353, *El problema del hombre*, 1953-54.

[205] Cf. SSV 366-368.

[206] Zubiri no desarrolla este tema en el ámbito de la pura filosofía sino en la teología del cuerpo como templo del Espíritu Santo, creemos que con todo y sin precisar a la Tercera Persona Divina, sí se puede hablar filosóficamente de esta presencia. Cf. PTHC 229.

[207] Cf. SH 241-243.

[208] Se refleja aquí el pensamiento de Ortega: «En la elección de amada revela su fondo esencial el varón; en la elección de amado, la mujer. El tipo de humanidad que en el otro ser preferimos dibuja el perfil de nuestro corazón». J. ORTEGA Y GASSET, *Estudios sobre el amor*, «La elección en el amor», OC V, 600.

cualquier verdad[209]. En el tú el yo queda instalado, configurado y posibilitado[210]. En el tú como verdad el hombre se haya al abrigo en algo sólido y acogedor como un hogar[211]. La experiencia de la verdad del tú decanta en el yo una forma de experiencia de la misma verdad, una forma de ver el mundo, de acoger nuevas relaciones, desde una mentalidad que ha encontrado el amor; el yo queda configurado desde el tú amante de esta nueva forma. Como verdad el tú se convierte en base de posibilitación del yo para proyectar el futuro[212].

La verdad del tú no es algo que se dé en un momento por impresión y quede dado de modo definitivo, por el contrario se mueve en un proceso abierto en la historia a la profundización y a una mayor compenetración. Es el camino de la razón que poco a poco irá estableciendo nuevos niveles de comprensión[213] del tú y simultáneamente del propio yo. Se trata de ir verificando la propia verdad en la verdad del tú y viceversa. Así se realiza la verdad del tú y del yo como encuentro[214]. Este encuentro con el tú busca inquiriendo la realidad del tú en el mundo, su

---

[209] Aplicamos aquí los rasgos de la verdad recogidos por Quintás en referencia a HV. Cf. A. LÓPEZ QUINTÁS, «Xavier Zubiri. La inteligencia sentiente», 238-239.

[210] En paralelo dice Ortega: «experimenta el amante una extraña urgencia de disolver su individualidad en la del otro, y, viceversa, absorber en la suya la del ser amado». De nuevo: J. ORTEGA Y GASSET, *Estudios sobre el amor*, «El amor en Stendhal», OC V, 572.

[211] Abarcando más la diferencia de género otros autores apuntan la capacidad especialmente femenina de la acogida. Así Ortega afirma que es la madre la creadora de hogar (cf. J. ORTEGA Y GASSET, *Estudios sobre el amor*, «La elección en el amor», OC V, 620), y en este sentido subraya Lèvinas que de la mujer depende el destino de los pueblos. Mujer es condición del recogimiento de la interioridad de la Casa y de la habitación. Cf. E. LÈVINAS, *Totalidad e Infinito*, 172-173. El sexo no es sólo diferencia específica pues está más allá de la lógica de género y especie y es el lugar de la alteridad radical. En el matrimonio no hay relación de poder sino alteridad, el *erôs* (aquí Zubiri diría *agâpe*) no es aprehensión, ni conocimiento, ni posesión, la realidad, auténticamente se da en el misterio que se descubre especialmente en el pudor de lo femenino: «la alteridad se realiza en lo femenino». E. LÈVINAS, *El tiempo y el Otro*, 131 y cf. 127-132.

[212] Ortega también habla en 1932 de la posibilitación y el futuro arraigando en el pasado como lugar base desde el que construir la vida como hacer, no como mera acción. «No hay un vivir abstracto. Vida significa la inexorable forzosidad de realizar el proyecto de existencia que cada cuál es», ese proyecto en que consiste el yo es «nuestro más auténtico ser, es nuestro destino». Este destino es libre en su realización y posibilitado o dificultado por el entorno social. J. ORTEGA Y GASSET, *Pidiendo un Goethe desde dentro*, OC IV, 400.

[213] Cf. HV 46-47.

[214] Cf. IRA 292.

fundamento real, es intelección fundamental[215]. Intelección que lleva a ver el cumplimiento[216] de lo esbozado sobre el tú y en él sobre mí. Aquí aparece en el tú y en el yo que se encuentran la mutua referencia a la verdad última y fundante, en última instancia a Dios. Sólo conocerá el yo el tú, lo comprenderá y se encontrará con él cuando pueda, con la peculiaridad del conocimiento interpersonal, alcanzar su verdad como otro ser personal, absoluto relativo, fundamentado en la divinidad. El nivel del querer hasta llegar a un pleno amor personal es proporcional a los logros del encuentro.

No olvidemos que:

> El amante *sabe* del amor y de lo amado con un saber previo a toda enunciación predicativa e infinitamente más rico que la suma de todas las imaginables proposiciones predicativas. Es un estricto saber, pero un saber antepredicativo[217].

El amor muchas veces viene sin palabras y es motor del conocimiento.

5.4.3 El tú como mi *agathon*. El poder del otro sobre mí

El descubrimiento de ese tú concreto con el que compartir mi realidad y elaborar el proyecto, optando por él lleva a convertir lo que de por sí es un bien absoluto en el bien absoluto del yo, salvada la referencia al fundamento. El medio del querer que es la propia realidad plenaria, la sustantividad[218], no se concibe ni se quiere sin querer al otro. Se podría decir que la nostreidad se traduce en un querer crear un nuevo nosotros.

Desde este querer al otro en su carácter absoluto como *agathon* propio se entiende el dar la vida, el vaciarse, en la dinámica anteriormente explicada. Se ama el tú más que la propia vida. La estimación primera de agradable, de bueno, va copando la volición hasta hacer uno en la voluntad la realización propia con la realización del tú, surge el proyecto de realización común. La persona ya no puede tener una idea de sí misma, lo que le constituye en problema para sí misma, sin el tú[219].

---

[215] Cf. IRA 296.
[216] Cf. IRA 297-305.
[217] PTHC 492.
[218] Cf. SH 388, *El problema del hombre*, 1953-54.
[219] Extraemos aquí las consecuencias de la antropología de Zubiri: «Pero no es una mera idea, algo que no hace sino decirme cómo soy, sino que la idea de mí mismo pertenece a la realidad misma de mí, de modo que no se puede escindir totalmente mi propia realidad de mi propia idea». SH 643, *El problema del hombre*, 1953-54.

De este modo el tú pasa a formar parte de la realidad propia del *mí*. Se va constituyendo una nueva unidad: el nosotros esponsal. En la medida en que se hace realidad la compenetración llega a ser real el significado de la metáfora que dice que en los enamorados uno ve por los ojos del otro[220]. «Cuando el otro corresponde, sobreviene un período de unión transfusiva, en que cada cual traslada al otro las raíces de su ser y vive — piensa, desea, actúa —, no desde sí mismo, sino desde el otro»[221]. Se deja de pensar en el amado de puro tenerlo dentro.

El yo libremente otorga un poder al tú para adueñarse de uno mismo en la plenitud de su realidad. Este poder implica una fidelidad en el tiempo vital. El tú se convierte en el bien que da sentido al propio ser, ese sentido que siempre es buscado aún en las acciones más frías[222]. Justifica la persona su propio yo desde ese tú, las acciones, actitudes, van encaminadas a ese amor, a una figura que ama y acoge la realidad del otro y busca su plenitud sin anulación de la radical alteridad. El amor se convierte en opción fundamental que justifica la totalidad del decurso vital[223]. El tú del que se está enamorado es el todo del yo. En el se depone la propia felicidad o desgracia[224]. Ambos tú y yo quedan enriquecidos y abiertos de modo nuevo al mundo[225].

5.4.4 El tú como *la* posibilidad de mi vida

La persona enamorada percibe el tú como la posibilidad de su vida. En el proceso va optando por realizar entre las diferentes posibilidades que le ofrece la realidad las que más le gustan y convencen.

---

[220] Cf. PTHC 142. Zubiri utiliza la imagen del amor humano para explicar la *perijóresis* como compenetración en las personas divinas.

[221] J. ORTEGA Y GASSET, *Estudios sobre el amor*, «El amor en Stendhal», OC V, 589. Hablando de la evolución del enamoramiento.

[222] «La multiplicidad del sentido es algo primario al ser; las cosas son ya en su presentidad, pero el sentido del ser está fundado en el ser desde el ángulo del *agathon*. Incluso cuando el hombre se propone una actitud meramente especulativa, tiene un *agathon*: decir lo que las cosas son independientemente del hombre». Ahora la persona quiere desde ese nuevo bien, bien que ha sido descubierto en la medida en que ha estado abierto por su actitud a la realidad esponsal del tú de género diverso. SH 637, *El problema del hombre*, 1953-54.

[223] Cf. como aplicación personal a SH 360, *El problema del hombre*, 1953-54.

[224] Nótese la congruencia con la afirmación: «amar a alguien es otorgarle el poder de hacernos desgraciados», que procede de M. NÉDONCELLE, *La reciprocidad de las conciencias*, 248.

[225] M. VILÁ PLADEVALL, *Las dimensiones de lo interhumano*, 191.

El tú, una vez elegido, aceptado, se convierte en la única posibilidad, en este nivel esponsal, de la propia vida. Hacer del tú *la* opción que incluye la sexualidad implica tomar en serio su carácter absoluto. Para la persona ya no habrá en este nivel otro tú que sea posibilitante[226]. Es más, se puede llegar a afirmar que sólo a través de ese tú el yo llegará a ser Yo en su relación con el Absoluto[227]. Es el modo último en que la realidad entra en comunión con la persona.

Desde el enamoramiento y el noviazgo se va libremente a una opción que viene definida por la absolutez y la reciprocidad en la entrega de las personas en sexualidad. En ésta se expresa una de las dimensiones de la feminidad y de la masculinidad, la maternidad y la paternidad. El cuerpo es personal y expresa la plenitud de la persona incluyendo esas dimensiones, tiene su verdad expresada hasta en lo biológico. De ahí que al querer sexualmente al otro de modo personal la sexualidad tenga ese rasgo de esencial apertura a una posible nueva persona.

El resto de fines y cosas queridas se transforman en recursos para esa nueva realidad que está por realizarse[228]. Pero no sólo esto es así. La mutua entrega llevará a cosignar desde el nuevo nosotros las cosas de la realidad. Los acontecimientos más sencillos, los objetos cotidianos, las tareas a realizar adquieren desde el amor un carácter simbólico y de co-volición[229].

Las posibilidades que cada uno ha introducido en su vida y que vaya logrando se convierten en posibilidades para el otro. En el amor nos encontraríamos con la dinámica de la tradición, de la posibilitación social[230] en un nivel de compenetración. La riqueza del otro es riqueza propia.

---

[226] Cf. SH 350, *El problema del hombre*, 1953-54. Aplicamos la opción por una posibilidad, las otras personas sólo podrían haber sido.

[227] Lógicamente no queremos cerrar aquí las puertas a formas de vivir con el tú desde realidades duras pero posibles, que lo incluirían, como en la separación.

[228] SH 641, *El problema del hombre*, 1953-54.

[229] Dice Zubiri: «las cosas señaladas, no por lo que tienen de cosa, sino por consignación de las personas que van a converger en aquella cosa. Entonces el signo adquiere un caracter de *símbolo*. Símbolo quiere decir co-volición». SH 285-286, *El problema del hombre*, 1953-54.

[230] Extraemos la versión interpersonal de cf. SH 315-316, *El problema del hombre*, 1953-54.

5.5 La entrega y el compromiso

X. Zubiri repetía: «toda entrega es posesión y toda posesión es entrega»[231]. Esta es la dinámica de reciprocidad y paradoja del amor personal[232]. En grado único y distinto se da en el amor esponsal. La posesión del otro como la posibilidad de la vida en amor con sexualidad implica una entrega en la que la dimensión de corporeidad es protagonista de un modo único. En ella se entrega toda la persona actualmente al otro.

Esta entrega lleva consigo un compromiso de por vida. El otro se apodera de mí como absoluto relativo y viceversa por la mutua otorgación de poder[233]. Esta peculiaridad se manifiesta en el momento lógico con la máxima de las firmezas[234], no se trata de barruntar que se quiere a alguien, sino de que llegue al momento en que la experiencia posibilita afirmar con certeza la realidad del amor en compromiso. La vinculación efectiva del amor funda el deber de la fidelidad con la misma fuerza con que el orden del deber se apoya en la necesidad de buscar el ser feliz por apropiación[235].

El conyuge tiene el dominio sobre el otro, se da una forma de las poderosidades de las cosas o personas que está remitiendo al absolutamente Absoluto, pues el poder de lo real en cuanto tal es el fundamento de mi realidad personal[236]. Así amar es desposeerse cautivado por la riqueza real del otro que se apodera metafísicamente de la propia realidad. Se concreta la apertura en un ser-para el otro. Aún «en el celibato la donación humana sigue conservando su significado esponsalicio»[237]. La persona al expresarse en el cuerpo manifiesta también en y con él la

---

[231] CCZ 55.

[232] «la receptividad junto con la entrega son los elementos constitutivos de la comunión que tiene efectos positivos en las dos direcciones». M. VILÁ PLADEVALL, *Las dimensiones de lo interhumano*, 155.

[233] Dice nuestro filósofo: «una posibilidad apropiada es una posibilidad a la cual se le da un poder real y efectivo de ser mi propia figura; es decir, de apoderarse de mí». SH 397, *El problema del hombre*, 1953-54.

[234] Aplicamos al matrimonio y el amor los modos de afirmación según la firmeza. Estos no se refieren a un estado subjetivo primariamente, sino a un modo en que la realidad queda actualizada en el *logos* (ignorancia, barrunto, duda, opinión, plausibilidad, certeza). Cf. A. PINTOR-RAMOS, *Realidad y verdad*, 163-164.

[235] Cf. SH 409-410, *El problema del hombre*, 1953-54. Aquí Zubiri funda el deber, en diálogo con Kant, en el no poder no estar proyectado hacia la felicidad.

[236] Cf. J. SÁEZ CRUZ, *La accesibilidad de Dios*, 88-89.

[237] B. CASTILLA Y CORTÁZAR, «Comunión de personas y dualidad», 189. En referencia a JUAN PABLO II, *Celibato Apostólico*, 106.

vocación humana de *vivir para los demás*. Reluce así el sentido esponsalicio del cuerpo[238].

5.5.1 El tú en el proyecto definitivo del *Yo*. El tú y la fe

Desde la diferencia y compenetración de género la persona puede encontrar una vía de aproximación para llenar de contenido la realidad fundamentante. El compromiso matrimonial dentro del proyecto vital deviene acontecimiento[239], el acontecimiento de la vida de muchas personas.

Esta decisión y compromiso es al mismo tiempo construcción del propio Yo, pues todavía no es lo que proyecta ser[240]. Es una decisión que se realiza en el horizonte de la vida.

Este acontecimiento además de acoger la dimensión social, pues — como ya hemos visto — la familia es fuente de la sociedad, anterior a ella, está intrínsecamente abierto a la dimensión religiosa. De ahí la importancia que la formulación legal y el reconocimiento público del amor tienen desde estas claves antropológicas. Dios está presente en el hombre como *transpersonal*. Un Dios que es amor, donación con iniciativa, posibilitante de la realidad y, por tanto del amor personal[241]. También es necesario mirarlo al revés, desde la religación y la problematicidad de ámbito enigmático de la fundamentalidad de lo real, el que unas personas tengan actualizada la religación en forma personal no es indiferente para el sistema de referencia desde el que realizarán su relación esponsal[242].

---

[238] B. CASTILLA Y CORTÁZAR, «Comunión de personas y dualidad», 190. Poco más adelante (en referencia a *Celibato apostólico* 42) subraya desde una perspectiva teológica que la definitiva realización del significado esponsalicio del cuerpo se da en al comunión de los santos en el cielo. Ser esposo o esposa no es en principio sinónimo de tener esposa o esposo, sino simplemente de ser varón y mujer.

[239] En el proyecto el hecho es acontecimiento con sentido. Cf. SH 583, *El problema del hombre*, 1953-54.

[240] «El hombre en sus decisiones forja un proyecto o se sirve de proyectos que ya ha forjado. Toda decisión no solamente elige sino que en cierto modo construye lo que va a elegir. Esto implica, por el mismo carácter del proyecto, que el hombre no es todavía lo que proyecta ser. Lo cuál nos remite al concepto de *temporalidad*». SH 607, *El problema del hombre*, 1953-54.

[241] Así llega a afirmar Cambres que «por eso en el amor cantamos la gloria de Dios». G. GÓMEZ CAMBRES, *Zubiri: el realismo transcendental*, 97.

[242] Nos apoyamos aquí en la consecuencia de la religación para el resto de intelecciones según la presenta Cabria. Cf. J.L. CABRIA ORTEGA, *Relación Teología – Filosofía*, 448-449.

5.5.2 El esbozo de un proyecto común

Al entregarse al tú en reciprocidad de amor sexual y elegirlo como la posibilidad que va a ser posibilitante del Yo lo que la persona hace es proyectar su vida con ese tú en la construcción de un nosotros. Ese proyecto cambia el argumento de la vida recogiendo su dimensión de continuo currente en cuanto agente, de decurso en cuanto autor y de destinación en cuanto actor[243]. La elección se convierte en momentos posteriores en aceptación de lo que me ha sido dado. La iniciativa del amor es también del otro. La persona puede llenar el argumento de su vida con máximos personalistas en la realización de su vida de pareja; necesitando simultáneamente el don libérrimo del otro.

En el amor se conjuga superándose el esquema dualista *autonomía – heteronomía*. El decurso biográfico no se reduce a mero despliegue de unas potencias. Entraña la creación de multitud de vínculos y ámbitos. En el entreveramiento de estos surge el sentido de la vida humana y de la realidad que lo envuelve, impulsa y nutre. Para cumplir su misión y su destino personales, el hombre debe ob-ligarse libremente a la realidad que lo circunda y *ambitaliza*[244]. De esta obligación con la realidad participa la obligación que mana del amor. El otro real que se ofrece en amor apela pidiendo una respuesta creadora que se traduzca en compromiso y en proyecto común para todo el decurso. El amor esponsal aúna al otro como fuente de obligación desde lo más íntimo de la propia realidad.

Este proyecto se caracteriza, entre otros rasgos, por poner en juego la razón[245]. Esta, desde el conocimiento del otro, de sí mismo y de la realidad del amor, llegará a formular un plan de vida con esa persona, con el tiempo necesario de noviazgo[246], con la realidad a compartir, con los demás factores que concretan la situación, hasta que aparezca como

---

[243] Cf. SH 592, *El problema del hombre*, 1953-54.

[244] A. LÓPEZ QUINTÁS, «Significación actual del pensamiento zubiriano», 47-48.

[245] Un buen resumen de la marcha de la razón y su aplicabilidad al ámbito interpersonal lo encontramos en cf. J.F. PINO CANALES, *La intelección violenta*, 56-57.

[246] Desde la peculiar racionalidad del conocimiento interpersonal se comprende la importancia del noviazgo como tiempo de probación. «Todo lo que puede y debe pedirse a la prueba de una vía racional es que muestre que es razonable, algo que por sí mismo no puede eliminar otras vías diferentes; en el caso frecuente de un conflicto entre diversas vías igualmente rectas, la prueba debe mostrar que una es más razonable que otras». A. PINTOR-RAMOS, «Zubiri: una filosofía de la religión cristiana», 374-377.

razonable la decisión del compromiso de por vida y el proyecto comience a realizarse.

En este co-elaborar el proyecto entrará en juego la libertad, la elaboración de esbozos posibles desde la realidad dada y el descubrimiento de lo que implica compartir una vida. Siempre habrá un elemento de libertad, esencial a la razón y más en el conocimiento interpersonal, no existirá la certeza propia de la racionalidad física, sí la propia de este ámbito, que implica articular opción y razón: «Esta articulación de la opción con lo racional tiene un nombre preciso: es lo *razonable*»[247]. Hay un componente de apuesta y de fe en ese proyecto que se irá sometiendo a probación por compenetración a lo largo de la vida.

Una de las características del proyecto será la apertura permanente al otro, que siendo punto de firmeza y apoyo, tiene, como todas las cosas pero aún más por su nivel transcendental, una riqueza inagotable. El conocimiento del otro y el amor nunca se puede certificar que sea último, radical y definitivo. Entramos en la dimensión de la fidelidad.

5.6 *Tiempo para amar, fidelidad*

Una de las características de la persona y su yo es la temporeidad, el ser es temporal radicalmente. Nos surge la pregunta sobre la estabilidad y continuidad de la personalidad en el devenir de la suidad. Que la personeidad, como nuda realidad actualizada en el mundo, es siempre la misma no ofrece problemas, ahora bien, la personalidad, actualización campal de la personeidad está sujeta a todas las vicisitudes del campo y las realidades constructas con la suidad[248].

La unidad del yo en el tiempo descansa sobre el momento de personeidad pero se concreta en cierta estabilidad que es la personal *forma mentis*[249], una personalidad que viene unida también desde el argumento y el proyectar. Ahí surge el tema de la fidelidad con uno mismo, con su proyecto y las personas con que hace su vida. Esta fidelidad hunde sus raíces en las notas de la realidad humana y caracteriza el inteligir y el querer, así como el sentimiento. La persona es siempre la misma sin ser nunca lo mismo, articulación de personeidad y personalidad, pero la figura tiene estabilidad.

---

[247] PFHR 239.
[248] Cf. IRE 272-273.
[249] B. Castilla y Cortázar, *Noción de persona*, 169.

5.6.1 La temporeidad del Yo

La raíz de que el yo sea tempóreo descansa sobre la IS[250] que mantiene al hombre en radical inquietud ontológica[251]. La inquietud se manifiesta como «nostalgia por conocer en plenitud lo que desde el principio se ofrece al hombre debido al hecho de estar instalado en lo real»[252] en búsqueda de su ser absoluto en medio de la movilidad de lo real.

La temporeidad implica un *mí* inquieto en apertura a su misma inquietud[253] que establece las tres líneas del tiempo humano. Mirando desde la decurrencia el tiempo es *duración* que se articula en un antes – ahora – después. Mirando desde el proyecto de yo el tiempo es *futurición* que se articula en pasado – presente y porvenir[254]. Mirado desde el plazo, desde el límite de la vida, el tiempo es *emplazamiento* y se articula en comienzo – camino – fin[255]. Estas dimensiones se encuentran unidas sin identificación en el Mí inquieto por IS. Este es el modo en que el mí se encuentra llevado por unas situaciones; pero no es una tensión extrínseca que tira de mí como lo pudiera hacer un resorte, las situaciones pertenecen intrínsecamente a la vida[256].

Desde esta unidad del tiempo en el mí se ve que la vida no es una mera aventura, la aventura del hombre que quiere evadirse de su vida

---

[250] La inquietud unifica decurrencia de la realidad propia y estar sobre sí, «Si la inteligencia humana no fuese una inteligencia en que las cosas entran y salen, concebiríamos el tiempo, pero el hombre no tendría una realidad tempórea. Ahora bien, lo que hace posible que las cosas entren y salgan es la dimensión sentiente del hombre. Porque el hombre es inteligencia sentiente puede tener cosas que le mantengan en inquietud, y en esa inquietud el hombre actualiza el siempre estar en la realidad, y el siempre tener que estar de otra manera, porque sus propias estructuras son decurrentes. La inteligencia sentiente es el fundamento último de la temporalidad». SH 630, *El problema del hombre*, 1953-54.

[251] La inquietud no es la angustia heideggeriana, ni la cura o preocupación, es algo más radical que posibilita esas otras y a la vez es el carácter de la ocupación diaria del hombre. Cf. G. GÓMEZ CAMBRES, *La realidad personal*, 198.

[252] A. LÓPEZ QUINTÁS, «Significación actual del pensamiento zubiriano», 47.

[253] Otra forma de mentar la reduplicación de IS en el decurso.

[254] En IS el pasado viene como *logos* y el *futuro* como razón ante la presencia estricta del aquí y el ahora, es la doble apertura del hacia. Cf. J.F. PINO CANALES, *La intelección violenta*, 71-72.

[255] Cf. SH 632, *El problema del hombre*, 1953-54. Encontramos un esbozo de la estructura del tiempo en SH 608-614.

[256] «La unidad del tiempo está radicalmente en el *mí* temporal: *mi* duración, *mi* futurición, *mi* emplazamiento. Lo que este *mí* tiene de tiempo es que sus situaciones son insostenidas e insostenibles, y fuerzan a forjar la figura del propio *mí*». SH 619, *El problema del hombre*, 1953-54.

real en un proyecto nuevo. Se trata de la forma que el mí tiene de estar en situación. Y esta forma es constitutiva inquietud. Unidad e inquietud es la forma tempórea de la persona. No se trata de inestabilidad, sino de la realidad de la suidad que se actualiza en el mundo de forma nueva pero estable.

Ahora se entiende que: «Yo no soy el tiempo, sino que el tiempo está fundado en la realidad que es el hombre. Yo soy tempóreo: el tiempo es mi tiempo; no soy tiempo sino que el tiempo es mío». La forma de vivir este tiempo en propiedad es el proyecto de una figura de realidad: un Yo[257]. Este proyecto se realiza en futurición.

La dimensión de provisionalidad de la vida, vista desde el emplazamiento implica que la figura que va tomando la suidad es siempre un yo provisional, definitorio pero no definitivo[258]. El yo puede cambiar, la persona puede reproyectar, frustrar proyectos o dejarlos inacabados. El yo se realiza en el *mientras*, que es el tiempo que estamos viviendo, hasta que con la muerte queda la figura definitiva del yo logrado.

Conjugación de estabilidad y provisionalidad definen la persona como *Homo Viator*. La vida es camino, no una mera trayectoria azarosa, porque tiene un *entre* y un *hacia*. «Como este camino es el camino de una vida, y vivir es autoposeerse y autodefinirse, el único *hacia* de ese camino es sí mismo. El *hacia* es siempre y sólo el yo mismo como figura de realidad en realización física».

La persona tiene diversos modos de estar en el tiempo[259] y uno de ellos es estar constituyendo el tiempo, se produce cuando uno *da de sí* pero en el otro, es el caso del amor; el amor supera y envuelve la unidad del fluir y del contar el tiempo que es el origen radical del proyecto[260]. El amor creador del tiempo supera la barrera de quién sólo mira hacia sí mismo, del que se busca egoístamente y del que está contando los días; la misma temporeidad es figurada de modo enriquecido por la fuerza del amor. El amor supera el poder del tiempo[261]. Es la realidad la

---

[257] Proyectar presupone la realidad desde la que se proyecta, la realidad que le hace proyectarse, el acto de proyectar realidades y un moverse en realidades. Cf. SH 628, *El problema del hombre*, 1953-54.

[258] Cf. SH 664, *El problema del hombre*, 1953-54.

[259] Cf. EDR 304-309. Los otros dos modos son: a) Fluir: estar ocupando el tiempo, esto se da cuando uno *da de sí* fluyendo justamente en sí mismo y b) Contar: estar contando el tiempo, es tomar el tiempo como una estructura sinóptica de modo que el tiempo es aquello con lo que el hombre cuenta efectivamente en su vida.

[260] Zubiri sitúa aquí la aportación de Heidegger. Cf. EDR 306.

[261] También de la unidad entre fluir y contar surgen estructuras como: dar tiempo al tiempo, hacer tiempo, pasar el tiempo, perder el tiempo, recuperar el tiempo. En su

que sustenta el tiempo, y por tanto sólo desaparece el tiempo cuando desaparece la realidad, no es el tiempo el que devora la realidad; el dinamismo de la estructura manda sobre el tiempo que no es más que su forma mundanal. Por ello la realidad que es amor supera y crea el mismo tiempo.

El *hacia* del *homo viator* implica algo más profundo que el puro continuar y sobrevivir, la persona lo que hace es conseguirse: la consecución de sí mismo[262], pero en donación. Esta es la base metafísica de la fidelidad. La persona en camino busca su felicidad en fidelidad a su figura plenaria de ser en el tiempo. Dentro de esta fidelidad en el tiempo se inscribe la fidelidad al proyecto que ha elegido el tú esponsal como posibilidad posibilitante. Esta sería en Zubiri la radicación de la agudeza de Ortega y Gasset: «Un amor pleno, que haya nacido de la raíz de la persona, no puede verosímilmente morir»[263]. El proyecto queda envuelto y transido con la fuerza ontológica del amor.

5.6.2 El nosotros, forma de comunidad, y la personalidad de *cada cual*

La persona tiene una estructura familiar[264], su realidad es común en filiación con los progenitores y aún en la generación. En el nivel de ser implica que el yo se inscribe en un nosotros. El amor esponsal crea un nuevo nosotros. Este tiene su autonomía respecto a los individuos que lo forman. Sin embargo la base de su unidad viene del proyecto común de realización y del mutuo enriquecimiento.

La comunión de personas que construye el matrimonio implica un mirar juntos al futuro, un poner de acuerdo las razones de ambos para proyectar y un realizar juntos el propio Yo.

Podríamos desde la nueva unidad de respectividad de esta unidad de compenetración hablar del tiempo en el nosotros, de sus etapas, de su edad. El nosotros tiene un comienzo y un mientras. Es realidad viva

---

unidad sinóptica subyace el tiempo como posibilidad y el tiempo como poder. El poder del tiempo no consiste en originar, formar y arrastrar a las cosas (tiempo de los Vedas), ni en devorar la realidad (*Kronos* griego). Tiempo «*es siempre y solamente un tiempo de plenificación de sí mismo: es justamente estar dando de sí*» (EDR 308).

[262] Cf. SH 662-663, *El problema del hombre*, 1953-54.

[263] J. ORTEGA Y GASSET, *Estudios sobre el amor*, «Amor en Stendhal», OC V, 569. Sigue diciendo: «La palabra más exacta, pero demasiado técnica, sería esta: un estar ontológicamente con el amado, fiel al destino de éste, sea el que sea. La mujer que ama al ladrón, hállese ella con el cuerpo dondequiera, está con el sentido en la cárcel». *Ibid.* 570.

[264] Cf. NHD 475, SSDTP.

sometida a las vicisitudes de lo real. La temporeidad de cada yo del nosotros queda marcada intrínsecamente por el nosotros en cuanto que éste es la figura de yo que se ha proyectado. El desarrollo de la personalidad de cada cual, con su individualidad radical, está dependiendo de una unidad superior.

Por eso el nosotros es también camino, que puede sufrir modificaciones. Así cada uno está llamado, desde la unidad de proyecto y de amor, a cuidarlo y hacerlo crecer con la misma fuerza con que la inquietud mueve al yo a buscar la propia plenitud.

La tarea del nosotros proyectado, su mejora y corrección, se autonomiza respecto al modo del tiempo de cada cual en la medida que el pasado de cada uno empieza a ser un pasado común, un mismo pasado, el presente es realidad en compenetración y el futuro proyecto común. Consecuencia clara es la capacidad de integrar en el propio ser los campos de posibilidades abiertos por el pasado, que ya es en gran parte común[265]. Hasta cierto punto el tiempo se unifica para ambos conyugues. El camino de cada uno, dentro de lo que es compartir en el matrimonio, deviene el camino común, el yo y el tú recorren el camino de la vida como un nosotros en el que se apoyan, al que contribuyen y que revierte de forma enriquecedora sobre cada uno.

En la unidad del nosotros las vicisitudes del yo del otro pasan a ser vicisitudes que afectan intrínsecamente al yo del tú. El yo del otro está dentro de mi realidad como posibilidad realizada, su devenir, su cambio, sus problemas, son míos de un modo nuevo.

Esta concreción del propio yo en nosotros implica una ligazón nueva que se traduce en algo que va más allá del deber, aunque lo incluya y fundamente: la fidelidad a la comunión que la persona ahora es.

5.6.3 Mi verdad, la compenetración y la conformación

X. Zubiri ha puesto de manifiesto una dimensión de la verdad fundada en al cultura hebraica. Junto a la verdad como ser o realidad, junto a la verdad como manifestación, existe la verdad como firmeza, seguridad y confianza[266].

Aplicado al matrimonio implica una dinámica nueva, algunos de cuyos aspectos ya hemos señalado.

Por lo que toca a la propia verdad, desde el nuevo nosotros, la verdad de la persona encuentra en sí misma una concreción de la dimensión

---

[265] A. LÓPEZ QUINTÁS, «Significación actual del pensamiento zubiriano», 46.
[266] Supera a Heidegger. Cf. SPF II 97 y A. PINTOR-RAMOS, *Realidad y verdad*, 45.

interpersonal realizada y comprometida. Mi verdad no es mi verdad independiente de los demás, nunca lo ha sido para Zubiri, pero ya no es sólo mi verdad en apertura respectiva en la socialidad de mi persona, es mi verdad con un vínculo de comunión integrado en las estructuras de mi personeidad y personalidad en el nivel más profundo posible. La propia verdad es la verdad de un yo que es nosotros. Desde la dimensión de firmeza de la verdad, implica que mi verdad se apoya y funda en la firmeza de ese nosotros y su verdad, en la medida en que se apoyó y apoya en la verdad como confianza del tú al que se entrega. Un falso individualismo que no conjugue esta dimensión llevará a la persona a perder un elemento de su verdad que le sirve de soporte y firmeza en la vida. El nuevo nosotros implica un enriquecimiento de la propia verdad sin el cual no puede entenderse el propio yo.

Por lo que toca a la verdad del tú, implica apertura con capacidad de maravilla actualizada permanentemente. La verdad del tú es puntal de firmeza y seguridad en la propia existencia, pero además por la irreductibilidad de lo original de cada persona dentro del nosotros es vía de apertura a lo diverso, a lo intangible, a la recepción interna del don. Desde ahí la verdad del otro, inapropiable y apropiado por don en proyecto común, trasluce una imagen del acceso al don de Dios. La verdad del tú implica aceptación, esto significa dejar al otro que sea él mismo en toda su singularidad, lo cual implica amarle tal como es. Pero en su dinamismo interno la aceptación encierra también una invitación a ese otro a llegar a ser más: invita y estimula al tú a crecer como persona y como verdad. Por ello la paciencia es parte integrante de la verdadera escucha, del estar genuinamente presente al otro.

Desde el mismo nosotros, como realidad, no sustantiva pero sí con el carácter de comunión, su verdad no es mera agregación de las verdades del yo y del tú, sino que reestructura constituyendo un ámbito nuevo que desborda las posibilidades que independientemente tiene cada miembro y que se abre a la generación de nuevas personas. La verdad del nosotros esponsal es una verdad posibilitadora de nueva suidad, de nueva sustantividad. Esta verdad revierte sobre el yo y el tú. A la vez que cuando se concrete, supone un nosotros en expansión con nuevos apoyos y riquezas. La verdad del nosotros es firme y segura, aunque en la práctica se la pueda desintegrar[267]. No sólo eso, sino que al constituir

---

[267] La verdad nunca es algo definitivo y cerrado. Además el dinamismo del amor envuelve paradójicamente la despersonalización. Paralelamente a como el logos incluye el giro por lo irreal. Este sería el fundamento de posibles errores y vueltas atrás, aunque no implican la invalidez de un verdadero nosotros, sino que explican el

el ambiente primario y posibilitador en que las nuevas personas podrán abrirse a la impresión de la realidad personal es base fundamental de una sociedad estrictamente personalista.

La forma de conocimiento del tú y del yo se experimenta por compenetración, esto implica invitar al otro a llenar con su verdad el esbozo de su persona que se había realizado, una compenetración abierta en crecimiento.

Después de lo dicho se puede indicar que la realidad esponsal lleva consigo también la experiencia por conformación. El yo se realiza conformándose al proyecto de nosotros con el tú que ha acogido y elegido. Así la verdad del matrimonio crecería en el tiempo en la medida en que la verdad va llenando cada persona. También implica una mayor proximidad a la experiencia de Dios, Dios se da deiformando la persona, ésta experimenta a Dios conformándose a Él. En la conformación se refleja la dimensión de entrega al tú y la riqueza que ese tú supone para el yo.

Baste con estos rasgos que hemos delineado desde la antropología zubiriana y que dibujan posibles líneas de investigación sobre la familia, sus bienes y su relación con la sociedad. La única forma de ser fiel a sí mismo es ser fiel al tú. En la medida en que siendo fiel al tú se es fiel a sí mismo con su propia verdad se fortalece el nosotros, verdad del nosotros que en su propia verdad incluye la generación personal.

5.6.4 El quererte siempre mejor: esfuerzo y fruición acrescente

Independientemente de que la profundización en el mutuo conocimiento pueda constituir un factor de crecimiento en el amor, así como lo supone la acogida de una nueva persona desde el nuevo nosotros, según Zubiri el amor personal implica un continúo devenir del uno en el otro[268]; en este sentido el mutuo enriquecimiento y la entrega lejos de suponer un vaciamiento implica una perenne juventud mientras se mueva en el nivel personal. Uno de los modos en que la realidad está en el tiempo es dando de sí en el otro y esto para Zubiri es estar constituyendo el tiempo. El amor es, en este sentido fuente del tiempo. La realidad es más fuerte que el tiempo, de este modo es la realidad la que

---

porqué de su posible destrucción. Cf. EDR 256 y B. CASTILLA Y CORTÁZAR, «Comunión de personas y dualidad», 166.

[268] EDR 305: «Ejemplo de lo que es devenir en otro es el caso del amor. Decía cómo en el amor realmente no hay un cambio sino que es justamente el devenir de aquel que ama en el otro, aunque aquel no cambia en sí mismo».

devora el tiempo[269], por tanto el dinamismo del amor sería más fuerte que el tiempo.

Pero no se trata sólo de que el amor permanezca, el amor tiende a crecer por el ciclo de reversión de riqueza de realidad que se establece en la respectividad interpersonal. Esto no quiere decir que se produzca de modo fácil, téngase en cuenta la dificultad que a veces plantea el medio social.

La facilidad depende en un primer lugar del sexto momento de la volición[270], de las capacidades de querer del individuo, capacitación que incluye su educación, su responsabilidad y el medio en que se encuentre. Esta capacidad determina la medida de la firmeza en el querer, que sea más o menos voluble, y el nivel de complacencia. De ahí la importancia de la educación como capacitación para el amor, que lo es para ser persona.

Pero además hay un crecimiento en la capacidad de querer[271]. La volición se concreta en habitud, se naturaliza haciendo al sujeto pronto para un determinado tipo de actos que se hace difícilmente removible. Esto capacita más o menos a la nuda potencia de querer que el sujeto tiene. No se trata sólo de que pueda querer, sino que la persona en su voluntad tiene un movimiento ascensional que le lleva a crearse un ámbito propio, no sólo de cosas que querer, sino de potenciar su propia capacidad de querer. Es la versión zubiriana de la *Wille zur Macht* de Nietzsche. Se trata de algo que va más allá de la habitud, es el dominio de sí mismo que se concreta como *esfuerzo*. El esfuerzo recae en la intensificación del puro momento de voluntariedad, algo que es diverso de la superación de dificultades. Este esfuerzo es vital para la realización de sí mismo. El esfuerzo reviste así la temporeidad humana, la duración no es mera perduración del sí mismo por encima de los cambios, sino perduración en esfuerzo, repliegue sobre sí mismo potenciador y capacitador[272].

---

[269] Cf. EDR 308.

[270] En SH 147-148, *Sobre la persona*, 1959, describe Zubiri las 8 etapas de la volición: 1.- patía o movilización previa a querer, 2.- situación de alerta (si es bueno o malo lo que las tendencias proponen), 3.- disposición previa optimista o pesimista, 4.- momento de expectación, 5.- momento de urgencia, 6.- capacidades de decidir del individuo, 7.- firmeza: volente – voluble, 8.- complacencia.

[271] Cf. SSV 75-81. Zubiri señala como causa del alejamiento de la realidad la debilitación del esfuerzo en una sociedad cómoda. Algo parecido podría decirse de la capacidad de querer interpersonal.

[272] Cf. EDR 300-301.

Así el dominio de sí mismo capacita para amar, una sociedad donde no se eduque en esta dimensión es una sociedad que provocará fracaso en el amor, fracaso en la familia y frustración personal.

La tarea de cada persona es potenciar su voluntad de poder. Con ello amará más y mejor, y aquí siempre es posible crecer. Las dificultades que siempre salen al paso en la vida se superarán con un auténtico querer, y la capacidad de vencerlas será mayor en la medida que el dominio de sí que lo sustenta haya sido cultivado.

La capacidad de fruición, basada en la posesión de la realidad como posibilidad de ser en realidad en ésta o en otra figura mía[273], también crecerá, aunque cambie de forma, en la medida en que lo haga la capacidad de querer y sea el sujeto capaz de irse abriendo al don real y absoluto del otro.

5.6.5 Compañeros de camino

Las personas que han constituido familia son compañeras en el camino de la vida como realización de su proyecto personal. Esto incluye dos aspectos.

a) *La ayuda para ser plenamente personas*

Como realidad perfectiva[274], la persona busca y tiende a realizarse en plenitud[275]. La unidad matrimonial es una unidad potenciadora de la plenitud personal desde el don del otro absoluto. Querer al otro y entregarse a él implica hacerlo reconociendo en él una persona, alguien absoluto que está en camino de cobrar su ser. Quererse en el otro es al mismo tiempo querer su plenitud que será así riqueza de la propia realización. El amor esponsal apoya desde la internalización la dimensión acrescente del ser personal[276]. Se concreta así lo que otros fenome-

---

[273] Cf. SH 380, *El problema del hombre*, 1953-54.

[274] La *perfectio* es el horizonte donde resolver las situaciones. Zubiri toma esta noción de S. Agustín, el hombre busca la felicidad porque está reduplicativamente sobre sí. Cf. SH 390-391, *El problema del hombre*, 1953-54.

[275] «El hombre no aspira a una felicidad cualquiera, sino que busca *una* felicidad, *la humana*, la de sus propias estructuras. La felicidad como *bonum* absoluto es el *bonum* en orden a la perfección. Como estructura de sus propias posibilidades, el hombre está abierto a su figura, y esa figura es precisamente figura de per-fecto, de perfección». SH 415, *El problema del hombre*, 1953-54.

[276] Cf. SH 212, *La concreción de la persona humana*, 1975.

nólogos tematizan como responsabilidad[277]. Amar y compromiso de amor coadyuva al ser-crecida del yo desde el ser-crecida del nosotros.

La causalidad del amor personal implica su concreción interpersonal en la forma de benignidad. Es convertirse en promoción del bien del otro, buscar todo beneficio suyo y al mismo tiempo desde la bonicia del propio querer ayudar a que el otro quiera con bonicia. Esta sería la forma de querer personalmente. Incluye el bien de las notas del amado, su desarrollo pleno en facultades y capacidades. También envuelve una influencia mutuamente purificadora para que el propio querer sea puro, en el sentido de personal y adecuado, es la benignidad. Visto desde el nosotros se podría decir que la familia, ámbito de comunión constituye un *topos* de bondad, donde el *se* se apodera de cada uno para potenciar su propio querer.

b) *La dimensión de fundamentalidad compartida*

El querer la perfección del otro es querer su religación con la realidad última y fundante. Es la fórmula filosófica del querer en y por Dios, aunque no es una concreción necesaria sino abierta en la búsqueda racional. Dentro de las diversas posibilidades que se abren a la razón, Zubiri opta razonablemente por la de un Dios personal como contenido de la realidad última posibilitante y fundamentante.

Desde esta opción el tú es posibilitado y plenificado desde Dios y al mismo tiempo se constituye en deidad[278], en templo, lugar, realidad que esconde la respuesta al enigma de la realidad.

Querer al otro conlleva desde ahí dos cosas. En el orden del contenido compartir con él la dimensión de ultimidad, la religación con Dios, querer para el otro la plenitud del Yo que viene de la relación interpersonal con Dios y buscarla uno mismo para enriquecer al otro. Desde ahí se constituirá un nosotros radicalmente actualizado ante y con Dios, que será visto como fundamentante y último posibilitador de ese proyecto. Por otro lado, en el orden interindividual significa recibir el don del tú como regalo de Dios, abriéndose al misterio trascendente

---

[277] «La responsabilidad para con el otro es el lugar en que se coloca el no-lugar de la subjetividad, allí donde se pierde el privilegio de la pregunta dónde». E. LÈVINAS, *De otro modo que ser o más allá de la esencia*, 54. Así el compromiso de amor remite más allá del ser y la nada, más allá de la esencia, más allá de lo preoriginal El ámbito metafísico del amor de Zubiri puede englobar las adquisiciones de Lèvinas.

[278] «El carácter esencial de poder de lo real [...] escapa al estricto ámbito de la causación material y es otra cosa radicalmente diferente. Es, ante todo, lo que Zubiri llama deidad». M. CRUZ HERNÁNDEZ, «El hombre religado a Dios», 237.

que éste lleva en su misma realidad. Amar el tú es amar divinamente, si se nos permite la expresión sin vanas sacralizaciones, desde la mundanidad de Dios.

El hombre sigue siendo un misterio para sí mismo hasta que encuentra y descubre el misterio del amor. El amor esponsal sería lugar de descubrimiento del amor de Dios y así apertura al propio misterio personal.

En la realidad última como posibilitante del propio Yo descansa también la esperanza de plenitud del proyecto del nosotros en que cada yo deviene Yo. Sólo la fuerza de la realidad transcendente en el mundo (intramundana) posibilita y potencia la perfección de cada persona relativamente absoluta. Sin esta dimensión la realidad humana queda castrada. Aunque la religación puede concretarse de muy diversas formas, para Zubiri la más humana y plena se ofrece en el Cristianismo. Entrar en esto nos llevaría muy lejos.

5.6.6 La conversión en la relación interpersonal

La relación en el matrimonio tiene sus contradicciones. La falibilidad es un hecho de la persona, que puede actuar con malicia, e incluso malignidad en este ámbito que ha creado. Ante el mal cometido ¿cómo queda el yo? ¿en qué consiste el perdón y la conversión?

Zubiri pone el ejemplo del arrepentimiento. Una mala acción no se borra. El crimen cometido no desaparece. Ni la omnipotencia divina puede hacer que el fue no haya sido. ¿Qué pasa entonces?

Cuando se produce la volición de arrepentimiento la persona asume «la *realidad* pasada en una figura de *ser* que es distinta. Yo *soy* el criminal que ha cometido un crimen, pero lo soy ahora arrepentidamente, cosa que no lo era cuando cometí el crimen»[279].

La persona reconfigura su yo reactualizando el modo de ser del acto criminal, aunque no afecte al modo de realidad del crimen. Incluso la malicia puede reconducirse en la consecución del proyecto originario.

El perdón es la otra cara exigida para sacar adelante el nosotros. Este consiste en no tomar en consideración la acción mala, en actualizarla desde el amor y la disculpa. Se trata de la misericordia que consigue que los actos no desfiguren la figura del ser de la persona[280].

---

[279] HD 58.
[280] Con terminología de virtud y abriéndose a Dios afirma Zubiri: «el hombre puede tener virtudes y, sin embargo, fallar en actos determinados; pero siempre que estos actos no desfiguren la realidad profunda de la virtud, serán transgresiones

Perdón y arrepentimiento son constantes en la construcción del nosotros y quedan potenciados desde la fuerza del amor personal que busca el yo pleno del otro. Ante el delito del tú, el yo amante buscará su arrepentimiento y su vuelta al proyecto común desde la efusión de la propia realidad. la entrega y la fidelidad revisten rasgos de aventura, acoger al otro en entrega es deponer en él la posibilidad de nuestra felicidad y de nuestra desgracia[281], es la apuesta del amor.

5.7 *La muerte como emplazamiento y el amor. La soledad*

La muerte es uno de los hechos donde se pone en juego la capacidad explicativa y la verdad de la antropología. Además se trata de uno de los puntos donde la articulación fe – razón resulta más delicada. Esta doble dificultad se manifiesta paradigmáticamente en X. Zubiri.

Para abordar lo que nos interesa primariamente, la muerte en el horizonte del amor esponsal, es necesario que procedamos con dos pasos previos. En primer lugar expondremos la postura filosófica de Zubiri sobre la muerte y sus interpretaciones y prolongaciones. En segundo lugar abordaremos el tema de la inmortalidad, si existe y en qué consiste. Con estos elementos intentaremos ver como afecta al Yo y al nosotros.

5.7.1 ¿Qué es la muerte?

La muerte es el fin de la vida que acaece por la corrupción o disfunción grave del organismo[282]. Por el fin de la vida orgánica el Yo queda fijado en la figura adquirida[283]. El problema está en si la muerte es ani-

---

veniales, y por consiguiente sujeto de purificación. Si el problema se trata desde otro punto de vista, entonces podemos hablar de misericordia. Pero el hombre será siempre preferidamente aquello que efectivamente ha querido ser. El réprobo está reprobado porque quiere ser aquello que está siendo en su reprobación», SH 439, *El problema del hombre*, 1953-54.

[281] Cf. M. NÉDONCELLE, *La reciprocidad de las conciencias*, 248.

[282] Zubiri denomina función organizadora a la contribución de las notas físico-químicas a la organización del sistema total. En virtud de esta función una alteración del subsistema orgánico puede alterar la sustantividad o causar la muerte. Cf. HC in 7EA 96.

[283] Zubiri presta más atención al elemento formal de la muerte como quedar de la vida o fijación del Yo, elemento relevante (cf. PTHC 83-84) pero que sólo es atendible desde el problema trascendental de la suidad. Vale que cambie la forma de poseer el Yo de procesual a fija y eterna y la importancia que la vida terrena adquiere desde el emplazamiento, pero mientras no se responda a la cuestión *suidad aniquilada* esto es poesía.

quilación de la suidad[284] o se puede afirmar que la vida sigue y en qué sentido. A este respecto la postura de X. Zubiri a lo largo de los años ha cambiado.

En un primer momento pensaba que la muerte en cuanto tal sólo afectaba al subsistema orgánico y que la psique seguía viviendo. Así en el curso de 1953-54 consideraba la muerte como la destrucción de la configuración física de las moléculas del organismo[285]. Afecta esta desestructuración a la configuración esencial de la corporeidad, dejando de existir la sustantividad, aunque sobrevive la psique[286].

Más adelante, profundizando en la unidad psico-orgánica, sostiene la aniquilación de la persona. En este segundo momento sólo por fe se puede sostener que haya vida más allá de la muerte y que esta es personal. La idea de:

> la inmortalidad es justamente un término de fe. No hay ninguna razón — ni tan siquiera en el pensamiento católico — para estimar que la idea de la inmortalidad sea una verdad de pura razón: me sumo a la opinión de muchos teólogos que consideran que la inmortalidad es una verdad de fe[287].

Así en HC, escrito en 1969 y publicado en 1973, subraya la codeterminación del subsistema somático y del psíquico. Aunque no se centra

---

[284] Si hay aniquilación el *horizonte* de la realidad llevaría dentro un nihilismo antropológico que derivaría en metafísico.

[285] «La psique y el organismo convergen en aquello que, por un lado, es la configuración orgánica de la sustancia del organismo, y por otro, constituye el momento *definitivo* que define entitativamente el carácter de la corporeidad anímica. Para expresar unitariamente esta doble dimensión empleé la expresión *forma de corporeidad* no en el sentido de Scoto, sino en el sentido de algo que configura estructuralmente las moléculas del organismo y constituye definitivamente la animación en acto de una psique que es corpórea desde sí misma. Esta unidad con el cuerpo hace que haya en la psique animación, pero sin psique lo que hay en el cuerpo no sería animación. [...] En la unidad estructural en forma de corporeidad no hay sino una sola sustantividad, aunque haya muchas sustancias» (SH 670). Zubiri explica la muerte como el abandono por parte del cuerpo (sujeto de la *acción*) del sistema total, es él quien deja la psique, que aún perviviría.

[286] Esta explicación de Zubiri fue retirada por los editores de su obra póstuma (SH), por considerar que «no es conforme a su pensamiento definitivo» Cf. SH 671, nota editores.

[287] PFHR 107. Téngase en cuenta que este texto es una reelaboración por parte de los editores en un intento de ofrecernos la síntesis del pensamiento de Zubiri sobre las religiones. Su trabajo se centra en el esquema del curso madrileño de 1965, fundiendo según su criterio textos revisados por el mismo autor procedentes de dos cursos, uno de 1965 y otro de 1971. En esta afirmación, como otras, se basa su criterio editorial a la hora de ofrecer textos en SH. Cf. A. GONZÁLEZ, PFHR iii-iv.

en la supervivencia, cuando la menciona la refiere a la totalidad del sistema sustantivo:

> Pienso por esto que no se puede hablar de una psique sin organismo. Digamos, de paso, que cuando el cristianismo, por ejemplo, habla de supervivencia e inmortalidad, quien sobrevive y es inmortal, no es el alma, sino el hombre, esto es, la sustantividad humana entera[288].

Al final se observa un retroceso hacia la primera postura manifestado en la eliminación del tema de fe aplicado a la subsistencia del artículo HC en sus sucesivas reediciones[289]. Así como a la consideración de dos temas importantes junto a la unidad estructural de los subsistemas de la sustantividad humana.

En primer lugar, la argumentación desde la dimensión moral de la persona, la plenitud del yo, la felicidad, la bienaventuranza, parecen exigir un vida más allá de la muerte[290]. Además, y segundo, Zubiri afirma en diversas ocasiones que la vida eterna y esta vida es la misma.

---

[288] HC in 7EA 90. Como tema de fe admite que la persona subsiste, pero no se trata sólo del alma. Los editores de SH añaden: «Y esto, pensaba Zubiri, tendría que ser por una acción re-creadora. resurreccional» (nota explicativa en SH 671, al comentar la primera noción de muerte en el curso de 1953-54, *El problema del hombre* en relación con este artículo).

[289] Afirma Zubiri, en relación con las consecuencias para la escatología cristiana de la unidad *psico-orgánica* y tras sintetizar el dogma como pervivencia de la sustantividad que «lo demás no es de fe» (HC 8 en *Asclepio* 1973). Significativamente esta frase desaparece en las ediciones sucesivas (cf. *Salesianum* 36 (1974) 481; 7EA 90-91). Quizás sostenía influido por la fe la subsistencia de toda la sustantividad aunque el modo concreto permanece inexplicado, interpretando que el magisterio no exige una doctrina antropológica concreta sobre el alma pero sí la inmortalidad de la persona. Al suprimirse la frase relativa a la fe el texto cobra mayor fuerza: sí, es algo de origen cristiano, no sabe cómo pero subsiste la sustantividad y quizá se haya dado cuenta que la fe exige al filósofo en este punto algo más, volviendo a posturas anteriores a pesar de la unidad estructural. Zubiri desea compaginar ambos saberes y la fe le hace repensar hasta donde puede llegar su antropología. Hemos notado esta modificación gracias a cf. J.L. CABRIA ORTEGA, *Relación Teología – Filosofía*, 182, quien la usa para la hermenéutica de la fe. Algunos investigadores se quedan con una dicotomía perpleja entre el filósofo y el creyente, creemos que es posible ir más hondo. Es el caso de cf. M. VILÁ PLADEVALL, *Las dimensiones de lo interhumano*, 69.

[290] Zubiri se refiere fugazmente a la *felicidad eterna*, ésta sólo puede plantearse con base en las estructuras radicales del hombre meramente naturales. Especial interés reviste el tema de la sanción y la bienaventuranza que dan por supuesta la inmortalidad. Sin embargo al final aparece como posibilidad, no como exigencia: «Si puede haber felicidad eterna es porque el hombre es feliz y tiene que serlo inexorablemente». SH 419, *El problema del hombre*, 1953-54.

Esto supondría una continuidad en la suidad en la vida de este mundo y en el más allá.

¿Cómo se entiende este vaivén? La posición de Zubiri queda incompleta[291] y ha dado lugar a controversias sobre su interpretación.

Entre los intérpretes podemos distinguir varias posturas.

1.– Los editores de las obras de Zubiri manifiestan la evolución y afirman que el pensamiento último de X. Zubiri está en la línea de máxima coherencia con la unidad cuerpo – psique, por tanto afirma la aniquilación de la suidad. La pervivencia posterior es de carácter resurreccional inmediato y conocida por la fe. A esta postura podemos sumar la de su discípulo Laín Entralgo[292] y la inspiración del teólogo de la liberación J. A. Estrada[293].

2.– Su discípulo y amigo López Quintás afirma un positivo sostener por parte de éste que hay vida después de la muerte y que esto encuadraba en su antropología como continuidad, aunque no explica más[294].

---

[291] Es significativo que Pintor-Ramos, especialmente riguroso como historiador de la filosofía, plantee como dudoso en Zubiri la inmortalidad y la subsistencia. Cf. A. PINTOR-RAMOS, *Zubiri* (1898-1983), 49.

[292] Laín Entralgo en su último ensayo: *Qué es el hombre* (216-235), frente a los dualismos hilemorfista y cartesiano — que equipara — y el monismo materialista, propone que el hombre es persona en tanto estructura suprema en la evolución del dinamicismo cósmico. En la persona, el cosmos, *natura naturans* evolutivamente innovadora, adquiere conciencia de sí. Quiere ofrecer soporte científico y filosófico a las tres orientaciones dominantes en occidente — la cristiana, la agnóstica y la atea —. Según este autor no es necesario admitir un alma espiritual para mantener la compatibilidad con la fe. Laín Entralgo acepta como enseñanza central de la Biblia sobre el hombre su creación a imagen y semejanza de Dios; esta imagen reside en la libertad, porque ejercitándola puede conducirse frente al mundo y los otros hombres según la idea cristiana del amor, y en la aspiración a lo trascendente y su posible personal trascendencia. Toma una visión de Zubiri muy personalizada y centrada en la intramundana *Natura Naturans*, no aceptando el desarrollo de la religación. La postura ante la vida más allá es resurreccionista.

[293] Así Estrada señala entre los rasgos de la teología de la liberación el intento de salvar al hombre, no de salvar las almas. El hombre es *res* somática, cuerpo espiritualizado y espíritu corporeizado, hay que decir que no al cristianismo platonizante que escinde y dualiza la realidad humana. Por ello «Esta salvación no presupone la inmortalidad del alma, sino la resurrección de los muertos [...] asumir la realidad del sufrimiento y de la muerte sin pretender trascenderlas de forma idealista y espiritualizante» (J.A. ESTRADA, «La influencia de Zubiri en la Teología de la Liberación», 288). Una consecuencia de este modo de pensar es no hacer las cosas pensando en Dios (pureza de intención) sino comprometerse con el pobre aunque no se piense en Dios ni se haga por Él.

[294] Interpreta el elogio a la muerte de J. Lladó, cuyo pasaje central reproducimos más abajo, en sentido estrictamente filosófico, no puramente vivencial. Cf. A. LÓPEZ

Como buen conocedor de su amigo su testimonio ha de tenerse muy en cuenta.

Siguen tres intentos de compaginar la unidad fuerte de la antropología de Zubiri con su fe en la vida tras la muerte sin salirse de la pura antropología.

3.– J. Villanueva sostiene la posibilidad de explicar ambos polos distinguiendo en la antropología zubiriana dos niveles de sistematización de organismo y psique[295]. El organismo de segundo nivel, la materia

---

QUINTÁS, *La cultura y el sentido de la vida* 126-127. Así lo hacemos también nosotros.

[295] Se basa en el estudio zubiriano de la Eucaristía. «Una solución paralela es adoptada en el caso de la muerte del hombre. Aquí se pierden el cuerpo y la psique (o mejor: se pierde el cuerpo – psique) de segundo nivel, el nivel de la apariencia, el nivel físico-químico; pero se conserva el cuerpo – psique de primer nivel, el nivel de la sustantividad humana. Por esto puede decir Zubiri que todo el hombre y el mismo hombre sigue realmente viviendo a nivel sustantivo, mientras que a nivel sustancial ha experimentado la real destrucción, la aniquilación, esto es, ha probado la muerte. La confirmación de este último aserto es que dicho cuerpo se descompone, ya no es físico-químicamente una sustancia». J. VILLANUEVA, *La dimensión individual del hombre*, 268.

No estamos de acuerdo con su exposición de la realidad física de la sustantividad de primer nivel pues entiende físico como material, mientras en Zubiri significa real. «La eliminación del cuerpo de segundo nivel con la contemporánea conservación del cuerpo de primer nivel supone, sin embargo, admitir que lo real no se limita a lo físico, como tantas veces repitió nuestro filósofo» (*Ibid.*) Por otro lado relaciona brillantemente la teoría zubiriana con el hilemorfismo. La psique zubiriana se coloca *ex aequo* con su organismo, mientras que la aristotélica no; sin embargo la pareja cuerpo – psique de primer nivel se aproxima mucho a los coprincipios aristotélicos materia – forma, aunque la psique de primer nivel únicamente ejerce una función pasiva entitativa, mientras que la aristotélica ejerce actividades accionales (inteligir cosas que no requieren el concurso de los sentidos, re-pensar viejas ideas terrenas, pensar nuevas ideas infusas). Subraya como apoyo que las funciones del cuerpo en relación al sistema total no se apoyan cada una sobre la anterior (cf. SH 63), posibilitando la lectura de niveles (*Ibid.* 83).

Señala tres buenas críticas. No entiende porqué la división horizontal de subsitemas no rompe la unidad del ente humano y sí lo haría la vertical o aristotélica (*Ibid.* 92). También critica la relectura del problema del mixto porque al componerse la sustancialidad queda al menos virtualizada, si no subsumida totalmente (*Ibid.* 108). Esta lectura del mixto estaría en la base de la problemática de Zubiri para compaginar unidad sin dualismo con inmortalidad. Una tercera crítica se refiere a IS: Sentir e inteligir sin oponerse ni confundirse (son irreductibles) son una sola estructura (cf. IRA 351). «Pero no ha indicado cuáles sean sus irreductibles formalidades; antes bien — como ya apuntamos — ha abolido una de ellas, desembocando en un único acto híbrido. Ahora bien, el cariz sentiente y por tanto, orgánico de todos los actos y potencias humanos trae consigo el riesgo de encadenar el acto y la potencia intelec-

concreta química que hace corpórea a la psique, muere y hay aniquilación. Pero la sustantividad de primer nivel, la psique corporeizada seguirá existiendo por su unidad superior aunque desaparezca el organismo de segundo nivel. Esta vida sin sustancias químicas es tensa y forzada. Esta solución consigue concordar todos los datos de los diferentes escritos de Zubiri, aunque no se hace eco de la evolución de su pensamiento, que realmente se da.

4.– B. Castilla propone una interpretación desde la sustantividad considerada a nivel transcendental como subsistente tras la muerte[296]. Descansa sobre la consideración de que la diferencia entre lo talitativo y lo transcendental no es sólo de razón sino real[297]. La suidad constituida transcendentalmente sobrevive a la descomposición del organismo. El sistema queda constituido por una psique actualizada en la necesaria e imprescindible función somática, aunque desaparecen las otras dos funciones del organismo[298]. Esta existencia es una existencia sin separa-

---

tiva humana a la materia de tal modo que se descompondrían con la corrupción corpórea». J. VILLANUEVA, *Noología y reología*, 192.

[296] Dentro de su tesis doctoral recoge en diversos lugares las diferentes posiciones de Zubiri sin lograr ordenarlas. La misma autora parece contradecirse al afirmar que siendo evidente que con la muerte se rompe la unión cuerpo – psique, intente más adelante mantener la psique con un organismo parcial, afirmando en el mismo párrafo que quizá la misma psique conserve dimensiones que permitan subsistir a la sustantividad. Cf. B. CASTILLA Y CORTÁZAR, *Noción de persona*, 119-121. Poco más adelante, en la nota 27 en p. 159, sostiene la interpretación del primer Zubiri, subsistencia de una psique sin sustantividad desde una inteligencia que dejaría de ser sentiente. También nos parece precipitada su opción desde PFHR porque la inmortalidad sea para X. Zubiri tema de fe en exclusiva. No obstante su propuesta desde el orden transcendental nos gusta y en ella basaremos nuestra posición final.

[297] «En el caso de que se dé una distinción real entre el aspecto talitativo y transcendental de las cosas reales, y sobre todo de las personas, como parece deducirse de los textos de Zubiri, el tema de la inmortalidad habría que plantearlo en el orden transcendental. Es decir, explicar cómo una realidad que tiene en propiedad su propia realidad no puede desaparecer. [...] en la mayor parte de los textos parecen dos órdenes realmente distintos, pero en ocasiones parecen sólo dos aspectos de la misma realidad entre los que media simplemente una distinción de razón. Sólo he querido apuntar las dificultades que sobrevendrían de que no los considerara realmente distintos. Eso supondría una mucho menor profundidad en la consideración metafísica de la realidad». B. CASTILLA Y CORTÁZAR, *Noción de persona*, 326-327 nota 216.

[298] «Pero quizá una vez que se ha dado la unión, es posible que no se destruya la estructura aunque desaparezcan algunas de las notas orgánicas; es decir, que con la muerte no desaparezcan todas las dimensiones de la corporalidad». B. CASTILLA Y CORTÁZAR, *Noción de persona*, 120. Entre las funciones que el subsistema orgánico desempeña en la sustantividad humana — organizadora, configuradora y somática (cf. HC in 7EA 95-97) —, al menos la función somática, como fundamento de actua-

ción, pues el cuerpo psíquico, sin organismo, sigue siendo parte de la sustantividad[299].

5.– M. Manzanera cree posible sostener la supervivencia de la sustantividad interpretando que la muerte sólo consiste en una destrucción parcial del subsistema orgánico, que afecta a toda la sustantividad pero sin destruirla. También la pervivencia es violenta[300]. Esta postura nos parece incompleta por no dar razón suficiente de la corporeidad de la psique y no explicar como es viable la sustantividad sin el cuerpo. Creemos que la antropología zubiriana pide al menos afinar más, parece quedarse con la primera versión que aparece en Castilla. Al final se contenta con un paralelismo con la doctrina tomista sin mayores matices[301].

Zubiri plantea el tema de la muerte, aunque no acaba de estructurarlo plenamente. La postura definitiva quizá la encontremos en el bello elogio que hace con motivo de la muerte de su gran amigo Juan Lladó, ahí Zubiri expresa su idea de vida eterna:

> Y la vida eterna no es, a mi modo de ver, otra vida que ésta, sino que es la mismísima vida que ésta, porque vivir no consiste en hacer cosas, sino en poseerse a sí mismo. Y poseerse a sí mismo en Dios es la vida una y única en este mundo, desde el nacimiento y después de muerto, por toda la eternidad. Eternidad no es duración eterna, sino modo de realidad, realidad perenne, realidad eternal[302].

En esta afirmación no sólo comparece la idea de vida plena como unión con Dios en autoposesión, sino que se afirma que la vida en este

---

lidad, se seguiría conservando.

[299] Puede observarse cierto paralelismo entre esta interpretación y la postura propia de K. Rahner.

[300] «Ambos subsistemas durante la vida temporal están codeterminados en una unidad compleja pneumo-psico-somática. La muerte no es la destrucción total de la substantividad humana, sino únicamente la destrucción parcial del subsistema somático. La muerte corporal, si bien afecta a todo el hombre, desestructurándolo, no lo destruye. El subsistema somático pasa a ser un cadáver, que se descompone más o menos rápidamente en sus substancias químicas. En cambio el difunto pervive, pero de una manera incompleta y violenta, ya que está reducido al subsistema psicopneumático, carente de su codeterminación somática». M. MANZANERA, «Fundamentación de la ética en la nostridad», 296.

[301] Por otro lado también se podría ir más lejos con el mismo Sto Tomás llegando a la conclusión de que el alma separada no deja de ser persona, porque ésta conversa su ser, que es el elemento personificador, no contentándose los intérpretes con un alma «a-personal».

[302] «Juan Lladó», *Ya* (4-8-1982) 9. Poco faltaba para la muerte de Zubiri.

mundo y después de muerto es una, con univocidad, sin rupturas. Si el autor pensase que hay aniquilación personal nos encontraríamos ante una grave contradicción. Esta contradicción se extendería a su análisis crítico del ser para la muerte, a la durée bergsoniana y al mismo horizonte factual[303]. Para que la vida sea la misma desde su antropología se requiere que la suidad sea una e idéntica sin solución de continuidad para evitar un dualismo vital.

Si a esto unimos el carácter absoluto de la persona y su religación con la ultimidad nos encontramos lanzados hacia una consideración transcendental. A estos argumentos habría que sumar la dinámica del amor y la realización. No parece coherente que la perfección y felicidad lograda sean algo meramente intramundano y que no se refleje en un estado definitivo tras la muerte. De ahí que nos inclinemos por una solución que recoge la explicación de Villanueva de niveles de subsistemas pero elevada desde la transcendentalidad propuesta por Castilla, ya que el nivel de realidad personal justifica y permite entender desde el personalismo zubiriano cómo la sustantividad supera a la postre las notas de sus subsistemas constitutivos. Éste sería el lugar metafísico para traducir el término alma tal y como lo entiende la fe, y no reducido a la psique zubiriana.

Personalmente creo que la solución iría, pues, por trasladar el significado de alma a la persona, esta subsistiría (trascendental) tanto en su dimensión psíquica como corpórea en cuanto corporeidad y en ambas forzadamente: desmaterializado el cuerpo; la psique no descorporeizada y en tensión hacia el organismo. Así se daría cuenta del problema de la inmortalidad del sistema, de la antropología unitaria y del dogma cristiano. La tensión *materista* sería de todo el sistema tanto en su subsistema orgánico como en la psique. Ahí estaría el misterio.

Con esta solución no desaparecen todos los problemas: el sentiligir que mutaría en puro inteligir y la problemática corporeidad sin sustancia química. Sí que se integra la aniquilación sustancial y la inmortalidad y se pone de manifiesto la unidad e importancia del cuerpo al seguir existiendo en otro nivel[304]. El tema del nuevo inteligir no sensorial

---

[303] Además sólo así se evita una petición de principio en su crítica a la angustia y el ser para la muerte de Heidegger desde el emplazamiento, también así logra perfecta coherencia la duratividad trascendentalizada tomada de Bergson. Si hay aniquilación no sólo hay un dualismo vital, sino que Heidegger tendría razón y no habría horizonte de realidad sino nihilista.

[304] Encontramos aquí el reflejo de una tensión de la antropología. Si acentuamos la visión del cuerpo desde el plano unitario radical nos podemos encontrar por contra-

CAP. VII: DINAMISMO DE LA RELACIÓN

podría intentar justificarse desde la diferencia esencial y no de grado con el sentir, pero no está resuelto[305]. Más serio nos parece el tema del cuerpo en su sustancialidad. No obstante, aún desde la fe, el estado intermedio implica cierta tensión y violencia. Nos parece que la explicación dada ofrece matices de importancia sin contravenir el tema de fe[306], aunque estudiar este punto corresponde a los teólogos.

Esto implica una crítica a Laín Entralgo, quien seguiría la posición aniquilacionista de la sustantividad, p. e. en *Cuerpo y Alma*[307]. Para afirmar la vida eterna acude a la fe en la resurrección inmediata, pero

---

partida con una creciente dificultad a la hora de explicar la supervivencia del hombre tras la muerte, si bien se podría argumentar acentuando que lo esencial sería la función somática y que esta continúa transcendentalmente tras la muerte, esto conlleva por otro lado la pérdida de uno de los elementos que más gustan a Zubiri: la importancia de la materia concreta en la constitución de la sustantividad.

[305] Cf. GRH in SH 460. Sin reducirse al argumento clásico de la espiritualidad del alma desde el inteligir. Esta radical diferencia sería para Zubiri fruto de *mero análisis*. D. Gracia piensa que los términos *sentir* e *inteligir*, impuestos por una tradición secular, no lo son: «el problema de si en el hombre hay una nota espiritual que le distinga radicalmente de los animales es típicamente *metafísico* [...]. Creo, por tanto, que se trata de una teoría, una construcción racional, todo lo sensata que se quiera, probablemente cierta, pero teoría racional al fin y al cabo, y no algo que se deduce directamente del mero análisis del hecho de la aprehensión humana. Sólo con este matiz, que no deja de ser grave, me parece aceptable» (D. GRACIA, *Voluntad de verdad*, 140). En consecuencia: «el saber si en la realidad humana [...] es preciso admitir la existencia de algo no material, digamos espiritual, es un típico problema metafísico. Es probable que la razón no pueda verificar de modo contundente y rotundo ese esbozo explicativo. Pero ese no es motivo para desautorizar la metafísica». (*Ibid.* 166). Desde aquí se podría invalidar todo el sistema como mero esbozo racional, su antropología quedaría indefensa. Por eso no hemos argumentado desde la espiritualidad, pues se complica más un problema superable con el argumento de la vida y la transcendentalidad de la persona.

[306] La existencia del alma y la tesis de su creación directa por Dios son enseñanzas del Magisterio derivadas de la creación a su imagen y semejanza. La Iglesia comprende el alma desde la relación interpersonal con Dios y la capacitación de la persona para responderle. Esto requiere un principio ontológico ineducible del cosmos que es llamado alma. La Iglesia, aunque sin rango de dogmas, enseña con autoridad que el hombre es uno en cuerpo y alma (GS 14), que el alma es la forma inmediata del cuerpo (DS 902) y que las almas son creadas directamente por Dios (DS 3896). «Al reconocer en sí mismo un alma espiritual e inmortal, el hombre no se engaña con un espejismo falaz procedente sólo de las condiciones físicas y sociales, sino que, por el contrario, alcanza la misma verdad profunda de la realidad» (GS 14).

[307] Puede consultarse el periplo filosófico de este pensador en: P. LAÍN ENTRALGO, *Cuerpo y alma* (1991); *Alma, cuerpo, persona* (1995); y el anteriormente comentado: *Qué es el hombre* (1999), escrito poco antes de su muerte.

por inmediata que ésta sea no es solución, sigue existiendo un salto ontológico y la recreación absoluta[308]. Además la corporeidad de esa nueva vida no queda realizada, deviniendo en un problema mayor que la tensión del alma hacia el cuerpo en la solución tomista[309].

El tema no es fácil y no está cerrado. Lo que sí nos parece claro es que la solución más conforme al pensar de Zubiri consiste en hacer concordar unidad e inmortalidad, corporeidad y vida eterna. El equilibrio es difícil, pero los datos de la persona, su felicidad y su nivel de realidad, obligan a hacerlo, más aún si se quiere compaginar con la fe.

5.7.2 En qué consiste la inmortalidad

La esencia de la eternidad, donde al contar con el Yo definitivo ya no hay tiempo, consiste en lo mismo que la vida sobre la tierra: poseerse a sí mismo en Dios es la vida, como recordábamos en el apartado anterior al transcribir el párrafo del elogio a Lladó. Eternidad es el nuevo modo de realidad más allá del tiempo. No es duración eterna, sino modo de realidad, realidad perenne, realidad eterna.

Con la muerte queda fijada definitivamente la personalidad[310], lo que va a ser de mí, no es inquietud, sino plenitud y paz en la posesión de la realidad. «La muerte no es un límite sino una limitación de un estado de la vida en este mundo, es decir, es una limitación de la procesualidad»[311], por esa limitación la muerte es fijación del Yo.

El término que conjuga el tiempo humano y la eternidad es el eón: «El eón no es una vacía duración, sino el plazo en que se despliega la realidad de las cosas. Por esto cabe hablar de varios eones: por lo pronto, de éste y del otro eón: de esta vida y de la otra»[312]. Dios, por no

---

[308] Reproducimos un texto significativo casi al final de la obra en que recorre la noción de cuerpo desde el punto de vista científico, el cerebro y su relación con la psique, así como el origen de la persona. Como conclusión de su pensamiento afirma: «Esta concepción estructurista de la entera realidad del hombre conduce necesariamente a la idea de la *muerte total* o *Ganztod* [...] todo hombre puede decir: *omnis moriar*. Pero tras la muerte física, un misterioso designio de la sabiduría, el poder y la misericordia infinitas de Dios hace que el hombre que murió, el hombre entero, resucite a una vida esencial y misteriosamente distinta de la que en este mundo se mostraba como materia, espacio y tiempo», esta sería la esperanza, hecha suya del cristiano que esperando dice: *omnis resurgam*. P. LAÍN ENTRALGO, *Cuerpo y Alma*, 373.

[309] Además no da cuenta filosófica de la naturaleza espiritual de la psique. Esto, en Zubiri, no es problemático entendiendo bien el sentido de físico.

[310] Cf. HD 51.
[311] PTHC 448.
[312] ESP in ETM 14.

CAP. VII: DINAMISMO DE LA RELACIÓN   585

tener realidad sino ser la realidad misma, sería *aiónios*, eónico en sentido eminente: eterno.

5.7.3 La muerte como emplazamiento y el amor esponsal

La muerte es el acontecimiento que hace cada momento único e irrepetible en la vida de cada persona. Ante ella cada realidad cobra su peso definitivo en respectividad con el Yo que se ha logrado ser. Para Zubiri la muerte determina el tiempo humano como origen, camino y destinación. La muerte emplaza la persona dentro de un espacio para lograr su Yo. Muerte es emplazamiento. Ahí está lo tremendo de su realidad. Lanza al hombre a lo definitivo, el «que va a ser de mí» pasa a ser lo «que ha sido ya definitivamente de mí». Es estructura física, no mera futurición sino emplazamiento[313]. Ahí no se abren ya nuevas posibilidades, el hombre sólo puede aceptar la muerte[314].

El acontecimiento de la muerte es vivido en soledad. Parece que aquí se contradice con su antropología de la comunión. Pero por ser desde sí que se ven las cosas y a los demás el hombre muere en soledad absoluta. Por eso el emplazamiento es «camino hacia la soledad consigo mismo»[315] hacia la personalidad definitiva. Ahora bien, en cuanto personalidad, en ese Yo están también los demás. Siempre muero con alguien, aunque la vivencia sea intransferible. El hombre ya no puede apropiarse nada más; sin embargo, queda en apropiación de la figura real y concreta que ha definido, no solamente de la felicidad positiva, sino también de la negativa. Esta figura de Yo es física, real y al mismo tiempo moral e irreformable:

> En eso es en lo que intrínseca y formalmente consiste la sanción. En esa sanción el hombre puede tener una forma y una figura que realmente corresponde a lo apropiado. En este caso será un bienaventurado. Podrá ser que tenga una figura disconforme y será un desgraciado[316].

---

[313] Cf. SH 666, *El problema del hombre*, 1953-54.
[314] «La personalidad se va efectivamente formando mediante esta progresiva constitución de recursos, y llegará un momento en que el hombre no tiene más recurso que uno: aceptar justamente aquello que ha sido, y para lo cual ya no caben más posibilidades; justamente la hora de su muerte». EDR 240.
[315] SH 668, *El problema del hombre*, 1953-54.
[316] SH 419, *El problema del hombre*, 1953-54. La cita continúa:«Lo que llamamos felicidad y desgracias es ser plenaria y definitivamente en aquella figura moral de felicidad que el hombre, real y efectivamente ha elegido de una manera definitiva». El texto procede de los '50 pero ha pasado la criba desde la madurez por parte de los editores, quienes se manifiestan a favor de una aniquilación de la sustantividad a nivel

En esta figura va, entre otras cosas, el proyecto esponsal realizado y, digámoslo así, eternizado. Al fijar la figura la persona queda apoderada por aquello vivido y apropiado. El hombre está fijado «en el apoderamiento que el hombre sufre, padece o tiene de aquello que se apodera de él»[317]. Además la muerte implica una experiencia para el otro con el que se ha compartido el proyecto, y parte de él muere con el cónyuge. Sería interesante pensar en la viudedad como una posible actualización *postmortem* del amor esponsal. Dejamos planteada la cuestión.

Sin embargo esta realidad pone en juego la religación y la esperanza que dimana de ella, esa esperanza que se manifiesta p. e. en la experiencia práctica universal del entierro, siendo algo único, exclusivamente humano, original y que no se puede tomar a la ligera como dato de la antropología cultural. Para Zubiri caben ante la muerte diversas actitudes o modos de vivencia: miedo, superación, repugnancia, resignación, alegría, entrega[318]. Que pueda haber alegría y entrega implica amor. Sólo si se está viviendo en amor de comunión con Dios y sabe llevarse consigo el amor personal es posible este modo de vivenciar lo que ante los ojos es mero fin[319].

6. El amor y la sociedad. Comunión y sociedad

La socialidad de la persona se concreta necesariamente de dos modos, como comunión de personas en la familia o la amistad y como comunidad en despersonalización en la sociedad. Ambas concreciones no constituyen realidades aisladas sino que están mutuamente imbricadas. Saquemos algunas conclusiones.

6.1 *Una vida de comunión abierta al mundo*

El nosotros de la familia es el núcleo en el cual se inscriben el resto de relaciones interpersonales, es el primer agente de socialización de la persona. Sólo desde el nivel de personalización de la familia se puede construir una sociedad personal y personalizadora[320]. El nosotros cons-

---

filosófico. Esto refuerza este dato en favor de la inmortalidad. No obstante la versión que nos llega no disuelve las dudas.

[317] PTHC 448-449.

[318] Cf. SH 669, *El problema del hombre*, 1953-54.

[319] Zubiri explicita en contexto teológico el quedar del hombre en la muerte apoderado por Dios conversivamente o el quedar fijado en la aversión. Cf. PTHC 449-450.

[320] No olvidemos que lo despersonalizado o impersonal propio por definición de la sociedad está en la línea de lo personal, no de lo apersonal.

tituido por el amor esponsal ejercita un poder sobre la sociedad al mismo tiempo que el nosotros social se apodera de la familia. La comunión de personas es, pues, una realidad abierta constitutivamente al mundo y constructora de la apertura al mundo de cada individuo que la forma. Análogamente se podría hablar de otras formas de comunión.
Estudiemos las dos caras del problema.

6.1.1 Influencia de la sociedad en la relación interpersonal

Zubiri ve la sociedad fundamentada en la persona y no en la naturaleza. La sociedad es momento de cada individuo en su dimensión social. No es sustantividad[321] aunque es cuerpo social y ejerce un auténtico poder, que se inscribe dentro de la causalidad personal, como poder del nosotros (impersonal) sobre cada uno de sus miembros[322]. Este poder se actúa en el tiempo como historia y tradición[323] y se expresa con el impersonal *se*. Se trata de un poder posibilitador. La sociedad posibilita el ser personal de cada miembro ofreciendo una gama de posibilidades para su realización, posibilidades con las que el individuo no tiene más remedio que vivir, en forma de aceptación o rebelión, pero dentro de ella: el hombre se encuentra con usos y costumbres que se le infiltran y que no puede desasirse de ellos si no es a cambio de otros de otra sociedad.

Los otros constituyen de este modo un sistema de posibilidades finito e inexorable. En él el hombre define su cadacualidad por referencia a ese sistema acotado. «Lo social, los otros, constituyen la definición de la alteridad como un sistema de posibilidades. Y en este sentido debe

---

[321] Contra Durkheim, cf. SH 257, *El problema del hombre*, 1953-54. La sociedad no es superestructura de carácter sustantivo. La sociedad no es una sustancia sino una estructura y no una estructura autónoma, sino un momento estructural de los individuos que los enlaza entre sí. Cf. EDR 255.

[322] La socialidad es sede de un poder, ese poder que la influencia de los demás ejerce sobre la sustantividad es el poder del nosotros (cf. EDR 256, desde el punto de vista talitativo). Ese nosotros y su poder en función transcendental constituye la comunidad de realidad, la realidad se ha hecho algo común, se hace pública (cf. EDR 257).

[323] La historia es transmisión tradente de formas de estar en la realidad. La tradición tiene tres momentos estructurales paralelos a los caracteres del *phylum*: momento constituyente (se instala al que nace en una forma de estar en la realidad), momento continuante y momento progrediente (optando por nuevas formas de estar desde lo recibido y modificando para sus sucesores). Cf. G. GÓMEZ CAMBRES, *La realidad personal*, 177. La tradición es continuidad en la generación y en las formas de vida en la realidad. Cf. HD 70 y SH 200-201, *La concreción de la persona humana*, 1975.

decirse estrictamente que los demás forman *cuerpo social* para mí»[324]. La sociedad, como convivencia, es configuración en respectividad de unos hombres con los otros; respecto de cada hombre, es el carácter entitativamente definitivo del sistema de posibilidades que recibe de los demás. Lo social implica, pues, una dimensión de corporeidad, cada persona se encuentra incorporada al cuerpo social, cuerpo porque tiene organización y solidaridad constitutivas.

Pero esto no es óbice para que en las posibilidades, justo en cuanto limitadas y necesarias, lo que la persona vea potenciado sea su libertad. Será esa libertad la encargada de promover el cambio social.

Como tal la sociedad define la mentalidad con la que la persona se enfrenta con la realidad y consigo misma. La sociedad concreta la idea de perfección de la sustantividad humana[325]. La sociedad es una realidad intrínsecamente moral, a la vez que dependiente de la moral para su propia realidad. Ella misma enriquece sus posibilidades con la herencia del pasado. Sin embargo, como concreción que es del ámbito de apertura de la persona a través de la sedimentación que en ella han ido dejando todos sus miembros, es también obturación de otras posibilidades. El aspecto positivo es infinitamente más fuerte que el negativo.

En paralelismo con el cuerpo físico, lo social realiza en el individuo una doble función desde la organización: estabilización y liberación. La sociedad por su propio modo de realidad está orientada a promover la realización de sus miembros personales. La sociedad otorga al individuo estabilidad en su proyecto de autorrealización y, por definición, debe liberar posibilidades para ello. De ahí que en la medida en que una sociedad revista formas de tiranía y opresión, pervirtiendo el poder en presión se está traicionando a sí misma.

Por eso la mayor liberación que es operable por la sociedad, su mayor poder, es la promoción de los ámbitos de comunión. La sociedad puede posibilitar o imposibilitar el encuentro personal de comunión. Por la sociedad la realidad moral que el hombre es, es social e histórica en su concreción[326], ya que el sistema de posibilidades que constituye el cuerpo social en cuanto apropiando constituye su realidad moral. La nostreidad se concreta así en moral: «el individuo no se saca la moral de su cabeza, sino que se la dan hecha los demás»[327]. Así la sociedad

---

[324] SH 307-308, *El problema del hombre*, 1953-54.
[325] Cf. SH 425-431, *El problema del hombre*, 1953-54.
[326] No en su estructura personal, que hemos visto ser personalista y socialista.
[327] SH 423, *El problema del hombre*, 1953-54.

tiene el mayor de los poderes, el que toca a la posibilitación de la plenitud de cada persona.

Esta posibilitación se actúa como coetaneidad en una determinada altura de los tiempos para cada individuo por la edad histórica de su comunidad social. En ella se promueve el ser como *ser – crecida* de la persona. Hace que la persona sea en una determinada edad histórica y que lo sea acrescentemente[328]. La persona crece intrínsecamente en sus estructuras sobre la edad de la sociedad, se asienta en ella[329]. Así el Yo consta de la dimensión de la etaneidad, «el Yo es absoluto etáneamente»[330]. La sociedad al determinar esta dimensión capacita el Yo absoluto[331].

Pero nos encontramos con sociedades en que esto resulta muy complicado. Es el caso del utilitarismo[332], para cuya crítica parte del diálogo con Heidegger[333], y del positivismo de Occidente. Así, se apodera el

---

[328] «No se trata en Zubiri de un momento estructural constitutivo del ser, pero es más que una propiedad cualquiera: se trata de una dimensión estructural suya». M. VILÁ PLADEVALL, *Las dimensiones de lo interhumano*, 135-136.

[329] Cf. SH 210-212, *La concreción de la persona humana*, 1975.

[330] DHSH in 7EA 170.

[331] Cf. DHSH in 7EA 173.

[332] «Esta subordinación de la verdad a las necesidades o a las pasiones de la época puede encontrarse atenuada, a veces, por la idea de que en la vida social tan llena de pasiones, se reconoce que la verdad es de suma utilidad para el hombre. [...] A última hora se ha descubierto que la ciencia y las verdades científicas son muy útiles para la vida social. Pero hasta ahora, poco se ha entusiasmado la sociedad en términos generales por la ciencia. Sí en las declaraciones de principio — evidentemente —, pero nada más; hoy se busca la utilidad. Y una utilidad que no se funda precisamente en lo que la verdad tiene de verdad, sino en algo más bien triste. A toda verdad compete, como veremos, un aspecto de ser algo manifiesto — la manifestación de aquello que es verdadero —. Y, naturalmente, entonces la *manifestación* se convierte en *manifiesto* y el manifiesto en *propaganda*. Y se prostituye la verdad en forma de propaganda, por decirse lo que se dice y no por ser verdad lo que se dice». HV 12.

[333] El parentesco con Heidegger comienza en el planteamiento del problema de la filosofía como disgusto frente al mundo tecnificado (Cf. M.J. ÁLVAREZ POLO, «Presupuestos fundamentales», 94). Sin embargo Zubiri critica la concepción de Heidegger del *Zuhanden* (cf. SH 326, *El problema del hombre*, 1953-54). Zubiri destaca que el instrumento no se agota en serlo, pues la dimensión de realidad es anterior a la de instrumentalidad (cf. SH 327). Por ello elabora la metafísica de la *cosa-sentido* en oposición a la *cosa-realidad*. La reducción de las *cosas-sentido* al ámbito de los *útiles* constituiría una grave limitación aunque ambos tengan el modo irreal de ser real (cf. IL 91-95 y SE 105), «aunque todo *útil* sea una *cosa-sentido*, no toda *cosa-sentido* es, necesariamente, un *útil*: hay diversos tipos de *cosas-sentido* [...] que funcionan de modo diverso en la vida del hombre». J. CASADO, «El espacio pictórico: su construcción y variabilidad», 120.

positivismo[334] de cada persona y le impide el acceso a la verdad del tú y la constitución de ámbitos de comunión. Su ideal de hombre concreto limita la posible realización de cada persona que la integra y, está abocada, por agotamiento de su moral, al cambio, a la aparición de una nueva sociedad.

Es así como Zubiri sitúa la raíz de la desaparición de una forma social en la crisis de su moral, pues «no solamente la sociedad constituye la moral, sino que la moral también constituye la sociedad»[335]. Cuando un ideal de persona sostenido por una sociedad no ofrece ya más posibilidades en la línea de la realización personal, cuando se convierte en obturación, hará que surja de un modo u otro un nuevo ideal[336], que se irá imponiendo, originando así una nueva sociedad.

Si esto no fuera ya posible, habría claudicado la idea del hombre, y esa sociedad se encontraría en situación de tener que cambiar su propia idea de la moral, y de ser una nueva sociedad[337].

La relación entre verdad y sociedad es intrínseca[338], más en relación al ideal de persona. Junto a todas las virtudes de nuestra sociedad ¿no podría analizarse el ideal que se propone y echar en falta dimensiones esenciales para la felicidad personal?[339]

---

[334] Zubiri critica el positivismo desde muy temprano. Es una ciencia muerta porque se desgaja del sistema de posibilidades que la historia ha ido tejiendo para hacerla viable. Es cadáver de la verdad, sin auténtica vida intelectual, reducido en el mejor de los casos a curiosidad intelectual. Cf. NHD 35-36, «Nuestra situación intelectual».

[335] SH 428, *El problema del hombre*, 1953-54.

[336] Esto no implica relativismo ni historicismo, lo que puede cambiar es el ideal de hombre, de *perfectio*, pero la estructura de la sustantividad humana no cambia. Cambia lo que el hombre puede dar de sí. Cf. SH 429, *El problema del hombre*, 1953-54.

[337] SH 428, *El problema del hombre*, 1953-54.

[338] Dice Zubiri: «Pocas épocas en la historia habrán vivido la agresión a la verdad como la nuestra. Naturalmente, la verdad, por su propia índole, es algo tan inerme, que se la puede dejar abandonada en el borde y en la cuneta de cualquier carretera. Lo que pasa es que esto que la hace tan absolutamente accesible y vulnerable a todas las agresiones, es lo que le confiere esa ligera pero auténtica inmortalidad, por la cual —pasada la agresión— la verdad vuelve siendo, sin embargo, verdad». HV 12.

[339] Sólo por señalar un ejemplo. Júzguese desde esta antropología una dinámica que va llevando a una concreción jurídica donde las personas no encuentran forma legal de sellar el amor personal y definitivo que se profesan. Uno quiere entregarse de por vida y puede llegar a no existir expresión social de ello. Y estamos hablando de la comunión esponsal, base de la sociedad misma y base de la felicidad de la inmensa mayoría de las personas. Otro ejemplo lo encontramos en los nuevos planteamientos sobre el modelo de familia. P. e. en España el Tribunal Constitucional en su fallo

Por otro lado el poder de la sociedad hace revertir el amor esponsal en provecho de su propio desarrollo. Otorga al nosotros familiar una repercusión más amplia, posibilitando su ámbito de influencia. Desde la otra vertiente la sociedad da forma, protege y posibilita el amor esponsal desde las instituciones legales, económicas y jurídicas, de modo que el ámbito de comunión sea realizable y realizando como servicio a cada persona. La sociedad es ámbito de un peculiar tipo de encuentro interpersonal, en él se encuentran generaciones diversas, realidades creadas por otros hombres. La sociedad es encuentro social e histórico. Es así como la sociedad influye en la persona y en los nosotros comunionales.

6.1.2 Influencia de la relación interpersonal en la sociedad

La comunión está en el arranque de la socialización de la persona. El nosotros familiar es sujeto activo y principal de la sociedad. De su funcionamiento depende la socialización de los futuros miembros, es el agente de la tradición y el principal vehiculador del *se*.

En la medida que el amor personal sea lo que está llamado a ser, cada sujeto tendrá un sistema de referencia y una mentalidad comunional. Desde ahí podrá fraguarse el ideal de perfección conforme a la realidad de comunión que es la persona.

Como sede antropológica los ámbitos de comunión familiar son además lugar de vivencia de la libertad, del respeto, del espíritu de construcción, de la capacidad de acoger al nuevo y distinto, de aceptación del otro en su realidad sea cual sea. También en el amor esponsal y la familia se vive y construye la justicia en cuanto fundada en la igualdad de absolutos, sólo esta vivencia hará progresar la justicia social y civil.

La dinámica por la que esto revierte en lo social es evidente. Lo que cada individuo vive y realiza se va sedimentando en el *se*, constituyendo nueva mentalidad y transmitiéndose por tradición. Esto implica una gran lentitud en las auténticas revoluciones sociales; pero al mismo tiempo nos muestra a la persona en su dimensión de autora y protago-

---

116/1999 afirma que el concepto constitucional de familia no se identifica con la que tiene su origen en el matrimonio. La ley 35/1988 permite la fertilización independientemente de que el donante sea su marido o del hecho de que esté o no vinculada matrimonialmente. Tampoco existe una obligada correspondencia entre las relaciones paterno – filiales jurídicamente reconocidas y las naturales derivadas de la procreación. Ante hechos como éste podemos decir desde Zubiri que el amor de comunión como entrega personal implica el compromiso de por vida y el matrimonio, además sería suicida la sociedad que no defendiese su fuente.

nista de la historia aún desde lo pequeño y ordinario[340]. El esfuerzo de amar hoy cambia el *se* del mañana, posibilitándolo y enriqueciéndolo.

La historia es por ello cuasi-creación,[341] no sólo en cuanto una generación sostiene la entidad real del pasado y crea sus propias posibilidades, sino también en cuanto está abierta a la aportación de cada individuo que es, también en este sentido, ser absoluto[342], o si se quisiera usar la terminología de Leibniz, *un petit Dieu*[343]. Como la historia[344] es reducción, no es lo general lo que mueve la historia sino lo personal reducido a impersonal: «No es la persona para la historia, sino la historia para la persona»[345]. Cada persona absorbe la historia y se convierte en su realizador, tanto a nivel biográfico como en cuanto miembro del género humano.

Otra consecuencia del personalismo social y de la comunión es la articulación radical de lo moral y lo técnico. Sería interesante abordar desde ahí temas actuales como la relación entre razón y progreso en su sentido técnico y moral[346]. La comunión como forma primaria de relación interpersonal pide una conexión entre ambas en subsidiariedad respecto al bien moral de la persona.

La comunión es la forma de convivencia interpersonal que puede ir sustituyendo y enfrentándose con las estructuras deshumanizadoras arraigadas en lo social: la maldad.

6.2 *Dinámica del cambio social*

Desde lo dicho, sumado a la apertura en que consiste la persona, vemos que la sociedad humana tiene en el *con* en cuanto tal un carácter principial, es decir en la persona misma. Ésta es principio y no siplemente resultado de la sociedad. Esta apertura se expande en sociedad

---

[340] Decía Ortega que «el amor vive del detalle y procede microscópicamente». J. ORTEGA Y GASSET, *Estudios sobre el amor*, «La elección en el amor», OC V, 605.
[341] Cf. DHSH in 7EA 164.
[342] Cf. SH 212, *La concreción de la persona humana*, 1975.
[343] Lo usa Zubiri en NHD 380, «El acontecer humano: Grecia y la pervivencia del pasado filosófico».
[344] Un breve estudio de la historicidad con sus dimensiones y modos lo hemos realizado al estudiar la apertura trascendental de la persona, basándonos en DHSH.
[345] DHSH in 7EA 171.
[346] Así lo sugiere Vilá: «es razonable la unidad radical entre la técnica y lo moral, ya que toda actividad humana, desde la más sencilla a la más sofisticada actividad técnica, tiene carácter moral. Tengamos en cuenta que en la persona no se dan actividades neutras [...] porque el hombre puede y debe justificar su hacer y sus apropiaciones». Cf. M. VILÁ PLADEVALL, *Las dimensiones de lo interhumano*, 209.

apertural. Por ello, a diferencia de las cuasi-sociedades animales que son sociedades enclasadas, la sociedad humana es esencialmente abierta:

> La sociedad humana, al contrario, tiene un carácter inespecífico y abierto. Nunca estaremos seguros de haber agotado los tipos posibles de sociedad humana. La sociedad humana, como la propia realidad de cada hombre, está constitutivamente abierta. De ahí su carácter inespecífico[347].

Esta apertura no sólo se refiere a la concreción externa en diferentes sistemas como puede ser la monarquía o la república, la democracia o la aristocracia, sino a una dinámica social interna de mejora y perfeccionamiento social. La sociedad está abierta a sí misma, igual que la persona se abre sobre su propia sustantividad.

Podemos decir que la dinámica de realización de la persona se refleja en una dinámica de mejora social. El nosotros social buscará su propia mejora y ésta orientada al bien personal de cada uno de sus miembros. Esta apertura cuenta con un elemento primordial: cada persona singular. La sociedad se abre a la aportación peculiar y única de cada persona, es receptiva de su actualización en la y por la que existe, y para la que debería existir. Esta apertura se da de forma necesaria, aunque sea encajando la rebeldía o la revolución. Lo que la persona realiza, lo que va consiguiendo, su aceptar el *se*, enriquecerlo y progredirlo, se solidifica en la sociedad, queda sedimentado en *se*, se convierte en legado para el futuro[348].

Esta es la fuerza reformadora y progrediente de la persona individual en la sociedad, tiene una iniciativa creadora y transformadora que se multiplica en el efecto social de sus acciones. De ahí el poder transformador de los nosotros comunionales, mucho mayor pues produce una realidad nueva. En la familia se establece el mayor poder de reforma social por ser fuente y escuela de entrega y amor como *agápê*. Cada persona mejorará la sociedad, su *novum* personal se entrega enriqueciendo la sociedad con su nueva respectividad y con un mundo de relaciones antes inexistente. Cada persona, como cada cual, se convierte en

---

[347] SH 252, *El problema del hombre*, 1953-54.
[348] Dice Zubiri: «donde hay continuidad histórica, hay siempre un fenómeno curioso: que lo que desaparece no cae en el vacío, sino que, al desaparecer, deja a los subsiguientes en una situación especial, una situación definida por las posibilidades que le ha legado aquello que ya no existe, y estas posibilidades legadas a la posteridad constituyen y definen la situación de los sucesores. En este sentido, la historia es desrealización». PFMO 14.

posibilidad para los demás. Esto es aplicable no sólo de modo económico (consumidor, productor), o político, sino que implica un aumento cualitativo de la realidad, un nuevo absoluto que personaliza la sociedad. El mayor tesoro de la sociedad son sus miembros, y tanto más rica será cuanto más comunión sean capaces de vivenciar.

Con estas afirmaciones la conclusión a la que nos lleva la filosofía de Zubiri es a una sociedad que hunde sus raíces en el amor personal y existe para el amor personal. En otras palabras la sociedad tiende a fundar una civilización del amor. Su reflejo ético no sería tanto una ética de primera ni de tercera persona, sino de primera del plural, ética del nosotros.

La pluralidad de culturas, hoy aún tendiendo a la globalización, muestra dos aspectos. En primer lugar manifiesta la diversidad y riqueza de la realidad humana en su manifestación social, es algo bueno y valioso. Desde ahí se puede formular la necesidad de una compenetración cultural, un modo de inculturar personalista[349]. En segundo lugar esta pluralidad no está reñida, sino que se abre a la unión pluricultural, la respectividad intercultural enriquece a los miembros de cada sociedad, mejora cada una de ellas y permite que se alcance una misma altura histórica. Si bien siempre cabe la posibilidad de concretarlo de modo negativo[350]. La sociedad global será personal en la medida en que acoja en la diferencia cada riqueza lograda, haciendo de la pluralidad de mundos humanos un mismo mundo. Un ejemplo de desarrollo parcialmente basado en Zubiri lo encontramos en Manzanera con la ética de la nostrificación[351].

---

[349] Aplicaría la compenetración al conocimiento de cada sociedad y cultura. Cf. F. NIÑO MESA, «Para investigar las mentalidades», 65.

[350] Sobre este tema remitimos a: A. GONZÁLEZ FERNÁNDEZ, *Un solo mundo*.

[351] Se manifiesta la potencialidad de la antropología zubiriana para iluminar el mundo ético y la cuestión social. Manzanera propone una ética como nostrificación dónde «la nostridad no es un genitivo sectorial de la filosofía, sino una categoría hermenéutica fundamental que permite iluminar la totalidad de la filosofía» (M. MANZANERA, «Fundamentación de la ética en la nostridad», 274). Señala tres tendencias en la persona: 1.– egoidad: tendencia del hombre a su realidad, en corporeidad. Puede degenerar en egoísmo (es el principio de conservación). Le correspondería el *esse ad me*, en caso de vivencia negativa degeneraría como *esse mihi*; 2.– alteridad: necesidad de otras *personas*, hay que pasar de la otreidad a la alteridad, la mirada del pobre (quizás inspirado en Lèvinas). Puede degenerar en juridicismo, en manipulación, en altruismo fanático y alienante. Le corresponde el *esse ad alteros*; 3.– nostridad: es la «tendencia de cada hombre a formar un nosotros con otro u otros hombres, armonizando las tendencias dialécticas de la egoidad y la alteridad» (*Ibid.* 275). Puede degenerar en nostrismo exclusivo. Se opone radicalmente a Hobbes. Le corresponde el

7. La procreación: génesis de la realidad humana

Una de las posibilidades mayores ofrecidas a la persona en su vida es la de la maternidad – paternidad. Si queremos ser consecuentes con la prolongación del pensamiento de Zubiri que hemos expuesto hasta ahora resulta claro que el contexto en el cuál se realiza esta posibilidad es el amor personal expresado mutua y socialmente en la institución del matrimonio. Es en la entrega total a la persona del otro sexo donde surge esta posibilidad dentro y en coherencia con la verdad de ambos. En este aspecto la procreación va inscrita en el nivel personal. No se trata sólo de una realidad biológicamente posible. Por decirlo de un modo más zubiriano, el sistema reproductivo que produce la replicación del esquema quidditativo no es una nota de la sustantividad humana que se pueda considerar sólo en el nivel talitativo, bien sea científico, biológico o médico, e incluso filosófico. La sexualidad, ya lo indicamos, no es mera nota del subsistema cuerpo, la psique participa de la sexualidad y ésta es propia de toda la sustantividad humana. Sólo se es persona siendo hombre o mujer. Por ello:

> Aquí asistimos no simplemente a diferenciar la suerte del individuo y la suerte de la especie, sino a vincular la actividad del individuo a la asociación con otros seres vivos, y, sobre todo, en la forma más íntima de su posesión cuando la reproducción es sexual[352].

Esto nos lleva a considerar la procreación en varias dimensiones. Tendremos que estudiarla talitativamente, desde los datos que la cien-

---

esse ad nos, que puede degenerar en *esse nobis*.

El desarrollo de la dimensión ética de la nostridad implica la solidaridad con sus tres vías: a) psicológico-experiencial: a través de experiencias indignantes y experiencias nostrificantes: maternidad, ob-ligación ética; b) científico-biológica: se trata del altruismo animal frente al egoísmo natural (Hobbes), subraya la dimensión erótica de la hominización, estructura bioquímica del amor, solidaridad heterosexual presente en los gametos (solidaridad biológica en niveles elementales de la materia viva), solidaridad gestacional: alteridad del concebido, unidad filogenética de la especie humana y ligazón física; c) intuitiva-razonable: felicidad como perfección del hombre, plenitud de beldad, verdad, bondad y unidad, realidad utópica del nosotros universal, utopía como realidad *postmortem*, dimensión teologal de la utopía y Re-ligación metafísica.

La nostridad quiere formar un mundo que sea un nosotros: «Las categoría hermenéuticas de la egoidad, alteridad y nostridad pueden iluminar las clásicas dimensiones del amor, como *Érôs*, *Agápê* y *Filía*, respectivamente. De esta manera el amor, liberado de sus ambigüedades terminológicas, se identifica con la nostridad y se constituye en el gran motor de la historia, impulsando el proceso de *nostri-ficación* como *uni-ficación* del universo» (*Ibid.* 303).

[352] EDR 179.

cia otorga en su diálogo con la antropología. Esos datos servirán para esbozar una reflexión transcendental desde lo que implica para la nueva vida, abordando el problema del origen, con lo talitativo propio de la filosofía. A su vez, como es fruto de una dimensión esencialmente comunional de la persona, exige su consideración desde el ámbito interpersonal, tanto en la concreción de la comunión como en la sociedad. Por último ofreceremos algunas observaciones acerca de la relación paterna y la filiación. Creemos que así se sitúa a la altura de la filosofía de Zubiri.

Este punto reviste vital importancia en nuestros días, en él van encadenados conductas y valorizaciones que destruyen la vivencia personal de uno de los ámbitos más ricos de la relación; además nos jugamos mucho, el futuro de la humanidad, en la forma de percibir la nueva vida que surge. Varios autores, buscando fundamentación en Zubiri, sostienen posturas justificadoras de una cultura de la muerte al no reconocer el estatuto personal del embrión. Además de contrastar estas posturas desde Zubiri queremos situar el tema en un ámbito creativo y eminentemente positivo, el de la relación interpersonal. Esto nos obliga a detenernos en este punto con especial atención. Estamos seguros de que merece la pena y no hará sino enriquecer la postura zubiriana.

7.1 *Vista científicamente*

La generación consiste en que: «Unos vivientes, mediante un acto vital, producen algo que yo llamaría la alteridad del viviente»[353]. En el hombre se da de forma sexuada, como nuevo dar de sí en el proceso evolutivo tras la replicación por *meiosis*.

La realidad fisiológica es de sobra conocida. Con todo el proceso de sustancias bioquímicas producidas por la estructura humana y que alimentan su dimensión erótica, se realiza la unión sexual. Esta tiende a la unión entre los dos gametos, masculino y femenino. Se trata de un proceso biológico que, una vez comenzado, impide una nueva penetración, salvo casos anómalos de fecundación múltiple, que originan embriones inviables.

En la fecundación el espermatozoide y el óvulo pierden su propia individualidad para fusionarse en una célula germinal[354], llamada cigoto o embrión monocelular, el cual tiene dinamismo autónomo y dotación

---

[353] SH 555, *El problema del hombre*, 1953-54.
[354] El uso de este término difiere del asociado con las células estaminales.

cromosómica propia, constituyendo una identidad genética nueva, proveniente de los gametos de sus progenitores.

El embrión monocelular es un nuevo ser vivo cuyo estatuto antropológico abordaremos en breve. X. Zubiri, respondiendo ya en parte a esta cuestión[355], lo denomina «Plasma Germinal», se trata de terminología tomada de la embriología de las primeras décadas del s. XX[356].

El desarrollo del embrión recapitula la evolución. El desarrollo embrionario de un ser vivo es una recapitulación abreviada de la historia evolutiva de su especie. Así lo formula la ley biogenética fundamental del naturalista alemán Ernst Haeckel: La ontogenia es una breve recapitulación de la filogenia[357].

El problema aparece a la hora de situar el momento original de la persona y esto depende de una noción filosófica; el qué constituye la persona no es determinable sólo científica o jurídicamente. La afirmación por parte de la ciencia de que el feto en los primeros estadios de su desarrollo no es una persona, sosteniendo que el embrión en la primera fase sólo tiene potencia de serlo sería una afirmación ideológica. A nivel de racionalidad científica supondría una salida de su propio campo. Por otro lado se trataría de un fraude científico, pues la ciencia ha demostrado que las diversas fases del desarrollo del óvulo fecundado

---

[355] El plasma germinal engloba la unidad sistemática de la nota física, el organismo es ahí célula germinal, y la psique. Esto aparece tanto en SH 50-51 (*La concreción de la persona humana*, 1975), como en SH 462-463 (GRH 1982). Plasma germinal designa el sistema psico-somático «psique – célula germinal». En la práctica usará ambos de forma metafísica, sustituyendo a veces plasma por célula al coincidir su valor en el tiempo, cuando hay uno hay otro. La célula germinal es la célula diploide, no el óvulo y el espermatozoide, células sexuales haploides, que Zubiri denomina «elementos germinales», SH 461.

[356] Zubiri hace referencia a Weissman, autor de *La continuidad del plasma germinal como fundamento de una teoría de la herencia*, cf. SH 50-51. D. Gracia indica que este término procede de sus estudios con H. Spemann en Friburgo en 1929. Este autor señala que cambia la terminología por célula germinal debido a la influencia de Ochoa y los «conocimientos bastantes precisos que fue adquiriendo en los años sesenta y setenta de biología molecular y de genética», que le llevaron a creer que «el desarrollo embrionario se reducía a ser mera expresión del contenido genético». D. GRACIA, «Prólogo», in P. LAÍN ENTRALGO, *Cuerpo y Alma*, 28. A pesar de estas observaciones Zubiri no reniega del término plasma y la realidad filosófica que supone: el sistema sustantivo; de hecho GRH está plagado del uso de plasma: cf. SH 463 (central) y 467.

[357] *Morfología de los organismos*, 1866. No exenta de polémica y rechazada actualmente, aunque sea una teoría muy divulgada. Quizás Zubiri tome el término *phylum* de este forofo de Darwin. Fundó el Museo Filético de Jena.

forman parte del conjunto del desarrollo de un ser humano. Aunque en los momentos iniciales todavía la nueva vida es muy primitiva, se trata, de todas maneras, de un organismo viviente. El término *vida potencial* no es usado según un lenguaje científico, sino filosófico, y en desacuerdo con los hechos médicos. En el proceso de crecimiento que va desde el embrión en su estado inicial hasta la edad adulta no se dan cambios sustanciales en cuanto a su naturaleza[358]. Así lo ve también Zubiri:

> si pudiéramos asistir de una manera visual al desarrollo minucioso de un plasma germinal desde su concepción hasta que ejecuta después de nacido el primer acto más o menos inteligente de un niño, no veríamos cesura ninguna. Veríamos cómo la inteligencia florece precisamente de sus estructuras[359].

Por tanto, no existe ninguna justificación científica para negar al embrión el estado de un ser humano; tampoco el hecho de estar al inicio de su vida. Muchas veces se trata de una maniobra lingüística para justificar los experimentos científicos y la experimentación con los embriones humanos[360]. En el apartado siguiente abordaremos la lectura de estos datos desde la antropología, a ésta corresponde el estudio de la cuestión de la persona.

Conforme a los datos científicos que tenía en su haber X. Zubiri decía: «Pienso que en el germen está ya todo lo que en su desarrollo constituirá lo que suele llamarse hombre, pero sin trans-formación ninguna, sólo por desarrollo»[361]. Como señala D. Gracia: «La cuestión no está sólo en saber si el hombre es persona, sino también por qué, desde cuándo, de qué modo y cómo lo es»[362]. Esto implica una lectura antropológica de los datos de la biología. Vamos a ello.

---

[358] No es nuestro fin resumir los datos científicos, nos basta con este breve bosquejo de los puntos fundamentales para la consideración filosófica. Nos apoyamos en la visión de la doctora D.N. IRVING, en *Communiqué* (27/7/99).

[359] EDR 215.

[360] Entre otros problemas graves están los miles de embriones congelados y la investigación con las células madre. Estas células se toman durante el inicio del desarrollo del feto y son de interés para los científicos porque en ese momento todavía no se han especializado y podrían ser útiles para trasplantes y otros fines.

[361] SH 50, *La concreción de la persona humana*, 1975.

[362] D. GRACIA, «Cuestiones filosóficas sobre la génesis humana», 32.

7.2 *Visión antropológica*

Ante el dato de la aparición de una nueva vida la antropología se pregunta sobre el origen de la persona. Zubiri también lo hace. Uno de sus últimos escritos, publicado póstumamente, está dedicado a esta forma de causalidad física, personal y que también engloba la hominización, se trata de GRH, cuyo núcleo se haya resumido, muy brevemente, en HD[363].

El planteamiento de GRH[364] busca explicar el origen de la persona desde la unión de los gametos masculino y femenino. Se trata de sacar luz filosóficamente del misterio que hay ahí escondido. Esto implica estudiar el origen de la psique y la personeidad en el embrión. El método no es aplicación de teoría sino explicación de los hechos que presenta la biología. Desde ese análisis surgen las respuestas de Zubiri. Lo que sí está sobreentendido es la noción de persona. Ésta es suidad, *de suyo* suyo. Es el dato de la antropología que sirve para dialogar con los datos de la ciencia.

El hecho básico es la constitución de la nueva célula germinal y material poseedora de un dinamismo propio a partir de los gametos. Esta célula aparece en el mismo momento de la concepción, pues la concepción consiste propiamente en su constitución.

Parte, pues, Zubiri del hecho de que la célula germinal es material, los dos progenitores aportan sólo los gametos[365], que son células materiales. El resultado es un sistema nuevo, una sustantividad (en sentido amplio) material con un contenido cromosómico adquirido genéticamente[366]. Lo que la ciencia muestra es que existe un protosistema de lo que será el organismo. Ahora bien, observando el desarrollo de esta

---

[363] Cf. HD 50-51, el texto es excesivamente conciso, Zubiri afirma que el momento en que el embrión adquiere inteligencia es casi imposible de definir, pero desde ese momento hay personeidad y por tanto persona. El texto resulta muy abierto, sólo desde GRH y la coherencia se explica lo aquí resumido y póstumamente publicado.

[364] El escrito es de 1982 y lo encontramos publicado en SH 445-476 y posteriormente en ETM 579-610, editado respectivamente por Ellacuría y Ferraz. Sólo cambia el contexto y la inclusión en SH de dos notas marginales de Zubiri que comentaremos. La señalización de párrafos y apartados es más clara en la edición de ETM.

[365] Los progenitores trasmiten vida, no transmiten ni el cuerpo ni la psique sino los elementos germinales. Estos por sistematización constituyen la célula germinal, el cuerpo. Cf. SH 461, GRH.

[366] Este coincide con lo que es la esencia quidditativa, y reviste su importancia de cara a la argumentación que emplearemos más adelante.

célula aparece el embrión y el niño que nace con su subsistema psíquico. ¿De dónde ha venido?

En un esfuerzo por usar el mínimo de causas externas la reflexión antropológica de Zubiri recurre a la noción de potentidad[367]. El sistema de la célula germinal da de sí la psique[368].

Pero este dar de sí implica un acto distinto y nuevo del acto de generación, es el acto de elevación[369]. La elevación consiste en situar la sustantividad de la célula germinal en la realidad, haciendo que actúe para su propia realidad[370]. Generación y elevación, que recibe el nombre de génesis, son los dos actos que constituyen la hominización. Con ella la célula origina desde sí misma pero por otro[371], por la *natura*

---

[367] Cf. GRH in SH 449-450. Potencialidad de dar de sí por uno mismo o por otro. Con la potentidad del dinamismo de la realidad en la génesis Zubiri contradice la tesis de Bergson del *élan* vital. «Quien ejecuta ese maravilloso gesto, espléndidamente descrito por Bergson en *L'évolution créatrice*, no es el *élan vital*, sino precisamente el choque de unas estructuras con otras» (EDR 150). También se opone a la potencialidad de Aristóteles por su indeterminación, pues las potencialidades están incursas en una configuración, están dotadas de una estructura muy precisa y producen una cascada de configuraciones. Cf. EDR 151-152.

[368] Por eso en el hombre es psique corpórea en el sentido de que procede de la sistematización constitutiva de la célula germinal. Cf. GRH in SH 463.

[369] Corrige así la postura de que la célula germinal es causa exigitiva de la psique, tampoco es mera causa dispositiva. La explicación de la causa dispositiva es insuficiente pues implica concebir la animación como recepción y porque el resultado sería un espíritu habitando en un cuerpo y no unidad estructural primaria. Estaría presuponiendo la unión alma – cuerpo en términos de relación entre relatos ya constituidos como sustantividades previas. Esta precisión se debe a que ahora reduce el ámbito de la exigitividad a la sustantividad como tal ya constituida: sólo el hombre en cuanto tal puede exigir. El ámbito de la exigencia es la supervivencia, el dinamismo consecuente de la acción y no la constitución de la sustantividad. Cf. SH 463, GRH.

[370] La *funcionalidad de lo real* usada para explicar el origen de la persona es el *brotar-desde. Brotar* es un hacer constitutivo y el *desde* es de originación, no es un punto de partida ni necesariamente un proceso temporal. Es la estructura misma de la célula germinal la que constituye la psique: «El hacer de la célula germinal es pues un hacer constitutivo de lo psíquico». Cf. SH 464-465, GRH.

[371] Es un modo de *hacer que haga* distinto del de la causa instrumental al concebirse no como utilización sino como absorción. Cf. GRH in SH 467. Hay un enriquecimiento en la noción de dinamismo que usa X. Zubiri respecto a la actividad y exigibilidad de EDR. Mientras en EDR se afirma repetidas veces que la realidad es activa por sí misma (cf. EDR 87-88, 315); en HD: «Toda realidad *qua* realidad es, en efecto, dinámica no sólo en sí misma (cosa obvia) sino, según pienso, *por sí misma*» (HD 168). En GRH al desarrollar el tema de la dinamicidad de la materia, afirma que *Dar de sí* no es lo mismo que *dar de por sí*. La sustantividad material puede tener capacidades de dar de sí por la acción de otra sustantividad: «el *dar de sí* es por tanto

naturans[372], la psique. El sistema evoluciona; la materia por sistematización de sus estructuras, desde sus estructuras mismas, origina un sistema que es psico – somático, el sistema que es unidad de psique – célula germinal. A este nuevo sistema lo denomina plasma germinal[373]. El plasma germinal actúa en la realidad y para su realidad. Se trata de instauración en la transcendentalidad: «elevar es hacer que lo que es *de suyo* constituya un *suyo*»[374].

En el plasma germinal se descubren primordios[375] de lo que serán las notas psíquicas del adulto: intelección, volición y sentimiento[376]. Un

---

dar de sí por sí mismo o por otro» (SH 449). Esta distinción, ya presente en EDR como causación desde el Todo, pasa ahora a ser matizada, de modo que queda así: «La materia da de sí la intelección, pero no por sí misma sino por elevación» (SH 476). En este pequeño matiz se ha pasado en la conceptuación del dinamismo de la actividad por sí misma a la dinamicidad constitutiva del dar de sí, por sí o por otro, para así poder dar cabida a la génesis de la *suidad*. Cf. J. SÁEZ CRUZ, *La accesibilidad de Dios*, 127 nota 16.

[372] La sede de esa causalidad no es extrínseco, es un *hacer que haga* que reside en el Cosmos como sustantividad estricta, y lo llama *natura naturans*. Es tanto el Cosmos (cf. SH 466, GRH), como el Mundo (cf. EDR 309 y 324) según se atienda a la respectividad talitativa o transcendental. El Cosmos hace que las estructuras de la célula den de sí la psique. Así, a una, está el hacer intrínseco propio del *desde* de la célula y el *hacer que haga*, también intrínseco, del Cosmos para originar el plasma germinal. Desde HD interpretamos que es Dios. La elevación consiste en pasar de la una *natura naturata* a una *natura naturata naturans*, la persona; gracias a la funcionalidad de la *natura naturans*: el Cosmos, o Dios como conjunto respectivo de lo real en su fundamentalidad.

[373] El cuerpo de la célula germinal es desde el primer momento cuerpo-de, de modo que todo lo que el hombre es está ya embrionariamente en el punto de partida y hay psique, también desde el primer momento hay plasma. Cf. SH 463, GRH. «Las estructuras de la célula germinal, pues, *hacen* desde sí mismas la psique, y con ello el sistema psico-somático en cuanto sistema, en todas y cada una de sus notas y en su unitaria e indivisible actividad. Lo propio debe decirse del cuerpo». SH 465, GRH.

[374] GRH in SH 468. La generación se da por sistematización de los elementos germinales, es potentidad que ya tenían, la elevación es desarrollo de una potentidad, no por transformación, ni por sistematización, sino por elevación. Esta elevación es Génesis. Cf. SH 472 y 475. El uso del término génesis sugiere el libro de la Biblia.

[375] Así lo entienden los principales comentarias, p. e.: «ya en la célula germinal está formalmente todas las notas de la sustantividad humana». G. GÓMEZ CAMBRES, *La realidad personal*, 142. Aunque habría que matizar el modo de presencia de la nota. Cf. GRH in SH 470-471 que afirma que no hay aún en sentido estricto notas como intelección, volición y sentimiento en la célula germinal, aunque sí notas psíquicas generadoras de estas. Tampoco afina Vilá en este punto: cf. M. VILÁ PLADEVALL, *Las dimensiones de lo interhumano*, 89. Ni Castilla lo soluciona, cf. B. CASTILLA Y CORTÁZAR, *Noción de persona*, 79.

[376] Más otras que no son estudiadas pero que existen. Estas notas son estrictamente

hecho que corrobora esto es la determinación cromosómica de la oligofrenia[377]. El plasma germinal es un *de suyo* suyo, que actúa de cara a su propia realidad, es por tanto suidad. Es así como el *phylum* humano se concreta a través de la hominización y cómo se produce la generación personal. El desarrollo del plasma germinal es un proceso de facultación y capacitación en continuidad con el resto de la vida del sujeto. Por sistematización irá dando de sí todo lo que lleva dentro, sin rupturas ni saltos.

Nos encontramos pues con dos actos distintos[378] que reflejan la esencial irreductibilidad de psique y organismo, de intelección y sentir. Es la generación de la célula germinal y la elevación al nivel de realidad. Para Zubiri estos dos actos se dan simultáneamente. Sabemos que son dos y distintos por el análisis, pero no hay proceso temporal entre ambos[379]. Desde el primer momento la célula está elevada ya que no tenemos ningún dato que nos muestre ruptura desde el instante de la concepción en adelante. En consecuencia Zubiri afirma que desde el instante de la concepción hay suidad, hay persona. Célula germinal

---

psíquicas, realizan un primario esbozo de *forma mentis*: «son una forma radical y primigenia de versión a la realidad; son anteriores a la intelección, al sentimiento y a la voluntad, pero anteriores dentro de una línea rigurosa de psiquismo». SH 471. Son notas generadoras de las tres características. También pone el ejemplo de la diferencia de género presente en la célula y que por elevación es ya la sexualidad como nota psíquica desde el inicio.

[377] Zubiri remite a la trisomía del cromosoma 21, Cf. GRH in SH 471.

[378] «La elevación es terminativamente un segundo acto nuevo numérica y específicamente distinto del acto que produce las estructuras celulares». SH 470, GRH.

[379] El mismo Zubiri afirma que la elevación no es algo instantáneo (cf. SH 472) en el mismo sentido en que no lo es la generación, pues se articulan desde el proceso genético de la constitución de la célula diploide. En este mismo sentido habría que entender el misterioso momento de aparición de la inteligencia en HD 50-51. No vemos otro modo de entender este proceso de acuerdo con la reflexión de Zubiri, pues un proceso posterior a la constitución por sistematización y fusión de los elementos sexuales sería contradictorio con todo su razonamiento. Esta procesualidad temporal hace referencia, pues, al tiempo que los elementos germinantes emplean en constituir la célula germinal, pues una vez dada ésta la génesis de la psique es instantánea. Otro problema es el proceso temporal por el que la psique se configura progresivamente. Zubiri afirma que no hay dos génesis (material y psíquica), sino una sola: en el momento en que hay célula germinal hay psique. Cf. SH 473. Por eso «lo que se concibe en la concepción es un hombre» (*Ibid.* 474). HD 50 afirma que la inteligencia aparece en «un momento casi imposible de definir» respecto del embrión. Interpretamos, se trata de un resumen casi esquemático, que el momento en cuestión es la constitución de la célula germinal. Este texto no afina tanto como GRH. Quizás Zubiri estuviese dando vueltas a los gemelos monozigóticos.

equivale con Plasma en la práctica, y es persona para la antropología de Zubiri. Este sería el estatuto antropológico del embrión humano. Estatuto que es el mismo que el de la persona nacida pues «el nacimiento constituye ya un acto de la vida»[380].

La persona articula la dimensión de la personeidad, que en nivel primordial nos encontramos desde la concepción, con la personalidad. Lógicamente el plasma germinal no tiene un acto reflejo de personalidad[381], pero sí una personalidad en pasividad[382] que se va actuando pasivamente[383] desde la actividad del sistema[384] con dominancia del subsistema corpóreo[385] y mediante la acción de los otros, idea que se mantiene en HD[386].

---

[380] SH 554, *El problema del hombre*, 1953-54.

[381] Este es el sentido en que deben entenderse las afirmaciones en que Zubiri habla de la falta de personalidad del Yo, no es algo absoluto, sino algo en desarrollo. Un ejemplo en que se ve esta tensión lo supone este texto: «Desde el momento de su concepción el hombre todavía no es Yo, pero evidentemente todas sus vicisitudes orgánicas van modulando la forma y figura de eso que soy Yo», PFHR 35.

[382] Para que haya persona debe haber personeidad y personalidad. No basta la una sin la otra, por tanto no basta argumentar en defensa de la vida desde la personeidad y hay que explicar cómo y en qué sentido también hay personalidad, aunque si hay personeidad hay persona. Por esto Zubiri matizará su afirmación de 1959: «el concebido, antes de nacer es persona. Son tan personas como cualquiera de nosotros. En este sentido, la palabra persona no significa personalidad. Significa un carácter de sus estructuras, y como tal es un punto de partida». SH 113, *Sobre la persona*, 1959. En 1975 diferencia el *ser sido* del *ser esente* cuando se activa la intelección propia y la apropiación opcional, según ellos distingue personalidad pasiva y accional que es la que abre al ser absoluto: «La personalidad pasiva es abierta a la personalidad accional». SH 169, *La concreción de la persona humana*, 1975. Los demás y la realidad morfogénica establecen un «Yo en pasividad» (SH 164) con el que la persona se enfrentará más tarde y accionalmente en su hacerse cargo de la realidad. Este *yo en pasividad* está desde la concepción (cf. SH 163). La persona embrionaria tiene un yo.

[383] Para X. Zubiri pasividad no es sólo recepción sino acto de recibir, y por tanto su afirmación de una actualidad como personalidad en pasividad es coherente. Cf. SH 450-451, GRH. En este sentido tanto el yo en pasividad como el yo accional, es *esente*, no sido y siempre consiste en ser así. SH 177 y 189, *La concreción de la persona humana*, 1975,

[384] Zubiri indica la unidad psico-orgánica de la actividad ya desde el inicio: SH 514, *La concreción de la persona humana*, 1975.

[385] Completando desde un texto anterior, Zubiri afirma que el plasma germinal somáticamente considerado es el primer estado de animación. El feto vive en un aquí y un ahora absolutos por su empuje vital. La vida en esta fase es poseerse como automorfismo de lo somático del psiquismo. Cf. SH 555-560, *El problema del hombre*, 1953-54.

[386] Este es el texto: «Cuando este embrión llega a tener inteligencia va cobrando

Esta personalidad del embrión y del plasma germinal no ha sido subrayada bastante[387]. D. Gracia lo explica así:

> El embrión comienza teniendo una personalidad previa, del mismo modo que tiene una inteligencia puramente pasiva y todavía no facultada. En el transcurso del proceso morfogenético, la potencia intelectiva acaba estando facultada, constituyendo una facultad que es la inteligencia humana, [...] El desarrollo de la personalidad, es un proceso biológico (personalidad pasiva, personalidad facultada y, en parte, personalidad capacitada) e histórico (personalidad posibilitada, en su doble aspecto de personalidad dispuesta y personalidad capaz)[388].

Así se explica que haya psique, inteligencia, aunque no haya intelección en acto[389]. Es algo parecido a lo que ocurre en el niño hasta que adquiere la capacidad de razonar, o en la posibilidad de que hayan existido diversos tipos de humanos inteligentes pero no racionales[390].

---

personalidad pasivamente», HD 50.

[387] Este punto, necesario en la teoría de Zubiri, es olvidado por Vilá, Castilla y Cambres, quienes se contentan con recoger las afirmaciones primitivas de Zubiri de que habría una personeidad sin personalidad; sin caer en la cuenta, como le ocurrió al mismo Zubiri, de que esto no es posible. La personalidad es categoría metafísica esencial, parece que estos autores se quedan a medio camino en la integración de la personalidad desde lo psicológico a lo metafísico. Por poner un ejemplo, afirma Castilla: «La distinción entre realidad y ser parece que Zubiri las aprecia en el lenguaje cuando se distingue entre generación y dar a luz. Lo primero, el engendrar una nueva realidad tiene que ver, como su nombre inidca, con la *realidad*. Sin embargo el *alumbramiento*, el *venir al mundo* de esa nueva realidad parece que tiene que ver más con el *ser*». Cf. B. CASTILLA Y CORTÁZAR, *Noción de persona*, 305. Curiosamente en ID., «Persona y vida humana, desde la noción de persona de Xavier Zubiri», 1113-1118, recoge la personalidad pasiva pero no la desarrolla.

[388] D. GRACIA, «Cuestiones filosóficas sobre la génesis humana», 38.

[389] «la inteligencia como facultad, esto es, la inteligencia sentiente, tiene un origen genético, cosa que no sucede con la nuda potencia intelectiva. Desde el primer instante de su concepción, la célula germinal tiene todo lo necesario para llegar a ser hombre. Como la potencia intelectiva en cuanto potencia, no es resultado de una embriogenia, resulta que ya en el primer instante de su concepción, la célula germinal, además de su estructura bioquímica tiene una potencia intelectiva, sea cualquiera su origen, tema que aquí no hace al caso. La unidad metafísico – sistemática de célula germinal y de sus notas *psíquicas* radicales es lo que muchas veces he llamado plasma germinal, a pesar del equívoco histórico del vocablo» (DHSH in 7EA 154-155). Sólo la inteligencia como facultad es producto de la morfogénesis.

[390] «Una cosa es la inteligencia, y otra cosa es la razón como modo de la inteligencia» (EDR 211). Desde ahí se puede argumentar contra el aborto y la eutanasia ya que la razón es solo una modalización de la inteligencia.

Éste es el modo en que las personas, con el amor de entrega sexualmente expresado, constituyen una nueva vida. Los progenitores ponen los gametos y estos por su propio dinamismo se unen generando la nueva sustantividad que por elevación da de sí una nueva persona. Los padres no ponen el cuerpo ni el alma, sólo inician el proceso que determina la continuidad de la especie. Es el Cosmos desde sí mismo, leído desde la religación sería Dios, el que desde dentro y por un acto nuevo posibilita la hominización de la materia, una nueva persona, por génesis individual en cada célula germinal.

Esta explicación de la reproducción y peculiaridad del *phylum* humano tiene como aspectos positivos el acoger con coherencia los datos de la ciencia y permitir una explicación sin recurrir a causas extrínsecas, responde desde lo que se ve. Además salva el origen individual y la riqueza irrepetible que es cada persona. Por otra parte es coherente con la antropología unitaria cuerpo – psique, la psique es corpórea en sí misma[391]. Sin embargo no está exenta de algunos problemas.

Entre estos, personalmente señalamos la oscuridad en que queda la acción elevante desde la *natura naturans*, aunque sepamos que en ella, y por teoría posterior, está Dios; Zubiri no explica a fondo en que consiste la génesis[392]. Su concurso, por llamarlo de alguna manera, es muy próximo a la creación que profesamos en la fe, pero no del todo, puede también interpretarse como una causa inmanente en sentido absoluto, como ocurre con la postura de Laín Entralgo[393]. Se abre aquí una nueva cuestión a la antropología teológica desde la creación individual de cada alma por Dios.

En su explicación la espiritualidad de la persona queda algo difuminada. Creemos que en otros escritos anteriores ésta queda más manifiesta, no obstante en este texto la pretensión de Zubiri incluye un interés especial por mostrar la unidad personal desde la célula germinal, de ahí que el acento se desplace a lo material sin caer en el materialismo.

Comentando este punto, Gracia sitúa la novedad e irreductibilidad de la psique a la materia, afirmación fuerte de Zubiri, en relación con las nociones aristotélicas de materia prima y materia segunda. La materia prima sería la materia de la *natura naturans* y la materia segunda la de

---

[391] Cf. GRH in SH 462-463, ya desde el inicio el plasma germinal es psique – de – cuerpo.

[392] Cf. D. GRACIA, «Prólogo», in P. LAÍN ENTRALGO, *Cuerpo y Alma*, 27-28.

[393] Como ya hemos indicado al abordar el tema de la muerte este autor se decanta por una lectura inmanentista que deriva para el creyente en un fideísmo. Su postura aún partiendo de Zubiri no es coincidente, como estamos intentado probar.

las *naturae naturatae* prehumanas. Desde ahí afirma que la diferencia esencial de la psique se refiere a la materia de las *naturae naturatae* (prehomínidos) y no a la materia de la *natura naturans*. Así la psique sería material[394]. Creemos poder afirmar que esta interpretación no se corresponde del todo a la mente de Zubiri. Zubiri afirma repetidas veces la irreductibilidad entre sentir e inteligir, entre psique y organismo. Ya lo hemos visto. Afirma simultáneamente el carácter de *de* de la psique respecto al organismo, eso se expresa en psique corpórea. Pero entender la *natura naturans* en sentido material — aquí interpretamos nosotros — implica a la postre admitir una materia prima que no se reduce a la materia compuesta de elementos físico químicos: una materia espiritual, o un Espíritu Absoluto que es fuertemente criticado por Xavier. A esto hay que añadir que Zubiri rechaza la existencia de la materia prima aún como principio[395]. Al afirmar que «la diferencia entre psique y materia no es gradual sino esencial»[396], Zubiri rechaza los emergentismos materialistas que ven en la psique humana una mera complicación del psiquismo animal, a la vez que mantiene que lo espiritual no puede entenderse como sustancia separada sino en la sustantividad. ¿Cómo entender una psique que es novedad esencial y a la vez esencialmente material? La hipótesis interpretativa de Gracia implica bien reducir la psique a materia o bien espiritualizar ésta de tal manera que las palabras dejarían de ser significativas, nos encontraríamos con él en un emergentismo espíritu-materialista desde una materia prima que es psíquica al tiempo[397]. ¿Qué es eso?

A nuestro pobre entender el intento simplifica el problema, problema interpretativo que indudablemente está ahí; y lo simplifica porque quiere meter en un mismo ámbito materialidad química, respectividad constitutiva y *natura naturans*. En el fondo su hipótesis explicativa es la correcta cuando lo transcendental de Zubiri se reduce a formalidad, y no se ha visto la realidad como momento intensivo, como elemento real que habita los seres. Desde ahí no hay otra salida posible[398].

---

[394] D. GRACIA, «Prólogo», in P. LAÍN ENTRALGO, *Cuerpo y Alma*, 26-27.
[395] Cf. GRH in SH 445-447.
[396] GRH in SH 460.
[397] Y eso que sitúa muy bien el intento zubiriano de salirse de dualismos y de emergentismos. Cf. D. GRACIA, «Prólogo», in P. LAÍN ENTRALGO, *Cuerpo y Alma*, 25.
[398] Algo parecido, y menos afinado, ocurre con la interpretación de la *Natura naturans* de Laín Entralgo que no explica el origen del hombre individual personal y su capacidad de responder a Dios. Cf. G. DEL POZO, «Persona y alma», 27.

Nosotros proponemos una interpretación alternativa que además apoyaría la hipótesis que hasta ahora hemos mantenido de una lectura personalista de Zubiri en que lo transcendental tiene cierto paralelismo con ciertas interpretaciones del *esse* de Sto. Tomás. Compaginar materialidad de la psique, respectividad cuerpo – psique y su diferencia esencial con *natura naturans* exige entender la transcendentalidad y la talidad como niveles verticales intrínsecamente relacionados, y no como mera y horizontal formalidad racional. Sólo así son coherentes todas las afirmaciones de X. Zubiri. Realidad y transcendentalidad son ámbitos reológicos noológicamente alcanzados en sentido fuerte.

Aplicándolo a la génesis de la realidad humana, que es instauración en la realidad, tendríamos que la diferencia es esencial pues aparece un nuevo nivel de realidad: aparece la realidad personal y con ella la realidad transcendental que lo transcendentaliza todo. Dígase como se diga, alma, espíritu, psique, inmaterialidad, hay un radical *novum* metafísico. Este *novum* no puede proceder de las cosas estrictamente materiales. Pide una funcionalidad superior. En un nivel talitativo la explicación única posible es la *natura naturans*[399]. Esta permite entender la funcionalidad intrínseca a la célula germinal, la evolución como algo verdadero…, ahora bien, la *natura naturans* es hipótesis explicativa requerida. Esta actúa en y por lo único con auténtica sustantividad: el Cosmos[400]. Pero éste no tiene conciencia, no es un Espíritu Absoluto, ¿de dónde que lleve en sí la potencialidad de elevar? No podemos llevar al infinito esta petición de principio.

En el Cosmos funciona una causalidad vertical, una funcionalidad que la razón descubre como fundamentante y que es Dios, causalidad que será personal en muchos casos. Así queda todo conjugado. La psi-

---

[399] Esta *Natura Naturans*, el Cosmos como Universo, a nivel de sustantividad primordial podría confundirse con Dios o parecer que lo excluye. Es el riego de panteísmo. Pero en la sustantividad primordial la respectivad es indiferenciada, será a otro nivel donde aparezca Dios como fundamento. Cf. J. VILLANUEVA, *Noología y reología*, 287-289. Así pues la *natura naturans* no es solución última sino que requiere ulteriores precisiones.

[400] A la hipótesis de la *natura naturans* se la podría colocar otra argumentación contigua. Vale, de acuerdo para la aparición del primer – primeros hombres procedentes de los animales, pero ya originados estos nos encontramos con *naturae naturatae naturantes* que podrían elevar con la posición, por ejemplo, del yo. El argumento es absurdo, y por eso muestra la insuficiencia de la *natura naturans* si se la concibe como potencialidad de psique, siempre se estará remitiendo a otro orden, el transcendental y su respectividad en funcionalidad con el cósmico para evitar la petición de principio.

que es material en el sentido de que es respectiva al cuerpo y a la materia, también en el sentido de que su génesis parte intrínsecamente de una funcionalidad de lo estrictamente material, pero no en el sentido de que reológicamente tenga unos a modo de átomos espiritualizados. En un nivel talitativo la psique es, pues, material y sin materia no se da. Ahora ese nivel talitativo remite necesariamente a un nuevo nivel transcendental en que la psique es coprincipio (no sustancia zubiriana ni sustantividad) real interno al organismo en su origen pero con remisión última a Dios.

¿Dónde queda Dios? Dios está como fundamento posibilitante del Cosmos para que sea efectivo su hacer que haga que la célula germinal dé de sí la psique y constituya el plasma germinal. Este *estar en* la causación es un estar transcendente-en y en el fondo, un estar como *persona personans* o como realidad reificante[401].

El poder del Cosmos en la génesis es poder cobrado de Dios trascendente en[402].

---

[401] Zubiri va inventando expresiones para evitar la fórmula *natura naturans*, muy de su gusto pero que no connota la transcendencia de Dios. En «Sobre el problema de la filosofía» (1933), y a partir del concepto de *physis* como aquello de donde las cosas emergen, afirma: «Dios es, en cierto modo, la naturaleza de la naturaleza, *natura naturans*, como la llamaba Escoto Eriúgena, a diferencia de la naturaleza del griego, que es producto de aquélla, *natura naturata*» (SPF II 113).

En TF (1964), Zubiri matiza «la realidad esencialmente existente [...], fundamento radical y originario [del mundo:...] Mejor que *natura naturans* la llamaría yo, llegados a este punto, *realitas mundificans*» (TF 423).

En HD se afirma que: «Dios no es mera *natura me naturans*, sino *realitas me reificans*» (HD 162) y niega que Dios sea naturaleza naturante (cf. HD 308-309), afirmando que Dios es «el fondo último y radical en el que emerge y en el que está la realidad del hombre en tanto que real [...] el fondo de las cosas no es *arna physis* o una *natura* ni *naturata* ni *naturans*» (HD 312).

En GRH sitúa la *natura naturans* en el orden intramundano como totalidad sustantiva del Cosmos; las notas o cosas naturales son su expresión como *natura naturata* (cf. SH 466-468).

También así evita el peligro de ser entendido como panteísta, pues no basta distinguir entre naturaleza naturada y naturante, como demuestra Paniker al sostener que en Espinoza hay panteísmo ya que aunque distingue entre *natura naturans* y *natura naturata* el mundo no está fuera de Dios. Este escollo lo intenta salvar X. Zubiri con su *transcendencia en*. Cf. R. PANIKER, *El concepto de naturaleza*, 132 y J. SÁEZ CRUZ, *La accesibilidad de Dios*, 270 nota 8.

[402] «Transcendencia significa que Dios es el fundamento causal directo de la materia o de un estado inicial, del cual no se desentiende, pero en el que no interviene forzosamente como causa próxima, sino que es sólo fundamento de la causalidad de las causas intramundanas, esto es *hace que éstas hagan*. Y esto es lo que he llamado

CAP. VII: DINAMISMO DE LA RELACIÓN

Que esto solucione el problema planteado no quiere decir que sea el único. Quedarían por conjugar muchas cosas como es la sintropía con la causalidad divina, pero creemos que ahí es más fácil operar. En cada génesis, la elevación por la *natura naturans,* está presentando el modo en que un cristiano diría: Dios crea tu alma. Dejamos para los teólogos aclarar esto más a fondo[403]. Sólo si se admiten niveles de realidad irreductibles y a la vez respectivos se puede entender a Zubiri. Como diría un clásico profesor de metafísica: Zubiri ha visto el ser y se las desea para darlo a entender[404].

---

la *fontanalidad* divina, expresión, en cierto modo mundanal, de su constitutiva transcendencia. Dios no evoluciona, pero nada evolucionaría si Dios no le hiciera estar en evolución». TF 423-424. Es Dios últimamente quien hace brotar la psique de la materia en virtud de las potencialidades que ésta tiene de dar de sí. Para Cambres esta causación equivaldría al *poder de lo real*, y desde ahí remitiría a la deidad mediante la religación y la *transcendencia en.* Cf. A. LÓPEZ QUINTÁS, «Realidad evolutiva», 215-248; D. GRACIA, «Problemas filosóficos de la génesis humana», 17-32; G. GÓMEZ CAMBRES, «Introducción de un nuevo léxico», 91-99 y *La realidad personal*, 140-141 y 229; L. GAROSI, «Evoluzione e persona», 310-322; J. DE SAHAGÚN LUCAS, «La hominización, problema interdisciplinar», 171-174, 179-182; J. SÁEZ CRUZ, *La accesibilidad de Dios*, 244-245.

[403] La creación y por tanto la creación personal de cada uno son verdades que pertenecen al saber formalmente teológico. Desde la pura filosofía de Zubiri no aparecen como incompatibles con la razón, aunque no son deducibles. La fontanalidad de Dios da cuenta suficientemente del problema, aunque pueda y deba ser profundizada desde la fe. En su pensamiento maduro Zubiri refiere la creación a la teología. Cf. A. GONZÁLEZ FERNÁNDEZ, «Dios y la realidad del mal», 175.

[404] Desde esta interpretación no creemos que Diego Gracia ni Laín Entralgo hayan alcanzado esta noción de realidad ni de transcendentalidad. O si la han entrevisto no la hacen suya y la rechazan. Para ellos talitativo acaba siendo sinónimo de racionalidad científica, y transcendental equivalente de consideración filosófica. Siendo esto parcialmente verdadero no creemos que sea el núcleo de la filosofía zubiriana. En él nos encontramos no sólo con una reformulación de la fenomenología en que la «la conciencia se torna aprehensión, el noema en de suyo, la noesis en suidad, y la intencionalidad en actualidad» (Cf. D. GRACIA, «Prólogo», in P. LAÍN ENTRALGO, *Cuerpo y Alma*, 20), sino que la *noología* instituye un personalismo reológico de comunión que conlleva con su peculiar terminología un descubrimiento y formulación de la originalidad radical de la realidad personal en el nivel ontológico. Así para Gracia el concepto de persona de Zubiri es sólo punto de partida. Subraya la tendencia incomunicabilista y que la antropología debe comenzar con la científica como toda intelección honesta y rigurosa del hombre, pero separando casi radicalmente los planos talitativo y transcendental como saber científico y filosófico a articular. Cf. ID., «Notas para una historia de la antropología», 229 y 246, y «Cuestiones filosóficas sobre la génesis humana», 34).

La dualidad de actos de generación y hominización en un mismo instante es una buena solución para compaginar los elementos que aparecen, y difícilmente se encontrará otra solución mejor, tanto desde el creacionismo como desde otras posturas; además tiene la virtud de poner de relieve la novedad de cada persona desde una perspectiva estrictamente filosófica. Sin embargo, permite que desarrollos posteriores puedan distanciar en el tiempo los dos actos, abriendo la puerta al aborto, al considerar otros datos aparentemente científicos[405]. Con esto la cuestión del cuándo se es persona quedaría aplazada.

Este es el caso de D. Gracia, quien evoluciona[406] en su pensamiento hasta defender que el concepto de persona sólo es aplicable al feto a partir del tercer[407] mes debido a la existencia de intercambio de material genético con la madre desde la postura de Byrne y Bedate y la fase de apogenoma previa al fenotipo. Según su postura personal el embrión no sólo se nutriría sino que se estaría modificando a nivel constitucional, por lo cual no se podría hablar de persona con anterioridad a este momento, ya que no habría sustantividad y, por tanto, tam-

---

[405] Intercambio genético con la placenta. Aquí es importante partir con conciencia de que los datos científicos vienen previamente interpretados. En este caso se trata de una mera hipótesis minoritaria. Lo mismo ocurre con el tema del apogenoma, y más con su lectura desde las diversas categorías de individualidad. El criterio fundamental estaría en la individualidad, marcada por dos rasgos, no duplicación (caso de los gemelos monocigóticos) e independencia cromosómica total (esperar a que la alimentación desde la placenta haya terminado de constituir el esquema genético completo del individuo).

[406] Gracia propone en diversos momentos dos esbozos sobre el momento del origen de la persona. 1.– La anidación, por la gemelaridad, no unicidad o unidad del zigoto hasta la anidación, hasta el día 14 no hay sustantividad (Cf. D. GRACIA, «Defender la vida», 522). 2.– Esbozo fetal que considera necesaria la organización secundaria por lo que hasta la octava semana no haya suficiencia constitucional (cf. «Problemas filosóficos en Genética y Embriología»). Sigue a García-Bellido en la distinción entre genoma, apogenoma y fenoma, pero realiza una lectura parcial pues para éste el apogenoma es concepto explicativo (Cf. A. GARCÍA-BELLIDO, *Hacia una gramática generativa*, 23-24 y 40). Recurre a los estudios de Byrne y Bedate, que son interpretaciones filosóficas de datos científicos con el concepto de potencia.

[407] Con esto se caería en una petición de principio al sostener una especie de animación retardada, progresiva o escalonada, cosa que Zubiri rechaza explícitamente: «Desde el primer momento de su concepción, el plasma germinal lleva *en sí* el alma entera. Y en su primera fase genética, es el plasma quien va determinando la *psyché*. Solamente en fases muy ulteriores es el psiquismo *superior* quien puede ir determinando al organismo». HRP in 7EA 73, texto publicado poco antes de su muerte con su visto bueno.

poco suidad, al no haber estricta individualidad[408]. El feto hasta ese momento sería una nueva y mera nota — explicitamos nosotros — de la sustantividad materna en su subsistema somático, en lenguaje de la calle: una parte de mi cuerpo. Aunque esto no implique que puedo hacer con mi cuerpo lo que me venga en gana, pues para Gracia, esa realidad está sujeta a normativas jurídicas necesarias en el ámbito de proteger el patrimonio genético, posibilidades de manipulación e investigación, etc.

Gracia también señala que Zubiri poco antes de morir al conocer más datos de embriología modificaría su pensamiento[409], manifiestamente unidireccional hasta ese momento en favor de la postura concepcionista[410].

---

[408] La individualidad está, otra cosa sería que aún pudieran modificarse los rasgos genéticos del individuo. No hay motivo suficiente para considerar al feto hasta ese momento una nota de la sustantividad madre. Si la ingeniería genética pudiese modificar un gen en un viviente más desarrollado y mutarlo ¿dejaría de ser individual en la fase previa? Que haya dependencia biológica no significa nada en el nivel metafísico. La persona es comunión y esto se palparía en los primeros estadios de la vida como radical necesidad de socorro, en el caso del feto socorro hormonal, génico o la concreción que se quiera. Dependencia no implica que no haya un dinamismo nuevo radicalmente. Tomar en serio este argumento, llevándolo al extremo, nos conduciría a la afirmación de la persona como un superhombre absolutamente autónomo desligado de todos los demás, algo radicalmente opuesto al pensamiento de Zubiri. El criterio de individualidad no puede ser una teoría biológica ha de ser algo más radical y remite a la pregunta filosófica sobre el qué y quién del embrión aún en las fases más originarias del proceso. Sólo es correcto en tema tan serio partir de datos seguros.

[409] Cf. D. GRACIA, «Prólogo», in P. LAÍN ENTRALGO, *Cuerpo y Alma*, 28. Recurriendo a las notas al margen de GRH. También afirma que se trata de una verdad de razón, en la que caben opiniones distintas (Cf. «Problemas filosóficos sobre la génesis», 24). A esto se opone Quintás quien asegura que Zubiri se mantuvo firme en la posición concepcionista (cf. A. LÓPEZ QUINTÁS, «La realidad humana», 441 nota 8). Ellacuría parece inclinarse por un cambio al incluir las dos notas marginales de Zubiri a GRH, aunque sin incluirlas en el mismo texto (cf. SH 464 y 474), con buen criterio las anotaciones marginales han sido suprimidas en la más reciente y cuidada edición de A. Ferraz (cf. ETM 598 y 607).

[410] Así afirmaba en el curso de 1953-54: «El hombre es desde el plasma germinal una personeidad, porque su inteligencia es la última y radical posibilidad entitativa y operativa para que pueda ser lo que es. Si no fuera su posibilidad última, aunque tuviera inteligencia, no sería una personeidad, pero lo es en el caso del hombre porque por su inteligencia no pertenece a nadie más que a sí propio. Esta inteligencia por ser sentiente tiene que ir plasmándose definitoriamente en definiciones sucesivas, que son las que van constituyendo su personalidad. La unidad de estas dos dimensiones es lo que expresa la idea de la persona humana». SH 666-667, *El problema del hombre*, 1953-54. También decía en 1959 que se es siempre *el mismo* sin ser nunca *lo mismo*

Ante esta posición, y desde la filosofía de Zubiri hemos de señalar que Gracia no parte de un hecho. Establece como sistema de referencia para construir su esbozo una hipótesis racional previa dudosa, en cuanto que la mayoría sigue otra. Además interpretar el intercambio con la madre como constitución o nutrición[411] es algo esbozado desde la libre opción del autor en base a una hipótesis de excasa aceptación científica. En conclusión la verdad real que late en su solución es mínima.

A esta argumentación querríamos añadir otra de un nivel que consideramos más radical. Gracia no busca el hecho de la realidad del embrión, sólo dice que *no es persona*. A esto subrayamos que hay una exigencia de verdad por parte del embrión, aún admitiendo hipotéticamente que éste no fuese aún persona, queda por responder la cuestión fundamental, ¿entónces que es?, ¿qué tratamiento moral, jurídico y social le corresponde?

El problema se resuelve científicamente desde el momento en que la ciencia muestra que no hay saltos sino continuidad, la suya ni es la única ni la mejor teoría científica existente. La única duda seria posible se situaría en el momento de la anidación y defendiéndola desde la posible gemelaridad, pues la información extracigótica es anterior[412].

Una vez resuelto eso aún cabría preguntarse: ¿Cómo se entiende una realidad en la que se descubre el esquema filético, es decir, hay una esencia quidditativa, sin que esta sea una prospección racional de una esencia real que la lleva? En el pensamiento de Zubiri la esencia es algo físico y concreto del *de suyo*. No es posible una esencia quiddita-

---

explicándolo con la personeidad y la personalidad: «todos esos aspectos son sólo distintas modalides de una sola cosa que va desde el impulso vital que emerge del plasma germinal hasta las formas superiores de lo que llamamos personalidad». SH 136, *Sobre la persona*, 1959. En *La concreción de la persona humana*, 1975, SH 50-51 usa el término germen: aquel algo que por desarrollo o transformación, constituirá otro algo: el zigoto es germen del adulto pero no del hombre pues ya el hombre es aunque germinante.

[411] Preguntamos a Gracia: ¿Porqué no nos podríamos, en la hipótesis de que haya modificación, situar en una noción de nutrición diversa que incluyese el intercambio con la placenta? ¿Es necesariamente unívoca la nutrición, o caben tipos? Sería un argumento similar al aplicable a la capacidad reproductora en el caso de los gemelos monocigóticos. Para Zubiri hay notas que pueden cambiar, perderse o adquirirse sin que afecten a la individualidad y hagan desaparecer la sustantividad. De todos modos el problema se resuelve más sencillamente a nivel científico. En pie seguiría la cuestión del estatuto de la vida en los momentos previos a la certeza de su personeidad.

[412] Cf. J. MAZUELOS, *Posibilidad y significado de una bioética mediterránea*, 309 nota 738.

tiva flotante en un vacío[413]. La solución de tratar la realidad anterior como material genético humano objeto de derechos de propiedad o protección nos parece absolutamente insuficiente, supone su reducción a cosa – sentido.

Además si físicamente hay organismo o célula genética, el cuerpo conlleva una reclamación de personeidad para nuestro filósofo: si hay cuerpo hay función somática y esta es presencia de alguien[414], y por tanto, aún en pasividad hay un yo, querido, rechazado, amado, deseado, sorpresivo, pero un yo absoluto-relativo. Este argumento es más fuerte aún si consideramos la estricta individualidad de la identidad genética del embrión por diversidad respecto de la madre, no es reducible a un órgano suyo pues su identidad genética es diversa respecto a la identidad presente en todas sus células. Esto implica el absurdo de explicar un órgano con un ADN radicalmente diverso dentro de una misma esencia quidditativa.

7.3 *Vista desde el proceso interpersonal global*

Páginas más arriba aludimos a la crítica del positivismo, del utilitarismo y del tecnologismo que actúan en la sociedad en que vivimos. La familia, la reproducción en su contexto personal de amor y entrega, e incluso la misma sociedad se ven afectados por estos *ismos*. El nivel médico adolece de lo que podríamos llamar el *prejuicio tecnológico*. Todo profesional, y más apoyado por un público que lo demanda, tiende a hacer cosas, operar, dar medicinas, actuar con tratamientos, etc. y la misma medicina, ámbito de comunidad muy cercano a cierta modalización de la comunión, se cierra a la medicina del consejo, de la compañía, del valor sanatorio de la interpersonalidad. Esto no es nada si a esto se sumasen los grandes intereses económicos en juego[415]. El mismo Zubiri puede fundamentar esta crítica cuando corrije el *homo faber* tal y como lo perfila Bergson, por caer en el dualismo entre saber

---

[413] La esencia quidditativa se diferencia de la esencia como un momento racional y se identifica con los genes biológicos.

[414] Cf. el artículo: V.M. TIRADO S. JUAN, «La encarnación del yo», la noción de cuerpo aquí expuesta implicaría la exigencia de personeidad desde el cuerpo, filosóficamente hablando. Cuando usamos exigencia no lo hacemos, como es obvio en el sentido que repudia Zubiri, el cuerpo exige una psique (cf. GRH in SH 463), sino en el sentido metafísico, si hay cuerpo humano debe, respectivamente, haber psique. La postura metafísica de Zubiri es muy próxima en este sentido a los dos coprincipios del tomismo, no hay causa dispositiva, ni exigitiva, sino coprincipialidad.

[415] Un claro ejemplo lo supone la contracepción.

y hacer[416]. De ahí que pensemos que el tema de la procreación no puede circunscribirse a un ámbito individual, sea este cientista, moralizante o antropológico. Se requiere una consideración personalista que, en consecuencia, incluya la dimensión interpersonal y social[417].

La nueva persona que viene, viene desde una realidad de amor interpersonal[418], al menos así lo piden las estructuras y dimensiones comunionales de la persona. En la generación y elevación de la persona se da la causalidad personal por vía de amor del matrimonio y de Dios, como lectura de la *natura naturans*. Es más, desde el absoluto que es la persona dimana una íntima coherencia con un origen en la comunión. Parece que hay cierta congruencia en que el acto generacional de una realidad personal esté a la altura de lo que engendra, si el fruto es un absoluto que transciende desde dentro la misma posibilidad de los progenitores, al menos el contexto vital de entrega y acogida del otro como absoluto se muestra como el más, si no el único, adecuado para la acogida y formación de la nueva persona.

El hecho de que no sólo determine la familia la herencia genética, sino la personalidad primera, el yo en pasividad del que habla Zubiri, exige que la persona comunión se origine, sea acogida y crezca en un ámbito comunional, que su primer yo, el que está en pasividad, sea un yo querido, un yo valorado como absoluto. ¿Qué nosotros se merece la nueva vida en la configuración de su yo? ¿Un nosotros utilitarista y pragmático?, ¿un nosotros programado? La persona que viene pide desde su estructura comunional una familia, un nosotros de *agápê*.

De ahí que la persona a venir, como absoluto que es, no sea derecho de nadie. La estructura del amor comunión sexuado[419] se abre a la vida nueva como posibilidad, pero precisamente en cuanto amor que acoge al otro desde el don sabe que no tiene derecho a exigir para su propia perfección ni para su proyecto otra persona, éste será siempre don. De ahí la importancia de saber conjugar los medios para posibilitar la pro-

---

[416] Cf. SH 337s., *El problema del hombre*, 1953-54.

[417] Apoyamos la propuesta de un planteamiento del origen de la persona y el aborto de tipo interpersonal y social. Cf. M. VILÁ PLADEVALL, *Las dimensiones de lo interhumano*, 91.

[418] De ahí la gravedad que revestirá para X. Zubiri la reproducción *in vitro*, la manipulación genética, etc.

[419] «Si es una tontería decir que el verdadero amor del hombre a la mujer, y viceversa, no tiene nada de sexual, es otra tontería creer que amor es sexualidad». J. ORTEGA Y GASSET, *Estudios sobre el amor*, «La elección en el amor», OC V, 605.

creación con una mentalidad personalista que se niega intrínsecamente a utilizar al otro como un medio, a reducirlo a un derecho; lo que en el fondo ocurre, muchas veces sin conciencia, con la utilización en países desarrollados de ciertos medios de fecundidad: no es lo mismo querido, deseado o ansiado que exigido. La inversión que supone reducir el hijo a un derecho repercutirá sobre la misma comunión esponsal, pues el yo y el nosotros no son indiferentes a tal giro. El personalismo de Zubiri puede iluminar muchas realidades actuales.

Por sólo mencionar algún ejemplo más, la utilización de la persona en estado embrionario para investigación, la eugenesia como selección de quién va a ser viable y quién no con criterios externos, la determinación y elección de caracteres concretos del descendiente por ingeniería genética, son realidades que atentan al carácter absoluto de la persona y a la dinámica de la comunión, pues se subordina de modo absoluto, aún en la misma posibilidad de existir — constituyendo una nueva forma de esclavismo —, una persona a la voluntad de otra u otras. La comunión propuesta por Zubiri puede ayudar a interpretar filosófica y prácticamente estas situaciones en las que la misma sociedad se está jugando su propio agotamiento y su propio futuro.

7.4 *Vista desde la descendencia: paternidad y filiación*

Nuestra sociedad se está planteando hoy cuestiones que en otro tiempo resultarían absurdas. Así surge desde la realidad de la FIV no sólo el desgajarse del recién nacido por adopción, o el deslindar de la comunión y la realidad somática de los esposos la generación confiándola a un laboratorio, sino que se escinde la paternidad biológica de la existencial: un hijo puede ser engendrado con elementos de un donante para pertenecer a otra familia. Son temas que ponen sobre el tapete los derechos del hijo y remiten a un fundamento antropológico: la filiación y la paternidad, que enmarque, además, el desarrollo de la legislación social.

Sin intentar resolver estas delicadas y complejas cuestiones en su detalle, sí queremos iluminar un poco el tema desde el pensamiento de Zubiri. ¿Tiene algo que decir la antropología de Zubiri sobre la ligazón entre la paternidad genética y la existencial? La respuesta a esta cuestión dependerá lógicamente de la noción de paternidad. ¿Tiene la sociedad obligaciones respecto a los *nascituri*? La respuesta dependerá del estatuto del embrión.

Ya hemos estudiado la génesis de la nueva persona y su contexto personalista. ¿cabe concluir algo? Un primer hecho que se pone ante nuestros ojos es la adopción. Por motivos diversos existe la orfandad y se ve como, a pesar de las muchas dificultades que implica, la adopción es una realidad altamente positiva y expresión de la comunión efusiva de aquellos matrimonios que adoptan un hijo ofreciéndole una paternidad y maternidad que había perdido. Es así cómo un amor de comunión[420] puede ensanchar su apertura y subsanar las situaciones en que no se da. Pero ahí aparece un hecho: una paternidad biológica desligada de una paternidad existencial. Parece, pues, que desde la realidad personal de la nueva vida, a lo sumo habría una exigencia de ámbito de comunión, no necesariamente ligado con la realidad genética, que pasaría a un segundo plano.

Desde el pensamiento de Zubiri creemos que la respuesta negaría esta separación. Nos encontraríamos ante casos excepcionales en que el amor comunión suple. Pero la persona del hijo, en su misma esencia, desde el nivel de esencia quidditativa, está remitiendo en respectividad a la constitución de una relación concreta con unos padres concretos. Que esto no se realice en ciertos casos no niega el fundamento real de ésta. Del mismo modo que no se tienen derechos por nacer, sino que se tiene el derecho a nacer por ser persona, desde su mismo ser genético la persona es versión constitutiva hacia sus progenitores, no sólo se tiene derecho a unos padres, sino a los propios padres en relación de comunión. Digamos que sería la función transcendental del esquema filético concreto de cada niño de cara a su primer nosotros de comunión.

Visto desde los progenitores, la paternidad y maternidad incluyen un componente biológico esencial. Es la aceptación del otro como padre o madre posible en su realidad concreta, exclusiva, sin terceros. La entrega se expresa somáticamente y se concreta en la donación del elemento genético para que los dos queden unidos en una nueva persona que es uno y otro a la vez. Esto no implica biologicismo alguno. La posibilidad expansiva del amor personal supera esto, caso de la adopción, pero con una diferencia esencial respecto a la fecundación con donante. En la adopción el amor esponsal acoge una realidad que está pidiendo el ámbito de comunión que por determinadas circunstancias no tiene[421], sufre un maleficio y el amor como benignidad lo remedia

---

[420] Sería muy interesante esbozar las condiciones de la adopción desde la comunión. Esto iluminaría ámbitos como las relaciones homosexuales y el tráfico de personas.

[421] Lo cual nos muestra que la adopción por autosatisfacción o egoísta no es legí-

atendiendo su necesidad de socorro. En cambio, en el caso de la FIV se constituye la persona misma necesitada *para*, utilitarismo, satisfacer un proyecto, negándole de entrada la posibilidad de realizar la respectividad constitutiva que lo lleva hacia su progenitor genético, ya lo vimos en el apartado anterior.

Decíamos que la paternidad así concebida no es biologicista. La paternidad implica una realidad mucho más profunda pero que se funda y expresa sobre la biología. El engendrar y participar así con Dios[422] en la especie humana y el enriquecimiento del orden transcendental implica además una paternidad en el mismo ser, no sólo en la realidad.

Esta paternidad se concreta en el yo en pasividad, en la forma de vivir por la madre el embarazo, en el modo de acoger la nueva vida. Además constituye la primera *forma mentis*, la paternidad, vehicula la tradición[423] que da continuidad y enriquece sucesivamente las formas de vida en la realidad. Ser madre o padre implica en Zubiri un compromiso en la realidad y con la realidad del hijo, un compromiso con su ser absoluto. En el hijo se materializa, la apertura del amor esponsal, la comunicación y condivisión de la propia riqueza personal. Eso sí, en apertura a la libertad que el otro es. El amor engendra con Dios una persona y cuida su ser; entregar la propia realidad al hijo como posibilidad es posibilitar su libertad.

Aunque se podría seguir desarrollando el ámbito de comunión del hijo hacia los padres y viceversa, o la modificación de la comunión esponsal desde el hijo en familiar, baste con estos esbozos. La tarea sería inagotable. No es menospreciable la repercusión social del reconoci-

---

tima, igual que tampoco sería correcto dentro del mismo matrimonio la apertura a la vida de forma puramente egoísta. Abarcar todas las complicaciones concretas posibles no es objeto de nuestro estudio.

[422] Creemos poder afirmar esto dentro del ámbito filosófico sin mayores traumas desde nuestra interpretación de la *Natura Naturans*. Es algo pedido desde el hecho de que los padres no transmiten la psique. La misma viabilidad de la especie humana está sometida al poder divino. O, visto al revés, Dios se ha sometido en *natura naturans* a hacer viable la especie humana, sometiéndose a todos los accidentes y formas defectuosas que esto puede conllevar.

[423] Así se requiere para que haya evolución humana. A través de los contenidos se entregan formas de estar en la realidad. Nuestro filósofo lo explica así: «en la tradición lo que se transmite son las formas de cada vida fundadas en hacerse cargo de la realidad; formas, por tanto, que carecen de especificidad determinada de antemano» (SH 200-201, *La concreción de la persona humana*, 1975). De ahí que la tradición es continuidad de formas de vida en la realidad, y no sólo continuidad de generación del viviente. Cf. HD 70.

miento de esta antropología y las fuertes exigencias derivadas para la sociedad.

Reflexión crítica y transición

En este capítulo hemos podido comprobar la riqueza personalista del pensamiento de Zubiri. Ésta se nos pone de relieve a la hora de estudiar la realidad del nosotros de la familia desde la clave de la comunión y del proyecto. También resulta evidente en el momento de articular la sociedad con la comunión, el nosotros impersonal con el nosotros comunional, la prioridad absoluta de la persona y su realización en comunión es criterio fundamental. Aún con el componente creativo de este apartado creemos que se confirma la tesis que sosteníamos al inicio respecto al carácter eminentemente personalista de la filosofía de Zubiri. El elemento formal constitutivo de la persona es el amor, en él se concreta su constitutivo *esse-ad* en respectividad.

Con el estudio de los ámbitos de comunión y sus formas negativas desde la clave de *agápê* se ha desarrollado la causalidad personal un poco más allá de dónde la pudo llevar durante su vida el mismo autor. Estas formas de relación interpersonal suponen un punto de referencia para realizar una crítica viva y actual de la sociedad hoy. Así lo hemos intentado mostrar al actualizar al momento presente algunas de las posiciones de Zubiri sobre el utilitarismo, el mito tecnológico, la verdad auténtica. Creemos que no carecen de vigencia.

El desarrollo del amor de comunión en el marco esponsal nos ha servido para explicitar la riqueza del pensamiento de Zubiri así como palpar su vibrante actualidad. Descubrir que su antropología enmarca la realidad de la vida de la persona dentro de una estructura comunional ha supuesto un proceso enriquecedor. Integrar en todo su valor ontológico nociones como familia, vocación, esfuerzo, conversión y fidelidad supone una indudable aportación para el hombre de hoy.

No menos interesantes por la gravedad que la cuestión reviste en el contexto actual son las reflexiones en torno a la muerte, su realidad y su fenomenológica vivencia, y sobre la génesis de la persona. En ellas hemos visto puntos en penumbra que hemos intentado interpretar desde el conjunto de su pensamiento. Aunque colaterales a nuestra preocupación fundamental consideramos que temas como muerte y eternidad, eutanasia, aborto y manipulación genética, reciben una luz profunda desde la persona comunión.

Más cercano a nuestro objetivo resulta el planteamiento de la procreación desde el proyecto del nosotros como concreción del amor esponsal. La riqueza que adquiere desde la noción transcendental de soma y la contextualización personalista del amor en su dimensión sexual suponen una invitación profunda, metafísica, de inmediatas consecuencias prácticas. La procreación no es separable del marco personalista de la comunión familiar.

El recorrido nos ha puesto delante problemas serios a la hora de concebir la moral de la persona, problemas que se prolongan en los continuadores del pensamiento zubiriano. Aún habiendo señalado los puntos de disenso con algunos de ellos desde una exigencia de intensidad realista que descubrimos en el pensamiento de Zubiri y que nos llevaba a una ética eminentemente eudemónica, creemos que sus aportaciones y el trabajo aún por realizar en este terreno ha de ser fecundo y continuado, aunque marcado por un fuerte esfuerzo de fidelidad e interpretación de Zubiri.

En forma de chispazos hemos intentado reflejar la posible iluminación de realidades como la globalización, la inculturación, la relación ciencia – filosofía y el protagonismo social e histórico de la persona. Todos ellos son puertas abiertas a investigaciones posteriores desde las claves de la *noología* que prometen sabrosos frutos pero que exigen un gran componente de creatividad en la prolongación del pensamiento de Zubiri.

Por último constatamos que, en el plano estrictamente intramundano del horizonte de la realidad, el filosofar de Zubiri está remitiendo a la realidad fundamentante, a Dios. Esta remisión que nos aparece en la práctica totalidad de los temas tocados manifiesta la imbricación entre la persona y la divinidad. La persona pide un Dios. Con ello se nos exige desde dentro del mismo pensamiento de Zubiri abordar, aunque sea sólo desde la clave de la intersubjetividad, el tema de Dios, la religación y su concreción. Este tema constituye el objetivo del próximo y último capítulo de nuestra investigación.

Capítulo VIII

La relación con Dios

En el hecho de la religación Zubiri descubre filosóficamente a Dios dentro de su horizonte poscristiano. Su desarrollo en el estudio de la persona humana, mediante una razón que se ve abocada a la compenetración y a la conformación, manifiestan un Dios personal, vivo en la persona humana, fundamentante de su realidad y de su realización. No es un Dios abstracto sino que, en cuanto personal, pide al proceso sentiligente humano tanto la dimensión intelectiva como la volitiva.

Zubiri logra modular una de sus más íntimas aspiraciones[1] con la formulación definitiva de la religación, a la vez que su sistema encuentra en ésta la piedra de toque definitiva, abriendo horizontes insospechados al hombre de hoy, a la filosofía[2] y, cómo no, a la misma teología.

La religación constituye el cúlmen de la antropología. Es el momento noérgico que aúna lo que hemos desglosado como *noología* y *reología*[3]. En consecuencia hay una dimensión de la intersubjetividad, del

---

[1] La religación de HD, tras IS, afina la formulación de NHD sobre la conciencia de la religación primaria (llamada también religión) como arraigo de la existencia. Cf. NHD 50, «Nuestra situación intelectual».

[2] Zubiri es en este punto esencialmente posmoderno: cuando la filosofía moderna deserta de la metafísica, quizás para esconderse de Dios, Zubiri en el horizonte de la pura filosofía lo encuentra, y no colado a través de un resquicio, sino como fondo último de la realidad. Su filosofía es prueba viva de que la misma filosofía en cuanto toma seriamente su tarea y construye metafísica no puede no encontrar la manifestación de Dios.

[3] Cf. D. GRACIA, *Voluntad de Verdad*, 192. Confluyen en la religación la realidad en sentido de fundamentalidad y de formalidad. En la religación tenemos la comprensión que desde la filosofía primera (reidad) vuelve metafísicamente (realidad como fundamentalidad) sobre lo dado pero enriquecido. Cf. *Ibid.* 114. El estudio de la religación cae dentro de la fisicidad propia de la metafísica: «incluso el famoso concepto

con transcendental de la persona, que toca directamente con eso que se suele llamar Dios. Este es el objeto del presente capítulo[4]. Se trata de ver cómo la dimensión religada de la persona humana dada en aprehensión primordial y radicada en fundamentalidad ilumina la intersubjetividad de la realidad humana.

La religación es un hecho real dado en aprehensión que plantea sin agotarlo el problema de Dios, de modo similar a cómo la aprehensión de la luz plantea el problema de la física de los colores. Por ello hay que avanzar con el método racional y sus cuatro pasos: sistema de referencia, esbozo, experiencia y verificación. «En el tema de Dios esos cuatro pasos van a consistir, concretamente, en voluntad de verdad, en el esbozo de una realidad absolutamente absoluta, en la experiencia de Dios y en la fe en Dios»[5].

Para Zubiri lo importante es que *cada cual* sea persona y se realice en plenitud. Si se quiere llegar a la madurez de la personalidad sin quedarse a medias, la persona se encuentra abocada a descubrir la deidad y la divinidad sintiéndose fundamentada últimamente en y por ella. Por eso, para Zubiri, lo difícil no es *descubrir* a Dios, sino *encubrirlo*[6]. Desde la dimensión teologal la persona rehace toda su experiencia personal y real[7].

Al toparse con el fondo de *la* realidad en la religación la persona descubre, dada *en hacia*, la *realidad-fundamento*[8]. Como el término de

---

zubiriano de religación tiene que ser conceptuado desde esta realidad física», A. PINTOR-RAMOS, *Génesis y formación*, 138-139. Villanueva resalta la vertiente primordial de la religación pues: «la *noología* versa sobre la religación del hombre a la realidad, a todas las realidaddes y, ante todo, a la principal realidad con la que nos encontramos religados: Dios. De suerte que también por esta senda, el sistema zubiriano es una auténtica *filosofía primera*, una teología natural, una *teología primordial*, no racional». J. VILLANUEVA, *Noología y reología*, 310.

[4] Sólo presentamos aquellos aspectos de la religación que resultan necesarios para nuestro tema, nuestro objetivo no es un estudio detallado de ésta. En lo que se refiere a su fundamentación antropológica remitimos al estudio de la dimensión teologal realizado anteriormente.

[5] D. GRACIA, «Zubiri, Xavier», 1620.

[6] Cf. NHD 448, EPD.

[7] Por la experiencia teologal el hombre se encuentra con que debe rehacer cinco experiencias: 1.- la experiencia de la crisis del hombre actual; 2.- la experiencia de instalación en lo real; 3.- la experiencia de la vida personal. 4.- la experiencia de la deidad y 5.- la experiencia de Dios. Cf. M. VILÁ PLADEVALL, *Las dimensiones de lo interhumano*, 220.

[8] Gracias a la apertura radical del momento de realidad: «apertura interna hacia la cosa real, y constitutiva de su realidad» (RR 32). La apertura de *la* realidad revierte

la realidad *en hacia* es todavía indeterminado resulta posible entregarse a esta *realidad-fundamento* reconociendo su presencia como realidad absolutamente absoluta, pero también suspender el asentimiento y la entrega, e incluso negar dicha fundamentación. La religación consiste en una especie de *pre-saber*[9] que *alguien viene*, sin que se especifique quién es este *alguien*[10].

Dentro de este ámbito indeterminado pero no vacío marcha la razón, cuyo conocimiento en profundidad es gradual y abierto al infinito, haciendo que la ultimidad sea esencialmente problemática. Este camino de la razón, y con ella de toda la persona, no es tanto un camino *hacia* Dios sino un camino *en* Dios hacia su interna desvelación. Más que de marcha se podría hablar de «la penetración de Dios en la mente humana; un esfuerzo activo de la mente para que se ilumine cada vez más un Dios ya abierto a ella»[11]. Esta penetración no sólo es intelectiva sino que reviste un carácter eminentemente experiencial, su dimensión cognoscitiva se asemejaría mucho a un examen de conciencia[12]. La persona realiza esbozos de Dios en cuanto esbozos de posibilidades de su realización como ser relativamente absoluto. De los esbozos del fundamento se hace experiencia racional. La persona se descubre así como experiencia de Dios.

---

hacia *lo* real, por la «*unidad de determinación funcional*» (RR 27) o unidad de la impresión de lo real.

[9] La patencia de Dios como fundamentante no implica una intuición ontologista. Carecen de razón las acusaciones de «ontologismo». Cf. T. URDANOZ, «Boletín de filosofía existencial», 152-153 y la visión opuesta de J. HELLÍN, «Recensión» a NHD (1944), 228-233, también aborda la cuestión A. PINTOR-RAMOS, «Zubiri y su filosofía en la postguerra», 33-41). Zubiri, previendo posibles acusaciones, escribe en EPD: «La existencia religada es una *visión* de Dios en el mundo y del mundo en Dios. No ciertamente una visión intuitiva, como pretendía el ontologismo, sino la simple patentización que acontece en la fundamentalidad religante», NHD 443-444, EPD. Cf. J. SÁEZ CRUZ, *La accesibilidad de Dios*, 253-254, nota 4.

[10] Cf. NHD 405-407, IPD; e I. ELLACURÍA «La religación, actitud radical del hombre», 114-115.

[11] X. ZUBIRI, «Prólogo», in O. GONZÁLEZ DE CARDEDAL, *Misterio trinitario y existencia humana*, xii.

[12] «se parece mucho más a ese examen intelectivo de nuestra experiencia que denominamos *examen de conciencia* que a cualquier tipo de raciocinio lógico. También pueden elaborarse raciocinios con término en Dios, pero esta afirmación conceptiva de Dios no tendría por qué coincidir con su simultánea afirmación experiencial y real, y a la inversa. Hay ateísmos ideológicos y ateísmos reales, teísmos ideológicos y teísmos reales». D. GRACIA, «El tema de Dios», 77.

1. El Yo fundamentado en Dios. El hombre es experiencia de Dios

La religación conduce por la vía de la religión a Dios como la realidad fundamentante y última[13], el absolutamente absoluto. Esta vía es la más razonable, del mismo modo que en Cristo el cristianismo resultará en experiencia la concreción más razonable de las diversas religiones, eso sí poniendo en juego la fe sobrenatural.

Dios en cuanto realidad última realiza dos funciones respecto de la persona[14]. Es realidad suificante: hace que la persona humana sea tal, ya vimos cómo se expresaba esto a través de la *Natura naturans*. Además es posibilitante, hace que la persona alcance la plenitud de su Yo, es el fundamento del ser relativamente absoluto. Se concreta así el doble carácter relacional de la persona con su fontanalidad, con Dios[15].

1.1 *Función suificante de la causalidad personal divina*

Como ultimidad de lo real Dios se relaciona con todo lo real, no sólo con la persona, en el nivel de realidad. Esta constitución de lo real en Dios es sólo — y nada menos — determinación de la unidad transcendental de lo real. Dios no entra en la constitución transcendental de la esencia como un momento, como las notas determinan la forma y modo de realidad. Se trata de una funcionalidad vertical, no horizontal[16].

Con el análisis de la religación resuelta en Dios alcanzamos dos afirmaciones de diversos niveles noológicos: *Dios está en la cosa*, probación del esbozo de Dios como realidad fundamento, y *la cosa está en Dios* como comprensión mediante la incorporación intelectiva de Dios a la cosa. Así se descubre una mutua inhabitación que es fontanalidad. La fontanalidad respecto de las esencias cerradas consiste en que Dios es fuente del ser *de suyo* de ellas, y respecto de las esencias abiertas es donación[17].

---

[13] León compara la ultimidad y fundamentalidad en el horizonte de Zubiri con el fundamento de Rahner en la apertura experiencial. Rahner mira hacia adelante el horizonte del ser, Zubiri hacia el origen y fundamento del ser en la realidad. Cf. T. LEÓN, «Notas sobre la teología teologal», 12-13.

[14] La religación es dimensión de la persona, no de la mera naturaleza (cf. HD 115 y NHD 430, EPD). Es la raíz de que pueda llegar a ser Yo. Como momento de la realidad es de carácter físico y no conceptivo. Lo religado al poder de lo real no es un aspecto de la persona sino la realidad personal en todas sus dimensiones. Este poder se manifiesta enigmáticamente.

[15] Nos basamos en J. SÁEZ CRUZ, *La accesibilidad de Dios*, 232-238.

[16] De lo contrario nos encontraríamos ante un panteísmo.

[17] Así hace que el fuego queme y que la persona sea reduplicativamente suya.

La fontanalidad es fruto del dinamismo de amor constitutivo de Dios en cuanto realidad. Dios, que es persona por ser *suidad* absolutamente absoluta y tener por tanto personeidad absoluta, es correlativamente dinamicidad absoluta, es un dar de sí absoluto y constitutivo: es un darse a sí mismo lo que ya es como suyo y esto es Vida Absoluta por ser autoposesión absoluta[18], es absoluto Amor y Vida. Por ser amor Dios está fundamentando las cosas como absoluto dar de sí, no como un mero espíritu subyacente — animismo —. Dios es fundamental porque *da de sí* realidad, la realidad de las cosas. Dios Amor constituye desde sí la realidad y por ello no necesita abrirse a ellas como el hombre por su inteligencia y voluntad, pues tiene presencia en las cosas, es *transcendente en* ellas[19]. Este Amor es un dar de sí alterificante *a radice*[20]. Dios está presente en la cosas haciendo que sean reales y plurales[21]. La presencia de Dios en las cosas es un constituyente dar de sí, un dinamismo constitutivo de estas en su realidad, fontanalmente las cosas están en Dios y Dios en ellas.

En el hombre esta fontanalidad se concreta en la forma de tensión teologal. Lo que Dios *da de sí* es realidad y por ello, visto desde Dios realidad es donación, y como el donante es persona absoluta su donación es «absolutamente personal»[22]. Mirando desde Dios y respecto al hombre las cosas se ven como patentización de la verdad donante de Dios en su firmeza, riqueza y efectividad.

Dios consiste en ser el fondo último y radical en el que emerge y en el que está la realidad del hombre en cuanto que real. El fondo de las cosas no es la naturaleza (ni *naturata* ni *naturans*), sino su carácter de realidad y en la medida que Dios está en todo instante constituyendo este carácter de realidad por su transcendencia en las cosas «Dios es algo que está presente en el fondo de todas ellas de una manera continua, constante y constitutiva»[23].

Así se descubre una nueva dimensión del *con* transcendental en el nivel de personeidad[24]. Sólo con Dios la persona es tal. En el origen de la persona hay un *con* teologal que la consitituye. Este *con* se expresará

---

[18] Cf. HD 168-169.
[19] Cf. HD 173-174.
[20] Por ello no tiene sentido entender algunas afirmaciones de Zubiri en sentido panteísta.
[21] Cf. HD 176-177.
[22] HD 192.
[23] HD 313.
[24] Cf. HD 138, el *con* es constitutivo formal del hombre.

en la vida con Dios, en la realización del Yo. Se podría decir que el *con* que la persona es refleja, es imagen de, el *con* desde el que es constituida.

En el orden de la mera realidad en cuanto realidad, aparece Dios en la constitución de las cosas reales como fundamento último (que sea creación o no es para Zubiri cuestión de revelación), desde aquí se resuelve el contenido de la *natura naturans* en sentido vertical y con él el problema del origen del hombre y su relación con la acción creadora de Dios en cuanto individuo engendrado biológicamente, y en cuanto *phylum* evolutivamente originado.

1.2 *Función personalizadora de la causalidad personal divina*

Además en la religación Dios es fundamento último, posibilitante e impelente del ser relativamente absoluto[25]. Dios actúa en la constitución del Yo[26], del ser del hombre. Zubiri descubre que Dios está presente formal y constitutivamente en mi realidad, como fundamento de mi Yo y de las acciones con las cuales construyo mi Yo.

Dentro de la perspectiva dinámica en que esto se encuadra, la función de Dios en la constitución del Yo consiste en hacer que yo sea Yo, o en que el yo haga su ser relativamente absoluto. Así el dinamismo transcendental de Dios es experiencia *a parte Dei*: «es Dios dando-de-sí, y dándose-de-sí no a la realidad para producirla en alguna manera, para fundarla, sino dándose-de-sí en el caso del hombre formalmente a una persona»[27]. Esto es una donación de sí mismo a la raíz del Yo de la persona, a la raíz que le hace ser tal, a su inteligencia. Por eso el hombre en la medida que realice su Yo será experiencia de Dios.

De este modo Dios es fundamento de la vida humana en su ser agente, actor y autor, sin rivalidades, sino haciendo que haga. Dios *hace que yo me haga* a mí mismo como autor[28], fundamenta la libertad. Dios es el trazado de mi vida y de mi historia, en la medida en que fundamenta

---

[25] Como realidad última, Dios no es sólo el creador del Universo, sino el apoyo del ser sustantivo del hombre que confiere sentido a su vida. En cuanto posibilitante, Dios abre al hombre todas las posibilidades necesarias para realizar su ser y el hombre se abre a Dios como fuente oferente de posibilidades. Como poder impelente, Dios es la más eficiente ayuda en la elaboración del ser. Cf. A. LÓPEZ QUINTÁS, «Xavier Zubiri. La inteligencia sentiente», 261.
[26] Cf. PFHR 81.
[27] HD 347-348.
[28] Cf. HD 162. Nótese que es una funcionalidad similar a la usada para explicar la *natura naturans*.

el marco espacio – temporal y el contexto vital, social e histórico que me toca, por Dios soy actor[29]. Además es Dios quien hace que yo ejecute las acciones por las que el yo adopta una determinada forma de realidad[30].

Dios está presente de modo formal y constituyente en mi realidad como realidad-fundamento, y esta presencia es la transcendencia de Dios *en* el hombre llamada «tensión constituyente» o «tensión teologal»[31]. Es una forma de causalidad personal por tratarse de funcionalidad entre personas. La *tensión constituyente* de mi ser relativamente absoluto, consiste en que yo soy real siéndolo *en* Dios sin ser Dios:

> Y este ser-en-Dios, y sin embargo no-ser-Dios siendo el *no* un momento positivo de estar en Dios, es justamente un tipo de implicación que es lo que llamaremos tensión. La implicación entre el hombre y Dios, como tipo de causalidad personal, es justamente tensión. La unidad de Dios y del hombre es, por consiguiente, tensión teologal[32].

Como consecuencia hay una *mutua inhabitación* entre Dios y el hombre: presencia constituyente de Dios *en* la persona humana y el estar del hombre *en* Dios. Esta relación no es biunívoca, Dios tiene la iniciativa metafísica en el orden de la fundamentación y constitución del Yo. De ahí que diga Zubiri que Dios es «preponderante y iniciante respecto de lo que puede ser el Yo como persona constituida»[33]. Esta primacía de Dios permite describir su función como *pro-tensora*: Dios es *pre-tensor* de lo que va a ser la *tensidad del hombre* como repuesta[34]. La tensión desde Dios es «arrastre»[35]: soy llevado hacia Dios.

Es Dios en su fundamentar el Yo quien lo hace ser distinto de Él. La persona está absolutamente fundamentada en Dios y su ser consiste en ser formalmente principiado, estando determinado desde, en y por Dios. Es Dios quien da de sí el ser de la persona humana y se realiza en y por la persona humana[36].

---

[29] Por tratarse del orden de la fundamentación la acción de Dios se sitúa en un plano previo al concurso (cf. HD 314). «La moción de Dios no es una segunda moción añadida a la que parte de mí, sino que esta moción que de mí parte es ya formalmente, y en sí misma, moción de Dios» (HD 203).
[30] Cf. HD 77-78, 161.
[31] HD 161.
[32] HD 354.
[33] HD 354.
[34] cf. HD 354-355.
[35] HD 195.
[36] En este sentido el hombre es gloria de Dios.

Dios está en el Yo, sin confundirse con él[37]: «no porque Dios fundamentalmente forma parte de nuestro ser, sino porque constituye *parte formal de él* el *ser fundamentado*, el ser religado»[38].

En consecuencia Dios interviene en cada acción del hombre en cuanto *está constituyéndole*. El hombre hace su ser por ser *suidad*, (autoposesión en realidad) pero en ese hacerse no puede prescindir de la realidad divina. La persona humana es realidad *en* la realidad de Dios y la propia dinamicidad está apoyada *en* la dinamicidad de Dios[39]. Aplicándolo al amor personal, en todo amor está Dios y es su dinamismo el que lo posibilita.

Se manifiesta así que la persona crece en libertad, en su dimensión más radical, como *libertad en* la realidad, apoyada y sustentada en Dios: «la experiencia de Dios de una manera radical y última es la experiencia de mi propia libertad, en tanto que Dios es fundamento de mi propio ser absoluto»[40]. Soy libre en Dios y con Dios en la realidad para la realización de mi plenitud. Por tanto en la medida en que el otro sea para mí experiencia de Dios, será también crecimiento de mi libertad en su mayor hondura metafísica, el compromiso y la entrega son vía de manifestación y crecimiento en esta libertad.

Entre la persona humana y Dios hay algo «más que unión, comunión»[41]. Hay distinción sin ningún extrinsecismo, no son dos cosas yuxtapuestas, ni una delimitación por concurrencia. Se establece una *implicación* de *causalidad interpersonal*. Por parte de Dios su fontanalidad adquiere el carácter de donación: Dios hace donación al hombre de su verdad real y con ella el hombre va haciendo su ser relativamente absoluto[42]. El absoluto es el punto de convergencia entre el hombre y Dios. Dios se dona y el hombre se entrega. La unidad de donación divina y entrega humana es una unidad de persona a persona[43]. Por ello

---

[37] Sería un panteísmo en la personalidad. Zubiri afirma de modo fuerte y activo que «Yo NO soy Dios», si fuese meramente pasivo nos encontraríamos con el dilema entre panteísmo y extrincesimo. Esta positividad del no se aprecia en el nombre de *tensión*. Cf. G. GÓMEZ CAMBRES, *La realidad personal*, 233; comentando PTH.

[38] NHD 432, EPD.

[39] Cf. HD 202.

[40] HD 329.

[41] HD 201.

[42] La donación de Dios al hombre es personal, se dona como verdad real en sus tres dimensiones: de seguridad, de fidelidad, como algo real que efectivamente está siendo, y sin cuyo ser la persona no sería. Cf. A. FERRAZ FAYOS, *Zubiri: el realismo radical*, 223.

[43] Cf. G. GÓMEZ CAMBRES, *Zubiri: el realismo transcendental*, 101.

no se puede reducir la especial relación entre el hombre y Dios a un constructo con una *cosa sentido*[44].

Esta es la relación entre el Dios vivo y dinámico y el hombre en su personalización: comunión como causalidad interpersonal, bajo la forma de la entrega que por parte del hombre es formalmente fe[45]. La «y» de *El hombre y Dios* no consiste en unidad de *correlación*[46], o en mutua interacción, puesto que Dios y el hombre no son dos realidades del mismo orden, es comunión en experiencia mutua de donación y entrega.

Dios, persona absolutamente absoluta, no es un excepcional *Tú* interrelacionado con mi *Yo*, porque en el caso de Dios no tenemos un verdadero Yo, ya que no constituye un ser, sino una realidad absolutamente absoluta que está en el Yo del hombre, haciéndole ser un Yo relativamente absoluto, es la transcendencia interpersonal de Dios, la forma de evitar el panteísmo en este nivel dinámico interpersonal[47]. Se trata de una «*unidad de causalidad personal*»[48] y, por tanto, unidad dinámica.

Este fundamento dinámico que es Dios en cuanto donante de la propia realidad del hombre y constituyente formal de su propio Yo invita al hombre a una respuesta. A la *donación constituyente* el hombre puede responder aceptando esta fundamentación. En esta misma respuesta humana sigue siendo Dios quien tiene la iniciativa ya que es dinámicamente el *pro-tensor*. Responder a esta llamada es aceptar ser donación de Dios uniéndose a él que le dona su realidad para ser Yo[49].

La causalidad metafísica personal[50] entre Dios y el hombre es *causalidad personal intrínseca* ya que su estructura es de mutua implicación:

---

[44] Por tratarse de la vida del hombre y de una *funcionalidad de lo real* en cuanto real, parecería que la conexión habría de analizarse desde la *cosa-sentido*. La causalidad interpersonal entre Dios y el hombre no ha de *medirse* por la estructura de la *cosa-sentido*, sino que apoyada en ella ha de transcenderla. Dios no es una *cosa real* más que pueda convertirse en *cosa-sentido*. Dios está más allá de toda realidad-objeto pues es *realidad-fundamento*. Si mensuráramos la unidad de Dios y del hombre con el canon de la *cosa-sentido* haríamos de Dios algo que está *delante*, una *cosa-real ante mí*. Pero Dios está *en* la *cosa-realidad* y *en* la *cosa-sentido* transcendiendo esa división de lo real. El *sentido* de Dios para la personalidad humana no se reduce a un problema de *sentido*, sino que es problema de *realidad-fundamento*. Cf. J. SÁEZ CRUZ, *La accesibilidad de Dios*, 260.
[45] Cf. G. GÓMEZ CAMBRES, *Zubiri: el realismo transcendental*, 98.
[46] Cf. HD 201.
[47] Cf. HD 187.
[48] HD 201.
[49] Cf. J. SÁEZ CRUZ, *La accesibilidad de Dios*, 257.
[50] Cf. HD 351.

el hombre implica a Dios y Dios no implica al hombre, pero se complica extática, libre y amorosamente dando de sí y en sí mismo al hombre[51].

Esto es lo que hace Dios con el hombre en la constitución de su Yo, ahora nos queda ver lo que hace el hombre para acceder formalmente a Dios, lo cual refluirá sobre él mismo. La experiencia de hacernos personas es acceso formal a Dios y se convierte en experiencia de lo absoluto. En constituirnos como Yo tenemos y somos la experiencia de Dios. El hombre es experiencia de Dios y por ello Dios es experiencia de la propia libertad en cuanto fundada en la realidad y en Dios[52]. La religación muestra, en el nivel racional de la comprensión, que la experiencia de hacerse persona es experiencia de la donación de Dios, experiencia de Dios desde Dios mismo, y en cuanto esto es incorporado y comprendido, Dios es experiencia del hombre, Dios se está donando al hombre en experiencia[53].

2. La vida con Dios. En qué sentido Dios es o no es un Tú

La vida entera de la persona adquiere un nuevo relieve desde Dios como realidad personal que funda la propia realidad y el propio ser. En todas las dimensiones de su realidad la persona descubre la transcendencia fontanal de Dios, una transcendencia que le habla, que le comunica porque es «*transcendencia inter-personal*»[54]. Toda su realidad queda marcada por una tensión dinámica que es tensión teologal[55] entre dos absolutos, uno fundante y otro fundado, uno absoluto y otro relativo. Desde Dios, experienciado como el fundamento donante de la propia realidad, la persona se comprende como una manera finita de ser absoluto, una manera finita de ser Dios[56]. Se descubre su presencia trascendente en uno mismo, una trascendencia que es transpersonal, en esta presencia Dios es accesible[57].

La tensión se hace donación – entrega. Ante la experiencia posibilitante, positiva, de Dios la persona humana se entrega. Entregarse consiste en aceptación del acontecer divino en la propia persona. Esta entrega es experiencia por conformación de ser uno mismo donación de

---

[51] Cf. HD 354.
[52] Cf. A. FERRAZ FAYOS, *Zubiri: el realismo radical*, 224.
[53] Cf. J. SÁEZ CRUZ, *La accesibilidad de Dios*, 223-225.
[54] HD 186.
[55] Cf. HD 165, 187 y 354.
[56] Cf. HD 327.
[57] Cf. G. GÓMEZ CAMBRES, *La realidad personal*, 221.

Dios, descubriendo que aún en lo más pequeño de su trato con las demás cosas y personas en el fondo de quien se trata es de Dios. Esto que se hace incluso de modo inconsciente llega a ser explícito desde la vía de la religación.

A diferencia de M. Buber, Zubiri sostiene que «Dios es transcendente a todo Tú»[58]. Sin embargo es inevitable llamar *Tú* a Dios al tratarse de una realidad personal distinta de nosotros, aunque formalmente no sea un *Tú*. El Tú de Dios surge como posibilidad para el hombre desde la previa presencia interpersonal o transpersonal[59] de Dios en el hombre: «Esta presencia no es interpersonal porque es la relación *Yo – Tú*, sino que es *Yo – Tú* por ser presencia interpersonal»[60]. Es ahí donde adquiere sentido hablar del Tú de Dios, en la previa realidad de la mutua inhabitación. Con Dios, como pasaba en las relaciones intersubjetivas humanas, también el nosotros es previo y fundante del yo y del tú. En este caso, llamando nosotros a la inhabitación mutua, gracias a este nosotros, nostreidad teándrica, la persona es un Yo con mayúsculas y en esta nostreidad surge simultáneamente el Tú de Dios. En la donación de Dios al Yo del hombre, en su intrínseca accesibilidad, por y para el hombre, Dios se abaja hasta hacerse un Tú *quoad nos*.

Resalta la coherencia de esta experiencia de Dios con afirmaciones teológicas como: El Dios trascendente y personal crea libre y amorosamente al hombre como persona no divina para hacerle partícipe de su vida de amor, pero formuladas por Zubiri en el ámbito filosófico del logos teologal. Fe y razón alcanzan en Zubiri, sin componendas, un abrazo fraterno. Para Zubiri el hombre es persona primariamente en cuanto es constituido como un yo con Dios, no frente, no a pesar de, no en contra. El hombre es Yo personal solamente *con* la realidad de este Dios que le llama a corresponder, conocerlo y amarlo desde su donación pretensora, un Dios que es intensamente *agápê*. Mientras para las cosas reales basta una mera fundamentación, para la persona se requiere una acción especial que conlleva una llamada personal y singular, persona a persona, que proporciona una dignidad incomparable. Es el fundamento último de la vocación: ser persona es ser llamado a la realidad y a la plenitud de ser. Cada hombre es y se descubre persona en relación con Dios, y se realiza como tal en correspondencia y diálogo con Él. Derivadamente la persona encontrará a Dios en el diálogo con los

---

[58] HD 187.
[59] Así lo denomina cf. G. GÓMEZ CAMBRES, *La realidad personal*, 221.
[60] HD 187.

demás hombres y en el cuidado y señorío sobre el resto de la creación, adquiriendo su existencia cotidiana una plenitud de sentido y profundidad. Se reemplaza la negativa autenticidad de la existencia provocada por la angustia ante la nada con la positiva y realista divinización afirmativa de lo cotidiano a través del sólido descansar y ser potenciado desde un fundamento que está a mi favor, en mí y en todo lo que me rodea y sucede; es un no al temor y la angustia desde un radical sí a la vida y la esperanza. Veamos en qué consiste.

2.1 *Fe y entrega*

La respuesta a la tensión entre Dios y el yo de la persona es la fe. Fe, ya lo vimos, es entrega[61], en este caso entrega a Dios en cuanto verdad personal que implica aceptar nuestro ser personal en función de la realidad de Dios, es la concreción antropológica de la fe. Esta fe no consiste en mero asentir a contenidos, sino que es actitud personal en plenitud de sentido[62]. La fe filosófica no es mera aceptación de proposiciones inevidentes, sino entrega en adhesión personal a la persona del Dios revelante, creer es entregarse por entero a la realidad toda del Dios vivo. Al deponer el propio yo en Dios, la persona se apropia de la *realidad-fundamento*. Esta apropiación, vista desde la razón, más que racional es razonable.

Pero aunque no sea de modo explícito siempre hay un acceso incoado a Dios[63], aunque la persona desarrolle un esbozo de la religación que le lleve al ateísmo o al agnosticismo Dios no deja de ser el poder que lo religa y lo posibilita[64], mirándolo nosotros desde la vía que con-

---

[61] «La fe es primaria y radicalmente la entrega de mi persona a una realidad personal, a otra persona». HD 210.

[62] El término de la voluntad de verdad incluye junto a la presencia de lo real (vía intelectiva) la realización de posibilidades (vía volitiva). La voluntad de verdad es la unidad radical de un único proceso intelectivo – volitivo que implica la apropiación de la verdad que la realidad nos ofrece y la entrega a la verdad real (cf. HD 250). Así acontece la posesión de mi ser en la entrega a esa verdad. Cf. J. SÁEZ CRUZ, *La accesibilidad de Dios*, 202.

[63] «Todo hombre está haciendo su Yo en Dios, con Dios y por Dios, aunque no lo sepa». J. SÁEZ CRUZ, *La accesibilidad de Dios*, 254. Este acceso corresponde a la revelación natural clásica pero vehiculada por la voz de la conciencia y la inquietud. Cf. A. LÓPEZ QUINTÁS, «Xavier Zubiri. La inteligencia sentiente», 261.

[64] Pues: «la realtà della religazione comporta un movimento reale verso il fondamento intrinseco del potere del reale, quale sia la forma liberamente scelta da ogni uno». A. SAVIGNANO, «*In memoriam*», 423.

duce al cristianismo, Dios es necesario, es tensión constitutiva que deviene manifestativa.

Sólo en la entrega el acceso incoado se despliega en acceso plenario. No necesariamente todo hombre responde a la tensión donante de Dios con la entrega de sí. Es necesario que conozca formalmente la existencia de Dios como realidad absolutamente absoluta en toda su concreción y que se deje llevar por el *arrastre*, con una actitud y con una acción positiva y activa. La fe no es por esto patrimonio de especulativos y filósofos, esta fe primaria es el camino *normal* de acceso a Dios y se concreta en estado vivido socialmente.

La entrega no es sólo una acción positiva, sino que es una acción estrictamente interpersonal dirigida formalmente desde la persona humana, que es un Yo, a la persona de Dios[65]. La fe, aunque envuelve siempre un momento de verdad, por tratarse de personas es más que un asentimiento a la verdad de un juicio, creer envuelve la *agápê*: La fe «es un fenómeno unitario: es un amar que ha de envolver intrínseca y formalmente un creer, o un creer que sea un momento intrínseco y constitutivo del amar»[66]. La fe en Dios penetra toda la vida personal y abre una radical posibilidad de personalización a la luz del fundamento. La entrega establece una comunión que será fundamentante del resto de formas de amor personal. Ahora bien, este amor es dado por Dios, «El amor, antes que una relación consecutiva a dos personas, es la creación originaria de un ámbito efusivo dentro del cual, y sólo dentro del cual, puede darse el otro como otro»[67]. Este ámbito lo pone Dios y lo comunica. El hombre responde.

En la religación la realidad queda actualizada en *realidad-fundamento*. La marcha de la voluntad como voluntad de verdad que busca la realidad fundamento, permite a cada persona dos posibilidades: simplemente conocerla, reduciendo toda su riqueza a *realidad-objeto*, o bien dirigirse a la realidad como *para-mí*, de manera que la realidad está fundamentándome[68]. Así la propia verdad real de cada persona queda configurada en la verdad real de este Dios que es para mí. En Él la voluntad de verdad real es *voluntad de fundamentalidad*:

> Entregarme a la realidad-fundamento en cuanto tal es entregarme a la fundamentalidad propia, hacer mía su fundamentalidad. Es hacer que la

---

[65] Cf. HD 198.
[66] HD 213.
[67] NHD 502, SSDTP.
[68] Cf. HD 252-253.

fundamentalidad pase a la estructura *formalmente* y expresamente querida de mi propia vida, es hacer que yo viva fundamentalmente[69].

Así queda la vida radicada en lo más hondo pues la voluntad de fundamentalidad no es un acto ni una suma de actos: «Es la actitud de entregar mi propio ser a aquello que se muestre intelectivamente ser su fundamento»[70]. Esta voluntad es principio de una actitud que se despliega en *proceso intelectivo y opción*, como entrega incondicional al fundamento real, a Dios.

La entrega no consiste en un abandono cómodo o desesperado, huyendo de sí mismo o confiando en que Dios haga mi Yo sin mi colaboración. Implica un compromiso y un esfuerzo. La entrega implica que la posibilidad del Yo se concreta como acatamiento, súplica y refugio en Dios[71]. El *acatamiento* consiste en reconocer la relatividad de la persona humana frente al absolutamente absoluto[72]. Ahora bien, por el mismo carácter de la persona humana y de su razón el creer y entregarse no es un acto instantáneo sino que implica un proceso. Como verificar es un proceso siempre abierto lógica e históricamente, es ir verificando, en la fe como verificación de Dios, creer es ir creyendo[73].

Este ir creyendo puede llevar por la razonabilidad al encuentro del hombre con Dios en Cristo, como la forma por excelencia de su revelación. Es una forma de precisar el acceso real y efectivo del hombre a Dios. Dios se dona al hombre de modo unitario y multiforme a la par. Entre las múltiples manifestaciones del Dios único el hombre tiene que optar razonablemente.

El camino de la razonabilidad reviste la forma de probación de realidad[74]. Esta probación se ejerce con las religiones que concretan el acto de fe dentro de la experiencia humana en el colocar la vida de los hombres a la luz de Dios. Esto depende del concepto de divinidad plasmado en cada religión. En cada una el camino de personalización es distinto. Por incluir el elemento de fundamentalidad en el ámbito interpersonal:

> la prueba que es la fe debe ser una *conformación*, un reconocimiento del ser personal en su fundamento vivo, que exige conducir la integridad de la

---

[69] HD 255.
[70] HD 258.
[71] Cf. A. PINTOR-RAMOS, «Zubiri: una filosofía de la religión cristiana», 396.
[72] Cf. A. FERRAZ FAYOS, *Zubiri, el realismo radical*, 225.
[73] Cf. D. GRACIA, «Zubiri, Xavier», 1622.
[74] Son las cuatro pruebas según el tipo de esbozo: experimento, comprobación, compenetración y conformación, clasificación sólo indicativa. (cf. IRA 247-257).

vida conforme al fundamento. Pero tampoco caben muchas dudas de que la concreción de la fe plasmada en muchas religiones históricas no facilita esta difícil exigencia y tiene que quedarse en una mayor o menor *compenetración*[75].

La conformación se da entre realidades personales y exige la noción de persona humana así como concebir la realidad divina personal; esto falta en muchas religiones que por ello no son *verdaderas* racionalmente: su acceso a Dios se plasma en una vía *desviada*. Pero aunque se den estos requisitos puede que se rompa entre ellos la posibilidad de cualquier lazo personal y por tanto de conformación. Es el caso del monoteísmo judío como lo vive Lèvinas: por resaltar excesivamente la *transcendencia* resulta imposible cualquier apropiación del fundamento ya que caería en idolatría[76].

El Cristianismo es la religión que plasma el acto de fe como plena conformación con el fundamento. La doble naturaleza humana y divina en la persona de Cristo convierte la prueba del fundamento en el núcleo más íntimo de la realización personal. Aquello por lo que opta el cristiano es Cristo, en cuya realidad encuentra a Dios.

En Cristo surge la posibilidad concreta de integrar dos vías: la judía, que conduce a la persona, y la griega, que apunta a la verdad. Cristo constituye la forma más intensa posible de presencia de Dios al hombre[77]. El Cristianismo es la divinización de la vía de la transcendencia: «Cristo no solamente es el predicador de Dios, sino que es Dios mismo conduciendo a los hombres a la realidad más profunda de Dios»[78].

Esto es para Zubiri lo específico del Cristianismo como religión: no se trata en sentido primario de una religión de salvación, sino de apropiación del fundamento en la vida personal que exige lo que San Pablo llamaba una *morphosis* integral de la vida, que Zubiri tradujo inicialmente como *deificación* y definitivamente como deiformidad[79]. La deiformación es la entrega que exige la fe cristiana que supone la donación de Dios como amor[80], es su estricta estructura metafísica[81]. Esa

---

[75] A. PINTOR-RAMOS, «Zubiri: una filosofía de la religión cristiana», 396.
[76] Cf. A. PINTOR-RAMOS, «Zubiri: una filosofía de la religión cristiana», 397.
[77] Cf. A. LÓPEZ QUINTÁS, «Xavier Zubiri. La inteligencia sentiente», 263.
[78] PFHR 330.
[79] Cf. PFHR 332s.
[80] Alcanzado el horizonte postmoderno la deiformidad no es sólo ontología sobrenatural como en los Padres Griegos (cf. NHD 504s., SSDTP), sino metafísica integral, el mismo contenido desde una filosofía pura.
[81] Cf. PTHC 61-64.

plenitud de donación permite una plenitud de vida personal en la deiformidad que es la plasmación de una conformación en la intimidad personal.

Por eso: «El punto de coincidencia entre el hombre actual y el Cristianismo no es la *indigencia* de la vida sino su *plenitud*»[82]. Desde el cristianismo las demás religiones suponen un tanteo en la búsqueda de Dios. En el cristianismo se da la mayor plenitud del Yo junto a la mayor entrega a Dios.

2.2 Dimensión social y comunitaria de la vida con Dios

Dios se da y aparece como experiencia del hombre, como experiencia se trata de una experiencia personal y consecuentemente conoce los tres momentos de toda experiencia personal: individual, social e histórico. Así la vida humana en cuanto está religada a la ultimidad de lo real es experiencia individual, social e histórica de Dios[83].

La experiencia de Dios está mediatizada por la mentalidad y la tradición, es posibilitada en el entorno interpersonal en que la persona se hace cargo de la realidad y además se vive y expresa en forma de comunión.

De este modo surge la religión: La religación religa también la persona al espíritu objetivo, por eso la religación se plasma en el *se* y adquiere cuerpo social, es la religión[84] como forma de comunión característica de la fe. La fe adquiere en su concreción la forma de un nosotros[85] en el que el individuo participa. Decir creo sólo es posible dentro de un creemos.

La fe[86] constituye la esencia de la Iglesia[87] como comunión de personas en sentido vertical y horizontal[88]. La comunión se concreta en el

---

[82] PTHC 19.
[83] Cf. A. Pintor-Ramos, «Dios y el problema», 118.
[84] Cf. PFHR 96-98.
[85] Este nosotros está apoyado en la dimensión pública de la verdad revelada en la comunión. Cf. PTHC 504-505.
[86] Sirva este párrafo como ilustración de la aplicación de la intersubjetividad a la teología. No profundizamos por implicar un cambio de objeto formal. Desde aquí se podría formular una eclesiología fundamental filosófica al servicio de la teología.
[87] La persona queda también deificada en su dimensión social, en cierto sentido la Iglesia sería la deificación por el Espíritu Santo que la habita de la dimensión social humana incluyendo su dimensión histórica. Cf. J. Sáez Cruz, *La accesibilidad de Dios*, 287-288.
[88] Cf. PTHC 22.

catolicismo como unión de personas en Cristo[89] mediante la incorporación en la comunión personal que es la Eucaristía, de este modo: «Todo cristiano es otro Cristo»[90]. La versión filética por la deificación y la gracia se eleva a caridad: versión a los demás en Cristo. Por ello la Iglesia no sería sólo un cuerpo objetivo como se plasma en otras religiones sino un cuerpo personal de hombres unidos por entrega en la vida misma de Cristo[91]. El estudio antropolológico de Zubiri maniesta así alguna de sus virtualidades para la tarea del teólogo[92].

La entrega se da dentro de todo el mundo social e interpersonal. Desde el momento en que la religación determina la religión como actitud radical y unificadora del sentido de la vida de cada persona humana, creemos que no se puede entender una relación de comunión auténtica que no tienda en su forma plena a compartir la dimensión de ultimidad.

2.3 Nueva configuración del mundo humano

Para nuestro filósofo: «La actitud religiosa no es una actitud más en la vida, sino que es la actitud radical y fundamental con que se pueden vivir todos los hechos y procesos en la vida»[93]. La religación plasmada en religión envuelve todas las demás actitudes vitales de la persona.

---

[89] Cf. PTHC 72.
[90] PTHC 420.
[91] Cf. PTHC 432-436.
[92] En teología sacramental tenemos la muy interesante y reciente serie de artículos del profesor J.M. MILLÁS, «Zubiri y la Eucaristía», p. e.
Más cercano a nuestro tema es el intento de Castilla que se sirve de nociones zubirianas para releer el contenido personalista de la comunión de personas en el Catecismo de la Iglesia Católica. Así muestra la Trinidad como modelo de comunión y estudia la comunión humana como imagen de Dios. Enriquece la unidad de la Trinidad al verla no sólo como unidad de naturaleza sino de comunión, ya que la naturaleza no dice nada desde sí sobre la pluralidad. Propone entender en relación el *ex* del varón y el Padre, el *in* de la mujer y del Espíritu Santo y el *per* con Cristo. También el sentido de la castidad es camino de comunión. La comunión de los santos es reflejo de la comunión intratrinitaria. Cf. B. CASTILLA Y CORTÁZAR, «Comunión de personas y dualidad», 183-184 y 193.
En teología fundamental Cabria usa la visión de Zubiri: el *logos* revelante muestra a un tiempo a Cristo y la deiformidad en que el hombre consiste. Conceptuar la deiformidad en concreto es tarea de otros *logoi*: del teológico, que desde la fe cristiana dirá que toda deiformidad se halla fundada en Cristo; del teologal, que contempla el cristianismo como una plasmación de la religación en la que la deiformidad no es un atributo o propiedad del hombre, sino que es lo que formalmente constituye el ser humano. Cf. J.L. CABRIA ORTEGA, *Relación Teología – Filosofía*, 312.
[93] PFHR 111.

Esto implica la creación de nuevos ámbitos en los que las realidades adquieren un nuevo sentido en relación constructa con la persona en cuanto religiosa. Es el terreno específico de lo sagrado. El ámbito de lo sacro se concreta en campos concretos. Así además de objetos sacros se constituyen ámbitos: «Y éstos son tan reales como los objetos, o más. La catedral constituye un ámbito real de encuentro, de unidad altísima de los creyentes entre sí y con el Creador»[94]. La religión tiene un potencial creativo en respectividad con la dimensión de fundamentalidad.

Pero no sólo envuelve estas realidades en una especie de dinámica de sacralización, sino que además todo lo real adquiere, como dijimos, una nueva dimensión en cuanto queda articulada con la ultimidad, lo que constituye el fundamento metafísico de lo sacro.

La religación sitúa la persona ante la mundanalidad de Dios, esto no significa que Dios sea mundano sino que aparece como su fundamento transcendente[95] pero subrayando que se trata de una transcendencia en el mundo mismo[96]. Esta mundanalidad implica la presencia de Dios en los demás. La mundanalidad de Dios fundamenta la mundanidad de las cosas reales, el mundo comunidad respectiva de todo lo real[97]. Dios es momento formal sin ser parte del mundo. En ese sentido Dios es intramundano y transcendente sin ser *quoad se* mundano.

Para Zubiri el mundo es respectivo con Dios pero no al revés[98]. Esta respectividad constitutiva del mundo implica, por la relación conse-

---

[94] A. LÓPEZ QUINTÁS, «El sentimiento estético», 155.

[95] No somos capaces de descubrir, salvo en el origen de la noción y la explicitación personalista, en que difiere la zubiriana transcendencia-en, de la escolástica y los modos de presencia de Dios, pues en esta no vemos ninguna conceptualización de lo trascendente como zonas de cosas. Tampoco consideramos ausente de la escolástica el matiz que añade Zubiri: «este dar-de-sí y constituir la realidad, no es el que una causa y una causación hayan producido las cosas, y que luego en cierto modo continúen produciéndolas o manteniéndolas en el ser. Esto es verdad, pero a mi modo de ver está fundado en algo más radical, a saber, en que ese dar-de-sí de lo real, en tanto que real, consiste precisamente en la transcendencia de Dios en aquello que da-de-sí, a saber, lo real». HD 312.

[96] Dios no es mundano porque no forma parte integral del todo de lo real en respectividad remitente. Pero es absolutamente intramundano porque es fundamento de la realidad en su mundanidad como momento estructural de respectividad constituyente de cada cosa real.

[97] Cf. J. SÁEZ CRUZ, *La accesibilidad de Dios*, 307-308.

[98] A veces, como en el curso de 1971, Zubiri admite cierta respectividad de Dios con el mundo, pero siempre es libre y consecutiva, evitando así el panteísmo. Sobre este punto cf. A. GONZÁLEZ FERNÁNDEZ, «Dios y la realidad del mal», 205. El panteísmo no sólo es rechazado explícitamente (cf. HD 175-176, 311) sino que resulta

cuente de Dios con el mundo, la adquisición de un nuevo sentido desde la ultimidad: el sentido del mundo para Dios es Gloria. La gloria no supone un crecimiento de Dios por la creación, sino que es «un momento intrínseco de la realidad finita»[99] en tanto que es una manifestación del poder infinito y omnímodo del acto creador.

De este modo cada persona y cada relación humana es gloria de Dios y ámbito de encuentro con Dios, los demás en relación con uno mismo iluminan la verdad de la propia realidad, esto se puede predicar con especial fuerza del amor.

Además esta visión del mundo, entrando en el mundo humano, repercute en el ciencismo que tanto critica nuestro pensador pues queda manifiesta la absoluta insuficiencia de la ciencia que trata de decirnos cómo transcurren las cosas en el mundo. Los éxitos de la física moderna no solucionan una cuestión que es mucho más grave porque no se limita al orbe de la física, sino que abraza el ser entero del hombre. Los actos del hombre transcurren en un mundo parcialmente anímico y parcialmente exteriorizable; el hombre posee una trama interindividual, temporal e histórica que constituye el mundo humano, lo que pasa en el mundo; comprender el mundo exige contar con la religión, a la vez que la actitud religiosa exige una actitud de compromiso con el mundo: no cabe desentenderse, pues además de una imposibilidad metafísica, sería una actitud errónea y falsa.

La postura de Zubiri elaborada como pura filosofía implica desmontar el mundo de prejuicios laicistas, supuestas actitudes neutrales y miedos históricos de fundamento ideológico que gobiernan Occidente cercenando el sentido de la persona y de la misma sociedad al reducir la religión a opción privada. Simultáneamente exige la superación de

---

incompatible con su filosofía desde la noción de mundanidad y trascendencia-*en*. De ahí que Zubiri lo atribuya a Hegel (cf. PFMO 316-318). El panteísmo como una alternativa a la religación no se plasma necesariamente en una religión, ni necesariamente funda o es sustrato de las religiones panteístas (cf. A. PINTOR-RAMOS, «Dios y el problema», 118 y «Zubiri: una filosofía de la religión cristiana», 393 nota 19). En Zubiri se ha de distinguir el sentido de mundanidad de HD del usado en SE. En HD se usa mundanidad para hablar de la apertura de la realidad en y allende la aprehensión; no las zonas disyuntas del transcendental de SE que como ya vimos fueron corregidas. Este es el mismo sentido de mundanidad que utiliza Sáez. Cf. J. SÁEZ CRUZ, *La accesibilidad de Dios*, 150.

[99] SSV 291. La gloria interpreta la δόξα y el כָּבוֹד (*kabod*). Pertenece a la cosa por ser complacencia de Dios que la ha querido en sí finita. Restituamos sin salir del horizonte intramundano y desde la actitud religiosa las afirmaciones de SSV realizadas en un contexto teológico.

aquellas formas de religiosidad que no comprenden la autonomía legítima de lo social, que derivan en fanatismos, ideologías o que se viven dentro de la criticada proyección de Feuerbach. Afirmar al hombre, construir una sociedad abierta y plural, no resulta posible cerrando o marginando la trascendencia y su concreción en religión en base al análisis realizado.

3. El otro como encuentro con Dios

Por su mundanidad Dios es realidad esencialmente accesible. Ahora bien el acceso sólo se realiza *en* las cosas. La persona humana accede a Dios *en* y *por* el mundo, en cuanto Dios aparece como el constituyente formal y personal de lo real[100]. Para Zubiri nunca se puede acceder a Dios, ni en las formas más elevadas como la mística, sin las cosas[101]. En las cosas Dios tiene una presencia manifestativa, las cosas en cuanto reales nos remiten a su intrínseco fundamento transcendente, en el que y por el que están siendo reales. La desvelación de Dios en las cosas se da en «remisión notificante»[102]. El modo de desvelarse de Dios a los hombres en las cosas es algo inmediato pero más propio del tacto que del oído. Este llegar a Dios se concreta de modo especialísimo *en* las personas por la presencia interpersonal[103].

Entre las cosas están las personas y en ellas se manifiesta Dios. El hombre no se encuentra con una presentación eidética de Dios sino que su presencia se aprehende como una *nuda presencia en tanteo*[104] en forma de *hacia*. La forma de esta presencia es la suificación en transcendencia interpersonal. En su propia realidad la persona humana accede a Dios desde la «presencia interpersonal»[105]. En la persona relativamente absoluta en cuanto tal persona está la accesibilidad a la persona absolutamente absoluta. Precisamente por este acceso interpersonal Dios es accesible no sólo como realidad, no sólo como existente, no sólo como fundamentante sino como persona. Es la persona humana, en cuanto persona, la accesibilidad concreta de la persona absoluta en

---

[100] Cf. HD 194.
[101] Cf. HD 186. Alvarado propone entender la experiencia mística en continuidad con la APR, la dimensión moral y la estética. Cf. J.L. ALVARADO PISANI, «Aprehensión primordial de realidad y experiencia mística», 282-296.
[102] HD 189.
[103] Cf. HD 192-193.
[104] Cf. HD 190.
[105] HD 187.

cuanto persona. «Sólo en y por las personas humanas, es Dios formalmente accesible en cuanto persona»[106].

En la autorealización aparece el acceso efectivo. Dios en su realización interpersonal con el hombre no sólo es una realidad accesible sino efectivamente accedida. El acceso efectivo del hombre a Dios se funda en el despliegue de la estructura de *Dios transcendente en las cosas*, por el que la persona descubre el mismo transcender Dios en él[107].

Esta forma de acceso y de autorrealización con Dios implica para el proyecto personal una dimensión expresa de religiosidad, pues sólo en Dios el yo va a ser Yo.

De cara a la relación de comunión con los demás hombres la religación y el acceso a Dios implica descubrir y dejarse poseer por el *quid* divino del otro. El otro en cuanto persona me notifica a Dios, me dé o no cuenta de ello Dios está desvelándose últimamente en el otro. Recibir el don del amor del otro es recibir a Dios que lo fundamenta, acoger la realidad del otro es acoger a Dios trascendiendo en él. De este modo el tú se manifiesta constituyente, fontanal del yo en una dimensión nueva[108].

Descubrir el ámbito de amor que posibilita el encuentro interpersonal humano implica una vía de acceso a Dios como amor, como la realidad que fundamenta, impele y posibilita ese mismo amor. Dios se dona a la persona haciéndola persona, Dios que es amor, constituye la persona como amor. Así como: «Los seres vivos tienen *erôs*; solamente las personas son amor en sentido estricto»[109].

El ámbito del amor personal es lugar notificante de la divinidad.

Desde una perspectiva teológica Zubiri afirma el carácter de templo del Espíritu del cuerpo humano[110], si bien esta verdad está formulada dentro de un contexto de fe no creemos que sea incorrecto señalar que en un nivel de pura filosofía el cuerpo es lugar de la realidad funda-

---

[106] HD 188.
[107] Cf. G. GÓMEZ CAMBRES, *La realidad personal*, 228.
[108] Esta idea empalma con la constatación del análisis de Nédoncelle desde el punto de vista humano: «El otro no es un límite del yo, sino más bien una fuente del yo». M. NÉDONCELLE, *La reciprocidad de las conciencias*, 69. Sacando las consecuencias del sistema zubiriano el otro es fuente del yo no sólo en la constitución metafísica y en la evolución vital, sino incluso en la dimensión teologal. Del mismo modo Dios es fuente del propio yo.
[109] NHD 502, SSDTP.
[110] Cf. PTHC 229.

mentante, enriqueciendo desde aquí el ámbito de la dignidad del cuerpo y las relaciones humanas en perspectiva teologal.

En conclusión Dios está en el otro como suificante y como personalizante. Dios está en la propia persona posibilitando el Yo desde su donación. Dios está en todo ámbito de amor. La relación interpersonal con Dios envuelve, desde la fundamentalidad la relación de comunión humana. Visto vivencialmente, el descubrirse como donación de Dios y entrega, el ser amor de cada persona humana, remite a Dios como fundamento último de cada amor real. Dios *transfunde*[111] toda la realidad humana y los ámbitos que surgen en y desde ella. Es otra dimensión transcendental de la persona humana. Dios es fundamento intrínseco a la persona, sin confundirse con ella y haciéndole ser persona, en su personeidad y en su personalidad.

Amar a otra persona, entregarse a ella, conlleva apropiarse también de Dios en ella. El amado es *deidad*[112], es poder de lo real, Dios está en el hombre como lo más íntimo e intrínseco[113]. La persona «es expresión suprema de la presencia de Dios en el seno de las criaturas»[114]. Por ello querer su perfección es querer su plenificación en Dios[115] y para ello buscar la propia realización personal en Dios de manera que pueda enriquecer más la donación al otro. Recibir el don del otro es recibir a Dios que se me dona en el otro. Apropiándose en amor de la realidad del otro por libre elección, la finita persona humana se apropia de la Persona infinita conformándose a ella. La verdad real del tú es donación de Dios que le suifica y le da su ser relativamente absoluto.

Sin embargo esta dimensión de ultimidad del amor descubierta en esta vía concreta de la religación puede no vivirse. La voz de la conciencia es voz que no determina y puede distorsionarse de muchas maneras. Igual que la religación se puede plasmar en formas desviadas de religión también en el trato interpersonal es posible reducir esta dimen-

---

[111] Cf. PFMO 96, 104. Así traduce a Sto. Tomás.
[112] En el análisis de la religación Zubiri prima la dimensión de poder entre las tres de la verdad y lo traduce por deidad. Pintor-Ramos opta por prescindir en este contexto del término deidad y usar el más neutral de poder de lo real, debido al riesgo de acusar a Zubiri de prejuzgar la solución con el fin de conducir directamente al estudio de la historia de las religiones. Cf. A. PINTOR-RAMOS, «Zubiri: una filosofía de la religión cristiana», 386. A la altura en que nos situamos este riesgo no existe.
[113] Cf. HD 174.
[114] A. LÓPEZ QUINTÁS, «Xavier Zubiri. La inteligencia sentiente», 261.
[115] En el caso cristiano este amor es caridad y significa querer en y por Cristo, querer al otro que es otro Cristo, por la realidad de la gracia.

sión. El conocimiento del otro puede quedarse también en el momento de objetualización[116].

Rechazar a Dios implica quedarse con el lado paradójico del problema del mal humano pues supone vivir la tensión como agresión. Sólo desde la solución teologal que descubre la trascendencia de Dios en las cosas se puede encontrar el sentido plenificador de toda la existencia aún con sus efectos negativos, sólo Dios puede llevar a plenitud el Yo humano integrando el mal[117].

4. Carácter absoluto del Yo y del Tú

Ahora se comprende el carácter absoluto de la persona en su realidad y en su ser con una luz más profunda. La razón en la vía de la religación nos muestra a Dios como la realidad posibilitante de la propia plenitud, de la realización del yo como absoluto, como mi Yo.

Dios aparece dando carácter absoluto desde su donación en la finitud a la persona. Esta es la clave hermenéutica para leer textos como éste:

> la persona es un relativo absoluto. Relativo, porque se trata de una persona finita; pero absoluto, porque en virtud de su subsistencia se contrapone subsistencialmente, no exitencial y esencialmente, al todo de la realidad, de las realidades finitas e incluso de la propia realidad divina[118].

Dios no es rival sino realidad constitutiva de su suidad y *adiuvante* radical de la plenitud de la persona humana. Aunque desde la soberbia de la vida pueda vivirse como adversario[119], sería un triste y erróneo

---

[116] La objetualización como momento de la intelección consiste en poner lo conocido en la dirección de su profundidad proyectandolo sobre el fondo real que lo fundamenta. Es la cosa misma la que se objetualiza. Cf. J.F. PINO CANALES, *La intelección violenta*, 55. Es así como el otro me remite hacia su fundamento, hacia Dios, pero en ese objetivarse del otro al actulizarse para mí puedo optar por detener la intelección sin avanzar en la marcha hacia lo fundamentante. El otro quedaría objetivado.

[117] Esta prosecución del pensamiento zubiriano enlaza con la tesis de Nédoncelle: «la acogida exige que Dios sea eminentemente todas las cosas, y que todas las cosas, incluyendo el sufrimiento, el pecado y la aniquilación, tengan en El una presentación que las acaba», M. NÉDONCELLE, *La reciprocidad de las conciencias*, 287.

[118] SH 123, *Sobre la persona*, 1959. El *frente* y la *contraposición* es el momento positivo de posición en la realidad y en el ser por parte de Dios, no implica una concurrencia de absolutos, sino una tensión que se expresará en inhabitación y comunión. También se interpreta así la persona como absoluto respecto, no sólo a tales realidades, sino a toda la realidad. Cf. SH 170, *La concreción de la persona humana*, 1975.

[119] Por su autosuficiencia, por reposar el hombre en sí mismo, puede concebir que la vida termina en sí misma en la construcción de su Yo frente a todo y frente a Dios.

concepto de Dios[120]. Dios está presente en la vida del hombre como «fundamento de la *plenitud* de la vida, en todo su ser»[121] y no como fundamento de su indigencia. «El hombre va a Dios y lo encuentra haciéndose persona. Y en este hacerse persona se encuentra la dimensión teologal del hombre»[122].

La relación con Dios no es alienación sino su *cumplimiento* como realidad personal absoluta. El hombre es creador absoluto de su vida porque le hacen ser absoluto: lo insta a ello el Dios que ejerce en su seno una función promocional: «función no de mero consuelo o recurso supremo en los avatares de la vida, sino de ayuda para soportar el carácter absoluto del propio ser sustantivo, que causa a la larga fatiga e invita al abandono radical de la tensión creadora»[123].

Pero además ahora podemos decir que el carácter absoluto de la persona humana se ve enriquecido por el transcurrir transcendental en ella de Dios mismo, por su dimensión teologal. En el absoluto no sólo se encuentran la persona infinita y la finita, sino que cohabitan, la persona es ahora reduplicativamente absoluta sin dejar de ser relativa. Esto profundiza el personalismo zubiriano y arraiga más hondamente la dignidad de cada persona. Si añadimos a esto la realidad que supone que cada persona sea suificada individualmente y posibilitada una a una desde Dios como realidad fundamentante, la mera individualidad física adquiere mayor relieve pues es expresión de un amor divino intransferible como vocación a ser persona.

No creemos que esta conclusión desmerezca de la apertura al Otro que Lèvinas descubre en la alteridad de lo femenino[124], incluso lo supera al descubrirlo en la universalidad de las personas.

De este modo el Yo cobra un absoluto impropio y no posibilitante. Al lado está siempre el percibir la pura facticidad de la vida que le pone de manifiesto su aspecto relativo. El ateo vive una honda voluntad de ser, pero pierde la realidad.

[120] Nótese la inversión respecto a Feuerbach.
[121] HD 160; cf. HD 344.
[122] HD 364. También lo subraya A. PINTOR-RAMOS, «Dios y el problema», 115.
[123] A. LÓPEZ QUINTÁS, «Xavier Zubiri. La inteligencia sentiente», 261.
[124] «Y el Otro, cuya presencia es discretamente una ausencia y a partir de la cual se lleva a cabo el recibimiento hospitalario por excelencia que describe el campo de la intimidad, es la Mujer». E. LÈVINAS, *Totalidad e Infinito*, 172-173.

CONCLUSIÓN

Comenzamos esta disertación con un motivo: buscar en la antropología de Zubiri un arma personalista válida para pensar la intersubjetividad hoy. Llegado el momento de recoger lo sembrado creemos que el recorrido ha merecido la pena y que no resulta pólvora mojada. El esfuerzo realizado en este humilde acercamiento a un gran creador de pensamiento ha resultado muy positivo.

El estudio de la evolución de Zubiri desde el realismo crítico de Lovaina hasta su madura filosofía de la realidad y el análisis de algunos rasgos de su último pensamiento nos han permitido acercarnos a su antropología en la perspectiva acertada para percibir su originalidad. La presentación de su antropología como personalista se ha visto confirmada y enriquecida por la inmersión analítica en su noción de persona y el desarrollo final de la intersubjetividad. Lo de menos son las etiquetas pues lo que importa es la verdad que ellas pueden delatar.

Desde el trabajo expuesto queda manifiesto que el horizonte de la realidad motivado por la investigación zubiriana sobre el hombre es capaz de fundamentar una noción de persona sólida y abierta. Ésta se caracteriza como la *realidad humana siendo*, expresión en que se articula el núcleo constitutivo, suidad y personeidad, con su actualización mundanal: el Yo. La persona es un absoluto esencialmente abierto a la comunión desde la respectividad que la constituye y se halla últimamente fundamentada y religada a Dios. La persona instaura un tipo transcendental nuevo en la realidad que afirma su irreductibilidad a las cosas.

Zubiri presenta la persona desde su filosofía de la realidad radicando la Suidad en la metafísica del real gracias a su actitud abierta a la riqueza de toda la realidad. Esta apertura propia de todo realismo le ha permitido recoger las aportaciones venidas de los sistemas filosóficos más dispares. Pero no hay en Zubiri un cómodo sincretismo sino un trabajado filosofar hasta alcanzar el propio sistema.

Gracias a este esfuerzo de Hércules abre desde la fenomenología un camino para pensar el hombre y su realidad sin cosificarlo ni reducirlo. La noología y la reología son su logro más acabado y fundan una antropología metafísica personalista.

Con el realismo zubiriano a la pregunta: ¿Es posible el discurso filosófico más allá del ser?, se ha de responder afirmativamente, volviendo a la materia, a los sentidos, a la tierra y con ello a la metafísica de la realidad. Desde ahí es posible prolongar el discurso más allá de la diferencia, sin necesidad de abrirse a una forma poética o mítica, que por otro lado no son nada despreciables. Desde ahí es posible encuadrar el logro de la ontología del *inesauribile* sin acabar en una mítica ontología de la libertad, desde ahí es posible superar el cosismo, el idealismo y prolongar en plenitud de sentido las reflexiones más hondas del hombre sobre lo trascendental y sobre él mismo.

Esto no quiere decir que Zubiri haya encontrado la panacea filosófica. Su sistema grande en intuiciones y laboriosamente edificado tiene algunos límites que hemos señalado al hilo de nuestro discurso. Quizás el más grave se refiera a su método de análisis de hechos y la imposibilidad de prescindir de toda teoría previa[1]. También resulta discutible el carácter de *hecho* de la inteligencia sentiente o la distinción radical entre reidad y estimulidad que aparecen como afirmación indiscutible pero sin mayores justificaciones. También importante resulta la ambigüedad entre la reidad noológica y la metafísica[2], pues constituye el acceso a la consideración transcendental y no está exenta del riesgo de hiperrealismo con su otra *facies* de posible lectura idealista del *de suyo*. Otro punto a resolver en el futuro lo constituye un pensar sin analogía reemplazada por la expansión de realidad, provocando que la central noción de respectividad pueda ser interpretada en sentido monista. Son las dificultades que se han puesto a Zubiri y que abren puertas a la investigación y desarrollo de su pensamiento.

---

[1] Nos viene a la memoria una sesión del Seminario Zubiri en la sede de la Fundación a la que asistimos, dialogando D. Gracia y Pintor-Ramos al final aparecía siempre esta cuestión como amenaza al sistema y planteada con seriedad intelectual: ¿si no es análisis de hechos que vale? Quizás no esté ahí todo, la luz de Zubiri aún con la dificultad de cualquier transposición a otro sistema filosófico, es potente y puede fecundar y purificar otras filosofías.

[2] De ahí que se sustituya la abstracción metafísica por una acción híbrida entre sensismo e intuicionismo, previa al criticismo y tan difícil de catalogar por la qué la transcendentalidad es sentida.

Una cuestión que planteamos al horizonte de la realidad venía dada por el riesgo de quedar reducido a lo puramente factual si no lograba dar cuenta de la inmortalidad de la persona. De haber sido así la nada estaría escondida dentro de la realidad y exigiría una revisión a fondo de la pretensión zubiriana de un pensar desde la realidad. Responder a este interrogante ha sido objeto de discusión y nos hemos visto obligados a prolongar e interpretar al mismo Zubiri para dar una respuesta afirmativa. Creemos que el riesgo está superado y que él mismo da los elementos necesarios para contestar, asunto más evidente en sus cursos teológicos. Así resulta posible pensar la creación, la nada y la persona desde un Dios que está a favor de la persona y desde una realidad que lo sustenta en todo momento, abriendo las puertas a un pensar optimista y realista.

Otra dificultad se refiere a los enanos ontológicos, las cosas o cuasi-sustantividades. En su percibir la grandeza de la persona como la realidad que posee su propia realidad, el resto de entidades pueden quedar excesivamente disminuidas. No obstante la plenitud que alcanza la valoración de las cosas en relación con la persona establece el equilibrio y abre consideraciones muy ricas. En este punto se ve la necesidad de prolongar el pensamiento de Zubiri, para aunar su acercamiento noológico a lo individual y su formulación de la suidad, dando cabida a la manifiesta necesidad de la analogía o categoría filosófica equivalente.

Pensamos que el sistema zubiriano, aún necesitado de contraste y enriquecimiento, precisamente por su carácter abierto puede dar cuenta e iluminar multitud de ámbitos filosóficos. Uno es la antropología y en ella son muchos los aspectos que nos han sorprendido y enriquecido.

En primer lugar queremos subrayar la articulación interdisciplinar que logra con la ciencia a través de lo talitativo positivo. Zubiri conoce bien los avances de su época y dialoga de tú a tú con ellos quizá comprendiendo como pocos las consecuencias de las teorías de la indeterminación y la relatividad. Llevaba muy dentro esta inquietud por el saber positivo. Logra superar el cienticismo desde la absoluta cientificidad de su labor. Si durante años la ciencia se ha convertido acientíficamente en el nuevo *molok*, aunque hoy es un saber alejado de la mayoría para quien ya no dice gran cosa salvo como *gurú* invocado en determinadas ocasiones, Zubiri creyente y filósofo sin complejos suma sus aportaciones sin falsos endiosamientos. El busca la verdad y por ello está abierto a la ciencia por encima de modas, a la vez que desde la filosofía de la realidad escapa de cualquier sincretismo cientista, buscando siempre la realidad última de la persona y el mundo. Su antropología se beneficia de esta altura personal. La antropología se sirve y queda establecida como saber metafísico iluminador de estos datos.

La reflexión de Zubiri sobre la persona alcanza una altura equiparable a los mejores sistemas de pensamiento. Por su propio camino muestra la riqueza constitutiva de la persona desde su momento de realidad y la despliega en sus investigaciones con sorprendente viveza. No hemos encontrado mejor parangón que colocar la realidad y la transcendentalidad zubirianas al lado del *esse*, entendido intensivamente, como elemento personificador; salvando las distancias entre dos sistemas diversos[3], en la diferencia y contraste recíproco brilla el logro zubiriano. Su utilidad puede sobrepasar los límites de su sistema ayudando a otros esquemas de pensamiento a evitar esencialismos y existencialismos en su búsqueda del momento real de la persona. Además con la Suidad y la respectividad Zubiri logra integrar en el nivel más hondo de la antropología el *esse* y el *esse-ad* mediante la respectividad transcendental constitutiva y remitente.

Desde la Suidad respectiva es posible todo un despliegue de la realidad personal en su riqueza que vitaliza y supera todo reduccionismo del núcleo original. Zubiri muestra que si bien es posible un discurso sobre el hombre sin la realidad o el *esse*, queda cercenado en sus posibilidades, pues pierde lo esencial.

A lo largo de la investigación hemos colocado junto a Zubiri a modo de sugerencias aportaciones de otros personalistas de diferentes tradiciones para manifestar que la antropología de Zubiri es capaz de acogerlas, formularlas con diversos términos y radicarlas en su pensamiento. Buber, Lèvinas y Nédoncelle nos han ayudado en esta tarea.

Don José Ortega y Gasset merece mención aparte; maestro de Zubiri, está presente en todo momento, bien sea escondido, iluminando o criticado y desplazado. Sus aportaciones antropológicas son esenciales para comprender a Zubiri a la vez que éste las articula y funda de manera personal y enriquecedora. La metafísica de la realidad recoge lo recibido y lo proyecta con nueva luz y fuerza. El paralelismo y la radical diferencia entre «Yo soy yo y mis circunstancias» y la «Realidad hu-

---

[3] La realidad zubiriana aúna en su interior rasgos que en el sistema tomista corresponden tanto a la esencia como a la existencia. En la lectura del ser tomista seguida se ve un paralelismo invertido, en vez de participación hay comunidad expansiva, entre la riqueza intensiva del *esse* y el dinamismo de la realidad. Este sería el aviso a navegantes, aquello que no se suele decir en un aula pero que sabe el profesor, quizás en otros pensamientos se encuentre otro paralelo, el nuestro, del que partíamos y al que volvemos es ese.

mana siendo» saltan a la vista y reflejan una historia entrelazada. El desarrollo de la relación interpersonal del penúltimo capítulo es clara muestra de esta relación: escarbando en Zubiri encontramos un resultado sorprendentemente orteguiano, eso sí con una perspectiva distinta. Nunca se subrayará bastante la escucha profunda de Zubiri y cuanto debe a Ortega, tanto como la capacidad de Zubiri para integrar y reelaborar a su estilo los logros de éste en perspectiva metafísica.

La antropología de Zubiri nos ha obligado a afrontar dos cuestiones claves: la muerte y la génesis de la realidad humana. Ahí hemos tenido que interpretar y prolongar su pensamiento en discusión con sus principales comentaristas. Creemos que las soluciones aportadas desde la dimensión trascendental de la suidad y desde el análisis de su estudio del origen de la persona muestran la capacidad de su pensamiento de prolongarse en continuidad donde él no resultaba absolutamente explícito.

Realizar esta prolongación sólo ha sido posible desde una línea interpretativa de la metafísica de la persona vertical, no horizontal ni meramente estructural, basada en la noción zubiriana de transcendentalidad. Sólo así el sistema se sostiene en toda su pretensión, pero queda abierta otra lectura de Zubiri que nosotros no podríamos acompañar. El alma, término que a Zubiri no gusta usar en filosofía, digamos persona, nos ha exigido desde dentro superar una lectura sólo estructural de la persona y subrayar el momento de realidad como vector vertical.

La persona ha aparecido enriquecida con las propiedades transcendentales o trascendentales antropológicos: amor, libertad, inteligencia, esteta. En ellos quedan recogidos armónicamente la identidad entre persona y libertad, persona y amor, persona e inteligencia, persona y contemplación de la belleza. Decimos armónicamente porque quedan integrados en una persona metafísicamente fundada y sin oposición, todo lo contrario, con Dios.

Estos trascendentales se concretan en el dinamismo intersubjetivo mostrando su potencialidad personalizadora.

La interpersonalidad encuentra en la antropología zubiriana un lugar esencial: la apertura de la realidad personal en su peculiaridad trascendental dentro de la misma apertura respectiva de todo lo real. La apertura no es un añadido a las estructuras de la *esencia abierta* (serían subjetivismos), pero tampoco reposa en sí misma (Heidegger)[4]. Ni lo

---

[4] «La apertura de la esencia es una modificación intrínseca y formal de algo que es *en sí*, modificación que procede de que esta esencia que es en sí tiene unas notas, llamadas inteligencia y voluntad, notas en virtud de las cuales esta esencia se comporta respecto de sí misma en su propio carácter de realidad» (EDR 102).

uno ni lo otro: es respectividad de lo real. Por esa apertura nos hemos introducido desde el plano tatilativo hasta descubrir el *con* trascendental. Así se integra la interpersonalidad en la persona originando las dimensiones interpersonales del Yo mismo.

Tras ese movimiento hemos vuelto la mirada a la intersubjetividad mostrando, desde el carácter de la esencia quidditativa de versión generacional en función transcendental, el carácter familiar y de nosotros de la apertura humana a sus congéneres. Zubiri permite fundar la socialidad y todas las relaciones interhumanas en una versión originaria a otros que son un nosotros familiar. Usando su sistema se hace luz sobre la estructura familiar de la persona.

En este punto hemos postulado, creemos que con éxito, el término *nostreidad*, sirviéndonos de la categoría orteguiana de *nostridad* para explicitar el pensamiento de Zubiri. Recogiendo su sugerencia y trabajando con la antropología de Zubiri hemos condensado las claves de la interpersonalidad en esta categoría. La apertura de la persona se descubre como concreta llamada en respectividad a la comunión del nosotros, primero familiar y en segundo lugar en forma social o despersonalizada. Este carácter comunional de la apertura ilumina toda relación humana con un carácter personalista y plenificador. Muestra a la persona intrínsecamente llamada a compartir lo más íntimo, la realidad y expresar esta realidad en la convivencia como camino de realización.

Desde aquí se descubre una sociedad con un fundamento personalista, superador de escisiones entre persona e individuo o entre sectores de la vida humana, como si ésta estuviese dividida en compartimentos estancos. El rasgo despersonalizado de la sociedad incluye para Zubiri una raíz personalista. Por ello la sociedad está en función de la persona, su poder de posibilitación y su ser están al servicio del ideal del hombre. Zubiri no sólo desmonta la sustantivación de la sociedad de su época en diálogo con Tarde, Durkheim, Hegel, etc., sino que ahonda en su raíz para mostrar en el fundamento y en la luz que la guía la realidad personal.

Desde la inteligencia sentiente nos ha aparecido la verdad como el horizonte personal, de la propia verdad y de la verdad del tú. Sólo la verdad funda un auténtico poder comunicativo social, un *se* y una publicidad que potencian históricamente a cada ser humano. Desde la verdad como realidad y su dimensión de poder estructurada en publicidad y en lenguaje Zubiri apunta a uno de los temas que hoy están en el candelero: la ética de los medios de comunicación, la manipulación o el servicio a la verdad, los nuevos sofistas de nuestro mundo.

Si su filosofía está radicalmente abierta a la humildad, la historicidad y al lento progreso racional, es igualmente importante subrayar que no hay historicismo ni relativismo, que la verdad la da la realidad y que ella se abre camino a pesar de nuestras barreras. Sólo en la verdad la persona y la sociedad encuentran el camino que conduce a un auténtico desarrollo.

Zubiri permite también entrever el fundamento de la subsidiariedad. Se establece el personalismo como criterio para las formas sociales concretas capaz de iluminar y corregir posibles desviaciones. El poder auténtico, el poder social tiene su fuente en la persona y en la verdad, si no habrá una perversión que conducirá a la sociedad a su propia ruina y reconstrucción.

La reconstrucción de la relación entre dos personas partiendo del trascendental amor, no sólo nos ha dado un resultado muy rico y sugerente, a la altura de los personalistas más de moda, no sólo ha mostrado el diálogo con Ortega y Gasset y la forma de asumir y colocar sus imprescindibles aportaciones, sino que muestra su validez para iluminar la vida concreta y real de hoy poniendo sobre la mesa la necesidad de elevar la mirada, de poner metas exigentes y altas desde la filosofía que posibiliten el goce de una auténtica relación personal.

Si buscáramos criterios de discernimiento para juzgar la realidad ahí se encuentra una sólida base para denunciar la manipulación que sufrimos desde el materialismo y el economicismo en terrenos como la vivencia sexual, el valor del cuerpo, el sometimiento a la técnica y la pérdida del horizonte del amor.

Pero más importante y fecundo es percibir la invitación a llevar a la práctica el camino de realización abierto. En Zubiri la filosofía no es idea abstracta sino pensamiento eminentemente apto para la praxis. Zubiri conecta con las necesidades de nuestro mundo. La persona abierta que nos descubre Zubiri es sujeto creativo y responsable de la marcha de la sociedad y de la historia, aún en los actos más cotidianos de su existencia la persona está determinando no sólo su propio proyecto sino la realización de los demás. Por la apropiación, el poder de lo real y la libertad el relativo Absoluto crece y está llamado a contribuir al crecimiento personal de los demás y de toda la sociedad.

Valoramos positivamente la antropología del cuerpo que propone Zubiri. Desde su reflexión trascendental la corporeidad muestra su dimensión estrictamente personal e interpersonal. Por el cuerpo la persona desarrolla su yo, por el cuerpo se presente y se relaciona con los otros Absolutos. La persona es corporeidad. Desde esta antropología es posible proyectar toda la riqueza de la persona sobre la vivencia del propio cuerpo, constituye una base espléndida para iluminar campos de nuestra sociedad que reducen el cuerpo a instrumento y dualizan la persona en mecanicismos cartesianos camuflados. El cuerpo es la persona expresa y, prolongando la dimensión teologal de la persona, se muestra como templo real de Dios. Dimensiones antropológicas del amor sexual, estudio del pudor, aspectos éticos, su cuidado y riqueza en la relación amorosa, son algunos terrenos susceptibles de enriquecerse con la visión zubiriana, alguno de los cuales hemos explicitado con gran complacencia en la parte final de la tesis.

La intersubjetividad encuentra en Zubiri un pensamiento capaz de acoger preocupaciones fundamentales de nuestro tiempo: el nosotros, la sociedad, la política, la apertura a los demás, la responsabilidad, el compartir y vivir juntos en la verdad. Es un terreno que merece la pena seguir trabajando. Nada tiene que envidiar esta forma de mirar la realidad interpersonal a los personalismos de origen francés, dialógico y hermenéutico, por el contrario la noción de persona de Zubiri con su comunalidad está a la altura de los tiempos. Compromiso, fidelidad, familia, amor, sexualidad, amistad, noviazgo son ámbitos humanos que encuentran un fundamento antropológico válido y abierto a posteriores desarrollos en Zubiri.

Un tema importante que hemos abordado ha sido la dimensión moral de la persona y el carácter concreto y personalista de una ética que busque su radicación en la filosofía de Zubiri. Si para Lèvinas la ética deriva del ámbito preontológico responsivo de la persona, auténtico infinito, creemos, y así nos lo hemos encontrado, que la moral derivada de Zubiri está pidiendo un desarrollo personalista como ética de primera persona, que acoge íntima y necesariamente el plural, en comunión con las mejores éticas prudenciales y de la virtud.

En la ética, quizás por ser uno de los temas de nuestro tiempo, se pone en juego la antropología y la metafísica. En el caso de Zubiri no sólo entra en juego su capacidad de construir una ética racional dialogante, abierta y metódica desde su noología, sino algo que creemos mucho más serio. Si en algo se descubre el valor de la inteligencia sentiente no es en la noología como tal, ni en sus aportes para la gnoseología y las epistemologías, que son muchos. Tampoco radica su principal riqueza en abrir la razón al personalismo, en superar dialogalmente el cientismo y en abrir nuevas perspectivas a la teología con el *logos* teologal.

Todos estos puntos son muy interesantes, pero son nada y menos que nada si no se capta que la inteligencia sentiente sirve en Zubiri para abrir la transcendentalidad. Si abre algo interesante y básico es el horizonte de la realidad y ahí, aún con el riesgo de hiperrealismo, vemos la mayor riqueza. Es esa transcendentalidad rica, llena, intensa, dinámica, matizada, respectiva y abierta[5] la que permite a Zubiri colocar la persona en la cumbre del dinamismo mundanal y sostener su absoluto irreducible en comunión con los demás y con Dios. Transcendental es plenitud, es riqueza, es dinamismo. Transcendental no es formalidad en el sentido de formalista. Por eso lo trascendental no sólo no está vacío sino que de lleno desborda.

Este núcleo es el más difícil de alcanzar y mantener en la reflexión. Un terreno donde consideramos que sería fecunda esta concepción trascendental de la persona es la ética: Moral formal en Zubiri quiere decir plenitud personalista. Hemos puesto al lado de la noción de ley natural de Sto. Tomás la posición de Zubiri, no por capricho ni porque nos guste, aunque de hecho sea así, sino para manifestar poniendo de nuevo a dos grandes en paralelo que en los puntos más complejos y trascendentales acaban coincidiendo. Quizás resulte algo arriesgado, pero creemos que ley natural es personalismo.

Un último subrayado que no puede faltar es el tema de Dios. Dios nos ha aparecido en todos los campos que hemos abordado, en la dimensión teologal de la persona, en la realización del yo, presente en el tú con el que me encuentro, tanto como corporeidad como en sus notas más espirituales. Zubiri nos muestra un Dios que está actualmente presente, de modo activo y dinámico dando vida y realidad a la persona, construyendo su persona y esperándole en el tú de forma originaria. Sin el Dios vivo y personal la persona no sería persona, y las relaciones interpersonales no serían tales. Sólo mirando a la ultimidad impelente el propio proyecto compartido adquiere sentido definitivo y personalista. Dios aparece así en el horizonte familiar, del enamoramiento, de la amistad y de la misma sociedad, no como un pegote añadido, sino como Realidad imprescindible pues sin Él la plenitud de riqueza de estas realidades relacionales no es posible.

Zubiri parece exigir una disposición discipular en el enfrentamiento con su filosofía para captar su abrirse a la realidad, y Zubiri ha hecho escuela, esto es algo grande y bueno y casi novedoso en España. Pero también la escuela resulta exigente sobretodo en el esfuerzo de que la

---

[5] Por eso dentro del pensar zubiriano se encuentra cierta sinonimia entre respectividad, apertura, funcionalidad, dependencia, *entre*, comunicación, comunión y dar de sí. Cf. J. VILLANUEVA, *Noología y reología*, 286.

luminaria de la realidad no se vele encerrada en discusiones bizantinas. Es cierto que el *corpus* zubiriano exige un tremendo esfuerzo de estudio y análisis, que la tentación fácil de servirse de modo superficial de la *noología* y del método por ella propuesto están ahí. Ojalá no pase lo mismo con Zubiri que con los discípulos de otros filósofos y sus logros se pierdan en método. Si esto ocurre Zubiri habrá muerto.

Es aquí donde nos encontramos con uno de los principales límites del sistema zubiriano: su recepción. Errores históricos de lecturas escolasticistas, aristotelistas, quizás no se repitan; sin embargo, reducir su pensamiento a estructuralismo, leerlo como idealista o mezclarlo sin suficiente claridad con otros autores pueden acarrear la pérdida de las principales aportaciones de Zubiri.

Pero su sistema requiere diálogo porque él mismo es diálogo, y en el dialogar con otros habrá fricciones y malentendidos, pero es el único camino para enriquecerse y avanzar. La apertura de Zubiri es la garantía de que al final se caminará por ahí. Decía Zubiri que «los autores no operan en función de lo que realmente han escrito, sino de cómo se les ha entendido»[6], confiemos en que la nueva apertura al núcleo íntimo de lo real no quede de nuevo obturada por la historia y se pierdan sus logros personalistas.

Una característa de Zubiri es la aptitud de su filosofía para aplicarse y prolongarse. Él mismo se mostraba orgulloso de los desarrollos personales de Ellacuría y es un punto donde los comentaristas muestran unanimidad. Nosotros mismos lo hemos comprobado e intentado realizar en humilde medida.

La apertura del pensar de Zubiri sugiere siempre campos de trabajo sumamente interesantes. Si la razón es liberación de verdad, forma zubiriana de decir «sé creativo y atrévete a pensar», animamos a todo el que pase por Zubiri a descubrir su luz, la esquirla de verdad que él ha liberado y a proyectarla en el propio pensamiento. Volver a casa tras un largo viaje en la persona y la intersubjetividad con Zubiri compensa. Cuando don Quijote vuelve a su casa para morir dando término a sus gloriosas hazañas ¿es el mismo que un buen día partió de ella para luchar sin tregua y sin descanso?[7] Al final la casa es la misma, pero uno descubre nuevas luces, nuevas sombras y rincones, y la vive de tal manera que hacen que el trayecto, e incluso la ausencia, haya merecido la pena.

---

[6] X. ZUBIRI, «Manuscritos latinos», 21.
[7] Cf. J. BAÑÓN, «Zubiri hoy: Tesis básicas», 73-74.

SIGLAS Y ABREVIATURAS

1. Obras de X. Zubiri

3DSH	*Tres dimensiones del ser humano*, Madrid 2006
5LF	*Cinco lecciones de filosofía*, Madrid 1963, 1997³
7EA	*Siete ensayos de antropología filosófica*, Bogotá 1982:
	DHSH «La dimensión histórica del ser humano»
	HC «El hombre y su cuerpo»
	HRP «El hombre, realidad personal»
	NIH «Notas sobre la inteligencia humana»
	OH «El origen del hombre»
	PH «El problema del hombre»
CDT	«El concepto descriptivo del tiempo», *Realitas* II (1976) 7s.
DE	«Dos Etapas» o «Prólogo a la edición inglesa» NHD⁹ 9-17
EDR	*Estructura dinámica de la realidad*, Madrid 1989
ESP	Especifica en ETM el curso sobre: *El espacio*
ETFJ	*Ensayo de una teoría fenomenológica del juicio*
ETM	*Espacio. Tiempo. Materia*, Madrid 1996
HD	*El hombre y Dios*, Madrid 1984, 1994⁵
HV	*El hombre y la verdad*, Madrid 1999
IL	*Inteligencia y logos*, Madrid 1982
IRA	*Inteligencia y razón*, Madrid 1983
IRE	*Inteligencia sentiente. Inteligencia y realidad*, Madrid 1980, cito 1991⁴
IS	Referencia a IRE, IL e IRA como inteligencia sentiente
NHD	*Naturaleza, Historia, Dios*, Madrid 1987⁹:
	EPD «En torno al problema de Dios»
	IPD «Introducción al problema de Dios»
	SSDTP «El ser sobrenatural: Dios y la deificación en la teología paulina»
NPR	«Note sur la philosophie de la religion», *Bulletin de l'Institut Catholique de Paris* (2ª serie) 28/10 (1937) 333-341
PE	*Primeros Escritos*, Madrid 1999

PFHR	*El problema filosófico de la historia de las religiones*, Madrid 1993
PFMO	*Los problemas fundamentales de la metafísica occidental*, Madrid 1994
POaH	*Le problème de l'objectivité d'après Ed. Husserl. I. La logique pure*, in PE
PTH	«El problema teologal del hombre», in *Teología y mundo contemporáneo*, Fs. K. Rahner, Madrid 1975, 55-64
PTHC	*El problema teologal del hombre: cristianismo*, Madrid 1997
RR	«La respectividad de lo real», *Realitas* III-IV (1979) 13-43
RTE	«Reflexiones teológicas sobre la Eucaristía», *EE* 56 (1981) 41-59
SE	*Sobre la esencia*, Madrid 1962, 1985^5, cito por esta última
SH	*Sobre el hombre*, Madrid 1986: GRH «Génesis de la realidad humana»
SPF-I	«Sobre el problema de la filosofía-I», *ROc* 115 (1933) 51-80
SPF-II	«Sobre el problema de la filosofía-II», *ROc* 118 (1933) 83-117
SPFp	*Sobre el problema de la filosofía*, Madrid 1988
SPF	*Sobre el problema de la filosofía y otros escritos*, Madrid 2002
SR	*Sobre la realidad*, Madrid 2001
SSV	*Sobre el sentimiento y la volición*, Madrid 1992: RFSE («Reflexiones filosóficas sobre lo estético»)
TF	«Trascendencia y física», in GEM XVIII, 419-424

2. Otras abreviaturas

AnFil	*Anuario Filosófico*
AnnFil	*Annuario Filosofico*
AnVal	*Anales Valentinos*
APR	Aprehensión Primordial de Realidad
Asclepio	*Asclepio. Archivo iberoamericano de hisoria de la medicina y Antropología médica*
AuVi	*La Aurora de la Vida*
Burg.	*Burgense*
cap.	Capítulo
CCZ	C. CASTRO DE ZUBIRI, *Biografía de Xavier Zubiri*
CDios	*La Ciudad de Dios*
cf.	Confrontar
CFLA	*Cuadernos de Filosofía Latinoamericana*
CH	*Cuadernos Hispanoamericanos*

Col.	Colección
Com. Ox.,	*Commentaria Oxoniensia*
Contra Gent.	*Summa Contra Gentiles*
CP	*Cuadernos de Pensamiento*
CSF	*Cuadernos Salmantinos de Filosofía*
CTom	*La Ciencia Tomista*
CyR	*Cruz y Raya*
De Trin.	*De Trinitate*
De Ver	*De veritate*
DoCriIB	*Documentación Crítica Iberoamericana de Filosofía y Ciencias Afines*
ECA	*Estudios Centroamericanos*
Ed.	Editor
EE	*Estudios Eclesiásticos*
EstFil	*Estudios Filosóficos*
Eth. Eud.	*Etica Eudemia*
Eth. Nic.	*Etica Nicomaquea*
FIV	Fecundación *in vitro*
Fs.	Festschift (= Homenaje)
GEM	*Gran Enciclopedia del Mundo*
GER	*Gran Enciclopedia Rialp*
Gr.	*Gregrorianum*
i. e.	*Id est*
IAL	*Índice de Artes y Letras*
Ibid.	Mismo lugar
ID.	Mismo autor
IyP	*Investigación y Progreso*
KrV	*Kritik der reinen Vernunft*
Lum.	*Lumen*
MCom	*Miscelánea Comillas*
n.	número
NatGrac	*Naturaleza y gracia*
OC	Obras Completas
p. e.	Por ejemplo
p.	página
PL	J.P. MIGNE, ed., *Patrologiae. Cursus completus, Series Latina*, Paris, Vrayet de Surcy, 1847
Pol.	*Política*
RelCult	*Religión y Cultura*
Rep. Par.	*Reportata Parisiensia*

REsp	*Razón Española*
RevAg	*Revista Agustiniana*
RF(Me)	*Revista de Filosofía* (México)
RFNS	*Rivista di Filosofia Neo-Scolastica*
ROc	*Revista de Occidente*
RyF	*Razón y Fe*
s.	Siglo o siguientes
S.Th.	*Summa Theologiæ*
Sent.	*In quattuor libros Sententiarum P. Lombardi*
Thém	*Thémata. Revista de Filosofía*
TG.Fil.	Tesi Gregoriana. Serie Filosofia
TG.Teol.	Tesi Gregoriana. Serie Teologia
Tr. y Trad.	Traductor y Traducción
UCA	Universidad Centro-Americana
Vol.	Volumen, volúmenes
VN	*Vida Nueva*

BIBLIOGRAFÍA

1. **Obras de Zubiri**

1913-14
– «La tuberculosis en la clase escolar», *AuVi* 21 (1913) 10-12.
– «Magia parda», *AuVi* 27 (1914) 14-15.
– «El proceso de la volición según la doctrina de Santo Tomás de Aquino», *AuVi* 25 (1914) 3-5.

1921
– *Le problème de l'objetivité d'après Ed. Husserl. I. La logique pure*, Louvain 1921 = PE 393-452; trad. española, PE 1-67.

1923
– *Ensayo de una teoría fenomenológica del juicio*, Madrid 1923 = PE 68-334.

1925
– «La crisis de la conciencia moderna», *CDios* 141 (1925) 202-221 = PE 335-358.
– «Recensión a P. L. Landsberg, *La edad Media y nosotros*», *ROc* 3/39 (1925) 251-257 = PE 371-382.

1926
– «Filosofía del ejemplo», *Revista de pedagogía* 5/55 (1926) 289-295 = PE 350-270
– «Recensión a F. Brentano, *Psicología*», *ROc* 4/42 (1926) 403-408 = PE 383-392, probablemente sea la reedición de *Pshychologie von empirischen Standpunkt*, I, 1874, in OC, I, 1924[2] y II, 1925, ed. A. Kastil y O. Kraus.

1927
– Trad. de A. MESSER, *Filosofía Antigua y Medieval*, Madrid 1927.

1932
– «Goethe y la idea de naturaleza», *IyP* 6/4 (1932) 57-59 = *RevAg* 34 (1993) 715-722 = SPF 125-132.

1933

– «Sobre el problema de la filosofía - I», *ROc* 115 (1933) 51-80 = SPFp cap. I-III, 5-23 = SPF 17-42.

– «Sobre el problema de la filosofía - II», *ROc* 118 (1933) 83-117= SPFp cap. I-VI, 24-45 = SPF 42-70.

– «Hegel y el problema metafísico», *CyR* 1 (1933) 11-40 = NHD 1944, 279-301 = NHD^9 267-287.

– «Nota preliminar a un sermón del maestro Eckehart. "El retiro"», *CyR* 4 (1933) 83-86. = «El maestro Eckehart», in *Antología de "Cruz y Raya"*, ed. J. Bergamín, Madrid 1974, 98-99 = SPF 133-136.

– Trad. de M. HEIDEGGER, *Was ist Metaphysik?*, Bonn 1929 (lección inaugural en Friburgo), in OC 9, «¿Qué es metafísica?», *CyR* 6 (1933) 83-115.

1934

– «La nueva física. Un problema de filosofía», *CyR* 10 (1934) 8-94 = NHD 1944, 305-377 = NHD^9 291-353.

– «Prólogo» e «Introducción» de A. MARCH, *La Física del átomo. Iniciación en las nuevas teorías*, Madrid 1934, 9-11 = SPF 137-178.

– Trad. de M. SCHELER, «Tod und Fortleben», in *Schriften aus dem Nachlass*, I, 1933, in OC X, 1957, *Muerte y supervivencia. Ordo amoris*, Madrid 1934, 1996^2.

1935

– «Filosofía y metafísica», *CyR* 30 (1935) 7-60 = SPF 179-214 = (fragmentos) «¿Qué es saber?» + «La idea de filosofía en Aristóteles», in NHD 1944, 51-82 y 153-157 = NHD^9 59-87 y 127-137.

– «En torno al problema de Dios», *ROc* 149 (1935) 129-159 = SPF 215-241, = (modificado y ampliado) NHD 1944, 423-467 = NHD^9 417-454 = trad. «Autour du problème de Dieu», tr. S. Révah in *Recherches Philosophiques* (1935-36).

– Trad. y «Advertencia preliminar» de F. SUÁREZ, *Disputaciones metafísicas sobre el concepto de ente*, Madrid 1935, 7-10.

– Trad. y «Prólogo» de G.W.F. HEGEL, *Fenomenología del Espíritu*, Madrid 1935, 9-16; original alemán: *System der Wissenschaft*, I, *Die Phänomenologie des Geistes*, 1807.

– Trad. e «Introducción» de E. SCHRÖDINGER, *La nueva mecánica ondulatoria*, Madrid 1935, Barcelona 1996.

– «¿Qué es Psicología?», SPF 243-264, inédito hasta 2002, crítica del proyecto de Wundt realizada en las dos lecciones de Barcelona de 1935.

1936

- «Ortega, maestro de filosofía», *El Sol* (8-3-1936) 6 = *ROc* 24-25 (extra 1983) 279-281 = *CFLA* 16 (1983) 109-110 = SPF 265-270.
- Trad. y «Prólogo» de F. BRENTANO, *El porvenir de la filosofía*, Madrid 1936, vii-viii = NHD[9] 183.

1937

- «Note sur la philosophie de la réligion», *Bulletin de l'Institut Catholique de Paris* (2ª serie) 28/10 (1937) 333-341 = SPF 317-330 = (original inédito castellano previo a la traducción) SPF 271-284.
- «Manuscrits latins de la Bibliothèque Nacionale relatifs à la philosophie espagnole», SPF 347-373 = trad. española, tr. G. Fernández de la Mora, *REsp* 39 (1990) 19-36.
- «*Res cogitans*», comunicación inédita para el Tercer centenario del *Discurso del Método* en la Sorbona, original francés SPF 337-345, trad. española in SPF 291-299.

1938

- «À la mémoire du P. Lagrange O.P., docteur de la tradition biblique», *Chroniques du Foyer des Etudians Catholiques* (Paris) 9 (1938) 3-7 = SPF 331-336, trad. del manuscrito en castellano SPF 285-290.

1939

- Trad. de J. THIBAUD, *Vida y trasmutaciones de los átomos*, Madrid – Buenos Aires 1939, 1945[4].
- Trad. de L. BROGLIE, *Materia y luz*, Buenos Aires 1939, 1942[2], 1945[3].

1940

- «Sócrates y la sabiduría griega», Madrid 1940 = *Escorial* 2 (1940) 187-226 + *Escorial* 3 (1941) 51-78 = NHD 1944, 187-278 = NHD[9] 185-265 = «Socrates and Greek Wisdom», tr. R.S. Willis, Jr., *The Thomist* (1944) 1-64.
- Trad. y «Prólogo» de B. PASCAL, *Pensamientos*, Buenos Aires 1940, 1981[9] = NHD[9] 171-177.
- Trad. de E. LE DANOIS, *El Atlántico. Historia y vida de un Océano*, Buenos Aires 1940.
- Trad. de R. COLLIN, *Las hormonas*, Buenos Aires – México 1940.

1941

- «Prólogo» de J. MARÍAS, *Historia de la Filosofía*, Madrid 1941, 9-18 = SPF 301-314 = (sin datos biográficos) «La filosofía y su historia», in NHD 1944, 139-152 = NHD[9] 141-151.

– «Ciencia y realidad», *Escorial* 10 (1941) 177-210 = NHD 1944, 83-126 = NHD^9 91-126.

1942

– «El acontecer humano. Grecia y la pervivencia del pasado filosófico», *Escorial* 23 (1942) 401-432 = NHD 1944, 379-421 = NHD^9 355-391 = «Notre attitude a l'égard du passé», tr. A. Guy – A. Erres, in G. HANS, ed., *Le temps et la mort dans la philosophie espagnole contemporaine*, Toulouse 1968, 28-48.

– «Nuestra situación intelectual», NHD^9 27-58 = Trad. «A nossa situação intelectual», tr. J. Fernández Tejada, *Cadernos Académicos* 3 (1996).

1944

– «Introducción» de CRISTINA DE SUECIA, ISABEL DE BOHEMIA Y DESCARTES, *Cartas*, Madrid 1944, 9-15 = (modificado) «Descartes», in NHD 1944, 166-173 = NHD^9 163-169.

– *Naturaleza, Historia, Dios*, Madrid 1944, 1963^5 y 1987^9, por la que citamos, incluye los artículos nuevos de 1963 y el prólogo de 1980 = trad. *Nature, History, God*, tr. TH.B. Fowler Jr., Washington 1981 = *Natura. Storia. Dio*, Col. Zubiri – Opere II, tr. G. Ferracuti, Palermo 1985.

1945

– Revisa trad. de G. RICCIOTTI, *Historia de Israel*, Barcelona 1945.

1950

– Revisa trad. de G. RICCIOTTI, *Pablo Apóstol. Biografía*, Madrid 1950.

1955

– «Ortega», *ABC* (Madrid) (19-10-1955) 32 y 35.

– «El yo que duda», *ABC* (Edición Semanal Aérea) (27-10-1955) 3.

1959

– «El problema del hombre», *IAL* 13/120 (1959) 3-4 = trad. «Le problème de l'homme» (fragmento), *Cahiers des Saisons* «*L'Espagne même*» 20 (1960) = 7EA 79-86.

1962

– *Sobre la esencia*, Madrid 1962, 1963$^{2 y 3}$, 1972^4, 1985^5 = trad. alemana *Von Wessen*, tr. H.G. Rötzer, München 1968 = trad. inglesa *On essence*, tr. A.R. Caponigri, Washington 1980.

1963

– *Cinco lecciones de filosofía*, Madrid 1963 = trad. *Cinque lezioni di filosofia*, tr. G. Ferracuti, Col. Zubiri – Opere III Palermo 1992 = trad. *Cinq leçons de philosophie*, tr. P. Secretan, Paris 2003.

– «El hombre realidad personal», *ROc* (2ª ép) 1 (1963) 5-29 = 7EA 55-77.

- «Ochoa, Severo», in GEM XIV, Bilbao 1963, 267-268.
- «Introducción al problema de Dios», in NHD 1963[5], 341-360 = NHD[9] 393-416.
- «Nota a la 5ª edición», in NHD 1963[5], 7.

1964
- «El origen del hombre», *ROc* (2ª ép.) 2/17 (1964) 146-173 = 7EA 27-54.
  Trad. inglesa «The origin of man», tr. A.R. Caponigri, in *Spanish Philosophy. An Anthology*, Indiana 1967.
- «Trascendencia y física», in GEM XVIII, Bilbao 1964, 419-424.
- «Zurvanismo», in GEM XIX, Bilbao 1964, 485-486.
- Revisa trad. de G. FEURER, *Adán y Cristo: su legado a la humanidad*, Barcelona 1964.

1965
- «Prólogo», in O. GONZÁLEZ DE CARDEDAL, *Misterio trinitario y existencia humana. Estudio histórico teológico en torno a San Buenaventura*, Madrid 1965, 11-14.

1967
- «Notas sobre la inteligencia humana», *Asclepio* 18 (1967) 341-353 = 7EA 101-115 = SR 243-259.
- «A modo de salutación», in O. GONZÁLEZ DE CARDEDAL, *Teología y antropología. El hombre "imagen de Dios" en el pensamiento de Santo Tomás*, Madrid 1967, 7-8.

1969
- «Presentación» y «Epílogo», in S. OCHOA, *Base molecular de la expresión del mensaje genético*, Madrid 1969, 9-10, 165.

1973
- «El hombre y su cuerpo», *Asclepio* 25 (1973) 3-15 = 7EA 87-99.
- «Palabras en el homenaje a D. Juan Zaragüeta», texto mecanografiado.

1974
- «La dimensión histórica del ser humano», *Realitas* I (1974) 11-69. = 3DSH 105-168.
- *La marcha intelectiva hacia Dios*, inédito.
- *La realidad humana*, incorporado a SH 9-46 y 51-103.
- «El espacio», *Realitas* I (1974) 479-514. Resumen del curso de 1973 realizado por I. Ellacuría. Publicado en ETM 11-208.

1975

– «El problema teologal del hombre», in *Teología y mundo contemporáneo*, Fs. K. Rahner, Madrid 1975, 55-64 = 7EA 175-187 = HD 367-383.

– «Antología de Xavier Zubiri», *La estafeta literaria* 569-570 (1975) 16-17.

– *La concreción de la persona humana*, in SH 47-50. 152-222 y 477-544.

1976

– «El concepto descriptivo del tiempo», *Realitas* II (1976) 7-47.

– «Recuerdo a D. Luis Felipe Vivanco», inédito mecanografiado.

1978

– «Presentación», in F. SUÁREZ, *De Anima* I, ed. S. Castellote – C. Baciero, Madrid 1978, vii.

1979

– «La respectividad de lo real», *Realitas* III-IV (1979) 13-43.

1980

– *Inteligencia sentiente. Inteligencia y realidad*, Madrid 1980 = trad. *Sentient intelligence: Intelligence and reality*, tr. Th.B. Fowler Jr., Washington 1999, 2003 = trad. *L'Intelligence sentante. Intelligence et Réallité*, tr. P. Secretan, Paris 2005.

– «Un prólogo inédito de Zubiri», *Ya* (16-12-1980) 33 = *CFLA* 17 (1983) 5-10 = *Franciscanum* (1984) 77-82 = «Dos etapas», *ROc* 32 (1984) 43-50 = NHD^9 9-17. Fue redactado para trad. inglesa *Nature, History, God*, tr. Th.B. Fowler Jr., Washington 1981.

– «Intervención aclaratoria», in *Religione ed etica nel «Sacro» di R. Otto*. Atti del III Convegno di Studi di Filosofia della Religione, ed. U. Bianchi, Perugia 1980, 327-354.

– «Prólogo a la 3ª edición», in 5LF, Madrid 1980^3, i-iv.

1981

– «Palabras de agradecimiento», *EE* 56 (1981) 39-40.

– «Reflexiones teológicas sobre la Eucaristía», *EE* 56 (1981) 41-59 = PTHC 397-421.

1982

– «Juan Lladó», *Ya* (4-8-1982) 9.

– «¿Qué es investigar?», Discurso de recepción del Premio «Ramón y Cajal» a la Investigación Científica, *Ya* (19-10-1982) 9 = *CFLA* 17 (1983) 103-106 = in *Hombre y realidad*, Fs. X. Zubiri, ed. M.L. Rovaletti, Buenos Aires 1985, 85-88 = *Giornale di Metafisica* (1987) 261-264 = *Nuova Scola* 9 (1988) 261-264.

- *Inteligencia y logos*, Madrid 1982 = trad. inglesa *Intelligence and Logos*, tr. Th.B. Fowler Jr., Washington 2003.
- *Siete ensayos de antropología filosófica*, Bogotá 1982. Contiene: «El origen del hombre» (1964), «El hombre realidad personal» (1963), «El problema del hombre» (1959), «El hombre y su cuerpo» (1973), «Notas sobre la inteligencia humana» (1967), «La dimensión histórica del ser humano» (1974) y «El problema teologal del hombre» (1975).
- «Palabras en la inauguración del nuevo *auditorium* del Banco Urquijo», texto mecanografiado.
- «Palabras en la presentación del libro de Ramón Carande "Galería de raros"», texto mecanografiado.

1983

- *Inteligencia y razón*, Madrid 1983 = trad. inglesa *Intelligence and Reason*, tr. Th.B. Fowler Jr., Washington 2003.
- «Palabras de presentación de *Inteligencia y Logos* e *Inteligencia y Razón*», texto mecanografiado.
- «Dos cartas inéditas», *CFLA* 17 (1983) 107-108.
- *La génesis de la realidad humana*, dictado hasta su muerte aparece in SH 445-476 y ETM 579-610.

1.1 *Póstumos*

1984

- *El hombre y Dios*, Madrid 1984 = *L'uomo e Dio*, tr. A. Savignano, Genova – Milano 2003= trad. *L'homme et Dieu*, tr. P. Secretan, Paris 2005.

La Primera Parte: *La realidad humana* está revisada al completo por Zubiri en 1983. Sólo dudas de transición a la segunda.

La Segunda Parte: *La realidad divina* estaba redactada pero en espera de profunda reforma. Aparece publicada a la altura de 1973-74, incluyendo algún cambio terminológico y notas de Zubiri y eliminando lo ya incluido como apéndice en la primera parte, según los criterios de Ellacuría.

La Tercera Parte: *El hombre, experiencia de Dios*, es trascripción de lecciones orales del curso oral de 1973 en la Pontificia Universidad Gregoriana exceptuando una lección. *El problema teologal del hombre: el hombre y Dios*.

Conclusión: reedición de la conferencia en honor de K. Rahner: «El problema teologal del hombre», *Teología y mundo contemporáneo*. Fs. K. Rahner, Madrid 1975, 55-64

Toda la obra reasume la primera parte del largo curso oral: *El problema teologal del hombre: Dios, religión, cristianismo* (1972), corregida a partir del de Roma.

1985

– «Espacio», in GEM VII, Bilbao 1985, 3515-3518, resumen de Ellacuría.

1986

– *Sobre el hombre*, Madrid 1986. Recoge cursos e inéditos reodernados:
   1953-54, curso oral, *El problema del hombre*, 223-440 y 545-676, Ellacuría corrige y omite lecciones innecesarias.
   1959, curso oral, *Sobre la persona*, 103-151. Como estaba empezado a redactar mantiene la terminología de subsistencia que luego Zubiri abandona, retoques mínimos.
   1974, inédito, *La realidad humana*, 11-46 y 51-103.
   1975, inédito, *La concreción de la persona humana*, 47-50, 152-222 y 477-544, estaba concebido como parte de HD.
   1982-83, *La génesis de la realidad humana*, 445-476. Incluido también en ETM 579-610.
   Transición, 441-444 (2 párrafos).

Il problema dell'uomo. Antropologia filosofica, ed. A. Savignano, Col. Zubiri – Opere I, Palermo 1985, colección de artículos de antropología seleccionados por el editor, no se corresponde con SH.

1988

– *Sobre el problema de la filosofía*, Madrid 1988. Recoge los dos artículos homónimos de 1933 en *ROc*. No fueron incluidos en NHD porque Zubiri quería realizar otro libro en base a estos. El índice previsto aparece aquí. Los capítulos I al VI son los dos artículos corregidos y los VII al IX la tercera parte redactada por Zubiri hacia 1942. El resto quedó abandonado. Ofrece el pensamiento de Zubiri en esa época y el contenido de cursos universitarios = SPF 17-124.

1989

– *Estructura dinámica de la realidad* (1968), Madrid 1989. Curso Oral = trad. inglesa *Dynamic Structure of Reality*, tr. N. Orringer, Urbana – Chicago 2003.

– «Tiempo», in GEM XVIII, Bilbao 1989, 9283-9286.

– «Cartas al doctor Lluís Carreras i Mas (31-1-1936, 22-2-1936, 1-3-1936)», *El Ciervo* 40/479 (1991) 25-6.

– «Las fuentes espirituales de la angustia y de la volición», *Revista Latinoamericana de Teología* 8/22 (1991) 91-97 = *Revista de Filosofía* (Madrid) 4/6 (1991) 239-245 = SSV 395-405.

1990

– «Manuscritos latinos de la Biblioteca Nacional de París relativos a la filosofía española», *REsp* 39 (1990) 19-40, tr. G. Fernández de la Mora de

«Manuscrits latins de la Bibliothèque Nationale relatifs à la philosophie espagnole» 1937 = SPF 347-373.

1992

– *Sobre el sentimiento y la volición*, Madrid 1992. Contiene los cursos:
  1961: *Sobre la voluntad*, 15-194
  1964: *El problema del mal*, 195-320.
  1975: *Reflexiones filosóficas sobre lo estético*, 321-392.
  + «Las fuentes espirituales de la angustia y de la volición» 395-405.

1993

– *El problema filosófico de la historia de las religiones*, Madrid 1993. Aúna y corrige los cursos orales de 1965 de Madrid y Barcelona, completados con fragmentos de la primera y segunda parte del curso oral: *El problema teologal del hombre: Dios, religión, cristianismo* (1972).

1994

– *Los problemas fundamentales de la metafísica occidental* (1969-70), Madrid 1994. Recoge, corregidos, los cursos orales homónimos de Madrid

1996

– *Espacio. Tiempo. Materia*, Madrid 1996. Contiene cursos:
  Una parte de EDR 1968, 41-204 (excepto 64-71) y 461-577.
  Sobre el tiempo 1970, 209-329, antes resumido en CDT.
  El espacio 1973, 11-208.
  Reedita GRH, 579-610.

1997

– *El problema teologal del hombre: cristianismo*, Madrid 1997, 1999[2].
  Recoge el curso oral: *El problema teologal del hombre: Dios, religión, cristianismo* (1972) completado con notas del curso teológico de 1967.
  Incluye (397-421) «Reflexiones teológicas sobre la Eucaristía», EE 56 (1981) 41-59.

1999

– *El hombre y la verdad* (1966), Madrid 1999. Curso oral de cinco lecciones con trascripción revisada por Zubiri, aunque no dado a la imprenta = trad. *L'homme et la vérité*, tr. P. Secretan, Paris 2003.

– *Primeros Escritos* (1921-26), Madrid 1999. Escritos de los años 20. Recoge la tesina, original y traducción, la tesis, dos artículos: «La crisis de la conciencia moderna» y «Filosofía del ejemplo» y dos recensiones, «Landsberg» y «Brentano».

2001

– *Sobre la realidad* (1966), Madrid 2001. Trascripción del curso oral de 8 lecciones con modificaciones para lectura ágil. Incluye NIH. Responde a la crítica de realismo ingenuo que generó SE.

2002

– *Sobre el problema de la filosofía y otros escritos* (1932-1944), Madrid 2002. Recoge los escritos sueltos de Zubiri de este periodo y el póstumo SPF publicado por la fundación en 1988, que le da título. Completa a NHD = *Sur le problème de la philosophie*, tr. P. Secretan, Paris 2003.

2005

– *El hombre: lo real y lo irreal*, Madrid 2005. Curso oral de 1967 compuesto de seis lecciones.

2006

– *Tres dimensiones del ser humano: individual, social, histórica*, Madrid 2006. Curso oral de 1974 compuesto de tres lecciones. Reedita incluyendo pequeñas anotaciones la tercera lección preparada por el mismo Zubiri y publicada como: «La dimensión histórica del ser humano», *Realitas* I (1974) 11-69.

– *Últimos escritos*, Madrid 2006.

2. Otros autores

ABELLA CHOUCIÑO, «Amor Ruibal y X. Zubiri. Estudio comparativo de la relatividad y la respectividad ontológicas», *Compostellanum* 30 (1985) 167-189.

———, «La sustantividad como unidad sistemática, en Amor Ruibal y Xavier Zubiri», *Compostellanum* 32 (1987) 121-155.

ABELLÁN, J.L., *Historia crítica del pensamiento español*, «5/III: La crisis contemporánea. III. C) De la gran guerra a la guerra civil española (1914-39)», Madrid 1991.

AGUIRRE, J., «Recuerdo personal», *ABC* (22 sept. 1983) 46.

AGUSTÍN, S., *De Trinitate. Tratado de la santísima Trinidad*, in OC V, Madrid 1958.

AÍSA, I., «De la posibilidad de perspectivas o niveles de la transcendentalidad. A propósito del orden transcendental de X. Zubiri», *Thém* 4 (1987) 7-13.

ALVARADO PISANI, J.L., «Aprehensión primordial de realidad y experiencia mística», in *Mundialización y liberación. II Encuentro Mesoamericano de Filosofía*, ed. J. Alvarado, Managua 1996, 281-296.

ÁLVAREZ POLO, M.J., «Presupuestos fundamentales para la comprensión de la historicidad en Xavier Zubiri», *CP* 1 (1987) 91-106.

AMOR RUIBAL, A., *Los problemas fundamentales de la filosofía y del dogma*, VIII. El conocer humano, Santiago de Compostela 1934.

ARANGUREN, J.L. L., *Ética*, Madrid 1958, 1976⁵.

———, «La muerte del maestro y el futuro de la metafísica», *El País* (23-9-1983) 30.

———, «Moral como estructura, como contenido y como actitud», in *Ética y Estética en Xavier Zubiri*, Madrid 1996, 21-23.

ARELLANO, J., «Contribuciones al estudio de Sobre la esencia de Xavier Zubiri: la idea del orden transcendental», *DoCrilb* 1 (1964) 29-83.

ARISTÓTELES *De Anima*, citamos, ed. P. Siweck, *Aristoteles. De Anima. Libri tres. Græce et latine*, PUG, Roma 1933; trad. española, tr. T. Calvo Martínez, *Aristóteles. Acerca del alma*, Madrid 1978, 1994³.

———, *Eticas Nicomaquea y Eudemia*, tr. J. Palli Bonet, Madrid 1985, 131s. y 411s.

———, *Política*, ed. M. García Valdel, Madrid 1988.

———, *Metafísica*, ed. T. Calvo Martínez, Madrid 1994.

ARRIBAS MONTES, V., «El tema de la ciencia en la filosofía de X. Zubiri», in *Cuadernos Canela* 7. Actas del VII Congreso de Literatura, Historia-pensamiento y metodología de la Confederación Académica Nipona – Española – Latinoamericana, Kioto 1995, 7-23.

AUBERT, J.M., *Loi de Dieu. Lois des Hommes*, Tournai 1964.

AYALA, F., «M. García Morente, o el disloque», in *Recuerdos y olvidos*, Madrid 1991, 531-539.

BABOLIN, A., «La teoria filosofica della religazione di Xavier Zubiri, come momento negativo dell'alienazione», in *Temporalità e alienazione*, ed. E. Castelli, Roma 1975, 429-454.

———, ed., *X. Zubiri, Scritti Religiosi*, Padova 1976.

———, «Il pensiero religioso di Xavier Zubiri», in *X. Zubiri, Scritti religiosi*, Padova 1976, 9-65.

———, «La filosofia della religione secondo Xavier Zubiri», *Realitas* III-IV (1979) 229-235.

———, ed., *Xavier Zubiri*, Perugia 1980.

———, «La filosofia della religione di Xavier Zubiri», *L'Università* 6/3 (1988) 24-25.

BACIERO, C., «Conceptuación metafísica del de suyo», *Realitas* II (1974-75) 313-350.

BACIERO, C., «Zubiri, un colosal esfuerzo, un camino nuevo», *Ya* (25-9-1983) 38.

———, «Inteligencia y realidad», *CP* 1 (1987) 11-19.

BAÑÓN, J., «Reflexiones sobre la función transcendental en Zubiri», *CSF* 19 (1992) 287-312.

———, «Zubiri hoy: tesis básicas sobre la realidad», in *Del sentido a la realidad,* Madrid 1995, 73-105.

BERGSON, H., *Quid Aristoteles de loco senserit,* Paris 1889, Tesis doctoral.

———, *Essai sur les données immédiates de la conscience,* Paris 1889, 1961^{96}.

———, *Matière et Mémoire,* Paris 1896, 1953^{54}.

———, *L'évolution créatrice,* Paris 1907, 1924^{28}.

———, *L'intuition philosophique,* Paris 1911; trad. española *Introducción a la metafísica y la intuición filosófica,* Buenos Aires 1956.

———, *L'énergie spirituell*; Paris 1919, trad. española *La energía espiritual,* Madrid 1982.

BERNARDO, S., *Obras selectas,* Madrid 1947.

BIAGINI, H.E., «Zubiri y América Latina», in *Hombre y realidad,* Fs. X. Zubiri, Buenos Aires 1985, 19-22.

BILLUART, C.R., *Summa S. Thomae hodiernis academiorum moribus accommodata sive Cursus Theologiae,* Lieja 1746-1751.

BOECIO, *Liber de persona et duabus naturis contra Eutychen el Nestorium,* PL 64, 1343.

BRENTANO, F., *Pshychologie von empirischen Standpunkt,* I, 1874, in OC, I, 1924^2 y II, 1925, ed. A. Kastil y O. Kraus.

BRUSA, M., *L'etica in Xavier Zubiri,* Padova 1995.

BRUSSINO, S., «Una aproximación al realismo de Xavier Zubiri», *Tópicos. Revista de Filosofía de Santa Fe* (Argentina) 1 (1993) 21-29.

BUBER, M., *Ich und Du,* 1923, 1984; trad. española *Yo y Tú,* Madrid 1995^2.

———, *¿Qué es el Hombre?,* México 1949; original hebreo 1942.

BUPELE, N., *Personne et Culture. Fondements philosophiques et exigences socio-politiques du personnalisme d'E. Mounier,* Roma 1997.

CABADA CASTRO, M., «Recensión» de A. TORRES QUEIRUGA, *Noción, religación, transcendencia. O coñecemento de Deus en Amor Ruibal e Xavier Zubiri, Pensamiento* 48 (1992) 251-252.

CABRIA ORTEGA, J.L., *Relación Teología – Filosofía en el pensamiento de X. Zubiri,* TG.Teol. 30, Roma 1997.

CABRIA ORTEGA, J.L., «La cuestión hermenéutica de la obra de Xavier Zubiri (1898). Reflexiones en el centenario de su nacimiento», *Lum.* 47 (1998) 545-570.

———, «La obra de Xavier Zubiri (1898-1983) en el centenario de su nacimiento: contextualización y clasificación», *Burg.* 39 (1998) 429-480.

CAMPO, A. del, «La función transcendental en la filosofía de Zubiri», *Realitas* I (1974) 141-157.

CARDONA, A., «La historia: experiencia de realidad», *CFLA* 17 (1983) 51-59.

CARDONA, C., *Metafísica de la opción intelectual*, Madrid 1973².

———, *Metafísica del bien y del mal*, Pamplona 1987.

CASADO, J., «El espacio pictórico: su construcción y variabilidad», in *Ética y estética en Xavier Zubiri*, Madrid 1996, 93-122.

CASTILLA Y CORTÁZAR, B., *Noción de persona en Xavier Zubiri. Una aproximación al género*, Madrid 1996.

———, «Comunión de personas y dualidad varón – mujer», in *Estudios sobre el Catecismo de la Iglesia Católica*, ed. F. Fernández Rodríguez, Madrid 1996, 163-194.

———, «Persona y vida humana, desde la noción de persona de Xavier Zubiri», *Cuadernos de Bioética*, 31-3 (1997) 1113-1118.

CASTRO DE ZUBIRI, C., *Biografía de Xavier Zubiri*, Málaga 1992, reedición de *Xavier Zubiri: Breve recorrido de una vida*, Santander 1986.

CERCÓS SOTO, J., «El problema del ser en Zubiri», *EstFil* 42 (1993) 325-346.

———, «El asunto del yo en la filosofía española del siglo XX», *CSF* 27 (2000) 353-390.

CEREZALES, M., «Xavier», *Ya* (4-12-1980) 37.

CEREZO GALÁN, P., «Del sentido a la realidad. El giro metafísico en X. Zubiri», in *Del sentido a la realidad,* Madrid 1995, 221-254.

de CONDILLAC, F.B., *Traité des animaux*, in OC III, Paris 1821-22, Genève 1970.

CONILL SANCHO, J., «Zubiri en el crepúsculo de la metafísica», in *Del sentido a la realidad,* Madrid 1995, 33-49.

COPLESTON, F., «Dos pensadores religiosos», in *Historia de la filosofía* IX. *De Maine de Biran a Sartre*, Barcelona 1982, 306-324.

COROMINAS, J., *Ética primera. Aportación de X. Zubiri al debate ético contemporáneo*, Bilbao 2000.

COROMINAS, J. – VICENS, J.A., *Xavier Zubiri. La soledad sonora*, Madrid 2006.

CORTINA, A., *Ética sin moral*, Madrid 1990.

CORTINA, A., «Éticas del deber y éticas de la felicidad», in *Ética y estética en Xavier Zubiri*, Madrid 1996, 49-62.

CRUZ HERNÁNDEZ, M., «El hombre religado a Dios», in *El problema del ateísmo*, Salamanca 1967, 231-248.

Del sentido a la realidad. Estudios sobre la filosofía de Zubiri, Madrid 1995.

DELGADO VARELA, J.M., «Amor Ruibal, Ángel», in GER II, Madrid 1984, 114-115.

ELLACURÍA, I., «La religación, actitud radical del hombre. Apuntes para un estudio de la antropología de Zubiri», *Asclepio* 16 (1964) 97-155.

———, «La idea de filosofía en Xavier Zubiri», in *Homenaje a Xavier Zubiri* I, Madrid 1970, 461-523.

———, «La idea de estructura de la filosofía de Xavier Zubiri», *Realitas* I (1974) 71-139.

———, «Introducción crítica a la antropología filosófica de Zubiri», *Realitas* II (1976) 49-137.

———, «Inteligencia sentiente. Libro actual, originario y riguroso», *Ya* (4-12-1980) 37.

———, «Aproximación a la obra completa de Xavier Zubiri», *ECA* 421-422 (1983) 965-982.

———, «Zubiri sigue vivo», *VN* 1396 (1-10-1983) 55;

———, «Presentación», in SH ix-xxiii.

———, *Filosofía de la realidad histórica*, San Salvador 1990.

———, «Apéndice. Esquema. Resumen», in HV 165-189.

ESTRADA, J.A., «La influencia de Zubiri en la Teología de la Liberación», *Proyección* 45 (1998) 285-296.

Ética y Estética en Xavier Zubiri, Madrid 1996.

FABRO, C., *Participation et causalité selon St. Thomas d'Aquin*, Louvain – Paris 1961.

FERNÁNDEZ DE LA MORA, G., «Zubiri, apolítico», *REsp* 10 (1985) 224-227.

———, *Filósofos españoles del s. XX*, Barcelona 1987.

———, «Otro inédito de Zubiri. Estructura dinámica de la realidad», *REsp* 39 (1990) 69-74.

FERRATER MORA, J., *Etapas de una Filosofía. Ortega y Gasset*, Barcelona 1973.

———, *Diccionario de Filosofía*, Madrid 1981³. Voces: «Amor Ruibal, Ángel», I, 133; «Otro», III, 2466 y «Personalismo», III, 2555-2556.

FERRAZ FAYÓS, A., «Realidad y ser según Zubiri», in *Raíces y valores históricos del pensamiento español*, Constantina (Sevilla) 1990, 59-95.

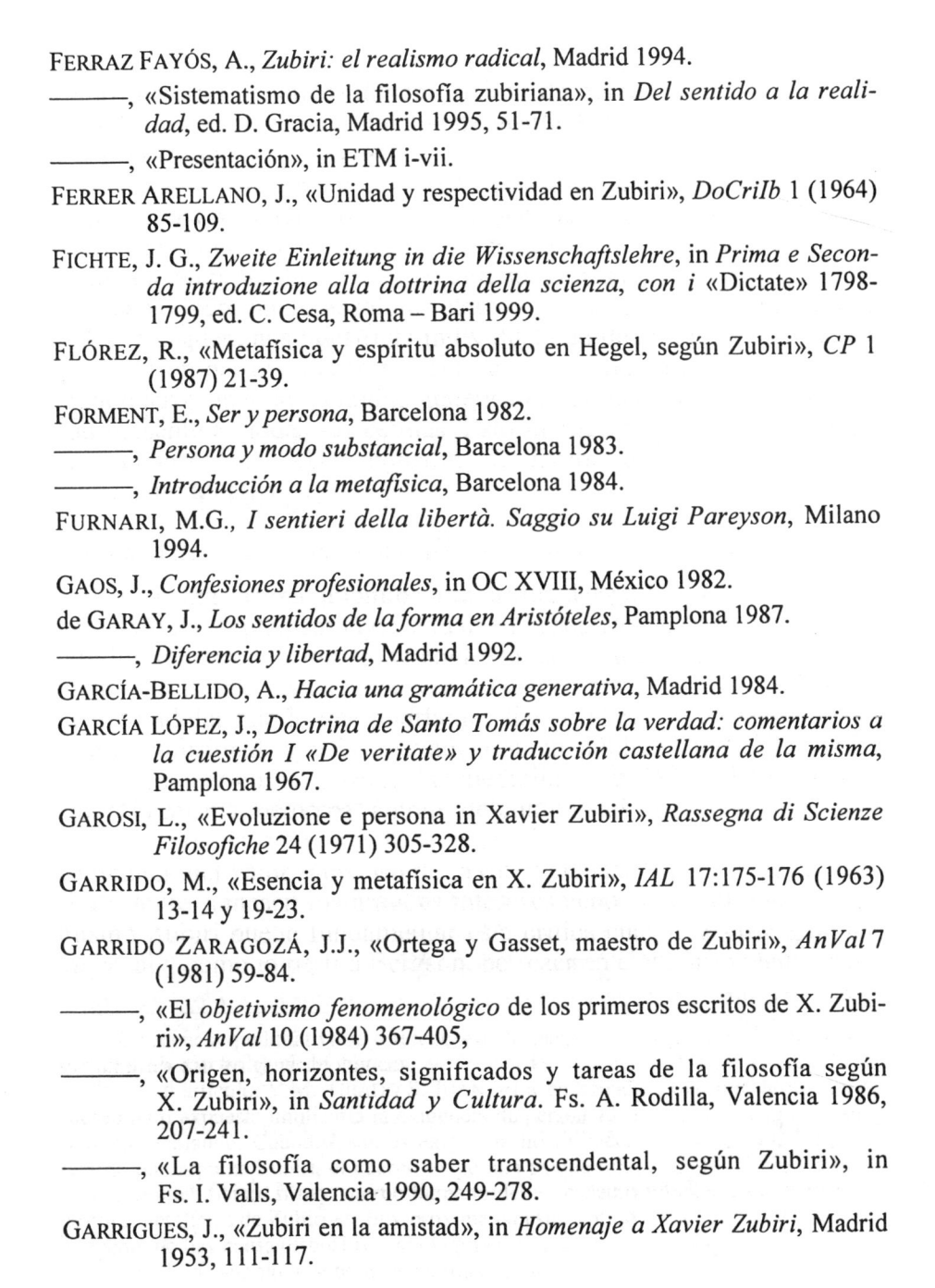

FERRAZ FAYÓS, A., *Zubiri: el realismo radical*, Madrid 1994.

———, «Sistematismo de la filosofía zubiriana», in *Del sentido a la realidad*, ed. D. Gracia, Madrid 1995, 51-71.

———, «Presentación», in ETM i-vii.

FERRER ARELLANO, J., «Unidad y respectividad en Zubiri», *DoCriIb* 1 (1964) 85-109.

FICHTE, J. G., *Zweite Einleitung in die Wissenschaftslehre*, in *Prima e Seconda introduzione alla dottrina della scienza, con i «Dictate» 1798-1799*, ed. C. Cesa, Roma – Bari 1999.

FLÓREZ, R., «Metafísica y espíritu absoluto en Hegel, según Zubiri», *CP* 1 (1987) 21-39.

FORMENT, E., *Ser y persona*, Barcelona 1982.

———, *Persona y modo substancial*, Barcelona 1983.

———, *Introducción a la metafísica*, Barcelona 1984.

FURNARI, M.G., *I sentieri della libertà. Saggio su Luigi Pareyson*, Milano 1994.

GAOS, J., *Confesiones profesionales*, in OC XVIII, México 1982.

de GARAY, J., *Los sentidos de la forma en Aristóteles*, Pamplona 1987.

———, *Diferencia y libertad*, Madrid 1992.

GARCÍA-BELLIDO, A., *Hacia una gramática generativa*, Madrid 1984.

GARCÍA LÓPEZ, J., *Doctrina de Santo Tomás sobre la verdad: comentarios a la cuestión I «De veritate» y traducción castellana de la misma*, Pamplona 1967.

GAROSI, L., «Evoluzione e persona in Xavier Zubiri», *Rassegna di Scienze Filosofiche* 24 (1971) 305-328.

GARRIDO, M., «Esencia y metafísica en X. Zubiri», *IAL* 17:175-176 (1963) 13-14 y 19-23.

GARRIDO ZARAGOZÁ, J.J., «Ortega y Gasset, maestro de Zubiri», *AnVal* 7 (1981) 59-84.

———, «El *objetivismo fenomenológico* de los primeros escritos de X. Zubiri», *AnVal* 10 (1984) 367-405,

———, «Origen, horizontes, significados y tareas de la filosofía según X. Zubiri», in *Santidad y Cultura. Fs. A. Rodilla*, Valencia 1986, 207-241.

———, «La filosofía como saber transcendental, según Zubiri», in Fs. I. Valls, Valencia 1990, 249-278.

GARRIGUES, J., «Zubiri en la amistad», in *Homenaje a Xavier Zubiri*, Madrid 1953, 111-117.

GIL-DELGADO, J., «"El hombre: lo real y lo irreal" por Xavier Zubiri», *ABC* (11-2-1967) 67-68, (18-2-1967) 71-72, (25-2-1967) 85, (4-3-1967) 75, (11-3-1967) 87 y (18-3-1967) 105.

GILSON, E., *Being and Some Philosophers*, Toronto 1949; trad. española *El ser y los filósofos*, Pamplona 1996³.

———, *Jean Duns Scot. Introduction a ses positions fondamentales*, Paris 1952.

GÓMARA, L.V., «Crónica de la Semana Tomista», *CTom* 31 (1925) 426-431, 434.

GÓMEZ ARBOLEYA, E., «Los cursos de Zubiri», in *Homenaje a Xavier Zubiri*, Madrid 1953, 119-136.

GÓMEZ CAFFARENA, J., «Notas en torno al pensamiento personalista», in *Pensamiento crítico, ética y absoluto*. Fs. J. Manzana, Vitoria 1990, 273-290.

GÓMEZ CAMBRES, G., «Introducción de un nuevo léxico en el estudio de la realidad personal según Zubiri», *Analecta Malacitana* 5 (1982) 79-116.

———, *La realidad personal. Introducción a Zubiri*, Málaga 1983.

———, *La inteligencia humana. Introducción a Zubiri* II, Málaga 1986.

———, *Presencia de Ortega*, Málaga 1990.

———, *Zubiri: el realismo transcendental*, Málaga 1991.

———, «Prólogo», in CCR 9-47.

———, *Zubiri y Dios*, Málaga 1993.

GONZÁLEZ ÁLVAREZ, A., *El tema de Dios en la filosofía existencial*, Madrid 1945.

GONZÁLEZ DE CARDEDAL, O., *Misterio trinitario y existencia humana. Estudio histórico – teológico en torno a San Buenaventura*, Madrid 1965.

———, *Teología y Antropología. El hombre «imagen de Dios» en el pensamiento de Santo Tomás*, Madrid 1967.

———, «En su tarjeta de visita hubiera puesto *Doctor en Teología*», *Ya* (23-9-1983) 37.

GONZÁLEZ [FERNÁNDEZ], A., «La idea de mundo en la filosofía de Zubiri», *MCom* 44 (1986) 485-521.

———, «El hombre en el horizonte de la praxis», *ECA* 42/459-460 (1987) 57-87.

———, *La novedad teológica de la filosofía de Zubiri*, Madrid 1993.

———, *Un solo mundo. La relevancia de Zubiri para la teoría social*, Madrid 1995.

GONZÁLEZ [FERNÁNDEZ], A., «Dios y la realidad del mal. Consideraciones filosófico – teológicas desde el pensamiento de Zubiri», in *Del sentido a la realidad*, Madrid 1995, 175-219.

GRACIA, D., «Notas para una historia de la antropología», *Asclepio* 23 (1971) 211-248.

———, «El tema de Dios en la filosofía de Zubiri», *EE* 56 (1981) 61-78.

———, «Xavier Zubiri», *RyF* 208 (1983) 362-373.

———, «Los Problemas filosóficos de la génesis humana», *Franciscanum* 27 (1985) 17-32.

———, *Voluntad de verdad. Para leer a Zubiri*, Barcelona 1986.

———, «Zubiri vuelve a la Universidad», in Fs. X. Zubiri, ed. I. Gutiérrez Zuloaga, Madrid 1986, 17-20.

———, «Cuestiones filosóficas sobre la génesis humana», *Jano* 30 (1986) 32-41.

———, «Prólogo», in P. LAÍN ENTRALGO, *Sobre la amistad*, Madrid 1986, 11-24.

———, *Fundamentos de Bioética*, Madrid 1989.

———, «Zubiri, Xavier», in *Dizionario di Teologia Fondamentale*, ed. R. Latourelle – R. Fisichella, Assisi 1990, 1457-1462; trad. española in *Diccionario de Teología fundamental*, Madrid 1992, 1617-1622.

———, *Procedimientos de decisión en ética clínica*, Madrid 1991.

———, «Defender la vida», *Iglesia Viva* 155 (1991) 521-523.

———, «El reto de la bioética», *Iglesia Viva* 155 (1991) 465-469.

———, «Presentación», in SSV 9-13.

———, «Prólogo», in P. LAÍN ENTRALGO, *Cuerpo y Alma*, Madrid 1992, 13-29 = «El cuerpo humano en la obra de Laín Entralgo», *Arbor* 163 (1992) 89-107.

———, «Introducción», in *Ética y Estética en Xavier Zubiri*, Madrid 1996, 13-17.

———, «El enfoque zubiriano de la estética», in *Ética y Estética en Xavier Zubiri*, Madrid 1996, 83-92.

GRYGIEL, S., «Entrevista con Stanislaw Grygiel», *Agencia Zenit* (31-8-1999) n. ZS99083101, in «www.zenit.org».

GUTIÉRREZ, G., «De la naturaleza a la realidad: nuevas reflexiones en torno a la falacia naturalista», in *Ética y Estética en Xavier Zubiri*, Madrid 1996, 63-70.

GUTIÉRREZ SÁENZ, R., «La religión como estructura humana. Un comentario a Zubiri», *RF(Me)* 2 (1969) 241-259.

GUTIÉRREZ ZULOAGA, I., ed., *Homenaje a Xavier Zubiri* (1898-1983), Madrid 1986.

HANS, G., ed., *Le temps et la mort dans la philosophie espagnole contemporaine*, Toulouse 1968.

HEGEL, G. W. F., *Wissenschaft der Logik*, Leipzig 1923.

——, *System der Wissenschaft*, I, *Die Phänomenologie des Geistes*, 1807; trad. española *Fenomenología del Espíritu*, Madrid 1935.

HEIDEGGER, M., *Sein und Zeit*, Tübingen 1927, in OC II, trad. española *Ser y tiempo*, tr. J. Gaos, Buenos Aires 1987^6.

——, *Was ist Metaphysik?*, Bonn 1929 (lección inaugural en Friburgo), in OC IX, trad. española, «¿Qué es metafísica?», tr. X. Zubiri, *CyR* 6 (1933) 83-115.

HELLÍN, J., «Recensión de *Naturaleza, Historia, Dios*», *Pensamiento* 1 (1945) 228-233.

Homenaje a Xavier Zubiri, Madrid 1953.

Homenaje a Xavier Zubiri, I-II, Madrid 1970.

HORTAL, A., «El realismo moral», in *Ética y estética en Xavier Zubiri*, Madrid 1996, 71-79.

HUSSERL, E., *Ideen zu einer reinen Phänomenologie und phänomenologischen Philosophie*, I, 1913, I y II, 1952; trad. española *Ideas relativas a una fenomenología pura y a una filosofía fenomenológica*, México 1962.

——, *Cartesianische Meditationen,* 1929, trad. Española *Meditaciones cartesianas*, tr. M.A. Presas, Madrid 1997^2.

Ideas y mentalidades. Modos de hacer historia, Santafé de Bogotá 1996.

INCIARTE ARMIÑÁN, F., «Observaciones histórico – críticas en torno a X. Zubiri», *AnFil* 4 (1971) 183-244. = *El reto del positivismo lógico*, Madrid 1974, 217-308.

IRVING, D.N., *Communiqué* (27-7-1999), «American Life League».

JALIF DE BERTRANOU, C.A., «Husserl y Zubiri», in *Hombre y realidad*, Fs. X. Zubiri, Buenos Aires 1985, 59-63.

JAVIERRE, J.M., «Zubiri en Roma», *Ya* (29-11-1973) 7-8.

JUAN PABLO II, *Celibato Apostólico*, ed. J.J. Espinosa, Madrid 1995.

JUBERA, A., «A propósito de un curso de X. Zubiri. "El problema teologal del hombre"», *Mayéutica* 1 (1975) 45-57.

KANT, I., *Kritik der reinen Vernunft*, 1781, 1787^2; trad. española *Crítica de la razón pura*, Buenos Aires 1970.

KANT, I., *Kritik der Ursteilskraft*, 1790; trad. española *Crítica del juicio*, Buenos Aires 1968.

KINOSHITA, N., «El realismo radical de X. Zubiri. Su método y la formación de algunos conceptos fundamentales», *Academia* 65 (1997) 117-145.

LACILLA RAMAS, M.F., *La respectividad en Zubiri*, Madrid 1990.

LACROIX, J., *Maurice Blondel. Sa vie, son œuvre avec un exposé de sa philosophie*, Paris 1963

——, *Les sentiments et la vie morale*, Paris 1968.

LAÍN ENTRALGO, P., *La espera y la esperanza*, Madrid 1957, 1962^2.

——, *Teoría y realidad del otro*, Madrid 1961.

——, *Sobre la amistad*, Madrid 1972, 1986^2.

——, «Roma: Dos hombres frente a Dios», *Gaceta Ilustrada* (9-12-1973) 41.

——, «Subjetualidad, subjetividad y enfermedad», *Realitas* III-IV (1979) 45-78.

——, «Xavier Zubiri en la historia del pensamiento hispánico», *EE* 56 (1981) 31-37.

——, «El estilo literario de Zubiri», *El País* (18-12-1985) 11-12 = in Fs. X. Zubiri, ed. I. Gutiérrez Zuloaga, Madrid 1986, 11-16.

——, *El cuerpo humano. Una teoría actual*, Madrid 1989.

——, *Cuerpo y alma. Estructura dinámica del cuerpo humano*, Madrid 1991.

——, *Alma, cuerpo, persona*, Barcelona 1995.

——, *Qué es el hombre. Evolución y sentido de la vida*, Barcelona 1999.

LAZCANO, R., *Panorama bibliográfico de Xavier Zubiri*, Madrid 1993.

LEÓN, T., «Notas sobre la *teología teologal* de Xavier Zubiri», *Proyección* 45/188 (1998) 3-20.

LÈVINAS, E., *Totalité et infini. Essai sur l'exteriorité*, La Haye 1961; trad. española *Totalidad e Infinito. Ensayo sobre la exterioridad*, Salamanca 1977.

——, *Humanisme del Autre Homme*, Montpellier 1972; trad. española, *Humanismo del Otro hombre*, Madrid 1983.

——, *Autrement qu'être ou au-delà de l'essence*, The Hague 1978; trad. española *De otro modo que ser o más allá de la esencia*, Salamanca 1987.

——, *Le temps et l'autre*, Montpellier 1979; trad. española *El tiempo y el Otro*, tr. J.L. Pardo, Barcelona 1993.

LÈVINAS, E., *Éthique et Infini*, Paris 1982; trad. española *Ética e infinito*, tr. J.M. Ayuso, Madrid 1991.

LÉVY-BRUHL, L., *La mentalité primitive*, Paris 1922.

LIPPS, Th., *Psychologische Untersuchungen* I, Leipzig 1907.

LISSARRAGUE, S., «El magisterio decisivo de Zubiri», in *Homenaje a Xavier Zubiri*, Madrid 1953, 153-158.

LÓPEZ CASTELLÓN, E., «Para una psicología moral del sentimiento», in *Ética y estética en Xavier Zubiri*, Madrid 1996, 25-48.

LÓPEZ QUINTÁS, A., «"El hombre: lo real y lo irreal". Un nuevo curso de don Xavier Zubiri», *Informaciones* (10-2-1967), (24-2-1967), (10-3-1967) y (17-3-1967) = *Tercer Programa. Ensayos. Arte. Ciencia* 5 (1967) 57-80.

——, *Pensadores cristianos contemporáneos* I. *Haecker, Ebner, Wust, Przywara, Zubiri*, Madrid 1968.

——, «El hombre y el problema de Dios. Nuevo curso de Xavier Zubiri», *Tercer Programa. Ensayos. Arte. Ciencia* 10 (1968) 103-116.

——, «Xavier Zubiri», in *Pensadores cristianos contemporáneos*. I. *Haecker, Ebner, Wust, Przywara, Zubiri*, Madrid 1968, 306-372.

——, *Filosofía española contemporánea. Temas y autores*, Madrid 1970.

——, «Xavier Zubiri. La inteligencia sentiente y el estar en la realidad», in *Filosofía española contemporánea. Temas y autores*, Madrid 1970, 196-272. Resumen del curso inédito de X. Zubiri *El hombre lo real y lo irreal*.

——, «Realidad evolutiva e inteligencia sentiente en la obra de Zubiri», in *Homenaje a Xavier Zubiri*, Madrid 1970, II, 215-248.

——, «La metafísica de X. Zubiri y su proyección al futuro», *Realitas* I (1974) 457-476.

——, «La experiencia filosófica y la necesidad de su ampliación», *Realitas* II (1976) 447-542.

——, «Trabajo sobre Whitehead», *Arbor* 100/389 (1978) 140.

——, «La realidad humana, según Xavier Zubiri», *RevAg* 26 (1985) 425-450.

——, «Significación actual del pensamiento zubiriano», *CP* 1 (1987) 41-55.

——, *La cultura y el sentido de la vida*, Madrid 1993.

——, «El sentimiento estético y la fruición de la realidad», in *Ética y Estética en Xavier Zubiri*, Madrid 1996, 141-163.

LORDA, J.L., *Antropología*, Madrid 1996.

MAINETTI, J.A., «Evocando a Zubiri», in *Hombre y realidad*, Fs. X. Zubiri, Buenos Aires 1985, 15-18.

MANZANERA, M., «Fundamentación de la ética en la nostridad», *Scripta Fulgentina* 8 (1998) 257-307.

MARCEL, G., *Être et avoir*, Paris 1935.

——, *Position et approches concrètes du Mystère ontologique*, Paris 1949, trad. española *Aproximación al Misterio del Ser*, Madrid 1987.

MARÍAS, J., *Historia de la filosofía*, Madrid 1941.

——, *Antropología Metafísica*, Madrid 1970.

——, *La estructura social*, Madrid 1972, 1993².

——, «El joven Zubiri», *ABC* Madrid (3-12-1998) 3.

MARITAIN, J., *La personne et le Bien commun*, Paris 1947, *La persona y el bien común*, Buenos Aires 1948.

MARITAIN, J. – DUHAMEL, G. – OKINCZYC, J., *La defensa de la persona humana*, Madrid – Buenos Aires 1949.

MARQUÍNEZ ARGOTE, G., «Zubiri visto desde Latinoamérica. Aportes a la filosofía de la liberación», *ECA* 33/118 (1977) 321-335.

——, «Genealogía de la palabra realidad. Aproximamiento literario a la metafísica zubiriana. Aproximamiento literario a la metafísica zubiriana», *CFLA* 56-57 (1993) 99-113.

——, «Naturaleza e historia en Ortega y Zubiri», *Análisis* 55 (1993) 161-176 = *RevAg* 34 (1993) 311-333.

——, «Aportes de Zubiri al concepto de mentalidad», in *Ideas y mentalidades. Modos de hacer historia*, Santafé de Bogotá 1996, 27-45.

——, «Literatura y realidad: Zubiri y García Márquez», in *Ética y estética en Xavier Zubiri*, Madrid 1996, 123-139.

——, *Sobre filosofía española y latinoamericana*, Bogotá 1987, especialmente «El joven Zubiri y la escuela de Lovaina», 241-301.

MARTÍN CASTILLO, J., *Realidad y transcendentalidad en el planteamiento del problema del mal según Xavier Zubiri*, TG.Fil 4, Roma 1997.

MARTÍNEZ DE ILARDUIA, J.M., «La fruición en Zubiri, ¿volición o sentimiento? Evolución de la idea de fruición en la filosofía de Zubiri», in *Del sentido a la realidad*, Madrid 1995, 135-155.

MARTÍNEZ SANTAMARTA, C., «El acceso del hombre a Dios en Xavier Zubiri», *Verdad y Vida* 34 (1976) 361-382.

——, *El hombre y Dios en Xavier Zubiri*, Salamanca 1981.

MAZUELOS, J., *Posibilidad y significado de una bioética mediterránea. Comparación de los modelos bioéticos de H.T. Engelhardt y D. Gracia*, Roma 1998.

MICHELETTI, M., «La struttura del problema di Dio: Criteri di inteligibilità e problema della verità nella filosofia della religione di X. Zubiri», in *Xavier Zubiri*, ed. A. Babolin, Perugia 1980, 97-116.

MILLÁS, J.M., «Zubiri y la Eucaristía», *Gr.* 81,2 (2000) 249-285.

MORATALLA, A., *Un humanismo del s. XX: El personalismo*, Madrid 1985.

MOUNIER, E., *Manifeste au service du personnalisme* (1936), in OC I, París 1961, trad. española in OC I, Salamanca 1992.

——, *Traité du caractère*, in OC II, Paris 1947, trad. española in OC II, Salamanca 1993.

——, *Le personnalisme*, Paris 1949, citamos por: 1950^2, in OC III, Paris 1962, trad. española in OC III, Salamanca 1990.

MUGUERZA, J., «El lugar de Zubiri en la filosofía española contemporánea», in *Del sentido a la realidad*, Madrid 1995, 19-31.

MURILLO, I.,«Crítica a Estructura Dinámica de la Realidad», *Diàlogo Filosófico* 6/17 (1990) 271-273.

——, *Persona humana y realidad en Xavier Zubiri*, Madrid 1992.

NÉDONCELLE, M., *La réciprocité des consciences. Essai sur la nature de la personne*. Paris 1942, trad. española *La reciprocidad de las conciencias*, Madrid 1997.

——, «Maurice Blondel, et les équivoques du personnalisme», *Teoresi* 5 (1950) 123-132.

——, *Personne humaine et nature. Étude logique et métaphysique*, Paris 1963^2.

——, *Intersubjectivité et ontologie*, Louvain – Paris 1974.

NICOLÁS, J.A., «Presentación», in HV i-ix.

NIETZSCHE, F.W. *Obras Completas*, Buenos Aires 1963s.

——, *Humano demasiado humano*, in OC I, 253s.; original alemán *Menschliches, Allzumenschliches. Ein Buch für freie Geister*, 1878.

——, *La gaya ciencia*, in OC II, 272s.; original alemán *Die frühlische Wissenschaft*, 1882, 1887^2.

——, *Voluntad de poder*, in OC IV, 17s.; fragmentos póstumos in OC en alemán: *Der Wille zur Macht. Versucht einer Umwertung aller Werte*.

NIÑO MESA, F., «Para investigar las mentalidades», in *Ideas y mentalidades*, Santafé de Bogotá 1996, 47-72.

NIÑO MESA, F., *Antropología Pedagógica*, Santa Fe de Bogotá 1998.

NYGREN, A., *Den Kristna kärlekstanken genom tiderna. Eros och Agape* I, 1930 y II, 1936; trad. francesa *Erôs et Agapé. La notion chrétienne de l'amour et ses transformations*, I-III, Paris 1952.

OCHOA, S. *Base molecular de la expresión del mensaje genético*, Madrid 1969.

———, «Xavier Zubiri: recuerdos y añoranzas», *ABC* (26-11-1983) 3.

ORRINGER, N.R., «El legado de Ortega al pensamiento español (1939-87)», in *Siglo XX — 20th. Century*, VI/1-2, 1988-89, 33.

ORTEGA Y GASSET, J., *Obras Completas*, Madrid 1946-1983.

———, *Pidiendo un Goethe desde dentro. Carta a un alemán*, in OC IV, 395s.

———, *Misión de un bibliotecario,* in OC V, 207s.

———, *Estudios sobre el amor*, in OC V, 549s.

———, *Historia como sistema*, in OC VI, 11s.

———, *El hombre y la gente*, in OC VII, 69s.

———, *¿Qué es filosofía?*, in OC VII, 273s.

———, *La idea de principio en Leibniz*, in OC VIII, 61s.

———, *Unas lecciones de metafísica*, in OC XII, 13s.

———, *¿Qué es conocimiento?*, Madrid 1984.

ORTIZ-OSÉS, A., «El realismo filosófico español: Amor Ruibal y Zubiri», *Pensamiento* 33 (1977) 77-85.

PALACIOS, J.M., «Zubiri ante el problema del valor», in *Del sentido a la realidad,* Madrid 1995, 129-133.

PANIKER, R., *El concepto de naturaleza. Análisis histórico y metafísico de un concepto*, Madrid 1951.

PAREYSON, L., *Esistenza e persona*, Genova 1950, 1985^4.

———, *Ontologia della Libertà*, Torino 1995.

PAREYSON L. – TILLIETTE, X., «Una corrispondenza filosofica», *AnnFil* 9 (1993) 27-34.

PEÑALVER SIMÓ, P., «Bergson, Henri», in GER IV, Madrid 1984, 75.

PÉREZ-SOBA, J., *Amor es nombre de persona. Estudio de la interpersonalidad en el amor en Santo Tomás de Aquino*, Roma 2001.

PINO CANALES, J.F., *La intelección violenta. Una lectura de la filosofía de la intelección de Xavier Zubiri*, Barcelona 1994.

PINTOR-RAMOS, A., «Zubiri y la fenomenología», *Realitas* III-IV (1979) 389-565.

———, *Génesis y formación de la filosofía de Zubiri*, Salamanca 1979, 1996^3.

PINTOR-RAMOS, A., «X. Zubiri. In memoriam», *CSF* 10 (1983) 299-305.

——, «El magisterio intelectual de Ortega y la filosofía de Zubiri», *CSF* 10 (1983) 55-78.

——, «Metafísica, historia y antropología. Sobre el fundamento de la antropología filosófica», *Pensamiento* 41 (1985) 3-36.

——, «Zubiri y su filosofía en la postguerra», *RelCult* 32/150 (1986) 5-55.

——, «Dios y el problema de la realidad en Zubiri», *CP* 1 (1987) 107-121.

——, «Heidegger en la filosofía española. La eficacia de Heidegger en las filosofías de Ortega y Zubiri», *NatGrac* 38 (1991) 153-187 = *RF(Me)*23 (1990) 150-186.

——, *Realidad y sentido. Desde una inspiración zubiriana*, Salamanca 1993.

——, «Presentación», in PFMO, Madrid 1994, i-v.

——, *Realidad y verdad. Las bases de la filosofía de Zubiri*, Salamanca 1994

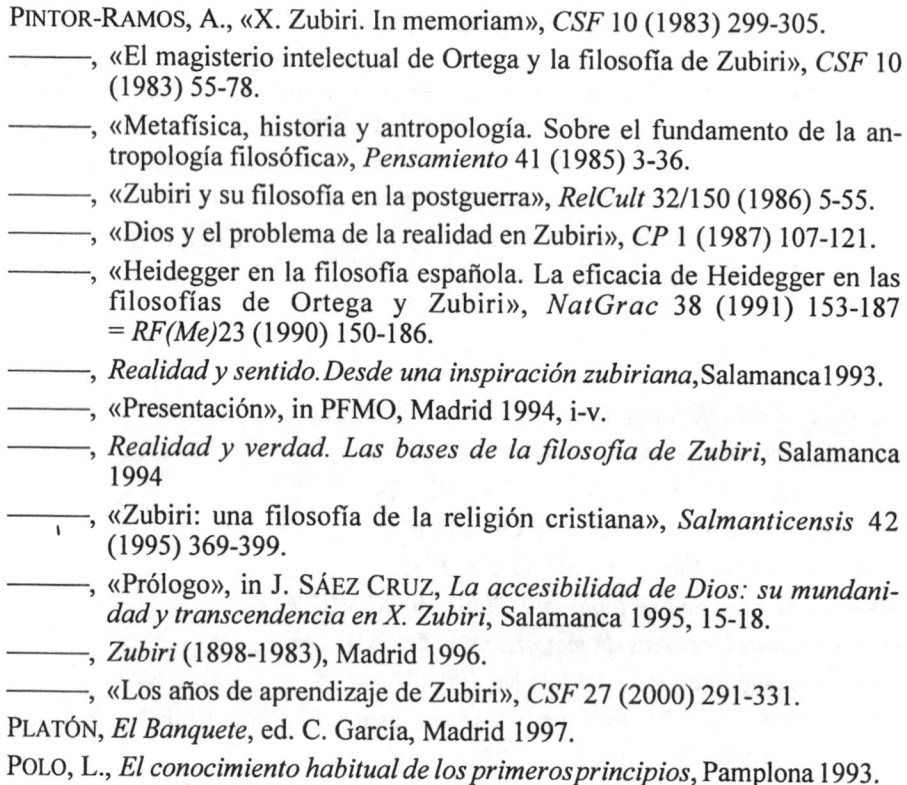

——, «Zubiri: una filosofía de la religión cristiana», *Salmanticensis* 42 (1995) 369-399.

——, «Prólogo», in J. SÁEZ CRUZ, *La accesibilidad de Dios: su mundanidad y transcendencia en X. Zubiri*, Salamanca 1995, 15-18.

——, *Zubiri* (1898-1983), Madrid 1996.

——, «Los años de aprendizaje de Zubiri», *CSF* 27 (2000) 291-331.

PLATÓN, *El Banquete*, ed. C. García, Madrid 1997.

POLO, L., *El conocimiento habitual de los primeros principios*, Pamplona 1993.

del POZO, G., «Persona y alma», *Alfa y Omega* 165 (13-5-1999) 27.

RAHNER, K., «Dogmatische Erwägungen über das Wissen und Selbstbewußtsein Christi», in *Schriften zur Theologie* V, Einsiedeln 1962.

RIAZA, M., «Sobre la realidad», *Aporía* 2 (1966) 265-269.

RICARD, L., «La relation à autrui dans l'existentialisme et la philosophie de saint Thomas», in *Sapientia Aquinatis*. Communicationes IV Congressus Thomistici Internationalis, Romae, 13-17 Septembris 1955, Roma 1955, 554-561.

RIVERA CRUCHAGA, J.E., «El origen de la filosofía en Xavier Zubiri», *CH* 222 (1968) 552-583.

——, «El hombre y el problema de Dios. Un curso de Xavier Zubiri», *Dilemas. Revista de Ideas* 6 (1970) 18-23.

ROGERS, C., *El proceso de convertirse en persona*, Barcelona 2000.

ROMÁN PÉREZ, M., «La realidad personal del yo educable: personeidad, personalidad y personalización», in *El concepto de persona. Tratado de educación personalizada*, ed. V. García Hoz, Madrid 1989, 96-118.

ROVALETTI, M.L., *Esencia y realidad. La función transcendental de la esencia en la filosofía de Zubiri*, Buenos Aires 1979.

———, ed., *Hombre y realidad*. Fs. X. Zubiri, Buenos Aires 1985.

———, «Filosofía y metafísica en X. Zubiri», in *Hombre y realidad*, Fs. X. Zubiri, Buenos Aires 1985, 23-44.

———, «Presentación», in *Hombre y realidad*, Fs. X. Zubiri, Buenos Aires 1985, 9-12.

RUBIO, L., «Reflexiones sobre la filosofía de Zubiri», *RevAg* 34 (1993) 195-232.

SÁEZ CRUZ, J., *La accesibilidad de Dios: Su mundanidad y transcendencia en X. Zubiri*, Salamanca 1995.

de SAHAGÚN LUCAS, J., «La hominización, problema interdisciplinar. Base científica e interpretación filosófica», *Burg.* 18 (1977) 171-182.

SARTRE, J.P., *L'Être et le Néant. Essai d'ontologie phénoménologique*, Paris 1943.

———, *Existencialisme est un humanisme*, Paris 1946; trad. española *El existencialismo es un humanismo*, Buenos Aires 1988.

SAVIGNANO, A, «*In memoriam*», *RFNS* 76 (1984) 409-426.

———, «L'antropologia filosofica di Xavier Zubiri», *RFNS* 77 (1985) 439-463.

———, «La dimensione teologale dell'uomo e la teologia fondamentale in Xavier Zubiri», in *Teologia filosofica e filosofia della religione*, VI Convegno internazionale di filosofia della religione. Perugia, 24-26 ottobre 1984, I, ed. A. Babolin, Perugia 1986, 341-391.

———, «La dimensione teologale dell'uomo e la teologia fondamentale in Xavier Zubiri», *Aquinas* 1 (1994) 59-87.

SCHELER, M., «Tod und Fortleben», in *Schriften aus dem Nachlass*, I, 1933, in OC X, 1957; trad. española *Muerte y supervivencia. Ordo amoris*, Madrid 1934, 1996².

SCIACCA, M.F., «Saverio Zubiri e l'uomo come *unidad radical*», *Humanitas* (Brescia) 8 (1953) 657-661.

SCOTO, B. J. DUNS, *Commentaria Oxoniensia ad IV. libros Magistri Sententiarum*, I – II, Florentiam 1912-14, versión de *Opus Oxoniense* de la edición Wadding, in OC V-X, Lyon 1639.

———, *Quaestiones quodlibetales*, ed. Wadding, in OC XII, Lyon 1639.

———, *Reportata Parisiensia*, ed. Wadding, in OC XI, Lyon 1639.

SEGURA, E.T., «Biología e inteligencia», in *Hombre y realidad*, Fs. X. Zubiri, Buenos Aires 1985, 53-58.

SIMONPIETRI MONEFELDT, F.A., «Xavier Zubiri, filósofo de la realidad», *Revista de la Academia de Artes y Ciencias de Puerto Rico* 1 (1986) 61-62.

———, «El acceso del hombre a la realidad según Xavier Zubiri», *AnFil* 22/2 (1989) 113-130.

SOLAGUREN, C., «Estructura temático – metódica de la metafísica de Zubiri», *Verdad y Vida* 23 (1965) 255-269.

SUÁREZ MEDINA, G., *Xavier Zubiri: socialidad de la realidad personal*, Roma 1992.

SUÁREZ, F., *Disputaciones metafísicas*, ed. S. Rábade, Madrid 1960-66, especialmente V, d.XXXI (1963).

TIRADO SAN JUAN, V.M., «Fenomenología y estructura del planteamiento del problema de Dios», in *Ciencias humanas y sociedad*, Madrid 1993, 101-108.

———, «La encarnación del yo o la inteligencia sentiente. El yo y su cuerpo en Merlau-Ponty y Zubiri. Primera parte: Zubiri», *CSF* 25 (1998) 223-250.

———, *Intencionalidad, actualidad y esencia: Husserl y Zubiri*, Salamanca 2002.

———, *Husserl et Zubiri, six études pour une controverse*, París 2005.

TOMÁS DE AQUINO, STO., *Summa Contra Gentiles*, (*Suma contra los Gentiles*), ed. L. Robles Carcedo, Madrid 1967-68.

———, *Quaestiones disputatae De veritate*, in OC, Roma 1976, trad. español *Doctrina de Santo Tomás sobre la verdad: comentarios a la cuestión I «De veritate» y traducción castellana de la misma*, tr. J. García López, Pamplona 1967.

———, *Summa Theologiæ*, Madrid 1964s.

———, *In quattuor libros Sententiarum P. Lombardi*, Parisiis 1929-47.

TOMATIS, F., *Ontologia del male. L'ermeneutica di Pareyson*, Roma 1995.

del TORO, A., «Zubiri una metafísica como teoría de la ciencia», *Nuestro Tiempo* 20/109 (1963) 77-87.

TORRES QUEIRUGA, A., «Zubiri – Amor Ruibal», *IAL* 175-176 (1963) 14-15.

———, *Noción, religación, transcendencia. O coñecemento de Deus en Amor Ruibal e Xavier Zubiri*, Pontevedra 1990.

———, «La metafísica del mal en Zubiri», in *Del sentido a la realidad*, Madrid 1995, 157-174.

TORREVEJANO, M., «Significado de Zubiri en la metafísica contemporánea», *CP* 1 (1987) 77-89.

TRÍO, I.E., *La libertad en Xavier Zubiri*, Río Piedras (Puerto Rico) 1988.
de UNAMUNO, M., *S. Manuel Bueno Mártir*, in OC II, 1129s, Madrid 1967.
URDANOZ, «Boletín de filosofía existencial. En torno al existencialismo en España», *CTom* 70 (1946) 116-162 y 400.

———, «Florecimiento del tomismo en el siglo XX. J. Maritain y E. Gilson», in *Historia de la filosofía*, VIII, Madrid 1985, 416-463.

———, «Mons. Léon Nöel», in *Historia de la filosofía*, VIII, Madrid 1985, 478-479.

VÁZQUEZ FERNÁNDEZ, F., «Amor Ruibal, maestro de Zubiri», *La Estafeta Literaria* 322-325 (1965) 110-111.

VIGIL Y VÁZQUEZ, M., «El problema de Dios en la historia de las religiones. Dos conferencias del profesor Zubiri en Barcelona», *Ya* (16-11-1965).

VILÁ PLADEVALL. M., *Las dimensiones de lo interhumano en la antropología de X. Zubiri, consideradas en su apertura a la transcendencia*, Valencia 1998.

VILLANUEVA, J., *La dimensión individual del hombre en Xavier Zubiri*, Roma 1992.

———, *Noología y reología: una relectura de Xavier Zubiri*, Pamplona 1995.

WESSELL, L.P., *El realismo radical de Xavier Zubiri. Valoración crítica*, Salamanca 1992.

WOJTYLA, K., *Persona y Acción*, Madrid 1982.

ZARAGÜETA, J., «Zubiri, discípulo», in *Homenaje a Xavier Zubiri*, Madrid 1953, 269-275.

ÍNDICE DE NOMBRES

Abella Chouciño: 105-107
Abellán: 28-29, 31, 42, 44, 61, 101
Aguirre: 98
S. Agustín: 33, 35, 48-50, 58, 62, 79, 112, 189, 219, 227, 235-236, 289, 397, 413, 522, 537, 572
Aísa: 225
S. Alberto Magno: 546
Alejandro de Hales: 302, 515
Alfaro: 98
Allport: 526
Alvarado: 640
Álvarez: 65, 69, 72, 455, 589
Amor Ruibal: 104-107, 156, 209
Andrónico de Rodas: 194
Aranguren: 8, 32, 46, 98, 381, 392, 398, 449, 542, 549
Arellano: 52, 101, 118
Aristóteles: 25, 31, 39-40, 60, 65, 67-68, 72-78, 80, 84, 86, 91, 96, 99, 101, 105, 112, 160, 167, 173, 187, 194, 200-201, 205, 220, 227, 238, 247, 252, 258, 265, 273, 277, 288, 294, 299, 312, 316, 323, 342, 351, 387, 392, 419, 440, 521, 530, 546
Arribas: 159
Arrupe: 98
Aubert: 546
Ayala: 31
Babolin: 10, 98, 375
Baciero: 84-85, 98, 182, 192

Balthasar: 172
Báñez: 50, 54
Bañón: 27, 44, 90, 102, 115, 119, 126, 146, 182, 195, 198-199, 218-220, 224, 243, 437, 473-474, 654
Benveniste: 62
Bergson: 10, 29, 35, 55-59, 62, 99, 120, 227, 247, 251, 327, 386, 494, 582, 600, 613
S. Bernardo: 253
von Bertalanffy: 249
Besteiro: 30
Biagini: 10-11, 125, 419
Billuart: 50, 300
Blondel: 176
Boecio: 35, 48, 55, 112, 235, 275, 413
Boismard: 97
Bolzano: 33
Brentano: 19, 33, 63, 84, 390
de Broglie: 62
Brusa: 19
Brussino: 460
Buber: 9, 112, 126, 166-168, 424, 457, 483, 485, 488, 491, 631, 648
S. Buenaventura: 99, 202, 546
Buffon: 258
Bupele: 177
Cabada: 107
Cabria: 11, 17, 33, 63-64, 87, 89, 96-98, 100, 113, 129, 132, 136,

146, 148-149, 293, 370, 372-374, 378, 435, 562, 577, 637
del Campo: 196
Caponigri: 10
Capreolo: 22, 54
Cardona, A.: 141
Cardona, C.: 220, 500
Carrier: 98
Cartan: 62
Casado: 52, 347, 589
Castilla y Cortázar: 9, 40, 52-55, 66, 70, 74, 83, 126, 150, 156-157, 166-171, 180, 182, 188, 192-198, 200, 203-204, 218, 220, 224, 228-229, 235, 240-243, 250, 254, 259-261, 264-267, 270-275, 290, 302-303, 311-315, 318, 320, 323, 326-327, 334, 342, 352, 371, 393, 405, 409-410, 425, 429, 431, 436-437, 440-443, 451, 455, 491, 502, 505, 512, 518-519, 527-530, 561-564, 570, 580-582, 601, 604, 637
Castro: 12, 25, 28-31, 60-64, 87, 96-100, 353, 526, 542, 550, 561
Cayetano: 22, 50, 52-55, 85-86
Cercós: 226, 333, 335, 339
Cerezales: 86
Cerezo: 15, 38-39, 66, 72, 132, 165
Cohen: 20, 92, 241
Comte: 10, 99, 357
de Condillac: 258
Conill: 9, 38, 107-108, 115
Conrad Martius: 167
Copleston: 251
Coreth: 112
Corominas: 25, 29, 60, 97, 544
Cortina: 8, 94, 393, 396, 543
Cruz Hernández: 375, 573
Cuturat: 33
Darwin: 597

Deimel: 60
Delacroix: 497
Delgado: 104
Descartes: 36, 44, 91, 93, 96, 115, 124, 127, 167, 206, 235-236, 254, 413, 423, 458, 480
Dhorme: 62
Díaz: 478
Díez del Corral: 32
Dilthey: 10, 20, 59, 69, 99, 338, 359, 438
Dussel: 166, 534
Ebner: 151
Einstein: 9, 31, 243
Ellacuría: 8-13, 16-20, 27-28, 41, 58, 63, 89-90, 96-99, 113, 115, 122-124, 150, 153, 165, 180, 182-183, 186, 191-194, 215, 228, 239, 246, 248, 251, 255-258, 262, 306, 316, 329, 337-338, 378, 460, 542, 599, 611, 623, 654
Erres: 10, 662
Escoto Eriúgena: 608
Estrada: 9, 426, 578
Fabro: 204, 230, 396, 422
Felipe el Canciller: 201
Fernández de la Mora: 88, 104, 154
Fernández Tejada: 10
Ferracuti: 10
Ferrater Mora: 32, 47, 106, 112, 177, 451, 458
Ferraz Fayós: 14-15, 21, 67, 81, 91, 93, 113, 117-120, 125, 175-176, 183, 190, 206, 226, 240, 241, 243, 249, 252, 265, 267, 333, 343-345, 348, 351, 369, 374, 383, 404, 462
Ferrer Arellano: 101
Feuerbach: 82, 640, 644
Fichte: 247, 423-424, 451
Flórez: 80, 81
Forment: 52-55, 85, 457

ÍNDICE DE NOMBRES

Foucault: 124
Fowler: 10, 100
Frankl: 526
Gaos: 30-31, 62
Garagorri: 30
de Garay: 61, 201, 220
García-Bellido: 610
Garosi: 609
Garrido, M.: 101
Garrido Zaragozá: 15, 20, 34-37, 41-46, 65, 75, 78, 90, 100, 102, 434, 510
Garrigues: 28, 30, 61-62
van Gehuchten: 62
Gil-Delgado: 96
Gilson: 62, 103, 204, 218, 329
Goldschmidt: 62, 247
Gómara: 33
Gómez Arboleya: 87, 89
Gómez Caffarena: 166
Gómez Cambres: 14-15, 30, 35-39, 43-47, 50, 68, 73-74, 77, 88, 92, 95, 99, 114-115, 118-119, 127, 139, 143, 158-160, 175, 187, 189, 191, 196, 198, 206, 216, 251, 254, 257-261, 303, 306, 312, 330, 338, 342, 344, 353, 365, 374, 381, 395, 397, 404, 425, 435, 450, 454, 465-466, 474, 485, 501, 511, 523, 527, 550, 562, 565, 587, 601, 604, 609, 628-631, 641
González Álvarez: 375
González de Cardedal: 97-99, 623
González Fernandez: 41, 48, 55, 63, 89, 109, 149, 217, 262, 338, 375, 381-382, 397-398, 498, 503, 538-542, 576, 594, 609, 638
Gracia: 8, 11-14, 18, 27, 30-31, 35-38, 41, 50, 55, 65, 67, 73, 87, 94-95, 100-101, 108, 113, 115-119, 122, 125, 139, 182-184, 192-193, 217, 221, 243, 288, 293, 373, 375-378, 383, 392-395, 479, 489, 491, 494, 506, 539, 542, 552, 583, 597-598, 604-606, 609-611, 621-623, 634, 646
Granel: 30
Gredt: 50
Grygiel: 307
Guardini: 112
Gutiérrez, G.: 391
Gutiérrez, R.: 369
Guy: 10, 662
Haeckel: 597
Haecker: 151
Hartmann: 31, 50
Hegel: 42, 48, 62-63, 67, 73, 78-83, 86, 90, 93, 96, 121, 167, 188, 205, 215, 227, 247, 267-268, 286, 288, 350, 357-364, 413, 434, 447, 459, 639, 650
Heidegger: 9-10, 14-15, 25-30, 35, 37-38, 43, 50, 58, 60, 62-72, 80, 82, 88, 99-100, 103, 109, 115, 121, 128-129, 150, 164, 191, 216-217, 221, 225-228, 240-241, 270, 289, 320, 338, 413, 439, 444, 446, 552, 566, 568, 582, 589, 649
Heim: 167
Heissenberg: 97
Hellín: 375, 623
Heráclito: 462
Hobbes: 420, 447, 594, 595
Hortal: 383, 395
Hume: 92, 160, 163
Husserl: 9-10, 14-15, 25, 27-42, 64-67, 89, 99-100, 109, 115-117, 121, 124, 129, 152, 164-166, 194, 240-241, 257, 309, 333, 413, 423-424, 428, 434, 442, 452-453, 458, 462, 536
S. Ignacio de Loyola: 188, 542

Inciarte: 73, 77
Irving: 598
Jalif: 38
James: 59
Jaspers: 119, 151
Javierre: 98
Jiménez Díaz: 87
Joliot Curie: 62
S. Juan Damasceno: 516
Juan Pablo II: 561
Jubera: 98
Kant: 10, 14, 37, 50, 79-80, 89-96, 99, 112, 127-128, 160, 194, 216, 220, 227, 235, 240, 268, 282, 286, 294, 313, 384, 388-394, 409, 413, 423, 428, 444, 520, 534, 536, 543, 561
Kinoshita: 9
Külpe: 33, 36
Labat: 62
Lacilla: 209
Lacroix: 112, 152, 176
Laín Entralgo: 8, 26, 32, 61, 76, 87, 98, 165, 172, 244, 307, 392, 438-439, 479, 542, 551, 578, 583-584, 597, 605-606, 609, 611
Landsberg: 19, 33
de Laporte: 62
Lazcano: 61, 87
Lebesgue: 62
Leibniz: 40, 43-44, 84, 91, 96, 159, 188, 214, 380, 453, 537, 592
León: 243, 430, 624
León-Dufour: 97
Lerch: 526
Lèvinas: 9, 112, 126, 129, 166, 168, 250, 307, 424, 444, 514, 557, 573, 594, 635, 644, 648, 652
Lévy-Bruhl: 464, 678
Lipps: 40, 423, 438

Lissarrague: 28, 32, 87
Lladó: 87, 100, 506, 578, 581, 584
López Castellón: 152, 165, 285, 291, 391, 400, 496
López Quintás: 12, 17, 22, 26, 29, 39, 53, 55, 58-59, 68, 70, 86, 90, 96-97, 104, 109, 119-120, 123-126, 132, 151-152, 167, 171-175, 188, 200, 252, 264, 284-288, 292, 304, 327, 331, 373-378, 421, 425, 431, 455, 460, 486-487, 493-497, 512, 554-557, 563, 565, 568, 578-579, 609, 611, 626, 632, 635, 638, 642, 644
Lorda: 533
Losskij: 33
Mainetti: 61, 248
Manzanera: 9, 259, 380, 396, 400, 401, 443, 534, 581, 594
Maraval: 32
Marcel: 126, 151, 170, 176, 451
Marías: 9, 30, 42, 64, 88, 339, 428
Maritain: 31, 60, 62, 87, 103, 112, 247, 457
Marquínez Argote: 15, 25-26, 30, 32, 45-47, 83, 95, 166, 182, 184, 464
Martín, 51, 69-70, 85, 90, 95, 157, 165, 297, 344-345, 398, 494, 499, 535, 541, 555
Martínez de Ilarduia: 300, 403, 460, 500
Martínez Santamarta: 375
Marx: 6, 169
Masignon: 62
Maslow: 526
Mazuelos: 612
Meinung: 33, 36
de Menasce: 62
Mendelsohn: 282
Mercier: 28, 31
Merlau-Ponty: 479

Micheletti: 375
Michotte: 50
Millás: 637
Montpellier: 247
Moratalla: 150
Morente: 30, 31
Mounier: 112, 159, 172, 176-177
Muguerza: 8, 12, 119
Murillo: 127, 175, 342
Natorp: 20, 42, 165
Nédoncelle, 103, 158, 176, 451, 514, 521, 559, 575, 641, 643, 648
Newton: 91, 222
Nicolás: 20, 427
Nietzsche: 8, 103, 107-109, 115, 377, 404, 534, 548, 571
Niño: 9, 47, 260, 449, 464-465, 594
Nöel: 9, 29, 31, 33-34, 42, 50, 102
Nygren: 514
Nys: 50
Ochoa: 87, 98, 99, 597
Orringer: 42
Ortega y Gasset: 9, 22, 25, 29-31, 35-37, 41-47, 58, 60, 62, 67, 82, 86, 88, 109, 307, 337, 339, 427, 428, 438-439, 445-446, 459, 473, 517, 552-556, 557, 559, 567, 592, 614, 648, 651
Ortiz-Osés: 104-106
Palacios: 536
Paniker: 608
Pareyson: 410
Parménides: 66, 224, 330
Pascal: 64, 173, 522
Peñalver: 56
Pérez-Soba: 159
Pino Canales: 8, 12, 97, 108, 117, 120, 122, 129-130, 133, 140, 185, 336, 395, 408, 436, 467, 486-487, 490, 492, 506, 554, 563, 565, 643

Pintor-Ramos: 11-12, 14, 16-21, 25-26, 28-29, 32, 34-37, 40-43, 46, 50, 61, 63-68, 70, 72, 80, 88-92, 95-96, 101-102, 112-117, 119, 122-125, 127, 129, 130, 133, 135, 138, 141-142, 144-146, 150, 157, 162, 174, 186, 191, 206, 217, 219, 252, 258, 303, 330, 343, 365, 367, 370, 373-375, 407-408, 435, 454, 456, 460, 465, 468-470, 486, 500, 522, 561, 563, 568, 578, 622-623, 634-636, 639, 642, 644, 646
Planck: 9, 31, 62
Platón: 73, 75, 91, 112, 194, 200, 201, 282, 288, 294, 307, 419
Plotino: 537
Polícleto: 287
Polo: 150, 221, 436
del Pozo: 606
Protágoras: 445
Rahner: 97, 99, 339, 581, 624
Recasens: 30
Révah: 10
Riaza: 96
Ricard: 421, 422
Ricardo de S. Víctor: 48, 302, 515, 516
Rivera Cruchaga: 37
Rodríguez Huéscar: 32
Rogers: 526
Román: 48
Rötzer: 10, 662
Rousseau: 189, 420
Rovaletti: 9, 60, 78, 121, 159, 224
Russell: 33
Sáez: 16-17, 27, 41, 49, 53, 70, 79, 82, 112, 117, 119-120, 122, 152, 162-163, 176, 185, 195, 207-216, 221, 223, 267, 269, 293, 300, 303, 328, 368, 377, 399, 404, 431, 436, 455, 458,

482, 499, 506, 514, 528, 561, 601, 608-609, 623-624, 629-639
de Sahagún Lucas: 609
Sartre: 70, 241, 371, 421, 458
Savignano: 10, 12, 27, 34, 46-47, 68, 79, 102, 123, 126, 375_376, 425, 632
Scheler: 15, 33, 40, 63, 112, 150, 251, 384, 387, 390, 413, 423, 441, 452, 462, 536
Schopenhauer: 8, 534
Schrödinger: 9, 31, 62, 63
Schulze: 282
Sciacca: 372, 375
Scoto: 53, 200, 218, 294, 295, 329, 413, 576
Segura: 249, 251
Simonpietri: 26, 252
Solaguren: 72, 101, 114, 243
Spemann: 62, 247, 597
Stahl: 247
Stendhal: 554, 556-557, 559, 567
Suárez: 8, 26, 50, 52-54, 63, 67, 84-86, 99, 413, 540
Suárez Medina: 540
Tarde: 350, 447, 650
Teilhard: 223, 251, 355
Tetens: 282
Tirado San Juan: 35, 37, 40, 69, 192, 199, 309, 311
Sto. Tomás de Aquino: 32-33, 35, 48, 50-55, 84-85, 96, 99, 112, 169, 174, 201, 204, 220, 228, 230-231, 235, 258, 260, 295, 392, 413, 421, 460, 477, 494, 500, 546, 581, 607, 642, 653
Tönnies: 445

del Toro: 104
Torres Queiruga: 104-107, 535, 538, 540
Torrevejano: 70, 108
Trío: 403
Twardwosky: 33
de Unamuno: 382, 438
Urdanoz: 31, 62, 63, 623
Valdecasas: 32
la Vallèe Possin: 62
Vázquez: 104, 105, 107
Vela: 30
Vigil y Vázquez: 97
Vilá: 9, 14, 18, 26, 32, 34, 40-41, 58, 64-65, 67, 71, 123-124, 128, 167, 180, 258, 262, 379, 401, 420, 427, 446-448, 451-452, 468-469, 471, 476, 481, 518, 522, 559, 561, 577, 589, 592, 601, 604, 614, 622
Villanueva, 13, 18-21, 27, 31-36, 43, 52, 54-56, 66-69, 73-76, 84-86, 102, 104-105, 115, 117, 120, 130, 206, 212, 215, 243, 244, 246, 256-259, 266, 306, 330, 343, 444, 533-534, 579-580, 582, 607, 622, 653
Vital de Four: 130
Weissman: 597
Wessell: 10, 38, 115, 117, 437
Willis: 10, 661
Wojtyla: 235, 250
Wolff: 84
de Wulf: 50
Wundt: 29, 47, 63, 660
Zambrano: 8, 30
Zaragüeta: 9, 28-33, 50
Zermelo: 62

ÍNDICE GENERAL

INTRODUCCIÓN	5
1. Objetivo y planteamiento general	5
2. Método, hermenéutica y límites de la investigación	11
3. Estructura de la disertación	21

PARTE I: EL PERSONALISMO DE X. ZUBIRI

CAPÍTULO I: *Crecimiento intelectual y fuentes*	25
1. Realismo inmediato y objetivismo – fenomenológico (1913-31)	28
1.1 Biografía, ambiente y obras	28
1.1.1 Datos biográficos	28
1.1.2 Ambiente intelectual y social	31
1.1.3 Obras	32
1.2 Posición personal: objetivismo fenomenológico	33
1.3 Diálogo filosófico	35
1.3.1 Husserl	35
1.3.2 Ortega y Gasset	41
1.3.3 S. Agustín	48
1.3.4 Sto. Tomás de Aquino	50
1.3.5 Bergson	55
2. Etapa ontológica, Heidegger y Aristóteles (1932-44)	60
2.1 Biografía, ambiente y obras	60
2.1.1 Datos biográficos	60
2.1.2 El ambiente	61
2.1.3 Obras	62
2.2 Posición personal: ontología lanzada a la metafísica, el «haber»	64
2.3 Diálogo filosófico	67
2.3.1 Heidegger	67
2.3.2 Aristóteles	72
2.3.3 Padres Griegos	78
2.3.4 Hegel	79

2.3.5 Suárez	84
3. Etapa de maduración (1945-62)	86
3.1 Biografía, ambiente y obras	86
3.1.1 Biografía	86
3.1.2 Ambiente	88
3.1.3 Obras	88
3.2 Posición personal. Por la persona hacia la metafísica	88
3.3 Diálogo filosófico. Kant	89
4. La realidad (1963-83)	95
4.1 Biografía, ambiente y obras	95
4.1.1 Datos biográficos	95
4.1.2 Ambiente	98
4.1.3 Obras	99
4.2 Posición personal: la realidad	100
4.3 Diálogo filosófico	103
4.3.1 Amor Ruibal	104
4.3.2 Nietzsche	107
Transición	109
CAPÍTULO II: *Antropología metafísica, un personalismo de la apertura*	111
1. La inquietud personalista de Zubiri y los personalismos	112
2. Epistemología, antropología, noología y reología	115
2.1 Noología	118
2.2 Reología	120
2.3 Antropología metafísica	122
3. El personalismo en el mismo filosofar de Zubiri	128
3.1 Desde IS: Un espacio racional propio para la persona	128
3.1.1 Impresión de realidad y APR	129
3.1.2 *Logos*	133
3.1.3 La *razón*	135
a) La objetualidad	140
b) El método	140
c) El encuentro verdadero	144
3.1.4 Unidad de la IS y cierre circular: *saber*	146
3.2 Desde la metafísica	150
3.2.1 SE centrada en Esencia abierta	150
3.2.2 La *suidad*: evolución de un término	152
3.2.3 EDR y HD: la causalidad personal	158
3.2.4 La intersubjetividad	164
a) Noción relacional de persona desde la respectividad	167

ÍNDICE GENERAL 695

b) Intersubjetividad	169
4. Lenguaje, apertura y personalismo	171

PARTE II; LA NOCIÓN DE PERSONA DESDE LA APERTURA

CAPÍTULO III: *Punto de partida de la antropología y orden trascendental*	181
1. La estructura del inteligir y el método antropológico	181
2. La co-aprehensión de la persona y su tematización	186
3. El estudio talitativo y el plano transcendental	190
3.1 Planos talitativo y trascendental, noología y reología	190
3.2 La función trascendental	195
3.3 El orden trascendental	200
3.3.1 Lectura del orden trascendental en la historia	200
3.3.2 Momentos estructurales de la trascendentalidad	204
a) Aproximación noológica	206
b) Aproximación reológica: Respectividad	208
3.3.3 Deducción de los transcendentales	216
3.3.4 Apertura dinámica de la transcendentalidad	221
3.3.5 El ser	224
Reflexión crítica y transición	228
CAPÍTULO IV: *Apertura talitativa de la persona*	233
1. Esbozos históricos fallidos acerca de la persona según Zubiri	234
2. Sustantividad humana: subsistemas y *animal de realidades*	237
2.1 Descripción de la sustantividad humana por la vía larga	237
2.2 El subsistema orgánico	248
2.3 El subsistema psique	250
2.4 Unidad de la sustantividad humana	253
2.5 El esquema filético: necesidad e insuficiencia	257
3. La apertura talitativa: el *animal de realidades* es *esencia abierta*	262
3.1 La apertura desde la fundación descrita	262
3.2 La esencia abierta ante la esencia cerrada	265
Reflexión crítica y transición	270
CAPÍTULO V: *Apertura transcendental de la persona*	271
1. De la forma al modo de realidad humana: la persona	272
1.1 La función trascendental y la apertura a la realidad de la persona	273
1.1.1 Psique y apertura	275
a) Intelección	275
b) Sentimiento	278
c) Volición	292

       1.1.2 El organismo en función transcendental: el *soma*.................. 304
           a) Función somática... 304
           b) Función configuradora de la apertura transcendental..... 307
   1.2 Personeidad y suidad. Relativo absoluto 311
   1.3 El con de la suidad. Suidad intrínsecamente respectiva y abierta ... 318
2. El modo de ser del hombre: la apertura al mundo y la subjetividad....... 325
   2.1 Personalidad: Apertura a la propia realización. Suidad campal 325
   2.2 El Yo o la concreción de la persona humana 328
3. Dimensiones de la persona desde su apertura... 340
   3.1 La versión a los otros: dimensiones interindividuales: 341
       3.1.1 Individualidad... 343
       3.1.2 Socialidad: ser-común. Sociedad y comunidad 348
       3.1.3 Historicidad 354
   3.2 Dimensión de fundamentalidad de la apertura: religación y Dios... 366
   3.3 Dimensión moral: la vida como autorrealización, la auto-apertura 379
   3.4 La persona como libertad 402
Reflexión crítica y transición 411

PARTE III: INTERSUBJETIVIDAD DE LA PERSONA

CAPÍTULO VI: *Nostreidad. Nosotros. Tú – yo* 427
1. Nostreidad y comunalidad... 429
   1.1 Del «con» trascendental a la nostreidad 430
   1.2 La nostreidad y el Yo 434
   1.3 La apertura indiferenciada del me 434
   1.4 Nostreidad, lo humano y otreidad. Algunos rasgos 436
2. Nosotros: sociedad y comunión, origen del Tú – yo 444
   2.1 El nosotros social 444
   2.2 El nosotros comunional.. 448
   2.3 Del nosotros al Tú – yo. Con Dios hace «su» Yo 450
   2.4 Publicidad 459
   2.5 Mentalidad 464
   2.6 El lenguaje en el conocimiento interpersonal................................. 468
       2.6.1 El lenguaje como expresión 471
       2.6.2 Lenguaje y *logos* 473
       2.6.3 Papel del lenguaje en las relaciones interpersonales........... 475
3. Tú 477
   3.1 Tu cuerpo.. 478
   3.2 Te conozco.. 481
       3.2.1 Condiciones de posibilidad de encuentro con el tú............ 484
       3.2.2 La experiencia por compenetración y la comprensión 486

3.3. Te gozo: el sentimiento	492
3.3.1 El sentimiento humano como apertura a la realidad bella...	493
3.3.2 Aproximación estética al otro, actualización sentimental	495
3.3.3 El tú como realidad estética en el nivel de la realidad.........	496
3.4 Te quiero: la volición, amor y entrega..	497
3.4.1 Apertura de la voluntad a la realidad. Lo querible...............	498
3.4.2 La esencia del querer. Querer al otro en cuanto persona	500
3.4.3 El otro como posibilidad de mi vida: egoísmo no egoístico	503
Reflexión crítica y transición	506
CAPÍTULO VII: *Dinamismo de la relación interpersonal*............................	509
1. El decurso vital del hombre y el Yo como proyecto	509
2. De la *agápê* a la entrega	513
2.1 La formulación de NHD en SSDTP	514
2.2 Actualización desde la madurez del sistema zubiriano...................	517
3. La fe como forma de causalidad interpersonal	521
4. Formas de relación interpersonal	524
4.1 La ayuda y el socorro	524
4.2 La educación..	525
4.3 La amistad..	526
4.4 El amor esponsal: carácter irreductible de la diferencia sexual.......	529
4.5 La solidaridad	532
4.6 Formas negativas...	534
4.6.1 Malignidad..	540
4.6.2 Maldad..	541
Corolario: El personalismo de Zubiri implica una ética material de bienes	542
5. Desarrollo dinámico del amor según una inspiración zubiriana.............	549
5.1 Peculiaridad y método de este apartado	549
5.2 Marco del amor interpersonal: familia	550
5.3 Vocación..	551
5.4 Enamorarse de la realidad del otro	553
5.4.1 La belleza camino de conocimiento. El cuerpo	555
5.4.2 El tú como mi verdad, mi posibilidad	556
5.4.3 El tú como mi *agathon*. El poder del otro sobre mí	558
5.4.4 El tú como *la* posibilidad de mi vida	559
5.5 La entrega y el compromiso...	561
5.5.1 El tú en el proyecto definitivo del *Yo*. El tú y la fe	562
5.5.2 El esbozo de un proyecto común	563
5.6 Tiempo para amar, fidelidad	564
5.6.1 La temporeidad del Yo...	565

5.6.2 El nosotros, forma de comunidad, y la personalidad de *cada cual*	567
5.6.3 Mi verdad, la compenetración y la conformación	568
5.6.4 El quererte siempre mejor: esfuerzo y fruición acrecente...	570
5.6.5 Compañeros de camino	572
a) La ayuda para ser plenamente personas	572
b) La dimensión de fundamentalidad compartida	573
5.6.6 La conversión en la relación interpersonal	574
5.7 La muerte como emplazamiento y el amor. La soledad	575
5.7.1 ¿Qué es la muerte?	575
5.7.2 En qué consiste la inmortalidad	584
5.7.3 La muerte como emplazamiento y el amor esponsal	585
6. El amor y la sociedad. Comunión y sociedad	586
6.1 Una vida de comunión abierta al mundo	586
6.1.1 Influencia de la sociedad en la relación interpersonal	587
6.1.2 Influencia de la relación interpersonal en la sociedad	591
6.2 Dinámica del cambio social	592
7 La procreación: génesis de la realidad humana	595
7.1 Vista científicamente	596
7.2 Visión antropológica	599
7.3 Vista desde el proceso interpersonal global	613
7.4 Vista desde la descendencia: paternidad y filiación	615
Reflexión crítica y transición	618
CAPÍTULO VIII: *La relación con Dios*	621
1. El Yo fundamentado en Dios. *El hombre es experiencia de Dios*	624
1.1 Función suficante de la causalidad personal divina	624
1.2 Función personalizadora de la causalidad personal divina	626
2. La vida con Dios. En qué sentido Dios es o no es un Tú	630
2.1 Fe y entrega	632
2.2 Dimensión social y comunitaria de la vida con Dios	636
2.3 Nueva configuración del mundo humano	637
3. El otro como encuentro con Dios	640
4. Carácter absoluto del Yo y del Tú	643
CONCLUSIÓN	645
SIGLAS Y ABREVIATURAS	655
BIBLIOGRAFÍA	659
ÍNDICE DE NOMBRES	687
ÍNDICE GENERAL	693

TESI GREGORIANA

Desde 1995, la colección «Tesi Gregoriana» pone a disposición del público algunas de las mejores tesis doctorales elaboradas en la Pontificia Universidad Gregoriana. Los autores se encargan de la composición, según las normas tipográficas establecidas y controladas por la Universidad.

Volúmenes Publicados [Serie: Filosofía]

1. HERRERÍAS GUERRA, Lucía, *Espero estar en la verdad. La búsqueda ontológica de Paul Ricoeur*, 1996, pp. 288.

2. CLANCY, Donal, *Valor y Razón. La constitución de la moralidad en Joseph de Finance y Giusppe Abbà*, 1996, pp. 276.

3. SALATIELLO, Giorgia, *L'autocoscienza come riflessione originaria del soggetto su di sé in San Tommaso d'Aquino*, 1996, pp. 152.

4. CASTILLO, Martín Julio, *Realidad y transcendentalidad en el planteamiento del ploblema del mal según Xavier Zubiri*, 1997, pp. 348.

5. NAICKAMPARAMBIL, Thomas, *Through Self-Discovery to Self-Transcendence. A Study of Cognitional Self-Appropriation in B. Lonergan*, 1997, pp. 296.

6. FINAMORE, Rosanna, *B. Lonergan e L'Education: «l'alveo in cui il fiume scorre»*, 1998, pp. 344.

7. ŚLIWIŃSKI, Piotr, *Il ragionamento per analogia nella filosofia analitica polacca*, 1998, pp. 192.

8. KOBYLIŃSKI, Andrzej, *Modernità e postmodernità. L'interpretazione cristiana dell'esistenza al tramonto dei tempi moderni nel pensiero di Romano Guardini*, 1998, pp. 560.

9. MÁRCIO, Antônio de Paiva, *A liberdade como horizonte da verdade segundo M. Heidegger*, 1998, pp. 216.

10. DA SILVA, Márcio Bolda, *A filosofia da litertação a partir do contexto histórico-social da América Latina*, 1998, pp. 336.

11. PARK, Byoung-Jun Luis, *Anthropologie und Ontologie. Ontologische Grundlegung der transzendetal-anthropologischen Philosophie bei Emerich Coreth*, 1999, pp. 292.

12. LUCHI, José Pedro, *A superação da filosofia da consciência em J. Habermas. A questão do sujeito na formação da teoria comunicativa da sociedade*, 1999, pp. 538.

13. BIDERI, Diogène, *Lecture blondélienne de Kant dans les principaux écrits de 1893 à 1930: Vers un dépassement de l'idéalisme transcendantal dans le réalisme intégral*, 1999, pp. 236.

14. TOTI, Daniela, *Franz Rosenzweig. Possibilità di una fondazione della nuova filosofia nella storia*, 2000, pp. 284.

15. DI NAPOLI, Roselena, *Il problema del male nella filosofia di Luigi Pareyson*, 2000, pp. 332.

16. NDAYE MUFIKE, Jérôme, *De la conscience à l'amour. La philosophie de Gabriel Madinier*, 2001, pp. 368.

17. MUHIGIRWA RUSEMBUKA, Ferdinand, *The Two Ways of Human Development According to B. Lonergan. Anticipation in* Insight, 2001, pp. 200.

18. CALDERÓN CALDERÓN, Jaime, *La libertad como fundamento de configuración de la personalidad en Xavier Zubiri*, 2002, pp. 470.

19. BŪGAITĖ, Elena, *Linguaggio e azione nelle opere di Paul Ricoeur dal 1961 al 1975*, 2002, pp. 404.

20. SANABRIA CEPEDA, Víctor Hugo, *La metafísica de la muerte según Maurice Blondel*, 2002, pp. 438.

21. VITOR DE OLIVEIRA, Ibraim, *Arché e telos. Niilismo filosófico e crise da linguagem em Fr. Nietzsche e M. Heidegger*, 2004, pp. 324.

22. APARECE, Pederito A., *Teaching, Learning and Community. An Examination of Wittgensteinian Themes Applied to the Philosophy of Education*, 2005, pp. 238.

23. PÉREZ PIRELA, Miguel Angel, *Perfil de la discusión filosófica política contemporánea: una propuesta aristotélica*, 2005, pp. 254.

24. SANGALLI, Samuele, *Il lessico settoriale delle realtà e dei fatti economici nell'Opera Omnia di S. Tommaso d'Aquino: esame filosofico del suo insieme*, 2005, pp. 910.

25. TERCIC, Vida, *La dimensione dell'es gibt nell'ontologia di Martin Heidegger*, 2005, pp. 280.

26. ANTÚNEZ CID, José, *La intersubjetividad en Xavier Zubiri*, 2006, pp. 700.